Andreas Reckwitz
Das hybride Subjekt

Andreas Reckwitz
Das hybride Subjekt

Eine Theorie der Subjektkulturen
von der bürgerlichen Moderne zur Postmoderne

**VELBRÜCK
WISSENSCHAFT**

Studienausgabe 2010
Unveränderter Nachdruck der Erstausgabe 2006
© Velbrück Wissenschaft, Weilerswist 2006
www.velbrueck-wissenschaft.de
Druck: Hubert & Co, Göttingen
Printed in Germany
ISBN 978-3-938808-90-0

Bibliografische Information Der Deutschen Bibliothek
Die Deutsche Bibliothek verzeichnet diese Publikation in der
Deutschen Nationalbibliografie; detaillierte bibliografische Daten
sind im Internet über http://dnb.ddb.de abrufbar.

Dieses Buch ist im Verlag Humanities Online
(www.humanities-online.de) als E-Book erhältlich.

Inhalt

Die Frage nach dem Subjekt
in der Moderne

Subiectum, das Subjekt hat eine doppelte Bedeutung: es ist das in die Höhe Erhobene und das Unterworfene. Es ist Zentrum autonomen Handelns und Denkens – vom Subjekt der Geschichte bis zum grammatischen Subjekt eines Satzes. Und es ist das, was übergeordneten Strukturen unterliegt – bis hin zum Rechtssubjekt und zu jenem, für den im Englischen gilt: ›he is subjected to something‹. In seiner Doppeldeutigkeit präsentiert sich das Subjekt als ein unterworfener Unterwerfer, ein unterwerfendes Unterworfenes.[1] Dieser Polysemie entspricht in der Kultur der Moderne eine Doppelstruktur des Subjekts. Seit dem Humanismus, der Renaissance, der Reformation, der Aufklärung und dem Liberalismus wird die moderne Kultur von der Idee angetrieben, dass die Ablösung der traditionalen durch eine moderne Gesellschaft die Bedingungen für eine soziale Freisetzung – eine Befreiung des Subjekts aus kollektiven Bindungen – gelegt und den Raum für reflexive, rationale, eigeninteressierte, expressive Individuen geschaffen hat. Die Sozial- und Kulturwissenschaften haben demgegenüber seit dem Ende des 19. Jahrhunderts wiederholt demonstriert, dass dieses moderne Subjekt selbst ein Produkt spezifischer sozial-kultureller Bedingungen darstellt, dass gerade die moderne Gesellschaft in ihrer Eigendynamik ihre Individuen transzendiert und einer spezifischen Kontrolle aussetzt: Der Einzelne avanciert zum vorgeblich autonomen, zweckrationalen oder moralischen Subjekt erst dadurch, dass er sich bestimmten Regeln – Regeln der Rationalität, des Kapitalismus, der Moralität etc. – unterwirft, diese interiorisiert und inkorporiert und sich in soziale Gefüge integriert.

Es kommt darauf an, wie man diese Doppelstruktur des modernen Subjekts liest. Eine klassische, liberale Lesart sieht hier zwei miteinander streitende historische Tendenzen am Werk, die sich plakativ als Konflikt zwischen ›Individuum‹ und ›Gesellschaft‹ abbilden lassen. Demnach scheint die Moderne einerseits aus einer Linie von Freiset-

---

[1] Zum Begriff des Subjekts vgl. Walter Schulz (1979): Ich und Welt. Philosophie der Subjektivität, Pfullingen; Christoph Riedel (1989): Subjekt und Individuum. Zur Geschichte des philosophischen Ich-Begriffs, Darmstadt; B. Kible u. a. (1998): Artikel ›Subjekt‹, in: Joachim Ritter/Karlfried Gründer (Hg.): Historisches Wörterbuch der Philosophie, Band 10, Basel/Stuttgart, S. 373-400; Roland Hagenbüchle (1998): Subjektivität: Eine historisch-systematische Hinführung, in: Reto Luzius Fetz/Roland Hagenbüchle/Peter Schulz (Hg.) (1998): Geschichte und Vorgeschichte der modernen Subjektivität, Berlin/New York, Band 1, S. 1-88.

zungsprozessen der Subjektivität auf ökonomischer, politischer, familiärer, rechtlicher Ebene zu bestehen und andererseits durch gegenläufige Tendenzen einer – mehr oder minder notwendig erscheinenden – Eindämmung dieser ›Freiheit‹ durch sozial-kulturelle Ligaturen wiederum ökonomischer, politischer, familiärer, rechtlicher Art strukturiert. Die Deutungen der Moderne bewegen sich hier entlang eines Kontinuums zwischen einer Diagnose von individueller Freiheit und einer Diagnose von sozialer Kontrolle oder – anders akzentuiert – zwischen autonomer Vereinzelung und sozialer Integration.[2] Wenn man aus dieser liberalen, im westlichen Common Sense tief sedimentierten Sichtweise vom Subjekt oder der Subjektivität spricht, ist das Individuum, ist der scheinbar unteilbare Einzelne als Reflexions-, Handlungs- oder Rückzugsinstanz gemeint, der sich den – bedrohlichen oder wohlwollenden – Kräften des Gesellschaftlichen gegenübersieht.

Man kann die Doppelstruktur des *subiectum* zwischen Unterwerfung und Unterworfenheit jedoch auch auf eine andere Weise dechiffrieren: nicht als zwei distinkte, in der Regel gegenläufige Kräfte, sondern als zwei Seiten des gleichen Prozesses. Dieser Interpretation folgend, ist es kennzeichnend für die Moderne – verstanden als jener heterogene Komplex von sozialen Praktiken und Diskursen, die sich seit dem Ende des 17. Jahrhunderts in Westeuropa und Nordamerika heranbilden –, dass sie spezifische *kulturelle Formen* produziert, denen entsprechend sich der Einzelne als ›Subjekt‹, das heißt als rationale, reflexive, sozial orientiere, moralische, expressive, grenzüberschreitende, begehrende etc. Instanz zu modellieren hat und modellieren will. Diese kulturellen Formen sind nicht vermeintlich vorkulturellen Individuen äußerlich; das Subjekt ist hier nicht das Individuum, sondern die sozial-kulturelle Form der Subjekthaftigkeit, in die sich der Einzelne einschreibt. Damit dieser zu einer handlungsfähigen, vernünftigen, eigeninteressierten oder sich selbst entfaltenden Instanz, mithin zum Subjekt im Sinne der liberalen Emanzipationsgeschichte wird, verinnerlicht er spezifische kulturelle Kriterien einer als handlungsfähig, vernünftig, eigeninteressiert, sich selbst entfaltend anerkannten Subjekthaftigkeit. Diese Perspektive auf Subjekt und Moderne ist eine kulturtheoretische, und aus ihr lässt sich das Subjekt als ein Katalog kultureller Formen entziffern, die definieren, was unter einem vollwertigen Subjekt zu verstehen ist, und die sich in seiner körperlich-mentalen Struktur in Form von spezifischen Dispositionen, Kompetenzen, Affektstrukturen und Deutungsmustern einprägen. Die Kultur der Moderne stellt sich nun nicht als Ort der Auseinandersetzung zwischen Individuum und Gesellschaft, sondern als eine Sequenz sozial-kultureller Subjektformen, von ›Subjektivatio-

---

2 Vgl. zu dieser liberalen Lesart Peter Wagner (1994): A Sociology of Modernity. Liberty and discipline, London, S. 3 ff.

nen‹,[3] von *Subjektkulturen* dar – Subjektkulturen, die selbst ihren Ort als kontingente Sinngeneratoren allerdings regelmäßig unsichtbar machen und vorgeben, ‹das Subjekt freizulegen‹.

Es ist diese kulturtheoretische Lesart des Subjekts als eine kulturelle Form der Moderne – eine Form, die nicht auf der Ebene intellektueller Ideen verbleibt, sondern die körperlich-mentalen Dispositionen des Subjekts, seinen ‹Habitus‹ im Sinne Bourdieus in sehr realer Weise strukturiert –, die dieses Buch voranzubringen versucht. Die Frage nach dem Subjekt ist in diesem Rahmen nicht eine nach den ‹Individuen‹, nach dem ‹subjektiven Faktor‹, nach der Eigensinnigkeit der ‹Menschen‹ im Verhältnis zur Gesellschaft,[4] sondern jene nach den kulturellen Kriterienkatalogen der Subjekthaftigkeit, nach den Kulturen des Subjekts, in denen sich jeder Einzelne trainiert. Aber welche Subjektkulturen bringt die Moderne hervor? Welche Kompetenzen, Sinnhorizonte und Affektstrukturen erwerben moderne Subjekte, um zu eben diesen zu werden? Existiert hier die alles umgreifende Form eines westlichen modernen ‹Typus‹ – die Subjektform der Selbstdisziplin, der Kommunikation, der Selbstkreation? Zeichnet sich eine Steigerung der Subjektkulturen oder ein Verfallsprozess oder eine Reihe von Subjektkonflikten ab?

Es hat in der Geschichte der Sozial- und Kulturwissenschaften seit dem Ende des 19. Jahrhunderts eine Reihe von Anläufen gegeben, um die Textur der Subjektkulturen der Moderne und die Struktur ihrer ‹Persönlichkeit‹, ihres ‹Sozialcharakters‹, ihres ‹Menschentypus‹ sichtbar zu machen. An der Wende vom 19. zum 20. Jahrhundert ist es – neben Nietzsche und Georg Simmel – vor allem Max Weber, der in seiner groß angelegten, kulturvergleichend ausgerichteten Religionssoziologie das Projekt verfolgt, die historischen Wurzeln und latenten Muster des modernen Persönlichkeitstypus aufzudecken, den er als asketisch-selbstdiszipliniert und aktivistisch-weltbearbeitend interpretiert.[5] In der Mitte des 20. Jahrhunderts liefern einige Autoren der Frankfurter Schule, vor

---

3 Zum Konzept der Subjektivation vgl. Nikolas Rose (1996): Identity, genealogy, history, in: Stuart Hall/Paul du Gay (Hg.) (1996): Questions of Cultural Identity, London, S. 128-150; Judith Butler (1997): The Psychic Life of Power. Theories in subjection, Stanford, Kap. 4.

4 Ganz anders hier etwa das emphatische, auf soziale Bewegungen bezogene Subjektverständnis in Alain Touraine (1992): Critique de la modernité, Paris.

5 Vgl. Max Weber (1920): Gesammelte Aufsätze zur Religionssoziologie I, Tübingen 1988; auch Georg Simmel (1900): Philosophie des Geldes, Gesamtausgabe Band 6, Frankfurt am Main 1989, Sechstes Kapitel: Der Stil des Lebens; Friedrich Nietzsche (1887): Zur Genealogie der Moral. Eine Streitschrift, in: Kritische Studienausgabe Band 5, München 1988, S. 245-412.

allem – in einer eigentümlichen Kombination von Psychoanalyse und Marxismus – Fromm, Marcuse und Adorno, daneben in ganz anderer, von der Avantgarde beeinflussten Weise Walter Benjamin, Skizzen des modernen Sozialcharakters: Skizzen eines Verfallsprozesses bürgerlicher Persönlichkeit und neuer autoritärer und narzisstischer Subjektstrukturen, aber auch neuartiger subjektiver Wahrnehmungsformen in einer massenmedialen, urbanen Kultur. Norbert Elias rekonstruiert zeitgleich die Entstehungsgeschiche des modernen, ›zivilisierten‹ Subjekts, seine Psychogenese als Prozess des Umschlagens von Fremd- in Selbstkontrolle, und in der US-amerikanischen Soziologie bildet sich unter dem Einfluss der ›culture and personality‹-Schule ein Programm zur Analyse des modernen *social character* aus: dessen wichtigster Vertreter David Riesman zeichnet den historischen Wechsel vom innenorientierten zum außenorientierten Charakter nach.[6] Die Frage nach der kulturellen Form des Subjekts ist im letzten Viertel des 20. Jahrhunderts ins Zentrum des sozial- und vor allem des kulturwissenschaftliches Blicks gerückt: Neben Charles Taylors ideenhistorischer Analyse der ›Sources of the Self‹ zwischen Rationalismus und Expressionsorientierung und Pierre Bourdieus Rekonstruktion der Formen des Habitus in kulturellen Klassen und Lebensstilen sind hier die Arbeiten von Michel Foucault von herausgehobener Bedeutung: Foucaults immer neue diskursarchäologische und machtgenealogische Anläufe zu detaillierten Analysen einzelner Dispositive von der Sexualität bis zur Ökonomie liefern Bausteine einer Subjektgeschichte der Moderne.[7]

In seiner Fragerichtung ist dieses Buch in den Zusammenhang dieser disparaten Forschungstraditionen einer historisch ausgerichteten wie gegenwartsorientierten Analyse moderner Subjektformen einzuordnen. Es bemüht sich jedoch, noch einmal neu anzusetzen und die

---

6 Vgl. Max Horkheimer/Theodor W. Adorno (1944): Dialektik der Aufklärung. Philosophische Fragmente, Frankfurt am Main 1988; Walter Benjamin (1936): Das Kunstwerk im Zeitalter seiner technischen Reproduzierbarkeit, in: ders. (1977a), S. 7-44; Norbert Elias (1939): Über den Prozeß der Zivilisation. Soziogenetische und psychogenetische Untersuchungen, Frankfurt am Main 1990; David Riesman (1949/1961): The Lonely Crowd. A study of the changing American character, New Haven 2001.

7 Vgl. Charles Taylor (1989): Sources of the Self. The making of the modern identity, Cambridge; Pierre Bourdieu (1979): Die feinen Unterschiede. Kritik der gesellschaftlichen Urteilskraft, Frankfurt am Main 1989; Michel Foucault (1976): Der Wille zum Wissen. Sexualität und Wahrheit Band 1, Frankfurt am Main 1991; ders. (2001): Hermeneutik des Subjekts. Vorlesung am Collège de France (1981/82), Frankfurt am Main 2004.

Transformationsgeschichte moderner Subjektivität auf andere Weise zu erzählen. Dabei geht es auf Distanz zu zwei verbreiteten und in unterschiedlichen Versionen hartnäckig wiederkehrenden *grand récits* der Subjektgeschichte, die zugleich Theorien einer homogenen Moderne sind: das Narrativ der Individualisierung und das Narrativ der Disziplinierung. Aus der ersten Perspektive lautet die Antwort auf die Frage nach der modernen Kultur des Subjekts, dass es sich um eine Kultur des ›Individualismus‹ handelt und der Prozess der Subjekttransformation einer der ›Individualisierung‹ sei. Das Individualisierungsnarrativ, das in den 1980er Jahren in den Arbeiten von Ulrich Beck eine pointierte Form erfährt, aber letztlich bis zu Durkheims Diagnose eines ›culte de l'individu‹ zurückreicht und in anderer Weise in Niklas Luhmanns Plazierung des autopoietischen modernen Individuums ›in der Umwelt‹ der differenzierten sozialen Systeme eingeht,[8] steht letztlich in der Tradition der genannten liberalen Sichtweise, welche das *subiectum* als eine Instanz der autonomen Selbstregierung annimmt, die – mit allen Chancen der Autonomie und Risiken der Vereinzelung – aus dem Kollektivismus traditionaler Bindungen freigesetzt werde. Das Disziplinierungsnarrativ, das in manchen Arbeiten von Adorno und Foucault anklingt – und in ihrem Rücken von Nietzsche[9] –, sich in anderer Weise auch bei Elias findet, kommt zu einem diametral entgegengesetzten Ergebnis: Die Moderne betreibt aus dieser Sicht in ihren Institutionen und Diskursen eine konsequente, machtvolle Formierung ihrer Individuen zu Subjekten der Selbst- und Affektkontrolle, selbst dort wo freie Entscheidungen am Werk zu sein scheinen. Diese Disziplinierung ist eine Rationalisierung des Subjekts, ein Auferlegen von Standards rationalen Verhaltens, das negativ als Repression und positiv als Zivilisierung bewertet werden kann.

8 Vgl. Ulrich Beck (1986): Risikogesellschaft. Auf dem Weg in eine andere Moderne, Frankfurt am Main, Zweiter Teil; Émile Durkheim (1898): Der Individualismus und die Intellektuellen, in: Bertram (1986), S. 54-70; Niklas Luhmann (1989): Individuum, Individualität, Individualismus, in: ders.: Gesellschaftsstruktur und Semantik. Studien zur Wissenssoziologie der modernen Gesellschaft, Band 3, Frankfurt am Main 1993, S. 149-258. Luhmanns These der ›Exklusionsindividualität‹ als Differenzierungsfolge liefert nur scheinbar eine alternative Diagnose, untergründig vielmehr eine – durch Simmel vorbereitete – Variante der individualisierungstheoretischen Freisetzungsthese.

9 Vgl. etwa Michel Foucault (1975): Überwachen und Strafen. Die Geburt des Gefängnisses, Frankfurt am Main 1991. Foucaults Werk lässt sich nicht auf das Disziplinierungsnarrativ, zu dem viele seiner Rezipienten neigen, reduzieren; die frühe Archäologie des Wissens und die späten Analysen der Technologien des Selbst weisen hier in andere Richtungen.

Das kulturwissenschaftliche Forschungsprogramm zur Rekonstruktion moderner Subjektkulturen, um das es in diesem Buch geht, heftet sich weder an das Individualisierungs- noch an das Disziplinierungsnarrativ. Beide Narrative erweisen sich als zwei konträre Versionen einer Vorstellung moderner Subjekthaftigkeit, die letztlich den begrifflichen Dualismus von Freiheit und Zwang, von *choices* and *constraints*, von Individuum und Gesellschaft reproduziert. Beide Narrative betrachten auf ihre Weise die zwei Seiten des modernen *subiectum* als differente, in der Regel gegenläufige Kräfte, von denen jeweils entweder dem ersten oder dem zweiten Element das Primat zugeschrieben wird.[10] Die Frage, die in unserem Zusammenhang interessiert, ist nun jedoch nicht, ob sich in der Moderne die Waage zwischen individueller Freiheit und sozialer Disziplinierung bzw. Integration mehr zur einen oder mehr zur anderen Seite neigt (oder in welcher Phase der Moderne beide in welchem Mischungsverhältnis zueinander stehen), sondern eine andere: die nach der exakten inhaltlichen Form der unterschiedlichen kulturellen Modellierungen, denen das Subjekt in der Geschichte der Moderne unterliegt und sich unterlegt. Individualismus und soziale Formung sind keine widerstreitenden Kräfte, sondern die beiden Seiten des modernen *subiectum*, das sich kulturelle Regeln einverleibt, um ›individualistisch‹ zu werden. Aber welche Subjektformen produziert die moderne Kultur, welche Subjektkulturen bringt sie hervor? Sowohl das Individualisierungs- als auch das Disziplinierungsnarrativ neigen dazu, ›die Moderne‹ als einheitliche Formation auf einen fixen Kern, auf eine ewige Wiederkehr des Gleichen festzulegen: auf Freisetzungsprozesse von Individuen bzw. auf die gesellschaftliche Produktion diszipliniert-rationaler Subjekte. In dieser Hinsicht folgen sie dem Grundmuster einer Homogenisierung der Moderne in den großen gesellschaftstheoretischen Erzählungen der Rationalisierungs-, Differenzierungs- und Kapitalismustheorien.

Dieses Buch versucht demgegenüber einen anderen Befund zu demonstrieren und im Detail zu erläutern: Die Moderne produziert keine eindeutige, homogene Subjektstruktur, sie liefert vielmehr ein Feld der Auseinandersetzung um kulturelle *Differenzen* bezüglich dessen, was das Subjekt ist und wie es sich formen kann. Kennzeichnend für die Moderne ist gerade, dass sie dem Subjekt keine definitive Form gibt, sondern diese sich als ein Kontingenzproblem, eine offene Frage auftut, auf die unterschiedliche, immer wieder neue und andere kulturelle Antworten geliefert und in die Tat umgesetzt werden. Die Kultur der Moderne ist durch *Agonalitäten* strukturiert, sie besteht aus einer Sequenz von Kulturkonflikten darum, wie sich das moderne Subjekt modellieren soll

---

10 Teilweise wird auch ein reziproker Steigerungszusammenhang von sozialer Integration und individueller Autonomie in der Moderne angenommen, etwa in Talcott Parsons ›institutionalized individualism‹.

und kann, Modellierungen, die immer wieder meinen, eine universale, natürliche Struktur ans Licht zu bringen. In der Geschichte der Moderne lösen unterschiedliche Subjektordnungen einander ab, ein Prozess der *Diskontinuität*, der weder an ein Ende zu kommen scheint noch der linearen Logik des Fortschritts oder des Verfalls folgt. Gleichzeitig sind diese Subjektkulturen nicht eindeutig und homogen gebaut, sie sind vielmehr durch eine spezifische *Hybridität* gekennzeichnet: Subjektkulturen erweisen sich als kombinatorisches Arrangement verschiedener Sinnmuster, und Spuren historisch vergangener Subjektformen finden sich in den später entstehenden, subkulturelle Elemente in den dominanten Subjektkulturen, so dass sich eigentümliche Mischungsverhältnisse ergeben. Die Subjektordnungen der Moderne seit dem 18. Jahrhundert – die in unserem Zusammenhang selbst nur in einem Ausschnitt sichtbar werden – ergeben damit eine heterogene, kulturwissenschaftlich mit Mühe entzifferbare *Textur*, ein Palimpsest von kulturellen Versatzstücken der Subjektivität. Innerhalb dieser Textur schält sich neben der Figur eines rationalen, eines rationalisierten Subjekts, wie sie die Theorie der Moderne seit langem kennt, eine andere, alternative Figur heraus, welche – teilweise mit dieser verwoben – sich in der Kultur der Moderne verbreitet: die eines *ästhetischen Subjekts*. Es sind damit vor allem fünf, miteinander zusammenhängende Elemente einer kulturellen Logik der Subjekttransformation in der Moderne, welche dieses Buch versucht, im Detail wie in ihrem Zusammenhang aufzuzeigen:

1. Die Moderne lässt sich nicht mit einer einzigen Form des Subjekts, einem omnipotenten ›modernen Selbst‹ identifizieren. In der Geschichte der westlichen Gesellschaften ergeben sich vielmehr bisher drei diskontinuierliche, jeweils in ihrer Zeit dominante Modernitätskulturen; diese sind zugleich Subjektkulturen und stehen zueinander zunächst in einem Verhältnis kultureller Differenz. Sie definieren jeweils den Raum denkbarer Subjekthaftigkeit und produzieren *drei differente, miteinander konfligierende Ordnungen des Subjekts* innerhalb der Moderne: die *bürgerliche Moderne* des 18. und 19. Jahrhunderts versucht die Form des *moralisch-souveränen, respektablen Subjekts* verbindlich zu machen; die *organisierte Moderne* der 1920er bis 1970er Jahre produziert als Normalform das *extrovertierte Angestelltensubjekt;* die *Postmoderne* von den 1980er Jahren bis zur Gegenwart entwickelt das Modell einer *kreativ-konsumtorischen Subjektivität*. Die Transformation der Subjektordnungen verläuft schlagwortartig vom ›Charakter‹ über die ›Persönlichkeit‹ zum ›Selbst‹. Gegen gängige Vorstellungen eines linearen oder stufenförmigen Prozesses der Modernisierung lassen sich diese drei Subjektordnungen weder auf einen übergreifenden Strukturkern reduzieren noch folgen sie einer linearen Entwicklungslogik. Vielmehr ergibt sich eine Diskontinuität von historischen Subjektkulturen, damit auch entsprechende ›Epochenschwellen‹, an denen kulturelle Ordnun-

15

gen ›umkippen‹: dies stellt sich für die Zeit um 1920 und um 1970 heraus. Die drei Subjektordnungen stehen dabei nicht unverbunden nebeneinander, vielmehr befinden sie sich in einer Logik der Differenzmarkierung, in der die spätere der früheren Modernitätskultur ihre Legitimität abspricht, das eigentliche Subjekt zu repräsentieren: So wie die bürgerliche Moderne in ihrer Moralisierung des Subjekts sich gegen die aristokratische Kultur positioniert, so bildet sich die Ausrichtung des Angestelltensubjekts der organisierten Moderne an einer sozialtechnischen, teilweise auch ästhetisierten Form in der Abwehr zu einem bürgerlichen Subjektmodell, und die an Selbstkreation und Marktorientierung orientierte Subjektkultur der Postmoderne/Spätmoderne basiert auf einer Delegitimierung der Kultur der organisierten Moderne. An die Stelle einer einheitlichen modernen Kultur treten damit konfligierende ›multiple modernities‹, eine Multiplizität von Modernitätskulturen, und zwar innerhalb der europäisch-nordamerikanischen Kultur selbst.[11] Die Identität dieser Subjektordnungen funktioniert dabei über eine Logik des Ausschlusses, der Differenzmarkierungen zu ›Anti-Subjekten‹ – dem amoralischen Subjekt, dem introvertierten Subjekt, dem kontrollierten Subjekt –, die paradoxerweise selbst regelmäßig innerhalb der Kultur der Moderne aufgefunden werden.

2. Die Subjektformen der drei Modernitätskulturen sind nicht als reine Ideen bezüglich eines idealen Subjekts zu verstehen – eine solche ideenhistorische Perspektive wird in Charles Taylors bahnbrechendem Band »Sources of the Self« eingenommen. Die Form des Subjekts wird vielmehr in Alltagspraktiken hervorgebracht, trainiert und stabilisiert; sie kann und muss anhand dieser Praktiken rekonstruiert werden – dies schließt die Analyse von gesellschaftlich relevanten Diskursen und ihren Subjektrepräsentationen, die mit diesen Praktiken verknüpft sind, nicht aus, sondern ein. Seit dem 18. Jahrhundert stellen sich vor allem drei Komplexe von Aktivitäten, drei soziale Felder als konstitutiv für die Produktion von Subjekten dar: die ökonomischen *Praktiken der Arbeit*, in denen der Einzelne sich als Arbeitssubjekt trainiert; die *Praktiken persönlicher und intimer Beziehungen*, der Familie, Partnerschaft, Freundschaft, Sexualität und Geschlechtlichkeit, in denen der Einzelne sich in die Form eines Intimitätssubjekt bringt; schließlich das historisch heterogene und dynamische Feld der *Technologien des Selbst*, das heißt jener Aktivitäten, in denen das Subjekt jenseits von Arbeit und Privatsphäre unmittelbar ein Verhältnis zu sich selber herstellt und die vor allem Praktiken im Umgang mit Medien (Schriftlichkeit, audiovisuelle

---

11 Das Konzept der ›multiple modernities‹ wird von Eisenstadt geprägt und dort in erster Linie auf das Verhältnis zwischen westlichen und nicht-westlichen Kulturen bezogen, vgl. S. N. Eisenstadt (2000): Die Vielfalt der Moderne, Weilerswist.

und digitale Medien) sowie im 20. Jahrhundert Praktiken des Konsums umfassen. Entgegen allen Implikationen einer soziologischen Theorie strikter funktionaler Differenzierung, die zwischen diesen sozialen Feldern einander widersprechende Identitäten annehmen müsste, stellt sich in den jeweiligen Ordnungen des Subjekts eine basale *Homologie der Subjektformierung* heraus, *welche die Grenzen zwischen den ›der Sache nach‹ differenzierten Feldern* der Arbeit, der persönlichen Beziehungen und den Selbsttechnologien *kreuzt.* Die Kultur des Subjekts hält sich damit nicht an die Logik rationaler Grenzziehungen, sondern produziert systematisch Grenzüberschreitungen. Die kulturellen Transformationsschwellen des 18. Jahrhunderts, der 1920er und der 1970er Jahre stellen sich dann als synchrone Schwellen eines Umbaus der Subjektformen sowohl im Bereich der Arbeit als auch der persönlichen Beziehungen als auch der medial-konsumtorischen Selbstpraktiken dar.

3. Die sich vom 18. Jahrhundert bis zur Gegenwart ereignenden Kulturkonflikte um die Form eines modernen Subjekts bleiben nur oberflächlich nachvollziehbar, wenn man sich auf die historisch jeweils hegemonialen Subjektkulturen der bürgerlichen Moderne, der organisierten Moderne und der Postmoderne beschränkt. Erst eine Verschiebung des Blicks von den dominanten Modernitätskulturen in Richtung der minoritären kulturellen Gegenbewegungen der Moderne, welche jeweils versuchen einen ›neuen Menschen‹ zu imaginieren, macht die Differenzspiele verstehbar und die diskontinuierliche Transformation der Subjektordnungen erklärbar. Unter diesen kulturellen Bewegungen kommt den ästhetischen Bewegungen ein besonderer Status zu. Vor allem drei, zeitlich weit auseinander liegende ästhetische Bewegungen sind hier relevant: die Romantik zu Beginn des 19. Jahrhunderts mit ihrem Subjekt der expressiven Individualität, die Avantgarde-Bewegungen zu Beginn des 20. Jahrhunderts mit ihrem transgressiven, grenzüberschreitenden Subjekt, die kulturrevolutionäre *counter culture* der 1960/70er Jahre, die mit dem Postmodernismus verknüpft ist, und ihr Subjekt des experimentellen Begehrens. Lange Zeit schien es, als ob eine ebenso bequeme wie destruktive Arbeitsteilung zwischen der sozialwissenschaftlichen Annahme einer ›gesellschaftlichen Moderne‹ und der kunstwissenschaftlichen Annahme einer ›ästhetischen Moderne‹ herrschte. Entgegen einem sozialwissenschaftlichen Vorurteil – das kritisiert zu haben, nicht eines der geringsten Verdienste der Postmoderne-Debatte der 1980er Jahre ist – sind diese *ästhetischen Bewegungen* nun nicht auf bloße Phänomene der Kunst als einer autonomen Sphäre zu reduzieren oder gar als anti-moderne Regressionen abzutun, sondern können *als Subjekttransformationsbewegungen der Moderne* gelesen werden. Dies gilt in einem doppelten Sinne: Zum einen brechen sie den scheinbar universalen Horizont der bürgerlichen und post-bürgerlichen Subjektkulturen auf und modellieren alternative Subjektivitäten, die

gleichfalls mit dem Anspruch radikaler Modernität auftreten. Diese werden nicht auf der Ebene der Rationalität eines moralischen, souveränen, sozial normalisierten oder marktorientierten Subjekts, sondern auf jener eines ästhetischen, das heißt wahrnehmungsorientierten – expressiven, transgressiven, begehrenden – Subjekts ausgemacht. Zum anderen stellen die minoritären ästhetischen Bewegungen zentrale Sinnelemente zur Verfügung, welche die Transformation der dominanten Subjektkulturen im 19. und 20. Jahrhundert selbst erst ermöglichen; sie sind in der Moderne dominiert und werden partiell selbst dominant: Sowohl im Umschlag von der bürgerlichen zur Angestelltenkultur als auch in jenem zur Postmoderne sickert die ästhetische Moderne mit ihren veränderten Perzeptionsformen und anti-bürgerlichen Subjektidealen in die gesellschaftliche Moderne ein. Die folgende Argumentation geht davon aus, dass eine elementare Schwäche großer Teile der gesellschaftswissenschaftlichen Theorien der Moderne – von Max Weber und Durkheim bis zu Luhmann, Habermas und Foucault – darin bestanden hat, in ihrer Fixierung auf Rationalisierungsprozesse diese Relevanz der ästhetischen Moderne für die moderne Praxis und Identität zu unterschätzen.

Die ästhetischen Bewegungen sind dabei nicht die einzigen Transformationsfaktoren des Wandels von Subjektordnungen. Auch wenn im Rahmen dieses Buches nur ein unvollständiges Transformationsmodell geboten werden kann, schält sich heraus, dass an den historischen Transformationsschwellen der Modernitäts- und Subjektkulturen – vor allem um 1920 und um 1970 – vielmehr eine wechselseitige Verstärkung von insgesamt mindestens *drei Agenturen der Bedeutungsproduktion* stattfindet, die Sinnressourcen für eine Selbstveränderung der modernen Kultur und ihrer Subjektformen in diskontinuierliche Zukünfte zur Verfügung stellen: die *kulturellen Bewegungen*, die *materiale Kultur der Artefakte (darunter vor allem mediale Technologien,* welche die Wahrnehmungsstruktur des Subjekts umformen) sowie die *Interdiskurse der Humanwissenschaften* (von der bürgerlichen Moralphilosophie bis zur postmodernen Persönlichkeitspsychologie). Diese drei Agenturen der Bedeutungsproduktion als Nischen und Experimentalräume neuer Subjektformen entwickeln sich zu großen Teilen unabhängig voneinander; in jenen Fällen eines grundsätzlichen Umschlags von einer kulturellen Formation zu einer neuen, wie sie um 1920 und um 1970 stattfinden, wirken sie jedoch nach Art einer ›Aufaddierung‹ zusammen.

4. Die drei dominanten Subjektordnungen der Moderne, die mit der bürgerlichen Kultur, der Angestelltenkultur und der postmodernen Kultur produziert werden, stellen sich jeweils weder als homogen noch als stabil heraus, sondern sind von spezifischen Friktionen durchzogen. Diese Fissuren stellen sich als Ergebnis einer synkretistischen Überlagerung und Kombination unterschiedlicher Sinnelemente in der gleichen

Subjektkultur dar. Gegen den eigenen Anspruch aller Modernitätskulturen, sich die Eindeutigkeit und Perfektion ›des‹ Subjekts zugrundezulegen und gegen ein entsprechendes humanwissenschaftliches Vorurteil, das meint, eine widerspruchsfreie, in sich geschlossene Subjektstruktur – ›die‹ Mentalität der Bürgerlichkeit, ›der‹ other-directed character – aufspüren zu können, wird deutlich, dass alle Subjektkulturen statt einer kulturellen Logik der Einheit einer *kulturellen Logik der Hybridität* folgen: ›Hybridität‹ bezeichnet dabei die – nicht exzeptionelle, sondern verbreitete, ja regelmäßige – Kopplung und Kombination unterschiedlicher Codes *verschiedener* kultureller Herkunft in *einer* Ordnung des Subjekts. Die Hybridität kultureller Muster macht eine Subjektform zumindest potentiell immanent widersprüchlich und implantiert in ihr präzise bestimmbare Bruchlinien. Dass das Subjekt nicht homogen, sondern hybride strukturiert ist, haben manche Interpreten als Kennzeichen einer spezfisch ›postmodernen‹ Identität ausgemacht; tatsächlich erweisen sich jedoch *alle* modernen Subjektformen von Anfang an als hybride arrangiert. Für jede der drei großen *Subjektordnungen der Moderne* ist dann nicht ein einziges eindeutiges Sinnmuster kennzeichnend, sondern jede erweist sich *als* eine *historisch spezifische, kulturelle Überlagerungskonstellation,* in der bestimmte Subjektcodes hybride aneinander gekoppelt sind: In der bürgerlichen Subjektkultur tut sich so eine potentielle Spannung zwischen einer Moralisierung des Subjekts und an einem Training in souveräner Selbstregierung (etwa der ökonomischen Reflexivität) auf; in der Angestellten-Persönlichkeit sieht sich sich eine Ausrichtung am sozialen Normalismus der *peer society* gekoppelt an eine latent hedonistische Ästhetik der perfekten Form; die postmoderne Subjektkultur erweist sich als synkretistische Aufpfropfung eines ›expressiven‹ Subjektcodes der Selbstkreation auf eine Orientierung des Subjekts an der Konstellation eines sozialen Marktes. Das bürgerliche Subjekt, das Angestelltensubjekt und das postmoderne Subjekt sind somit allesamt latent widersprüchliche Gebilde. Diese immanenten Heterogenitäten und Fissuren machen die modernen Subjektformen instabil und lassen sie potentiell als mangelhaft erlebbar werden: die Muster gelungener Subjekthaftigkeit enthalten damit sogleich spezifische Muster des *Scheiterns* der Identität.

5. Die unterschiedlichen Subjektkulturen der Moderne befinden sich zueinander nicht im Verhältnis vollständiger Diskontinuität, sondern erweisen sich gerade dadurch, dass sie hybride Kombinationen darstellen, als *historisch ›intertextuelle‹ Sinnkonstellationen, in denen spätere Formationen Elemente von früheren enthalten und aufnehmen.*[12] Gegen

12 Der Begriff der Intertextualität soll hier nicht allein auf die Sinnbezüge zwischen schriftsprachlichen Texten im engeren Sinne, sondern zwischen kulturellen Codes insgesamt bezogen werden, einschließlich

die aus der *grand récit* der Moderne als Fortschrittsprozess vertraute Annahme absoluter Brüche zwischen ›alten‹, überholten und radikal ›neuen‹ Gesellschafts- und Kulturformen lassen sich die einzelnen Modernitätskulturen als Mischungsverhältnisse zwischen jeweils neuen und alten Sinnelementen dechiffrieren, welche die neuen in Form von kulturellen Spuren heimsuchen oder dort gezielt wiederangeeignet werden. Es finden somit in komplexer Überlagerung mit den Differenzmarkierungen regelmäßig kulturelle Appropriationen statt, in denen spätere Subjektkulturen selegierte Elemente historisch früherer wiederholen und in modifizierter Form in sich einfügen: In der bürgerlichen Subjektkultur sind ausgewählte Bestandteile aristokratischer Subjektivität, vor allem die gelassene Souveränität der Kommunikations- und Körperbeherrschung, präsent. Die Angestelltenkultur der 1920er bis 60er Jahre greift bei aller Distanz zum Bürgerlichen auf die anti-exzentrische Distinktion und das Ordnungsdenken des bürgerlichen Subjekts zurück. In der postmodernen Gegenwartskultur lagern sich unter anderem Sinntransfers aus dem Arsenal des expressiven Subjekts der Romantik sowie aus der Marktorientierung und Selbstregierung des bürgerlichen Subjekts ab. Entscheidend ist, dass sich damit langfristige, aber gebrochene *kulturelle Effekte* scheinbar ›überholter‹ Subjekt- und Identitätsmustern ergeben, insbesondere jene *der aristokratischen und der bürgerlichen Kultur in der nach-bürgerlichen Kultur sowie die Effekte der historischen ästhetischen Bewegungen* der Romantik und der Avantgarden bis zum Beginn des 21. Jahrhunderts. Die Subjektkulturen der Moderne erweisen sich damit als hybride Arrangements historisch disparater Versatzstücke, die nur einen Schein von strikten Brüchen zur Vergangenheit produzieren, und die Transformation von Subjektkulturen in der Moderne lässt sich als ein Gewebe der Intertextualität entziffern, ein komplexer Verweisungszusammenhang einander überformender kultureller Codes verschiedener historischer Herkünfte.

Wenn man die Perspektive auf die Kultur der Moderne und auf das Subjekt in ihrem Zentrum, welche dieses Buch zu entwickeln versucht, auf ein Schlagwort bringen will, dann ist es das einer Diagnose der *Hybridität* moderner Subjektkultur (eine Diagnose, die dabei die Zweitbedeutung des Hybriden, die Konnotation der ›Hybris‹ einer übersteigerten Fixiertheit der Moderne auf das Subjekt, nicht leugnet). Alle Elemente der subjektorientierten Kulturanalyse laufen auf die Offenlegung hybrider Konstellationen der Kultur unter modernen Bedingungen hinaus, das heißt von Konstellationen, in denen statt der Herrschaft einer einheitlichen Struktur unterschiedliche Sinnelemente verschiedener Herkunft in potentiell konflikthafter und uneinheitlicher

jener, die nicht in Diskursen, sondern (auch) inkorporiert in Praktiken vorkommen.

Weise aneinander gekoppelt, miteinander kombiniert oder aufeinander verwiesen sind: die Differenzen zwischen bürgerlicher, organisierter und postmoderner Subjektkultur innerhalb der Moderne; die Grenzüberschreitungen der Subjektkulturen jenseits der Sinngrenzen von Arbeit, Intimität/Geschlecht, Medien und Konsum; der Einfluss der ästhetischen Moderne in der gesellschaftlichen Moderne; der Synkretismus der Codes in den Subjektkulturen; schließlich der intertextuelle Verweisungszusammenhang zwischen Sinnelementen verschiedener Zeiten.

Das Konzept des Hybriden ist in den letzten beiden Jahrzehnten – gegen seine ursprünglich organizistische, abwertende Bedeutung – namentlich von den *post-colonial studies*, aber auch von den *science studies* profiliert worden und vor allem auf die Mischungsverhältnisse zwischen westlichen und nicht-westlichen Praktiken und Codes bezogen worden.[13] Im Kontext dieses Buches erhält die Perspektive des Hybriden eine verallgemeinerte Bedeutung jenseits des post-kolonialen Spezialfalls: Die Kultur der Moderne und in ihrem Zentrum die Form des Subjekts ist insgesamt, selbst wenn man sich auf den Westen beschränkt, im genannten mehrfachen Sinne hybride strukturiert. Jenseits aller analytischen Purifizierungen des rationalen, des disziplinierten, des individualisierten, patriarchalischen etc. Subjekts erweist sich ›die‹ moderne Subjektkultur als ein Ort der unreinen Kreuzungen, Kombinationen, aufeinander bezogenen Differenzen und Verweisungen. Diese produzieren dabei keine pluralistische Beliebigkeit unendlicher Möglichkeiten, sondern präzise bestimmbare Hegemonien, Gegenbewegungen, Distinktionskonflikte, Überlagerungsmuster und Friktionen, die sich in einer Kulturtheorie der Moderne herausarbeiten lassen. Bruno Latour hat für das Verhältnis zwischen Kultur und Natur, von Mensch und Technologie für die Moderne seit dem 16. Jahrhundert festgestellt, dass diese einerseits in ihrem Selbstverständnis eine strikte Grenzziehung zwischen diesen beiden Sphären postuliert, in Wahrheit jedoch gerade die hybriden Kombinationen von Menschen und Artefakten explosionsartig vermehrt hat.[14] Diese These lässt sich auf die Subjektverhältnisse übertragen: die Kultur der Moderne hat – entgegen allen Versuchen der Vereinheitlichung von bürgerlichen, romantischen, proletarischen, postmodernen etc. Subjekt- und Identitätsformen – tatsächlich systematisch die Potenzierung hybrider Kombinationen von Subjektkulturen vorangetrieben. Der Struktur dieser hybriden Subjektkulturen im Zentrum der westlichen Moderne, ihres ›hybriden Subjekts‹ soll das Interesse dieses Buches gelten, und die kulturwissenschaftliche Perspektive soll das Sensorium für eine Rekonstruktion der Hybridmuster liefern.

---

13 Vgl. etwa Homi K. Bhaba (1994): The Location of Culture, London.
14 Vgl. Bruno Latour (1991): Wir sind nie modern gewesen. Versuch einer symmetrischen Anthropologie, Berlin 1995, S. 98-104.

Die Analyse der Praktiken und Sinnmuster der Subjektkulturen und ihrer Transformation vom 18. Jahrhundert bis zum Beginn des 21. Jahrhunderts, wie sie im folgenden versucht werden soll, versteht sich damit als kultursoziologische und historisch-soziologische Rekonstruktion und zugleich als Bemühung, auf diesem Wege einen Beitrag zu einer anderen Perspektive auf die Moderne insgesamt zu leisten, zu einer *Kulturtheorie der Moderne*. Dieser Beitrag zu dem, was Jean-François Lyotard als die Anstrengung umschrieben hat, gegen die *grand récits* der Modernisierung ›die Moderne zu redigieren‹, das heißt, diese durchzuarbeiten und neu zu beschreiben (eine Anstrengung, die in ihr selbst immer schon am Werk war),[15] versucht auf kritische Distanz zu verbreiteten Perspektiven zu gehen, welche die Sozial- und Gesellschaftswissenschaften seit Marx, Spencer und Comte hervorgebracht haben. Das Feld der sozialwissenschaftlichen Theorien der Moderne ist auf den ersten Blick äußerst disparat: Kapitalismustheorien konkurrieren hier mit Theorien funktionaler Differenzierung, Theorien formaler Rationalisierung mit technizistischen Theorien der Industriegesellschaft (bzw. mittlerweile der post-industriellen Gesellschaft). Wahlweise wird das Moderne der Moderne primär in einer eigendynamischen Logik der Kapitalakkumulation, einer Ausdifferenzierung spezialisierter gesellschaftlicher Teilsysteme, der Etablierung von Institutionen mit gesatzten, nach dem Ideal der Zweck-Mittel-Rationalität modellierten Regeln oder in einer historisch beispiellosen technologischen Entwicklung ausgemacht.

Bei allen unterschiedlichen Aussagen im Detail stimmen die genannten, klassischen Analyseprogramme jedoch darin überein, dass sie die grundlegenden Muster der Moderne primär auf dreierlei Weise vorausgesetzt haben: als formale Strukturen und nur sekundär als Sprachspiele der Kultur; als institutionelle Komplexe und nur sekundär auf der Ebene von Formen der Subjektivität; als linearer Prozess der Modernisierung und fast gar nicht als ein agonal-hybrides Geflecht von Kulturkonflikten und kulturellen Mischungsverhältnissen. Die Kapitalismus-, Rationalisierungs-, Differenzierungs- und Technisierungstheorien haben der ›Struktur‹ ein Primat über die ›Kultur‹ zugeschrieben: Während traditionale, vormoderne Gesellschaften aus ihrer Perspektive durchaus kulturell – über Religion, Mythen, Kollektivbewusstsein – konstituiert sind, scheinen die modernen Gesellschaften auf dem festen, vorgeblich kulturell neutralen Fundament vor-sinnhafter Strukturen errichtet, von sozialen Differenzierungsmustern bis hin zur Technologie. ›Kultur‹ tritt unter modernen Bedingungen dann lediglich als eine Schicht variabler Semantiken auf, die dem fixen Fundament der Strukturen hinzugefügt

---

15 Vgl. Jean-François Lyotard (1987): Die Moderne redigieren, in: Welsch (1988), S. 204-214.

erscheint.[16] Das, was im Kern der modernen Gesellschaft und ihrer Analyse plaziert ist, sind aus der Sicht der klassischen Gesellschaftstheorien konsequenterweise Strukturmerkmale institutioneller Komplexe, vor allem politischer, rechtlicher, ökonomischer Art; der Problemhaushalt der Moderne ist aus dieser Sicht vor allem von institutionellen Steuerungsproblemen bevölkert. Subjektformen tauchen im Rahmen der institutionalistischen Perspektive am ehesten als sekundäres Produkt institutioneller Zwänge oder Freisetzungsprozesse auf. Schließlich folgen die Gesellschaftstheorien der Moderne durchgängig der temporalen Logik gesellschaftlicher ›Modernisierung‹. Diese stellt sich als Kombination der Annahmen von struktureller Konstanz und linearer Entwicklung dar und führt zu einer Marginalisierung von Kulturkonflikten, Überlagerungsmustern und Kontingenzmomenten. Vorausgesetzt wird hier eine basale Konstanz moderner Strukturen im Verhältnis zu traditionalen Verhältnissen: die Moderne – ob man sie nun als Kapitalismus oder als funktionale Differenzierung versteht – bleibt im Kern bei allen historischen Unwägbarkeiten die gleiche. Falls sich innerhalb der Moderne doch Transformationen abzeichnen, so wird regelmäßig vorausgesetzt, dass diese primär keiner konflikthaften oder hybriden und damit unberechenbaren Logik folgen, sondern einem intelligiblen, strukturierten Entwicklungsprozess, der häufig als Steigerungsprozess, unter Umständen auch als Verfallsprozess, das heißt als positive oder negative Modernisierung gedacht wird.[17]

Was in der begrifflichen Trias der klassischen sozialwissenschaftlichen Theorien der Moderne, der Trias von formalen Strukturen, institutionellen Komplexen und Prozessen der Modernisierung, supplementiert wird, was sich als bloße Ergänzung an die Peripherie gedrängt sieht, stellt sich im Rahmen der in diesem Buch in Stellung gebrachten Perspektive einer Kulturtheorie der Moderne als das eigentliches Zentrum dar, um das Gefüge und die Transformation jener Komplexe sozialer Praktiken seit dem 18. Jahrhundert zu begreifen, die wir gelernt haben, als ›modern‹ zu umschreiben: die Moderne als Kultur; die Moderne auf der Ebene von Subjektformen; die Moderne als Netz von Kulturkonflikten und hybriden Mischungen. Für eine solche im weitesten Sinne kulturtheoretische Perspektive auf die Moderne kann man auf eine Sequenz – teilweise oben bereits genannter – Autoren von Weber und Nietzsche bis Foucault, Taylor und Eisenstadt zurückgreifen. Gegen das Primat der formalen Strukturen gilt aus kulturtheoretischer Sicht nicht

16 Vgl. zu diesem Aspekt die kritische Darstellung in S. N. Eisenstadt (1973): Tradition, Wandel und Modernität, Frankfurt am Main 1979.
17 Vgl. zur Form der Modernisierungstheorien kritisch Wolfgang Knöbl (2001): Spielräume der Modernisierung. Das Ende der Eindeutigkeit, Weilerswist.

nur für die sogenannten traditionalen, sondern auch für die modernen Gesellschaften des Westens, dass ihre besonderen sozialen Praktiken sich als Produkte hochspezifischer, partikularer Sinnmuster, von lokal-historischen kulturellen Codes darstellen. Diese Codes liefern keinen bloßen Überbau von Ideen, sondern die Voraussetzung intelligibler Verhaltensmuster, damit auch die Bedingung jener vermeintlich for-malen Strukturen der kapitalistischen Ökonomie, der technologischen Entwicklung oder des Rationalismus staatlicher Bürokratie. Gegen das Primat der institutionalistischen Logik erscheint aus kulturtheoretischer Perspektive die Form des Subjekts innerhalb dieser Kultur der Moderne nicht als ein peripheres, sondern als ein zentrales Problem des modernen Sinnhaushalts: Die einzelnen institutionellen Komplexe von der Arbeit bis zu den Medien lassen sich als kulturelle Räume verstehen, in denen sich die Dispositionen und Identitäten eines Subjekts modellieren. Die leitende Problematik moderner Lebensverhältnisse ist damit nicht nur und nicht primär auf der Ebene von institutionellen Steuerungsproble-men, sondern auch und in erster Linie von Identitätsproblemen bezüg-lich einer kulturell als gelungen, natürlich oder erstrebenswert aner-kannten oder bestrittenen Subjektivität zu verorten. Gegen das Denken in linearen Modernisierungsprozessen rückt die kulturtheoretische Per-spektive schließlich die Auseinandersetzungen der kulturellen Öffnung und Schließung von Kontingenzen, die Distinktionskonflikte zwischen ›dominant, residual and emergent cultures‹ (R. Williams), die Wandel induzierenden Friktionen innerhalb der Praxis-/Diskursformationen sowie die kombinatorischen Überlagerungen von Sinnmustern ins Zentrum ihres Blicks. Die Annahme einer grundsätzlichen Konstanz der Moderne – bis hin zu jener Kojève-Gehlenschen These einer *post-histoire* – erweist sich damit als kaum haltbar.

Dieses Buch situiert sich innerhalb des weiteren, historisch-soziologi-schen Fragehorizontes einer Theorie der Moderne, aber es bemüht sich in zweiter Linie auch um einen Beitrag zur Diskussion um die Gestalt der ›Postmoderne‹. Der seit den 1980er Jahren verbreitete Begriff der Postmoderne ist nicht eindeutig und enthält zwei ganz unterschiedliche Bezugspunkte: Der eine ist die Moderne als ganze – als postmodern erscheint hier ein verschobener Blick auf die Moderne selbst, der nicht der liberalen *grand récit* eines Modernisierungsprozesses folgt, sondern die Moderne als ein Konfliktfeld kultureller Differenzen rekonstruiert. Eine engere Bedeutung kommt dem Begriff zu, wenn er sich auf jene vorläufig letzte, gegenwärtige Phase der Moderne bezieht, die sich seit den 1970er Jahren bildet und deren grundsätzliche Differenz zur klassi-schen Moderne der Industriegesellschaft von vielen Autoren behauptet wird. Es ist vor allem das Genre der soziologischen Zeitdiagnose, das in den letzten Jahrzehnten eine Fülle von Ansätzen zur Skizzierung von Grundmerkmalen der post-, hoch- bzw. spätmodernen (oder auch

post-industriellen oder postfordistischen) Gesellschaft als ›Risikogesellschaft‹, ›Multioptionsgesellschaft‹, ›Informationsgesellschaft‹, ›Erlebnisgesellschaft‹ etc. hervorgebracht hat.[18] Diese zeitdiagnostischen
Analysen lassen sich als Antwort auf die Schwierigkeiten der klassischen soziologischen Modernisierungstheorien interpretieren, in ihrer
Fixierung auf eine scheinbar unwandelbare oder nur linear steigerbare
Strukturlogik der Moderne für Brüche und Verschiebungen innerhalb
der neueren Geschichte der Moderne Sensibilität zu entwickeln. Die
soziologischen Zeitdiagnosen leiden jedoch häufig an einem Präsentis-
mus: In ihrer unmittelbaren Orientierung an der Gegenwart tendieren
sie dazu, neuartige, ›postmoderne‹ Phänomene wahrzunehmen, ohne
das Verhältnis zwischen diesem vorgeblich Neuem und den zeitlich
zurück liegenden Phasen der Moderne selbst einer systematischen
Analyse zu unterziehen, ohne damit die Gewichtung von ›neu‹ und ›alt‹
hinreichend einschätzen zu können – eine Tendenz, die Norbert Elias
einmal als den soziologischen ›Rückzug auf die Gegenwart‹ kritisierte.[19]
Kaum verwunderlich, tendieren die Zeitdiagnosen dann selbst zu zwei
Denkfiguren aus den klassischen Narrativen der Moderne: jener des
absoluten Bruchs (in eine Nach-Moderne) oder jener einer Steigerung
(in eine Hoch-Moderne).

Aus der Perspektive dieses Buches ist eine informative Analyse der
Gegenwartsgesellschaft auf eine umfassendere Kulturtheorie der sich
historisch transformierenden Moderne angewiesen: Ohne eine Historische Soziologie steht die Zeitdiagnose auf tönernen Füßen. In diesem
weiteren historisch-kulturellen Kontext lässt sich nun – dies ist das Thema des letzten, des vierten Kapitels – auf der Grundlage einer Vielzahl
empirischer Detailstudien systematisch herausarbeiten, wie sowohl im
Feld der Arbeit als auch jenen der persönlichen Beziehungen wie auch
den medialen und konsumtorischen Praktiken seit den 1970er und 80er
Jahren bis zum Beginn des 21. Jahrhunderts tatsächlich eine grundsätzliche, homologe Transformation der sozialen Praktiken und mit ihnen der
Form des Subjekts stattfindet. Es kristallisiert sich eine Subjektordnung
heraus, die auf dem Modell eines kreativ-konsumtorischen Subjekts
basiert und sich von der Persönlichkeitsstruktur des die Kultur der organisierten Moderne der 1920er bis 1970er Jahre dominierenden Angestelltensubjekts unterscheidet. Aus der kulturtheoretischen Perspektive
stellt sich die Entstehung einer neuen Modernitätskultur seit den 1970er
Jahren dabei weder als vollständiger Bruch noch als kontinuierliche Stei-

---

18 Vgl. als Überblick Gary Browning/Abigail Halcli/Frank Webster (Hg.)
   (2000): Understanding Contemporary Society. Theories of the present,
   London.
19 Vgl. Norbert Elias (1983): Über den Rückzug der Soziologen auf die
   Gegenwart, in: KZfSS, S. 29-40.

gerung dar, vielmehr werden die historisch-kulturellen Spuren und die unterschiedlichen Codes dechiffrierbar, die sich in der spätmodernen Subjektkultur hybride arrangieren: Es wird deutlich, dass in der postmodernen Kultur ein ästhetischer Subjektcode der Selbstkreation und ein im weitesten Sinne ökonomischer Subjektcode der marktorientierten Wahl und Konsumtion einander überformen und dass damit Sinnelemente aus der Sequenz ästhetischer Bewegungen von der Romantik über die Avantgarden bis zur *counter culture* enthalten sind, gleichzeitig aber ein basaler Sinntransfer aus dem Modell des bürgerlichen Subjekts stattfindet. Die Dispositionen des ›postmodernen‹ Subjekts stellen sich damit keineswegs als vollständig neuartig dar, sondern als ein Arrangement von Elementen unterschiedlicher historischer Herkunft, vor allem als fragile Zusammenfügung von Elementen aus ehemals dominanten – bürgerlichen – und ehemals opponierenden – ästhetischen – Kulturen.

Dieses Buch sieht sich als Beitrag zu einem disziplinenübergreifenden kulturwissenschaftlichen Forschungsprogramm zur Analyse von ›Subjektkulturen‹, das heißt von spezifischen Praxis- und Diskurskomplexen, in denen spezifische Formen dessen, was ein Subjekt ist, definiert und realisiert werden. Der Leitgedanke lautet, dass sich die Frage nach der Form des Subjekts und seiner Identität, nach der sozial-kulturellen (Selbst-)Modellierung des Menschen zum Subjekt im Zentrum der Kultur der Moderne befindet und somit ins Zentrum der Kulturwissenschaften gehört. Die Moderne ist jene Kultur, die das Subjekt kontingent setzt und seine Form einerseits öffnet; gleichzeitig schließt sie diese notwendigerweise immer wieder und legt sie auf bestimmte Muster fest: eine bürgerliche oder eine romantisch-expressive, eine an sozial-technischen Ordnungen orientierte oder eine avantgardistische, eine sozialistisch-proletarische oder eine religiös-fundamentalistische Struktur, Formen, die der Einzelne selbst lernt, sich als erstrebenswerte, affektiv aufgeladene Ideal-Iche einzuverleiben. Die moderne Kultur arbeitet mit einer historischen Kette von Universalisierungen, in denen jeweils eine bestimmte Humanstruktur als die eigentlich natürliche, alternativenlose präsentiert und instituiert wird, und die modernen Kulturkonflikte sind solche des Anfechtens und Neuaufrichtens dieser Universalisierungen. Die zentrale Motivation eines kulturwissenschaftlichen Forschungsprogramms besteht nun darin, die *Kontingenz* der nur scheinbar allgemeingültigen, vielmehr lokal-historisch spezifischen Sinnmuster bezüglich des Subjekts (und darüber hinaus) sichtbar zu machen, ihre Abhängigkeit von besonderen Praktiken und Diskursen: die kulturwissenschaftliche Perspektive versucht sich in einer Kontingenzperspektive auf die Moderne, in einer Entdoxifizierung und Reproblematisierung ihrer impliziten Fundamente.[20] Disziplinäre Grenzen

20 Vgl. auch Andreas Reckwitz (2004): Die Kontingenzperspektive der

zwischen Soziologie, Geschichtswissenschaft, Literaturwissenschaft, Kulturanthropologie etc. treten hinter diesem kulturwissenschaftlichen Interesse zurück. Dass die kulturwissenschaftliche Perspektive dabei in der Geschichtlichkeit fundiert ist – und selbst ihre Gegenwartsanalysen sich an einem quasi-historischen Beobachterstandpunkt positionieren –, ergibt sich aus diesem Blickwinkel der Kontingenz. In der ›longue durée‹ werden die Diskontinuitäten, hybriden Kombinationen, Universalisierungs- und Entuniversalisierungsprozesse, Ausschlussmechanismen und selektiven Sinntransfers wahrnehmbar: »Die Erforschung der Herkunft liefert kein Fundament: sie beunruhigt, was man für unbeweglich hielt; sie zerteilt, was man für eins hielt; sie zeigt die Heterogenität dessen, was man für kohärent hielt.«[21]

Michel Foucault ist derjenige Autor, der dieses Projekt einer kulturwissenschaftlichen Kontingenzperspektive auf die Geschichte des modernen Subjekts am scharfsinnigsten und am fruchtbarsten konturiert hat, und dessen Arbeiten in ihrer elementaren Kulturalisierung und Historisierung von Subjektivitäten, ihrem Verständnis von Subjekten als Bestandteilen von spezifischen Alltags-›Techniken‹ und produktiven Diskursen die Fragestellung dieses Buches wohl am stärksten inspiriert haben. Foucaults immer wieder neu ansetzende, mit sich selbst hadernde Arbeiten führen aber bei aller Brillanz wiederholt in eine Reihe von Sackgassen, die im folgenden vermieden werden sollen: die Neigung zum oben genannten Disziplinierungsnarrativ, die eng mit einer Totalisierung des Begriffs der Macht verknüpft ist; die daraus folgende Vernachlässigung der Bedeutung sozial-kultureller Bewegungen für die Subjektmodellierung, das heißt von Subjektivationskontexten, denen (noch) nicht die Form institutioneller ›Dispositive‹ zukommt; die weitgehende Ausblendung intertextueller Sinntransfers zugunsten eines Modells von Diskontinuitäten zwischen den Wissensordnungen. Um diese Fallstricke einer rein ›foucauldianischen‹ Analyse zu umgehen, lässt sich die folgende Darstellung von einer Reihe anderer Theorieperspektiven beeinflussen: von der soziologisch-differenzierungstheoretischen Annahme einer Dekomponierbarkeit moderner Gesellschaften in spezialisierte, heterogene Sinnkomplexe, wie sie sich pointiert bei Niklas Luhmann findet (ein konzeptueller Rahmen, der jedoch durch das Interesse an der Systemgrenzen transzendierenden Homologie von

›Kultur‹. Kulturbegriffe, Kulturtheorien und das kulturwissenschaftliche Forschungsprogramm, in: Friedrich Jaeger/Jörn Rüsen (Hg.): Handbuch der Kulturwissenschaften. Band 3: Themen und Tendenzen, Stuttgart/Weimar, S. 1-20.

21 Michel Foucault (1971): Nietzsche, die Genealogie, die Historie, in: ders. (1974): Von der Subversion des Wissens, Frankfurt am Main 1987, S. 69-90, hier: S. 74.

Subjektformen rasch über das hinaus, was für Luhmann interessant ist, verlassen wird); von der poststrukturalistischen Sensibilisierung für kulturelle Friktionen, hybride Überformungen, paradoxe Spiele von Identität und Differenz, semiotische Verschiebungen und agonale Logiken in der okzidentalen Kultur, wie sie sich vor allem bei Jacques Derrida und Ernesto Laclau findet; von der Freilegung des Einflusses der Bewegungen einer ästhetischen Moderne auf die modernen Identitäten, wie sie von Georg Simmel, Walter Benjamin und Charles Taylor begonnen wurde; schließlich von einem Interesse an den feldübergreifenden kulturellen ›Lebensformen‹ und ihren sozialen Trägergruppen, wie es seitens einer verstehenden und klassenorientierten Sozialwissenschaft von Max Weber bis Pierre Bourdieu entfaltet worden ist.

Die folgende Darstellung muss zwangsläufig selektiv bleiben. Sie versucht zwar den Zeitraum von der bürgerlichen Moderne bis zur Postmoderne einschließlich ihrer ästhetischen Gegenbewegungen abzudecken, kann dies jedoch nur um den Preis einer Reihe von Schwerpunktsetzungen und Ausblendungen. Diese stellen sich umgekehrt als Desiderata eines kulturwissenschaftlichen Forschungsprogramms zur Analyse moderner Subjektkulturen dar, das weitere alternative Subjektformen und intertextuelle Bezüge zwischen ihnen deutlich machen könnte. Vor allem sechs Aspekte sind hier zu nennen, die für eine umfassende Kulturtheorie der Moderne unabdingbar wären, aber im folgenden bewusst vernachlässigt werden müssen:

1. Die folgende Darstellung setzt in einer durchaus konventionellen Periodisierung mit dem Beginn der Moderne in der bürgerlichen Kultur des 18. Jahrhunderts an. Die höfische Gesellschaft und ihr aristokratisches Subjekt tauchen damit nur indirekt als Distinktionsobjekt des Bürgertums und als ›konstitutives Außen‹ seiner latenten Imitation auf. Ein zeitliches Zurückschreiten der Analyse von der bürgerlichen zumindest in die frühneuzeitliche Kultur (und schließlich darüber hinaus) mit ihren spezifischen Praxis- und Diskursfiguren des Adeligen, des Klerikalen, des ›Volkstümlichen‹, des Intellektuell-Künstlerischen (im Renaissance-Humanismus) würde es ermöglichen, die modernisierungstheoretische Differenz zwischen traditionaler und moderner Gesellschaft auf den Prüfstand zu stellen, indem intertextuelle Sinntransfers der Subjektivität über diese zeitliche Wasserscheide hinweg, etwa zwischen Bürgertum und religiös-christlicher Kultur oder zwischen Postmoderne und Adelskultur, sichtbar werden könnten.

2. Das Buch bezieht sich auf die *dominanten* Subjektformen in der Moderne, die mit dem erfolgreichen Anspruch kultureller Hegemonie auftreten: Bürgertum, Angestelltenkultur, postmoderne ›creative class‹. Komplementär zu dieser Konzentration auf die sozial-kulturellen Zentren wäre eine Untersuchung der Peripherien notwendig, die sich teilweise diesen kulturellen Hegemonien entziehen: Insbesondere die

Subjektkulturen der ländlich-agrarischen Praxis (im 18. und 19. Jahrhundert) sowie der ›working class culture‹ bzw. einer proletarischen oder subproletarischen Kultur (im 19. und 20. Jahrhundert) in ihrem ambivalenten Verhältnis zu den dominanten bürgerlichen und post-bürgerlichen Persönlichkeitsformen sind hier zu nennen.

3. Die folgende Analyse konzentriert sich auf jene drei primären sozialen Praktikenkomplexe, in denen moderne Subjekte sich durch zeitlich extensive Routine und körperlich-mentale Sedimentierung in besonderem Maße einen Habitus antrainieren: Arbeit, persönliche und intime Beziehungen, Technologien des Selbst (Medien bzw. Konsumtion). Jedoch sind weitere soziale Felder für die Modellierung moderner Subjektformen und ihre historische Transformation von Bedeutung: Hier ist vor allem auf die Praktiken und Diskurse von Politik und Recht, der institutionalisierten Bildung und Erziehung sowie der Religion zu verweisen.

4. In der Phase der organisierten Moderne der 1920er bis 70er Jahre, der zweiten Modernitätskultur, konzentriert sich die Analyse auf die von den USA ausgehende, ›amerikanistische‹ Angestelltenkultur. Aufschlussreich wäre eine Analyse der Subjektkulturen der zeitgleich auftretenden faschistischen und staatssozialistischen Gesellschaften in ihrer Differenz und Homologie zum westlichen Angestelltensubjekt sowie in ihren gegenseitigen Differenzmarkierungen: Hier tun sich möglicherweise weitere ›multiple modernities‹ *innerhalb* Europas/ Nordamerikas auf.

5. Die folgende Argumentation macht mit den kulturell-ästhetischen Bewegungen, den humanwissenschaftlichen Interdiskursen und der materialen Kultur der Artefakte drei Instanzen aus, die in der Kultur der Moderne im besonderen Maße neue Subjektcodes produzieren und sich damit als Quellen für die Transformation der dominanten Subjektkulturen herausstellen. Unsere Analyse konzentriert sich jedoch auf die Subjektcodes der ästhetischen Bewegungen – der Romantik, der Avantgarde und der postmodernistischen ›counter culture‹ –, während die Effekte der beiden anderen Modernitätsagenten in allen Kapiteln nur sehr komprimiert dargestellt werden. Diese Fokussierung ist in der bisherigen Marginalisierung der Relevanz ästhetischer Bewegungen in den Theorien zur Transformation des modernen Subjekts begründet, die dieses Buch zu revidieren versucht. Es wäre jedoch eine detailliertere Analyse der verzahnten Effekte nötig, welche die humanwissenschaftlichen Subjektrepräsentationen sowie die neue materiale Artefaktkultur (etwa auch der Produktions- und Verkehrstechnologien) auf die Subjektivation ausüben.[22]

22 Das Thema der Subjektformierung durch die Humanwissenschaften ist in den letzten Jahrzehnten Thema einer Reihe von Arbeiten aus dem

6. Die wichtigste Einschränkung besteht im Fokus auf den ›Westen‹, das heißt auf die europäisch-nordamerikanische Kultur, auf Praktiken und Diskurse, die sich in Großbritannien, Frankreich, Deutschland sowie den Vereinigten Staaten ausbilden (deren nationale Differenzen bereits zugunsten eines westlichen Idealtypus abgeschwächt werden) und die sich selber beständig als einen ›universalen Horizont‹ präsentieren. Die Kehrseite dieser Analyse der kulturellen Hegemonie des Westens bestünde in einer Rekonstruktion nicht-westlicher Subjektkulturen, so wie sie Max Weber für die Historische Soziologie in der ›Wirtschaftsethik der Weltreligionen‹ – in allerdings teilweise ethnozentrischer Weise – begonnen hat. Die Moderne markiert insofern tatsächlich einen Bruch zur Vormoderne, als sie die Struktur einer Weltgesellschaft annimmt, deren Transfer von Praktiken, Diskursen und Subjektformen auf kolonialen und post-kolonialen Pfaden den gesamten Globus kreuzen. Eine Kulturtheorie der Moderne wird sich damit am Ende nicht auf die westliche Moderne beschränken können, sondern sich der Frage stellen müssen, inwiefern sich in den Praxis-/Diskursformationen in Asien, Afrika und Lateinamerika – und den Migrantenkulturen des Westens – andersartige oder homologe Subjekt- und Modernitätskulturen ausgebildet haben, inwiefern sich hier nicht nur kulturelle Hybridisierungen der Zeit, sondern auch des Raumes in spezifischen Subjektarrangements manifestieren. Gleichzeitig kann sich der Blick damit auf die Differenzmarkierungen und latenten Imitationen zwischen dem Westen und seinem nicht-westlichen Anderen richten, auf die Repräsentationen und Aneignungen von Elementen des Nicht-Westlichen *im* Westlichen, welche die westlichen Subjektkulturen von der bürgerlichen Moderne bis zur Postmoderne selber in ihrem Kern beeinflusst und welche die ›postcolonial studies‹ ins Bewusstsein gerückt haben.[23] In diesem Sinne kann im folgenden nur ein enger Ausschnitt der Kultur des Subjekts unter modernen Bedingungen sichtbar werden.

Dieses Buch stützt sich auf eine Vielzahl unterschiedlicher Detailanalysen und Fallstudien, daneben auch von Primärmaterialien, in denen einzelne Aspekte von Subjektkulturen in Großbritannien, Deutschland, Frankreich und den Vereinigten Staaten zu verschiedenen historischen Phasen rekonstruiert oder dokumentiert werden. Eine lange Zeiträume umfassende kultursoziologische Struktur- und Prozessanalyse, wie sie

Feld der von Foucault inspirierten Kulturgeschichte und Kultursoziologie gewesen, das Thema der Subjektmodellierung durch die materiale Kultur hat vor allem die neuere Medienwissenschaft beschäftigt.

23 Vgl. nur Edward W. Said (1978): Orientalism, New York 1994; Paul Gilroy (1993): The Black Atlantic. Modernity and double consciousness, Cambridge (Mass.); Arjun Appadurai (2000): Modernity at Large. Cultural dimensions of globalization, Minneapolis.

hier versucht wird, wäre nicht möglich, ohne von der Interessensverschiebung der Forschungen in den Geistes- und Sozialwissenschaften seit den 1980er Jahren zu profitieren: Die neue Kulturgeschichte des 18. und 19. Jahrhunderts, die sich zunehmend auch der ersten Hälfte des 20. Jahrhunderts annimmt und die neben der Geschichtswissenschaft auch die Literaturwissenschaft im Zeichen des ›New historicism‹ einschließt; das empirische Interesse der Soziologie an den ›neuen‹, spätmodernen Arbeits-, Beziehungs-, Konsum- und Medienformen, das seit den 1990er Jahren den Spekulationen um eine gesellschaftliche Postmoderne materiale Präzision verleiht; schießlich das durchaus klassische, aber kulturwissenschaftlich neu akzentuierte und damit über die Kunstwissenschaften hinausreichende Interesse an den ästhetischen Erfahrungsstrukturen von der Romantik über die Avantgarden bis zum Postmodernismus liefern Voraussetzungen dafür, eine Gesamtinterpretation der Struktur und Transformation moderner Subjektkultur versuchen zu können. Die historisch-vergleichend arbeitende Kultursoziologie kann hier mittlerweile auf eine überbordende Menge von Detailuntersuchungen und Fallstudien zurückgreifen, welche die Kulturgeschichte in einem Maße erschließen, wie es bisher nicht denkbar war. Zugleich ergibt sich die Schwierigkeit einer fachwissenschaftlichen Ausdifferenzierung von Spezialdiskursen zu einzelnen Aspekten der Subjektgeschichte – hier galt es, so weit wie möglich auf der Höhe der einzelnen Diskussionszusammenhänge zu bleiben (inwiefern dies gelungen ist, werden die Spezialisten beurteilen müssen), um diese im Licht der übergreifenden Fragestellung zu überschreiten. Trotz der Fülle von bereits vorliegenden Fallanalysen zu unterschiedlichen Aspekten der Subjektgeschichte war es zudem regelmäßig nötig, auf ausgewähltes Primärmaterial zurückzugreifen; dies gilt insbesondere für die historisch jüngsten Subjektformationen, die Arbeits-, Intimitäts- und Selbstformen in der Postmoderne und die diese vorbereitende *counter culture* der 1960er und 70er Jahre. Vor allem hier wurden daher als Primärquellen auch jene Subjektdiskurse herangezogen, welche in künstlerischen Selbstthematisierungen, Managementberatungstexten, Texten zur Partnerschaftsberatung etc. einen unmittelbareren Zugriff auf kulturelle Codes erlauben. Die Ergebnisse dieser in der Kombination von Sekundär- und Primärmaterialen gewonnenen Rekonstruktion der Subjekt-Metamorphose müssen tentativ bleiben: Wenn dieses Buch in seinem Versuch, die Teile des Puzzles der ›modernen Kultur‹ zusammenzufügen, nicht nur Fragen beantwortet und Zusammenhänge klärt, sondern neue, zweifelnde Fragen aufwirft und weitere Detailstudien zum kulturellen Mischungsverhältnis der modernen Subjektproduktion – und damit sicher auch zur Revision mancher der folgenden Analysen – anregt, wäre sein Ziel erreicht.

1. Subjektanalyse und Kulturtheorie
Zur Rekonstruktion von Subjektkulturen

Theorien des Subjekts und Theorien der modernen Gesellschaft sind in den Humanwissenschaften häufig ohne Kontakt zueinander entwickelt worden. Am einen Extrempunkt befinden sich psychologische, psychoanalytische oder philosophische Subjekttheorien, die ein Vokabular für die mentale Binnenstruktur von Subjektivität liefern, ohne dabei ein Sensorium für deren sozial-kulturelle Bedingungen zu entwickeln, am anderen jene Gesellschaftstheorien, die eine Eigendynamik des Sozialen, des Ökonomischen oder Technischen jenseits des Subjekts annehmen und dieses mehr oder minder in der Umwelt der Gesellschaft plazieren. Die sozial- und kulturwissenschaftliche Gegentradition einer subjektorientierten Perspektive auf Gesellschaft und Kultur hat demgegenüber von Max Webers Relationierung der sozialen Ordnungen und der Persönlichkeitsordnungen über die Versuche der frühen Frankfurter Schule, Marxismus und Psychoanalyse aneinander zu koppeln, bis hin zu Pierre Bourdieus Theorie von Habitus und Feld und Michel Foucaults Theorie der Dispositive eine Reihe von Versuchen unternommen, einen theoretischen Rahmen für die Analyse von ›Subjektivationen‹, von kulturellen Subjektformen zu liefern, die den Dualismus zwischen Subjekt- und Gesellschaftstheorie hinter sich lässt. Welche Form kann nun ein analytischer Bezugsrahmen annehmen, der eine Rekonstruktion der Transformation von Subjektkulturen von der bürgerlichen Moderne bis zur Postmoderne anzuleiten vermag?

In unserem Zusammenhang ist ein Minimalvokabular nötig, das einen heuristischen Bezugsrahmen für die kulturwissenschaftliche Subjektanalyse skizziert. Dieses Minimalvokabular ist ein kulturtheoretisches, zugleich praxeologisches und poststrukturalistisch informiertes und wird als Antwort auf drei Fragen formuliert: 1. Was ist kulturtheoretisch unter einem Subjekt und seiner Form zu verstehen? 2. Wie lässt sich Subjektanalyse als Gesellschaftsanalyse begreifen, was sind die gesellschaftlichen (und zugleich kulturellen) ›Makro‹-Instanzen, auf deren Ebene sich Subjektformen auffinden lassen? 3. Was sind Parameter für ein Verständnis der kulturellen Transformation von Subjektkulturen unter den Bedingungen der Moderne? Abschnitt 1.1. geht vom Zusammenhang zwischen sozialen Praktiken und Subjektformen sowie einem Verständnis des Subjekts als einem Dispositionsbündel aus und erläutert die elementaren Konzepte des Diskurses, der kulturellen Codes, des Subjektmodells, der Identität und der Differenz sowie des Individuums. Abschnitt 1.2 führt einen gesellschaftstheoretischen Rahmen der Analyse von Subjektkulturen ein, der sich aus den Leitkonzepten des sozialen Feldes, der Lebensform, der Artefakte, der Milieuformationen und der kulturellen Hegemonie zusammensetzt. Abschnitt 1.3 thematisiert die für eine Analyse des kulturellen Wandels moderner Subjektkulturen zentralen Zusammenhänge der Öffnung und Schließung von Kontingenz, der Universalisierung von Subjektkulturen, der Hybridität und Widerspruchsstrukturen von Subjektformen und des historisch-intertextuellen Sinntransfers und geht auf die drei primären Orte der Bedeutungsproduktion neuer Subjektcodes in der Kultur der Moderne ein (Humanwissenschaft, materiale Kultur, kulturell-ästhetische Bewegungen).

1.1 Subjektformen und sozial-kulturelle Praktiken

Subjekte sind keine psychisch-mentalen Systeme, nicht der ›innere Kern‹ von Individuen oder individuelle Bewusstseinsströme. Ein solches neo-cartesianisches Vokabular, das voraussetzt, dass »mind is a substance, place, or realm that houses a particular range of activities and attributes«[1] und das Subjekt als eine Art »ghost in the machine«[2] versteht, hat die ideenhistorisch einflussreiche Separierung einer Sphäre des Sozialen, Kulturellen und einer des Psychischen, ›Subjektiven‹ auf den Weg gebracht und somit eine sozial- und kulturwissenschaftliche Analyse von Subjektformen erschwert.[3] Übereinstimmend mit der breiten Strömung kulturalistischer Sozialtheorien im 20. Jahrhundert – von Semiotik und Poststrukturalismus über die Hermeneutik bis zur Sprachspielphilosophie und zum Pragmatismus –, ist das Subjekt in unserem Zusammenhang stattdessen als eine sozial-kulturelle Form zu verstehen, als kontingentes Produkt symbolischer Ordnungen, welche auf sehr spezifische Weise modellieren, was ein Subjekt ist, als was es sich versteht, wie es zu handeln, zu reden, sich zu bewegen hat, was es wollen kann. Der Einzelne – als körperlich-mentale Entität – wird zum Subjekt und existiert in der zeitlichen Sequenz seiner Existenz allein im Rahmen kollektiver symbolischer Ordnungen, die in spezifischer Weise Subjektpositionen definieren und Subjektkulturen bilden.

1 Theodore R. Schatzki (1996): Social Practices. A Wittgensteinian approach to human activity and the social, Cambridge, S. 22.
2 Vgl. Gilbert Ryle (1949): The Concept of Mind, London 1990, Kap. 1.
3 Eine klassische Formulierung dieser kategorialen Separierung zwischen Sozialem und Psychischem findet sich in Georg Simmel (1908): Das Problem der Soziologie, in: Soziologie. Untersuchungen über die Formen der Vergesellschaftung, Gesamtausgabe Band 11, Frankfurt am Main 1992, S. 13-62, eine Radikalisierung in Luhmanns Unterscheidung von sozialen und psychischen Systemen als autopoietische Prozesse.

Codes und Praktiken

In einem kulturtheoretischen Verständnis können Subjekte in ihrer Form damit nicht vorausgesetzt werden, und einer kulturwissenschaftlichen Subjektanalyse kann es nicht darum gehen, sich in als gegeben angenommene mentale Innenwelten einzufühlen, die von ihrer außerpsychischen Umwelt separiert erscheinen. Die Richtung der Analyse verläuft genau umgekehrt: von der Kultur zu den Subjekten. Aber was ist hier unter ›Kultur‹ zu verstehen, und wo ist Kultur zu verorten? In unserem Verständnis heißt, von der Kultur auf das Subjekt zu blicken: von den sozialen Praktiken (einschließlich Diskursen) auszugehen und von dort die im Vollzug der Praktiken immer schon betriebene Produktion und Reproduktion von Subjektformen unter die Lupe zu nehmen. Um die kulturell produzierten und sich produzierenden Subjekte aufzufinden, sind die Praktiken zu rekonstruieren, welche in ihrem Vollzug permanent und immer wieder neu eine Form des Subjekts hervorbringen und welche zugleich von den in ihnen trainierten Subjekten, die entsprechende Dispositionen ausgebildet haben, ›getragen werden‹. Die Frage lautet dann: Was sind die spezifischen Praktiken, in denen die moderne Kultur Subjekte mit bestimmten Dispositionen, am Ende auch mit bestimmten kognitiven und emotionalen Innenwelten beständig hervorbringt? Und was sind die spezifischen, immer wieder neu angewandten Dispositionen des Subjekts, die sich in diesen Praktiken ausbilden, sie tragen und reproduzieren?

In einer Perspektive, die sich aus der breiten Bewegung praxistheoretischer, praxeologischer Ansätze in den Kultur- und Sozialwissenschaften speist, an der Theoretiker wie Bourdieu, Foucault, Giddens, Schatzki und andere partizipieren,[4] verorten wir die symbolischen Ordnungen und Sinnstrukturen der Kultur damit auf der Ebene sozialer Praktiken. Diese betreiben, plakativ formuliert, nicht nur ein ›doing culture‹,[5] sondern

4 Vgl. Pierre Bourdieu (1972): Entwurf einer Theorie der Praxis, Frankfurt am Main 1979; Michel Foucault (1984): Der Gebrauch der Lüste. Sexualität und Wahrheit Band 2, Frankfurt am Main 1991, S. 7 ff.; Anthony Giddens (1979): Central Problems in Social Theory. Action, structure and contradiction in social analysis, London; Schatzki (1996); ders. (2002): The Site of the Social. A philosophical account of the constitution of social life and change, University Park (Penn.). Insgesamt auch Theodore R. Schatzki/Karin Knorr-Cetina/Eike von Savigny (Hg.) (2001): The Practice Turn in Contemporary Theory, London; Andreas Reckwitz (2003): Grundelemente einer Theorie sozialer Praktiken. Eine sozialtheoretische Perspektive, in: Zeitschrift für Soziologie, Heft 4, S. 282-301.

5 Karl H. Hörning/Julia Reuter (Hg.) (2004): Doing Culture. Zum Begriff der Praxis in der gegenwärtigen soziologischen Theorie, Bielefeld.

auch ein ›doing subjects‹: sie stellen sich als Subjektkulturen dar. In einem sehr allgemeinen Sinne lässt sich ›Kultur‹ als ein Geflecht von Sinnmustern umschreiben,[6] von kulturellen Codes, welche ein System zentraler Unterscheidungen und Klassifikationen aufspannen. Diese Klassifikationscodes, die sich analog einer Sprache als ein semiotisches System zweiter Ordnungen denken lassen,[7] kategorisieren die tatsächlichen und vorgestellten Gegenstände der Welt in kontingenter, konventionalisierter, historisch-lokal spezifischer Weise: sie stellen sinnhafte Differenzen zur Verfügung und ermöglichen vor diesem Hintergrund die Identifizierung von Gegenständen qua routinisierter Sinnzuschreibung. Die Sinnmuster produzieren eine Ordnung dessen, was innerhalb ihres Systems von Unterscheidungen denkbar und sagbar ist, identifizierbar ist und ›Sinn macht‹, eine kulturelle ›Ordnung der Dinge‹, die gleichzeitig auf ein symbolisches Außen des zu Verwerfenden oder Undenkbaren angewiesen ist. Im Zentrum dieser Sinnmuster befinden sich damit die zweiwertigen Innen-Außen-Unterscheidungen binärer Codes – wie die zwischen dem Rationalen und dem Irrationalen, dem Effizienten und dem Verschwenderischen, dem Männlichen und dem Weiblichen, dem Heiligen und dem Sakralen –, aber die Codes, die eine Kultur ausmachen, müssen nicht zwangsläufig auf Paare zweier Elemente reduzierbar sein, sondern bilden darüber hinaus komplexe Systeme von Unterscheidungen mit einer Vielzahl von Elementen, analog sprachlicher Differenzensysteme.

In einem praxeologischen Verständnis sind soziale Praktiken der Ort, an dem sich diese Codes finden und an dem sie ihre Wirkung entfalten. Kulturelle Codes werden damit nicht in eine praxisenthobene Sphäre von Ideensystemen oder einer bloßen Semantik abgeschoben – solche traditionellen Zuordnungen der Kultur riskieren, begrifflich einen bloßen Überbau an der Spitze einer materiellen, sozialen Basis zu errichten. Die kulturellen Codes sind vielmehr in sozialen Praktiken enthalten und geben diesen ihre Form. Eine (soziale) Praktik lässt sich als »a temporally unfolding and spatially dispersed nexus of doings and sayings«[8] verstehen: Sie ist eine sozial geregelte, typisierte, routinisierte Form des körperlichen Verhaltens (einschließlich des zeichenverwendenden Verhaltens) und umfasst darin spezifische Formen des Wissens, des know how, des Interpretierens, der Motivation und der Emotion. Körperliches Verhalten, Wissen, Interpretationen, Regeln und Codes fügen sich

---

6 Vgl. zu den Kulturtheorien allgemein: Andreas Reckwitz (2000): Die Transformation der Kulturtheorien. Zur Entwicklung eines Theorieprogramms, Weilerswist. Hintergrund des Code-Konzepts ist Saussures Semiotik.

7 Vgl. Roland Barthes (1957): Mythen des Alltags, Frankfurt am Main 1964, S. 88 ff.

8 Schatzki (1996), S. 89.

in Praktiken – der Praktik des Sich Entschuldigens, den Praktiken des bürgerlichen Familienlebens, des Tischlerns oder der Filmbetrachtung – zu einem Komplex zusammen, aus dem sich keines der Elemente herausbrechen lässt: Die Praktik ist weder nur Verhalten noch nur Wissen, sondern ein geregeltes Verhalten, das ein spezifisches Wissen enthält. Praktiken sind damit dem analog gebaut, was Wittgenstein als ›Sprachspiele‹ umschreibt.[9] Eine Praktik stellt sich in diesem Sinne als eine Alltags-Technik dar, eine durch Kriterien angeleitete ›ethno-method‹ (Garfinkel) der gekonnten, routinisierten, typisierten Aktivität. Die abstrakten Codes der Kultur setzen sich in das Wissen, das know how, das Interpretieren und die Formen der Motivation um, die die Praktik enthält, und diese ist für ihren regelhaften Vollzug auf eben diese Codes angewiesen (so geht beispielsweise die Unterscheidung real/fiktiv in die Praktik des bürgerlichen Lesens oder das Vokabular von Guthaben, Kredit, Zins etc. in die Praktiken moderner Geldtransaktionen ein).

Aus praxeologischer Perspektive *besteht* die Welt des Sozialen, besteht etwa das, was man als ›moderne Gesellschaften‹ bezeichnet, aus höchst heterogenen Komplexen und Netzwerken von sozialen Praktiken, die »Raum und Zeit … binden«,[10] das heißt, die jenseits eines einzelnen Kontextes über räumliche Grenzen hinweg und jenseits eines einzelnen Zeitpunktes über längere Zeitspannen hinweg routinisiert hervorgebracht und reproduziert werden: Praktiken des landwirtschaftlichen, des industriellen, des professionellen Arbeitens, des staatlichen Administrierens, der finanziellen Transaktion, der gerichtlichen Verhandlung, der geschlechtsspezifischen Interaktion, des Tagebuchschreibens und Fernsehens, des Essens und des Rechnens, des Sich-Kleidens, der informellen Konversation etc. Eine Praktik ist dabei nichts Zeitenthobenes, kein ›type‹ des Verhaltens, das sich in immer neuen ›tokens‹ vollkommen identisch aktualisiert, sondern hat eine zeitliche Struktur: eine Struktur der Wiederholung, der Reproduktion und Repetitivität – dies schließt als Kehrseite die beständige Möglichkeit der Verschiebung, der schleichenden Veränderung ihrer Form ein. Als geregelte enthalten Praktiken dabei auch eine normative Konnotation: Sie implizieren den Anspruch, den Kriterien ›korrekt‹ zu folgen. Einzelne der verstreuten Praktiken können sich in ganzen Praxis-Komplexen arrangieren, die aneinander gekoppelt und sinnhaft miteinander verknüpft sind und auf diese Weise gesellschaftliche Makrophänomene wie etwa ›soziale Felder‹, ›Institutionen‹ oder ›Klassen/Milieus‹ bilden.

Das Gesellschaftlich-Soziale präsentiert sich damit als ein ausgreifendes, zeitlich sich reproduzierendes, in sich vielgliedrig heterogenes

---

9 Vgl. Ludwig Wittgenstein (1953): Philosophische Untersuchungen, in: ders. (1984), S. 225-580.
10 Giddens (1979), S. 64.

Netzwerk, als eine dynamische Fläche solcher zerstreuter Praktiken und Komplexe von Praktiken, die den Ausgangspunkt und die kleinste Einheit der sozial- und kulturwissenschaftlichen Analyse darstellen. Wenn von sozialen Entitäten – einer ›Organisation‹, der ›Privatsphäre‹, einer ›sozialen Bewegung‹, einer ›Subkultur‹ etc. – die Rede ist, fragt die praxeologische Perspektive immer: Aus welchen heterogenen und miteinander verknüpften Aktivitäten setzt diese Entität sich zusammen, welche Verhaltens-/Wissenskomplexe werden tatsächlich reproduziert in jenen Gebilden, die beispielsweise eine ›fordistische Organisation in den USA der 1930/40er Jahre‹ oder die ›linksalternative Subkultur der 1970er Jahre‹ genannt werden? Das Soziale, das heißt Kollektive von Praktiken besteht in praxeologischer Perspektive nicht in der sozialen Koordination individuellen Handelns – das ›Hobbessche Problem der Ordnung‹ –, sondern in ihrer Fähigkeit, als geregelte Verhaltensweisen Körperbewegungen eine relative Kontinuität der Form zu verleihen, welche repetitiv an verschiedensten Orten und Zeitpunkten hervorgebracht wird. Das Kulturelle der Praktiken besteht in ihrer Abhängigkeit von basalen Sinnmustern, welche nicht nur das Denken und Meinen, sondern das praktische Wissen und damit die Verhaltensakte und Subjekte strukturieren, somit einen Möglichkeitsraum des Denkbaren *und* Praktizierbaren aufspannen.

Eine Praktik ist damit weder identisch mit einer Handlung noch mit bloßem Verhalten: Praktiken enthalten in sich Handlungsakte, die wiederholt hervorgebracht werden, aber während das Konzept der ›Handlung‹ sich punktuell auf einen einzigen Akt bezieht, der als intentionales Produkt eines Handelnden gedacht wird, ist eine Praktik von vornherein sozial und kulturell, eine geregelte, typisierte, von Kriterien angeleitete Aktivität, die von verschiedensten Subjekten getragen wird. Wenn die Handlung per definitionem eine Intention impliziert, enthält die Praktik von vornherein einen Komplex von Wissen und Dispositionen, in dem sich kulturelle Codes ausdrücken (und die damit unter anderem *auch* typisierte Intentionen enthalten). Praktiken umfassen dabei auch den Aspekt der Regelmäßigkeit körperlichen Verhaltens, aber anders als in einem behavioristischen Ansatz sind sie, indem sie spezifisches Wissen und kulturelle Codes enthalten, sinnhafte Komplexe. Sozialkulturelle Praktiken machen zunächst eine Agglomeration heterogener Aktivitäten und Aktivitätenbündel aus; sie lassen sich in einem ersten Zugriff danach unterscheiden, welche Konstellation von Subjekten und Objekten sie strukturieren. In diesem Sinne können *intersubjektive, interobjektive und selbstreferentielle Praktiken* differenziert werden: Eine intersubjektive Praktik (etwa eine Form des Gesprächs) setzt mehr als einen Teilnehmer voraus, hat eine interaktive Form und enthält in der Regel die Verwendung von Zeichen; eine interobjektive Praktik ist eine Aktivität mit Objekten, das heißt nicht-humanen Artefakten (etwa

handwerkliches Arbeiten); eine selbstreferentielle Praktik ist eine geregelte Verhaltensweise, in der das Subjekt, welches sie trägt, primär auf
sich selbst gerichtet ist (etwa biografische Selbstreflexion). Damit wird
deutlich, dass – anders als kommunikationstheoretische und interakti-
onistische Ansätze nahelegen – Praktiken nicht intersubjektiv strukturiert sein müssen: sie umfassen auch kriteriengeleitete Aktivitäten mit
Dingen und solche, die sich schwerpunktmäßig als kriteriengeleitete
mentale Prozesse darstellen.

Das Subjekt als Dispositionsbündel

Praktiken sind der Ort des Sozialen und Kulturellen; sie sind zugleich
der Ort, an dem Subjekte existieren, sich formen und geformt werden.
Als typisierte körperliche Verhaltensroutinen, die ein heterogenes Wissen enthalten, setzen Praktiken Subjekte als ihre Träger voraus: Die körperlichen Akte, aus denen sich die Praktiken zusammensetzen, sind solche von Subjekten als Körper, und das Wissen, das sie enthalten, ist ein
Wissen, das von diesen Subjekten inkorporiert (›embodied knowledge‹)
und mental interiorisiert ist.[11] Umgekehrt können aus praxeologischer
Perspektive einzelne Menschen als körperlich-mentale Wesen niemals
anders erscheinen denn als Subjekte, die Träger von Praktiken sind, als
etwas, was immer im praktischen Vollzug begriffen ist und darin sozial-
kulturelle Formen reproduziert (oder auch modifiziert). Das Subjekt ist
nicht Denken, sondern Tun (wobei Denken dann ein sehr spezifisches
Tun darstellt); es wird geformt und formt sich als sozial-kulturelle
Struktur, indem es an spezifischen sozialen Praktiken partizipiert. In der
praxeologischen Perspektive sind das Sozial-Kulturelle und das Subjekt
nicht einander äußerlich, das Subjekt lässt sich in seiner Form auch nicht
– etwa nach Art der Phänomenologie – in seinem ›Innern‹ unabhängig
von seinen Praktiken analysieren. Aus der praxeologischen Perspektive

11 Vgl. zu einem ähnlichen Subjektverständnis: Nikolas Rose (1996): Iden-
    tity, genealogy, history, in: Hall/du Gay (1996), S. 128-150; Dorothy
    Holland (1997): Selves as cultured, in: Richard D. Ashmore/Lee Jussin
    (Hg.) (1997): Self and Identity. Fundamental Issues, New York/Oxford,
    S. 160-190; Kurt Danziger (1997): The historical formation of selves,
    ebd., S. 137-159. Eine solche praxeologische Perspektive auf das Sub-
    jekt als Bündel von Dispositionen auf der Ebene von Praktiken setzt
    damit anders als die Subjekttheorien des Paradigmas des Homo oeco-
    nomicus, des Homos sociologicus, der Sozialphänomenologie und eine
    psychoanalytische Subjekttheorie an: dort erscheint das Subjekt jeweils
    primär als Präferenzenstruktur, als Träger von Rollenerwartungen, als
    interpretierende Instanz bzw. als solche, die von einem vorkulturellen
    ›Es‹ motiviert ist.

stellt sich das Subjekt damit als ein *Bündel von Dispositionen* dar. Indem es nichts anderes ist als ein Träger routinisierter Praktiken, lässt
es sich als eine Agglomeration von Kompetenzen begreifen, als ein Set
inkorporierter und interiorisierter Kriterien und Schemata, mit denen
es in den Vollzug bestimmter Praktiken ›einrückt‹. Bevor der Mensch
Subjekt ist, ist er nichts anderes als ein organisches Substrat, ein körperlicher Mechanismus (einschließlich neurophysiologischer Strukturen);
dadurch, dass dieses körperliche Wesen sich in Praktiken trainiert, wird
es zum Subjekt im Sinne eines Bündels von Dispositionen, die sich auch
als ein praktisches Schemawissen begreifen lassen.

Die Formulierung des ›Bündels‹ verweist darauf, dass sich hier keine konsistente Struktur des Subjekts voraussetzen lässt, vielmehr die
Komponenten lose ›gebündelt‹ sind. Indem das Subjekt sich als Träger
verschiedenster Praktiken darstellt, ist es auch ein Träger verschiedenster Dispositionen, die zunächst nicht eindeutig miteinander koordiniert
sein müssen. Das Subjekt ist nicht als eine vorgängige Synthese, sondern
als ein potentiell heterogenes Arrangement von Dispositionen, als eine
»Dispersion«[12] zu verstehen, die innerhalb von Subjektkulturen auch
in ihrer immanenten Widersprüchlichkeit reguliert wird. Die praxeologische Sicht enthält damit eine bewusst ›dünne‹ Theorie des Subjekts; sie
setzt so wenig wie möglich als vorkulturelle, vorpraktische Eigenschaften voraus – keine transzendentale Reflexionsfähigkeit, keine Fähigkeit
zur Wahl und Entscheidung, kein gerichtetes Begehren. Alle diese Strukturen, die klassische Subjektphilosophien im ›Innern‹ des Subjekts prä-
judizieren, stellen sich nun als Dispositionen dar, die im Vollzug hochspezifischer kultureller Praktiken produziert und reproduziert werden.
Wenn es etwa um das autobiografische Bewusstsein des bürgerlichen
oder des postmodernen Subjekts geht, belässt es eine praxeologische
Perspektive nicht dabei, eine entsprechende ›Bewusstseinsstruktur‹ zu
rekonstruieren, sondern sie fragt nach den historisch-lokal spezifischen
›Techniken‹, vermittels deren dieses autobiografische Bewusstsein sich
zu produzieren, sich im Subjekt ›einzustülpen‹ vermag: Praktiken des
Tagebuchschreibens, der Lektüre bürgerlicher Romane; Praktiken des
›story telling‹ über das eigene Selbst in der spätmodernen Arbeits- und
Privatsphäre etc.

Die Dispositionen, aus denen das Subjekt sich zusammensetzt,
hängen im Grad ihrer Innenorientierung und Außenorientierung vollständig von den sozial-kulturellen Praktiken ab, deren Teil sie sind. Bestimmte Praktiken trainieren das Subjekt etwa in einer ausgesprochenen
Innenorientierung, in der Ausbildung einer komplexen Innenwelt von
Reflexionen und sensibilisierten Emotionen. So ist die Innerlichkeit

---

12 Michel Foucault (1969): Archäologie des Wissens, Frankfurt am Main
1990, S. 82.

des bürgerlichen Subjekts ein Korrelat der Techniken der moralischen Selbstbefragung und der Selbstemotionalisierung im Umgang mit der Kultur der Schriftlichkeit. Demgegenüber trainiert beispielsweise die audiovisuelle Angestelltenkultur mit ihrer Sensibilisierung für die äußeren Oberflächendarstellungen von Personen das Subjekt stärker in einer Außenorientierung, einer Überprüfung des eigenen Verhaltens im Lichte der Anderen und eine Beurteilung anderer entlang ihrer *performance*. Innen- und Außenorientierung sind damit kulturell kontingente Modi der Subjektivation. Jenseits dieser historischen Differenzen lassen sich die Dispositionen, welche das Subjekt in Praktiken inkorporiert und interiorisiert, in heuristischer Absicht allgemein nach dem Typus des Wissens differenzieren, den sie enthalten: Subjektdispositionen können in ein know how-Wissen, ein interpretatives Wissen sowie einen Komplex routinisierter Motivationen und Affekte dekomponiert werden. Alle diese Wissensformen hängen wiederum von den allgemeinen kulturellen Codes ab, welche eine Praktik strukturieren und die das Subjekt verinnerlicht. Die Dispositionen, die das Subjekt in der Partizipation an der sozialen Praxis in sich implantiert, sind implizite Schemata verschiedener Art: erstens solche eines know how-Wissens, das heißt eines prozeduralen und methodischen Wissens von ›scripts‹, in denen das Subjekt in entsprechenden Situationen der Praktik angemessen agiert und Schemata gekonnten Verhaltens folgt. Sie umfassen zweitens ein interpretatives Deutungswissen, das heißt: die Fähigkeit, innerhalb der Praktik passende, in der Regel routinisierte Sinnzuschreibungen gegenüber konkreten und abstrakten Gegenständen zu vollziehen, die bestimmten Deutungs- und Perzeptionsschemata folgen; dies schließt Sinnzuschreibungen gegenüber der eigenen Person, ein spezifisches Selbstverstehen, eine ›Hermeneutik des Selbst‹ ein. Schließlich umfassen die Dispositionen einen Komplex motivational-affektiver Schemata, kulturell sedimentierter Wunschstrukturen, Formen des Begehrens und der schematisierten affektiven – negativen oder positiven – Aufladung von Gegenständen (Objekte der Erotik, des Ekels, der Scham, der Befriedigung, der Schuld etc.). Alle drei Komponenten sind in der Struktur des Subjekts aneinander gekoppelt; die dispositionale Subjektstruktur, die eine Praktik produziert und sich in ihr reproduziert, ist damit ähnlich dem zu denken, was Pierre Bourdieu im Rahmen seiner Praxeologie plakativ – jedoch mit einer nicht unproblematischen Tendenz zur Homogenisierung – als den ›Habitus‹ von Subjekten, als ein »System der organischen oder mentalen Dispositionen und der unbewußten Denk-, Wahrnehmungs- und Handlungsschemata, das die Erzeugung (von) Gedanken, Wahrnehmungen und Handlungen (bedingt)«[13] umschreibt.

13 Pierre Bourdieu (1970): Zur Soziologie der symbolischen Formen, Frankfurt am Main 1991, S. 40. Anders als Bourdieu es nahelegt, kann

Die Dispositionen des Subjekts in Form von know how-Wissen, Deutungswissen und Motiv-/Affektkomplexen werden wiederum durch die verinnerlichten, in der Regel implizit bleibenden kulturellen Codes organisiert, durch die zentralen Systeme von Unterscheidungen und Klassifikationen, welche die Praktiken enthalten. Diese allgemeinen Codes liefern den Rahmen dafür, was praktizierbar erscheint und was nicht, wie die Gegenstände und das Selbst routinisiert interpretiert werden können, welche Wünsche und welche Abneigungen als selbstverständlich vorausgesetzt werden. Innerhalb dieser allgemeinen kulturellen Codes sind jene Unterscheidungen von besonderer Bedeutung, in denen das, was das Subjekt ist und sein soll, unmittelbar codiert und klassifiziert wird: die Subjektcodes. Ein Praktikenkomplex wie etwa jener der bürgerlichen Intimsphäre des 18. Jahrhunderts mit seinen spezifischen Formen der Kommunikation zwischen Eheleuten, ihrer gegenseitigen empfindsamen Sensibilisierung, der Marginalisierung des Sexuellen, den Praktiken der Eheschließung etc. impliziert beispielsweise einen Subjektcode, der sich aus den Unterscheidungen moralisches/exzessives Subjekt und souveränes/abhängiges Subjekt (mit Prämierung des jeweils ersten Elements) zusammensetzt. Dieser abstrakte Subjektcode wird in den Praktiken angewandt, subjektiv verinnerlicht und konkretisiert sich im entsprechenden know how-Wissen (›jemanden dem Hof machen‹), Deutungswissen (die Gefühle des Anderen auf bestimmte Weise interpretieren) und Motiv/Affektkomplexen (affektives Verwerfen der Adels-Libertinage, Wunsch nach Wahlehe etc.).

Aus praxeologisch-kulturtheoretischer Perspektive lassen sich Subjekte damit immer als Träger einer kulturellen ›Subjektform‹ interpretieren: Das Subjekt repräsentiert eine Subjektform, und aus sozial- und kulturtheoretischer Sicht – anders etwa als aus der Sicht persönlicher Beziehungen – interessiert es nur als Exemplar einer solchen. Der Einzelne als ein – lediglich gedankenexperimentell vorstellbarer – vorkultureller Körper wird zum Subjekt durch seine Partizipation an Praktiken und durch die Modellierung dieses Körpers als Dispositionskomplex und Träger eines Subjektcodes. Jedes einzelne der in dieser Gestalt kulturell geformten Subjekte, welche die jeweilige Praktik tragen, repräsentiert damit eine allgemeine Form des Subjekts, wie sie mit der Praktik

der homogene Habitus, das heißt eine Subjektstruktur, die das Subjekt in allen seinen Praktiken durchgängig und widerspruchsfrei reproduziert, nicht als Voraussetzung in Anspruch genommen werden. Heuristisch offener ist es, eindeutig den Raum der zunächst disparaten und heterogenen Praktiken zum Ausgangspunkt zu nehmen; jeder Komplex von Praktiken enthält damit seine eigene Subjektform und die Frage nach deren Homologie und Grenzüberschreitung ist eine zweite Frage, deren Antwort zunächst empirisch als variabel anzunehmen ist.

korreliert. Subjekt X und Subjekt Y, welche im 18. Jahrhundert eine Ehe führen, werden selbst nicht als einzigartige Individuen, sondern als Träger einer kulturellen Praxis, damit als Subjekte interpretiert; darin wiederum repräsentieren sie die allgemeine Subjektform eines aufklärerischen Ehesubjekts. Die Subjektform, ›das Subjekt‹ ist damit zwangsläufig eine Abstraktion, die Typisierung eines ›social character‹, wie er in eine Praxisformation eingelassen ist: Das einzelne Subjekt hat seine eigene Zeitlichkeit, ist ein spezifischer Körper und Geist als kulturell geformter und sich formender; die Subjektform hat keinen zurechenbaren Körper und Geist, sondern ist das Korrelat des sozial geregelten Praktikenkomplexes, so dass die Zeitlichkeit der Subjektform mit der Zeitlichkeit des Komplexes von Praktiken (und Diskursen) identisch ist. Die Subjektform als regulierter Dispositionskomplex fungiert dabei in der Praktik zugleich als kulturelles ›Subjektmodell‹, als normativideales Muster gelungener Subjekthaftigkeit, so wie es für die jeweilige Praktik angemessen und passend erscheint.

Diskurse, Identität/Differenz, ›Individuum‹

Subjektmodelle sind in sozialen Praktiken implizit enthalten und werden in Diskursen explizit repräsentiert. In einem praxeologischen Verständnis sind ›Diskurse‹ selbst nichts anderes als spezifische soziale Praktiken der Produktion von geregelten Repräsentationen; sie sind ›Praktiken der Repräsentation‹. Innerhalb des Netzwerks von Praktiken, die Gesellschaft ausmachen, existieren spezifische Aktivitäten, in denen – unter modernen Bedingungen in der Regel unter Zuhilfenahme von technischen Medien wie der Schrift, dem Buchdruck oder audiovisueller Elektronik – Darstellungen textueller oder visueller Art produziert werden. In diesen Repräsentationen manifestieren sich kulturelle Codes, die regeln, was wie darstellbar ist.[14] Für die Existenz von Subjektformen sind diese Diskurse, die unterschiedlichste Gegenstände zum Thema haben können, in dem Moment von Relevanz, in dem sie ›Subjektrepräsentationen‹ liefern, somit Subjektmodelle und Anti-Modelle zur Darstellung bringen und auf diese Weise Subjektcodes explizieren: etwa die Darstellung von Subjektmodellen im Diskurs der Sozialpsychologie der organisierten Moderne (das sozialorientierte vs. das sozial inkompetente Subjekt), im Diskurs des bürgerlichen Romans (das moralische vs. das amoralische Subjekt), des klassischen Hollywood-Films (das Subjekt der ästhetisch perfekten Form) oder der postmodernen Persönlichkeitsberatung der 1980/90er Jahre (das kreative und sich selbst regierende Subjekt).

14 Dieses Diskursverständnis geht von Foucault (1969) aus.

Praktiken und Diskurse (das heißt diskursive Praktiken) sind dabei nicht als separiert zu denken, sondern als Teileelemente eines umfassenden – dabei keineswegs homogenen – kulturellen Raums. Eine strikte kategoriale Separierung zwischen beiden riskierte wiederum, in eine neue Version der Basis-Überbau-Unterscheidung zu verfallen und nun den ›harten‹ Praktiken das bloße ›Reden‹ der Diskurse entgegenzustellen. Das, was in einem bestimmten historischen Kontext Praktiken und Diskurse aufeinander bezieht, ist ihr gemeinsamer Rückgriff auf kulturelle Codes; *beide* sind durch diese Codes strukturiert und bringen sie zum Ausdruck. In historischen Kontexten bilden Praktiken und Diskurse somit regelmäßig umfassende ›*Praxis-/Diskursformationen*‹: Wenn kulturelle Codes allgemeine Systeme von Unterscheidungen und Klassifikationen darstellen, die den Sinnrahmen für das, was denkbar, sagbar und praktizierbar ist, und eine sinnhafte Strukturierung dieser Ordnung der Dinge liefern, dann bilden Praktiken und Diskurse zwei aneinander gekoppelte Aggregatformen der Code(re)produktion. Diese Praxis-/Diskurskomplexe sind die Orte von ›Subjektkulturen‹: Spezifische Praktiken und spezifische Diskurse definieren und realisieren spezifische Formen des Subjekts; die Praxis-/Diskurskomplexe sind die ›Träger‹ einer Subjektform. Innerhalb einer historischen Praxis-/Diskursformation werden Subjektcodes in den Darstellungen der Diskurse *explizit* gemacht und sind zugleich in den Dispositionen der sozialen Praktiken *implizit* enthalten. Diskurse sind dann als Indikatoren, Verbreitungsformen und Produktionsformen von Subjektcodes zu verstehen, die in den Praktiken sedimentiert werden. So ist die bürgerliche Intimsphäre des 18. Jahrhunderts nicht nur ein Komplex von körperlich verankerten, in einem impliziten Wissen geregelten persönlichen Beziehungen, sondern damit verknüpft auch ein Komplex von Diskursen, etwa in den ›Moralischen Wochenschriften‹, der Ratgeberliteratur oder der bürgerlichen Belletristik, die das bürgerliche Intimitätssubjekt als moralisch-souveräne Instanz, die Risiken, denen es ausgesetzt ist, und sein aristokratisches Anti-Modell spezifisch ›codieren‹. Praxis-/Diskursformationen als Subjektkulturen und die sich dort produzierenden Subjektformen lassen sich dabei nicht als homogene Gebilde verstehen: sie setzen sich in der Regel aus einer Reihe ganz unterschiedlicher Praktiken, Diskurse und Codes zusammen – etwa im genannten Beispiel Praktiken der Freundschaft und solche der Ehe und des Erbes, Codes der Ehe als Vertragsgemeinschaft und der Empfindsamkeit zwischen Subjekten –; sie bringen damit auch heterogene, in sich gespaltene Subjektformen hervor. Statt vereinfachend davon auszugehen, dass diese Differenzen solche zwischen Praktiken und Diskursen – zwischen vorgeblicher ›Wirklichkeit‹ und ›Idee‹ – sind, stellen sich die Differenzen und Fissuren innerhalb eines kulturellen Raums dabei regelmäßig als solche zwischen verschiedenen Praxis-/Diskurskomplexen (das heißt zwischen einem Praxis- /Diskurselement und einem anderen Praxis-/ Diskurselement) dar.

Die Produktion und Reproduktion von Subjektformen bildet eine spezifische Form der ›Identität‹ des Subjekts heraus. Diese entsteht jedoch nicht unmittelbar, sondern über den Weg einer Markierung von ›Differenzen‹ gegenüber Modellen eines *Anti-Subjekts,* wie sie die Subjektkultur enthalten. Wenn kulturelle Codes allgemein Systeme von basalen Unterscheidungen bilden, dann stellen sich auch Subjektcodes im besonderen als solche – möglicherweise vielgliedrige und uneindeutige – Differenzpaare dar. Positive Subjektmodelle hängen von einer Differenzmarkierung, einer ›Distinktion‹ gegenüber einem negativen Subjektmodell, einem Anti-Subjekt und entsprechenden Innen-Außen-Unterscheidungen ab. Das Subjekt positioniert und bildet sich über *Ausschließungsverfahren* gegenüber unerwünschten Eigenschaften. Um einen Begriff der poststrukturalistischen, insbesondere auch post-kolonialen Kulturtheorien zu übernehmen, stellt sich dieses Anti-Subjekt als ein kulturelles ›*Anderes*‹ da, gegenüber dem ein ›othering‹ betrieben wird.[15] Es gibt keine selbstgenügsame Subjektform ohne ein solches Außen; das Außen der abgelehnten Eigenschaften eines Anti-Subjekts stellt sich als Bedingung der Konstitution des Innen einer kulturell etablierten Subjektform dar. Diese Differenzmarkierung kann in den Praktiken implizit betrieben oder in Diskursen expliziert werden. Um Subjektformen und ganze Subjektkulturen nachvollziehen zu können, ist daher immer die Frage zu stellen: Was ist ihr kulturelles Anderes, was ist ihr Objekt der Differenzmarkierung, und welche Eigenschaften werden diesem zugeschrieben? Identität stellt sich damit als Kehrseite der Differenzmarkierung dar: Identität ist – jenseits aller Konnotation einer inneren Konstanz des Subjekts[16] – als die spezifische Form des Selbstverstehens, der Selbstinterpretation zu begreifen, welche im Rahmen einer Subjektkultur in die Subjektform eingelassen ist.[17] Wenn jede Subjektform neben dem know how-Wissen und den Motiv-/ Affektkomplexen ein spezifisches Deutungswissen enthält, dann bezieht sich dieses Deutungswissen nicht nur auf verschiedene Gegenstände,

---

15 Vgl. Homi Bhabha (1994 a): The other question: Stereotype, discrimination and the discourse of colonialism, in: ders. (1994), S. 66-84.

16 Vgl. zum Identitätsbegriff Jürgen Straub (1998): Personale und kollektive Identität. Zur Analyse eines theoretischen Begriffs, in: Assmann/ Friese (1998), S. 73-104; Andreas Reckwitz (2001): Der Identitätsdiskurs. Zum Bedeutungswandel einer sozialwissenschaftlichen Semantik, in: Rammert (2001), S. 21-38.

17 Vgl. Charles Taylor (1985 a): Self-interpreting animals, in: ders. (1985): Human Agency and Language. Philosophical papers 1, Cambridge, S. 45-76.

Entitäten und Zusammenhänge der Welt außerhalb des Subjekts, sondern auch auf dieses selbst, auf sein ›Selbst‹: Das Subjekt betreibt hier eine routinisierte ›Selbsthermeneutik‹; diese Form des Verstehens, das heißt die Zuschreibung von Sinn gegenüber der eigenen Person, stellt sich als die ›Identität‹ des Subjekts dar. Die Selbsthermeneutik *kann* das Element eines Selbstverstehens als konstantes, unveränderliches Wesen, es kann jedoch ebenso ein Selbstverstehen als veränderliche, sich entwickelnde oder sich ständig in zufälliger Bewegung befindliche Instanz enthalten. Gegenüber dem Begriff des Subjekts stellt sich der der Identität damit als der abgeleitete dar: Jede Subjektkultur enthält eine spezifische Selbsthermeneutik, aber das dispositionale Arrangement des Subjekts erschöpft sich nicht in dieser.

Die hermeneutische Identität des Subjekts enthält innerhalb einer Subjektkultur das affektive Element einer Identifizierung mit dem Modell der Subjektivität,[18] eine *affektive Identifizierung,* die sich mit Judith Butler als ›passionate attachment‹ (leidenschaftliche Verhaftetheit) umschreiben lässt.[19] Es ist keineswegs so, dass dem Einzelnen mit der Subjektform lediglich eine sozial-kulturelle Struktur ›aufgezwungen‹ wird, der er/sie sich fügt. Stattdessen stellt sich innerhalb einer Subjektkultur das jeweilige Modell des Subjekts als ein attraktives, begehrenswertes Objekt dar, als ein Ideal-Ich gelungener Subjektivität, in dem der Einzelne sich spiegeln und bestätigen kann und dessen Repräsentation das Handeln motiviert. Die kulturelle Subjektform hält damit »Identitätsverlockungen«[20] bereit, die über eine psychisch neutrale Einverleibung von Dispositionen hinausgehen: Die Subjektmodelle müssen als begehrenswerte Bilder eines idealen, mit sich selbst identischen, glücklichen Wesens begriffen werden. Der bürgerliche respektable und moralisch integre Charakter ist innerhalb seiner Subjektkultur damit ebenso ein Gegenstand des ›passionate attachment‹ wie die sachliche und zugleich sozial gewandte Persönlichkeit in der Angestelltenkultur und das kreativ-unternehmerische Selbst innerhalb der postmodernen Kultur. Die exakte Form dieser affektiven Besetzung – zwischen dem bürgerlichen ›Behagen‹ gegenüber dem Stabilen und dem avantgardistischen ›Reiz‹ der Beweglichkeit – erscheint dann wiederum als spezifisches Kennzeichen der jeweiligen Subjektkultur, die gleichzeitig eine Subjekt-Affektkultur ist. Als Kehrseite dieser jubilatorischen affektiven Besetzung des Ideal-Ich ist die Differenzmarkierung vom Anti-Subjekt regelmäßig mit einer negativ validierten affektiven Aufladung, gewissermaßen mit einer

---

18 Die Begriffe Subjekt und Subjektivität werden in diesem Buch als Synonyme verwendet.

19 Vgl. Butler (1997), Kap. 3. Butler versucht auf diesem Wege einen Reimport psychonanalytischer Theorieelemente in den Poststrukturalismus.

20 Ebd., S. 122.

›leidenschaftlichen Verwerfung‹ verknüpft, wie sie sich in den genannten Subjektkulturen etwa gegen das amoralische, das introvertiert-ex-
zentrische oder das kreativlose Subjekt richtet. Die Gegenstände des
›othering‹ stellen sich als Objekte eines emotional gestützten kulturellen
Ausschlusses dar, ihre affektive Besetzung kann dabei jedoch immanent
gegenläufig sein und negative wie positive Valenzen – Ekel und Faszination – miteinander kombinieren. Regelmäßig stellen sich innerhalb
von Subjektkulturen sowohl die positiven als auch die negativen Subjektmodelle und ihre Eigenschaftsbündel als ›leere Signifikanten‹ dar.[21]
Die Subjektfiguren sind derartig mit mannigfachen Bedeutungen aufgeladen, dass sie als Zeichenträger sich nahezu entleeren. Dies gilt etwa
für Semantiken der ›Rationalität‹ für das bürgerliche Subjekt oder der
›Kreativität‹ in der postmodernen Kultur.

Praxis-/Diskurskomplexe und mit ihnen ihre Subjektformen haben
keine homogene und statische, sondern eine heterogene und dynamische Struktur. Praxis-/Diskurskomplexe, die längere Zeiträume und
größere Räume kreuzen, setzen sich aus einer Vielzahl unterschiedlicher
Praktiken und Diskurse zusammen und enthalten in der Regel eine Anzahl unterschiedlicher kultureller Codes. Diese können vorübergehend
homogenisiert werden, aber diese Homogenisierung ist nicht ein und
für allemal vorauszusetzen. Praktiken (und Diskurse) existieren in der
Zeit, das heißt sie sind Phänomene, denen – so wie Derrida es für den
Spezialfall der Zeichensequenzen formuliert hat[22] – eine ›Iterabilität‹
zukommt; sie sind Phänomene der Wiederholung des Gleichen und
zugleich solche, in denen schleichend oder sprunghaft Modifizierungen
der körperlichen Bewegungen oder des Sinns auftreten (das heißt zunächst Modifizierungen in einzelnen, situativen Akten, die dann unter
Umständen diffundieren). Die Reproduktion einer Praktik, eines Praktikenkomplexes oder eines Diskurses ist nicht durch einen fixen, eindeutigen Code in eine unendliche Zukunft prädeterminiert; die Codes – und
mit ihnen die Formen praktischen Wissens – sind selbst mit Polysemien
durchsetzt, so dass sich potentiell ständig neue Sinnbezüge herzustellen
vermögen. Wenn dies für die Praktiken und Praktikenkomplexe gilt,
dann auch für die Subjektformen, die sich in ihnen produzieren und
in beständiger Produktion begriffen sind. Einerseits erlangen Subjektformen durch die Inkorporierung und die Sedimentierung impliziten
Wissens eine gewisse Beharrungskraft, die Reproduktion befördert.
Andererseits sind sie als Bündel von Dispositionen und Träger unter-

---

21 Vgl. Ernesto Laclau (1996 a): Was haben leere Signifikanten mit Politik zu tun?, in: ders. (1996): Emanzipation und Differenz, Wien 2002,
S. 65-78.

22 Vgl. Jacques Derrida (1972 a): Signatur, Ereignis, Kontext, in: (1972)
Randgänge der Philosophie, Wien 1988/1999, S. 325-351, hier: S. 333.

schiedlicher Praktiken heterogene Gebilde, und in ihren Subjektcodes werden diverse, unter Umständen einander widersprechende kulturelle Vokabulare verarbeitet; dies steigert die Wahrscheinlichkeit schleichender oder sprunghafter Verschiebungen und Modifikationen.

Lässt eine solche Konzeption von Subjektformen und -kulturen noch Raum für das ›Individuum‹? Zu differenzieren ist der kulturelle Code der ›Individualität‹ von der Idiosynkrasie des einzelnen Subjekts. ›Individualität‹ stellt sich aus kulturtheoretischer Perspektive zunächst selbst als ein historisch-lokal spezifisches Subjektmodell dar, das – worauf Simmel in seinem Konzept des qualitativen Individualismus hinweist[23] – im Rahmen der Moderne in der Romantik eine erste Form erhält: die Form eines expressiven, in sich natürliche, der Entfaltung harrende Potentiale bergenden Wesens. Im Gefolge der Romantik ergeben sich weitere Versionen eines Subjektcodes der Individualität und – als ihr ›Anderes‹ – der Konventionalität. Der Individualitätscode bringt spezifische Praktiken der Individualität hervor und wird in ihnen hervorgebracht, beispielsweise Praktiken der intersubjektiven Beurteilung der Qualität einer Person nach ihren ›nicht-konventionellen‹ Anteilen, der Multiplizität von Aktivitäten, die sie entfaltet oder ihres ›innovativen Potentials‹, wie sie sich in den postmodernen Arbeits- und Intimbeziehungen finden. Individualität als kultureller Code produziert damit paradoxerweise Besonderheiten des Einzelnen als kollektives Muster.

Davon zu unterscheiden ist jenes ›Individuum‹, das sich als die Idiosynkrasien des einzelnen Subjekts umschreiben lässt. Im kulturtheoretischen Verständnis ist der einzelne, durch die Grenze seines Organismus identifizierbare Körper niemals anders denn als Subjekt, das heißt als eine sozial-kulturell modellierte Instanz denkbar. Aber diese einzelne sozial-kulturell geformte Instanz enthält Idiosynkrasien. Diese dürfen nicht als Kennzeichen einer ›Freiheit‹ missverstanden werden, die sich – nach Art eines existenzialistischen Aktes der Wahl – separiert und gegen die sozial-kulturellen Formen positioniert; vielmehr bilden sich die Idiosynkrasien im Innern der subjektiven Aneignung und Reproduktion dieser Formen selbst, vor allem in dreierlei Mechanismen.

Zum einen können auch innerhalb einer gegebenen Subjektform nicht sämtliche praktizierbare Akte im Detail vorherbestimmt sein. Als geregelte lassen Subjektkulturen Spielräume möglichen Verhaltens, Raum für Nuancierungen, Hinzufügungen und kontingente Ausfüllungen. Die Ausnutzung dieser Spielräume verändert jedoch die Subjektform zunächst nicht, sondern reproduziert sie letztlich (so wie die unendlichen Möglichkeiten, einen korrekten Satz in deutscher Sprache

---

23 Vgl. Georg Simmel (1901): Die beiden Formen des Individualismus, in: ders. (1995): Aufsätze und Abhandlungen 1901-1908, Band 1. Gesamtausgabe Band 7, Frankfurt am Main, S. 49-56.

zu äußern und sich darin zu individuieren, die syntaktischen Regeln der Sprache zunächst nicht außer Kraft setzen, sondern nur bestätigen).

Zweitens gilt, dass einerseits soziale Praktiken mit spezifischen Subjektformen verknüpft sind, dass andererseits das einzelne Subjekt sich jedoch als ein Träger einer Vielzahl von Praktiken mit einer potentiellen Vielzahl von Subjektformen begreifen lässt. Dieses für die Soziologie klassische Phänomen, das Simmel als ›Kreuzung sozialer Kreise‹ umschreibt,[24] führt dazu, dass sich die Idiosynkrasien des Einzelnen durch die spezifische Kombination von Praktiken mit ihren Codes und Subjektformen in ihm ergeben, die sich in ihrer Struktur und Erwerbsgeschichte von anderen Subjekten unterscheidet. Diese Idiosynkrasien qua Kreuzung können unberechenbare Konsequenzen der Amalgamierung verschiedener kultureller Elemente mit sich bringen.

Drittens enthält selbst die scheinbare Reproduktion kultureller Subjektformen in den leiblich-mentalen Akten des Einzelnen das beständige Potential des unintendierten Misslingens und jener Neuinterpretationen, Neukombinationen und unintendierten Nuancierungen, welche bereits als Abweichungen von der Form interpretiert werden können: Subjektformen müssen vom einzelnen Subjekt in jedem Moment seiner temporalen Existenz in seinen Akten erneut hervorgebracht werden, was ein Moment der Unberechenbarkeit einschließt. Jedes Subjekt hat seine eigene Subjektgeschichte, das heißt seine eigene Körper-/Geist-Geschichte, deren Konsequenzen für die Reproduktion von Praktiken unabsehbar sind. Indem das Subjekt keine fixe, überzeitliche Struktur darstellt, sondern eine Sequenz von Akten, können potentiell in jedem Moment – und in der Sequenz akkumuliert – relative Verfehlungen und formabweichende Interpretationen produziert werden: »Die Anweisung, eine gegebene ... (I)dentität zu sein, produziert zwangsläufig Verfehlungen, eine Vielzahl inkohärenter Konfigurationen, die in ihrer Mannigfaltigkeit die Anweisung, die sie erzeugt hat, überschreiten und anfechten.«[25] Dabei kann die kulturelle Subjektform selbst, falls sie sich als heterogen erweist, den Einzelnen zu Reaktionen veranlassen, die in der Subjektform nicht vorgesehen sind, beispielsweise auch solche, die in der jeweiligen Subjektkultur als Psychopathologien oder physische Pathologien kategorisiert werden. An dieser Stelle kann die Produktion von Idiosynkrasien vom Einzelnen unter Umständen wiederum auf die

24 Vgl. Georg Simmel (1908 a): Die Erweiterung der Gruppe und die Ausbildung der Individualität, in: Soziologie. Untersuchungen über die Formen der Vergesellschaftung, Gesamtausgabe Band 11, Frankfurt am Main 1992, S. 791-863.

25 Judith Butler (1990): Das Unbehagen der Geschlechter, Frankfurt am Main 1991, S. 213. Neben den Arbeiten von Butler lassen sich vor allem jene Adornos als Bemühung verstehen, diese Idiosynkrasien zu denken, die sich in der Subjektivation und trotz dieser ergeben.

Subjektkulturen selbst zurückwirken; in dem Moment, in dem heterogene Subjektformen gehäuft in einer Anzahl von Subjekten ähnliche idiosynkratische Reaktionen veranlassen, welche als Abweichung von der Subjektform interpretiert werden müssen, kann sich ein kollektives Muster von Idiosynkrasien bilden. In diesem vermag sich unter Umständen eine neuartige, gegen die bisherige Subjektkultur gerichtete, anders codierte Subjektform herauszubilden, beispielsweise im Rahmen einer Subkultur, die wiederum weitere Diffusionsmöglichkeiten enthält. Dieser Mechanismus der Umsetzung von idiosynkratischen Reaktionen in neue kulturelle Muster lässt sich im Falle der Entstehung kultureller Bewegungen wie der Romantik, der Avantgarden und der *counter culture* rekonstruieren. Die Thematisierung des Zusammenhangs von Subjekten und Praktiken leitet damit über zu Problemen einer Theorie der Gesellschaft und des sozial-kulturellen Wandels.

1.2 Die gesellschaftlichen Räume der Subjektkulturen

Die gesellschaftlichen Orte, an denen sich Subjektformen auffinden lassen, wo sie implementiert werden und sich reproduzieren, sind über einzelne, verstreute Praktiken hinaus umfassende Praxis-/Diskurskomplexe, in denen verschiedene Praktiken und Diskurse miteinander koordiniert werden, wodurch sich relativ dauerhafte Subjektkulturen ausbilden. Die Gesellschaftstheorie hat seit dem 19. Jahrhundert drei Antworten auf die Frage hervorgebracht, auf welcher Ebene solche Makro-Strukturen – das heißt Verteilungsmuster raum- und zeitübergreifender sozialer Formen – in der modernen Gesellschaft zu verorten sind. Sie sind entweder in einer sozial-funktionalen Differenzierung der Gesellschaft in spezialisierte Teilsysteme (Ökonomie, Staat, Recht, Familie etc.) oder in einer vertikalen Gliederung der Gesellschaft in soziale Klassen und Ungleichheitsstrata oder aber in einer spezifischen technisch-materialen Struktur (Produktivkräfte, Industrialismus) ausgemacht worden. Ein kulturtheoretisch-praxeologischer Analyserahmen hebt diese differenzierungs-, klassen- und techniktheoretischen Argumente in sich auf, kulturalisiert sie und bezieht sie auf die Frage, inwiefern differenzierte, stratifizierte und technisierte Praktikenkomplexe Orte spezifischer Subjektformen – und damit ›Subjektkulturen‹ – sind. Grundbegrifflich werden so Funktionssysteme in soziale Felder, Klassen in Lebensformen und Technologien in Artefakt-Konstellationen überführt. Dabei werden zwei voneinander abhängende Perspektiven auf die Strukturierung von Praktikenkomplexen unterschieden: Subjektkulturen können auf der Ebene von ›sozialen Feldern‹ ausgemacht werden, und sie existieren zugleich auf der Ebene von ›Lebensformen‹, in denen einzelne Segmente unterschiedlicher sozialer Felder eine Subjekt-Homologie ergeben.

Soziale Felder

Das heterogene und dynamische Geflecht von Praktiken und Diskursen, das moderne Gesellschaftlichkeit ausmacht, bildet Strukturen der Verdichtung, Ballungen von ›doings and sayings‹, damit ganze Praxis-/Diskursformationen, indem spezialisierte, der Sache nach aufeinander bezogene wissensabhängige Verhaltensformen sich in institutionellen Arrangements gruppieren; diese fügen sich zu ›sozialen Feldern‹ zusammen.[26] Die soziologische Theorie hat von Durkheim, Weber und Simmel bis Luhmann wiederholt darauf hingewiesen,[27] dass eine solche soziale Differenzierung, in der sich spezialisierte Verhaltenskomplexe – wie jene des Ökonomischen, des Staatlich-Politischen, des Familiären, des Künstlerischen etc. – voneinander unterscheiden, die jeweils spezialisierten, einen sachlichen Sinnzusammenhang bildenden Regelsystemen folgen, für moderne Gesellschaften seit dem 17. Jahrhundert grundlegend ist. Aus praxeologischer Perspektive kann eine solche soziale Differenzierung nicht im Sinne einer strikten Funktionslogik und einer Existenz sozialer ›Systeme‹ mit fixen Sinngrenzen vorausgesetzt werden; vielmehr erscheint das exakte Verhältnis unterschiedlicher spezialisierter Praktikenkomplexe, ihr Zusammenhang und ihre Grenzziehung als eine offene Frage. Institutionelle Arrangements – zum Beispiel einzelne Organisationen – und ganze soziale Felder – wie das Feld des Religiösen oder der Erziehung und Bildung – sind dabei primär nicht als Norm- und Rollensysteme zu begreifen, sondern als Zusammenballungen von sozialen Praktiken, als ›regimes of engagement‹ (Thévenot),[28] in denen ein ähnliches oder aufeinander bezogenes praktisches Wissen und vergleichbare oder aufeinander abgestimmte Dispositionen, know

---

26 Der Begriff des sozialen Feldes wird hier von Bourdieu übernommen (vgl. Pierre Bourdieu (1980): Soziologische Fragen, Frankfurt am Main 1993, S. 107-114), aber ohne dessen Konnotation eines ›Kampffeldes‹ verwendet.

27 Vgl. Émile Durkheim (1893): Über soziale Arbeitsteilung. Studie über die Organisation höherer Gesellschaften, Frankfurt am Main 1992; Max Weber (1920): Gesammelte Aufsätze zur Religionssoziologie I, Tübingen 1988, S. 536-573; Georg Simmel (1890): Über sociale Differenzierung, in: ders. (1989): Aufsätze 1887-1890. Über sociale Differenzierung. Die Probleme der Geschichtsphilosophie (1892), Gesamtausgabe Band 2, Frankfurt am Main, S. 109-295; Niklas Luhmann (1997): Die Gesellschaft der Gesellschaft, Frankfurt am Main.

28 Vgl. Laurent Thévenot (2001): Pragmatic regimes governing the engagement with the world, in: Schatzki/Knorr-Cetina/von Savigny (2001), S. 56-73. Zu einem praxeologischen Verständnis sozialer Felder als ›social sites‹ vgl. ausführlich Schatzki (2002), S. 138 ff.

how-Komplexe, Deutungswissen und Motivkomplexe zum Einsatz kommen und damit die körperlich-mentale Struktur der Subjekte auf vergleichbare und miteinander koordinierte Weise modelliert wird. Aus der Perspektive einer Geschichte der Subjektformen stellen sich soziale Felder in diesem Sinne als Orte dar, an denen sich spezifische *Subjektpositionen* ausbilden: die Dispositionen und Subjektcodes eines ökonomischen Subjekts der Arbeit und eines der Konsumtion, eines politischen Subjekts der Partizipation und der Administration, eines Intimitätssubjekts persönlicher Beziehungen, eines Künstlersubjekts ästhetischer Praktiken etc. Um sich Subjektformen praxeologisch anzunähern, ist es nötig, an diesen spezialisierten Komplexen typisierter Verhaltens- und Wissensformen anzusetzen. Diese produzieren nun jedoch keine einheitlichen Subjektformen – ›das‹ ökonomische Subjekt, ›das‹ politische Subjekt –, sie sind nicht nach innen geschlossen, sondern bringen in ihrer historisch-lokalen Heterogenität wiederum unterschiedliche und nur lose aneinander gekoppelte Subjektformen hervor. Beispielsweise ist das ökonomische Feld dessen, was in der ersten Hälfte des 20. Jahrhunderts ›Praktiken des Arbeitens‹ ausmachen, einerseits durch bestimmte soziale Formen – etwa die Entstehung der fordistischen Großorganisation und die technisch-mediale Revolution der Jahrhundertwende – relativ homogenisiert, andererseits bleibt es heterogen, indem sich etwa die zeitgenössischen Subjektkulturen des ›höheren Angestellten‹, des ›Angestellten‹ und des ›Arbeiters‹, die dort implementiert werden, in ihren Praktiken und Codes erheblich voneinander unterscheiden. Im gleichen Zeitraum enthält auch das Feld des Politischen derart diverse soziale Praktiken wie die der geregelten Administration in der Bürokratie und des politischen Straßenkampfes, somit Subjektmodelle des Bürokraten und des Revolutionärs. Wenn damit die Binnenstruktur sozialer Felder und ihrer Subjektkulturen nicht zu homogenisieren ist, sind umgekehrt die ›Sinngrenzen‹ zwischen spezialisierten Praktikenkomplexen ebenso wenig als strikt und eindeutig vorauszusetzen; hier finden vielmehr regelmäßig Interferenzen zwischen den verschiedenen Feldclustern statt. So enthalten etwa künstlerische Praktiken seit der Entstehung des Kunst- und Literaturmarktes Anfang des 19. Jahrhunderts neben Akten der Kreation von Kunstwerken regelmäßig auch ökonomische Dispositionen im Kampf um knappe Aufmerksamkeit von Rezipienten und Käufern, so dass neben dem Subjektmodell des Bohème-Künstlers das des Künstlers als nachgefragter ›Star‹ treten kann. Die praxeologische Perspektive auf die sozialen Felder leitet damit eine mikrologische Analyse von Makrophänomenen an, die weder eine Homogenität nach innen noch strikte Differenzen nach außen präjudiziert.[29]

29 Zur immanenten Heterogenität ›sozialer Systeme‹ vgl. auch Karin

Vor dem Hintergrund der Frage nach den Formen, die in der Kultur der Moderne das Subjekt annimmt, sind nicht alle disparaten sozialen Felder von gleichrangiger Relevanz. Für die Konstitution und Reproduktion von Subjekten unter modernen Bedingungen seit dem 18. Jahrhundert erscheinen vielmehr drei Praktikenkomplexe vorrangig: das ökonomische Feld der Praktiken der Arbeit, das private Feld von persönlichen und intimen Beziehungen sowie ein seinerseits vielgliedriges Feld selbstreferentieller Praktiken, die sich als Technologien des Selbst umschreiben lassen. Auch andere soziale Felder – vom Politischen bis zum Religiösen – produzieren ihre Subjektcodes und Dispositionskomplexe, aber die Gewichte zwischen den verschiedenen Feldern erscheinen ungleich; die Kultur der Moderne bringt ihr Subjekt *primär* als Arbeits-, Intim- und selbstreferentielles Subjekt hervor. Dass diese drei Felder zu primären Orten moderner Subjektkulturen werden, ergibt sich aus einem quantitativen und einem qualitativen Befund. Auf der Ebene der Zeitbudgets, das heißt der Verteilung sämtlicher Aktivitäten, welche die Alltags- und Lebenszeit von modernen Subjekten ausfüllen, stellen sich Praktiken des Arbeitens, solche der persönlichen Interaktion mit Intimpartnern (Ehe, Familie, Partnerschaft, Freundschaft, Eltern/Kind-Beziehungen) sowie selbstorientierte Praktiken, die vor allem solche im Umgang mit Medien (Schriftlichkeit, audiovisuelle Medien) sowie solche im Bereich der ›Freizeit‹ umfassen, als jene heraus, welche quantitativ das größte Segment dieses Zeitbudgets in Anspruch nehmen.[30] Wenn Subjekte aus ihren in der Zeit ablaufenden Sequenzen von Praktiken bestehen, dann setzen sie sich unter modernen Bedingungen zu überwiegenden Teilen aus solchen der drei Felder zusammen. Die zeitliche Extension dieser Praktiken steht wiederum in engem Zusammenhang mit ihren Inkorporierungs- und Sedimentierungsleistungen; die Quantität der Praxiszeit wirkt sich auf die Intensität der Verleiblichung des Wissens und der Instituierungskraft der jeweiligen Subjektformen aus. Wenn Subjekte sich als Bündel inkorporierter Dispositionen und sedimentierten Wissens darstellen, die in einem Prozess der Wiederholung angeeignet werden, dann verweist die zeitaufwendige Übung in bestimmten Praktikenkomplexen darauf, dass hier eine verhältnismäßig dauerhafte – wenn auch niemals veränderungsresistente – Inkorporierung und Sedimentierung stattfindet.

Knorr-Cetina (1992), Zur Unterkomplexität der Differenzierungstheorie, in: Zeitschrift für Soziologie, S. 406-419. Zur Instabiltät der Grenzen zwischen sozialen Systemen vgl. Urs Stäheli (2000): Sinnzusammenbrüche. Eine dekonstruktive Lektüre von Niklas Luhmanns Systemtheorie, Weilerswist.

30 Zu den Befunden der soziologischen Zeitbudget-Analyse vgl. Jonathan Gershuny (2000): Changing Times. Work and leisure in postindustrial society, Oxford.

Arbeitspraktiken, Formen persönlicher Beziehungen und Technologien des Selbst liefern damit intensive Trainingfelder des Subjekts, der ›Subjektivation‹. Sie sind aber mit dem Beginn der bürgerlich-modernen Kultur des 17./18. Jahrhunderts gleichzeitig primäre Objekte der modernen Selbsthermeneutik und Gegenstände des ›passionate attachment‹ einer gelungenen, normativ ausgezeichneten Subjekthaftigkeit. Nach der Delegitimierung der kulturellen Dominanz von Adelskultur und klerikaler Kultur in der Frühen Neuzeit transformieren sich die leitenden Subjektcodes in eine Richtung, die sich mit Charles Taylor als »affirmation of ordinary life«[31] umschreiben lässt: Ausgehend von einer Unterscheidung zwischen Alltäglichem/Mundanen und Außeralltäglichem schreibt die bürgerliche Kultur mundanen Aktivitäten einen herausgehobenen Wert für die Subjekthaftigkeit zu. Eine Vollständigkeit und Gelungenheit als Subjekt setzt nun hinreichende, bestimmten Kriterien genügende Aktivitäten der Arbeit, der privaten und intimen Beziehungen sowie der Technologien des Selbst – zunächst in erster Linie solche der Bildung im Medium der Schriftlichkeit – voraus. Das Subjekt richtet sein ›passionate attachment‹ auf seine Eigenschaften als Arbeitssubjekt, als Familien- und Freundschaftssubjekt sowie als Bildungssubjekt. Das Anti-Subjekt ist demgegenüber eines, dem es an Qualitäten der Arbeit, der Familien- und Freundschaftsfähigkeit sowie an Bildungsentwicklung mangelt.

Die bürgerliche Kultur betreibt eine Universalisierung dieser Subjekteigenschaften – etwa durch eine Anthropologie der ›Arbeitsnatur‹ des Menschen von Locke bis Marx, eine Naturalisierung von Ehe und Familie, eine Generalisierung der intersubjektiven ›Sympathie‹-Fähigkeit des Menschen oder eine Anthropologie der nach Vervollkommnung strebenden Vernunftnatur –, tatsächlich handelt es sich bei dieser Orientierung der dominanten Subjektkultur an den drei primären Feldern nicht um eine anthropologische Konstante, sondern um Merkmale der historisch-lokal hochspezifischen Subjektkultur der frühen Moderne. Die höfische Gesellschaft und ihr aristokratisches Subjekt, gegen die sich das Bürgertum positioniert, aber auch die katholisch-christliche Praxis mit ihrem Modell eines weltabgewandten klerikalen Subjekts oder – zeitlich weiter zurückgehend – die dominante Praxis der altgriechischen, an der Polis orientierten Oberschicht sind kulturelle Räume, die ihr Subjekt nicht primär als arbeitendes, intimes und selbstreferentielles modellieren, sondern etwa gerade einen Verzicht auf Arbeit, eine Abstinenz von familiären Beziehungen prämieren oder über kein

31 Taylor (1989), S. 209, vgl. zu diesem Thema ebd., S. 211 ff. Vgl. auch Bernhard Groethuysen (1927): Die Entstehung der bürgerlichen Welt- und Lebensauffassung in Frankreich, Frankfurt am Main 1978, Band 1, S. 7 ff.

Vokabular für die spezifische, auf Innerlichkeit zielende Selbstreferenz des Subjekts im modernen Sinne verfügen.[32]

Der Stellenwert von Arbeit, persönlichen Beziehungen und Technologien des Selbst als primäre Felder der Subjektivation ergibt sich mit der Entstehung der bürgerlich-modernen Subjektkultur des 17./18. Jahrhunderts, und er bleibt auch nach der Erosion der bürgerlichen Dominanz im 20. Jahrhundert bestehen. Die beiden auf die bürgerliche Kultur folgenden Modernitätsformationen der organisierten Moderne/ Angestelltenkultur seit den 1920er Jahren und der Postmoderne nach den 1970er Jahren reproduzieren die quantitative und qualitative Dominanz jedes der drei Felder für ihre Subjektkulturen. Dass sich alle drei Modernitätsformationen angesichts ihrer Differenzen trotzdem auf einer bestimmten Ebene als Exemplare einer ›modernen‹ Kultur darstellen, ist – unter anderem – Resultat dieser Reproduktion der Felder der Arbeit, der Intimbeziehungen und der Technologien des Selbst als primäre Orte der Subjektkultur: Ein modernes Subjekt zu sein heißt – parallel zu allen Diskontinuitäten –, sich quantitativ und qualitativ in diesen drei Feldern zu subjektivieren. Gleichzeitig jedoch transformiert sich zwischen den unterschiedlichen Modernitätskulturen seit dem 18. Jahrhundert das, was exakt die Praktiken der Arbeit, der persönlichen Beziehungen und der Selbsttechnologien ausmacht, und damit auch die spezifische Modellierung des Arbeits-, Intim- und selbstreferentiellen Subjekts. Die drei sozialen Felder bilden in ihrer Entwicklung seit dem 18. Jahrhundert sehr disparate Praxisarrangements, und eine Definition von Arbeit, Intimbeziehungen und Technologien des Selbst deckt ein heterogenes Feld von Aktivitäten mit ›Familienähnlichkeiten‹ ab.

Drei primäre Subjektivationsorte: Arbeit, Intimität, Technologien des Selbst

Unter modernen Praktiken der Arbeit, in denen sich ein Arbeitssubjekt bildet, lassen sich Tätigkeiten zusammenfassen, die als in der Regel vergütete und in diesem Sinne sozial anerkannte ›Leistungen für andere‹

---

32 Alternative Praktikenkomplexe als primäre Orte der Subjektivation sind etwa Aktivitäten im Umgang mit transzendenten Mächten, das heißt religiöse Praktiken, solche der politischen Gestaltung des Gemeinwesens oder kriegerische Praktiken, die ein Ethos der ›Ehre‹ befördern. Vgl. beispielhaft die Beiträge in Paul Veyne (Hg.) (1985): Geschichte des privaten Lebens, Band 1: Vom Römischen Imperium zum Byzantinischen Reich, Frankfurt am Main 1989 und Georges Duby (Hg.) (1985): Geschichte des privaten Lebens, Band 2: Vom Feudalzeitalter zur Renaissance, Frankfurt am Main 1990.

interpretiert werden, und zwar Leistungen innerhalb eines Rahmens, der als nicht-privat gedeutet und in dem das Subjekt unter dem Aspekt seiner Leistungs-Fähigkeit betrachtet wird. Im Bereich der Arbeit befindet sich das Subjekt in einer ›Leistungs‹-Position.[33] Diese erbrachten Leistungen können in einem Teil der Tätigkeit selbst (›Dienstleistungen‹) oder in durch die Tätigkeiten hergestellten Artefakten bestehen. In einem kulturtheoretischen Verständnis ist es nicht ein objektiv feststellbarer Charakter bestimmter Tätigkeiten, der diese zur Arbeit macht, sondern allein deren Bedeutung innerhalb eines kollektiven Interpretationszusammenhangs. In der Moderne kann jedes Bündel von Tätigkeiten potentiell zur Arbeit werden, sofern ˋdiese sich als sozial anerkannte, das heißt vergütete Leistungen für andere darstellen. Vor allem ist Arbeit damit nicht im Sinne eines anthropologischen Produktionsparadigmas auf eine ›Auseinandersetzung mit der Natur‹ oder ›Herstellung von Gütern‹ oder eine ›gesellschaftlich notwendige Tätigkeit‹ oder handlungstheoretisch auf ›zweckrationales‹ (im Unterschied zum ›kommunikativen‹) Handeln eines ›economic man‹ zu reduzieren.[34] Auch nicht-güterproduzierende Tätigkeiten, solche, deren unmittelbare Auseinandersetzung mit der Natur minimal ist, oder deren gesellschaftliche Nützlichkeit zweifelhaft sein mag, können Exemplare des Arbeitens darstellen. Zudem ist Arbeit nicht auf zweckrationales, objektbearbeitendes Handeln zu reduzieren, sondern umfasst gerade in den bürgerlichen und post-bürgerlichen Arbeitspraktiken immer auch intersubjektive Elemente. Routinisierte Arbeitspraktiken enthalten intersubjektive Bezüge (zwischen Berufstätigem und Kunden/Klienten, zwischen Angestellten einer Organisation, zwischen verschiedenen Unternehmen), interobjektive Bezüge, das heißt Beziehungen zwischen Menschen und Artefakten (Werkzeuge, Maschinen, Bücher, Akten, Informationen), und auch selbstreferentielle Bezüge, das heißt bestimmte routinisierte Verfahrensweisen des Umgangs des arbeitenden Subjekts mit sich selbst (Selbstkontrolle, Bildung, Kompetenzentwicklung). Arbeit ist keine akulturelle Sphäre des Zweckrationalen

33 Diese Definition lehnt sich an Kambartel an, vgl. Friedrich Kambartel (1993): Arbeit und Praxis. Zu den begrifflichen und methodischen Grundlagen einer aktuellen politischen Debatte, in: Deutsche Zeitschrift für Philosophie, S. 239-249. Zur ›Leistungsrolle‹ im Unterschied zur ›Publikumsrolle‹ vgl. Rudolf Stichweh (1988): Inklusion in Funktionssysteme der modernen Gesellschaft, in: Renate Mayntz u. a. (Hg.): Differenzierung und Verselbständigung, Frankfurt (Main)/New York 1988, S. 45-116.

34 Produktionsorientierte Arbeitsbegriffe finden sich von Marx bis zu Heller, Arnason und Habermas. Vgl. zur neueren Debatte um den Arbeitsbegriff auch Angelika Krebs (2001): Arbeit und Anerkennung. Der institutionelle Arbeitsbegriff, in: Deutsche Zeitschrift für Philosophie, S. 689-707.

oder Materiellen, sondern selbst als Praxis und Codezusammenhang ein kulturelles Phänomen.

Unter modernen Praktiken der persönlichen Beziehungen oder der Intim- und Privatsphäre, in denen sich ein Intimitätssubjekt bildet, können intersubjektive Praktiken verstanden werden, die – in loser Anlehnung an Luhmanns Begriff der Intimität[35] – eine potentielle Entgrenzung von Kommunikation betreiben, das heißt Interaktionen routinisieren, in denen potentiell alles, vor allem aber die Subjekte selbst, die an den Intimbeziehungen partizipieren, in allen ihren Aspekten zum Thema werden. Ähnlich wie im Falle der Arbeitssphäre ist auch für die Privatsphäre eine begriffliche Reifizierung zu umgehen, und zwar die traditionelle Kopplung persönlicher Beziehungen an die Form ›bürgerlicher Ehe und Familie‹, an die ›romantische Liebe‹ oder an eine bestimmte *sex/gender*-Matrix. Ein abstraktes Verständnis der verschiedensten modernen Intimbeziehungen fasst deren Familienähnlichkeit stattdessen in einer bestimmten Kommunikations- und Interaktionsstruktur: In persönlichen Beziehungen sind die Themen der Kommunikation potentiell expansiv und unendlich. Von besonderer kommunikativer Bedeutung werden dabei die Subjekte selbst, die zueinander in einer intimen Beziehung stehen; sämtliche psychischen und/oder körperlichen Aspekte des Anderen wie auch der eigenen Person können zum Gegenstand intimer Interaktion werden, was körperlich-sexuelle Kommunikation einschließt. Typischerweise schließen die modernen persönlichen Beziehungen – wiederum ein Kennzeichen, das nicht zur anthropologischen Konstante erklärt werden kann – ein hohes Maß an affektueller Besetzung der anderen Person(en) in verschiedensten Formen (›Liebe‹, ›sexuelles Begehren‹ etc.) ein. Typischerweise sind Intimbeziehungen auch jene Orte, an denen sich Subjekte als geschlechtliche herausbilden und Praktiken und Codes von ›gendered subjects‹ zum Einsatz kommen, Geschlechtercodierungen des Subjekts, die dann auch jenseits der Privatsphäre – etwa in Arbeitsbeziehungen – Effekte entfalten. Persönliche Beziehungen nehmen in den einzelnen Modernitätskulturen unterschiedliche Formen an. Sie umfassen Partnerschaftsbeziehungen in verschiedenen affektuellen, sexuellen, quasi-freundschaftlichen Varianten und mit variablem Personal, aber auch Formen von Verwandtschaftsbeziehungen, insbesondere die Beziehungen zwischen Eltern und Kindern, schließlich darüber hinaus nicht-körperliche Intimbeziehungen in Form von Freundschaften, peer groups, Geselligkeitszirkeln, Lebensstilgemeinschaften oder Szenen.

35 Vgl. Niklas Luhmann (1982): Liebe als Passion. Zur Codierung von Intimität, Frankfurt am Main 1994, S. 13 ff. Zum Abstraktionsgrad eines Begriffs des Privaten vgl. auch Philippe Ariès (1986): Einleitung: Zu einer Geschichte des privaten Lebens, in: ders./Chartier (1986), S. 7-19; Werner Schneider (2002): Von der familiensoziologischen Ordnung der Familie zu einer Soziologie des Privaten?, in: Soziale Welt, S. 375-395.

Das dritte Feld der modernen Subjektivation ist das heterogenste und kann mit dem Foucault entlehnten Konzept der ›Technologien des Selbst‹ oder der ›Praktiken des Selbst‹ umschrieben werden.[36] In der modernen Kultur seit dem 17./18. Jahrhundert bilden sich spezialisierte und zugleich routinisierte Komplexe von Alltagstechniken aus, in denen jenseits der Leistungsbeziehungen der Arbeit und den persönlich-intimen Beziehungen das Subjekt in erster Linie ein Verhältnis zu sich selbst herstellt. Diese Fähigkeit zur Selbstreferentialität ist für das Subjekt als modernes konstitutiv – aus praxeologisch-kulturtheoretischer Sicht sind diese Dispositionen jedoch wiederum nicht in einer inneren kognitiven oder emotionalen Struktur zu plazieren, sondern als Korrelat bestimmter geregelter, typisierter – und in diesem Sinne kollektiver – ›Techniken‹ zu verstehen, die auch in Einsamkeit vollzogen werden können. In der modernen Kultur bleiben diese Selbstpraktiken selbst in der Regel mundan, das heißt, sie sind nicht auf transzendente Ordnungen gerichtet. Diese Techniken des Selbst enthalten charakteristischerweise – wenn auch nicht durchgehend – spezifische Objekte und Artefakte: Dass es sich um Technologien des Selbst handelt, heißt nicht, dass diese Praktiken von interobjektiven (oder auch von intersubjektiven) Bezügen befreit wären, sondern dass der Umgang mit Artefakten dazu verwendet wird, um im ›Innern‹ des Subjekts bestimmte kurzfristige oder langfristige Effekte zu erzielen oder um bestimmte kognitive oder emotionalen Kompetenzen aufzubauen. Den Technologien des Selbst kommt dabei ein Doppelstatus zu. Einerseits bilden sie spezialisierte Praktikenkomplexe neben den anderen sozialen Feldern, gleichzeitig produzieren sich in ihnen jedoch allgemeine Dispositionen (etwa moralische Selbstreflexion in der bürgerlichen Kultur, Sensibilität für die Oberflächendarstellung von Subjekten in der Angestelltenkultur, Fähigkeit zum semiotischen Experimentalismus in der postmodernen Kultur), die sich als subjektive Voraussetzung darstellen, die in den *anderen* Feldern – Arbeit und persönliche Beziehungen – zum Einsatz kommen und so zur Homologie der Subjektformen jenseits der Felddifferenzen beitragen.

Innerhalb der Modernitätskulturen sind seit dem 17./18. Jahrhundert sehr unterschiedliche Technologien des Selbst enstanden. Von durchgehender Relevanz scheinen jedoch mediale Praktiken zu sein: Praktiken im Umgang mit technischen Medien der Verbreitung von Zeichen – zunächst der Umgang mit der Schriftlichkeit unter den Voraussetzungen des Buchdrucks, dann der Umgang mit audiovisuellen Medien, schließlich

---

36 Vgl. Michel Foucault u. a. (1988): Technologien des Selbst, Frankfurt am Main 1993; (1984a): Der Gebrauch der Lüste. Sexualität und Wahrheit Band 2, Frankfurt am Main 1991, insbesondere S. 7-45. Foucaults Definition ist hier teilweise sehr eng; er bezieht den Begriff primär auf einen Komplex spezifischer ethisch-ästhetischer Praktiken.

mit digitalen Medien. In einem bestimmten Strang der Medientheorien sind Medien gängigerweise als ›Kommunikationsmedien‹ verstanden worden, als technische Voraussetzung der Ausweitung intersubjektiver Beziehungen zwischen ›Sendern‹ und ›Empfängern‹. In unserem Zusammenhang werden diese Medien jedoch als technische Voraussetzungen dafür verstanden, dass das moderne Subjekt ein spezifisches Verhältnis zu sich selbst herstellt, das heißt, in sich selbst bestimmte Effekte erzielt:[37] Lesen/Schreiben, Film- und Fernsehbetrachtung, schließlich der Umgang mit dem Computer sind *auch* interobjektive Beziehungen – zudem mit intersubjektiven Bestandteilen –, aber im Zusammenhang einer Kulturtheorie des modernen Subjekts stellen sie sich primär als Technologien des Selbst heraus, in denen das Subjekt über den Weg der Wahrnehmung von ihm präsentierten oder selbst produzierten Zeichensequenzen mit sich selbst beschäftigt ist, sei es zum Zwecke der Bildung, des Kunstgenusses, der Selbstexploration, der Zerstreuung oder des Spiels. Mediale Praktiken sind Trainingsfelder der Wahrnehmung, der Kognition und der Affektivität und werden vom modernen Subjekt primär als solche Räume der Selbstformierung eingesetzt. Als ein zweiter Komplex von Technologien des Selbst unter modernen Bedingungen lassen sich insbesondere mit dem Beginn der Angestelltenkultur der 1920er Jahre die konsumtorischen Praktiken interpretieren, das heißt Praktiken der Rezeption von Konsumobjekten. Ähnlich wie im Falle der Medien ist hier ein Perspektivenwechsel notwendig. Traditionellerweise erscheint Konsumtion als ein Aspekt des Ökonomischen, als die Kehrseite der Produktion und Arbeit, als der zweckrationale Gebrauch und Verbrauch von Gütern. Aus einer kulturtheoretischen Perspektive stellen sich die sehr spezifischen konsumtorischen Routinen, die sich in der Angestelltenkultur herausbilden und in der postmodernen Kultur noch einmal umformen, als Techniken dar, in denen das Subjekt Objekte mit Bedeutungen auflädt und diese als Zeichenträger rezipiert, um damit in seinem körperlich-mentalen Innern und mit Blick auf seine eigene *performance* bestimmte Effekte zu erzielen.[38] Konsumtion im moder-

---

37 Vgl. zu einem solchen auf Subjekteffekte ausgerichteten Medienverständnis klassisch Walter Benjamin (1936): Das Kunstwerk im Zeitalter seiner technischen Reproduzierbarkeit, in: ders. (1977a), S. 7-44 , in der neueren Diskussion zunächst Marshall McLuhan (1964): Understanding Media. The extensions of man, Cambridge (Mass.)/London 1994, dann – allerdings mit der Neigung zum Technikdeterminismus – Friedrich Kittler (1985): Aufschreibesysteme 1800/1900, München 1995.

38 Vgl. zu einem kultursoziologischen Konzept der Konsumtion Don Slater (1997): Consumer Culture and Modernity, Cambridge, klassisch Jean Baudrillard (1970): La société de consommation. Ses mythes, ses structures, Paris.

nen Sinne lässt sich damit als eine primär selbstreferentielle Aktivität deuten, die wiederum kollektiv geregelt ist. Ein dritter Komplex von Technologien des Selbst scheint sich seit den 1970er Jahren anzudeuten: Im engeren Sinne körperbezogene Praktiken, vor allem solche einer sportlich-gesundheitsorientierten Form, liefern eine weitere Version selbstreferentieller Aktivitäten, die in diesem Fall weniger auf kognitive oder imaginative denn auf unmittelbar leibliche Zustände abzielen.

Die spezialisierten Praktikenkomplexe sozialer Felder haben die Struktur von *Praxis-/Diskursformationen* sowie von *Praxis-/Artefaktkonstellationen*. Die Subjektkulturen, die sich in ihnen bilden, hängen damit zugleich von den Subjektrepräsentationen der Diskurse ab, die an die Praktiken gekoppelt sind, und von den Artefakten, die in ihnen zum Einsatz kommen. Als Praxis-/Diskursformationen sind die Verhaltens- und Wissensnetzwerke unter modernen Verhältnissen (zumindest gilt dies für die jeweils dominanten Kulturen) regelmäßig an Spezialdiskurse gebunden. Diese liefern deskriptive und normative Repräsentationen der routinisiert hervorgebrachten und hervorzubringenden Alltagstechniken, damit auch explizite Repräsentationen jener Subjektmodelle, die implizit in den jeweiligen Praktiken enthalten sind. So reproduzieren sich die Sinnmuster im kulturellen Raum der Arbeit der 1920er bis 60er Jahre ebenso in den Praktiken des Arbeitens der höheren Angestellten in den Großorganisationen wie im zeitgenössischen ›Managementdiskurs‹ vom Taylorismus bis zu Mayos Konzept der sozialen Organisation. Die Modellierung eines Intimitätssubjekts findet in allen Phasen der Moderne vom 18. bis zum frühen 21. Jahrhundert in Praxis-/Diskursformationen statt, in denen die Alltagspraktiken des bürgerlichen und post-bürgerlichen Ehelebens, der Kindererziehung etc. an Diskurse etwa der psychologischen Beratung von Ehepaaren, der Erziehungs- und Sexualberatung gekoppelt sind. Für moderne soziale Felder ist insgesamt charakteristisch (und darin unterscheiden sie sich tatsächlich von den meisten vormodernen Praktiken), dass ihre Ausbildung regelmäßig von formativen Spezialdiskursen begleitet ist, die repräsentieren, welche Subjektformen jeweils angemessen erscheinen und damit »systematisch die Gegenstände bilden, von denen sie sprechen.«[39] Die Praxis-/Diskursräume sind von Brüchen und Widersprüchen durchzogen – etwa im Falle der Arbeitssphäre der organisierten Moderne von einem Bruch zwischen der Modellierung des Arbeitssubjekts als Bestandteil eines technisch-sachlichen Zusammenhangs und als Bestandteil einer sozialen Ordnung von Gruppen –, aber diese Heterogenitäten verlaufen nicht zwischen Praktiken und Diskursen, sondern durchschneiden den Praxis-/Diskurskomplex insgesamt.

Spezialisierte Praktikenkomplexe bilden zugleich Praxis-/Artefaktkonstellationen. Generell sind Praktiken als Verhaltensroutinen zu be-

39 Foucault (1969), S. 74.

greifen, die auf die Trägerschaft durch zweierlei Materialität angewiesen sind: jene der Körper ihrer menschlichen Träger, aber auch jene von im weiteren Sinne technischen Artefakten, von ›Dingen‹, ›Objekten‹, mit denen in einer Praktik hantiert wird oder die dessen konstitutive Voraussetzung darstellen. Technikorientierte Gesellschaftstheorien – wie die des Industrialismus und des Kapitalismus – haben zu Recht darauf hingewiesen, dass die Struktur moderner Gesellschaften von spezifischen technologischen Systemen abhängt. In einem kulturtheoretischpraxeologischen Rahmen sind diese jedoch nicht außerhalb der Praxis und Kultur als eine strukturelle Basis zu situieren, sondern als ihr integraler Bestandteil zu verstehen:[40] In die meisten sozialen Praktiken ist als Voraussetzung eingebaut, dass bestimmte Artefakte vorliegen, damit diese entstehen und sich reproduzieren können; die Form dieser Artefakte beeinflusst die Form der gesamten Praktik, die kulturellen Codes, in denen diese gehandhabt werden, und damit auch die Form, die das Subjekt in ihr annehmen kann. Gleichzeitig vermag die Form der Artefakte jedoch diese kulturellen Codes und Subjektdispositionen nicht zu determinieren, es gibt immer verschiedene Sinnzusammenhänge, in denen mit Artefakten umgegangen und diese interpretiert werden können. Handwerkliche Praktiken beispielsweise setzen einerseits bestimmte, historisch sich entwickelnde Artefakte voraus; diese lassen jedoch einen Spielraum, wie mit ihnen umzugehen ist und wie sie eingesetzt werden können, welches Wissen sich im Umgang mit ihnen ausbildet.

Die Artefakte bilden selbst eine ›materiale Kultur‹, die ihrerseits unter bestimmten kulturellen Bedingungen – etwa wissenschaftlichen Experimentalgemeinschaften – entsteht. Soziale Felder als Praxis-/Artefaktkonstellationen setzen damit eine bestimmte *historisch spezifische Struktur von Materialität* voraus: Artefakte der Produktion von Objekten vom Handwerk über Manufakturen, mechanischen Industrien und elektrisch-chemischer Industrialität bis zu digitalen Produktionsvoraussetzungen, Artefakte der Speicherung, Bearbeitung, Verbreitung und Rezeption von Zeichensequenzen (Buchdruck, Film- und Fernsehapparaturen, Telekommunikation, Computer), Artefakte zur Bewegung von Personen und Objekten im Raum (Infrastruktur, Eisenbahn, Automobil,

---

40 Eine solche analytische Rehabilitierung des Stellenwertes der Artefakte innerhalb der Sozialtheorie jenseits des Technikdeterminismus ist seit den 1990er Jahren erfolgt, vgl. Bruno Latour (1991): Wir sind nie modern gewesen. Versuch einer symmetrischen Anthropologie, Berlin 1995; Andrew Pickering (1995). The Mangle of Practice. Time, agency, and science, Chicago; die Beiträge in Schatzki/Knorr-Cetina/Savigny (2001) sowie zusammenfassend Andreas Reckwitz (2002): The status of the ›material‹ in theories of culture: From ›social structure‹ to ›artefacts‹, in: Journal for the Theory of Social Behaviour, Heft 2, S. 195-217.

Flugzeug), Artefakte zur Manipulation organischer Vorgänge (Medikamente, Kontrazeption, Organtransplantation), Artefakte des räumlichen Arrangements von Praktiken und Subjekten in der Architektur und im Städtebau. Auch die drei primären sozialen Felder der Subjektivation enthalten in ihrer historischen Entwicklung entsprechende, sich transformierende materiale Voraussetzungen. Damit ist die Ausbildung und Reproduktion der Subjektdispositionen abhängig von der materialen Kultur der Artefakte, so wie sie sich in den subjektkonstitutiven Praktiken niederschlagen, ein Zusammenhang der sich im Verhältnis zwischen medialen Praktiken – der Kultur der Schriftlichkeit, der Kultur des Audiovisuellen und der digitalen Kultur – und ihnen entsprechenden Subjektformen besonders anschaulich zeigt. Wenn Subjektformen ein Korrelat ihrer Praxis darstellen, dann auch ein Korrelat der Artefakte, die in diesen zum Einsatz kommen, ohne dass sie sich damit technikdeterministisch auf ein ›Produkt‹ einer bestimmten technologischen ›Basis‹ reduzieren ließen.

Subjekt-Homologien, ›Lebensformen‹ und Überdeterminationen

Soziale Praktiken sind auf einer ersten Ebene in Form von differenzierten sozialen Feldern organisiert, von spezialisierten, der Sache nach zusammenhängenden Praxis-/Diskurs-/Artefaktkomplexen, die von unterschiedlichen Subjekten mit verschiedenen Dispositionen getragen werden: Subjektformen lassen sich entsprechend diesen sozialen Feldern verorten und bilden ökonomische, politische, familiäre etc. Subjektpositionen. Auf einer zweiten Ebene sind soziale Praktiken nach einer anderen Logik organisiert: Hier bilden jene Praktiken einen koordinierten Sinnzusammenhang von Dispositionen und Codes, die von den gleichen Subjekten getragen, inkorporiert und interiorisiert werden, die die Sequenz ihrer Alltags- und Lebenszeit, das heißt die Gesamtheit ihrer Akte ausfüllen, und in denen sich Praktikensegmente aus unterschiedlichen Feldern miteinander kombinieren und aufeinander beziehen. Diese zweite gesellschaftliche Strukturierung von Praktiken und Subjektkulturen lässt sich in Anlehnung an einen Begriff des späten Wittgenstein als eine Differenzierung von unterschiedlichen ›Lebensformen‹ umschreiben:[41] Subjekte sind hier bürgerliche, proletarische, subkulturelle etc. Subjek-

41 Der Begriff ist dort eng mit jenem des Sprachspiels verknüpft, vgl. Wittgenstein (1953), auch Wilhelm Lütterfelds/Andreas Roser (Hg.) (1999): Der Konflikt der Lebensformen in Wittgensteins Philosophie der Sprache, Frankfurt am Main. Für eine neuere Verwendung vgl. Burkhard Liebsch (2001), Zerbrechliche Lebensformen. Widerstreit – Differenz

te. So wie soziale Felder eine Agglomeration sehr heterogener Praxen bilden, die gleichwohl über basale Wissens- und Codeelemente sinnhaft miteinander koordiniert sind (zum Beispiel Arbeiten als höherer Angestellter, als Angestellter, als Arbeiter in einem historischen ökonomischen Feld), so stellen sich in anderer Weise sozial-kulturelle Lebensformen als Agglomerationen heterogener Praxen dar, die gleichwohl über basale Wissens- und Codeelemente koordiniert sind (zum Beispiel persönliche Beziehungen, Arbeiten, Medienkonsum in einer historisch-spezifischen Lebensform). Lebensformen bilden ein Netzwerk von Praktiken (und wiederum von Diskursen und Artefakten), die zugleich als Segmente an unterschiedlichen spezialisierten Feldern partizipieren, so wie umgekehrt soziale Felder ein Netzwerk von Praktiken bilden, die zugleich als Segmente an unterschiedlichen Lebensformen partizipieren. Diagonal zur Differenz zwischen den der Sache nach spezialisierten Praktiken und Subjektpositionen stellen sich Homologien von Subjektformen, damit Subjektformen zweiter Ordnung heraus, die ein feldtranszendierendes Subjekt als überdeterminierten ›nodal point‹ (Knotenpunkt)[42] produzieren und damit eine Lebensform identifizierbar machen. Eine solche Lebensform setzt sich unter modernen Verhältnissen charakteristischerweise aus Praktiken der Arbeit, Kommunikationen und Interaktionen persönlicher Beziehungen sowie Technologien des Selbst zusammen. Für eine Analyse von Subjektkulturen ist es charakteristisch, dass sie sich nicht damit begnügt, die Disparatheit von Subjektpositionen in spezialisierten Feldern zu konstatieren, sondern danach fragt, inwiefern sich in bestimmten historisch-lokalen Kontexten diagonal zur Differenzierung der Felder solche Subjekthomologien bilden und die Kultur von Subjektformen die purifizierten Grenzen zwischen sozialen Feldern überschreitet: So zeigen sich umfassende, historisch-spezifische ›Subjektordnungen‹, Wissensordnungen des Subjekts. Inwiefern bildet sich eine Subjektform als Knotenpunkt ökonomischer und politischer und privater etc. Aktivitäten, die sich in allen diesen Praktiken wiederholt und dabei verschiedene spezialisierte Ausprägungen erfährt?

Die Unterscheidung zwischen sozialen Feldern und Lebensformen als zwei sinnhafte Strukturierungsformen sozialer Praktiken und damit als

– Gewalt, Berlin. ›Lebensform‹ scheint nur auf den ersten Blick mit dem Begriff der ›Lebenswelt‹ in der Tradition Husserls zusammenzuhängen. Während ›Lebenswelt‹ die konsensuale Homogenität des Impliziten als Voraussetzung betont, verweist ›Lebensform‹ in unserem Zusammenhang umgekehrt auf eine Koordination disparater Praktiken und Codes in einer relativen, aber potentiell instabilen Homologie als Produkt von kulturellen Grenzüberschreitungsprozessen.

42 Ernesto Laclau/Chantal Mouffe (1985): Hegemony and Socialist Strategy. Towards a radical democratic politics, London/New York 2001, S. 117.

zwei, einander überlagernde Ebenen der Verortung von Subjektformen koppelt damit die differenzierungstheoretische Modellierung der modernen Gesellschaft an eine klassentheoretische Modellierung, die nun gleichfalls kulturtheoretisch-praxeologisch umgeformt und von ihrer Fixierung auf ungleiche Ressourcenstrukturen gelöst wird. An die Stelle der differenzierten Ungleichheitslagen von Klassen tritt im kulturtheoretischen Blick die Differenz zwischen verschiedenen Lebensformen; diese sind zum großen Teil in sozial-kulturellen Milieuformationen strukturiert, die sich primär in ihren Codes, Praktiken und Subjektformen unterscheiden (was *auch* eine Differenz von unterschiedlich verteilten – ökonomischen, kulturellen etc. – Ressourcen einschließt).[43] Lebensformen und soziale Felder setzen sich in unserem Verständnis – konträr etwa zu Habermas' Unterscheidung zwischen Lebenswelt und Systemen oder Luhmanns Unterscheidung zwischen sozialen und psychischen Systemen – nicht aus unterschiedlichen Operationen oder Einheiten zusammen, sondern aus den *gleichen* Einheiten und Operationen, die jedoch auf den beiden Ebenen unterschiedlich sinnhaft gruppiert sind. Es handelt sich um die gleichen sozialen Praktiken, die unter einem Aspekt sich als Segment eines sozialen Feldes, unter einem anderen Aspekt als Segment einer Lebensform darstellen. Die Praktiken des bürgerlichen Ehelebens im 18. Jahrhundert beispielsweise sind einerseits als Bestandteil des umfänglichen sozialen Feldes sämtlicher Kommunikationen und Interaktionen zeitgenössischer Privatsphäre – auch der aristokratischen, der ländlich-agrarischen etc. – zu verstehen, gleichzeitig stellen sie sich als Bestandteil des umfänglichen Komplexes einer bürgerlichen Lebensform dar, gemeinsam mit den Formen bürgerlicher Arbeit und bürgerlicher Bildung (auch der bürgerlichen Politik, Religiosität etc.). So wie in einem sozialen Feld disparate Subjektpositionen nebeneinander existieren, die gleichzeitig relativ homogenisiert sind, so existieren in einer Lebensform auf andere Weise disparate Subjektformen nebeneinander (und damit zugleich im Dispositionsbündel des Subjekts), die zugleich relativ homogenisiert sind und ›die‹ homologe Subjektivität einer bestimmten Lebensform hervorbringen.

43 Die bisher avanciertesten Entwürfe einer kulturtheoretischen Klassen- und Milieuanalyse bei Pierre Bourdieu (1979): Die feinen Unterschiede. Kritik der gesellschaftlichen Urteilskraft, Frankfurt am Main 1989, und Gerhard Schulze (1992): Die Erlebnisgesellschaft. Kultursoziologie der Gegenwart, Frankfurt am Main/New York, enthalten eine Reihe von Problemen. Das schwerwiegendste ist – neben der Neigung zu einem Kapitaldeterminismus bei Bourdieu – die durchgängig mangelhafte Verknüpfung von Milieu-und Differenzierungstheorie. Es ergibt sich dabei in beiden Fällen eine Tendenz, die Praxis der Milieus/Klassen unter der Hand auf konsumtorische Praktiken einzuschränken.

Die Analyse von Subjektkulturen auf der Ebene von sozialen Feldern ist damit nicht separierbar von der Analyse von Lebensformen. Lebensformen bestehen aus spezialisierten Praktiken, die zugleich als Segmente an sozialen Feldern partizipieren. Es erscheint unmöglich, von vornherein – so wie es der Schütz/Habermassche Begriff der Lebenswelt, aber auch Bourdieus Verwendung des Begriffs des Habitus mit Blick auf den Lebensstil von Klassen nahelegen – die in sich geschlossene Subjektkultur einer Lebensform *vorauszusetzen*. Es bedarf vielmehr des Durchgangs durch die spezialisierten Feldpraktiken (einschließlich ihrer stützenden Diskurse), um die Frage zu beantworten, inwiefern sich hier *Prozesse der kulturellen Grenzüberschreitung* nachweisen lassen und damit *Homologien produziert* werden. Gleichzeitig bliebe eine Analyse von Subjektkulturen limitiert, wenn sie auf der Ebene der Subjektpositionen einzelner sozialer Felder verharren würde. Diese Subjektpositionen existieren nicht isoliert voneinander; einzelne Segmente der institutionellen Arrangements diffundieren vielmehr zwischen den Feldern. Erst die Ebene der Lebensformen erlaubt es, diese Subjekthomologien, welche die Differenzen zwischen dem Ökonomischen, Politischen, Privaten kreuzen, zu fokussieren.

Mit einem Begriff Ernesto Laclaus kann man diesen grenzüberschreitenden Homologieeffekt von Subjektkulturen als Prozess einer kulturellen ›Überdetermination‹ umschreiben:[44] Subjekte inkorporieren und interiorisieren im Verlauf ihrer Alltags- und Lebenszeit zunächst sehr unterschiedliche Dispositionskomplexe und Subjektcodes; trotz dieser Disparatheit auf einer ersten Ebene formen diese auf einer zweiten, allgemeineren Ebene das Subjekt in die gleiche Richtung. Der Erwerb des gleichen Subjekthabitus stellt sich als simultanes Produkt unterschied-

44 Vgl. Laclau/Mouffe (1985), S. 97 ff. Zur Homologie von Subjektpositionen stellen Laclau/Mouffe hier treffend fest:»The dispersion of subject positions cannot constitute a solution: given that none of them manages ultimately to consolidate itself as a *separate position*, there is a game of overdetermination among them that reintroduces the horizon of an impossible totality. It is this game which makes hegemonic articulation possible.« (121 f.) Der Begriff der Überdetermination wird als Metapher ursprünglich von Freud verwendet: In Träumen erscheinen einzelne Figuren ›überdeterminiert‹ in dem Sinne, dass sich in ihnen Elemente mehrerer realer Personen kreuzen, sie durch diese gleichermaßen ›hervorgebracht‹ werden und zugleich die Differenz zwischen diesen Personen in ihnen enthalten bleibt. Dieser Zusammenhang zwischen einer wechselseitigen Verstärkung mehrerer Ausgangselemente in der Hervorbringung eines kulturellen Phänomens und der Implantierung von Differenzen in diesem kulturellen Phänomen aufgrund der disparaten Ausgangsfaktoren lässt sich als Merkmal kultureller Logik insgesamt verallgemeinern.

licher Praktiken dar, die sich doch als gleichartig herausstellen. So ergibt sich etwa, dass in der postmodernen Kultur seit den 1970er Jahren sowohl die Praktiken der Arbeit im post-bürokratischen Unternehmen als auch jene von Intimbeziehungen in der expressiven Beziehung wie auch die Technologien des Selbst in den Subfeldern des individualästhetischen Konsums, der körperlich-sportlichen Aktivitäten und der Verwendung digitaler Medien die Subjektkultur bei allen Differenzen im Detail gleichsinnig in die Richtung des Modells eines ›Kreativsubjekts‹ formen, das sich selbst und seine Tätigkeiten als Objekt kreativer Gestaltung betrachtet. Der Prozess der ›Überdetermination‹ bedeutet jedoch gleichzeitig, dass in seinem Produkt – hier einer Subjektform zweiter Ordnung – die disparaten Elemente ihrer Ursprungsfaktoren erhalten bleiben und damit ein Potential für Brüche und Widersprüche in der Subjektform bereithalten. Charakteristischerweise sind diese Friktionen jedoch nicht mit den Grenzen zwischen den spezialisierten Praktiken oder zwischen Feldern identisch, sondern existieren bereits in der Subjektform des spezialisierten Komplexes selbst; die Überdetermination bewirkt dann eine Überlagerung und unter Umständen eine gegenseitige Verstärkung dieser einzelnen Friktionen, so dass sich auf der Ebene von Lebensformen diese Friktionen unberechenbar ›aufaddieren‹.

Als zwei kulturelle Mechanismen, die zu Prozessen kultureller Grenzüberschreitung und damit der Produktion von Subjekthomologien beitragen, lassen sich ›dispersed practices‹ und Interdiskurse nennen. Mit Theodore Schatzki sind ›dispersed practices‹ (im Unterschied zu ›integrated practices‹) Praktiken,[45] die nicht allein in einem einzelnen spezialisierten Komplex vorkommen, sondern in unterschiedlichen sozialen Feldern gleichermaßen auftauchen und dort Homologieeffekte erzielen. So stellen sich etwa in der bürgerlichen Kultur Praktiken der Fremdpsychologisierung als solche ›dispersed practices‹ dar, die im Bereich der Intimbeziehungen, der Bildung und der Arbeit der Wirtschaftsbürger und Freiberufler gleichermaßen wirksam sind und damit das Subjekt übergreifend modellieren. Ähnliches gilt für Praktiken des Experimentierens in der postmodernen Kultur oder für solche der Fremdbeobachtung subjektiver Oberflächen (Benjamins Haltung des ›Testens‹) in der Angestelltenkultur. Ein zweiter kultureller Mechanismus der feldtranszendierenden Subjekthomologie sind die Interdiskurse: Während Subjektkulturen in spezialisierten sozialen Feldern von Spezialdiskursen begleitet sind, gehen ›Interdiskurse‹ über diese hinaus,[46] integrieren Tei-

---

45 Vgl. Schatzki (1996), S. 91 ff.
46 Der Begriff des Interdiskurses wird von Link profiliert: Vgl. Jürgen Link (1988): Literaturanalyse als Interdiskursanalyse, in: Jürgen Fohrmann/ Harro Müller (Hg.): Diskurstheorien und Literaturwissenschaft, Frankfurt am Main 1988, S. 284-307.

le von ihnen und liefern deskriptiv-normative Subjektrepräsentationen, welche die sozialen Felder kreuzen, damit Repräsentationen ›des‹ Subjekts als vorgestelltes, einheitliches Ganzes liefern. Interdiskurse richten sich damit an eine Vielzahl von Praktiken gleichermaßen und letztlich an eine bestimmte Lebensform (etwa die bürgerliche Lebensform, die Lebensform der postmodernen ›creative class‹, das Proletariat, eine ästhetische Subkultur etc.) oder auch an mehrere Lebensformen zugleich, soweit es sich um hegemoniale Interdiskurse handelt.

In der modernen Kultur scheinen vor allem zwei Komplexe von Interdiskursen relevant für die Formierung von Subjektkulturen zu sein: jene der Massenmedien und jene der Proto-Humanwissenschaften. Beispiele für massenmediale Interdiskurse sind etwa die Subjektrepräsentation in der bürgerlichen Literatur des 18. und 19. Jahrhunderts – fiktionale Literatur wie bürgerliche Romane und Dramatik ebenso wie non-fiktionale Literatur der Moralischen Wochenschriften, Verhaltensratgeber etc. – oder seit den 1920er Jahren die Subjektrepräsentationen im Medium des Films oder später des Fernsehens. ›Medien‹ interessieren auf dieser Ebene nicht als mediale Praktiken, das heißt als Subjekt-Artefaktkonstellationen, die Technologien des Selbst bilden und auf diese Weise das Subjekt in bestimmten Kompetenzen trainieren, sondern als ein semiotischer Raum zur Produktion von Subjektrepräsentationen (etwa die Repräsentation eines Subjekts mit moralischem Sinn und Sinn für biografische Entwicklung im bürgerlichen Roman oder die Repräsentation eines sozial extrovertierten, ästhetisch perfekten und doch Normalitätsstandards beachtenden weiblichen Subjekts im klassischen Hollywood-Film oder die Repräsentation eines kreativ-selbstexperimentellen Subjekts in der spätmodernen Pop-Videokultur). Auch die (proto-)humanwissenschaftlichen sind charakteristische Interdiskurse der modernen Kultur. Im Unterschied vor allem zu naturwissenschaftlichen Spezialdiskursen liefern die Humanwissenschaften im weitesten Sinne ›unreine‹, einander überlagernde und popularisierbare Diskurse: Etwaige Spezialdiskurse der Subjektivation – etwa ökonomische Managementdiskurse oder Eheberatungsdiskurse – sind regelmäßig durch transdisziplinäre Codes miteinander vernetzt und verschmelzen in popularisierten, proto-wissenschaftlichen Darstellungen. Dieser transdisziplinäre, ständig zwischen ›Theorie‹ und ›Praxis‹ changierende humanwissenschaftliche Raum, der sich an einen Rezipienten jenseits einzelner Praxissegmente richtet, reicht vom hybriden Feld von Philosophie und Moralischen Wochenschriften des 18. Jahrhunderts bis zu den psychologischen Disziplinen des 20. Jahrhunderts, die proto-wissenschaftliche Persönlichkeitsratgeber ebenso enthalten wie deren gleichförmige Anwendung in Bereichen wie Arbeit oder Partnerschaft.

Kulturelle Hegemonien

In modernen Gesellschaften existieren unterschiedliche sozial-kulturelle Lebensformen nebeneinander. Eine gewisse Fixierung und damit gegenseitige Abgrenzbarkeit – allerdings nur eine relative, die regelmäßig mit kulturellen Interferenzen durchsetzt ist – erlangen diese in Form von Milieuformationen oder ›kulturellen Klassen‹. Kulturelle Klassen/Milieuformationen lassen sich als typisierte Praktikenkomplexe verstehen, welche Segmente aus den Feldern der Arbeit, der persönlichen Beziehungen und der Selbstpraktiken (Medien, Konsumtion) miteinander kombinieren und damit Träger feldkreuzender, homologer Subjektkulturen bilden. Gegen die Homogenitätsannahme einer einzigen Lebensform ›der Moderne‹ – die lediglich in ›sozialen Schichten‹ mit graduell unterschiedlichen Ressourcen immanent differenziert sei – lenkt die kulturtheoretische Perspektive den Blick auf die Differenz unterschiedlicher Lebensformen und ihrer Subjektkulturen in der zeitlichen Sequenz wie in der Gleichzeitigkeit der Moderne: bürgerliche Milieuformationen, ›working class cultures‹, spezifische Lebensformen von ethnischen Minderheiten oder alternativen Subkulturen. In einer Milieuformation/kulturellen Klasse, in denen bestimmte Segmente von Arbeitspraktiken, von persönlichen Beziehungen und von Selbsttechniken sich in eine spezifische Subjektkultur fügen, findet die relative Stabilisierung einer Lebensform und ihrer Subjektivität vor allem über drei Mechanismen statt: Es wird eine Häufung und Konzentration der Interaktionen mit Subjekten aus dem gleichen Milieu institutionalisiert (einschließlich einer Konzentration der verwendeten medialen Darstellungen von Subjekten auf die gleiche Lebensform), während Interaktionen mit Subjekten aus anderen Milieus reduziert werden; dies gilt sowohl für das Feld der Arbeit als auch für die persönlichen Beziehungen (Partnerschaft, Freundschaften) wie auch für die Technologien des Selbst, soweit diese intersubjektive Bezüge enthalten. Diese Interaktionskonzentration ist häufig mit räumlicher Segregation verknüpft. In kulturellen Klassen/Milieuformationen findet zudem eine spezifische, gleichförmige Ausstattung der Subjekte mit ›Ressourcen‹, das heißt symbolischen Handlungsmitteln, vor allem ökonomischen und kulturellen Ressourcen statt. Schließlich sind die milieuspezifischen Lebensformen mit Innen-Außen-Differenzen verknüpft, in denen ein lebensformspezifisches ›othering‹ eines anderen, der Lebensform fremden Subjekts betrieben wird, eine Differenzmarkierung, die möglicherweise mit institutionalisierten Interdiskursen verbunden ist und alle Spezialpraktiken kreuzt. Die Differenz zwischen Lebensformen, zwischen ›ingroup‹ und ›outgroup‹ markiert sich hier als eine kulturelle Differenz zwischen unterschiedlichen ›Subjekttypen‹. Die bürgerliche Kultur des 19. Jahrhundert beispielsweise hantiert mit einer Unterscheidung zwischen dem respektabel-zivilisierten Subjekt und einem nicht-respektablen anderen Subjekt, das im Proletariat ausgemacht wird. Die ›creative class‹ der postmodernen Kultur verwendet ein Differenzschema zwischen einem experimentell-stilsicher-souveränen Subjekt der eigenen Lebensform und Subjekten, denen es am Experimentalismus und souveräner Selbstregierung mangelt.

Die simultane Existenz von unterschiedlichen Lebensformen in der Kultur der Moderne ist weder als eine ›Pluralität‹ gleichberechtigter Milieus zu vereinfachen noch auf eine vertikale Differenz von Ressourcen und Klassenlagen zu reduzieren. Lebensformen *sind* ›ungleich‹ strukturiert, aber diese Ungleichheit ist nur sekundär eine sozialstatistische, primär vielmehr eine kulturelle Differenz, eine Differenz des kulturellen Einflusses ihrer Subjektkultur: Die Lebensformen unterscheiden sich bezüglich ihres kulturellen Stellenwerts für die gesamte Gesellschaft, das heißt die Konstellation aller Lebensformen unter dem Aspekt, inwiefern ihr Subjektmodell über den engeren Kreis des eigenen Milieus hinaus Einfluss auszuüben vermag. Mit Raymond Williams stehen sich hier ›dominant, residual, and emergent cultures‹[47] gegenüber. Dominante Kulturen/Lebensformen/Subjektmodelle lassen sich als kulturelle ›Hegemonien‹ begreifen.[48] In allen Phasen der Geschichte der Moderne kristallisieren sich Lebensformen heraus, die zu Trägern einer dominanten, hegemonialen Subjektkultur werden, während andere Subjektkulturen sich als subhegemonial, nicht-hegemonial oder anti-hegemonial erweisen. Der Begriff der kulturellen Hegemonie – den zuerst Antonio Gramsci profiliert – bezieht sich hier auf eine Konstellation, in der eine spezifische, verschiedene soziale Felder kreuzende Subjektkultur ihr Subjektmodell als ein allgemeingültiges, universales, scheinbar alternativenloses und dabei attraktives zu institutionalisieren vermag. Eine solche Konstellation kultureller Dominanz bildet unter den Bedingungen moderner westlicher Kultur vom 17. Jahrhundert bis zur Gegenwart zu keinem Zeitpunkt einen fixen Zustand, sondern durchgängig eine Konfliktkonstellation, in der eine bestimmte Subjektkultur *relativ* dominiert; aber diese Dominanz ist selbst ein historisch wechselhafter Prozess und wird unweigerlich durch andere Subjektkulturen angefochten.

Eine hegemoniale Subjektkultur enthält damit zwei miteinander verknüpfte Merkmale. Sie tritt mit dem Anspruch eines ›*universalen Horizonts*‹ auf, versteht sich also nicht als singuläre Kultur neben anderen,

---

47 Vgl. Raymond Williams (1977): Marxism and Literature, Oxford, S. 121 ff.

48 Vgl. zum hier verwendeten Konzept des Hegemonialen in der Kultur ausführlich Laclau/Mouffe (1985), S. 47 ff.

sondern expansionistisch als Verkörperung ›des‹ allgemeinen Subjekts mit den Merkmalen avancierter Modernität, als Ausdruck eines letztlich verbindlichen, von jedem Einzelnen anzustrebendes Subjektmodells. Die hegemoniale Kultur strebt damit, obwohl sie regelmäßig von einer zahlenmäßigen Minorität ausgeht, nach einer quantitativen Verbreitung, so wie etwa die bürgerliche Kultur im 19. Jahrhundert eine Verbürgerlichung oder zumindest Verkleinbürgerlichung auch nicht-bürgerlicher Lebensformen intendiert. Diese Universalisierung eines Subjektmodells findet durch Interdiskurse (Humanwissenschaften, Medien, Politik) wie durch Spezialdiskurse statt. Eine hegemoniale Subjektkultur erhebt nicht nur diesen Allgemeinheitsanspruch, es gelingt ihr auch tatsächlich – dies ist ihr zweites Merkmal –, ihre generalisierte Subjektform über ihr Ausgangsmilieu hinaus zu instituieren, und zwar in einem doppelten Sinne. Über institutionelle Arrangements – zum Beispiel das Rechtssystem, die Strukturierung von Wirtschaftsorganisationen oder des Bildungssystems – wird die dominante Subjektform in ihren Kernelementen für verbindlich erklärt und übt damit eine formierende Wirkung auf Subjekte der meisten (wenn auch kaum je für alle) Milieus aus. Bürgerliche Arbeitsdisziplin beispielsweise bleibt nicht auf das Bürgertum beschränkt, sondern wird im Fabriksystem auch dem Proletariat antrainiert. Zudem wird das kulturell dominante Subjektmodell zum Objekt eines generalisierten ›passionate attachment‹, zum Ausdruck eines attraktiven, als Ideal-Ich perzipierten Subjektmodells, welches jenseits eines einzelnen Milieus als solches anerkannt wird. Bürgerliche Gebildetheit ist im 19. Jahrhundert ein Ideal-Ich auch im Kleinbürgertum und teilweise selbst im Proletariat (Arbeiterbildung).

Diese hegemoniale Institutionalisierung einer Subjektkultur erfolgt in der Regel über die einzelnen sozialen Felder, über die institutionalisierte Diffusion eines Subjektmodells in allen oder vielen Praktiken eines Feldes, auch jenen außerhalb des originären Milieus, aus dem das Subjektmodell stammt. Sie erfolgt zudem über Subjektrepräsentationen in Interdiskursen, vor allem proto-humanwissenschaftlicher und medialer Art, welche über einzelne Lebensformen hinaus von Einfluss sind. So erlangt etwa in der spätmodernen kulturellen Formation seit den 1980er Jahren das sehr spezifische und zunächst minoritäre Subjektmodell der ›creative class‹, das im Feld der Arbeit Dispositionen der kreativen Gestaltung, der Teamorientierung, der Sicherung von ›employability‹ und der Ausrichtung an der zeitlichen Diskontinuität von Projekten miteinander kombiniert, dadurch eine kulturelle Dominanz, dass es über das modifizierte Arbeits- und Sozialrecht, die mediale Darstellung eines attraktiven Arbeitssubjekts nach dem Typus des ›Künstlers als Selbstunternehmers‹, die Umstellung von Bildungs- und Ausbildungsinstitutionen etc. in großen Teilen des gesamten Feldes der Arbeit, damit auch in Praktiken außerhalb der ›creative class‹, diffundiert und verankert wird. Die Frage nach der Relevanz einer bestimmten Subjektform für die Gesamtgesellschaft kann daher nicht mit der Suche nach einem ›Durchschnitt‹ oder einer quantitativen Majorität beantwortet werden, sondern mit der Suche nach der kulturellen Dominanz einer Subjektform. Im Zentrum einer solchen Subjektkultur steht regelmäßig eine quantitative Minderheit, deren leitende Codes und Praktiken jedoch über diese hinaus wirksam sind (und sich in diesem Diffusionsprozess wiederum modifizieren) und für eine bestimmte historische Phase kulturelle Legitimität beanspruchen können.

Es lassen sich damit hegemoniale, subhegemoniale, nicht-hegemoniale und anti-hegemoniale Subjektkulturen unterscheiden: *Hegemoniale* Kulturen betreiben eine relativ erfolgreiche, aber niemals stabile Universalisierung und Institutionalisierung ihres Subjektmodells. Zu Beginn der modernen Kultur ist es das Bürgertum, das prototypisch, ausgehend von einem Minderheitenstatus, eine solche Hegemonialisierung ihrer Subjektkultur als die verbindlich moderne voranbringt. Nach der Erosion der bürgerlichen Kultur bilden sich nach den 1920er Jahren zunächst die amerikanistische Angestelltenkultur der organisierten Moderne, schließlich seit den 1970er Jahren die kreativ-konsumtorische Subjektkultur der postmodernen ›creative class‹ als neue hegemoniale Subjektkulturen aus. Nach dem Verlust ihrer kulturellen Dominanz bleibt eine Lebensform auch in der folgenden Phase in der Regel bestehen; sie wandert jedoch – im Sinne von Williams' ›residual culture‹ – vom Zentrum mehr und mehr an die kulturelle Peripherie, wo ihre Codes und Praktiken gleichwohl als ein Sinnreservoir für künftige kulturelle Transformationen bereitstehen. *Subhegemoniale* Subjektkulturen sind solche, die sich zwar vom dominanten Modell unterscheiden lassen, jedoch stark unter ihrem Einfluss stehen. Sie sind die breite gesellschaftliche Stütze der Hegemonie, verarbeiten zentrale Elemente der dominanten Kultur, modifizieren sie aber in unberechenbarer Weise. Im Verhältnis zum Bürgertum übernimmt etwa das Kleinbürgertum diesen Status. *Nicht-hegemoniale* Subjektkulturen sind durch verhältnismäßig autonome Codes und Praktiken strukturiert, sie stellen einen alternativen kulturellen Mikrokosmos in relativer – wenn auch niemals absoluter – Distanz zur dominanten Kultur dar, ohne dabei selbst nach Hegemonie zu streben. Für das 18. und 19. Jahrhundert erscheint etwa in den westlichen Gesellschaften die große Mehrheit des ländlich-agrarischen Milieus als eine solche subhegemoniale Lebensform, in der postmodernen Kultur scheinen subproletarische Milieus einen solchen Stellenwert anzunehmen. Ähnliches gilt für bestimmte Subkulturen oder ethnische Minoritäten.

Anti-hegemoniale Subjektkulturen schließlich strukturieren sich über Praktiken, Codes und Subjektmodelle, die sich deutlich von denen der dominanten Kultur unterscheiden; sie treten zudem mit dem Anspruch auf, diese zu delegitimieren und letztlich selbst die eigentlich ›authentische‹, dem Subjekt angemessene Form zu repräsentieren. Diese Lebensformen nehmen regelmäßig die Form von kulturellen Bewegungen an, die sich in ihrer Struktur von kulturellen Milieus unterscheiden. Wenn kulturelle Milieus/Klassen feldtranszendierende ›Praxis-/Diskurskomplexe‹ bilden, dann stellen kulturelle Bewegungen feldtranszendierende ›Diskurs-/Praxiskomplexe‹ dar. Kulturelle Bewegungen enthalten einen Diskursüberschuss, sie liefern primär neuartige Subjektrepräsentationen in textueller (oder auch anderer, etwa visueller) Form; eher sekundär werden auch zugehörige Praxisformate geschaffen, welche die Form von Subkulturen annehmen. Im Unterschied zum Begriff der sozialen Bewegung weist das Konzept der kulturellen Bewegung darauf hin, dass es sich hier weniger um ressourcenorientierte Protestbewegungen handelt, als um den Versuch, der dominanten Kultur widersprechende Sinnmuster, alternative Identitäten und Subjektivitäten auszubilden. *Kulturelle Bewegungen* sind Identitätsbewegungen, sie sind *Subjekttransformationsbewegungen.* Unter modernen Bedingungen beziehen sich die Subjektmodelle dieser ›Gegenbewegungen‹ so wie die der anderen Subjektkulturen auch charakteristischerweise auf die drei primären Sphären der Subjektivation, das heißt Arbeit, Intimität und Technologien des Selbst; es werden ›neue‹ Arbeitssubjekte, Intimitätssubjekte und selbstreferentielle Subjekte imaginiert. Die kulturellen Bewegungen treten dabei teilweise mit dem Anspruch des Anti-Modernen, teilweise mit dem einer radikalisierten Modernität auf. In der Geschichte der Moderne entwickeln sich diverse kulturelle Bewegungen.[49] Zu Beginn des 20. Jahrhunderts sind die faschistischen und die sozialistischen Bewegungen gegen die bürgerliche Moderne prominent, am Ende des 19. und am Ende des 20. Jahrhunderts treten Bewegungen eines christlichen Fundamentalismus auf. Unter dem Aspekte ihres Versuchs, dem bürgerlichen und nach-bürgerlichen Subjekt eine radikalisierte Modernität entgegenzustellen, sowie ihres langfristigen Einflusses auf die dominante Subjektkultur selbst stellen sich die ästhetischen Gegenbewegungen der Moderne von der Romantik über die Avantgarden bis zur postmodernistischen ›counter culture‹ als wichtigste Sequenz von Subjekttransformationsbewegungen dar. Damit schließt sich die Frage nach der Form des kulturellen Wandels des Subjekts unter den spezifischen Bedingungen der Kultur der Moderne an.

49 Teilweise zielen diese kulturellen Bewegungen auch auf spezifische ›kollektive Identitäten‹ ab, das heißt auf Identitätsmuster, in denen sich der Einzelne als Bestandteil einer partikularen Gruppe definiert. Vgl. etwa Bernhard Giesen (Hg.) (1991): Nationale und kulturelle Identität. Studien zur Entwicklung des kollektiven Bewußtseins in der Neuzeit, Frankfurt am Main.

1.3 Die Transformation von Subjektkulturen

Die Etablierung von umfassenden Praxis-/Diskursformationen, die eine Subjektkultur in den Feldern der Arbeit, der persönlichen Beziehungen und der Technologien des Selbst auf Dauer stellen und dabei eine kulturelle Dominanz als ›Subjektordnung‹ erlangen, ist in der Geschichte der Moderne ein instabiler Prozess. Die historische Sequenz kultureller Formationen, die einander ablösen, ist nicht nach Art fixer, in sich geschlossener ›Blöcke‹ zu denken, die zu bestimmten Zeitpunkten jeweils durch einen neuen, fixen Block ersetzt würden, ähnlich jener Episteme, wie Foucault sie in »Die Ordnung der Dinge« voraussetzt, zwischen denen sich unerklärliche ›ruptures épistemologiques‹ ereignen.[50] Die über einen längeren Zeitraum sich reproduzierenden Subjektordnungen, die zugleich spezifische Modernitätskulturen darstellen, enthalten vielmehr Hybriditäten und polyseme Differenzmarkierungen, welche die Subjektform von Beginn an selbst heterogen und instabil machen. Der kulturelle Wandel der dominanten Subjektkulturen in der Moderne stellt sich dann als immer neuer, konflikthafter Prozess der Öffnung, Schließung und erneuten Öffnung von Kontingenz dar. Die historisch aufeinander folgenden kulturellen Formationen stehen dabei zueinander in einem doppelten Verhältnis von Diskontinuitäten und ›intertextuellen‹ Sinntransfers, ohne dass letztere nun eine ›Kontinuität‹ sichern würden. Als primäre Orte, welche Subjektcodes für den kulturellen Wandel bereitstellen und die konflikthafte Metamorphose von Subjektordnungen damit antreiben, lassen sich humanwissenschaftliche Diskurse, die materiale Kultur und kulturelle, vor allem ästhetische Bewegungen ausmachen.

Im Raum jener verstreuten Praxis- und Diskursformationen, die im Zeitraum vom 18. Jahrhundert bis zur Gegenwart in den westlichen Gesellschaften existiert haben und existieren, wird eine Sequenz von bislang drei in ihrer Phase dominanten Subjekt- und Modernitätskulturen, von drei übergreifenden kulturellen Formationen und ihren Subjektordnungen sichtbar.[51] Die erste von ihnen ist zugleich die erste, die sich selbst als modern versteht: jene verstreuten, zunächst inselförmig entstehenden Praktiken des Arbeitens, der persönlichen Beziehungen und der schriftorientierten Selbsttechnologien, die zunächst in Großbritannien

---

50 Vgl. Michel Foucault (1966): Die Ordnung der Dinge. Eine Archäologie der Humanwissenschaften, Frankfurt am Main 1990. Das Konzept des epistemologischen Bruchs geht auf Bachelard zurück.

51 Vgl. zur Differenzierung dieser Phasen auch Wagner (1994). Dort wird sie in erster Linie auf institutionelle Strukturprinzipien der Ökonomie, der Politik und die Diskurse der Wissenschaft bezogen.

am Ende des 17. Jahrhunderts, im Laufe des 18. Jahrhunderts auch in Frankreich, Deutschland und anderen westlichen Kulturen auftauchen, und die – gekoppelt an entsprechende Spezial- und Interdiskurse – eine ›bürgerliche Kultur‹ mit einem ›bürgerlichen Subjekt‹ hervortreiben. Dieses beansprucht und erringt zunehmend eine kulturelle Dominanz gegenüber der vormodernen Adelskultur. Die moderne Subjektkultur des 18. und 19. Jahrhunderts lässt sich dominant als die der bürgerlichen Kultur verstehen. Zu Beginn des 20. Jahrhunderts lässt sich eine kulturelle Schwellenphase ausmachen: In neuen Praktiken der Arbeit, der persönlichen Beziehungen und (audiovisuellen und konsumtorischen) Praktiken des Selbst sowie entsprechenden Subjektdiskursen zeichnet sich eine Subjektordnung ab, die Grundelementen der bürgerlichen Subjektform widerspricht und dabei eine anders orientierte Codierung von Modernität auf den Weg bringt: die Angestelltenkultur einer organisierten Moderne, die seit den 1920er Jahren, ausgehend von den Vereinigten Staaten, sich als dominante Kultur zu installieren vermag. Der Reproduktion dieser organisierten Moderne folgt in den 1970er Jahren eine zweite Schwellenphase. Wiederum werden, ausgehend von kulturellen Nischen, Praktiken und Codes in den Feldern der Arbeit, der Intimbeziehungen und der (konsumtorischen, medialen und körperorientierten) Technologien des Selbst sichtbar, die sich zu einer neuartigen, gegen die organisierte Moderne opponierenden Subjektordnung verdichten, welche sich als dominante Kultur zu etablieren vermag: die eines postmodernen Subjekts, das von der neuen ›creative class‹ ausgeht.

Diese Sequenzierung dominanter kultureller Formationen ist notwendigerweise eine selektive Schematisierung, die dem sozial-kulturellen Raum eine narrative Dramaturgie von Reproduktion und Transformation unterlegt. Tatsächlich kann die Unterscheidung zwischen kultureller ›Stabilität‹ und ›Wandel‹ nur eine relative sein, die nicht über den grundsätzlich temporalen und damit veränderlichen Charakter von Praktiken, Diskursen und Subjektformen hinwegzutäuschen vermag. Der soziale Raum setzt sich aus einer Serie von aufeinander folgenden, verstreuten Ereignissen praktischen Handelns an unterschiedlichen Orten zusammen, die selbst in jenen Phasen, in denen sich die Ereignisse zu Reproduktionen einer kulturellen Formation verdichten, keine vollständige Wiederholung identischer sozialer Praktiken und keine vollständige Aktualisierung identischer kultureller Codes darstellen. Die Wiederholung kultureller Formen ist stattdessen immer mit dem Potential der Sinnverschiebung, der Produktion neuer Elemente der Praxis verknüpft, Bedeutungsproduktionen, die zumindest teilweise sozial selegiert werden, diffundieren und somit die Praxis-/Diskursformationen in Bewegung halten.[52] So stellt sich etwa die bürgerliche Moderne nicht als eine

---

52 Zur relativen (In-)Stabilität von Strukturen und Codes vgl. Giddens

74

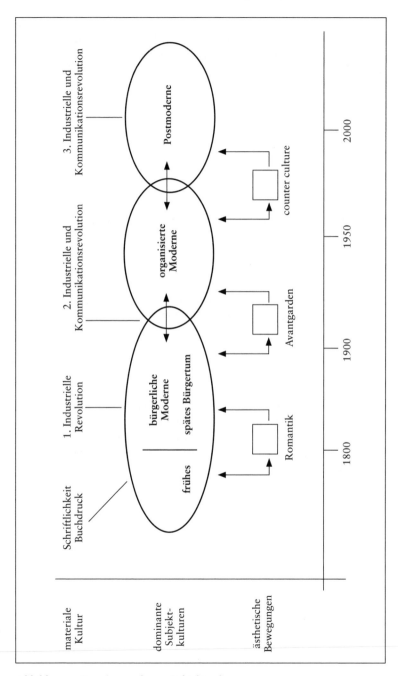

Abbildung 1: Sequenz moderner Subjektordnungen

vollständig identische Wiederholung der gleichen Codes über eineinhalb Jahrhunderte hinweg dar. Von der frühen bürgerlichen Subjektkultur des 18. Jahrhunderts, die sich gegen die Aristokratie positioniert, zur späten des 19. Jahrhunderts, die ihre Hegemonie gegen das Proletariat verteidigt, finden merkliche Verschiebungen des Subjektcodes statt. Im Rahmen dieser grundsätzlichen Konstellation einer sinnverschiebenden Wiederholung von Codes und Praktiken sind die ›kulturellen Schwellen‹ als Phasen einer Häufung von abweichenden Ereignissen zu verstehen, welche sich nicht in die bisherigen Serien eingliedern lassen, als Phasen der massierten Entstehung und Diffusion von neuen sozialen Praktiken und Diskursen, die schließlich sich zu ganzen Praxis-/Diskursformationen verdichten, welche selbst dominant werden.[53] *Ex post facto* lassen sich diese Schwellenphasen als Transitionen von einer kulturellen Formation zur nächsten lesen, während sie zum historischen Zeitpunkt selbst sich in der Regel als Situationen einer uneindeutigen Zukunft darstellen.

Kulturkonflikte der Öffnung und Schließung von Kontingenz

Die diskontinuierliche Transformation der Subjektkulturen, die sich schematisch in der Folge von bürgerlicher Moderne, organisierter Moderne und Postmoderne abbilden lässt, kann als eine konflikthafte Sequenz der Öffnung, der Schließung, der erneuten Öffnung, erneuten Schließung etc. von Kontingenz gelesen werden. Für die moderne Kultur ist es konstitutiv, dass sie Kontingenz bezüglich der Form des Subjekts eröffnet und zugleich diese Kontingenz immer wieder in kulturellen Strategien der Universalisierung von Subjektformen schließt, Schließungen, die selbst nicht vollständig sind und früher oder später erneut zu Öffnungen führen (die erneut von Schließungen beantwortet

(1979), S. 198-233; Schatzki (2002), S. 223 ff.; Michel Foucault (1972): Die Ordnung des Diskurses, Frankfurt am Main 1991, S. 34 ff.; Jacques Derrida (1972 d): Die différance, in: ders. (1972 b), S. 31-56. Zur Differenzierung zwischen Sinninnovation und Sinnselektion vgl. Tom R. Burns/Thomas Dietz (1995): Kulturelle Evolution: Institutionen, Selektion und menschliches Handeln, in: Müller/Schmid (1995), S. 340-383.

53 Zum Konzept der historischen Schwelle vgl. Hans Blumenberg (1958): Epochenschwelle und Rezeption, in: Philosophische Rundschau, S. 94-120, auch Roman Herzog/Reinhart Koselleck (Hg.) (1987): Epochenschwelle und Epochenbewußtsein, München. Zur Problematik historischer Phasendifferenzierungen vgl. Peter Toohey (2003): The cultural logic of historical periodization, in: Gerard Delanty/Engin F. Isin (Hg.): Handbook of Historical Sociology, London, S. 209-219.

werden – ein Prozess, der unter modernen Verhältnissen an kein historisches Ende zu kommen scheint). Dieser Prozess der Öffnung und Schließung von Kontingenz hat eine agonale Struktur: Er findet in Form von Kulturkonflikten um die angemessene Form des Subjekts statt.

Dass die Art und Weise der Strukturierung sozialer – ökonomischer, politischer, privater, künstlerischer, intellektueller – Praktiken und der Modellierung des Subjekts als ›kontingent‹ anzunehmen ist, dass deren bisherige Gestalt somit nicht notwendig ist und auch anders sein könnte, ist als Grundannahme in die seit dem 17. Jahrhundert neu entstehenden bürgerlichen Praktiken und Diskurse – wie bereits in ihre Vorläufer des Renaissance-Humanismus und der Reformation – eingebaut. Es ist dieses Kontingenzbewusstsein, die ›Kontingenzkultur‹ (Blumenberg) bezüglich der sozialen Praxis allgemein und der Form des Subjekts im besonderen, die sie zu Exemplaren einer *modernen* Kultur macht.[54] Die *Moderne als* Kultur stellt sich hier nicht als eine fixe Struktur, sondern als eine *Problemstellung* dar: als das Problem, in welche Richtung Praxis und Subjekt zu gestalten sind, wenn sie sich als kontingent herausstellen. Das Kontingenzbewusstsein ist dabei eng verknüpft mit zwei weiteren – ihrerseits hochspezifischen – kulturellen Vorgaben: dem Postulat der Gestaltbarkeit von Praxis und Subjekt und ein Zeitbewusstsein, das eindeutig Vergangenheit, Gegenwart und Zukunft voneinander separiert. Das Postulat der Gestaltbarkeit und Gestaltungsbedürftigkeit von Subjektivität und Praxis setzt voraus, dass das Gegebene nicht als alternativenlos hinzunehmen ist, vielmehr dem Wünschenswerten angeglichen werden kann und angeglichen werden soll. Der ›Veränderungskoeffizient‹ (Koselleck) des modernen Zeitbewusstseins impliziert, dass die Zukunft keine Verlängerung der Vergangenheit darstellt, sondern einen offenen Gestaltungsraum bietet. Das Kontingenzbewusstsein markiert gemeinsam mit dem Gestaltbarkeitspostulat und dem zukunftsorientierten Zeitbewusstsein – zwei kulturelle Elemente, in denen sich die Spannung zwischen dem Immanenten und dem Transzendenten säkularisiert fortsetzt, welche die Hochreligionen der Achsenzeit initiieren – Eckpunkte eines für die moderne Kultur

54 Zur Kontingenzkultur der Moderne vgl. Hans Blumenberg (1981): Lebenswelt und Technisierung unter Aspekten der Phänomenologie, in: Wirklichkeiten, in denen wir leben, Stuttgart, S. 7-54; Niklas Luhmann (1992): Kontingenz als Eigenwert der modernen Gesellschaft, in: Beobachtungen der Moderne, Opladen, S. 93-128; Richard Rorty (1989): Kontingenz, Ironie und Solidarität, Frankfurt am Main 1993; Bernhard Waldenfels (1990): Ordnung im Potentialis, in: Der Stachel des Fremden, Frankfurt am Main, S. 15-27; Gerhart von Graevenitz/Odo Marquard (Hg.) (1998): Kontingenz. Poetik und Hermeneutik XVII, München.

durchgängig konstitutiven Sinnhorizonts, für das ›kulturelle Imaginäre‹ der Moderne.[55]

Die moderne Kontingenzannahme ist jedoch nicht unterscheidungslos; sie kleidet sich vielmehr in die kritische Differenz zwischen dem Kontingenten und dem nur scheinbar Notwendigen, eine Unterscheidung, die sich im sozial-kulturellen Raum und in Bezug auf die Frage nach dem Subjekt in jene handlungstheoretische von ›Freiheit‹ und ›Zwang‹ übersetzt und in der im Rahmen der emphatisch modernen Subjektkulturen eindeutig die erste Seite positiv prämiert wird. Dieser Kontingenzcode ist nicht bezugslos, sondern wird in der Geschichte moderner Subjektformen regelmäßig auf eine bisher bestehende, dominierende Subjektkultur kritisch angewandt, die als Ausübung von Zwang repräsentiert und mit der Kontingenzforderung konfrontiert wird, dass sie dem Subjekt die Möglichkeit nehme, auch ›ganz anders‹ zu sein. Die Urszene dieser modernen Öffnung von Kontingenz in einem ersten modernen Kulturkonflikt ist die Konfrontation der als vormodern repräsentierten Adelskultur sowie der klerikalen Kultur mit der modernen, das heißt bürgerlichen Kritik: einer Forderung nach Öffnung einschränkender Regularien des allgemeinen Verhaltens, des Wirtschaftens, des Politischen, des Glaubens, des Intellektuellen, des Künstlerischen etc. Der Differenzcode von Kontingenz und scheinbarer Notwendigkeit, von Freiheit und Zwang als kulturelles Instrument des Kulturkonflikts zur Öffnung fixierter Subjektformen bleibt jedoch nicht auf diese historische Urszene des 18. Jahrhunderts beschränkt,[56] sondern wird in der Kultur der Moderne immer wieder eingesetzt, vor allem dann, wenn es um die konflikthafte Delegitimierung einer bisherigen kulturellen Formation als ›nicht wirklich modern‹ geht: So konfrontieren die ästhetischen Bewegungen der Romantik und der Avantgarde – ähnlich die sozialistische Bewegung – und am Ende die amerikanistisch-technische Angestelltenkultur die bürgerliche Kultur ihrerseits mit der Kritik, dass nun diese die Kontingenz des Subjekts zugunsten der ›repressiven‹ bürgerlichen Moral einschränke. Analog gebaute Kulturkonflikte um die Öffnung von wiederum geschlossener Kontingenz richten sich von

55 Zum Zeitbewusstsein der Moderne vgl. Reinhart Koselleck (1979): Neuzeit, in: Vergangene Zukunft, Frankfurt am Main, S. 300-348. Vgl. zum modernen Gestaltungspostulat und seinen vormodernen Wurzeln: S. N. Eisenstadt (1986): Kulturen der Achsenzeit. Ihre Ursprünge und ihre Vielfalt, Frankfurt am Main 1987. Castoriadis bestimmt das kulturelle ›Imaginäre‹ übereinstimmend damit als einen Doppelhorizont des Strebens nach ›Autonomie‹ und nach ›Steuerung‹, vgl. Cornelius Castoriadis (1990): Le monde morcelé. Les carrefours du labyrinthe III, Paris, S. 17-19.

56 Ein im engeren Sinne ästhetisches Pendant findet sich hier in der ›Querelle des anciens et des modernes‹ (1687 ff).

Seiten der radikalen *counter culture* und schließlich der postmodernen ›creative class‹ gegen die Angestelltenkultur, die nun ihrerseits auf der Seite des ›Zwangs‹ zu stehen scheint: Die Träger der ›Freiheit‹ der Kontingenzöffnung werden nach einem bestimmten Zeitraum regelmäßig als solche des ›Zwangs‹ der Kontingenzschließung dechiffriert.

Dass sich diese Bewegung einer Öffnung von Kontingenz nicht auf einen präzise bestimmbaren Zeitpunkt zu Beginn der Moderne beschränkt, sondern sich mehrfach wiederholt, ergibt sich aus der Dialektik der Öffnung und Schließung von Kontingenz, welche die Geschichte der modernen Kultur strukturiert. Die Öffnung der Kontingenz des Subjekts durch die Delegitimierung der bisherigen dominanten Subjektkultur ist jedes Mal ebenso paradoxer- wie notwendigerweise nach kurzer Zeit mit einer erneuten Schließung der möglichen Formen des Subjekts durch eine neue Subjekt*kultur* verknüpft. Der Kulturkonflikt mit seiner Unterminierung der bisher gültigen Subjektform wird nicht auf Dauer gestellt, sondern mündet seinerseits in eine verbindliche Subjektform anderer Art. Die Problemstellung der modernen Kultur besteht exakt darin, in welche Richtung die soziale Praxis und das Subjekt zu gestalten sind, wenn sie sich als kontingent herausgestellt haben, und die sozial-kulturelle Formung des Subjekts in eine bestimmte Richtung bedeutet unweigerlich eine Schließung von Kontingenz: Das *subiectum*, das zunächst gegenüber der bisher dominanten Kultur als autonom eingefordert wurde, wird zugleich dadurch, dass es sich in kulturelle Kriterien eines ›neuen Menschen‹, einer neuen Subjektkultur fügt, einer Form unterworfen. Die moderne Kultur stellt das Problem der ›Kontingenzbewältigung‹,[57] und diese Kontingenzbewältigung wird im Moment der Öffnung von Kontingenz sogleich mit der Entfaltung und am Ende mit der Institutionalisierung einer neuen Subjektkultur geleistet. Diese Schließung einer Kontingenz, die gerade geöffnet wurde, findet experimentell bereits in den anti-hegemonialen Bewegungen statt: Ästhetische Bewegungen (Romantik, Avantgarde, *counter culture*) treten mit dem Anspruch der Kontingenzöffnung auf und präsentieren gleichzeitig einen neuen Kriterienkatalog gelungen scheinender Subjektivation, hier einer ästhetischen Subjektivität. Eine gesellschaftlich weitreichende Kontingenzbewältigung und -schließung betreiben schließlich die neuen kulturellen Hegemonien, die jeweils auf eine dominante Kultur folgen. So ist die Kontingenzöffnung durch die bürgerliche Kritik an der einengenden Subjektkultur des Adels verknüpft mit einer simultanen Kontingenzschließung, welche die Ausrichtung des Subjekts auf seine bürgerliche Gestalt der Moralisierung, Empfindsamkeit und Disziplinierung bedeutet. Eine vergleichbare Simultaneität von Kontin-

---

57 Vgl. Hermann Lübbe (1998): Kontingenzerfahrung und Kontingenzbewältigung, in: von Graevenitz/Marquard (1998), S. 35-47.

genzöffnung und -schließung ergibt sich mit der Etablierung der Kultur der organisierten Moderne (in ihrer westlich-amerikanistischen und ihren sozialistischen Variante) und schließlich jener der Postmoderne. In der Auseinandersetzung um Kontingenzöffnungen handelt es sich daher nur scheinbar und in der Selbstbeschreibung um ›Emanzipationskonflikte‹ – das heißt Konflikte um die Befreiung von Zwängen –, sondern vielmehr um Kulturkonflikte bezüglich einer als legitim und geglückt definierten Form des Subjekts, um Konflikte zwischen einer ›alten‹ und einer ›neuen‹ kulturellen Modellierung von Subjektivität.

Um die Kontingenzschließung zu legitimieren, arbeiten die dominanten Subjektkulturen ebenso wie die anti-hegemonialen Bewegungen mit kulturellen *Universalisierungen.* Für die moderne Kultur in allen ihren Versionen ist es kennzeichnend, dass die jeweilige dominante oder nach Dominanz strebende Subjektform als ›universaler Horizont‹ präsentiert wird,[58] als Verkörperung einer allgemeingültigen, notwendigen, ›natürlichen‹, ›normalen‹ Subjektivität, eine Universalisierung, welche charakteristischerweise in den Subjektdiskursen – Spezial- und Interdiskursen – geleistet wird. Die Universalisierung des jeweils besonderen Subjektmodells – die in ihrer Ausrichtung an sozialer Inklusion für die kulturelle Moderne insgesamt charakteristisch ist und diese etwa von der Adelsgesellschaft unterscheidet – enthält den Versuch einer *Kontingenzinvisibilisierung.* Die jeweilige Subjektform ist immer ein Produkt eines sehr spezifischen historisch-lokalen Kriterienkatalogs, aber der jeweilige Subjektcode versucht, seine kulturelle Kontingenz unsichtbar zu machen, indem er sich als Ausdruck einer Allgemeingültigkeit begründet: Allgemeingültigkeit der Vernunft, der Selbstregierung, des Gefühls, der Imaginationsfähigkeit, der Zivilisiertheit, der dualistischen Geschlechtlichkeit, der Sozialität von Gruppen, der permanenten Grenzüberschreitung, der Selbstentfaltung, des Begehrens, des Wettbewerbs etc. Diese Universalisierung von Subjekteigenschaften kombiniert regelmäßig ein deskriptives mit einem normativen Element. Man geht davon aus, dass der Mensch über diese allgemeinen Eigenschaften verfügt, und zugleich wird die Anforderung an jeden Einzelnen erhoben, diese Eigenschaften hervorzubringen. Das Subjekt ist gewissermaßen angehalten, seine eigenen Voraussetzungen aktiv hervorzubringen, so dass das Ergebnis seiner Bemühungen als ›immer schon vorhandenen‹ Präsuppositionen seiner selbst präsentiert werden kann.[59] Die Universalisierung der eigenen Subjektkultur korrespondiert mit einer Partikularisierung jener Subjektkulturen, die historisch abgelöst werden sollen: ihnen wird eine Repräsentation ›des‹ Subjekts abgesprochen. Regelmäßig finden hier Prozesse der kulturellen ›Inversion‹, das heißt der

58 Zum Konzept der Universalisierung vgl. Laclau (1996), S. 79-103.
59 Zu diesem Zusammenhang vgl. Butler (1990), S. 49.

Umkehrung von Differenzschemata statt: Sich selbst als allgemeingültig und kontingenzeröffnend repräsentierende Subjektkulturen werden als gruppenspezifisch und kontingenzverschließend umgedeutet – dies gilt für die Delegitimierung der bürgerlichen Kultur seit den 1920er Jahren wie für die der organisierten Moderne seit den 1970er Jahren.

Die Hybridität und Intertextualität von Subjektkulturen

Die agonale Sequenz der modernen Kulturkonflikte um die ›angemessene‹, ›allgemeingültige‹, eigentlich ›moderne‹ Subjektform setzt sich nicht aus Kulturblöcken zusammen, die als nach innen homogene, nach außen radikal inkommensurable Sprachspiele gegeneinander positioniert wären. Nur aus der Perspektive der Selbstbeschreibung der einzelnen ›Kulturen‹ handelt es sich hier um einheitliche, widerspruchsfreie kulturelle Formationen, in denen sich ein allgemeingültiges Subjekt manifestiert und die Repräsentation dieses einheitlichen, attraktiven Subjekts für den Einzelnen selbst zum Ideal-Ich avancieren kann. Tatsächlich stellt sich heraus, dass die Praxis-/Diskursformationen, welche eine dominante – oder auch eine nicht-dominante – Subjektkultur ausmachen, sich aus heterogenen Teilen zusammensetzen, sie gewissermaßen in sich selbst diskontinuierlich sind, so dass sich unterschiedliche Subjektcodes überlagern und potentielle Friktionen implantieren. Die Subjektkulturen sind nicht ›rein‹, sondern durchgängig durch uneindeutige Sinngrenzziehungen ›kontaminiert‹. Diese immanenten Friktionen lassen den Einzelnen die Subjektform selbst unter Umständen als mangelhaft erleben; diese erlebten Widersprüche können Transformation initiieren.

Dass die leitenden Subjektkulturen – bürgerliche Moderne, organisierte Moderne, Postmoderne – aus heterogenen, einander möglicherweise widersprechenden Subjektanforderungen bestehen, stellt sich auf einer ersten, differenzierungstheoretischen Ebene als Produkt der Kombination von Praktiken und Subjektcodes differenter, spezialisierter sozialer Felder dar, die trotz der feldübergreifenden Subjekthomologie das Subjekt letztlich doch in unterschiedlichen Dispositionen formen. Unter der Oberfläche der Annahme einer Heterogenität der Felder – die auf höherer Ebene wiederum eine Eindeutigkeit von Sinngrenzen reifiziert – stellen sich jedoch zwei weitere, tiefer liegende Bedingungen für immanente Friktionen und damit letztlich eine Instabilität von Subjektkulturen heraus, die sich der sauberen Trennung zwischen verschiedenen sozialen Feldern (oder auch Lebensformen) nicht fügt: die Hybridität kultureller Codes diagonal zur Spezialisierung sozialer Felder sowie die Mechanismen des konstitutiven Außens bzw. der Supplementarität.

Die kulturellen Codes, in denen sich das Subjekt in seinen Dispositionen modelliert, stellen sich bereits innerhalb der spezialisierten Praxis-/Diskurskomplexe und in aufaddierter Form in der ganzen Subjektkultur nicht als homogene Gebilde, sondern als *hybride, synkretistische Arrangements mehrerer Codes* dar: Die Subjektkultur bringt das Subjekt in eine Form, jedoch in die Form eines hybriden Arrangements unterschiedlicher miteinander kombinierter, einander überlagernder Codes. Der Begriff des ›Hybriden‹ ist vor allem von den *post colonial studies* profiliert worden, um gegen essentialistische Kulturmodelle die kulturellen Mischungsverhältnisse in nicht-westlichen oder migrationsspezifischen Lebensformen sichtbar zu machen; daneben haben die *science studies* – etwa auch Donna Haraway in ihrer Figur des ›Cyborg‹ – das Konzept auf die Relationen zwischen Menschen und Maschinen bezogen.[60] Die Bedeutung lässt sich verallgemeinern und auch auf die westlichen Subjektkulturen anwenden. Die Praxis-/Diskurskomplexe, in denen sich hier ein Subjekt formt, erweisen sich – selbst wenn es sich bei diesen Komplexen um solche aus einem spezialisierten Feld handelt – regelmäßig als synkretistische Kombinationen unterschiedlicher Sinnmuster verschiedener Herkunft, als Überlagerungen mehrerer kultureller ›Schichten‹, die dem ähneln, was die dekonstruktive Textanalyse als ›greffe‹ (Aufpfropfung) umschreibt:[61] eine gegenseitige Überformung verschiedener Codes. So stellt sich beispielsweise das Arbeitssubjekt in der postmodernen Kultur als Resultat einer Kopplung des kulturellen Modells eines post-romantischen ›Kreativsubjekts‹ mit dem Modell eines post-bürgerlichen ›unternehmerischen Selbst‹ dar. Oder die Subjektform der bürgerlichen Intimsphäre erweist sich als eine synkretistische Kombination einer aufklärerisch-empfindsamen Freundschaftssemantik mit einer post-religiösen Codierung als Familiensubjekt. Oder jenes Subjekt, das sich in der Konsumkultur der Angestelltenkultur bildet, ergibt sich aus einer Überlagerung der von den Avantgarden beeinflussten subjektiven Orientierung an attraktiven, hedonistisch aufgeladenen Oberflächen von Dingen und einer durch die ›social ethics‹ beeinflussten Orientierung an sozialen Normalitätsstandards der ›peer group‹. Diese hybriden Aufpfropfungen verschiedener Codes können auch Katachresen enthalten, das heißt die Implantierung der ›fremden‹ Semantik aus dem Feld X in das Feld Y, die auf dem ersten Blick einem ›Bildbruch‹

60 Vgl. Bhaba (1994); Robert J. C. Young (1995): Colonial Desire. Hybridity in theory, culture and race, London. Die Arbeiten von Bachtin und das dort enthaltene Konzept der ›Heteroglossie‹ sind der Auslöser der kulturwissenschaftlichen Theorien des Hybriden (vgl. Michail Bachtin (1981): The Dialogic Imagination, Austin). Vgl. andererseits Latour (1991), Donna J. Haraway (1991): Simians, Cyborgs, and Women. The reinvention of nature, New York.

61 Vgl. Jacques Derrida (1972a): Dissemination, Wien 1995, S. 402 ff.

ähnelt, in dem von einem semantischen Register in ein anderes ›gesprungen‹ wird. So wird etwa in der postmodernen Intimitätskultur – nachweisbar im entsprechenden Ratgeberdiskurs – katachretisch die politisch-ökonomische Semantik der ›Verhandlungsfähigkeit‹ ebenso wie die ästhetische Semantik der ›Genussfähigkeit‹ in das ›fremde‹ Gelände intimer Beziehungen eingesetzt.[62]

Diese spezifischen Hybriditäten einzelner Praxisfelder wiederholen sich regelmäßig in *allen* Praxisfeldern einer kulturellen Formation; sie können so eine Homologie von Überlagerungen und von Friktionen bilden, die im Subjekt insgesamt ein entsprechendes Überlagerungsmuster inkorporiert. Die Wirkung des Arrangements heterotopischer Codes für die Subjektform lässt sich hier wiederum mit dem Konzept der ›Überdetermination‹ umschreiben.[63] Das Subjekt wird durch die verschiedenen Subjektcodes auf einer ersten Ebene in die gleiche Richtung getrieben. Die Codes sind hier nicht widersprechend, sondern komplementär, aneinander gekoppelt und einander verstärkend; auf einer zweiten Ebene reproduziert sich jedoch die Differenz zwischen den Sinnmustern in ihrem Produkt und macht dieses mehrdeutig, verhindert eine stabile Einheitlichkeit. Im Falle des postmodernen Arbeitssubjekts beispielsweise wirken der Kreativitätscode und jener des Unternehmerischen zunächst einander verstärkend, indem sie die Subjektkultur übereinstimmend in Opposition zur sozial-technischen Regularität der klassischen Korporation bringen und die ›Beweglichkeit‹, Veränderungsbereitschaft prämieren; gleichzeitig implantiert die Kombination beider Codes eine Polysemie und einen potentiellen Bruch, der die Identität prekär werden lässt: den zwischen der Orientierung am ›self growth‹ und der Orientierung an der Nachfragesituation des Marktes.

Innerhalb einer Subjektkultur können dem Einzelnen damit durch das Gefüge hybrider Sinnüberlagerungen spezifische Friktionen antrainiert werden, die ihn in präzise bestimmbare potentielle Widerspruchskonstellationen versetzen, welche einem ›double bind‹ ähneln.[64] Hybridität muss sich nicht zwangsläufig in Widersprüchlichkeit umsetzen, aber sie liefert einen Hintergrund für Konstellationen der Instabilität und der Friktionen, damit der Selbstveränderung. Die Kriterien der Subjektformation können dann einander widersprechende Dispositionen verlangen, und das Befolgen eines Kriterienkomplex innerhalb der Subjektkultur führt dazu, dass einem anderen Kriterienkomplex nicht Genüge getan wird. Es kann sich damit das psychische Erleben eines Mangels, der spezifischen Mangelhaftigkeit einer Subjektkultur

---

62 Zur Katachrese vgl. Derrida (1972 b), S. 205 ff.
63 Vgl. Laclau/Mouffe (1985), S. 97 ff.
64 Vgl. Gregory Bateson (1972): Steps to an Ecology of Mind, New York, S. 206 ff.

ergeben. Mit Lacan ist das Subjekt ein gespaltenes, ein ›sujet morcelé‹:[65] es wird in seinem kulturellen Kontext dazu angehalten, sich als einheitliches, in sich balanciertes Wesen zu identifizieren, als Exemplifikation eines widerspruchsfreien Subjektmodells jubilatorisch zu spiegeln – aber diese Homogenität eines bruchlosen Bildes ist ein (konstitutiver) orthopädischer Schein, hinter dem sich eine ›Zerstückeltheit‹, eine heterogene Binnenstruktur verbirgt. Anders als Lacan voraussetzt, stellt sich diese Gespaltenheit in der soziologisch-kulturwissenschaftlichen Reformulierung nicht als Universalie einer ›ursprünglichen‹ menschlichen Psyche, sondern als ein Produkt der Hybridität kultureller Codes heraus, die unter den Bedingungen der Moderne in den Subjektkulturen miteinander arrangiert sind. Eine kulturwissenschaftliche Analyse von Subjektformen fragt daher immer: welche *verschiedenen,* uneinheitlichen kulturellen Codes kommen *in* einem sozialen Feld, *in* einer dominanten Kultur zum Einsatz, um in ihrer Kombination eine Subjektform zu arrangieren? Inwiefern verstärken sie sich gegenseitig, inwiefern bilden sie potentielle Friktionen? Wo befindet sich die historisch spezifische ›Bruchstelle‹ innerhalb des Subjekts, die sich aus dieser Überlagerungskonstellation ergibt? Die Subjektkulturen können in ihrer kulturellen Logik hier einer dekonstruktiven Analyse unterzogen werden, so wie dies für eine dekonstruktive Lektüre von Texten gilt, hinter deren Schein von Einheitlichkeit semantische Interferenzen und Fissuren, ein Scheitern von Sinn ans Licht kommen. Die Diagnose von Hybridität und sich daraus ergebenden kulturellen Fissuren enthält dabei im poststrukturalistischen Sinne alles andere als eine implizite negative Bewertung einer problematischen Konstellation, deren Überwindung durch Homogenität und Widerspruchsfreiheit insgeheim erhofft werden könnte. Tatsächlich arbeiten die kulturell-politischen Programme des ›modernen Subjekts‹ vom Bürgertum bis zur Postmoderne auf eine solche Purifizierung hin; die Hybridverhältnisse und Subjektfissuren – auch in ihrer subjektiv empfundenen Mangelhaftigkeit – als Merkmale der modernen kulturellen Logik anzuerkennen und ihre Verwerfung wiederum als Produkt einer kulturellen Purifizierungstendenz zu begreifen, die vergeblich auf eine versöhnte Einheit ohne Außen hofft, ist dagegen das Ziel einer kulturwissenschaftlichen Rekonstruktion von Hybriditäten.

Neben der Hybridität von Sinnelementen und eng mit ihr verknüpft ist es der Mechanismus des ›konstitutiven Außens‹, der Bruchstellen in eine Subjektkultur hineintransportiert.[66] Jede Subjektkultur gewinnt

65 Vgl. Jacques Lacan (1949): Das Spiegelstadium als Bildner der Ichfunktion, in: ders. (1966), S. 61-70.

66 Der Begriff des ›konstitutiven Außens‹ lehnt sich an Derrida an und wird bei Laclau eingeführt: Ernesto Laclau (1990): New Reflections on the Revolution of our Time, London, S. 17. Vgl. auch Henry Staten (1984): Wittgenstein and Derrida, London, S. 15 ff.

ihre Identität über die Differenzmarkierung zu einem Anderen, einem Anti-Subjekt (oder aber häufig, im Falle hybrider Kulturen, über die Markierung mehrerer ›Anderer‹, die in uneindeutiger Beziehung zueinander stehen können). Diese Repräsentation eines Außen im Innern, die Etablierung einer Sinngrenze zwischen dem Innen und einem verworfenen, affektiv abgelehnten Außen trägt einerseits zur Stabilisierung der Subjektform bei (und wirkt somit in einem ersten Sinne, in seiner Negativität, konstitutiv). Gleichzeitig jedoch erweist sich das Objekt der Differenzmarkierung in der Repräsentation regelmäßig selbst als ein Träger von Polysemien, dem keine fixe, eindeutig negative Bedeutung zukommt. Stattdessen kann das negativ aufgeladene Anti-Subjekt unter bestimmten Bedingungen selbst als Träger von als erstrebenswert angenommenen Eigenschaften wahrgenommen werden, die affektiv mit Faszination aufgeladen sind. Damit können – häufig gegen die offizielle Selbstbeschreibung – in eine Subjektkultur prämierte Elemente einer im Grundsatz abgelehnten anderen Subjektkultur injiziert werden, was zur Destabilisierung der Identitäts-/Differenzkonstellation beiträgt. Das konstitutive Außen wirkt in diesen Fällen nicht allein negativ, sondern gleichzeitig auf einer anderen Ebene positiv konstitutiv, das Abgelehnte wird zum latenten Sinnfundament der eigenen Identität. So stellt sich beispielsweise heraus, dass die bürgerliche Subjektkultur einerseits auf einer strikten Differenzmarkierung zur Adelskultur beruht, vor allem zu deren exzessiv-parasitärer Amoral, parallel jedoch erweist sich das aristokratische Subjekt in seiner souveränen Selbstregierung als latentes Ideal-Ich des Bürgerlichen, damit als Objekt identifikatorischer Prozesse: Das aristokratisch infiltrierte bürgerliche Souveränitätsideal und das anti-aristokratische Moralitätsideal bilden damit auch über den doppeldeutigen Sinn ihres Außens eine fragile Kombination der Bürgerlichkeit.

Eine schwächere Version des konstitutiven Außens, die jedoch erheblich zur Sinndynamisierung beiträgt, findet sich in der ebenfalls differentiellen Konstellation einer kulturellen *Supplementarität:*[67] Subjektkulturen basieren nicht nur auf strikten Differenzmarkierungen zu Anti-Subjekten, sie enthalten auch Gewichtungen zwischen dem Primären und dem Sekundären, relative Differenzen zwischen dem, was das Subjekt hauptsächlich und in seinem Kern ist, und dem, was es lediglich nebenher, ›hinzugefügt‹ und ›ergänzend‹ auch noch ausmacht. Auch diese Zuordnung von primären und sekundären Elementen kann sich als durchsetzt von Polysemien darstellen, die Bruchstellen bilden und im Extrem dazu führen, dass die Differenz ›umkippt‹ und das Sekundäre zum Primären avanciert, eine Kippbewegung, die nicht selten das Po-

---

67 Zur ›Supplementarität‹ vgl. Jacques Derrida (1967): Grammatologie, Frankfurt am Main 1983, S. 244 ff.

tential einer Delegitimierung der Subjektkultur enthält und die sich als kulturelle ›Inversion‹ umschreiben lässt. So stellt sich etwa das ökonomische Subjekt der Angestelltenkultur primär als ein Subjekt der Arbeit im Rahmen von sozial-technischen Organisationen dar und nur sekundär als ein sich selbst, in seinem Äußeren ästhetisierendes Subjekt (was auch eine Ästhetisierung durch den Konsum einschließt); gleichzeitig erweist sich jedoch dieses ästhetisierend-konsumtorische Element der Angestelltenkultur als ihr geheimes Antriebsmoment. Diese instabile Unterscheidung zwischen dem Primären und dem Sekundären beginnt – historisch bestimmbar in den 1960er Jahren – zu ›kippen‹, eine Kippbewegung, die in eine postmoderne Kultur umschlägt, in der nun die Selbststilisierung des Subjekts als Kreativsubjekt und Teil einer expressiven Kreativitätsgemeinschaft das Primat erlangt und die ›technische‹ Dimension des Arbeitens in der Subjektmodellierung sich ins Sekundäre verschiebt. Eine Analyse von Subjektkulturen fragt in unserem Zusammenhang damit nicht allein nach den Differenzmarkierungen einer Identität, sie fragt auch: Ist die Repräsentation des Differenzsubjekts eindeutig, ist sie instabil und unter welchen Umständen kehrt sie sich um? Welche Elemente erscheinen innerhalb eines Subjektcodes primär und welche sekundär, und wie verschiebt sich diese Gewichtung historisch?

Die Hybridität der kulturellen Codes, die sich in den Subjektkulturen zu einem bestimmten historischen Zeitpunkt ergibt, macht auch eine andere Perspektive auf ihre Geschichtlichkeit und Metamorphose möglich. Die Transformation von der bürgerlichen Moderne über die organisierte Moderne zur Postmoderne ist als eine Gleichzeitigkeit von Diskontinuitäten *und* von sehr spezifischen, reversiblen ›Sinntransfers‹ zu verstehen, das heißt ›kulturellen Applikationen‹ von Elementen vergangener Kulturen in der jeweils gegenwärtigen; diese – mehr oder minder aktiven oder vorbewussten – kulturellen Applikationen der Vergangenheit in der Gegenwart *produzieren* Hybriditäten und Friktionen. Die Hybridität kultureller Elemente in einer Subjektkultur zu einem bestimmten Zeitpunkt und an einem bestimmten Ort lässt sich damit (neben den lokal-räumlichen Hybridisierungen) als eine historisch-temporale Hybridbildung, ein Element einer sequentiellen *Hybridisierung* dechiffrieren, als eine dynamische Kombination von Codes und Praktiken unterschiedlicher zeitlicher Herkunft, in der die Geschichte – gegen die modernistische Selbstbeschreibung der *tabula rasa*-Konstellation eines großen Bruchs – durch erneute Aneignung immer wieder partiell präsent bleibt.[68]

---

68 Derrida umschreibt diese Konstellation der Präsenz des ›abwesenden‹ Vergangenen in der Gegenwart als eine des ›Spektralen‹ und plädiert für eine ›hantologie‹ als Analyseform dieser erwünschten oder unerwünschten ›Heimsuchungen‹, der Gleichzeitigkeit des Ungleichzeitigen,

Die Relation zwischen den dominanten Subjektkulturen – und ebenso jene zwischen hegemonialen und anti-hegemonialen Subjektkulturen – ist zunächst eine der Diskontinuitäten, der Differenzen zwischen unterschiedlich ausgerichteten Subjektformen – dem moralisch-souveränen Charakter der bürgerlichen Kultur, der extrovertiert sozialen Persönlichkeit der Angestelltenkultur, dem konsumtorischen Kreativsubjekt der Postmoderne und die Sequenz der radikalästhetisch orientierten kulturellen Gegenbewegungen –, die in Opposition zueinander und Konflikt miteinander stehen. Es findet sich hier keine Kontinuität einer durchgängig gepflegten ›Tradition‹, die dem Konflikt um die Öffnung und Schließung von Kontingenz entzogen wäre. Diese Diskontinuität ist jedoch nicht als Absolutheit vollständiger Vorher/Nachher-Bruchstellen zu vereinfachen, welche wiederum die Vorstellung einer immanenten Homogenität voraussetzen würde. Die Hybridität jeder einzelnen, historisch-spezifischen Subjektordnung ergibt sich in entscheidendem Maße durch *selektive Sinntransfers*, durch kulturelle Applikationen von Elementen aus vorhergehenden Zeitpunkten und -räumen. Hier finden sowohl Sinntransfers aus vergangenen dominanten Subjektkulturen als auch solche aus früheren nicht-dominanten Kulturen, vor allem den kulturellen Gegenbewegungen statt.

Mit jeder ›neuen‹ Subjektkultur verändert sich auch die Repräsentation der ›alten‹ Subjektkulturen, so dass bestimmte ihrer Codes unter Umständen neu applizierbar werden und als Elemente in die jeweilige Gegenwartskultur aufgenommen werden. Diese Applikation lässt die Bedeutung eines Subjektmodells nicht unverändert, es kann kein bloßer ›Transport‹ von Sinn von einem in den anderen Kontext stattfinden, vielmehr eine interpretative Aneignung, die das Angeeignete selbst modifiziert und somit wiederum problemlose ›Kontinuität‹ verhindert. Der Sinntransfer erhält eher die Form einer ›*Zitation*‹ aus einem Kontext, der nicht mehr der gegenwärtige ist. Für die moderne Kultur ist kennzeichnend, dass sie diese historisch vergangenen Sinnelemente verfügbar hält und damit einem späteren, unberechenbaren Sinntransfer zugänglich macht: in kulturellen Objekten wie Texten, Bildern, Monumenten etc. sowie in nicht-hegemonialen und anti-hegemonialen Milieus. Beispielsweise stellt sich heraus, dass im hybriden Arrangement des Subjekts der postmodernen Kultur Elemente aus der ›klassischen‹ bürgerlichen Subjektivität – das Modell des Unternehmerischen, der Empfindsamkeit, der Selbstregierung etc. – und in anderer Weise auch Elemente der romantischen Subjektivität – das Modell des inneren Wachstums eines Individuums etc. – reappliziert und in einen neuen Kontext umgebettet

---

vgl. Jacques Derrida (1993): Marx' Gespenster. Der Staat der Schuld, die Trauerarbeit und die neue Internationale, Frankfurt am Main 2004, insbes. Kap. 1.

werden, Elemente, die unter den Bedingungen der organisierten Moderne nur in geringem Maße anschlussfähig erschienen. Die Sequenz von Subjektkulturen lässt sich damit statt einer Folge von selbstgenügsamen Blöcken als ein Geflecht der Intertextualität entziffern:[69] als ein kultureller Verweisungszusammenhang, in dem einzelne Sinnelemente sowohl negativ als auch positiv auf andere, zeitlich mehr oder weniger weit zurückliegende oder minoritäre Elemente verweisen, auf diese ›zurückgreifen‹ und erst durch diese ihre temporäre Bedeutung erlangen. Eine Subjektkultur kann ihre Bedeutung damit nicht in der geschlossenen Präsenz ihrer selbst finden, sie ist vielmehr affiziert durch präzise bestimmbare *Signifikations-›Spuren‹* der ganzen historischen Kette von Praktiken, Diskursen und Codes, die ihr vorausgeht, so dass »sich jedes Element ... aufgrund der in ihm vorhandenen Spur der anderen Elemente der Kette oder des Systems konstituiert«.[70]

Die historisch orientierte Form, welche die Kulturanalyse annimmt, ist damit nicht als ein Mittel zu verstehen, um einen ›Vorher‹- und einen ›Nachher‹-Zustand als zwei separierte Entitäten zu vergleichen, um die Moderne mit der Traditionalität zu konstrastieren, sondern um die selektive Verarbeitung des Früheren im Späteren, die Sinntransfers zwischen verschiedenen kulturellen Formationen zu rekonstruieren. Die bürgerliche Moderne beispielsweise stellt sich damit in der Postmoderne nicht als abgeschlossen dar, sondern wird – nicht in einem passiven Prozess der Tradierung, sondern einem aktiven Prozess der selektiven Aneignung – in bestimmten ihrer Elemente wieder präsent. Während sowohl die kulturellen Hegemonien als auch die kulturellen Gegenbewegungen die Einheitlichkeit eines ›neuen Menschen‹ und die Eliminierung historisch vorhergehender Modelle intendieren, fördert der immer wieder neue Versuch zu einer Revolutionierung der Subjektivität in der Sequenz der kulturellen Moderne paradoxerweise tatsächlich eine gesteigerte Hybridisierung, eine Ausdehnung und Verkomplizierung des intertextuellen Feldes moderner Kultur.[71] Eine Analyse von Subjektkulturen fragt daher nicht nur nach der immanenten Hybridität von Subjektkulturen, sie fragt auch nach der Herkunft der hybriden Elemente: Inwiefern finden sich in den einzelnen Subjektcodes Spuren – negativer

69 Zum Konzept der Intertextualität, das sich von der besonderen Konstellation schriftlicher Texte auf Codes und Praktiken der Kultur insgesamt übertragen lässt, vgl. Julia Kristeva (1972): Wort, Dialog und Roman bei Bachtin, in: Jens Ihwe (Hg.): Literaturwissenschaft und Linguistik, Band 3, Frankfurt am Main, S. 345-375; Tais E. Morgan (1985): Is there an intertext in this text? Literary and interdisciplinary approaches to intertextuality, in: American Journal of Semiotics, S. 1-40.
70 Jacques Derrida (1972 c): Positionen, Wien 1986, S. 67.
71 Analog zum Verhältnis von Menschen und Artefakten Latour (1991), S. 98-104.

oder positiver Art – spezifischer, historisch vergangener Subjektkulturen? Inwiefern findet in bestimmten Phasen die aktive Aneignung von Subjektcodes bestimmter früherer Phasen statt?

Kulturelle Räume der Subjekterfindung

Die Transformation der Subjektordnungen von der bürgerlichen Moderne zur organisierten Moderne und schließlich zur Postmoderne kann erst dadurch nachvollzogen werden, dass die Analyse nicht auf die dominanten Subjektkulturen fixiert bleibt. Diese enthalten zwar jeweils präzise bestimmbare Widerspruchsstrukturen, welche der Subjektform eine Instabilität und Neigung zur Selbstveränderung verleihen; aber diese immanenten Fissuren allein machen die Transformation von einer Subjektkultur zur nächsten noch nicht verstehbar. Die neue Subjektkultur enthält vielmehr tatsächlich jeweils neuartige Sinnelemente der Subjektivität, die in der vorhergehenden Formation so nicht vorkamen; so ergibt sich die Frage, welches die kulturellen Orte sind, an denen diese neuen Subjektcodes initiiert werden, an denen sich die kulturelle Ordnung des Denkbaren, Sagbaren und Praktizierbaren bezüglich des Subjekts verschiebt und neue Subjekte ›erfunden‹ werden. Hier ist keine unilineare oder allgemeingültige ›Erklärung‹ möglich. Es stellt sich aber in der historisch-kultursoziologischen Analyse heraus, dass an den kulturellen Schwellen – das heißt der Phase der Transition von der bürgerlichen zur organisierten Moderne um 1920 und der organisierten Moderne zur Postmoderne um 1970 – neue Subjektformen vor allem in drei, weitgehend unabhängig voneinander existierenden sozial-kulturellen Kontexten initiiert werden. Diese drei Kontexte lassen sich als Orte der primären Bedeutungsproduktion neuer Subjektcodes und -formen verstehen, die den kulturellen Raum des Denkbaren modifizieren: humanwissenschaftliche Diskurse; die materiale Kultur der Artefakte; schließlich kulturelle Bewegungen, vor allem in Form ästhetischer Bewegungen. Die drei Kontexte liefern zu bestimmten historischen Zeitpunkten Sinninnovationen bezüglich neuer Subjektformen, die sich an den kulturellen Transitionsschwellen gegenseitig verstärken und selektiv in die neue, dominante Subjektkultur aufgenommen werden.[72] Während der beiden Transitionsphasen von der bürgerlichen zur organisierten Moderne und von der organisierten Moderne zur Postmoderne findet um 1920 und um 1970 eine synchrone Sinninnovation bezüglich der Subjektivität in allen drei Kontexten statt. Die Dynamik und Unberechenbarkeit der Subjektkulturen in der Moderne ist offenbar

---

72 Damit muss zwischen Kontexten der Sinninnovation und der Sinnselektion unterschieden werden, vgl. etwa Burns/Dietz (1995).

zu beträchtlichen Teilen in der Dynamik und Unberechenbarkeit der humanwissenschaftlichen Diskurse, der materialen Kultur der Artefakte und der ästhetischen Bewegungen verwurzelt.

Spezialdiskurse und Interdiskurse der ›Humanwissenschaften‹, verstanden als jenes disparate Feld wissenschaftlicher Diskurse über den ›Menschen‹, deren Grenzen sowohl zum populären als auch zum politischen Diskurs fließend sind, liefern seit dem 18. Jahrhundert einen *ersten* kulturellen Raum, der im Zuge theoretischer Paradigmenwechsel mehrfach neue, in ihrer Bedeutung verschobene Codes dessen initiiert, was ein Subjekt ausmacht. Der moderne ›Mensch‹ ist zwar keine exklusive Erfindung der Humanwissenschaften, aber jene für die moderne Kultur charakteristischen Diskurse der Disziplinen vom Menschen – von der Philosophie bis zur Neurophysiologie, von der Psychologie bis zur Politischen Theorie – liefern einen wirkungsmächtigen, heterogenen kulturellen Raum der Definition kulturell legitimer Subjekthaftigkeit.[73] Diese Subjektcodes verbleiben dabei nicht auf einer rein theoretischen, innerwissenschaftlichen Ebene, sondern setzen sich regelmäßig in Anwendungsdiskurse um, welche in einzelnen sozialen Feldern oder diese kreuzend angeeignet werden. Obgleich die Humanwissenschaften durchgängig heterogene Felder bilden, lassen sich dabei einzelne Spezialdiskurse transzendierende Semantiken des Subjekts ausmachen, welche sich zu bestimmten Zeitpunkten neu arrangieren und den Raum des kulturell Denkbaren transformieren. So bezieht die Subjektkultur der bürgerlichen Moderne eine Reihe ihrer zentralen Bestandteile aus den seit dem späten 17. Jahrhundert sich verbreitenden ersten humanwissenschaftlichen Diskursen, etwa der Vertrags- und Vernunftphilosophie, die sich in politische Programme der Aufklärung und des Liberalismus oder auch in Verhaltensratgeber und pädagogische Schriften hinein verlängern. Die beiden kulturellen Schwellenphasen der Transition von der bürgerlichen zur organisierten Moderne und von dieser zur Postmoderne sind identisch mit Paradigmenwechseln innerhalb des humanwissenschaftlichen Feldes. Zu Beginn des 20. Jahrhunderts arrangiert sich dieses Feld neu,

---

73 Die Rolle der Humanwissenschaften für die Profilierung neuer Subjektmodelle ist in einer Reihe von Arbeiten im Anschluss an Foucault herausgearbeitet worden. Vgl. nur exemplarisch für die bürgerliche Moderne Thomas Laqueur (1990): Making Sex. Body and gender from the Greeks to Freud, Cambridge (Mass.); Philipp Sarasin (2001): Reizbare Maschinen. Eine Geschichte des Körpers 1765-1914, Frankfurt am Main; für die organisierte Moderne Nikolas Rose (1985): The Psychological Complex. Psychology, politics and society in England 1869-1939, London; für die Postmoderne Ulrich Bröckling/Susanne Krasmann/ Thomas Lemke (Hg.) (2004): Glossar der Gegenwart, Frankfurt am Main.

in dem es sich um die Disziplinen der Psychologie und der Soziologie gruppiert und dabei auch Elemente aus den Technikwissenschaften inkorporiert. Diese nach-bürgerlichen humanwissenschaftlichen Semantiken, welche das Subjekt als Instanz innerhalb sozialer, planbarer Regelsysteme repräsentieren, liefern eine Basis für die Kultur der organisierten Moderne, in der sie etwa auch über das politische Programm des ›social engineering‹ und die Organisations- und Familienberatung diffundieren. Die kulturelle Schwellenphase in den 1960/70er Jahren fällt mit neuen Paradigmenwechseln des humanwissenschaftlichen Feldes zusammen: der Umorientierung der Psychologie von der Sozialorientierung zur konstruktivistischen Selbstorientierung des Subjekts, dem Aufschwung einer neoliberalen Ökonomie und schließlich der Kulturwissenschaften mit Modellen eines wahlorientierten bzw. eines semiotischen und identitätsorientierten Subjekts. Versatzstücke dieser Subjektcodes werden in den Praktikenkomplexen der postmodernen Subjektkultur rezipiert und verhelfen dieser – wiederum auch über den politischen Diskurs und den Beratungsdiskurs von der Management- bis zur Persönlichkeitsberatung – zu ihrer spezifischen Form.

Die kulturellen Schwellenphasen der Subjektordnungen sind *zweitens* Schwellen einer Artefaktrevolution, das heißt einer Transformation der materialen Kultur von im weiteren Sinne ›technischen‹ Objekten.[74] Neue materiale Kulturen liefern Bedingungen für Transformationen der Subjektformen, die sich in der Auseinandersetzung mit ihnen bilden. In einem kulturtheoretisch-praxeologischen Analyserahmen sind diese Artefaktrevolutionen weder als eine sich wandelnde technische Basis zu verstehen, in deren Zuge sich der Überbau der Kultur in die gleiche Richtung umwälzt, noch als ein bloßer Wandel von technischen Instrumenten, welche die Kultur des Subjekts unveränderlich ließe. Vielmehr stellen Artefakte eine Komponente innerhalb des Netzwerkes sozialer Praktiken dar, die deren Form beeinflussen, ohne sie zu bestimmen. ›Technologie‹ ist nicht als ein vorsoziales, vorkulturelles Stratum zu verstehen, sondern als ein Bestandteil der sinnhaften Komplexe sozialer Praktiken, in deren Kontext sie erst Bedeutung und Verwendung finden;

74 Zur Analyse der praxiskonstitutiven Rolle von Artefaktrevolutionen vgl. nur mit Blick auf die Veränderung von Raum/Zeit-Strukturen: David Harvey (1989): The Condition of Postmodernity. An enquiry into the origins of cultural change, Oxford; hinsichtlich der Wirkung medialer Artefakte Kittler (1985); mit Blick auf die Produktionstechnologien vgl. Christopher Freeman/Carlota Perez (1988): Structural crises of adjustment, business cyles and investment behaviour, in: Giovanni Dosi u. a. (Hg.): Technical Change and Economic Theory, London, S. 38-65, allgemein auch André Leroi-Gourhan (1980): Hand und Wort. Die Evolution von Technik, Sprache und Kunst, Frankfurt am Main.

gleichzeitig hängen spezifische soziale Praktiken von der Existenz und Verfügung über spezifische Artefakte ab.[75] In dem Moment, in dem sich die Kultur der Artefakte transformiert (ein Prozess, der selbst ein sozial-kultureller der ›Erfindung‹ und Verbreitung ist), ergibt sich die Notwendigkeit, sie in entsprechende, neuartige Praktiken zu integrieren – zumindest insofern sich tatsächlich Praktiken um sie herum gruppieren und sie nicht praxisungeeignet erscheinen. Möglicherweise ergibt sich auch eine zeitliche Verzögerung zwischen der technischen ›Erfindung‹ von Artefakten und einer Konstellation, in der diese für die soziale Praxis erst interessant und relevant werden. Diese Praktiken setzen wiederum neuartige Subjektdispositionen voraus, die sich in ihnen produzieren. Artefakte vermögen somit weder einen bestimmten Umgang mit ihnen noch bestimmte Subjektdipositionen zu determinieren, aber sie geben einen Rahmen für mögliche Praktiken und Dispositionen. Für die bürgerliche Subjektkultur etwa ist die materiale Kultur der Schriftlichkeit und des Buchdrucks eine notwendige Artefaktvoraussetzung, die ihr spezifisch innenorientiertes Subjekt ermöglicht. Die kulturellen Schwellenphasen im 20. Jahrhundert sind ebenfalls Phasen der Artefaktrevolution: zunächst der Revolution der Transport-, Informations-, Organisations-, Produktions- und Städtebautechnologien um 1900, dann der digitalen Revolution der 1970er Jahre. Diese neuartige materiale Kultur stellt sich in beiden Fällen als Bedingung für die Ausbildung diskontinuierlicher Subjektformen, vor allem in den Bereichen der Arbeit und den Technologien des Selbst (Medien, Konsumtion) dar: So wie die Subjektform der bürgerlichen Kultur ihre Voraussetzung in der ›Gutenberg-Revolution‹ findet, findet jene der Angestelltenkultur ihre Voraussetzung in der technischen Organisation der Großkorporation sowie den audiovisuellen Medien und die Subjektform der Postmoderne ihre in der Computer-Revolution.

Einen *dritten* Kontext der Bedeutungsproduktion diskontinuierlicher Subjektcodes liefern die kulturell-ästhetischen Bewegungen.[76] Kulturelle Bewegungen sind Diskurs-/Praxiskomplexe, die in ihrem Kern die Initiierung eines neuartigen, gegen die bisher dominante Kultur gerichteten Subjektmodells betreiben. Kulturelle Bewegungen als Identitäts- und Subjekttransformationsbewegungen können primär religiös oder primär politisch oder ethnisch orientiert sein (etwa die Bewegung eines

75 Vgl. zu einer solchen Kulturalisierung von Artefakten, ohne diese zu entmaterialisieren: Werner Rammert (2000): Technik aus soziologischer Perspektive II, Opladen; Latour (1991).

76 Vgl. zur konstitutiven Rolle kultureller Bewegungen für die Transformation der Moderne: Eisenstadt (1973), ders. (1966): Modernization. Protest and change, Englewood Cliffs; auch Alberto Melucci (1989): Nomads of the Present, London.

christlich-protestantischen ›revival‹ am Ende des 19. und des 20. Jahrhunderts oder die ›black power‹-Bewegung), und eine umfassende Analyse würde die Wirkung dieser religiösen, politischen und ethnischen Identitätsbewegungen miteinbeziehen. Als besonders effektiv für die Selbstveränderung der modernen Kultur als ganzer stellen sich jedoch bislang die ästhetischen Bewegungen heraus.[77] Ästhetisch orientiert sind diese in einem vordergründigen Sinne, indem sie zentrale Elemente ihrer Subjektivation dem Feld der Kunst und dem Subjektmodell des Künstlers in einem post-klassizistischen Sinne entnehmen. Die ästhetische Orientierung dieser Bewegungen zielt jedoch über das enge Feld der Kunst hinaus: Sie versuchen, dem Subjekt als radikal modernem die Struktur ästhetischer Subjektivität anzutrainieren. In der Sequenz der modernen Kultur sind die Romantik zu Beginn des 19. Jahrhunderts, die Avantgarden um 1900 und die Kombination von *counter culture* und Postmodernismus in den 1960er Jahren die wichtigsten – miteinander in einem kulturellen Verweisungszusammenhang stehenden – kulturellen Bewegungen, welche auf verschiedene Weise ein neues Subjekt als ästhetisches initiieren.[78]

Für eine Rekonstruktion der Subjektkulturen der Moderne kommt diesen ästhetischen Bewegungen in mehrfacher Hinsicht ein besonderer Status zu: Wenn die Bewegungen neu ausgerichtete Subjektcodes produzieren, so stellt sich diese Bedeutungsproduktion – anders als im Falle der immanenten Logik der Transformation der Humanwissenschaften und der Artefaktkultur – durchgängig als eine *Reaktion* auf die immanenten Brüche dominanter Subjektkulturen dar. Die Subjektcodes der ästhetisch-kulturellen Bewegungen lassen sich als spezifische Antworten auf die spezifischen Friktionen und daraus resultierenden ›double bind‹-Konstellationen der jeweiligen Subjekthegemonie lesen, als Versuche, deren Mangelzustand durch eine neue psychisch-körperliche Apparatur zu überwinden. In diesem Sinne setzen die Romantik und die Avantgarden an den perzipierten Widersprüchen bürgerlicher Subjektivität

77 Die Relevanz ästhetischer Bewegungen für die Moderne wird ideenhistorisch thematisiert in Taylor (1989). In Bezug auf die Gegenwartsgesellschaft vgl. Michel Maffesoli (1990): Au creux des apparences. Pour une éthique de l'esthétique, Paris; Edward A. Tiryakian (1992): Dialectics of modernity: Reenchantment, and dedifferentitation as counterprocesses, in: Haferkamp/Smelser (1992), S. 78-94; Bernice Martin (1981): A Sociology of Contemporary Cultural Change, Oxford.

78 Eine historisch bis in die Frühe Neuzeit zurückgehende Kultursoziologie würde möglicherweise die Renaissance als eine weitere im weiteren Sinne ästhetisch orientierte Bewegung und damit als frühe Repräsentantin einer anderen Version von Modernität und Subjektivität lesen. Vgl. zu einer solchen Interpretation Stephen Toulmin (1990): Cosmopolis. The hidden agenda of modernity, Chicago.

ebenso an wie dies für den Komplex Counter Culture/Postmodernismus gegenüber der Angestelltenkultur der organisierten Moderne gilt; alle ästhetischen Bewegungen erwachsen dabei aus den jeweiligen Milieuformationen, gegen die sie anschließend opponieren. Die ästhetischen Bewegungen stellen sich als anti-hegemoniale Bewegungen dar, die versuchen, die historisch-spezifische Schließung der Kontingenz des Subjekts aufzubrechen, den vorgeblich universalen Horizont der dominanten Subjektkultur zu öffnen, indem er mit einem anders orientieren Subjektmodell konfrontiert wird, der selbst mit dem Anspruch radikaler Modernität auftritt. Dieses Aufbrechen des Universalitätsanspruchs der bürgerlichen bzw. nach-bürgerlichen Kultur ist jedoch mit dem Aufrichten eines neuen universalen Horizonts verbunden, der Universalisierung ›des‹ Subjekts als ästhetisches Subjekt: als expressives, individualitätsorientiertes, grenzüberschreitendes, sinnenorientiertes etc. Die ästhetischen Bewegungen initiieren hier sowohl Subjektcodes als auch – zumindest in Ansätzen – entsprechende Praktiken der Subjektivation, das heißt der praktischen Umsetzung dieser zunächst imaginierten neuen Subjekte. Diese Praktiken umfassen wiederum sämtliche Felder: Praktiken der Arbeit, die zum großen Teil in solche der Kreativproduktion überführt werden, Praktiken der intimen Beziehungen, die sich von der bürgerlichen Familie entfernen, sowie Technologien des Selbst, die offensiv wahrnehmungs- und erlebensorientiert sind.

Die spezifisch ›ästhetische‹ Modellierung, welche die kulturellen Bewegungen von der Romantik über die Avantgarden bis zum Postmodernismus in den verschiedenen Fassungen eines expressiven Subjckts, eines transgressiven Subjekts und eines Subjekts spielerischen Begehrens vorantreiben, ist über die vordergründige Orientierung an der Leitfunktion der Kunst und des Künstlersubjekts hinaus in einem weiteren, elementaren Sinne als eine Neuausrichtung des modernen Subjekts zu verstehen, die sich in Differenz zur bürgerlichen Kultur und ihrer Nachfolgemodelle wiederfindet:[79] Das ästhetische Subjekt ist primär nicht an zweckrationalem oder moralischem Handeln orientiert, sondern am Selbstzweck der sinnlichen Wahrnehmung (aisthesis) sowie am Handeln in der Gestalt expressiver, symbolkreierender Aktivität. Seine implizite Ontologie ist nicht die einer Dingwelt und sozialen Welt, die auf bestimmten Ordnungs- und Rationalitätsprämissen aufruht, vielmehr die einer radikal subjektivierten und weniger im Modus der Rationalität als dem des unberechenbaren Spiels existierenden Welt. Das ästhetische Subjekt modelliert sich als eine Instanz der Semiotisierung seiner

---

79 Zu einem allgemeinen Begriff des Ästhetischen vgl. Joachim Küpper/ Christoph Menke (Hg.) (2003): Dimensionen ästhetischer Erfahrung, Frankfurt am Main; Wolfgang Welsch (1996): Grenzgänge der Ästhetik, Stuttgart.

Wirklichkeit, die an die Stelle der Voraussetzung eines Alltagsrealismus tritt, und es ersetzt eine Verhaltensorientierung nach Maßgabe affektiv neutraler Zweckrationalität, Moralität oder sozialer Rationalität durch affektiv aufgeladene, in ihren Objekten bewegliche libidinöse Orientierungen. Die ästhetischen Subjektkulturen der Moderne stellen sich dabei ebenso wie die dominanten Subjektkulturen als durchsetzt mit Hybriditäten, Sinntransfers und Friktionen dar: Sie versprechen einen neuen, bruchlosen universalen Horizont und treiben zugleich spezifische neue Widerspruchsstrukturen hervor. Als anti-hegemoniale Bewegungen sind sie nicht der Sequenz von Kontingenzvisibilisierung und -invisibilisierung, von Universalisierung und Hybridisierung entzogen – was sie teilweise selbst suggerieren, wenn sie gegen die ›Hegemonie‹ opponieren –, sondern ein Teil dieser kulturellen Logik.

Die Subjektmodelle der ästhetischen Gegenbewegungen liefern seit dem Beginn des 19. Jahrhunderts ein Sinnmaterial, das in seinem eigenen Verständnis in Opposition zur dominanten Kultur steht, tatsächlich jedoch in verschiedenen Schüben in diese dominanten Kulturen selektiv aufgenommen wird und diese selbst transformiert: die ästhetische Moderne ist eine dominierte Kultur, die phasenweise und selektiv immer wieder die dominante Kultur beeinflusst. In die relative Verschiebung der bürgerlichen Kultur im 19. Jahrhundert gehen Elemente der Romantik des Jahrhundertbeginns ein; die kulturelle Schwellenphase zu Beginn des 20. Jahrhunderts ist identisch mit der ästhetischen Revolution der modernistischen Avantgarden, die in bestimmten Elementen in der Angestelltenkultur rezipiert werden; die kulturelle Schwellenphase der 1960/70er Jahre schließlich fällt zusammen mit der Bewegung der *counter culture* und des Postmodernismus, aus dessen Sinnarsenal zentrale Elemente in die Kultur der postmodernen ›creative class‹ eingehen.

Für eine Transformation der gesamten Subjektordnung ist in der bisherigen Geschichte der Kultur der Moderne durchgängig eine *Koinzidenz* von ästhetischen Gegenbewegungen und ihrer Version einer ›Kulturrevolution‹ *und* von Paradigmenwechsel des humanwissenschaftlichen Diskurses *und* von Artefaktrevolution erforderlich gewesen. In dieser Koinzidenz treffen Prozesse der Produktion neuer Subjektformen aus allen drei kulturellen Räumen, die sich weitgehend autonom voneinander entwickelt haben, aufeinander und verstärken sich gegenseitig in der Erosion der alten und der Beeinflussung einer neuen Subjektkultur. Die beiden kulturellen Schwellenphasen der Transition von der bürgerlichen zur organisierten Moderne und von der organisierten Moderne zur Postmoderne um 1920 und um 1970 stellen sich als solche Koinzidenzpunkte heraus, an denen sich sowohl ästhetische Gegenbewegungen als auch eine neue Artefaktkultur als auch neu ausgerichtete Subjektmodelle im humanwissenschaftlichen Diskurs entwickeln und in einem sich überlagernden Effekt zu einer Umwälzung der bisher dominanten

Subjekt- und Modernitätskultur beitragen. Hier findet wiederum eine (Laclausche) ›Überdetermination‹ in jenem spezifischen doppelten Sinne, eine friktionsinduzierende ›Überaddition‹ statt: eine gegenseitige Verstärkung mehrerer Faktoren, welche eine Verschiebung der Subjektordnung in die gleiche Richtung ermöglicht, *und* eine beibehaltene Differenz zwischen diesen Faktoren, die auch in ihrem ›Produkt‹, der neuen Subjektkultur, erhalten bleibt und dort neue Hybriditäten, Friktionen und Mangelzustände implantiert, welche das Subjekt erneut unintendiert in eine instabile Form bringen.

2. Bürgerliche Moderne und Romantik

Das moralisch-souveräne Allgemeinsubjekt und das expressive Individualsubjekt

Die Moderne ist zunächst die bürgerliche Moderne. Das moderne Subjekt ist zunächst das bürgerliche Subjekt. In den Praktiken und Diskursen des westeuropäischen und nordamerikanischen Bürgertums produziert sich im 18. und 19. Jahrhundert in einer ersten Version eine Subjektkultur, die zugleich Modernitätskultur ist. Bürgerliche Subjektivität bildet sich in der doppelten Struktur des *subiectum*, der Struktur des unterworfenen Unterwerfers: Die bürgerliche Kultur modelliert ihre körperlich-mentalen Träger im emphatischen, anti-traditionalen Sinne als ›Subjekte‹, die eine autonome Selbstregierung und kritische Distanzierung von religiöser Tradition betreiben. Gleichzeitig macht sie die Subjektivität nicht zu einem arbiträren Unternehmen der Besonderheit des Einzelnen, sondern bringt über sehr spezifische Praktiken der Arbeit, der Intimsphäre und schriftorientierte Selbstpraktiken eine allgemeinverbindliche, bürgerlich-moderne Formierung des Subjekts, einen Anforderungskatalog intelligibler Subjekthaftigkeit als kulturell denkbar und legitim hervor: Die bürgerliche Kultur ist ein Trainingsprogramm zur Heranziehung eines moralisch-souveränen Allgemeinsubjekts.

Die frühneuzeitliche Gesellschaft setzte sich in erster Linie aus den quantitativ dominierenden, aber sozial und kulturell dominierten agrarisch-religiösen Praktiken einer ›Volkskultur‹ sowie aus der minoritären, aber kulturell hegemonialen Form eines aristokratischen Subjekts der höfischen Gesellschaft zusammen. Vor diesem doppelten, negativen Hintergrund von Volkskultur und aristokratischer Kultur positioniert sich das neue Bürgertum als eine expansive kulturelle Nische, in der während des 18. Jahrhunderts, zum Teil schon – vor allem in Großbritannien – am Ende des 17. Jahrhunderts in neuartigen kulturellen Praktiken des Arbeitens und der Ökonomie, der Familien- und Freundschaftsbeziehungen sowie der Selbstbildung im Medium der Schrift eine genuin moderne Subjektkultur forciert, der ›neue Mensch‹ der Moderne in seiner ersten diskursiven wie körperlich-mentalen Fassung realisiert wird. Das bürgerliche Subjekt erhebt gegen die aristokratische Subjektivität den Anspruch einer kulturellen Hegemonie, den es in der zweiten Phase der bürgerlichen Moderne, die sich im 19. Jahrhundert entfaltet, institutionell abzusichern vermag. Dass diese ›moderne Welt‹ des bürgerlichen Zeitalters selbst nicht das Ende der Geschichte des modernen Subjekts darstellt, stellt sich erst zu Beginn des 20. Jahrhunderts mit den Avantgarden und der Entstehung einer nach-bürgerlichen organisierten Moderne heraus.

In einer kulturtheoretischen Perspektive auf die Moderne kann Bürgerlichkeit als ein Netzwerk miteinander verknüpfter sozial-kultureller Praktiken verstanden werden, in denen sich die Alltagstechniken, Handlungsdispositionen und Sinnstrategien einer bürgerlichen Subjektkultur bilden. Diese bürgerlichen Praktiken und ihr Subjekt sind der körperlich-mentale Manifestationsort einer spezifischen Fassung von Modernität. Eine solche praxeologische Sicht des Bürgerlichen als Subjektkultur geht auf Distanz zu diversen gesellschaftswissenschaftlichen Reduktionen des ›Bürgertums‹.[1] Aus einer politikorientierten Sicht, die sich aus der neuzeitlichen Politischen Philosophie ergibt, erscheint der moderne Bürger in erster Linie als Staatsbürger, eine Rechtsfigur des Nationalstaates, und als eine Figur politischer Partizipation, der ›citoyen‹ der liberalen Öffentlichkeit. In einem ökonomieorientierten bzw. klassentheoretischen Verständnis geht es hier primär um ein Wirtschaftsbürgertum, das aus liberaler Sicht als selbständiger Teilnehmer einer Marktgesellschaft, einer bürgerlichen Gesellschaft im Sinne Hegels, aus marxistischer Sicht als Bourgeoisie verstanden wird, die über Produktionsmittel verfügt und am sozialen Klassenkampf partizipiert. In einem geistesgeschichtlichen Verständnis präsentiert sich das Bürgertum als Trägerin genuin westlicher Ideensysteme, vor allem jener der Aufklärung und des Rationalismus. Aus funktionalistischer Perspektive schließlich ist das Bürgertum ein soziales Übergangsphänomen zwischen einer stratifikatorisch-feudalen Gesellschaft und einer funktional differenzierten Gesellschaft, ein residuales Klassenelement während der Frühphase einer sich allmählich in institutionelle Subsysteme auffächernden Gesellschaft.

Die kulturtheoretische Sicht entziffert das Bürgerliche stattdessen als ein Ensemble kultureller Codes, die sich in spezifischen sozialen Praktiken und Diskursen ausdrücken. Während aus funktionalistisch-differenzierungstheoretischer Perspektive das Bürgertum auf ein quasi-traditionales Erbe in der frühen Moderne reduziert wird, sieht sich aus der politik-, ökonomie- und ideenorientierten Perspektive die Partikularität seiner Praktiken und Codes regelmäßig universalisiert. Das Bürgertum stellt sich hier als Trägerin jener vorgeblichen ›evolutionären Universalien‹ eines Rechts- und Nationalstaates, einer Marktgesellschaft und eines aufgeklärt-rationalistischen Weltbildes dar, die sich zum Ende des 18. Jahrhundert ausbilden und welche die Grundstrukturen ›der‹ westlichen

1 Vgl. allgemein zum Begriff des Bürgertums: Jürgen Kocka (1987): Bürgertum und Bürgerlichkeit als Probleme der deutschen Geschichte vom späten 18. zum frühen 20. Jahrhundert, in: ders. (1987), S. 21-63, auch die Beiträge in Peter Lundgreen (2000): Sozial-und Kulturgeschichte des Bürgertums, Göttingen, Utz Haltern (1993): Die Gesellschaft der Bürger, in: Geschichte und Gesellschaft, S. 100-134.

Moderne liefern sollen; das Anti-Bürgerliche ist und bleibt dann das Anti-Moderne. Eine Kulturtheorie der Moderne betrachtet *Bürgerlichkeit* dagegen als einen historisch-spezifischen, darin partikularen Praxiskomplex des westlichen 18. und 19. Jahrhunderts, dessen selektive Sinneffekte zeitlich und räumlich darüber hinaus reichen. Bürgerlichkeit erscheint als ein Netzwerk bestimmter Praktiken des Ökonomischen, des Familiären, der Bildung, des Politischen etc., deren leitende Codes durch entsprechende Subjektdiskurse vorangetrieben werden. Das Bürgerliche ist eine spezifische, die erste moderne Form, Subjekt zu sein, ein Arrangement von Dispositionen, körperlichem know how, Deutungswissen, Affekt- und Motivstrukturen. Das bürgerliche Subjekt beansprucht dabei, allgemeingültige Eigenschaften zu repräsentieren, bildet aber in seinen außergewöhnlichen Dispositionen und Sinnhorizonten ein kontingentes Spezifikum. Max Webers Protestantismusstudie formuliert eine klassische – und noch sehr enge – Fassung einer solchen kulturalistischen Perspektive auf die Struktur und Problematik von Bürgerlichkeit als Subjektkultur. Die eigentliche Perspektivenverschiebung, die Bürgerlichkeit als ein Feld von Praktiken und Diskursen entziffert, hat sich mit der unter anderem durch die von der Annales-Schule, der Kulturanthropologie und Foucault beeinflussten ›neuen Kulturgeschichte‹, die auch das kulturwissenschaftliche Analyseprogramm des ›New Historicism‹ sowie historisch orientierte *gender studies* und *post-colonial studies* einschließt, und einer neuen Kultursoziologie, beispielhaft bei Raymond Williams und Pierre Bourdieu, vollzogen.[2]

Dass in einer Kulturtheorie der Moderne, wie sie hier versucht wird, die frühe Version einer modernen Gesellschaft damit in einem spezifischen, instruktiven Sinne als ›bürgerliche‹ interpretiert werden soll, ist eine für die Sozial- und Kulturwissenschaften ebenso alte wie neue Perspektive. Die soziologischen Modernisierungstheorien von Parsons bis Luhmann meinten, indem sie das Moderne seit dem 18. Jahrhundert in erster Linie auf der Ebene funktionaler Differenzierung

---

2 Vgl. Philippe Ariès/Georges Duby (Hg.) (1985ff): Geschichte des privaten Lebens, Frankfurt am Main 1989 ff., 5 Bände; Wolfgang Kaschuba (1988): Deutsche Bürgerlichkeit nach 1800 – Kultur als symbolische Praxis, in: Jürgen Kocka (Hg.): Bürgertum im 19. Jahrhundert, Band 3, S. 9-44; Stephen Greenblatt/Giles Gunn (Hg.) (1992): Redrawing the Boundaries. The transformation of English and American literary studies, New York; Pierre Bourdieu (1979): Die feinen Unterschiede. Kritik der gesellschaftlichen Urteilskraft, Frankfurt am Main 1989; Raymond Williams (1958): Culture and Society, 1780-1950, New York 1983. Vgl. exemplarisch für eine neue Version kulturalistischer Analyse des Bürgerlichen Philipp Sarasin (2001): Reizbare Maschinen. Eine Geschichte des Körpers 1765-1914, Frankfurt am Main.

und damit von bestimmten Systemmechanismen ausmachten, ohne ein starkes Konzept des Bürgerlichen auskommen zu können – die bürgerliche Kultur tritt hier jedoch hinterrücks erneut ins Bild: Sie erweist sich als der latente, unausgesprochene Hintergrund von spezifischen kulturellen Prämissen, die sich dann in scheinbar kulturell neutralen Institutionalisierungen (Neutralität des Rechts, Leistungsorientierung der Ökonomie, Körper/Geist-Unterscheidung etc.) ausdrücken. Gegen dieses systematische Vergessen spezifisch bürgerlicher Praktiken und Diskurse als konstitutiv für die Genese der Moderne kann die ›Wiederentdeckung‹ der bürgerlichen Prämissen der frühmodernen Kultur auf jene, vor allem in Deutschland wirksame, Historische Soziologie der zweiten Hälfte des 19. Jahrhunderts zurückgreifen: Namentlich bei Marx und Weber (später auch bei kulturhistorischen und marxistischen Autoren wie Sombart, Groethuysen, Borkenau und anderen) sind in unterschiedlichen Versionen die Kennzeichen der Bürgerlichkeit als ein feldtranszendierendes Struktur- und Kulturprinzip der Dynamik moderner Gesellschaftsentwicklung im 18. und 19. Jahrhundert ausgemacht worden. Allerdings scheint ein unvermittelter Anschluss an diese frühe Historische Soziologie, die sich selbst historisch vor dem Hintergrund einer Krisenhaftigkeit des noch hegemonialen Bürgerlichen positioniert, nicht mehr möglich; die Analyseperspektive des Bürgerlichen ist nach Ablauf eines weiteren Jahrhunderts eine verschobene. Zum einen ist – insbesondere gegen die marxistische Interpretation bürgerlicher Gesellschaft – eine resolute, vor allem von der Foucault- und Bourdieu-Tradition (aber auch dem Gramscischen Kulturmarxismus) beeinflusste Kulturalisierung der Perspektive auf Bürgerlichkeit, verstanden als eine historisch-lokale Praxis-/Diskursformation, als ein System von Codes und eine Form der Inkorporierung/Interiorisierung vorzunehmen (eine kulturelle Formation, die sich dann etwa *auch* in eine bestimmte ökonomische Praxis umsetzt). Zum andern gilt es – vor allem in Differenz zur klassisch kulturhistorischen Interpretation bürgerlicher Subjektivität etwa bei Max Weber –, unter dem Einfluss poststrukturalistisch-dekonstruktiver Kulturanalysen der immanenten Hybridität und Friktionalität ›der‹ bürgerlichen Subjektkultur auf die Spur zu kommen: Die bürgerliche Kultur stellt keinen homogenen Block und das bürgerliche Subjekt nur in seiner Selbstbespiegelung eine widerspruchsfreie Figur dar. Es gibt eine Archäologie/Genealogie des Bürgerlichen, in der die heterogenen Sinnmuster unterschiedlicher Herkunft im Bürgerlichen, das widersprüchliche Arrangement bürgerlicher Subjektkultur im 18. und 19. Jahrhundert, die Kulturkämpfe um eine Hegemonie des Bürgerlichen entzifferbar werden. Eine solche Archäologie/Genealogie schließt auch eine Analyse der Spuren bürgerlicher Subjektkultur in den nach-bürgerlichen Hegemonien des 20. Jahrhunderts ein, ohne dabei in das Modell einer absoluten Diskontinuität (der Überwindung oder des Verfalls) oder jene der Kontinuität einer andauernden bürgerlichen Tradition zu geraten.

Die Herausbildung einer bürgerlichen Subjektordnung im Großbritannien des späten 17. Jahrhunderts, im Frankreich und Deutschland – und anderen Gesellschaften – des frühen 18. Jahrhunderts ist nur in der nachträglichen Selbstbeschreibung nach Art eines modernen Ursprungsmythos als ›Geburt‹ einer vollständig neuen, ›modernen‹ und alles ›Traditionale‹ hinter sich lassenden Praxis zu verstehen, die sich auf der Grundlage einer kompletten kulturellen Diskontinuität bilde. Tatsächlich stellt sich die bürgerliche Subjektkultur in ihrer Herkunft und Entstehung wie in ihrer Ausbildung und Strukturierung als ›unrein‹, als eine hybride Kombination unterschiedlicher Praktiken und Diskurse dar, die nur scheinbar die Einheit des Subjekts als bürgerlich-modernes produziert. Die beanspruchte Modernität des Bürgerlichen appropriiert vor allem drei ›traditionale‹, frühneuzeitliche Subjektkulturen, um in ihrer Verarbeitung – zuzüglich jener tatsächlich verhältnismäßig ›neuen‹ Elemente des 18. Jahrhunderts – den bürgerlichen Menschen als körperlich-mentale Realität zu kreieren. Zum einen sind es die historischen Vorläufer jener im 18. und 19. Jahrhundert charakteristisch bürgerlichen Berufe in der Frühen Neuzeit, das heißt vor allem die Kaufleute und Händler – die eine erhebliche Bandbreite vom Kaufmann-Patrizier bis zum regionalen Händler umfassen –, daneben die Juristen, Ärzte und Gelehrte, welche in ihrem Habitus im eigentlichen Bürgertum präsent bleiben. Während im bürgerlich-modernen Kontext diese Berufe als Ausweis sozialer Respektabilität gelten, stellen sich diese frühneuzeitlichen Vorläufer jedoch zeitgenössisch – vor dem Hintergrund einer kulturellen Hegemomie des Aristokratischen und des Klerikalen, aber auch einer agrarischen, anti-intellektuellen und marktskeptischen Volkskultur – als Träger einer wenig respektablen und kulturell tendenziell minderwertig wahrgenommenen Subjektform dar. Dies gilt vor allem für jene aus der adeligen oder volkstümlichen Sicht latent unseriösen bzw. ›dienenden‹ Aktivitäten ›auf dem Markt‹, aber auch für die freien und gelehrten Berufe. Die Selbstproduktion des bürgerlichen als eines sich durch Moralität und Souveränität auszeichnenden, seriösen und respektablen Subjekts, das erfolgreich den Anspruch zur Exemplifikation eines gesellschaftlich allgemeinverbindlichen Subjektideals erhebt, stellt sich damit ein kultureller Prozess der Inversion dar, in der Elemente bisher kulturell alles andere als hegemonialer Subjektdispositionen in einer Selbsttransformation zu allgemeinverbindlichen Manifestationen der Modernität avancieren (und dabei ihre ›unreine‹ Herkunft möglichst unsichtbar machen).

Ein zweiter ›traditionaler‹ Komplex von Sinnelementen, welcher in der bürgerlichen Subjektkultur angeeignet wird und dort in Spuren enthalten bleibt, betrifft Codes und Praktiken religiös-christlicher

Provenienz – auf diese haben zu Beginn des 20. Jahrhunderts in spezifischen, klassischen Interpretationen Max Weber für den Protestantismus und Bernard Groethuysen für den Katholizismus aufmerksam gemacht. Elemente christlicher Subjektivität im Innern des bürgerlichen Subjekts betreffen nicht nur das Arbeitsethos, sondern auch das Ehe- und Familienmodell, die Orientierung an der Schrift und der allgemeine ›deistische‹ Benevolenzglaube der bürgerlichen Alltagskosmologie. Ein dritter Komplex ›vormoderner‹ Subjekthaftigkeit, der sich in konstitutiven Spuren in der bürgerlichen Subjektkultur wiederfindet, sind paradoxerweise Codes und Praktiken der aristokratischen Kultur. Zwar bildet die Figur des Aristokraten in seiner vorgeblichen Amoralität für die bürgerliche Kultur des 18. Jahrhunderts das wichtigste Objekt der Differenzmarkierung, gleichzeitig eignet sich die Bürgerlichkeit aktiv Elemente der ›Zivilisiertheit‹ des Aristokraten an, vor allem seiner Souveränität der Kommunikation und der Körperbeherrschung. Durch die selektive Interiorisierung von Elementen der höfischen Kultur wie auch der religiös-christlichen Kultur in das bürgerliche Subjekt bilden diese ein doppeltes konstitutives Außen des Bürgerlichen: Dieses verwirft einerseits das aristokratische Subjekt wie das gläubige, religiöse Subjekt als den Modernitätsansprüchen ungenügend und formiert seine Identität über diese doppelte Differenz zum amoralischen und zum irrational-abhängigen Subjekt. Die bürgerliche Kultur verleibt sich gleichzeitig Souveränitäts- und Moralitätsdispositionen der beiden nun diskriminierten, ihrerseits miteinander konkurrierenden, ›vormodernen‹ Subjektkulturen ein.

Voraussetzung der bürgerlichen Ordnung des Subjekts ist nicht nur ein partieller, transformierender Sinntransfer von Elementen frühneuzeitlicher Praktiken und Codes, Voraussetzung ist auch eine bestimmte materiale Artefaktkultur: Das Bürgerliche stellt sich als ein Ensemble von praxiskonstitutiven Sinnmustern dar, aber die bürgerliche Praxis und damit auch ihre Subjektdispositionen sind auf eine bestimmte, historisch-spezifische Struktur der Materialität angewiesen. Für die frühe bürgerliche Kultur des 17. und 18. Jahrhunderts, das heißt vor der Industriellen Revolution, sind hier vor allem zwei technologische Komplexe konstitutiv: zum einen eine Erleichterung überregionalen, im Ansatz globalisierten Austausches durch beschleunigte Verkehrstechnologien, vor allem die Seeschiffahrt, welche sowohl den Handelskapitalismus als auch die überregionalen Interaktionsnetzwerke der bürgerlichen Kultur ermöglichen; zum anderen die Verbreitung der Schriftkultur in der Form den Buchdrucks, welche die Voraussetzung für die extensiven Praktiken des Lesens und Schreibens als spezifische, bildungsorientierte Technologie des Selbst, aber auch in den Feldern der Arbeit und der persönlichen Beziehungen und damit für die spezifische kognitive, moralische und affektive ›Innenorientierung‹ des bürgerlichen Subjekts bildet.[3] Seeschiffahrt und Buchdruck machen eine Zirkulation von Waren, Geld und Zeichen möglich, deren virtuose Handhabung das bürgerlich-selbstregierende Subjekt und seine semiotische und finanzielle Kompetenz auszeichnet; zugleich erweist sich die Zirkulationsbeschleunigung, die beide Artefaktkomplexe bewirken, als ein Risiko für die ordnungsorientierte, auf ihre Weise ›sesshafte‹ Moralität des Bürgerlichen.

Bei aller partiellen Überlagerung zwischen bürgerlich-modernen und ›vormodernen‹, in der Frühen Neuzeit präsenten Subjektkulturen lassen sich seit dem Ende des 17. Jahrhunderts zunächst in Großbritannien, dann in Frankreich, Deutschland und Neuengland im Feld der Arbeit, der persönlichen Beziehungen und der Technologien des Selbst jene verhältnismäßig neuartigen Praktikenkomplexe ausmachen, die Eigenschaften eines genuin bürgerlichen Subjekts hervorbringen und voraussetzen[4] *(Kapitel 2.1)*. Bürgerliches Arbeiten basiert im Wirtschaftsbürgertum, im Bildungsbürgertum und den freien Berufen auf der Heranbildung eines selbständigen ›Berufssubjekts‹, das seine Pro-

3 Zu den materialen Voraussetzugen auf der Ebene der Kommunikationsmedien vgl. Michael Giesecke (1991): Der Buchdruck in der frühen Neuzeit. Eine historische Fallstudie über die Durchsetzung neuer Informations-und Kommunikationstechnologien, Frankfurt am Main 1998. Zu den materialen Voraussetzungen des sich globalisierenden Handelskapitalismus vgl. ausführlich Fernand Braudel (1979): Sozialgeschichte des 15. bis 18. Jahrhunderts, München, Band 1, S. 436-468.

4 Die bekannten regionalen und nationalen Differenzen zwischen unterschiedlichen Versionen bürgerlicher Kultur treten in der folgenden Darstellung zugunsten eines westlichen Idealtypus des Bürgerlichen zurück. Differenzen existieren vor allem im Verhältnis zur Aristokratie und in der Ökonomie- oder Staatsorientierung. Für den britischen Fall ist eine frühe wirtschaftliche und politische Emanzipation des Bürgertums Ende des 17. Jahrhunderts kennzeichnend, welche Bürgerlichkeit in besonderem Maße an das handelskapitalistische Wirtschaftsbürgertum koppelt. In Deutschland findet umgekehrt eine verzögerte Emanzipation des Bürgertums gegenüber dem Adel statt; hier avanciert das Bildungsbürgertum zur herausragenden Trägergruppe. In Frankreich ist im 18. Jahrhundert der Kontakt zwischen bürgerlicher und aristokratischer Kultur am intensivsten und das Bürgertum etabliert sich in staatsnahen Bereichen (etwa der ›noblesse de robe‹); hier fehlt das protestantische Element Englands und Deutschlands. In Neuengland und den späteren Vereinigten Staaten schließlich fehlt die eigentliche Aristokratie, deren kulturelle Rolle am ehesten von der Südstaaten-gentry übernommen wird; durch die ›frontier‹-Konstellation ergibt sich im 19. Jahrhundert eine nationale Besonderheit, die bürgerlich-unbürgerliche Sozialcharaktere in der ›Grenzsituation‹ hervortreten lässt.

fessionalität im souveränen Umgang mit Informationen und Zeichen, einer Disziplinierung der Aufmerksamkeit und des Körpers sowie der Stabilisierung intersubjektiven Vertrauens findet. Die Moralität des Berufssubjekts – Mäßigung, Transparenz, Zweckhaftigkeit – bildet sich in der bürgerlichen Kultur in Differenz zur vorgeblichen Disziplinlosigkeit und Unberechenbarkeit des nicht arbeitenden aristokratischen Subjekts. Gleichzeitig bringt die bürgerliche Orientierung an der Kontingenz des potentiell spekulativen Spielfeldes des ›Marktes‹ und die Abhängigkeit des Handels von einer Sphäre des potentiell exzessiven Konsumtorischen Elemente eines ›ökonomischen Subjekts‹ hervor, welche sich in Spannung zu bürgerlichen Moralitätsmodellen befinden *(Kapitel 2.1.1)*. Die bürgerliche Intimsphäre produziert sich in intersubjektiven Praktiken des bildenden Gesprächs, der empathischen Fremd- und Selbstpsychologisierung sowie der Ausbildung einer affektiven Innenwelt sympathetisch-empfindsamer Gefühle. Wiederum in Differenzmarkierung zur höfischen Kultur lassen sich persönliche Beziehungen im bürgerlichen Sinne von einem Code der ›Freundschaft‹ konstruieren, verstanden als innere Seelenverwandtschaft Einzelner. Die bürgerliche Ehe erscheint als Spezialfall einer solchen Freundschafts-Beziehung, und wie diese partizipiert sie an einem übersubjektiven Bildungsraum, der Bildung bürgerlicher Persönlichkeiten und ihrer Innenwelt *(Kapitel 2.1.2)*. Die neuartigen bürgerlichen Praktiken des Selbst stellen sich in erster Linie als solche im Medium der Schriftlichkeit dar: Praktiken des Schreibens, vor allem in Form von Tagebüchern, und Praktiken des ›einsamen‹ Lesens, insbesondere von Subjektivität thematisierenden Texten wie Autobiografien und bürgerlichen Romanen, bringen Techniken der alltäglichen Selbstbeobachtung, ein autobiografisches Bewusstsein sowie eine differenzierte, reflexive wie affektive ›Innenwelt‹ des bürgerlichen Subjekts hervor. Das bürgerliche Subjekt richtet sich hier am Modell einer ›Bildung‹ seiner selbst aus *(Kapitel 2.1.3)*.

Insgesamt ist der kulturelle Code, der in den Dispositionen des bürgerlichen Subjekts alle drei Praxisfelder kreuzend inkorporiert und in einander überlagernden Diskursen der Vertragsphilosophie, der Aufklärung, des moral-ökonomischen Liberalismus und der Empfindsamkeit expliziert wird, einer der Moralität und der souveränen Selbstregierung zugleich: Die bürgerliche Subjektkultur trainiert den Einzelnen im Habitus einer sich selbst regierenden Souveränität, vor allem in Kompetenzen zur Sach- und Ich-Kommunikation, zur Teilnahme am Medium der Schriftlichkeit, zur körperlichen Selbstkontrolle und zu ›inneren‹ Techniken der Reflexion (Selbstbeobachtung, Entscheidungsfähigkeit, moralischer Sinn). Das verworfene kulturelle Andere bürgerlicher Subjektivität ist auf dieser Ebene das ›abhängige‹, seiner selbst entmächtigte Subjekt, das vor allem in der Volkskultur ausgemacht wird. Die sich selbst regierende, nach außen aktivistische Souveränität ist eingebettet in eine umfassende Moralisierung des Subjekts, in seine Selbstformung als eine Instanz, die Prinzipien folgt, die als allgemeingültig angenommen werden. Das kulturelle Andere der bürgerlichen Moralität wird hier im aristokratischen Subjekt und der höfischen Kultur gesehen: Die Differenzmarkierung ist eine anti-exzessive, anti-parasitäre und anti-artifizielle und folgt einem dreifachen Unterscheidungsschema von Moderatheit/Maßlosigkeit, Zweckhaftigkeit/Nutzlosigkeit und natürliche Transparenz/Künstlichkeit.

Die Bürgerlichkeit versucht dem modernen Subjekt eine homogene Identität zu bieten, tatsächlich stellt sie sich jedoch als hybride Kombination unterschiedlicher Subjektcodes heraus, die im Subjekt bestimmte Friktionen und Instabilitäten implantieren: die Differenz zwischen methodischer Selbstdisziplinierung und emotionaler Sensibilisierung; der Gegensatz zwischen der Ontologie einer geschlossen-balancierten, maßvollen Lebensform und jenen unberechenbaren Risiken – des Marktes, des Gefühls, der kognitiv-imaginativen Reflexivität –, welche die bürgerlichen Praktiken selbst hervorbringen; zwischen einer minutiösen Selbstbeobachtung des Ichs und einer grundsätzlichen kulturellen Abwertung des ›supplementären‹ Individuellen zugunsten des essentiellen ›Allgemeinen‹. Insgesamt stellt sich die moralische Souveränität des bürgerlichen Subjekts als heterotopische Überlagerung vor allem zweier potentiell widersprüchlicher Codes dar: dem letztlich post-religiösen Code eines moralischen, an Prinzipien orientierten Subjekts und dem Code eines reflexiv-souveränen, selbstorientierten Subjekts, die im Metakonzept bürgerlicher Rationalität instabil aneinander gekoppelt sind. Die exzessiv-artifiziellen Unberechenbarkeiten von Markt und Konsum, der Liebe und Erotik und der Imaginationen im Umgang mit der Schriftkultur liefern hier Produkte der bürgerlichen Kultur, welche von dieser systematisch hervorgebracht werden, und die zugleich drohen, das bürgerliche Subjekt aufzusprengen *(Kapitel 2.1.4)*.

Die bürgerliche Kultur versucht sich selbst als ›universalen Horizont‹ des modernen Subjekts zu installieren. Vor dem Hintergrund ihrer immanenten Fissuren stellt sich die kulturelle Gegenbewegung der Romantik zu Beginn des 19. Jahrhunderts als erster Versuch dar, diese geschlossene Kontingenz für eine anders orientierte Version moderner Subjektivität zu öffnen: für die eines ästhetischen Subjekts. Eine kulturtheoretische Interpretation der Romantik als Manifestationsort einer alternativen – und historisch effektiven – Subjektform der Moderne steht zwei Interpretationen entgegen. Sie positioniert sich gegen eine Reduktion der Romantik auf eine reine Kunstepoche der Literatur, Malerei oder Musik, damit auf ein Phänomen des gegenüber anderen Feldern der Gesellschaft vorgeblich autonomen Kunstsystems, das gerade durch die Romantik scheinbar seine Autonomie erringt. Zum anderen richtet sie sich gegen eine Deutung der Romantik als eine anti-moderne, letztlich irrationalistische Bewegung, die sich scheinbar in Opposition zur Moderne als ganze in Stellung bringt, eine Interpretation, wie sie in Georg Lukacs' »Die Zerstörung der Vernunft« (1954) – darin eine Tradition weiterführend, die mit Hegels Polemik gegen die ›leere Subjektivität‹ der Romantiker begonnen hatte – ihren vorläufigen Höhepunkt erreicht.[5] Stattdessen stellt sich – hier Charles Taylor, aber auch Georg Simmel folgend[6] – heraus, dass die Romantik den Diskursraum für eine *andere* Form *moderner* Subjektivität bietet, die das Subjekt als eine im weitesten Sinne ästhetische, emphatisch individualitätsorientierte und expressive Instanz modelliert – ein Modell, das seinerseits sich zu naturalisieren versucht.[7] Das bürgerliche und das romantische Subjekt stellen sich als zwei opponierende Modelle eines emphatisch ›modernen‹ Subjekts dar (wobei die Romantik selbst an die ›riskanten‹ Elemente des Bürgerlichen anschließt und sie in sich verarbeitet), die beide für die agonale Entwicklung von Subjektkulturen bis zur Gegenwart konkurrierende Sinngrundlagen bereitstellen: eine moralische, ordnungsorientierte und eine ästhetisch-expressive Subjektcodierung.

Der romantische Diskurs initiiert das Modell eines Subjekts, das nach der Entfaltung von ›Individualität‹ strebt, das Modell einer einzigartigen ›inneren Tiefe‹, die nach Expression verlangt; er legt das Subjekt auf eine permanente Selbsttransformation fest, eine Entgrenzung des Ichs in ›allen seinen Möglichkeiten‹; schließlich trainiert er das Subjekt in einer Orientierung des Erlebens an der Sequenz in der Gegenwart erfahrener Momente statt einer Orientierung am linearen Insgesamt einer Biografie. Im durch die Romantik initiierten Kulturkonflikt wird das bürgerliche Subjekt selbst zum Objekt einer Differenzmarkierung,

---

5 Vgl. zur gesellschaftstheoretischen Diskreditierung der Romantik: Karl-Heinz Bohrer (1989): Die Kritik der Romantik. Der Verdacht der Philosophie gegen die literarische Moderne, Frankfurt am Main.

6 Vgl. Georg Simmel (1901): Die beiden Formen des Individualismus, in: (1995), S. 49-56; ders. (1908 a): Die Erweiterung der Gruppe und die Ausbildung der Individualität, in: (1992), S. 791-863, hier: 811 ff.; Charles Taylor (1989): Sources of the Self. The making of the modern identity, Cambridge, Kap. IV. Zur Bedeutung romantischer Subjektivität für die gesellschaftlich-kulturelle Moderne vgl. in anderer Weise auch Karl-Heinz Bohrer (1988): Die Modernität der Romantik, in: Merkur, Heft 3, S. 179-198; Colin Campbell (1987): The Romantic Ethic and the Spirit of Modern Consumerism, Oxford; Silvio Vietta (2001): Ästhetik der Moderne. Literatur und Bild, München.

7 Die neuere kritische Romantikforschung hat die universalisierenden Effekte des romantischen Diskurses und vor allem auch klassischer kunstwissenschaftlicher Romantikinterpretation selbst herausgearbeitet, vgl. etwa Jerome McGann (1983): The Romantic Ideology: A critical investigation, Chicago.

damit nicht als autonomieverbürgend, sondern als möglichkeitslimitierend repräsentiert. Während das bürgerliche Subjekt sich von einem moralischen Code formen lässt, lässt sich das romantische Subjekt von einem ästhetischen Code bilden: Das Ziel ist eine Sensibilisierung und Multiplizierung der Wahrnehmungs- und Erlebnisfähigkeit; der Moralität und Rationalität des Handelns stellt das romantische Subjekt die Ästhetizität des Erlebens als genuin moderne Subjektstruktur entgegen. Diese ›andere‹ Version einer radikal modernern Subjektkultur bringt entsprechende Praktikenformate hervor: die romantische Liebe anstelle der bürgerlichen Bildungsehe, die künstlerische Originalität anstelle der bürgerlichen Arbeit, schließlich auf innere Sensibilisierung ausgerichtete Praktiken des Selbst wie das Naturerleben oder die Rezeption von Musik *(Kapitel 2.2)*.

Die kulturelle Bewegung der Romantik fordert die seit dem Ende des 18. Jahrhunderts größtenteils erfolgreiche Hegemonie der bürgerlichen Subjektordnung heraus, demonstriert deren Kontingenz und deckt ihre Problemstrukturen auf. Allerdings vermögen die Romantiker selbst kurzfristig nicht eine umfassende Transformation des bürgerlichen Subjekttypus voranzubringen, beeinflussen diesen nur in sehr ausgewählten Elementen, vor allem in den Bereichen der Intimbeziehungen in Ehe und Familie, dem Geschlechterverhältnis und der Rezeption von Kunst und Natur. In der Praxis-/Diskursformation des Bürgerlichen findet im Laufe des 19. Jahrhunderts und damit in jener Phase, in der die bürgerliche Kultur sich als dominant zu installieren vermag, vielmehr eine immanente Verschiebung statt: Die subjektkonstitutive, ›innenorientierte‹ Unterscheidung zwischen dem Moralischen und dem Exzessiven wird in eine stärker ›außenorientierte‹ Differenz zwischen dem Respektablen/Zivilisierten und dem Primitiven transponiert. Das kulturelle ›Andere‹ des bürgerlichen Subjekts verschiebt sich vom aristokratischen zum proletarischen und kolonialen Subjekt. Parallel zu dieser Sinnverschiebung der Moralität findet eine zumindest relative Transformation der Praktikenkomplexe in Form einer Bifurkation zwischen den Feldern der Arbeit und der Privatsphäre statt: Die Entmoralisierung und Ökonomisierung der Praktiken der Arbeit steht im Gegensatz zu einer Romantisierung und Verhäuslichung der Intimbeziehungen. Diese Sphärendifferenzierung ist gekoppelt an eine dezidierte Vergeschlechtlichung der Subjekte: Die Instituierung eines Geschlechterdualismus zwischen männlich-aktiven und weiblich-passiven Subjekten transponiert die Felddifferenz zwischen Arbeit und Privatsphäre in die Dispositionsstruktur der Subjekte. Die spätbürgerliche Kultur basiert auf einer antagonistischen ›funktionalen Differenzierung‹ von Subjektformen (und sie ist die einzige der Subjektordnungen in der Geschichte der Kultur der Moderne, die tatsächlich die Subjektpositionen ihrer sozialen Felder in dieser Weise in Gegensatz zueinander bringt), die sich zugleich als geschlechtliche Differenzierung abbildet und damit die differenten Subjekteigenschaften auf zwei vorgeblich natürlich voneinander geschiedene Menschentypen ›verteilt‹. Die spätbürgerliche Subjektkultur potenziert auf diese Weise ihre immanente Widerspruchsstruktur, die sich vor allem aus dem prekären Status des Supercodes des Moralisch-Zivilisierten und der Instabilität der Opposition zwischen Öffentlichem und Privatem und deren Verquickung mit der Opponierung männlicher und weiblicher Subjektivität ergibt *(Kapitel 2.3)*.

Aus der Perspektive einer Kulturtheorie der Moderne stellt sich die bürgerliche Subjektkultur weder als eine abgeschlossene, quasi-traditionale Vorgeschichte der ›eigentlichen‹ Moderne dar, welche im 20. Jahrhundert (oder gar in der ›Hochmoderne‹) beginne, noch liefert sie genau umgekehrt das geheime, kontinuierlich weiter wirkende Fundament der gesamten modernen Kultur. Nach der Erosion der Hegemonie bürgerlicher Subjekthaftigkeit zu Beginn des 20. Jahrhunderts positionieren sich vielmehr sowohl die Angestelltenkultur der organisierten Moderne als auch anschließend die Postmoderne in einer doppelten negativ-positiven Relation zum Bürgerlichen: Die Subjektkultur der organisierten Moderne betreibt eine Differenzmarkierung zur Innen- und Moralorientierung sowie zur individualistischen Selbstorientierung des Bürgerlichen, gleichzeitig aber eine latente Imitation der anti-expressiven Regel- und Ordnungsorientierung der bürgerlichen Kultur, welche nun in eine technisch-soziale Ordnung transponiert wird. In anderer Weise vollzieht auch die postmoderne Praxis eine Kombination von selektiver Appropriation und Abgrenzung gegenüber Elementen des Bürgerlichen: Es findet hier keine unilineare weitere Ablösung von der bürgerlichen Kultur statt, sondern eine Wiederaneignung von Elementen des bürgerlichen Modells souveräner Selbstregierung, damit auch des unternehmerischen und des empfindsamen Subjekts. Selbstregierung wird nun jedoch mit einer Distinktion von der anti-expressiven Regel- und Ordnungsorientierung des Bürgerlichen kombiniert. Bürgerliche Subjektivität – wie auch die romantische Subjektivität im Zuge ihrer Rezeption durch die ästhetischen Bewegungen des 20. Jahrhunderts – geht damit in konstitutiven Spuren in die post-bürgerlichen Subjektordnungen ein.

2.1 Die Subjektordnung der Bürgerlichkeit: Moralität und Selbstregierung (18. Jahrhundert)

2.1.1 Bürgerliche Praktiken der Arbeit: Die Souveränität, Disziplin und Riskanz des Berufssubjekts

Die bürgerliche Subjektkultur, die sich in Großbritannien am Ende des 17. Jahrhunderts, in Deutschland, Frankreich und in den neuenglischen Kolonien im Laufe des 18. Jahrhunderts vor allem in den Handels-, Residenz- und Universitätsstädten herausbildet, findet einen ersten und herausgehobenen Manifestationsort in den Praktiken des Arbeitens. Das bürgerliche Subjekt ist primär ein Arbeitssubjekt: die körperlich-mentalen Dispositionen, aus denen es sich zusammensetzt, sind zu großen Teilen solche, die sich in der Arbeitspraxis ausbilden, und seine Selbsthermeneutik, die durch einen extensiven bürgerlichen Diskurs bezüglich der menschlichen ›Arbeitsnatur‹ und ihrer Schaffung von Nutzen und Wert geprägt wird, findet einen primären, affektiv aufgeladenen Fixpunkt in seiner Eigenschaft als Träger eines wertschaffenden ›Berufs‹. In seiner Arbeitsleistung versichert das moderne Subjekt sich seiner souveränen Selbsterhaltung und moralischen Disziplin, seines vollwertigen Subjektseins, und die Unfähigkeit oder Unwilligkeit zur selbständigen Berufstätigkeit erscheint als Subjekt-Defizienz. Bürgerliche Subjektivation bedeutet, seinen Körper und seine mentalen Dispositionen, seine Affekte und Werte so zu formen, dass eine ›professionelle‹ Partizipation an bestimmten Arbeitspraktiken geleistet werden kann. Dieses Praxisfeld ist zunächst nicht einheitlich, sondern umfasst einen verstreuten Raum vor allem dreier Komplexe: kaufmännische, im engeren Sinne ›ökonomische‹ Tätigkeiten eines Wirtschafts- und Handelsbürgertums, die Routinen der sogenannten ›freien Berufe‹ oder Professionen im engeren Sinne (vor allem in den Bereichen Medizin und Recht) sowie insbesondere in Kontinentaleuropa die Tätigkeiten eines akademischen, staatsbeschäftigten Bildungsbürgertums.

Dass die bürgerliche Arbeitskultur im 18. Jahrhundert allmählich eine gesellschaftliche Hegemonie erringt und sich in ihrem Kontext das eigentlich ›moderne‹ Subjekt nurmehr als ein im bürgerlichen Sinne – das heißt in ökonomisch-marktförmigem oder staatlichen Kontext in eigener Verantwortung – arbeitendes verstehen kann, demgegenüber Nicht-Arbeit wie im Adel und unselbständige oder marktferne Aktivitäten (Subsistenzlandwirtschaft) einen Mangel kennzeichnen, stellt sich als Ergebnis einer kulturellen Inversion dar: In dieser Umkehrung kultureller Prämierungen werden Tätigkeiten und Kompetenzen, die im Rahmen der Dominanz der Adelskultur in der Frühen Neuzeit als Zeichen inferiorer oder bestenfalls sekundärer Existenz bewertet wurden, professionalisiert und als Ideal-Ich und einzig legitime Existenzweise forciert. In der frühneuzeitlichen, von der Aristokratie kulturell dominierten Gesellschaft ist es nicht Nicht-Arbeit, sondern Arbeit, welche die Entfaltung des zeitgenössischen Subjektideals verhindert. Vor allem sind es die Tätigkeiten auf dem ›Markt‹ im engeren und weiteren Sinne, das heißt das ›Geschäft‹ von Händlern, Gewerbetreibenden, auch Kreditgebern – der Vorläufer der späteren respektablen bürgerlichen ›Kaufleute‹ –, daneben auch die Tätigkeiten der frühneuzeitlichen Vorläufer der bürgerlichen medizinischen, juristischen und akademischen Berufe, die nicht als erstrebenswert und überlegen, sondern als unterlegen gelten; wegen ihrer nicht-produktiven Beschäftigungen *ermangelt* es ihren Subjekten an Seriosität.[8] Der historische Prozess, in dem diese kulturell marginalisierten Arbeitspraxen sich in kulturell dominante einer Modernität beanspruchenden Bürgerlichkeit umkehren, umfasst am Ende des 17. Jahrhunderts ein Viereck miteinander verknüpfter, aber letztlich uneinheitlich aneinander gekoppelter Praxis-/Diskurs-Elemente: den Prozess einer allmählichen Vermarktlichung der westeuropäischen Gesellschaften, welcher die neuartig verstandene Sphäre des ›Ökonomischen‹ an Austausch und Geldwirtschaft koppelt; den Prozess der Verstaatlichung, das heißt der Ausbildung eines absolutistisch-kameralistischen Staates, der Bildung kodifiziert und auf gesellschaftlich-ökonomische Gestaltung der ›Bevölkerung‹ abzielt; den umfassenden kulturellen Diskurs der Aufklärung, der Arbeit als Signum von Wissen und Nützlichkeit präsentiert; schließlich Elemente der religiös-christlichen Kultur nach Reformation und Gegenreformation, die ein spezifisches Arbeitsethos forcieren.

Im Zuge des Prozesses der Vermarktlichung im 17. und 18. Jahrhundert, in dem Großbritannien und die Niederlande hervorragen, erodiert die Dominanz einer Subsistenzwirtschaft, auf der zunächst nur oberflächlich marktförmige Austauschprozesse (klassisch auf dem ›offenen Markt‹ landwirtschaftlicher Güter) aufsaßen. Über die Institutionalisierung von Zwischenhändlern, die Einrichtung permanenter handwerklicher Ladengeschäfte und schließlich von städtischen Fachgeschäften, die Etablierung von örtlichen ›Messen‹ und schließlich von ›Börsen‹ im weiteren Sinne, in denen Groß- und Fernhandel und schließlich auch Geldhandel betrieben wird, die Einrichtung von überregional und international tätigen, durch die Seeschiffahrt begünstigten Handelsunternehmen wird die Praxis der Subsistenzwirtschaft durch den geld-

---

8 Vgl. Fernand Braudel (1979): Sozialgeschichte des 15. bis 18. Jahrhunderts, Band II: Der Handel, München 1986, S. 72-77; Albert O. Hirschman (1977): Leidenschaften und Interessen. Politische Begründungen des Kapitalismus vor seinem Sieg, Frankfurt am Main 1987.

vermittelten Tauschhandel einer ›commercial society‹ verdrängt.[9] Im simultanen Prozess der ›Verstaatlichung‹ etablieren sich absolutistische Regierungsformen – besonders deutlich in Frankreich, aber auch in den deutschen Staaten –, welche vor dem Hintergrund merkantilistischer und kameralistischer Programmatiken Steuerungspolitik (Manufakturwesen, Bildung, Verkehr etc.) betreiben und in diesem Zusammenhang ein professionalisiertes höheres Bildungswesen befördern, in dem Staatsbeamte ausgebildet werden. Die Praktiken der Vermarktlichung wie jene der Verstaatlichung werden vom Ende des 17. bis zum Ende des 18. Jahrhunderts von einem vielgliedrigen, im weitesten Sinne ›aufklärerischen‹ Diskurskomplex begleitet, der – vom Frühliberalismus über den Kameralismus bis zur schottischen Moralphilosophie und den frühen Utilitarismus, dabei sich über Ratgeberliteratur und Moralische Wochenschriften unmittelbar an den bürgerlichen Leser wendend – Subjekthaftigkeit in einer menschlichen Arbeitsnatur festmacht, Dispositionen eines bürgerlichen Berufssubjekts profiliert und eine kulturelle Legitimation für die leitenden Subjektfiguren des ›Kaufmanns‹, des aufgeklärten Freiberuflers und des Staatsbeamten/Bildungsbürgers produziert. Schließlich liefert die Kopplung einer moralischen Existenz an eine systematisch-methodische Form des Arbeitens und an den Beruf, wie sie die christliche Religion nach der Reformation im Protestantismus – in anderer Weise auch in Frankreich im Zuge katholisch-gegenreformatorischer Strömungen wie jenen der Jesuiten und Jansenisten – ein viertes Element, das sich in der Frühen Neuzeit als Voraussetzung der Entstehung einer bürgerlichen Arbeitskultur verstehen lässt.[10]

Das bürgerliche Arbeits- als Berufssubjekt, das im Kreuzungspunkt von Vermarktlichung, Verstaatlichung, aufklärerisch-ökonomischem Arbeitsdiskurs und post-christlichem Arbeitsethos herangezogen wird, formt sich als ein sich selbst erhaltendes Subjekt, das in der ›selbständigen‹ Praxis seines Berufs eine ›souveräne Selbstregierung‹ betreibt und damit eine Differenz zur ›abhängigen‹ Tätigkeit der agrarischen Volkskultur markiert. Gleichzeitig modelliert das bürgerliche Berufssubjekt sich als moralisches, das in der Arbeit Körper und Geist diszipliniert und Werte schafft, Eigenschaften, die dem als exzessiv und parasitär

---

9 Vgl. Immanuel Wallerstein (1980): Das moderne Weltsystem II: Der Merkantilismus. Europa zwischen 1600 und 1750, Wien 1998; Braudel (1979 a), (1979 b); vgl. klassisch auch die Arbeiten Sombarts.

10 Zum Protestantismus vgl. klassisch Max Weber (1920): Die protestantische Ethik und der Geist des Kapitalismus, in: ders. (1920), S. 17-206, zum Katholizismus vgl. Bernhard Groethuysen (1927 a): Die Entstehung der bürgerlichen Welt- und Lebensauffassung in Frankreich, Band 1: Das Bürgertum und die katholische Weltanschauung, Frankfurt am Main 1978.

repräsentierten Adelssubjekt – dem zweiten und entscheidenden Differenzobjekt der bürgerlichen Arbeitskultur – abgesprochen werden. Das bürgerliche Arbeitssubjekt als souverän-moralisches, dessen Prototypus der selbständige Kaufmann – vor allem im Bereich des Fernhandels – ist, kombiniert in seiner ›Professionalität‹ unterschiedliche Dispositionen und Sinnhorizonte miteinander, die teilweise in einer widersprüchlichen Beziehung zueinander stehen: die auf den eigenen Körper und Geist gerichtete Subjektanforderung der Disziplinierung des Erratischen zugunsten der berechenbaren Bewegungen; die intersubjektive Anforderung des Vertrauensmanagements mit anderen Wirtschaftssubjekten; die semiotische Kompetenz der Informationsakquirierung; schließlich die Anforderung einer offensiven Riskokalkulation, welche den ökonomischen Markt teilweise als spekulatives Spiel behandelt. In der scheinbar bruchlosen Kultur des diszipliniert-souveränen bürgerlichen Berufssubjekts des 18. (und 19.) Jahrhunderts ergibt sich damit eine grundsätzliche, selbstproduzierte Fissur: Die bürgerliche Arbeit soll einerseits zur rationalen Berechenbarkeit und Ordnungsstiftung der nützlichen bürgerlichen Welt beitragen, gleichzeitig situiert sie sich in einem Raum riskanter Unberechenbarkeiten, wie sie durch die verlustanfällige und gewinnversprechende Konstellation eines ›Marktes‹ von Gütern und Kredit systematisch produziert werden. Das bürgerliche Arbeitssubjekt übt sich einerseits darin, als Träger eines ›Berufs‹ Ordnung in seinem Körper, seiner Reflexion und seinem Wissen herzustellen und nach langfristiger Reputation zu streben, es trainiert sich gleichzeitig als ›ökonomisches Subjekt‹ jedoch in einem risikoorientierten Interesse, das im Extrem zu einem spekulativen Kalkül werden kann; dessen Spiel-Ungewissheit kann paradigmatisch in der Figur eines Spekulationssubjekts selbst zu einem affektiv aufgeladenen Ideal der bürgerlichen Ökonomie avancieren und damit die ›maßvolle‹ bürgerliche Rationalwelt sprengen.[11]

Selbständigkeit und Ungewissheit ökonomischer Subjektivität

Bürgerliches Arbeiten setzt nicht nur ein spezifisches know how einzelner Praktikenkomplexe- – Handel, Professionen, akademische Tätigkeit – voraus, sondern zugleich einen allgemeinen Subjektcode, der vollwertige Subjekthaftigkeit an Arbeitsleistung koppelt und Arbeitsleistung wiederum an eine ›selbständige‹ nicht-abhängige, primär kognitiv und inter-

---

11 In der Demonstration der Hybridstruktur des bürgerlichen Arbeitssubjekts unterscheidet sich diese Lesart von der für die Historische Soziologie klassischen Interpretation Max Webers; dieser legt das bürgerliche Arbeitssubjekt auf *einen* Aspekt fest, den rationalistischen der Selbstdisziplinierung.

subjektiv ausgerichtete Tätigkeit bindet. Auf der Ebene einer kulturelle Dominanz und Universalität beanspruchenden Praxis-/Diskursformation ist diese Arbeitsorientierung einer Subjektordnung eine kulturhistorische Novität. Für die antike Adelskultur gilt eine Gleichsetzung von Arbeit mit körperlicher Arbeit, anstrengender Mühseligkeit und mit der Unterschicht. Arbeit stellt sich hier als ein negatives Distinktionskriterium gegenüber minderwertiger Subjektivität dar: Die Arbeit tun die anderen, während die Praxis und Selbsthermeneutik der antiken Oberschicht auf die Selbstregierung der Polis, Bildung und Kontemplation, schließlich die legitime Muße, nicht auf poiesis, sondern auf praxis gerichtet ist.[12] In ähnlicher Weise stellt sich in der aristokratischen Gesellschaft der Frühen Neuzeit, welche politisch-bellizistische Aktivitäten prämiert und Leitsemantiken von ›Ehre‹ und ›Ruhm‹ folgt, die Notwendigkeit zur Arbeit als ein Instrument negativer Distinktion gegenüber dem Dritten Stand dar, so dass der frühbürgerliche Geschäftsmann als ein »gewöhnlicher, schäbiger und geistloser«[13] Typus repräsentiert wird.

Die kulturelle Inversion von einer Subjektkultur, die sich von Arbeit abgrenzt, zu einer, die einen ihrer primären Identifikationspunkte in der Arbeit findet, wird – neben dem Einfluss eines christlich-religiösen Arbeitsethos nach der Reformation und Gegenreformation – von einem Code der Arbeit ausgelöst, wie er in den im weitesten Sinne aufklärerischen Arbeitsdiskursen vom Ende des 17. bis zum Ende des 18. Jahrhunderts in England, Schottland, Frankreich und Deutschland eine neue kulturelle Realität produziert.[14] Im Umkreis dieser bürgerlichen Arbeitsdiskurse von John Locke über die Kameralisten, Merkantilisten und Physiokraten (herausragend in der ›Encyclopédie‹) bis zur schottischen Moralphilosophie sowie ihrer Anwendungen im Sinne einer ›Öko-

12 Vgl. Paul Veyne (Hg.) (1985): Geschichte des privaten Lebens, Band 1: Vom Römischen Imperium zum Byzantinischen Reich, Frankfurt am Main 1989, S. 121-140; Werner Conze (1972): Artikel ›Arbeit‹, in: Otto Brunner/Werner Conze/Reinhart Koselleck (Hg.): Geschichtliche Grundbegriffe. Historisches Lexikon zur politisch-sozialen Sprache in Deutschland, Band 1, Stuttgart, S. 154-215; Herbert Applebaum (1992): The Concept of Work. Ancient, medieval, and modern, New York, S. 69 ff.

13 Hirschman (1977), S. 67.

14 Vgl. zum folgenden Conze (1972); Applebaum (1992), S. 339-407; Joseph Vogl (2004): Kalkül und Leidenschaft. Poetik des ökonomischen Menschen, Zürich/Berlin; Birger P. Priddat (2002): Theoriegeschichte der Wirtschaft, München; Hirschman (1977); Michael Maurer (1996): Die Biographie des Bürgers. Lebensformen und Denkweisen in der formativen Phase des deutschen Bürgertums (1680-1815), Göttingen, S. 378-400; C. B. Macpherson (1962): The Political Theory of Possessive Individualism, Oxford.

nomik‹, einer kameralistischen Regierungslehre, einer aufklärerischen Ratgeberliteratur für Kaufmannsberufe und im bürgerlichen medialen Diskurs der ›Moralischen Wochenschriften‹ (etwa dem englischen ›Spectator‹), teilweise bis in die – ansonsten auf die Intimsphäre zentrierten – bürgerlichen Roman- und Dramenliteratur hinein[15] bildet sich ein disziplinenübergreifender ökonomisch-moralischer Diskursraum heraus, welcher eine Neucodierung der Arbeit und des arbeitenden Subjekts in mehrfacher Hinsicht betreibt: Während jene Formen von Arbeit, die der christliche Begriff voraussetzt, als ›mühselig‹ erlebte Formen körperlicher Arbeit waren, geht der Arbeit im bürgerlichen Sinne die Konnotation eines Zustandes physischer Anstrengung – paradigmatisch der Landarbeit – und einer im wesentlichen die Natur unmittelbar bearbeitenden Tätigkeit verloren. Arbeit ist im bürgerlichen Diskurs etwas ganz Anderes: Sie wird nicht als eine abhängige, im Dienstverhältnis stehende, sondern als eine selbständige Aktivität codiert, in welcher das Subjekt seine Autonomie und Selbsterhaltung produziert. Das Differenzschema von Abhängigkeit/Unabhängigkeit wird Gegenstand einer kulturellen Umstülpung: Statt als ein Zeichen der feudalen Abhängigkeit wird Arbeit genau umgekehrt als Merkmal eines Subjekts interpretiert, das seine Unabhängigkeit sichert. Das Arbeitssubjekt ist eines, das seinen materiellen Wohlstand und sein Eigentum selber schafft und sich damit von Abhängigkeiten befreit. Beispielhaft versteht John Locke Arbeit als Aktivitäten, in denen mit Hilfe der ›eigenen‹, niemandem verfügbaren Person Werte geschaffen werden, die zum Eigentum der Person selbst werden; der ›day labourer‹, der nach seiner täglichen Arbeit vergütet wird und nicht selbständig arbeitet, erscheint dann wiederum als inferior und nicht als vollwertiges Arbeitssubjekt.

Im bürgerlichen Arbeitsdiskurs wird Arbeit nicht als ein Zustand der ›Mühe‹, der notwendigen, aber nicht erstrebenswerten Anstrengung, sondern als Ort des subjektiven Glücksstrebens eingeführt: Arbeit hat hier nicht – wie teilweise im protestantischen Kontext – den Charakter einer ›Prüfung‹, des Aufsichnehmens von Unerwünschtem zugunsten eines höheren Zwecks, das Arbeitssubjekt – der Handelsunternehmer, der bürgerliche Arzt oder Akademiker – erscheint vielmehr in seiner aktivistischen Souveränität, zudem in seiner Fähigkeit, materiellen Wohlstand zu schaffen und ›Leistungen‹ zu vollbringen, selbst als ein affektiv aufgeladenes Ideal-Ich. Um diesen Status zu erlangen, wird Arbeit als eine kognitive und eine intersubjektive Tätigkeit interpretiert: Arbeit ist im bürgerlichen Sinne primär keine physische Aktivität, sondern setzt in erster Linie kognitiv-mentale Kompetenzen voraus; sie ist – von

---

15 Vgl. Peter Szondi (1973): Die Theorie des bürgerlichen Trauerspiels im 18. Jahrhundert. Der Kaufmann, der Hausvater und der Hofmeister, Frankfurt am Main, S. 15 ff.

den französischen Physiokraten und deutschen Kameralisten postuliert – eine ›professionelle‹ Tätigkeit, die Fachwissen und allgemeine Kompetenzen erfordert und damit an einem technisch-wissenschaftlichen Raum partizipiert. Die Leistung des Arbeitssubjekts im bürgerlichen Sinne ist keine der physischen Verausgabung in einem bestimmten Zeitraum, sondern eine, die in der Anwendung von Wissen besteht. Arbeit in der bürgerlichen Praxis besitzt schließlich nicht eine monologische, sondern eine intersubjektive Struktur, die Form eines Austausches von Gütern (Handel) und Diensten (freie Berufe, Verwaltung). Nicht die Subjekt-Objekt-Relation der traditionellen körperlichen Arbeit, sondern die Subjekt-Subjekt-Relation zwischen Akteuren – Produzenten, Händler, Kunden –, die Objekte austauschen, erscheint als paradigmatische Konstellation des Arbeitens im bürgerlich-modernen Sinne. Die Arbeitsleistung ist eine mit intersubjektivem Nutzen, sie schafft Werte. Paradigmatisch ist hier der Diskurs der Arbeitswertlehre bei Locke und Smith, die voraussetzt, dass allein Arbeit – und damit nicht der adelige Grundbesitz – Werte hervorbringt, indem sie bereits gegebenen Objekten etwas ›hinzufügt‹. Damit kann die im Rahmen der Adels- und Agrarkultur als egoistisches Erwerbsstreben interpretierte Tätigkeit des Kaufmanns (des Arztes, Anwalts etc.) zur zivilisatorischen Leistung des ›doux commerce‹ umdefiniert werden. Die bürgerliche ›Ökonomie‹ als eine Sphäre der öffentlichen Zirkulation von Waren und Diensten – über die klassisch-aristotelische noch in der Frühen Neuzeit kulturell einflussreiche Konzeptualisierung eines hauswirtschaftlichen ›oikos‹ hinaus – erscheint hier als eine im Prinzip gleichgewichtige, balancierte Ordnung.

Die ökonomische Codierung des Arbeitens als eine selbständige, kognitive, zweckvolle und intersubjektive Aktivität bildet einen Hintergrund für die bürgerlichen Praktiken des Arbeitens. Diese nehmen in den drei Praxiskomplexen des Handels, der freien Berufe und des Bildungsbürgertums unterschiedliche, aber teilweise familienähnliche Formen an. Das Netz von Praktiken, das die Arbeitsweise jener zentralen Fraktion des Bürgertums bildet, die das ›Wirtschaftsbürgertum‹ ausmacht, sind in erster Linie solche des regionalen und überregionalen Handels.[16] Der Geschäftsmann als Prototyp des Bürgers kauft und

16 Vgl. zum folgenden Peter Earle (1989): The Making of the English Middle Class. Business, society and family life in London, 1660-1730, London, S. 17-81; Braudel (1979 b), insbesondere S. 79-182; Leonore Davidoff/Catherine Hall (1987): Family Fortunes. Men and women of the English middle class, 1780-1850, London, S. 198-205; Paul Langford (1989): A Polite and Commercial People. England 1727-1783, Oxford; Rebekka Habermas (2000): Frauen und Männer des Bürgertums. Eine Familiengeschichte (1750-1850), Göttingen, S. 93-108; Thomas

verkauft Güter als Selbständiger in einem eigenen Unternehmen – von paradigmatischer Bedeutung hier die überregional und international tätigen Kaufleute wie die Londoner ›merchants‹ –, höchstens zusammen mit einem gleichberechtigten Geschäftspartner – nicht selten Verwandte – oder wenigen Angestellten und Lehrlingen. Als Handeltreibender agiert der klassische Wirtschaftsbürger der bürgerlichen Moderne des 18. Jahrhunderts (und zum Teil bis ins 19. Jahrhundert hinein) nicht im Rahmen einer produktionsorientierten Industriegesellschaft arbeits- und technikintensiver Betriebe, sondern in einer ›commercial society‹ selbständiger Handelsunternehmen, die überregional im Sinne von Kommissionsgeschäften miteinander vernetzt sind. Das Wirtschaftssubjekt leistet in diesem Zusammenhang eine eindeutig zurechenbare ›eigene‹ Arbeit, die zudem ihren subjektiven Zeithorizont – den Zeithorizont eines eigenen ›Geschäfts‹ – besitzt. Diese eigene Arbeit als Grundlage des eigenen Einkommens ist es auch, die dem wirtschaftsbürgerlichen Subjekt eine Differenzmarkierung gegenüber den adeligen und quasi-adeligen Grundbesitzern ermöglicht: Vermögen und Einkommen, das nicht auf selbständiger Arbeit, sondern auf der Arbeit anderer oder auf Vererbung beruht, erscheinen parasitär. Die Differenzmarkierung gegenüber einem kulturellen Anderen ist hier eine doppelte: Sie richtet sich zum einen gegen ein – vor allem aristokratisches – Subjekt, das seinen Lebensunterhalt nicht aus eigener Arbeit gewinnt und dem es damit an der Autonomie eigener Selbsterhaltung mangelt. Die selbst beanspruchte Unabhängigkeit des Adelssubjekts verkehrt sich damit in ihr Gegenteil und erweist sich als tatsächliche Abhängigkeit von der Arbeit anderer. Zugleich gilt die bürgerliche Distinktion jenen, die zwar arbeiten, aber dabei in einer unmittelbaren Abhängigkeitsbeziehung von anderen stehen und für ihre Tätigkeit pauschal entlohnt werden, statt dass sie ihre Güter und Dienste eigenständig austauschen.

Die Struktur des bürgerlichen Arbeits- und Wirtschaftssubjekts bildet sich als ein mehrdeutiges, uneinheitliches Arrangement eines Trainings im Umgang mit Risiko und Kontingenz einerseits, einer Übung in mäßigender Selbstdisziplinierung andererseits; das bürgerliche ökonomische Subjekt formt sich im ordnungsauflösenden, grenzüberschreitenden Raum des internationalen Waren- und Geldmarktes der ›commercial society‹ *und* zugleich in der Ordnungsstiftung und Grenzerhaltung eines Berufs-Körpers und -Geistes, der statt nach Fluidität nach langfristiger Reputation strebt. Die semiotische Komptenz der Informationsakqui-

M. Doerflinger (1986): A Vigorous Spirit of Enterprise. Merchants and economic development in revolutionary Philadelphia, Chapel Hill/ London; Wolfgang Ruppert (1984): Bürgerlicher Wandel. Die Geburt der modernen deutschen Gesellschaft im 18. Jahrhundert, Frankfurt am Main, S. 57-103.

rierung und die intersubjektive Kompetenz des Vertrauensmanagements erscheinen hier als Dispositionskomplexe von Moralität *und* Souveränität, welche den potentiellen Antagonismus zwischen einer positiven Orientierung an Kontingenzen und jener an Disziplin und Transparenz zu überbrücken versuchen. Im Gegensatz zu jenen ›Gefahren‹, denen man ausgesetzt erscheint, ohne sie beeinflussen zu können, übt sich das bürgerlich-ökonomische Subjekt in einem Umgang mit mehr oder minder bewusst eingegangenen, gegeneinander abgewogenen ›Risiken‹, die als Möglichkeiten des Verlusts und des Gewinns wahrgenommen werden.[17] Der Prototypus dieses bürgerlichen Risikosubjekts ist der Fernhändler und seine Riskanz ergibt sich einerseits aus der Unmöglichkeit einer vorherigen Planung von Eingaben und Ausgaben unter den Bedingungen flottierender Warenpreise im überregionalen Geschäft, gleichzeitig aus der Notwendigkeit des Aufnehmens und Gewährens von Krediten, deren spätere Einlösung ebenfalls ungewiss erscheint.

Charakteristischerweise setzt sich die Praxis des frühmodernen Fernhandels aus einer Serie von überregionalen Transaktionen zusammen, die jeweils zumindest zwei Einkaufs- und zwei Verkaufsoperationen und einen Transport enthalten (zum Beispiel der Kauf von Tuch in Venedig und dessen Verkauf in Alexandria und zugleich der Kauf von Pfeffer in Alexandria und dessen Verkauf in Venedig). Die kulturelle Teleologie, die in diese Operationen eingelassen ist, besteht darin, dass am Ende einer Gesamttransaktion eine positive ›Bilanz gezogen‹ werden kann. Damit ist der Wert der Einzeltransaktion im Moment ihres Vollzuges jedoch zwangsläufig nicht bestimmbar – er stellt sich erst mit zeitlicher Verzögerung in der ›Signifikantenkette‹ der Kauf-/Verkaufsakte heraus, deren einzelne Bedeutung sich im Rückblick und Vorausblick der gesamten Sequenz ergibt. Zugleich ist auch dieser Moment der Bilanz kein endgültiger: Typischerweise stellt sich das Handelssubjekt als Kreuzungspunkt mehrerer, parallel laufender, sich überlappender Transaktionssequenzen dar, deren Zeithorizonte nicht synchronisiert sind; schließlich folgt auf jede abgeschlossene Transkaktionssequenz die nächste, in der der erzielte Gewinn erneut auf dem Spiel steht – der ›endgültige‹ Gewinn wird damit unendlich aufgeschoben. Das bürgerlich-ökonomische Subjekt entwickelt in diesem Kontext einen kalkulatorischen Sinn, der zugleich eine Toleranz gegenüber Ungewissheiten enthält. Dieser kalkulatorische Sinn zielt nicht auf die unmögliche Elimination der Riskanz von Transaktionen ab, sondern macht diese in einer Kombination von tentativer Vorhersage und Dezision zu einem Objekt gegenwärtiger und zukünftiger Gestaltung. Es geht

17 Vgl. Niklas Luhmann (1990): Risiko und Gefahr, in: ders.: Soziologische Aufklärung 5. Konstruktivistische Perspektiven, Opladen, S. 131-169.

hier darum, einen möglichen oder wahrscheinlichen Erlös zu schätzen, verschiedene potentielle Erlöse miteinander zu vergleichen und – ohne sichere Grundlage – Dezisionsakte zu vollziehen. Gefördert wird dieser Sinn für Kalkulation und Riskanz durch die Situation permanenten Kredits, in der sich das frühbürgerliche Handelssubjekt befindet: Geld wird geliehen und verliehen, ohne dass eine Sicherheit auf Rückzahlung bestünde.[18] Der kalkulatorische Sinn kombiniert sich so mit einem Sinn für den Umgang mit Uneindeutigkeiten. Die Unentscheidbarkeit des Wertes einer Transaktion, bevor die gesamte Transaktionssequenz abgeschlossen ist, kann im jeweiligen Moment nicht aufgelöst und muss zumindest toleriert werden oder kann sogar, wie im speziellen Fall des spekulativen Subjekts, als Reiz von Möglichkeiten genossen werden. Die wahrgenommene Überlegenheit des bürgerlichen Subjekts gegenüber jenem sesshaften Subjekt des agrarischen Dritten Standes besteht gerade darin, dass es die Disposition zu kalkulatorisch-riskanten Dezisionen ausbildet und auf Dauer stellt; diese erscheint als eine Quelle des bürgerlichen Anspruchs auf ›Souveränität‹.

Erst im Kontext dieser kalkulatorischen, auf der Notwendigkeit von Schätzung, Vergleich und Dezision beruhenden Praxis, kann das bürgerliche Subjekt sich selbst routinemäßig ›Interessen‹ zuschreiben und Interessen als Handlungsmotivik interpretieren.[19] Dass das Subjekt auf geschäftlichen ›Erfolg‹ und Verfolgung seines ›Interesses‹ ausgerichtet ist, ist im Rahmen des bürgerlichen Arbeitshabitus damit keine isoliert zu verstehende, bereits vor der ökonomischen Praxis existierende ›natürliche‹ Disposition. Orientierung an Interesse und Erfolg erscheint vielmehr als die positiv konnotierte Kehrseite einer in der bürgerlichen Handelsgesellschaft subjektiv so wahrgenommenen Konfrontation mit dem beständigen Risiko des Misserfolgs, des geschäftlichen Scheiterns. Der geschäftliche Bankrott – dem Daniel Defoe in seinem Ratgeber für den »Complete English Tradesman« mehrere ausführliche Kapitel widmet – ist dem bürgerlichen Subjekt als Risiko allgegenwärtig und erfordert eine beständige Definition und Selbstreflexion einer eigenen Interessenlage wie auch eine Umweltbeobachtung der Bedrohungen und förderlichen Bedingungen dieses Interesses.

---

18 Vgl. zum ökonomischen Risikobewusstsein und dem Zusammenhang mit dem Problem des Kredits: Daniel Defoe (1726): The Complete English Tradesman, Gloucester 1987. S. 53-71, 132-149, 233-252; Earle (1984), S. 112-130; Davidoff/Hall (1987), S. 198-205; R. Habermas (2000), S. 93-108; Doerflinger (1986), S. 82-134; Margaret R. Hunt (1996): The Middling Sort. Commerce, gender, and the family in England, 1680-1780, Berkeley, S. 22-45.

19 Zur Formierung der Interessenssemantik vgl. Hirschman (1977).

Professionelle Disziplinen

Die kalkulatorische Risikorientierung des selbständigen bürgerlich-ökonomischen Subjekts geht ein Arrangement ein mit der Orientierung des bürgerlichen Berufssubjekts an ›Professionalität‹. Die Selbstformung als Träger eines Berufs verleiht der potentiellen Fluidität des ökonomischen Subjekts eine berechenbare, letztlich als ›moralisch‹ und ›vernünftig‹ interpretierte Ordnung, die zugleich als Bedingung einer erfolgreichen *performance* auf dem Markt von Gütern und Diensten erscheint, dabei aber eine latente Fissur zwischen der spekulativen Risikoprämierung und der disziplinierten Reputationsorientierung als zwei uneinheitlichen Elementen der bürgerlichen Arbeitskultur enthält. In gewissem Umfang manifestiert sich diese bürgerliche Beruflichkeit im Erwerb eines spezifischen Fachwissens: einem Wissen um die Geschäftsbedingungen beim Handel mit verschiedenen Waren, einem Wissen um regionale Besonderheiten und internationale Zusammenhänge, einem Wissen um Spezifika finanzieller Transaktionen.[20] Im Verhältnis zu den ›freien Berufen‹ und insbesondere den Bildungsbürgern ist dieses Fachwissen im Falle des Wirtschaftsbürgers begrenzt und sein Erwerb und seine Verbreitung wenig kodifiziert und institutionalisiert. Berufliche Professionalität im bürgerlichen Verständnis bezieht sich daher vor allem auf generalisierte Subjekteigenschaften, insbesondere eine Souveränität im Umgang mit Informationen und Zeichen, ein systematisches Zeitmanagement, eine Selbstdisziplinierung des Körpers und schließlich ein gelungenes, langfristige Reputation sicherndes Vertrauensmanagement zwischen Geschäftspartnern.

Als Träger eines Berufs entwickelt das (wirtschafts-)bürgerliche Subjekt primär semiotische Kompetenzen, die es auf Distanz zur Volks- und Adelskultur bringen: Souveränität im Umgang mit Informationen und Zeichen umfasst ein Bündel von Dispositionen, welche das bürgerliche Arbeitssubjekt vom nicht-bürgerlichen Arbeiten grundsätzlich unterscheidet.[21] Sie enthält die Fähigkeit zur korrekten, verständlichen und stilsicheren Korrespondenz, zur schriftlichen Kommunikation mit Geschäftspartnern, sowie zur Buchhaltung. Das bürgerliche Arbeitssubjekt übt sich damit im Management von Zahlungsflüssen in das und aus dem

20 Vgl. Defoe (1726), S. 8 f.
21 Zum folgenden vgl. Hunt (1996), S. 56-62, Earle (1984), S. 112-130; R. Habermas (2000), S. 93-108, Ruppert (1984), S. 70-76; Defoe (1726), S., 17-22; Jochen Hoock (1991): Theorie und Praxis kaufmännischen Handelns, 16. bis 18. Jahrhundert, in: Trude Ehlert (Hg.) (1991): Haushalt und Familie in Mittelalter und früher Neuzeit, Sigmaringen, S. 107-118.

Unternehmen (Ausgaben für Darlehen/Zinsen, Löhne, Rohmaterialien, Neuinvestitionen, Privathaushalt; Einnahmen mit Erlösen, gegebene Darlehen, Zahlungen der Lehrlinge). Die souveräne Selbstregierung des professionellen Subjekts umfasst schließlich eine kontinuierliche Gewinnung von Informationen über wirtschaftliche und politische Entwicklungen im allgemeinen wie auch über die Vertrauenswürdigkeit einzelner relevanter Personen. Diese Informationsakquirierung findet im frühen Wirtschaftsbürgertum einerseits über die expandierende Zeitungspresse und den Buchmarkt statt, andererseits über die regelmäßige Kommunikation mit Geschäftspartnern, etwa an den lokalen Treffpunkten der ›Börsen‹. Arbeit besteht damit für das bürgerliche Subjekt darin, mit einer Vielzahl unterschiedlicher Informationen aus verschiedenen Quellen umzugehen, ihre Verlässlichkeit einzuschätzen und vor ihrem Hintergrund seine Geschäftsentscheidungen zu treffen.[22] Dass das bürgerliche Arbeitssubjekt Souveränität im Umgang mit Informationen und Zeichen entwickelt, stellt sich damit als Produkt zweier ›dispersed practices‹ dar, die auch jenseits der Sphäre der Arbeit wirken: einer sachorientierten Konversationskompetenz sowie einer Fähigkeit im Umgang mit den Medien der Schriftlichkeit.

(Wirtschafts-)Bürgerliche Professionalität entwickelt das Subjekt gleichzeitig dadurch, dass es sich einen systematischen und disziplinierten Umgang mit der Zeit und mit der Aufmerksamkeit antrainiert. Das Berufssubjekt versucht, Souverän seiner selbst zu sein, das heißt nicht Objekt, sondern Subjekt der Strukturierung seiner Alltagszeit und Aufmerksamkeit. Sowohl die Informationsverarbeitung als auch die Strukturierung der Zeit folgen dabei einem Leitprinzip der ›Berechenbarkeit‹; am konkretesten manifestiert sich diese in der Buchführung. Das wirtschaftsbürgerliche Subjekt ist in seiner Arbeitszeit – anders als etwa der Manufaktur- oder Fabrikarbeiter, aber auch der spätere Angestellte, der sich panoptistisch beobachten lassen muss[23] – nur sehr bedingt einer unmittelbaren sozialen Kontrolle der Beobachtung durch räumlich Anwesende unterworfen. Die Zeitstrukturierung ist damit eine Frage der Disziplinierung der Aufmerksamkeit und des Körpers, die sich sowohl auf die Menge der mit Arbeit verbrachten Zeit als auch auf die Intensität der Zeitausnutzung und damit die Lenkung der Aufmerksamkeit bezieht; gefordert ist »full attention of the mind, and full attendance of the person«.[24] Das bürgerliche Arbeitssubjekt betreibt eine systematische Selbstkontrolle des Körpers und des Geistes,

---

22 Vgl. Doerflinger (1986), S. 82-134.

23 Vgl. zur Zeit-und Körperdisziplinierung der Arbeiter klassisch E. P. Thompson (1967): Time, work-discipline and capitalism, in: Past and Present, S. 56-103.

24 Defoe (1726), S. 39.

so dass einerseits die Arbeitszeit quantitativ – auf Kosten des Schlafes und der ›Freizeit‹ – ausgeweitet wird und sie andererseits durch Eliminierung von Ablenkungen sowie durch neue Arbeitstechniken – etwa Beschleunigung der Lektüre, Gleichzeitigkeit mehrerer Tätigkeiten – in ihrem Gebrauch intensiviert wird.[25] Nötig ist dabei keine Abrichtung der Körper auf eine Wiederholung identischer Bewegungen, sondern eine kombinatorische Bündelung verschiedener Tätigkeiten in einer bestimmten Zeitspanne: Verschiedene Vorgänge – etwa Korrespondenz mit unterschiedlichen Geschäftspartnern, Kontrolle der Ausgaben und Einnahmen, Unterweisung der Lehrlinge (apprentices), Kontaktpflege etc. – können nur nacheinander abgearbeitet werden, müssen aber ›mitlaufend‹ ständig im Auge behalten und rechtzeitig in die temporale Sequenz eingefügt werden.[26] Die in bürgerlichen Programmschriften regelmäßig geforderte Charaktereigenschaft des ›Fleißes‹ stellt sich auf diese Weise letztlich als ein Verfahren zur Beschleunigung und effizienten Koordination körperlicher Bewegungen – die in den bürgerlichen, vor allem auf Verarbeitung von Informationen ausgerichteten Arbeitspraktiken in ihrem motorischen Gehalt extrem reduziert werden –, zur Disziplinierung der mentalen Intentionalität in Richtung einer ablenkungsfreien Konzentration der Aufmerksamkeit und als Fähigkeit zum Management verschiedener Tätigkeiten dar.

Die Professionalität des bürgerlichen Berufssubjekts setzt sich damit zum großen Teil aus einem Arsenal von Kompetenzen eines zugleich souveränen und disziplinierten Charakters zusammen; Diszipliniertheit ist hier Voraussetzung von Souveränität. Diese professionelle Selbstregierung ist nicht nur Voraussetzung und Produkt der bürgelichen Arbeitsroutinen – sie bilden auch Voraussetzungen für die Aufrechterhaltung von ›Vertrauen‹: Die Beruflichkeit des bürgerlichen Subjekts manifestiert sich in der intersubjektiven Anerkennung seiner Bewährung in den Augen anderer, und das ›passionate attachment‹ im Rahmen der bürgerlichen Kultur gilt einem Subjekt, das sich beruflich langfristig ›bewährt‹ und somit Empfänger von Vertrauen ist. Erst Vertrauenswürdigkeit sichert ›Kreditfähigkeit‹ im engeren und im weiteren Sinne – »credit to a tradesman is the life of his trade«.[27] Das bürgerliche Arbeitssubjekt ist daher nicht nur ein ›nach innen‹ professionelles und diszipliniertes, es ist auch ein ›nach außen‹ um Vertrauen bemühtes: Vertrauen in die

---

25 Vgl. Hunt (1996), S. 53-62, Maurer (1996), S. 400-415.

26 Notwendige Voraussetzung für ein solches bürgerliches Zeitmanagement ist als technisches Artefakt, das sich seit dem 18. Jahrhundert durchsetzt, die Taschenuhr. Vgl. Gerhard Dohrn-van Rossum (1992): Die Geschichte der Stunde. Uhren und moderne Zeitordnungen, München/Wien.

27 Defoe (1726), S. 132.

Verlässlichkeit und Berechenbarkeit der eigenen Persönlichkeit. Die Praktiken der sozialen Vertrauensversicherung sind vielfältig (wiederum widmet etwa Defoe ihnen in seinen Empfehlungen an den Kaufmann breiten Raum),[28] und sie umfassen vor allem drei:

Zum einen sucht das bürgerliche Subjekt sich als ein berechenbares und in diesem Sinne transparentes und ›rechtschaffendes‹ zu modellieren, eine Berechenbarkeit, die selbst als ein Signum von Moralität interpretiert wird und etwa korrekte Angaben bei der Auslieferung von Waren, Verzicht auf üble Nachrede, die Vermeidung von Preisdumping oder die Pünktlichkeit von Zahlungen umfasst: Hier erscheint ›honesty as the best policy‹.[29] Zum zweiten ist es die Persönlichkeit als ganze und das heißt auch ihre – zumindest ihre sichtbaren – privaten Anteile, die ökonomische Vertrauenswürdigkeit sichert. Wenn für das bürgerliche Arbeitssubjekt über das Fachwissen hinaus die Struktur des gesamten ›Charakters‹ entscheidend ist, dann scheint es nur konsequent, dass sein privates Verhalten als Indikator für den gesamten ›Menschen‹ genommen wird. Insbesondere ein moderat gehaltener privater Konsum, die Vermeidung eines aufwendigen Lebensstils erscheinen hier als Basis von Solidität und Vertrauenswürdigkeit. Schließlich werden drittens die Professionalitätskriterien des Subjekts selbst zu Praktiken der Sicherung von Vertrauen. Die Sichtbarkeit von Zeitdisziplin und damit von Berechenbarkeit, die Sichtbarkeit der Souveränität im Umgang mit Informationen, vor allem in der Kommunikation mit Geschäftspartnern (eine Sichtbarkeit, die freilich nie als bloße Demonstration, als Bluff und Zeichen einer dem Bürgerlichen verhassten Differenz zwischen ›Schein‹ und ›Sein‹ durchschaubar werden darf) sind entscheidend für das Weben jenes sozial-moralischen Netzes, das die bürgerliche Berufskultur ausmacht.[30] Das bürgerliche Berufssubjekt interiorisiert hier einen subjektiven Zeithorizont der Langfristigkeit und der allmählichen Entwicklung: Berufliche Bewährung über dauerhaft akkumuliertes Vertrauen in den eigenen ›Namen‹ richtet sich auf die gesamte Zeitspanne der beruflichen Existenz und teilweise darüber hinaus auf eine Spanne mehrerer Generationen. Das bürgerliche Geschäft (dies gilt ähnlich für die Praxen und Kanzleien der bürgerlichen Freiberufe) stellt sich als Gegenstand einer längerfristigen, kontinuierlichen Entwicklung dar, die durch eine Logik des Erbes reproduziert wird. Das bürgerliche Subjekt übt sich damit in einem Risikobewusstsein für kurzfristige Ent-

---

28 Vgl. Defoe (1726), Kap. xv, xix, xxiv.
29 Vgl. Werner Sombart (1913): Der Bourgeois. Zur Geistesgeschichte des modernen Wirtschaftsmenschen, Berlin (West) 1987, S. 203 ff., Defoe (1726), S. 132-149, 159-168.
30 Vgl. Hunt (1996), S. 22-45; R. Habermas (2000), S. 93-108; Martens (1968), S. 302-321.

scheidungen, das gleichzeitig mit einem benevolenten Grundvertrauen in die Berechenbarkeit der langfristigen Akkumulationsfähigkeit und Vererbungsfähigkeit von ökonomischem, sozialem und kulturellem Kapital verknüpft ist.

In mancher Hinsicht sind die Aktivitäten des bürgerlichen Wirtschaftssubjekts spezifische, und sie kommen in dieser Form nicht in den beiden anderen Praktikenkomplexen bürgerlichen Arbeitens seit dem 18. Jahrhundert, denen der freien Berufen und des Bildungsbürgertums, vor. Was die Subjektkultur der freien Berufe und des Bildungsbürgertums von der der bürgerlichen Handeltreibenden unterscheidet, ist zum einen eine intensivere kognitive Orientierung des Subjekts, das heißt eine Übung im professionellen Fachwissen, zum anderen ein abgeschwächtes Training im Umgang mit riskanten Umwelten, dessen Kehrseite eine gedämpfte Notwendigkeit der beständigen Interessensreflexion ist. Die Kompetenzen jenes Risikomanagements in einer als relativ unsicher wahrgenommen ökonomischen Umwelt, wie sie das bürgerliche Wirtschaftssubjekt ausbildet, gelten kaum für die freien Berufe in den Bereichen Medizin und Recht, die sich auf eine relativ feste Klientel stützen können, und für den Bildungsbürger, der in Deutschland und Frankreich mit der Institution des Beamtentums im aufgeklärt absolutistischen Staat bzw. der ›noblesse de robe‹ verbunden ist. Sowohl in der Arbeitskultur der Freien Berufe als auch des Staatsangestellten kann damit eine relative symbolische Differenzmarkierung zum Wirtschaftssubjekt erfolgen. Insbesondere die Berufssubjekte der Professionen im englischen und französischen Raum perzipieren sich in einer sozialen und kulturellen Nähe zur Aristokratie; sie sind bürgerliche ›genteels‹ mit Einkommens- und Statussicherheit. Gleichzeitig setzt – im Unterschied zu den Handelsberufen – die formale Zulassung zu den freien Professionen und vor allem für die Berufe im Bildungsbereich seit dem Ende des 18. Jahrhunderts ein institutionell vermitteltes Fachwissen voraus, das in zertifizierter Form vorliegen muss und gleichfalls zur Distinktion gegenüber dem Wirtschaftsbürger taugt. In den freien und Bildungsberufen müssen die Voraussetzungen einer im engeren Sinne beruflichen Professionalisierung und einer geregelten ›Laufbahn‹ in einer Weise erfüllt sein, wie es sich für den gesamten Bereich post-bürgerlichen Arbeitens in der organisierten Moderne des 20. Jahrhunderts durchsetzt.

Neben diesen Differenzen zum Wirtschaftssubjekt entwickeln das bildungsbürgerliche und das frei-professionelle Arbeitssubjekt jedoch eine ihm analoge Form, in der sich spezifische Versionen des souveränen und disziplinierten Berufscharakters ausdrücken. In den freien Berufen – vor allem Medizin und Rechtspflege – ist über den Erwerb eines kodifizierten Expertenwissens hinaus der Erwerb kommunikativer Kompetenzen gegenüber den Klienten zentral, die ebenso wie die private Lebensführung und die demonstrierte Selbstdisziplin zur Vertrauensbildung dienen. Die bürgerlichen Ärzte und Anwälte sind zunächst ausdrücklich mehr als Experten ihrer Fachgebiete, sie präsentieren sich – auch in Abgrenzung zu ihren in ihrer sozialen Respektabilität dubiosen frühneuzeitlichen Vorläufern – als Berater ihrer Klienten und soziale Avantgarde einer aufgeklärten Gesellschaft.[31] Auch für die Bildungsbürger gilt, dass ihre Praktiken des Unterrichtens und Forschens an den deutschen Gymnasien und Universitäten sich nicht auf ein Expertenwissen reduzieren lassen. Zum einen liefern gerade die Bildungsbürger paradigmatische Beispiele für eine rigide, sowohl intensive als auch extensive Zeitdisziplinierung sowie eine Disziplinierung der Aufmerksamkeit bei gleichzeitiger Stillstellung des Körpers, damit einer bürgerlichen Subjektivation in paradigmatischer Form.[32] Die Praktiken des intensiven wie extensiven Lesens, der ›einsamen‹ Reflexion über die Lektüre und das Schreiben, die sich hier ausbilden, setzen zudem und vor allem eine Souveränität im Umgang mit Zeichen und mit dem Kommunikationsmedium der Schrift voraus. Schließlich erschöpft sich die Praxis des Bildungsbürgers – im Unterschied zur Figur des frühneuzeitlichen, in der sozialen Anerkennung dubiosen ›Gelehrten‹ – nicht in diesen beruflichen Technologien des Selbst in Einsamkeit. Als Akademiker ist der Gelehrte ›Mensch und Bürger‹: er muss kommunikative, auch darstellerische (allerdings wiederum ›natürliche‹) Kompetenzen im Umgang mit Fachkollegen sowie in der Orientierung an einem Publikum zum Einsatz bringen. In seiner Selbsthermeneutik definiert sich gerade der Bildungsbürger – in noch stärkerem Maße als Wirtschaftsbürger und Freiberufler – als Träger einer sozial-moralischen Aufgabe.

Die Arbeit an der Moral und die Distinktion gegen das Maßlose

Die Dispositionen des bürgerlichen Arbeitssubjekts stellen sich damit zum großen Teil nicht als rein professionelle Kompetenzen dar, sondern als Konkretisierungen des bürgerlichen Subjektmodells und damit – dem bürgerlichen Selbstverständnis nach – des sich zugleich in souveräner Selbstregierung und moralischer Disziplinierung übenden ›Menschen‹

31 Vgl. Christine Adams (2000): A Taste for Comfort and Status. A bourgeois family in 18th century France, University Park (Penn.), S. 15-87; Rosemary O'Day (2000): The Professions in Early Modern England, London; Langford (1989), S. 73 ff.
32 Vgl. Ulrich Herrmann (Hg.) (1982): ›Die Bildung des Bürgers‹. Die Formierung der bürgerlichen Gesellschaft und die Gebildeten im 18. Jahrhundert, Weinheim/Basel; M. Rainer Lepsius (Hg.) (1992): Bildungsbürgertum im 19. Jahrhundert, Band 3: Lebensführung und ständische Vergesellschaftung, Göttingen; Hartmut Böhme/Gernot Böhme (1983): Das Andere der Vernunft. Zur Entwicklung von Rationalitätsstrukturen am Beispiel Kants, Frankfurt am Main.

als ganzem: »work was the core of the moral life«.[33] Im Modell des bürgerlichen Arbeitssubjekts vereinigen sich Dispositionen der disziplinierten Moderatheit, der zweckvoll-aktivistischen, eigenverantwortlichen Teleologie und der natürlichen Transparenz, die der ›Trägheit‹ und den ›Versuchungen‹ des Körpers und Geistes widerstehen. Als Hintergrund dieses bürgerlichen Strebens nach subjektiver Integrität stellt sich die Differenzmarkierung zur höfischen Ambiguität von ›Sein‹ und ›Schein‹ dar, zur ›undurchschaubaren‹, unberechenbaren Welt höfischer Intrigen der aristokratischen Gesellschaft, zur Simultaneität relativer, opaker Wirklichkeiten von frontstage und backstage. Das um Integrität bemühte bürgerliche Subjekt lässt sich demgegenüber von einem Code konstruieren, der mit dem Differenzschema von Transparenz und Ambiguität, von Natürlichkeit und Künstlichkeit operiert: Die Teleologie der bürgerlichen Arbeitskultur zielt auf ein in seinen Absichten und seinem Handeln – vor sich selbst und vor anderen – transparentes, ›offenes‹ Subjekt ab und der Kampf gilt der undurchsichtigen Ambiguität, die prototypisch im aristokratischen Subjekt, aber auch in den Subjektexemplaren der vormodernen Geschäftswelt von ›Abenteurern‹, ›fliegenden Händlern‹, ›Wucherern‹, ›Quacksalbern‹ und ›Winkeladvokaten‹ ausgemacht wird – von Subjektfiguren, die gleichwohl als Spuren in den bürgerlichen Subjekten enthalten bleiben.[34] Im Verhältnis zu diesen Vorgängerpraktiken und -subjekten in der Frühen Neuzeit, die gegenüber der aristokratischen Gesellschaft als inferiore und alles andere als ›ehrbare‹ und integre Figuren erscheinen, wie auch zur höfischen Gesellschaft bemüht sich die bürgerliche Kultur um die Produktion einer »einfache(n) Welt«,[35] die sich als Sphäre durchschaubarer, eindeutiger Regeln darstellt. Die Sphäre kaufmännischen und freiberuflichen Arbeitens kann dann als prototypischer Bewährungsort einer solchen Integrität gelten.

Neben einer Modellierung als transparent-integres tritt in der bürgerlichen Kultur eine Orientierung des Berufssubjekts an der ›Selbstverantwortung‹ und zweckvollen Nützlichkeit. Das bürgerliche Attribuierungsmuster, Erfolg und Misserfolg, Schuld und Unschuld als Konsequenz des Handelns von Personen diesen unmittelbar zuzuschreiben, konkretisiert sich in der Arbeitssphäre darin, für geschäftliche und berufliche Leistungen, Erfolge oder Misserfolge individuell die Folgen zu tragen. Misserfolg und Scheitern werden konsequenterweise individualisiert und als Folge mangelhafter Disziplin gedeutet.[36] Auch

---

33 Daniel T. Rodgers (1974): The Work Ethic in Industrial America, 1850-1920, Chicago, S. 14.

34 Vgl. Braudel (1979 b), S. 72-77.

35 Maurer (1996), S. 255.

36 Vgl. Wolfgang Martens (1968): Die Botschaft der Tugend. Die Aufklä-

die Moralmaxime einer intersubjektiven Zweckhaftigkeit des eigenen Handelns im Rahmen einer post-feudalen und post-aristokratischen, sich historisch fortentwickelnden ›bürgerlichen Gesellschaft‹ setzt sich im besonderen Maße in die Sphäre bürgerlicher Arbeit um. Will es eine als legitim anerkannte Existenz führen, muss das Subjekt als bürgerlich-modernes sein Handeln so ausrichten, dass es selbst subjektiv zweckvoll in einem sozialen Universum des intersubjektiv Zweckvollen agiert, dass es ›Leistungen‹ erbringt.[37]

Schließlich ist die Berufspraxis innerhalb der bürgerlichen Subjekt-kultur ein exemplarischer Ort der moralischen Formung des Subjekts als ein maßvolles, moderiertes und diszipliniertes, eine Moderierung sowohl der körperlichen als auch der geistigen und emotionalen Bewegungen in eine berechenbare und zugleich als harmonisch-angemessen perzipierte Form, die radikale Ausschläge vermeidet. Auch hier basiert die bürgerliche Subjektmodellierung auf einer Differenzmarkierung gegenüber Eigenschaften, die einerseits ganzen Personengruppen, vor allem der Aristokratie als kulturellem ›Anderen‹ des Bürgertums, andererseits auch riskanten, zu kontrollierenden Potentialen in jedem Einzelnen zugerechnet werden, insbesondere im Körper und seinen Versuchungen maßlosen Verhaltens. Für den spezifischen Fall der Arbeitspraktiken richtet sich die Distinktion gegen etwaige Tendenzen einer Trägheit und Undiszipliniertheit des Körpers, auch einer Sprunghaftigkeit des Geistes, gegen eine Ausfüllung der Alltags- und Lebenszeit mit ›Müßiggang‹ (idleness), das heißt ziellosen Aktivitäten, sie richtet sich gegen ›unernste‹ spielerische Aktivitäten, gegen ›Extravaganz‹ und konsumatorischen ›Exzess‹, auch gegen eine unernste, doppelbödige, als ›intrigant‹ interpretierte Kommunikation, die mit sozialen ›Fassaden‹ hantiert.[38]

Die Eigenschaften, denen der bürgerliche Kampf gilt, sind einerseits solche, in denen das Subjekt ein ›Zuviel‹ oder ein ›Zuwenig‹ demonstriert und somit das ›Maß‹ verliert, andererseits sind es solche, in denen das symbolische Universum des Zweckvollen und Ernsthaften verlassen wird und Kriterien des Zweckfreien und Unernsten gelten: Der ›arbeitsscheue‹ Müßiggang, die Inaktivität des Körpers und des Geistes, die Unfähigkeit zu oder Verweigerung einer maßvollen Disziplinierung der Alltagszeit durch die Arbeit erscheinen als ein paradigmatischer Fall

rung im Spiegel der deutschen Moralischen Wochenschriften, Stuttgart, S. 311 f.; Davidoff/Hall (1987), S. 13-35.

37 Vgl. Martens (1968) S. 302-321.

38 Vgl. Hunt (1996), S. 22-45, 193-218; Langford (1989), S. 125 ff., 547-607; J. E. Crowley (1974): This Sheba, Self. The conceptualization of economic life in 18th century America, Baltimore/London,, Kap. III; Wood (1991), S. 271-286; Pikulik (1984), S. 146-163. In der künstlerischen Darstellung sind die Arbeiten von R. Hogart paradigmatisch in der Darstellung des riskanten ›Anderen‹ der bürgerlichen Existenz.

eines Zuwenig an Beherrschung des Körpers und an zweckvoller Tätigkeit. Umgekehrt wird die extravagante Lebensführung, der Luxuskonsum als ein Zuviel an Annehmlichkeit und überflüssiger Bequemlichkeit
interpretiert – dem steht nicht die vollständige Askese, sondern ein
›maßvoller‹ Umgang mit dem erarbeiteten Einkommen als bürgerliches
Ideal entgegen. Auch ein Zuviel an intellektuell-kontemplativer Tätigkeit, an entscheidungshemmendem Zweifel, an geistiger Sprunghaftigkeit, die zur Konzentration der Aufmerksamkeit unfähig ist, hemmt
die Arbeit und ist zu vermeiden. Schließlich ist der Kampf für das
bürgerliche Arbeitssubjekt auch ein Kampf für den ›Ernst‹ des Lebens
und gegen jene als unmoralisch verdächtigten Tendenzen zum Unernst
und deren Negation des Realitätsprinzips: Das bürgerliche Arbeitssubjekt richtet sich gegen eine Sozialitätsform, in dem die Diskursnormen
der Wahrheit, Wahrhaftigkeit und Richtigkeit außer Kraft gesetzt sind,
damit auch gegen das spielende und spielerische Subjekt, das wiederum
vor allem in der adeligen ›Gesellschaft‹ ausgemacht wird.[39]

Das Berufssubjekt wird in der bürgerlichen Kultur als affektiv aufgeladenes Ideal-Ich modelliert und zur Quelle der subjektiven Selbsthermeneutik. Arbeit und Beruflichkeit werden als adäquate, ›natürliche‹
Mittel der Kontingenzbewältigung profiliert. Die Öffnung von Kontingenz bezüglich der Eigenschaften des Subjekts und der Richtung
seiner Gestaltung wird mit der Selbstformierung als Arbeitssubjekt
beantwortet. Die Figur des Berufssubjekts in seiner scheinbaren Bruchlosigkeit kann sich der Einzelne innerhalb der bürgerlichen Kultur in
mehrfacher Hinsicht als attraktives Ideal-Ich einverleiben. Attraktivität
bezieht es aus der Demonstration autonomer Souveränität, die es sich
durch eine konsequente Selbstregierung des Körpers, des Geistes und
der Emotionen antrainiert hat. Diese manifestiert sich in seinen kognitiven Kompetenzen, seinem professionellen ›Weltwissen‹, der scheinbar
mühelosen Beherrschung von Aufmerksamkeit, Zeitbudget und Körper,
dem Hervorbringen individuell zurechenbarer Leistungen. Attraktivität
bezieht das Berufssubjekt in der bürgerlichen Kultur zudem dadurch,
das es auf ›Ansehen‹ qua langfristiger, intersubjektiver Bewährung beruht. Souveränität ist nicht nur ein Selbstverhältnis, sondern dadurch
begehrenswert, dass sie von anderen – in der ›merchant community‹,
der kollegialen oder professionellen Fachgemeinschaft – bestätigt wird.
›Ansehen‹ als Subjektkategorie beruht im bürgerlichen Verständnis auf
einer zeitaufwendigen, sich wiederholenden Bewährung der Person und
ihrer Leistungen. Hier ist die systematische und darin berechenbare Akkumulation von Reputation möglich, die letztlich ein Senioritätsprinzip
fördert, indem mit steigendem Alter Bewährung und Ansehen immer
mehr zunehmen (ein Nebeneffekt ist die Selbstmodellierung des bürger-

---

39 Zur bürgerlichen Distinktion vom Spiel vgl. Maurer (1996), S. 421 ff.

lichen Subjekts als seriöse, ältere ›reife Persönlichkeit‹ in der Diktion, den Körperbewegungen, der Kleidung, dem Körpergewicht etc., selbst wenn das biologische Alter dem nicht entspricht).

Die Wiederkehr des Maßlosen

Wenn die bürgerliche Berufskultur damit eine strikte moralische Distinktion betreibt, die zugleich eine Differenzmarkierung vom Exzessiven und fluiden Unberechenbaren bedeutet, dann *basiert* sie zugleich auf Elementen einer solchen ordnungssprengenden Grenzüberschreitung, die jedes moralisches Maß zu transzendieren drohen. Dieses konstitutive Außen der Bürgerlichkeit findet sich in jener Konstellation eines unberechenbaren ›Marktes‹ von Waren und Geld, der den Praxiskern bürgerlicher Ökonomie ausmacht. Die Praktiken (und Diskurse) bürgerlichen Arbeitens erweisen sich hier als ein hybrides Arrangement von jenen einer Ordnungsstiftung und jenen eines offensiven – im Extrem affektiv aufgeladenen – Umgangs mit Situationen der Ungewissheit. Entsprechend kombinieren sich im bürgerlichen Subjekt Dispositionen der spekulativen Chancenkalkulationen und der selbstdisziplinierten Seriösitätssicherung. In der bürgerlichen Kultur des 18. und 19. Jahrhunderts scheinen erstere in den breiteren Kontext letzterer eingebettet, sie drohen jedoch immer wieder das bürgerliche Modell des moralisch-respektablen Berufssubjekts zugunsten eines bürgerlich-unbürgerlichen ›homo oeconomicus‹ zu sprengen, der den Markt von Waren und Geld als spekulatives Spielfeld seiner fluiden Reichtums- und Reputationsinteressen behandelt. Die Praxis und Repräsentation des ›Marktes‹ als eine Sphäre des Exzessiven, Artifiziellen und Parasitären und damit dessen, wovon sich die Moralität des Bürgerlichen ansonsten abgrenzt, ist bereits in der Frühen Neuzeit präsent und wird im 18. Jahrhundert reproduziert.[40] Die Abstraktion des ökonomischen Marktes erwächst hier aus der Konkretion des lokalen Marktplatzes als überregionalem Treffpunkt von Händlern und Kunden. Der Markt(platz) stellt sich als ein Ort der visuellen Darbietung von Waren in ihrer faszinierenden Fülle, damit als theatralischer Raum von Objekten und Subjekten dar, von – wie es bei Francis Bacon entsprechend abschätzig heißt –»idols of the market place«.[41] Der Marktplatz und seine Weiterentwicklung in der ›Messe‹ sind ein Raum des Spektakulären und Karnevalesken, an dem

---

40 Vgl. zum folgenden Jean-Christophe Agnew (1986): Worlds Apart. The market and the theatre in Anglo-American Thought, 1550-1750, Cambridge; Braudel (1979 b), S. 79-116; Dror Wahrman (2004): The Making of the Modern Self. Identity and Culture in 18th Century England, New Haven, S. 202 ff.

41 Francis Bacon (1620): Novum Organon, London 1987, S. 43.

sich zumindest in der Frühen Neuzeit Warenhandel und Jahrmarkt (im übrigen nicht selten auch Prostitution) treffen. Das Kaufmannssubjekt mit seiner ›shop rhetoric‹ (Defoe) kann dann selbst in Analogie zum Schauspieler wahrgenommen werden: Beiden scheint der fixe Kern zu fehlen und beide existieren in ihrer ›performance‹.

Eine zweite Version dieser systematischen Grenzüberschreitung, welche die Marktkultur befördert, findet sich seit 1700 an den ›Börsen‹ (zunächst noch allgemeine Waren-, später Geld-, Kapital- und Wertpapierbörsen), insbesondere in London und Amsterdam.[42] Im Kontext der Börse löst sich der Handel von seiner Bindung an materiale Waren und deren Austausch, er bezieht sich auf zirkulierende Wert-Zeichen. Die Dispositionen des bürgerlich-ökonomischen Subjekts verschieben sich in diesem Zusammenhang von der Disziplin zur Spekulation (was sich in einem zeitgenössischen, in erster Linie kritischen Spekulationsdiskurs von Joseph de la Vega bis Defoe abbildet).[43] Dem Markt als zeichenhaft repräsentierter Dynamik wird – wie in der Lotterie – in der Haltung eines Spiels begegnet, das nicht völlig der kalkulatorischen Reflexion entzogen ist, doch zugleich auf Akten der nicht begründbaren Dezision beruht; hier wird die Ungewissheit des Ausgangs selbst als reizvoll wahrgenommen. Während der dominante bürgerliche Arbeitsdiskurs des 18. Jahrhunderts – etwa bei den Kameralisten und Physiokraten und Schottischen Moralphilosophen – die bürgerliche Ökonomie als einen Komplex repräsentiert, der sich durch Ordnung und Zweckhaftigkeit auszeichnet, individuelle Leistung belohnt und intersubjektive Nützlichkeit befördert sowie sich – bei allen kurzfristigen Misserfolgen und Krisen – prinzipiell im Gleichgewicht befindet, enthält die bürgerliche Arbeitskultur im ›Markt als das Spektakuläre‹ und im ›Markt als das Spekulative‹ zwei Elemente, in denen diese Ordnungs- und Moralitätsannahme mit einer ludischen Prämierung des Unberechenbaren konfrontiert wird. In der kulturellen Repräsentation wird dieses ›Andere‹ der bürgerlichen Ökonomie, das zugleich seine latente Bedingung darstellt, seit dem 18. Jahrhundert (bis in die erste Hälfte des 20. Jahrhunderts) regelmäßig mit einem ›jüdischen‹ Subjekt stereotypisiert: Es erscheint als paradigmatischer Vertreter eines mobil-fluiden, dabei scheinbar unberechenbaren Marktsubjekts ohne fixen Kern sowohl in

---

42 Vgl. zum folgenden Jean-Joseph Goux (1997): Values and speculators. The stock-exchange paradigm, in: Cultural Values. Journal of the Institute for Cultural Research, Heft 2, S. 159-177, Braudel (1979 b), S. 79-116; zur Figur des Spekulanten in der modernen Kulturgeschichte insgesamt vgl. Urs Stäheli (2006): Spektakuläre Spekulation. Das Populäre der Ökonomie, Frankfurt am Main.

43 Vgl. Joseph de la Vega (1688): Confusion de confusiones; Daniel Defoe (1701): The Villany of Stock-jobbers detected.

Form einer kleinbürgerlich-unbürgerlichen Kleinhändlerschaft als auch in jener eines spekulationsorientierten Finanzkapitalisten.[44] Die bürgerliche Subjektkultur des Berufs und der Arbeit besitzt damit nur scheinbar eine homogene, widerspruchsfreie Form. Die Balanciertheit des bürgerlichen Berufscharakters erweist sich als prekär und ergibt sich aus einem hybriden Arrangement von dominant ordnungsstabilisierenden und dominiert grenzüberschreitenden Elementen, die in der bürgerlichen Kultur des 18. Jahrhunderts größtenteils zugunsten der moralischen Ordnungsorientierung verklammert sind, aber eine langfristig wirksame Fissur enthalten. Diese konkretisiert sich exemplarisch in den Oppositionen zwischen den Subjektformen der Wirtschaftsbürger einerseits, der Bildungsbürger und Freien Berufe andererseits; der fragilen Relation zwischen einer Ausrichtung des Berufssubjekts an disziplinierter Seriosität und an souveräner Reflexivität bis hin zur Spekulativität; schließlich dem doppeldeutigen Stellenwert der Konsumtion als dem negativen Anderen des bürgerlichen Maßes, auf dem die bürgerliche Ökonomie zugleich basiert.

Zwischen den Subjektkulturen des Wirtschaftsbürgers, des Bildungsbürgers und der Vertreter der freien Berufe als drei gleichermaßen paradigmatischen Exemplaren des Bürgerlichen existieren neben Familienähnlichkeiten Heterogenitäten, die potentiell in einen ›innerbürgerlichen‹ Kulturkonflikt um die angemessene Modellierung beruflicher Subjekthaftigkeit münden. Bürgerlichkeit bewährt sich für den Wirtschaftsbürger über beruflichen Erfolg im Rahmen von riskanten – wenn auch über intersubjektive Vertrauensbeziehungen abgefederten – Marktbeziehungen, für den Freiberufler im sachgemäßen Leisten von Diensten an Klienten und für den Bildungsbürger (auch den juristischen Staatsbeamten) in der kognitiven Verfügung über Wissen. Während in den angelsächsischen Gesellschaften der Typus des Wirtschaftsbürgers dominiert, dabei aber mit dem Typus des Freiberuflers konkurriert, befindet sich dieser in Kontinentaleuropa (vor allem Deutschland und Frankreich) in einer latenten Konkurrenz zum staatlichen Bildungsbürger. Während das Handelssubjekt Bürgerlichkeit an die Orientierung des Einzelnen an der potentiell riskanten, präzise Interessensreflexion erfordernden, ›ökonomischen‹ Konstellation des Marktes bindet, bezieht in der bildungsbürgerlichen Kultur das Subjekt seine Form aus seiner Kognitivität, deren praktische Umsetzung eines staatlich geregelten Rahmens bedarf. Aus bildungsbürgerlicher und freiberuflicher Sicht muss es dem Wirtschaftsbürger in seiner Abhängigkeit von der Kontingenz des Marktes an unabhängiger Souveränität und Seriosität mangeln; demgegenüber erscheint aus wirtschaftsbürgerlicher Sicht das staatlich beschäftigte

---

44 Vgl. zu diesem Aspekt Derek J. Penslar (2001): Shylock's Children. Economics and Jewish identity in modern Europe, Berkeley, S. 11 ff.

Bürgertum auf Autonomie und zudem den affektiven Reiz des Spekulativen zu verzichten.[45]

Eine zweite, damit zusammenhängende Spannung, die sich insbesondere innerhalb der wirtschaftsbürgerlichen Subjektform auftut, ergibt sich aus der hybriden Überlagerung eines Trainings in souveräner, reflexiver Selbstregierung mit einer Modellierung als Träger von langfristiger, ›moralischer‹ Integrität und Seriosität. Beide bürgerlichen Anforderungskomplexe stellen sich als nicht deckungsgleich heraus. Die Übung in souveräner Reflexivität kann die moralische Orientierung unterminieren und umgekehrt kann diese als Hemmnis der reflexiven Selbstregierung wahrgenommen werden. Im Modell des Berufssubjekts überlagern sich zwei kulturelle Logiken, die beide Logiken des Bürgerlichen sind: eine Logik der Regeln, der moralisch-rationalen (Selbst-)Regulierung, und eine Logik der subjektiven Reflexivität, die im Feld des ›Ökonomischen‹ sich zu einer Logik der Interessen und schließlich des kalkulatorisch-spekulativen Handelns verdichten kann. In der Praxis-/Diskursformation des frühen Bürgertums erscheint die Reflexivitätsorientierung des Subjekts größtenteils in einen bürgerlichen Moralkosmos eingliederbar, aber gleichzeitig vermag die ökonomische Modellierung subjektiver Interessen zur Bedrohung der Moralitätsorientierung bürgerlicher Integrität und Seriosität zu werden. Im zeitgenössischen Diskurs um einen amoralischen ökonomischen ›Egoismus‹ der bürgerlichen Individuen – deren ›private vices‹ nur mit Hilfe einer semantischen Differenzierung von Intentionen und Folgen etwa bei Mandeville wiederum in ›public virtues‹ uminterpretiert werden können – ist diese Problematik gegenwärtig:[46] Das bürgerliche Subjekt soll sein eigenständiges ›Geschäft‹ betreiben, dieses einer systematischen und permanenten Leistungsüberprüfung unterziehen, *und* es soll seine Arbeit unter die Herrschaft eines moralischen Codes der Integrität, Seriosität und langfristigen Bewährung stellen. Diese beiden Subjektanforderungen riskieren, das bürgerliche Subjekt in eine *double-bind*-Konstellation zu befördern: Was dem Geschäft dient, ist möglicherweise nicht moralisch; was moralisch ist, dient möglicherweise unmittelbar nicht dem Geschäft.

Jene Figur, die eine solche amoralische Form des bürgerlichen Subjekts als ökonomisches in England bereits zu Beginn des 18. Jahrhunderts ex-

---

45 Zum latenten Kulturkonflikt zwischen Wirtschaftssubjekt und Freiberufler vgl. exemplarisch Adams (2000), S. 115 ff., Doerflinger (1986), S. 44 f. Zur besonderen Kultur des deutschen Bildungsbürgertum für das 19. Jahrhundert vgl. Lepsius (1992).

46 Vgl. zusammenfassend für Neuengland und die USA Crowley (1974), auch Richard L. Bushman (1967): From Puritan to Yankee. Character and the social order in Connecticut, 1690-1765, Cambridge (Mass.), S. 107 ff. und Bernstein (1997), S. 111-181.

emplifiziert, ist das Spekulationssubjekt, eine Subjektform an der Grenze des Bürgerlichen, die sich mit der Ausbildung von Wertpapierbörsen herauskristallisiert:[47] Das Spekulationssubjekt ist ein bürgerliches, indem es seine Einnahmen aus ›eigener‹, unabhängiger Tätigkeit bezieht und eine geübte, informationsgesättigte Beobachtung riskanter Umwelten betreibt; gleichzeitig jedoch verwirft es die bürgerliche Orientierung am Erbringen ›zweckvoller‹ Leistungen, an der Selbstmoderierung und an der langfristigen intersubjektiven Bewährung; es ersetzt die Orientierung an Berechenbarkeit durch eine ludische Orientierung am ökonomischen Spiel, das selbst als ein Raum permanenter Bewegung und Aktion libidinös aufgeladen erscheint. Das Spekulationssubjekt exemplifiziert damit die potentielle Spannung zwischen einer bürgerlichen Opportunitätssubjektivität und einer bürgerlichen Moralsubjektivität, indem erstere nun ›amoralisch‹ an die momenthafte Befriedigung durch das Erleben von Situationen der Ungewissheit und des Gewinns gekoppelt wird. Die bürgerliche Ökonomie avanciert damit an ihren Rändern (die zugleich ihr Zentrum sind) zu einem ästhetischen, affektiv aufgeladenen Erlebnisraum anstelle eines rational-disziplinierten Handlungsraums. Eine analoge Spannung schält sich im bildungsbürgerlichen Subjekt heraus. Hier betrifft sie eine kognitive und ästhetische Reflexivität, welche die Grenzen der disziplinierten Seriosität wiederum im Sinne eines ›Spiels‹ sprengt. Es ergibt sich eine ihrem bürgerlichen Maß und ihrer intersubjektiven Bewährung entbundene kognitive Subjektivität, wie sie sich in der Figur des ›Intellektuellen‹ ohne bürgerlichen Beruf konkretisiert (in Frankreich etwa im Kontext der ›Radikalen‹ der Revolution), vor allem aber eine entbundene ästhetische Subjektivität, wie sie sich in der romantischen und post-romantischen Künstlerfigur manifestiert, damit in Figuren, die das Bürgerliche in Richtung eines ludischen Unbürgerlichen überschreiten.[48]

Schließlich markiert die Doppeldeutigkeit der Konsumtion eine weitere Bruchstelle innerhalb des bürgerlich-ökonomischen Subjekts; sie wird in der Polysemie der Semantiken des ›Überschusses‹ und der ›Bedürfnisse‹ deutlich.[49] Innerhalb des bürgerlichen ökonomischen Diskur-

47 Vgl. Goux (1997), Stäheli (2006).
48 Die Romantik entfaltet damit die in der bürgerlichen Kultur angelegte Riskanz des Künstlersubjekts, steht jedoch in Opposition zur Riskanz des ökonomisch-spekulativen Subjekts, trotz dessen ästhetisierender Elemente. Im Gegenteil sind die Visionen einer romantischen Ökonomie (vgl. Fichte, Novalis, Müller, Baader) frühsozialistisch und bürgerlich zugleich strikt an einer steuerbaren Ordnung des Wirtschaftens orientiert. Die romantische Opposition zur bürgerlichen Arbeit findet sich stattdessen im Modell eines anti-zweckhaften Schöpfungs-, das heißt Kreativsubjekts.
49 Vgl. zum folgenden Vogl (2004), S. 223-246; Philip Carter (2001): Men

ses wird einerseits das Subjekt mit ›Bedürfnissen‹ versehen; das moderne Subjekt ist in diesem Kontext legitimerweise ein Bedürfniswesen, das aus Gründen seiner eigenen Annehmlichkeit (›pursuit of happiness‹) Güter nachfragt. Die menschliche Bedürfnisnatur wird damit zur Grundlage jeder bürgerlichen Ökonomie, die eine Ökonomie des Tausches, des Handels und der Dienste ist und die durch asketische Bedürfnislosigkeit ihrer Grundlage beraubt wäre. Zugleich erscheinen diese Bedürfniseigenschaften im bürgerlichen Kontext als unberechenbar und riskant. Sie können die Grenzen des natürlichen Maßes übersteigen, ›künstlich‹ werden, die Nutzlosigkeit des Modischen befördern. In analoger Form stellen sich der ›Überschuss‹ und ›Überfluss‹ von Kapital einerseits als der notwendige Antriebsmechanismus der ›commercial society‹ dar – zugleich scheint der Überfluss moralisch bedenklich zu sein und in Form von individueller Reichtumsbildung die Handelszirkulation zu stören. Insgesamt entwickelt sich damit zeitgleich zur ›commercial society‹ ein kulturkritischer Konsumtionsdiskurs, der die Form einer Abgrenzung von der Exzessivität des ›Luxus‹ (prominent getragen von Hume, Rousseau und Condillac) annimmt: Luxus erscheint hier als »diejenige Pracht, Üppigkeit und Aufwand, der von aller Ordnung entfernt, der alles verwirret«.[50] Damit ergibt sich die paradoxe Konstellation, dass die bürgerliche Handelsgesellschaft – insbesondere in den urbanen Zentren wie London – ein Interesse an der Konsumtion und eine Rehabilitierung konsumtorischer ›Bedürfnisse‹ anregt, diese jedoch vor dem Hintergrund des bürgerlichen Moderierungsgebots von vornherein unter den Verdacht des Exzessiven, Artifiziellen und Parasitären, damit des Unbürgerlichen stellt. Konsequenterweise ist es das aristokratische Subjekt, dem die Neigung zu jener exzessiven Konsumtion zugeschrieben wird, welche die Grenzen des Maßes und des Natürlichen sprengt. Entsprechende kulturkritische Figuren eines konsumistischen Subjekts, dem es in seiner Modeorientierung an Ernsthaftigkeit fehlt, reichen vor allem in Großbritannien vom ›fop‹ des späten 17. bis zum ›maccaroni‹ des späten 18. Jahrhunderts (wobei hier die Riskanz des Konsums sowohl als effeminisiert wie auch als dekadentes Zeichen des romanisch-katholischen Kulturraumes repräsentiert wird). Die bürgerliche ökonomische Kultur implantiert damit – anders als es in der weberianischen, auf Rationalisierungs- und Disziplinierungseffekten fokussierten Perspektive erscheint – in ihrem Subjekt eine hybride Heterogenität von Dispositionen, die es zur ›vernünftigen‹ Moderierung und zur nicht-rati-

and the emergence of polite society, Britain 1660-1800, Harlow, S. 124-162; Wahrman (2004), S. 202 ff.; Philippe Perrot (1995): Le luxe. Une richesse entre faste et confort XVIII-XIX siècle, Paris.

50 Johann Peter Süßmilch (1765): Die göttliche Ordnung in den Veränderungen des menschlichen Geschlechts, Berlin, Band 3, S. 229.

onalen Grenzüberschreitung – in den Bereichen der genossenen Riskanz, des Spiels des Marktes und des ästhetischen Spektakels der Konsumtion – zugleich anleitet. Die Formierung des seriösen bürgerlichen Berufssubjekts kann untergründig ein Training in der libidinösen Aufladung eines Verhaltens und Erlebens jenseits des geregelten, wissensbasierten Austauschs enthalten – konkretisiert in riskanter Spekulation und Konsumtion –, welches die bürgerliche Seriositätsorientierung des ›Berufs‹ und der ›Arbeit‹ potentiell sprengt.

2.1.2 Bürgerliche Intimsphäre: Die Psychologisierung des Freundschafts- und Familiensubjekts

Die Intimsphäre als Raum persönlicher, ›privater‹ Beziehungen ist ein zweiter Komplex sozialer Praktiken, der die Subjektivation in der bürgerlichen Kultur prägt. Das bürgerliche Subjekt formt sich als Intimitätssubjekt, das heißt, es bildet spezifische Fähigkeiten und Sinnhorizonte, Affekt- und Begehrensstrukturen aus, die ihm die Partizipation an Praktiken der Intimität ermöglichen und ihm diese auferlegen. Die Selbsthermeneutik des neuen bürgerlichen Subjekts (beiderlei Geschlechts) ist die eines Wesens, das erst in spezifisch codierten familiären und freundschaftlichen Beziehungen eine als legitim und natürlich anerkannte Existenz führen kann. Die bürgerliche Intimsphäre und ihre Subjektkultur bilden sich im Laufe des 18. Jahrhunderts im Zuge von Praktiken und Diskursen aus, die ihre Identität aus der Differenz zu dem gewinnen, was in der feudalen und höfischen Gesellschaft als ›Familie‹ galt und was nun als ›amoralisch‹, ›emotionslos‹ und ›unnatürlich‹ repräsentiert wird. Wie im Feld der Arbeit sind es wiederum die bürgerlichen Diskurse selbst die regelmäßig eine Invisibilisierung der Kontingenz ihrer subjekthistorisch spezifischen Strukturierung persönlicher Beziehungen betreiben, indem sie diese als allgemeinverbindlich deklarieren. Das bürgerliche Intimitätssubjekt tritt mit dem Anspruch natürlicher moralischer Allgemeinheit auf und basiert gleichzeitig auf der Distinktion vom kulturellen ›Außen‹ aristokratischer Subjektivität.[51]

Die bürgerliche Form von als ›persönlich‹ codierten Beziehungen bildet sich in der Differenzmarkierung von den Interaktionsformen der frühneuzeitlichen Adelskultur. Die Interaktionsstrukturen zwischen den aristokratischen Subjekten werden vor dem Hintergrund des Musters einer offenen Abstammungsfamilie modelliert. Innerhalb dieser exis-

---

51 Der Interdiskurs der bürgerlichen Literatur in England und Deutschland – um Texte von Fielding, Richardson, Lessing, Schiller etc. – ist hier ein zentrales Universalisierungsmedium von Aspekten bürgerlicher Intimität gegen die Aristokratie.

tiert keine fixe Innen-Außen-Grenze zwischen der ›privaten‹ Sphäre einer einzelnen Familie und einer externen Sozialwelt, vielmehr ein Verwandtschaftsnetzwerk, das die einzelne Paarbeziehung transzendiert, sowie ein Patronagesystem und ein Geflecht der Beziehungen zwischen ›Herren‹ und ›Untergebenen‹ in der höfischen Gesellschaft, welches jede Unterscheidung zwischen Privatem und Öffentlichem unterläuft. Die Sozialform der Ehe ist innerhalb der Adelsgesellschaft weder Ergebnis der ›Sympathie‹ zweier Individuen noch – einmal geschlossen – ein intimer Binnenraum, vielmehr folgt sie typischerweise dem Modell einer Zweckgemeinschaft, die im Vererbungsspiel aus politisch-taktischen Gründen arrangiert wird und die innerhalb des Gesamtarrangements der höfischen Gesellschaft aufgeht. In dieser sind die Subjekte einer nahezu permanenten sozialen Sichtbarkeit ausgesetzt: Das ›Private‹ ist ›öffentlich‹. Die Interaktionsstruktur zwischen Eltern und Kindern stellt sich hier primär als ein zweckorientiertes Verhältnis gegenüber den politischen Erben dar. Die Adelsgesellschaft ist jedoch nicht nur durch strategische Verwandtschafts-, Ehe- und Eltern-Kind-Beziehungen geprägt, sie übt das aristokratische Subjekt gleichzeitig in der Ausbildung multipler Sexualitäts- und Liebesbeziehungen, sie leitet zur Produktion eines spezifischen Begehrens-Codes an. Innerhalb der spielerischen Geselligkeit der höfischen Gesellschaft bildet sich der Code einer ›amour-passion‹ aus, ein Liebeskonzept, das sexuelle Leidenschaft und Verführung prämiert und sich ausdrücklich und ausschließlich auf nicht-eheliche, in der Regel kurzfristige Verhältnisse bezieht (damit teilweise auch ein gleichgeschlechtliches Interesse anleitet). Neben den Fortpflanzungsbeziehungen existiert als legitime Parallelwelt die der Favoritenbeziehungen.[52]

Analog dem Feld bürgerlich-moderner Arbeitspraktiken gehen auch in die Ausbildung der bürgerlich-modernen Intimsphäre und ihre Positionierung gegen das pagane Adelssubjekt Codespuren aus der christlichen – insbesondere der protestantischen – Subjektkultur ein, aber auch hier handelt es sich nur um *eine* kulturelle Spur, die hybride mit anderen kombiniert wird: Der Protestantismus der Frühen Neuzeit – in Distanz zum Katholizismus, der das Zölibat als das gegenüber der Familie

52 Vgl. Lawrence Stone (1977): The Family, Sex and Marriage in England 1500-1800, London, S. 85-119; Niklas Luhmann (1982): Liebe als Passion. Zur Codierung von Intimität, Frankfurt am Main 1994, S. 71-96, Georges Duby (Hg.) (1985): Geschichte des privaten Lebens, Band 2: Vom Feudalzeitalter zur Renaissance, Frankfurt am Main 1990, S. 49-160. Allgemein zur Sozialgeschichte der Familie vgl. Michael Anderson (1980): Approaches to the History of the Western Family 1500-1914, London; Jack Goody (2000): The European Family. An historico-anthropological essay, Oxford.

moralisch Höherwertige prämierte – betreibt eine Prämierung der Ehe als eine moralische Institution. Herausgehoben aus den verwandtschaftlichen Großfamilien, präsentiert sich die Ehe in Ansätzen als eine nach außen separierte Zweiergemeinschaft von Individuen, die sich gegenseitig mit ›Zuneigung‹ begegnen, als eine Sphäre von »mutual society, help and comfort, that the one ought to have for the other«[53] In die bürgerliche Subjektkultur intim-persönlicher Beziehungen werden Elemente des christlich-protestantischen Ehemodells aufgenommen, aber diese Elemente sehen sich kombiniert mit Subjektcodes des Intimen, die im Kontext der Diskurse der Aufklärung und der Empfindsamkeit sowie der aufklärerischen Geselligkeitszirkel das Subjekt auf ein Freundschaftssubjekt mit psychologischer Tiefe festlegen; schließlich wirkt auch hier die aristokratische Subjektkultur im widersprüchlichen Sinne als konstitutives Außen. Der Distanzierung zur adeligen politischen Instrumentalisierung des Privaten läuft eine Imitation von Elementen aristokratischer Geselligkeitskultur parallel, die in das bürgerliche Freundschaftsmodell injiziert werden (und vor allem in Frankreich und England sich in einer gewissen Vermischung adeliger und bürgerlicher Geselligkeit im 18. Jahrhundert manifestiert). Es stellt sich damit auch hier eine Differenzmarkierung zur ›Volkskultur‹ des Dritten Standes heraus, dem die psychologische Sensibilität, um welche die bürgerliche Intimkultur bemüht ist, abgesprochen wird.

Intimität als Freundschaft

Die bürgerliche Praxis der Intimität, die sich seit dem Ende des 17. Jahrhunderts ausbildet, setzt sich aus Interaktionsstrukturen mit dreierlei Personal zusammen: Freunde (in der Regel gleichen Geschlechts), Ehepartner und Eltern/Kinder. Charakteristisch für die frühe bürgerliche Subjektkultur ist, dass die Praktiken und Subjektpositionen für Freunde und Ehepartner, zum Teil auch für Eltern/Kinder weitgehend die gleichen sind. Grundlegend für die Praxis persönlicher Beziehungen des klassischen bürgerlichen Subjekts ist der Code der ›Freundschaft‹, der sich in Dispositionen der Selbst- und Fremdpsychologisierung, der Konversation über allgemeinrelevante Themen (bevorzugt Texte) und der Entwicklung sympathetischer Gefühle für den Anderen konkretisiert. ›Liebe‹ zwischen Personen verschiedenen Geschlechts und ihr Zusammenleben in der Ehe erscheinen in diesem kulturellen Kontext als ein spezieller Anwendungsfall des allgemeineren Freundschaftscodes, als

53 Ein Zitat von Archbishop Cramer, 1549, zitiert nach Stone (1977), S. 136. Vgl. zur puritanischen Familie insgesamt: Edmund S. Morgan (1966): The Puritan Family. Religion and domestic relations in 17th century New England, New York; Shorter (1977), S. 135-220.

ein Supplement generalisierter Freundschaft: Liebe ist der Freundschaft nachgeordnet, die Ehe ein Exempel des ›companionship‹. Die freundschaftsorientierte Ehe – eingebettet in umfangreichere Freundschafts- und Geselligkeitsbeziehungen – stellt sich in diesem Rahmen als ein reziproker moralisch-affektiver Binnenraum dar, der sich in Praktiken der Kommunikation, Bildung und Ritualisierung – in widersprüchlicher Form auch der Sexualität – konkretisiert, in die auch Kinder einbezogen sind. Gleichzeitig ist jedoch auch und gerade die bürgerliche Ehe eine ökonomische Einheit, ein ›Haushalt‹, und die Einheit der Generationen immer auch eine ökonomische Größe, die kontinuierlich zu entwickeln ist. Damit ergeben sich in der scheinbaren Homogenität des ›affective individualism‹ der bürgerlichen Intimsphäre mehrfache potentielle Spannungen, vor allem zwischen einer zugleich psychologischen und ökonomischen Codierung wie auch zwischen dem Primärcode der Freundschaft und dem Sekundärcode der Ehe/Familie, der das Freundschaftsmodell zu sprengen droht.

›Freundschaft‹ als zentrale, subjektbildende Sozialform ist – allerdings mit Vorläufern in der Antike und in der Renaissance, die insbesondere im aufklärerischen Kontext regelmäßig Gegenstand der Zitation sind – eine Codeinnovation bürgerlicher Subjektivität und ihres im 18. Jahrhundert diffundierenden Freundschaftsdiskurses.[54] Freundschaftsfähigkeit erscheint als Kennzeichen der eigenverantwortlichen Souveränität des bürgerlichen Subjekts. Das bürgerliche Freundschaftssubjekt geht auf Distanz zu vorbürgerlichen freundschaftsähnlichen Solidarbeziehungen. Diese stellten sich als verwandtschaftsähnliche Beziehungen dar, die zum Schutz gegen Gefährdungen geschlossen wurden, als ritualisierte ›Bündnisse‹ gegenseitigen Beistands. Das traditionelle Freundschaftssubjekt reagiert auf äußere Anlässe – die Bedrohung des Anderen – mit *äußeren* Handlungen – Schutz des Anderen. Das Geflecht freundschaftlicher Praktiken des bürgerlichen Subjekts modelliert sich hingegen als ein

54 Vgl. zum folgenden: Maurice Aymard (1986): Freundschaft und Geselligkeit, in: Ariès/Chartier (1986), S. 451-495; Albert Salomon (1921): Der Freundschaftskult des 18. Jahrhunderts in Deutschland: Versuch zur Soziologie einer Lebensform, in: Zeitschrift für Soziologie, 1979, S. 279-308; Paul Kluckhohn (1922): Die Auffassung der Liebe in der Literatur des 18. Jahrhunderts und in der deutschen Romantik, Tübingen 1966, S. 64-198; Friedrich H. Tenbruck (1964): Freundschaft. Ein Beitrag zur Soziologie der persönlichen Beziehungen, in: KZfSS, S. 431-456; Wolfdietrich Rasch (1936): Freundschaftskult und Freundschaftsdichtung im deutschen Schrifttum des 18. Jahrhunderts, Halle; Maurer (1996), S. 305-314. Zur Initimität weiblicher Freundschaftsbeziehungen im besonderen vgl. Lilian Faderman (1981): Surpassing the Love of Men. Romantic friendship and love between women from the Renaissance to the present, New York, S. 74 ff., 103 ff.

psychologisierender Kommunikationsraum, in dem geistig-seelische Ähnlichkeiten verarbeitet werden und in dem sich eine spezifische ›Innerlichkeit‹ von Charaktereigenschaften und Emotionen ausbildet. Freundschaftliche Kommunikation thematisiert psychische Innerlichkeiten und produziert diese zugleich: Das Subjekt wird dazu angeleitet, sich selbst und den Anderen mit Hilfe eines ›psychologischen‹ Vokabulars zu beobachten.

Freundschaften dieser Art setzen die Netzwerke bürgerlicher Geselligkeit, der Sozietäten, Aufklärungsgesellschaften, intellektuellen, künstlerischen und geschäftlichen Assoziationen, der Logen, Clubs und Salons im städtischen Kontext voraus. Diese Felder der Geselligkeit machen fremde, aber potentiell ähnliche und damit freundschaftsfähige Personen sozial verfügbar – notwendige Voraussetzung für eine Sozialform, die anders als Verwandtschaft auf (klassenspezifisch begrenzte) Beziehungswahl statt auf Beziehungsvorgabe beruht. Beziehungswahl erscheint als Exerzierfeld bürgerlicher Souveränität. Gleichzeitig formen die bürgerlichen Geselligkeitszirkel ihr Subjekt so, dass es freundschaftsfähig wird. Die Kernpraktik der bürgerlichen Aufklärungsgeselligkeit ist – in relativer, aber nicht absoluter Differenz zur stärker konventionalisierten, stärker spielerischen, dabei auch sexuell aufgeladenen aristokratischen Geselligkeit und in absoluter Differenz zur wenig sprachtrainierten Volkskultur – die des argumentativen, auch ›unterhaltsamen‹ Gesprächs über Themen allgemeinen Interesses: über Literatur, Kunst, Philosophie, Gesellschaft, Wissenschaft etc. In den Geselligkeitszirkeln formieren sich in dieser Weise argumentativ-kommunikative Dispositionen, Kompetenzen der ›Unterhaltung‹ in einem doppelten Sinne – und diese sind gleichzeitig Subjektanforderungen, welche die Interaktionsform der Freundschaft strukturieren.[55]

Das intime Subjekt, das sich in der Sozialform der Freundschaft bildet, bringt verschiedene Dispositionen zum Einsatz: Neben der Fähigkeit zur argumentativ-unterhaltsamen Kommunikation über Themen allgemeiner Relevanz bildet es selbstpsychologische, fremdpsychologisch-empathische und individualisierte affektive Fähigkeiten aus. Entscheidend für bürgerliche Freundschaftspraktiken ist die Psychologisierung des Subjekts. Freundschaftssubjekte psychologisieren sich gegenseitig, eine

55 Die Geselligkeit als Sozialitätsform des 18. Jahrhunderts durchschneidet die strikte Unterscheidung zwischen ›privat‹ und ›öffentlich‹ (eine Unterscheidung, die erst für das 19. Jahrhundert eine eindeutige Bedeutung erhält): Die Beziehungen der Subjekte zueinander sind persönlich und formalisiert zugleich. Vgl. zur Sozialitätsform der Geselligkeit auch: Aymard (1986), Detlef Gaus (1998): Geselligkeit und Gesellige. Bildung, Bürgertum und bildungsbürgerliche Kultur um 1800, Stuttgart; Peter Clark (1986): Sociability and Urbanity. Clubs and societies in the 18th century city, Cambridge.

Interpretation des Anderen und der eigenen Person als Wesen mit einer ›Innenwelt‹, mit einem ›Charakter‹, einer ›Persönlichkeit‹, mit ›Motiven‹, ›Ansichten‹, ›Gefühlen‹. Die Semantik der ›Seele‹ ist zeitgenössisch verbreitet, ebenso wie die Konzeptualisierung von Freundschaft als ›Seelenfreundschaft‹. Die intimen Subjekte entwickeln Verfahren, in denen sie nach ihren eigenen ›inneren‹ Eigenschaften fahnden, diese zu dechiffrieren suchen und im Sinne eines ›Sich Öffnens‹ dem Anderen mitteilen. Nötig erscheinen eine Selbstpsychologie und eine Kommunikation über das Selbst. Umgekehrt geht es darum, in einer Hermeneutik des Anderen dessen Innenwelt, dessen Ansichten, Motive, Gefühle, Charaktereigenschaften zu ›verstehen‹. Notwendig erscheint eine Sensibilisierung und Differenzierung der Wahrnehmung, um sich die unsichtbare Innenwelt des Anderen – asymptotisch dem Ideal eines ›vollkommenen Verstehens‹ des Fremdpsychischen folgend – indirekt sichtbar zu machen. Die soziale Praxis der Freundschaft trainiert das bürgerliche Subjekt darin, jene ›innere Tiefe‹ in sich einzufalten, die ihm als Eigenschaft des Menschseins überhaupt gilt. Eine zentrale Technologie zur Mitteilung der ›Innenwelt‹ und zur Kreation eben dieser Innenwelt ist neben dem intimen Gespräch das Schreiben von Briefen. Im Medium einer intimen, nicht für die Öffentlichkeit bestimmten Schriftlichkeit findet die intersubjektive Selbstpsychologisierung einen Ort.[56] Prozeduren der Fremd- und Selbstpsychologisierung sind technologische Voraussetzungen nicht allein für die Iterierung, sondern auch für die Initiierung von Freundschaftsbeziehungen. Um aus dem Kreis geselliger Kommunikationspartner jene auszuwählen, die zum Freund werden können oder sollen – dabei wird immer nur eine einzelne Person als Freund gewählt, was aber mehrere, parallele Freundschaftsbeziehungen nicht ausschließt –, müssen Kriterien der Wahl zum Einsatz kommen. Die generalisierte Kompetenz zur ›Wahl‹ als *dispersed practice* des bürgerlichen Subjekts trainiert sich nicht zuletzt im Markt potentieller Freundschaftspartner. Dem Code der Seelenverwandtschaft folgend, ist es nun die Gemeinsamkeit, die Ähnlichkeit der Charaktere, die das Leitkriterium der Wahl ausmacht – charakterologische Affinität avanciert zur bürgerlichen Quelle »gegenseitiger Genugtuung«.[57] Das bürgerliche Intimitätssubjekt übt sich darin, die notwendig äußeren Taten Anderer entlang eines Unterscheidungsschemas *innerer* Gleichheit/Differenz des Charakters, der ›Seele‹ im Verhältnis zur eigenen Person zu beobachten – was gleichzeitig eine psychologische Sensibilisierung für die möglichen Differenzen der Seelen und der äußeren Manifestation dieser Differenzen voraussetzt.

56 Vgl. Bruce Redford (1986): The Converse of the Pen. Acts of intimacy in the 18th century intimate letter, Chicago.

57 So Chevalier de Jaucourt in seinem Artikel ›Freundschaft‹ in der Encyclopédie, zit. nach Aymard (1986), S. 453.

Indem das Freundschaftssubjekt in sich ein psychologisches Innen seelischer Eigenschaften einkerbt und den Anderen als Träger eines solchen, im Prinzip ›ähnlichen‹, aber auch nicht identischen Innen wahrnimmt, besetzt es ihn mit sympathetischer Emotion.[58] Ego spiegelt sich in Alter, und Alter ist – im Kontext der Diskurse der ›Sympathie‹ und der ›Zärtlichkeit‹ der Empfindsamkeit und anders als im späteren romantischen Liebescode – nicht der faszinierend *Andere*, sondern der beruhigend-interessant *Ähnliche*, welcher Ego durch seine wohlgefällige Affinität als ganzes Subjekt bestätigt. Die Übung der Freundschaft ist eine Übung in der immer neuen Entdeckung sympathetischer Eigenschaften des Anderen. Das Subjekt entwickelt gegenüber den Handlungen und inneren Regungen des Anderen ein Gefühl der ›Rührung‹: Rührung angesichts bestimmter, scheinbar banaler Akte des Anderen, in denen sich Affinität als Gefühl der Nähe übersetzt, aber auch Mitleiden angesichts des Leiden des Anderen, das konsequenterweise aufgrund der wahrgenommenen Ähnlichkeit ›wie das eigene Leiden‹ gefühlt werden kann. Die Gemeinsamkeit mit dem Anderen ist nicht nur die einer kommunikativen und psychologisierenden, auch die einer gefühlten Dyade. In diesem Sinne gerührter Sympathie erweisen sich Freundschaft und ›Liebe‹ in der klassisch-bürgerlichen Subjektkultur der Intimität als identisch. Die intime Affektmodellierung des bürgerlichen Subjekts stellt sich als ein sozialer Raum der Produktion von sympathetischen Gefühlen für konkrete, ähnliche Andere dar. Gleichzeitig wird eine Distinktion gegenüber den partiell aggressiven Affekten bzw. der affektlosen Distanz betrieben, die in der Adelskultur die Interaktionen vorgeblich strukturieren.

Die Bildung und Empfindsamkeit der Ehe

Die kulturelle Form, die das Intimitätssubjekt in der (in der Regel gleichgeschlechtlichen) Freundschaft ausbildet, transferiert die bürgerliche Kultur auf Mann-Frau-Interaktionen. Deren einzige legitime bürgerliche Form ist – wiederum anti-aristokratisch – in der Ehe zu finden. Der intime Freundschaftscode ist zunächst weitgehend geschlechtsindifferent, er findet im Verhältnis zwischen Männern wie zwischen Frauen Anwendung, setzt damit – in Anlehnung an die Begrifflichkeit Judith Butlers – weder auf der Ebene von sex noch von gender (und aufgrund einer implizierten Asexualität auch nicht auf der Ebene von Begehrensstrukturen) etwas voraus. Damit wird es möglich, den Freundschafts-

---

58 Vgl. John Mullon (1988): Sentiment and Sociability. The language of feeling in the 18th century, Oxford; Nikolaus Wegmann (1988): Diskurse der Empfindsamkeit. Zur Geschichte eines Gefühls in der Literatur des 18. Jahrhunderts, Stuttgart.

code auf Mann-Frau-Beziehungen und die Ehe aufzustülpen: Die Ehe
ist im frühbürgerlichen Kontext ein Supplement der Freundschaft, ein
der Freundschaft Hinzugefügtes, das das Grundmodell der freundschaftlichen Liebe in sich hineinkopiert. Ohne dass eine kulturelle
Mutation nötig wäre, scheint in der zeitgenössischen Wahrnehmung
das Freundschaftssubjekt auch zum Ehesubjekt tauglich. Die klassisch-
bürgerliche Ehe ist Freundschaft, sie ist eine ›companionate marriage‹,
eine Gemeinschaft von ›Gefährten‹.[59] Die Differenzen in den Subjekteigenschaften zwischen Freundschaft und Ehe erscheinen angesichts
dieses identischen (Subjekt-)Kerns sekundär; sie vermögen jedoch dem
Intimitätssubjekt letztlich neue Eigenschaften hinzuzufügen, die auch
seine Struktur nicht unberührt lassen und damit das Supplement – die
Ehe – langfristig, nach 1800, in den Status des Primären, das Primäre
– die geschlechtsindifferente Freundschaft – hingegen in den Status eines
neuen Supplements drängen. Die Hinzufügungen der Ehe zur gleichgeschlechtlichen Freundschaft ergeben sich vor allem aus vier Praxisbe-
dingungen: die Mann-Frau-Beziehung ist als exklusiv und irreversibel
institutionalisiert; sie ist mit einem zeitextensiven Zusammenleben in
der Kleinfamilie verbunden; sie wird legitimerweise auch ›sexuell‹ praktiziert; schließlich hat sie den ökonomischen Charakter eines Haushalts
und den genealogischen Charakter des Zentrums einer Familie.[60]

Dass die bürgerliche Ehe – anders als Freundschaftsbeziehungen und
anders als die der Tendenz nach formalen und vielfältig zu unterlaufen-
den Ehebeziehungen der Aristokratie – die Praxis einer quasi-irreversib-
len Exklusivbeziehung annimmt, einer häuslichen und (angesichts der
praktischen Unmöglichkeit der Scheidung) lebenslangen Gemeinschaft
zweier Personen, verlangt der Technologie der Wahl des Ehepartners
entsprechende psychologische Komplexität ab. Der Übergang von der
Ehelosigkeit zur Ehe – deren ›Verweigerung‹ im bürgerlichen Rahmen
nur ausnahmsweise legitim erscheint, aber zunächst (etwa in jener ›Jung-
gesellenmaschine‹ bildungsbürgerlicher Existenz) möglich ist – markiert

---

59 Vgl. Kluckhohn (1922), S. 82 ff.; Maurer (1996), S. 305 ff.
60 Zum folgenden vgl. Stone (1977), S. 221-545; Shorter (1976); Jean-Louis Flandrin (1976): Familles. Parenté, maison, sexualité dans l'ancienne
société, Paris; Kluckhohn (1922), S. 82-198; Davidoff/Hall (1987), Teil
I; Earle (1989), S. 177-239; Hunt (1996), S. 147-171; Maurer (1996),
S. 518-576; R. Habermas (2000), S. 365-394; Anne-Charlott Trepp
(1996): Sanfte Männlichkeit und selbständige Weiblichkeit. Frauen
und Männer im Hamburger Bürgertum zwischen 1770 und 1840, Göttingen; Michelle Perrot (Hg.) (1987): Geschichte des privaten Lebens,
Band 4: Von der Revolution zum großen Krieg, Frankfurt am Main
1992, S. 127-193, 313-355; G. J. Barker-Benfield (1992): The Culture
of Sensibility. Sex and society in 18th century Britain, Chicago.

den entscheidenden Bruch in der bürgerlichen, männlichen und vor allem weiblichen Biografie. Der Akt der Wahl erfordert außerordentliches Kalkül. Charakteristisch für die (vorromantische) Praktik der Ehewahl ist die Anwendung der Kriterien der Freundschaftswahl. Gegen das Modell der ›Konvenienzehe‹, die aus strategischen Gründen arrangiert wurde, avancieren charakterliche Ähnlichkeit, die intersubjektive Kommunikationsfähigkeit, das Potential einer ›Seelenverwandtschaft‹ und das Sympathiegefühl (jedoch *nicht* die reine ›Leidenschaft‹ oder sexuelle Attraktion) zu Wahlkriterien, die von den Betroffenen selbst – und nicht wie in der Konvenienzehe von den Eltern – in Anschlag gebracht werden. Konsequenterweise wird in den bürgerlichen Ehediskursen – repräsentativ bei Locke und Kant – die Ehe als eine freiwillige, reziproke Vertragsgemeinschaft codiert:[61] Die Ehe lässt sich im bürgerlichen Kontext in einer Semantik des Gefühls und der Sympathie und in einer quasi-ökonomischen Semantik des Vertrags und der Entscheidung doppelcodieren.

Im Unterschied zu frühneuzeitlichen Großfamilien wie auch zur höfischen Gesellschaft mit ihren vielgliedrigen Interaktionsstrukturen ist die Praxis der bürgerlichen Familie größtenteils eine exklusive, ›private‹ Praxis *à deux*, in die ›im Hintergrund‹ auch Kinder und Dienstpersonal einbezogen sind. Sie ist daher auf spezifische Subjektkompetenzen einer zeitextensiven Zweierinteraktion angewiesen. Die bürgerliche Subjektkultur greift vor allem auf die Semantik der ›Bildung‹ zurück, um Teleologie und Praxis dieser dauerhaften Zweierinteraktion zu definieren; sie stülpt den Bildungscode des bürgerlichen Allgemeinsubjekts und seiner aufklärerischen Geselligkeitszirkel dem nur scheinbar privaten Ehesubjekt über. Die bürgerliche Ehe präsentiert sich als ein Raum kontinuierlicher, gegenseitiger Bildung, in dem die aufklärerische Kommunikation der Geselligkeitszirkel individualisiert fortgeführt wird. Der aufklärerische Bildungscode, verstanden als ein kontinuierlicher Prozess subjektiver ›Entwicklung‹ eines kognitiven Weltwissens und indirekt auch des moralisch-integren Charakters, der durch objektive, vor allem textuelle Bildungsgüter angeleitet wird, stellt dem intimen Paar eine kulturelle Teleologie zur Verfügung, die ihm das Kontingenzproblem der gemeinsam geteilten Zeit löst. Als dyadischer Bildungsraum ist das bürgerliche Eheleben eine Sphäre der argumentativ-unterhaltsamen Kommunikation, aber auch und zentral des gemeinsamen Umgangs mit dem Medium der Schriftlichkeit. Das ›Bildungspaar‹ stellt sich als Teil der umfassenderen literarischen Öffentlichkeit dar und wendet deren

61 Vgl. John Locke (1689): Zwei Abhandlungen über die Regierung, Frankfurt am Main 1992, S. 248-254; Immanuel Kant (1797): Die Metaphysik der Sitten, Frankfurt am Main 1977, Werkausgabe Band VIII, S. 389-393.

Praktiken im intimen Rahmen an. Das gemeinsame Lesen fiktionaler und non-fiktionaler Texte, das argumentative, informierende und kommentierende Gespräch über die Texte, der Austausch im Medium des Briefes sind letztlich Techniken aus dem allgemeinen Feld bürgerlicher Geselligkeit, die mit dem individualisierten Zweck appliziert werden, die Entwicklung eines Raums von geistig-seelischen Gemeinsamkeiten zu befördern.

Neben den affektuell neutralen kommunikativen Kompetenzen der Bildungssphäre entwickelt das bürgerliche Intimitätssubjekt weitere Dispositionen, die eine Veralltäglichung jener aus dem Bereich der Freundschaftsbeziehungen betreiben. Die bürgerliche Ehe beruht wie die Freundschaft auf beständiger Fremd- und Selbstpsychologisierung und einer ›Empfindsamkeit‹ für den Anderen. Die affektive Empfindungsfähigkeit für eine Person des anderen Geschlechts, die – allerdings tugendhaft bleibende und sexuelles Begehren kontrollierende – ›Liebe‹ zu ihr wird dabei im gesamten 18. Jahrhundert durch die Lektüre von ›empfindsamer‹ Romanliteratur – einflussreich hier die Subjektrepräsentationen des literarischen Diskurses im englischen Roman um Richardsons »Clarissa« und »Pamela« und Fieldings »Tom Jones« – dem Leser, insbesondere der Leserin antrainiert. Aufgrund ihres zeitextensiven, dauerhaften Charakters steht die Praxis der bürgerlichen Exklusiv-Ehe im Verhältnis zu den Freundschaftsbeziehungen vor Anforderungen der Veralltäglichung. Ein verbreiteter kultureller Code, der die Fähigkeit zur fremdpsychologisierenden Empathie und der Empfindsamkeit aneinander koppelt und zu einem praktisch vielseitig anwendbaren Alltagsschema der Ehe wird, ist der der ›amor benevolentiae‹ (Leibniz): Es geht in der Ehe darum, nicht nur das eigene Glück zu befördern (dies wäre eine egoistische amor concupisculiae, die man in den aristokratischen Sexualverhältnissen wittert),[62] sondern in erster Linie das Glück des Anderen zu steigern. Dieser praktische Sinn eines ›reziproken Wohlgefallens‹ bedeutet, dass das Intimitätssubjekt beständig versucht, die Vorlieben und Abneigungen des Anderen zu dechiffrieren, empathisch sich in die Perspektive des Anderen ›zu versetzen‹ – was voraussetzt, davon auszugehen, dass der anderen eine solche, von der eigenen Perspektive und den eigenen Präferenzen im Prinzip distinkte Motiv- und Emotionsstruktur besitzt – und alltägliche Ereignisse und das Verhalten möglichst so zu arrangieren, dass im Anderen positive Emotionen hervorgerufen werden. ›Liebe‹ *ist* im bürgerlichen Sinne im wesentlichen eine solche Praxis des reziproken Wohlgefallens, und das intime Subjekt ist eines, das sich im beständigen Wechsel der Perspektive und im Einsatz alltäglicher Details zur Stimmungsaufhellung des Anderen übt. Die Alltäglichkeit des Ehelebens gewinnt schließlich auch dadurch den

---

62 Vgl. Kluckhohn (1922), S. 140 f.

Charakter einer gemeinsamen, intimen Praxis, dass ein Sinn für ›Ritualisierungen‹ und eine Art kollektives Gedächtnis zu zweit entwickelt werden. Das gemeinsame Erleben von Ereignissen – individuellen, familiären, allgemeinrelevanten Ereignissen – gewinnt erst in der *ex post facto* kommunikativ vollzogenen Erinnerung an diese Ereignisse und an deren Erleben einen besonderen Sinn und stiftet eine gemeinsame sinnhafte Vergangenheit. Einzelnen Alltagsobjekten kommt eine nur aus den Erinnerungsbildern der ›einzigartigen‹ Paargeschichte verständliche Bedeutung zu.

Die Merkmale intimer Subjekthaftigkeit, die für die Ehepartner wie auch für den darüber hinaus greifenden Kreis der Freunde gelten, werden zum großen Teil auf die bürgerliche Relation zwischen Eltern und Kindern transferiert.[63] *Dass* Ehepaare eine Familie mit Kindern gründen, erscheint – bis auf die Fälle unfreiwilliger Kinderlosigkeit – im Rahmen der bürgerlichen Intimsphäre nicht als kontingente Entscheidung. Die Modellierung des Intimitätssubjekts im Rahmen des Eltern-Kind-Verhältnisses transformiert sich dabei parallel zum ›affektiven Individualismus‹ im Verhältnis der Ehepartner. Grundlegend sind die Psychologisierung des Kindes – die identisch ist mit der ›Entstehung der Kindheit‹ (Ariès), das heißt der Konstitution eines spezifischen kindlichen Subjekts in Differenz zum ›Erwachsenen‹ –, die empathische Orientierung gegenüber den Kindern, schließlich die Modellierung des Familienlebens als aufklärerischer Bildungsraum, damit aber gleichzeitig als moralische Disziplinierungssphäre. Die aristokratische wie feudale Kultur verfügen kaum über eine Subjektkategorie des ›Kindes‹ oder ›Jugendlichen‹; diese erscheinen als Personen, die möglichst umstandslos an der Erwachsenenwelt, an der zivilisierten Gesellschaft oder an der Arbeits- und Produktionspraxis, teilnehmen sollten. Das einzelne Kind ist damit relativ austauschbar und in erster Linie ein Element in der Familiengenealogie. Dass die bürgerliche Kultur das Kind als ein nicht-erwachsenes Subjekt mit spezifischen Eigenschaften einführt, setzt auf Seiten der Eltern eine neuartige Differenzmarkierung voraus; diese ergibt sich letztlich aus einem Transfer des Freundschafts-

63 Vgl. zum folgenden Hans-Elmar Tenorth (1988): Geschichte der Erziehung. Einführung in die Grundzüge ihrer neuzeitlichen Entwicklung, Weinheim/München, S. 73-116; Philippe Ariès (1960): Geschichte der Kindheit, München 1978; Ingrid Peikert (1982): Zur Geschichte der Kindheit im 18. und 19. Jahrhundert. Einige Entwicklungstendenzen, in: Heinz Reif (Hg.): Die Familie in der Geschichte, Göttingen, S. 114-136; Rudolf Trefzer (1989): Die Konstruktion des bürgerlichen Menschen. Aufklärungspädagogik und Erziehung im ausgehenden 18. Jahrhundert am Beispiel der Stadt Basel, Zürich; Shorter (1976), S. 405-480, Jacques Gélis (1986): Die Individualisierung der Kindheit, in: Ariès/Chartier (1986), S. 313-332; Trepp (1996), S. 316 ff.

und des Bildungscodes auf das kindliche Subjekt. Auch das Kind wird im bürgerlichen Kontext als Wesen mit einer Innenwelt, mit Motiven, Emotionen und einer eigenen Wirklichkeitskonstruktion interpretiert, die in ihrer relativen Verschiedenartigkeit von den Erwachsenen zu entziffern und im Verhalten zu ihnen zu berücksichtigen sind. Das kulturelle Modell der ›Kindheit‹ setzt Fremdpsychologisierung voraus. Gleichzeitig ist auch das Verhältnis zu den Kindern durch das Modell des ›empfindsamen Subjekts‹ strukturiert. Kinder erscheinen als ›Quelle des Vergnügens‹, als Objekte des Zuneigung und Fürsorge, in diesem Sinne von ›Liebe‹, sowohl für Mütter als auch für Väter.

Das soziale Feld von Eltern und Kindern wird im bürgerlichen Kontext wie jenes zwischen Freunden und zwischen Ehepartnern primär als ein Bildungsraum modelliert, der allerdings angesichts der ambivalenten Position der Kinder als ›Menschen‹ – und damit in ihrer ›Würde‹ den Erwachsenden gleichgestellt – und als ›zu Erziehende‹ – damit als Objekte erwachsener Erziehungsbemühungen – eine doppeldeutige Struktur erhält. Modellierend wirkt hier der extensive bürgerliche Erziehungsdiskurs, der im ›pädagogischen‹ 18. Jahrhundert von John Locke bis zu den deutschen Aufklärern wie Pestalozzi und Campe reicht und der um das Postulat der moralisch-disziplinären Formbarkeit des kindlichen Subjekts zentriert ist. Vor diesem Hintergrund stellt sich die bürgerliche Interaktionsstruktur von Eltern und Kindern in Abgrenzung zu Aristokratie und Drittem Stand als eine Praxis der Erziehung qua Kommunikation und qua Übung dar, die eine stabile ›Verinnerlichung‹ vorbildlicher Eigenschaften in Geist und Körper ermöglicht, als eine Internalisierung/Inkorporierung, die dem kindlichen Subjekt ein stabiles charakterologisches Fundament für seinen gesamten Lebenslauf sichern soll. (Asymmetrische) Erziehung vollzieht sich hier im Gespräch, das auf moralische Belehrung setzt und mit (aus bürgerlicher Sicht) ›vernünftigen Gründen‹ hantiert, was auch hier schriftliche Texte, vor allem im Rahmen der aufklärerisch-pädagogischen Kinderliteratur, einbezieht. Sie vollzieht sich zudem in der gezielten Disziplinierung des Körpers, der ›Übung‹, dem Training ›auf Probe‹ von Kompetenzen, um diese später ›wie natürlich‹ hervorbringen zu können. Ziel der Eltern-Kind-Interaktion ist nicht wie in der Aristokratie die Teilnahme an der zivilisierten Geselligkeit, sondern die allmähliche Entwicklung der ›Innenstruktur‹ eines bürgerlichen Rationalsubjekts. Angestrebt werden moderate, selbstkontrollierte Verhaltensweisen des Kindes, die Disziplinierung von negativen Affekten – etwa die Vermeidung von Aggressivität –, die Disziplinierung der Zeit, der Bewegungen des Körpers und der Aufmerksamkeit, etwa in der Form des kindlichen Lesens und Schreibens und generell in einer konzentrierten ›Arbeitshaltung‹.

Intime Polysemien

Die bürgerlichen Praktiken persönlicher Beziehungen bringen damit in allen dreien ihrer Interaktionspaarungen – zwischen Freunden, zwischen Ehepartnern und zwischen Eltern und Kindern – ein Subjekt hervor, das psychologisch-empathische Innerlichkeit mit elaborierter Sprech- und Schreibfähigkeit kombiniert und sich als eine Exemplifikation des moralisch-souveränen bürgerlichen Subjekts als ganzes darstellt. Als Intimitätssubjekt – als Freund oder Ehepartner – und als Teil eines Geflechts persönlicher Beziehungen ist das bürgerliche Modell Objekt einer affektiven Aufladung. Erst die Partizipation an Intimbeziehungen im bürgerlichen Sinne, an thematisch entgrenzten, kommunikativen und psychologisch-empfindsamen, nach Kriterien der ›sympathetischen Ähnlichkeit‹ modellierten Interaktionssystemen, erst seine Subjektposition als ›Freund‹ oder Ehemann/Ehefrau befähigt den Einzelnen zur vollwertigen Subjekthaftigkeit. Die Position des Intimitätssubjekts erscheint hier einerseits erstrebenswert, da in ihr die moralischen Subjektideale der intersubjektiven Transparenz, der Moderatheit, der Zweckhaftigkeit der Bildung und der Einheit von Vernunft und Gefühl verwirklicht erscheinen, andererseits, da sich in ihrer Voraussetzung einer Beziehungswahl die Souveränität des bürgerlichen Subjekts aktualisiert. Das kulturelle Andere des bürgerlichen Intimitätssubjekts ist eine Subjektivität – zu konkretisieren in der Aristokratie und in der ›Volkskultur‹ –, der es an der bürgerlichen Psychologisierung mangelt und die an der ›Oberfläche‹ des Verhaltens verbleibt (zum Beispiel sexuellen Verhaltens) sowie eine, die nicht auf der Beziehungswahl von personalen Affinitäten, sondern dem Arrangement der Beziehungsvorgabe beruht.

Das bürgerliche Intimitätssubjekt hat jedoch gegen den Anspruch einer Einheitlichkeit eine heterogene Struktur. Der bürgerliche Freund/ die bürgerliche Freundin, der/die zugleich Ehemann bzw. Ehefrau ist und dabei die Balance eines empfindsam-psychologischen, gebildet-kommunikativen Innerlichkeitsweisen wahrt – welche ihm/ihr zugleich die Gewissheit und Zuschreibung moralischer Moderatheit sichert – erweist sich als eine fragile kulturelle Konstruktion, die sich aus mehreren, hybriden Versatzstücken zusammensetzt, die potentiell in das Intimitätssubjekt Uneindeutigkeiten und Friktionen implantieren: (1.) Die empfindsam-bildungsorientierte Freundschaftssemantik kombiniert sich im bürgerlichen Subjekt mit einem doppeldeutigen Verhältnis zum Sexuellen. Die affektiv-libidinöse Aufladung des ›Anderen‹, ein auf ihn/sie gerichtetes Begehren wird systematisch herangezüchtet und zugleich moralisch diskreditiert. (2.) Das Modell des Privatsubjekts wird an eine Familienökonomie und -genealogie gekoppelt, so dass sich in der bürgerlichen Intimitätskultur eine Semantik des privaten Gefühls und eine des strategischen Erbes überlagern. (3.) Es schält sich eine polyseme Identifikation von bürgerlicher Geschlechtlichkeit heraus. Einerseits wird über Kommunikations- und Gefühlstraining eine Verähnlichung der Geschlechterhabitus betrieben, gleichzeitig deutet sich im Kontext des aufklärerisch-bürgerlichen Interesses an der Natur und Natürlichkeit des Subjekts eine Naturalisierung von Geschlechtscharakteren an. (4.) Als basale Spannung innerhalb der bürgerlichen Intitmitätskultur erweist sich die Konkurrenz zwischen einer mehrdeutigen Freundschaftsorientierung und einer eindeutigen Familien- und Eheorientierung.

Die erotische und körperlich-sexuelle Dimension der Ehe (eventuell auch der Freundschaft) stellt sich in der bürgerlichen Subjektkultur als widersprüchliches Objekt einer doppelten Abgrenzung und einer positiven Hervorbringung heraus, welche beginnt, das bürgerliche Modell zu sprengen. Die Differenzmarkierung gegenüber einer erotisch-sexuellen Ausrichtung von Intimbeziehungen speist sich überdeterminiert aus dem post-religiösen Moderierungsgebot und der kognitivistisch-kommunikativen Ausrichtung des Intimitätssubjekts an ›Bildung‹. Zugleich produzieren jedoch der Subjektcode der Empfindsamkeit und seine Psychologisierung des Anderen eine entgegengesetzte libidinöse Aufladung des ›Anderen‹. In erotisch-sexueller Hinsicht ist für das bürgerliche Subjekt die anti-exzessive Distinktion gegenüber der vorgeblich unkontrollierten Verwendung des Körpers und des Begehrens in der Adelskultur zentral.[64] Diese bildet, ausgehend von Frankreich, in der Frühen Neuzeit ein kulturelles Modell der ›amour-passion‹ aus, das – außereheliche – Liebesverhältnisse primär als kurzfristige sexuelle Verhältnisse definiert, welche die sexuelle Attraktion und einen Prozess des ›Sich-Verliebens‹ voraussetzen und sich in einem luststeigernden Verführungsspiel umsetzen. Wenn die Identität der bürgerlichen Subjektkultur feldtranszendierend über die Differenz zur Exzessivität organisiert ist, dann stellt sich neben jenem dem Arbeitsethos entgegengerichteten ›müßigen‹ Umgang mit der Zeit, dem Körper und der Aufmerksamkeit diese aristokratische Liebes- und Sexualitätskultur einer leidenschaftlichen ›amour-passion‹ als ein zweiter Gegenstand (daneben auch die ›unaufgeklärte‹, latent inzestuöse Volkskultur) der bürgerlichen Distinktion dar. Der aristo-

---

64 Zum folgenden vgl. Kluckhohn (1922), S. 82 ff.; Isabell V. Hull (1996): Sexuality, State, and Civil Society in Germany 1700-1815, Ithaca, S. 229-256; Perrot (1986), S. 553 ff.; Hunt (1996), S. 67 ff., 101 ff.; Robert A. Nye (1993): Masculinity and Male Code of Honour in Modern France, Oxford; ders. (Hg.) (1999): Sexuality, Oxford, S. 51-83; Roy Porter/Leslie Hall (1995): The Facts of Life. The creation of sexual knowledge in Britain, 1650-1950, New Haven, S. 14-32.

kratische Umgang mit sexuellem Begehren widerspricht in zweifacher Hinsicht dem bürgerlichen Ideal-Ich eines moderaten, tugendhaften Subjekts; er sei einerseits egoistisch allein auf die eigene Luststeigerung ausgerichtet und verwickele den Anderen in ein doppelbödiges Spiel der Intransparenz; gleichzeitig und vor allem bedeute er, dass man sich körperlichen Neigungen beliebiger Art ausliefere, statt sie zu moderieren. Die Abgrenzung zum exzessiven aristokratischen Begehrenssubjekt – somit auch der offensive Kampf gegen sexuelle Beziehungen außerhalb der Ehe, gegen ein Subjekt, das unbeschränkt seinen Neigungen folgt, auch gegen als abweichend diskreditierte nicht-reproduktive Sexualität (vor allem Masturbation) – ist für die bürgerliche Intimkultur grundlegend. Sexualität wird damit in erster Linie in der Distinktion zum Thema, und sie bildet sich im Sinne einer modernen ›Sexualität‹ erst in der Gestalt eines negativ konnotierten Komplexes von riskanten Vorstellungen, Emotionen und Akten, die einerseits ganzen Klassen (dem Adel, in Ansätzen auch der Unterschicht, etwa den Dienstboten), andererseits den Neigungen der eigenen bürgerlichen Körper – und zwar in unterschiedlicher Form den ›aktiven‹ männlichen und den ›passiven‹ weiblichen Körpern – zugeordnet werden. Die Körperlichkeit und ›Sinnenorientierung‹ des Sexuellen in der Ehe erscheinen hier zwar ›in Maßen natürlich‹, angesichts der dezidiert kognitiven und kommunikativen Modellierung bürgerlicher Intimbeziehungen als solche der ›Bildung‹ jedoch prinzipiell nachgeordnet, was sich in der Opposition zwischen einer positiv prämierten ›Seelenliebe‹ auf freundschaftlicher Basis und einer negativ konnotierten, bloßen ›Sinnenliebe‹ (in der ›die Ehefrau zur Prostituierten wird‹) manifestiert.

Der kulturellen Distanz zum Sexuell-Körperlichen läuft jedoch innerhalb der bürgerlichen Intimitätskultur des 18. Jahrhunderts eine affektive Aufladung und damit eine Erotisierung von Subjekten im Kontext jenes Diskurskomplexes der ›Empfindsamkeit‹ parallel, der sich vor allem im Medium des Interdiskurses der Literatur und allgemein in der schriftlichen Intimkommunikation (vor allem den Briefen) entfaltet.[65] Über den Weg der symbolischen und zugleich affektiven Besetzung des Anderen in der psychologischen Kultur des Bürgerlichen, das heißt gerade der Vermeidung des ›realen‹ Körperlichen, formiert sich eine libidinöse Intensität besonderer Art. Intimbeziehungen sind in der bürgerlichen

---

65 Zum folgenden vgl. Albrecht Koschorke (1994): Alphabetisation und Empfindsamkeit, in: Schings (1994), S. 605-628; Kluckhohn (1922), S. 64-118, 176-198; Nancy Armstrong (1987): Desire and and domestic fiction. A political history of the novel, Oxford; Trepp (1996); Barker-Benfield (1992), S. 229 ff., 326 ff.; Wegmann (1988), S. 105 ff.; Felicity A. Nussbaum (1989): The Autobiographical Subject. Gender and ideology in 18th century England, Baltimore, S. 178 ff.

Subjektkultur eindeutig keine ausschließlich kognitiv-kommunikativen Bildungs- und Vertragsbeziehungen, sondern beruhen auf einer aktiven Ausbildung und Sensibilisierung von auf den Anderen gerichteten sympathetischen Gefühlen, der Ausbildung einer ›Zärtlichkeit‹ für den Anderen, die auf intensiver Fremd- und Selbstpsychologisierung beruht, einer Übung der Aufmerksamkeit für Details des Anderen als spezifische Person und für die eigenen mental-affektiven Akte dem Anderen gegenüber. Der literarische Interdiskurs des bürgerlich-empfindsamen Romans ist fixiert auf die Liebesthematik, und stellt sich damit als Trainingsfeld für die Differenzierung und Intensivierung eines erotischen Begehrens dar, das durch die beständige Reflexion über den Anderen, das eigene Verhältnis zum Anderen, die Erinnerung an vergangene Begegnungen, die ›seelischen‹ Gemeinsamkeiten und Unterschiede, die Imagination des nicht-anwesenden Anderen angeregt wird: Als intensiv betrachtetes und reflektiertes, mental-emotional-perzeptives Objekt kann der Andere systematisch als ein begehrenswerter, libidinöser Gegenstand besetzt werden. Ein ähnliches Potential der Erotisierung qua schriftlicher Thematisierung enthält die bürgerliche Praxis der intensiven Intimkommunikation in Form von Briefen, die für Ehen wie für Freundschaften gilt und die in besonderem Maße mit der Differenz zwischen dem Öffentlichen und dem Geheimen, dem Ausgesprochenen und dem Angedeuteten zu hantieren und somit eine erotische Polysemie zu produzieren vermag. Diese systematische Anstachelung eines erotischen Begehrens nach dem Anderen im Rahmen der textuellen Empfindsamkeitskultur kann damit die Form des Intimitätssubjekts über die Grenzen dessen hinaus treiben, was innerhalb der Mäßigungssemantik des Bürgerlichen tolerabel ist. Die Subjektfigur des ›Schwärmers‹ bezeichnet hier eine Subjektivität, welche die Grenze des Bürgerlichen bereits zugunsten einer überschießenden Affektivität überschreitet, welche die Empfindsamkeitssemantik selbst produziert hat.[66] Die bürgerliche Intimitätskultur bildet systematisch eine Erotisierung des Anderen heran, die – sobald sie die Grenzen des ›Tugendhaften‹ überschreitet und die körperliche Abwesenheit von Briefpartnern durch die räumliche Anwesenheit von Körpern ersetzt wird – wiederum unter Verdacht steht. Entsprechend ist bürgerliche Liebe als ein Feld des Riskanten, des Gefahrvollen und latent Gewaltsamen konnotiert, in dem die Gefahr lauert, durch seine Affekte die Tugendhaftigkeit zu verlieren.[67] Die Romantik setzt genau an dieser

66 Vgl.Manfred Engel (1994): Die Rehabilitation des Schwärmers. Theorie und Darstellung des Schwärmers in Spätaufklärung und früher Goethezeit, in: Schings (1994), S. 469-498.

67 Vgl. als Beispiel für die Riskanz der Affektivität bürgerlicher Liebe Rousseaus »Nouvelle Heloise«, in dem sich hinter dem bürgerlichen ein romantisches Liebesmodell herausschält.

Spannung an und löst sie in Richtung einer offensiven ›romantischen Liebe‹ auf, die über die Freundschaftssemantik hinausgeht.

Neben dem ambivalenten Status des Erotisch-Sexuellen ist es die psychologisch-ökonomische Doppelstruktur, die eine potentielle Friktion in das bürgerliche Intimitätssubjekt hineintreibt. Die eheliche Intimsphäre bildet einerseits den affektuell-psychologisierenden Bildungs- und Gesprächsraum einer ›companionate marriage‹, aber sie ist gleichzeitig ein ökonomischer Haushalt.[68] Als Ehe und Familie lässt sich die bürgerliche Intimsphäre nicht nur von einem Code der Bildung und Empfindsamkeit, sondern in einer gegenseitigen Überformung auch von einem der Ökonomie und der Genealogie des Familiären konstruieren. Die bürgerliche Familie – dies gilt für das Bürgertum des 18., noch stärker für das hegemoniale Bürgertum des 19. Jahrhunderts – stellt sich nicht nur als ein »Netz von Personen«, sondern auch als ein »Hort von Gütern«[69] dar. Sie ist auf einen Zeithorizont ausgerichtet, der mehrere Generationen übergreift. Eine innerhalb dieses Zeithorizontes anzustrebende Akkumulation und Reproduktion von ökonomischem, kulturellem und sozialem Kapital verinnerlicht das bürgerliche Subjekt als elementares Handlungsmotiv. Die bürgerliche Familie lebt nicht nur im Hier und Jetzt der intimen Kommunikation, sondern antizipiert immer auch die künftige Sicherung der Ressourcen, welche die Voraussetzungen für gegenwärtige und künftige Intimität, Geselligkeit und Selbstpraktiken schaffen. Der ›Name‹, durch den der Einzelne definiert wird, ist so der bürgerliche ›Familienname‹. In der bürgerlichen Intimkultur werden hier Sinnelemente des Familiendenkens der Aristokratie appliziert: Diese stellt sich auch hier als widersprüchliches konstitutives Außen heraus, gegen die sich die bürgerliche Familie abgrenzt, die sie im Streben nach der Bewahrung des ›Namens‹ und nach langfristiger Sicherung der Familiengenealogie zugleich aber imitiert.[70] Die Struktur der bürgerlichen Familie als ökonomischer Haushalt und als Generationen übergreifendes Kapitalakkumulations- und Reputationssystem hat jedoch Auswirkungen auf die Form des Subjekts ›en famille‹.

Vor allem in drei kritischen Konstellationen steht die bürgerliche ›Familienökonomie‹ auf dem Spiel und übt das Subjekt in einem strategischen Kalkül gegenüber dem Privaten: bei der Wahl des Ehepartners;

68 Zum folgenden vgl. Perrot (1986), S. 111-193; Nye (1993), v. a. S. 98-126; Hunt (1996), S. 73-100, Earle (1989), S. 177-204; Langford (1989); S. 109-116.

69 Perrot (1986), S. 111.

70 Zu diesem das Bürgertum mit der Adelskultur verbindenen Element der Familien vgl. auch Matthias Waltz (1993): Ordnung der Namen. Die Entstehung der Moderne: Rousseau, Proust, Sartre, Frankfurt am Main, S. 267 ff.

im Verhältnis der Frau zum Mann in der Ehe; schließlich in der Behandlung der Kinder als ›Erben‹. Die Wahl des Ehepartners verlangt dem bürgerlichen Intimitätssubjekt ein fremdpsychologisches Kalkül ab. Einerseits sind es die Kriterien der Freundschaftswahl, die zum Einsatz kommen, um eine ›verwandte Seele‹ zu finden; gleichzeitig wird jedoch nach Art einer doppelten Buchführung der Personalauswahl regelmäßig ein zweites Set von Kriterien verwendet, das den Anderen nach seiner ›Haushaltsfähigkeit‹, seiner Eignung für den Aufbau einer Familie und eines angemessenen sozialen Status abschätzt.[71] Das Eingehen einer Ehe stellt sich als ein ökonomisches und soziales Risikospiel dar und der bürgerliche ›Heiratsmarkt‹ als ein kollektives ›Unternehmen‹, in dem jeder auf der Suche nach dem passenden ›match‹ ist. Die Intimsphäre zitiert hier teilweise ökonomische und kontraktuelle Semantiken, die in der Arbeit- und Produktionssphäre entstanden sind, so dass ›partnership in life‹ parallel zu ›partnership in trade‹ erscheint.[72] Der bürgerliche Code der Moral weiß beide Kriterienkataloge der Partnerwahl notdürftig zu verknüpfen: Vertrauensfähigkeit und charakterliche Integrität erscheinen als Merkmale sowohl von persönlicher Freundschaftsfähigkeit als auch von ökonomischer Haushaltsfähigkeit.

Die Kategorien der Familienökonomie formen das bürgerliche Subjekt nicht nur zu Beginn einer Ehe, sie setzen sich innerhalb der Ehe vor allem im Verhältnis des weiblichen Subjekts zum Ehemann fort. Die Ehefrauen der frühen bürgerlichen Kultur sind zwar nicht ausschließlich Privatsubjekte, vielmehr entfalten sie innerhalb der Haushaltsökonomie Managementfähigkeiten, die den Arbeitsdispositionen der Männer analog sind. Angesichts ihrer Beschränkung der Arbeit auf den Haushalt (was allerdings im 18. Jahrhundert eine informelle Beteiligung an den wirtschafts- und bildungsbürgerlichen Aktivitäten der Ehemänner regelmäßig einschließt) bleiben sie jedoch in einer sozialen und ökonomischen Abhängigkeit. Aus der Perspektive des weiblichen Subjekts präsentiert sich die bürgerliche Ehe daher immer auch als die einzige legitime Möglichkeit, einen bürgerlichen Status zu erreichen. Die bürgerliche Ehe kann und muss dann auch als eine Tauschbeziehung verstanden werden, als Institution einer ›emotionalen Ökonomie‹ (Hunt), in der die ökonomisch-soziale Protektion des Mannes die Gegenleistung für die exklusive Liebe der Frau liefert; insbesondere das weibliche Subjekt muss sich in einer entsprechenden kalkulatorischen

---

71 Diese Spannung wird etwa im England des 18. Jahrhunderts im prominenten Diskurs über die Konkurrenz zwischen einer empfindungsorientierten und einer ökonomischen Ehelogik deutlich, vgl. etwa Earle (1989), S. 11-204, Langford (1989), S. 109-116.

72 Daniel Defoe (1727): Conjugal Lewdness or Matrimonial Whoredom, Gainesville 1967, S. 215.

Haltung gegenüber der Ehe üben. Auch die bürgerliche Beziehung der Eltern zu den Kindern präsentiert sich schließlich als eine empathisch-kommunikative und ökonomisch-genealogische Interaktionsform zugleich. Kinder sind nicht nur Teilnehmer am familiären Bildungsraum, ihnen kommt im Rahmen der bürgerlichen Familiengenealogie auch die Funktion der Erben von ökonomischem, kulturellem und sozialem Kapital zu. Das Kind muss daher beständig auch unter dem Aspekt seiner bürgerlichen Leistungsfähigkeit perspektiviert werden, als Fortführer der Familientradition, als disziplinierter, ›fähiger Erbe‹ (der ›unfähige Erbe‹ ist hier eine in der bürgerlichen Kultur ubiquitäre Anti-Figur).

Die Modellierung der Geschlechtlichkeit des bürgerlichen Intimitäts-subjekts stellt sich als drittes Polysemie-Feld dar.[73] Die frühbürgerliche Kultur enthält hier zwei einander widersprechende Tendenzen. Zum einen betreibt sie in ihren Praktiken und Diskursen eine Verähnlichung der Geschlechterhabitus entlang von kommunikativen und emotionalen Kompetenzen – das bürgerlich-aufklärerische Freundschaftssubjekt ist in diesem Sinne kein ›gendered subject‹, sondern ein geschlechtsindifferentes Subjekt; zugleich bahnt sich ein – im bürgerlichen 19. Jahrhundert dominant werdender – Diskurs ›natürlicher‹ Geschlechtercharaktere an, der sich aus dem aufklärischen Natürlichkeitsdiskurs in dem Moment speist, in dem dieser eine biologische Wendung zu nehmen beginnt (und der zudem mit einem christlichen Erbe des Patriarchalismus kombiniert wird).[74] Die frühbürgerliche Subjektkultur legt ihre zentralen Subjektanforderungen der emotional-psychologischen und

73 Damit ist einer ›grand récit‹ zu widersprechen, welche ›die bürgerliche Kultur‹ als Ursprung ›des Geschlechterdualismus der Moderne‹ interpretiert; die bürgerliche Kultur ist hier selbst ein hybrides Arrangement, das im 18. Jahrhundert eine Alternative zum bipolaren ›gendered subject‹ (wie auch über das Freundschaftsmodell zur ›Zwangsheterosexualität‹) enthält, welche jedoch im 19. Jahrhundert marginalisiert und invisibilisiert wird.

74 Zum folgenden vgl. Claudia Honegger (1991): Die Ordnung der Geschlechter. Die Wissenschaften vom Menschen und das Weib 1750-1850, Frankfurt (Main)/New York, S. 13-102; Carter (2001), insbes. S. 53-87; Lieselotte Steinbrügge (1987): Das moralische Geschlecht. Theorien und literarische Entwürfe über die Natur der Frau in der französischen Aufklärung, Weinheim/Basel; Barker-Benfield (1992), S. 37-103; Wharton (2004), S. 7-82; Sylvana Tomaselli (1985): The Enlightenment debate on women, in: History Workshop, S. 101-124; Tim Hitchcock/Michele Cohen (Hg.) (1999): English Masculinities, 1660-1800, London. Zum christlichen Erbe des Patriarchats in der bürgerlichen Kultur vgl. Bengt Algot Sörensen (1984): Herrschaft und Zärtlichkeit. Der Patriarchalismus und das Drama im 18. Jahrhundert, München.

der kommunikativen Kompetenz geschlechtsindifferent an jedes Subjekt an, und das Ideal-Ich eines kommunikativ-empfindsamen Wesens ist ein Objekt des ›passionate attachement‹ für weibliche wie männliche Subjekte zugleich. Die spätaristokratischen wie frühbürgerlichen Diskurse bezüglich der Geschlechtlichkeit im späten 17. und der ersten Hälfte des 18. Jahrhunderts vor allem in Frankreich und England zielen gleichermaßen auf eine Destabilisierung von Verhaltensdifferenzen zwischen den Geschlechtern. Hier wird die intellektuelle Ebenbürtigkeit der Frau gegenüber dem Mann, damit eine universale Vernunftfähigkeit, postuliert (ein Diskurs, der von Poulain de la Barre »De l'égalité des deux sexes« (1673) ausgeht); teilweise erscheinen vorgeblich weibliche emotionale und kommunikative Kompetenzen als Modellfall einer entfalteten bürgerlich-menschlichen Existenz insgesamt (so die Frau als »more noble matter and refined« bei William Ramsey (1672),[75]) so dass nun der bürgerliche Mann in Richtung eines ›man of feeling‹ besonders erziehungsbedürftig erscheint. Die Abgrenzung gilt hier jener Version eines aristokratischen Mannes, dem es in seiner aggressiven Mysogynie an dieser moralischen Empfindsamkeit fehlt. Grundlegend ist die Annahme einer Erziehbarkeit und Modellierbarkeit des Subjekts beiderlei Geschlechts. Die Praxis der Selbst- und Fremdpsychologisierung, der kommunikativen Sensibilisierung, der Ausbildung einer differenzierten emotional-reflexiven Innenwelt, die Kultivierung der ›Bildung‹, welche die bürgerliche Intimitäts- und Freundschaftskultur ausmachen, ist damit im Grundsatz nicht geschlechtsspezifisch differenziert (was dazu führt, dass im 18. Jahrhundert in England auch autonome Frauen wie die ›Amazonen‹ und sentimentalische Männer wie die ›men of feeling‹ kulturell legitime Subjektrepräsentationen darstellen). Männliche Freundschaft, weibliche Freundschaft und männlich/weibliche Freundschaft/Ehe können dann konsequenterweise als strukturanalog erscheinen.

Zugleich bahnt sich jedoch aus dem gleichen aufklärerischen Diskurs, der eine kommunikativ-empfindsame Erziehung ›des‹ natürlichen Subjekts postuliert, eine Oppositionsbildung zweier Geschlechter an (die eine zusätzliche Stütze im tradierten christlichen Modell des ›Haus-Vaters‹ erhält). Es ist das aufklärerische Interesse an der ›Natürlichkeit‹ und ›Natur‹ als Fundament der Subjektformierung, das im letzten Drittel des 18. Jahrhunderts im Zuge einer allmählichen Umdefinition der Natur von einem anti-aristokratischen, universalistischen Gegenbegriff gegenüber dem Künstlichen (›natürliche Moral‹, ›natürliches Empfinden‹, ›natürlicher Geschmack‹) zu einem von der neuen empirisch-klassifizierenden Naturlehre beeinflussten Konzept des Biologischen den Hintergrund für diese Differenzierung von Männern und

75 Zit. nach Carter (2001); S. 10.

Frauen als Subjekttypen mit unterschiedlichen, organisch begründeten Eigenschaftsbündeln bildet. Diese beginnende Naturalisierung von Geschlechterdifferenzen – diskursinnovativ hier A. L. Thomas' »Essai sur les femmes« (1772) und Pierre Roussels »Système physique et moral de la femme« (1775) – setzt zunächst an einer vorgeblich differenten nervlichen Konstitution zweier Geschlechter an, die als Grundlage emotional/ rationaler Differenzen wahrgenommen wird. Sie kann sich mit einem bürgerlich kulturkritischen Diskurs verbünden, der das weibliche Subjekt nun gerade als Trägerin einer quasi-aristokratischen Artifizialität – etwa in der Figur der ›mondänen Gesellschafterin‹, aber auch des ›gelehrten Frauenzimmers‹ – stereotypisiert, welche ihre ›Natürlichkeit‹ geopfert habe. Der bürgerliche Praxis-/Diskurskomplex, der zunächst eine systematische Verähnlichung der Geschlechterhabitus entlang von Maßstäben der Moralität, Empindsamkeit und Kommuniktionsfähigkeit betreibt, bahnt damit zugleich eine Bifurkation der Geschlechter an, die im 19. Jahrhundert in Form eines instabilen Kompensationsmodells dominant wird.

Die letzte und elementarste Friktion, welche die bürgerliche Intimitätskultur durchzieht, betrifft die Spannung zwischen einer Orientierung des Subjekts an Freundschaft und einer Orientierung an Ehe und Familie als zwei miteinander am Ende konkurrierenden kulturellen Modellen der Intimsphäre. Das bürgerliche Freundschaftsmodell beruht auf einer Praxis inklusiver Intimbeziehungen, einem ganzen Netzwerk kommunikativ-empathischer Beziehungen unterschiedlicher emotionaler Intensität und thematischer Breite, unterschiedlicher Dauer, in ihrer räumlichen Verankerung fluide, prinzipiell auch mit einem Personal unterschiedlicher Geschlechter; der Freundschaftscode bringt keinen strikten Binärcode bezüglich ›sex‹ und bezüglich ›gender‹ hervor. Die bürgerliche Freundschaftsskultur appliziert dabei Elemente auch der aristokratischen Geselligkeitskultur: *Hier* (und nicht im Ehe- und Familienmodell) stellt sich die aristokratische Kultur als latentes Imitationsobjekt bürgerlicher Sozialität dar. Dadurch, dass sich die bürgerliche Mann-Frau-Beziehung primär vom Freundschaftscode konstruieren lässt, stellt sie sich zunächst als nicht mehr denn *ein* Knoten im Rahmen eines solchen Freundschaftsnetzwerks dar, als ein Supplement zu den anderen Freundschaften. Gleichzeitig bildet die bürgerliche Ehe (welche sich unter anderem aus dem Arsenal christlicher Moralität bedient) jedoch ein grundsätzliches Konkurrenzmodell zur Freundschaftssemantik. Sie beruht auf einer *exklusiven* persönlichen Beziehung, die als dauerhaft zu institutionalisieren ist, auf der Orientierung des Subjekts an einer einzigen, primären Beziehung, im Rahmen einer nach außen geschlossenen häuslichen Gemeinschaft, die eine eindeutige kulturelle Matrix von zweierlei ›sex‹, diesen zugeordnet zweierlei ›gender‹ und einem reziproken Begehren zwischen den beiden Seiten produziert. Die

Relation zwischen dem Freundschaftsmodell des Intimitätssubjekts und dem Ehe- und Familienmodell ist damit instabil; letzteres stellt sich innerhalb der frühbürgerlichen Ordnung als ein Supplement zu ersterem dar und zugleich als ein Element, das selbst zum Primat werden kann. Die bürgerliche ›Freundschafts‹-Ehe enthält das Potential, sich von einer supplementierenden Ergänzung der Freundschaften in eine Konkurrenz zu den Freundschaften zu verwandeln und diese selbst zu sekundären Beziehungen zu marginalisieren, damit letztlich das gesellige Freundschaftsnetzwerk zugunsten einer Intimstruktur zu sprengen, welche aus differenten Kleinfamilien besteht, für die Freundschaftsbeziehungen im frühbürgerlichen Sinne zur Bedrohung werden. Die Spannung zwischen dem in mehrerer Hinsicht inklusiven und damit fluiden intimen Freundschaftssubjekt und dem exklusiven, damit fixen intimen Ehesubjekt wird in der bürgerlichen Moderne des 19. Jahrhunderts eindeutig zugunsten des zweiten Modells aufgelöst. Es ist die ›romantischen Liebe‹ in einer spezifisch bürgerlichen Version, welche – parallel zu den Naturalisierungen der Geschlechter in den humanwissenschaftlichen Diskursen des 19. Jahrhunderts – diesen Umbau der kulturellen Form des Intimitätssubjekts vorantreibt.

2.1.3 Bürgerliche Technologien des Selbst: Die Produktion einer Innenwelt des Subjekts im Medium der Schrift

Neben den Praktiken der Arbeit und denen der freundschaftlichen wie familiären Intimsphäre bildet sich das moderne als bürgerliches Subjekt im 18. Jahrhundert in einem Komplex spezifischer Praktiken des Selbst. Diese bürgerlichen Selbsttechnologien sind in erster Linie solche des Umgangs mit der Schrift: Praktiken des Schreibens – vor allem von Tagebüchern und Briefen – sowie des Lesens, sowohl von non-fiktionalen als auch von fiktionalen Texten. Die Kultur der bürgerlichen Moderne ist eine Kultur der Schriftlichkeit, die materiale Kultur des Buchdrucks nach 1500, von Druckereien, Buchbindereien, Buchhandel und Bibliotheken liefert ihre technologische Voraussetzung, die jedoch erst mit der ›Leserevolution‹ seit der zweiten Hälfte des 17. Jahrhunderts in eine extensive Praxis umgesetzt wird.[76] Das bürgerliche Subjekt ist in einer

76 Vgl. Elizabeth Eisenstein (1979): The Printing Press as an Agent of Change, Cambridge, 2 Bände; Roger Chartier (1987): The Cultural Uses of Print in Early Modern France, Princeton; Michael Giesecke (1991): Der Buchdruck in der frühen Neuzeit. Eine historische Fallstudie über die Durchsetzung neuer Informations- und Kommunikationstechnologien, Frankfurt am Main 1998.

beträchtlichen Spanne von Alltags- und Lebenszeit Schreibender und Lesender, so dass sich der Schriftlichkeitshabitus in seinen Körper/Geist ›einschreibt‹ und ihm eine Form verleihen kann, welcher seine gesamte Praxis und sein Verhältnis zu sich selbst prägt. Das bürgerliche ›Selbst‹ als Gegenstand seiner Selbstbeobachtung differenziert sich im Medium der Schriftlichkeit aus, und seine Selbsthermeneutik speist sich aus der ›Selbstbildung‹, die in diesen Aktivitäten wahrgenommen wird. Gleichzeitig bleiben die schriftorientierten Praktiken des Selbst nicht isoliert, sondern sind als *dispersed practices* mit den Arbeits- und Intimitätsformen vernetzt. Das Subjekt, das in bürgerlicher Arbeit und Intimität zum Einsatz kommt, wird durch die Schriftpraktiken kognitiv und affektiv vorgebildet; die Praktiken der bürgerlichen Arbeit und der Intimität prozessieren selbst – über Geschäftskorrespondenz, Presseinformationen, intime Korrespondenzen etc. – im Medium der Schrift.

Die bürgerlichen Selbstpraktiken der Schriftlichkeit verhelfen einer spezifisch innenorientierten Subjektform zur Existenz. In der körperlichen Motorik und der Aufmerksamkeit des Geistes moderiert und fokussiert, bilden sich Elemente einer kognitiven und emotionalen, zum Teil auch imaginativen ›Innenwelt‹ heraus: über den Weg der Reflexion – etwa über biografische Möglichkeiten und moralische Dilemmata –, der Selbstbeobachtung und des emotional sensibilisierten inneren Erlebens. Als zentral für den subjektbildenden Effekt bürgerlicher Lektüre stellen sich solche Texte dar, die lebenspraktische Exemplarität beanspruchen und einen Sinn für biografische Temporalität und die subjektive Zurechenbarkeit von Entscheidungen heranziehen: Autobiografien, Biografien und bürgerliche Romane. Das symbolische Andere der ›ernsthaften‹ bürgerlichen Selbstpraktiken, die das Subjekt in diszipliniert Einsamkeit vollzieht, liefern jene als ›unernst‹ repräsentierten Praktiken der Adelskultur und der Volkskultur gleichermaßen, die Merkmale eines kollektiven, spielerischen, theatralischen und um visuelle Reize zentrierten ›Spektakels‹ annehmen und an denen das Subjekt um des ästhetisch-visuellen Spektakulären willen partizipiert.[77] Die bürgerlichen Technologien des Selbst sind demgegenüber auf die programmatische Teleologie eines Bildungssubjekts festgelegt und formieren sich im Umkreis aufklärerischer Diskurse über eine zivil-gebildete, sich im Medium der Schriftlichkeit aus Abhängigkeiten und Vorurteilen emanzipierenden Subjektivität. Die Praktiken der Schriftlichkeit produzieren im bürgerlichen Subjekt dabei jedoch alles andere als eine bruchlose Einheit,

---

77 Zu diesem ›karnevalesken‹ Element, gegen das das bürgerlich-diszipli-nierte Subjekt opponiert, das aber gleichwohl in ihm seine Störmanöver treibt, vgl. Terry Castle (1986): Masquerade and Civilization: The carnevalesque in 18th century English culture and fiction, London; Peter Burke (1978): Popular Culture in Early Modern England, London.

sie sind kein eindimensionales Instrument der ›Rationalisierung‹ und ›Kognitivierung‹, sondern befördern eine elementare Friktion: zwischen der Anforderung allgemeiner Menschlichkeit und der Selbstwahrnehmung singulärer Individualität, zwischen der limitierenden Kontrolle eines Selbst und der semiotischen Produktion dieses Selbst; zwischen den Subjekterfordernissen von Moralität und Wahrheit einerseits, den schriftproduzierten Potentialen von Imagination und Fiktionalität andererseits. Der scheinbare ›Kern‹ einer bürgerlichen Innenwelt sieht sich damit im Moment seiner Hervorbringung zugleich bereits destabilisiert durch die Spannung zwischen einer moralisch-kognitiven, allgemeinen und einer imaginativ-individuellen, einer ästhetischen Innenwelt, die beide zugleich über die Schriftlichkeitspraxis befördert werden.

Auch die Ausbildung schriftorientierter Selbstpraktiken bürgerlicher Subjektivität und die Formierung eines bürgerlichen Bildungssubjekts vollzieht sich im Zuge einer Differenzmarkierung zur Adelskultur. Für die *performance*-orientierte Subjektivation in der höfischen Gesellschaft konstitutiv sind weniger die ›innenorientierten‹ Aktivitäten des einsamen Lesens und Schreibens (die gleichwohl als zweckfreie Zerstreuung, etwa der weiblichen Romanlektüre, auch dort vorhanden sind), sondern die Formen öffentlicher Darstellung von Literatur, paradigmatisch in der klassizistischen Dramatik des französischen Ancien Régime, in der sich die höfische Gesellschaft spiegelt, und im öffentlichen Vortragen von Literatur innerhalb einer repräsentativen Kultur. Demgegenüber enthält die Schriftorientierung der bürgerlichen Subjektkultur – neben jenen ›unreinen‹ Elementen der zweckfreien aristokratischen (vor allem weiblichen) Lektüre – vor allem Spuren einerseits aus der frühneuzeitlichen Kultur des Protestantismus, andererseits aus dem Kontext des Renaissance-Humanismus.[78] Das protestantische Subjekt – in dem sich die Schriftorientierung der klerikalen Kultur veralltäglicht – übt sich in der einsamen oder gemeinsamen Lektüre religiöser und moralischer Texte zum Zwecke ihrer Anwendung auf die eigene Biografie. Selbständige Lektüre erscheint als Voraussetzung internalisierten Glaubens. Gleichzeitig entwickelt es eine Routine alltäglichen Schreibens in Form von Tagebüchern. Die religiöse Anforderung ununterbrochener Selbstprüfung von Taten, Gewissen und Gefühlen erhält im schriftlichen Medium

---

78 Zur Geschichte der Lesepraktiken und Lektüregegenstände ingesamt vgl. Erich Schön (1987): Der Verlust der Sinnlichkeit oder Die Verwandlungen des Lesers. Mentalitätswandel um 1800, Stuttgart, S. 31-61; Roger Chartier (Hg.) (1985): Pratiques de la lecture, Marseille; Rolf Engelsing (1974): Der Bürger als Leser. Lesergeschichte in Deutschland 1500-1800, Stuttgart; Jochen Greven (1973): Grundzüge einer Sozialgeschichte des Lesers und der Lesekultur, in: Alfred C. Baumgärtner (Hg.): Lesen, Hamburg, S. 117-133.

der täglichen Aufzeichnungen eine systematische Form.[79] Neben Elementen der Schriftlichkeitsorientierung der protestantischen Kultur ist es die frühneuzeitliche Kultur des Renaissance-Humanismus mit ihrem Subjektideal des Künstler-Gelehrten, welche eine Selbst-›Bildung‹ des Subjekts im Medium der Kultur der Schriftlichkeit und des Buchdrucks forciert, wobei die Gebildetheit der antiken Subjektivität zitiert und in der bürgerlichen Schriftkultur rezipiert wird. Protestantismus und Renaissance-Humanismus wirken im Sinne einer Überdetermination beide in Richtung der Ausbildung des bürgerlichen Schriftlichkeitssubjekts; zugleich wird jene Differenz zwischen einer Schriftkultur, die an Moralität und Wahrhaftigkeit, und einer, die an ›self-fashioning‹ (S. Greenblatt) orientiert ist, als konstitutive Spannung ins Innere des bürgerlichen Schriftsubjekts injiziert.

Subjektivation im Lesen

In der Praktik des Lesens, insbesondere in jener ›bürgerlichen‹ Version seit der Leserevolution, erhält das Subjekt eine besondere Form. Für die Ausbildung einer Innenwelt bürgerlicher Subjektivität sind die Praktiken des bürgerlichen Lesens mit denen des Schreibens verzahnt und beide gemeinsam bilden einen Komplex der Schriftlichkeitspraxis. Als ›Praktik‹ lässt sich das Lesen nicht auf das Gelesene, das heißt den Inhalt und die Struktur der Texte, reduzieren. Die Art und Weise, wie das bürgerliche Subjekt liest, welche Tätigkeiten es körperlich, kognitiv und affektiv vollzieht, wenn es ›Lektüre‹ betreibt, macht ihre spezifische subjektbildende Form aus. Gleichzeitig sind Struktur und Inhalt der typischen bürgerlichen Lesegegenstände selbst von Relevanz. Die Texte behalten einen relativen Eigenwert, der keine arbiträren Verwendungsweisen zulässt, vielmehr bestimmte Verwendungen nahelegt. Die Form der Lektüre und die Eigenstruktur der typischen Texte bilden einen im Rahmen des kulturellen Raums des Bürgerlichen miteinander zusammenhängenden Praxis-/Artefakt-/Zeichen-Komplex: Es entwickeln sich eine bürgerliche Technologie der Lektüre und genuin bürgerliche Textgattungen. Die Texte, die Gegenstände bürgerlichen Lesens werden, beruhen allesamt – zumindest auf einer ersten Ebene – auf einem Realismus-Effekt; sie präsentieren sich als quasi-didaktische Exempel reflexiv-moralischen Handelns und zugleich als Vermittler eines kognitiven ›Weltwissens‹, das mundane Intelligibilität und subjektive Souveränität zu vermitteln versucht.

Das Medium der Schriftlichkeit, insbesondere in jener Form, in der handschriftliche Manuskripte durch den Buchdruck abgelöst worden

---

79 Vgl. etwa Sacvan Bercovitch (1975): The Puritan Origins of the American Self, New Haven/London.

sind, züchtet im Subjekt spezifische Dispositionen heran, die sich von jenen unterscheiden, die sich in einer ausschließlich oder primär im Medium der Mündlichkeit – wie es für den ›Dritten Stand‹, in anderer Weise auch für den Adel gilt – prozessierenden Praxis ausbilden:[80] Die Praktik des Lesens trainiert das Subjekt in einer Fixierung auf den Sehsinn; sie richtet es – bereits vor der Entstehung jener ›visuellen Kultur‹ im engeren Sinne, das heißt der Technologien audiovisueller technischer Reproduzierbarkeit seit dem Ende des 19. Jahrhunderts – primär an einer Visualität im weiteren Sinne aus. Auditive und taktile Sinne, die in der mündlichen Kultur eng mit dem Gesichtssinn verzahnt sind, treten zurück. Das *Gelesene* ist das zeichenhaft *Gesehene* – jedoch das unanschaulich Gesehene, das in Form von Schriftzeichen präsent ist; demgegenüber wird in der bürgerlichen Schriftkultur das bildhaft Visuelle abgewertet. Die Orientierung am Sehsinn übt das Subjekt – im Unterschied zur taktil-auditiven Orientierung – in einer Distanznahme zu den Dingen, die so zu ›Objekten‹ der Betrachtung und Reflexion werden können. Die Schriftkultur trainiert eine Orientierung an der Sequenzialität aufeinander aufbauender propositionaler Gefüge, die an die Stelle der Redundanz der Rede treten. Statt der Additivität des Gesagten gewinnen damit die logische Ordnung und Subordination sowie die narrative Spannung, wie sie der schriftliche Text zu produzieren vermögen, Normalität und können im Subjekt einen logischen und einen narrativen Sinn heranziehen. Indem die Schriftkultur eine Distanzierung der Texte von Autor, Leser und Handlungskontext betreibt, vermittelt sie die Vorstellung einer autonomen ›Logik der Sache‹, die so ›objektiv‹ zu existieren scheint, wie der Text scheinbar unabhängig von Autor und Leser besteht. Schließlich entlastet die Schriftkultur das Subjekt von der Gedächtnisbildung in der mentalen Erinnerung. Sie ermöglicht eine souveräne Verfügung über Wissen, das nicht mental verankert ist, und lässt damit Spielraum für die Entwicklung von Neuem, ohne dass das Alte verlorenginge.

Das lesende Subjekt in der bürgerlichen Kultur entwickelt einige Dispositionen,[81] die es vom antiken, geistlichen oder gelehrten Leser

80 Vgl. zu diesen Differenzen zwischen Mündlichkeits- und Schriftlichkeitskultur allgemein: Walter J. Ong (1982): Orality and Literacy. The technologizing of the word, London 2000; Eric A. Havelock (1976): Schriftlichkeit. Das griechische Alphabet als kulturelle Revolution, Weinheim 1990; Marshall McLuhan (1962): The Gutenberg Galaxy. The making of typographic man, Toronto; Friedrich Kittler (1985): Aufschreibesysteme 1800/1900, München 1995; Vilém Flusser (1992): Die Schrift, Frankfurt am Main. Zu den Effekten der ›Schrift‹ – als ein Paradigma der Kultur, das am Ende auch das Mündliche umfasst – vgl. auch Jacques Derrida (1972 e): Signatur, Ereignis, Kontext, in: (1972), S. 325-351.

81 Zum folgenden vgl. Schön (1987), Engelsing (1974), S. 183-215,

unterscheidet: Die Praktik des bürgerlichen Lesens ist eine lautlose, solitäre, körperlich immobile, extensiv-kursorische, an Neuem orientierte und ›hermeneutische‹ Aktivität. Das im Lesen gebildete Subjekt vollzieht eine unbewusste Selbstregierung körperlicher Bewegungen, eine dauerhafte Konzentration der Aufmerksamkeit auf einen Korpus unanschaulicher Zeichen und die Ausbildung einer komplexen ›inneren‹ Verstehenskompetenz, die kognitiv und affektuell zugleich orientiert ist. Im Unterschied zur Praxis der antiken Oberschicht, die Lesen als intersubjektiven Akt des Vorlesens vor einem Publikum praktizierte – und damit die Schriftlichkeits- in die Mündlichkeitskultur einbettete – ist das bürgerliche Lesen zum großen Teil ein stilles, einsames Lesen in alleiniger Auseinandersetzung mit den schriftlichen Zeichen. Bürgerliches Lesen kreiert einen ›privaten‹, der Beobachtung durch andere entzogenen Raum. Das bürgerliche Subjekt übt sich darin, allein mit einem semiotischen Artefakt, den Zeichen des Buches, zu interagieren – Lesen ist keine intersubjektive Praktik unter Anwesenden (mehr), sondern eine (interobjektiv vermittelte) Praktik des Selbst, die zugleich auf von abwesenden Anderen produzierte Texte angewiesen ist. Bürgerliches Lesen ist ein interiorisierter Prozess, der in der mentalen Sequenz der Reflexion und Imagination stattfindet; die Vermittlung zwischen Zeichensequenz und Innenwelt vollzieht sich allein über das Auge (so dass das bürgerliche Lesesubjekt nicht laut liest, die Lippen bewegt oder die Zeilen mit dem Finger nachzieht). Erst in dieser Konstellation ergeben sich die spezifischen Reflexions- und Imaginationseffekte des bürgerlichen Lesens: Das Subjekt trainiert sich in einer durch keine sinnlichen Nebenaktivitäten gestörten kognitiven Konzentration und zugleich Limitierung der Aufmerksamkeit. Das stille Lesen im privaten Schutzraum stellt sich damit konsequent als eine körperlich immobile Aktivität dar, die sich in einer körperlichen ›Arbeitshaltung‹ am Schreibtisch vollzieht. Die relative Unberechenbarkeit der Reflexionen und Imaginationen beim einsamen Leser ist an eine Kontrolle der körperlichen Bewegungen gekoppelt.

Das bürgerliche Lesen besteht in einer spezifischen Lesetechnik: dem extensiv-kursorischen Lesen, welches nach übergreifenden Erzähl- und Argumentationsstrukturen sucht. Vorbürgerliches Lesen, etwa religiöser oder gelehrter Texte, stellt sich als Praktik größtenteils als

Matthias Bickenbach (1999): Von den Möglichkeiten einer ›inneren‹ Geschichte des Lesens, Tübingen, insbesondere S. 134-173; Pia Schmid (1985): Zeit des Lesens – Zeit des Fühlens. Anfänge des deutschen Bildungsbürgertums, Berlin (West), S. 100-118; Siegfried J. Schmidt (1989): Die Selbstorganisation des Sozialsystems Literatur im 18. Jahrhundert, Frankfurt am Main, S. 335-359; Roger Chartier (1986): Die Praktiken des Schreibens, in: Ariès/Chartier (1986), S. 115-165.

eine ›intensive‹, äußerst langsame und schrittweise Entzifferung von Zeichensequenzen dar, als ein Studium Wort für Wort und Satz für Satz. Die bürgerliche Lesebeschleunigung verarbeitet nicht nur größere Mengen von Zeichen und – im Unterschied zum traditionellen Wiederholungslesen – immer wieder andere Zeichen in neuen Büchern, sie ist auch die Voraussetzung für einen veränderten Umgang mit den Texten. Das kursorisch-extensive Lesen zielt darauf ab, einem narrativen *plot* oder einer längeren Argumentationssequenz zu folgen. Das gelesene Buch wird ›als ganzes‹ gelesen und der einzelne Satz als Element in den übergreifenden narrativen oder argumentativen Zusammenhang eingeordnet. Das extensiv-kursorische Lesen sucht nicht nur nach einem Sinnverstehen, es *ist* Sinnverstehen, *hermeneutisches* Lesen: Immer werden die Signifikanten zugleich als Signifikate, als Bedeutungen, die auf reale Sachverhalte verweisen, gelesen, als Vermittler von Informationen und Geschichten. In der Routinisierung des hermeneutischen Zirkels ergibt sich der Sinn des Satzes aus dem Gesamttext und der Sinn des Gesamttextes aus den einzelnen Sätzen. In den Zeichen vermittelt sich ein Weltwissen, das jenseits der Lektüre applizierbar erscheint. Der Lesbarkeit der Texte entspricht im bürgerlichen Verständnis eine ›Lesbarkeit der Welt‹ (Blumenberg). Das Subjekt übt sich durch die Lektüre in einem hermeneutischen Verfahren der Zuschreibung von Sinn gegenüber einzelnen Elementen und gleichzeitig in der Einbettung dieser in einen übergreifenden textuellen Sinnzusammenhang. Dieses stellt sich als ein hermeneutisches Verfahren zur Sicherung der Intelligibilität der gesellschaftlichen, psychologischen und natürlichen Welt *insgesamt* dar. Der praktische Sinn des bürgerlichen Subjekts, das eine generelle Verstehbarkeit und Transparenz von Weltstrukturen annimmt, bildet sich im hermeneutisch-kursorischen Lesen von ›unverstellten‹ *plots* und Argumentationen aus.

Gegenüber der mittelalterlich-klerikalen und der frühneuzeitlichen Kultur vollzieht die bürgerliche Schriftlichkeitskultur dabei eine doppelte Verschiebung, welche die Verankerung des Wissens in der Schrift und die schriftliche Fundierung der gesamten Praxis im 18. und im 19. Jahrhundert ermöglicht: die allmähliche Delegitimierung der antiken Rhetorik als grundlegend für das Ideal des Gebildeten und die Ablösung der Gelehrtensprache des Lateinischen durch die jeweiligen Nationalsprachen. Während im Umkreis des Renaissance-Humanismus die Beherrschung einer stilistisch ausgefeilten Rhetorik – damit das an die Mündlichkeitskultur gebundene Subjektmodell des Rhetorikers – primär und die Beherrschung der Schriftlichkeit demgegenüber als bedeutsam, aber sekundär erscheint, verschiebt sich das Ideal des Gebildeten in der bürgerlichen Kultur seit dem Ende des 17. Jahrhunderts in die Richtung einer souveränen Beherrschung der Schriftkultur, während die klassische Rhetorik in ihrer ornamentalen Ausschmückung als vorbürgerlich abgewertet wird. Auch das bürgerliche Subjektmodell setzt differenzierte Kompetenzen im Umgang mit der mündlichen Sprache voraus, aber diese sind dialogisch-kommunikativ statt rhetorisch orientiert, und sie lassen sich von einem Ideal des ›plain style‹ leiten, wie es für die am Realismus orientierte bürgerliche Schriftkultur selbst gilt. Hinzu kommt, dass die Erosion der Gelehrtensprache des Lateinischen und die Verschriftlichung der Nationalsprachen des Englischen, Französischen, Deutschen etc. nun – anstelle einer Separierung zwischen der ›außeralltäglichen‹ Schriftsprache und der autonomen mündlichen Sprache – auch die Mündlichkeitskultur unter den Einfluss der Schriftlichkeitskultur zu bringen vermag: Die Dispositionen, die sich im Umgang mit der Schrift bilden, können so umstandslos in die nicht unmittelbar schriftliche Praxis und damit in die gesamte Struktur des Subjekts hineinwirken.

Der bürgerliche Textkorpus umfasst historische und geographische, auch allgemeinverständliche naturwissenschaftliche Darstellungen, im engeren Sinne ›moralische‹ Verhaltenslehrbücher, auch solche, die Fragen der Haushaltsführung, der korrekten Sprache und der Gesundheit betreffen, sowie ein weites Feld journalistischer Publizistik – von den Tageszeitungen bis zu den ›Moralischen Wochenschriften‹ –, in gewissem Umfang auch die antiken Klassiker und bestimmte religiöse Literatur, schließlich belletristische Literatur, vor allem in Form der bürgerlichen Prosa und Dramatik.[82] Grundsätzlich erscheinen im Rahmen der bürgerlichen Praxis diese Textformen sämtlich dazu geeignet, dem Subjekt ein weniger theoretisches, als vielmehr ›praktisches Weltwissen‹ zu vermitteln. Dieses Weltwissen beansprucht – in ausdrücklicher Distanz zu jeder ›theoretizistischen‹ Gelehrsamkeit und zu spielerischer Intellektualität und Imagination, damit zu einem gelehrten und einem intellektuell-künstlerischen Lesesubjekt – eine außertextuelle Anwendbarkeit, die Vermittlung einer praktischen Aufgeklärtheit. Im bürgerlichen Selbstverstehen hat das Lesen damit wiederum einen Charakter des ›Zweckvollen‹.

Von besonderer Relevanz für die Lektüre sind innerhalb dieses bürgerlichen Textkorpus jene – nicht trennscharf voneinander separierbaren – Genres, in denen die Biografie eines ›Menschen‹ selbst zum Thema wird und sich so ein Begriff von ›Lebensführung‹ bildet. Dies gilt insbesondere für die Autobiografien und Biografien sowie für den bürgerlichen Roman. Biografien und Autobiografien als eine seit dem Ende des 17. Jahrhunderts expandierende Textgattung implantieren im bürgerlichen Leser einen Code und praktischen Sinn für eine ›Gestaltbarkeit‹ der Lebensführung, für eine ›rationale Intelligibilität‹ des Han-

---

82 Vgl. auch Manfred Fuhrmann (1999): Der europäische Bildungskanon, Frankfurt am Main 2004.

delns, eine reflexive Distanznahme zum eigenen Handeln und Erleben, schließlich auch das Modell einer bürgerlich gelungenen Existenz.[83] Wenn das Tagebuch in seinem Nachvollzug der täglichen Alltagszeit ein autobiografisches Bewusstsein hervorbringt, so gilt dies erst recht für das eigentliche (auto-)biografische Genre, in dem es in der Regel die Repräsentation einer bürgerlichen Subjektfigur ist – nur in Ausnahmefällen Adelige oder Angehörige der Unterschicht –, deren Leben zum Thema wird. Die Erzählung eines (bürgerlichen) Lebens in seiner subjektiven Sequenzialität von Anfang bis (nahezu) zum Ende suggeriert dem bürgerlichen Leser einen Sinn für eine vorgebliche Abhängigkeit der Biografie von zukunftslimitierenden Entscheidungen zu bestimmten Zeitpunkten. Als bürgerliche Biografie interpretiert und erzählt, wird ›das Leben‹ als eine Kette von Entscheidungen präsentiert, insbesondere solchen beruflicher und privat-familiärer Art, deren Folgen in der individuellen Zukunft zu tragen sind: Es findet eine temporale Selbstlimitierung durch Entscheidungen statt. Entsprechend kann dem Leser die Notwendigkeit von ›prudential values‹ nahegelegt werden. Die Einsicht in die Folgelast und Irreversibilität biografischer Dezisionen kann und soll umsichtige Klugheit bei der Entscheidungsfindung fördern. In der Form einer bürgerlichen Biografie erscheint das Leben gleichzeitig als die Aneignung und Reproduktion stabiler ›Haltungen‹, von Disziplinierungen und Werten, eine »Gewöhnung ans Selbst-Gewollte«.[84] In der biografischen Perspektive wird dabei deutlich, wie ein Subjekt sich eine ›Identität‹ im klassisch-bürgerlichen – etwa bei Locke theoretisierten – Sinne einer ›Gleichheit mit sich selbst‹ in der Zeit erhält. Identität in diesem Sinne widerspricht nicht dem kulturellen Modell der ›Entwicklung‹: Idealerweise zeichnen die (Auto-)Biografien eine Entwicklung in Richtung auf einen ausgereiften Persönlichkeitszustand nach, in dem eine stabile Identität ein für allemal erreicht ist.

Die bürgerlichen Autobiografien und Biografien stellen sich – im Unterschied zu den aristokratischen ›mémoires‹ – als Übungen der em-

---

83 Zum folgenden vgl. Birgit Nübel (1994): Autobiographische Kommunikationsmedien um 1800. Studien zu Rousseau, Wieland, Herder und Moritz, Tübingen; Ralph-Rainer Wuthenow (1974): Das erinnerte Ich. Europäische Autobiographie und Selbstdarstellung im 18. Jahrhundert, München; Michael Mascuch (1997): Origins of the Individualist Self. Autobiography and self-identity in England, 1591-1791, Cambridge; Günter Niggl (1977): Geschichte der deutschen Autobiographie im 18. Jahrhundert. Theoretische Grundlegung und literarische Erfahrung, Stuttgart; Patricia Meyer Spacks (1976): Imagining a Self. Autobiography and novel in 18th century England, Cambridge (Mass.); Vytantas Kavolis (1984 a): Histories of selfhood, maps of sociability, in: ders. (1984), S. 15-103; Maurer (1996), S. 67-157; Goulemot (1986).
84 Zapf (1997), S. 28.

pathisch-rationalen Psychologisierung dar. Sie beschränken sich in ihrer Darstellung nicht auf äußere Ereignisse, sondern setzen einen Nexus zwischen Handeln und Motiven voraus. In der Subjektrepräsentation interessiert nicht nur, dass die fragliche Person auf bestimmte Art und Weise handelt, sondern auch, warum sie so handelt. ›Handeln‹ wird dem bürgerlichen Subjekt somit als psychologisch nachvollziehbar und ›rational erklärbar‹ präsentiert – kein Handeln ohne Handlungsmotiv. Der bürgerliche Leser trainiert sich darin, sowohl im Sinne einer Hermeneutik des Anderen fremden Personen Handlungsmotive zuzuschreiben und nach Indizien für solche Motive zu suchen, als auch im Sinne einer Hermeneutik des Selbst in der eigenen Innenwelt solchen Motiven und Wünschen nachzuspüren und diesen so zur Existenz zur verhelfen. Dabei bleibt die Übung der Psychologisierung durch die Festlegung auf rationale Handlungsmotive zunächst domestiziert – im Vorfeld der Romantik, beispielhaft Rousseaus »Confessions« (1782/89) und »Rêveries du promeneur solitaire« (1782) beginnt sie sich zu einer die Maßstäbe der Handlungsrationalität sprengenden Selbstexploration auszuweiten. Schließlich stellen sich die Autobiografien und Biografien nicht nur als Übungsfelder der biografischen Psychologisierung, sondern auch als Demonstrationsflächen bürgerlicher Moralität dar. Das Genre der (Auto-) Biografie behandelt keine exzeptionellen Figuren, sondern im bürgerlichen Sinne ›gewöhnliche Menschen‹, die sich nicht durch Originalität (wie dies etwa für die Renaissance-Biografien gilt), sondern durch moralisch-rationale Modellhaftigkeit auszeichnen. Das Besondere der (auto-)biografischen Subjektrepräsentationen besteht nicht in der Außergewöhnlichkeit gegenüber der bürgerlichen Form, sondern in der – höchstens durch harmlose Idiosynkrasien der Persönlichkeit nuancierten – außergewöhnlichen Gewöhnlichkeit des normativen Exempels.

Für die Form des bürgerlichen Lesesubjekts und für die Texte, die es verarbeitet, ist ein Verständnis der Lektüre als Beitrag zur ›Bildung‹ kennzeichnend, welches die Grenzen etwaiger textueller Genres durchkreuzt. Insbesondere gilt dies für die Grenze zwischen fiktionalen und nicht-fiktionalen Texten. Die bürgerliche Subjektkultur prämiert durchgängig den textuellen ›Realismus‹, welcher einen ›realistischen Sinn‹ für die Alltagswelt antrainiert. Wenn neben den (auto-)biografischen Texten Romane eine zweite Gattung von Texten bilden, die für die Subjektivation qua Lesen von besonderer Relevanz sind,[85] dann ist die Fiktivität

---

85 Zum folgendem vgl. J. Paul Hunter (1990): Before Novels. The cultural context of 18th century English fiction, New York/London; Lennard J. Davis (1983): Factual Fictions. The origins of the English Novel, New York; Michael McKeon (1987): The Origins of the English Novel, 1600-1740, Baltimore; Norbert Ratz (1988): Der Identitätsroman. Eine Strukturanalyse, Tübingen; Reiner Wild (1982): Literatur im Prozeß

ihrer Subjektrepräsentationen für die bürgerliche Rezeptionshaltung nicht entscheidend. Statt dessen vermitteln die Romane als ›bürgerliche Romane‹ (novels) – im Unterschied zur nun abschätzig beurteilten aristokratischen ›Romanze‹ (romance) – einen ›Realismus-Effekt‹ (Barthes),[86] der sie dem Leser als ›wahrhaftig‹ und ›wahrscheinlich‹ akzeptabel macht. Das bürgerliche Lesesubjekt interpretiert die bürgerlichen Romane (und auch die bürgerlichen Dramen) – ein literarischer Interdiskurs, für den in England Texte von Defoe, Richardson, Fielding oder Sterne, in Deutschland Texte von Wieland, Arndt, schließlich von Goethe und Schiller intensiv rezipierte Beispiele liefern – nicht als Elemente einer autonomen ästhetischen Sphäre, sondern als realistische Thematisierungen von Subjektkonflikten und -entwicklungen, die über die Lektüre hinaus applizierbar erscheinen. Um diese Rezeption zu befördern, arbeiten die bürgerlichen Romane mit narrativen *plots*, die entsprechend ›wahrscheinlich‹ wirken, mit einem Arsenal ›vertrauter‹ bürgerlicher Figuren und bürgerlichen Psychen, mit einem zeitlich-räumlichen Kontext, der in der Gegenwart spielt, mit einer Anhäufung alltagsweltlicher Details und einer alltagsnahen Diktion, schließlich mit Realismus suggerierenden Erzähltechniken wie denen der Ich-Erzählung oder des Briefromans. Insbesondere in England stellen sich die Romane als Elemente eines umfassenden ›news/novels-discourse‹, als ›factual fictions‹ dar.[87]

Als bürgerliche Praktik des Selbst verstanden, hat das Lesen der Romane vor allem zwei Effekte für den Aufbau einer subjektiven Innenwelt: Es produziert über den Weg der charakteristischen Roman-*plots* eine Sensibilität für moralische Dilemmata und Identitätskonflikte einschließlich ihrer bürgerlich angemessen erscheinenden Auflösung; es bringt im Umgang mit den Romancharakteren gleichzeitig ein Vermögen zur empathischen Psychologisierung und affektiven Sensibilisierung, allgemein

der Zivilisation. Entwurf einer theoretischen Grundlegung der Literaturwissenschaft, Stuttgart, S. 57-140; Ian Watt (1957): The Rise of the Novel, London; Dieter Kimpel (1967): Der Roman der Aufklärung (1670-1774), Stuttgart. Zum paradigmatischen Fall des Briefromans vgl. auch Janet Gurkin Altman (1982): Epistolarity. Approaches to a form, Columbus.

86 Zum Konzept des Realismus-Effekts (effet de réel) vgl. Roland Barthes (1984): Le bruissement de la langue (Essais critiques IV). Paris, S. 167 ff.

87 Zur generellen Bedeutung von ›realistischen‹ textuellen Praktiken als Korrelat einer bürgerlichen Moderne, die auf dem Common Sense gemeinsamer sozialer Institutionen aufbaut, vgl. Astradur Eysteinsson (1990): The Concept of Modernism, Ithaca/London, S. 179 ff., Fredric Jameson (1985): The realist floor-plan, in: Marshall Blonsky u. a. (Hg): On Signs, Baltimore 1985, S. 373-383.

die Fähigkeit zu einer ›inneren Vergegenwärtigung‹ von Szenen und Personen hervor. Die Subjektrepräsentationen in den bürgerlichen Romane produzieren im Leser eine Perspektivierung der subjektiven Biografie als Demonstrationsfläche von Konflikten und Dilemmata moralischer Natur und schulen in einem der bürgerlichen Subjektform des ›moralisch gereiften Charakters‹ entsprechenden Umgang mit diesen Problemkonstellationen. Samuel Richardsons »Pamela« (1740) und »Clarissa« (1747) – Frauengestalten, die ihre ›delicacy‹ zu schützen versuchen –, Henry Fieldings »Tom Jones« (1749) – der Protagonist als Beispiel von argloser Natürlichkeit und Wohlwollen –, Daniel Defoes »Robinson Crusoe« (1719) – Exempel einer ganz auf sich selbst gestellten Existenz –, Christoph Martin Wielands »Agathon« (1766) – die moralischen Lehr- und Wanderjahre eines antiken Jugendlichen hin zur ›allgemeinen Menschlichkeit‹ –, Goethes »Wilhelm Meister« (1794) – die Geschichte einer bürgerlichen Selbstwerdung in der Kunst – oder Schillers Drama »Kabale und Liebe« (1784) – der Kampf um eine bürgerliche Liebesehe – sind Beispiele für dieses interdiskursive Feld literarischer Subjektrepräsentationen, welches größtenteils mit einem identitätsoffenen Personal in der Post-Adoleszenz und mit der Differenz zwischen bürgerlichen und adeligen Subjekttypen arbeitet und dem Leser die bürgerliche Biografie als Ort moralischer und identitätsbezogener Bewährungsproben vermittelt. Es trainiert ihm – als »lectures of conduct and introductions into life« (Samuel Johnson)[88] – Kriterien bürgerlicher Subjektivität an.

Neben der Bildung eines moralischen Bewusstseins vollzieht sich durch die Praktik der Romanlektüre die Einfaltung eines Empathievermögens im ›Inneren‹ des Lesers: das bürgerliche Lesen ist ein Lesen, das die Kette von Zeichenformen unmittelbar als ›Bedeutungen‹ erscheinen lässt, die vor dem ›inneren Auge‹ und im ›inneren Empfinden‹ wirken.[89] Die detaillierte Darstellung ›innerer‹ Empfindungen der Romanfiguren in den bürgerlichen, ›sentimentalen‹ Romanen, vor allem Gefühle der Sympathie, der Liebe, des moralischen Zweifels, wird vom Leser charakteristischerweise unmittelbar ›nachempfunden‹. Die Lektüre stellt sich somit als eine Übung in der Ausbildung eines empathischen Vermögens, in Fremd- und Selbstpsychologisierung und affektiver Sensibilisierung dar. Auch Darstellungen der äußeren Natur – seit der Empfindsamkeit ein beliebter Gegenstand von Prosa und Lyrik – erwecken im Leser visuelle und auditive Empfindungen: »er las nicht, er sah, er hörte, er fühlte«.[90] Lesen bedeutet für den kompetenten bürgerlichen Leser

88 Zit. nach Hunter (1990), S. 92.
89 Vgl. zu diesem Aspekt insbesondere Kittler (1985), S. 89-158, auch Wegmann (1988), Koschorke (1994).
90 So Christoph Martin Wieland in »Die Abentheuer des Don Sylvio von Rosalva« (Leipzig 1772), S. 25.

somit, dass die Zeichenformen auf Papier im Prozess ihrer Entzifferung unmittelbar als Reize für subjektive Empfindungen wirken. In einem allgemeinen Sinne ermöglicht dieses Lesen die Ausbildung nicht nur einer emotionalen, sondern auch einer imaginativen Innenwelt: Signifikantenketten verwandeln sich in mentale Vorstellungsbilder, so dass die Grenzen eines reinen Realismus-Effektes erreicht werden; durch die bürgerlich-antibürgerliche Ästhetisierung der Romantik werden sie tatsächlich überschritten.

Subjektivation im Schreiben

Das bürgerliche Subjekt übernimmt eine doppelte Subjektposition als Leser/Schreiber. Kennzeichnend für seinen Schriftlichkeitshabitus ist das routinisierte Abwechseln von lesenden und schreibenden Tätigkeiten. Es ist damit nicht nur rezeptiver Leser, sondern im Prinzip immer auch ›Autor‹, zumindest von Briefen und Tagebüchern; das Universum der Schriftlichkeit ist keine vorgegebene Sphäre von zu rezipierenden Texten, das einzelne Subjekt partizipiert vielmehr selbst am Fortschreiben der textuellen Welt. Nicht nur die Grenzen zwischen Lesenden und Schreibenden sind dabei fließend, auch die Grenzen zwischen textuellen Genres. Der leitende ›Realismus-Effekt‹ der bürgerlichen Romane lässt die Unterschiede zwischen diesen und non-fiktionalen Texten wie moralischen Traktaten oder Ratgeberbüchern ebenso unscharf werden, wie die publizierten Autobiografien und Biografien mit den nicht-publizierten Tagebüchern Strukturähnlichkeiten aufweisen. Es ist die Bearbeitung der Problematik einer Moralität und Zweckhaftigkeit beanspruchenden Lebensführung, einer tugendhaften Strukturierung der eigenen Biografie, welche die bürgerlichen Schreib- und Leseobjekte insgesamt anleitet. Sie alle tragen zur Produktion einer bürgerlichen Innenwelt kognitiver, moralischer und emotionaler Akte bei.

Die Praktik des bürgerlichen Schreibens umfasst vor allem das Verfassen von Briefen und von Tagebüchern. Während der Briefwechsel ein konstitutives Element der – freundschaftlichen, ehelichen und sozialisatorischen – Intimsphäre und der – wirtschafts- wie bildungsbürgerlichen – Arbeitssphäre darstellt,[91] ist das egoorientierte Verfassen von Tagebüchern oder vergleichbarer, im regelmäßigen Rhythmus verfasster Texte der Selbstbeobachtung und des Selbstkommentars, welches sich seit dem Ende des 17. Jahrhunderts bis ins 19. Jahrhundert hinein im bürgerlichen Milieu institutionalisiert, eine prototypische bürgerliche Praktik des Selbst; das ›Selbst‹ stellt sich hier sowohl als Thema wie

---

91 Zur Intimitätskonstitution im Medium des Briefwechsels vgl. Bruce Redford (1986): The Converse of the Pen. Acts of intimacy in the 18th century intimate letter, Chicago.

auch als Adressat dar und ist zugleich ein sinnhaftes Produkt dieser Praktiken.[92] Das Schreiben ist eine performative Praktik, die in ihrem Vollzug das, wovon sie spricht, realisiert: das ›Selbst‹ als eine fokussierbare und damit reflektierbare und gestaltbare Sinneinheit. Im Akt des Schreibens wird das Subjekt zum eindeutig abgrenzbaren ›Autor‹, es nimmt sich als ›Agens‹ seines Schreibens wie seines Handelns wahr. Die Technologie des bürgerlichen Tagebuchschreibens verlangt vom Subjekt die Fähigkeit, sich als ein Selbst, distinkt von seiner sozialen Umwelt und Mitwelt, auch von darüber hinausreichenden metaphysischen Bezügen, somit als isolierte Einheit der Beobachtung und Analyse in den Blick zu nehmen. Dieser bürgerliche Blick auf das Selbst ist nicht auf herausgehobene Momente gerichtet, sondern ein profaner Blick auf Details der Ausfüllung von Alltags- und Lebenszeit. Das Tagebuchschreiben beginnt und endet nicht in den Akten des Schreibens im engeren Sinne und den Erinnerungen, Systematisierungen und Reflexionen, die dieses Schreiben begleiten, sondern setzt Verfahren der Selbstbeobachtung bereits in den Akten des Handelns und Erlebens voraus, welche diese Akte in den Blick nehmen, eine Selbstbeobachtung der Gefühle und Motive, wie sie Handlungen begleiten, und der Art und Weise, in der sich der Körper verhält. Das bürgerliche Subjekt erzieht sich damit über das Medium der Schriftlichkeit zu einer expansiven Fokussierung der subjektiven Aufmerksamkeit auf profane Details der Füllung von Alltagszeit, die sich als temporale Sequenz aufeinander folgender Momente von Handlungen wie auch von körperlichen und ›inneren‹ Regungen rekonstruieren lassen. Seine Existenz prozessiert in der Verdopplung von Operation in Beobachtung: einer doppelten Aktsequenz des Handelns/Erlebens einerseits, der selbstreferentiellen, reflexiven Beobachtung, die auf dieses Handeln/Erleben gerichtet ist, andererseits. Die bürgerlichen Tagebücher trainieren damit auch in einer (Selbst-)Psychologisierung des Subjekts: Nicht nur den eigenen äußeren Handlungen gilt das Interesse der Selbstdechiffrierung, auch und vor allem einer im Inneren plazierten Motivik und Reflexion. Damit beginnt sich in der bürgerlichen Schreibpraxis die Form des klassisch-darstellenden Tagebuchs, welches täglich die vollzogenen Akte berichtet, aufzulösen

92 Vgl. zum folgenden Robert A. Fothergill (1974): Private Chronicles. A study of English diaries, Oxford; Jean Marie Goulemot (1986): Neue literarische Formen. Die Veröffentlichung des Privaten, in: Ariès/Chartier (1986), S. 371-403; Madeleine Foisil (1986): Die Sprache der Dokumente und die Wahrnehmung des privaten Lebens, in: Ariès/Chartier (1986), S. 333-369; Ralph-Rainer Wuthenow (1990): Europäische Tagebücher. Eigenart – Formen – Entwicklung, Darmstadt; Béatrice Didier (1979): Le journale intime, Paris; Rüdiger Görner (1986): Das Tagebuch, München; Hunter (1990), S. 329 ff.

zugunsten einer selbstreflexiven Textur, welche sich aus Denkakten zu subjektiv relevanten Themen beliebiger Art – allgemeine moralische Probleme, Erleben von Natur, Gewissensängste und Zielkonflikte etc. – zusammensetzt.

Die Praktik des Schreiben von Tagebüchern (oder ähnlicher Egodokumente wie den ›livres de raison‹ in Frankreich) züchtet im bürgerlichen Subjekt nicht nur einen Sinn für die Strukturierung und damit Gestaltbarkeit des Handelns sowie einen differenzierten Sinn für mentale Prozesse, sondern auch eine Grundkategorie der Sequenzialität von Lebenszeit heran: die Linearität der Schrift, in der Handeln und Reflexion dargestellt werden, lässt an die Linearität von Handeln und Reflexion selbst glauben. Das Tagebuch zeichnet zwar zunächst nur die Ereignisse und Erlebnisse des einzelnen Tages auf, aber kumulativ wächst es sich zu einem ›Book of the Self‹ aus: Fortlaufend verfasst, initiiert es die Reflexion über eine längerfristige ›Geschichte‹ und ›Entwicklung‹ des Selbst. Die Technik des bürgerlichen Tagebuchschreibens implantiert damit im Subjekt ein autobiografisches Selbstbewusstsein. Lebenszeit kann nun einerseits retrospektiv als subjektive Geschichte mit Ursachen und Gründen, Konsequenzen und Handlungsumschwüngen analysiert, andererseits prospektiv als Lebensplanung (oder bescheidener: Planung einzelner beruflicher, privater, bildungsorientierter Ziele) in die Zukunft verlängert werden. Als Mnemotechnik ermöglicht das Tagebuch eine systematische Erinnerung der eigenen Vergangenheit und damit den gezielten Vergleich dieser mit der Gegenwart. Im Zuge dieser Selbstbeobachtung kann sich im bürgerlichen Subjekt die Überzeugung ausbilden, dass seine Personalität seine ›eigene‹, subjektive und schließlich auch ›individuelle‹, einzigartige sein muss.

Die Transformation des Tagebuchs von einem Medium der Selbstbeobachtung einzelner Akte der Alltagszeit zu einer Selbstbeobachtung der Lebenszeit als fortlaufende ›Geschichte‹ bewirkt dabei eine narrative Verkomplizierung der Kriterien, in denen sich das schreibende Subjekt übt. Der Anspruch der ›Wahrheit‹ über das Ich wirkt nun ebenso leitend wie textuelle Regeln der Narrativität. Im Vollzug des Tagebuchschreibens trainiert sich das bürgerlich-moderne Subjekt zunächst im Aufbau eines schonungslosen ›wahrhaftigen‹ Verhältnisses zu sich selbst. Es geht darum – ein subjekthistorischer Schritt, den Foucault als die Etablierung eines modernen Diskurses der Produktion von ›Wahrheit über das Subjekt‹ analysiert hat[93] –, im Kunstgriff einer distanzierten, objektivierenden Selbstbeobachtung wie von ›von außen‹ und gleichzeitig ›von innen‹ die Wahrheit über das Ich zu produzieren, eine Wahrheit, die sich in den profanen Wahrheiten der alltäglichen

93 Vgl. Michel Foucault (1976): Der Wille zum Wissen. Sexualität und Wahrheit Band 1, Frankfurt am Main 1991.

Akte manifestiert. Das alltagspositivistische Kriterium der ›Wahrheit‹ konkurriert jedoch mit einem zweiten Set von Kriterien: denen der textuellen Narrativität. Das schreibende Subjekt erzählt sich selbst (so wie in seinen Briefen seinen intimen Partnern) eine ›Geschichte‹ über sich, die spezifischen Regeln der Narrativität folgt. Das Schreiben über sich entwickelt einen ›Plot‹ des gelungenen, misslungenen, komischen oder tragischen Lebens. Das seinem Anspruch nach non-fiktionale Genre des Tagebuchs gewinnt damit fiktionale und im weitesten Sinne ästhetische Züge einer semiotischen Produktion selbststrukturierter, eigendynamischer Texte, und das Subjekt lernt, seine Lebensführung nicht nur distanziert zu ›beobachten‹, sondern diese narrativ als eine ›story‹ neu zu produzieren. Das Ich ist damit nichts anderes als das erzählte Ich, das paradoxerweise von einem erzählenden Ich hervorgebracht wird, welches seine Erzählerfunktion in der Regel unsichtbar macht zugunsten des Anspruchs der bloßen wahrhaftigen Beschreibung.[94]

Die Übung des bürgerlichen Tagebuchs lässt sich primär von einem Motiv der kognitiven Selbstreflexion im Dienste moralisch-rationaler Selbst-›Gestaltung‹ der Biografie leiten – der religiöse Impuls der Protestanten verschwindet dabei im Rahmen des bürgerlichen Selbstverhältnisses größtenteils zugunsten eines säkularen moralischen Strebens nach systematischer Selbstverbesserung und wird zugleich in diesem aufgehoben. Moralorientierung als bürgerliche Subjektdisposition setzt die Praktiken der Schriftlichkeit heraus: Das bürgerliche Subjekt verfasst sein Tagebuch einer minutiösen Beobachtung der Alltagszeit und der narrativen Strukturierung der Lebenszeit, um diese gemäß den Maßstäben bürgerlicher Tugendhaftigkeit umzugestalten und fortlaufend zu kontrollieren, und diese Moralität als Kriterienkatalog des moralischen Gewissens prozessiert im Medium der schriftlichen Selbstkontrolle. Die bürgerlich universalisierte Differenz zwischen realem ›Ich‹ und moralischem ›Ich-Ideal‹ stellt sich so als ein Produkt bürgerlicher Selbstbeobachtungstechniken dar. Die Tagebuchschreiberin betreibt in ihren Eintragungen einen routinisierten Vergleich zwischen den Standards gelungener moralischer Subjektivität und den tatsächlichen Leistungen. Idealerweise kann sie eine individuelle Fortschrittsgeschichte verfassen, in der sich Ich und Ich-Ideal allmählich aneinander annähern.

Andererseits stellt sich das Ideal moralischer Perfektibilität und Gewissensreinheit des Subjekts nicht als einzige Motivstruktur dar, die in die Praktik des Tagebuchschreibens eingelassen ist. Eine andere ist der ästhetische Selbstzweck unbegrenzter Reflexionen und ›tiefer‹ Empfindungen über das Ich. Im Tagebuch kann eine kognitive Reflektiertheit und emotionale Empfindungsfähigkeit entwickelt werden, die sich dem

---

94 Zum narrativ-fiktionalen Aspekt der Egodokumente vgl. Fothergill (1974), S. 64-94, auch Eakin (1985).

bürgerlichen Subjekt als handlungsentlasteter mythopoietischer Selbst-zweck darstellt: eine textuelle Welt, in der sich die äußere Welt in Re-flexion und Empfinden ästhetisch verdoppelt. Den subjektiven Reiz des Begehrenswerten erlangt das Selbstschreiben auch durch die Verschrift-lichung des Privaten, ›Geheimen‹ und ansonsten vor Anderen Verbor-genen; im Selbstschreiben werden kognitive, emotionale und imaginäre Akte des Bewusstseins diesem zugleich entzogen und in der paradoxen Form der Selbstkommunikation semiotisch zugänglich, damit die Gren-ze zwischen Privatem und Öffentlichem, die es zu wahren gilt, sogleich uneindeutig gemacht. Im Selbstschreiben imaginiert das bürgerliche Subjekt ein textuelles Bild der eigenen Person, das in seiner Perfektion, aber auch in seiner asymmetrischen Reichhaltigkeit zum Gegenstand eines libidinösen Begehrens gegenüber sich selbst zu werden vermag; dieses konterkariert potentiell seine Selbstmoralisierung.[95]

Die Instabilität der Leser-Innenwelt zwischen Moral und Ästhetik

Die bürgerlichen Praktiken des Selbst im Medium der Schriftlichkeit, das Schreiben und Lesen, folgen einem Subjektcode der Bildung, das ›passionate attachment‹ gilt dem bürgerlichen Ideal-Ich des ›Gebildeten‹ in einem praktischen Sinne. ›Bildung‹ stellt sich dabei als ein normativ ausgezeichnetes Eigenschaftsbündel dar, das eine reflektierte Distanz-nahme, ein praktisches Weltwissen und damit souveräne Verfügung über relevante Kenntnisse, Differenziertheit des Gefühls, moralische Kompetenz und ästhetischen Geschmack zugleich umfasst. Das Selbst-bewusstsein der modernen als bürgerliche Subjektivität – dies gilt nicht nur für den speziellen Fall Deutschlands, das im Umkreis des Neuhu-manismus der Wende vom 18. zum 19. Jahrhundert einen pointierten Bildungsdiskurs hervorbringt – beruht auf einer Selbstbeschreibung als ›educated‹, als ›gebildet‹ im Sinne einer Ausstattung mit Wissen und eines Prozesses der subjektiven Vervollkommnung über Wissen:[96] Bildung wird als ein ›innerer‹ Prozess verstanden – »Bildung hat ihren Ursprung allein in dem Innern der Seele«[97] – und stellt sich als allmäh-liche Entwicklung miteinander verknüpft gedachter kognitiv-reflexiver, emotionaler, moralischer und ästhetischer Kompetenzen dar, die letzt-

95 Ein prominentes Beispiel liefern hier Rousseaus autobiografische »Con-fessions« (1782).
96 Vgl. Rudolf Vierhaus (1975): Artikel ›Bildung‹, in: Geschichtliche Grundbegriffe, Band I, S. 508-551.
97 Wilhelm von Humboldt (1788): Über Religion, in: ders.: Werke, Band 1, Darmstadt 1960, S. 25. Die Bildungssemantik enthält hier Mehrdeu-tigkeiten, die sie auch für eine Wendung in den romantischen Expressi-vismus geeignet macht.

lich in souveräne Selbst- und Weltbeherrschung mündet. Bildung ist notwendig Selbstbildung und kann nicht in einer einfachen Übernahme des Wissens anderer bestehen; dies muss vielmehr subjektiv angeeignet werden, bis es zum ›eigenen‹ Wissen wird. Bildung in diesem Sinne suggeriert dem Subjekt, im Durchgang durch eine kanonisierte Welt von Büchern die Reife seiner eigenen Persönlichkeit ›aus sich heraus‹ erlangt zu haben. Vor allem verleiht sie dem Bürgerlichen die Selbstgewissheit eines weltläufigen ›Sichauskennens‹, welche eine basale Souveränität im Umgang mit sich selbst, mit anderen und den Gegenständen der Welt begründet: Die bürgerliche Souveränität beruht – anders als die adelige, die primär auf Verhaltensimitation setzt – auf textuell aufgenommenem Wissen.

In den Selbstpraktiken des Schreibens und Lesens innerhalb des bürgerlichen Textuniversums scheint sich jener homogene innere ›Kern‹ eines selbstreflexiven Subjekts herauszubilden, welchen die bürgerliche Kultur als universalen Normalfall deklariert. Tatsächlich jedoch lassen die Technologien der Schriftlichkeit im Innern des Subjekts Friktionen entstehen und sprengen es langsam auf. Die grundsätzliche Bruchstelle besteht darin, dass die reflexive, emotionale und imaginative Innenwelt, die sich in der Praxis des Lesens und auch der des Schreibens im Subjekt ausbildet, in ihrer Tendenz eine Form annehmen kann, welche die Kriterien bürgerlicher Bildung, Kognitivität und Moralität überschreitet. Insbesondere das Lesen fiktionaler Literatur stellt sich für die Stabilität bürgerlicher Subjekthaftigkeit als ein Risiko potentieller affektiver Exzessivität dar. Der kritische Diskurs um die ›Lesesucht‹ und die durch das Lesen ausgelöste ›Schwärmerei‹ demonstriert am Ende des 18. Jahrhunderts das zeitgenössische Bewusstsein dieser Riskanz. Die bürgerliche Lesepraxis versteht sich als dezidiert kognitive und zugleich moralische Aktivität. Die Auseinandersetzung mit den Texten soll souveränes Weltwissen, Wissen um ›Realien‹ vermitteln und die Unterscheidung zwischen tugendhaft-gemäßigtem und exzessivem, zwischen ehrlich-unverstelltem und ›unehrlichem‹ Verhalten vermitteln. Tatsächlich aber erlangen die Texte *als Texte*, das heißt Signifikantenketten, deren Verweisungsfunktion auf die außersemiotische Realität prekär und deren Realismus-Effekt immer nur ein textuell hergestellter Effekt ist, eine ästhetische Eigendynamik, die den Rahmen bürgerlicher Respektabilität sprengt. Die Signifikantenkette des schriftlichen Textes stellt sich durch ihre Distanzierung von einem eindeutigen Handlungskontext und von einer Autorintention stärker als die mündliche Rede als ein Feld von Polysemien dar, das der Leser in unberechenbarer Weise zur Bedeutungs-, Affekt- und Imaginationsproduktion zu nutzen vermag. Der Leser kann dann in den auf den ersten Blick bürgerlichen Texten mit psychischen Strukturen und biografischen Komplikationen in Berührung kommen, welche das Modell eines moralisch-transparenten Lebens dementieren:

Texte wie Lawrence Sternes »Tristram Shandy« (1760), Karl Philipp Moritz‹ »Anton Reiser« (1785/90), Goethes »Die Leiden des jungen Werther« (1774) oder Rousseaus »Confessions« präsentieren dem Leser radikale Selbstexplorationen, die nicht mehr einer im bürgerlichen Sinne kontrollierten Subjektivität korrespondieren.

Die umfassende textuelle Psychologisierung der Personen vermag im Leser eine Sensibilisierung und Emotionalisierung zu bewirken, die das bürgerlich akzeptable Maß überschreitet. Die Exploration von Liebesempfindungen, Gefühlen des Sich-Verliebens oder der Liebessehnsucht bereits in klassisch bürgerlichen Romanen wie in Richardsons »Clarissa«, erst recht in radikaleren empfindsam-romantischen Texten wie Goethes »Werther« kann im Leser und in der Leserin ein affektives Vermögen, etwa das Begehren nach unbedingter ›Verschmelzung‹ mit einem anderen Menschen über das Modell einer Gefährtenehe hinaus, produzieren, das sich in Opposition zur bürgerlichen Moral positioniert. Autobiografische Texte wie die von Moritz oder Rousseau demonstrieren die Fragilität und das Scheitern bürgerlicher Lebensentwürfe und können für den Leser den bürgerlichen Glauben an eine vom eigenen Willen abhängige Biografie dekonstruieren. Schließlich lässt sich nicht vermeiden, dass die Texte, welche die bürgerlichen Leser rezipieren und in ihre Innenwelt interiorisieren auch solche sind, die ›irreale‹, den bürgerlichen Alltag transzendierende Welten darstellen, welche jedoch vom bürgerlichen Leser im Vollzug des hermeneutisch-kursorischen Lesens als real ›vor dem inneren Auge‹ imaginiert und empfunden werden. Dies gilt bereits für weiterhin rezipierte mythologische Texte aus dem antiken Kanon, aber auch etwa für historische Romane oder für die Ende des 18. Jahrhunderts im englischsprachigen Raum zunehmend verbreiteten ›gothic novels‹. Die Lektüre vermag in die Innenwelt des Lesers auf diese Weise ästhetische Gegenwelten einzuschmuggeln, ihn in einer eigenen Sonderwelt ›im Kopf‹, auf Distanz zum sonstigen bürgerlichen Alltag der Arbeit und Familie, leben lassen, in ihm eine »ausschweifende Einbildungskraft« (Moritz: Anton Reiser) hervorbringen. Dass die Produktion von moralisch unerwünschter Imaginationsfähigkeit, innerer Sensibilisierung und Skepsis gegenüber biografischen Simplifizierungen das Ergebnis der Lektüre sein kann, wird im Diskurs um die ›Lesesucht‹, ›Lesewut‹ und ›Schwärmerei‹ am Ende des 18. Jahrhunderts – im Sinne einer realistischen Lesart ›unrealistischer‹ Welten – direkt thematisiert. Insbesondere im Falle lesender Frauen und Jugendlicher wird das Risiko von Affekt- und Imaginationsstrukturen wahrgenommen, welche die bürgerliche ›Alltagstüchtigkeit‹ konterkarieren.[98]

---

98 Vgl. dazu Martens (1968), S. 520 ff.; Schmid (1987); S. 118 ff., Bickenbach (1999), S. 134 ff.; Jacqueline Pearson (1999): Women's Reading in Britain 1750-1835. A dangerous recreation, Cambridge; für einen etwas

Die Friktionen, welche die schriftorientierten Selbstpraktiken im Subjekt auslösen, verschärfen sich in der Spannung zwischen Selbstbeobachtung und Selbstproduktion sowie zwischen einem universalistischem Subjektcode und dem in der Selbstbeobachtung produzierten Gefühl von ›Individualität‹. Lesen und Schreiben sind im Kontext der bürgerlichen Kultur im äußersten Sinne selbstorientierte Praktiken: Ihr primäres Thema ist das Selbst. Die außergewöhnliche Aufmerksamkeit, die das Selbst in Tagebüchern, (Auto-) Biografien, Romanen und anderen Texten erfährt, befördert zunächst Techniken der Selbstbeobachtung mit dem Ziel der Selbstverbesserung. Selbstbeobachtung setzt in diesem Sinne nicht nur kulturell gültige Maßstäbe der Selbstverbesserung, sie setzt vor allem auch ein eindeutiges, transparentes ›Selbst‹ voraus, das wahrhaftig und unverstellt ins Visier genommen werden kann. Die textuelle – oder allgemeiner: die sprachlich-zeichenhafte – Natur dieser Selbstbeschreibungen verunmöglicht jedoch eine neutrale Repräsentation, die bloße Abbildung eines präexistenten Selbst in der Selbstbeobachtung. Stattdessen wird eine textuelle ›Selbstproduktion‹ betrieben: Das, was der Leser und Schreiber als sein Selbst definiert, ist ein Produkt jener Vokabulare, die er im Schreiben zum Einsatz bringt und im Lesen aufnimmt. Bereits das Schreiben eines Tagebuchs stellt sich als eine bestimmten narrativen Kriterien entsprechende Erzählung einer Selbstgeschichte dar. Die Lektüre bringt den bürgerlichen Leser mit weiteren kulturellen Codes in Berührung – von der ›leidenschaftlichen Liebe‹ bis zur ›tugendhaften Bildungsgeschichte‹ –, mit deren Hilfe er seinem Selbst eine neue Form geben oder die ›bestehende‹ Form auf bestimmte Weise interpretieren kann: *self-fashioning*.[99] Diese textuelle Selbstproduktion lässt das moderne Selbst weniger als Objekt bürgerlicher Wahrheitsgewinnung, sondern als Gegenstand einer ästhetischen Kreation, eines *self-fashioning* von Eigenschaften des und Geschichten um das Selbst erscheinen. Gerade dadurch, *dass* sich die bürgerlichen Selbstpraktiken im Medium der Schriftlichkeit vollziehen, befördern sie nicht nur den Diskurs um die ›Wahrheit des Subjekts‹, sondern auch ein quasi-ästhetisches Verständnis und Erleben eines semiotisch immer neu kreierten Subjekts; das Subjekt ist kein natürliches, sondern wird in der sprachlichen Repräsentation ein artifizielles – und damit das, was es im Rahmen des bürgerlichen Codes nicht sein sollte.

Die einzig bürgerlich legitime Selbstproduktion ist die Entwicklung

späteren Zeitraum vgl. Donald A. Ringe (1982): American Gothic. Imagination and Reason in 19th Century Fiction, Lexington.

99 Vgl. zu diesem Begriff Stephen J. Greenblatt (1980): Renaissance Self-Fashioning. From More to Shakespeare, Chicago 1993). Zum self-fashioning in den bürgerlichen Egodokumenten vgl. Fothergill (1974), S. 64-94, Eakin (1985).

des Selbst entlang eines kulturell modellierten Maßstabs der Moralität und kognitiven Reflexivität – zwar habe der Einzelne diese Entwicklung aus sich selber heraus zu beschreiten, aber letztlich folge sie, wenn sie gelungen ist, bei jedem den gleichen Kriterien. Konsequenterweise lässt sich die Entwicklung der Protagonisten in den idealtypischen bürgerlichen Romanen und (auto-)biografischen Texten als eine Bildungsgeschichte schreiben, die in Eigenschaften einer allgemeingültigen, natürlich-vernünftigen ›Menschlichkeit‹ mündet. ›Individualität‹ kann vor diesem Hintergrund nur ein Bündel harmloser Idiosynkrasien bezeichnen, die gleichwohl den allgemeinen Typus reproduzieren. Das außergewöhnliche, kulturell herangezüchtete Interesse des bürgerlichen Subjekts an seinem Selbst, an den minutiös herausgearbeiteten Details und Möglichkeiten seinen Innern setzt sich jedoch sowohl in den Tagebüchern als auch in Romanen oder Autobiografien konsequenterweise in einen Sinn für ein ›Individuelles‹, ein ›Einzigartiges‹ der eigenen Person um, das sich nicht verallgemeinern lässt und vom bürgerlichen Normalpfad abweicht. Die bürgerliche Praktik der Selbstbeobachtung ist es letztlich *selber*, die diesen subjektiven Eindruck des Individuellen, des Unverwechselbaren und Eigenen hervorbringt. Dadurch, dass die Selbstbeobachtung immer mehr Details über das Selbst und insbesondere über das psychische Erleben dieses Selbst ans Tageslicht befördert – im literarischen Interdiskurs exemplarisch etwa in Sternes *stream of consciousness* in »Tristram Shandy« und in Rousseaus autobiografischen Texten –, überschreitet die Selbstbetrachtung bürgerlicher Subjektivität potentiell die Standards moralischer Typisierung. Im Innern des Subjekts entstehen ein Gefühl und eine subjektive Gewissheit, dass im Detailreichtum dieses Seelenlebens ein ›Individuum‹, ein Besonderes zum Ausdruck kommen müsse. Damit ergibt sich im Kern des bürgerlichen Subjekts eine Bruchstelle, an der die kulturelle Revolte der Romantik mit ihrer dezidiert individualitätsorientierten Subjektkultur ansetzt.

2.1.4 Die Souveränität/Moralität des bürgerlichen Subjekts und sein symbolisches Außen: Das Anti-Artifizielle, Anti-Exzessive und Anti-Parasitäre

Im Nexus von Praktiken der Arbeit, der Intimität und schriftorientierten Technologien des Selbst bildet sich im 18. Jahrhundert – mit nationalspezifischen Differenzen und Geschwindigkeiten – eine Modernitätskultur des Bürgerlichen aus. Diese Praxis-/Diskursformation instituiert eine bürgerliche Form, Subjekt zu sein. Nachfolgende Modernitätskulturen – der organisierten Moderne und der Postmoderne – eignen sich im Zuge eines Sinntransfers einzelne Elemente der bürgerlichen Ordnung des Subjekts an. Als bürgerlicher Prototyp handelt es sich jedoch um ein sich selbst universalisierendes, aber tatsächlich historisch spezifisches Netzwerk von Praktiken, wie es sich zunächst gegen die aristokratische Hegemonie im Laufe des 18. Jahrhundert heranbildet, im ›bürgerlichen Zeitalter‹ des 19. Jahrhunderts in modifizierter Weise – nun selbst als kulturelle Hegemonie – reproduziert wird und zu Beginn des 20. Jahrhunderts wiederum seine Dominanz verliert. Das mit dem Anspruch einer allgemeingültigen Repräsentation des modernen ›Menschen‹ auftretende, kulturell dominante Modell des bürgerlichen Subjekts findet seine soziale Trägergruppe in der Milieuformation eines (Groß-)Bürgertums, kann sich in simplifizierter Form auf das ›Kleinbürgertum‹ auswirken und versucht, in dieser reduzierten Version auch die ländlich-agrarische Volkskultur zu ›verbürgerlichen‹.

In der Homologie der Praktiken des wirtschafts- und bildungsbürgerlichen Arbeitens, der freundschafts- und familienorientierten persönlichen Beziehungen und den am Medium der Schrift ausgerichteten Technologien des Selbst verstärkt sich gegenseitig eine bürgerliche Subjektordnung, welche auf den leitenden Codes der Moralität, der Souveränität und der allgemein-berechenbaren Rationalität aufbaut. Das bürgerliche Subjekt formt sich in einer spezifischen Kombination von Außen- und Innenorientierung: eine Orientierung am gestaltenden, bewährt-routinierten und wählenden Handeln, das seine Basis in der subjektiven Binnenstruktur einer kognitiven und moralischen Selbstregierung findet. Es gewinnt seine Identität dabei in einer doppelten Differenzmarkierung. Zum einen und primär positioniert es sich gegen das aristokratische Subjekt der bisherigen kulturellen Hegemonie der höfischen Gesellschaft; Moralität und Innenorientierung im bürgerlichen Sinne bilden sich in Abgrenzung von der ›Amoralität‹ des Adeligen aus. Zum anderen und sekundär plaziert sich Bürgerlichkeit in Distinktion zum als abhängig perzipierten Subjekt der ›Volkskultur‹, die zugleich als Ort eines unsouveränen religiösen Glaubens erscheint. In der paradoxen Konstellation eines ›konstitutiven Außens‹ stellen sich sowohl die Adelskultur als auch in anderer Weise die christliche Religiösität nicht nur als Negativfolien eines bürgerlichen ›othering‹, sondern zugleich als Objekte der Imitation und des Sinntransfers dar: Das Adelssubjekt erscheint dem Bürgerlichen in Elementen seiner souveränen Selbstregierung als Ideal-Ich, aus dem christlichen Sinnfundus transferiert die bürgerliche Subjektkultur die Voraussetzung einer benevolent-harmonischen, ›rationalen‹ Ordnung. Die bürgerliche Subjektkultur erweist sich insgesamt als ein Arrangement heterogener, einander potentiell widersprechender Sinnelemente, deren zentrale Fissur jene zwischen den Subjektanforderungen einer moderierenden Moralität und einer souveränen Selbstregierung ist, welche jene Riskanz systematisch produziert und prämiert, welche die bürgerliche Kultur zugleich auszugrenzen versucht.

In der Subjektordnung des Bürgerlichen überlagern sich ein Code des souveränen, reflexiven und ein Code des moralischen, regelorientierten Subjekts. Die Praktiken der Arbeit produzieren die Souveränitätsorientierung in der Selbstformung als semiotisch-kognitiv und kommunikativ kompetentes, eigenständige Interessen verfolgendes, mit Risiken kalkulierendes und von der Selbständigkeit eigener Arbeitsleitungen lebendes Wesen; die Intimsphäre produziert sie in der sympathetischen, psychologisierten Orientierung an einem Anderen, der Gegenstand einer wechselseitigen Beziehungswahl ist; die Technologien des Selbst bringen diese Souveränität in der Instituierung der reflexiven Selbstbeobachtung und eines subjektiven Selbstdenkens hervor. Die moralische Regelorientierung wird in den gleichen Praktikenkomplexen trainiert: Die bürgerliche Arbeit übt in einem disziplinierten Arbeitsethos und einer Moralität zweckvoller Tätigkeit; die bürgerliche Intimsphäre bettet das Subjekt in die unaggressiven und in Bildung und Gefühl sensibilisierten Beziehungen der Familie und Geselligkeit ein; die Selbsttechnologien des Lesens und Schreibens üben in rationaler Selbstverbesserung qua Bildung.

Auf einer ersten Ebene widersprechen sich in der bürgerlichen Subjektkultur die Modellierung des Subjekts als souverän-reflexives und als moralisch-prinzipienorientiertes nicht; im Sinne einer Überdetermination bringen sie beide vielmehr aneinander gekoppelt und sich gegenseitig verstärkend jene Bürgerlichkeit hervor, welche sich von aristokratischer und ›volkstümlicher‹ Subjektivität abgrenzt: Bürgerliche ›Souveränität‹ *beruht* auf einer geregelten, inneren Selbstregierung, welche erst zu einem ›unabhängigen‹, ›reflektierten‹, gefühlssensibilisierten, seine Eigenständigkeit demonstrierenden Handeln befähigt. Umgekehrt stellt sich Moralität im bürgerlichen Sinne nicht als ein System äußerer, tradierter Normen gegen die Souveränität dar, sondern als ein System von Regeln, welches das Subjekt als allgemeingültig internalisiert und somit ›aus seinem eigenen Innern‹ wirkt, verankert in einem imperativischen Über-Ich, der Instanz seines Gewissens. Diese innerlich als natürlich und alternativlos, im ›zwanglosen Zwang‹ anerkannte Moralität – die bei Zuwiderhandeln ein Gefühl der Schuld produziert – liefert die Grundlage seiner Selbstregierung und somit seines souveränen Handelns als bürgerlicher ›Charakter‹. Die Interiorisierung und Inkorporierung von moderierender Disziplin, dem Streben nach dem Zweckvollen und Ernsthaften und die Vermeidung des Künstlichen, dem Streben nach Transparenz und die Bekämpfung des Intransparenten stellen sich hier als prinzipielles, in der mentalen – und letztlich auch körperlichen und affektiven – Binnenstruktur verankertes Fundament der Souveränität des Subjekts, seiner Bildung, seiner persönlichen Beziehungen und seines beruflichen Handelns dar. Die Internalisierung dieser Moralität liefert damit den Hintergrund sowohl für die Übung in kognitiver Reflexivität als auch emotionaler Empfindsamkeit; moralische Prinzipien der Integrität, kognitive Reflexionen und sensibilisiertes Gefühl bilden in der bürgerlichen Kultur drei Elemente einer rational-balancierten Einheit spezifischer Innenorientierung.

Das bürgerlich sich selbst regierende Subjekt aktualisiert damit eine übersubjektive Form, die sich selbst als Verkörperung der Allgemeinheit und – idealerweise – der Perfektibilität einer rationalen, vernünftigen Ordnung versteht; hier wirkt »moral order through the medium of individual nature«.[100] Diese rationale Ordnung ist somit im klassisch-bürgerlichen Sinnhorizont übersubjektiv wie im Einzelnen zugleich verankert. In seiner Souveränität reproduziert das Subjekt die ›transzendentalen‹ Strukturen einer allgemeingültigen, berechenbaren Subjekthaftigkeit. Wenn das bürgerliche Subjektmodell zum Gegenstand eines ›passionate attachment‹ als Ideal-Ich werden kann, dann heftet sich diese affektive Identifizierung damit regelmäßig an zwei scheinbar untrennbar aneinander gekoppelte Merkmale dieser Figur: an ihre moralische Integrität/Seriosität *und* ihre souveräne Eigenständigkeit, daran, dass sie das Amoralische – das zugleich das Irrationale und Unnatürliche ist – ebenso wie die hilfsbedürftige, unmündige Abhängigkeit verwirft.

Die Differenz zur Amoral und die Spuren des Aristokratischen und Religiösen im Modernen

Die bürgerliche Subjektkultur gewinnt ihre Identität in einer Differenzmarkierung gegenüber einem primären symbolischen Anderen: dem aristokratischen Subjekt, vor allem in der Form der höfischen Gesellschaft.[101] Die Abgrenzung des Bürgertums vom Adel stellt sich nur vordergründig als eine politisch-soziale dar; in der Tiefenstruktur ist sie eine kulturelle Unterscheidung gegenüber einem anderen Subjekttypus, eine identitätsproduzierende Differenzmarkierung gegenüber einer anderen, bisher dominanten und nun verworfenen Form der Subjektivation.[102] Die kulturelle Hegemonie der Adelskultur soll gebrochen wer-

100 So Emerson. zit. nach Susman (1984), S. 274.

101 Die aristokratische Kultur hat selbst eine widersprüchliche Doppelstruktur: Sie enthält die Form der ›zivilisierten‹ höfischen Gesellschaft und die an Ehre orientierte Kriegergesellschaft, die sich beide für die bürgerliche Kultur zur Abstoßung und Anziehung eignen.

102 Zum folgenden vgl. Martens (1968), S. 342-370; Maurer (1996), S. 588-599; Hunt (1996), S. 193-218; Campbell (1987), S. 97-172; Langford (1987), S. 125 ff., 574-607; Davidoff/Hall (1987), S. 13-35; Wolfram Mauser (2000): Konzepte aufgeklärter Lebensführung. Literarische Kultur im frühmodernern Deutschland, Würzburg; Fritz Brüggemann (1925): Der Kampf um die bürgerliche Welt-und Lebensanschauung in der deutschen Literatur des 18. Jahrhunderts, in: Deutsche Vierteljah-

den, indem deren scheinbar unverbrüchliches kulturelles Fundament als kontingenter Partikularismus einer Gruppe demonstriert wird; demgegenüber wird in einer Universalisierungsstrategie – nicht zuletzt gestützt durch die bürgerliche Philosophie als humanwissenschaftlichem, sich in der Politischen Theorie, der Pädagogik, den Verhaltenslehren etc. konkretisierenden Interdiskurs des 18. Jahrhunderts – die rationale Moralität des bürgerlichen Charakters als Trägerin einer allgemeingültigen Subjektstruktur präsentiert. Das Aristokratische als Anti-Subjekt des Bürgerlichen scheint dabei nicht an eine wahrnehmbare Präsenz gebunden. Auch nachdem die aristokratische Gesellschaft im 19. und zumal im 20. Jahrhundert ihre Dominanz und schließlich ihre Sichtbarkeit verliert, wird die Abgrenzung gegenüber den Eigenschaften des Aristokraten – gegenüber seinem ›Unernst‹ und seiner Ästhetisierung der Oberflächen, seinem scheinbar ›exzessiven‹ Umgang mit der Zeit und den Körpern, seiner parasitären Leistungsverweigerung – in der bürgerlichen Subjektkultur weiterhin reproduziert und bleibt auch in der nach-bürgerlichen Kultur einer organisierten Moderne in den ersten zwei Dritteln des 20. Jahrhunderts als konstitutive Spur vorhanden.

Die Repräsentation des adeligen Subjekts, als dessen emphatisches Gegenbild sich der Bürgerliche zu formen sucht, bewegt sich auf drei Elementen der Differenzmarkierung: der Differenz zur *Artifizialität*, zur *Exzessivität* und zum *Parasitären*. In der Kombination aller drei Sinnelemente ergibt sich aus bürgerlicher Perspektive die Amoralität eines Anti-Subjekts und damit jenes kulturelle Andere, gegen das die Bürgerlichkeit ihre rationale Moralität positionieren kann: Das aristokratische Subjekt wird im Sinnhorizont der bürgerlichen Moderne auf einer ersten Ebene als ›artifiziell‹, das heißt, als ›künstlich‹, ›unecht‹ und ›unnatürlich‹ repräsentiert. In seinem sozialen Verhalten kombiniert es intersubjektive ›Verstellung‹, ›herzlose‹ emotionale Indifferenz und einen leeren Formalismus. Konstitutiv für das Anti-Subjekt ist die routinisierte Differenz zwischen einem ›gespielten‹ und einem ›wahren‹ Selbst, damit eine ›unauthentische‹ Doppelstruktur, eine immanente Spaltung des Subjekts in zwei inkommensurable Hälften. Das Künstliche ist hier das Gespielte und Unechte, es ist wider die Natur. In der höfischen Gesellschaft werde ein strategisches Spiel betrieben, in dem jeder nur auf seinen individuellen Vorteil bedacht und gezwungen sei, sein

resschrift für Literaturwissenschaft und Geistesgeschichte, S. 94-127; Hans Bayer (1978): Feingefühl – achtung – ehrfurcht. Zur soziologie des bürgerlichen ethos der goethezeit, in: WW, S. 401-422; Jacques Revel (1986): Vom Nutzen der Höflichkeit, in: Ariès/Chartier (1986), S. 173-211; Susman (1984), S. 273 ff.; Helmuth Kiesel (1979): ›Bei Hof, bei Höll‹. Untersuchungen zur literarischen Hofkritik von Sebastian Brant bis Friedrich Schiller, Tübingen; Detlev Janik (1987): Adel und Bürgertum im englischen Roman des 18. Jahrhunderts, Heidelberg.

wahres Ich zu verbergen. Interaktion, insbesondere Kommunikation, aber etwa auch sexuelles Verhalten, stellt sich dann im wesentlichen als ein Mittel zum Zweck dar, ein Mittel zur Durchsetzung strategischer Interessen. Im Rahmen dieser Differenzierung zwischen *frontstage* und *backstage* werden – so die bürgerliche Repräsentation – Unehrlichkeit, Lüge, Schmeichelei und Intrige, aber auch geschickte spielerische Ironie zu Merkmalen der Interaktion. Die höfische Welt ist eine komplizierte Welt, in der Schein und Sein auseinanderfallen und in der mit dieser Differenz von Schein und Sein im doppelten Sinne von ›game‹ und ›play‹ ein soziales Spiel getrieben wird. In der bürgerlichen Distinktion kombiniert das Adelssubjekt diese unnatürliche Differenz zwischen gespieltem und wahrem Selbst mit einer Tendenz zur affektiven Indifferenz: nicht Gefühlskompetenz, nicht empfindsame ›Tiefe‹ für die Regungen und Leiden des Anderen, sondern kühle Strategik zeichne es aus. Aus der bürgerlichen Perspektive sind die Prämierung eines ›spielerischen‹ Umgangs mit Wahrheit und Wahrhaftigkeit und die emotionale Indifferenz in einer artifiziellen Trias verknüpft mit der Neigung zu einer leeren Formalisierung des Verhaltens: einer extremen Höflichkeit und ritualisierten Etikette, die sich als ›Oberfläche ohne Tiefe‹ darstellt. Das aristokratische Subjekt habe eine in hohem Maße verfeinerte Kompetenz zum respektvollen Umgang mit anderen Subjekten entwickelt, die jedoch wiederum ›unnatürlich‹ überreguliert wirkt; es erscheint in der bürgerlichen Kritik gleich einem formalisierten Automaten.

Die anti-artifizielle Differenzmarkierung geht einher mit einer anti-*exzessiven* Distinktion. Neben dem artifiziell-›unnatürlichen‹ erscheint das exzessive, ›übersteigerte‹ Subjekt als das kulturell Andere der bürgerlichen Subjektkultur.[103] In der kulturellen Ordnung der bürgerlichen Moderne wird das aristokratische Subjekt als exzessiv, das heißt als maßlos im Umgang mit seinem Körper, seiner Zeit und seinen Alltagsgegenständen repräsentiert: Körper, Zeit und Objekte treten hier nicht als Gegenstände der Moderierung und Kontrolle, sondern als solche der Verschwendung auf. Vor allem in drei Hinsichten fürchtet das bürgerliche Subjekt das Risiko des Exzessiven. Die Zeit wird nicht mit Arbeit oder sonstigen nützlichen Tätigkeiten ausgefüllt, sondern mit gemeinsamem Müßiggang, ›idleness‹, mit spielerischen, undisziplinierten und wenig kontinuierlichen oder systematischen Aktivitäten. Ein zweites Risiko lauert in der offensiven Sexualisiertheit aristokratischer Körper, ›Ausschweifungen‹, die den Neigungen des Körpers bedingungslos nachgeben und die der sonstigen Formalisierung des aristokratischen Verhaltens nur scheinbar widersprechen: Das formale An-Sich-Halten der Körper im Rahmen der höfischen Etikette erscheint

---

103 Vgl. auch: Michael Cardy (1982): Le nécessaire et le superflu, in: Studies on Voltaire and the 18th century, S. 183-190.

dann als vorgespielte Fassade, deren ›Rückseite‹ ein unkontrolliertes sexuelles Begehren bildet. Schließlich sind opulentes Konsumverhalten und die Ästhetisierung von Objekten wie Subjekten – ›Eitelkeit‹ – ein weiterer Komplex unbürgerlicher Subjekteigenschaften, in denen sich Maßlosigkeit manifestiere. Die Neigung zur demonstrativen Fülle und Verfeinerung, auch etwa zur ›Ausschmückung‹ der – weiblichen wie männlichen – Körper in der adeligen Mode bilden paradigmatische Zielscheiben bürgerlicher Distinktion.

Die Differenzmarkierung gegenüber der Artifizialität und Exzessivität verschränkt sich auf einer dritten Ebene mit der Abgrenzung gegenüber der Nutzlosigkeit, Selbstgenügsamkeit und dem Unernst des Anti-Subjekts; sie ist anti-*parasitär*. Das aristokratische Subjekt scheint sich seinem Selbstverständnis nach selber genug, es strebt weder nach dem persönlichen Wohl des Anderen noch nach der Bereitstellung gesellschaftlicher Dienste und Güter für andere. Skandalöserweise scheint sich im Kontext aristokratischer Subjektivität kein Sinnproblem der Lebensführung, kein ›ernstes‹ Problem der Sinnsuche und des Umgangs mit Kontingenz zu stellen. Das unbürgerliche Modell impliziert eine ›unernste‹, aus Prinzip der Moral gegenüber distanzierte Praxis, die sich als ›Spiel‹ (game/play) modelliert und der – im Gegensatz zur formal-ästhetischen Perfektion – die Vorstellung einer Perfektibilität individueller ›Entwicklung‹ fremd ist. Das Ethos der Aristokraten ist hier eher neo-stoizistisch geprägt: ein gelassenes oder misantrophisches Sich-Abfinden mit niemals endgültig lösbaren individuellen Dilemmata, ausgehend von einem Standpunkt der Stärke.[104]

Die positive Moralität, in der sich das bürgerliche Subjekt formiert, ergibt sich aus der Differenzmarkierung zu den drei dem aristokratischen Subjekt zugeschriebenen Eigenschaftsbündeln und im Kampf gegen diese. Das Artifizielle, das Exzessive und das Parasitäre erscheinen als Exemplifikationen des amoralischen Anti-Subjekts. Dessen positive Kehrseite sind *Transparenz*, *Moderatheit* und *Zweckhaftigkeit*. Bürgerliche Moralität stellt sich als Resultat dieses Dreiecks von Subjekteigenschaften dar. Als moralisches ist das bürgerliche Subjekt alles das, was das aristokratische, ›vormoderne‹ Subjekt nicht ist. Das bürgerliche Subjekt will nicht artifiziell, sondern ›natürlich‹ sein und sich in eine Ordnung der Transparenz einfügen. Zentral für diese Natürlichkeit ist eine Aufhebung der Doppelstruktur des Selbst von Schein und Sein; das moralische Subjekt strebt nach Ernsthaftigkeit, nach ›Ehrlichkeit‹, Durchsichtigkeit in der Interaktion. Dem moralischen Subjekt geht es um eine Darstellung des ›Tatsächlichen‹, des ›Wahren‹, um eine Liquidierung des Scheins, der Täuschungen und der Ambivalenzen.

---

104 Zur neostoizistischen Konnotation des frühmodernen Ethos des Adels vgl. Campbell (1986), S. 161 ff.

Die gesamte Praxis – Arbeit, Intimität, Bildung – soll ihr festes Fundament in dieser transparent-natürlichen Welt finden. Das natürliche Subjekt ist zudem nicht emotional indifferent, es übt sich in affektiver Empfindsamkeit für den Anderen, darin, den Anderen so zu fühlen wie sich selbst: Emotionslosigkeit erscheint demgegenüber als unnatürlich. Schließlich schüttelt das natürlich-ernsthafte Subjekt vermeintlich inhaltsleere Formalisierungen ab und strebt nach unverstelltem Respekt ›als Mensch‹: Der ›Mensch‹ soll der inhaltliche Bezugspunkt sein, der Interaktionsnormen ihren Sinn gibt.

Als moralisches lässt sich das bürgerliche Subjekt von einer kulturellen Teleologie anleiten, in der es sich als Gegensatz zur Exzessivität der Aristokratie, damit als moderiertes, balanciertes Subjekt modelliert, das sich in allen möglichen Aspekten ein ›vernünftiges Maß‹ der Disziplin antrainiert. An die Stelle des ungezwungenen Umgangs mit der Alltags- und Lebenszeit treten Zeitdisziplinierung und Systematisierung der Alltagshandlungen; an die Stelle der Erotisierung tritt eine Disziplinierung der Körper; an die Stelle des ›eitlen‹ Luxuskonsums der moderierte (jedoch nicht radikal asketische) Konsum in schmuckloser ›Natürlichkeit‹; an die Stelle eines ästhetischen und zweckfrei-ludischen Selbstverhältnisses ein solches der Bildung. Schließlich orientiert sich das bürgerliche Subjekt an einer Ordnung des Zweckvollen, die gegen das Parasitäre opponiert: Es muss einem Zweck in einem Universum der Zweckhaftigkeit dienen. Die unernste und demonstrative Nutzlosigkeit des aristokratischen Subjekts wird kontrastiert mit der gesellschaftlichen Utilität und der am Anderen orientierten ›Sympathie‹ bürgerlichen Handelns. In dieser Teleologie sucht und findet das bürgerliche Subjekt jenen ›Ernst des Lebens‹, dem gegenüber die adelige Subjektivität als Ausgeburt der Frivolität erscheinen muss.

Die Differenzmarkierung zur adeligen Subjektivität als Voraussetzung der Identität des bürgerlichen Subjekts wird jedoch auf paradoxe Weise mit einer latenten Imitation von einzelnen Elementen der aristokratischen Kultur kombiniert.[105] Diese avanciert zum ›konstitutiven Außen‹ bürgerlicher Subjektivität; das, wovon letztere sich am vehementesten abgrenzt, kann zugleich zum latent motivierenden Ich-Ideal, zum faszinierenden Vorbild werden (wobei in dieser Hinsicht nationalspezifische Differenzen zwischen Frankreich, Großbritannien, Deutschland und Neuengland existieren). Diese Modellhaftigkeit der aristokratischen

---

105 Zur Vorbildfunktion des Adeligen für die ›moderne‹ Kultur vgl. klassisch Norbert Elias (1969): Die höfische Gesellschaft. Untersuchungen zur Soziologie des Königtums und der höfischen Aristokratie, Frankfurt am Main 1983. Zur ambivalenten Faszination des aristokratischen ›theatralischen Selbst‹ vgl. Terry Castle (1986): Masquerade and Civilization. The carnivalesque in 18th century fiction, Stanford.

Persönlichkeit wird an einer spezifischen Stelle in die bürgerliche Subjektstruktur injiziert. Nicht die Moralität, sondern die Souveränität, die Unabhängigkeit demonstrierende Selbstregierung ist es, in der sich das Adelssubjekt in bestimmter Hinsicht als Vorbild des Bürgerlichen darstellen und damit zum Identifizierungs- und Imitationsgegenstand werden kann. Im Adelshabitus ballen sich einerseits Dispositionen des Amoralischen – des Exzessiven, Parasitären und Artifiziellen –, gleichzeitig enthält er Dispositionen einer sich selbst balanciert regierenden Souveränität. Die kulturelle Teleologie der souveränen Selbstregierung *ist* (auch) eine aristokratische und kann in einem Sinntransfer von dort in die neu entstehende bürgerliche Kultur implantiert werden: Hinsichtlich der (A-)Moralität ist der Adelige Distinktions-, hinsichtlich der Souveränität ist er Identifikationsobjekt (und indirekt kann damit auch die Amoralität als Zeichen von Souveränität ihre geheime Faszination ausüben).

Damit wird das Adelssubjekt in einer Reihe von Praktiken bürgerlicher Souveränität zum Vorbild, vor allem in der kommunikativ-konversationellen Kompetenz und in der Körperbeherrschung, das heißt dem körperlichen ›An-Sich-Halten‹ (eine Modellfunktion die in Großbritannien am Anfang des 18. Jahrhunders beispielhaft in jene Subjektfigur des ›gentleman‹ mündet, welche offensiv aristokratische und bürgerliche Elemente amalgamiert):[106] Das Subjekt der höfischen Gesellschaft hat in vorbildlicher Weise Konversationskompetenzen erworben, in denen der Einzelne sich seiner Eigenständigkeit und geistigen Gewandtheit versichert und in der eine intersubjektive ›Höflichkeit‹ geübt wird, sich damit ein Respekt vor dem Anderen manifestiert. Es ist das höfische Subjekt, das zugleich ein körperliches An-Sich-Halten inkorporiert hat, dessen Selbstdisziplin, affektive Mäßigung und Verfeinerung der Bewegungen die Voraussetzung für eine nach außen jeder sichtbaren Unbeholfenheit enthobene Perfektion und Balance seiner Körperbewegungen liefern. Im Adelssubjekt manifestiert sich damit in der harmonischen perfekten ›Form‹ seines Verhaltens und in der kognitiv-stilistischen, thematisch vielseitigen Gewandtheit der Konversation die Souveränität einer autonomen Persönlichkeit, die für die bürgerliche Kultur ein (teilweise unerreichbar scheinendes) Ideal-Ich liefert, welches auf widersprüchliche Weise mit der Differenzmarkierung gegen die adelige Amoral kombiniert wird.[107]

106 Vgl. hierzu Sonja Bründl (1998): The Gentleman Ideal. The development of an image of man in early 18th century society, Göttingen.

107 In ganz anderer Weise können die späteren anti-bürgerlichen ästhetischen Gegenkulturen des 19. und 20. Jahrhunderts, vor allem in der Romantik und im Ästhetizismus eine offensive Identifizierung mit dem kulturellen Außen des Adels betreiben. Jene in der bürgerlichen Kultur diskreditierten Elemente aristokratischer Subjektivität – die Skepsis ge-

Neben der aristokratischen Kultur ist es die religiös orientierte ›Volkskultur‹, der gegenüber sich die Bürgerlichkeit in einem paradoxen Verhältnis der Differenzmarkierung und des latenten Sinntransfers befindet; beide stellen sich als ihr konstitutives Außen dar. Im Verhältnis zur primären Abgrenzung von der bisherigen Hegemonie des Adels ist die Distinktion zum alten ›Dritten Stand‹ im 18. Jahrhundert sekundär (und schiebt sich in Form des bürgerlichen Anti-Primitivismus im Laufe des 19. Jahrhunderts in den Vordergrund). Im Vergleich zum Adel wird dieses zweite Anti-Subjekt komplementär modelliert. Es ist eher in zweiter Linie eine Defizienz der Moralität (obwohl man auch diese, etwa hinsichtlich sexueller Freizügigkeit oder mangelndem Arbeitsethos, hier zurechnet), in erster Linie ist es eine Defizienz der Souveränität, welche im Volkssubjekt ausgemacht wird. Dieses erscheint als ein Wesen, dem es an rationaler Selbstregierung und damit an den inkorporierten Voraussetzungen der angestrebten Autonomie mangelt, das somit in einer grundlegenden Abhängigkeit verharrt, seiner selbst entmächtigt ist und sich entsprechend ›gezwungen‹ verhält: eine ökonomische Abhängigkeit unselbständiger Arbeit, eine familiäre Abhängigkeit durch traditionale Verwandtschaftsverbände und Beziehungsvorgaben, nicht zuletzt eine Abhängigkeit vom ›Glauben‹ anstelle einer Verfügung über ›Wissen‹. Die Abhängigkeit bezieht sich nicht nur auf andere Personen, sondern auch und vor allem auf religiöse Instanzen, darunter den ›Aberglauben‹, allgemein auf die Übernahme ungeprüfter Glaubensinhalte. Dem Volkssubjekt als dem negativen Anderen mangelt es in der bürgerlichen Distinktion an jenen kognitiven und kommunikativen Reflexionskompetenzen, in denen das Implizite explizit gemacht und zum Gegenstand der analytischen Zergliederung werden kann, an kognitivem ›Weltwissen‹, auch an jener körperlichen Selbstkontrolle, die Voraussetzung für einen ungezwungen-souveränen Verhaltensstil ist – das Volkssubjekt im Verständnis des 18. Jahrhunderts ist damit ein unmündiges Anti-Subjekt des Bürgerlichen, das zugleich potentiell der Verbürgerlichung zugänglich erscheint.[108]

Ein zentrales Merkmal der agrarischen Volkskultur, von dem sich die bürgerliche Subjektkultur abgrenzt, ist ihre Abhängigkeit von religiösen

genüber der Moral, das ironische Spiel mit unterschiedlichen Wirklichkeiten, die emotionale *coolness*, die perfekte ästhetische Stilisierung, die Sexualisierung der Körper und der Sinn fürs Nichtstun – stellen langfristig ein Sinnreservoir für die anti-hegemonialen ästhetischen Bewegungen der Moderne dar: Das anti-bürgerliche Subjekt verleibt sich das bürgerlich Ausgeschlossene fasziniert ein, um seine Ästhetisierung zu betreiben.

108 Vgl. Martens (1968), S. 383 ff., Maurer (1996), S. 161 ff., 249 ff., 566 ff.

Sinnmustern (die nicht unbedingt jenen der protestantischen und katholischen Amtskirchen entsprechen müssen); die bürgerliche Subjektkultur positioniert sich dagegen mit der Voraussetzung einer prinzipiell mundanen, ›säkularen‹ Fundierung von Subjektanforderungen und kollektiver Praxis. Stärker als der Protestantismus stellt sich dabei in der gesamten bürgerlichen Moderne der Katholizismus mit seiner hierarchischen Amtskirche, seinem institutionalisierten, asymmetrischen Priester-Laien-Verhältnis, seiner visuellen, spektakulären Ästhetisierung religiöser Rituale und der jenseits der bürgerlichen Familie situierten Figur des zölibatären Priesters als Objekt der bürgerlichen Distinktion dar.[109] Dabei befindet sich die bürgerliche Subjektkultur den religiös-christlichen Codes gegenüber in einem mehrdeutigen Verhältnis. Parallel zur dezidierten Abgrenzung von einer Subjektivität, die primär im Religiösen verankert ist, finden intensive Sinntransfers zwischen der religiösen Praxis-/Diskursformation und jener der modernen Bürgerlichkeit statt. Neben den Appropriationen einzelner Elemente des protestantischen Arbeitsethos, der Moralisierung von Ehe und Familie und der post-reformatorischen Übung des Subjekts im alltäglichen Umgang mit der Schrift stellen sich hier noch basalere Spuren christlicher Sinnmuster heraus, welche die religiöse Fundierung einer mundanen rational-vernünftigen Berechenbarkeit und Intelligibilität betreffen. Diese Annahme einer benevolenten Berechenbarkeit, die sich säkularisiert als Rationalitätsglauben darstellt, liefert auch den Hintergrund für eine bürgerliche Gesetzes- und Prinzipienethik.

Die bürgerliche Kultur codiert die Moralität des Subjekts als das Natürliche und das Vernünftige und die Weltstruktur als berechenbar-rational. Dieses rationalitätsorientierte Sinnmuster setzt ein Weltverständnis der Benevolenz, ein ›Weltvertrauen‹, eine ›tugendhafte Weltliebe‹ voraus: einen Glauben an mundane Wohlgeordnetheit.[110] Codehistorisch ist es vor allem der protestantische Deismus (die Hintergrundtheologie der Aufklärung des 18. Jahrhunderts), der dieses Weltvertrauen, diese bür-

---

109 Vgl. für das 19. Jahrhundert: Manuel Borutta (2001): Das Andere der Moderne: Geschlecht, Sexualität und Krankheit in antikatholischen Diskursen Deutschlands und Italiens (1850-1900), in: Werner Rammert (2001): Kollektive Identitäten und kulturelle Innovationen. Ethnologische, soziologische und historische Studien, Leipzig S. 59-75; Susan Griffin (2004): Anti-Catholicism and 19th Century Fiction, Cambridge.

110 Vgl. zum folgenden Panajotis Kondylis (1981): Die Aufklärung im Rahmen des neuzeilichen Rationalismus, Stuttgart 1981, S. 342 ff.; Martens (1968), S. 231-273, Campbell (1987), S. 99-138, Taylor (1989), S. 266-284. Vgl. zur Kopplung von Vernunft-Code und Natur-Code auch Kondylis (1991), S. 21-36, Maurer (1996), S. 323-351, R. W. Harris (1968): Reason and Nature in the 18th Century, London.

gerliche Präsupposition einer ›zum Guten‹ neigenden Natur des Menschen und der Welt vorformuliert. Die Grundannahme der Benevolenz, der wohlwollenden Geordnetheit der Welt, wird im religiösen Sinnmuster von einem deistischen Glauben an die göttliche Güte und die Wohlgestalt der von Gott eingerichteten Welt motiviert und in ›säkularisierter‹ Form in den bürgerlichen Code des ›Menschen‹ transferiert, indem diesem seiner von vornherein geordneten, widerspruchsfreien Natur die Begabung zur Vernunft und zum sympathetischen Gefühl zugeschrieben wird. Die Diskurse der britischen, französischen und deutschen Aufklärung sind der zentrale Manifestationsort dieser bürgerlichen Repräsentation eines geordneten, bruchlosen Subjekts im post-deistischen Sinne. Vernunft und Gefühl und damit auch die Glückseligkeit des Einzelnen erscheinen in den deistischen und post-deistischen Codes nicht als Subjekteigenschaften, die erst einer ›üblen Natur‹ abzutrotzen sind, sondern als nichts anderes denn die Natur selbst, der lediglich zur Entfaltung verholfen werden muss. Der deistische wie post-deistische Subjektcode der bürgerlichen Kultur geht von einer harmonischen Passung von Natur und Kultur aus: Das ›Lasterhafte‹, das Unvernünftige und Gefühllose ist nicht natürlich und daher nicht *gegen* die Natur, sondern *mit* der Natur zu überwinden. In ihren verschiedensten, durchaus heterogenen Versionen in Frankreich, England, Schottland und Deutschland setzt der Diskurskomplex jener ›Aufklärung‹, welche – zumindest in gemäßigter Form – die Hintergrundsinnmuster für die bürgerlichen Diskurse der Arbeit und Ökonomie, der Ehe, Freundschaft und Familie, der Erziehung und Bildung liefert, ein Kontinuum des ›Natürlichen‹ zwischen der unbelebten und nicht-menschlichen Naturwelt im engeren Sinne und der menschlichen, moralisch-sozialen Welt voraus. Die basale bürgerliche Semantik des Natürlichen durchkreuzt – so wie die christliche Gottesvorstellung seit Augustinus und Thomas – die Unterscheidung von Sein und Sollen, sie bezeichnet Sein und Sollen zugleich. Die Harmonie der physikalischen Gesetze (deren Intelligibilität in Derhams ›Physico Theology‹ so wie bei Newton selbst als Beleg ihres göttlichen Ursprungs gilt) und das Naturgemäße der moralischen Gesetze stellen sich dann beide als Elemente einer wohlwollenden Natur dar: »les lois naturelles sont physiques ou morales«.[111] Die normativen Regeln der rationalen Existenz scheinen damit ontologisch abgesichert – dagegen zu handeln, ist nicht lediglich moralisch irrig, sondern letztlich Element einer ›Scheinwelt‹.

Diese benevolent-harmonische Kosmologie liefert den Hintergrund für den bürgerlichen Moralitäts- und Rationalitätsglauben.[112]

---

111 Francois Quesnay: ›Droit naturel‹ (1736), zit. nach Dumont (1977), S. 53.
112 Der moralische Code des Bürgerlichen greift auch auf Sinnressourcen

Durchgehend wird hier ein Glaube an die prinzipielle Transparenz, Widerspruchsfreiheit und Wahrhaftigkeit des Subjekts vorausgesetzt: im gegenseitigen Verhältnis der Wirtschaftsbürger in der *commercial society*, im Verhältnis der Bildungsbürger zueinander und zu ihrem Publikum, im Verhältnis der Freunde und der Ehepartner, schließlich im Verhältnis der Schreibenden zu sich selbst und der Leser zu ihren Texten. Der christlich gespeiste Code einer harmonisch-benevolenten, natürlich-vernünftig geordneten Welt liefert den Sinnhintergrund aller drei zentralen Merkmale der bürgerlichen Moralität: der Transparenz und Ernsthaftigkeit im Gegensatz zur Differenz von Schein und Sein, der Moderatheit im Gegensatz zur Exzessivität und der sozialen und intersubjektiven Zweckhaftigkeit im Gegensatz zur ›eitlen‹ Nutzlosigkeit und Verspieltheit. Insgesamt bildet dieses Element eines christlichen Ordnungsglaubens den kulturellen Hintergrund für die interiorisierte Teleologie bürgerlicher Moralität, im Detail ein ›wohlgeordnetes‹ Leben zu führen und die ›Unordnung‹ als ›unnatürlich‹ ablehnen zu können.

Die scheinbar einheitliche bürgerliche Subjektkultur stellt sich damit als ein mehrgliedriges, hybrides Arrangement dar, welches ein doppeltes konstitutives Außen enthält: Die einander überformenden Leitcodes des souverän-selbstregierenden und zugleich moralisch-integren Subjekts basieren auf einer doppelten Differenzmarkierung gegenüber dem exzessiven, artifiziellen und parasitären Anti-Subjekt des Aristokraten und jenem abhängig-gläubigen Subjekt der Volkskultur; zugleich implementiert das bürgerliche Subjekt in sich basale Sinnmuster sowohl der aristokratischen Selbstregierung als auch eines Glaubens an den benevolenten Harmonismus einer rationalen Ordnung. Die bürgerliche Kultur markiert damit keinen absoluten Bruch zu einer ›Vormoderne‹, sondern bezieht aus dieser zwei konstitutive Bestandteile ihrer Subjekthaftigkeit. Diese beiden kulturellen Versatzstücke treiben das Subjekt einerseits nach Art einer Überdetermination in seine neue bürgerliche Form; sie verstärken in ihm zugleich einen potentiellen Riss zwischen der Selbsteinbettung in eine moralisch-rationale, balancierte Ordnung und einer Orientierung an sich selbst regierender Souveränität.

zurück, wie sie sich in der Frühen Neuzeit im stadtbürgerlichen und agrarischen, protestantischen ›Haushalt‹ herausgebildet haben und wie sie sich exemplarisch in den frühneuzeitlichen ›Hauspredigten‹ finden (etwa die ›Oeconomia Christiana‹ (1529) von Justus Menius). Vgl. Julius Hoffmann (1959): Die ›Hausväterliteratur‹ und die ›Predigten über den christlichen Hausstand‹. Lehre vom Hause und Bildung für das häusliche Leben im 16., 17. und 18. Jahrhundert, Weinheim/Berlin; Otto Friedrich Bollnow (1958): Wesen und Wandel der Tugenden, Frankfurt am Main; Paul Münch (Hg.) (1984): Ordnung, Fleiß und Sparsamkeit. Texte und Dokumente zur Entstehung der ›bürgerlichen Tugenden‹, München.

›Dispersed practices‹ bürgerlicher Selbstregierung

Auf der Ebene der sozialen Praktiken produzieren die Felder der Arbeit, der persönlichen Beziehungen und der schriftorientierten Technologien des Selbst trotz ihrer Differenzen die grundlegende Homologie einer bürgerlichen Form des Subjekts; diese wird durch eine Reihe von grenzüberschreitenden dispersed practices institutiert. Zwischen den drei spezialisierten Praktikenkomplexen lassen sich keine fixen, unüberschreitbaren Sinngrenzen mit entsprechend separierten Subjektpositionen ausmachen, vielmehr finden ständige Grenzüberschreitungen von interdiskursiv verankerten Codes und Praktiken statt, welche die Felder kreuzen und die Form eines souverän-moralischen Subjekts überdeterminieren. Zum großen Teil handelt es sich bei diesen dispersed practices des Bürgerlichen um körperlich-mentale Technologien einer innenorientierten Selbstregierung. Der bürgerliche Subjektdiskurs von Locke bis Kant präsentiert die ›Autonomie‹ des Subjekts regelmäßig als Ergebnis der Befreiung aus traditionalen Zwängen, als eine vorausgesetzte und nun freigelegte Instanz; tatsächlich stellt sich die reale Produktion des ›autonomen‹ Subjekts jedoch als Ergebnis spezifischer *Techniken* heraus, in denen das Subjekt in sich die Grundlage dafür legt, im bürgerlichen Sinne souverän handeln zu können. Zentrale dispersed practices, die in den drei Feldern des bürgerlichen Arbeitens, der persönlichen Beziehungen und der medialen Praktiken grenzüberschreitend vorkommen, sind jene des Gesprächs, vor allem der Sach- und Ichkommunikation, sowie der Schriftlichkeit; Praktiken der Selbst- und Fremdpsychologisierung; ein körperliches ›An-Sich-Halten‹; schließlich die mentalen Techniken einer ›Reflexion‹ im Sinne einer Selbstbeobachtung, einer Abwägung in Entscheidungssituationen und eines ›moralischen Sinns‹. Diese Schlüsselpraktiken der Selbstregierung werden auch nach der historischen Erosion des bürgerlichen Charakters im engeren Sinn in den post-bürgerlichen – und damit unter bestimmten Aspekten weiterhin bürgerlich imprägnierten – Subjektkulturen der organisierten Moderne und der Postmoderne in verschiedenen Kombinationen reproduziert.

Sowohl im Feld der wirtschaftsbürgerlichen, bildungsbürgerlichen und freiberuflichen Arbeit als auch im Feld des Umgangs mit Freunden und Ehepartnern sind es Techniken der (verbalen) Kommunikation, die performativ einen Eindruck von Bürgerlichkeit produzieren.[113] In ihrer

---

113 Zum folgenden vgl. Dieter A. Berger (1978): Die Konversationskunst in England, 1660-1740. Ein Sprechphänomen und seine literarische Gestaltung, München; Karl-Heinz Göttert (1988): Kommunikationsideale. Untersuchungen zur europäischen Konversationstheorie, Mün-

Semantik, Syntax und Pragmatik ausdifferenzierte Gesprächsfähigkeit stellt sich damit als ein dispositionaler Knotenpunkt bürgerlicher Subjektivität dar – die Differenzmarkierung gilt hier nur in zweiter Linie dem aristokratischen Subjekt, in erster Linie einer ›sprachlosen‹, das heißt sprachlich wenig geübten Volkskultur; Bürgerlichkeit ist dagegen ein sprachliches Erziehungsprogramm in Richtung eines Subjekts, das ›zum Reden gebracht wird‹. Das schweigende Subjekt – dem zumindest in der klerikalen Kultur in seiner Orientierung an der kommunikativ unzugänglichen Transzendenz ein Wert zugeschrieben wurde – erscheint im bürgerlichen Kontext als ein in seinen kognitiven und emotionalen Kompetenzen defizitäres Wesen; letztere drücken sich im bürgerlichen Verständnis im wesentlich in Sprache aus. Bürgerliches Arbeiten in den Handelsunternehmen, Bildungsanstalten und freiberuflichen Praxen *ist* größtenteils – mündliche und schriftliche – Kommunikation. Die bürgerlichen Intimbeziehungen zu Freunden, Ehepartnern und Kindern stellen sich gleichfalls größtenteils als Praktiken mündlicher (wie schriftlicher) Kommunikation heraus. Auch die zentrale Selbstpraktik des routinisierten Verfassens von Egodokumenten wie Tagebüchern ist eine Sonderform der schriftlichen Selbstkommunikation.

Das Modell eines bürgerlichen Gesprächssubjekts zitiert Elemente aus dem Renaissance-Humanismus und seiner Figur eines rhetorisch gewandten Subjekts sowie aus der aristokratischen Kultur und seinem Konversationssubjekt, das den Kommunikationsidealen der ›Anmut‹, ›Klugheit‹ und ›Höflichkeit‹ folgt. In Opposition zur humanistischen Rhetorik wie zur höfischen Konversation betreibt die bürgerliche Gesprächskultur jedoch eine Entästhetisierung des Sprachgebrauchs zugunsten eines Ideals des ›Sachlichen‹ und ›Authentischen‹, des ›plain style‹: Die Distinktion gilt der ornamentalen Redundanz der Rhetorik wie dem auftrumpfenden ›wit‹ der galanten Konversation. Die bürgerlichen Technologien des verbalen Ausdrucks sind vielmehr solche einer Sachkommunikation wie einer Vertrauens- und Ichkommunikation, die ihr Vorbild in der bürgerlichen Schriftlichkeit – der sachlichen Darstellung eines Problems bzw. dem selbstbeobachtenden Bericht über innere Zustände – erhalten. Das bürgerliche Gesprächssubjekt zieht in sich – wiederum im Feld der Arbeitsbeziehungen, in denen mit Informationen umgegangen wird, ebenso wie in den Debatten über Gegenstände öffentlichen Interesses in den Freundschafts- und Partnerbeziehungen – die Kompetenz zur scheinbar neutralen, distanzierten, emotional zurückgenommen Darstellung und Problematisierung von ›Themen‹ und zur Formulierung von begründeten ›Meinungen‹ heran. Sachkommunikation ist dabei mit Vertrauens- und Ichkommunikation verknüpft, mit Techniken,

chen; zur Frühen Neuzeit Peter Burke (1993): The Art of Conversation, Cambridge.

das Vertrauen des Anderen – ob in der Arbeits- oder der Intimsphäre
– zu gewinnen und zu erhalten. (Früh-)Bürgerliche Gesprächsfähigkeit
umfasst zugleich die Entwicklung eines *know how*, um Eigenschaften,
Erlebnisse, Gedanken, Motive und Gefühle des eigenen Ich kommuni-
kabel zu machen und jene des Anderen zu dechiffrieren. Bürgerliche
Kommunikationsfähigkeit setzt dabei Schriftfähigkeit voraus. Diese
ist einerseits eine spezialisierte Technologie des Selbst, die gleichzeitig
sowohl die bürgerlichen Arbeitsformen als auch die persönlichen Beziehungen – die zu großen Teilen im Medium des Briefes prozessieren
– anleitet. Schriftfähigkeit trainiert sowohl in Dispositionen der Sach- als
auch der Ichkommunikation. Sie bringt das bürgerliche Subjekt in ein
›distanziertes‹ Verhältnis zum Thema, das sich in Textform materialisiert
und der reflexiven Bearbeitung zugänglich wird, und trainiert es zugleich
in der systematischen Anwendung eines ichorientierten Vokabulars.

Kommunikationsfähigkeit geht damit in eine zweite grenzüberschreitende Subjektanforderung des Bürgerlichen über: die Techniken der
Fremd- und Selbstpsychologisierung. Das bürgerliche Subjekt übt sich
in Arbeit, Intimität und Selbstpraktiken gleichermaßen im hermeneutischen ›Fremdverstehen‹, das heißt darin, ein psychologisches Vokabular
zu erlernen, anderen Personen Motive, ›seelische‹ Prozesse, Reflexionen
und Emotionen zuzuschreiben, die ›Perspektive des Anderen‹ zu simulieren und Verhalten in den Kategorien sinnhaften Handelns zu interpretieren. Dies gilt für die Hermeneutik des Anderen in freundschaftlichen und familiären Beziehungen wie für die Subjektzuschreibung
von Motiven und eigenkomplexen Perspektiven in jener intersubjektiv
strukturierten Form des Arbeitens, die Wirtschaftsbürger gegenüber
Kunden, Kollegen und Konkurrenten, Bildungsbürger gegenüber Publikum und Schülern und Freiberufler gegenüber Klienten betreiben,
schließlich im Training des Subjekts in der Mentalitätsdechiffrierung im
Medium der bürgerlichen Literatur, etwa des Romans. Das ›Verstehen‹
der ›Innenwelt‹ der eigenen Person, die Versuche einer Hermeneutik
des Selbst auf dem Wege einer konsequenten Selbstbeobachtung stellen sich als Kehrseite dieser Hermeneutik des Anderen dar. Die Suche
nach subjektiven Interessen, die Selbstprüfung von Sympathie- und
Liebesgefühlen, die systematisierte Selbstbeobachtung und -produktion
eines Ichs in der egoorientierten Textproduktion sind veralltäglichte
bürgerliche Techniken einer Hermeneutik des Selbst. Die subjekttheo-
retische Annahme, dass eigenem und fremdem Verhalten eine komplexe
Sphäre des Mentalen ›zugrundeliegt‹, die sich dechiffrieren lässt, liefert
den Hintergrund dieser bürgerlichen Psychologisierungsstrategie. Die
bürgerlich-modernen Praktiken der Psychologisierung bilden sich
wiederum in der Differenz zur Adels- und Volkskultur. Während dem
Subjekt der Volkskultur die Komplexität einer kognitiv-affektiven Innenwelt und das entsprechende Empathievermögen mangelt, scheint in

der Adelskultur eine Differenz zwischen der äußeren *performance* und der relativ unzugänglichen inneren Strategik und Affektivität kultiviert zu werden. Die bürgerliche Praxis versucht demgegenüber ein Expressions- und Dechiffrierungsverhältnis zwischen ›Innen‹ und ›Außen‹ zu instituieren; das Innen soll sich transparent im Außen ausdrücken, und es soll über das Außen entzifferbar sein.

In allen seinen Praktiken trainiert das bürgerliche Subjekt sich feldübergreifend in der Hexis eines körperlichen ›An-sich-Haltens‹.[114] Die selbstdisziplinierte, im wesentlichen geistige und kommunikative Arbeit des Bürgers, die in erster Linie kommunikative und empathische Interaktion mit den Partnern persönlicher Beziehungen, die Ausrichtung der Technologien des Selbst auf weitgehend entkörperlichte Praktiken im Medium der Schriftlichkeit bilden ein Cluster von Technologien, die eine Moderierung körperlicher Regungen betreiben und zugleich einen Effekt souveräner Balanciertheit körperlicher *performance* produzieren. Der größte Teil der Aktivitäten des Körpers, einschließlich der Regungen der ›Sinne‹, kann damit dem Bewusstsein entzogen werden. Das Subjekt definiert sich nicht über den Körper, der Körper erscheint als ein latent anwesendes Instrument, das von einem Aktivismus des Mentalen, einem spezifisch fokussierten ›inneren‹ Aktivismus, des Arbeitens, der Reflexion und der Kommunikation, zum Teil auch des inneren Gefühls begleitet wird. Demgegenüber werden in sämtlichen bürgerlichen Praktiken Bewegungen des Körpers jenseits des ›Innern‹ des Geistes (und der Seele) und der zur mündlichen und schriftlichen Kommunikation notwendigen Körperteile auf ein reguliertes Minimum beschränkt, das dem Muster einer ruhigen Gleichförmigkeit folgt. Das bürgerliche Subjekt hindert sich systematisch daran, seine sinnliche Aufmerksamkeit zu ›zerstreuen‹, sondern fokussiert sie auf kognitive Akte. Im bürgerlichen Selbstverhältnis wird der Körper in einem ersten Schritt zu einem Gegenstand der Selbstbeobachtung, um die Bewegungen entsprechend zu lenken; in einem zweiten Schritt kann – sobald diese Bewegungsmuster inkorporiert sind – die Aufmerksamkeit vom Körper abgezogen werden.

114 Zum folgenden vgl. Philip A. Mellor/Chris Shilling (1997): Re-Forming the Body. Religion, community and modernity, London, Kap. 2, 4; Kirsten O. Frieling (2003): Ausdruck macht Eindruck. Bürgerliche Körperpraktiken in sozialer Kommunikation um 1800, Frankfurt am Main; Bryan S. Turner (1984): The Body and Society. Explorations in social theory, London 1996, 2. Aufl., Kap. 7; Jervis (1999), Kap. 2; Hans Bayer (1978): Feingefühl – achtung – ehrfurcht. Zur soziologie des bürgerlichen ethos der goethezeit, in: WW, S. 401-422; Pikulik (1984), S. 194-215; Francis Barker (1984): The Tremulous Private Body, London, auch allgemein Drew Leder (1990): The Absent Body, Chicago. Zur obsessiven Kehrseite bürgerlicher Körperkontrolle vgl. Böhme/Böhme (1983).

Erst diese quasi-automatisierte, der bewussten Selbstbeobachtung nicht mehr bedürftige, geschmeidige *performance* vermag das bürgerliche Subjekt – wie schon das aristokratische – als souveränes zu instituieren.

Die Techniken des An-sich-Haltens und die rücksichtsvolle Vermeidung gegenseitiger körperlicher Berührungen setzen dabei eine Modellierung des bürgerlichen Körpers als ein ›homo clausus‹ voraus: eine nach außen eindeutig geschlossene Entität, deren leibliche Innen-Außen-Grenze (die etwa von Krankheitserregern gekreuzt werden kann) Gegenstand eines prekären Grenzerhaltungssinns wird. Die Schließung der Sinne und die Eindämmung der Bewegungen des Körpers nach außen erscheinen als Voraussetzungen für die Auffüllung des bürgerlichen Innen mit einer Komplexität kognitiver wie empfindsamer Akte.

Die bürgerliche Kultur interpretiert diese körperliche Zucht, in der der Körper zum Objekt eines nicht-körperlichen Selbst wird, als Moderierung und Pazifizierung, in der sich ein moderater ›innerer‹ Charakter im Außen ausdrückt. Die Gestaltung von Gestik, Mimik, Körperhaltung (beim Stehen, Gehen, Sitzen, Reden etc.), der Stimme, der Kleidung folgt dem Muster eines Subjekts, das ›Natürlichkeit‹ und selbstbewusste Gelassenheit demonstriert, ohne dass diese Demonstration gewollt erscheinen darf. In der Mimik geht es um eine routinisierte Demonstration von Verbindlichkeit, Ausgeglichenheit, Höflichkeit und Festigkeit – das ›Andere‹ des bürgerlichen Gesichts ist der unstete Blick, der aggressive Blick, der schüchterne Blick, auch der arrogant-herablassende Blick. In der Gestik geht es um eine Routinisierung sparsamer, ruhiger Gesten, die Sicherheit demonstrieren und zugleich ›affektierte‹ Überladenheit vermeiden. In der Körperhaltung drückt sich eine ›Festigkeit‹ aus, die erratische Bewegungen meidet, aber zugleich eine Ungezwungenheit, die in jeder Situation signalisiert, ›alles im Griff zu haben‹. Die feldübergreifende ›respektvolle‹ Interaktion unter Gleichen erfordert hier – negativ – einen Verzicht auf als anstößig interpretierbare Handlungen, insbesondere auf nun als ›peinlich‹ gedeutete unwillentliche Körperreaktionen, und – positiv – einen höflichen und ›geschmeidigen‹, das heißt natürlich und weder gekünstelt noch unbeholfen wirkenden Stil alltäglichen Verhaltens in den Geselligkeitszirkeln, unter Ehepartnern und in der Sphäre der Wirtschafts- und Bildungsbürger gleichermaßen.

Im Training körperlicher Zurückhaltung und höflich-respektvollen Verhaltens wie auch in der grundsätzlichen Konversationsfähigkeit, imitiert das bürgerliche das aristokratische Subjekt und geht zu ihm zugleich auf Distanz: Die Differenzmarkierung gilt der vorgeblichen Neigung zur affektierten Überladenheit der aristokratisch-höfischen Hexis, ihren Elementen des Exzessiven, Artifiziellen und Parasitären, dem das Bürgerliche seine ›natürliche Schlichtheit‹ entgegensetzt, die ein Spiegel moralischer Transparenz sein soll. Zugleich jedoch erscheint die aristokratische Hexis als souveräner Ideal-Körper, dessen Imitation der bürgerliche Körper anstrebt. Der Aristokratenkörper demonstriert in Gestik, Mimik, Haltung und Stimme jene Selbstregulierung, die sich von jeder im Körper ablesbaren Abhängigkeit befreit hat. Das eigentliche ›Andere‹ ist hier der paradoxerweise als unkontrolliert *und* gezwungen zugleich perzipierte Körper des Subjekts des Dritten Standes (mit jenem als exzessiv und irrational wahrgenommenen ›grotesken Körper‹ der frühneuzeitlichen Volkskultur als Extrempunkt einer Anti-Figur, in welche eine körperliche Erratik und Monstrosität einbricht): der grobe, gemeine, pöbelhafte Körper, der zugleich der unsichere, gehemmte Körper ist.

Ein letztes Bündel von Dispositionen, in denen sich bürgerliche Subjektivität in allen sozialen Feldern zugleich herausbildet, ergibt sich aus der Übung in selbstreferentiellen und zugleich auf das Handeln ausgerichteten ›Praktiken des Mentalen‹, vor allem in Techniken der handlungsorientierten ›Reflexion‹. Die Fähigkeit zur Reflexion, des Gebrauchs des ›eigenen‹ (und dabei doch gleichzeitig allgemeinen und das heißt faktisch bürgerlich codierten) ›Verstandes‹ ist eine grundlegende bürgerliche Subjektanforderung und in seinem Selbstverständnis Sitz seiner Rationalität. In der bürgerlichen Selbstbeschreibung wird Reflexion als eine natürlich-universale Eigenschaft des Subjekts universalisiert und damit zugleich einem vor jeder Praxis und jedem Diskurs existierenden inneren, mentalen Kern zugeschrieben. Tatsächlich setzt sich die ›innere‹ Fähigkeit zur Reflexion aus einem Bündel von historisch-spezifischen, sozial-kulturellen Kriterien folgenden Techniken zusammen, die das bürgerliche Subjekt sich aktiv antrainiert, auf dass es seine mentale Tiefe zu entfalten vermag. Die Reflexion im bürgerlichen Sinne ist dabei nicht ›theoretisch‹, keine praxisenthobene Kontemplation (welche unter dem Verdacht des Parasitären steht), sondern auf das praktische Handeln bezogen, zu dessen Vorbereitung es dienen soll. Die bürgerliche Kultur züchtet vor allem drei Reflexionspraktiken heran: Selbstbeobachtung, Entscheidungsfindung und den ›moralischen Sinn‹.

In einem ersten Sinne sind Techniken der bürgerlichen Reflexion solche der Selbstbeobachtung des Handelns, in denen die alltäglichen Routinen in einer ›Beobachtung zweiter Ordnung‹ zu sich selbst auf Distanz gehen. Hier handelt es sich einerseits um eine mitlaufende Reflexion in dem Sinne, dass Handlungen nicht nur vollzogen, sondern in einer mentalen Parallelaktion zugleich in ihre Einzelteile zerlegt oder nach ihren ›dahinter liegenden‹ Motiven und Gefühlen befragt werden. Eine derartige Technologie der Selbstbeobachtung ist in die bürgerliche Arbeit, indem sie sich selbst diszipliniert und ihre Effizienz und Vertrauenswürdigkeit überprüft, wie in die bürgerlichen Intimbeziehungen eingelassen, in denen der Einzelne sich fragt, inwiefern er im ›Wohlgefallen‹ des Freundes oder Partners handelt. In der Selbstbeobachtung im Medium der Schrift wie dem Tagebuchschreiben und der autobiografischen Reflexion transformiert sich die mitlaufende in eine ausdifferenzierte Beobachtungsaktivität.

Die Technik der Reflexion in Entscheidungssituationen kommt zum Zuge, wenn Alltagsroutinen unterbrochen werden. Eine ›Entscheidungssituation‹ tut sich auf, wenn aus der subjektiven Perspektive mehrere Handlungsoptionen möglich sind, wenn ›Kontingenz‹ in die Alltagsroutinen einbricht. Im bürgerlichen Kontext erfordert eine Entscheidungssituation vom Subjekt ›Reflexion‹ als angemessene Antwort, eine Reflexion, die spezifischen Entscheidungsregeln folgt – etwa dem Gegenüberstellen von Vor- und Nachteilen, der leidenschaftslosen Vergleichbarkeit der verschiedenen Optionen, die im Prinzip gleichrangig erscheinen – und die somit zu einer kulturellen Routine als Antwort auf das Nicht-Routinisierbare, Überraschende wird. Der ›rationale‹ Umgang mit Entscheidungskonstellationen ist für die bürgerliche Praxis vor allem in herausgehobenen Momenten der Intimsphäre und der Arbeit grundlegend: Die Entscheidung für oder gegen einen Ehepartner unter den Bedingungen der Beziehungswahl erscheint als ein Moment äußerst wirkungsmächtiger Dezision, deren Kriterien etwa in dem auf Ehe- und Verehelichungsprobleme fokussierten literarischen Interdiskurs des bürgerlichen Romans und des bürgerlichen Dramas des 18. Jahrhunderts in extenso thematisiert werden. Innerhalb des Feldes der Arbeit ist die Entscheidung für einen Beruf von vergleichbarer Bedeutung. Der Wirtschaftsbürger ist regelmäßig mit ›riskanten‹ Situationen konfrontiert, in denen Kontingenz durch Entscheidungen zu bearbeiten ist.

Einen dritten Komplex von feldübergreifenden Techniken der Reflexion bilden jene, die im Subjekt einen moralischen Sinn implementieren. Wenn sämtliche Praktiken ein Gegenstand moralischer Formung sind, dann muss das bürgerliche Subjekt einen routinisiert zum Einsatz kommenden moralischen Sinn ausbilden: eine Befragung des ›Gewissens‹. Moralische Reflexion erfolgt als Selbstbefragung, ob und inwiefern das eigene, besondere Handeln den allgemeinen Regeln ›anständigen‹ Verhaltens entspricht. Was ›anständig‹ ist, gibt wiederum der bürgerliche Moralcode vor: ›rechtschaffenes‹ und ›transparentes‹ Verhalten, das den Grundsätzen der Wahrhaftigkeit folgt, im Prinzip ›respektvolles‹ Verhalten gegenüber dem Anderen (dem bürgerlichen Anderen, wie vorausgesetzt wird), ›nützliches‹ Verhalten, das einem allgemeinen oder intersubjektiven Zweck dient, schließlich moderates Verhalten, in dem sich Selbstdisziplin manifestiert. Zentral für den moralischen Sinn des bürgerlichen Subjekts ist ein Modell von persönlicher Verantwortlichkeit, von ›accounting‹ in einem mehrfachen Sinne.[115] Das Subjekt geht

---

115 Zum Begriff des ›accounting‹ vgl. Davidoff/Hall (1987), S. 13-35, 198-205.

prinzipiell davon aus, dass sein Verhalten und dessen Folgen auf es als Person zugerechnet werden müssen. Sein Handeln hängt von ihm selbst, vor allem von seinem ›Willen‹ ab (so dass ›Willensschwäche‹ ein charakterlicher Defekt ist und Handeln steuerungslos macht), das Handeln hat einen ›Urheber‹, der als moralisch reflexionsfähig präjudiziert wird. Insgesamt vermag die Ausbildung der mentalen Techniken der Reflexion und ihre symbolische Prämierung als entscheidendes Merkmal (bürgerlicher) Subjekthaftigkeit die Verortung des ›eigentlichen‹ Subjekts im ›Geist‹, die strikte bürgerlich-moderne Differenz zwischen Geist und Körper zu erklären. Die Disziplinierung der motorischen Regungen des Körpers verhilft gemeinsam mit der Verfeinerung der mentalen Techniken der Reflexion der scheinbar natürlichen Innen-Außen-Differenz zwischen Geistigem und Körperlichen, der Situierung des Subjekts im eigentlichen Sinne in der Sphäre des Mentalen – des Kognitiven, aber auch dem ›Gewissen‹ und den Gefühlen – zu praktischer Plausibilität.

Über die *dispersed practices* hinaus wird das bürgerliche Subjekt als Bündel heterogener Dispositionen durch ein spezifisches Zeitverhältnis koordiniert. Diese Temporalität der bürgerlichen Subjektkultur setzt sich aus zwei Elementen zusammen: einem moderierten Entwicklungsmodell der Person als ganzer und einem Modell von Praktiken als Ort der ›Bewährung‹ des Subjekts durch sich perfektionierende Wiederholung. Das bürgerliche Subjekt wird zum einen auf einen Entwicklungsprozess festgelegt, der zugleich eine Kontinuität zwischen Vergangenheit und Gegenwart sichert. Die bürgerliche Subjektkultur trainiert darin, die Gesamtheit der auf den Einzelnen zurechenbaren Praxis als gestaltbare ›Biografie‹ zu interpretieren. Die moralische Codierung des Subjekts, welche dieses auf Selbstverbesserung festlegt, und zugleich seine Codierung als ein ›souveränes‹, sich selbst regierendes Subjekt liefern den doppelten Hintergrund dieses dynamisch-linearen Verständnisses einer Biografie. In der bürgerlichen Subjektkultur sollen ›innere‹ Reife und ›äußerer‹ Status des Subjekts auch in der zeitlichen Enwicklung miteinander korrespondieren; wiederum erscheint die Vorstellung eines ›Ausdrucks‹ des sich entwickelnden inneren Charakters im voranschreitenden äußeren Lebenslauf leitend. Beide Seiten gemeinsam machen das – im Interdiskurs der narrativ bearbeiteten bürgerlicher Biografien und Autobiografien intensiv thematisierte – Kontinuum einer bürgerlichen ›Biografie‹ aus.

Die Post-Adoleszenz – die Gegenstand des bürgerlichen ›Bildungsromans‹ ist – stellt sich hier als die biografisch entscheidende ›Stufe‹ dar; die Berufsausbildung und Berufsfindung (im Falle des Mannes) einerseits, die Suche eines Ehepartners und (im Normalfall) die Familiengründung andererseits sind hier die beiden nahezu zeitgleich zu vollziehenden fundamentalen Schritte eines bürgerlichen Lebenslaufs. Sind beide Schritte vollzogen, so ist die weitere Entwicklung des Subjekts in die moralisch angemessene Ausfüllung der Feldroutinen gestellt. Die Differenz wird hier zu einer Biografie markiert, welcher der bürgerliche Beruf oder die bürgerliche Ehe misslingt, der damit die Wiederholungsfähigkeit fehlt, welche als Garant der Mäßigung erscheint. Im bürgerlichen Verständnis widersprechen sich die dynamische und aktivistische Entwicklung des Subjekts und die ›konservative‹ Kontinuität der annähernd gleichen Routinen der Arbeit, der Intimität und der Selbstpraktiken, somit die Stabilität des moralischen Charakters nicht. Im Gegenteil erscheint die subjektive Entwicklung in Abhängigkeit von der sich langsam perfektionierenden ›Bewährung‹ der wohlgeordneten Routinen (die in eine bürgerliche Grundstimmung des ›Behagens‹ eingebettet sind, wobei hier »alles Behagen am Leben auf eine regelmäßige Wiederkehr der äußeren Dinge zurück[ge]führt«[116] wird): Das bürgerliche Arbeitsverständnis prämiert das kontinuierlich akkumulierte Ansehen und die Könnerschaft in einem lebenslangen Beruf. Die bürgerliche Intimsphäre ist im Modell der Ehe als lebenslange Kommunikations- und Haushaltsgemeinschaft auf Wiederholung, Bewährung und Kontinuität ausgerichtet; ebenso die Selbstpraktiken, deren Inhalte wechseln, deren bildungsorientierte Form innerhalb des bürgerlichen Lebens aber konstant bleibt und eine Kontinuität der Bildungsinhalte sichert. Bürgerliche Kontinuität wird dabei über die Mnemotechniken der Erinnerung produziert, der sinnhaften Einbettung des biografisch Vergangenen ins Gegenwärtige, welche nicht zuletzt im Medium der Schriftlichkeit verankert sind.

Antagonismen des Bürgerlichen zwischen Moralität, Souveränität und überschießender Riskanz

Das Bündel von Dispositionen und Codes, welches das bürgerliche Subjekt ausmacht, ist entgegen dem Anspruch der bürgerlichen Kultur nicht homogen, sondern dadurch, dass es sich als Montage unterschiedlicher Codes verschiedener Herkunft herausstellt, von charakteristischen Friktionen durchzogen. Kennzeichnend für Bürgerlichkeit ist keine einfache Struktur, sondern eine Widerspruchsstruktur, eine spezifische Problemproduktionsform, welcher der bürgerlichen Kultur selbst ihren Antrieb zur Selbstveränderung verleiht. Die Bruchstellen innerhalb des bürgerlichen Subjekts sind dabei nicht mit den ›sachlichen‹ Differenzen zwischen Arbeits-, Intimitäts- und Bildungspraktiken identisch, sondern spalten bereits diese einzelnen Felder. In mehreren Hinsichten werden hier Friktionen sichtbar: im Widerspruch zwischen einer methodisch-

---

116 Thomas Mann (1932): Goethe als Repräsentant des bürgerlichen Zeitalters, in. ders.: Gesammelte Werke in 13 Bänden, Band IX, Frankfurt am Main 1960, S. 297-332, hier: S. 303.

rationalen und einer empfindsam-sensibilisierten Subjektivation; in der Spannung zwischen der Präsupposition einer geschlossen-balancierten, kontrollierbaren und maßvollen Welt und einem unkontrollierbaren, riskanten ›Anderen‹, welches durch die bürgerliche Praxis-/Diskursform selbst produziert wird; in der Friktion zwischen einer systematisierten Übung der Selbstbeobachtung und der Hemmung eines Individualitätssinns, den diese Selbstbeobachtung selber hervortreibt.

Diese einzelnen Spannungskonstellationen stellen sich als Aspekte eines für die bürgerliche Subjektordnung kennzeichnenden, übergreifenden Widerspruchsmusters dar, das sich aus der Überlagerung einer Subjektivation in *moralischer Integrität* und einer in *souveräner Selbstregierung* ergibt. Beide Subjektcodes wirken überdeterminierend in Richtung eines spezifisch ›bürgerlichen‹ Subjekts und implantieren zugleich in diesem eine potentielle Instabilität. Beide Elemente, die auf einer ersten Ebene innerhalb des bürgerlichen Sinnhorizonts aufeinander angewiesen erscheinen, erweisen sich auf einer zweiten Ebene als in ihren Subjektanforderungen latent einander widersprechend. Während die bürgerliche Moralisierung in ihrer Ausrichtung an Moderatheit und Zweckhaftigkeit eine Subjektivation der *Grenzstabilisierung* betreibt, forciert die bürgerliche Selbstregierung in ihrer Ausrichtung an subjektiver Selbstdynamik eine Subjektivation in *Grenzüberschreitungen*. Diese Spannung zwischen einem grenzerhaltenden und einem grenzüberschreitenden Subjektivationsmodus – welche im bürgerlichen Modell durch eine Einbettung der Grenzüberschreitung in eine übergreifende Grenzerhaltung der moralischen Seriosität vorübergehend eingedämmt wird – liefert den Hintergrund für spezifischere Antagonismen wie zwischen Rationalität und Emotionalität, Disziplin und Spekulation sowie Selbstkontrolle und Individualität. Die bürgerliche Selbstregierung vermag systematisch einen ›Überschuss‹ an Riskanz zu produzieren, welche die Grenzen des bürgerlichen Moralitäts- und Seriositätsideals sprengt. Dieser Riskanzüberschuss, ein bürgerlich produziertes Supplement, das teilweise die Bürgerlichkeit selbst zu torpedieren droht, manifestiert sich vor allem in den drei Konstellationen der ökonomischen Spekulation (und Konsumtion), der Emotionalität von Freundschaft/Liebe und der kognitiv-ästhetischen Reflexivität. In allen dreien ist nicht nur ein Potential der ökonomischen, affektiven und imaginativen Unberechenbarkeit eingebaut, sondern auch das Element einer Ästhetisierung dieser Unberechenbarkeit, das heißt einer erlebnishaften Wertschätzung ihrer Momente der Riskanz, in dem die bürgerliche Subjektkultur beginnt, ihr ›Anderes‹ aus sich heraus zu produzieren: die Figur einer ›amoralischen‹ ästhetischen Subjektivität, wie sie in den späteren ästhetischen Bewegungen – zum ersten Mal in der Romantik – eine eigenständige Form erhält.

Der Code des moralischen, prinzipienorientierten Subjekts, das sich in Integrität und Seriosität schult und auf Distanz zu Exzessivität, Artifizialität und Parasitärem geht, und der Code einer souverän-reflexiven Selbstregierung, der auf kognitive, emotionale und aktionistische Selbstdynamik abzielt, überlagern sich in allen Praktikenkomplexen des Bürgerlichen. Dabei ist die Spannungslinie nicht als eine solche zwischen ›Disziplin‹ und ›Freiheit‹ misszuverstehen. Die moralische Modellierung des Subjekts beansprucht selber, dessen Autonomie zu ermöglichen (etwa durch eine Befreiung von naturalen Begierden und körperlichen Schwächen), und die Souveränität des Subjekts stellt sich als Produkt einer Reihe von disziplinierenden Techniken heraus. In allen Feldern ergeben sich nun potentielle Widerspruchskonstellationen zwischen beiden bürgerlichen Subjektivationsmodi. In der bürgerlichen Arbeit wird eine Friktion zwischen der Übung des Subjekts in einem disziplinierten Berufsethos und in der Vertrauenskommunikation der ›commercial society‹ einerseits, einem Training im Agieren nach kalkulierten Interessen und in Situationen der Unberechenbarkeit andererseits sichtbar. Im Feld der bürgerlichen persönlichen Beziehungen treten analoge Differenzen zwischen einer moralischen Bindung des Intimitätssubjekts an die Ausschließlichkeit der Ehe, die Genealogie der Familie und die Zurückhaltung des Sexuellen und einer Begründung von Intimbeziehungen allein in der kognitiven Reflexivität der subjektiven Wahl und der Sensibilisierung subjektiver Empfindsamkeit auf. Im Feld der schriftorientierten Technologien des Selbst manifestiert sich die gleiche Friktion zwischen einer Ausrichtung der Bildung an moralischer Perfektibilität und zweckvollem Weltwissen und einer Orientierung der Bildung an der Eigendynamik kognitiver wie affektiv-imaginativer Sensibilisierung. In allen Feldern kann das Subjekt damit zum Objekt einander widersprechender, durch die bürgerliche Kultur interiorisierter Subjektanforderungen werden. Aus der Perspektive des moralischen Codes wirft eine entmoralisierte souveräne Selbstregierung die Gefahr der Exzessivität auf – im Falle der rein interessensorientierten oder spekulativen Ökonomie, der reinen Sympathie- und Liebesorientierung intimer Beziehungen und der Ausrichtung von Bildung an zweckfreier Selbstbildung –, und sie impliziert das Risiko, die gemäßigte Lebensform des Bürgerlichen hinter sich zu lassen. Umgekehrt scheint aus der Perspektive des Codes der souveränen Selbstregierung die Moralisierung das Subjekt in eine Abhängigkeit von quasi-konventionellen, post-religiösen Normen – jenen der regulierten Arbeit, der Familie oder der moralischen Perfektibilität – zu versetzen.

Die Friktion zwischen Moralisierung und Selbstregierung wiederholt sich in der Spannung zwischen der bürgerlichen Voraussetzung einer rational-benevolenten Ordnung in Subjekt und Praxis und der systematischen Produktion von Risiken und Unberechenbarkeiten jenseits einer rationalen Ordnung, die der bürgerlichen Subjektkultur inhärent ist.

Vor allem drei Orte der Riskanz produziert die bürgerliche Subjektordnung, drei Orte, welche in die Moralitäts- und Harmonievoraussetzung
nicht sinnhaft zu integrieren sind und die zudem selbst zu Gegenständen
eines bürgerlich-unbürgerlichen ›passionate attachment‹ werden können: ökonomisch-spekulative, emotional-erotische und kognitiv-imaginative Unberechenbarkeiten.

Ein erstes systematisch hervorgetriebenes Risikopotential, das droht,
die bürgerliche Wohlgeordnetheit zu torpedieren, ist das ökonomische
Risiko, mit dem sich das frühe Handels- und Wirtschaftsbürgertum
konfrontiert sieht und dem es durch entsprechende Dispositionen zu
begegnen versucht. Trotz aller Bemühungen der Ergebnisoptimierung
und der Selbstdisziplinierung des Wirtschaftsbürgers und trotz seiner
Arbeit an den Vertrauensverhältnissen der ›commercial society‹ bleibt
ein ihm nicht kontrollierbares Risiko des Erfolgs oder Misserfolgs, das
von ›externen Umständen‹, insbesondere dem Verhalten der anderen
Marktteilnehmer, und nicht von der geleisteten Arbeit und Disziplin abhängt. Die zeitgenössisch als sehr präsent wahrgenommene Möglichkeit
des ökonomischen Bankrotts, damit des Verlusts der bürgerlichen Exis-
tenzgrundlage, demonstriert den extremsten Fall des ökonomischen
Risikos. Die bürgerliche Kultur der ›commercial society‹ produziert
selbst die Risiken einer relativen Unberechenbarkeit der Konsequenzen
individueller Entscheidungen, welche die intelligible Rückführung von
beruflichem Erfolg auf disziplinierte Arbeitsleistung im Rahmen des
bürgerlichen Sinnzusammenhangs zu torpedieren droht. Diese Riskanz
des ökonomischen Agierens wird der bürgerlichen Subjektkultur nun
jedoch nicht lediglich als unintendierte Folge ihrer selbst ›aufgezwungen‹, vielmehr stellt sie selbst Dispositionen der Interessensentwicklung,
der Kalkulation von Opportunitäten und der Prämierung einer Öffnung
von Möglichkeiten mit ungewissem Ausgang zur Verfügung. Darüber
hinaus stellt sich der ›bürgerliche‹ Markt selber als ein kultureller Raum
nicht nur des berechenbaren Austausches, sondern auch als eine affektiv
aufgeladene Sphäre des Spektakulären und des Spekulativen dar: des
Spektakulären konsumierbarer Warenansammlungen und der Spekulation mit dem Zufall und den Entwicklungen des Wertes von Waren und
Kredit. In den Figuren eines luxuskonsumierenden Subjekts und eines
spekulativen Subjekts bilden sich damit im 18. Jahrhundert Figuren
an der Grenze vom Bürgerlichen zum Unbürgerlichen heraus, welche
die Grenzüberschreitung – des ›exzessiven‹ Gebrauchs von Waren und
des ludischen Umgangs mit der ›Artifizialität‹ von Warenwerten – auf
Dauer stellen. Sie geben dem Umgang mit der ökonomischen Praxis eine
ästhetisierende Wendung, welche diese aus dem grenzstabilisierenden
Raum bürgerlicher Arbeit, Disziplin und Nützlichkeit hinauszuführen
droht. Indem sich das ökonomische Subjekt den Waren des Marktes
in einer Haltung zuwendet, die ihn als Spielfläche des Spektakulären

und des Spekulativen begreift, wird das Primat der intersubjektiven Leistungsbeziehung und der interobjektiven Nützlichkeitsbeziehung überlagert durch eine Konstellation, in der das Subjekt eine affektiv-imaginative Aufladung der Waren, des Wertes und der Unberechenbarkeitskonstellation betreibt.

Die Moralitäts/Souveränitäts-Friktion des bürgerlichen Subjekts reproduziert sich zweitens in der Differenz zwischen den methodisch-rationalen und den emotional-empfindsamen Dispositionen, welche die bürgerliche Kultur gleichermaßen heranzüchtet und zunächst durch den Code einer Verstand und Gefühl transzendierenden gemäßigten Vernünftigkeit zu überbrücken versucht.[117] Die bürgerliche Praxis bringt nicht nur eine methodisch-rationale Disziplinierung des Subjekts hervor – wie es gängige Diagnosen bürgerlicher Rationalisierung suggerieren –, sondern auch eine emotionale und imaginative Sensibilisierung. Die Spannung zwischen beiden Subjektanforderungen fällt nicht zusammen mit etwaigen ›Sinngrenzen‹ zwischen den drei Praxisbereichen, sondern durchzieht diese Felder selbst. Ein Code der rationalen Geordnetheit und Planbarkeit, aber auch der Symmetrie von Interaktionsbeziehungen und der kontinuierlichen vernünftigen Entwicklung manifestiert sich auch in der moralischen Selbstbeobachtung im Medium der Schrift und der Form einer Ehe als symmetrischer, vertraglich vereinbarter ›companionate marriage‹ und ökonomischer Haushaltsgemeinschaft, die gleichzeitig der Vererbung von Kapital auf die künftigen Generationen dient. In allen diesen Fällen ist eine emotional neutrale, affektiv abgekühlte Wahrnehmung und Beurteilung von Objekten, Subjekten und des Selbst gefragt. Gleichzeitig übt sich das bürgerliche Subjekt in einer emotional-affektiven Sensibilisierung, die insbesondere innerhalb des Modells eines empfindsamen, empathischen Freundschafts- und Liebessubjekts stattfindet, welche aber zugleich an die entsprechenden, affektive Sensibilität produzierenden Praktiken der Schriftlichkeit gekoppelt ist. Die bürgerlichen Intimbeziehungen zu Freunden, Ehepartnern und Kindern (bzw. Eltern) bauen im Subjekt eine affektive Verhaftetheit gegenüber nicht-austauschbaren konkreten Anderen auf. Hier findet keine ›Affektkontrolle‹ statt, sondern umgekehrt eine charakteristisch bürgerliche Hervorbringung von sensibilisierten Affekten und Begehrensstrukturen.

Die emotionale Sensibilisierung des Subjekts versetzt dieses potentiell in eine Konstellation der Riskanz: Bürgerliche Freundschafts-/Liebesbeziehungen enthalten einen Überschuss an Begehren, welcher den bür-

---

117 Dieser für die bürgerliche Kultur zentrale Aspekt einer emotionalen Sensibilisierung des Subjekts wird in der Festlegung des Bürgerlichen auf eine Rationalisierungsbewegung marginalisiert, zu der etwa Max Weber, Elias oder Foucault neigen.

gerlichen Moderatheitsanspruch sprengt und eine Unberechenbarkeit in die Interaktionen einbaut, die selbst zur Quelle von Reiz zu werden vermag. Die Emotionskultivierung der bürgerlichen Subjektordnung betreibt damit – in letztlich radikalerem Maße als die stärker strategisch orientierte aristokratische ›amour-passion‹ – eine affektive Erotisierung des Anderen, welche die ›Mäßigung‹ der Seelenfreundschaft und Ehe an ihre Grenzen treibt. Besondere Riskanz ergibt sich dabei durch ein ›Überspringen‹ der libidinösen Subjektaufladung von der mündlich-schriftlichen Kommunikationsbeziehung auf die körperlich-sexuelle Beziehung. Radikalisierte Liebe und Erotik ist damit eine Konstellation, welche im bürgerlichen Verständnis das Subjekt (vor allem das weibliche) – etwa in der Figur des ›Schwärmers‹ – an die Grenze zum Unbürgerlichen befördern kann. Auch hier ist es eine entmoralisierende ›Ästhetisierung‹ von Liebesverhältnissen, eine Situierung von Intimbeziehungen jenseits eines Raums des intersubjektiv Zweckvollen und Moderaten, welche die ›empfindsame‹ bürgerliche Kultur selbst produziert und die sie zugleich verwerfen muss.

Ein dritter Aspekt bürgerlich produzierter Riskanz und Grenzüberschreitung, welcher die bürgerliche Grenzstabilisierung zu torpedieren droht, betrifft die kognitiv-imaginative Reflexivität; diese zieht im Subjekt im Medium der Selbstbeobachtung systematisch einen Sinn für Individualität heran, der sich von den bürgerlichen Allgemeinheitsansprüchen löst. Die kognitiv-imaginative Reflexivität, in der sich das Subjekt vor allem im Umgang mit dem Medium der Schrift übt, ist eine Form der souveränen Selbstregierung, die in den Rahmen des bürgerlichen Ideals der ›Bildung‹ und des ›Geschmacks‹ eingebettet werden soll, aber nicht zwingend an diesen gebunden bleibt. Die bürgerliche Kultur züchtet im Subjekt ein Interesse an Selbstentwicklung durch die Rezeption schriftlicher Texte und deren verstandes- und gefühlsmäßige, eigenständige Verarbeitung in der ›Reflexion‹ heran; zugleich stellt sich diese Textrezeption und kognitiv-imaginative Verarbeitung als chronisch unberechenbar heraus. Diese Offenheit der Möglichkeit von Abweichungen von der Norm gründet letztlich in der Polysemie der bildenden Texte selbst. Wenn das sich selbst regierende Subjekt im Vollzug der Lektüre sowie im Verfassen eigener Texte eine sowohl reflexive als auch emotional-imaginative Innenwelt ausbildet, dann ist die Ausgestaltung dieser Innenwelt im Rahmen des bürgerlichen Textkanons nicht völlig kalkulierbar; sie erscheint nicht durch die ›objektive Kultur‹ der Zeichensequenzen determinierbar und kann die moralische Ordnung eines vorgezeichneten bürgerlichen Bildungsprozesses verlassen. Die Prozesse der Reflexion und der emotionalen Sensibilisierung, die in der Dechiffrierung der Signifikantenketten in Gang gesetzt werden, können – wie am Ende des 18. Jahrhunderts im pathologisierenden Diskurs der ›Lesesucht‹ befürchtet wird – für das bürgerliche Leben ›untüchtig‹ machen. Vor allem kann der Aufbau einer reflexiven Innenwelt im Umgang mit textuellen Zeichensequenzen wiederum den Rahmen des Zweckvollen und moralisch Bildenden verlassen und zu einem ästhetischen Selbstzweck werden, in dem das Spiel der Imaginationen und Reflexionen dominiert.

Besonders deutlich wird der entmoralisierende Effekt der bürgerlichen Selbstreflexion in der eigentümlichen Konstellation, dass diese beginnt, im Subjekt einen Individualitätssinn heranzuzüchten, der zugleich vor dem Hintergrund bürgerlicher Maßstäbe unter Verdacht steht. Es ist die bürgerliche Praxis der – durch Schreiben und Lesen angeleiteten – konsequenten und möglichst lückenlosen Selbstbeobachtung, welche im Subjekt einen Sinn für die vorgebliche Besonderheit des einzelnen Ichs, für ›Individualität‹, damit auch für die ästhetische Selbstbespiegelung dieses Ichs vorantreibt. Dadurch, dass das Subjekt gehalten ist, jedes Detail seiner selbst, vor allem seiner Innenwelt, zu beobachten, kann es erst einen Sinn für Individualität, für angebliche Einzigartigkeit ausbilden. Gleichzeitig jedoch legt die bürgerliche Kultur in allen ihren Feldern das Subjekt darauf fest, sich als Exemplar einer allgemeinen Ordnung der Moralität zu verstehen, was sich etwa in der Vorbildhaftigkeit der bürgerlichen (Auto-)Biografien manifestiert, die nicht das Besondere, sondern das Allgemeine zelebrieren: als Exemplar einer bestimmten beruflich-professionellen Ordnung der Selbstdisziplin, als Exemplar einer Geschlechterordnung, die durch ökonomische und pädagogische Aufgaben strukturiert wird, schließlich als Exemplar eines typisch bürgerlichen Bildungsprozesses, dessen Entwicklungsziel fix ist. Diese Spannung der bürgerlichen Subjektkultur zwischen einer systematischen Ich-Produktion als Ergebnis eigendynamischer kognitiv-imaginativer Reflexivität und einer Ich-Diskreditierung als Ergebnis des bürgerlichen Allgemeinheitsstrebens unterminiert die Balance des bürgerlichen Subjekts. So kann mit der ästhetischen Bewegung der Romantik der Versuch entstehen, den universalen Horizont des Bürgerlichen aufzubrechen und eine anders orientierte, sich als eigentlich ›modern‹ verstehende Subjektkultur zu initiieren, die das Subjekt nicht in der Moralität, sondern offensiv in jener Ästhetik verankert, welche an den Rändern der bürgerlichen Kultur bereits nahegelegt wurde.

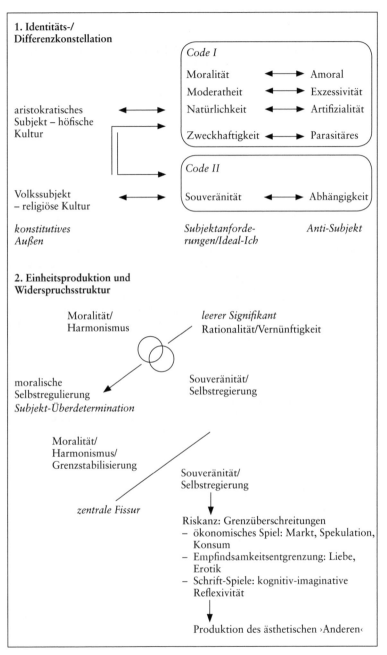

**1. Identitäts-/
Differenzkonstellation**

Code I

Moralität	⟷	Amoral
Moderatheit	⟷	Exzessivität
Natürlichkeit	⟷	Artifizialität
Zweckhaftigkeit	⟷	Parasitäres

aristokratisches
Subjekt – höfische
Kultur

Code II

Souveränität ⟷ Abhängigkeit

Volkssubjekt
– religiöse Kultur

*konstitutives
Außen*　　　*Subjektanforde-
rungen/Ideal-Ich*　　　*Anti-Subjekt*

**2. Einheitsproduktion und
Widerspruchsstruktur**

Moralität/
Harmonismus　　　*leerer Signifikant*
Rationalität/Vernünftigkeit

moralische
Selbstregulierung　　　Souveränität/
Selbstregierung
Subjekt-Überdetermination

Moralität/
Harmonismus/
Grenzstabilisierung

Souveränität/
Selbstregierung

zentrale Fissur

Riskanz: Grenzüberschreitungen
– ökonomisches Spiel: Markt, Spekulation,
　Konsum
– Empfindsamkeitsentgrenzung: Liebe,
　Erotik
– Schrift-Spiele: kognitiv-imaginative
　Reflexivität

Produktion des ästhetischen ›Anderen‹

*Abbildung 2: Bürgerliches Subjekt – Grundstruktur
(Version I, 18. Jahrhundert)*

2.2 Das romantische Subjekt: Ästhetische Individualität und das Erleben der Welt im Innern (1800-1820)

Im Kontext einer Kulturtheorie der Moderne stellen sich die Romantiker als Produzenten eines neuartigen, gegenüber dem bürgerlichen Subjekt antagonistischen kulturellen Codes der Subjektivität und von Ansätzen einer alternativen Praxis der Subjektivation dar. Die Romantik lässt sich als eine kulturelle Bewegung verstehen, die eine gegenüber der klassischen Bürgerlichkeit alternative Subjektkultur diskursiv produziert und zum Teil in die Praxis installiert, eine Subjektform, die auf einem Sinnmuster der ›Individualität‹, ›Kreativität‹, ›Imagination‹, des ›inneren Erlebens‹ und der inneren ›Tiefe‹, aber auch der Diskontinuität und Intransparenz des Subjekts basiert. Aus der *ex post facto*-Perspektive einer Kulturtheorie der Moderne ist die Codeinnovation der Romantiker nicht nur eine historisch-spezifische Krisenerscheinung jener Phase, in der sich die bürgerliche Subjektkultur – vor dem Hintergrund der Französischen und der Amerikanischen Revolution sowie der Industriellen Revolution in England – zu Beginn des 19. Jahrhunderts institutionell etabliert hat und beginnt, eindeutig kulturell zu dominieren. Der Subjektivitätscode der Romantiker, der mittelfristig, im weiteren Verlauf des 19. Jahrhunderts, in domestizierter und hochselektiver Form in die bürgerliche Subjektkultur transferiert wird, stellt sich langfristig als erste Version jener Sequenz kultureller Gegenbewegungen dar, die den Universalitätsanspruch der jeweils dominierenden bürgerlichen bzw. nach-bürgerlichen Subjektkulturen dekonstruieren und dabei das – wiederum sich selbst universalisierende – Gegenmodell ästhetischer Subjektivität forcieren.

Ansetzend an den Friktionen bürgerlicher Subjektivität, bricht die Romantik deren scheinbare Alternativlosigkeit eines ›universalen Horizonts‹ auf und forciert eine andersartig modellierte, auf ihre Weise mit dem Anspruch radikaler Modernität auftretende Subjektform, kein moralisches, sondern ein ästhetisches Subjekt, das sich bereits als das ›Andere‹ an den Grenzlinien der bürgerlichen Subjektkultur selbst gezeigt hat. Der gesellschaftliche Effekt des Subjektivitätscodes der Romantiker, ihr »shift of consciousness that cracked the backbone of European thought« (I. Berlin) ist nicht auf die zeitgenössische bürgerliche Moderne beschränkt, sondern ergibt sich vor allem über die Appropriationen von Elementen expressiv-ästhetisierter Subjektivität, welche in den kulturellen Gegenbewegungen und dominanten Subjektkulturen des 20. Jahrhunderts vorgenommen werden.[118] Die Romantik demonstriert,

118 Damit erhält die Romantik in der Theorie der Moderne einen ganz

dass die Moderne keine einheitliche, verallgemeinerbare Subjekt- und Lebensform produziert – so wie es das bürgerliche Subjekt beansprucht –, sondern exakt aufgrund dieses Allgemeinheitsanspruchs unterschiedliche, einander widersprechende Subjektkulturen hervorbringt, die sich in ihrem Universalitätsanspruch gegenseitig dementieren. Dabei kann die Sequenz der kulturellen Formationen der Moderne nicht auf eine ›immerwährende‹ Konkurrenz zwischen bürgerlicher und romantischer Identität reduziert werden: Die Subjektkulturen der organisierten Moderne und der Postmoderne bilden keine bloßen, im Kern identischen Variationen der bürgerlichen Kultur und die ästhetischen Gegenbewegungen der Avantgarde und der postmodernistischen *counter culture* keine Kopien der Romantik. Vielmehr stellen sich Sinnelemente des romantischen – wie bereits des bürgerlichen – Subjektmodells als Objekt selektiver, in Hybriditäten mündender Zitationen dar, die in den Subjekt- und Modernitätskulturen des 20. Jahrhunderts stattfinden.

Das romantische Subjektivitätsmodell entwickelt sich im Zeitraum von den 1790er bis zu den 1830er Jahren im Diskursraum einer kulturellen Minorität, die sozial größtenteils aus dem Bürgertum stammt und künstlerisch, philosophisch oder publizistisch tätig ist. Die Romantik ist eine – im zeitgenössischen Sinne – globale, über das Medium schriftlicher Texte überregional miteinander vernetzte kulturelle Bewegung, die sich in Deutschland, England, Frankreich, mit zeitlicher Verzögerung auch in den Vereinigten Staaten (daneben auch in Süd- und Osteuropa) formiert. Der Beginn des Diskursraumes der romantischen Bewegung lässt sich kaum eindeutig bestimmen; die Subjektivitätscodes einzelner Texte Rousseaus wie auch der Autoren des literarischen Sturm und Drang in Deutschland oder des britischen Sentimentalismus lassen sich aus codetheoretischer Perspektive bereits in den verstreuten Komplex des romantischen Subjektdiskurses einordnen. In dessen Zentrum befinden sich Texte von Friedrich und Alexander Schlegel, Novalis, Tieck, Schleiermacher, Schelling, Herder, Humboldt, Hölderlin, Jean Paul, Kleist, Brentano, Hoffmann und Günderode in Deutschland, Blake, Wordsworth, Shelley, Keats und Byron in England, de Stael und Chateaubriand in Frankreich (wo der innovativste ›romantische‹ Autor

anderern Platz, als dies im Kontext von institutionalistischen Theorien der ›Modernisierung‹ im Sinne funktionaler Differenzierung und formaler Rationalisierung der Fall ist. Dort erscheint sie als ein anti-modernes, regressives und letztlich wirkungsloses Phänomen, das gegen die Funktionaldifferenzierung und Formalrationalisierung opponiert oder aber als eines, das sich auf ein modernes Subsystem, in der Regel die Kunst, eingrenzen lässt; vgl. Cornelia Klinger (1995): Flucht, Trost, Revolte. Die Moderne und ihre ästhetischen Gegenwelten, München, S. 9-60.

Jean-Jacques Rousseau bleibt) sowie Emerson, Thoreau, Hawthorne, Melville, Poe und Whitman als Spät-Romantiker in den Vereinigten Staaten. Der romantischen Subjektkultur kommt gegenüber der bürgerlichen zunächst eine andere, begrenztere soziale Existenzweise zu: Das bürgerliche Subjekt ist eine routinisierte Praxis im Rahmen einer institutionalisierten Milieu- und Klassenformation, das romantische Subjekt ist primär ein intellektuelles Diskursprodukt, eine Figur, die sich zu großen Teilen auf der Ebene diskursiver Repräsentationen bewegt und sich nur in Ansätzen in die sozialen Praktiken einer Lebensform umsetzt. Als minoritäre kulturelle Bewegung kennzeichnet die Romantiker ein Diskursüberschuss: In literarischen, philosophischen und essayistischen Texten wird ein Distinktionskonflikt mit der herrschenden bürgerlichen Kultur ausgetragen, und es wird textuell ein alternativer Subjektivitätscode entwickelt, der ein ›anderes‹ *und* gleichzeitig modernes Subjekt denk- und sagbar macht. In tentativen Ansätzen entwickeln die Romantiker darüber hinaus allerdings entsprechende Praxiskomplexe: der romantischen Liebe, der Naturbetrachtung, des Musikhörens und einer ›kreativen‹ Kunstproduktion.

Der Antagonismus zum universalen Horizont der Bürgerlichkeit

Das romantische Subjekt setzt an den Bruchstellen der bürgerlichen Subjektkultur an; es ist eine sinninnovative Reaktion auf die perzipierte ›Mangelhaftigkeit‹ der bürgerlichen Form, Subjekt zu sein. Die Friktionen, die das nur scheinbar homogene und konstante bürgerliche Subjekt durchziehen – zwischen den Anforderungen methodisch-disziplinierter Rationalität und den Kompetenzen emotionaler Empfindsamkeit, zwischen der Annahme einer benevolenten Welt und den selbstproduzierten Risiken und Obsessionen, zwischen Moralität und Souveränität des Ich, schließlich zwischen Selbstbeobachtung und Skepsis gegenüber dem Subjektiven – liefern Bruchstellen, um das bürgerliche Modell als ganzes zu torpedieren. Diese Torpedierung nimmt die Form eines Aufbrechens des Universalitätsanspruchs eines hegemonialen Codes und seiner dominanten Praxis an. Die bürgerliche Subjektform hatte sich als allgemeingültig und universalisierbar präsentiert: als historischer Ausdruck einer letztlich der menschlichen Natur entsprechenden, überhistorischen Lebensweise, in der die natürlich angelegte Moral, Rationalität und Emotionalität des Menschen entbunden worden seien. Die Romantiker dekonstruieren diesen Universalitätsanspruch und erheben einen neuen: So wie das bürgerliche das aristokratische Subjekt als unnatürlich – da letztlich inhumanen Konventionen folgend – repräsentiert hatte, so wendet das romantische Subjektmodell diese Distinktion gegen die Bürgerlichkeit. In einer kompletten Inversion des Differenzcodes sieht sich diese nun als eine unnatürliche, unauthentische Lebensform wahrgenommen, welche artifiziellen sozialen Konventionen folgt. Aus romantischer Perspektive verhindert die bürgerliche Moderne eine subjektive Authentizität, welche erst mit der Romantik selbst ›freigelegt‹ werde. Natürlichkeit und Authentizität, die diskursiven Instrumente des bürgerlichen gegen das aristokratische Subjekt, stellen sich damit in anderer Weise auch als Distinktionsmedien der Romantiker gegen die bürgerliche Kultur dar; in diesem Sinne appropriieren die Romantiker eine bürgerliche Abgrenzungsform und wenden sie auf deren Urheber an.

Die Differenzmarkierung der Romantiker gegen die bürgerliche Subjektkultur ist anti-konventionalistisch orientiert. Wenn die Bürger selbst ihre Existenzform als das eigentlich natürliche Leben in Unverstelltheit und Mäßigung dargestellt hatten, welches mit der sozialen Konventionalität der Aristokratie bricht, so erweist sich das bürgerliche Subjekt nun seinerseits als konventionalistisch. Gegenstand der romantischen Distinktion sind die drei Elemente der Moralisierung, der Zweckrationalisierung und der Routinisierung von Subjektivität. Das romantische Subjekt formiert sich aus dem »Bewusstsein der inneren Entzweiung« (A. W. Schlegel), welches aus der Erfahrung bürgerlicher Subjektivität resultiert.[119] Die Moralität des Subjekts wird nun statt als Grundlage seiner integren Existenz als Limitierung von Möglichkeiten in ›philisterhafter‹ Enge, als Instrument der Diskreditierung alternativer Verhaltensweisen, vor allem scheinbar zweckfreier Tätigkeiten außerhalb der bürgerlichen Arbeit, des Familienlebens und der Bildung repräsentiert. Die ihrem eigenen Anspruch nach neutrale, den einzelnen Menschen als Menschen respektierende bürgerliche Moral erweist sich in der romantischen Neubeschreibung tatsächlich als Lenkungsinstrument einer sehr spezifischen, selbstdisziplinierten, auf Arbeit, Familie und Bildung zentrierten Subjektkultur. Die romantische Distanzierung richtet sich dabei nicht gegen alle Elemente des bürgerlichen Moralcodes gleichermaßen, sondern betreibt teilweise einen Sinntransfer aus dem Bürgerlichen selbst; sie knüpft dabei an jene liminalen Ästhetisierungen

119 Zum anti-bürgerlichen Charakter der romantischen Bewegung vgl. Lothar Pikulik (1979): Romantik als Ungenügen an der Normalität. Am Beispiel Tiecks, Hoffmanns, Eichendorffs, Frankfurt am Main; Christopher Schwarz (1993): Langeweile und Identität. Eine Studie zur Entstehung und Krise des romantischen Selbstgefühls, Heidelberg; Karl-Heinz Bohrer (1987): Der romantische Brief. Die Entstehung ästhetischer Subjektivität, Frankfurt am Main 1989; Franz Loquai (1984): Künstler und Melancholie in der Romantik, Frankfurt am Main.

an, die an den Rändern der bürgerlichen Subjektkultur produziert worden sind (an die kognitiv-imaginative Reflexivität und die Affektivität von Liebes- und Freundschaftsbeziehungen, dagegen faktisch nicht an das spekulativ-spektakuläre Element der Marktökonomie, das in der Romantik nicht anschlussfähig erscheint).[120]

Die eigentliche Abgrenzung vom bürgerlichen Moralcode gilt dessen Festlegung des Subjekts auf eine Instanz zur Befolgung allgemeingültiger normativer Regeln. Aus bürgerlicher Sicht muss sich jeder Verhaltensakt an normativen, als Moral codierten Regeln messen lassen, die vom Einzelnen in Form einer normativen Selbstkontrolle als ›Pflichten‹ sich selbst gegenüber internalisiert worden sind. Als Moral eingeführt, erscheinen diese Normen nicht als veränderbare soziale Vereinbarungen, sondern als grundsätzliche Prämissen über menschliche Natürlichkeit und Vernünftigkeit. Wenn das bürgerliche in diesem Sinne ein moralisches Subjekt ist, dann forcieren die Romantiker ein Subjektmodell, das diese Moralisierung als nichts anderes denn eine Limitierung individueller Möglichkeiten perzipiert. Nicht die *allgemeine* Moral, sondern nur die *besonderen* – emotionalen, imaginativen und reflexiven – Impulse aus der ›Tiefe‹ des individuellen Innern, die Akte des inneren Erlebens sind es, die im romantischen Diskurs das Kriterium für das Verhalten des Einzelnen liefern können. Das romantische Subjekt wird als ›Individuum‹ eingeführt und findet seinen Maßstab und sein Zentrum ›in sich selbst‹ (ein Zentrum, das allerdings nicht einfach zutage tritt, sondern freigelegt und entwickelt werden muss und sich teilweise als Zentrum selbst aufzulösen beginnt). An die Stelle der Moralisierung des Subjekts im Handeln soll seine Ästhetisierung im Erleben mental-affektiv-perzeptiver Akte treten: nicht ein Subjekt, das einer allgemeinen Moral folgt, sondern eines, das seine kreativen Impulse und seine Wahrnehmungs- und Erlebensfähigkeit in nicht-standardisierter Weise entwickelt. Die ›innere‹ Moral scheint dann als ›äußerer‹ Zwang entlarvt.

Neben der Moralisierung plaziert sich die romantische Subjektivitätskritik in Differenz zur Zweckrationalisierung des Subjekts, die sich in der Disziplinierung von Zeit, Körper und im Umgang mit Objekten konkretisiert. Wenn das bürgerliche Subjekt sich in Abgrenzung von der ›parasitären‹ Aristokratie an die soziale Zweckhaftigkeit seines Handelns bindet, dann erscheint in der romantischen Repräsentation der lückenlose Anspruch der Nützlichkeit jedes Aktes ›für andere‹ oder zum Erreichen eines höheren – wiederum nützlichen – Ziels als ein absurdes Spiel des Aufschubs von Befriedigungen, der systematischen Verhinderung jener Akte, die – als ›Zweck an sich selbst‹ – der inneren Dynamik und dem Erleben des Individuums gemäß sind. An die Stelle eines Subjekts, das den Sinn seiner Akte in einem zweckrationalen ›für Andere(s)‹

120 Zur ›romantischen Ökonomie‹ vgl. Vogl (2004), S. 255 ff.

sieht, wird eines plaziert, das den Sinn seiner Akte ›für sich selbst‹ findet, eine Befriedigung im Moment des Erlebens. Die bürgerlichen Disziplinierungen von Zeit, Körper und dem Umgang mit Objekten erscheinen dann als Behinderungen eines sich selbst erlebenden Ichs. Entsprechend betreiben die Romantiker eine Neupositionierung zweckfreier Praktiken wie Müßiggang, Spiel, Sexualität, Wahrnehmung von Kunst und Natur. Auf einer allgemeineren Ebene positioniert sich die romantische Subjektkultur hier gegen die bürgerliche Annahme einer mundanen Benevolenz, einer transparenten, auf einer ›flachen‹ Ebene von Subjekten und Objekten bevölkerten und beherrschbaren ›einfachen Welt‹. Der romantische Alternativcode entwickelt demgegenüber die Metaphorik einer intransparenten, irregulären ›Tiefe‹ im ›Innern‹ des Subjekts und einer für Rationalität und Wahrnehmung nicht sichtbaren, letztlich unkontrollierbaren ›Hinterwelt‹ hinter den Erscheinungen. Die anti-rationalistische Präsupposition einer mundanen ›Rätselhaftigkeit‹ wird im romantischen Kontext teilweise an den Subjektcode einer ›self-reliance‹ (Emerson), einer kreativen Kraft des Ichs gekoppelt, teilweise, so im romantischen Symptom der ›Melancholie‹, mit einer Skepsis gegenüber biografischer Gestaltbarkeit verknüpft.

Neben der Moralisierung und Zweckrationalisierung positioniert das romantische Subjekt sich drittens gegen die Routinisierung des bürgerlichen Charakters, gegen die spezifische Zeitstruktur der Bürgerlichkeit. Diese strebt einerseits eine kontinuierliche Entwicklung im Laufe der Biografie an, sie ist andererseits durch eine Praxis strukturiert, die auf ›Bewährung‹, auf Repetition der Arbeit, der Familie und der Bildung setzt. Diese Linearität und Wiederholungsstruktur werden in dem Moment, in dem ihre moralische und zweckrationale Legitimation diskreditiert erscheint, als Monotonie und Ereignislosigkeit erlebt. Das romantische ›Unbehagen an der Normalität‹ (Pikulik) ist neben einem Unbehagen an normativ-moralischer und zweckrationaler Normalität eines an der temporalen Normalität. Die Gleichförmigkeit des ›wohlgeordneten‹ Alltagslebens, die auch affektiv eine Quelle bürgerlichen Behagens bildet, wird von den Romantikern als ›stillstehende Zeit‹ perzipiert, welche die individuellen, schöpferischen Akte des Einzelnen und seine Sequenz des Erlebens gefangen hält. Gegen das Routinemodell der Zeit initiieren die Romantiker ein ›momentanistisches Zeitbewusstsein‹ (Bohrer): Das Interesse richtet sich nun auf jeden einzelnen Moment des individuellen Erlebens. Ein derartiges authentisches Erleben von Momenten kann über eine Prämierung des Neuen – eine Suche nach anregenden, immer wieder anderen Erlebnissen und eine entsprechende Neukonstruktion vertrauter Ereignisse, in denen das Ich sich ausweitet –, in der Suche nach den Momenten starken, leidenschaftlichen Gefühls, aber auch – scheinbar konträr – in Momenten des ›retreat‹ (Keats), einer inneren Beruhigung des Ichs vollzogen werden.

Die romantische Subjektkultur ist in ihrer ›Herkunft‹ wiederum selbst eine hybride Montage: Neben der Rezeption jener Elemente bürgerlicher Kultur, die an der Grenze in eine anti-bürgerliche Selbstästhetisierung des Bürgerlichen umschlagen – Empfindsamkeit und Erotik sowie kognitiv-imaginative Reflexivität im Medium der Schriftlichkeit –, ist das symbolische Andere des bürgerlichen Subjekts, die aristokratische Subjektivität, eine positive Bezugsquelle romantischer Subjektivität: Die aristokratische Distanz gegenüber Nützlichkeit, Moral und Arbeit als Lebenssinn erscheint ebenso modellhaft wie adelige Kompetenzen des Spiels und der Muße. Um ihr Alternativsubjekt zu kreieren, greifen die Romantiker schließlich auch auf ausgewählte ›vormoderne‹ sowie nicht-westliche Sinnressourcen zurück, die gezielt angeeignet werden: aus dem antiken Griechenland, aus der mittelalterlichen ›Volkskultur‹ (in einer sehr spezifischen Reinterpretation) einschließlich ihrer religiösen, vor allem mystischen Konnotationen, aus der Kultur der Renaissance mit ihrem Genie-Kult, schließlich auch aus außereuropäischen Quellen, vor allem jene des Nahen Ostens und Indiens.[121]

Tiefen-Ästhetik und die Expressivität des Künstlersubjekts

Das romantische Modell der Subjektivität ist um die Elemente der ›Individualität‹, der inneren ›Tiefe‹ und inneren ›Natur‹, des schöpferischen ›Ausdrucks‹, das heißt der Expressivität des Ichs, und des damit verknüpften Ideals des Künstlers, schließlich der Konstitution der Welt durch das subjektive Innen, der dort angesiedelten Erlebensformen der ›Imagination‹ und des ›Gefühls‹ zentriert.[122] Konstitutiv für die roman-

121 Vgl. etwa Schlegels »Über die Sprache und Weisheit der Inder« (1808) und Goethes »Westöstlichem Diwan« (1819).

122 Zum folgenden vgl. insbesondere M. H. Abrams (1971): Natural Supernaturalism. Tradition and revolution in romantic literature, London; John Beer (2003): Romantic Consciousness. Blake to Shelley, Basingstoke; Isaiah Berlin (1999): Roots of Romanticism, London; Campbell (1987), S. 173-201; Manfred Frank (1989): Einführung in die frühromantische Ästhetik. Vorlesungen, Frankfurt am Main; Georges Gusdorf (1984): L'homme romantique, Paris; Gerhart Hoffmeister (1990): Deutsche und europäische Romantik, Stuttgart, 2. Aufl.; Sabrina Hausdörfer (1987): Rebellion im Kunstschein. Die Funktion des fiktiven Künstlers in Roman und Kunsttheorie der deutschen Romantik, Heidelberg; Gerald N. Izenberg (1992): Impossible Individuality. Romanticism, revolution, and the origins of modern selfhood, 1787-1802, Princeton; Arthur O. Lovejoy (1924): On the discrimination of Romaticisms, in: ders. (1948): Essays in the History of Ideas, Baltimore, S. 228-253; McGann (1981); Pikulik (1979); ders.

tische Subjektkultur ist die Modellierung des Subjekts als irreduzibles Individuum. Während das bürgerliche sich als ein allgemeines ›Subjekt‹ versteht, dem bestimmte universale Kompetenzen zukommen, die sich im besonderen Einzelnen idealerweise manifestieren, definiert sich das romantische Subjekt als irreduzibel individuell: Der Einzelne stellt sich nicht als Deduktion des Allgemeinen dar, sondern findet seine Einheit als ein Einzigartiges.[123] Die Aufgabe des Einzelnen besteht darin, diesem Individuellen, Besonderen seines Ichs zur Entfaltung zu verhelfen. Die Selbstentfaltung des Individuums kann dabei zunächst auf die bürgerliche Semantik der ›Bildung‹ zurückgreifen, jedoch: um diese aus ihrer moralisch-kognitiven Rahmung herauszulösen. Die Bildung des Subjekts ist nun die Bildung des Einzelnen – nicht das Einrücken in den bürgerlichen Bildungsweg wird anvisiert, sondern eine Bildung, die jeder in der besonderen, ihm gemäßen Form zu vollziehen hat: »Der wahre Zweck des Menschen ... ist die höchste und proportionierteste Bildung seiner Kräfte zu einem Ganzen.«[124] Als Individuum hat das Subjekt sein eigenes ›Zentrum‹; und die Suche nach diesem Zentrum – die Entfaltung des inneren Kerns – ist es, was sich das romantische Subjekt zur Aufgabe macht: Das Ziel der Entwicklung der eigenen Individualität wird dabei wiederum zu einer allgemeinen Aufgabe, der sich jeder Einzelne für sich und auf seine Weise zu stellen hat.

In der romantischen Codierung ist die ›jemeinige‹ Individualität nicht in der Differenz zu anderen und sie ist auch nicht primär im individuellen äußeren Verhalten situiert. Nirgendwo geht es darum, sich selbst mit anderen zu vergleichen, sich von anderen abzusetzen – das romantische Subjekt ist sozial indifferent. Die Suche nach dem Ich kann in diesem kulturellen Kontext allein über den ›Weg nach innen‹, den Weg der Selbstexploration erfolgen. Entsprechend ist der romantische Ort der Individualität auch nicht primär das äußere Verhalten, sie ist in erster Linie im mental-affektiv-perzeptiven ›Innern‹ zu erleben. Die Romantiker setzen ein Modell des ›self as mind‹ (Rzepka), ein ›depth model‹ (McGann) des Subjekts voraus, eine Vorstellung des Selbst als eine

(1992): Frühromantik. Epoche – Werke – Wirkung, München; Charles J. Rzepka (1986): The Self as Mind. Vision and identity in Wordsworth, Coleridge, and Keats, Cambridge (Mass.); Clifford Siskin (1988): The Historicity of Romantic Discourse, Oxford; Taylor (1990), S. 305-390; René Wellek (1945): The concept of Romanticism in literary history, in: ders. (1963); Concepts of Criticism, New Haven, S. 128-198.

123 Simmel (1901) bezeichnet dieses romantische Modell als das eines ›qualitativen Individualismus‹ der Unterschiedlichkeit und Besonderheit in Differenz zum aufklärerischen ›quantitativen Individualismus‹ der Gleichheit.

124 Wilhelm von Humboldt (1792): Ideen zu einem Versuch die Grenzen des Staates zu bestimmen, in: Gesammelte Schriften 1, Berlin, S. 106.

im weitesten Sinne mentale, geistig-seelische Größe. Im romantischen Subjektivitätscode wird damit eine post-cartesianische Innen-Außen-Differenz zwischen der inneren, eigentlichen Subjektivität des Ich und der Außenwelt etabliert. Die durch die bürgerliche Kultur systematisch herangezüchtete, aber im bürgerlichen Allgemeinheitshorizont zugleich diskreditierte subjektive Intuition, dass ›mein Inneres‹ – Erleben, Gefühle, Wahrnehmungen, Reflexionen, Phantasien – etwas radikal Anderes und letztlich nach außen hin Inkommunikables darstellt, wird für die romantische Subjektproduktion leitend. Indem das bürgerliche Subjekt sich demgegenüber auf das äußerliche Handeln konzentriert hatte, sei es an der ›Oberfläche‹ verblieben, dem die romantische ›Tiefe‹ des Subjekts entgegensteht: »(L)es modernes ne se sont attachés qu'à l'homme extérieure … Nous vivons trop peu en dedans, nous n'y vivons presque pas«.[125]

Die romantische Aufwertung der Emotionalität ist in dieser Plazierung des Individuums in der Reichhaltigkeit einer Innenwelt begründet. Die bürgerliche Empfindsamkeit hat aus romantischer Sicht noch eine konventionalisierte Bändigung der Emotionen durch Moral betrieben. Nun geht es darum, die Emotionen als individuelle, exzessive, in ihrer Intensität der Moralität zuwiderlaufende hervorzulocken: die Leidenschaft und Sehnsucht des Sich-Verliebens, das Gefühl des Sublimen im Angesicht der übermächtigen Natur, das Gefühl der Angst angesichts von Nicht-Beherrschbarkeit und Nicht-Verstehbarkeit von äußerer, sozialer und innerer Natur. Emotionalität im hochspezifischen Sinne einer ›sensiblen Erregbarkeit‹ erscheint als legitimer und notwendiger Ausdruck der Individualität und ihrer dynamisch-organischen Natur. Im Vergleich zum ›empfindsamen‹ bürgerlichen Subjekt trainiert sich das romantische Subjekt in einer Selbstemotionalisierung, die nicht durch Moral begrenzt ist und ihr Maß gerade in der potentiellen Grenzenlosigkeit ihrer eigenen Intensität findet, welche als Bewährungsmerkmal der Existenz eines Ichs erscheint. Das innere Erleben, in dem sich das romantische Subjekt übt, ist jedoch nicht nur Gefühl, sondern setzt sich aus verschiedensten intentionalen Akten zusammen: Reflexion, Selbst- und Weltreflexion, die das Erinnern der Vergangenheit und die Antizipation einer Zukunft einschließt, und zudem Wahrnehmung in visueller, auditiver und taktiler Form. Die romantische Subjektkultur entwickelt ein komplexes Vokabular für verschiedenste innere Vorgänge und trainiert in wahrnehmungs- und erlebnisorientierten Techniken. Dabei wird auch eine Semantik für Schichten des Geistig-Seelischen entwickelt, die als ›unbewusst‹ eingeführt werden: die ›Tiefe‹ des Individuums erschöpft sich nicht im bewussten Denken und Fühlen, sondern

---

125 So Maine de Biran (1819) und Maurice de Guérin (1833), zit. nach Gusdorf (1984), S. 33, 34.

erstreckt sich auch auf ein Un(ter)bewusstes, welches die Romantiker gegen den bürgerlichen Code des sich selbst transparenten, rätsellosen Subjekts tentativ in Anschlag bringen. Die Wendung des Blicks nach Innen erweist sich letztlich als ein performativer Akt, der das, was er thematisiert, über diese Thematisierung hervorbringt: Im romantischen Code wird eine komplexe Innenwelt diskursiv kreiert; und auf der Ebene der Praktiken wird das Subjekt gleichzeitig ermuntert, dieses Innen für sich zu ›erforschen‹ und damit sich selbst im Handlungsakt zu produzieren – die intensive Exploration eines sich selbst schaffenden Selbst zu betreiben.

Die romantische Verortung des Subjekts in der ›Tiefe‹ seiner individuellen Innenwelt bedeutet nicht, dass die Akte außerhalb dieses geistig-seelischen Innern irrelevant wären; sie gewinnen ihre Bedeutung im romantischen Kontext jedoch durchgängig in Relation zum Innen, und zwar in zweierlei Weise: Äußere Ereignisse – etwa Erscheinungen der natürlichen Landschaft oder eine geliebte Person – erscheinen entweder unter dem Aspekt ihres Charakters als Auslöser für das innere Erleben, etwa enthusiastischer Gefühle eines sublimen Schauers oder einer inneren Beruhigung. Auslöser für Inneres können diese äußeren Ereignisse nicht an sich, sondern allein aufgrund einer ›romantisierten‹ Wahrnehmungsweise werden. Der andere, umgekehrte Weg, auf dem die äußeren Ereignisse für das Innen des Subjekts Relevanz erlangen, ist der des Ausdrucks, der Expression des Innern. Gegenstände der Außenwelt können sich als ›Ausdruck‹ des inneren Kern des Individuums selbst darstellen, als Ausdruck der sich bildenden Persönlichkeit, idealerweise der Originalität eines ›Genies‹ und seiner schöpferischen Kraft. Künstlerische Objekte (im Sinne der subjektivistischen Genieästhetik verstanden) stellen sich als paradigmatische Formen dieses kreativen Ausdrucks dar.

Zentral für die romantische Diskurs- und Praxisformation ist damit nicht nur ein Verständnis des Subjekts als irreduzible Individualität, sondern auch als Konstrukteur seiner eigenen Sinnwelt: Das Subjekt kann durch eine Verschiebung der Perspektive seiner Wahrnehmung sich eine andere Sinnwelt kreieren, indem den vertrauten Phänomen neue Bedeutungen zugeschrieben werden. Es findet keine Welt von Subjekten und Objekten, von Moral und Natur vor, es vermag sich diese in seinem Erleben und seinem Sprechen symbolisch zu konstruieren. Das romantische Subjekt ist damit basal kein moralisches Subjekt, sondern ein ästhetisches, ein ›konstruktivistisches‹ Subjekt, das sich aus Akten kontingenter ›aisthesis‹ (Wahrnehmung) und Bedeutungsproduktion zusammensetzt. Das Subjekt ist ein wahrnehmendes, dessen Perzeption von seinen Wahrnehmungsschemata abhängt, die es zu wechseln vermag. Das romantische Grundprinzip, dass die Welt zu ›romantisieren‹ ist, dass es darum geht, einem ›neuen Sehen‹ zur Verbreitung zu verhelfen, setzt diese ästhetische Konstruktionsfähigkeit des Subjekts voraus. Sprache erscheint in diesem Zusammenhang nicht – wie in der bürgerlichen Kultur – als transparentes Mittel, ›Medium‹ der intersubjektiven Kommunikation und der realistischen Beschreibung von Sachverhalten, sondern als ein ›poetisches‹, weltschaffendes Medium. Dies gilt sowohl für die Darstellung der äußeren Natur wie auch für die sprachliche Produktion des ›Ich‹.

Wenn in der romantischen Repräsentation das Subjekt seine individuelle Besonderheit entfaltet und eine eigenständige Konstruktion der Welt einschließlich seines Selbst betreibt, dann kann der Künstler zum Modell eines solchen expressiven, sich selbst in seiner Wahrnehmung und seinen Akten ausdrückenden Subjekts werden. Der Künstler ist es, der diese Individualität qua Schöpfungskraft und die subjektive Konstruktivität qua Imagination paradigmatisch praktiziert. Das antibürgerliche Ideal-Ich des Künstlers setzt eine Codetransformation von der Nachahmungs- zur Genieästhetik voraus.[126] Im klassizistischen wie aufklärerischen Diskurs erscheint der Künstler als ein virtuoser Anwender von Regeln der Kunstfertigkeit. Die Aufgabe der Kunst besteht postaristotelisch darin, die Natur möglichst wahrheitsgetreu abzubilden; das künstlerische Ziel lautet nicht ›inventio‹, sondern ›imitatio‹. Die Befolgung der jeweils klassischen Regeln zur Produktion eines Kunstwerks – kennzeichnend die aus der französischen Klassik stammenden poetischen Regeln – soll eine solche Nachahmung sichern helfen. Im Kontext der Aufklärung sind es wiederum die Moral der Vernunft und der ›gute Geschmack‹, die einen übersubjektiven Regelkosmos garantieren sollen, in den der Künstler wie auch der Kunstrezipient sich einzuordnen haben: Der Künstler ist hier Teil des bürgerlichen Moral- und Souveränitätsuniversums, an dessen Reproduktion er mitwirkt. Die Genie-Ästhetik, wie sie in den romantischen Code des Schöpferischen eingeht und sich vorher schon im Sturm und Drang ausbildet, betreibt demgegenüber eine Individualitätszentrierung der Kunst, der Leistungen des Künstlers und auch jener des Kunstrezipienten. Der Künstler als Subjektmodell erscheint als Schöpfer, prometheusgleich, idealisiert als ›Genie‹, als Produzent von Werken aus seinem Innern, die keinen übersubjektiven, rationalen Regeln folgen. Er ist sein eigener ›Ursprung‹, ihm kommt eine spezifische »um die klassischen Muster unbekümmerte Originalität« (A. W. Schlegel) zu, er kann sich seine eigene Moral schaffen, das Kunstwerk ist »ein echter Ausfluss der Persönlichkeit«.[127]

126 Vgl. zum folgenden Jochen Schmidt (1985 a): Die Geschichte des Genie-Gedankens in der deutschen Literatur, Philosophie und Politik 1750-1945, Band 1: Von der Aufklärung bis zum Idealismus, Darmstadt, S. 1-47.

127 Novalis: Schriften, in: Band 2: Das philosophische Werk 1, Stuttgart 1981, 3. Aufl., S. 610, Nr. 82, Rdnr. 401.

Die Kreativität des Künstlers erscheint auf neue, andere Art ›natürlich‹: An die Stelle des Codes einer fixen natürlichen Ordnung, einer ›natura naturata‹, von Kosmos und Moral, tritt der Code einer prozesshaft-energetischen Natur, die aus dem Innern des Einzelnen heraus wirkt, einer ›natura naturans‹, die eine dynamisch-organische Wirkung entfaltet und die unnatürlichen Schranken der Konvention bricht. Natur ist nun eine innere, produktive Kraft, deren ›Entfaltung‹ und ›Wachstum‹ authentisch, deren soziale Hemmung hingegen unauthentisch, ›entfremdend‹ erscheint.

Der Künstler liefert aus romantischer Perspektive ein Ideal-Ich, das eine Expression vom Innen im Außen schafft, einer Innenwelt, die sich in hervorgebrachten Objekten manifestiert. Das romantische Künstler-Subjekt enthält damit – in schwankendem Mischungsverhältnis – eine aktivistische und eine kontemplative Komponente zugleich. Als schöpferisches, sich in Objekten ausdrückendes ist es aktivistisch, jedoch in seinem Code der Selbstentfaltung in einer anderen Art und Weise aktivistisch, als es für das souverän-disziplinierte bürgerliche Subjekt gilt: »Build, therefore, your *own* world« (Emerson). Der Aktivismus ist kein zweckrationaler oder intersubjektiver, sondern ein expressiver. Als imaginierendes, seine eigene Wahrnehmung entwickelndes Subjekt ist es gleichzeitig nach innen gewandt, die innere Imaginationsfähigkeit und Reichhaltigkeit ›innerer‹ Prozesse stellt sich als Voraussetzung für die nach außen gewandte Ausdrucksfähigkeit dar. Imagination wird dabei als Subjektkompetenz gedacht: Coleridge bietet hier eine für die Romantik charakteristische Definition der ›imagination‹, in dem er sie von der traditionellen ›fancy‹ abgrenzt.[128] ›Fancy‹ bedeutet eine Assoziationsfähigkeit, die Präsentes mit jenem Abwesendem sinnhaft verknüpft, das bereits bekannt ist und zurückerinnert wird; ›Imagination‹ im romantischen Sinne hingegen stellt sich als die Kompetenz eines Subjekts dar, präsenten Phänomenen eine neue Bedeutung zuzuschreiben, die nicht in der Erinnerung des Alten verwurzelt ist. Die Imaginationsfähigkeit verlässt damit die bürgerliche Konnotation eines zweckfreien und zwecklosen, ›schwärmerischen‹ Tagträumens und stellt sich als Disposition radikal moderner Subjekte zur konstruktivistischen Neubeschreibung vertrauter Phänomene dar, als Fähigkeit zum Knüpfen andersartiger Sinnrelationen zwischen scheinbar unverbundenen Elementen.

Die Prämierung der kreativen Ausdrucksfähigkeit und der Imaginationsfähigkeit des Künstlers enthält eine Prämierung des ›Neuen‹. Auch die bürgerliche Moderne schätzt auf ihre Weise das Neue – das *allgemeine* Neue in Form der rationalen Ordnung der bürgerlichen Gesellschaft gegenüber der Traditionalität der Vormoderne. In der roman-

---

128 Vgl. Samuel Coleridge (1817): Biographia Literaria, Princeton 1983, S. 16, 81 ff., 305.

tischen Subjektkultur ist es das Individuum, das als unberechenbare Kraft des Neuen präsentiert wird. Das Neue sind hier nicht allgemeingültige Prinzipien, sondern schöpferische Wahrnehmungs- und Darstellungsformen, die der Einzelne hervorbringt. Das Individuum erscheint – lässt man es nur machen – wie eine niemals versiegende Quelle des Neuen, und der Künstler ist sein Ideal-Ich. Diese Produktionsfähigkeit von neuen Wahrnehmungen soll auch für den Kunst*rezipienten* gelten: Wenn Kreativität in der inneren Imaginationsfähigkeit zu suchen ist, dann gilt diese auch für den Leser, Hörer und Betrachter. Dieser benutzt die ihm dargebotenen Schriftzeichen, Töne oder Visualisierungen, um sie mit seiner individuellen Imaginationsfähigkeit für sich neu zu produzieren. Die Prämierung des Neuen geht einher mit einer Prämierung des – im bürgerlichen Horizont mit Verdacht betrachteten – ›Spiels‹ und des ›Spielerischen‹, der Offenheit und Unberechenbarkeit der Kombination von Wahrnehmungen und Akten.[129]

Die romantische Modellierung des Subjekts als expressives, seine ›eigene Welt‹ konstruierendes Künstlersubjekt läuft auf ein Verständnis der Individualität als eine Fülle immer wieder neuer, anderer Möglichkeiten des Erlebens hinaus – verschiedene Möglichkeiten, die trotzdem alle aus *meinem* Inneren nach Ausdruck verlangen und das Ich als variabel und veränderbar erscheinen lassen. Das Individuelle des Subjekts besteht gerade nicht in einer einzigen fixen Form, sondern in der Vielfalt einer dynamischen inneren Natur: »Selbstheit... ist das Prinzip der höchsten Mannigfaltigkeit ... Das Genie ist vielleicht nichts als Resultat eines solchen inneren Plurals«.[130] Die Romantiker zitieren zur Charakterisierung ihres Subjekts den bürgerlich-modernen Begriff der ›Freiheit‹, aber codieren ihn um: Kein anti-traditionalistischer Emanzipationsprozess, der den Anforderungen der Vernunft folgt, ist gemeint, sondern ein Hintersichlassen jeglicher übersubjektiver Formen zugunsten der unbegrenzt scheinenden Möglichkeiten des Erlebens. Dabei enthält der romantische Subjektivitätscode einen Sinn für das kontingenztheoretische Paradoxon zwischen der *Öffnung* von individuellen Möglichkeiten und der *Schließung* dieser in den realen zeitlichen Akten: Potentiell könnte sich das Individuum ins Unendliche und in alles Mögliche hinein verwirklichen – real kann es dies, selbst wenn es auf Distanz zu allen Konventionen geht, im Akt der Entscheidung nur immer in bestimmten Formen und muss im gleichen Moment auf andere Formen verzichten. Die Entscheidung für ein bestimmtes Erleben und Handeln zu einem

129 Klassisch zum ›Spieltrieb‹ als Grundlage des Ästhetischen Friedrich Schiller (1795): Über die ästhetische Erziehung des Menschen, Stuttgart 2000.
130 Novalis: Schriften, Band III, Stuttgart 1983, S. 429/30, Nr. 820; 577, Nr. 172.

bestimmten Zeitpunkt vernichtet für diesen Moment alle anderen ›potentiellen‹ Existenzformen. Individualität stellt sich als *Potential unendlicher* Möglichkeiten und als *Realität endlicher* Möglichkeiten dar »Das eigentlich Widersprechende in unserem Ich ist, daß wir uns zugleich endlich und unendlich fühlen.«[131]

Romantische Praktiken I: Liebe

Trotz des grundsätzlichen Diskursüberschusses einer intellektuell-künstlerischen Bewegung entwickelt die romantische Subjektkultur tentativ codeangemessene Praxisformate, und zwar in allen drei Feldern, die bereits für die bürgerliche Subjektivation konstitutiv sind und die nun entsprechend vom Moralisch-Souveränen ins Ästhetische ›umgekippt‹ werden. Im Feld der Intimsphäre wird in Ansätzen eine Praxis ›romantischer Liebe‹ instituiert, die ein Nachfolge- und Alternativmodell bürgerlicher Intimität zur Verfügung stellt. Im Feld der Selbstpraktiken besteht die größte Nähe zur bürgerlichen Welt, deren Techniken der Lektüre und des Schreibens weitergeführt und umakzentuiert werden. Jedoch bringen die Romantiker neuere, codeangemessene Technologien des Selbst hervor, die spezifisch anti-intellektuell und erlebensorientiert ausgerichtet sind: die Praktiken des Musikhörens und der Naturbetrachtung. Im Zusammenhang mit dem Feld der Arbeit – jenem bürgerliche Feld, zu dem sich die Romantiker grundsätzlich in ausgeprägter Opposition befinden – liefert der Komplex künstlerisch-schöpferischer Produktion ein Nachfolgemodell.

Die ›romantische Liebe‹ wendet den romantischen Subjektivitätscode auf das Feld der Intimsphäre an.[132] ›Liebe‹ erweist sich als zentraler Ort, an dem sich ein romantisches Subjekt formiert, und Liebe liefert einen Fokus seiner nach-bürgerlichen Selbsthermeneutik, die in seiner

131 Friedrich Schlegel: Kritische Ausgabe, Band 12, München 1958 ff., S. 334. Vgl. auch Frank (1989), Kap. 17-22.

132 Zum folgenden vgl. Kluckhohn (1922), S. 343-640, Luhmann (1982), S. 163-182, Helga Arend (1993): Vom ›süßen Rausch‹ zur ›stillen Neigung‹. Zur Entwicklung der romantischen Liebeskonzeption, Pfaffenweiler; Diane Long Hoeveler (1990): Romantic Androgyny. The women within, University Park/London; Elena Pulcini (1998): Amourpassion et amour conjugal. Rousseau et l'origine d'un conflit moderne, Paris; auch Waltz (1993), S. 331 ff. Zum Primärdiskurs vgl. Schlegels ›Lucinde‹ und Rousseaus ›Nouvelle Heloise‹. Ein Nebenaspekt der romantischen Neustrukturierung von Intimbeziehungen findet auf der Ebene von Eltern-Kind-Beziehungen statt: die Respektierung der ›natürlichen Unverbildetheit‹ des Kindes, wie sie sich in Rousseaus ›Emile‹ findet.

wie selbstverständlichen Ausrichtung auf die Intimsphäre persönlicher Beziehungen gleichzeitig in Kontinuität zum bürgerlichen Subjekt verbleibt und dabei zugleich die bürgerliche Empfindsamkeit über ihre – schon im bürgerlichen Kontext selbst riskanten – Grenzen hinaustreibt. Der individualitätsorientierte Umbau des Subjektcodes führt zu einer Bedeutungsverschiebung persönlicher Beziehungen: Die romantische Intimsphäre ist eindeutig auf eine exklusive Beziehung zwischen einem Mann und einer Frau als ›Individuen‹ bezogen, wobei Männlichkeit und Weiblichkeit als differente *und* einander komplettierende Eigenschaftskomplexe verhandelt werden. Die affektive Bindung beider setzt eine gegenseitige Wahrnehmung als ›einzigartig‹ und eine affektive Aufladung dieser Einzigartigkeit voraus. Im romantischen Kontext erfordert die Liebe zweier Personen eine anfängliche Phase des ›Sich-Verliebens‹. Dabei ist es nun die Differenz, die verstörende Andersheit des Anderen, die geliebt wird. Der emotionale Enthusiasmus für den Anderen wie auch für die eigene Liebe selbst wird gegen die bürgerlichen Limitierungen des Moderaten und Anti-Exzessiven gepflegt: Liebe wird als eine von innen wirkende natürliche Kraft des Exzessiven verstanden, die nicht zu begrenzen ist. Umgekehrt erscheint die ›Ganzheitlichkeit‹ der eigenen Individualität in Abhängigkeit vom ›komplettierenden‹ Blick des besonderen Anderen – von einem bestimmten nicht-austauschbaren Anderen (welche in dieser Fixierung in existentielle Situationen des Leidens oder Todes münden kann). Die romantische Liebespraxis ist momentanistisch, innenorientiert und auf eine durch Liebe verfremdete Wahrnehmung ausgerichtet, auf das Erleben der Momente des Liebens selbst. Dies schließt nun auch das körperlich-sexuelle Erleben ausdrücklich ein. Romantische Liebe produziert ein weltverfremdendes symbolisches Universum *à deux*, das gegen die Routinewelt gerichtet ist, deren Zeitstruktur durch einen eigenständigen, auf Momente ausgerichteten Zeithorizont abgelöst wird.

Die Romantik plaziert gegen den Freundschafts-Code, der die bürgerliche Intimsphäre strukturiert, ihren emphatischen Liebes-Code. Die persönlichen Beziehungen des frühen bürgerlichen Subjekts sind primär als kommunikativ-empathische Interaktionen unter einander Gleichen, Ähnlichen, Sympathischen modelliert, so dass die bürgerliche Ehe letztlich den Spezialfall einer Freundschaftsbeziehung darstellt. Auch eine Semantik der ›Liebe‹ – im Sinne einer intensiven gegenseitigen Sympathie – wird in diesem Kontext für Freundschaftsbeziehungen auch jenseits der Ehe angewandt; die entökonomisierte und nicht-sexuelle gleichgeschlechtliche Freundschaftsbeziehung kann damit zum eigentlichen Modell der frühen bürgerlichen Subjektkultur werden und die Ehe ist ihr ›Supplement‹. Obwohl auch in der romantischen Praxis – die größtenteils eine von post-adoleszenten Gleichaltrigen ist – gleichgeschlechtliche Freundschaften ihre Bedeutung behalten, stößt der romantische

Liebescode in eine entgegengesetzte Richtung vor: Die romantisierte Intimsphäre wird zentriert auf eine exklusive, einzigartige, radikal nicht-austauschbare oder dezentrierbare Beziehung zwischen zwei Personen verschiedenen Geschlechts. Als konstitutiv für die Nicht-Austauschbar-keit und Nicht-Dezentrierbarkeit dieses Interaktionssystems gegenüber etwaigen Anderen stellt sich die Praktik des ›Sich-Verliebens‹ dar, die als notwendige Voraussetzung der Liebe (und dann auch der Ehe) ver-standen wird. Das Sich-Verlieben ist – im Unterschied zur Freundschaft – ein exklusiver Akt, der eine spezifische Bindung zwischen genau zwei einander als einzigartig wahrnehmenden Personen stiftet. Wenn die bürgerliche Ehe wie die Freundschaft im Anderen nach dem ähnlichen Charakter, nach empfindsamer Kommunikationsfähigkeit suchte, die auch eine affektive Bindung sich entwickeln lässt, so ist es für die roman-tische Liebe allein der relativ schnell – oder ›auf den ersten Blick‹ – sich einstellende Akt des Sich-Verliebens in die Besonderheit, die einzigartige ›Anbetungswürdigkeit‹ (Barthes)[133] des Anderen, welche die intensivste affektuelle Bindung zu ihm herzustellen vermag. Anders als die bürger-liche Freundschaftsbindung ist der Akt des Sich-Verliebens zunächst ein einseitiger, monologischer Akt im Innern des Einen, dem idealerweise ein synchroner Akt im Innern des Andern parallel läuft. Die vorgebliche ›Intersubjektivität‹ des ›Sich-ineinander-Verliebens‹ stellt sich letztlich als Parallelität zweier subjektiv-innerlicher Akte separierter Psychen heraus, was die – in der romantischen Literatur regelmäßig thematisierte – Vari-ante der unerwidert bleibenden einseitigen ›Sehnsucht‹ einschließt.

Die romantische Praktik des Sich-Verliebens setzt die Identifizierbar-keit von ›Individualität‹ und die Sensibilisierung für die Besonderheit des Anderen voraus: ohne romantische Individualität, ohne ein Training der Wahrnehmung für die existierenden oder ausbildbaren Idiosynkrasien der eigenen oder einer anderen Person kein romantisches Sich-Verlieben. Nicht nur das eigene Ich, auch das andere Ich wird als irreduzibel indi-viduell wahrgenommen, in den kleinsten – für das Sich-Verlieben mög-licherweise entscheidenden – Details des Körpers, des Verhaltens, der ›Seele‹. Die Wahrnehmbarkeit der Einzigartigkeit des Anderen ist damit Voraussetzung für das Sich-Verlieben, kann es aber noch nicht begrün-den. Das Begehren, das in das Sinnmuster romantische Liebe eingebaut ist, ist eines nach Komplettierung, Identifizierung, Anerkennung *und* Aufhebung der eigenen totalen Individualität ›im Spiegel‹ der totalen Individualität eines Anderen. Die Einzigartigkeit des fraglichen Anderen wird dabei so imaginiert – das heißt, auf den ersten Blick banale Details werden in einer zusätzlichen, für Dritte unzugänglichen Bedeutungs-schicht symbolisch-affektiv besetzt –, dass er als derjenige erscheint, von

---

133 Vgl. auch die Analyse romantischer Liebe in Roland Barthes (1977): Fragmente einer Sprache der Liebe, Frankfurt am Main 1984.

dem diese Anerkennung und Aufhebung zu erwarten ist bzw. der schon durch seine bloße Existenz diese Anerkennung/Aufhebung betreibt (und der Umschlag der Liebe in Hass oder Verzweiflung, ein Motiv, das der Romantik seit »Die Leiden des jungen Werther« bekannt ist, lässt sich als Reaktion auf die Enttäuschung dieser Hoffnung auf totale Anerkennung/Aufhebung verstehen).

Wenn das romantische Subjekt von einer gegen moralische Prinzipien gerichteten Entfaltung von Individualität in allen ihren Möglichkeiten motiviert ist, dann ergibt sich das Problem des Erreichens der – eigentlich erwünschten – Einheit, der ›Identität‹ des Ichs in allen diesen Möglichkeiten. In dieser Konstellation erscheint der individuelle Andere als derjenige, der in seiner ermunternden und beruhigenden Zurückspiegelung die Einheit des Ichs zu stiften und es damit als ganzes zu identifizieren und anzuerkennen vermag: »Nur in der Antwort seines Du kann jedes Ich seine unendliche Einheit ganz fühlen …«[134]. Das romantische Du wirkt gleich einem Lacanschen Spiegel, in dem das romantisch zersplitterte Ich erhofft, seine ebenso romantische Ganzheit zu finden, indem es sich immer aufs Neue als individuelle Ganzheit bestätigen kann. In der Konstellation der romantischen Liebe gewinnen damit auch scheinbar alltägliche Aktivitäten, sobald sie von den beiden Liebenden vollzogen werden, den Subtext einer Bestätigung des eigenen Ichs durch die Freude an dem einem ganz zugewandten Anderen. In der Dyade der Verliebten wird damit auf eine eigene Weise die Praxis des romantischen ›neuen Sehens‹, der Konstruktion einer neuen Wirklichkeit durch die Zuschreibung anderen Sinns zu vertrauten Objekten vollzogen: Alle Gegenstände gewinnen eine neue Bedeutung als Gegenstände für die einander zurückspiegelnden Liebenden.

Das romantische Sich-Verlieben als soziale Praktik mit einer ihr spezifischen Begehrensstruktur umfasst nicht nur die Suche nach einer identitätssichernden Zurückspiegelung, damit der Vergewisserung der Individualität, sondern – paradoxerweise – den Wunsch nach der Auflösung des eigenen Ich in einer totalen Gemeinschaft mit dem Anderen, in einer »gemeinschaftliche(n) Personalität« (F. Schlegel) Die romantisch Liebenden streben nach einer »Verschmelzung zweier Seelen« (F. Schlegel), nach einer Symbiose, welche die beiden für sich genommen unvollständigen und bedürftigen Individuen zu einer neuen, nun ›komplett‹ erscheinenden überindividuellen Einheit synthetisiert. Es ist im Zusammenhang dieses romantischen Wunsches nach einer neuen Ganzheitlichkeit auf der Ebene des Paares, dass der Männlichkeits-/Weiblichkeits-Code einen neuen – langfristig für die Entwicklung moderner Subjektformen wirkungsmächtigen – Stellenwert erhält.

---

134 Friedrich Schlegel: Kritische Ausgabe, Band 5, München u. a. 1958 ff., S. 61.

Der romantische Liebescode führt die Differenz zwischen Männlichkeit und Weiblichkeit als zweier unterschiedlicher Geschlechtscharaktere als grundlegende Subjektdifferenz und als natürliche Komplementarität zugleich ein. Die Intimitätssubjekte *sind* im romantischen Kontext ›gendered subjects‹, und der romantische Liebes-Code setzt eine Unterscheidung nach Geschlechtern zwingend voraus. Für sich genommen erscheinen Männlichkeit wie Weiblichkeit unvollständig, in ihrer Individualität unbalanciert, sie bedürfen der Komplettierung durch das Andere eines anderen Geschlechts. Die Liebespartnerin interessiert dann weniger durch ihre charakterliche Ähnlichkeit, sie fasziniert durch ihre grundsätzliche Andersheit als besondere Vertreterin des anderen Geschlechts, als das faszinierend Fremde: »... ich liebe nicht dich allein, ich liebe die Weiblichkeit selbst«.[135] Das romantische Subjektmodell tendiert zum Androgynen – aber nicht in dem Sinne, dass jeder Liebende selbst androgyn wird, sondern darin, dass die neue Symbiose der Partner die Einseitigkeiten des männlichen und des weiblichen Geschlechtscharakters aufheben soll. Dieses Komplementarität ist nicht symmetrisch codiert: Es ist in besonderem Maße der Mann, der aus seiner Perspektive durch die Frau zu komplettieren ist, und es ist das weibliche Subjekt, dem eine größere natürliche Nähe zur romantischen Liebesfähigkeit zugeschrieben wird. Dieses erscheint der Vollständigkeit und Selbstgenügsamkeit der Natur näher, das männliche Subjekt durch seine stärkere Involvierung in die Öffentlichkeits- und Arbeitswelt und seine intensivere zweifelnde Selbstexploration dieser stärker entfremdet. Der romantische Liebescode transportiert damit einerseits eine symbolische Aufwertung der Frau, gleichzeitig eine Asymmetrisierung ihrer Existenz aus dem Blick des Mannes: Sie ist und hat ihre Bedeutung *für* den Mann, dient als ›deuxième sexe‹ seiner Komplettierung, sie ist durch den (männlichen) Anderen. Der komplementaristische Männlichkeits-/Weiblichkeits-Code der Romantik verpflichtet die Intimitätssubjekte eindeutig auf eine ›heterosexuelle Matrix‹, auf eine symbolische Ordnung, in der sich in ›natürlicher‹ Eindeutigkeit zweierlei *sex* wie auch zweierlei *gender* gegenüberstehen, welche sich durch eine wechselseitige Begehrensstruktur aufeinander verwiesen sehen.[136]

Im Rahmen der Prämierung der Ganzheitlichkeit des Individuums wie auch des komplementaristischen Männlichkeits-/Weiblichkeits-Codes wird für das romantische Subjekt Sexualität zum hermeneutisch integrierbaren Praxiselement: Wenn in der Liebesbeziehung zwei Individuen in ihrer jeweiligen Totalität aufeinander bezogen sind, dann erscheint es nur konsequent, dass sich dies nicht nur auf den Geist bezieht, sondern den Körper einschließt. Für den Wunsch, in der Lie-

---

135 Schlegel (1799), S. 40.
136 Zum Konzept der heterosexuellen Matrix vgl. Butler (1990), Kap. 1.

besbeziehung durch den Anderen als Individuum anerkannt zu werden *und* sich in der Synthese mit ihm als Individuum aufzulösen, ist die körperlich-sexuelle Interaktion ein zentraler Manifestationsort. Die sexuellen Praktiken erhalten damit jedoch einen anderen Charakter als dies etwa für die gleichfalls eine komplexe Hermeneutik der Sexualität pflegenden aristokratischen Subjekte galt: Nicht die sexuelle Attraktion und die ›egoistisch‹-spielerische Entfaltung und Erfüllung der eigenen – oder auch anderen – sexuellen Lust im Sinne der ›amour-passion‹ ist es, welche die sexuellen Praktiken hier anleitet, sondern der ›feierliche‹ Wunsch, durch die ›außeralltägliche‹ Überschreitung der konventionellen, bürgerlichen Körpergrenzen gleichzeitig die Überschreitung der Grenzen zwischen den Seelen und totalen Individuen zu erleben.

Generell sind die Praktiken des romantischen Liebens in besonderem Maße solche des inneren Erlebens. Für die radikale Sensibilisierung der Innenwelt des romantischen Subjekts stellt sich die Liebe als zentrales Übungsfeld dar: Das Erleben der Liebe ist das des gefühlten Genusses des Moments in der Anwesenheit des Anderen. Dieses Genießen schließt ein Training der Wahrnehmung für die kleinsten Details des Anderen ebenso ein wie eine Fähigkeit zum intensiven, ›unbedingten‹ Enthusiasmus für diese Details. Die Emotionalität des romantischen Subjekts ist weniger eine leere, ungerichtete ›Leidenschaft‹, sondern ein Enthusiasmus, der sich intentional auf Einzelheiten des Anderen richtet und die imaginative Fähigkeit ausbildet, diese mit neuen, für Dritte unzugänglichen Bedeutungen aufzuladen. Der symbolische Raum der Liebenden ist in diesem Sinne eine ›kreative‹ Neukonstruktion, die Produktion einer dyadischen Sinnwelt, in der alle Objekte neben ihrer *common sense*-Bedeutung noch einen symbolischen Surplus *à deux* erhalten. Entscheidend ist dabei die zeitliche Momentorientierung des Erlebens der Liebe: das »Versinken im unbegrenzten Moment«,[137] der im subjektiven bzw. dyadischen Zeithorizont über die messbare Zeit hinaus verlängert wird. Die romantische Liebe funktioniert nicht im Routinemodus eines Alltags von äußeren Handlungen – oder in einem bürgerlichen ›Haushalt‹ –, sondern im inneren Erleben immer wieder neuer einzelner Zeitpunkte, die als außeralltäglich perzipiert werden und dabei ihrem eigenen kulturell codierten Routinemodus folgen. Die romantische Intimität ist letztlich nicht wie die bürgerliche Ehe primär eine Kommunikations- und Bildungsgemeinschaft, sondern in erster Linie eine Erlebensgemeinschaft.

Diese Erlebens- und Momentorientierung der romantischen Liebespraxis wird über entsprechende Mechanismen der Imagination und Selbstreflexion potenziert: Der Genuss richtet sich nicht allein auf die Momente der tatsächlichen körperlichen Anwesenheit des Anderen,

---

137 Luhmann (1982), S. 177.

sondern auch auf die innere Vorstellung des nicht-anwesenden Anderen in der Antizipation einer Zukunft (›Sehnsucht‹) wie in der Erinnerung des Vergangenen. Die Distanz, der Aufschub, die Lücke zwischen Vorstellung und Realität lässt sich scheinbar masochistisch zur Steigerung des Genusses nutzen – nicht umsonst ist der Brief ein zentraler Ort romantischer Liebespraxis. Schließlich erfolgt eine Potenzierung des Erlebens durch Selbstreferentialität: Es wird nicht nur genossen, es findet ein ›Genießen des Genusses‹[138] statt, nicht nur der Andere, sondern das Bewusstsein, einen geliebten Anderen zu haben, ist Gegenstand des Genusses. »Alle Liebe liebt nur Liebe.«[139] Nicht der tatsächliche Andere, sondern die Tatsache, verliebt zu sein, wird zum Gegenstand des Enthusiasmus. Die imaginative Strukturierung der romantischen Liebe, die Tatsache, dass sie zum großen Teil in der subjektiven Konstruktion der Innenwelt des Einzelnen stattfindet, kann im nur konsequenten Extrem dazu führen, dass sie sich nur noch ›im Kopf‹ ereignet. Die in der romantischen Literatur bekannten Konstellationen der unerwiderten, aber trotzdem genossenen Liebe oder jener groteske Fall der Liebe zu einem Automaten in E. T. A. Hoffmanns »Der Sandmann« – der nahelegt, dass es auf die ›tatsächlichen‹ Eigenschaften der Geliebten gar nicht ankommt, sondern allein auf die subjektive Vorstellung, in der sie durch das Ego imaginiert wird – demonstrieren, wie sich das romantische Subjekt als erlebende Innenwelt ausbildet, die auf eine ›entgegenkommende‹ Außenwelt nicht unbedingt angewiesen zu sein scheint.

Romantische Praktiken II: Natur, Musik, Kunst

Das romantische Subjekt verleibt sich umstandslos die bürgerlichen medialen Technologien des Selbst ein, es setzt sie notwendig voraus: die Praktiken im Medium der Schriftlichkeit, die extensiv-hermeneutische Lektüre und die Selbstbeobachtung in der eigenen Textproduktion. Während die bürgerliche Schreib- und Lesepraxis an den moralischen Code der tugendhaften Selbstverbesserung gekoppelt ist, sich diese Kopplung jedoch schon im Bürgertum selbst als fragil und die kognitiv-imaginative Reflexivität als riskant darstellt, betreiben die romantischen Schriflichkeitspraktiken vollends eine Entmoralisierung und Ästhetisierung des Subjekts. So wie die Selbstbeobachtung nun nicht der Selbstdisziplinierung, sondern der genuss- oder leidvollen Selbstexploration zum Zwecke der Erfahrung des Ichs dient, so dient die Lektüre nicht dem Erwerb von Weltwissen, der biografischen Bildung oder moralischen Sensibilisierung, sondern der Ausbildung und des Anreizes

138 Vgl. Schlegel (1799), S. 14.
139 Jean Paul (1930): Sämtliche Werke, Abt. 1, Band 5, Weimar, S. 209.

von Imaginationen. Der Leser kann sich dem Künstler analog begreifen, indem er die Lektüre vor dem Hintergrund seines individuellen, nicht-standardisierbaren Rezeptionshorizontes mit einer subjektiven Bedeutungsschicht versieht und sie für eine Vervielfältigung seiner Erfahrungsmöglichkeiten nutzt. Konsequenterweise ist es nun weniger die Pflege und Problematisierung der vertrauten ›domesticity‹ der bürgerlichen Romane, sondern das Überschreiten der Erfahrungen alltäglicher Lebenswelt, die in den Subjektrepräsentationen des literarischen Interdiskurses der Romantik – phantastische Geschichten, Märchen, mehrdeutige Poesie, Geschichten am Rande psychischer ›Normalität‹, gothic novels etc. – und im Erleben ihrer Leser praktiziert wird. Über die Verschiebung der Praktiken der Schriftlichkeit hinaus bilden sich genuin romantische Techniken des Selbst, die auf eine Vertiefung und Vervielfältigung von Imaginations- und Emotionsmöglichkeiten ausgerichtet sind, vor allem die Praktik des schauenden Naturerlebens und jene des Musikhörens. Beide Technologien des Selbst sind imaginationsorientiert, nicht-kommunikativ und körperlich zurückgenommen, sie zielen auf eine Kombination der Beruhigung und Anregung des Erlebens ab. Sie bewirken eine Auflösung der Ichkontrolle und des bewussten Ichbezugs im fremdreferentiellen, ›interesselosen‹ Erleben eines das Ich übersteigenden nicht-humanen Anderen, der Natur oder der Musik. Die romantischen Technologien des Selbst sind somit Trainingsfelder der romantischen Subjektdispositionen als ganze.

Die Naturbetrachtung, das heißt das Erleben einer natürlichen, ausdrücklich nicht-urbanen, scheinbar menschlich unberührten Landschaft, stellt sich als eine – durch das ›empfindsame‹ Bürgertum des späten 18. Jahrhunderts und durch frühromantische Autoren wie Rousseau und Blake auf der Codeebene vorbereitete – paradigmatisch romantische Technik des Selbst dar.[140] Die bürgerliche Subjektkultur findet das Zentrum ihrer Lebensform in den Handels- und Universitätsstädten Westeuropas und der amerikanischen Ostküste. Das romantische Erleben ›unberührter‹ natürlicher Landschaft erscheint vor diesem Hintergrund als das Erleben eines ›Anderen‹, welches nicht in den alltäglichen Erfahrungsraum integriert ist. Gleichzeitig kann natürliche Landschaft durch die städtisch sozialisierten Romantiker auch nicht so erlebt werden, wie es für die agrarische Lebensform gilt: Während dort die Elemente der natürlichen Landschaft ›zuhanden‹ (Heidegger), das

---

140 Zum folgenden vgl. Karl Kroeber (1974): Romantic Landscape Vision, Madison; Helmut Rehder (1932): Die Philosophie der unendlichen Landschaft. Ein Beitrag zur Geschichte der romantischen Weltanschauung, Halle; Seeber (1993), S. 227-242, Schmid (1985), S. 72-98. Exemplarisch vgl. Rousseaus »Träumereien eines einsamen Spaziergängers« (1782).

heißt praktisch zu bearbeitender und zu berücksichtigender Teil alltäglicher Praxis ist, kann die natürliche Landschaft für das romantische Subjekt im Modus der reinen, bearbeitungsfreien Betrachtung erscheinen. Das ›interesselose Wohlgefallen‹ (Kant) kann sich damit nicht nur auf die Kunst, sondern auch auf die Natur richten, die Natur erscheint selbst wie ein überwältigendes Kunstwerk. Auf der Codeebene wird die Landschaftsbetrachtung motiviert durch das eigentümliche romantische Naturverständnis: Aus dem ›toten Mechanismus‹ (Schelling), auf den sie im Rationalismus reduziert wurde, soll nicht nur die innere, sondern auch die äußere Natur befreit werden. Die Natur erscheint als eine dynamisch-organische Kraft des Lebendigen, im Menschen wie außerhalb seiner selbst; wenn es eine natürliche Brücke zwischen dem Innern und einem Außen gibt, dann muss diese in der Zugehörigkeit zu einer allumfassenden Natur selbst zu suchen sein. Die Natur mag einerseits fremd und überwältigend, gelegentlich auch bedrohlich erscheinen, aber letztlich bildet sie jene Sphäre des Lebendigen, deren Element das Ich selbst ist.

Die vor diesem Sinnhintergrund praktizierte Technik der romantischen Naturbetrachtung stellt sich als eine quasi-meditative Technik in der Konstellation der Einsamkeit dar: Naturerleben ist im wesentlichen visuell vermitteltes Erleben jenseits der visuellen Unanschaulichkeit der Schrift, es setzt eine Sensibilisierung der visuellen Wahrnehmung voraus. Naturerleben ist eine kulturelle Praktik ohne Beteiligung anderer Personen, die in der Regel auch nicht körperlich anwesend sind, sie ist paradigmatisch eine einsame Praktik, auch eine sprachlose, schweigende Praktik. Schließlich ist sie gleichfalls – in Kontinuität zum Bürgerlichen – eine größtenteils körperlich zurückgenommene Praktik des ›immobilen Körpers‹, der in erster Linie visuell wahrnimmt und innerlich erlebt. Entscheidend für das visuell-innere Erleben einer Landschaft im romantischen Sinne ist nicht eine präzise, etwa naturforscherhafte Beobachtung, eine analytische Zergliederung der Elemente sichtbarer Natur, sondern ein Erleben der wahrnehmbaren Landschaft als ganze. Dieses Erleben einer Landschaft – Gebirge, Wasser, Himmel, Wald etc. – in ihrer Totalität bewirkt im romantischen Betrachter einen Eindruck, der zeitgenössisch unter dem Begriff des Sublimen/Erhabenen verhandelt wird:[141] die Faszination durch eine Gegebenheit, die offenbar weitreichender, großartiger ist als das eigene Ich, die das eigene Verständnis übersteigt, schauerlich überwältigend erscheint.

141 Zum Konzept des Sublimen vgl. Edmund Burke (1757): A Philosophical Enquiry in to the Origin of our Ideas of the Sublime and the beautiful, Oxford 1990; Christine Pries (Hg.) (1989): Das Erhabene: Zwischen Grenzerfahrung unf Größenwahn, Weinheim/Berlin.

Der Effekt, den die Betrachtung natürlicher Landschaft auf das romantische Subjekt ausübt, ist ein paradoxer doppelter und analog jenem der romantischen Liebe: eine Bestätigung *und* Aufhebung der Individualität des Subjekts. Einerseits fühlt sich das betrachtende Ich kaum irgendwo sonst so als autonomes Individuum wie in der sozial indifferenten Einsamkeit der Naturbetrachtung. Andererseits findet durch das Erleben des Sublimen der Natur eine Dezentrierung des Ichs statt. In der Überwältigung durch die Natur wird die Aufmerksamkeit vom Ich abgezogen und auf die Landschaft gerichtet. Diese fremdreferentielle Wendung auf die Landschaft kann einerseits und zunächst als innere Anregung durch eine Vielzahl neuer Phänomene erlebt werden; die Naturbetrachtung über eine längere Zeitspanne hinweg wird jedoch vor allem als eine innere Beruhigung perzipiert. Diese psychische Beruhigung stellt sich als Effekt einer Stillstellung des selbstreferentiellen Bewusstseins und Denkens in der fremdreferentiellen Naturbetrachtung ein. Das romantische Subjekt ist hier – als Modell für seine gesamte Subjektkultur – keine ›bürgerliche‹ Kette reflexiver, denkender Akte, sondern reine Wahrnehmung, die genießend erlebt wird. In der Wahrnehmung der Natur scheint sich das Ich im Wahrnehmungsgegenstand selbst aufzulösen, das Abstreifen des Selbstbewusstseins wird als Befreiung und Erleichterung erlebt: »Das hin und her fließende Wasser, sein unaufhörliches, von Zeit zu Zeit aber verstärktes Rauschen, das mein Auge und Ohr unablässig betäubte, ersetzte die durch meine Träumerei erloschene innere Seelenbewegung und dies war hinreichend, mich mein Dasein mit Vergnügen spüren zu lassen, ohne die Mühe des Denkens zu haben.«[142] Die Naturbetrachtung ermöglicht eine passive, anti-aktivistische, nicht-reflexive Individualitätserfahrung, einen ›retreat‹ (Keats) aus der Alltagsroutine, aber auch aus der romantischen Selbstexploration. Sie ist ein Erleben einzelner Momente der Gegenwart, deren Dauer wiederum im subjektiven Sinnhorizont über die objektive Zeit hinweg gedehnt wird. Die Naturbetrachtung stellt sich dabei wiederum als eine aktive Konstruktionsleistung des individuellen Ichs dar, das den Naturphänomenen – vor dem Hintergrund ihres Kontrasts zu den Alltagsobjekten der ›Zivilisation‹ und des emphatischen romantischen Naturcodes – imaginativ Bedeutungen zuschreibt, die eine innere Beruhigung ermöglichen.

Das Musikhören als eine zweite spezifisch romantische Technologie des Selbst, in der das Subjekt primär ein Verhältnis zu sich selber praktiziert und zugleich für die gesamte Lebensform grundlegende Kompetenzen übt, enthält eine der Naturbetrachtung analoge Struktur. Auch sie ist nicht-sprachlich und auf die Hervorbringung eines ebenso

---

142 Jean-Jacques Rousseau (1782): Träumereien eines einsamen Spaziergängers, Stuttgart 2003, S. 90.

›anregenden‹ wie das Denken ersetzenden gefühlsmäßigen Erlebens gerichtet, in dem das souveräne Ich gewollt die Kontrolle über sich verliert und sich in einer emotionalen, als ›ganzheitlich‹ empfundenen Stimmung aufhebt.[143] Die romantische Praktik des Musikhörens wird erst vor dem spezifischen Hintergrund des romantischen Codes des inneren Erlebens möglich. In der adeligen wie klassisch bürgerlichen Kultur ist Musik im Konzert oder in der Oper ein öffentliches, kein privates Ereignis, ein unterhaltsamer, kein einsamer, genießender Prozess – Musik ist Hintergrund für beredte Geselligkeit. So wie sich in der Praktik des Lesens eine Verschiebung mit der Ablösung des lauten Vorlesens durch das schweigsame Lesen ergibt, so transformiert sich das Subjekt im Zuge der Ablösung der gesellig-kommunikativen Musikrezeption durch das ›stille‹ Musikhören: In beiden Fällen bildet sich eine neuartige subjektive Innenwelt aus. Allerdings wird die Wendung zum schweigend-innerlichen Lesen mit der Entstehung des *bürgerlichen* Subjekts vollzogen, während die Wende zum schweigend-innerlichen Musikhören mit der *romantischen* Subjektform erfolgt (welche im 19. Jahrhundert dann in die bürgerliche Subjektkultur inkorporiert wird). Die Innenwelt, die sich im Zuge der romantischen Musikrezeption ausbildet, stellt sich nicht als eine rational-intellektuelle, sondern als eine der Gefühlssensibilisierung dar.

Im romantischen Umgang mit Musik wird das Subjekt darin geübt, seine Aufmerksamkeit auf die auditiven Eindrücke zu richten, gleichzeitig ist diese totale Aufmerksamkeit eine, die den Körper und auch die Relationen zu anderen anwesenden Musikrezipienten stillstellt. Der praktische Umgang mit Musik ist Musik*rezeption*, er ist – ähnlich wie die Naturbetrachtung – passivisch, obgleich im Innern des Rezipienten emotionale Aktivität gefordert ist. Das romantische Musikhören bleibt so wie das adelig-frühbürgerliche zunächst an die Konstellation des öffentlichen Konzertes gebunden. Nun entsteht die eigentümliche Situation gleichgerichteter innerer Aktivitäten einer Masse anwesender immobiler Körper, die über einen längeren Zeitraum hinweg in keiner Weise miteinander interagieren und auch nicht – wie im bürgerlichen Theater – von einer dritten Seite mit Sprache konfrontiert würden: eine

---

143 Vgl. zum folgenden Peter Gay (1995): Die Macht des Herzens. Das 19. Jahrhundert und die Erforschung des Ich, München 1997, S. 19-48 (›Die Kunst des Zuhörens‹); Jonathan D. Kramer (1988): The Time of Music, New York; Carl Dahlhaus (1978): Die Idee der absoluten Musik, Kassel; William Weber (1975): Music and the Middle Class. The Social Structure of Concert Life in London, Paris and Vienna, New York; Wilfred Dunwell (1962): Music and the European Mind, New York. Zum romantischen Musikdiskurs: E. T. A. Hoffmanns »Gedanken über den hohen Wert der Musik« (1814).

Einsamkeit zu vielen, eine Kopräsenz ohne *face-to-face*-Interaktion. Die Praktik des romantischen Musikhörens ist in ihrer emotionalen Innenorientierung der Naturbetrachtung analog aufgebaut. Auch beim Musikgenuss geht es darum, sinnliche Wahrnehmungen außerhalb des Kommunikationsalltags dazu zu nutzen, einerseits die tiefe ›innere Erschütterung‹ des Sublimen in sich hervorzurufen und gleichzeitig eine subjektive Beruhigung außerhalb des Denkens, in reiner ›Gestimmtheit‹ zu finden:»Über die allgemeine *Sprache* der Musik. Der Geist wird frei, *unbestimmt* angeregt – das tut ihm so wohl – das dünkt ihm so bekannt, so vaterländisch – er ist auf diese kurzen Augenblicke in seiner irdischen Heimat.«[144] Das romantische Musikhören setzt dabei eine ›romantische‹, nach-rationalistische Struktur der Musikstücke selbst voraus, ohne dass deren Binnenstruktur die Praktik determinieren könnte.

Das romantische Subjekt verwendet die Kette der auditiven Signifikanten der Musik, denen kein sprachliches Signifikat, nun aber in der musikalischen Sequenz eine emotionale Bedeutung zugeordnet wird, um in seinem Innern vertraute Gefühle hervorzurufen – Sehnsucht, Enthusiasmus, Trauer etc, – und um diese Gefühle, ohne dass es für diese einen ›realen‹ Anreiz in der Lebenswelt des Alltags gäbe, als Gefühle zu genießen. Das Musikhören trainiert auf diese Weise die Empfindungsfähigkeit und Selbstreferentialität des Subjekts. Beim romantischen Musikhören vermag das Subjekt über den Weg der emotional gedeuteten auditiven Wahrnehmungen in sich innere ›Stimmungen‹ hervorzurufen, die dadurch als wohltuend empfunden werden, dass sie die Sequenz der alltäglichen Akte des Denkens für einen bestimmten Zeitraum stillzustellen vermögen:»... das Wort Stimmung deutet auf musicalische Seelenverhältnisse«.[145] Der Akt des Hörens eröffnet dabei im Subjekt eine subjektive, ›innere Zeit‹, die gegenüber der objektiven, linearen Zeit Eigenständigkeit beansprucht. Der Hörer richtet seine Aufmerksamkeit immer auf den Moment, auf die Sequenz der immer neuen Zeitpunkte, ohne Vergangenheit und Zukunft. Auch hier befördert die Ausbildung einer emotional außergewöhnlich ›stimmungsfähigen‹, differenzierten Innenwelt das Gefühl einer temporären Auflösung des Ichs in einer Sphäre, die über es selbst hinausgeht. Der Naturbetrachtung als eine Ästhetik des Visuellen entspricht die Musikrezeption als eine Ästhetik des Auditiven: Beide bedeuten für das Subjekt einen ›retreat‹ in das emotionale, eigenzeitliche Erleben der Momente in subjektiver Einsamkeit.

Wenn die Romantik für die Intimsphäre die romantischen Liebe und für die Praktiken des Selbst exemplarisch die Naturbetrachtung und das Musikhören als neue Aktivitätsformen entwickelt, so ist das roman-

144 Novalis: Schriften, Band 3, Stuttgart 1983, S. 283/284, Nr. 245.
145 Ebd., S. 473, Nr. 1122.

tische Nachfolgemodell des bürgerlich Arbeits- und Berufssubjekts jenes des künstlerisch-kreativen Handelns, welches sich in seinem ›Werk‹ ausdrückt.[146] Gegen die moralische, zweckrationale, routinisierte Arbeit in der ›commercial society‹ und im Bildungsbürgertum plaziert die Romantik die künstlerisch-kreative Praxis als Nachfolge- und Gegenmodell. Einerseits scheint dieser Komplex von Praktiken gar nicht unter dem Begriff der ›Arbeit‹ fassbar zu sein; künstlerisch-kreative Praxis stellt sich zunächst nicht als ein intersubjektiver Leistungszusammenhang dar. Zwar wird auch die künstlerische Tätigkeit im Rahmen eines seit dem Ende des 18. Jahrhunderts entstehenden Marktes für die literarische Intelligenz zunehmend zu einer ökonomischen Leistung. Die entscheidenden Merkmale der romantisch-künstlerischen Aktivitäten als produktive, als po(i)etische Praktiken sind jedoch nicht in diesem ›sekundären‹ Leistungscharakter begründet; die romantische Kunst ist nicht publikumsorientiert, sondern selbstorientiert; die romantische ›Arbeit‹ stellt sich als Grenzfall einer Arbeit dar, die zu einer Praktik des Selbst wird. Die künstlerischen Aktivitäten präsentieren sich im romantischen Selbstverständnis als ›Arbeit‹ in einem *produktivistischen* Sinne: Sie sind Produktion, Poeisis, und zwar kreative Produktion, Ausdruck des individuellen Innern und Schöpfung von Neuem in einem ›Werk‹. Wenn das bürgerliche Arbeitsmodell Arbeit in erster Linie als eine Form des nützlichen Austausches und damit als genuin intersubjektiv begreift und sie zudem mit dem Konzept der Arbeitsdisziplin verknüpft, ist das romantische Nachfolgemodell demgegenüber produktions- und individualitätsorientiert zugleich: Das romantische Subjekt formt sich und findet seine Identität über Akte der ›Schöpfung‹, die expressive Kreation von Neuem. Der kulturelle Code der Genie-Ästhetik, der das künstlerische Genie als Schöpfer einer eigenen Welt und das Werk als Ausdruck des Individuums betrachtet, liefert den Hintergrund dieses Nachfolge- und Kontrastmodells zum bürgerlichen Arbeitssubjekt.[147]

Die Praktiken der romantisch-künstlerischen Produktion, vor allem der schriftstellerischen (in zweiter Linie auch der musikalisch-kompositorischen) Produktion, weichen sowohl von denen des bürgerlichen Arbeitsalltags als auch von denen der vorromantischen, der Nachah-

146 Zum folgenden vgl. Frank (1989), S. 262-286, Taylor (1990), S. 368 ff.; Schmidt (1989 a), S. 1-47.

147 Vgl. auch Christian Berthold/Jutta Greis (1996): Prometheus' Erben – Über Arbeit, Individualität, Gefühl und Verstand, in: Aufklärung, Heft 2, S. 111-138. Eine einflussreiche Version des spätromantischen werkorientierten Kunst-und Arbeitsmodells findet sich bei Emerson (vgl. auch Rodgers 1974). Hegel und anschließend Marx sind von einem solchen romantischen Arbeitsmodell beeinflusst: Für Marx ist Arbeit »Selbstverwirklichung, Vergegenständlichung des Subjekts, das heißt reale Freiheit« (zit. nach Conze (1972), S. 203).

mungsästhetik folgenden Künstler ab und sind solche der Produktion von ›Neuem‹. Für die Produktion eines im romantischen Sinne neuartigen Textes muss das Subjekt weder moralische noch konversationelle Kompetenz, keine praktische Entscheidungskompetenz oder eine Professionalität des Wissens entwickeln; worauf es ankommt, ist vielmehr eine Imaginationskompetenz, die sich als Fähigkeit darstellt, sich durch unterschiedlichste Erfahrungsformen beeinflussen zu lassen und diese Wahrnehmungsmuster, Empfindungsweisen, Erinnerungen und Fantasien auf eine letztlich zufällige Art und Weise bei der Produktion eines Kunstwerks zu verwenden, somit in der virtuosen Kombination ausgewählter Elemente etwas in diesem Sinne Neuartiges zu produzieren. Die ästhetische Kompetenz des Künstlersubjekts, die seine ›Schöpfungskraft‹ ausmacht, ist eine der potentiell verfremdenden, die Alltagsschemata einklammernden und in seinen Möglichkeiten vervielfältigen Wahrnehmungsfähigkeit. Wenn das bürgerliche Subjekt in seinem Handeln und seiner Wahrnehmung jeweils einem konventionell vorgegebenen, ›realistischen‹ Sinnsystem folgt und damit Variationen des Gleichen hervorbringt, beruht der Komplex künstlerisch-kreativer Praktiken im romantischen Sinne darauf, dass unterschiedliche Formen der Wahrnehmung erworben und in nicht-standardisierter Weise einander überlagernd zum Einsatz gebracht werden.

Das künstlerisch-kreative Subjekt entspricht dem Postulat romantischer Individualität, indem es eine Neugierde für die verschiedensten, ›in ihm angelegten‹ Möglichkeiten des Wahrnehmens und Fühlens entwickelt und diese erprobt: »Ächte poetische Charaktere sind gleichsam verschiedne Stimmen und Instrumente.« Sie zeichnen sich durch »Lust an der Mannichfaltigkeit« (Novalis) aus. Die Multiplizität dieser dem Subjekt verfügbaren Interpretationsweisen ist die Voraussetzung der ›Schöpfungskraft‹. Die Akte dieser Produktion, der Prozess des Schreibens einer Geschichte, eines Dramas, eines autobiografischen Textes, eines Gedichts stellt sich dann als eine letztlich zufällige Anwendung ausgewählter Interpretationsformen auf ›vertraute‹ Alltagsphänomene dar: Genau *dies* ist die Fähigkeit zur ›Imagination‹, die ›Einbildungskraft‹ des romantischen Künstlersubjekts, die »in zwei aufeinander folgenden Momenten ganz verschiedne Ideen an ein und denselben Gegenstand knüpfen ... kann.«[148] Künstlerische Produktion ist damit eine »tätige Ideenassoziation«, die der »Universaltendenz zur Assimilation des Heterogenen« folgt: »So entstehn wunderliche Einheiten und eigenthümliche Verknüpfungen – und eins erinnert an alles.« (Novalis) Das kreativ-imaginative Subjekt lässt es zu, dass sich unterschiedliche Bedeutungen, auch scheinbar unpassende, ohne Respektierung von An-

148 Ludwig Tieck (1793): Shakespeares Behandlung des Wunderbaren, in: Kritische Schriften 1, Berlin 1848, S. 56.

wendungsschranken an bestimmte Ereignisse und Eindrücke heften und diese interpretativ umformen.

Elementar für die künstlerische Praxis im romantischen Sinne ist der Faktor des Zufalls. Das Produkt ist im Vollzug seiner Entstehung nicht-determiniert, Ergebnis einer nicht vorhersagbaren assoziativen Kombinatorik von Perzeptionen:»Poesie ist eine absichtliche ... Zufallsproduktion.«»Synthetische Operationen sind Sprünge ... Regelmäßigkeit des Genies – des Springers par Excellence.« (Novalis) Das Zulassen des Zufalls im einzelnen Moment der Produktion, des Zufalls des Sich-Beeinflussenlassens durch bestimmte Wahrnehmungsformen (die der Künstler jedoch sich zuvor einmal angeeignet haben muss, die ihm verfügbar sein müssen), die »Willkührregel, ... Fantasieregel« wird zur zentralen Disposition des romantischen Künstlersubjekts.[149] Die künstlerische Produktion setzt damit ein Subjekt voraus, das auf spezifische Weise Aktivismus und Passivität miteinander kombiniert: In der Produktion eines Werkes ist es aktivistisch, im ›Zulassen‹ von assoziativen Verkettungen, unterschiedlichen Wahrnehmungsweisen und Zufällen verzichtet es auf Selbstkontrolle. Die künstlerisch-kreative Praxis ist nicht nur ein herausgehobener Ort zur Formierung des romantischen Subjekts, sie ist auch ein zentraler Gegenstand des romantischen ›passionate attachment‹ gegenüber einem Ideal-Ich: Dessen Selbstverstehen als emphatisch individuell basiert auf der Ausdrucksfähigkeit dieser inneren Individualität in den äußeren Werken. Das innere Subjekt externalisiert sich in seinen Werken, die Werke sind eine Expression der Individualität, die konkrete gegenständliche Gestalt, in der die fluide innere Individualität ihre fassbare Bestätigung finden kann. Es deutet sich damit ein expressives Arbeitssubjekt an, das den Sinn und die Befriedigung der ›Arbeit‹ nicht moralisch im Dienst am Anderen oder dem sozialen Fortschritt (wie in der bürgerlichen Moderne), auch nicht im sozialen Statusgewinn (wie in der organisierten Moderne), sondern im Ausdruck des inneren Kerns seiner ›Individualität‹ sieht, ein produktivistisch-innenorientiertes Arbeitsethos, welches in den kulturellen Gegenbewegungen des 20. Jahrhunderts und schließlich in der postmodernen Subjektkultur Gegenstand eines Sinntransfers wird.

149 Die Zitate der letzten beiden Abschnitte finden sich bei Novalis Gesamtausgabe, Band XII, 685/6, Nr. 671; XII, 561, Nr. 43; IX, 409, Nr. 730; XII, 597, Nr. 262; XII, 650, Nr. 559; IX, 451, Nr. 953; IX, 273, Nr. 183; IX, 409, Nr. 730. Zit. nach Frank (1989), S. 272-286.

Das romantische Ich zwischen Expressivität und Diskontinuität

Die romantische Form, Subjekt zu sein, ist eine Existenz im inneren Erleben und auf den einzelnen zeitlichen Moment gerichtet. Das romantisch trainierte Subjekt tastet seine Außenwelt auf der Suche nach Anreizen ab, die in seiner imaginativ-affektuell-reflexiven Innenwelt ein Erleben hervorzurufen vermögen, welches ihm im Moment die Befriedigung einer authentischen Individualität schafft. Wenn es selbst eine Aktivität nach außen entfaltet – vor allem in der künstlerischen Kreativität und in der emotional-körperlichen Beziehung zum/zur Geliebten –, dann steht diese letztlich im Dienst dieser Suche nach den als ›erfüllt‹ empfundenen Momenten des inneren Erlebens: Der romantische Ausdruck zielt nach innen. Es sind zwei auf den ersten Blick gegensätzliche Konstellationen des Erlebens, die das romantische Subjekt systematisch in sich hervorruft: solche der intensiven *Anregung* und solche der *Beruhigung*. Der Wunsch nach innerem Angeregtwerden, nach einem Herausgerissenwerden aus der Routine des Bewusstseinsstroms und der überwältigenden Intensität des Moments motiviert die Suche nach dem Erhabenen/Sublimen in der Natur und in der Kunst, vor allem der Musik ebenso wie das außeralltägliche Sich-Verlieben in eine ›anbetungswürdige‹ Person, schließlich auch die künstlerische ›Schöpfung‹. Das Begehren nach innerer Beruhigung, nach einer Stillstellung des Denkens wie auch des enthusiastischen Fühlens zugunsten einer gleichförmigen Gestimmtheit, nach einem ›retreat‹ findet sich in den gleichen Praktiken: im Passivismus der Naturbetrachtung, im Musikgenuss, in den Momenten des ›Verschmelzens‹ mit dem/der Geliebten. Das romantische Subjekt pflegt sowohl seine Fähigkeit zum Erleben von Momenten intensiver, überwältigender Neuartigkeit als auch zu einem Erleben, das in passiver, reiner Stimmung aufgeht. Das romantische ist ein ästhetisches Subjekt nicht nur im vordergründigen Sinne, dass es dem Modell künstlerischer Individualität folgt, sondern in einem weiteren Sinne dadurch, dass es seine Wahrnehmungsfähigkeit – nach außen vor allem die visuelle und auditive Wahrnehmung, aber auch die Wahrnehmung ›innerer‹ Vorgänge – ausdifferenziert und in das Zentrum seiner Subjektivation stellt, schließlich dadurch, dass es sich nicht als ein primär regelorientiertes oder aktiv handelndes, sondern als ein ›konstruktivistisches‹, mit Bedeutungsschichten hantierendes darstellt.

Im Verhältnis zur bürgerlichen Subjektform bedeutet die Vertiefung der affektiv-imaginativen Innenwelt und die Ausrichtung des Lebens auf das innere Erleben romantischer Subjektivität eine – je nach Perspektive – Überwindung bzw. einen Verlust bürgerlicher Dispositionsstrukturen moralischer und handlungspraktischer Art: Das romantische Subjekt hat keinen moralischen Code internalisiert, es beobachtet und reflektiert sein Handeln und Erleben nicht nach dem Kriterium moralischer Integrität und Selbstdisziplin, sondern dem des ästhetischen Wahrnehmens und der Entfaltung von Individualität. Während sich das bürgerliche Subjekt in praktischer, überlegter Entscheidungsfindung übt, stellt sich für den Romantiker die Frage der rationalen Wahl nicht: Indem der bürgerliche Arbeitsalltag durch die Praxis künstlerischer Kreativität ersetzt wird, wird Entscheidungsfähigkeit durch Schöpfungskompetenz, das heißt Imaginationsfähigkeit, als zentrales Problem abgelöst (wobei allerdings eine Subjekthomologie zwischen dem Bürger und dem Künstler als zwei Typen ›selbständiger‹, autonomer, außerhalb von Organisationen Agierender existiert). Wenn an die Stelle der bürgerlichen Familiengründung die romantische Liebe tritt, wird dem Subjekt die Frage der Entscheidung durch die Unbedingtheit des Gefühls des Verliebtseins abgenommen. Das Verhältnis des romantischen Subjekts zu den semiotisch-konversationsorientierten *dispersed practices* der bürgerlichen Kultur ist dabei doppeldeutig: Die bürgerliche Souveränität im Umgang mit semiotischen Systemen liefert eine notwendige Voraussetzung der romantischen Subjektkultur. Die Imaginations- und Selbstbeobachtungsfähigkeit kann sich erst in der Lektüre und im Schreiben ausbilden. Gleichzeitig akzentuiert sich die semiotische Kompetenz des Romantikers im Verhältnis zum Bürger um: Nicht die Information über und Beschreibung von objektiven Sachverhalten, nicht die Argumentation oder die Konversation ist es, auf die es nun ankommt, sondern die Selbst- und Fremdpsychologisierung, deren Pflege im empfindsamen Bürgertum begonnen wurde, sowie die Verwendung der Sprache zum Ausdruck inneren Erlebens und zur kreativen Expression. Die Sprache dient weniger dem ›intersubjektiven Austausch‹ – der als irreal oder fassadenhaft wahrgenommen wird –, sondern wird zum Instrument der Ausdrucksfindung und Selbstexploration.

Die zeitliche Struktur des romantischen unterscheidet sich grundsätzlich von der des bürgerlichen Subjekts: Die bürgerliche Lebensform geht vom stabilen Wiederholungscharakter der Routinen, der dauerhaften ›Bewährung‹ des Subjekts und gleichzeitig von dessen linearer Entwicklung im Laufe der Biografie aus. Das romantische Subjekt distanziert sich vom routine- und entwicklungsorientierten Zeitbewusstsein. Wenn es primär in seiner inneren Tiefe existiert, dann ist seine subjektive Zeitstruktur statt biografie- oder routineorieniert momentorientiert. Das romantische Subjekt lebt nicht in der erlebnisarmen Routine oder mit Blick auf seine gesamte Biografie, sondern in der Wahrnehmung des Augenblicks, es hat eine »momentanistische Bewusstseinsstruktur« (Bohrer).[150] Als eine Art Phänomenologe *avant la lettre* erwirbt es einen

150 Zur Verzeitlichung romantischer Subjektivität vgl. Bohrer (1987);

Sinn für die Zeitlichkeit seines eigenen, inneren Bewusstseinsstroms. Das Erleben findet nur im Jetzt, in diesem Moment statt und wird im nächsten Moment bereits durch einen anderen Erlebnisakt abgelöst, der in Diskontinuität zum ersten stehen kann. Wenn das romantische Subjekt nach seinem Selbst sucht, dann findet es nichts anderes als diesen Erlebnisstrom aneinandergereihter Jetzt-Zeitpunkte: das Selbst ist ein Augenblicks-Selbst.

Damit wird nachvollziehbar, warum das ästhetische Subjekt der Romantik einerseits Praktiken erprobt, die eine intensive innere Anregung versprechen, andererseits solche, in denen eine innere Beruhigung möglich ist: Beides sind unterschiedliche Strategien, um die Sinnhaftigkeit und Befriedigung des Erlebens des Moments zu erreichen. Die Strategie der Anregung, die sich in einer starken Version in der Suche nach dem intensivsten Reiz (Sublimes, Liebe, phantastische Grenzerfahrungen), in einer schwächeren, veralltäglichten Version in der Suche nach der Abwechslung des immer wieder Neuen manifestiert, versucht, das libidinöse Erleben der Gegenwart durch eine Aufladung des einzelnen Moments als außeralltäglich oder zumindest als anders als der vorherige Moment zu erreichen. Die Strategie der Beruhigung des inneren Erlebnisstroms versucht, eine als genussvoll empfundene Gestimmtheit zu kontinuieren, sie über eine Sequenz von Momenten hinweg zu wiederholen, eine »Ruhe des Genusses« (Schlegel). Die Option der permanenten Angeregtheit enthält das Risiko des »rasenden Zeitkonsums« (Tieck), eines Verbrauchs von Zeit in immer neuen Erlebensakten und das Risiko der Abstumpfung der Unterscheidungsfähigkeit, die immer weniger in der Lage ist, das ›Neue‹ wahrzunehmen; die Option der Beruhigung enthält die Möglichkeit einer psychisch riskanten, ver-rückten Abspaltung des Individuums aus den intersubjektiven Routinen.

Dass das romantische Subjekt keine homogene, in sich widerspruchsfreie Form zu repräsentieren vermag, vielmehr von grundsätzlichen Friktionen durchzogen ist, die den Romantiker zu einer fragilen Figur werden lassen, wird innerhalb des romantischen Diskurses selbst regelmäßig thematisiert. Darüber hinaus hat die Kritik an der romantischen Subjektivität – etwa von Seiten des späten Goethe, Hegels oder Kierkegaards – in der ersten Hälfte des 19. Jahrhunderts, das heißt die erneuerte bürgerliche Kultur selbst, wiederholt versucht, die ›Unmöglichkeit‹ des romantischen Subjekts zu demonstrieren.[151] Die Fissuren der romanti-

---

Frank (1989), Kap. 17-22; Schwarz (1993) sowie Manfred Frank (1972): Das Problem ›Zeit‹ in der deutschen Romantik. Zeitbewußtsein und Bewußtsein von Zeitlichkeit in der frühromantischen Philosophie und in Tiecks Dichtung, Paderborn 1990, 2., überarb. Aufl.

151 In Goethes Spätwerk – etwa im »Torquato Tasso« und in »Wilhelm Meisters Wanderjahren« – gerät das romantische Subjekt ins Visier

schen Subjektform erscheinen jedoch ohne Voraussetzung eines vorgeblich allgemeingültigen bürgerlichen Subjekts – aus deren Sicht sich die romantische Subjektivität von vornherein als ein Produkt weltflüchtiger Dekadenz darstellen muss – rekonstruierbar: Eine zentrale, auf ihre Weise produktive, das heißt eine sich selbst in Gang haltende, Dynamik implantierende Friktion des romantischen Subjekts betrifft die Polysemie seiner Orientierung an Einheit/Identität und an Differenz. Das romantische Subjekt will sein Ich als individuelle Einheit entfalten – und entwickelt gleichzeitig tentativ ein kulturelles Vokabular dafür, dass diese Einheit sich in die Differenz zeitlich aufeinander folgender, mannigfacher Akte des Erlebens und des Handelns entgrenzt.[152] Der Romantiker sucht die Identität seiner Individualität, will seinen inneren Kern auch gegen Widerstände entfalten, aber diese ›authentische‹ Identität scheint sich durch die Temporalisierung des Ichs, die Diskontinuität zwischen den ganz verschiedenartigen Akten, die das Subjekt ausmachen, immer wieder aufzulösen. Die euphorische Suche nach dem Ich jenseits aller moralischen Konventionen lässt dieses Ich als fixe, freizulegende Instanz als Konstrukt erscheinen: Das, was das Ich wünscht, was es will und ablehnt, was es empfindet und wahrnimmt, wird gerade im Zuge der romantischen Selbstexploration immer weniger eindeutig. Das romantische Ich erkennt, dass in ihm viele Wünsche, Wahrnehmungen, Empfindungen Platz haben, und ist gleichzeitig mit der Frage nach der Authentizität dieser Regungen konfrontiert: »Ja selbst meine Wünsche wechseln, und bald tritt der eine, bald tritt der andere ins Dunkle.«[153]

Aus der hybriden Überlagerung der Semantik eines natürlichen, nach Entfaltung strebenden ›inneren Kerns‹ und einer sich andeutenden radikal kontingenzorientierten (in der deutschen romantischen Philosophie auf die Spitze getriebenen) Semantik einer ›Unendlichkeit der Möglichkeiten‹ des Wahrnehmens, Erlebens und Schöpfens ergibt sich in der romantischen Subjektkultur eine widersprüchliche Konstellation, in der die Einheit des Subjekts – als Individualität – *prämiert,* aber gleichzeitig die Einheit des Subjekts – als Möglichkeitslimitierung – *diskriminiert,* ebenso wie immanente Differenzen des Subjekts abgelehnt und zugleich gefördert werden. Als romantisches Modell erscheint die ›Einheit‹ des Subjekts – im Gegensatz zur bürgerlichen Zerrissenheit von Verstand und Gefühl – im Sinne einer individuellen, einzigartigen Balance, die

---

einer Reinstituierung des bürgerlichen Subjekts. Hegel handelt die Romantiker in den »Vorlesungen über die Ästhetik« als ›leere Subjektivität‹ ab. In Kierkegaards »Entweder – Oder« ist der Romantiker der bloße ›Ästhet A‹.

152 Vgl. zum folgenden wiederum Bohrer (1987); Frank (1989), Kap. 17-22; Frank (1972); Schwarz (1993).

153 So Heinrich von Kleist, zit. nach Bohrer (1987), S. 103.

sein Zentrum authentisch in sich selbst findet. Gleichzeitig stellt sich auch die immanente Differenz der Akte des Subjekts, die Entgrenzung des Ichs als romantisches Ideal-Ich dar: die Förderung der mannigfachen Möglichkeiten des Ichs, die Förderung des Neuen und Unberechenbaren, welches das Subjekt in seiner Struktur selbst veränderlich macht. Ergebnis dieser doppelten, hybriden Prämierung von Einheit *und* Differenz ist eine Konstellation des *double-bind*: Ein Individuum, das meint, sein Zentrum gefunden zu haben, droht die anderen Möglichkeiten seines Ichs zu vernichten und eine Kopie des bürgerlichen Subjekts und seines Bildungsgangs zu werden. Ein Individuum, das sich auf die verschiedensten Erlebensformen und Wünsche einlässt, die sich in seinem Innern bieten, sieht sich unbefriedigt oder verängstigt, weil es nicht mehr selbst aktiv gestaltet, sondern sich in die Abhängigkeit »flüchtiger Erscheinungen«[154] seines Bewusstseins und seines Unbewussten begibt.[155]

Die ambivalente Struktur von Einheit und Differenz, von individuellem Zentrum und der sich selbst transformierenden Mannigfaltigkeit des Ichs wird besonders deutlich, sobald sie auf die Zeitachse des Erlebens und Handelns bezogen wird: Die romantische Subjektkultur übt sich im Zuge ihrer Selbstexploration in Sensibilität für die Zeitlichkeit der Erlebensakte. Diese Konzentration auf die innere Zeit ermöglicht ihr, eine Befriedigung aus dem Moment zu ziehen, auch aus der Abwechslung der Momente. Die Konzentration auf diese Sequenz des inneren Erlebens schafft jedoch gleichzeitig ein Diskontinuitätsbewusstsein. Die einzelnen Akte im Bewusstsein brauchen kein sinnhaftes Ganzen zu ergeben, sie können einander widersprechen, die Wünsche oder Selbstdefinitionen können sich verändern: »... wenn ich nun anfange einer dieser Seelen gut zu sein, so geht sie fort, und eine andere tritt an ihre Stelle, die ich nicht kenne, und die ich überrascht anstarre.«[156] So wie das bürgerliche Subjekt aus sich selbst konsequent Eigenschaften heraustrieb, die dem bürgerlichen Modell nicht mehr entsprachen, so

154 So Caroline von Günderode, zit. nach Bohrer (1987), S. 80.
155 Die romantische Angst vor der Kontingenz des Subjekts drückt sich im literarischen Diskurs im Doppelgänger-Motiv aus, vgl. Aglaja Hildenbrock (1986): Das andere Ich. Künstlicher Mensch und Doppelgänger in der deutschen und englischsprachigen Literatur, Tübingen.
156 Zit. nach Ludwig Geiger (Hg.) (1895): Caroline und ihre Freunde, Stuttgart, S. 85. Zu einer detaillierten Analyse romantischer Ich-Auflösung vgl. Bohrer (1987), auch Helmut Viebrock (1984): Schöpferischer Identitätsverlust. Die Begriffe ›identity‹ und ›loss of identity‹ in der epistolaren Poetik von John Keats, in: Sitzungsberichte der Wissenschaftlichen Gesellschaft der Johann Wolfgang Goethe-Universität Frankfurt am Main, Stuttgart, Band 20, S. 7 ff.

treibt auch das romantische Subjekt Eigenschaften aus sich hervor, die das romantische Sinnreservoir nur begrenzt zu verarbeiten vermag. Das Vehikel dieses Prozesses der latenten, Widersprüche induzierenden Subjekttransformation ist in beiden Fällen die Selbstbeobachtung: Die bürgerliche, selbstkontrollierende wie auch empfindsame Beobachtung des Ichs mündet in die ›Entdeckung‹ einer eigenen Individualität und moralferner innerer Gefühle und Imaginationen, welche die bürgerliche Subjektform zu sprengen beginnen. Das romantische Subjekt will nun diese ›unterdrückte‹ Individualität und Imaginationsfähigkeit ›freilegen‹ – und die romantische Selbstexploration, die Konzentration der Aufmerksamkeit auf den inneren Erlebnisstrom, mündet ihrerseits in eine Wahrnehmung von Diskontinuität und immanenten Differenzen des Ichs, welche das Individualitätsmodell prekär werden lässt und innerhalb des romantischen Kontexts an die Grenzen des expressivistischen Subjektmodels stößt. In beiden Fällen handelt es sich nicht um das ›Auffinden‹ einer realen Struktur des Ichs, sondern um die kulturelle *Produktion* dieser Ichstruktur in der Praktik der Selbstbeobachtung, um die ›performative‹ Hervorbringung von Subjekteigenschaften, die dann als ›immer schon vorhanden‹ erscheinen können. Erst die Selbstbeobachtung bringt eine Individualität und später eine Diskontinuität hervor und lässt diese für die Akteure zum Problem werden. Dieses Risiko des romantischen Subjekts, gegen die Vorstellung eines sich selbst entfaltenden inneren Kerns seine Einheit in den mannigfachen, diskontinuierlichen Möglichkeiten seines Ichs zu zerstreuen und darin eine ›Leere‹ oder auch ›Angst‹ zu empfinden, bringt in der späten romantischen Bewegung jene Semantiken der Natur, der Religion oder auch – insbesondere in Deutschland – des ›Volkes‹ und seiner kollektiven Kultur hervor, die eine übersubjektive Instanz zu installieren versuchen, welche dem Subjekt aus seiner Diskontinuität und Kontingenz einen Ausweg weisen soll: eine Einbettung in eine größere, das Subjekt und seine inneren Differenzen übersteigende und damit diese wiederum harmonisch aufhebende neue ›Einheit‹ auf natürlich-kosmischer, religiöser oder völkisch-nationaler Ebene.[157]

Verknüpft mit der Spannung zwischen Einheit und Differenz des Ichs ist die zweite Fraktur des romantischen Subjekts; diese betrifft den Kontingenzbegriff und die Kontingenzerfahrung. Der Anspruch des romantischen Subjekts, sich in allen seinen der eigenen Individualität entsprechenden Möglichkeiten zu entfalten, sieht sich mit der als problematisch wahrgenommenen ›Vernichtung‹ von Möglichkeiten in der Faktizität der gegenwärtigen Zeitlichkeit konfrontiert. Das aus bürgerlichen Normen befreite Subjekt hätte potentiell unendlich viele Möglichkeiten zu handeln und zu erleben, aber im Jetzt der Gegenwart

---

157 Vgl. zu diesem Aspekt Izenberg (1992).

kann es jeweils nur eine der Potentialitäten in Faktizität überführen und muss die anderen – zumindest vorerst – unrealisiert lassen: »Das eigentliche Widersprechende in unserem Ich … ist, dass wir uns zugleich endlich und unendlich fühlen.«[158] Das romantische Subjekt beansprucht, unendlich scheinende Möglichkeiten zu leben, aber sieht sich zugleich mit einer Begrenztheit, der – auf den Moment wie auf das ganze Leben bezogenen – Endlichkeit der realisierten Möglichkeiten konfrontiert, was als ein »stete[r] Wechsel von Selbstschöpfung und Selbstvernichtung«[159] interpretiert wird. Das Nicht-Befolgen bürgerlicher Moralität löst diese Paradoxie nicht, sondern lässt sie erst besonders deutlich werden: Die Nicht-Realisierbarkeit von Möglichkeiten ist nun kein Produkt normativer Verbote oder von Knappheit, sondern erscheint als Ergebnis der Begrenztheit von Handelns- und Erlebensmöglichkeiten in der zeitlichen Sequenz der Psyche und der endlichen Biografie.[160]

Mehrdeutig und potentiell widersprüchlich ist im Rahmen der romantischen Subjektkultur auch die Modellierung des Verhältnisses zwischen Ego und Alter. Hier entsteht ein immanenter Bruch durch die Kombination einer dezidierten Ablehnung und einer dezidierten Prämierung von Intersubjektivität als Bedingung gelungener Subjektivität. Dem romantischen Subjekt erscheint die Welt der Anderen gleichzeitig als unauthentische Sphäre der Verstellung und Verzerrung des Ichs *und* als Sphäre der ersehnten Anerkennung durch einen konkreten Anderen. Da die Romantik das Subjekt im Innern des Erlebens ausmacht, wird die intersubjektiv regulierte Welt – des Adels und des Bürgertums, der Geselligkeit, der Familie und der Arbeit – als eine Sphäre der entfremdenden Äußerlichkeiten repräsentiert. Die Personen erscheinen als ›Rollenspieler‹, als Masken, hinter denen sich das authentische Selbst nur verbergen kann – die romantischen Metaphern des sozialen Subjekts als ›Marionette‹ oder als ›Automat‹ sind hier charakteristisch. Auch das eigene Handeln nach außen erscheint wie ›aus zweiter Hand‹, als Übernahme eines fremden Rollenmusters. Darüber hinaus nimmt das romantische Subjekt das Beobachtetwerden durch Andere *per se* als Bedrohung des eigenen Ichs wahr. In der Beurteilung durch Dritte, im Blick des Anderen muss das innere Ich zwangsläufig verzerrt wahrgenommen werden, so dass die Begegnung mit ihnen unweigerlich Enttäuschung nach sich zieht, das Risiko einer Bedrohung der Selbstdefinition durch die soziale Fremddefinition. Während die romantische Subjektkultur den Blick des Anderen damit als Verfremdung der eigenen Identität perzipiert, erscheint er gleichzeitig als unersetzbar, um die eigene Anerkennung/

158 Friedrich Schlegel (1964): Kritische Ausgabe, Darmstadt, Band XII, S. 335.
159 Ders.: Kritische Ausgabe, Darmstadt, Band II, S. 172, Nr. 51.
160 Vgl. Frank (1972), insbesondere S. 83-96, 233-299.

Aufhebung, die Bestätigung und Beruhigung dieser Identität zu erreichen, eine Anerkennung und Aufhebung, die nur im Blick durch den einzigartigen, nicht-austauschbaren Anderen möglich erscheint (und entsprechend enttäuschungsanfällig ist), wie er in der Liebesbeziehung deutlich wird. Das ›Intersubjektive‹ wird hier als das hochspezifische Verhältnis zwischen zwei konkreten, nicht-anonymen, affektiv einander erlebenden Subjekten codiert. Die prinzipielle Glorifizierung *und* Abwertung des Intersubjektiven laufen somit in der romantischen Subjektkultur parallel.[161]

Schließlich enthält die Subjektkultur der Romantik eine hybride Kombination zwischen einem Subjektcode der extremen Aktivierung und einem konträren Code der Passivisierung des Subjekts. Die bürgerliche Kultur hatte eine Moderierung des Subjekts gefordert, einen gemäßigten Aktivismus wie auch eine gemäßigte Empfindsamkeit, die beide eine symbolische Distinktion zu allem Exzessiven vollziehen. Das romantische Subjekt versucht, diese Moderierung zu beiden Seiten hin zu überschreiten: in Richtung eines Exzesses der grenzenlosen, ichorientierten Aktivität einerseits, eines Exzesses der inneren Ruhe andererseits. Die romantische Subjektform entgrenzt auf der einen Seite den Aktivismus des modernen Subjekts im Sinne eines kreativen Schöpfers seiner selbst: War der Aktivismus des bürgerlichen Subjekts durch Moral und Zweckorientierung begrenzt, so stellt sich der romantische Aktivismus nun als ein Ausdruck der inneren Kräfte und Lebendigkeit dar (bis hin zu einem romantischen Heroismus wie im Falle der öffentlichen Figur Lord Byron). Der Aktivismus ist dabei sowohl ein äußerer als auch ein innerer. Die künstlerische Kreativität, die sich in den Werken ausdrückt, die aber zum Zwecke der Wahrnehmungserweiterung eine – auch räumlich-geografische – Mobilität voraussetzt, die ruhelosen Aktivitäten der romantischen Liebe, gleichzeitig aber auch die inneren Aktivitäten im Sinne einer Suche nach der Abwechslung der Reize des Erlebens, nach

---

161 Die romantische Abwertung des Intersubjektiven jenseits der außeralltäglichen Liebesbeziehungen und die Prämierung der subjektiven Konstitution der Wirklichkeit kann zu einem Rückzug des romantischen Subjekts in eine psychische Eigenwelt führen, welche – wie bei »Werther«, »Torquato Tasso« oder in Jean Pauls »Titan« – an der intersubjektiven Außenwelt scheitert oder die im Extrem – wie in Hoffmanns »Sandmann« oder in den Geschichten E. A. Poes – von der sozialen Umwelt als ›wahnsinnig‹ interpretiert werden muss. Vgl. Rzepka (1986), insbesondere S. 1-30; Geoffrey Hartman (1962): Romanticism and ›Anti-Selfconsciousness‹, in: Centennial Review, S. 553-565; Schmidt (1989 a), S. 430-450, Schmidt (1989 b), S. 1-39; auch Luise Sauer (1983): Marionetten, Maschinen, Automaten. Der künstliche Mensch in der deutschen und englischen Romantik, Bonn.

dem ›Neuen‹ machen aus dem romantischen ein beschleunigtes Subjekt, das seine Alltags- und Lebenszeit mit einer Vielzahl verschiedenster, einander abwechselnder Akte ausfüllt. Der romantische Aktivismus ist kein disziplinierter, sondern einer, der sich sein Tempo durch die Bewegungen des inneren Ichs vorgeben lässt.[162] Gleichzeitig enthält die romantische Subjektkultur Elemente einer konträr orientierten Distanzierung von der bürgerlichen Moderatheit: Elemente einer ästhetischen Passivisierung, eines sich verweigerndes Stillstellens des äußeren wie inneren Aktivismus, einer Beruhigung des Ichs. Extrem ist hier der Verzicht auf äußere oder innere Bewegung zugunsten eines meditativen Rückzugs in das Wahrnehmungserleben. Die romantischen Techniken des Selbst, die Praktiken der Naturbetrachtung und des Musikhörens, aber auch jene Momente der romantischen Liebe, in der eine ›Auflösung‹ des Ichs in der Dyade erlebt wird, und der Rückzug in die künstlerisch-selbstreferentielle Beschäftigung stellen sich als Elemente einer romantischen Passivisierung dar, in welcher ›Denken‹ durch ›Gestimmtheit‹ ersetzt wird (und welche bis hin zur anti-bürgerlichen Prämierung der Muße und des Schlafes bei Schlegel und Keats reicht).[163] Hier wird keine Beschleunigung, sondern eine Entschleunigung der subjektiven Akte betrieben.[164]

162 Vgl. auch Peter L. Thorslev (1962): The Byronic Hero. Types and prototypes, Minneapolis; Jack D. Zipes (1970): The Great Refusal. Studies of the romantic hero in German and American literature, Bad Homburg.

163 Vgl. Keats' programmatisches Gedicht »Sleep and Poetry« (1817) und Schlegels »Idylle über den Müssiggang« in (1799), S. 44 ff.

164 Zwei weitere Fissuren des romantischen Subjekts betreffen zum einen die Spannung zwischen einem Modell des Subjekts als Einheit von Geist, Seele und Körper – welche zu einer relativen Aufwertung der Sexualität und Erotik führt, auch etwa zur Entstehung einer ganzheitlich-romantischen Medizin (Homöopathie) – und gleichzeitig einer auch in der Romantik – vgl. die immobilistischen Techniken des Selbst – weitergeführten Zurücknahme des Körpers; zum anderen die Überlagerung eines Codes, der – in Fortführung der bürgerlichen Benevolenzannahme – von einem Grundvertrauen in die Kräfte des Ichs im Rahmen einer wohlwollenden Natur ausgeht (etwa bei Emerson) mit einem Sinnmuster, das an der Undurchschaubarkeit der Welt ansetzt. Letzteres führt zu einem Katastrophenbewusstsein, etwa bei Kleist, oder zum ›gothic romanticism‹ (vgl. Robert Miles (1993): Gothic Writing 1750-1820. A genealogy, London). Vgl. zu der Heterogenität romantischer Subjektivität, sobald man sie unter dem Blickwinkel des populären ›gothic‹-Diskurs betrachtet, Michael Gamer (2000): Romanticism and the Gothic. Genre, reception, and canon formation, Cambridge; Andrea Henderson (1996): Romantic Identities. Varieties of subjectivity, 1774-1830, Cambridge.

Wie der Umgang mit den Antagonismen der Subjektivität gestaltet werden soll, ist innerhalb des romantischen Diskurses eine thematisierbare Frage. ›Melancholie‹ einerseits, ›romantische Ironie‹ andererseits sind hier zwei hermeneutische Angebote aus dem romantischen Sinnarsenal. Melancholie und Ironie gelten im Rahmen der bürgerlichen (wie auch der christlichen) Kultur beide in ihrer Distanzierung von der Lebenspraxis als unbürgerliche Lebenshaltungen, die Melancholie, da sie sich dem zweckvollen Aktivismus, die Ironie, da sie sich dem Anspruch der Eindeutigkeit und Ernsthaftigkeit verweigert. Beide stellen sich im Rahmen der Romantik als Identitätsstrategien zum Umgang mit den Friktionen romantischer Subjektivität dar. Die melancholische Haltung des romantischen ›Weltschmerzes‹ antwortet auf die Erfahrung subjektiver Kontingenz des Subjekts, die Spannung zwischen innerem Anspruch und äußeren Widerständen und vor allem den »rasenden Zeitkonsum« (Tieck) mit der Trauer eines Verzichts auf die Gestaltung der Lebensführung. Hier schlägt die hyperaktivistische Version des romantischen Subjekttypus, die rastlose Suche nach dem neuen Erlebnisreiz des Moments in die passive Melancholie um. Die ›romantische Ironie‹ weist demgegenüber die Alternative eines ›spielerischen‹ Umgangs mit den Widersprüchen romantischer Subjektivität. In der ironischen Haltung wird die Paradoxie des unendlichen Potentials individueller Möglichkeiten und der Endlichkeit der Faktizität der Gegenwart, der notwendige ›stete Wechsel von Selbstschöpfung und Selbstvernichtung‹ (Schlegel) entdramatisiert: Dass die Wünsche und Empfindungen des Subjekts kontingent sind, dass sie immer auch anders sein könnten und niemals alle realisiert werden, wird nun zur Einsicht in eine Widerspruchsstruktur, welche in der Praxis nicht auflösbar ist, deren Auflösung selbst nur vor dem Hintergrund eines letztlich bürgerlich-modernen Perfektibilitäts- und Harmoniestrebens nötig erscheint.[165]

In der kulturellen Transformation der Moderne kommt der Romantik der Status einer ›seed-bed‹-Kultur zu.[166] Sie produziert einen Pool von Sinncodierungen bezüglich der Form moderner Subjektivität, die kurzfristig zunächst begrenzte Effekte auf die hegemoniale bürgerliche Kultur ausüben, die jedoch latent weiterhin vorhanden bleiben – in Form ihrer textuellen Repräsentationen, im 19. Jahrhundert etwa auch

---

165 Vgl. Frank (1989), S. 307 ff.; Schwarz (1993), S. 192 ff.; Ingrid Strohschneider-Kohrs (1960): Romantische Ironie. Theorie und Gestaltung, Tübingen; Klaus Heitmann (1982): Der Weltschmerz in der europäischen Literatur, in: Europäische Romantik, II, S. 57-82; Wolf Lepenies (1969): Melancholie und Gesellschaft, Frankfurt am Main.

166 Zum Begriff der ›seedbed‹-Kultur vgl. Talcott Parsons (1966): Gesellschaften. Evolutionäre und komparative Perspektiven, Frankfurt am Main 1986, S. 149 ff.

dadurch, dass sie in der sozial marginalen französischen Bohème-Subkultur fortexistieren. Im 20. Jahrhundert wird dieser ästhetisch orientierte Subjektivitätscode zu bestimmten Zeitpunkten in neuen ästhetischen Bewegungen und dominanten Subjektkulturen ›selegiert‹ und trägt damit zur Transformation der post-bürgerlichen Kultur bei: Die kulturellen Gegenbewegungen der modernistischen Avantgarde zu Beginn des 20. Jahrhunderts und vor allem der *counter culture* und des Postmodernismus der 1960/70er Jahre applizieren in modifizierter Form Elemente der an Wahrnehmung, Individualität und dem Modell des Künstlers orientierten romantischen Subjektkultur. Schließlich bezieht die dominante kulturelle Formation der Postmoderne seit den 1970/80er Jahren und ihr Modell des ›Kreativsubjekts‹ über den Weg der *counter culture* in beträchtlichem Maße Elemente aus dem romantischen Symbolpool, einschließlich ihrer Widersprüche. Mit der Romantik – die darin jene liminale Ästhetisierung an den Rändern der bürgerlichen Kultur aufnimmt – setzt die Spur einer ästhetischen Subjektivation in der Moderne ein. Die zeitlich unmittelbare, kurzfristige Wirkung der Romantik auf die bürgerliche Kultur des 19. Jahrhunderts ist dabei eine beschränkte: Die Romantik vermag die bürgerliche Kultur nicht zu unterminieren, das expressive Individualitätssubjekt erscheint dieser inkommensurabel – aber das hegemoniale bürgerliche Subjekt unternimmt nichtsdestotrotz eine selektive Rezeption und Modifikation bestimmter romantischer Sinnelemente. Insbesondere mit Blick auf das intime Geschlechterverhältnis und den Stellenwert der Kunst formt die bürgerliche Subjektkultur des 19. Jahrhunderts romantische Codierungen und Praktiken um: Diesen kommt nun der Stellenwert einer emotionalen Kompensation für Friktionen bürgerlicher Subjektivität *innerhalb* der bürgerlichen Lebensform zu.

2.3 Die Hegemonie des bürgerlichen Subjekts: Die Distinktion gegen das Primitive und der Dualismus zwischen Öffentlichem/Privatem und Mann/Frau (19. Jahrhundert)

Die bürgerlich-moderne Subjektkultur, die in Opposition zur höfischen Gesellschaft im 18. Jahrhundert herangebildet wird, reproduziert sich das 19. Jahrhundert hindurch. Die anfängliche kulturelle Nische experimenteller Bürgerlichkeit transformiert sich in diesem Reproduktionsprozess in jene kulturelle Hegemonie, welche diese von Anfang an in ihrer Selbstuniversalisierung angestrebt hatte: Die bürgerliche Moderne erreicht in der Gesellschaft des ›langen 19. Jahrhunderts‹ den Höhepunkt ihrer Institutionalisierung, welche das bürgerliche Subjekt als universalen Horizont der Moderne vorläufig verankert. Einerseits wiederholen sich nun die Grundstrukturen des bürgerlichen ›Charakters‹, sein leitender Code moralischer, selbstorientiert-souveräner Subjektivität, seine basalen Praktiken der Berufsarbeit, der kommunikativ-affektiven Intimsphäre und der bildungsorientierten Praktiken des Selbst. Dadurch, dass mit dem Niedergang der höfisch-aristokratischen Dominanz moderne Institutionen wie die bürgerlichen höheren Bildungsanstalten, die Institutionen der bürgerlichen Kunst, das bürgerliche Rechtssystem, zum großen Teil auch das bürgerlich-parlamentarische politische System gemäß den Anforderungen der bürgerlichen Modernitätskultur strukturiert werden, avancieren diese zu sozial verbindlichen, scheinbar alternativenlosen Regulierungen ›des‹ modernen Subjekts. Gleichzeitig ist diese Reproduktion der bürgerlichen Subjektform nicht total. Vom 18. Jahrhundert zur kulturellen Hegemonie des 19. Jahrhunderts finden innerhalb der bürgerlichen Subjektordnung partielle Verschiebungen statt, vor allem in zweierlei Hinsicht:

Zum einen verschiebt sich die primäre Form der Abgrenzung von einem ›symbolischen Anderen‹ von einer *anti-aristokratischen* zu einer *anti-primitiven* Distinktion, zur Negation eines ›primitiven Subjekts‹, welches konkret vor allem im Proletariat und in den Kolonialvölkern festgemacht wird. Entsprechend modifiziert sich die positive Identifizierung der Moralität des bürgerlichen Subjekts von der ›*vernünftigen Natürlichkeit*‹ zur ›*Zivilisiertheit/Kultiviertheit*‹. Dieses Selbstverständnis des ›hohen‹ Zivilisierten gegenüber dem ›niederen‹ Primitiven, das mit einer neuen Ambivalenz in der Codierung der Natur einhergeht, wirkt sich im Sinne einer gesteigerten Formalisierung des bürgerlichen Verhaltens aus, vor allem der Kommunikation und der Körperkontrolle: Bürgerlicher ›Anstand‹ wird zu einer Frage der Form. Die zweite Verschiebung betrifft eine Umstrukturierung der Relation zwischen den einzelnen Praktikenkomplexen und Subjektpositionen, welche in der bürgerlichen Lebensform miteinander arrangiert werden: Über die im Moralcode integrierte Einheit der bürgerlichen Praxis lagert sich ein instabiler Dualismus zwischen ›Öffentlichem‹ und ›Privatem‹, zwischen der Welt der Arbeit und jener der als Familie modellierten Intimsphäre, wobei letztere als Kompensation für erstere repräsentiert wird und der Kunst der Status eines changierenden Dritten zukommt. Der Dualismus zwischen Öffentlichem und Privatem ist dabei mit einer grundsätzlichen Bifurkation des bürgerlichen Subjekts entlang des Codes von ›öffentlicher‹ Männlichkeit und ›familiärer‹ Weiblichkeit verknüpft: Männliche und weibliche Subjekte werden im bürgerlichen Diskurs der Geschlechtscharaktere des 19. Jahrhunderts als unterschiedlich in ihren Persönlichkeitsstrukturen repräsentiert und entsprechend gegensätzlich trainiert. Die innere Spannung des frühen bürgerlichen Subjekts in ›rationale‹ und ›emotionale‹ Anteile wird damit über eine separierte

Zuordnung und Zuteilung der beiden Dispositionskomplexe zu zwei verschiedenen Menschengruppen und deren Naturalisierung, damit über eine Grenzziehung aufgelöst, deren Stabilisierung zur permanenten kulturellen Aufgabe wird.

Die sozial-kulturellen Antriebsfaktoren für die relativen Verschiebungen innerhalb der bürgerlichen Subjektordnung nach 1800 bewegen sich auf mehreren Ebenen: Die Umstrukturierung der Klassen- und Milieukonfiguration; die Transformation der materialen Kultur im Zuge der Industrialisierung; die nach-aufklärerischen, szientistischen Subjektdiskurse der Humanwissenschaften; der Einfluss der Romantik addieren sich und setzen damit an den immanenten Friktionen der frühen bürgerlichen Subjektkultur selbst an. Die grundsätzliche Umstrukturierung der Klassen- und Milieukonfiguration katapultiert das bürgerliche Subjekt des 19. Jahrhunderts in eine dominante Position und verschafft ihm andere ›Gegen‹-Subjekte, als dies für die frühe Moderne des 18. Jahrhunderts gilt, Gegen-Subjekte, die nun zur Zielscheibe der Hegemonialisierung werden. Im Differenzsystem der kulturellen Klassen und ihrer Subjektpositionen verändert sich damit der Stellenwert (*valeur*) bürgerlicher Subjektivität, und zwar durch drei Neukonfigurationen: Die Adelskultur verliert – bei allen nationalspezifischen Besonderheiten – mit ihrer politischen Vorherrschaft auch ihre kulturelle Dominanz, eine Vorherrschaft, die an das Bürgertum selbst übergeht, welches sich sowohl durch die politischen Revolutionen als auch durch die Trägerrolle im Handels- und Industriekapitalismus und im Bildungssystem zu etablieren vermag. Die Distinktion gegenüber dem aristokratischen Subjekt büßt damit an Bedeutung ein, ohne zu verschwinden. Umgekehrt entsteht im Laufe des 19. Jahrhunderts mit dem Industrieproletariat eine neue, quantitativ bedeutsame, in den Großstädten auch für das Bürgertum öffentlich wahrnehmbare und durch die sozialistische Bewegung zudem öffentlich artikulierte, eigenständige Milieuformation, die eine Positionierung des Bürgertums nicht nur politisch, sondern auch kulturell herausfordert. Im Gegensatz zum Adel ist dieses neue Milieu der bürgerlichen Klasse nicht (politisch) übergeordnet, sondern (ökonomisch) untergeordnet. In den proletarischen Praktiken entwickelt sich eine ›working class culture‹ und eine eigenständige, proletarische Subjektform, die sowohl als Alternative und kulturelle Bedrohung für die bürgerliche Kultur erscheint als auch zum Gegenstand der – teilweise, aber nicht vollständig erfolgreichen – Ver(klein)bürgerlichung wird. Eine dritte Neustrukturierung der Klassen- und Milieukonfiguration im weitesten Sinne ergibt sich durch die Kolonialisierung von Territorien außerhalb Europas und Nordamerikas: Diese verschafft dem Bürgertum eine zweite, untergeordnete Personengruppe, ein nicht-westliches kulturelles Anderes, das sich gleichfalls zur kulturellen Negativrepräsentation in einem ›colonial discourse‹ eignet; zumindest teilweise kommen auch hier Verbürgerlichungsstrategien zum Einsatz. So wie es für die ›alte‹ Klasse der Aristokratie galt, spielt sich auch die Auseinandersetzung mit der ›neuen‹ des Proletariats und den Kolonialvölkern größtenteils auf der Ebene von kulturellen Codes ab, die unterschiedliche ›Menschentypen‹, Subjektformen gegeneinander abgrenzen. Insbesondere der Konflikt mit dem Proletariat ist für das Bürgertum zwar vordergründig eine im engeren Sinne politische, wird aber hintergründig als kultureller Kampf um Subjektformen geführt.[167]

Die Transformation der materialen Kultur sozial verfügbarer Artefakte seit dem Beginn des 19. Jahrhunderts liefert einen zweiten Faktor, der indirekt zu einer Verschiebung der bürgerlichen Subjektkultur beiträgt. Die erste Industrielle Revolution, die unter anderem mit der Dampfmaschine und dem elektrischen Dynamo eine energieproduzierende Maschinisierung der Produktion und Distribution ermöglicht, treibt eine Umstrukturierung des marktwirtschaftlichen Systems vom Handelskapitalismus zum produzierenden Industriekapitalismus voran. Im Verhältnis zur ›alten‹ *commercial society* modifizieren die neuen sozialen Praktiken in den Industriebetrieben und in der Konstellation ökonomischer Konkurrenz zwischen ihnen die Arbeitsrealität des bürgerlichen Unternehmers. Die Dispositionen des bürgerlichen Berufssubjekts können somit nicht unverändert bleiben und verschieben sich vom ›Moralisch-Ökonomischen‹ ins autonom ›Ökonomische‹.[168]

Eine weitere Modifizierung des Subjektmodells ergibt sich aus der Transformation der humanwissenschaftlichen Subjekt-Interdiskurse. Diese verschieben sich von der aufklärerischen Vernunft-, Gefühlund Naturrechtsphilosophie zu den modernen Naturwissenschaften, vor allem der Biologie (sowie zum politisch-ökonomischen Diskurs des Liberalismus). Sie etablieren einen nach-aufklärerischen, szientistischen Subjektdiskurs, der vor allem über den Weg medizinischer Repräsentationen Praktiken und Habitus des bürgerlichen Subjekts neu zu justieren vermag. Dies gilt für Zellbiologie, Bakteriologie, Evo-

167 Vgl. beispielhaft für die diskursive Verknüpfung von Rasse, Klasse und Geschlecht im bürgerlichen Diskurs des 19. Jahrhunderts: Anne McClintock (1995): Imperial Leather. Race, gender and sexuality in the colonial contest, New York/London. Zur kulturellen Strategie der Ver(klein)bürgerlichung vgl. Alan Hunt (1999): Governing Morals. A social history of moral regulation, Cambridge, S. 77 ff.

168 Vgl. Charles Singer u. a. (Hg.) (1958): A History of Technology, volume 4: The Industrial Revolution 1750-1850, Oxford; Joel Mokyr (Hg.) (1985): The Economics of the Industrial Revolution, Totowa. Einschneidend für die Subjektentwicklung jenseits des Bürgertums sind die Auswirkungen des Industriekapitalismus auf das neue Proletariat, vgl. dazu E. P. Thompson (1967): Time, work-discipline and industrial capitalism, in: Past and Present, S. 58-97.

lutionsbiologie, den komplexen Diskurs der ›Hygiene‹, die Rassenlehre, später auch die Neurologie. Insbesondere die Codierung der Differenz männlicher und weiblicher Geschlechtscharaktere und das Verständnis von ›Sexualität‹ in der späteren bürgerlichen Moderne gerät unter den Einfluss der szientistisch-naturalistischen Diskurse, in deren Sinnmustern der menschlichen ›Natur‹ ein gänzlich anderer Status zukommt als in Vernunftphilosophie und Naturrechtslehre.[169]

Die anti-hegemoniale Subjektkultur der Romantik liefert einen vierten Einflussfaktor, der zu einem Umbau der bürgerlichen Subjektordnung beiträgt. Die Effekte des romantischen Modells ästhetischer Subjektivität sind zu begrenzt, um den bürgerlichen Habitus in seiner Grundstruktur als zweck- und regelorientiertes Subjekt zu torpedieren. In den beiden bürgerlichen sozialen Feldern der Intimsphäre und der Selbstpraktiken/Kunst werden romantische Sinnelemente jedoch Gegenstand eines kulturellen Transfers; sie werden spezifisch bürgerlich umcodiert und tragen indirekt zu der neuen dualistischen Sphärendifferenzierung innerhalb der bürgerlichen Praxisformation bei. Am wirkungsvollsten ist der Einfluss des romantischen Liebescodes, dessen Verarbeitung der bürgerlichen Opponierung zweier komplementärer Geschlechtscharaktere und der Zentrierung der Intimsphäre auf die exklusive Paarbeziehung die Sinnmunition liefert. Zudem sieht sich die romantische Opposition zwischen einer authentischen, ›natürlichen‹ Gefühlswelt und der ›entfremdeten‹ bürgerlichen Welt umgedeutet in einen Antagonismus *innerhalb* der bürgerlichen Welt: zwischen einer emotional aufgeladenen ›domesticity‹ und deren un-heimlicher Außenwelt. Die post-romantische Sentimentalität präsentiert sich dabei als eine Sphäre des Weiblichen. Schließlich werden die ursprünglich antibürgerlichen romantischen Technologien des Selbst im Umgang mit den ›außeralltäglichen‹ Erfahrungswelten von Kunst/Musik und Natur in die bürgerliche Lebensform prothesengleich hineininstalliert, in deren Rahmen sie den kompensatorischen Stellenwert beruhigender Gegenwelten erhalten.

Dass die Subjektkultur der Romantik damit nicht die Struktur des nach wie vor bürgerlichen Subjekts als ganzes umzuerziehen vermag,

---

169 Der politisch-ökonomische Diskurs des Liberalismus des 19. Jahrhunderts – instituiert von Bentham und Malthus – schließt enger an Elemente des bürgerlichen Diskurses des 18. Jahrhunderts an, verschiebt jedoch in seinen Subjektrepräsentationen die Struktur bürgerlicher wie allgemein menschlicher Subjektivität vom moralisch-harmonistischen Regelmodell zum marktorientiert-eigendynamischen Interessensmodell. Vgl. Colin Gordon (1991): Governmental Rationality: An introduction, in: ders.: The Foucault Effect. Studies in governmentality, London, S. 1–51; Vogl (2004), S. 246 ff., 289 ff.

sondern zur Umbildung einzelner seiner Elemente beiträgt – ein kultureller Transfer, der zudem die romantischen Intentionen teilweise konterkariert –, dass die Gegenbewegung der Romantik nicht das bürgerliche Subjekt und dessen Universalitätsanspruch verdrängt, sondern dieses im Gegenteil nach der Romantik und von dieser im Grundsatz unbeeindruckt seinen hegemonialen Status erreicht, erscheint angesichts des spezifischen Musters kultureller Dynamik in der zweiten Hälfte der bürgerlichen Moderne erklärbar: Die ästhetische Gegenbewegung der Romantiker einerseits, die simultane Transformation der materialen Kultur sowie des humanwissenschaftlichen Subjektdiskurses nach der Wende zum 19. Jahrhundert andererseits – damit die drei Instanzen, die um 1910 und um 1970 tatsächlich einen Umbau der leitenden Subjektkultur initiieren werden – fordern keine Transformation des Subjekts in die *gleiche* Richtung, sondern in *entgegengesetzte* Richtungen. Die Industrialisierung und der Übergang vom Handels- zum Industriekapitalismus fördern innerhalb des bürgerlich-marktwirtschaftlichen Systems eine Verschärfung des ökonomisch-zweckrationalen, des selbstdisziplinierten Profils des (männlichen) Subjekts in den Praktiken der Arbeit. Sie lassen das Ideal eines romantischen, ästhetisch-expressiven Subjekts als nicht praktikabel, als irrational und anti-modern erscheinen. Die entgegengerichteten Subjekttransformationen, welche die industrialisierte materiale Kultur einerseits und die Romantik andererseits anstoßen, wirken sich damit nicht zufällig in unterschiedlichen sozialen Feldern der bürgerlichen Praxisformation und in verschiedenen Dispositionskomplexen des Subjekts aus: die industrialisierte materiale Kultur auf die (männliche) Arbeit, die Romantik auf die (weiblich dominierte) Intimsphäre und die – vor allem künstlerischen – Praktiken des Selbst. Das bürgerliche Subjekt sieht sich damit im 19. Jahrhundert in konträre Richtungen transformiert: eine Zweckrationalisierung einerseits, eine sentimentale Emotionalisierung andererseits.[170] In einem wichtigen

170 Allerdings werden Elemente des Romantischen darüber hinaus in jenen bürgerlichen Interdiskurs integriert, der in der Mitte des 19. Jahrhunderts versucht, den moralischen und empfindsamen Harmonismus der ›alten‹ Bürgerlichkeit gegen den heraufziehenden Marktliberalismus und Industrialismus der ›neuen‹ Bürgerlichkeit zu verteidigen. Der bürgerliche Diskurs wird hier in einem Strang selbst kulturkritisch und bedient sich dabei romantischer Versatzstücke (Persönlichkeitsbildung, Gefühl, Natur) und eines emphatischen Kultur-Begriffs, prominent bei britischen Autoren wie Matthew Arnold, Carlyle und Ruskin; dieser wird gegen einen ›liberalen‹ Diskurs der neuen, stärker ökonomisierten Bürgerlichkeit positioniert, der in England etwa von Bentham, Mill und Macanlay repräsentiert wird. Vgl. auch Raymond Williams (1958): Culture and Society, 1780-1950, London, Teil 1.

Aspekt wirken jedoch die Romantik und der naturalistisch-human-wissenschaftliche Subjektdiskurs im Sinne einer Überdetermination zusammen:[171] Der romantische Liebescode und die Geschlechter- und Körperdiskurse der Biologie befördern gleichermaßen eine Ausrichtung der Intimsphäre auf die (heterosexuelle) Paarbeziehung, eine dualistische Modellierung von Geschlechtscharakteren und letztlich auch die latente Sexualisierung des modernen Subjekts im 19. Jahrhundert, welche im 20. Jahrhundert manifest wird.

Den letzten und zugleich ersten basalen Anstoß für die Verschiebungen der bürgerlichen Subjektform im 19. Jahrhundert bilden die immanenten Spannungslinien bürgerlicher Subjektivität selbst, wie sie sich mit ihrer Entstehung zugleich ausgebildet haben. Anders als im Falle der romantischen Kritik am bürgerlichen Subjekt ist es weniger die Spannung zwischen der bürgerlichen Fixierung auf das Ich und der simultanen Abwertung des Individuellen, damit die Riskanz kognitiv-imaginativer Reflexivität, die nun kulturell dringlich erscheint, es sind andere, miteinander verknüpften Subjekt-Spannungen, deren Auflösung in der zweiten Phase der bürgerlichen Moderne anvisiert wird: Die Friktion zwischen der Disziplinierung des Subjekts in einer affektiv neutralen ›methodischen Lebensführung‹ und seiner ›empfindsamen‹ emotionalen Sensibilisierung und jene zwischen einer Moralitätsorientierung des Berufscharakters und der ökonomischen Riskanz der Marktkonstellation, damit die generelle Spannung zwischen der Voraussetzung einer gemäßigt-balancierten, moralisch-seriösen Lebensform und der Produktion von unkalkulierbaren Risiken durch die bürgerliche Selbstregierung sind die Bruchstellen bürgerlicher Subjektivität, die zum psychisch-körperlichen Neuarrangement drängen. Die Bifurkationen zwischen männlichem und weiblichem Subjekt wie zwischen Öffentlichkeit und Privatsphäre erscheinen als (am Ende prekäre) kulturelle Innovationen, um diese Risse zu kitten.

Anti-Primitivismus und Respektabilitätssuche

Die Codierung des bürgerlichen Subjekts als ein moralisches, nach Integrität und Seriosität strebendes und seine dreifache anti-artifizielle, anti-exzessive und anti-parasitäre Differenzmarkierung werden in der weiteren Entwicklung der bürgerlichen Kultur durch ein verwandtes Distinktionsschema überformt: das des Anti-Primitiven.[172] Die positive

171 Zu Überlappungen zwischen beiden Diskursen vgl. auch Alan Richardson (2001): British Romanticism and the Science of the Mind, Cambridge.
172 Vgl. zum folgenden Peter Stallybrass/Allon White (1986): The Politics

Kehrseite der ›primitiven‹ ist die ›zivilisierte‹ oder ›kultivierte‹ Lebensform, die sich das bürgerliche Subjekt selbst zuschreibt.[173] Wie die antiartifiziellen, anti-exzessiven und anti-parasitären Differenzschemata ist auch die anti-primitive Unterscheidung doppelt anwendbar: Sie richtet sich gegen ganze Personengruppen, die insgesamt als Repräsentanten der negativ konnotierten Subjekteigenschaften erscheinen – nun das Proletariat, daneben auch die nicht-westlichen Kolonialvölker –; gleichzeitig visiert sie riskante Elemente an, die in jedem Subjekt, auch dem bürgerlichen, präsent und zu bekämpfen sind. Das Risiko eines Rückfalls ins Primitive scheint auch im Innern des bürgerlichen Subjekts zu lauern.

Die drei frühbürgerlichen Unterscheidungsmuster folgen einer Leitdifferenz des ›Natürlichen‹ gegen das ›Unnatürliche‹ und eignen sich damit zur Delegitimierung einer bisher herrschenden Subjektform: Das aristokratische Subjekt mag mit dem Anspruch kultureller Hegemonie auftreten, aber diese Hegemonie erscheint illegitim, da sie Ausdruck eines partikularen Subjekttypus ist, der nicht der unverfälschten universalen ›Natur‹ und Vernünftigkeit des Menschen entspricht, in der dieser ›moralisch‹ im Sinne von transparent, moderat und zweckvoll agiert. Auch das spätbürgerliche Differenzschema arbeitet mit dem Gegensatz zwischen Moralischem und Amoralischem. Dabei verschieben sich die Bedeutungen: Das Moralische wird weniger über die ›Natur‹ (und Vernunft) und mehr über die ›Zivilisiertheit‹ und ›Kultiviertheit‹ des modernen Menschen begründet. Diese Modifizierung ist folgenreich. Die Differenz Zivilisiertheit/Primitivität bezieht sich eindeutig auf einen ›höherrangigen‹ und einen ›niederen‹ Wert im Sinne einer Statusdifferenz und eignet sich nun zur Legitimierung der eigenen, herrschenden Subjektform. Der Modus zur Erreichung des positiven Wertes – Moral als natürliche Vernunft bzw. Moral als Zivilisiertheit

and Poetics of Transgression, London, insbes. S. 191 ff.; Ulrike Döcker (1994): Die Ordnung der bürgerlichen Welt. Verhaltensideale und soziale Praktiken im 19. Jahrhundert, Frankfurt (Main)/New York; Francis Michael Thompson (1988): The Rise of Respectable Society: A social history of Britain, 1830-1900, London; Jervis (1999), S. 32-82; Nye (1993); Angelika Linke (1996): Sprachkultur und Bürgertum. Zur Mentalitätsgeschichte des 19. Jahrhunderts, Stuttgart/Weimar; Walter E. Houghton (1957): The Victorian Frame of Mind 1830-1870, New Haven; Peter T. Cominos (1963): Late-Victorian sexual respectability and the social system, in: International Review of Social History, S. 10-48, 216-250; Michael Mason (1994): The Making of Victorian Sexuality, Oxford.

173 ›Kultiviertheit‹ und ›Zivilisiertheit‹ sind keine vollständig austauschbaren Konzepte (vgl. den klassischen Kommentar in Elias 1939), liefern jedoch beide einen positiven Gegenbegriff zur ›Primitivität‹.

– verändert sich damit. Moral als natürliche Vernunft erschien als allgemeine Eigenschaft des Menschen, die gegen zivilisatorische Verstellungen (des Adels) prinzipiell in jedem ›freigelegt‹ werden kann. Moral als Zivilisiertheit soll auch einen allgemeingültigen Standard bezeichnen, scheint aber nicht in jedem Menschen von vornherein vorhanden; ihr Erwerb wird erst über ein Sich-Einarbeiten in zivile Verhaltensstandards möglich, das sich zudem nur in bestimmten institutionellen Kontexten realisiert (Schule, Familie etc.). Die Akzentverschiebung zum Zivilisierten ist mit einer Verlagerung der Gewichte zwischen den ›inneren‹ und den ›äußeren‹ Anteilen moralischen Verhaltens verknüpft. Für den natürlich-vernünftigen moralischen Charakter der bürgerlichen Subjektkultur in ihrer ersten Version macht der *innere* moralische Sinn, die *innere* ›Gebildetheit der Persönlichkeit‹ den Kern des Subjekts aus. Das zivil-kultivierte Moralsubjekt tendiert dazu, die bürgerliche Moralität in stärkerem Maße im äußerlich sichtbaren Verhalten – Etikette, sexuelle Zurückhaltung, sozial demonstrierbare Bildung etc. – festzumachen. Dem Leitcode der Rechtschaffenheit wird ein Leitcode der Respektabilität übergestülpt, der ein Subjekt bezeichnet, dem andere mit dem Respekt der Perfektion begegnen und das sich daher selbst Respekt entgegenbringen kann.

Die Differenz gegenüber dem primitiven Subjekt der Unterschichten und Kolonialvölker verarbeitet Sinnelemente aus den früheren bürgerlichen Distinktionsschemata. Die negative Repräsentation des Primitiven enthält Spuren des Anti-Exzessiven: Die prototypische Exzessivität im Sinne eines maßlosen Umgang mit dem Körper in Bezug auf Sexualität und arbeitsfreies Nichtstun wird nun auch dem primitiven Subjekt zugeschrieben. Sowohl die Angehörigen der Arbeiterschaft als auch jene der Kolonialvölker erscheinen wie zuvor die Adeligen in beiden Hinsichten als dem bürgerlichen ›Maß‹ unangemessen. Die ›alte‹ Exzessivität des adeligen Subjekts ist jedoch eine Maßlosigkeit des dekadenten, überfeinerten Zuviel, während die ›neue‹ Exzessivität des proletarischen Subjekts und größtenteils auch des kolonialen Subjekts sich als eine des passiven, unterentwickelten Zuwenig präsentiert. Die Primitivität, gegen die sich das bürgerliche Subjekt nun primär abgrenzt, ist eine Simplizität, eine chaotische Formlosigkeit, eine Grobheit des Verhaltens, des Denkens und Fühlens. Zentrales Kennzeichen der Primitivität ist ihre Naturnähe. Diese Annahme setzt eine Transformation des Naturcodes von der aufklärerisch-rationalistischen, allgemeinen Menschennatur zu einer biologisch-naturalistisch verstandenen Natur der Spezies voraus. Das primitive Verhalten von Proletariern und Kolonialvölkern, das sich nicht nur auf Sexualität und Arbeitsdisziplin, sondern auf äußere Verhaltensstandards (Körperkontrolle, Umgangsformen, Hygiene, Sprachstil etc.) beziehen lässt, erscheint dem Instinkthaften, dem Unreflektierten und damit dem Tierischen, noch nicht durch Kultur ins ›Menschliche‹ Verwandelten nahe.[174] Die Primitiven verharren in einem Zustand, den das bürgerliche, eigentlich menschliche Subjekt durch Zivilisationsleistungen überwunden hat, Zivilisationsleistungen, die zumindest im Ansatz – im Sinne einer Verbürgerlichung der Arbeiterschaft und einer Zivilisierung der ›Naturvölker‹ – exportierbar bzw. interiorisierbar erscheinen. Der Code des Zivilisierten gegen das Primitive arbeitet dabei mit einer affektiven Verwerfung des symbolischen Anderen als unrein und Gegenstand des Ekels. Die Abgrenzung von einem ›Anderen‹, welcher Ausdruck von Verunreinigung ist, bedarf keiner weiteren Begründung, sondern basiert auf einem scheinbar begründungslos wirksamen, negativen Affekt der Repulsion. Dieser Ekel leitet auch die Auseinandersetzung mit den Elementen des Primitiv-Unreinen im Innern des bürgerlichen Subjekts selbst an.[175]

Die Unterscheidung Zivilität/Primitivität bewahrt somit die Differenz zwischen dem Moralischen und dem Exzessiven auf, während im Verhältnis dazu die anti-artifizielle und die anti-parasitäre Abgrenzung an Gewicht einbüßen. Nicht nur, dass sich Proletariat und Kolonialvölker anders als der Adel weniger als Repräsentanten des Parasitären und in der Regel nicht als Repräsentanten des Artifiziellen eignen. Der Strukturwandel des Bürgerlichen selbst lässt diese Differenzschema teilweise problematisch erscheinen: Die bürgerliche Subjektkultur nimmt in der zweiten Hälfte der bürgerlichen Moderne selbst Züge an, die sie zuvor als parasitär oder artifiziell von sich abgespalten und auf den Adel projiziert hatte. Das männliche Bürgertum leistet sich nun mit der abgeschirmten Privatsphäre und den dort plazierten Frauen, zudem mit der zunehmend autonomen Kunst selbst offensiv einen ›zweckfreien‹ Raum in Opposition zur zweckrationalen Arbeitssphäre. Es findet somit innerhalb des Bürgertums eine relative Rehabilitierung des legitimen Zweckfreien (teilweise auch in der Form des konsumtorischen Luxus) statt, welches nicht von vornherein als parasitär abgewertet wird. Infolge der Abgrenzung des sozial-kulturell Zivilen gegen das ›naturnahe‹ Primitive muss auch die Distinktion des Anti-Artifiziellen an Relevanz verlieren: Die primäre Abgrenzung gilt nicht mehr der Dekadenz, sondern dem Grob-Animalischen. Das bürgerliche Subjekt erkennt eine gewisse Artifizialität, das heißt hier Verhaltensstandards, die der Natur abgetrotzt werden, für sich selbst positiv an, verleibt sich teilweise (besonders in Frankreich und Großbritannien) Elemente der aristokratischen Kultur selbst ein. Dass die Distinktionscodes des Anti-Artifiziellen und des

174 Zur kulturellen Repräsentation der nicht-westlichen Kolonialvölker vgl. nur Edward Said (1978): Orientalism, New York 1994; Mary Louise Pratt (1992): Imperial Eyes: Travel writing and transculturation, London; McClintock (1995).

175 Vgl. zu diesem Thema klassisch auch Mary Douglas (1966): Purity and Danger. An analysis of concepts of pollution and taboo, New York.

Anti-Parasitären die gesamte bürgerliche Moderne hindurch weiterhin zumindest von sekundärer Relevanz bleiben, zeigt sich jedoch im Distinktionskampf des bürgerlichen Subjekts mit den anti-hegemonialen ästhetischen Subjektkulturen, von der post-romantischen Bohème-Kultur bis zu den neuen modernistischen Avantgarden an der Wende zum 20. Jahrhundert, zunächst vor allem im Ästhetizismus und seinem Dandy-Subjekt. Ihnen gegenüber bringt das Bürgertum weiterhin die anti-artifizielle und anti-parasitäre (wie auch anti-exzessive) Distinktion gegen einen ästhetischen, ›amoralischen‹ Diskurs in Anschlag, welcher eine selbststilisierend-spielerische Künstlichkeit des Subjekts offensiv heranbildet.

Die Verschiebung in der Codierung des Moralischen vom Natürlich-Vernünftigen zum Kultiviert-Zivilen, von der Transparenz zur Respektabilität wirkt sich auf die *dispersed practices* bürgerlicher Subjektivität insgesamt aus. Hier handelt es sich eher um eine Gewichtsverlagerung, um die Intensivierung einer Tendenz, die von Anfang an im bürgerlichen Subjekt angelegt war, als um eine radikale Transformation, eine Tendenz, die sich als Überlagerung frühbürgerlicher und spätbürgerlicher Alltagstechniken während des gesamten 19. Jahrhunderts darstellt. Die neue Bedeutung der Respektabilität von Subjekten einer kulturell (wie auch ökonomisch und größtenteils politisch) herrschenden Klasse setzt sich um in eine Expansion der normativen Formalisierung von Verhaltensweisen sowie in ein außergewöhnliches Interesse für die Regungen des Körpers, der Gegenstand von regulierender Beobachtung wird. Während das frühbürgerliche Subjekt in seiner moralischen Orientierung im Grundsatz innenorientiert ist, gewinnt durch den spätbürgerlichen Maßstab der sozialen Respektabilität die Außenorientierung an Gewicht. Das Subjekt internalisiert einerseits den moralischen Code des Kampfes gegen das Unreine auch in sich selbst, der im Prinzip auch ohne das ›looking-glass self‹ funktioniert. Gleichzeitig ist es an einer moralischen Außenwirkung interessiert, die der sozialen Umwelt – der gleichrangigen wie der niedrigrangigen – signalisiert, dass ein zivilisiertes, respektables Subjekt am Werke ist.

Diese Respektabilitätsorientierung manifestiert sich vor allem in einer intensivierten und extensivierten moralischen Regulierung von alltäglichen Verhaltensweisen, die zuvor nur lose normativ strukturiert und mit einem individuellen Verhaltensspielraum ausgestattet waren.[176] Mit jedem scheinbar noch so unbedeutenden Verhaltensakt will das bürgerliche Subjekt seiner sozialen Umwelt ein Zeichen seiner Respektabilität,

176 Vgl. zum folgenden Döcker (1994), insbes. S. 57-69, 85-119; Philipp Sarasin (2001): Reizbare Maschinen. Eine Geschichte des Körpers 1765-1914, Frankfurt am Main; Jervis (1999), S. 32-54; Jonas Frykman/Orvar Löfgren (1987): Culture Builders: A historical anthropo-

seiner äußerlich sichtbaren inneren Moralität liefern. Die Formalisierung erscheint dann als ein Mittel, um Unsicherheit und Beurteilungsambivalenzen zu vermeiden und die Anerkennung des eigenen moralischen und sozialen Status über intersubjektiv eindeutiges Verhalten zu sichern. So verschieben sich die Kompetenzen des kontextangemessenen, elaborierten Gesprächs von einer ›Kasuistik des zwischenmenschlichen Umgangs‹, wie er für frühbürgerliche Freundschafts- und Geselligkeitszirkel charakteristisch ist, in Richtung rigiderer ›Kommunikationsgesetze‹.[177] Der souveräne Bürger weiß, worüber und wie er mit wem sprechen kann, er beherrscht den ›guten Ton‹. Wenn frühbürgerliche Kommunikation in erster Linie ›ehrlich‹ und ›offen‹ sein soll – und damit auch ein unausschöpfliches Reden über sich selbst und die eigene Gefühlswelt einschließt –, dann soll im spätbürgerlichen Modell Kommunikation in erster Linie ›anständig‹ und ›seriös‹ sein, ohne Peinlichkeiten und Unangemessenheiten reibungslos und in *diesem* Sinne ›bürgerlich-souverän‹ verlaufen. Respekt wird einem Verhalten ›comme il faut‹ auch in der Kommunikation gezollt. Ergebnis ist eine stärkere Reglementierung von angemessen erscheinenden Gesprächsthemen – ob in der Familie, der Geselligkeit, der Bildung etc. – und jener signifikativen Handlungen, die als kontextadäquat gelten (z. B. Begrüßung, Verhalten bei Tisch, Umgang mit bestimmten Berufen etc.); Ergebnis ist auch eine Reduktion der Gesprächsfähigkeit bezüglich des psychischen Innern.

Die Angst vor dem Primitiven, dem Unseriösen und vor der Diskreditierung des Ich durch peinliches, unseriös wirkendes Verhalten reguliert nicht nur die sprachliche Kommunikation des spätbürgerlichen Subjekts, sondern auch seinen Umgang mit dem und die Präsentation des Körpers. Da der Körper in seiner angenommenen vorkulturellen ›Natürlichkeit‹ besonders anfällig für die Risiken des Primitiven, auch des Unreinen erscheint, ist ein Interesse an seiner Zivilisierung konsequent. Auch das frühbürgerliche Subjekt versuchte – vor dem Hintergrund der in dieser Hinsicht zumindest teilweise vorbildlichen höfischen Gesellschaft – einen physisch sichtbaren Ausdruck seiner Souveränität im Körper zu liefern. Diese Motivation wird angesichts des Kampfes gegen das Primitive durch eine zweite, negative ergänzt: Der Körper erscheint als Gefahrenquelle für Unkontrolliertes, Instinktives. Die Selbstbeobachtung des Körpers wird somit intensiviert und richtet sich primär darauf, ›naturnahe‹, unintendierte und ›grobe‹ Regungen des Körpers

logy of middle class life, New Brunswick; Gail Kern Paster (1993): The Body Embarrassed, Cornell; Manuel Frey (1997): Der reinliche Bürger. Entstehung und Verbreitung bürgerlicher Tugenden in Deutschland 1760-1860, Göttingen; Bernd Warneken (Hg.) (1990): Der aufrechte Gang. Zur Symbolik einer Körperhaltung, Tübingen.
177 Zu dieser Gegenüberstellung vgl. Döcker (1994), S. 57-69.

einzudämmen und durch ›kultivierte‹ – allerdings keine selbststilisierend-affektierten – Bewegungen zu ersetzen: die Körperhaltung als das vorbildliche Sich-Halten der aufrechten, souveränen bürgerlichen Persönlichkeit, die Aufmerksamkeit für Hygiene und Sauberkeit des (sichtbaren) Körpers, die Standardisierung respektabler Kleidung. Auch hier erscheint der Blick des Anderen als etwas, vor dem man sich potentiell lächerlich machen und als unwürdig erscheinen kann.

In ihrer Verhaltensformalisierung scheint sich die spätbürgerliche Kultur damit der aristokratischen Kultur – von Anfang an im paradoxen Sinne das konstitutive Außen des bürgerlichen Subjekts – anzunähern, deren extreme Regulierung das Bürgertum zunächst als unnatürlich abgelehnt hatte. Die aristokratische Kultur ist jedoch nicht über Moral codiert, so dass das aristokratische Subjekt um den legitimen *backstage* ›hinter‹ dem bewussten gespielten *frontstage* weiß. Das bürgerliche Subjekt als moralisch-respektables Subjekt kann sich die Scheidung zwischen Schein und Sein, das Framing der Etikette als ein Gesellschafts-Spiel streng genommen jedoch nicht erlauben. Dass trotzdem in der bürgerlichen Praxis diese Unterscheidung zwischen Schein und Sein, zwischen Fassade und ›wahrem Ich‹, parallel zur gesteigerten Formalisierung eingeführt und damit die Differenz zwischen Anspruch und bürgerlicher Wirklichkeit sichtbar wird – insbesondere im Bereich der Sexualität –, avanciert im anti-bürgerlichen Diskurs des späten 19. Jahrhunderts zum Gegenstand der Kritik an der ›Doppelmoral‹ der Bürgerlichkeit.

Zweckrationalisierung der Arbeit und romantische Naturalisierung des Privaten

Kombiniert mit der generellen Tendenz zur Verhaltensformalisierung und Körperkontrolle unter dem Leitcode der Respektabilität und des Anti-Primitivismus, ist die Sphärendifferenzierung zwischen Öffentlichem und Privatem, die mit der Opposition der Geschlechter zusammenfällt, die zweite grundlegende Verschiebung, welche die bürgerliche Subjektkultur in der zweiten Hälfte der bürgerlichen Moderne durchläuft. Deren langfristige Wirkungen reichen bis in die nach-bürgerliche Moderne des 20. Jahrhunderts hinein. Die klassische bürgerliche Lebensform des 18. Jahrhunderts ist nicht in separate, inkommensurabel erscheinende Sphären ›differenziert‹. Zwar sind die sozialen Praktiken, in denen die Bürger arbeiten, Ehe und Geselligkeit praktizieren oder sich – über das Medium der Schriftlichkeit – mit sich selbst beschäftigen in ihrer Form und ihren Kompetenzen different. Überall kommt jedoch der gleiche Subjekttypus zum Einsatz. Die Homologie, die die einzelnen Praktikenkomplexe zusammenhält, ergibt sich aus den Anforderungen eines moralischen, souveränen, sich entwickelnden Charakters und seiner kommunikativen dispersed practices, für die Arbeit, Intimität und Bildungspraktiken Variationen des gleichen Themas darstellen. Die Friktionen, die diese Lebensform von vornherein enthält, sind nicht solche zwischen ›sozialen Sphären‹, sondern zwischen rational-disziplinierten und emotional-sensibilisierten Subjektanteilen, zwischen dem Anspruch einer transparent-balancierten Lebenswelt und dem erzwungenen Umgang mit sozial-kulturellen Unberechenbarkeiten sowie vor allem zwischen Moralitäts- und Souveränitätsorientierung ›quer‹ zur Felderspezialisierung.

In der Kultur der bürgerlichen Moderne des 19. Jahrhundert verschärfen sich diese Spannungen systematisch, und zwar durch die Auswirkungen der Industrialisierung und der biologisch-szientistischen Interdiskurse über den Menschen als Naturwesen (und den politisch-ökonomischen Diskurs des Liberalismus), schließlich durch die unintendierten Effekte der romantischen Subjektivitäts-Bewegung. Das Ergebnis ist nun tatsächlich ein vorübergehender, letztlich instabiler Antagonismus zweier bürgerlicher ›Sphären‹, der Öffentlichkeit und der Privatsphäre, ein Antagonismus, der im Ansatz mit einer Zuordnung zu zwei Subjekttypen, dem männlichen und dem weiblichen, korrespondiert. Indem sich im Zuge der Industrialisierung die ›commercial society‹ des Handelskapitalismus‹ zu einer Industriegesellschaft transformiert, ergibt sich eine Tendenz zur Modifizierung der Praktiken wirtschaftsbürgerlicher Arbeit und mit ihnen der Subjektkultur des professionellen ›Geschäftsmanns‹.[178] Zwar bleibt das spät- wie das frühbürgerliche Arbeitssubjekt – im Unterschied zum Typus des ›höheren Angestellten‹ der bürokratischen Organisation, wie er für die organisierte Moderne charakteristisch wird – im Prinzip ökonomisch selbständig. Aber die Dispositionen, die diese Selbständigkeit erfordert, verändern sich im Rahmen von Wirtschaftspraktiken, die im 19. Jahrhundert, wiederum

178 Vgl. zum folgenden Alfred D. Chandler (1977): The Visible Hand. The managerial revolution in American business, Cambridge (Mass.); Werner Sombart (1913): Der Bourgeois. Zur Geistesgeschichte des modernen Wirtschaftsmenschen, Berlin (West) 1987, v. a. S. 212-240; Karl Polanyi (1944): The Great Transformation. Politische und ökonomische Ursprünge von Gesellschaften und Wirtschaftssystemen, Frankfurt am Main 1978; Robert F. Hébert/Albert N. Link (1988): The Entrepreneur. Mainstream views and radical critiques, New York; Harold Perkin (1969): The Origins of Modern English Society, 1780-1880, London, Kap. VII, VIII; Christina von Hodenberg (2000): Der Fluch des Geldsacks. Der Aufstieg des Industriellen als Herausforderung bürgerlicher Werte, in: Hettling/Hoffmann (2000), S. 79-104. Vgl. auch zum Modell des ›Unternehmers‹, wie ihn Wirtschaftstheoretiker in der ersten Hälfte des 20. Jahrhunderts propagieren: Joseph Schumpeter (1926): Theorie der wirtschaftlichen Entwicklung, München/Leipzig.

ausgehend von Großbritannien, die Form einer kompetitiven ›market society‹ (Karl Polanyi) annehmen, deren Unternehmen zunehmend in der neuen Rechtsform der Aktiengesellschaft organisiert sind. Neben die nach wie vor zentralen Kompetenzen der Souveränität im Umgang mit Informationen und Personen, die Rechenhaftigkeit und der Arbeitsdisziplin treten damit zwei andere Dispositionskomplexe des Subjekts: zum einen ein ›kompetitiver Sinn‹, zum anderen eine Organisations- und Führungskompetenz, das heißt eine frühe ›Management‹-Disposition.

Der kompetitive Sinn, den der marktorientierte Wirtschaftsbürger ausbildet, motiviert die fortwährende Weiterentwicklung des eigenen Unternehmens gegen Konkurrenten, die beständig einer vergleichenden Beobachtung unterzogen werden. Spätbürgerliches ›entrepreneurship‹, wie es paradigmatisch der nordamerikanische Typus des ›self-made man‹ verkörpert,[179] beweist sich immer im Komparativ, im mitlaufenden taxierenden Vergleich mit anderen; man muss findiger, erfinderischer, durchsetzungsfähiger etc. als die anderen sein. Organisations- und Führungskompetenz des Wirtschaftsbürgers wird im Zuge der quantitativen Expansion der abhängig Beschäftigten und der Verkomplizierung industrieller Fertigung erforderlich. Notwendig ist hier die Setzung von effizient scheinenden Regeln der Koordination von Subjekten und von Objekten sowie deren wirkungsvolle Umsetzung; notwendig wird das ›leadership‹ eines ganzen sozialen Gebildes, das Züge einer modernen Proto-Organisation annimmt. Während die ›commercial society‹ eine Geschäftswelt von Bürgern ist, die den gleichen bürgerlichen ›Stil‹ pflegen, Ansehen in einer festen Profession finden und gegenseitig Vertrauen investieren, tritt im spätbürgerlichen Arbeitssubjekt der moralische Sinn zugunsten des kompetitiven Sinns des ›economic man‹ und der autoritativen ›Führung‹ zurück: Erfolg wird von moralischer Integrität im frühbürgerlichen Sinne abgekoppelt. Der ökonomische Erfolg als Eigenwert hängt von ganz anderen Dispositionen ab: ›Findigkeit‹ (alertness) im Ausnutzen von Gelegenheiten, einen Sinn für das Neue und das Profitable, die Fähigkeit, Entscheidungen auch gegen Widerstände durchzusetzen, Risiken nicht zu vermeiden, sondern realistisch einzuschätzen etc. Der ›Bourgeois alten Stils‹ wird durch den bürgerlichen ›modernen Wirtschaftsmenschen‹ (Sombart) überlagert. Gemeinsam mit der faktischen Ausdehnung der bürgerlichen Arbeitszeit und der sich etablierenden räumlichen Trennung von ›Haushalt und Betrieb‹ lässt der kompetitive Unternehmersinn das bürgerliche Arbeitssubjekt – welches eindeutig das *männliche* Subjekt ist – in eine Spannung zu den anderen Feldern der bürgerlichen Praxisformation treten. Gleichzeitig bleibt die

---

179 Vgl. Irvin G. Wyllie (1954): The Self-Made Man in America. The myth of rags to riches, New York; John Cawelti (1965): Apostles of the Self-Made Man, Chicago.

immanente Spannung zwischen dem Modell des ›Bourgeois alten Stils‹ und des ›modernen Wirtschaftsmenschen‹ als charakteristisch für die spätbürgerliche Arbeitskultur bis zum Beginn des 20. Jahrhunderts bestehen. Vor dem Hintergrund des bürgerlichen Moralitätsanspruchs im Sinne von Transparenz und Moderatheit wie auch von Respektabilität muss die Seriosität des neuen ›self-made man‹ prekär erscheinen; aus der Perspektive der Anforderungen der ›market society‹ muss demgegenüber das Ethos des klassisch-bürgerlichen Berufs Modernitätsdefizite aufweisen.

Die Transformation der bürgerlichen Arbeitskultur liefert *eine* Voraussetzung für die neue bürgerliche Spaltung zwischen Arbeit und Privatsphäre. Aus der entgegengesetzten Richtung wird dieser Dualismus durch den Einfluss des romantischen Diskurses auf die Entwicklung der Intimsphäre vorangetrieben. Während im frühbürgerlichen Modell der herrschende Freundschafts-Code sowohl die Interaktionen zwischen Freunden als auch zwischen Ehepartnern, zudem zwischen Eltern und Kindern als emotional-sensibilisierte wie auch um gegenseitige Persönlichkeitsbildung bemühte Subjekte modelliert, wird durch eine Diffusion und Umdeutung des romantischen Liebes-Codes im 19. Jahrhundert die bürgerliche Intimsphäre eindeutig auf die Paarbeziehung und die diese umgebende Familie zentriert. Die selektive Rezeption eines seiner ›exzessiven‹ und auf unbürgerliche Außeralltäglichkeit abzielenden Elemente subtrahierten romantischen Liebes-Codes, wie sie vor allem in der von bürgerlichen Frauen aufgenommenen post-romantischen Literatur betrieben wird, und des romantischen Codes der Natur bewirkt hier mehrere, miteinander verknüpfte Verschiebungen in der Dispositionsstruktur des intimen Subjekts: Die Ablösung des Freundschafts- durch den Liebes-Code als Leitcode von Intimität hat einen Bedeutungsverlust, teilweise eine vollständige Delegitimierung von (insbesondere männlichen) Freundschaften und informell vernetzten Geselligkeitskreisen – die nun auch den bürgerlichen Formalitätsansprüchen nicht mehr genügen und deren Emotionalität suspekt erscheint – zugunsten der Exklusivbeziehung des Paares zur Folge. Der Nukleus des Mann/Frau-Paares befindet sich nun eindeutig im Zentrum der spätbürgerlichen Sphäre des Intimen, die Konkurrenz zwischen einer Logik der Freundschaft und einer Logik der Ehe und Familie, wie sie für das aufklärerische bürgerliche Subjekt galt, wird zugunsten der Familien- und Ehelogik weitgehend aufgelöst.

Die Form der Ehe und die Dispositionen ihres Personals verändern sich nicht nur unter dem Einfluss des moralischen Respektabilitätscodes, sondern auch des romantischen Liebescodes (die nun paradoxerweise teilweise aneinander gekoppelt werden).[180] In der Folge der romanti-

180 Zur Romantisierung des bürgerlichen Paares vgl. Peter Gay (1986):

schen Codierung der Geschlechter als prinzipiell verschiedenartig, als komplementär und in ihrem Begehren reziprok aneinander orientiert sieht sich das frühbürgerliche Muster des empfindsamen Bildungspaares überlagert vom post-romantischen Intimmodell einer ›rational nicht begründbaren‹ gegenseitigen Anziehungskraft durch das ›Andersartige‹ des jeweils anderen Geschlechts. Das spätbürgerliche Paar erweist sich weniger als ein Interaktionssystem zur Persönlichkeitsbildung denn eine emotionale Gemeinschaft verschiedener Geschlechter, die gleichzeitig nach außen die Form der moralisch respektablen Ehe wahrt. Wird das intime Subjekt des späten Bürgertums damit – im Unterschied zum frühbürgerlichen Subjekt mit seiner im Personal nicht festgelegten, freilich asexuellen Freundschafts-Liebe – eindeutig auf eine Selbstdefinition innerhalb einer heterosexuellen Matrix verpflichtet, so findet gleichzeitig eine eindeutige Unterscheidung zwischen der Form und Identität eines männlichen und eines weiblichen Intimitätssubjekts statt: »Romantic love was essentially feminised love.«[181] Anders als im Modell der historischen Romantik bedeutet die Komplementarität der Geschlechter im bürgerlichen Kontext, dass das weibliche Subjekt die Kompetenzen einer ›specialist of the heart‹ entwickelt und seine biografische Identität über jene Vollständigkeit definiert, die ihm erst in der romantisierten Intimbeziehung mit einem männlichen Gegenstück zuteil werden soll. Während das frühbürgerliche Ehemodell als Kommunikationsgemeinschaft weitgehend auf der prinzipiellen *Ähnlichkeit* der Beteiligten beruht, kann in der post-romantischen bürgerlichen Ehe die *Differenz* zwischen den Eheleuten zur Basis der Intimbeziehung werden. Diese Differenz wird als Differenz bestimmter Kompetenzen und Rollen fixiert: Emotionalität wird zur weiblichen Kompetenz und Subjektanforderung. Auch auf der Ebene des Zeitbewusstseins entwickeln sich männliches und weibliches Subjekt auseinander. Während die männliche Positionierung in der neuen Marktökonomie dem Wirtschafts-Bourgeois eine Orientierung an zeitlicher Dynamik antrainiert, wird dem weiblichen Subjekt der Intimsphäre eine Orientierung an der Wiederholung des Gleichen vermittelt. Die Kombination zwischen einer biografischen Entwicklung des Einzelnen und der Routinisiertheit des Alltags, die verhältnismäßig geschlechtsindifferent die eigentümliche Zeitstruktur des frühbürgerlichen Subjekts ausmachte, wird durch ein geschlechtsspezifisches Zeitbewusstsein abgelöst.[182]

> Die zarte Leidenschaft. Liebe im bürgerlichen Zeitalter, München 1987; Anthony Giddens (1992): The Transformation of Intimacy. Sexuality, love and eroticism in modern societies, Cambridge, S. 37-48. Zur viktorianischen Familie auch Steven Mintz (1983): A Prison of Expectations. The family in Victorian culture, New York.
> 181 Giddens (1992), S. 43.
> 182 Zum Geschlechterdualismus der Kompetenzen in der bürgerlichen

Über das Modell des intimen Paares hinaus tragen einzelne Elemente aus dem Sinnreservoir der Romantik zu einer bürgerlichen Idyllisierung der Familie und zu einem Code der Häuslichkeit (domesticity) bei. Der romantische Diskurs hatte in seinem anti-bürgerlichen Modell eines radikalästhetischen Subjekts zunächst alles andere als eine Aufwertung von Familie und ›Heim‹ lanciert. Die romantische Strategie des ›retreat‹, der Beruhigung und Passivisierung von Subjekten – etwa im Naturerleben –, die sich auf diese Weise der bürgerlichen Zweckrationalität entziehen, und der Code des ›Natürlichen‹ als eine organisch-expressive Sphäre harmonischer Ganzheit erfahren jedoch in der Spätromantik, die auf Distanz zu den Aporien radikalromantischer Individualität geht, eine Umdeutung: Nun sind es das Individuum transzendierende Entitäten – ›die Familie‹, ›das Volk‹, ›die Nation‹ –, die selbst als natürlich, als organisch-expressive Gebilde verstanden werden und dem Individuum den kalmierenden Rückzug garantieren. Vor diesem Hintergrund vermag der romantische Sinnpool ein Selbstverständnis spätbürgerlicher Familie zu motivieren, welches diese über eine bloße Vertrags- und Erziehungsinstitution hinaus als eine Sphäre primordialer Einbettung bedürftiger Individuen in eine Gemeinschaft des ›Sittlichen‹ (Hegel) interpretiert. Das bürgerliche Intimitätssubjekt verlässt die kombiniert öffentlich-privaten Freundschafts- und Geselligkeitsnetzwerke und betritt die emphatisch intime Häuslichkeit einer Privatsphäre im engeren Sinne, eine ›Lebenswelt‹, welche durch beruhigende Vertrautheit und emotionale Dichte geprägt zu sein scheint.[183]

Charakteristisch für die domestiziert romantisierte bürgerliche Intimsphäre ist die zusätzliche ›Romantisierung‹, welche die Mutter-Kind-Beziehung erfährt. Während die frühbürgerliche Familie dem Muster eines kommunikativen und zugleich empfindsamen Erziehungsraumes folgt – der Mütter und Väter im wesentlichen gleichermaßen einschließt – und der romantische Diskurs nahezu exklusiv auf das Liebespaar zentriert

Praxis des 19. Jahrhunderts und zur weiblichen ›Häuslichkeit‹ vgl.: Davidoff/Hall (1987), insbes. Teil 3; Döcker (1994), S. 219-275; Nancy F. Cott (1977): The Bonds of Womanhood: Woman's sphere in New England, 1780-1835, New Haven, inbes. S. 19-100; R. Habermas (2000), S. 53-92; Mary P. Ryan (1981): Cradle of the Middle Class: The family in Oneida County, New York, 1790-1865, Cambridge.

183 Die viktorianische Sphärentrennung zwischen männlicher Öffentlichkeit und weiblicher Privatsphäre ermöglicht jedoch gleichzeitig die Entwicklung einer spezifischen Intimität weiblicher Freundschaften *innerhalb* der abgeschirmten Sphäre des Privaten, vgl. Smith-Rosenberg (1985). Gleichzeitig ergibt sich ein Raum männlicher ›Homosozialität‹, die am Ende des 19. Jahrhunderts auch eine spezifische Junggesellenkultur ermöglicht; vgl. Howard P. Chudacoff (1999): The Age of the Bachelor. Creating an american subculture, Princeton.

ist, vollzieht sich im post-romantischen bürgerlichen Subjekt weiblichen Geschlechts die ›Erfindung der Mütterlichkeit‹ in einer spezifischen kulturellen Form:[184] Das Verhältnis zwischen Mutter und Kind wird einer affektiven Romantisierung unterzogen und avanciert damit zu einer herausgehobenen Dyade, deren Komplexität und Krisenanfälligkeit der des romantischen Paares entspricht, die allerdings aufgrund der Asymmetrie der Beziehung und ihrer zeitlichen Limitation noch an Kompliziertheit und Riskanz gewinnt. Die Struktur der romantischen Liebe, vor allem das Motiv einer Komplettierung, Anerkennung *und* Aufhebung der eigenen Individualität ›im Spiegel‹ des nicht-austauschbaren Anderen, die legitime Exzessivität dieser affektiven Bindung steht für die Mutterliebe Modell. Dieser neo-romantische Code im Verhältnis zwischen Mutter und Kind kommt für die bürgerlichen Väter nicht in Betracht.

Im bürgerlichen Erziehungsraum wie in der Intimsphäre insgesamt findet damit eine folgenreiche Umbesetzung der Positionen des Personals statt: Die spätbürgerliche Frau erlangt ihre Identität – separiert von der Arbeit (dem Ideal nach auch von Hausarbeit) und der Geselligkeit – ausschließlich in ihrer Funktion einer Hüterin der Privatsphäre, die mit einer Intimisierung des Verhältnisses zum Kind verknüpft ist; das bürgerliche männliche Subjekt partizipiert zwar als Ehemann und Vater notwendigerweise gleichfalls an dieser Privatsphäre, ist ihr offizielles Oberhaupt, aber sowohl im Verhältnis zur Ehefrau als auch zum Kind kommen ihm jene emotional-sensibilisierten Kompetenzen und Motive, die in verschiedener Form sowohl in der ›empfindsamen‹ Bürgerlichkeit in ihrer ersten Version als auch in der emotional-exzessiven Romantik wirken, weitgehend abhanden. Diese domestiziert-romantisierten Kompetenzen erscheinen nun eindeutig der Feminität, nicht der Maskulinität adäquat. Gegenüber den Kindern nimmt der spätbürgerliche Vater – verstärkt durch die räumliche Trennung von Arbeit und Haushalt – die Rolle eines abwesenden Repräsentanten des bürgerlichen Realitätsprinzips, das heißt des Interesses der bürgerlichen Familiendynastien an ihrer langfristigen respektablen Reproduktion in ihren Erben an.[185]

Auch der Stellenwert der bürgerlichen Praktiken des Selbst modifiziert sich unter dem Einfluss romantischer Techniken und Codes, wiederum jedoch nicht im Sinne einer sozialen Ausbreitung der kulturrevolutionären expressiven Basisstruktur romantisch-ästhetischer Subjektivität, sondern über den Weg einer ›romantizistischen‹ Umdefinition einzelner romantischer Sinnelemente. Grundsätzlich bleibt die bürgerliche

---

184 Vgl. zu diesem Thema: Ann Dally (1982): Inventing Motherhood, London; Elizabeth Badinter (1981): The Myth of Motherhood, London, auch Nancy Chodorow (1978): The Reproduction of Mothering, Berkeley.

185 Vgl. Perrot (1987), S. 127-193.

Subjektkultur des 19. Jahrhunderts eine Kultur der – fiktionalen und nicht-fiktionalen – Schriftlichkeit und des Anspruchs auf Bildung. Die Vermittlung von Weltwissen, die Moralisierung, die Ausbildung einer emotional differenzierten Innenwelt erfolgen ebenso im Medium von Texten wie die alltägliche moralische Selbstbeobachtung im Medium der schriftlichen Selbstbeschreibung.[186] In zweifacher und letztlich entgegengesetzter Weise verändern sich jedoch diese Technologien des Selbst: Im Rahmen des spätbürgerlichen Anspruchs auf Respektabilität und im Zusammenhang mit der Institutionalisierung und Standardisierung der bürgerlichen Kultur im höheren Bildungswesen und den Kunstinstitutionen kann der Bildung wie der Kunst jenseits aller Moralisierung der Stellenwert eines Gegenstands sozialer Distinktion als ›Hochkultur‹ zukommen. In der bürgerlichen Repräsentationskultur werden Kunst und Bildung zu Objekten eines als legitim anerkannten Kanons kodifiziert und können dann weniger unter ihrem Aspekt der Persönlichkeitsbildung als dem der Akkumulation von kulturellem Kapital, der Fixierung von Grenzmarken im Klassen- und Respektabilitätsspiel interessieren.[187]

Gleichzeitig kommt unter dem Einfluss der Romantik der Kunst (in zweiter Linie auch dem Erleben der Natur) der paradoxe Stellenwert eines Gegen-Ortes im Innern der bürgerlichen Lebensform zu.[188] Jene beiden neuen, ihrem Anspruch nach außeralltäglichen Selbstpraktiken, welche die Romantik hervorgebracht hat – die Musikrezeption wie das Naturerleben –, werden vom spätbürgerlichen Subjekt (und zwar gerade auch dem männlichen) in den Komplex der üblichen Selbstpraktiken in der Form eines Refugiums einer legitimen Gegenwelt hineininstalliert. Die Affektstrukturen, die das romantische Subjekt durch die Rezeption von Musik (und auch das Erleben ›unzivilisierter‹ Natur) erwirbt, bildet nun auch das bürgerliche Subjekt aus: die Auflösung der Ichkontrolle im reinen fremdreferentiellen Erleben eines das Ich übersteigenden nicht-humanen Anderen, die ›innere Erschütterung‹ des Sublimen und gleichzeitig innere Beruhigung des Subjekts außerhalb

186 Vgl. Dieter Hein/Andreas Schulz (Hg.) (1996): Bürgerkultur im 19. Jahrhundert. Bildung, Kunst und Lebenswelt, München; Friedrich H. Tenbruck (1986): Bürgerliche Kultur, in: Neidhardt u. a. (1986), S. 263-285; Peter Gay (1995): Die Macht des Herzens. Das 19. Jahrhundert und die Erforschung des Ich, München 1997.

187 Bourdieu (1979) stellt diesen Aspekt bürgerlicher Distinktion in den Vordergrund. Vgl. auch John Seed/Janet Woolf (Hg.) (1988): The Culture of Capital: Art, power and the 19th century middle class, Manchester.

188 Vgl. Thomas Nipperdey (1988): Wie das Bürgertum die Moderne fand, Berlin (West), S. 24 ff.; Peter Gay (1998): Bürger und Bohème. Kunstkriege des 19. Jahrhunderts, München 1999.

des Denkens, in reiner ›Gestimmtheit‹. Die Musikrezeption – insbesondere jener ›romantischen‹ Musikgenres, wie sie das 19. Jahrhundert hindurch die bürgerliche Rezeption dominieren – erscheint nun als *die* charakteristische bürgerliche Praktik im Umgang mit der Kunst. Entsprechend wird die Musik im spätbürgerlichen musiktheoretischen Diskurs von Schopenhauer bis Nietzsche als herausgehobener ästhetischer Ort präsentiert, der Gelegenheiten zum Ausbruch aus der bürgerlichen Alltäglichkeit bietet.[189] In der bürgerlichen Rezeption der Romantik kann die Kunst damit zu einer Sphäre des Authentischen avancieren. Unter dem romantischen Einfluss löst sich der bürgerliche Kunstgenuss zumindest teilweise aus dem Bildungsanspruch, eröffnet vielmehr eine ›autonome Sphäre‹ ästhetischen Erlebens – eines ästhetischen Erlebens im Innern, das sich in legitimer Opposition zu den übrigen Alltagspraktiken des bürgerlichen Subjekts in Stellung bringt. Diese Opposition installiert im Subjekt den Riss eines mitlaufenden Unbehagens an der eigenen Kultur, welche der *in* der Kunst erworbenen Sensibilisierung der Wahrnehmung und des Empfindens *außerhalb* der Kunst keinen legitimen Platz einräumt, ein Unbehagen, das sich in jenem (insbesondere für Deutschland) charakteristischen bürgerlichen Diskurs um den ›Bürger, der Künstler sein will‹, manifestiert. Der spätbürgerlichen Kunst-(insbesondere Musik-)genuss schafft im Zentrum der bürgerlichen Praxis einerseits Raum für emotionale Sensibilisierung und Lockerung der Ichkontrolle, einen Raum des ›Schmerzfreien‹ (Schopenhauer). Dem bürgerlichen Subjekt bleibt es freilich versagt, diesen Raum auszudehnen und die dort ausgebildeten Formen inneren ästhetischen Erlebens auf weitere Elemente seiner Lebensform zu transferieren (höchstens in dosierter Form in der romantisierten Ehe), was es in einen chronischen Mangelzustand versetzt. Im bürgerlichen Kontext ist die strikte Separiertheit der Sphäre ästhetischen Erlebens – eine Art institutionalisierte Stätte bürgerlicher Sehnsuchtsproduktion – anzuerkennen, wenn nicht der Verlust bürgerlicher Respektabilität drohen soll. Diese Sphäre erhält für das bürgerliche Subjekt den Stellenwert einer respektablen emotionalen Kompensation für die Zweckrationalisierung und Moralisierung der übrigen Praxisfelder.

Es ist jedoch nicht allein die kulturelle Bewegung der Romantik, die Modifizierungen des bürgerlichen Subjekts außerhalb der Arbeitssphäre

189 Dieses spätbürgerliche Kunstmodell, in dem das Ästhetische – anders als im früh- und hochbürgerlichen Kunstdiskurs etwa bei Kant und Hegel, welcher die Kunst als integralen Bestandteil einer rationalen Lebenform interpretiert, – als Gegenmacht präsentiert wird, bringt Schopenhauer auf den Begriff: Arthur Schopenhauer (1818/1859): Die Welt als Wille und Vorstellung, Frankfurt am Main/Leipzig 1996, Band 1, S. 243 ff.

in Gang setzt. Die Transformation der Intimsphäre und die kulturelle Separierung der Geschlechter vollziehen sich darüber hinaus unter dem Einfluss der Veränderung der humanwissenschaftlichen Subjektdiskurse seit 1800. Infolge der Überlagerung des rationalistisch-aufklärerisch-deistischen durch neue biologisch beeinflusste Subjektdiskurse ergibt sich eine – mit dem vernunft- und moraltheoretischen bürgerlichen Common Sense in einem dauerhaften Spannungsverhältnis stehende – Neuinterpretation der menschlichen ›Natur‹. Deren wichtigste Effekte sind eine Opponierung von Geschlechtscharakteren und eine Sexualisierung des Subjekts, die sich mit den Effekten der Romantisierung kreuzen. Wenn die frühbürgerlich-aufklärerischen Diskurse dem Subjekt ›Natürlichkeit‹ zuschreiben, dann ist damit alles andere als ein naturwissenschaftlich-biologisches Faktum gemeint, vielmehr jene Eigenschaften, die dem Menschen ›von Natur aus‹, das heißt auf universaler Ebene, schon vor dem Einfluss von partikularen Traditionen und Autoritäten, zukommen. Als solche erscheinen vor allem Eigenschaften der universalen Vernunft, des Verstandes oder der Moral, auch des allgemeingültigen Gefühls und der Handlungsfähigkeit. Die Natürlichkeit des Subjekts wird auf der Ebene des menschlichen Geistes verortet und eine christlich-aufklärerische Separierung von Geist (bzw. Seele) und Körper in einem ›homo duplex‹ größtenteils vorausgesetzt. Diesen Geist-Körper-Dualismus tradiert auch die Subjektkultur des späten Bürgertums des 19. Jahrhunderts, und sie stellt eine der Voraussetzungen für die bürgerliche Differenz zwischen Zivilisiertem und Primitiven dar, in deren Rahmen der Körper als riskanter, letztlich für sich genommen ›rechtloser‹ Ort des Unzivilisierten gilt, der durch moralische Anstrengungen zu kultivieren ist.

Gleichzeitig jedoch schiebt sich unter dem Einfluss der in einem engeren Sinne naturwissenschaftlichen Diskurse aus dem Umkreis der Biologie seit Beginn des 19. Jahrhunderts – vorbereitet schon durch die Naturlehre, die sich am Ende des 18. Jahrhunderts aus dem ›materialistischen‹ Strang des Aufklärungsdiskurses entwickelt – eine neue Codierung der Natur des Subjekts in den Vordergrund.[190] Die Zellbiologie wie auch später die Evolutionsbiologie bauen auf dem Grundsatz elementarer Gemeinsamkeiten zwischen Menschen und anderen Lebewesen auf. Die Natur des (ganzen) Menschen sei eine biologische Natur der Zellen und Spezies, so wie dies auch für andere Lebewesen gelte. Besonderes Interesse gilt hier der Reproduktion der organischen Zellen in der zweigeschlechtlichen Zellkernverschmelzung. Vor dem

190 Vgl. zum folgenden Thomas Laqueur (1990): Making Sex. Body and gender from the Greeks to Freud, Cambridge (Mass.); Nye (1993), S. 47-71; Robert A. Nye (Hg.) (1999): Sexuality, Oxford, S. 115-204; Wolfgang Riedel (1996): ›Homo naturata‹. Literarische Anthropologie um 1900, Berlin/New York.

Hintergrund dieser und anderer biologischer Diskurse – etwa in der Anatomie – wird nicht nur eine grundsätzliche Naturalisierung des Subjekts betrieben, diese Naturalisierung ist auf zwei sehr spezifische Sinnelemente konzentriert: auf eine ›Zweigeschlechtlichkeit‹ des Menschen, das heißt eine Differenz zwischen zwei biologischen *sexes*, die nicht Versionen der gleichen Grundstruktur darstellen sollen (wie etwa in der Renaissance angenommen wurde), sondern zwei in ihrer biologischen Grundstruktur differente Wesen, sowie auf eine Reproduktions-, eine ›Fortpflanzungs‹-Eigenschaft von Lebewesen, die in Bezug auf den Menschen die Sexualität, verstanden als Fortpflanzungsprozess, zu *dem* konstitutiven natürlichen Merkmal werden lässt. Dieser biologische Code des zweigeschlechtlich-sexuellen Subjekts wirkt sich über den Weg verschiedenster biomedizinischer Diskurse – die auch Hygiene, Neurologie, Hormonlehre, Psychologie etc. umfassen – und ihre institutionelle Verankerung[191] auf die (Selbst-) Formierung des bürgerlichen Subjekts aus: einerseits durch die kulturelle Produktion von Geschlechtscharakteren, andererseits durch ein kulturell ambivalentes Interesse an einer Sexualisierung, zwei sehr spezifische kulturelle Modellierungen, deren Resultate nun regelmäßig als natürlich-biologische Voraussetzungen des allgemeinen Subjektseins interpretiert werden.

Die kulturelle Matrix der Geschlechtscharaktere des 19. Jahrhunderts, welche die Ausformung grundsätzlich differenter männlicher und weiblicher Geschlechtshabitus anleitet, stellt von Natur aus ›rationalen‹ Eigenschaften des Mannes natürlicherweise ›emotionale‹ Eigenschaften der Frau gegenüber:[192] Aktive Führung, systematische Planung, formale Intelligenz erscheinen als Kennzeichen von Maskulinität, Empfindsamkeit, ein Sich-Sorgen um Andere und eine grundsätzliche Passivität des Charakters als Kennzeichen von Feminität, natürliche

191 Für Foucault (1976) ist dieser diskursiv-institutionelle Komplex ›Bio-Politik‹.

192 Vgl. zum folgenden Barbara Welter (1966): The cult of true womanhood, 1820-60, in: American Quaterly, S. 151-174; Davidoff/Hall (1987), Teil 3; Terry Threadgold/A. Cranny-Francis (Hg.) (1990): Feminine, Masculine, and Representation, Sydney; Karin Hausen (1976): Die Polarisierung der ›Geschlechtscharaktere‹ – Eine Spiegelung der Dissoziation von Erwerbs-und Familienleben, in: Wolfgang Conze (Hg.) (1976): Sozialgeschichte der Familie in der Neuzeit Europas, Stuttgart, S. 363-393; Louise A. Tilly/Joan Scott (1978): Women, Work and Family, London; E. Anthony Rotundo (1987): Learning about manhood: gender ideals and the middle-class family in nineteenth-century America, in: J. A. Mangan/James Walvin (Hg.): Manliness and Morality. Middle-class masculinity in Britain and America 1800-1940, Manchester, S. 35-51; Mary Poovey (1988): Uneven Developments: The ideological work of gender in mid-Victorian England, Chicago.

Außenorientierung steht natürlicher Innenorientierung gegenüber. In einer polysemischen Zuordnung erscheint einerseits Maskulinität als Trägerin von Kultur und Zivilisation, Feminität hingegen als Trägerin von Natur, als ein selbstgenügsam in sich ruhendes Naturwesen, das damit der Kontrolle durch Zivilisation bedürftig ist. Andererseits wird Feminität als Trägerin von Moral und bürgerlichem Anstand gedeutet, so dass nun die natürliche (insbesondere sexuelle) Grenzüberschreitung der Maskulinität einer Zügelung durch die weibliche Moral bedarf. Die eindeutige Separierung eines rational-systematisch-disziplinierten und eines emotionalen Dispositionskomplexes und ihre Zuordnung auf zwei Geschlechter läuft damit auf eine *Spaltung* des bürgerlichen Subjekts hinaus, in dessen früherer Version beide Dispositionskomplexe noch verhältnismäßig geschlechtsindifferent ›dem‹ bürgerlich-modernen Subjekt zugeschrieben wurden und *in* diesem Subjekt eine potentiell konflikthafte Struktur ergaben. Das spätbürgerliche weibliche Subjekt kann und muss sich legitimerweise auf die eine Hälfte der typisch bürgerlichen Kompetenzen – die emotionale Sensibilität –, das spätbürgerliche männliche Subjekt auf die andere Hälfte – die rational-systematische Disziplin – beschränken. Durch die eindeutige Grenze ergibt sich eine Fixierung des Selbstverstehens – einerseits als ›masculine achiever‹, andererseits als weiblicher Träger der ›spiritualization of the household‹[193] – und gleichzeitig eine Unerreichbarkeit des jeweils anderen Kompetenzkomplexes: Männlicher Emotionalisierung droht unnatürliche Verweiblichung, weiblicher öffentliche Souveränität droht unnatürliche Vermännlichung. Die strikte Separierung von Geschlechtscharakteren hat jedoch auch zur Folge, dass das weibliche Subjekt aus männlicher Sicht selbst zu einem unberechenbaren und riskanten ›Anderen‹ *innerhalb* der spätbürgerlichen Kultur wird. Wenn die Frau in ihrem Charakter der Natur näher sein soll, dann erscheint sie einerseits riskant labil, inkonsistent, fragil – etwa in ihrer gesundheitlichen Konstitution –, andererseits riskant primitiv, vor allem sexuell unkalkulierbar (ein Risiko, das innerhalb der bürgerlichen Literatur des 19. Jahrhunderts in der allgegenwärtigen Figur der Prostituierten manifest wird), in jedem Fall aber der besonderen kontrollierenden Beobachtung bedürftig.[194]

Als prekär und riskant stellt sich jedoch auch das männliche Subjekt der bürgerlichen Kultur heraus, und zwar konsequenterweise in

193 Davidoff/Hall (1987), S. 108.
194 Zum letzten Aspekt vgl. Barbara Ehrenreich/Deirdre English (1978): For Her Own Good. 150 years of the experts' Advice to Women, New York; Eric Trudgill (1976): Madonnas and Magdalens: The origins and development of Victorian sexual attitudes, London; Lynda Nead (1988): Myths of Sexuality. Representations of women in Victorian Britain, Oxford.

jener Hinsicht, in der es selbst als der ›Natur‹ am nächsten interpretiert wird: in seiner Sexualität.[195] Im frühbürgerlichen Subjektmodell und seiner Codierung des Intimen als empfindsame Freundschaft waren körperlich-erotische Handlungen und Imaginationen kaum – höchstens über den Empfindsamkeits-Code – hermeneutisch in die Intimsphäre integriert. Die Kultur des 19. Jahrhunderts bietet hier keine einfache Verlängerung, sondern eher eine Umkehrung des Blicks: Wenn die Intimsphäre nicht mehr über den Freundschafts-Code, sondern romantisch über die produktive Differenz zwischen Frau und Mann modelliert wird, dann avanciert vor dem zusätzlichen Hintergrund naturalistisch-biologischer Subjektdiskurse die ›Sexualität‹, verstanden als menschlicher Fortpflanzungsprozess, zu einem besonderen Objekt des Interesses (eine Beobachtung, die als erster Foucault gegen die Repressions-Hypothese angestellt hat). Das Subjekt ist nun unweigerlich ein ›sexuelles‹ und nimmt sich als ein solches wahr – in dieser Eindeutigkeit gilt dies zumindest für den Mann, während die vorgebliche Passivität der Frau deren Status auch hier uneindeutig macht.

Sexualität erscheint nun als ›natürlich‹, in jenem doppelten, einander widersprechenden Sinne, in dem die bürgerliche Kultur des 19. Jahrhunderts Natürlichkeit verstehen kann: Sie ist biologisch-natürlich im Sinne eines quasi-instinktiven, blinden ›Triebes‹ und in diesem Sinne ein fixes Faktum, dem seine Berechtigung nicht abzusprechen ist und das für den Erhalt psychophysischer Gesundheit notwendig und als integraler Bestandteil bürgerlicher Intimsphäre erscheint (umgekehrt wäre Verzicht auf Sexualität ›unnatürlich‹). Sie ist natürlich gleichzeitig als die Kehrseite der Kultur und des Zivilisierten Repräsentant des haltlosen Primitiven, das der Kontrolle zu unterziehen ist. Als ein heteronomer instinktiver Drang codiert, steht Sexualität dem bürgerlichen Autonomieideal entgegen und bedarf einer Eingrenzung. (Männliche) Sexualität ist somit einerseits eine natürliche, irreversible Grundbedingung des bürgerlichen Subjekts, die aber gleichzeitig unter die Kontrolle der Zivilisation zu bringen ist. Das Ergebnis ist eine latente Sexualisierung der spätbürgerlichen Männlichkeit nicht nur in biomedizinischen Diskursen, sondern in der subjektiven Selbstbeobachtung. Das Subjekt beobachtet sich selbst unter dem Gesichtspunkt seiner sexuellen Regungen und Akte, die als irreversibel-natürlich (und insofern auch als identitätsstiftend) und als kontrollbedürftig (und insofern identitätsbedrohend) zugleich erscheinen. Die Grenze zwischen der

195 Vgl. zum folgenden Foucault (1976); Sarasin (2001); S. 356-433; Jervis (1999), S. 157-180; Nye (1993), Nye (1999), S. 115-204; Mason (1994); Victor J. Seidler (1987): Reason, desire, and male sexuality, in: Pat Caplan (Hg.): The Cultural Construction of Sexuality, London/New York 1987, S. 82-112.

Legitimität und der Illegitimität bürgerlicher Sexualität verläuft dabei weniger zwischen ›natürlich‹-reproduktiven und ›unnatürlich‹-nicht-reproduktiven Varianten sexueller Praktiken als vielmehr zwischen einer legitimen Sexualität als quasi-instinktivem ›Bedürfnis von innen‹ und sexuellen Praktiken im Kontext einer symbolischen Manipulation von Sinnesreizen ›von außen‹, das heißt einer bewusst-strategischen und mit Imaginationen hantierenden Beeinflussung der eigenen Lustempfindungen, die als illegitim und exzessiv interpretiert wird.[196] Das bürgerliche Sexualitätsmodell verschafft dieser verbotenen Sexualität des Imaginativen insgeheim ihren Reiz.

Bürgerliches Doppel-Leben

Im Zuge der Transformation der bürgerlichen Arbeitssphäre in Richtung entmoralisierter kompetitiver Praktiken einerseits, der Transformation der Intimsphäre in Richtung der romantisierten Ehe und Familie (einschließlich eines kontrollbedürftigen sexuellen Elements) ergibt sich für die bürgerliche Praxis-/Diskursformation des 19. Jahrhunderts eine *Bifurkation* von Öffentlichem und Privatem, die mit der Gegenüberstellung zweier Geschlechtscharaktere zusammenfällt. Eine sehr allgemeine Verklammerung ergibt sich im Anspruch der zivilisierten Respektabilität; grundsätzlich werden Öffentlichkeit und Privatsphäre in der bürgerlichen Wahrnehmung jedoch als unterschiedlich strukturiert wahrgenommen und darüber hinaus die Privatsphäre als Kompensation der öffentlichen Sphäre der Arbeit und *zugleich* als moralische Grundlage interpretiert.[197] Für das bürgerliche Subjekt bedeutet dies jedoch nicht, dass es zwei inkommensurable Dispositionskomplexe simultan inkorporieren müsste oder könnte, vielmehr, dass es zum Gegenstand der Bifurkation eines öffentlichen, maskulinen Subjekttypus und eines privaten, femininen Subjekttypus wird. Die Separierung ist mit zwei konträren sozialen Zeithorizonten verbunden: der Dynamik der Arbeit

---

196 Zum letzteren Aspekt vgl. Sarasin (2001), S. 403-417. Der Prototyp ist die Masturbation, welche die bürgerliche Kultur nicht nur verfolgt, weil sie ›exzessiv‹ ist, sondern vor allem, weil sie eine entnaturalisierte Artifizialisierung von Sexualität betreibt.

197 Vgl. zum folgenden Ariès (1986); Perrot (1987), S. 99-109; Jervis (1999), S. 107-133; Davidoff/Hall (1987), passim; Amanda Vickery (1993): Golden Age to Separate Spheres? A review of the categories and chronology of English women's history, in: The Historical Journal, Heft 2, S. 383-414; zur Abwertung des ›öffentlichen Lebens‹ zugunsten der Intimität der Privatsphäre im 19. Jahrhundert vgl. auch Sennett (1974), S. 172 ff.

in der Marktökonomie, der Beharrung im Binnenraum der Familie. Diese *kulturell produzierte, antagonistische* ›funktionale Differenzierung‹ der Subjektpositionen erfährt eine Verkomplizierung dadurch, dass die Frau tatsächlich nur an der Privatsphäre partizipiert, der Mann hingegen zwar schwergewichtig in der Arbeitssphäre, aber zumindest *auch* im Bereich des Privaten agiert, wo er auf die spezifischen ›intimen‹ affektiv-romantischen Fähigkeiten der Frau (die hier jedoch ausdrücklich keine sexuellen Dispositionen einschließt) angewiesen erscheint.

In einer wiederum polysemischen Zuordnung, die auf eine entsprechende Widersprüchlichkeit der männlichen wie der weiblichen Subjektivität hinausläuft, interpretiert die spätbürgerliche Kultur die Privatsphäre einerseits als Kompensation, andererseits als moralische Grundlage für die öffentliche Sphäre. Wenn die Privatsphäre eine kompensatorische Funktion einnimmt, dann erscheint sie als ausgleichende Ergänzung zur öffentlichen Sphäre der Arbeit: Das eigentliche Zentrum der bürgerlichen Identität ist dann die Arbeit, die notwendigerweise eine männliche Identität als ›masculine achiever‹ liefert, an der die Frau nur indirekt über den Ehemann partizipieren kann. Aus dieser Perspektive liefern die Praktiken der Privatsphäre nichts anderes als einen ›beruhigenden‹ Ausgleich für das männliche Subjekt, und dem weiblichen Subjekt kommt als ganzem die Funktion einer Kompensationsinstanz der Defizite zu. Dieser abgeleitete Status der Privatsphäre als ein *supplément* verwandelt sich jedoch in einer zweiten bürgerlichen Codierung in ein Primat: Die Sphäre des Öffentlichen, welche die kompetitive Arbeit, aber auch die Politik und das neue öffentliche Leben der Metropolen einschließt, erscheint nun als ein Raum des Riskanten, vor allem der Amoralität. Demgegenüber wird die ›domesticity‹ der Privatsphäre als das eigentliche Heim der Moralität – im Sinne der klassischen bürgerlichen Tugenden von Rechtschaffenheit, Transparenz und Moderatheit wie auch von Respektabilität – präsentiert. Das weibliche Subjekt avanciert nun zur Vermittlerin der bürgerlichen Moralität, welche die Grundlage für die gesamte bürgerliche Praxis liefern soll. Sexualität erscheint hier wiederum als ein irritierender Faktor der ›Natur‹, der sich in die Moralität und Transparenz des Privaten schwer integrieren lässt – der aber gleichzeitig im engen Sinne der Fortpflanzung die notwendige Bedingung einer erfolgreichen Reproduktion der bürgerlichen Familie als eine generationenübergreifende Einheit darstellt. Der Erhalt dieser im weiteren Sinne sexuellen Reproduktionsfähigkeit der Teilnehmer der bürgerlichen Familie als ›private‹ Einheit kann damit paradoxerweise zu einem Gegenstand gesteigerten ›öffentlichen‹ – staatlichen und medizinischen – Interesses werden.

Der Dualismus zwischen Öffentlichem und Privatem, die Separierung von Geschlechtscharakteren und der anti-primitivistische Leitcode von Moralität als Respektabilität verschafft dem nach-aufklärerischen bürgerlichen Subjekt des 19. Jahrhunderts, des ›bürgerlichen Zeitalters‹ – prototypisch im britisch-amerikanischen Viktorianismus, im französischen ›juste milieu‹ und im deutschen Bürgertum der ›Gründerzeit‹ – damit eine prekäre Balance. Die leidenschaftliche Verhaftetheit des bürgerlichen Subjekts gilt einer Figur, welche höchste Zivilisationskompetenzen lebt, die als Vorbild für jene sozialen Gruppen dienen, welche diese Position nicht erreicht haben und sie zugleich in ihrer Vorbildlichkeit anerkennen. Die Differenzen zwischen männlich-ökonomischer Arbeitssphäre und weiblich-romantischer Häuslichkeit sowie der zur Rekreation dienenden Kunst können im Falle stabilisierter Grenzziehungen nicht als Widersprüche, sondern als Komplementaritäten interpretiert und praktiziert werden. Hinter der bloßen ›Arbeitsteilung‹ zwischen unterschiedlichen bürgerlichen Praxissphären und entsprechend differierenden Subjektpositionen verbergen sich jedoch instabile Friktionen, denen das bürgerliche – männliche wie weibliche – Subjekt ausgesetzt ist und die am Ende des 19. Jahrhunderts in eine erneute und endgültige Krise der bürgerlichen Subjektkultur münden. Auf diese liefern insbesondere die ästhetischen und lebensreformerischen Avantgarde-Bewegungen der Jahrhundertwende eine kulturelle Antwort – und die sozialistische Bewegung eine politische Antwort.

Diese Friktionen bewegen sich vor allem auf drei Ebenen: Das spätbürgerliche Subjekt erhebt mit seiner gesamten Lebensführung einen Anspruch auf überlegene Moralität und Zivilisiertheit – und droht sowohl in den beruflichen als auch in den familären Praktiken rein ökonomisch-taktischen Strategien zum Erhalt und Ausbau des sozialen Status zu folgen, die diesen moralischen Anspruch konterkarieren und die moralische Glaubwürdigkeit unterminieren. Dies gilt nicht nur für die entmoralisierte Praxis des ›modernen Wirtschaftsmenschen‹ im Gegensatz zum ›Bourgeois alten Stils‹, sondern auch für eine familäre Privatsphäre, die entgegen dem moralisch-emotionalen Anspruch zumindest *auch* einer Logik des Erbes, das heißt der Reproduktion von sozialem, kulturellem und ökonomischem Kapital von Generation zu Generation folgt, zudem für eine im engeren Sinne kulturelle Praxis, die nicht mehr einer Logik der Bildung, sondern einer hochkulturellen Logik der Distinktion folgt. Die hybride Überlagerung von Moralität und Ökonomik im Innern der bürgerlichen Kultur, die ein bürgerliches Doppel-Leben in einem ersten Sinne produzieren, bilden ein klassisches Thema des zeitkritischen bürgerlichen Romans des 19. Jahrhundert (insbesondere in der französischen Tradition Stendhals, Balzacs und Flauberts) sowie eine Zielscheibe der sozialistischen Kritik: Bürgerliche ›Respektabilität‹ wird zu einer äußeren Attitüde, die von den tatsächlichen, materiellen Motiven der Bourgeoisie unterlaufen wird.

Eine zweite Ebene bürgerlichen Doppel-Lebens betrifft die Spannung zwischen der latenten (Selbst-)Sexualisierung der bürgerlichen

Körper und ihrer strikten (Selbst-)Regulierung. Tatsächlich besteht der ›Widerspruch‹ des bürgerlichen Sexes – wie Michel Foucault als erster argumentiert hat – nicht in einer einfachen Repression natürlicher Bedürfnisse, sondern darin, dass das Subjekt dazu angehalten wird, etwas in Schach zu halten, was zuvor und gleichzeitig durch sozial-kulturelle Codes erst fokussiert und in dieser Eindeutigkeit produziert worden ist: die scheinbar natürliche Realität eines sexuellen Subjekts. Die (post-)romantische Thematisierung der zwingenden Irrationalität der Liebe wie des männlich-weiblichen Begehrens und die naturalistisch-medizinische Thematisierung der biologischen Natur der Sexualität, mit der insbesondere für das männliche Subjekt teilweise die Instituierung eines Selbstverstehens über sexuelle ›Produktivität‹ verknüpft ist, tragen beide zu einer *latenten* Sexualisierung bürgerlicher Subjektivität bei (die dann in der bürgerlichen und zugleich anti-bürgerlichen Psychoanalyse zum Thema werden kann). Diese wird von vornherein gekoppelt an die Standards der ›Zivilisiertheit‹ im moralischen Respektabilitätscode des Bürgertums, welcher eine Kontrollbedürftigkeit des sexuellen und nicht-sexuellen Körpers annimmt. Die Möglichkeit einer sexuellen Doppelmoral von Ehe und Prostitution, die Entstehung einer neuen pornographischen Kultur und schließlich die Verbreitung von bürgerlichen neuronalen Symptomen – der weiblichen Hysterie und der auch männlichen Neurasthenie – lassen sich als unintendierte Produkte dieser Überlagerung zwischen naturalistisch-postromantischer Sexualisierung und moralischer Kontrolle des bürgerlichen Körpers interpretieren.[198] Die diskursive Erfindung der Figur ›des Homosexuellen‹ am Ende des 19. Jahrhunderts, die dem bürgerlichen Subjekt ein neues symbolisches Anderes liefert, stellt sich als ein paradigmatisches Produkt dieser parallelen Tendenzen von Sexualisierung und Kontrolle dar:[199] Erst-

198 Vgl. zur ›Doppelmoral‹ Nicholas White (1999): The Family in Crisis in Late 19th Century French Fiction, Cambridge; zur kulturellen Relevanz der Prostituierten Nead (1988), S. 91 ff.; zur Pornographie Lisa Z. Sigel (2002): Governing Pleasures: pornography and social change in England 1815-1914, New Brunswick; zur Hysterie Elisabeth Bronfen (1998): The Knotted Subject: Hysteria and its discontents; Caroll Smith-Rosenberg (1985): Disorderly Conduct. Visions of gender in Victorian America, New York, S. 197 ff.; und zur Neurasthenie Joachim Radkau (1998): Das Zeitalter der Nervosität. Deutschland zwischen Bismarck und Hitler, München.

199 Vgl. Jeffrey Weeks (1981): Sex, Politics and Society. The regulation of sexuality since 1800, London 1989, 2. Aufl., S. 96 ff.; Eve Kosofsky Sedgwick (1990): Epistemology of the Closet, Berkeley; Nye (1993), S. 98-126; Foucault (1976), S. 58 ff. ›Der Homosexuelle‹ wird am Ende des bürgerlichen Zeitalters und eigentlich erst in der nach-bürgerlichen Kultur der ›organisierten Moderne‹ zu einem Anti-Subjekt (vgl. Ro-

mals werden bestimmte männliche Subjekte als ganze Personen über eine ihnen zugehörige Sexualität definiert *und* gleichzeitig als Objekte vollständiger Körperkontrolle anvisiert – die entsprechende hermeneutische Selbstsexualisierung der Homosexuellen mündet paradoxerweise gleichzeitig in die Etablierung einer Subkultur, die damit eine weitere Variante bürgerlichen Doppellebens schafft.

Eine dritte spätbürgerliche Subjektfriktion betrifft das Verhältnis zwischen ›Öffentlichem‹ und ›Privatem‹ als separierte soziale Sphären und damit gleichzeitig zwischen Maskulinität und Feminität als separierte Geschlechtscharaktere. Entgegen dem Anspruch und Schein einer neutralen Arbeitsteilung der Sphären und Geschlechter besteht die Instabilität dieser Differenzierung darin, dass das bürgerliche Subjekt auf *jeder* der beiden Seiten der Differenz nur eine als defizitär wahrnehmbare, mangelhafte Identität erhält und ihm die jeweils andere Seite der Differenz als der eigentliche, begehrenswerte Ort einer gelungenen oder vollständigen Identität erscheinen muss, ohne dass diese Grenzüberschreitung aufgrund der Naturalisierung der Geschlechtssubjekte realisierbar wäre. Geht man von der Sphäre des Privaten, des intimen Familienlebens und damit vom weiblichen Subjekt aus, so kann dieses zwar zunächst über das ihm unstrittig zugeordnete Feld der ›domesticity‹ und der Mütterlichkeit sowie als Hüterin der Moral und ›specialist of the heart‹ eine positive Identität entfalten – aber gleichzeitig erscheint diese unvollständig: Die bloß sekundäre Privatsphäre wird in der symbolischen Ordnung der bürgerlichen Welt als kompensatorischer Ausgleich der eigentlich produktiven, der primären Sphäre der Arbeit verstanden; zudem muss sich das weibliche Subjekt dadurch als Mängelwesen erfahren, dass sein Geschlechtscharakter als ›naturnah‹ und damit der männlich-zivilisatorischen Anleitung bedürftig angenommen wird.

Ein komplementärer Mangel ergibt sich jedoch, wenn man an der anderen Seite der Differenz ansetzt. Ausgehend von der öffentlichen Sphäre der Arbeit (und der Politik) und vom männlichen Subjekt, wird die zunächst scheinbar stabile Identität des ›masculine achiever‹ und zivilisatorischen Führers destabilisiert durch das Wissen, dass die Sphäre der marktwirtschaftlich-kompetitiven Arbeit (und auch jene der urbanen Öffentlichkeit, die zeitgenössisch als Raum nicht-familiärer sexueller ›Versuchungen‹ gilt) grundsätzlich jener bürgerlichen Moralität und Balanciertheit ermangelt, die eigentlich den Maßstab bürgerlicher

bert A. Nye (1989): Sex difference and male homosexuality in French medical discourse 1830-1930, in: Bulletin of the History of Medicine, S. 32-51). Der Wechsel der leitenden Subjekt-Distinktion von einer bürgerlichen Abgrenzung zum Primitiven und Unzivilisierten zu einer Abgrenzung vom sozialen ›Anormalen‹ und ›Dysfunktionalen‹ scheint hier eine Rolle zu spielen.

Lebensform darstellen soll, eine Moralität und Balanciertheit, die allein auf der anderen Seite der Sphären- und Geschlechterdifferenz, in der moralisch-emotionalen Ausgeglichenheit der Familie und der Frau, zu finden ist. Zwar ist dem männlichen Subjekt eine Partizipation an der Familie möglich (so dass es sich vordergründig tatsächlich in beiden Sphären bewegt), diese ist aber eingeschränkt durch die kategorische Unerreichbarkeit der ›unmännlichen‹ weiblichen Subjektkompetenzen und ihrer ›natürlich-balancierten‹ Emotionalität. Die Struktur der bürgerlichen Geschlechterordnung des 19. Jahrhunderts und der daran gekoppelte Dualismus von Öffentlichem und Privatem zwingt das Subjekt damit dazu, immer in das jeweils ›Andere‹ den eigentlichen Kern der Identität, die Überwindung des eigenen Mangels zu projizieren – ein Anderes, das durch die Naturalisierung der Geschlechtscharaktere unmöglich zum Eigenen werden kann. Diese Widerspruchsstruktur provoziert jene anti-bürgerliche Destabilisierung und kulturelle Artifizialisierung der Geschlechterordnung, wie sie im weiteren Umfeld der Avantgardebewegungen des späten 19. und frühen 20. Jahrhunderts – etwa mit ihren alternativen Subjektmodellen der ›new woman‹ und des ›Dandy‹ – erprobt wird.

Das Risiko eines bürgerlichen Doppel-Lebens zwischen Moralisierung und Ökonomisierung sowie zwischen latenter Sexualisierung und manifester Sexualitätskontrolle, darüber hinaus der prekäre Dualismus zwischen Öffentlichem und Privatem bzw. zwischen den Geschlechtern bewirken zusammengenommen, dass ein zentrales Sinnelement, das der bürgerlichen Lebensordnung seit dem 18. Jahrhundert als Fundament dient, unterminiert wird:[200] die Grundannahme einer natürlichen Transparenz und benevolenten Balance der harmonischen bürgerlichen Welt im Gegensatz zum undurchsichtigen Spiel von Sein und Schein des Ancien régime. Als hegemoniale Ordnung des 19. Jahrhunderts entwickelt die bürgerliche Lebensform selbst unintendiert systematisch doppeldeutige Strukturen und instabile Sinngrenzen von ›Schein‹ und ›Sein‹, von Vorderwelt und Hinterwelt – eine Strategie des Statusstrebens ›hinter‹ der Respektabilitätsfassade, eine interessierte Sexualisierung hinter

200 Das ›Doppelleben‹ ist eine verbreitete Metapher im literarischen Diskurs des ausgehenden 19. Jahrhunderts, vgl. Michael Kane (1999): Modern Men. Mapping masculinity in English and German literature 1880-1930, London/New York, S. 3-70. In der ästhetizistischen Avantgarde kann das bürgerliche Doppelleben unbürgerlich in eine demonstrative, stilisierte ›multiple Existenz‹ transformiert werden – paradigmatisch hier der ›Fall‹ Oscar Wilde. Das seit dem letzten Drittel des 19. Jahrhunderts in England populäre Genre des Kriminal- und Detektivromans kann als Indikator eines Interesses für uneindeutige (allerdings als auflösbar suggerierte) Schein/Sein-Konstellationen der bürgerlichen Welt verstanden werden.

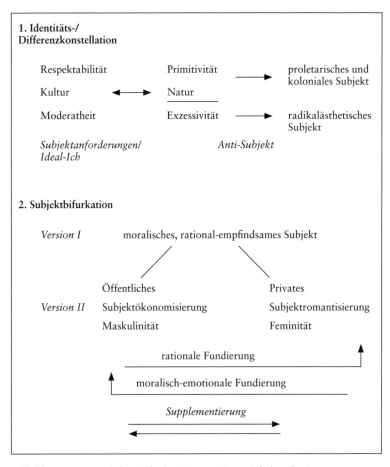

Abbildung 3: Bürgerliches Subjekt (Version II, 19. Jahrhundert)

der sexuellen Kontrolle, ein Hin- und Herverschieben der eigentlichen bürgerlichen Identität zwischen männlichem und weiblichem Subjekt, auch eine Doppeldeutigkeit des Natürlichen als erstrebenswert und als primitiv. Vor dem Hintergrund des bürgerlichen Anspruchs einer eindeutigen, harmonischen Ordnung, einer in sich balancierten Unverstelltheit des Subjekts können die Fissuren der bürgerlichen Kultur in der zeitgenössischen Kritik nur als philiströse Doppelmoral thematisiert werden. Das bürgerliche Subjekt weist Strukturen dessen auf, was es in seiner anti-aristokratischen Tendenz gerade nicht sein will: Es erscheint nicht ›natürlich‹, sondern artifiziell, und zwar artifiziell nicht im Sinne einer aristokratischen oder ästhetischen, bewussten und positiv konnotierten, spielerisch-kombinatorischen Kunsthaftigkeit, sondern als

Ausdruck einer ›unauthentischen‹ Künstlichkeit. In ihrer Kritik an der bürgerlichen Künstlichkeit formulieren die Kulturbewegungen im Umkreis des ästhetischen Modernismus der Jahrhundertwende alternative, anti-bürgerliche und in einem positiven Sinne artifizielle Subjektmodelle. Die neue hegemoniale, in einem doppelten Sinne post-bürgerliche Subjektkultur ist jedoch die des ›amerikanistischen‹, an der ›group ethics‹ orientierten Angestelltensubjekts der organisierten Moderne.

3. Ästhetischer Modernismus und organisierte Moderne

Avantgarde-Subjekt und nach-bürgerliches Angestelltensubjekt

Die Dominanz der bürgerlichen Subjektkultur und mit ihr die Praxis-/ Diskursformation der bürgerlichen Moderne erodierten zu Beginn des 20. Jahrhunderts. Der Erste Weltkrieg erscheint hier wie die politisch-ereignishafte Markierung einer bereits stattfindenden sozial-kulturellen Transformation, welche die Kriterien der Modernität auch und gerade auf der Ebene dessen verschiebt, was es heißt, ein modernes Subjekt zu sein. Die Moderne des 20. Jahrhunderts ist nicht mehr die bürgerliche Moderne, aber was in der westlichen Kultur auf das Modell der Bürgerlichkeit jenseits eines rein negativen Attributs des ›Nach-Bürgerlichen‹ folgt – welches einen zumindest partiellen Anschluss an bürgerliche Elemente einschließt – und was die Antriebsfaktoren dieser Transformation der Subjektform sind, stellt sich als eine komplexe Konstellation heraus.

Die Unterminierung der bürgerlichen Subjektordnung zu Beginn des 20. Jahrhunderts, die einer zeitgenössischen Wahrnehmung der ›Krise des bürgerlichen Zeitalters‹ entspricht, wird in erster Linie durch drei Elemente vorangetrieben: Strukturwandel der material-technologischen Kultur, neue humanwissenschaftliche Interdiskurse, die Leitcodes des ›Technischen‹ und des ›Sozialen‹ entwickeln, und ein Konglomerat von radikalen sozial-kulturellen, ästhetischen Gegenbewegungen, die im Kontext der modernistischen Avantgarden entstehen.[1] Die Transformation der materialen Kultur im Bereich der Transport-, Informations-, Organisations-, Produktions- und Städtebautechnologien initiiert neue soziale Praktiken, welche vor allem durch eine veränderte Strukturierung von Räumlichkeit und Zeitlichkeit neuen Subjekteigenschaften zur Entstehung verhelfen. Die im weitesten Sinne humanwissenschaftlichen Diskurse vor allem aus dem Bereich der Managementlehre (Taylorismus, soziale Organisation), der Sozialpsychologie und Soziologie und der Po-

---

[1] Eine andere sozial-kulturelle, nicht ästhetisch, sondern politisch akzentuierte Bewegung, welche die Erosion der bürgerlichen Moderne zu Beginn des 20. Jahrhunderts befördert, ist die sozialistische. In einer Minorität verbündet sie sich mit den westlichen Avantgarden, in der Majorität befördert sie – insbesondere in ihrer spezifischen osteuropäischen Version – die Ausbildung der gesellschaftlich-kulturellen Form der ›organisierten Moderne‹.

litischen Theorie (Sozialdemokratie, Wohlfahrtsstaat) transportieren seit Beginn des 20. Jahrhunderts post-bürgerliche kulturelle Codes, welche insbesondere die überindividuelle Strukturiertheit des ›Technischen‹ und des ›Sozialen‹ als zwei miteinander verwobene Bedingungen von Subjekthaftigkeit präsentieren. Die modernistischen, subkulturell verankerten Avantgarden vom Ästhetizismus, Symbolismus und expressionistischen Lebensreformismus über den Futurismus und Konstruktivismus bis zum Dadaismus und Surrealismus initiieren auf diskursiver Ebene, zum Teil auch in ihren Praxen, Modelle eines radikal-ästhetischen ›neuen Menschen‹, der die bürgerliche Selbstkontrolle zugunsten von Grenzüberschreitungen seiner Subjektivität hinter sich lassen soll. In einem addierten Effekt bewirken die Artefakt-Revolutionen, die humanwissenschaftlichen Diskurse und die geprobten Kultur-Revolutionen der Avantgarden eine Delegitimierung bürgerlicher Subjektivität.

Im Zuge der Transformationen der materialen Kultur am Ende des 19. Jahrhunderts wird eine Vielzahl neuer technischer Artefakte produziert und verbreitet, in deren Umkreis neuartige sozial-kulturelle Praktiken entstehen.[2] Diese erfordern entsprechende Subjektdispositionen. Die Technologien können keine neue Subjektkultur determinieren, aber sie konfrontieren mit Artefakten, deren routinisierte Handhabung – falls diese gelingt – andersartige Kompetenzen erfordert, welche die Grenzen der Bürgerlichkeit sprengen. In der Geschichte materialer Kultur der Moderne markiert die Artefakt-Revolution am Ende des 19. Jahrhunderts den zweiten Strukturbruch und folgt damit auf jenen ersten Bruch in der Frühen Neuzeit, den Strukturwandel der Medientechnologien, der durch die Gutenberg-Revolution des Buchdrucks markiert wird, und einer ersten Revolution der Verkehrstechnologien, die mit der Seeschiffahrt erfolgt. Die Artefakt-Revolution an der Wende vom 19. zum

2 Zu einzelnen Aspekten der Transformation der materialen Kultur um 1900 vgl. Stephen Kern (1983): The Culture of Time and Space 1880-1918, London; David Harvey (1989): The Condition of Postmodernity. An enquiry into the origins of cultural change, Oxford, S. 201-321; Cecelia Tichi (1987): Shifting Gears. Technology, literature, culture in modernist America, Chapel Hill; Friedrich Kittler (1986): Grammophon Film Typewriter, Berlin; Marshall McLuhan (1964): Understanding Media. The extensions of man, Cambridge (Mass.)/London 1994; Wolfgang Schivelbusch (1977): Geschichte der Eisenbahnreise. Zur Industrialisierung von Raum und Zeit im 19. Jahrhundert, Frankfurt am Main 2000; Jonathan Crary (1999): Aufmerksamkeit. Wahrnehmung und moderne Kultur, Frankfurt am Main 2002; Stefan Rieger (2002): Die Ästhetik des Menschen. Über das Technische in Leben und Kunst, Frankfurt am Main; Peter Conrad (1998): Modern Times, Modern Places, London; Birgit Wagner (1996): Technik und Literatur im Zeitalter der Avantgarden. Ein Beitrag zur Geschichte des Imaginären, München.

20. Jahrhundert umfasst mehrere Felder: Verkehrstechnologien (Eisenbahn, Automobil, Dampfschiff, Flugzeug), audiovisuelle Medien (Telegraph, Phonograph, Film, Telefon, Radio, Fernseher), elektrische statt mechanische Techniken der Produktion, Techniken zur Organisation von Produktions- und Verwaltungsprozessen (scientific management), schließlich Techniken des Städtebaus und der urbanen Architektur. Diese Explosion neuer Artefakte und Technologien betrifft die sozialen Praktiken nicht nur an der sozialen Peripherie – wie es für die Industrialisierung im Bereich der Schwerindustrie im 19. Jahrhundert gilt, die sich in erster Linie auf das Proletariat auswirkt, aber nur sehr vermittelt die bürgerliche Subjektkultur berührt –, sondern im besonderen Maße die Praxis in den sozialen Zentren der Metropolen.

Der generelle gesellschaftliche Effekt der neuen materialen Kultur besteht in einer Neustrukturierung von Zeitlichkeit und Räumlichkeit. Damit verknüpft entstehen neue Formen der Organisation von und Konfrontation mit sozialen Kollektiven (›Massen‹) sowie neue Formen der Visualität. Die zeitliche Struktur der sozialen Praktiken verändert sich in Richtung einer Beschleunigung von Ereignissen, Prozessen und Bewegungen sowie einer subjektiv erlebbaren Gleichzeitigkeit dieser Ereignisse. Eine historisch ungewöhnliche Beschleunigung der Bewegung von Personen wie von Gütern findet durch die Verkehrstechnologien von Eisenbahn und Automobil bis zu Luftschiff und Flugzeug statt, eine Beschleunigung des ›Transports‹ von Zeichen und Informationen durch die Informationstechnologien vom Telegraphen bis zum Fernseher. Subjektiv erlebbar wird diese Beschleunigung in konzentrierter Form in der Metropolenerfahrung, das heißt in der quantitativen Zunahme von Reizen, mit denen das Subjekt im urbanen Kontext in einem bestimmten Zeitraum konfrontiert wird. Die Metropolenwahrnehmung ist gleichzeitig eine herausragende Erfahrung von Gleichzeitigkeit, der simultanen Beobachtung unabhängig voneinander geschehender Ereignisse und der simultanen Konfrontation mit verschiedenartigen, unkoordinierten Sinnesreizen, eine Gleichzeitigkeitserfahrung, die in anderer Weise auch durch die neuen Medientechnologien (etwa das Telefon oder den Film/Fernseher) nahegelegt wird, welche räumlich separierte Prozesse in der Simultaneität ›kurzschließen‹. Die neuen Organisationsformen kapitalistischer Unternehmen im Zuge des ›scientific management‹, die schließlich in die ›organisierte Moderne‹ münden, bewirken ebenfalls eine Neustrukturierung von sozialen Praktiken im Sinne einer Beschleunigung von Arbeitsprozessen und Warenproduktion (Massengüter) sowie einer – nun koordinierten – Gleichzeitigkeit verschiedener Handlungen am gleichen Ort. Die Restrukturierung der Zeit ist generell eng mit einer Restrukturierung des Raumes verknüpft: Die zeitliche Beschleunigung lässt die räumlichen Distanzen ›schrumpfen‹ – Ergebnis ist das, was man mit David Harvey als einen radikalen

Schritt in der ›time-space-compression‹ umschreiben kann, der sich um 1900 markieren lässt.[3] Der Erfahrung der Gleichzeitigkeit des Unterschiedlichen, welche durch die materiale Kultur induziert wird, entspricht eine Strukturierung von Routinen als ›gleichräumlich‹. Wiederum liefern die wahrnehmbar parallelen Handlungen einer Vielzahl von Individuen am gleichen Ort in der Metropole ein herausragendes Beispiel für eine lose koordinierte Gleichräumlichkeit, die Organisation von Handlungen in Großbetrieben ein Beispiel für eine strikt koordinierte Gleichräumlichkeit.

Über die generelle Raum-Zeit-Restrukturierung hinaus und mit dieser verknüpft, ermöglichen die Artefakt-Revolutionen eine Reorganisation von sozialen Praktiken unter zwei sehr spezifischen, aber für die nach-bürgerliche Moderne und ihr Subjekt entscheidenden Aspekten: der Reorganisation von sozialer Kollektivität und von Visualität. Die technisch fabrizierte Gleichzeitigkeit und Gleichräumlichkeit von Ereignissen und Handlungen schließen eine dauerhafte Gleichzeitigkeit/ -räumlichkeit einer großen Zahl *von Personen* ein, die als soziales Kollektiv – zeitgenössisch regelmäßig als ›Masse‹ umschrieben – einerseits wahrnehmbar und andererseits organisierbar wird. Der Ort der Wahrnehmbarkeit eines – nur sehr lose koordinierten – sozialen Kollektivs einzelner Individuen ist die Metropole; der Ort der zweckorientierten Organisation eines sozialen Kollektivs ist vor allem der bürokratische Großbetrieb, daneben der urbane Städtebau. Insbesondere die audiovisuellen Medientechniken schließlich liefern auch die materialen Voraussetzungen für eine Visualisierung sozialer Praktiken, die mit den neuen Zeit- und Raumerfahrungen verknüpft sind. Die erstmalige technische Produktion und Reproduzierbarkeit von visuellen Darstellungen, vor allem in der Fotografie und im Film, kann über die Konfrontation des Subjekts mit scheinbar ›realistischen‹, gleichzeitig aber artifiziellen Visualisierungen (im Kino, in der Werbung, im Fernsehen) eine Veränderung von Wahrnehmungs- und Imaginationsstrukturen bewirken. Aufgrund der neuen Möglichkeit eines ›Transports‹ technisch reproduzierter visueller Repräsentationen von der Vergangenheit in die Gegenwart kann aber auch eine weitere Modifizierung des sozialen Zeitbewusstseins, mit der Möglichkeit technisch vermittelter visueller Beobachtung von Personen auch eine Verfeinerung der Verhaltensdisziplinierung induziert werden.

Die Transformation der materialen Kultur, die sich im letzten Viertel des 19. und im ersten Viertel des 20. Jahrhunderts vollzieht und die tatsächlich in die soziale Praxis eingeht, stellt sich als Bedingung und Voraussetzung einer allmählichen Delegitimierung der bürgerlichen Subjektordnung und als Bedingung bestimmter nach-bürgerlicher

3 Vgl. Harvey (1989), S. 260 ff.

Subjektdispositionen dar: Die Restrukturierung von sozialen Praktiken durch die Technologien der ›time-space-compression‹ ist mit der bürgerlichen Lebensform als ganzer nicht mehr kompatibel. Es handelt sich hier nicht um die Entwicklung bloßer technischer Hilfsmittel, die rein instrumentell in die bürgerliche Praxis integrierbar wären, vielmehr um Artefakte, die auf neue, entgegenkommende Subjektdispositionen angewiesen sind.[4] Dabei produziert die neue materiale Kultur nicht nur eine einzige ihr gemäße Subjektform, sie lässt vielmehr mehrere mögliche Formen zu. Die beiden Bündel von Dispositionen, die in ihrem Rahmen (teilweise auch kombiniert) in erster Linie entstehen, sind jedoch mit der Subjektform der Bürgerlichkeit unvereinbar: die Dispositionen einer alltäglichen Ästhetisierung der Wahrnehmung einerseits, die Dispositionen eines Handelns innerhalb von sozialen und technischen Kollektiven andererseits. Die Beschleunigung und Strukturierung von Gleichzeitigkeit wie Gleichräumlichkeit durch die Verkehrs-, Medien- und Organisationstechnologien können entweder zu einer quasi-ästhetischen Multiplizierung, spielerischen Überlagerung und Diskontinuierung von Wahrnehmungs- und Erlebensformen insbesondere visueller Art führen oder aber eine Einbindung von Subjekten in technisch organisierte Sozialkollektive – mit dem Prototyp der tayloristischen und bürokratischen Organisation – ermöglichen. Ersteres ist vor allem das Modell der ästhetischen Avantgarden, letzteres das Modell der ›organisierten Moderne‹. Die klassische bürgerliche Kultur der Schriftlichkeit, die – aus der christlichen wie aufklärerischen Tradition – eine grundsätzliche Skepsis gegenüber dem Bildhaften zugunsten der Rationalität des – allerdings auch nur über den Sehsinn erfahrbaren – Wortes kultivierte, wird mit einer offensiven urbanen und medialen Kultur der technisch reproduzierten Visualisierungen konfrontiert. Dem klassisch bürgerlichen Subjekt in autonomer Selbständigkeit, das seine Souveränität in nicht-anonymer *face-to-face*-Kommunikation unter Gleichen oder im Medium der Schriftlichkeit gewinnt, steht die Notwendigkeit eines neuen Subjekts gegenüber, das mit anonymen oder semi-anonymen sozialen Kollektiven – in relativer Ungeordnetheit, in rein funktionalen oder in hierarchischen Beziehungen – umzugehen weiß.[5]

Die Artefakt-Revolutionen um 1900 sind es damit nicht allein, die die bürgerliche Subjektordnung zu unterminieren vermögen. Die neuen

---

4 Walter Benjamin hat diesen Zusammenhang zwischen der Entwicklung von Technik und Subjektformen als erster analysiert: Walter Benjamin (1936): Das Kunstwerk im Zeitalter seiner technischen Reproduzierbarkeit, in: ders. (1977a), S. 7-44.

5 Um diese spezische nach-bürgerliche Erfahrung formal-standardisierter Interaktionen herum hat sich historisch ein Großteil der Disziplin der Soziologie konstituiert.

Artefakte bieten Möglichkeiten einer Neustrukturierung von Praktiken und Subjekten – welche aber tatsächlich realisiert werden, hängt von kulturellen Codes ab, welche die Materialität von Dingen nicht aus sich selbst heraus in die Welt zu setzen vermag. Als entscheidender Impuls für die Ausbildung nach-bürgerlicher Subjektformen erweisen sich zunächst die kulturellen Bewegungen, die um die Jahrhundertwende vor allem im Sinne von Versionen eines ästhetischen Modernismus in sehr heterogener Form dediziert anti-bürgerliche Codes der Subjektivität und damit korrespondierende soziale Praktiken entwickeln. Trotz aller Differenzen zwischen Ästhetizismus, Symbolismus, Expressionismus, Futurismus, Surrealismus und Dadaismus laufen diese ästhetisch-modernistischen Bewegungen auf Versionen eines Avantgarde-Subjekts hinaus. Sie applizieren teilweise Elemente der neuen Technologien, um mit ihrer Hilfe ein Gegenmodell zum bürgerlichen Subjekt in die Tat umzusetzen.

Die Avantgarde-Bewegungen antworten auf die Friktionen bürgerlicher Subjektivität: Im Sinne einer Auseinandersetzung um die kulturelle Hegemonie werden Modernität im allgemeinen und die Modernität des Subjekts im besonderen offensiv umdefiniert. Das emphatisch moderne ist nun das transgressive Subjekt, eines, das sich in permanenten Grenzüberschreitungen übt und das Moderne im permanent Neuen, Sich-Verändernden, Wechselhaften, chronisch Ungeordneten und Kontingenten ausmacht, vor allem in einer unberechenbaren Selbstüberschreitung der Erfahrungen auf der ästhetischen Ebene des Wahrnehmens und Erlebens. Das transgressive Subjekt will sich von ›Natur‹ und ›Moral‹ emanzipieren und versteht sich als Subjekt und Objekt dezidiert anti-natürlicher artifizieller, kontingenter Konstruktionen. Die Avantgarde-Bewegungen entwickeln hier verschiedenartige, in ihrem Selbstverständnis ›subversive‹ kulturelle Codes der Subjektivität, in denen diese Grenzüberschreitungen im Sinne einer Überwindung bürgerlich-moralischer Selbstkontrolle auf unterschiedlichen Ebenen gesucht werden: im experimentellen Spiel mit kontingenten Bedeutungen, im Ausleben des Unbewussten und seines Begehrens sowie der Prämierung des ›Primitiven‹, im Einrücken des Einzelnen in nicht-natürliche, technisch-energetische Strukturen, in der ›dekadenten‹, ästhetischen Stilisierung der äußeren Erscheinung. Die Avantgarden entwickeln gleichzeitig in gewissem Umfang soziale Praktiken, in denen sich das neue ästhetische Subjekt zu instituieren vermag: Praktiken der Metropolenerfahrung und der Filmrezeption, Techniken künstlerischer Aktivität sowie experimentelle Verschiebungen von Geschlecht, Sexualität und Intimität im Umkreis von Sexualreformbewegungen, Dandy-Kultur und ›new woman‹ *(Kapitel 3.1).*

Eine Kulturtheorie der Moderne reduziert die Avantgarden und den ästhetischen Modernismus nicht auf ein autonomes künstlerisches Phänomen, sondern entziffert sie als eine für die Entwicklung von

Subjektkulturen im 20. Jahrhundert effektive Subjekttransformationsbewegung. Die Diskurse und Praktiken im Kontext der Avantgarden
produzieren – teilweise in Kontinuität zur Romantik – alternative Codes einer modernen als ästhetische Subjektivität, welche die kulturelle
Hegemonie der scheinbaren Natürlichkeit des bürgerlichen Modells herausfordert und dabei wiederum eine Selbstuniversalisierung betreibt.
Dieses ästhetische Subjektmodell wird in der nachfolgenden Transformation der Kultur der Moderne – nach der Marginalisierung und dem
Verschwinden der genuinen Avantgarden um 1930 – in selektiver Form
zunächst in der ›organisierten Moderne‹, in intensivierter Form über
den Weg der *counter culture* der 1960er und 70er Jahre in der postmodernen Gesellschaft appropriiert. Elemente der ästhetischen Subjektivität der Avantgarden stellen sich damit als Codevoraussetzungen der
beiden neuen dominanten Subjektkulturen heraus, die sich im Laufe des
20. Jahrhunderts ergeben. Eine solche subjekthistorische Interpretation
der Avantgarden steht jener Reduktion des Modernismus auf eine ›ästhetische Moderne‹ im engen kunstwissenschaftlichen Sinne entgegen,
wie sie nach 1945 insbesondere im Umkreis des US-amerikanischen
new criticism – programmatisch bei Clement Greenberg – einflussreich
entwickelt wurde. Der ›Modernismus‹ sah sich hier auf eine autonome
Kunst jenseits der Lebenspraxis, eine Kunst abstrakter ›reiner Formen‹
der modernistischen Lyrik, der Bildenden Kunst oder der Neuen Musik
eingeschränkt. Diese erschien entweder – in der Tradition der bürgerlichen Kunstautonomie des 19. Jahrhunderts – als legitimes Reservat
ästhetischer Verstörung oder aber – im Rahmen eines soziologischen
Funktionalismus – als ästhetisches Komplement gesamtgesellschaftli-
cher formaler Rationalisierung. Die Postmodernismus-Debatte hat häufig – nun negativ – an dieses limitierte Verständnis des Modernismus als
Kunst der reinen, abstrakten Form angeschlossen.[6] Eine Interpretation
des ästhetischen Modernismus als Spielfeld von Avantgarden, von Bewegungen der Subjekttransformation kann demgegenüber teilweise an
Peter Bürgers »Theorie der Avantgarde« (1974), vor allem aber an die
von der postmodernen Gegenwartserfahrung beeinflussten, kultursoziologischen und kulturwissenschaftlichen Interpretationen des ästhetischen Modernismus seit den 1980er Jahren anschließen.[7]

6 Vgl. zum Modernismus aus der Sicht des New Criticism: Clement Greenberg (1966): Modernist painting, in: Gregory Battock (Hg.): The New
Art. A critical anthology, New York 1966, S. 100-110; Maurice Beebee
(1974): What modernism was, in: Journal of modern literature, S. 1065-
1084. Diese Definition des Modernismus wird vom Postmodernismus in
Ihab Hassan (1985): The culture of postmodernism, in: Theory, Culture
& Society, S. 119-131 übernommen.

7 Vgl. Peter Bürger (1974): Theorie der Avantgarde, Frankfurt am Main;
Andreas Huyssen (1986): After der Great Divide. Modernism, mass

Die Avantgarde-Bewegungen des ästhetischen Modernismus initiieren Subjektcodes und Ansätze avantgardistischer Praktiken in einer subkulturellen ›Bohème‹. Sie bleiben aber eine minoritäre kulturelle Bewegung, die zur Unterminierung des bürgerlichen Modells diskursiv beiträgt, ohne selbst zur Hegemonie zu werden. Jene Wissensordnung eines postbürgerlichen Subjekts, die sich während der Epochenschwelle im ersten Drittel des 20. Jahrhunderts tatsächlich allmählich und alles andere als konfliktfrei zur neuen Hegemonie heranbildet, ist vielmehr – wie man in Anlehnung an Siegfried Kracauer formulieren kann[8] – die eines ›Angestelltensubjekts‹, die sich im Rahmen der Praxis-/Diskursformation einer ›organisierten Moderne‹ entwickelt. Dies geschieht seit den 1920er Jahren, erreicht seinen Höhepunkt in den 1950er Jahren und erodiert wiederum seit den 1970er Jahren. Die Angestelltenkultur setzt in spezifischer Weise die technologischen Transformationen seit der Jahrhundertwende voraus, vor allem in ihren Auswirkungen auf die Struktur ökonomischer Organisationen, den Massenkonsum und die audiovisuellen Medien, und sie verarbeitet sehr spezifische Elemente des ästhetischen Modernismus – insbesondere dessen ästhetische Aufladung visueller Oberflächen –, um gleichzeitig eine Differenz zu anderen Sinnelemente der Avantgarden zu markieren, vor allem zu ihrer anti-sozialen Zelebrierung subjektiver Transgression. Sie übt einen Bruch gegenüber der nun als vormodern repräsentierten, moralitäts-, souveränitäts- und innenorientierten bürgerlichen Kultur, reproduziert aber implizit Sinnfundamente des Bürgerlichen, vor allem in ihrer ordnungsorientierten Differenzmarkierung zum Exzessiven.

Die Subjektkultur des ›Angestellten‹ der organisierten Moderne wird zugleich ermöglicht durch Subjektmodelle in den humanwissenschaftlichen Interdiskursen, die sich seit Beginn des Jahrhunderts entwickeln, vor allem jene aus dem Umkreis der neuen Disziplinen der Psychologie und Soziologie, die weit in Subdisziplinen wie die Organisations- und Steuerungswissenschaft, die Familien- und Sexualpsychologie sowie die Pädagogik und politisch in den ›progressivism‹ hineinreichen. Diese Diskurse modellieren eine Repräsentation des Subjekts als ein ›soziales‹ in einem spezifischen Sinne, als ein Wesen, das seine Identität erst im

culture, postmodernism, Bloomington/Indianapolis; Marshall Berman (1982): All That Is Solid Melts Into Air. The experience of modernity, London 1988; Fredric Jameson (1991): Postmodernism, or, The Cultural Logic of Late Capitalism, Durham; Harvey (1989); Kondylis (1991); Daniel Bell (1976): The Cultural Contradictions of Capitalism, New York 1996; Richard Sheppard (2000): Modernism – Dada – Postmodernism, Evanston (Ill.), S. 1-88; Michael Makropoulos (1997): Modernität und Kontingenz, München.

8 Siegfried Kracauer (1929): Die Angestellten. Aus dem neuesten Deutschland, Frankfurt am Main 1971.

Kontext der reziproken Erwartungen innerhalb ›sozialer Gruppen‹ erlangt. Der Leitcode des Sozialen überformt sich dabei teilweise mit dem in den Ingenieurwissenschaften wurzelnden – und politisch wie ästhetisch im Sinne eines ›social engineering‹ bzw. einer Neuen Sachlichkeit konnotierten – Code des ›Technischen‹ und ›Sachlichen‹, welcher von interobjektiven auf intersubjektive Relationen transferiert wird und soziale Regeln analog technischen Regeln modelliert (paradigmatisch im Taylorismus des ›scientific management‹ und im Behaviorismus).[9]

Jene Form einer modernen Gesellschaft und Kultur, deren Träger das Angestelltensubjekt ist, kann man – in Anlehnung an Peter Wagner – als die einer ›organisierten Moderne‹ umschreiben.[10] Die Organisierbarkeit des Sozialen ist ein zentrales Strukturmerkmal – allerdings nicht das einzige – der gesellschaftlichen Praktiken der nach-bürgerlichen Moderne, vor allem im Feld der Arbeit (und der Politik), aber auch in der Privatsphäre und im Freizeitbereich. Diese Organisierbarkeit des Sozialen ist auf das Training eines ihr entsprechenden, sozial zugewandten Subjekttypus angewiesen. Das Angestelltensubjekt der organisierten Moderne stellt sich als hegemonialer Sozialcharakter der westlichen Kultur dar, deren Prototyp von den 1920er bis 60er Jahren in den Vereinigten Staaten zu finden ist: die Kultur der organisierten Moderne ist eine Kultur des ›Amerikanismus‹.[11] Das Angestelltensubjekt ist in den 1920er bis

---

9 Vgl. zu diesem interdiskursiven Feld William Graebner (1987): The Engineering of Consent. Democracy and authority in 20th America, Madison; Rieger (2000), (2002); Fass (1977), v. a. S. 119-259; Whyte (1956), insbes. S. 265-404; Nikolas Rose (1996): Inventing Our Selves. Psychology, power, and personhood, Cambridge, S. 116-149; Wagner (1993), S. 104 ff.

10 Vgl. Wagner (1994), S. 71-119; auch Scott Lash/John Urry (1987): The End of Organized Capitalism, Cambridge. Im Hintergrund steht das Konzept des ›organisierten Kapitalismus‹ von R. Hilferding.

11 ›Amerikanismus‹ ist hier als ein umfassendes kulturhistorisches Konzept für die Konfiguration von ›Neuer Sachlichkeit‹ und Angestelltenkultur zu verstehen, die in den 1920er bis 60er Jahren außerhalb der USA teilweise als attraktiv kopiert, teilweise – von Seiten der klassisch bürgerlichen Moderne und der faschistischen Version der organisierten Moderne – bekämpft wird, vgl. Frank Becker (1993): Amerikanismus in Weimar. Sportsymbole und politische Kultur, 1918-1933, Opladen; Detlev J. K. Peukert (1987): Die Weimarer Republik. Krisenjahre der Klassischen Moderne, Frankfurt am Main, S. 178 ff. Für eine engere kunstwissenschaftliche Definition vgl. Hermann Danuser (Hg) (2003): Amerikanismus Americanism Weill. Die Suche nach kultureller Identität in der Moderne, Schiengen; für eine enger sozialwissenschaftliche Definition im Zusammenhang mit dem Konzept des Fordismus vgl. Gramsci (1971), S. 279-318.

8oer Jahren allerdings nicht alternativenlos. Die Epochenschwelle zwischen der Erosion der bürgerlichen Kultur und der allmählichen Instituierung der Angestelltenkultur der organisierten Moderne in den 1920er und 30er Jahren stellt sich vielmehr als eine Phase der – vor allem im Medium des Politischen geführten – grundsätzlichen und teilweise gewaltsamen *Auseinandersetzung* um die kulturelle Formung des ›neuen Menschen‹ nach der Delegitimierung der bürgerlichen Moderne dar. Das vor allem in den Vereinigten Staaten prototypisch modellierte kulturelle Dreieck von technisch-sachlicher Organisationskultur, *peer society* und Ästhetisierung durch Massenkonsum/Massenmedien, in dem sich das extrovertierte Angestelltensubjekt herausschält, erweist sich erst *ex post facto* als dominanter Pfad in der historischen Transformation von Subjektformen; an der Epochenschwelle selbst stellt sich diese kulturelle Formation als Gegenstand des Kulturkampfs dar.

Vor allem zwei alternative Modelle – denen unsere auf die hegemoniale Kultur beschränkte Aufmerksamkeit im folgenden *nicht* gilt – konkurrieren zunächst mit dem westlich-amerikanistischen Angestelltensubjekt um die Nachfolge bürgerlicher Subjektivität: die sozialistische und die faschistische Subjekt- und Modernitätskultur. Die sozialistischen Bewegungen in Europa seit dem Ende des 19. Jahrhunderts und die staatssozialistischen Gesellschaften Osteuropas zwischen 1917 und 1990, die aus ihnen erwachsen, lassen sich gegen ihre vornehmlich politisch-ökonomisch orientierte Selbstbeschreibung als eine *kulturelle* Alternative zur westlich-amerikanistischen Subjektkultur lesen. Ihr sozialistisch-proletarischer Habitus entnimmt Sinnelemente aus der ›working class culture‹, aber auch aus den romantischen und avantgardistischen Gegenbewegungen (Expressionismus, Futurismus). Die faschistischen Bewegungen und die faschistischen Gesellschaftssysteme (Deutschland, Italien), die in den 1920er bis 40er Jahren aus ihnen erwachsen, präsentieren sich als zweite, gleichfalls kulturelle Alternative einer nach-bürgerlichen Subjektkultur, die Sinnelemente aus der – ›völkisch‹ uminterpretierten – ländlich-agrarischen, der proletarischen Kultur und gleichfalls den romantischen und avantgardistischen Bewegungen (Futurismus, Lebensreform) entnimmt. Insbesondere das sozialistisch-proletarische, daneben auch das faschistische Subjekt stellen sich als kulturelle Distinktionsobjekte dar, gegen die die westliche Angestelltenkultur im globalen Hegemoniekampf ihre Identität gewinnt.

Wenn die amerikanistische Angestelltenkultur damit im zeitgenössischen Kontext zunächst nicht alternativenlos erscheint, so stellen sich zugleich weder die staatssozialistische noch die faschistische Subjektkultur als radikal diskontinuierliche, überschneidungsfreie Gegenmodelle dar. Es spricht vielmehr einiges für die Hypothese, die westlich-amerikanistische Angestelltenkultur ebenso wie ihre staatssozialistischen und faschistischen Konkurrenten als drei verschiedene, aber unter *bestimmten*

Aspekten homologe Versionen der Kultur der ›organisierten Moderne‹ in einem abstrahierten Sinne zu deuten: Die nach-bürgerlichen, dominanten Praktiken der Arbeit, die Praktiken persönlicher Beziehungen und die Selbstpraktiken (vor allem massenmedialer Art) nehmen in den drei kulturellen Kontexten vergleichbare, wenn auch nicht identische Formen an, die sie alle drei grundsätzlich sowohl von der vorhergehenden bürgerlichen Kultur als auch der nachfolgenden postmodernen Subjektkultur unterscheiden. Insbesondere die Prägung durch die gleichen nach-bürgerlichen, humanwissenschaftlichen Interdiskurse stellt sich als eine mögliche Ursache dieser Homologie dar. Sowohl im westlich-amerikanistischen als auch im staatssozialistischen und im faschistischen Kontext wirkt in den 1920er bis 60er Jahren in der Arbeit, in den persönlichen Beziehungen und in den Selbstpraktiken einerseits eine grenzüberschreitende Leitsemantik des ›Sozialen‹, ›Kollektiven‹, der *social ethics* und des *group management*, gleichzeitig ein technisch-szientistisches Vokabular, welches sich in Strukturen zentraler Planung, des *scientific management* und des *social engineering* umsetzt.[12]

Der Neuigkeitscharakter der Subjektordnung der industriegesellschaftlichen, organisierten Moderne, insbesondere in ihrer westlich-amerikanistischen Form der Angestelltenkultur, ihr Status als ein Nachfolgemodell der nun vergangen erscheinenden bürgerlichen Gesellschaft ist in Ansätzen im Kontext des gesellschaftswissenschaftlichen Diskurses der Zwischenkriegszeit und deutlich im soziologischen Diskurs der Nachkriegszeit wahrgenommen worden. Die Soziologie als wissenschaftliches Unternehmen, welches sich zwischen 1940 und 1970 vor allem in den USA etabliert, *ist* zum großen Teil eine Disziplin zur Analyse der Moderne *als* (westliche) ›organisierte Moderne‹. In beiden Diskursen haben sich jedoch Interpretationsroutinen entwickelt, die im Rahmen einer Kulturtheorie der Moderne aufzugeben sind. Der gesellschaftswissenschaftliche Diskurs der Zwischenkriegszeit, der in der frühen Frankfurter Schule wie auch bei Kulturkritikern wie Ortega y Gasset die nach-bürgerliche Moderne als Massengesellschaft oder Massenkultur interpretiert, neigt dazu, die nach-bürgerliche Subjektform als Ergebnis eines Verfallsprozesses gegenüber der Bürgerlichkeit zu präsentieren, sie an einem impliziten Maßstab bürgerlicher Autonomie zu messen und damit letztlich eine Pathologisierung der Angestelltenkultur als eine Kultur

---

12 Vgl. Wagner (1994), Kap. III. Totalitarismus-, Modernisierungs- und Differenzierungstheorien blenden – anders als die Theorie der Industriegesellschaft, die allerdings kulturalistisch unterkomplex bleibt – diese möglichen strukturellen und kulturellen Homologien zwischen westlicher und sozialistischer (möglicherweise auch der faschistischen) Gesellschaftsformation in der Regel aus. Ein Vergleich dieser drei Subjektkulturen wäre ein eigenes, notwendiges Thema.

angepasster Subjekte zu betreiben.[13] Diesem Risiko der Pathologisierung steht das Risiko einer analytischen Normalisierung gegenüber, das insbesondere die Soziologie und Sozialpsychologie der Nachkriegsjahrzehnte – noch bis in die 1980er Jahre – in sich bergen: Die soziologische Theorie der Industriegesellschaft und das komplementäre psychologische Modell der Normalentwicklung moderner Persönlichkeiten (etwa bei Erikson) tendieren dazu, die historisch hochspezifische – und letztlich ihrerseits im letzten Viertel des 20. Jahrhunderts erodierte – Angestelltenkultur der organisierten Moderne als den Normalfall moderner Vergesellschaftung zu universalisieren. Die soziologische Modernisierungstheorie riskiert, die Partikularität der Angestelltenkultur zugunsten der scheinbaren strukturellen Zwangsläufigkeit der Industriegesellschaft zu invisibilisieren. Eine Kulturtheorie der Moderne versucht demgegenüber, die historische Kontingenz der Codes und Praktiken der Angestelltenkultur und ihrer Subjektform ebenso wie ihre hybride Zusammensetzung herauszuarbeiten,[14] darunter auch ihre Rezeption von Elementen des klassisch Bürgerlichen, welches ein symbolisches ›Anderes‹ der Angestelltenkultur und zugleich ihr implizites Sinnfundament – damit ein konstitutives Außen – bereitstellt. Darüber hinaus schränkt die kulturtheoretische Perspektive dieses Subjekt nicht auf die ›normalisierenden‹ Felder der Arbeit und der persönlichen Beziehungen ein, sondern arbeitet auch seine zumindest partielle nach-bürgerliche *Ästhetisierung* heraus, die vor allem durch die Konsumtion, die nach-bürgerliche Sexualität und die audiovisuellen Medien vorangetrieben wird. Diese Spur eines ästhetischen Subjekts innerhalb der industriegesellschaftlichen Moderne, welche die industriegesellschaftliche Soziologie in ihrer Fixierung auf soziale Normalisierung vernachlässigt hat, scheint erst seit den 1980er Jahren *ex post facto* im Kontext einer Kultur- und Subjektgeschichte des 20. Jahrhunderts dechiffrierbar.

Die Subjektordnung der Angestelltenkultur bildet sich seit den 1920er Jahren ausgehend von den USA in allen drei für die moderne Subjektivation zentralen Praxis-/Diskurskomplexen etwa synchron heraus. Im Rahmen der neuen Sozialform der funktional-hierarchischen Organisation werden die nach-bürgerlichen Praktiken der Arbeit auf einen Code des Sozio-Technischen umgestellt. Arbeit wird zum Gegen-

13 Vgl. auch Patrick Brantlinger (1983): Bread and Circuses: Theories of mass culture as social decay, Ithaca.

14 Vgl. für eine solche kulturwissenschaftliche Perspektive etwa Helmut Lethen (1994): Verhaltenslehren der Kälte. Lebensversuche zwischen den Kriegen, Frankfurt am Main; Peukert (1987); Janet Ward (2001): Weimar Surfaces. Urban visual culture in 1920s Germany, Berkeley; Stefan Rieger (2000): Die Individualität der Medien. Eine Geschichte der Wissenschaften vom Menschen, Frankfurt am Main.

stand effizienter intersubjektiver wie interobjektiver Koordinierung, und ihr Subjektmodell ist der ›Manager-Ingenieur‹, der als technischer Koordinator von Menschen und Dingen zugleich wirkt. Das nach-bürgerliche Arbeitssubjekt als ›organization man‹ trainiert sich im ›social adjustment‹ an das Kollektiv, gleichzeitig jedoch in einer *personality salesmanship* unter den Bedingungen von Hierarchien. In einer Spannung zur Sachlichkeit des Organisationsmenschen stehen die Tendenzen zum bellizistischen Karriere-›Kampf‹ des Angestellten ebenso wie seine Neigung zur ästhetisch-kühlen Selbststilisierung *(Kapitel 3.2.1)*. Die persönlichen, intimen Beziehungen der neuen höheren Mittelschichten transformieren sich in Richtung einer nach-bürgerlichen *peer society*, das heißt in die Richtung informeller, ›sportlicher‹ Beziehungen unter Gleichen, die zugleich Freizeitbeziehungen sind. Die *peer society* setzt ein extrovertiertes, sozial verfügbares und gewandtes Subjekt voraus, das den in der Gruppe akzeptierten Standards sozialer Normalität folgt. Die Mittelschichts-*companionate marriage* als ›Partnerschaft‹ stellt sich als Spezialfall einer solchen *peer*-Beziehung dar. Zentral ist hier eine anti-viktorianische Normalisierung des Sexuellen, die mit einer öffentlich sichtbaren Erotisierung des (insbesondere weiblichen) Subjekts zusammenfällt. Das nach-bürgerliche Subjekt folgt neuen Wünschen und Standards des ›Attraktiven‹ und reproduziert im Modell der arbeitsteiligen, lebenslangen Ehe gleichzeitig Elemente der spätbürgerlichen Kultur *(Kapitel 3.2.2)*. Schließlich kristallisieren sich zeitgleich neuartige, kulturelle Dominanz erlangende Technologien des Selbst heraus. Die bürgerlichen Praktiken der Bildung des Charakters im Medium der Schrift sehen sich verdrängt durch jene des Konsums visueller Oberflächen, insbesondere in der Rezeption audiovisueller Medien und im ›Konsum‹ im engeren Sinne, das heißt in der Wahl und Verwendung von identitätsstiftenden Objekten auf dem Gütermarkt. Die audiovisuellen Medien üben das Subjekt in einer Haltung der ›Zerstreuung‹ wie auch in einer Identifizierung von Subjekten mit den Bildern ihrer selbst, mit ihren sichtbaren *performances*; die Konsumpraktiken trainieren das Subjekt in einer imaginativen Aufladung von Dingen mit kontingenten Bedeutungen des Begehrten, über welche es einen Identitätsgewinn erzielt. Während die imaginative Wirkung der audiovisuellen Medien in der Angestelltenkultur durch bestimmte ›realistische‹ Genres (Hollywood-Film, Fernsehserie) eingedämmt wird, konkurriert im Konsum die anti-produktive Stilisierung mit der Anforderung des sozial kontrollierten, nützlichen Konsums. *(Kapitel 3.2.3)*.

Im Netzwerk der Praktiken der Arbeit, der Intimität und des Selbst bildet sich eine nach-bürgerliche Subjektordnung heraus. Anstelle der bürgerlichen Moral und Integritätsorientierung ist das Subjekt hier in einem doppelten, überdeterminierten und damit polysemischen Sinne ›extrovertiert‹: Es wird zum einen in einer dezidierten Sozialorientierung trainiert, die sich über die Wege des ›social adjustment‹ und des ›impres sion management‹ das Verhalten der sozialen Gruppe zur Leitlinie des eigenen Verhaltens nimmt. Die Struktur dieser Subjektkultur ist – um den Begriff von Jürgen Link zu verwenden[15] – eine des sozialen ›Normalismus‹, in der die Normalität des Durchschnittsverhaltens zum Vorbild wird. Die Anforderung der sozialen Extrovertiertheit des Subjekts ist eng verknüpft mit seiner Entemotionalisierung – das Leitbild bildet hier die ›sachliche‹ Persönlichkeit, als deren Modell die funktionale Regularität des Technischen fungiert. Das negative Andere des sozial orientierten, angepassten und extrovertierten Subjekts wird durch ein ›exzentrisches‹ Subjekt markiert, das in den beiden Versionen eines expressiven und eines introvertierten Subjekts vorkommt. Zugleich formt sich das nach-bürgerliche Subjekt in einem zweiten Sinne als außenorientiert: in einem ästhetischen Sinn. Im Zuge der Entwicklung des Konsums und der audiovisuellen Medien sowie der Sexualisierung der Subjekte werden in der Angestelltenkultur Gegenstände, andere Personen und das eigene Selbst als visuelle Oberflächen betrachtet, als imaginative Reizflächen des Attraktiven, an die sich das subjektive Begehren heftet. Die Außenorientierung ist hier eine ästhetische Orientierung am zu konsumierenden Visuellen. Sozialer Normalismus und Ästhetisierung werden in der Angestelltenkultur zunächst über jene ›Ästhetik der perfekten Form‹ aneinander gekoppelt, wie sie der post-avantgardistische ästhetische Modernismus entwickelt. Es wird deutlich, dass die Subjektform der Angestelltenkultur sich als anti-bürgerlich und als Verlängerung des Bürgerlichen zugleich darstellt. Die nach-bürgerliche Außenorientierung – die auch eine Kollektiv-, Technik- und Zerstreuungsorientierung ist – widerspricht der bürgerlichen Moral-, Empfindungs- und Bildungsorientierung, aber sie reproduziert die generellen anti-exzessiven Kontroll- und Regulierungsanforderungen des bürgerlichen Subjekts. Auch ihr Verhältnis zur ästhetischen Avantgarde erweist sich als doppeldeutig. Dem Transfer der avantgardistischen Orientierung an den Neuigkeitsreizen dynamischer visueller Oberflächen steht die Opposition gegen das transgressive Künstlersubjekt gegenüber. Letztlich ist es insbesondere die Spannung zwischen sozialem Normalismus und Ästhetisierung als den beiden zentralen Bestandteilen der nach-bürgerlichen Hybridkultur, welche die Subjektordnung der organisierten Moderne destabilisiert *(Kapitel 3.2.4)*.

15 Vgl. Jürgen Link (1997): Versuch über den Normalismus. Wie Normalität produziert wird, Opladen 1999, 2., aktualisierte und überarbeitete Aufl.

3.1 Das transgressive Subjekt
der Avantgardebewegungen (1890-1930)

Was das Moderne der Moderne und ihres Subjekts sein soll, erfährt im Kontext der ästhetischen Bewegungen, die sich in den westlichen Metropolen vom ›Fin de siècle‹ bis zu den 1920er Jahren in mehreren Schüben entwickeln, eine grundsätzliche Neudefinition: »On or about December 1910 human nature changed«.[16] Die kulturelle Hegemonie der bürgerlichen Moderne und des bürgerlichen Subjekts als Ausdruck ›des‹ Modernen wird in ihrer scheinbaren Natürlichkeit und Universalität delegitimiert – und auf der Ebene kultureller Codes ist das Mittel, um diese Hegemonie zu unterminieren, das Moderne selbst umzudefinieren, es dem bürgerlichen Vokabular zu entziehen und ihm einen post-bürgerlichen Sinn zu geben.[17] Im proklamatorischen Ziel der Avantgarde-Bewegungen »Il faut etre absolument moderne« (Rimbaud) wird die Leitdifferenz modern/anti-modern so umgeformt, dass die bürgerliche Kultur als Ausdruck des Anti-Modernen, des Vor-Modernen klassifiziert werden kann und das Moderne *per definitionem* das Nach-Bürgerliche ist. Der Distinktionskonflikt um Modernität und Traditionalität, den die bürgerliche Kultur in Abgrenzung von der Adelskultur im 18. Jahrhundert beginnt, erreicht mit den Avantgarde-Bewegungen in einer nun explizit auf den Code der Modernität gerichteten Form eine neue, für die Transformation der Subjektkulturen des 20. Jahrhunderts einschneidende Bruchstelle. Dass die Avantgarde-Bewegungen zum großen Teil künstlerische Bewegungen sind, vor allem aus den Bereichen der Literatur und der Bildenden Künste, heißt dabei nicht, dass sich die Proklamation des Modernen im neuen Sinn auf das engere Feld künstlerischer Stile – etwa in Opposition zur ›Epoche‹ des bürgerlichen Realismus des 19. Jahrhunderts – eingrenzen ließe. Genau

16 Virginia Woolf (1924): Mr Bennett and Mrs Brown, in: Collected Essays, Vol. 1, London 1966, S. 321.
17 Zu den Begriffen ›Avantgarde‹ und ›Modernismus‹ vgl. Astradur Eysteinsson (1990): The Concept of Modernism, Ithaca/London; Matei Calinescu (1977/1987): Five Faces of Modernity. Modernism, avant-garde, decadence, kitsch, postmodernism, Durham; Renato Poggioli (1962): The Theory of the Avant-Garde, Cambridge (Mass.) 1968; Marjorie Perloff (1992): Modernist studies, in: Greenblatt/Gunn (1992), S. 154-178. Im folgenden wird der ästhetische Modernismus als gleichbedeutend mit den Avantgarde-Bewegungen interpretiert. Das schließt nicht aus, dass der spätere ästhetische Modernismus, der ›high modernism‹, die avantgardistische Form hinter sich lässt und zum künstlerischen Komplement der organisierten Moderne wird: zu dem, was der New Criticism immer schon für ›modernistisch‹ hielt.

umgekehrt, kann der ästhetische Modernismus – hier analog der Romantik – als Diskurs-/Praxisformation verstanden werden, die »Kunst in Lebenspraxis zurück[...]führ[t]«[18]. Die Diskurse des Modernismus enthalten den Code einer nach-bürgerlichen Subjektform, der auf eine ästhetische Subjektivation hinausläuft.[19]

Das Feld der kulturellen Bewegungen der Avantgarde und des ästhetischen Modernismus umfasst ein Netzwerk geografisch verstreuter und zeitlich distinkter diskursiver und nicht-diskursiver Praktiken, deren Modernitäts- und Subjektrepräsentationen differieren. Charakteristisch ist eine temporale Überbietungssequenz von Avantgarden, in der die spätere den Modernitätsanspruch der jeweils früheren die Legitimation entzieht. Die ersten Sinnelemente, welche Modernität und Subjektivität in einem avantgardistischen, dabei von der Romantik unterscheidbaren Sinne codieren und sich in den verstreuten Diskursraum des ästhetischen Modernismus einordnen lassen, entstehen in den 1860er Jahren in Texten Baudelaires. Es existiert hier zunächst nicht nur codehistorisch, sondern auch in der subkulturellen Verankerung ein zumindest partieller Sinntransfer gegenüber den Romantikern, deren Pariser ›Bohème‹ seit den 1830er Jahren das romantische Codepotential subkulturell auf Dauer stellt. Den kollektiven Charakter einer ersten anti-bürgerlichen Bewegung im ›Fin de siècle‹ nimmt in den 1880er und 90er Jahren das Diskursfeld des Ästhetizismus, in England um Texte von Pater und Wilde, in Frankreich um Huysmans an. Der Ästhetizismus geht teilweise über in den Diskurs des Symbolismus, produziert im George-Kreis (dort auch Wedekind und Rilke), im Wiener ›Fin de siècle‹ (Hofmannsthal, Bahr, Schnitzler) und in der französischen Lyrik (Rimbaud, Verlaine, Mallarmé). Gegen Ästhetizismus und Symbolismus sind in ihrerseits konträrer Weise in Deutschland die ästhetischen Repräsentationen des Expressionismus, in Frankreich und Russland des Futurismus gerichtet. Sowohl der deutsche Expressionismus (Kraus, Döblin, Marc, Kandinsky, Ehrenstein, Murnau) als auch der Futurismus in Italien (Marinetti) und in einer spezifischen, später ›konstruktivistischen‹ Version in Russland (Majakowksi, Eisenstein) bewegen sich nicht mehr nur auf der Ebene literarischer Texte, sondern auch visueller Repräsentationen in der Bildenden Kunst und im Film. Insbesondere der Expressionismus in Deutschland ist dabei an darüber hinausgreifende ›Lebensreform-

---

18 Bürger (1974), S. 29.

19 Subjektmodelle, die in ›künstlerischen‹ textuellen Praktiken entwickelt werden, brauchen selbst nicht ›ästhetisch‹ orientiert zu sein. So ist das Subjektmodell der bürgerlichen Romane des 18. und 19. Jahrhundert in Aufklärung und Realismus zu großen Teilen nicht ästhetisch, sondern ›moralisch‹ oder ›rational‹ im Sinne des bürgerlichen Subjekts orientiert.

bewegungen‹ gekoppelt, die zudem mit sexualreformerischen Tendenzen (Gross, Hirschfeld, ähnlich in England mit Carpenter und Ellis) verknüpft sind; daneben existieren Vernetzungen mit philosophischen Diskursen (Nietzsche, Lebensphilosophie). Die Überbietungssequenz der Avantgarde-Diskurse setzt sich fort mit den Codeinnovationen im Umkreis der Dadaisten in Berlin, Zürich, Paris und New York (Ball, Arp, Tzara, Duchamp, zuvor schon Jarry), schließlich mit den Pariser Surrealisten (Breton, Artaud, Bataille, Roussel). In den 1920er Jahren wird eine Abgrenzung einzelner ›Bewegungen‹ als distinkte Diskursfelder schwierig: Neue Subjektrepräsentationen in Texten ›modernistischer‹ Literatur, subkulturell verankert in den Bohème-Kulturen von Paris, London (Bloomsbury Kreis), New York (Greenwich Village) und Berlin – bei Woolf, Stein, Eliot, Pound, Joyce, Dos Passos, Proust, Döblin, Musil, Hesse, Nabokov, Svevo –, und ein neuer ›abstrakter‹ Modernismus in Bildender Kunst und Architektur entstehen. Für alle Avantgarde-Bewegungen ist eine Vernetzung von Diskursen, in denen neue Modernitäts- und Subjektrepräsentationen skizziert werden, mit den sozialen Praktiken disparater anti-bürgerlicher Subkulturen charakteristisch.[20]

Transgressionscodierungen

Trotz der Unterschiede zwischen den vertreuten Avantgarde-Bewegungen lassen diese sich als eine spezifisch regulierte Diskursformation entziffern, in welcher Grundunterscheidungen eines nach-bürgerlichen Subjektmodells produziert werden.[21] Die Differenz gegenüber

---

20 Zum Aspekt der Subkulturen vgl. Jerrold Seigel (1986): Bohemia Paris. Culture, politics, and the boundaries of bourgeois life, 1830-1930, New York; Helmut Kreuzer (1968): Die Bohème. Analyse und Dokumentation der intellektuellen Subkultur vom 19. Jahrhundert bis zur Gegenwart, Stuttgart 2000; Gerd Stein (Hg.) (1982): Bohemien – Tramp – Sponti. Boheme und Alternativkultur, Frankfurt am Main, S. 9-168. Fallstudien finden sich in Martin Green (1986): Mountain of Truth. The counterculture begins. Ascona, 1900-1920, London; Peter Stansky (1996): On or about 1910: early Bloomsbury and its intimate world, Cambridge (Mass.); Ross Wetzsteon (2002): Republic of Dreams: Greenwich Village, the American Bohemia, 1910-1960, New York.

21 Zum folgenden vgl. Walter Benjamin (1939): Über einige Motive bei Baudelaire, in: ders. (1977b), S, 185-229; Benjamin (1936); Wolfgang Asholt/Walter Fähnders (Hg.) (1997): ›Die ganze Welt ist eine Manifestation‹. Die europäische Avnatgarde und ihre Manifeste, Darmstadt; Berman (1982); Malcolm Bradbury/James McFarlane (Hg.) (1976):

dem bürgerlichen Subjekt steht in Analogie zu der historisch früheren Bewegung der Romantiker und ihrer anti-konventionalistischen Distinktion, ohne mit ihr identisch zu sein. Die Widerspruchsstruktur des moralisch-respektablen Subjekts der bürgerlichen Kultur, der subjektiv perzipierte Mangel, den diese Fissuren des Bürgerlichen auslösen, stellt sich als Antrieb dar, die bürgerliche Form, Subjekt zu sein, abzulösen. Die Spannungen zwischen dem Anspruch auf Moralität des ›Philisters‹ und dem Utilitarismus des ›Bourgeois‹, zwischen latenter Sexualisierung und einer ›repressiven‹ Eindämmung von Sexualität, das prekäre Verhältnis zwischen bürgerlicher Männlichkeit und Weiblichkeit wie auch zwischen Öffentlichem und Privatem, insgesamt die Unterminierung des Anspruchs auf eine transparente, ›natürliche‹ Praxis durch das faktische bürgerliche Spiel von ›Schein‹ und ›Sein‹ treiben Widersprüche in das bürgerliche Subjektarrangement, die sie aus der Perspektive der Avantgarde delegitimieren. Auch die bereits im 18. Jahrhundert herausgebildeten Friktionen der Bürgerlichkeit, gegen die die romantische Subjektivität opponierte – die Inkompatibilität zwischen Disziplinierung und emotional-ästhetischer Sensibilisierung (nun in einer separierten Sphäre der Kunst), zwischen dem Anspruch einer Moderatheit der Lebensführung und der Selbstproduktion eines ›Anderen‹ moderner Risiken, zwischen der Fixierung auf das Subjekt und einer Skepsis genüber dem Individuellen (insbesondere der Künstler) –, bleiben für die Avantgarde-Bewegungen als negativer Hintergrund relevant. Hinzu kommt als neue Spannung der Bürgerlichkeit diejenige zwischen dem Anspruch der bürgerlichen Kultur auf ›Fortschrittlichkeit‹ und ihrer faktischen Inkompatibilität mit den Anforderungen der neuen material-technologischen Kultur (Beschleunigung, Raum-Zeit-Kompression,

Modernism. A guide to European literature 1890-1930, London 1991; Eysteinsson (1990); David Frisby (1986): Fragments of Modernity. Theories of modernity in the work of Simmel, Kracauer and Benjamin, Cambridge (Mass.) 1988; Manfred Hardt (Hg.) (1989): Literarische Avantgarden, Darmstadt; Corona Hepp (1987): Avantgarde. Moderne Kunst, Kulturkritik und Reformbewegungen nach der Jahrhundertwende, München; Huyssen (1986); John Jervis (1998): Exploring the Modern. Patterns of Western culture and civilization, Oxford; Kern (1983); Kondylis (1991), S. 49-166; Michael Levenson (Hg.) (1999): The Cambridge Companion to Modernism, Cambridge; Peter Nicholls (1995): Modernisms. A literary guide, London; Peter Osborne (1995): The Politics of Time. Modernity and avant-garde, London; Carl Schorske (1961): Fin-de-Siècle Vienna. Politics and culture, New York 1980; Sheppard (2000), S. 1-88; Seigel (1986); Silvio Vietta (2001): Ästhetik der Moderne. Literatur und Bild, München; Annette Simonis (2000): Literarischer Ästhetizismus. Theorie der arabesken und hermetischen Kommunikation der Moderne, Tübingen.

alltägliche Konfrontation mit der ›Masse‹ sowie mit technisch ermöglichten Visualisierungen).

Das Differenzschema der Avantgarden gegen das bürgerliche Subjekt, in dem dessen universaler Horizont in seiner Partikularität demonstriert werden soll, ist in einem ersten Schritt – die Romantik zitierend – ›antikonventionalistisch‹ orientiert. Es richtet sich gegen die normative Moralisierung, die Zweckrationalisierung und die temporale Routinisierung des Subjekts als bürgerliches und setzt diesem eine spezifische Ästhetisierung der Subjektivität entgegen: Das Subjekt formt sich nicht über moralisches oder zweckrationales Handeln, sondern über entroutinisierte ästhetische Wahrnehmung. Die Avantgarde wiederholt dieses Differenzschema und verschiebt es zugleich, indem sich ihre antibürgerliche als anti-rationalistische Distinktion gegen das Modell der zeitlichen Stabilität und strukturellen Homogenität des Subjekts richtet. Der bürgerliche ›Charakter‹ setzt voraus, dass er eine stabile, in sich balancierte Struktur findet; diese ›bewährte‹ Struktur bildet gleichzeitig eine einheitliche Form aller Alltagspraktiken, die durch bürgerliche Moralität und Zivilität verklammert werden. Die Avantgarde-Diskurse begnügen sich nicht damit, dieser Einheits- und Stabilitätsprätention des bürgerlichen Subjekts die faktischen Instabilitäten und Friktionen bürgerlicher Existenz entgegenzuhalten. Der Anspruch auf Stabilität und Einheit der Subjektstruktur selbst wird nun als ein vormoderner Code gedeutet: Instabilität und immanente Widersprüchlichkeit oder, positiv gewendet, Fluidität und bewusste Heterogenität, ständige ungerichtete Bewegtheit werden nun als erstrebenswerte und zugleich ›natürliche‹ Eigenschaften des Subjekts präsentiert. Das Subjekt im modernen Sinne muss sich im avantgardistischen, sich wiederum selbst universalisierenden Verständnis durch den Code *transgressiver Subjektivität* konstruieren lassen: ein Subjekt, das permanent Grenzen überschreitet und dabei nicht dasselbe bleibt.[22]

Der Code des transgressiven Subjekts basiert auf einem avantgardistischen Zeitverständnis, das Modernität nicht über die Semantiken von Fortschritt und Entwicklung, sondern über einen Sinn für das disruptiv ›Neue‹, das immer wieder Andersartige der reinen Gegenwart definiert. Charles Baudelaires Skizze der Modernität als eine ästhetische Haltung, insbesondere in »Der Maler des modernen Lebens« (1863), initiiert diese momentorientierte Semantik modernistischer Zeitlichkeit.[23] Im Grund-

---

22 Der Begriff der Transgression wird von Georges Bataille im Umkreis des Surrealismus in spezifischer Bedeutung entwickelt. Zur späteren Verwendung vgl. Michel Foucault (1963): Vorrede zur Überschreitung, in: ders. (1994a), S. 320-342; auch Stallybrass/White (1986).

23 Zu Baudelaire vgl. Benjamin (1939); Berman (1982), S. 131-171; Seigel (1986), S. 97-124; Nicholls (1995), S. 5-23; Werner Ross (1993): Baudelaire und die Moderne. Porträt einer Wendezeit, München/Zürich.

satz arbeitet das Differenzschema zwischen Modernität und Traditionalität auch im diskursiven Kontext der bürgerlichen Aufklärung und
ihrer liberalen Nachfolger im 19. Jahrhundert mit einer Unterscheidung
neu/alt:[24] Kontingenzbewusstsein impliziert hier eine Delegitimierung
des ›Alten‹ der Tradition als nur scheinbar Überzeitliches. Der bürgerliche Temporaldiskurs koppelt sich dabei an eine rationalitäts- bzw. zivili-
sationstheoretische Interpretation dieses Neuen. Das Neue ist Ausdruck
von gegenüber der ›Alten Welt‹ überlegenen Prinzipien des Rationalen.
Diese sind ›neu‹ in dem Sinne, dass sie erst in der bürgerlich-modernen
Gegenwart Realisierung finden, und doch zugleich ›allgemeingültig‹, insofern sich allgemeine menschliche Strukturen der Rationalität in ihnen
manifestieren sollen.

Das modernistische Zeitmodell opponiert gegen diese klassisch-moderne Semantik. Das Neue erscheint nun nicht als eine zivilisatorische
oder rationale Struktur, sondern als die ästhetische Erfahrung des Neu-
en, das heißt, die faszinierte Wahrnehmung überraschender Ereignisse
durch das erlebende Subjekt. Modernität drückt sich in einem Wahr-
nehmungshabitus aus, der sich für diese Erfahrung des Neuen im einzelnen Moment sensibilisiert und es *als* Neues genießt. Das Neue als Erfah-
rungsmoment ist im Avantgarde-Diskurs Gegenstand seines ›passionate
attachment‹. Das Faszinierende besteht in der ungerichteten Bewegtheit
und der überraschenden Irritation des Neuen, die ›Reize‹ erzeugen und
Reiz(e) haben. Der Avantgarde-Diskurs prämiert eine ungerichtete
Bewegtheit der Ereignisse der beobachteten und erlebten Welt (und
indirekt damit auch des wahrnehmenden Subjekts selbst) und übt eine
Differenzmarkierung zur Starre des Unbewegten wie der geordneten,
vorhersagbaren Bewegung. Bewegtheit ist Lebendigkeit, Wiederholung
ist Leblosigkeit, Tod. Die Starre an sich – mag sie sich noch so moralisch
oder zivilisatorisch als ›gut‹ gebärden – erscheint leer und ohne ästhetischen Reiz. Die ästhetische Faszination der ungerichteten Bewegtheit
ist in der ständigen Irritation, der Überraschtheit des wahrnehmenden
Subjekts durch die einzelnen unkalkulierbaren Ereignisse in seiner Umgebung und in sich selbst zu suchen. Die Irritation tritt als Erlebnis eines
›Schocks‹ auf – ein zentraler Begriff bei Baudelaire wie bei Benjamin –,
nicht eines existenziell-ängstlichen Schocks des dadurch aus der Bahn
geworfenen Handelnden, sondern eines psychisch abgefederten Schocks
desjenigen, der das Neue aktiv zu erleben sucht. Gegenüber dem Normalen, Routinierten wird das Unberechenbare, Erratische prämiert:
Das Subjekt *ist* eine Kette von Erlebnissen, die auf ›Reize‹ von außen
antworten.[25] Das Avantgarde-Subjekt soll darin trainiert werden, eine

24 Vgl. Koselleck (1979).
25 Ein – teilweise naturwissenschaftlicher – Subjektdiskurs, welcher
   Menschen als ein Zentrum der nervösen ›Reizverarbeitung‹ modelliert,

quantitative Potenzierung, eine qualitative Intensivierung und eine sequentielle Diskontinuierung dieser Reize zu betreiben.

Der transgressive Charakter des Subjekts in der Avantgarde-Kultur ergibt sich aus diesem prinzipiellen Verständnis von Modernität als einem ästhetischen Reiz ungerichteter Bewegtheit. Indem das Subjekt ständig Überraschungen und Reizmomente herbeizuführen versucht, überschreitet es seine bisherigen Grenzen des Erlebens und Handelns. Die ›Avantgarde‹ enthält bereits in ihrem begrifflichen Kern das Postulat der permanenten ästhetischen Grenzüberschreitung. Dass Grenzen dazu da sind, überschritten zu werden, ist eine klassisch-moderne Maxime, die im Kontext von Aufklärungsphilosophie und Liberalismus vor allem auf die Bearbeitung der Natur bezogen wurde. Das Postulat der Grenzüberschreitung sieht sich nun jedoch – und radikaler als dies in der Romantik und deren Modell einer individuellen Selbstentfaltung ›aus der inneren Tiefe‹ größtenteils der Fall sein konnte – auf die Wahrnehmungs- und Erlebensmöglichkeiten des Subjekts bezogen. Diese werden selbst zum Gegenstand der Transgression. Diese Transgression des Subjekts erscheint gleichzeitig als eine demonstrative soziale Subversion bürgerlicher Konventionen. Das bürgerliche erscheint als ein (zumindest in seiner moralisch-rationalen Seite) ›begrenztes‹ Subjekt, das bewusst seine Grenzen als Limitationen von Moralität und Zivilisiertheit setzte und permanent an der symbolischen Grenzerhaltung gegenüber dem ›Anderen‹, dem Unmoralischen und Unzivilisierten arbeitete (was als ›Kehrseite‹ tatsächlich Tendenzen bürgerlicher Grenzüberschreitung – des Ökonomischen, des Affektiven, des Reflexiven – einschloss). Diese bürgerliche Grenzstabilisierung ist die Zielscheibe der Avantgarden, welche das ›Andere‹ nicht als Risiko zur Unterminierung des subjektiven Eigenen und seiner ›Identität‹ interpretieren, sondern umgekehrt als ständige Projektionsfläche von Reizen des Subversiven und Irritativen. Damit müssen im Avantgarde-Diskurs gerade die Repräsentationen des amoralischen Anderen aus der bürgerlichen Kultur herausgehobene Möglichkeiten der subversiven Erfahrungserweiterung bieten: Das, was das Bürgertum als das ›Primitive‹ in nicht-westlichen Kolonialvölkern oder in den westlichen Unterschichten und ihrer Populärkultur, das was es als sexuell ›Perverses‹ – offene Sexualisierung von Frauen, Homosexualität, nicht-eheliche Sexualität, offene Prostitution – stigmatisiert, was es ästhetisch als ›gegen den guten Geschmack‹ und ›hässlich‹ codiert,

entsteht um die Jahrhundertwende und schließt semantische Analogien zur Elektrizität ein. Vgl. Radkau (1998); Sarasin (2001), S. 211 ff., 344 ff. Eine klassische Gegenüberstellung findet sich bei Herrmann Bahr (1891), der den ›modernen Menschen‹ über die ›Virtuosität der Nervosität‹ definiert, im Unterschied zum klassisch-bürgerlichen Typen der ›Vernunft‹ und zum romantischen Subjekt der ›Leidenschaft‹.

was es als ›gegen die Norm gerichtet‹ – Kriminalität, Rauschgiftkonsum oder undomestizierte Gewalt[26] – etikettiert, kurz: alles, was im bürgerliche Sinnhorizont das Risiko des Unkontrollierten enthält, erscheint nun als ein Bündel von Wegen zur Transgression. In seiner potentiellen Interiorisierung des ›Anderen‹ kommt jedoch auch das Avantgarde-Subjekt nicht ohne ein symbolisches Anderes ganz eigener Art aus, dem nun sein Kampf gilt: Das grenzstabilisierende Subjekt selbst, das seine Identität unbewegt wahren und in seinem ›Eigenen‹ routineförmig verharren will, stellt sich als dieses negative Andere der Avantgarde heraus.

Gegen die Kosmologie der bürgerlichen Ordnung präsentiert der avantgardistische Subjekt- und Weltcode nicht Geordnetheit und Transparenz einer ›benevolenten Welt‹ – bürgerliche Postulate, die während des 19. Jahrhunderts selbst fraglich geworden waren –, sondern Ungeordnetheit, Diskontinuität und Unkontrolliertheit von sozialer, natürlicher und subjektiver Welt als Grundstruktur. Diese Ungeordnetheit und Unkontrolliertheit – auch im Innern des Subjekts – erscheinen nicht als Bedrohung von Identität und Stabilität, sondern als permanente Chance zur Transgression. Wenn die Psychoanalyse Freuds eine heterogene Vielschichtigkeit im Innern der psychischen Apparatur ausmacht und eine faktische Wirksamkeit von unbewussten Erinnerungsspuren, die der autonomen Kontrolle durch das Bewusstsein zunächst entzogen sind und sich vor allem im sexuelles Begehren und in aggressiven Tendenzen ausdrücken, so kann dieses psychoanalytische Vokabular in seiner Unterminierung des selbstkontrollierten Subjekts nicht zufällig zu einer bevorzugten semantischen Quelle für die Avantgarden werden.[27] Die Normalität der Diskontinuität in Bezug auf das subjektive Erleben wird in anderer Weise ein Thema modernistischer Literatur, etwa durch den Einsatz der ›stream of consciousness‹-Technik, welche die Sprunghaftigkeit des Bewusstseinsstroms demonstriert. So wird das Ich zu »états qui se succèdent en moi«, zu »moi successifs«, zu einem »être de fuite« (Proust): »je suis un autre« (Rimbaud). Auch die Techniken der – textuellen wie visuellen – Collage und Montage, in der disparate Teile ein uneinheitliches Ganzes ergeben, stellen sich als modernistische Exemplifikationen einer Alltagsnormalität unkoordinierter, nicht vereinheitlichter Erfahrungen dar.

Neben der bürgerlichen Differenz zwischen Ungeordnetheit und Geordnetheit stülpt das Modell des Avantgarde-Subjekts auch die bür-

26 Zu letzterem Aspekt vgl. Jana Howlett (1994): The Violent Muse. Violence and the artistic imagination in Europe, 1920-1939, Manchester.

27 Hier findet eine ›Übersetzung‹ zwischen ästhetischem und kritisch-humanwissenschaftlichem Interdiskurs statt, die sich im Rahmen des ›Postmodernismus‹ in den 1960/70er Jahren in einer neuen Runde intensiviert.

gerliche Differenz zwischen Natürlichem und Artifiziellem um. Der Subjektivitäts- und Weltcode der meisten Bewegungen der Avantgarde (allerdings nicht aller – Expressionismus und Lebensreformbewegung stellen hier bezeichnende Ausnahmen dar) ist anti-naturalistisch ausgerichtet und prämiert umgekehrt das ›Artifizielle‹, das sozial-kulturell ›Gemachte‹, das in diesem Sinne Kontingente, Veränderbare. Aus avantgardistischer Perspektive erscheinen die ›Natur‹ und das, was das Bürgertum als das scheinbar Natürliche präsentiert, als diskursive Mittel, um eine fixe Struktur vor jeder Technik und vor jedem Spiel der Bedeutungen zu installieren. Die Kunst und der emphatisch moderne Lebensstil im Sinne der Avantgarden transzendieren die bloße Naturkopie, in ihrem Experimentalismus sind sie in einem emphatischen Sinne artifiziell, kunstgleich ausgerichtet. Vor allem die sozial-kulturelle ›Gemachtheit‹ des Subjekts wird nun – vom Ästhetizismus bis zum Dadaismus – präjudiziert, und diese Artifizialität stellt sich als Chance, letztlich als notwendige Bedingung seiner Nichtfestgelegtheit und erratischen Selbstüberschreitung dar. Der avantgardistische Anti-Naturalismus opponiert hier auch gegen das Subjektmodell der Romantik und dessen Annahme einer expressiven inneren Natur, die authentisch zu entfalten sei.

Es ist gerade das Artifizielle der Kultur, das die bloße Natur Durchkreuzende, welches das Avantgarde-Subjekt in die Lage versetzen soll, sich immer wieder der irritativen Kraft neuartiger Reize auszusetzen. Zwar ist es der Einzelne, der die ästhetischen Reize wahrnimmt und interpretiert, aber als entscheidend für den avantgardistischen Subjektcode stellt sich dar, dass diese ästhetischen Reize *von außen* angeregt werden und das Subjekt hier keineswegs lediglich aus sich selbst schöpfen kann oder zu schöpfen braucht (eine Tendenz des romantischen Subjekts, dem es unter den zeitgenössischen Bedingungen faktisch auch an äußeren Reizen mangelte). Es ist vielmehr die sozial-kulturelle, die ›artifizielle‹ Umwelt, die das Subjekt mit Reizen konfrontiert. Hier ist auch der systematische Ort der Metropolenerfahrung als Quelle ständiger äußerer Reize, die in innere Impulse übersetzt werden. Das Subjekt rückt ein und löst sich scheinbar auf in artifiziellen Zusammenhängen, die es transzendieren. Im Avantgarde-Diskurs bedeuten diese subjekttranszendierenden, disparaten Strukturen für das Subjekt keine Depotenzierung, sondern verhelfen ihm zu einer Intensivierung vielfältiger Reizmomente. Vor allem auf vier Ebenen werden im Avantgarde-Kontext subjekttranszendierende Strukturen ausgemacht, welche subjektive Grenzüberschreitungen und einen Exzess von Bedeutungen ermöglichen sollen: Sprache, technische Artefakte, Visualität und soziale Massen.

Eine elementare Struktur ästhetischer Transgression bildet in der diskursiven Formation des Modernismus die Sprache, modelliert als eine übersubjektiv strukturierte, eigendynamisch prozessierende Matrix von autonomen Zeichen und Symbolen. Der ästhetische Modernismus

bricht mit der realistisch-bürgerlichen Präjudizierung einer Repräsentation von Objekten der Welt durch eine neutrale sprachliche Vermittlung
und interpretiert Sprache als eine Sequenz selbstregulierter, kontingenter
Sinnproduktionen. Der Modernismus sprengt die scheinbare Vertrautheit einer bürgerlichen Common Sense-Welt gemeinsamer Bedeutungen,
der es aufgrund ihrer strikten sozialen Konventionalisierung von Sinnzuschreibungen so scheinen konnte, als ob die Sprache die Gegenstände
kopiere. Demgegenüber versuchen die Avantgarden – vom Ästhetizismus
und Symbolismus bis hin zu den ›klassischen‹ modernistischen Texten
der 1910er und 20er Jahre –, die Arbitrarität und Polysemie sprachlicher
und semiotischer Systeme zu demonstrieren: Die Sprache ist ein Vehikel
für einen Exzess an Bedeutungen, eine unendliche Bedeutungsproduk-
tionsmaschinerie – und damit auch ein Vehikel für jene Irritationen und
Verfremdungseffekte, denen das transgressive Subjekt auf der Spur ist.
Die Reize, denen es sich aussetzt, werden zu solchen erst durch ihre
potentiell polysemische und veränderliche Identifizierung. Der Künstler
betreibt ein »long, immense et raisonné dérèglement de tous les sens«
(Rimbaud). Die experimentelle Haltung gegenüber dem Subjekt wird
ermöglicht durch die experimentelle Haltung gegenüber der Sprache, die
für das Selbstverstehen des Subjekts multiple Codes bereithält.

Im Avantgarde-Kontext erscheinen technologische Artefakte – vom
Automobil bis zum Film – in analoger Weise als Generierungsinstru-
mente ästhetischer Transgressionen, als Medien, welche die Wahrneh-
mungs- und Affektstruktur bürgerlicher Subjektivität – etwa in der
Erfahrung der Beschleunigung des Körpers im Automobil, im neuen
Realitätsbewusstsein durch die Photographie – aufbrechen. Die Technik avanciert zur herausgehobenen Möglichkeit einer sehr materialen
Dezentrierung des Subjekts durch Mensch-Maschine-Konfigurationen,
die den subjektiven Humanismus wie Romantizismus obsolet werden
lassen. Technisch reproduzierte Visualität erscheint in ähnlicher Weise
als Produktionsbedingung neuer Reize und Irritationen. Die anti-rea-
listische, im Umgang mit Form und Farbe offensiv artifizielle Malerei
wird ebenso wie der Film in seiner Doppelsinnigkeit von Realismus-
und Illusionseffekt zum Mittel zur Überschreitung einer bürgerlichen
Perzeptionsapparatur, die in der Schriftkultur geformt wurde. Auch die
Erfahrung der sozialen ›Masse‹, die aus der Sicht der bürgerlichen Kritiker, etwa in der zeitgenössischen Massenpsychologie, als Gefahr für
das bürgerliche Subjekt perhorreziert wird, erweist sich im Avantgarde-
Diskurs – insbesondere im italienischen und russischen Futurismus bzw.
Konstruktivismus, aber auch bei Walter Benjamin – als ästhetisches
Transgressionsinstrument bürgerlicher Selbstfixiertheit durch ein neues
Kollektivitätsbewusstsein.

Avantgarde-Figuren zwischen Ästhetizismus und Surrealismus

Wenn in den Avantgarde-Bewegungen – die Romantik zitierend – der Künstler zum Modell eines radikal modernen, in seinen Perzeptionen und Erlebensformen ästhetisch sensibilisierten Subjekts aufsteigt, dann ist hier anders als für den romantischen Diskurs das zentrale Merkmal dieses Künstlermodells nicht primär in der Orginalität und Expressivität eines authentischen Individuums zu suchen, sondern in einer Haltung des Experimentalismus (ein Element, das im Diskurs der Romantik in ersten Spuren enthalten war). Die Künstler-Existenz erscheint als eine grundsätzlich experimentelle, das heißt als ›Leben‹, das sich niemals mit einer festgefügten ›Form‹ begnügt, das im Erproben neuer, sozial subversiver Reize zugleich disparate Möglichkeiten des Subjektseins realisiert. Die unterschiedlichen Avantgarde-Subdiskurse bieten konträre Versionen, um diese experimentelle Grenzüberschreitung des Subjekts zu modellieren. In jeder der Bewegungen wird paradoxerweise nach einer spezifischen ›Form‹ gesucht, in der die Formsprengung der Transgression erreicht werden soll: ästhetizistische, expressionistische, futuristische, dadaistische und surrealistische Subjektmodelle konkurrieren miteinander und stellen sich gleichzeitig als unterschiedliche, innerhalb der Transformationsgeschichte moderner Subjektformen in verschiedenen Kontexten anschlussfähige Versionen transgressiver Subjektivität dar:

Das *ästhetizistische Subjektmodell* sucht die anti-bürgerliche Grenzüberschreitung in ästhetisch selbststilisierenden ›performances‹ und in deren spielerischem Wechsel.[28] In mehrerer Hinsicht wird damit explizit die Blaupause eines unbürgerlichen Subjekts entworfen, die gleichzeitig Teilelemente des Bürgerlichen ironisch integriert. Das Exzessive, das Artifizielle und das Parasitäre als die Differenzelemente bürgerlichen

---

28 Zum folgenden vgl. Seigel (1986), S. 97-124, 278-289; Ulrich Horstmann (1983): Ästhetizismus und Dekadenz. Zum Paradigmakonflikt in der englischen Literaturtheorie des späten 19. Jahrhunderts, München; Hiltrud Gnüg (1988): Kult der Kälte. Der klassische Dandy im Spiegel der Weltliteratur, Stuttgart; Rhonda K. Garelick (1998): Rising Star. Dandyism, gender, and performance in the fin de siècle, Princeton; Campbell (1987), S. 161-172; Jervis (1998), S. 15-23; Nicholls (1995), S. 5-23; Simonis (2000); James Eli Adams (1995): Dandies and Desert Saints. Styles of Victorian manhood, Ithaca/London. Bezogen auf die materiale Kultur von Alltagsgegenständen, erscheinen die zeitgenössische Art Nouveau und der Jugendstil als Ausdruck des ästhetizistischen Weltverhältnisses.

Subjektseins werden vom ästhetizistischen Subjekt ins Positive gekippt. Das Subjekt des Ästhetizismus – paradigmatisch in der Dandy-Figur – strebt ausdrücklich nach dem Artifiziellen, nach einer Überwindung der bloßen, primitiven Natürlichkeit, und zwar in einem doppelten Sinne: Es ist artifiziell als ein sozial-kulturell ›Gemachtes‹, das sich in seinen *performances*, in seinen Verhaltensdarstellungen kontingent modelliert, und es ist artifiziell, indem es in diesen *performances* nach einem ästhetisch perfekten Schein strebt. Der Artifizialismus der Ästheten ist dabei ein demonstrativer – und insofern eine ironische Spiegelung des spätbürgerlichen Subjekts selbst; denn dieses hatte tatsächlich in seinem Streben nach Respektabilität bereits *performances* jenseits des Natürlichen geboten, nur – um das eigene Verhalten vor dem Kontingenzrisiko zu sichern – sich ›ernsthaft‹ geweigert, diese *als* Aufführungen anzuerkennen. Offensiv macht das ästhetizistische Subjekt nun geltend, dass sich hinter den kulturell modellierten Verhaltenssequenzen, den sozialen ›Masken‹ und visuellen Oberflächen des Alltags nichts Tieferes, Natürliches oder – wie in der Romantik – Authentisches verbirgt. An die Stelle der allgemeinen Natürlichkeit oder individuellen Originalität tritt die Unabwendbarkeit der sozial-kulturellen Imitation.

Dass das soziale Leben in diesem Sinne *fake* ist, erscheint dem Ästheten nicht als Verlust, sondern als Chance, Befriedigung aus den vielseitigen Aufführungen selbst und der eigenen »curiosity about life« (Wilde) zu ziehen; Ergebnis ist die Fiktionalisierung des sozialen Lebens: »art as the supreme reality and life as a mere mode of fiction«.[29] Die bürgerliche Anstrengung, sich über die soziale Anerkennung des eigenen Verhaltens der moralischen Respektabilität zu vergewissern, wird im Ästhetizismus in eine dramaturgische Selbststilisierung überführt, die eine außergewöhnliche ›Wachheit‹ des Bewusstseins für die Reaktionen voraussetzt, welche die eigene Person, ihre Visualität und ihr Verhalten bei anderen hervorruft. Der Ästhet zieht Genuss aus dem Gefühl einer gelungenen *performance*, eines gelungenen *impression management* und bleibt auch bei seiner Darstellung immer distanzierter Beobachter der Szenerie. Wie der Bürger (und anders als der Romantiker) bedarf er dazu eines sozialen Publikums. Während für das bürgerliche Subjekt dieses ›Publikum‹ jedoch eine Quelle von moralischer Anerkennung oder aber des peinlichen Entzugs dieser Anerkennung ist, handelt es sich für den Ästheten um ein Publikum im wörtlichen, theatralischen Sinne, das eine Aufführung, das nicht Wahrheit, sondern Stil begutachtet: »the secret that Truth is entirely and absolutely a matter of style«.[30]

29 Oscar Wilde (1969): Collected Edition of the Works of Oscar Wilde, London, Band XII, S. 46.

30 Ders. (1970): The Artist as Critic: Critical writings of Oscar Wilde (hg. v. W. H. Allen), London, S. 305 (aus: ›The decay of living‹, 1889).

Die Bewunderung wie auch die heimliche Missbilligung des Publikums sind für den Ästheten Bestätigung jener kontrollierten subversiven Abweichung von der Konvention, die er anstrebt. Der Artifizialismus des Ästheten tritt in Kombination mit dem auf, was in der bürgerlichen Tradition als das Exzessive und das Parasitäre diskriminiert wird; anders als die Bohème-Kultur setzt er zudem das Respektable nicht gänzlich außer Kraft, sondern treibt ein ironisches Spiel mit der Respektabilität. Der Ästhet ist offensiv parasitär, indem er jedes utilitaristische Streben verwirft, ein nützliches, arbeitendes Subjekt zu sein. Kunst ist hier ein Raum des Zweckfreien – und eine Übertragung der Kunst auf die Lebenspraxis bedeutet die Ausdehnung eines zweckfreien, ›müßigen‹ Modell des Daseins, das in erster Linie nach ästhetischer Abwechslung sucht und weitgehend Handlungsverzicht übt. Der Ästhet ist zudem offensiv exzessiv: Diese Exzessivität stellt sich allerdings – und dies unterscheidet ihn von den Expressionisten und Dadaisten, denen umgekehrt die Ästheten noch ›bürgerlich‹ konnotiert vorkommen – als keine grenzenlose, sondern als eine bewusst dosierte dar. In vieler Hinsicht befolgt das ästhetizistische Subjekt bürgerliche Verhaltensregeln – etwa in Bezug auf Etikette, Kleidung, Konversation – auf den ersten Blick peinlich genau. Der dosierte Exzess ist jedoch in das scheinbar Respektable von vornherein eingebaut. Dieses wird so subvertiert. Zum einen überdehnt der Ästhet die bürgerliche Verhaltensregeln durch ein bewusstes Zuviel – etwa in der Konversation, in der Kleidung, in der Etikette – über die Grenzen ihrer respektabel-moderaten Anwendung hinaus ins Brillante und Virtuose oder führt sie so selbstironisch auf, dass der Charakter des Artifiziellen demonstrativ deutlich wird. Zum anderen ist der ästhetizistische Exzess einer des semiotischen Überschusses. Die Verhaltensregeln werden mit einer zusätzlichen ästhetischen Bedeutungsschicht überzogen, so dass scheinbar lediglich normbewusstes Verhalten, begreift man es als Aufführung seiner selbst vor einem Publikum, zu einer Quelle des ästhetischen – bürgerliche Kritiker würden sagen: des narzisstischen – Behagens an der perfekten Aufführung werden kann. Für den Ästheten ist das bürgerliche Gesellschaftsspiel tatsächlich nichts anderes als ein Gesellschafts*spiel*. Darüber hinaus ist das bewusst Exzessive des Ästheten des Fin de Siècle auch im Experimentieren mit inkommensurablen Verhaltensweisen zu suchen, darunter solchen, die die Grenzen des bürgerlich Respektablen überschreiten. Die Suche nach dem Kontakt mit der Masse im urbanen ›Spektakel‹, wie sie den Hintergrund für Baudelaires Dandy-Figur bietet, die Sympathie für das Morbide, demonstriert etwa in der ›poésie du mal‹, und das Spiel mit einem unbürgerlichen, vor allem sexuellen, ›Doppelleben‹, angedeutet in Stevensons‹ »Dr Jekyll and Mr Hyde« oder real bei Oscar Wilde (nicht zufällig wird der ästhetizistische Dandy des Fin de Siècle allgemein als ein Spieler mit den Anforderungen bürgerlicher Maskulinität wahrgenommen), liefern Beispiele für eine solche ästhetizistische Multiplizierung des Ichs.[31]

Von allen avantgardistischen Modellen steht das ästhetizistische Subjekt scheinbar am stärksten in Kontinuität zur bürgerlichen Subjektkultur des 18. und 19. Jahrhunderts: Der Ästhet partizipiert am bürgerlichen Gesellschaftsspiel und übernimmt vom bürgerlichen Subjekt die Disposition der Selbstkontrolle. Er rezipiert offensiv Elemente eines post-aristokratischen Subjekttypus‹, wie er sich seit den 1820er Jahren in der Dandy-Kultur verbreitet hat. Er übernimmt vor allem von letzterem eine demonstrative emotionale Kühle und affektive Selbstdisziplinierung, eine ›Ästhetik der Distanz‹, die sich keinen *fauxpas* in der Öffentlichkeit leisten will, auch eine regelmäßige Distinktion gegenüber dem Vulgären, die allerdings durch gelegentliche wohlkalkulierte Überschreitungen in die Sphäre des Primitiven durchbrochen wird. Gleichzeitig bricht der Ästhet über den Weg der Ästhetisierung des normativen Verhaltens die bürgerliche Welt gewissermaßen ›von innen‹ auf. Er konfrontiert das bürgerliche Subjekt nicht mit einer vollständig unbürgerlichen Alternative, sondern subvertiert die bürgerliche Welt qua Sinnverschiebung und Ironisierung in Richtung eines bürgerlich-unbürgerlichen Subjekts. Er unterminiert die bürgerliche Ernsthaftigkeitsprätention: Das, was das bürgerliche Subjekt in seiner Befolgung von Normen und Moral ernst meint, macht der Ästhet zum persönlichen Stil.

Ein alternativer Code der Subjekttransgression wird im *expressionistischen Subjektmodell* entwickelt. Zentral ist hier nicht die spielerische Artifizialität von *performances* – der Ästhetizismus erscheint nun vielmehr als spätbürgerliche Dekadenz –, sondern das Ideal der Bewegtheit im Sinne einer von sozialer Kontrolle befreiten ›Lebendigkeit‹ des Subjekts.[32] Im Leitkonzept des Expressiven besteht zunächst eine Kontinu-

---

31 Maurice Barrès formuliert 1892 in ›Un homme libre‹: »I have found a way that allows me to bear it without bitterness when parts of myself reach for vulgar things. I have partitioned myself into a great number of souls. None of them is defiant. All give themselves to whatever feelings pass over them. How sharp must be the thrill of those adventurous souls who ... taste and realize the pleasures of two or three different and contradictory moral lives.« (zit. nach Seigel 1986, S. 284, 285)

32 Zum folgenden vgl. Thomas Anz (2002): Literatur des Expressionismus, Stuttgart/Weimar; Kai Buchholz u. a. (Hg.) (2001): Die Lebensreform. Entwürfe zur Neugestaltung von Leben und Kunst um 1900, Darmstadt; Hepp (1987), S. 75-147; Silvio Vietta/Hans-Georg Kemper (1975): Expressionismus, München 1997, 6. Aufl.; Richard Murphy (1998): Theorizing the Avant-Garde. Modernism, expressionism, and the problems of postmodernity, Cambridge; Karl Toepfer (1997): Empire of Ecstasy. Nudity and movement in German body culture, 1910-

ität zur Romantik. Die Expressivität des expressionistischen Subjekts ist jedoch auch eine körperliche und sexuelle, vor allem geht es ihr weniger um den ›Aus*druck*‹ des Innern im Äußeren, vielmehr um den ›Aus*bruch*‹ des gesamten psychophysischen ›neuen Menschen‹ in erratischen, emotionalen und explizit tabuverletzenden Akten. In seiner subkulturellen Verankerung ist das expressionistische Subjekt mit der urbanen Bohème-Kultur verknüpft, codehistorisch werden die Lebensphilosophie, die Psychoanalyse Freuds und Nietzsches Modell des dionysischen Subjekts rezipiert. Das expressionistische Subjekt hat gelernt, nach einer Befreiung seiner ›Natur‹ zu verlangen – insofern widerspricht es dem Primat des Artifiziell-Kontingenten vor dem Natürlichen der anderen Avantgarden –, diese Natur ist aber weniger eine expressiv-harmonische, sich entfaltende Natur als eine, deren Codierung vom biologischen Diskurs des 19. Jahrhunderts profitiert hat: die Natur ›blinder‹, ›animalischer‹ Bestrebungen, jene unberechenbare, ekstatische Natur, welche das bürgerliche Subjekt des 19. Jahrhunderts bemüht war, in Schach zu halten und welche nun umgekehrt nicht als Risiko, sondern als vitale Kraft des Lebendigen zelebriert wird. Diese vitale Dynamik ist es, die im Einzelnen ein Gefühl von ekstatischer Lebendigkeit produziert, welche durch die bürgerliche Zivilisation nur chloroformiert werden konnte. Das expressionistische Subjekt baut auf einem semiotischen Dualismus des Bewegten gegen das Erstarrte, des Chaotischen gegen das Geordnete, des Spontanen gegen das Kalkulierte, des Emotionalen gegen das Rationale, des Wilden gegen das Zivilisierte, insgesamt des Lebendigen gegen das Tote auf. Damit wird die bürgerliche Distinktion des Respektablen gegen das Primitive Gegenstand einer Inversion: das Primitive ist das Lebendige, das Respektable tot.[33] ›Jugend‹ wird dabei nicht als biographische Übergangszeit verstanden, sondern als eine eigenständige Gruppe, die zur kulturrevolutionären Avantgarde des Lebens gegen die Form des Bürgerlichen und ›Alten‹ prädestiniert erscheint.

Eine Reihe von potentiellen Handlungen des Subjekts, die in der bürgerlichen Kultur marginalisiert werden (denen vor dem Hintergrund dieser bürgerlichen Kultur aber auch erst ein spezieller Reiz zuwachsen kann), kehren sich im Rahmen des expressionistischen Codes zu positiven Identifikationsmöglichkeiten um. Das expressionistische Subjektmodell baut hier auf einer impliziten Repressionshypothese auf, der zufolge das ›Unterdrückte‹ zu ›befreien‹ sei.[34] Zentral ist hier die

1935, Berkeley. Expressionismus und Lebensreform sind dabei keine deutschen Besonderheiten, auch die US-amerikanische Boheme-Kultur (Greenwich Village) ist vom Code des ›Lebens‹ beeinflusst.

33 Zur Aufwertung des ›Primitiven‹ vgl. Marianna Torgovnick (1990): Gone Primitive. Savage intellects, modern lives, Chicago.

34 Zur Repressionshypothese vgl. Foucault (1976), S. 25 ff.

Entdeckung des Körpers als ein bisher disziplinierter, durch die Zivi lisation ruhiggestellter Ort, der nun zum Gegenstand ›sinnlicher‹, von Schuld befreiter Erfahrungen werden soll. Sexualität, verstanden als ein Konglomerat natürlich-erratischer Triebe, die nun der bürgerlichen Kontrolle zu entreißen sind, avanciert zum zentralen Feld solcher ›befreiter‹ Körperpraktiken – die Lebensreformbewegung in Deutschland (z. B. Monte Verità) und die Sexualreformbewegungen in Deutschland und England sind ihre wichtigsten Vertreter. Ausdruckstanz und Nudismus stellen sich als weitere Ausprägungen ›befreiter Körperlichkeit‹ dar. Das ›Ausleben‹ der Affekte – von Lust- wie von Unlustgefühlen –, ihre ›Befreiung‹ von der bürgerlichen Disziplinierung, aber auch von der romantischen Sensibilisierung ist mit der Entbändigung körperlicher Bewegungen eng verknüpft. Die Aufwertung der Subjektformen des ›Primitiven‹ der Kolonialvölker (Primitivismus), des Wahnsinnigen, des Kriminellen, zum Teil der urbanen Populärkultur, der politischen (insbesondere sozialistischen) Revolution oder auch von bislang vermeintlich unterdrückter Aggressivität im Krieg – dies alles sind im Rahmen des expressionistischen Subjektmodells potentielle Muster und Mittel, um die Kontrolle des Bürgerlichen zu sprengen und die Lebensintensität des Subjekts zu enthemmen. Die technisch-urbane Kultur erweist sich in diesem Rahmen allerdings als ambivalent: Die Beschleunigung und Chaotisierung des Urbanen erscheinen einerseits als Bedingungen subjektiver Lebendigkeit, zugleich hemmen Standardisierung und Anonymisierung diese Lebendigkeit und werden zum Auslöser einer spezifischen Form expressionistischer Angst. Als Konsequenz liefert die nicht-urbane, ländliche ›Natur‹, etwa in der Landkommune- oder der Jugendbewegung, teilweise einen gegenkulturellen Identifikationsort, der dem sonstigen avantgardistischen Urbanismus widerspricht.

Der Code des *futuristischen Subjekts* interpretiert die technisch-urbane Kultur – ihre Beschleunigung, ihre Gleichzeitigkeit und -räumlichkeit, ihren Städtebau, ihre Industriekultur und ihre Sichtbarkeit von ›Massen‹ – hingegen eindeutig als notwendige Bedingung der Subjekttransgression in eine nach-bürgerliche Struktur.[35] Die zentrale Hemmung des bürgerlichen Subjekts macht der Futurismus-Diskurs in Italien und Russland in seiner Introvertiertheit aus. Entwicklungsziel des bürgerlichen Subjekts einschließlich seiner romantischen Elemente ist die Ausbildung einer komplexen psychischen Innenwelt, eine Interiorität von moralischen Überlegungen, von kognitiven Reflexionen,

---

35 Zum folgenden vgl. Hansgeorg Schmidt-Bergmann (1993): Futurismus. Geschichte, Ästhetik, Dokumente, Reinbek; Nicholls (1995), S. 84-135; Marjorie Perloff (1986): The Futurist Movement. Avant-garde, avant guerre, and the language of rupture, Chicago; Marianne W. Martin (1978): Futurist Art and Theory, 1909-1915, New York.

von sensibilisierten Empfindungen, von Erinnerungen an Vergangenes. Das bürgerliche Subjekt lebt große Teile seiner Existenz ›im Innern‹, was auch Voraussetzung der ›sublimierten‹ bürgerlichen Kultur ist. Die futuristische Transgression soll das Subjekt aus genau diesem Käfig der Innerlichkeit herauskatapultieren und die psychologischen Komplikationen von Gefühl, Moral, Erinnerung und Reflexion in Richtung eines post-humanistischen und post-romantischen Nachfolgemodells hinter sich lassen. Es geht um ein radikal extrovertiertes Subjekt, das nahezu vollständig aus seinen äußeren Bewegungen *besteht* und sich ohne Hemmnisse von innen in diesen Bewegungen auslebt, um die »Schaffung eines a-humanen Typus ... mit einem [n]eue[n] mechanische[n] Sinn«.[36] Die technischen Artefakte sind nun nichts anderes als Mittel, um die Wahrnehmungs- und Affektapparatur so umzuformen, dass die Ablösung von Interiorität durch Exteriorität gelingt. Die bisher als ›Subjekte‹ in einem emphatischen Sinne isolierten Einzelnen sollen zu Aktanten in Mensch-Maschine-Konfigurationen werden. Der Futurismus baut auf einem Dualismus auf, der das ›Artifizielle‹ gegenüber dem ›Natürlichen‹ prämiert, und das Artifizielle, Gemachte ist nun das Mechanische der Technik: Artefakt. Die Konfrontation mit den Artefakten kann und soll den ›Menschen‹ seiner hinderlich gewordenen – ersten und zweiten – Natur entwöhnen.

Die Abschmelzung des psychischen Apparats von Gefühl und Moral, die »vollständige Erneuerung der menschlichen Sensibilität« erfolgt in der futuristischen Subjektstruktur über den Weg permanenter äußerer ›Sensationen‹, die ihr die technische Kultur liefert. Die Beschleunigung, etwa die Beschleunigung des eigenen Körpers im Automobil, die »ganz spezielle Lust sich als schnellen Körper zu empfinden«[37] im Sinne einer Überwältigung des Einzelnen durch die Erfahrung von Geschwindigkeit und Raumwechsel ist ein solcher Weg, um das Subjekt seiner Innenwelt zu entreißen. Das Erleben der überwältigenden Gleichförmigkeit, das die Wahrnehmung des Rhythmus‹ von Maschinen erzeugt, oder der Überwältigung durch die Bewegung in der Masse – sei es im Sportstadion, auf dem Einkaufsboulevard oder dem Aufmarschplatz – sind weitere Wege. Auch das aktive Sporttreiben, die systematische Beschleunigung des Körpers, der urbane Konsum von attraktiven Waren, Sexualität, durch visuelle Reize statt durch romantische Liebe hevorgerufen – sie alle stellen sich als Praktiken der Exteriorisierung des Subjekts dar. Dieses futuristische Subjekt ist einerseits radikal entemotionalisiert, weil es Gefühle wie moralischen Skrupel, romantisches Sich-Verlieben, möglichst auch Schmerz als bürgerliches Erbe überwunden, seine emotionale Tiefe abgeflacht hat, andererseits existiert es doch nicht ausschließlich in sei-

36 Marinetti (1993 a, c), S. 108, 212.
37 Ders. (1993 c, b), S. 210, 206.

nen äußeren körperlichen Bewegungen. Ein basales Luststreben treibt es an, das seine Befriedigung in den äußeren Reizen und der äußeren wie inneren Bewegtheit findet. Das futuristische Subjekt *sucht* dabei nicht nach Befriedigung, es *findet* beständig Befriedigung, indem es in den zeitlichen Akten lebt und es sich in Beschleunigungen und Sensationen permanent ›entladen‹ kann. Idealerweise soll die bürgerliche Differenz zwischen Begehren und Befriedigung (welche dann doch nie wirklich erreicht wurde) aufgehoben werden. Als einzige der Avantgarde-Bewegungen propagiert der Futurismus die Transgression des Subjekts als gesamtgesellschaftliche, vollständige Ablösung des alten ›introvertierten‹ bürgerlichen Subjekts durch ein neues ›extrovertiertes‹ nach-bürgerliches (Massen-)Subjekt. Nur konsequent bleibt der phantastische Futurismus als eine subkulturelle Lebensform vergleichsweise unentwickelt. Die Vorbildfunktion seines Subjektcodes nicht nur für die faschistischen und sozialistischen Versionen der organisierten Moderne, sondern auch für die organisierte Moderne der westlichen Angestelltenkultur – und teilweise auch für die Postmoderne – scheint jedoch erheblich.

Im *dadaistischen Subjektmodell* wird am eindeutigsten Transgression in einem Verständnis des Lebens als Experiment, in den Möglichkeiten des Ichs als ein ›Spiel‹ festgemacht.[38] Statt Ausdruck, Ausbruch, Stilisierung oder energetischer Entladung soll es um ein gelassenes und selbstironisches, unaggressives Ausleben verschiedenster Möglichkeiten des Handelns und Erlebens gehen: »die Ambivalenz des Subjekts, die einen primitiven Machtwillen vervielfältigt zu einer Balance in Widersprüchen«.[39] Ausgangspunkt ist ein Welt- und Subjektcode, der eine Fluidität, Polysemie, Zufallsabhängigkeit und Disparatheit sowohl der sozial-kulturellen und natürlichen Welt wie auch der Struktur des Subjekts annimmt. Die Haltung des dadaistischen Subjekts ist in diesem Zusammenhang eine des Staunens – daher auch die Vorbildlichkeit des Kindes –, das Erleben einer Verfremdung, einer Kontingenz des scheinbar Notwendigen, die sich auf der Handlungs- und Erlebensebene in einem Experimentalismus des »Sowohl als Auch« umsetzt. ›Spiel‹ als Leitmaxime des Subjekts bedeutet hier, offen für die Zufälle des Moments und für die disparaten Bestrebungen des Ichs, für ›Spontaneität‹ –– ein dadaistischer Leitbegriff – zu sein. Anders als im Ästhetizismus beziehen sich Spiel und Ironie hier nicht auf perfekte Selbststilisierun-

38 Zum folgenden vgl. Sheppard (2000), S. 171-206; Nicholls (1995), S. 223-250; Dickran Tashjian (1975): Skyscraper Primitives. Dada and the American avantgarde 1920-1925, Middletown; Eckhard Philipp (1980): Dadaismus, München; Tristan Tzara (1979): Sieben Dada Manifeste, Hamburg 1998:
39 Raoul Hausmann (1919): Schnitt durch die Zeit, in: ders.: Texte bis 1933, München 1982, Band 1, S. 81.

gen, sondern auf eine ›Leichtigkeit‹ im Umgang mit Zufällen, auch mit existentiellen Dilemmata.

Die Prämierung des Primitiven im dadaistischen Subjektmodell ist in diesem Zusammenhang als Übergang von einem Handlungsmodus der Selbstkontrolle zu einem Handlungs- und Erlebensmodus der Spontaneität zu verstehen, die auch spontane psychische Reaktionen, etwa sexueller oder intensiv-emotionaler Art, einschließt. Das Primitive des Subjekts ist dabei nicht das Aggressive – wie teilweise im Expressionismus –, sondern das scheinbar Naive, Kindliche: »Dada legt eine künstliche Sanftheit über die Dinge«.[40] Im Dadaismus sind scheinbar absurde Happenings, öffentliche Spektakel, die Elemente der Populärkultur (Varieté, Zirkus) rezipieren und dabei auch technische Artefakte miteinbeziehen, ein Mittel des Erlebens einer subjektiven Multiplizität. Entscheidend ist, dass diese Happenings nicht etwas Bestimmtes ›bedeuten‹, sie nicht – wie bürgerliche Kunst – auf einen Referenten außerhalb der Aufführung verweisen, sondern die chaotische Bewegtheit als visuelle und akustische Erfahrung selbst das ist, als was das Happening zu erleben ist: als ein Spektakel, das die scheinbar natürlichen Regeln des Alltagslebens unaggressiv außer Kraft setzt und damit deren Arbitrarität demonstriert, vor allem aber als ein Spektakel, in dem sich das Subjekt im doppelten Sinne ›zerstreuen‹ (Benjamin) kann. Technische Artefakte – etwa in den Readymades von Duchamp – werden dabei in einer zweckentfremdeten Weise gebraucht, so dass die Kontingenz ihres Gebrauchs deutlich wird.

Im *surrealistischen Subjektmodell*, das aus dem Dadaismus hervorgeht, ist Transgression gleichbedeutend mit einer gezielten Entkonventionalisierung und ästhetischen Verfremdung der Akte alltäglicher Sinnzuschreibung jenseits des Common Sense-Realismus, vor allem gegenüber scheinbar banalen Objekten der urbanen Lebenswelt.[41] Der Surrealismus zielt – in gewisser Imitation der Romantik und dessen Prinzip der Romantisierung, aber ohne sein Individualitätskonzept

---

40 Tzara (1979), S. 9.
41 Zum folgenden vgl. Walter Benjamin (1988): Der Sürrealismus, in: ders. (1988), S. 200-215; Peter Bürger (1971): Der französische Surrealismus, Frankfurt am Main 1996, 2. Aufl.; Beate Bender (1989): Freisetzung von Kreativität durch psychische Automatismen. Eine Untersuchung am Beispiel der surrealistischen Avantgarde der 20er Jahre, Frankfurt am Main; Margaret Cohen (1993): Profane Illuminations. Walter Benjamin and the Paris of surrealist revolution, Berkeley; Nicholls (1995), S. 279-302; Conrad (1998), S. 301-317; Maurice Nadeau (1945): Geschichte des Surrealismus, Reinbek 1986; Michael Richardson (1999): Seductions of the impossible: Love, the erotic and sacrifice in surrealist discourse, in: Featherstone (1999), S. 375-392; André Breton (1962): Die Manifeste des Surrealismus, Reinbek 1986.

– auf eine ›Lockerung‹ der Sinnzuschreibungskonventionen ab und bedient sich zu diesem Zweck einer Relativierung der Grenzen zwischen Alltagsrealismus und den scheinbar realitätsenthobenen Assoziationen des Unbewussten und Vorbewussten. Die bürgerliche Prämierung jener Elemente des Subjekts, die Bewusstsein und Selbstkontrolle versprechen, auf Kosten von imaginativen und unbewusst-unkontrollierten Elementen, die Prämierung des Alltagsrealismus und die Invisibilisierung der Kontingenz seiner Sinnzuschreibungen bewirken aus surrealistischer Sicht eine Verarmung subjektiven Erlebens.

Der Surrealismus propagiert demgegenüber eine neue Subjektform des »reine[n] psychische[n] Automatismus«, ein »Denk-Diktat ohne jegliche Kontrolle durch die Vernunft«, die »höhere Wirklichkeit gewisser, bis dahin vernachlässigter Assoziationsformen, … die Allmacht des Traums, … das zweckfreie Spiel des Denkens«.[42] Diese ›innere Revolution‹ der Zulassung jener Polysemie von Assoziationsformen, die sich ›natürlicherweise‹ einstelle, sobald das Subjekt nur bereit sei, sie zuzulassen, bezeichnet das Programm einer Ästhetisierung der Wahrnehmung, einer Ästhetisierung, die der Surrealismus mit bestimmten neuartigen Technologien des Selbst verknüpft und in die er Elemente der Freudschen Psychoanalyse integriert. Zentral ist die Haltung eines ›automatisme psychique pur‹, der etwa auch in der surrealistischen Methode des ›automatischen Schreibens‹ Verwendung findet. Gegen die Handlungs- und Selbstkontrollpflichten des bürgerlichen Subjekts begibt sich das ästhetisch-surrealistische Subjekt in eine Haltung größtmöglicher Passivität; es ist nicht Handeln, sondern Erleben, und zwar in einer Weise, die jenem Zustand kurz vor dem Einschlafen entspricht. In dieser Haltung sind – anders als im Traum – Alltagsobjekte in der Umgebung weiterhin wahrnehmbar, und das Subjekt kann intentional auf sie Bezug nehmen. Die Art dieser Zuwendung jedoch ist assoziativ und polysemisch gelockert (Surrealität), das Subjekt verzichtet auf eine Kontrolle scheinbar akzeptabler oder inakzeptabler Bedeutungszuschreibungen und wird zu einer konstruktivistisch-imaginativen, in seinen mentalen Akten stark beschleunigten »Registriermaschine«,[43] die auf ihre Weise einen Exzess von Bedeutungen produziert.

Das surrealistische Subjekt bewegt sich mit seinem spielerisch bedeutungsgenerierenden ›reinen psychischen Automatismus‹ nicht in einer reinen Traumwelt – entscheidend ist, dass es in dieser Haltung das Verhältnis zu seinen Alltagsobjekten modifiziert, die Grenze zwischen Realität und Fiktionalität relativiert. Ästhetisierung findet nicht jenseits der Praxis statt, sondern transformiert diese selbst – und die Orte und Artefakte der urbanen *entourage* sind bevorzugte Gegenstände dieser

42 Breton (1962), S. 28.
43 Ebd.

›profanen Erleuchtung‹ (Benjamin). Das surrealistische Subjekt als ›paysan de Paris‹ (Aragon) ist ein Nachfahre des Baudelaireschen Flaneurs und zieht sein ästhetisches Vergnügen aus den ›lieux sacrés‹ der Welt städtischer Waren und Massen, aus den modernen Visualisierungen, der ›Droge Bild‹ (Aragon), die auch den Film einschließt. Wenn das romantische Subjekt im besonderen die menschlich unberührte Natur und die scheinbar zweckfreie, vorsprachliche Musik als Gegenstände seines ästhetischen, ›reinen‹ Genusses wählte, dann ist die Struktur der surrealistischen Ästhetisierung nicht zufällig ›unrein‹ und beruht auf einer spielerischen Kombination von Gegensätzen. Gerade im scheinbar nach menschlichen Plänen durchrationalisierten urbanen Raum, seinen scheinbar dem alltäglichen Nutzen dienenden Gegenständen – etwa den Waren in den Arkaden und Schaufenstern – und seinen ›zwielichtigen‹ Orten, gerade im Feld der *Artefakte,* die sich auch sammeln lassen, lebt der »auf bestimmte überraschende Objektbeziehungen ausgerichtete Blick des Surrealisten«,[44] findet das surrealistische Subjekt verstörend-anziehende Assoziationen, neue, dem Subjekt wie ›magisch‹ erscheinende Symbole. Die Objekte des Alltags sind hier nicht Gegenstände einer Bearbeitung und eines Nutzens, sondern rein ästhetische Erlebensobjekte mit kontingenten, zu dechiffrierenden Bedeutungen, Bedeutungen, die sie mit dem geheimen Begehren der Subjekte verknüpfen: eine »Fauna menschlicher Fantasien« (Aragon).[45] Die ›Erotisierung der Dinge‹ durch das surrealistische Subjekt liefert Codes und Praktiken, die in der organisierten Moderne und mehr noch der Postmoderne in der Tendenz zu einer Ästhetisierung der Warenwelt Anwendung finden.

Modernistische Praktiken I:
Metropolenerfahrung und das Kino

In Ansätzen bilden sich im Kontext der subkulturellen Avantgarden soziale Praktiken aus, welche die transgressiv-ästhetischen Subjektmodelle in die Tat der Subjektivation umsetzen. Vor allem in vier Praxiskomplexen produziert sich das Avantgarde-Subjekt: Aktivitäten der Metropolenerfahrung und der Filmrezeption im Feld der Technologien des Selbst; Techniken künstlerischen Experimentierens in den Nach-

44 Bürger (1971), S. 128.
45 Zit nach Conrad (1995), S. 306. Eine komplementäre Strategie der Ästhetisierung alltäglicher Gegenstände findet sich zeitgenössisch in Marcel Prousts »À la recherche du temps perdu«: Die Artefakte der (hier spätbürgerlichen) Umgebung werden zu Projektionsflächen eines genießenden Erlebens, das sich aus Erinnerungen an *vergangene* Ereignisse, Personen und Stimmungen ergibt, die durch den Umgang mit den Gegenständen in der Gegenwart ausgelöst werden.

folgeroutinen bürgerlicher Arbeit; schließlich Umorientierungen der Sexualität und der Geschlechtlichkeit im Umkreis von Sexualreform, Dandy-Kultur und ›new woman‹.

Wenn die (früh-)bürgerlichen Technologien des Selbst solche im Medium der Schriftlichkeit – lesend und schreibend, fiktional und non-fiktional – und die romantischen (in anderer Weise auch die spätbürgerlichen) Selbsttechniken solche der Konfrontation des Ichs mit einem sublimen, die Reflexion stillstellenden übermenschlichen Anderen (Natur oder Musik) sind, dann bewirken die Technologien des Selbst, die sich im Umkreis der Avantgarden ausbilden, eine Umorientierung vom ›Innen‹ in die Wahrnehmung des kulturell-urbanen ›Außen‹. Das Avantgarde-Subjekt erfährt sich selbst in erster Linie in der Konfrontation mit dem visuell-urbanen ›Spektakel‹, in der gezielt gesuchten ›Chockerfahrung‹ (Benjamin) mit neuartigen, insbesondere visuellen Reizen. Die materiale Kultur der Metropolen und der Medientechnologien liefert hierfür die Voraussetzungen. Die Praktiken der Metropolenerfahrung – denen in einer spezifischen, frühen Version Baudelaires Figur des ›Flaneurs‹ entspricht – stellen hier scheinbar zweckfreie Techniken der avantgardistischen Selbsterfahrung zur Verfügung.[46] Die Metropole ist für das Avantgarde-Subjekt ein Mittel zur Transgression seines Erlebens. Die westlichen Metropolen – zunächst vor allem London und Paris, später auch Berlin und New York – liefern seit dem Ende des 19. Jahrhunderts einen materialen Rahmen für urbane Verhaltensformen, die den Möglichkeitsspielraum bürgerlichen und romantischen Lebens sprengen. Als Techniken der Schriftlichkeit sind die bürgerlichen Selbstpraktiken in erster Linie solche der Einsamkeit und Häuslichkeit. Mit der Romantik bietet sich die scheinbar unberührte Natur als Objekt der Selbsterfahrung an. Das Subjekt der Metropolenerfahrung sieht sich demgegenüber mit einem anderen räumlichen Kontext konfrontiert: Gegenüber der Gleichzeitigkeit und Gleichräumlichkeit disparater Ereignisse im öffentlichen Raum der Straßen und Quartiere, in der Beschleunigung der Ereignisse und Bewegungen – insbesondere durch das Automobil

---

46 Zum folgenden vgl. Jervis (1998), S. 65-146; Janet Ward (2001): Weimar Surfaces. Urban visual culture in 1920s Germany, Berkeley; Benjamin (1939); Georg Simmel (1903): Die Großstädte und das Geistesleben, in: Aufsätze und Abhandlungen 1901-1908, Band I, Gesamtausgabe Band 7, Frankfurt am Main 1995, S. 116-131; Berman (1982); Nicholls (1995), S. 5-23; Christoph Asendorf (1984): Batteries of Life. On the history of things and their perception in modernity, Berkeley 1993; William Sharpe/Leonard Wallock (Hg.) (1987): Visions of the Modern City. Essays in history, art, and literature, Baltimore; James Donald (1999): Imaginig the Modern City, London; Keith Tester (Hg.) (1994): The Flaneur, London.

und den öffentlichen Verkehr –, in der exponierten Visualität ausgestellter Konsumgüter, in der Konfrontation mit sichtbaren, anonymen ›Massen‹ heterogener Klassenherkunft bildet das Avantgarde-Subjekt Alltagstechniken des inneren Erlebens in der Auseinandersetzung mit einer beweglichen Reizwelt aus.

Als ›Flaneur‹ beschränkt sich das Avantgarde-Subjekt in seinen äußerlich sichtbaren Körperbewegungen scheinbar auf ein zielloses Umhergehen in der Stadt. Im Vergleich zu den stillgestellten, in ihrer mentalen Innenwelt konzentrierten bürgerlichen und romantischen Körpern bewirken diese sparsamen äußeren Aktivitäten jedoch einen Zuwachs und eine Umorientierung der Körperbewegungen. In der Metropolenerfahrung ist der avantgardistische Flaneur immer in Bewegung – er ist selbst so in Bewegung, wie es auch für die von ihm beobachtete Umwelt gilt. Die Bewegungen des Avantgarde-Subjekts sind ungeregelt und nicht-teleologisch: Hier liegt kein ›Handeln‹ mit festem Ziel vor, kein Sich Bewegen zu einem vorbestimmten Ort, das flanierende Umhergehen in der Stadt ist vielmehr ein zufallsoffenes Sichtreibenlassen.[47] In der Metropolenerfahrung nimmt das Avantgarde-Subjekt eine experimentelle Haltung ein, die sich aus dem Moment heraus für einen Weg entscheidet. Es suggeriert die Nicht-Existenz einer objektiven Zeit und die Abwesenheit ihres Zeitdrucks zugunsten einer rein subjektiven Zeit seines zweckfreien Erlebens. So wenig teleologisch die äußeren Bewegungen im Hinblick auf ein etwaiges Handlungsziel sind, so wenig arbiträr stellen sie sich jedoch dar. Das Ziel der ziellosen Körperbewegungen ist nicht im äußeren Handeln, sondern in der inneren, ästhetischen Erfahrung zu suchen. Das avantgardistische Begehren nach der Wahrnehmung des überraschenden Neuen, der lebendigen Bewegtheit treibt die planlosen äußeren Bewegungen des Flaneurs an. Es geht ihm darum, in seiner mentalen Sequenz Momente unerwarteten, intensiven und faszinierten Erlebens hervorzurufen und zu iterieren. Wenn sich die ästhetischen Erfahrungen damit auf das überraschend Neue richten, können sie *per definitionem* nicht intentional hervorgerufen werden. Wäre das Neue im vorhinein schon bekannt und geplant, könnte es nicht überraschend wirken, und der erwünschte Faszinationseffekt bliebe aus. Die Praktik der Metropolenerfahrung folgt somit einer konsequenten Logik: Die experimentell-okkasionelle Haltung erscheint als Voraussetzung für die Chance gelungener ästhetischer Erfahrungen.

Die ästhetischen Erfahrungen, an denen der avantgardistische Flaneur orientiert ist, richten sich auf *visuelle* Reize, solche des ›Schocks‹ und des ›Spektakels‹. Die Metropolenerfahrung ist an der Beobachtung und dem Erleben bewegter und in Farbe und Form exzessiver visueller Ober-

---

47 Vgl. hierzu auch Michel de Certeau (1980): Gehen in der Stadt, in: ders.: Die Kunst des Handelns, Berlin (West) 1988, S. 179-208.

flächen orientiert: den ausgestellten Waren, den zugleich koordinierten und unkoordinierten Bewegungen von Fußgängern und Verkehrsmitteln, der Mode und dem Aussehen der Passanten, der Lichtreklame, den Vergnügungsvierteln, den bürgerlich ›verbotenen‹ Stadtvierteln. Für den Flaneur ist die moderne Welt »nichts als ein Warenhaus von Bildern und Zeichen«.[48] Die Wahrnehmung visueller Oberflächen gewinnt eine alltagsästhetische Qualität, der in der bürgerlichen Lebensform einschließlich der Romantik die Grundlage fehlte und die Kontinuitäten zur Adelskultur aufweist (deren Orientierung an visuellen Oberflächen allerdings – etwa in der höfischen Mode – extrem konventionalisiert und alles andere als fragmentiert war). Das Erleben der ›visual surfaces‹[49] der Metropolen – die im bürgerlichen Habitus allein als vulgäre Überforderung erscheinen – ist für den avantgardistischen Flaneur nicht von klassischen Codes des ›Schönen‹ im Sinne des Harmonischen oder Symmetrischen geleitet. Gerade das chaotisch Ungeordnete, auch das Hässliche, Abstoßende oder Erschreckende, welches die Metropole im Übermaß bietet, kann nun im Sinne einer Ästhetik des Interessanten Gegenstand einer ästhetischen Erfahrung werden. Die Metropole wird zum Trainingsfeld ästhetisierender Einstellungen: »The experience of the city is the fictional method.«[50]

Charakteristisch für die Praktiken der Metropolenerfahrung ist die aktive und systematische Suche nach dem, was Baudelaire und Benjamin als die Erfahrung des ›[S]chocks‹ umschreiben. Die Metropole konfrontiert fortwährend mit Schocks, das heißt mit Ereignissen, die vertraute Wahrnehmungsroutinen durchbrechen, vor allem mit befremdlich erscheinenden Personen, mit ihrem bemerkenswerten, idiosynkratischen oder milieufremden Verhalten, aber auch mit außergewöhnlichen Artefakten (Waren, Architektur), mit Katastrophen oder Zwischenfällen, die sich im Zusammentreffen von Handlungen ergeben (Unfälle, kriminelle Handlungen etc.). Das ungeübte Subjekt – etwa das klassisch bürgerliche – reagiert auf diese beständigen größeren oder kleineren Schockmomente mit Empfindungen der Angst, der Verwirrung oder der moralischen Entrüstung. Entscheidend für die avantgardistische Metropolenerfahrung ist demgegenüber, dass das Subjekt in sich einen relativen Reizschutz und die Fähigkeit zu einer Schockabwehr installiert, eine psychische Apparatur, die einerseits die wahrgenommenen Ereignisse entmoralisiert, andererseits ihnen die symbolische Besetzung des Angsteinflößenden oder Verwirrenden weitgehend nimmt, mit dem Ziel, das schockierende Ereignis in ein Objekt ästhetischen Erlebens zu

---

48 Charles Baudelaire (1992): The Salon of 1859, in: ders.: Selected Writings on Art and Literature, London, S. 306.
49 So der Titel des Buches von Janet Ward (2001).
50 Raymond Williams (1985): The Country and the City, London, S. 154.

verwandeln. Der Reizschutz kann daher nicht komplett sein – ansonsten würde das Ereignis uninteressant werden und der Ästhetisierung verloren gehen –, sondern muss auf eine dämpfende Uminterpretation des Reizes hinauslaufen. Es handelt sich nicht um einen Reiz, der einen betrifft und gefährlich werden kann, sondern um einen, der aus der Distanz beobachtet wird und damit ›reizvoll‹ wird. Unbewusst geht es darum, »dem Vorfall auf Kosten der Integrität seines Inhalts eine exakte Zeitstelle im Bewußtsein anzuweisen« und eine »Emanzipation von Erlebnissen«[51] zu betreiben.

In der Haltung des avantgardistischen Flaneurs verdichtet sich der visuelle Schock-Charakter der Metropole zum Erlebnis des »Spektakels« (Guy Debord):[52] ein chaotisches, erratisches Theater von Menschen und Artefakten, von beschleunigten Bewegungen und visuellen Exzessen, von unerwarteten Akten und Oberflächen, eine Sphäre unberechenbarer und in ihrer ungeplanten Bewegtheit ›lebendiger‹ Ereignisse. Die Erlebnisse des Spektakels sind fragmentiert, und sie sollen fragmentiert sein. Nicht aus einer prästabilen Harmonie, Gleichförmigkeit oder Symmetrie, sondern aus der sinnhaft kaum integrierbaren Fragmentiertheit beschleunigter Ereignisse zieht das Avantgarde-Subjekt seinen ästhetischen Genuss. Gegenüber dem Spektakel des urbanen Lebens befindet es sich in einer Doppelposition: Einerseits muss es eine Sensibilität für die lebendige Vielfalt der Ereignisse entwickeln und affektiv sich als Teil der ich-transzendierenden ›Masse‹ empfinden, damit sein ästhetisches Erleben möglich wird. Andererseits befindet es sich prinzipiell in der Rolle eines Beobachters und Rezipienten, eines ›Konsumenten‹ von Reizen, nicht eines aktiv Handelnden oder sozial Betroffenen. Der avantgardistische Flaneur ist den metropolitanen Schocks nicht ausgeliefert, sondern verfügt statt als Handelnder nun als Beobachter über eine post-bürgerliche Souveränität: Er setzt sich Erfahrungen aus der Distanz aus und kann die Erlebniskontexte wechseln, sich ihnen auch entziehen. Für das Avantgarde-Subjekt wird das *Soziale* zum Objekt der *Ästhetik*: Während das bürgerliche Subjekt das Soziale als das Intersubjektive und als eine Sphäre des Moralischen und Normativen verstand, während das romantische Subjekt eine neue ästhetisierende Haltung entwickelte, diese aber im wesentlichen auf Gegenstände *außerhalb* des Sozialen – mit der bezeichnenden Ausnahme der romantischen Liebe – richtete, werden für das Avantgarde-Subjekt die städtischen ›Massen‹ und die unbekannten Einzelnen innerhalb dieser Masse selbst zum ästhetischen, spektakulären Objekt. Die urbane Szenerie und ihre Mitspieler enthalten Züge von Theatralizität, ihnen

---

51 Benjamin (1939), S. 193.
52 Vgl. zu diesem Konzept Guy Debord (1967): Die Gesellschaft des Spektakels, Berlin 1996.

kommt der Charakter einer Aufführung zu, die als solche teilnehmend betrachtet werden kann. Dabei wird für den avantgardistischen Flaneur das temporäre ›Aufgehen‹ in der Masse, die man nicht nur beobachtet, sondern an der man versuchsweise partizipiert, selbst zu einem affektiven Erlebnis der Ich-Dezentrierung, das immer eines auf Zeit ist und in letzter Instanz unter subjektiver Kontrolle bleibt.

Die Metropolenerfahrung eröffnet dem Avantgarde-Subjekt die Fremdheitserfahrung einer nach-bürgerlichen Sphäre des Öffentlichen, die einen Raum des Unkontrollierten bietet. Im Gegensatz zu den bürgerlichen Handlungssphären der Familie, der Geselligkeit und der selbständigen Arbeit, in denen das Subjekt im wesentlichen mit vertrauten Personen oder zumindest mit relativ berechenbaren Personen der eigenen Klasse (und am Rande auch anderer Klassen) umgeht, wird der metropolitane Flaneur mit Personen in ihrer Flüchtigkeit konfrontiert, die anonym bleiben und deren Verhalten nicht unbedingt einem Klassenhabitus entspricht. Die Metropole liefert einen öffentlichen Raum eigener Art: nicht im Sinne jener bürgerlichen Öffentlichkeit der kollektiven Geselligkeit des 18. Jahrhunderts und auch nicht im Sinne der Sphäre des bürgerlichen ›Geschäfts‹ in Opposition zur Privatheit der bürgerlichen Familie des 19. Jahrhunderts, sondern als ein öffentlicher Raum der Bewegung anonymer Fremder, die gleichzeitig füreinander beobachtbar bleiben. In diesem Kontext kann der avantgardistische Flaneur Fremdheitserfahrungen außerhalb der Felder bürgerlicher Vertrautheit machen. Wenn ›der Fremde‹ in der bürgerlichen Gesellschaft in der Regel nicht das bürgerliche Subjekt selbst war (außer im Falle religiöser Minderheiten), sondern Individuen am Rande der Gesellschaft, dann kann der Flaneur einen Sinn nicht nur für das partiell Fremde der Anderen, sondern auch für das Fremde der eigenen Person in einer Umgebung anonymer Anderer entwickeln: Er ist im Simmelschen Sinne ›innerhalb‹ und ›außerhalb‹ der Gruppe zugleich situiert,[53] innerhalb der Masse der sich in der Metropole bewegenden Personen, aber durch die flüchtige Anonymität gleichzeitig außerhalb des Kollektivs. Diese Fremdheitserfahrung ist aus avantgardistischer Perspektive allerdings gerade nicht mit negativer Entfremdung, sondern mit positiv konnotierter Unkontrollierbarkeit des eigenen Verhaltens verknüpft. Die relative Fremdheit der eigenen Person aus Sicht der anderen Personen im metropolitanen Umfeld, die Möglichkeit aufzutauchen und wieder zu verschwinden, sind Bedingungen des erratischen Sich-Treibenlassens des Flaneurs.

---

53 Vgl. Georg Simmel (1908): Exkurs über den Fremden, in: ders.: (1908): Soziologie. Untersuchungen über die Formen der Vergesellschaftung, Gesamtausgabe Band 11, Frankfurt am Main 1992, S. 764-771.

Neben der Metropolenerfahrung liefert die Filmrezeption eine zweite, im Kontext der modernistischen Avantgarden entstehende ›Technik‹, in der das nach-bürgerliche Subjekt jenseits von persönlichen Beziehungen und Arbeit ein Verhältnis zu sich selbst herstellt. Als visuelle und technologisch reproduzierbare Kunst ist der Film zunächst eine genuine Avantgarde-Kunst und die Technik der avantgardistischen Filmrezeption ein Beispiel für eine Praktik, die sich um ein neuartiges technisches Artefakt gruppiert, die damit diesem Artefakt entspricht, ohne durch es determiniert zu sein.[54] Das Avantgarde-Subjekt, das sich in der und durch die Filmrezeption bildet, entwickelt sehr spezifische Dispositionen, die nicht vollständig identisch mit jenen in ihrer ästhetischen Transgressivität domestizierten Eigenschaften sind, welche der *Mainstream*-Filmrezipient der Angestelltenkultur der 1920er bis 60er Jahre in Auseinandersetzung mit dem Hollywood-Kino und dem Fernsehen entwickelt.[55] Zentral für das avantgardistische Filmsubjekt, das sich vor allem in Auseinandersetzung mit den experimentellen Filmen – klassisch des deutschen Expressionismus und russischen Konstruktivismus der 1920er Jahre – heranbildet, ist die Entwicklung eines Sinns für die Uneindeutigkeit der Grenzen zwischen ›Realität‹ und ›Fiktionalität‹; das Fiktive gewinnt Züge des Realen, das Reale hinterlässt den Eindruck des Fiktiven. Im Unterschied zu den Techniken des Selbst im Medium der Schriftlichkeit, in denen die Zeichenträger unanschaulich sind und erst über eine hochspezifische Lese- und Schreibkompetenz zum entzifferbaren Zeichen werden können, richtet sich die Filmrezeption auf einen Gegenstand, der einerseits Zeichencharakter hat, der andererseits auf Seiten des Rezipienten die Imitation von Alltagswahrnehmungen, des Sehens (und nach Entwicklung des Tonfilms auch des Hörens), erfordert und damit einen scheinbar unmittelbaren ›Realismus-Effekt‹ zu entfalten vermag. Im Medium des Films präsentiert sich das Fiktive einer Geschichte visuell und auditiv als realistisch, der Betrachter wird mit Szenen von Personen, Handlungen und Artefakten konfrontiert, die ›im Prinzip‹ auch Gegenstand des alltäglichen Sehens und Hörens sein könnten – und dadurch, dass man sie sieht, ›sind‹ sie auf bestimmte

54 Vgl. zum folgenden Benjamin (1936); Jervis (1998), S. 280-309; Gilles Deleuze (1983): Das Bewegungs-Bild. Kino 1, Frankfurt am Main 1989; Conrad (1998), S. 441-475, John Orr (1993): Cinema and Modernity, London; Steve Neale (1985): Cinema and Technology, London; Teresa de Lauretis u. a. (Hg.) (1980): The Cinematic Apparatus, London. Zeitgenössisch wird das Verhältnis zwischen dem Film und der Formierung eines neuen Subjekts bei Autoren wie Eisenstein, Vertor und Balazs intensiv thematisiert (vgl. zum Beispiel Bela Balazs (1924): Der sichtbare Mensch oder die Kultur des Films, Wien).

55 Vgl. Kap. 3.2.3.

Weise ›real‹ –, die aber gleichzeitig keine außerfilmischen Realitäten abbilden, sondern eine Sequenz visueller Darstellungen bleiben.[56]

Der ›Realismus‹ des Films wird mit einer Reihe von technisch-künst-
lerischen Mitteln produziert und kombiniert, die keine unmittelbare
Entsprechung in der vortechnischen Alltagswahrnehmung finden, so
dass der Erfahrungsspielraum des Rezipienten in spezifischer Weise sowohl eingeschränkt als auch ausgeweitet wird. Eingeschränkt wird die
Form der Wahrnehmung, indem die Perzeptionen des Filmrezipienten
im Unterschied zum Alltagssubjekt auf das Sichtbare und das Hörbare,
damit auf das Betrachten von Oberflächen begrenzt sind: Personen und
Gegenstände sind so lediglich visuell, nicht taktil zugänglich. Zudem
ist die Erfahrung des ›Innenlebens‹ der Personen – welche die Literatur
prägte und zur Ausbildung der bürgerlichen und romantischen Innenwelt beitrug – im Medium des Films sehr limitiert. Hinzu kommt eine
spezifische Ausrichtung des Films auf die Darstellung von Bewegtheit
– der Bewegtheit der Bilder erscheint eine Bewegtheit der Handlungen
(schnelle Schnitte, ›Action‹) adäquat, so dass eine filmische Darstellung
von Ruhe und Gleichförmigkeit mediumsunspezifisch erscheint: Das
Kino-Auge ist immer in Bewegung. Der Filmrezipient lernt damit, die
›Realität‹ – des Films und in der Analogie auch außerhalb des Films – als
Sequenz aus der Distanz betrachtbarer, in der Regel schnell und abwechs-
lungsreich bewegter visueller Oberflächen vorauszusetzen. Gleichzeitig
wird der Erfahrungsspielraum des Filmrezipienten jedoch gegenüber der
Alltagswahrnehmung multipliziert, es findet – insbesondere im Falle des
Avantgarde-Films – eine »Vertiefung der Apperzeption«[57] statt. Der Film
ermöglicht eine Betrachtung von Details im Raum (Zooming) wie auch
umgekehrt von Panoramen, er kann Objekte nach Belieben sich ›nahe‹
und sich ›fern‹ machen und somit eine extreme, differenzierte und mul-
tiperspektivische Sichtbarkeit, insbesondere von Personen und Handlungen, bewirken. Auch die zeitlichen Erfahrungen werden gegenüber
der Alltagswahrnehmung einerseits durch Zeitlupe, andererseits durch
künstliche Beschleunigung multipliziert, und die Normalzeit sieht sich
außer Kraft gesetzt. Durch Schnitte können zeitliche Sequenzen unterbrochen und neu zusammengefügt, Orte und Zeitpunkte nach Belieben
gewechselt werden. Scheinbar natürliche Kontinuitäten werden damit
in Diskontinuitäten aufgebrochen, so dass in der Montage nicht-lineare
Geschichten entstehen. Darüber hinaus transzendieren die Gegenstände
der Filme selbst die der Alltagswahrnehmung: ›phantastische‹ Handlungen, die sonst der Imagination oder der Literatur vorbehalten sind,

56 Vgl. Mitchell (1986: 17): »An image cannot be seen *as such* without a
paradoxical trick of consciousness, an ability to see something as ›there‹
and ›not there‹ at the same time.«
57 Benjamin (1936), S. 34.

können realistisch repräsentiert werden (etwa in Horrorfilmen wie »Nosferatu«, Science-Fiction wie »Metropolis« und phantastischen Zwischensequenzen in surrealistischen Filmen).

Die Praktik der Filmrezeption im avantgardistischen Kontext trainiert das Subjekt damit in einer – technisch ermöglichten – Relativierung der zeitlichen, räumlichen und logischen Grenzen der Wahrnehmung in der ›Lebenswelt des Alltags‹.[58] Statt der Linearität der Zeit, der Nicht-Austauschbarkeit des Raumes und der Logik der Handlung werden verfremdende Perspektiven auf Handlungen und Personen möglich. In der Filmrezeption setzt sich der Betrachter in besonderem Maße jenen permanenten Reizen des Neuartigen, Spektakulären und Verblüffenden aus, welche die Transgression des vertrauten Erlebens ermöglichen sollen: »Im Film kommt die chockförmige Wahrnehmung als formales Prinzip zur Geltung.«[59] Im Kino tritt der Betrachter in eine ästhetische Sonderwelt visueller Imaginationen ein. Diese erfordert weiterhin eine Stillstellung des Körpers sowie eine Reduktion des Subjekts auf den Beobachter, auf seinen Gesichtssinn. Der Betrachter wird von der visuellen Sequenz absorbiert und kommt jenem »vollkommenen Zustand der Distraktion, der Zerstreutheit ..., den wir ... eines Tages wohl erreichen wollen«[60] nahe, den Breton als leitend für das surrealistische Subjektmodell formuliert.

Die strukturelle Analogie zwischen der Filmrezeption und der visuell-auditiven Alltagswahrnehmung – und darüber hinaus auch der veralltäglichende Gebrauchs- und Wiederholungscharakter des Mediums Film – vermag den subjektiven Wirklichkeitssinn zu verschieben. Es kommen nicht nur ›realistische‹ Schemata des Alltags im Kino zum Einsatz, es können umgekehrt auch die ›fiktionalen‹ Schemata der Filmrezeption in der außerfilmischen ›Realität‹ Verwendung finden, so dass die Sinngrenzen der Sonderwelt zur Alltagswelt ihre Eindeutigkeit verlieren. Auch für die bürgerliche Kunst des 18. Jahrhunderts war es charakteristisch, dass die Fähigkeiten, die sich im Umgang mit dem Medium der Schriftlichkeit herausbildeten – etwa in bürgerlichen Romanen oder in der alltäglichen Produktion von Ego-Texten –, die Kompetenzen des moralischen Urteils oder des biographischen Sinns auf andere Elemente der Praxis transferiert wurden und sich damit nicht auf eine autonome ›ästhetische Sphäre‹ reduzieren ließen. In ähnlicher Weise bilden sich durch die audiovisuellen Medien, zunächst durch den avantgardistischen Film, Dispositionen ganz anderer Art aus, die das

58 Zu den Wahrnehmungsstrukturen einer solchen vortechnischen ›Lebenswelt des Alltags‹ vgl. Schütz/Luckmann (1975), in der diese Strukturen allerdings kurzerhand universalisiert werden.
59 Benjamin (1939), S. 208.
60 Breton (1924), S. 43.

Subjekt in Kontexten jenseits der Kinosituation zum Einsatz bringt: Im Filmerleben entwickelt sich ein spezifischer ästhetisch-fiktionaler Sinn des nach-bürgerlichen Subjekts. Dieser ist – im Gegensatz zur bürgerlichen Tradition – auf das Visuell-Bildhafte als primären Bedeutungsträger konzentriert; er beurteilt visuell-auditive Wahrnehmungen unter dem Aspekt ihres Reiz- und ›Schock‹-Charakters, ihrer fantastischen Aufgeladenheit, er betrachtet Subjekte – und damit auch sich selbst – als äußerlich beobachtbare, bis ins Detail sichtbare ›performances‹, als Produzenten von Bildern ihrer selbst (*images*); ihm erscheinen Alltagsereignisse als Objekte multipler Bedeutungszuschreibungen, die jenseits der am Common Sense ausgerichteten zweckrationalen oder moralischen Bedeutungen zu ästhetisch reizvollen, mehrdeutigen und verfremdenden Geschichten zusammengesetzt werden können; er installiert im Subjekt einen imaginativen Möglichkeitssinn, dem das, was im Film ›real‹ war, auch in der Realität möglich scheinen muss.

Modernistische Praktiken II:
Montage und neue Geschlechter

Neben den Technologien des Selbst bieten die avantgardistischen Lebensformen Ansätze für Nachfolgepraktiken dessen, was im Rahmen der bürgerlichen Kultur ›Arbeit‹ und ›Intimsphäre‹ waren. Wie die Romantik ersetzt auch die Avantgarde ›Arbeit‹ als Leistungszusammenhang mit Professionalitäts- und Moralanspruch durch ›künstlerische Kreativität‹, verstanden als produktive, Neues schaffende Tätigkeit. Die künstlerischen Aktivitäten der Avantgarden imitieren damit jene der Romantik, enthalten aber Modifikationen: Während die Praxis romantischer Kreativität motiviert war durch das Streben nach einem individuell-originalen Werk, versteht sich die avantgardistische Kreativität als ein Hantieren mit ›Arrangements‹ und mit öffentlichen Darstellungen. Dabei wird jene Logik kreativer Praktiken als eine Technik zufallsabhängig-kombinatorischer Generierung, die in der Romantik angelegt war, nun expliziert. Das Künstlersubjekt ist weniger ein po(i)etischer Kreator denn ein experimenteller Arrangeur und zudem – ein Modell, das der Romantik weitgehend fremd war – öffentlicher Darsteller: Das Subjekt implementiert in sich entsprechende experimentorientierte Dispositionen.[61]

---

61 Zum folgenden vgl. Tichi (1987); Bender (1989); Tashijan (1975); Sheppard (2000), S. 171-206; Breton (1962); Garelick (1998); Jerold Seigel (1995): The Private Worlds of Marcel Duchamp. Desire, liberation, and the self in modern culture, Berkeley.

Die Praxis der künstlerischen Produktion ist für die Avantgarde eine des experimentellen Arrangements. In der Logik des Arrangements wird nicht die Originalität eines Werkes hervorgebracht; es werden bereits gegebene Elemente, auch scheinbar banale Objekte alltagweltlicher Herkunft, wahrgenommen und durch unkonventionelle Kombinationen zusammengefügt. Das Neue ist in der Zusammenfügung zu sehen. Gegenüber der Romantik betreibt die Avantgarde damit eine Expansion der potentiellen Gegenstände kreativer Tätigkeiten – eine Ausweitung von den klassischen künstlerischen Werken der Literatur und Musik zum Arrangement von Gebrauchsgegenständen (objets trouvés) –, eine Tendenz, die in der postmodernistischen Kunst der 1960er und 70er Jahre wiederaufgenommen wird. Nötig ist damit eine Ausweitung des ästhetischen Blicks auf die gesamte Alltagswelt, insbesondere jene der Metropolen, die Motivationsquelle und im Ansatz Objekt kreativer Gestaltung werden. Die Logik der kreativen Produktion setzt sich aus mehreren, miteinander verknüpften Schritten zusammen. Der erste ist die Wahrnehmung und Sichtung der ›gegebenen‹ Elemente, der zweite das Arrangement im engeren Sinne, der dritte (nicht in jedem Fall eingeschlossene, aber in der Avantgarde zunehmend bedeutsame) besteht in der öffentlichen Darstellung des kreativen Produkts. Die Wahrnehmung und Sichtung des Gegebenen wird zum Gegenstand der avantgardistischen Übung; Prototyp ist die surrealistische ›écriture automatique‹, die wiederum Parallelen zu Freuds psychoanalytischen Aufmerksamkeitstechniken aufweist. Im ›automatischen Schreiben‹ ist die konventionalisierte, hochselektive Wahrnehmung aufzubrechen zugunsten einer ›vorreflexiven‹ Aufzeichnung von Eindrücken des Bewusstseins und des Vorbewussten in einer unkontrollierten, beschleunigten Sequenz, in »einem so rasch wie möglich fließenden Monolog, der dem kritischen Verstand des Subjekts in keiner Weise unterliegt, das sich infolgedessen keinerlei Zurückhaltung auferlegt«.[62] Schreiben ist hier weder ein handwerklicher noch ein selbstkontrollierender Akt, sondern eine indifferente Registrierung von Perzeptionen und Emotionen, die der moralischen wie semantischen Kontrolle entgehen. In ähnlicher Weise setzen die surrealistische Aktivität des ›Sammelns‹ von Alltagsgegenständen und die dadaistische Aktivität der Verfremdung dieser im ›readymade‹ eine Auflösung der Aufmerksamkeitsgrenze zwischen Bedeutsamem und Banalem voraus. Das Banale – prototypisch Duchamps Urinal – kann im Arrangement symbolisch bedeutsam und muss daher als potentieller ästhetischer Bedeutungsträger zugelassen werden.

In der avantgardistischen Kreativitätspraxis hat das Arrangement von Objekten und Erlebnissen die Struktur einer Technologie, eines Spiels und eines Stils. Künstlerische Kreativität entfernt sich vom Mo-

---

62 Breton (1924), S. 24.

dell des Organischen und lehnt sich an das Modell des Technischen, Ingenieurhaften an. So wie der Ingenieur vorhandene Elemente kombiniert, so beansprucht dies die künstlerische Kreativität, so dass selbst die poetische Sprache als »made out of concrete things ... arranged«[63] erscheint und das Künstlersubjekt zum ›designer-engineer‹ wird. Die Produktion eines Films, bei der die kreative Leistung vor allem in der ›Macht der Schere‹ (Balázs), im Schneiden und Zusammenfügen, im Montieren des Bildmaterials besteht, erscheint paradigmatisch. Gleichzeitig hat das kreative Arrangieren die Struktur eines Spiels. Es erscheint als ein zufallsabhängiger, kontingenter Prozess des experimentellen Ausprobierens, das deshalb etwa in der Dada-Bewegung mit kindlichem, wenig regelgeleitetem Handeln verglichen wird. Die bildliche Collage und das literarische Palimpsest sind ein spezifischer Ausdruck dieser spielerischen Kombinatorik. Schließlich kann das kombinatorische Arrangement als Stil auftreten. In der Ästhetisierung des Lebens zum ›Lebensstil‹, die nicht nur im Ästhetizismus, sondern auch in der Bohème betrieben wird, geht es darum, einzelne Elemente – etwa der Kleidung, aber auch des Verhaltens – so zusammenfügen, dass ein nach außen erkennbarer theatralisch-artifizieller Gesamteindruck erkennbar wird, der die Reproduktion eines kollektiven Musters und zugleich singuläre Abweichungen miteinander kombiniert. Das Arrangement ist hier nur eine begrenzt zufallsgesteuerte Aktivität, vielmehr eine bewusst künstliche, ›gekonnte‹ Innovation qua Kombination.

Die Praxis der avantgardistischen Kreativität umfasst regelmäßig eine ›demonstrative‹ Komponente, ist bewusst eine Darstellung vor einem Publikum. Jene Theatralität, die in der bürgerlichen Kunst dem Spezialfall des Theaters vorbehalten war, wird zum Aspekt künstlerischer Kreativität insgesamt. Der Kreative schafft damit zwar *auch*, aber nicht allein für sich selbst, sondern antizipiert immer schon die möglichen Reaktionen des Publikums, und zwar nicht unter dem Aspekt des Wohlgefallens, sondern unter jenem des Hervorrufens von Reizen, der Produktion von Auffälligkeiten, im Extrem auch die strategische Produktion von Schocks und Skandalen. Die ästhetizistische *performance* der eigenen Person als Subjekt mit einem Stil, der Konvention und Aufmerksamkeit erregende Abweichung verknüpft, ist hier ebenso charakteristisch wie die öffentlich inszenierten Kunst- und Verhaltensskandale der Expressionisten, Dadaisten und Surrealisten. In dem Moment, in dem die künstlerische Aktivität starke Reize hervorrufen will, muss sie ihre möglichen Wirkungen auf Dritte planen: Künstlerische Produktion ist damit keine rein selbstorientierte Tätigkeit mehr, sondern eine, die Neues relativ zu bestimmten, veränderlichen Reizschemata eines Publikums arrangiert.

63 Ezra Pound (1975): Selected Prose 1909-1965, New York 1971, S. 41.

Die Intimsphäre bietet ein weiteres Trainingsfeld der Trangressionsbemühungen des Avantgarde-Subjekts.[64] So wie für die Romantiker besteht die Alternative zur bürgerlichen Subjektivität auch für die Avantgarden zu erheblichen Teilen in einer neuartigen Subjektivation durch persönlich-intime Beziehungen. Während die Romantik hier den Code der romantischen Liebe gegen das moderierte frühbürgerliche Freundschaftsideal plazierte, ist der Ansatzpunkt der Avantgarden der Geschlechts-/Sexualitäts-Komplex. Die beiden zentralen Elemente des Strukturwandels des bürgerlichen Intimitätssubjekts im 19. Jahrhundert, seine Bifurkation in zwei antipodische Geschlechtscharaktere und die Identifizierung des Sexuellen als eine prekäre, kontrollbedürftige Subjektnatur, sind ihre negativen Bezugspunkte. Die bürgerliche Selbstkontrolle der Sexualität erscheint nun als Repression vielfältiger oder natürlicher libidinöser Bestrebungen, die bürgerliche Definition des weiblichen Charakters – sekundär auch des männlichen – als Repression alternativer Existenzmöglichkeiten, die jenseits der dualistischen Geschlechtermatrix denkbar werden. Der Diskurs-/Praxiskomplex der Avantgarden ist mit den feministischen und sexualreformerischen Bewegungen der Jahrhundertwende vernetzt.

Das Modell eines nach-bürgerlichen Intimitätssubjekts, wie es von den Avantgarden diskursiv entwickelt – im sexualreformerischen Diskurs um Gross, Ellis, Hirschfeld und Carpenter, in literarischen Diskursen um Wilde, Lawrence, Wedekind, Schnitzler, Woolf etc. –, zum Teil auch in verschiedenen Subkulturen – in der ›Bohème‹ von Schwabing, Bloomsbury, Greenwich Village, Monte Verità, Paris oder Berlin – in die Tat umgesetzt wird, ist nicht eindeutig, sondern durch eine hybride Überlagerung zweier Codes geprägt. Diese Spannung deutet sich bereits in der allgemeinen Subjektcodierumg der Avantgarde an, wird aber vi-

---

64 Zum folgenden vgl. Elaine Showalter (1990): Sexual Anarchy. Gender and culture at the Fin de Siècle, London; Sally Ledger (1997): The New Woman. Fiction and feminism at the fin de siècle, Manchester; Caroll Smith-Rosenberg (1985): Disorderly Conduct. Visions of gender in Victorian America, New York, S. 245 ff.; Buchholz (2001), S. 117-138; Nye (1999), S. 115-204; Jeffrey Weeks (1981): Sex, Politics and Society. The regulation of sexuality since 1800, London 1989, 2. Aufl., S. 141 ff., 172 ff.; Rita Felski (1995): The Gender of Modernity, Cambridge (Mass.); Jervis (1998), S. 137-142; Sedgwick (1990), S. 67-90; George L.Mosse (1996): The Image of Man. The creation of modern masculinity, Oxford, S. 77 ff.; Elizabeth Wilson (1999): Bohemian love, in: Featherstone (1999), S. 111-127; Kane (1999); Adams (1995); Katharina von Ankum (Hg.) (1997): Women in the Metropolis. Gender and modernity in Weimar culture, Berkeley; Karin Tebben (Hg.) (2002): Abschied vom Mythos Mann. Kulturelle Konzepte der Moderne, Göttingen.

rulent, wenn es um die Modellierung des Geschlechtlichen und Sexuellen geht: die Spannung zwischen einer Transgression des Subjekts qua *Artifizialisierung* und einer Transgression qua *Naturalisierung*. In einem dominanten Code tendieren die Avantgarde-Bewegungen – im Ästhetizismus, Futurismus, Surrealismus, Dadaismus – dazu, gegen eine unveränderliche Natur die kulturelle Kontingenz des Subjekts zu postulieren, seine Diskontinuität und Multiplizität, die durch die bürgerliche Moral der Respektabilität in fixe Strukturen der Einheit gezwungen wurde; das ›Natürliche‹ erscheint aus dieser Perspektive als bürgerliche Ideologie. Dieser Artifizialisierung des Subjekts, verstanden als ein kontingentes, ungeordnetes Bündel von potentiell experimentellen Wahrnehmungen und Erlebensmöglichkeiten, kombiniert sich mit einem zweiten Code des Transgressiven, der etwa im Umkreis des deutschen Expressionismus und der Lebensreformbewegung zu suchen ist und in den Bohème-Subkulturen darüber hinaus wirkt. Hier wird das Transgressive umgekehrt gerade als ein ›Ausleben‹ der durch die bürgerliche Gesellschaft unterdrückten lebendigen Natur des Subjekts codiert, das Subjekt wird nicht artifizialisiert, sondern in einem vitalistischen Sinne naturalisiert.

Die hybride Überlagerung einer artifizialistischen und einer naturalistischen Modellierung des Subjekts, das in beiden Fällen seine Grenzen überschreitet, zeigt sich nirgendwo so deutlich wie in den avantgardistischen Experimenten mit Geschlecht und Sexualität: Die Hauptlinie des Konstruktivismus bildet das Modell einer ›new woman‹, welche die Grenzen zur vorgeblichen Maskulinität überschreitet, die Nebenlinie das Modell des ›dekadenten‹ Dandies, der die Grenzen zur vorgeblichen Feminität transzendiert. Gleichzeitig finden sich im Kontext der Avantgarde naturalistische, auf ihre Weise unbürgerliche Modelle der Geschlechter, die diesen ein Ausleben ihrer ›animalischen‹ Natur versprechen – in der Hauptlinie ein Modell vitalistischer Maskulinität, in der Nebenlinie die Figur der ›femme fatale‹. Hier geht es nicht um die Transgression der Grenzen *zwischen* den Geschlechtern, sondern um die Überschreitung der Grenzen, die dem *einzelnen*, männlichen oder weiblichen, als *gegeben* angenommenen Geschlecht in der bürgerlichen Kultur auferlegt werden. Verknüpft mit dieser Ambivalenz der Codierung der Geschlechter ist eine Mehrdeutigkeit im avantgardistischen Verständnis von Sexualität: Eine naturalistische Orientierung am – mehr oder minder ungehemmten – Ausleben bislang unterdrückter ›Triebe‹ steht einem Verständnis der experimentellen Gestaltbarkeit des Sexuellen als das ›polymorph Perverse‹ gegenüber.

Die ›new woman‹ stellt sich seit den 1890er Jahren vor allem im englischsprachigen Raum, in den 1920er Jahren auch in Deutschland als Figur einer anti-bürgerlichen Modellierung des weiblichen Subjekts dar. Es entwickelt sich eine weibliche Selbstdefinition, die jenseits der naturalisierenden Matrix der bürgerlichen Geschlechtscharaktere ›Frau‹

nicht als Komplement zur Figur des Mannes versteht, sondern diese als kulturell variabel annimmt und ihr Eigenschaften zuschreibt, die im Rahmen der Geschlechtermatrix als maskulin präjudiziert wurden. Die ›new woman‹ torpediert die Grenze zwischen der maskulinen Öffentlichkeit und der femininen Privatsphäre, indem sie ihre Identität über einen eigenständigen Beruf gewinnt, sich vom Code der Mütterlichkeit distanziert, entweder ohne eine Partnerschaft auskommt oder eine gleichberechtigte Ehe ohne Rollenverteilung fordert und auch in ihren Verhaltensroutinen sich zunehmend – etwa im Sinne einer Entemotionalisierung – maskulinisiert. Radikale Versionen der ›new woman‹, insbesondere in den Avantgarden der 1920er Jahre, begreifen Feminität selbst als eine kontingente *performance*, als ein Spiel mit der öffentlichen Darstellung weiblicher Geschlechtsidentitäten – beispielhaft bei Joan Rivière oder literarisch in V. Woolfs »Orlando« formuliert[65] –, das auch eine Darstellung des Androgynen und Experimente mit bisexuellen und lesbischen Orientierungen einschließt.

Die Subjektfigur des Dandies (in der Fremdbeschreibung auch des ›Dekadenten‹) markiert vor allem im Kontext des Ästhetizismus ein – letztlich weniger einflussreiches – männliches Pendant zur ›new woman‹. Transzendiert diese die Grenze zum vorgeblich Maskulinen, so jener die Grenze zum Femininen, ohne dabei aber die Maskulinität aufzugeben – auch hier wird die Geschlechtermatrix partiell außer Kraft gesetzt. Der ästhetizistische Dandy geht offensiv vom theatralischen *performance*-Charakter des Subjekts im allgemeinen und seiner (männlichen) Geschlechtlichkeit im besonderen aus. In der ästhetischen Sensibilisierung, der Distanzierung vom Arbeitsethos und seiner ›exzessiven‹ Zurschaustellung einer verfeinerten äußeren Erscheinung werden in der Dandy-Kultur Grenzen der im bürgerlichen Sinne legitimen Maskulinität überschritten. Dies gilt insbesondere für das Experiment mit der Homosexualität, das die heterosexuell fixierte spätbürgerliche Geschlechtermatrix auf skandalöse Weise sprengt. Die Artifizialisierung des Männlichen in der Dandy-Kultur wird dabei von einer Naturalisierung des Weiblichen begleitet, die an den bürgerlichen Geschlechtercode in paradoxer Weise anschließt: Der Dandy des Ästhetizismus gewinnt seine Identität darüber, als Mann zur künstlichen Überschreitung der Subjektgrenzen fähig zu sein, welche der Frau in ihrer ›Naturalität‹ abgesprochen wird.

Der Codierung von Weiblichkeit/Männlichkeit als kulturelle, damit veränderbare und experimentell überschreitbare *performances* steht innerhalb der Avantgarden ein naturalistischer Geschlechtsdiskurs gegenüber, der auf seine Weise gleichfalls anti-bürgerlich orientiert ist.

---

65 Vgl. Joan Rivière (1929): Womanliness as a masquerade, in: Victor Burgin u. a. (Hg.) (1986): Formations of Fantasy, London, S. 35-44.

Insbesondere im weiteren Umkreis von Expressionismus, Lebensreformbewegung und ihren Versionen der Bohème-Kultur wird anti-bürgerliche
Männlichkeit als eine Maskulinität codiert, welche die Zwänge bürgerlicher Respektabilität und Zivilisiertheit hinter sich lässt und sich über
einen natürlichen physischen Vitalismus, eine offensive Körperlichkeit
der Stärke, ein Ausleben ungehemmter Sexualität und unterdrückter
Aggressivität definiert (in literarischen Repräsentationen beispielsweise
bei J. London oder B. Brecht). Hier können das proletarische Subjekt
und die urbane ›underworld‹ zum Vorbild werden, und der proletarische Sport – paradigmatisch der Kampfsport des Boxens – avanciert
innerhalb der Bohème-Subkulturen zum Projektionsfeld ausgelebter
Männlichkeit. In ähnlicher Weise, jedoch allein aus der männlichen
Fremdzuschreibung und letztlich weniger einflussreich, kann im Rahmen der Avantgarde auch Weiblichkeit radikal naturalisiert und dadurch entbürgerlicht werden, indem sie sich auf den Prototyp einer ihre
Sexualität und ›weibliche Natur‹ offensiv auslebenden ›femme fatale‹
als anziehend-abstoßendes Objekt des Mannes, im Extrem verkörpert
in der Prostituierten, festgelegt sieht.[66]

In der doppelten Dopplung der konstruktivistischen und naturalistischen Codes bezüglich des weiblichen und männlichen Subjekts ergibt
sich innerhalb der Avantgarden weder eine eindeutige Dominanz des
Konstruktivismus noch des Naturalismus, paradoxerweise jedoch in der
Addition eine überdeterminierte Prämierung des *maskulinen* Subjektmodells für Männer *und* Frauen. Während in Bezug auf das weibliche
Subjekt die konstruktivistische ›new woman‹ über die naturalistische
›femme fatale‹ dominiert, dominiert in Bezug auf das männliche Subjekt
der naturalistische ›vitale Mann‹ über den konstruktivistischen Dandy;
diese Dominanzkonstellationen werden in der späteren Applikation der
Avantgarde-Geschlechtercodierungen in der Kultur der organisierten
Moderne seit den 1920er Jahren besonders deutlich. Dominant sind
damit – diagonal zur Konstruktvismus/Naturalismus-Differenz – die
beiden maskulinisierenden Codes in Bezug auf das weibliche *und* auf
das männliche Subjekt. Aus dieser Perspektive erscheinen die bürgerliche Frau und der bürgerliche Mann *beide* als zu ›weiblich‹. Jenseits

---

66 Vgl. Kane (1999), S. 165 ff., auch Rotundo (1987); Rebecca Stott
(1992): The Fabrication of the Late-Victorian Femme Fatale: the kiss
of death, London; Martin Lindner (1994): Leben in der Krise. Zeitromane der Neuen Sachlichkeit und die intellektuelle Mentalität der
klassischen Moderne, Stuttgart/Weimar, S. 84-87; Kevin White (1993):
The First Sexual Revolution. The emergence of male heterosexuality in
modern America, New York. Eine zeitgenössische Naturalisierung von
Geschlechtern in extremer Form findet sich in Otto Weiningers »Geschlecht und Charakter« (1904).

der Konstruktivismus/Naturalismus-Differenz befördert die Avantgarde-Kultur so – mit der konträren Nebenlinie einer Feminisierung vor allem in der Dandy-Kultur – im Grundsatz eine Maskulinisierung des Subjekts. In dieser Hinsicht wird die postmodernistische *counter culture* der 1960er/70er Jahre, die ansonsten den Geschlechts/Sexualitätsdiskurs der Avantgarden in mancher Hinsicht zitiert, eine Gegenposition vertreten: Sie wird eine grundsätzliche Feminisierung des Subjekts vorantreiben, die sich auf die postmoderne Kultur insgesamt auswirkt.

Losgelöst von der Geschlechterfrage und bezogen auf das Problem der Sexualität, zeigt sich eine anti-bürgerliche Naturalisierung des sexuellen Subjekts im Avantgarde-Kontext am deutlichsten in der Bewegung zur ›Sexualreform‹ zu Beginn des Jahrhunderts. Die Sexualreformbewegung schließt einerseits an das minutiöse Interesse des bürgerlichen Sexualisierungsdiskurses des 19. Jahrhunderts an, der insbesondere männliche Sexualität als einen ebenso unabwendbaren wie prekären ›Trieb‹ präsentierte; gleichzeitig wird die bürgerliche, selektive wie moralische Interpretation des Sexuellen außer Kraft gesetzt. Sowohl für (heterosexuelle) Männer als auch Frauen (teilweise auch für homosexuelle Männer und Frauen) erscheint nun ›der sexuelle Trieb‹ als eine innere Natur, deren Kraft zu respektieren, zum Teil auch in seiner Lebendigkeit gegen das ›entkörperlichte‹ Bürgertum und die soziale Form der Ehe zu zelebrieren ist. Dass das Subjekt ein sexuelles ist, hatte bereits der bürgerliche Diskurs des späten 19. Jahrhunderts vorausgesetzt – diese Präjudizierung wird von der Sexualreformbewegung übernommen, aber in seiner Bewertung ins Gegenteil verkehrt: nicht als Aufforderung zur Selbstkontrolle, sondern zur weitgehenden Aufhebung der sexuellen ›Repression‹. Der sexuelle Akt erscheint hier als eine herausgehobene Grenzerfahrung, als ein gewünschter Kontrollverlust, ein momenthaftes Gefühl der Einheit mit der inneren Natur, auch in der hermeneutischen Unverständlichkeit ihrer ›Triebe‹.[67]

Die Naturalisierung des sexuellen Subjekts ist jedoch im Avantgarde-Kontext nicht eindeutig und konkurrenzlos, sie wird wiederum in einer hybriden Überlagerung mit einem experimentalistischen Verständnis kombiniert, welches das Sexuelle nicht als naturalen, zu befreienden Kern der Persönlichkeit, sondern als ein Feld multipler, veränderbarer Möglichkeiten libidinösen Agierens und Erlebens codiert. Im sexuellen Experimentalismus der ›new woman‹ der 1920er Jahre sowie der Dandy-Kultur erscheint das sexuelle Subjekt vielfältig erotisch aufgeladen,

---

67 Zu diesem Aspekt vgl. Buchholz (2001), S. 117-138, Weeks (1981), S. 141 ff., 172 ff., Nye (1999), S. 115-204, Wilson (1999). Eine Theorie solcher Grenzerfahrungen, unter denen Sexualität eine herausgehobene darstellt, und ihres Erlebens durch das Subjekt wird zeitgenössisch von Bataille formuliert, vgl. Georgs Bataille (1994): Die Erotik, München.

als Projektionsfläche und Stilisierungsort erotischer Phantasien, die mit erregenden Polysemien zwischen Bürgerlichem und Unbürgerlichem hantieren. Diese Version des Avantgarde-Subjekts praktiziert das Sexuelle weniger als tabuloses, eruptives ›Ausleben‹ innerer Triebe – ein Ausleben, das immer ein fixes Objekt voraussetzt, auf das sich der Trieb richtet –, sondern als ein Spiel mit mehrdeutigen erotischen Besetzungen, dem auch eine Multiplizität libidinöser Objekte entspricht. Indem Freud das Sexuelle als eine ›polymorph perverse‹ Energie modelliert, die kulturell vielgestaltig einsetzbar, auch manipulierbar ist und mit diversen, symbolischen Objektbesetzungen (Masochismus, Fetischismus, Autoerotik etc.) hantiert, bietet die Psychoanalyse hier eine die Avantgarde inspirierende Codeinnovation, die das Sexuelle weniger als Natur denn als Artefakt subjektiver Signifikationen repräsentiert.[68]

Die Gespaltenheit der Transgression

Die unterschiedlichen sozialen Praktiken, welche die Avantgarden entwickeln, fügen sich in Ansätzen zu einer radikalmodernistischen, ästhetisierten Lebensform zusammen. Diese ist zentriert um ein Subjekt, das sein Wahnehmen und Erleben in urbanen Konstellationen der Bewegtheit, der visuellen Bilder, des Spektakels, der sich auflösenden Grenzen von Realität und Fiktionalität und der ›performances‹ trainiert. Die Avantgarden nach 1900 betreiben hier einen basalen Sinntransfer gegenüber der Romantik, indem sie Modernität in einem Subjekt ausmachen, das anstelle des Primats moralischen, rationalen oder zweckgerichteten Handelns nach ästhetischen Erfahrungen strebt.[69] Dies ist für die Avantgarden wie die Romantiker mit einem momentanistischen Zeitbewusstsein verknüpft. Der Zeithorizont des Avantgarde-Subjekts orientiert sich weder an der langfristigen Sequenz der eigenen Biografie noch an Zusammenhängen, welche die Biografie transzendieren (Fa-

---

68 Dieser Aspekt wird bei Felski (1995), auch Ankum (1997) betont. Die klassische Quelle ist: Sigmund Freud (1904): Drei Abhandlungen zur Sexualtheorie, in: Gesammelte Werke, Band V, Frankfurt am Main 1999, S. 27-145. Für den speziellen Fall des (Selbst-)Verständnisses von Homosexualität demonstriert Sedgwick (1990), insbesondere S. 67-90, das zeitgenössische Changieren zwischen kulturalistischen und naturalistischen Codes.

69 Gegen Ortega y Gassets klassische Einordnung des Modernismus als anti-romantisch – die auch der Selbstwahrnehmung der Avantgardisten zum großen Teil entspricht – vgl. zu den Kontinuitäten zwischen Romantik und Avantgarde Poggioli (1962), S. 42 ff., Calinescu (1977), S. 41 ff. und Vietta (2001).

milie, Gesellschaft), sondern am singulären, gegenwärtigen Moment. Subjektcode und kulturelle Praxis der Avantgarden differieren jedoch von denen der Romantiker. Während diese um ein Modell der einzigartigen Individualität des Subjekts und der expressiven Entfaltung seines inneren, ›tiefen‹ Kerns zentriert ist und gleichzeitig dieses Individualitätskonzept in einzelnen kulturellen Elementen aufsprengt, schließen die Avantgarden an dieses radikalisierte Verständnis der Diskontinuität und Multiplizität des Ichs an und opponieren damit größtenteils gegen das Modell romantischer Individualität, das nun als Variante des Bürgerlichen erscheint. Während das ästhetische Erleben des romantischen Subjekts entweder auf eine innere Beruhigung oder eine innere Anregung abzielte, visiert das Avantgarde-Subjekt eindeutig die Angeregtheit durch die äußeren Reize des Neuen an und verbucht den romantischen ›retreat‹ als bürgerliches Rückzugsgefecht.

Der Modus des ästhetischen Erlebens des Avantgarde-Subjekts ist durch die material-technischen Revolutionen und den räumlichen Kontext der Urbanität strukturiert, die sie von der romantischen Subjektkultur deutlich unterscheiden. Die Angeregtheit in der Konfrontation mit dem Neuen wird nun möglich in der Auseinandersetzung mit visuellen Oberflächen – der Metropole, des Films und der visuellen Kunst, der öffentlichen Erotik –, mit dem ›Spektakel‹ extremer Bewegtheit, mit der Relativierung der Grenzen von Realität und Fiktionalität und nicht zuletzt mit den ›performances‹ menschlichen Verhaltens. Im Gegensatz nicht nur zum bürgerlichen, sondern auch zum romantischen Subjekt avanciert sowohl die Beobachtung der ›performances‹ anderer – ob in der Metropolenerfahrung, im Film, im künstlerischen Spektakel oder im Geschlechterverhalten – als auch die Hervorbringung eigener, von Dritten beobachteter Aufführungen für das Avantgarde-Subjekt zu einer Quelle der Ästhetik des Alltagslebens. Die avantgardistischen Grundannahmen einer Theatralität des sozialen Lebens, einer ästhetischen Instrumentalisierung dieser Theatralität durch den Einzelnen und einer demonstrativen Subversion von Konventionen lösen damit sowohl die Vorstellung einer bürgerlichen moralischen Struktur wie auch einer romantischen Originalität und individuellen Tiefe des Subjekts auf – und werden in die Subjektformen der organisierten Moderne, des Postmodernismus und der Postmoderne transferiert.

Die avantgardistische Subjektform kombiniert radikale Außenorientierung mit radikaler Innenorientierung. So wie für das romantische Subjekt existieren auch für das Avantgarde-Subjekt die Elemente der Außenwelt primär nicht als Objekte des Handelns, sondern als Gegenstände der Wahrnehmung. Während das romantische Subjekt in seiner Voraussetzung innerer Individualität sein ›Innen‹ und das – teilweise überwältigende (Natur, Musik, Liebe), teilweise störende (Sozialität) – ›Außen‹ grundsätzlich und teilweise antagonistisch voneinander schied und somit auch eine einsame Existenz zur Option werden konnte, (er)lebt das Avantgarde-Subjekt emphatisch ›im Außen‹. Die gesuchte extreme Bewegtheit und Reizförmigkeit der urbanen Welt erscheinen als Auslöser für eine synchrone Bewegtheit des inneren mental-affektiven Stroms, so dass äußere und innere Bewegtheit im Idealfall ununterscheidbar werden. Bezeichnend ist hier die komplette Inversion der Relevanz von Sozialität für das ästhetische Erleben. Für das romantische Subjekt ist Sozialität zum großen Teil ein Hindernis seiner inneren Entfaltung, eine Szenerie sozialer ›Verstellung‹. Für das Avantgarde-Subjekt präsentieren sich demgegenüber die urbane Sozialität, die spektakuläre Sichtbarkeit der Massen, die technisch reproduzierte Darstellung von Personen im Film, die theatralischen *performances* der Anderen und der eigenen Person als Quellen ästhetischen Genusses. Diese Haltung setzt voraus, das andere Subjekt weniger als Interaktionspartner denn als symbolische Projektionsfläche zu betrachten und das eigene Selbst weniger als individuelles Original denn als Sequenz diskontinuierlicher Akte.

Indem die Avantgarde-Bewegungen keinen homogenen Block bilden, sondern einander in ihren Subjektcodierungen dementierende Strömungen, haben sie einige ihrer Spaltungen bereits offen institutionalisiert. Im Innern des Avantgarde-Subjekts finden sich damit hybride Überlagerungen von Codes unterschiedlicher Herkunft, welche die anti-hegemoniale Form eines transgressiven Subjekts, das die Instabilität und Mangelhaftigkeit des Bürgerlichen zu überwinden versucht, ihrerseits mehrdeutig und instabil macht. Eine erste Friktion ergibt sich aus der hybriden Kombination der Codes des Semiotischen und des Vorsemiotischen zur Fundierung des neuen Subjekts. Die subjektive Transgression wird entweder in der Kontingenz und Diskontinuität symbolischer Strukturen oder aber in der Sphäre des Vorsymbolischen, in Natur oder Technik verankert. Die Avantgarden versuchen die permanente Grenzüberschreitung eines nach-bürgerlichen Subjekts dadurch zu begründen, dass sie dessen prinzipielle Bewegtheit in einem neuen ›universalen Horizont‹ als Produkt quasi-transzendentaler Strukturen präsentieren, die diese Dynamik auf Dauer stellen. Wo jedoch diese Strukturen zu verorten sind, die eine permanente Transgression des Subjekts ermöglichen sollen, bleibt mehrdeutig. Die dominante Subjektrepräsentation der Avantgarden – im Ästhetizismus, Symbolismus, Dadaismus, Surrealismus und dem literarischen Modernismus im engeren Sinne – behandelt die Diskontinuität und Multiplizität des Subjekts als Ergebnis einer prinzipiellen Instabilität von Zeichensequenzen: Das Subjekt besteht hier aus einer Sequenz von Perzeptionen, performativen Darstellungen, Imaginationen, erratischen Akten, in denen es die fragilen symbolischen Ordnungen der Kultur auf unberechenbare Weise zur Anwendung bringt. Dieser experimentellen, exzessiven Bedeutungsproduktion scheint keine Grenze gesetzt. Das semiotische Modell der Trangression kontrastiert jedoch und überlagert sich teilweise mit einer technizistischen oder naturalistischen Fundierung von Grenzüberschreitungen. Insbesondere im Umkreis des Futurismus und Konstruktivismus ist es zwar auch eine Ebene des ›Artifiziellen‹ jenseits des Subjekts, welche dieses aus seinen bürgerlichen Limitierungen lösen soll, jedoch wird dieses Artifizielle nicht im Spiel von Bedeutungen, sondern in der reinen Form der Technologie festgemacht. Angeleitet von den materialen Vorgaben der Technik – etwa der Beschleunigung oder der Visualisierung –, scheint der aus der Starrheit der bürgerlichen Introvertiertheit entbundene ›neue Mensch‹ der eigentlichen Moderne in die Lage versetzt, seine Wahrnehmungs-, Affekt- und Dispositionsstruktur umzustellen. Im Umkreis des Expressionismus – und mit Konsequenzen in den Bewegungen zur Sexualreform und Lebensreform – schließlich ist es gar nicht die Ebene des Artifiziellen, welche die subjektiven Grenzüberschreitungen ermöglichen soll, sondern eine innere, vitale Natur, die als erratische Lebendigkeit codiert wird und jede Form sprengt.

Der Experimentalismus des Symbolischen, der Technizismus und der Kult des Natürlichen stellen sich damit als drei heterogene Vokabulare dar, in denen der Avantgarde-Diskurs eine Universalisierung der Transgressionsstruktur des Subjekts betreibt. Während die Selbstüberschreitung des Subjekts im symbolischen Experimentalismus – paradigmatisch bei den Dadaisten und Surrealisten – prinzipiell grenzenlos scheint, deuten der Technizismus und der Naturismus damit jedoch ein neues Fundament an, auf dem ein nach-bürgerliches Subjekt Stabilität finden kann und soll: die technologische Welt der Artefakte und die natürliche Welt der Körper. Beide stoppen auf ihre Weise das unendliche Bedeutungsspiel. Dass die verschiedenen Subjektcodes der Avantgarden hier auf konträre nach-bürgerliche Subjektkulturen hinauslaufen, wird in ihrer Applikation seit den 1920er Jahren deutlich. Während der ›neusachliche‹ Subjektcode der Technikorientierung und sein Modell einer subjektdezentrierenden funktionalen ›reinen Form‹ über den Weg des *high modernism* der Architektur und Bildenden Künste prägend für die Kultur der westlichen organisierten Moderne wird – und Ähnliches über den Weg von Futurismus und Konstruktivismus für die faschistischen und sozialistischen Versionen der organisierten Moderne gilt –, erzielt der experimentell-symbolistische Subjektcode der Avantgarden seine Effekte zeitlich versetzt im Transfer der postmodernistischen Gegenkulturen der 1970er Jahre, die gegen die organisierte Moderne opponieren.[70]

70 Die Effekte des naturalistisch-vitalistischen Strangs der Avantgarden
   sind mehrdeutig: Einerseits beeinflussen auch sie die Gegenkulturen der
   1960er und 70er Jahre und über diesen Weg am Ende die dominante

Eine zweite Polysemie der Subjektkultur der Avantgarden betrifft ihr Verhältnis zur ›Masse‹, zum sozialen Kollektiv und seiner Populärkultur. In einer widersprüchlichen Kombination von Anziehung und Abstoßung betrachten die Avantgarden die sozialen Massen als Mittel, um eine Subjekttransgression jenseits des Bürgerlichen zu erreichen, aber sie distanzieren sich gleichzeitig von dieser Masse und ihrem Verhaltenskonformismus. ›Massen‹, soziale Kollektive und Populärkultur erscheinen im Rahmen der Avantgarden regelmäßig als Bedingungen jener tumultösen ›Spektakel‹ und urbanen ›Schock‹-Erfahrungen, aber auch der urbanen Anonymitätserlebnisse, die den gewünschten sozialen Kontrollverlust bedeuten. Die Metropolenerfahrung, das populäre Kino, die sexuelle Liberalität des Proletariats, die städtische Vergnügungskultur, die Welt der Massenkonsumgüter avancieren zu Gegenständen avantgardistischen Interesses, indem sie die permanent gesuchten Erfahrungen des radikal Neuen und Unbürgerlichen versprechen. Auf abstrakterer Ebene erscheint die Anwesenheit einer großen Zahl von Personen zur gleichen Zeit am gleichen Ort als strukturelle Bedingung eines nach-bürgerlichen Subjekts. Die Quantität von Personen wird als Quelle einer gesteigerten Zahl disparater Reize interpretiert, denen das Subjekt ausgesetzt ist. Gleichzeitig betreibt der Avantgarde-Diskurs – nicht nur im Falle der Ästhetizisten – in seinem grundsätzlichen Anti-Konventionalismus eine Distinktion gegenüber allem normorientierten, berechenbaren Verhalten von sozialen Kollektiven, die, wenn nicht als bürgerlich dann als kleinbürgerlich, mithin als Degenerationsformen des Bürgerlichen erscheinen. Die Ambivalenz des avantgardistischen Subjektcodes zwischen der ästhetischen Attraktivität des Populären und der anti-konventionellen Abgrenzung vom Kollektiven, zwischen Populismus und Elitismus[71] schlägt in der weiteren Anwendung modernistischer Codes in einen doppelten Bruch zwischen einer massenorientierten und einer gegenkulturell-elitistischen Rezeption des avantgardistischen Sinnreservoirs um: eine Ästhetik der massenkompatiblen Modernität bzw. eine Ästhetik der Masse oder des Kollektivs im modernistischen Funktionalismus, im Faschismus und Sozialismus; eine Ästhetik des Populären im Postmodernismus und ihrer Pop-Kultur; eine bewusst minoritäre Gegenkultur von alternativen ›drop-outs‹ (zum Beispiel in der Beatnik-Bewegung); und ein auf ganz andere Weise minoritäres ästhetisches Spät-Bürgertum des formorientierten *high modernism* (mit seinem angelsächsischen Zentrum um Eliot, Pound, Greenberg und den New Criticism).

postmoderne Kultur. Andererseits wirkt sich der naturalistische Vitalismus vorher in anderer Weise auf das Subjektmodell des Faschismus aus.

71 Vgl. zu diesem Thema auch Huyssen (1986).

Der Avantgarde-Diskurs enthält auch ein widersprüchliches Verhältnis von (ästhetischer) Innenorientierung und Außenorientierung des Subjekts. Die klassische, moralorientierte Bürgerlichkeit hatte ihr ›äußeres‹ kommunikatives und zweckrationales Handeln an eine ›Innenorientierung‹ der Moralität und Empfindsamkeit, an eine subjektive Selbstbeobachtung dieses Innen gebunden. Extrem innenorientiert ist das ästhetische Subjekt der Romantik. Demgegenüber verstärkt das späte bürgerliche Subjekt in seiner Suche nach sozialer Respektabilität das relative Gewicht der Außenorientierung. Die Avantgardebewegungen intensivieren nun zugleich die Außen- wie die Innenorientierung und deuten sie um: Das Avantgarde-Subjekt ›entdeckt‹ die äußere urbane Welt als eine Sphäre positiv schockierender, spektakulärer, visueller Reize – gleichzeitig wird diese Außenorientierung nicht sozial oder zweckrational, sondern im ästhetischen Wahrnehmen und Erleben verankert. Diese Relation zwischen Innen- und Außenorientierung und das Ausmaß psychologischer Komplexität, das sie erfordert, unterscheiden sich jedoch zwischen verschiedenen Subjektcodes, die sich in den Avantgarden auf widersprüchliche Weise kombinieren. Auf der einen Seite wird ein Subjekt prämiert, das die äußeren Reize zum Aufbau einer außergewöhnlichen inneren ästhetischen oder emotionalen, einer psychischen Komplexität verwendet, die weit über die psychische Struktur des spätbürgerlichen Subjekts hinausgeht. Dies gilt für den Surrealismus, für den im engeren Sinne literarischen Modernismus, in anderer Weise auch für den Expressionismus, insgesamt für alle Bewegungen, die positiv an die Psychoanalyse anschließen. Das post-romantische Avantgarde-Subjekt, das hier den Status eines nach außen passiv wirkenden Beobachters und ›Konsumenten‹ einnimmt, instrumentalisiert die dynamischen und disparaten Reize des Außen für eine Intensivierung und Zerstreuung seines ästhetischen Erlebens. Auf der anderen Seite wird ein ganz anderes Subjekt prämiert: Dieses radikalisiert seine Außenorientierung und beschränkt umgekehrt seine psychische Komplexität auf jenes Minimum des Reizbaren, welches notwendig scheint, um die Außenorientierung zu motivieren. Am Extremsten findet sich dieses außenorientierte Subjektmodell in der futuristischen Ausrichtung an der Bewegtheit des Technischen, auch in der ästhetizistischen Orientierung an der Stilisierung. Diese tendenziell außenorientierten, dem Psychologismus fernstehenden Avantgarde-Elemente schränken ›innere‹ Emotionalität und Imagination zugunsten einer Subjektstruktur ein, die zu größten Teilen seiner Aktivitäten ›im Außen‹, in seinen bewegten und sichtbaren Handlungen, lebt und diese *als* bewegte und sichtbare Handlungen *er*lebt.

Eine weitere Spannung des Avantgarde-Subjekts, welche in diesem zugleich eine innere Dynamik produziert, betrifft das prekäre Verhältnis zwischen Grenzüberschreitung und Form. Das Problem lautet, wie eine Subjekt*form* strukturiert sein kann, die in ihrem Streben nach permanenter Selbstüberschreitung die Grenzen jeder Form immer schon dementieren will. Es scheint in der Logik der Avantgarden angelegt zu sein, allein als ›kleine‹ radikale Minderheiten‹ existieren zu können, die in dem Moment, in dem sie eine soziale Form und Routinisiertheit entwickeln, ihren eigenen Avantgardeanspruch dementieren – und die doch gleichzeitig mit dem Anspruch auftreten, eine allgemeingültige Subjektform als universalen Horizont zu installieren. Einerseits geht es dem Avantgarde-Subjekt um eine Transzendierung bisheriger Erfahrungsmöglichkeiten. Gleichzeitig widerspricht dieser Anspruch der Selbstüberbietung der Ausbildung historisch-spezifischer sozialer Formen avantgardistischer Zirkel, in denen diese Selbstüberschreitung von den Ästhetizisten bis zu den Surrealisten eine jeweils verbindliche sozial-kulturelle Struktur erhält. Dass die historischen Avantgarden von den 1880er bis zu den 1930er Jahren in ein Rennen um gegenseitige Überbietung eintreten, ist damit nur konsequent. *Per definitionem* muss ein Avantgarde-Subjekt, das eine historisch-spezifische Form in einem Kollektiv angenommen hat, rasch seinen Neuigkeitsanspruch einer ›Vorhut‹ verlieren und extremere, andersartige Formen der Transgression des Subjekts in einer neuen, ›eigentlichen‹ Avantgarde herausfordern. Der historische ›Tod der Avantgarden‹ um 1930 erscheint dann wie ein konsequentes Produkt einer vollständigen ›Ausreizung‹ ihrer ästhetischen Möglichkeiten.[72]

Das avantgardistische Dilemma der Grenzüberschreitung des Subjekts als soziale Form, das zugleich eine Dynamik der Subjekttransformation in Gang bringt, drängt sich unter einem weiteren Aspekt auf. Indem der Anspruch eines tabulosen Experimentierens mit neuen Erlebnismöglichkeiten sich zum Modell eines transgressiven Subjekts als eigentlich radikal-modernem Subjekt verdichtet, entsteht ein neuer universalisierter Anforderungskatalog legitimer Subjekthaftigkeit, der jene Kontingenz, die avantgardistisch geöffnet wurde, zugleich wieder in spezifischer Form schließt: Das Subjekt wird als transgressives universalisiert und muss entsprechend diesen Anforderungen seiner ästhetisch-diskontiuierlichen Grundstruktur folgen. Auch die Identität des radikal-modernistischen Subjekts beruht somit auf einer Differenz zu einem verworfenen, nicht subjektgemäß erscheinenden ›Anderen‹. Dieses Andere ist nun eine traditionelle Subjektform, die nicht nach dem Neuen strebt, sondern in der Routine einer relativ fixen Identität verharrt. Das transgressive Subjekt bedarf der Figur des ›Philisters‹ als einem Typus, dem die Transgression nicht gelingt.[73] Die Transgression des

---

72 Vgl. auch Hans Magnus Enzensberger (1962): Die Aporien der Avantgarde, in: ders Einzelheiten I, Frankfurt am Main, S. 290-315.
73 Zur Figur des ›Philisters‹ vgl. Gerd Stein (Hg.) (1985): Philister – Klein-

Ichs wird im Avantgarde-Diskurs als ein ›natürlicher‹, ›automatischer‹ Prozess des Ichs präsentiert, der eintritt, sobald die sozialen Schranken niedergerissen sind. Damit bedient er sich der gleichen Universalisierungsstrategie wie die bürgerliche Kultur. Die Grenzüberschreitung des Subjekts avanciert somit zu einem Komplex neuartiger sozial-kultureller Kriterien der Subjekthaftigkeit, die den Einzelnen auf ›Subversion‹, ›Diskontinuität‹, ›Multiplizität‹ und ›Grenzüberschreitung‹ verpflichten. Dieser soziale Anforderungskatalog kann, solange die Avantgarden eine Minorität darstellen, nur begrenzt – nämlich in den Subkulturen selbst – wirksam werden. Dies ändert sich in dem Moment, in dem einzelne Codeelemente des transgressiv-ästhetischen Subjekts in die Hegemonialkultur eindringen – sehr dosiert ist dies in der organisierten Moderne, intensiviert in der Postmoderne der Fall.

Insgesamt treiben die Spaltungen der avantgardistischen Subjektkultur – die Spannung zwischen Bedeutungsspiel und Technik, zwischen Massenorientierung und Massenskepsis, das Dilemma der endlosen Selbstüberbietung, sobald sie zur sozialen Form wird, schließlich die Polarität zwischen radikaler Innen- und Außenorientierung – in den 1920er bis 60er Jahren den Code und die Praxis eines *post-avantgardistischen ästhetischen Modernismus* hervor, welcher diese Spannungen kurzfristig in einer neuen Codevariation stillstellt. Diese Variante des ästhetischen Modernismus, der ›high modernism‹, findet ihren Ort nicht zufällig vor allem in den sozial-technisch anwendbaren Kunstformen der modernistischen Architektur und des Städtebaus, zunächst im Bauhaus, etwa bei W. Gropius, im verbreiteten ›international style‹, paradigmatisch bei Le Corbusier und Frank Lloyd Wright, auch in der Bildenden Kunst des ›abstrakten Expressionismus‹ und Kubismus, daneben in der Literatur der Neuen Sachlichkeit.[74] Der post-avantgardistische Modernismus beruht auf einer Ästhetik der perfekten Form. Sein Leitbild ist die post-humanistische Technik, die als Ausdruck einer formalen Vollkommenheit erscheint: »Die Maschine geht hervor aus der Geometrie.«[75] Radikale Modernität, die das Bürgerliche hinter sich

bürger – Spießer. Normalität und Selbstbehauptung, Frankfurt am Main.

74 Vgl. zum folgenden Makropolous (1997); Tichi (1987), S. 171-288; Thilo Hilpert (1978): Die funktionelle Stadt. Le Corbusiers Stadtvision – Bedingungen, Motive, Hintergründe, Braunschweig; Ward (2001), insbesondere S. 45-91, Vietta (2001); Thomas P. Hughes (1989): Die Erfindung Amerikas. Der technologische Aufstieg der USA seit 1870, München 1991, S. 298 ff.; Kenneth Frampton (1980): Die Architektur der Moderne. Eine kritische Baugeschichte, Stuttgart 1983.

75 Le Corbusier (1925): Leitsätze des Städtebaus, in: Ulrich Conrads (Hg.): Programme und Manifeste zur Architektur des 20. Jahrhunderts, Braunschwei/Wiesbaden 1981, S. 84-89, hier: S. 85.

lässt, findet ihren Ort hier in den formalen Strukturen der Technologie. Dabei ist es nicht mehr jene ›unreine‹ Maschinentechnik des industriellen 19. Jahrhunderts, es ist die ›saubere‹, klinische Technologie des 20. Jahrhunderts, die das kulturelle Imaginäre des Modernismus beherrscht. Gegen das Antiquarische, Sentimentale, Ornamentale der bürgerlichen Kultur, aber auch gegen die kombinatorische Verspieltheit von Art nouveau und Jugendstil wird eine Ästhetik perfekter, auf klare Strukturen reduzierter visueller Formen in Stellung gebracht. Dieser Purismus der Form erscheint funktional und ästhetisch *zugleich*, als Ausdruck einer »smooth, logical coolness«,[76] wie er sich im urbanen ›international style‹ modernistischer Architektur – prototypisch im Berlin der 1920er Jahre, vor allem aber in New York – manifestiert.

Mit der Ästhetik der perfekten Formen, ihrer Orientierung an der jede Substanz des Natürlichen oder Humanen hinter sich lassenden, freien und zugleich ›sachlich‹ gebundenen Kombinatorik des Technischen wird der avantgardistische Anspruch einer Absage an die Natur zugunsten der Artifizialität in eine spezifische Richtung getrieben. Gleichzeitig lösen sich die immanenten Spannungen der Avantgardebewegungen so auf, dass die Avantgarde selbst vorläufig ihr Ende erreichen kann. In der Konkurrenz zwischen dem Code eines unendlichen Spiels von Bedeutungen subjektiver Transgression, der Expression unterdrückter Natur und den übersubjektiven Formen des Technischen wird eindeutig die letztere Option gewählt und damit das subversive Grenzüberschreitungsspiel des Avantgarde-Subjekts ebenso wie seine endlose Suche nach nicht-entfremdeter Natürlichkeit gestoppt. In der Konkurrenz zwischen Massenorientierung und Massenskepsis setzt die Ästhetik der perfekten Form auf die Ausbreitung einer funktionalistischen Gebrauchskunst-Technik – im Städtebau, im Verkehr, in den Maschinenhallen und Büros der Großorganisationen, in den urbanen, kulturindustriellen Freizeiteinrichtungen –, die sich einerseits eindeutig an die sozialen Massen richtet, aber gleichzeitig beansprucht, deren Subjektstrukturen durch die neue materiale Kultur umzuformen.

Auf das avantgardistische Dilemma der permanenten Selbstüberschreitung antwortet der ›high modernism‹ mit einer Verlagerung der Grenzüberschreitung vom Subjekt auf die Technik. Das Subjekt wird damit vom chronisch prekären Anspruch, selbst Avantgarde zu sein, entlastet und die Form seiner Selbsttransformation an die technologische Dynamik gekoppelt. Die perfektionierende Technik verlangt im Städtebau, in den kapitalistischen (oder sozialistischen) Großorganisationen, in der audiovisuellen Massenkultur nach einer korrespondierenden Subjektform. Damit wird dem avantgardistischen Risiko, die eigene Anti-Konventionalität und Subversivität zur neuen Konvention sozial

---

76 Ward (2000), S. 9.

verbindlicher Subjektanforderungen gerinnen zu lassen, offensiv begegnet: Die nach-bürgerlichen perfekten Formen der Technik *setzen* soziale Standards angemessenen Verhalten, und das Subjekt *soll* sich an diesen technischen Anforderungen messen lassen. Sozialität und Subjektivität können und müssen sich legitimerweise nach den Standards technischer Perfektibilität richten (die gleichzeitig Maßstäbe ästhetischer Perfektion sind). Im Unterschied zur humanistischen Ontologie des bürgerlichen Universums sollen diese kein menschliches Produkt darstellen, sondern geben die scheinbar neutralen Strukturen der ›Sache‹, des Sachlichen, einer übersubjektiven Logik wieder. Der post-avantgardistische Modernismus löst damit die avantgardistische Spannung zwischen subjektiver Außen- und Innenorientierung scheinbar in die Richtung der *other-directedness* auf. Gefragt ist eine Aufgabe der bürgerlichen und romantischen Innerlichkeit – wobei nun auch die emotionale Exaltiertheit der avantgardistischen Lebensreformer verdächtig erscheint – zugunsten einer radikalen Extroversion der Subjektkultur: ein entemotionalisiertes Leben und Erleben in den äußeren funktionalen Anforderungsnetzen und visuellen Oberflächen der urbanen Kultur.

Jene Elemente der avantgardistischen Subjektkultur, die sich im neusachlichen ästhetischen Modernismus und seiner Ästhetik der perfekten Form sammeln, stellen einen Code bereit, der in der nach-bürgerlichen Kultur der ›organisierte Moderne‹ transferiert und in diesem Kontext zur neuen Hegemonie werden kann. Gleichzeitig wird die nach-bürgerliche Subjektordnung des ›Angestellten‹ der organisierten Moderne in umgedeuteter Form verschiedene Sinnelemente auch der genuinen Avantgarden rezipieren, etwa in Bezug auf Sexualität, visuelle Kultur und Ästhetisierung des Warenkonsums, vor allem hinsichtlich der Prämierung der Theatralizität des Selbst. Andere, zentrale Elemente des Avantgarde-Subjekts, die dieses erst in eine Instanz der Transgression verwandeln – die Motivation zur tabubrechenden, ›anti-repressiven‹ Selbstüberschreitung, zur Entfaltung von Imaginationen, zur spielerischen Ironisierung und individuellen Ästhetisierung seiner selbst, zum Aufbrechen auch der Rationalität des Technischen –, erscheinen in der Kultur der neuen organisierten Moderne hingegen nicht anschlussfähig. Umgekehrt liefern sie eine negative Projektionsfläche, gegen die sich die Subjektkultur des Angestellten in ihrem Anspruch auf soziale Normalität und perfekte Form abgrenzt. *Diese* Sinnelemente des transgressiven Subjekts bleiben in der westlichen Kultur zunächst latent und werden – kombiniert mit dem Sinnreservoir des romantischen Subjekts – in der neuen Runde ästhetischer Gegenbewegungen aufgenommen, die sich mit der postmodernistischen *counter culture* der 1960er und 70er Jahre in Opposition zum Angestelltensubjekt formieren. In erneut umgedeuteter Form werden sie in die hegemoniale Kultur der Postmoderne und ihr kreativ-konsumtorisches Subjekt der ›creative class‹ implantiert.

3.2 Die organisierte Moderne und das Angestelltensubjekt: ›Social ethics‹ und die Ästhetik des Visuellen (1920-1970)

3.2.1 ›Organization man‹ und die nach-bürgerlichen Praktiken der Arbeit im technisch effizienten Kollektiv

Die Transformation der westlichen Subjektkultur in den ersten Jahrzehnten des 20. Jahrhunderts betrifft in besonderem Maße ihre Praktiken der Arbeit. Neue Arbeitspraktiken entstehen im Rahmen jener neuartigen sozialen Form, welche sich am Ende der bürgerlichen Moderne ausbildet: die moderne Organisation. Die bürgerliche ›commercial society‹, die sich bereits in der ersten Runde der Industrialisierung des 19. Jahrhunderts umstrukturiert hatte, wird durch einen ›corporate capitalism‹ verdrängt, der in den Vereinigten Staaten in den 1920er Jahren, etwa zeitgleich auch in Deutschland, mit relativer Verspätung in Großbritannien und Frankreich erst nach dem Zweiten Weltkrieg zur dominierenden ökonomischen Praxis wird und dies bis in die 1970er Jahre bleibt.[77] Der Kapitalismus der Korporationen entsteht am Kreuzungspunkt zweier kulturell-materialer Innovationen: der Artefaktrevolutionen am Ende des 19. Jahrhunderts mit ihren Transport- und Kommunikationstechnologien und ihren vor allem elektronischen und chemietechnischen Novitäten einerseits, welche die massenhafte Produktion und Distribution von Gütern ermöglichen; der zeitgleich auftretenden humanwissenschaftlich-szientistischen Subjektdiskurse, die

---

77 Vgl. allgemein zu diesem Prozess Alfred D. Chandler jr. (1977): The Visible Hand. The managerial revolution in American business, Cambridge (Mass.), auch schon Joseph. A. Schumpeter (1942): Kapitalismus, Sozialismus und Demokratie, Tübingen/Basel 1993, 7., erw. Aufl.; spezieller Reinhard Bendix (1956): Work and Authority in Industry. Ideologies of management in the course of industrialization, Berkeley; Anthony Sampson (1995): Company Man. The rise and fall of corporate life, New York; Maury Klein (1993): The Flowering of the Third America. The making of an organizational society, 1850-1920, Chicago. Als Entwicklung zu einem ökonomisch-kulturellen ›Fordismus‹ wird diese Transformation von Gramsci beschrieben, vgl. Antonio Gramsci (1971): Selections from the Prison Notebooks, New York, S. 277-318. Den Schwerpunkt auf die veränderte Subjektform setzt William H. Whyte (1956): The Organization Man, New York. Eine vergleichende Analyse der historischen Entwicklung des ›organisierten Kapitalismus‹ in Westeuropa und den USA aus der Sicht seines Endes liefern Lash/Urry (1987).

vom ›scientific management‹ über die Psychotechnik und den Fordismus bis zu den Theorien der ›human relations‹ das Modell einer formalisierten, effizienten Koordinierbarkeit, einer Organisierbarkeit menschlicher Handlungen und die entsprechenden, in effizienter Kooperation trainierten Subjektdispositionen skizzieren. Auf der Ebene der neuen Arbeitspraktiken formiert sich die mit dem emphatischen Anspruch der Modernität auftretende Subjektkultur des ›organization man‹, dessen Leitfigur der professionalisierte Manager-Ingenieur ist. Das klassisch bürgerliche Modell eines selbständigen ›self-made man‹ mit seiner moralisch-disziplinierten, zugleich souverän-berufsorientierten und dabei mit der spekulativen Riskanz des Marktes rechnenden Arbeitsform verliert demgegenüber nicht nur rein quantitativ an Relevanz. Die Figur des Manager-Ingenieurs, seiner technischen Rationalität und seiner Koordinationsfähigkeit, seiner im doppelten Sinne ›gewinnenden‹ *personality* wie seiner effizienten Kalkulationsfähigkeit und Spezialisierung, die in weiteren subjektorientierten Interdiskursen verschiedenster Art, der Persönlichkeitsberatung, Konsumwerbung, Sozialpsychologie, in Kinofilmen etc., formiert wird, avanciert vielmehr zum Ideal-Ich der amerikanistischen Arbeitskultur der 1920er bis 1970er Jahre.[78]

Vor kulturtheoretischem Hintergrund stellt sich die Etablierung einer post-bürgerlichen Form des Arbeitens, dessen leibgewordener Prototyp der angestellte Manager-Ingenieur ist, nicht als Ergebnis eines naturwüchsigen Rationalisierungsprozesses dar, in dem die inferiore Rationalität des amateurhaften, unspezialisierten Wirtschaftsbürgers und der Freien Berufe durch die überlegene, wissenschaftlich gestützte Rationalität der Korporationen abgelöst würde.[79] Ein solches modernisierungstheoretisches Narrativ, welches die historische Diskontinuität modernen Arbeitens in einen kulturell neutralen Fortschrittsprozess uminterpretiert, wird in den Kontingenz invisibilisierenden Diskursen der organisierten Moderne *selbst* – etwa in ihren Management-Diskursen – auf den Weg gebracht. So wie das hochspezifische klassisch-

---

78 In den 1950er bis 70er Jahren werden die Manager-Ingenieure im sozialwissenschaftlichen Diskurs als dominante ›neue Klasse‹ perzipiert (in Frankreich unter dem Etikett der ›cadres‹ zusammengefasst): der post-industrielle ›Kopf‹ der Industriegesellschaft, die sich unter ihrem Einfluss selbst zunehmend ›post-industrialisiert‹, vgl. Daniel Bell (1973): The Coming of Post-Industrial Society. A venture in social forecasting, New York 1999, Kap. 3; Luc Boltanski (1982): Les cadres. La formation d'un groupe sociale, Paris.

79 Zu einer solchen rationalistischen Darstellung tendiert Chandler (1977), ebenso Oliver Williamson (1985): The Economic Institutions of Capitalism, New York, letztlich auch schon Max Weber in seiner Analyse moderner Bürokratie (vgl. 1922: Wirtschaft und Gesellschaft. Grundriß der verstehenden Soziologie, Tübingen 1980, S. 551-579)

bürgerliche Berufssubjekt des 18. Jahrhunderts sich in Opposition zur aristokratischen ›Arbeits-losigkeit‹ als Ausdruck einer allgemeingültigen menschlichen Arbeitsnatur präsentierte, so legitimiert sich auch die außergewöhnliche – und in der nachfolgenden Postmoderne bereits wieder delegitimierte – Form des Arbeitens in der formal-bürokratischen Organisation des 20. Jahrhunderts über eine scheinbar neutrale Instanz: die der technischen ›Effizienz‹. Die Strukturierung von Großorganisationen nach dem Modell einer rational-kooperativen ›Maschine‹ stellt sich jedoch als Resultat einer spezifischen kulturellen Codeinnovation zu Beginn des 20. Jahrhunderts heraus. Diese nimmt die Form eines Sinntransfers eines neuartigen Codes des ›Technischen‹ und ›Effizienten‹ aus dem Feld des Ingenieurwesens auf das Feld der Organisation an. Die sozialen Kriterien und Subjektanforderungen des Arbeitens in ökonomischen ›Maschinen‹, welche die ›managerial revolution‹ formuliert und in die betriebliche Praxis umsetzt, sind sinnhafte Überformungen, Katachresen von Codes und Techniken, die kurz zuvor im Ingenieurwesen für den Umgang mit mechanischen und elektronischen Maschinen formuliert und praktiziert worden sind. Man kann daher codehistorisch zwei Schritte differenzieren, welche für die kulturelle Form moderner Organisation[80] die Voraussetzungen liefern: In einem ersten Schritt entwickelt der ingenieurswissenschaftliche Diskurs im letzten Drittel des 19. Jahrhunderts einen Code des ›Technischen‹; in einem zweiten Schritt wird dieser in der ersten Hälfte des 20. Jahrhunderts, besonders wirkungsmächtig im *scientific management* Taylors und im *human relations*-Ansatz Elton Mayos, für die Praxis der Organisationen adaptiert und modifiziert. Dabei geht die Rezeption teilweise weit über das ökonomische Feld hinaus und erreicht in den USA den gesellschaftspolitischen *progressivism* der 1920er und 30er Jahre, der den Code des Technischen im Sinne eines allgemeinen *social engineering* ausweitet.

Der Code des Sozio-Technischen

Der Code des Technischen bildet sich im letzten Drittel des 19. Jahrhunderts zunächst in den zeitgenössisch höchstentwickelten Bereichen des Ingenieurwesens heraus, der US-amerikanischen Eisenbahn, dann vor allem des Elektro- und Chemieingeneurwesens, bevor zu Beginn des 20. Jahrhunderts der Automobilbereich ingenieurtechnisch federführend wird.[81] Er beruht auf mehreren Grundannahmen: der System-Gestalt

80 Zur Differenz zwischen unterschiedlichen modernen Organisationskulturen vgl. Charles B. Handy (1995): Gods of Management. The changing work of organizations, Oxford.
81 Zum folgenden vgl. Yehonda Shenhav (1999): Manufacturing Rationality. The engineering foundations of the managerial revolution, Oxford;

von Maschinen; dem Postulat von Effizienz als Berechenbarkeit und Sparsamkeit; der Notwendigkeit von Standardisierung; der Wertneutralität technischer Rationalität. Der Code des Technischen bringt ein Vokabular zur Beschreibung von Maschinen zum Einsatz, das auf der Vorstellung ihrer Systemhaftigkeit beruht, die sich wiederum aus auswechselbaren Einzelteilen zusammensetzt. Demnach bilden Maschinen systemische Ganzheiten, deren Eigenschaften sich nicht auf ihre einzelnen Elemente reduzieren lassen. Diese Ganzheiten sind nicht organisch, sondern mechanisch zu verstehen: Im Sinne eines »component-part-design«[82] entsteht das maschinelle System aus der bestimmten Regeln folgenden Zusammenfügung einzelner, im Prinzip auswechselbarer Bestandteile. Codiert man Maschinen in diesem Sinne als ein System von Ganzem und Teilen, dann kommt ›Effizienz‹ einer Maschine zu, die überflüssige (›waste‹) Elemente und Aktivitäten vermeidet, deren Prozesse berechenbar sind und deren Funktionsweise ›sparsam‹ ist, das heißt garantiert, dass ein gewünschtes Ergebnis mit minimalem Einsatz hervorgebracht wird. Maschinelle Effizienz in diesem Sinne setzt eine Standardisierung der Einzelteile voraus: Nur wenn diese entsprechend bestimmter Standards vereinheitlicht sind, können sie in jeder Maschine ein identisches Resultat berechenbar hervorbringen. Standardisierung von Einzelteilen wiederum ist auf Messbarkeit, auf Quantifizierung ihrer Eigenschaften angewiesen. Die maschinelle Effizienz beruht darüber hinaus auf einer intelligenten ›Koordination‹ der standardisierten Einzelteile. Effizienz im Rahmen des technischen Codes präsentiert sich damit als ein strikt wertneutraler Komplex von Kriterien. Ob eine Maschine effizient ist oder nicht, beweist sich gewissermaßen in der Normativität des Faktischen; das faktisch überlegene input-output-Verhältnis belegt ihre Effizienz. Im Code des Technischen ist Rationalität keine Frage einer normativen Vernunft, sondern eine der Faktizität von Berechenbarkeit und Sparsamkeit, sie lässt sich mit der instrumentellen ›Logik der Sache‹ identifizieren.

Der Code des Technischen ist zunächst weder Sozial- noch Subjektcode. Dies ändert sich in dem Moment, in dem er auf das Feld organisationeller Praxis transferiert wird. Diese Katachrese ergibt sich zunächst aus einem der Anwendungspraxis neuer Maschinen in den avanciertesten Feldern des Eisenbahnwesens, der Elektro- und Chemie-

David F. Noble (1979): America by Design. Science, technology, and the rise of corporate capitalism, New York; Cecelia Tichi (1987): Shifting Gears. Technology, literature, culture in modernist America, Chapel Hill; Thomas P. Hughes (1989): Die Erfindung Amerikas. Der technologische Aufstieg der USA seit 1870, München 1991, auch Chandler (1977), S. 81-205.
82 Tichi (1987), S. 3.

industrie geschuldeten Sinntransfer. Um die neue materiale Kultur der Artefakte, deren Entwicklung die Ingenieure betreiben, gruppieren sich neue Unternehmen mit proto-organisationellen Arbeitspraktiken – aber geeignete Codes und Techniken, um diese intersubjektiven und inter-objektiven Betriebsverhältnisse zu strukturieren, stehen zunächst nicht zur Verfügung. Ein ökonomischer Umgang mit den neuen Artefakten – prototypisches Beispiel sind die US-amerikanischen Ferneisenbahnen – erfordert die Arbeit in der sozialen Form einer ›Organisation‹, *ohne* dass kulturelle Instrumente bereitstünden, eine solche Organisation zu entwickeln. Das klassische bürgerliche Ethos der Arbeit als Wirtschafts-bürger oder als Freiberufler bleibt in seinen kulturellen Mitteln weit-gehend auf das Verhältnis des individualistisch zu denkenden Subjekts zu sich selbst und auf die Vertrauenskooperation bzw. Konkurrenz des bürgerlichen Subjekts im Verhältnis zu anderen, selbständigen Subjek-ten beschränkt und taugt kaum zu einer Anwendung in organisationel-len Kontexten. Da die neuen technischen Artefakte von ingenieurhaften Codes und Techniken gestaltet werden, werden diese ingenieurhaften Codes und Techniken auf die betrieblichen Praktiken ›im Umkreis‹ die-ser im engeren Sinne technischen Praktiken transferiert und dort ›auf-gestülpt‹ (was bis in die ersten Jahrzehnte des 20. Jahrhunderts hinein darauf hinausläuft, das organisationelle ›Management‹ *von Ingenieuren* und die ›business studies‹ als Ingenieursdisziplin betreiben zu lassen). Der Code des Technischen wird somit – nach Art eines kulturellen *greffe* (Derrida) – von der Objektewelt der Maschinen auf die Subjekt-Subjekt- und Subjekt-Objekt-Beziehungen ›aufgepfropft‹, in denen sich die Arbeitspraktiken bilden, die sich um die Massenproduktion und -distribution von Gütern herumgruppieren.

Der Sinntransfer des Codes des Technischen auf die Praxis des mo-dernen Arbeitens und das organisationsorientierte Arbeitssubjekt wird vor allem in zwei einflussreichen Diskursen/Dispositiven betrieben: in den 1910er Jahren in Fredric Taylors Bewegung des ›scientific manage-ment‹ und in den 1930er Jahren in Elton Mayos Bewegung eines ›hu-man engineering‹. Die von Fredric Taylor initiierte Schule des ›scientific management‹ betreibt eine Reorganisation der betrieblichen Arbeitsver-hältnisse anhand des Leitbilds technischer Effizienz.[83] Diese Reorgani-sation präsentiert sich zugleich als ›mental revolution‹: Ausgangspunkt ist die Annahme, dass die moderne Arbeitspraxis zum Zwecke der Massenproduktion maschinenanalog in einzelne spezialisierte, perso-

---

83 Vgl. Judith A. Merkle (1980): Management and Ideology. The legacy of the international scientific management movement, Berkeley; Noble (1977), S. 257-320; Shenhav (1999); Peter Miller/Ted O'Leary (1989): Hierarchies and American ideals, 1900-1940, in: Academy of Manage-ment Review, S. 250-265.

nal zurechenbare Handlungskomplexe aufgliederbar ist. Leitend ist hier der Begriff der ›Funktion‹, die funktionale Zerlegung der betrieblichen Aufgaben. Für jeden Arbeitsvollzug einer Person lässt sich eine Effizienzanalyse durchführen, eine Feinanalyse der diskreten Handlungsakte. Damit gerät das einzelnen Arbeitssubjekt unmittelbar in den Blick einer ingenieurwissenschaftlichen, proto-betriebswirtschaftlichen Beobachtung: »Under scientific management … every single subject, large and small, becomes the question for scientific investigation, for reduction to law.«[84] Beispielhaft über den Weg von Bewegungsaufzeichnungen lässt sich der ›one best way‹ ermitteln, in dem ein bestimmter Arbeitsschritt von einer Person getan werden kann. Dieser ermittelte ›one best way‹ kann dann wiederum zum Standard eines effizienten, in diesem Sinne normalen und erwartbaren Arbeitsverhaltens werden.

Die Standardisierung von technischen Objekten, die der ingenieurwissenschaftliche Code des Technischen propagiert hat, wird damit vom *scientific management* auf die Standardisierung des Arbeitsverhaltens von Subjekten übertragen. Das Ziel der »elimination of waste in materials« wird ausgedehnt auf jenes einer »elimination of waste in people«.[85] Dies setzt bereits eine ebenso ›wissenschaftlich‹ kontrollierte Auswahl geeigneter Arbeitssubjekte voraus. Das Dispositiv des *scientific management* richtet sich dabei nicht allein auf die Arbeit von gering Qualifizierten, sondern auf sämtliche Personen, die in einer Organisation arbeiten, einschließlich des Managements, das in eine Doppelrolle gerät: als kontrollierte Kontrolleure, die einerseits den reibungslosen, effizienten Betrieb anleiten und dabei gleichzeitig selbst den Grundsätzen des *scientific management* unterworfen sind. Jeder Einzelne muss für seine funktionale Tätigkeit eine individuelle Verantwortlichkeit vor dem Ganzen der Organisation übernehmen. Der Anspruch des *scientific management* besteht – auf einer Linie mit der gesellschaftspolitischen Bewegung des ›progressivism‹ – somit darin, die konfliktreiche persönliche Willkürherrschaft in den Betrieben – wie sie etwa die Industriebarone der Schwerindustrie des 19. Jahrhunderts pflegten – als Erbe des vorwissenschaftlichen, bürgerlichen Zeitalters abzuschütteln und durch eine funktionale Arbeitsorganisation zu ersetzen, die sämtliche Beteiligten in allen Tätigkeiten der neutralen Herrschaft der ›Sache‹, der Effizienzprüfung aufeinander abgestimmten, standardisierten Arbeitens unterwirft.

Aus der Perspektive des klassischen *scientific management* bleibt das Arbeitssubjekt in seinem Innenleben quasi-behavioristisch eine ›black

84 Frederick Taylor (1913): Scientific Management, Minneola (N.Y.) 1998, S. 211.
85 Magnus Alexander (1929): The Economic Evolution of the United States, New York, S. 34.

box‹. Worauf es ankommt, ist stattdessen die effizienzsichernde Normalisierung der äußeren, der sichtbaren Bewegungen des Subjekts, die seine Arbeit ausmachen. Eine sozialpsychologische Verkomplizierung dieses organisationellen Subjektmodells bringt seit den 1920er und 30er Jahren die Schule der ›human relations‹, paradigmatisch bei Elton Mayo, auf den Weg.[86] Der Code des Technischen wird dabei nicht verworfen, sondern dadurch uminterpretiert, dass er – beeinflusst durch die zeitgenössische Sozialpsychologie und Sozialphilosophie, auch die neue ›Soziologie‹, vor allem im Umkreis des amerikanischen Pragmatismus – mit einem Modell des ›Sozialen‹ verknüpft wird. Dieses verortet das Soziale vor allem auf der Ebene von ›Gruppen‹. Die Arbeitsprozesse der einzelnen Subjekte sind nun nicht nur isoliert voneinander ein Gegenstand der Effizienzsteigerung, die moderne Arbeit in der Korporation setzt darüber hinaus eine ebenso effizienzsteigernde *intersubjektive* Kooperation dieser Arbeitsprozesse der Einzelnen voraus. Das standardisierte Arbeitssubjekt wird damit gleichzeitig als ›soziales Subjekt‹ in einem spezifischen Sinne geformt. Nur in der Kooperation der sozialen Gruppe kann es jene Motivation und Disziplin erreichen, die es selbst zu einem effizienten Subjekt machen. Das Arbeitssubjekt bedarf vor allem einer organisationellen Umgebung, die nicht auf ›blinder‹ Autorität beruht, sondern auf professioneller, in der Logik der Sache begründeter Autorität, die ihm motivierenden Grund zur sozialen Loyalität, einen Ort des ›belonging‹ zur Verfügung stellt. Im Umkreis der *human relations*-Schule transformiert sich damit der auf die Arbeitspraktiken der Organisation bezogene Code des Technischen in einen Code des *Sozial*-Technischen, ein Modell des *social engineering*. Wie in der Maschine die Einzelteile zum maschinellen Ganzen ist das Arbeitssubjekt unter Bezugnahme auf ein koordiniertes Ganzes sozialer Gruppen zu formen, in deren intersubjektivem Rahmen seine Arbeit eine Funktion zukommt und eine Motivation erhält: *organization man.*

Das symbolische Andere, dessen Differenz die Identität des sozialtechnischen Verständnisses von Arbeit sichert, wird durch die Form des klassischen bürgerlichen Berufssubjekts markiert, die nun in einem doppelten Sinne als vormodern interpretiert werden kann: Sie ist weder ›technisch‹ noch im gruppenorientierten Sinne ›sozial‹ ausgerichtet. Bürgerliches Arbeiten erscheint ›amateurhaft‹ und ›unprofessionell‹ – nach Art des ›gentleman amateur‹ –, indem es sich nicht den Maßstä-

---

86 Vgl. Elton Mayo (1933): The Human Problems of an Industrial Civilization, New York 1977; in dieses diskursive Feld gehören auch die Texte von Mary Follet (etwa 1926: Dynamic Administration, London). Vgl. zum folgenden Miller/O'Leary (1989), Noble (1977), S. 257-320, Emil Walter-Busch (1988): Das Auge der Firma: Mayos Hawthorne-Experimente und die Harvard Business School, 1900-1960, Stuttgart.

ben technischer, szientistisch ermittelbarer und reformierbarer Effizienz unterwirft, spezialisiertes Fachwissen zugunsten allgemeiner Persönlichkeitseigenschaften abwertet und auf vorwissenschaftliche Kriterien des Moralischen, des Disziplinierten, des Vertrauens und des Wettbewerbs rekurriert. Bürgerliches Arbeiten erscheint schließlich in seiner individualistischen, verhältnismäßig introvertierten Fixierung auf die ›eigene‹ Arbeit ungeeignet, um Kompetenzen für die Erfordernisse der sozialen, arbeitsteiligen Kooperation unter Angestellten einer Organisation zur Verfügung zu stellen: Diese bedarf in deutlich stärkerem Maße extrovertierter Subjekte.

Der Manager-Ingenieur als Koordinator

Die Merkmale des Arbeitens in der nach-bürgerlichen sozialen Form einer Organisation, die sich vor dem Hintergrund der Codes des Sozial-Technischen ausbildet, sind häufig beschrieben worden:[87] Organisationell strukturiertes Arbeiten in dieser Form – prototypisch im Kernbereich der fordistischen Ökonomie in der Automobil-, Schwer-, Elektro- und Chemieindustrie sowie der staatlichen Administration – beruht auf einer arbeitsteiligen Zergliederung des organisationellen Ganzen in spezialisierte Komplexe von Praktiken, die jeweils von fachgeschulten Angestellten exklusiv vollzogen werden. Die bürokratische Organisation ist der Prototyp der soziologischen Rollentheorie wie der Theorie funktionaler Differenzierung, wie sie sich in den 1930er bis 60er Jahren nach ihrem Bilde formen. Dieses Arbeiten setzt eine Formalisierung von Tätigkeiten und Positionen voraus, der zufolge erwartbares Handeln für die einzelnen Personen, welche die Positionen ausfüllen, im Idealfall explizit und genau umschrieben vorgegeben ist; es beruht auf einer wiederum formal festgelegten und über Fachkompetenz begründeten Hierarchie der Planung, Koordination und Kontrolle, so dass bestimmte Personen anderen gegenüber qua Amt weisungsbefugt sind; es setzt eine umfangreiche und standardisierte Erhebung und Speicherung von Informationen in schriftlicher Form voraus: Ergebnis ist im Rahmen der ›Matrix‹-Organisation eine routinisierte Berechenbarkeit des Verhaltens. Die ökonomischen Organisationen des corporate capitalism beruhen zudem auf einer Trennung von Eigentümern und

---

87 Damit ist nicht ›die‹ Organisation beschrieben, sondern ihre sozialtechnische Version, wie sie die organisierte Moderne dominiert. Deren Idealtypus findet sich in Max Webers Analyse ›formaler Bürokratie‹, vgl. Max Weber (1922 b): Wirtschaft und Gesellschaft. Grundriß der verstehenden Soziologie, Tübingen 1980, 5., revidierte Aufl., S. 125-130. Die Soziologie der Nachkriegszeit nimmt ihn auf, vgl. etwa: Alvin Gouldner (1954): Patterns of Industrial Bureaucracy, Glencoe.

Managern, sie setzen regelmäßig die Rechtsform der Aktiengesellschaft voraus, die Angestellten sind nach Fachqualifikation ausgewählt, sie arbeiten auf der Basis eines Vertrages, eines festen Gehaltes und in der Regel lebenslänglich in der gleichen Organisation, in der sie eine Möglichkeit des Aufstiegs ihrer Position besitzen.

Diese allgemeinen Merkmale bilden den gegenüber der bürgerlichen, auf Selbständigkeit beruhenden Arbeitspraxis grundsätzlich neuartigen Rahmen, in dem sich die Praktiken des Arbeitens in der organisierten Moderne vollziehen. Welche Dispositionen und welche Motivationen, welche Deutungsmuster und Wissensformen bringt nun der *organization man* in diesem Rahmen zum Einsatz? Von welchen Codes lässt sich das Angestellten-Subjekt konstruieren, und was *tut* es, wenn es arbeitet? ›Das‹ Angestellten-Subjekt kann es dabei nicht geben.[88] Für die organisierte Moderne lässt sich genauso wenig wie für die bürgerliche Moderne ein einziger Typus des arbeitenden Subjekts herauslösen. So wie in der bürgerlichen Moderne mit dem Wirtschafts- und Bildungsbürger ein kulturell hegemoniales Subjektmodell existiert, das letztlich allein in den sozialen Eliten vollends realisiert werden kann und dem eine gesellschaftliche Majorität nicht-bürgerlichen Arbeitens, in erster Linie der Landarbeit, gegenübersteht, so existieren auch für die Subjektkulturen des Arbeitens in der organisierten Moderne entsprechende Differenzen. In der Moderne des 20. Jahrhunderts sind es nun die Subjektkulturen *innerhalb* von Organisationen – vor allem zwischen den ›Arbeitern‹, den ›einfachen Angestellten‹ und den ›höheren Angestellten‹ –, die sich voneinander unterscheiden. An deren gesellschaftlicher Spitze, als Träger der neuen kulturellen Hegemonie und des erstrebenswertes Ideal-Ich – in diesem Sinne als Nachfolgeform zum bürgerlich-selbständigen Berufssubjekt – steht der ›höhere Angestellte‹ in seiner idealtypischen Form als Manager-Ingenieur, zu dem sich der ›einfache Angestellte‹ so verhält wie im 19. Jahrhundert der Kleinbürger zum Bürger.[89]

88 In der Darstellung von Siegfried Kracauer (1929: Die Angestellten. Aus dem neuesten Deutschland, Frankfurt am Main 1971), teilweise auch bei C. Wright Mills (1951: White Collar, Oxford) steht nicht der höhere Angestellte, sondern der bzw. die Angestellte in untergeordneter Position im Mittelpunkt. Der ›kleine Angestellte‹ als kulturelle Negativfolie ist in den der 1920er Jahre literarisch regelmäßig verarbeitet, etwa bei Kafka, Babbot, Horvath und Fallada.

89 Außerhalb der westlich-amerikanisierten Version der organisierten Moderne, das heißt im sozialistischen wie auch anders im faschistischen Kontext, kann demgegenüber der ›Arbeiter‹ zum Subjektmodell avancieren (obgleich auch hier die Figur des ›Ingenieurs‹ bzw. des ›Funktionärs‹ ein Korrelat zur Angestelltenfigur darstellt); vgl. einerseits Ernst Jüngers ›Der Arbeiter‹ (1932), andererseits der sowjetische ›Proletkult‹.

Die Praktiken des Manager-Ingenieurs sind in erster Linie solche der Koordination, der Informationsakquirierung und der sozialen Kontrolle/Motivation.[90] Insgesamt handelt es sich größtenteils um administrative Praktiken. Der Manager-Ingenieur ist primär regulierender Administrator. Jene Regeln, welche die Organisation im Sinne einer sozial-technischen Maschine als ganze ausmachen, inkorporiert er gewissermaßen als seinen Habitus, so dass er in seiner Selbsthermeneutik auch zum ›Nervenzentrum‹ des Betriebes avancieren kann. Seine Spezialisierung besteht darin, die reibungslose Reproduktion der gesamten Organisation zu stabilisieren; er präsentiert sich als Experte für sozialtechnische Koordination, welche die effiziente Produktion von Gütern voraussetzt. Die koordinierenden Tätigkeiten, die er routinemäßig vollzieht, sind vor allem solche der Störungsvermeidung und der Planung. Im Idealfall des sozial-technischen Modells müssten die spezialisierten Praktiken innerhalb der Organisation – in der Produktion wie in der Distribution – so aufeinander abgestimmt sein, dass die organisationelle Reproduktion irritationsfrei verläuft. In den Momenten einer Störungsmeldung wird der Manager-Ingenieur aktiv und setzt den quasi-kybernetischen Mechanismus der systemischen Selbstkorrektur in Gang. Es kommt ihm darauf an, »Meldungen über die Außenbedingungen, über den Fortgang der Geschäfte, über Erfolge, Misserfolge, Schwierigkeiten, Gefahren in Mitteilungen und Anordnungen zu übersetzen, die ihrerseits neue Aktivitäten hervorrufen«.[91] Verluste von Ressourcen, technische Hemmnisse, Konflikte zwischen Angestellten, auch Konflikte zwischen verschiedenen Organisationen – sie alle sind Anlässe für den Manager-Ingenieur ein adäquates ›Problemlösungsprogramm‹ zur Anwendung zu bringen und die Stabilität der organisationellen Operationen zu sichern. Diese koordinativen *ad hoc*-Tätigkeiten können in langfristige Planung übergehen. Vor allem dauerhafte Störanfälligkeit kann es nötig machen, das Organisationsschema selbst zu revidieren und die Struktur der Aufgabenverteilungen zu modifizieren. Diese strukturelle Planung ist in der Regel keine Frage individueller ›Entscheidungen‹, sondern ein klassischer Fall für ›committee work‹, das heißt für eine kollektive, kommunikative Entscheidungsfindung im Rahmen von Sitzungen.

Die Koordination ist eingebettet in allgemeine Praktiken der Informationsverarbeitung, die über spezifische Störungsfälle hinausgehen und in allgemeine Planung münden. Solche Informationen prozessieren innerhalb der Organisation über den Weg der offiziellen wie auch der inoffiziellen Informationskanäle und sie werden ergänzt durch

90 Vgl. zum folgenden Henry Mintzberg (1973): The Nature of Managerial Work, New York; Chester I. Barnard (1938): The Functions of the Executive, Cambridge (Mass.); Bendix (1956), S. 254-340.
91 Barnard (1938), S. 151.

Informationen ›von außen‹, das heißt von externen Experten oder aus anderen Organisationen. Relevante Items werden vom Manager-Ingenieur schließlich selbst innerhalb oder auch außerhalb der Organisation publik gemacht. Der Manager-Ingenieur ist ein körperlich-mentales Informationsverarbeitungssystem, das auf diese Weise mögliche künftige Störungen des Produktions- und Distributionsprozesses vorauszusehen und zu vermeiden versucht. Von besonderer Bedeutung sind dabei quantifizierte Informationen, die seit den ersten Jahrzehnten des 20. Jahrhunderts durch die Verbreitung der Techniken der Standardkostenrechung, der Budgetplanung und Varianzanalyse routinemäßig möglich werden. Auch diese generelle Informationsverarbeitung kann umstandslos von der präventiven Störungsvermeidung in kollektive längerfristige Planung übergehen: Planbarkeit der Organisationsentwicklung aufgrund quantifizierter Informationen internalisiert das Management-Subjekt als zentralen Wert.

Der dritte Komplex von Praktiken des Manager-Subjekts ist unmittelbar auf die Tätigkeiten der anderen Angestellten im sozialen Komplex der Organisation gerichtet. Gefragt sind hier eine Kombination aus Kontrolle und Motivation, eine systematische Erfassung der Leistungen des Einzelnen und eine Mobilisierung der – für den effizienten Betrieb unabdingbar erscheinenden – sozialen Harmonie der Organisationsmitglieder als loyales Kollektiv. Zum einen betreibt der Manager-Ingenieur eine routinisierte kontrollierende Beobachtung der Leistungen von Organisationsmitgliedern. Diese soziale Beobachtung zum Zwecke der Leistungsbewertung erfolgt zu erheblichen Teilen in kalkulierend-quantifizierender Form. Der Manager-Ingenieur trainiert sich im Zuge des Erwerbs der neuen Techniken der Standardkostenrechnung, aber auch der standardisierten Personalauswahl Kompetenzen eines »calculating self« an:[92] Normalkosten lassen sich vorherberechnen und die tatsächlich anfallenden Kosten können dagegen aufgerechnet werden. Damit kann jedem Subjekt in der Organisation – einschließlich der eigenen Person – für seine *performance* ein Normalstandard ökonomischer Effizienz auferlegt und eine Grundlage für Beförderung und Degradierung gewonnen werden. Die Etablierung eines schulischen und universitären Bewertungssystems gradueller Benotungen liefert für den abschätzenden Blick des Organisationssubjekts gegenüber anderen und sich selbst eine zentrale Voraussetzung.[93] Der abschätzende Blick der Kontrolle

92 Vgl. zu diesem Aspekt Peter Miller (1992): Accounting and objectivity: The invention of calculating selves and calculable spaces, in: Annals of Scholarship, S. 61-86.
93 Vgl. Keith W. Hoskin/Richard H. Macve (1986): Accounting and the examination: A genealogy of disciplinary power, in: Accounting, Organizations and Society, Heft 2, S. 105-136.

von Seiten des Manager-Ingenieur-Subjekts tritt jedoch – vor dem Hintergrund der Annahmen der ›human relations‹-Schule – kombiniert mit den ständigen Bemühungen auf, anderen Organisationsmitgliedern den Eindruck zu vermitteln, ›involviert‹ zu sein, ernst genommen zu werden, sie nicht ›willkürlich‹ zu behandeln, sondern Entscheidungen mit intersubjektiv ›nachvollziehbaren, guten Gründen‹ auszustatten. Für die sozial-technisch strukturierte Korporation der organisierten Moderne – jenen sozialen Raum des ›Crystall Palace‹, den Alan Harrington in den 1950er Jahren ethnographisch rekonstruiert hat – entscheidend ist die Internalisierung einer »social ethics« (Whyte), die dadurch motivierend wirken soll, dass sie in allen beteiligten Organisationsmitgliedern eine ›ontologische Sicherheit‹ installiert, an einem sozialen Kollektiv transparenter Regeln und verlässlicher Personen aktiv zu partizipieren. Worauf es ankommt, ist die Verankerung des motivierenden Gefühls, dass die eigene Aktivität im Kollektiv ›zählt‹, nicht unbedingt eine reale Partizipation der Betroffenen. Diese ständig mitlaufende, beruhigende Version einer Motivierung der Mitglieder, die selbst in scheinbar unwichtigen Interaktionssequenzen des organisationellen Alltags eingebaut ist, stellt eine zentrale Kompetenz und Aufgabe des Manager-Ingenieurs dar: »Deshalb sind die meisten Gesetze, Befehle, Entscheidungen ... faktisch formelle Mitteilungen, die besagen, alles sei in Ordnung.«[94] Eine ungeschriebene Anforderung an den Manager-Ingenieur, an das Angestelltensubjekt insgesamt lautet vor diesem Hintergrund, Konflikte bereits im Vorfeld abzuwenden.

›Social adjustment‹ und ›personality salesmanship‹

Die Praktiken des Manager-Ingenieurs-Subjekts sind nahezu vollständig solche der Kommunikation, zum großen Teil der mündlichen Kommunikation. Die Dispositionen, die er sich antrainieren muss, sind somit zum erheblichen Teil solche des ›how to get along with people‹. Im Unterschied zum klassischen bürgerlichen Berufscharakter verlieren für den Manager-Ingenieur ›Praktiken in Einsamkeit‹ sowohl in der faktischen Ausfüllung seiner Arbeitszeit als auch für die Ausbildung seiner Selbsthermeneutik an Bedeutung. Die schriftliche Kommunikation – das Exerzierfeld des klassischen Berufs-Bürgers – büßt trotz der Notwendigkeit des Aktenstudiums quantitativ und für die Identitätsdefinition qualitativ an Relevanz ein; Konversationskompetenz gewinnt die Oberhand.[95] Die Kommunikation in der organisiert-modernen Arbeitspraxis folgt dabei idealtypisch einem bestimmten Stil. Dieser sehr spezifische Kommunikationsstil und das Angestellten-Subjekt, das

94 Barnard (1938), S. 188.
95 Vgl. Mintzberg (1973), S. 35 ff.

sich in ihm übt, lassen sich von einem kombinierten Code des ›social adjustment‹ und des ›personality salesmanship‹ leiten. Sozial prämiert wird damit ein extrovertiertes Subjekt, das sich kommunikativ in die ›Gruppe‹ einzufügen und die Anderen für sich einzunehmen weiß, das damit die Hierarchie und Spezialisierung in der Organisation sozial handhabbar macht.[96]

Die zeitgenössischen Beratungsdiskurse – der Managementberatung wie auch der an den Einzelnen gerichteten Persönlichkeitsberatung – nehmen ein grundsätzliches, potentiell verunsicherndes Problem des Einzelnen in der modernen Organisation wahr: Er bewegt sich in einem konfliktträchtigen Raum von Fremden, von denen er nichts weiß und die über ihn nichts wissen, mit denen er sich aber gleichzeitig in einer zwangsläufigen, von der ›Sache‹ diktierten Dauerinteraktion befindet. Dem *organization man* fehlt zumindest der Tendenz nach jene Garantie der bürgerlichen Welt, während der Arbeit mit Personen des gleichen, vertrauten, möglicherweise über Generationen hinweg stabilisierten Milieus umzugehen – und er ist gleichzeitig gezwungen, mit anderen Personen in einem Umfang seinen Arbeitsalltag zu teilen, wie es für das bürgerliche Berufssubjekt undenkbar war. In dieser Konstellation kommt der auszubildenden Subjekteigenschaft des ›social adjustment‹, in der die Not zur Tugend wird, zentrale Bedeutung zu: Soziale Anpassung stellt sich hier weniger als ein passiver Prozess der unwilligen oder bereitwilligen Übernahme vorgefertigter Rollen, sondern als ein aktiver Vorgang dar, in dem es darum geht, in einem formal-hierarchisch strukturierten sozialen Gebilde durch Verhalten sichtbar zu demonstrieren, dass ein ›umgängliches‹, konsensorientiertes, freundlich-interessiertes Subjekt am Werke ist, das seine Arbeit von vornherein als Beitrag zu einer gemeinsamen Arbeit anlegt. Konformität muss in einem ständigen Angleichungsprozess zwischen dem als im Kollektiv als ›normal‹ vermuteten Verhalten und der eigenen Handlungssequenz aktiv erarbeitet werden. In ihr drückt sich die Loyalität gegenüber der Organisation aus. Die Organisation ist die langfristige – idealerweise die gesamte Arbeitsbiografie des Einzelnen umfassende – Form, in der das Arbeitssubjekt existiert und in der es allen anderen Mitgliedern soziale Anerkennung schuldet, um selbst soziale Anerkennung zu erfahren.

Leitend ist hier die Methode des ›looking glass self‹, eine soziale Sensibilität, in der permanent das Bild des eigenen Selbst bewusst gemacht

96 Vgl. zum folgenden Whyte (1956), S. 3-58, Riesman (1949/1961), Noble (1979), S. 110 ff., William Graebner (1987): The Engineering of Consent. Democracy and authority in 20th America, Madison, S. 58 ff.; Vance Packard (1962): The Pyramid Climbers, New York, Kap. IX, Alan Harrington (1959): Das Leben im Glaspalast, Düsseldorf 1961 (engl.: Life in the Crystal Palace); Miller/O'Leary (1989).

wird, den die aktuelle, vergangene und geplante Subjektinszenierung bei Anderen hervorrufen wird. Die Technik des ›looking glass self‹ wird vom klassischen Angestellten-Subjekt nicht dazu verwendet, um eine kalkulierte Abweichung vom Standard zu inszenieren – ein in der organisiert-modernen Kultur undenkbares oder nur im Geheimen gehegtes Motiv, das dem postmodernen Habitus umso normaler scheinen wird –, sondern um seine quasi-natürliche Eingebettetheit in die im Prinzip ›harmonischen‹, konfliktfreien Interaktionen des sozialen Kollektivs zu demonstrieren. Entsprechend sind zentrale Anforderungen an das Subjekt, emotionale Launenhaftigkeit zu vermeiden und sich ›sozial verfügbar‹ zu halten, das heißt vor allem auch für informelle Kommunikation offen zu sein. Die Fähigkeit zum ›social adjustment‹ wird – über nötige Fachkompetenzen hinaus – auch zum grundsätzlichen Selektionskriterium bei der Personalauswahl. Zentral ist, dass das Angestelltensubjekt in seinem Selbstverstehen diese soziale Anpassung nicht als unwillig ertragenen Zwang zum Konformismus begreift, sondern seine soziale Umgänglichkeit im Rahmen einer ›social ethics‹ zur positiven Identitätsdefinition verwendet, das soziale, gruppenorientierte Subjekt zum Gegenstand des ›passionate attachment‹ wird. Insbesondere im US-amerikanischen Kontext wird diese ›social ethics‹ des kompetenten Angestellten regelmäßig mit einem Vokabular gestützt, das die auf Ausgleich bemühte Gruppenorientierung mit dem Modell einer ›demokratischen Persönlichkeit‹ verknüpft: ›Demokratisch‹ meint hier die Fähigkeit und Bereitschaft zur Beteiligung jedes Einzelnen am Gruppenprozess – auch wenn dieser durch die Machtdifferenzen in der formalen Organisation mehr oder minder subtil gelenkt wird.[97] Die Fähigkeit zum ›social adjustment‹ gilt dabei für die höheren Ränge der Angestellten nicht weniger als für die niedrigeren, vielmehr für den Manager-Ingenieur in besonderem Maße. Gerade an der Spitze der Hierarchie muss ein Vorbild an sozialer Umgänglichkeit, an Antizipation möglicher negativ-demotivierender oder positiv-motivierender Konsequenzen des eigenen Verhaltens geliefert werden, das sich Abweichungen und Irritationen nicht leisten kann.

Kombiniert mit der Fähigkeit zum ›social adjustment‹ – und gleichzeitig in latenter Konkurrenz zu ihr – ist für das Angestellten-Subjekt ein weiteres Bündel von Dispositionen zentral: jene des wirkungsvollen wie unaufdringlichen ›salesmanship‹ der eigenen Person.[98] Die Notwendig-

97 Vgl. zu diesem Aspekt Graebner (1987), Miller/O'Leary (1989).
98 Vgl. zum folgenden Warren I. Susman (1984): Culture as History. The transformation of American society in the 20th century, New York, S. 271-285; Packard (1962), Bendix (1956), S. 254-340, Simone Weil Davis (2000): Living Up to the Ads. Gender fictions of the 1920s, Durham, S. 46-79, Melville Dalton (1959): Men Who Manage. Fusions of feeling and theory in administration, New York, Mills (1959), S. 352 ff.

keit, Subjekteigenschaften der wirkungsvollen Darstellung seiner selbst zu entwickeln, ergibt sich aus dem Kontext der in der Organisation institutionalisierten Bedingungen des sozialen Aufstiegs in Form von ›Karrieren‹. Im Unterschied zur ökonomischen Selbständigkeit des bürgerlichen Subjekts ist das berufliche Fortschreiten des Angestellten-Subjekts, insbesondere des Manager-Ingenieurs, an die formale Hierarchie und den Vakanzwettbewerb von organisationellen Positionen gekoppelt. Das Angestellten-Subjekt visiert zwar wie der klassische Wirtschaftsbürger oder Freiberufler ›Erfolg‹ an – die kulturelle Codierung von Erfolg verschiebt sich jedoch. Beruflicher Erfolg ist für das bürgerliche Subjekt eine Chiffre für eine gelungene, sich bewährende Berufsbiografie unter den Bedingungen weitgehender Autonomie und einer Tätigkeit, die ›in einer Hand‹ vereint ist. Erfolg ist auch hier keine selbstreferentiell bestimmbare Eigenschaft; er hängt von der wahrgenommenen allgemeinen sozialen Reputation in einer breiteren Öffentlichkeit – durch Kunden und Klienten wie durch Berufskollegen – ab. Im bürgerlichen Selbstverständnis spiegelt diese soziale Anerkennung die immanente Qualität der eigenen (Dienst-) Leistungen. Erfolg ist hier nicht von einer formalen Beförderung oder einer standardisierten Beurteilung durch *bestimmte* Andere abhängig, er bezeichnet eher einen einmal erreichten, durch Leistungen verbürgten Zustand beruflicher Respektabilität, den es zu wahren gilt. Unter den Bedingungen der Angestelltenposition löst sich das Kriterium des Erfolges einerseits von den Risiken einer selbständigen Berufsexistenz zugunsten der als verhältnismäßig ›vorhersagbar‹ perzipierten Konstellation fester Positionen in der Organisation; gleichzeitig gerät es in vollständige Abhängigkeit von der Beurteilung durch bestimmte Andere in höheren Rängen der Hierarchie. Beruflicher Erfolg ist grundsätzlich formalisiert und beweist sich – nach Art von Vance Packards ›pyramid climber‹[99] – in einem mühelosen Aufstieg innerhalb der Organisation über die gesamte Arbeitsbiografie hinweg, ein Aufstieg, der mit einem formalisierten Zuwachs an Kontrollmöglichkeiten und Einkommen verbunden ist. Dieser formalisierte soziale Aufstieg soll sich einerseits – dem technischen Effizienzcode wie dem bürgerlichen Leistungsethos folgend – strikt nach den unter Beweis gestellten Qualifikationen richten. Was eine unter Beweis gestellte Qualifikation ist, hängt andererseits – zumal unter den Bedingungen eines kooperativen Arbeitens, in denen in hohem Maße interpretationsbedürftige ›Leistungen‹ der Koordination, Informationsakquirierung und Mitarbeitermotivation präsentiert werden – vollständig von den Beurteilungen bestimmter Anderer ab.

Unter diesen Bedingungen ist die Ausbildung einer Subjektform, die ein lückenloses und routinisiertes ›impression management‹ im Beruf

99 Vgl. Packard (1962).

betreibt, konsequent und wird seit den 1920er Jahren in der berufsorientierten – wie auch der nicht-berufsorientierten – protopsychologischen Beratungsliteratur (klassisch hier Dale Carnegies Bestseller »Public speaking and Influencing Men in Business« [1926]) vorangetrieben. In dieser Subjektkultur formiert sich das Angestellten-Subjekt – insbesondere auf den höheren Rängen der Manager-Ingenieure – entsprechend der Einsicht, dass es in allem, was es tut, was es sagt, wie es dieses sagt und nicht zuletzt in seiner äußeren Erscheinung von beruflich relevanten Anderen beurteilt wird. Durch ›personality salesmanship‹ sind diese Beurteilungen beeinflussbar. Im zeitgenössischen Diskurs insbesondere der 1920er Jahre ist der Bruch (allerdings kein absoluter Bruch) zwischen dem klassischen bürgerlichen Subjekt, seiner Insistenz auf innerer Disziplin und moralischem ›character‹ und dem ›neuen Subjekt‹, das auf seine nach außen gewinnend präsentierte ›personality‹ bedacht ist, insbesondere in den Vereinigten Staaten sehr präsent (und wird nicht selten kulturkritisch als Verfall zur ›Oberflächlichkeit‹ kommentiert). ›Personality‹ in der Organisation unter Beweis zu stellen, setzt das Selbsttraining einer dezidierten Extrovertiertheit voraus, eine Fähigkeit und Bereitschaft, die Sichtbarkeit seines zwangsläufig als aufschlussreich bzw. verräterisch interpretierbaren Verhaltens nicht zu minimieren – eine Rückzugsoption, welche die bürgerliche Kultur dem Einzelnen im Beruf zumindest partiell lässt –, sondern offensiv zu maximieren. Introvertierter Rückzug erweist sich hier als verdächtig. Im Rahmen der Subjektkultur der organisierten Moderne kommt diesem ›personality salesmanship‹ dadurch ein paradoxer Stellenwert zu, dass es zwangsläufig an das Erfordernis des ›social adjustment‹ gekoppelt ist. Die konsensorientierte *social ethics* gibt die *Kriterien* vor, nach denen das Persönlichkeitsmanagement erfolgreich verläuft. Das Subjekt soll und will einerseits, um im Rennen um den sozialen Aufstieg in der Organisation Erfolg zu haben, seine Vorzüge demonstrieren – aber diese Vorzüge sollen gerade *kein* Ausdruck individueller Besonderheiten sein, sondern sich mit Eigenschaften der sozialen Verbindlichkeit, Sicherheit im Auftreten und Kooperationsfähigkeit decken, die für alle Organisationsmitglieder als Normalitätsstandard gesetzt sind: Es soll einen jener »happy, peppy, sociable, manly, profit-turning, growth-looking good fellows«[100] repräsentieren, welche die Reibungslosigkeit der Organisationsmaschine garantieren. Ein ›personality management‹, in dem das Subjekt besondere, außergewöhnliche Züge seiner Persönlichkeit unter Beweis stellen würde, geräte hingegen unter den Verdacht des Exzentrischen und sozial Unverträglichen und hat innerhalb einer technisch-sozialen Organisationskultur, wie sie in den 1950er und 60er Jahren ihren Höhepunkt erreicht, desaströse Karrierefolgen. Was erfolgt und was gefragt ist, ist vielmehr die Demonstration

---

100 Davis (2000), S. 48.

einer herausragenden Bestätigung des Normalitätsstandards, ein außergewöhnlicher Beweis, in die in ihren Positionen eindeutig strukturierte Gruppe besonders gut hineinzupassen.

Der kämpfende und der sich spiegelnde Angestellte

Das innerhalb der nach-bürgerlichen Organisationskultur notwendige personality salesmanship implementiert in die sozial-technische Effizienzorientierung des Angestelltensubjekts eine doppelte Spannung, die sich aus der hybriden Überlagerung mehrerer Codes ergibt. Die scheinbar entemotionalisierte Arbeit in der Organisation wird teilweise affektiv aufgeladen und erscheint als ein Ort des intersubjektiven Kampfes wie auch von Ansätzen einer ästhetischen Selbststilisierung unter den Bedingungen des Modernismus. Beide Elemente lassen den Manager-Ingenieur auf Distanz zum sozial-technischen Kollektiv geraten und beide infiltrieren in die ›sachlich-sozialen‹ Arbeitspraktiken zwei andere kulturelle Codes, die außerhalb der Symbolwelt des Technisch-Effizienten wurzeln: einen Code ›kämpferischer‹ Maskulinität, wie es das nach-bürgerliche männliche Subjekt seit den 1920er Jahren ausbildet, sowie einen Code der visuellen Kultur, in der technische Kühle zur ästhetisch aufgeladenen ›Coolness‹ des Subjekts avanciert. Der gemeinsame Nenner dieser beiden disparaten Codes ist eine affektive Aufladung der individuellen Erfolgsorientierung des (männlichen) Subjekts: Erfolg als Ergebnis von sozialem Kampf einerseits, Erfolg als Spiegelung eines Bildes des Erfolgreichen als ästhetisch perfekte Oberfläche andererseits.

Arbeiten im Kontext der klassischen Organisationskultur ist von einer Spannung zwischen dem offiziellen Modell der Effizienz des Sozial-Technischen und dem inoffiziellen Code der Konkurrenz um den sozialen Aufstieg innerhalb der Hierarchie, der eigenen Karriere gegen die Karriere der Anderen, des eigenen Erfolgs auf Kosten der Demütigung anderer durchzogen.[101] Das kulturelle Modell einer quasi neutralen Zuteilung von Positionen aufgrund formal nachweisbarer Leistung und der Organisation als eines sozialen Raums, in dem Konflikte als irrational von vornherein zugunsten gemeinsamer Entscheidungen auf der Grundlage der ›Gegebenheiten der Sache‹ vermieden werden, überlagert sich mit einer kulturellen Logik des institutionalisierten

---

101 Vgl. zum folgenden Michael Roper (1994): Masculinity and the British Organization Man since 1945, Oxford, insbes. S. 105-131. Unter anderem Aspekt ist die Bedeutung von Machtkonflikten innerhalb von Organisaitionen klassisch in Michel Crozier (1963): Le phénomène bureaucratique, Paris herausgearbeitet worden. Zur strikten Geschlechterdifferenz in der klassischen Organisation vgl. auch Rosabeth Moss Kanter (1977): Men and Women of the Corporation, New York.

Aufstiegskonflikts zwischen den Angestellten, insbesondere den Manager-Ingenieuren, einer Logik der strategischen Mikropolitik um die knappe Ressource beruflicher Anerkennung. Eine gelungene Identität setzt für den Manager-Ingenieur einen erfolgreichen Aufstieg voraus – dieser scheint angesichts der Begrenztheit dafür in Frage kommender Positionen jedoch nur auf Kosten der Konkurrenten möglich. In Übereinstimmung mit der – allerdings seinerseits in hohem Maße spannungsreichen – Entwicklung eines nach-bürgerlichen Maskulinitätscodes seit etwa des Beginns des 20. Jahrhunderts, der ›Härte‹ prämiert,[102] entsteht innerhalb der Korporationen der organisierten Moderne eine informelle Subjektkultur, welche die sozialen Interaktionen in der Organisation als ›Kampf‹ um Anerkennung und Aufstieg prämiert. Auch dem bürgerlichen Subjekt ist in der *commercial society* des ›alten Wirtschaftsbürgers‹, aber insbesondere mit der Entwicklung des ›neuen Bourgeois‹ im Zuge der Industrialisierung im 19. Jahrhundert das Element der Konkurrenz nicht fremd – es handelt sich allerdings um eine Konkurrenz von größtenteils räumlich Abwesenden, um eine Konkurrenz ohne eine abgeschlossene Jury von Personen, die über ›Sieg‹ oder ›Niederlage‹ urteilt. Die innerorganisatorische Konkurrenz, an der das Angestelltensubjekt partizipiert, findet demgegenüber unter den Bedingungen permanenter räumlicher Kopräsenz der miteinander Rivalisierenden und vor einem einflussreichen, institutionalisierten Publikum statt, welches das erfolgreiche *personality management* beurteilt.

In der Kultur des *organization man* – nun sehr wörtlich von *Männern*, aus denen zumindest die Gruppe der Manager-Ingenieure der klassischen Korporationen fast ausschließlich besteht – werden diese Konkurrenz als Kampf und die hier erforderlichen Subjekteigenschaften als solche des Ausdrucks von ›Härte‹ codiert. Der binäre Code zwischen ›harter‹ und ›verweichlichter‹ Arbeit und damit zwischen einem ›harten‹, männlichen und einem verweichlichten, überzivilisierten Subjekt bildet sich zunächst im Kontext der arbeitenden Unterklasse heraus und ist weit von der Arbeitsrealität der Angestellten und Manager entfernt (die im Gegenteil aus dieser Perspektive nur als Exponenten ›verweichlichter‹ Arbeit erscheinen können).[103] Über den Weg eines post-bürgerlichen Maskulinitätsdiskurses, der Männlichkeit generell mit der Natürlichkeit der Härte gleichsetzt und in dem kulturelle Einflüsse der *underclass* und der ›naturalistischen‹ Fraktion der Avantgarden (darüber hinaus der Weltkriege) eine heterotopische Kombination eingehen, lässt sich jedoch auch das Subjekt des Manager-Ingenieurs von einem »cult of

102 Vgl. dazu auch Kap. 3.2.2.
103 Vgl. Paul Willis (1979): Shop floor culture, masculinity and the wageform, in: James Clarke u. e. (Hg.) (1979): Working-Class Culture, London, S. 185-198.

toughness« (M. Roper) anleiten. In einer fast ironischen Brechung zu einem Arbeitsalltag, der zur Gänze durch die Form physisch entrückter Kommunikation und Koordination sowie durch formale Hierarchien und ›personality salesmanship‹ strukturiert ist, will der Angestellte nicht bloßer Angestellter sein (und er *muss* angesichts der Konkurrenzsituation um formale Positionen auch mehr sein, will er nicht einen Anerkennungsverlust im sozialen Kollektiv der Organisation erleiden). Dieses ›Mehr‹ wird in einem heroistischen Vokabular als ein beständiger Kampf um Erfolg und Degradierung, um bestandene Herausforderungen, um den ›Angriff, der die beste Verteidigung ist‹ interpretiert und praktiziert: Das Organisationssubjekt trainiert sich jene männlich-virile Härte an, in der es sein *personality salesmanship* so einsetzt, dass es nicht nur fachlich kompetent, nicht nur umgänglich-kooperativ im Sinne der ›social ethics‹ erscheint, sondern auch keine Angst vor der Auseinandersetzung *backstage* zeigt, Demütigungen nicht hinnimmt, sondern ›pariert‹ und, wenn es nötig ist, auf ›Angriff‹ umschaltet.

Die Disposition zum *personality salesmanship* kombiniert sich in der amerikanistischen Subjektkultur des Angestellten regelmäßig mit einem weiteren Subjektmodell jenseits der technisch-sozialen Sachlichkeit: einer Tendenz zur ästhetischen Selbststilisierung, die den Manager-Ingenieur sich selbst als leibgewordenen Ausdruck jener ›Ästhetik der perfekten Form‹ imaginieren lässt, den der post-avantgardistische, ästhetische Modernismus propagiert. Dass der Manager-Ingenieur die Eindrucksfähigkeit seiner Persönlichkeit permanent testet und reflektiert und sich selbst in seinen Wirkungen auf andere spiegelt, kann in eine »jubilatorische Aufnahme seines Spiegelbildes«[104] münden. Sein Auftreten soll perfekt sein – und diese gelungene Perfektion lässt sich nicht nur nach Kriterien des Technischen und sozial Eingepassten, sondern in einer zusätzlichen Signifikationsschicht auch nach ästhetischen Kriterien seiner *performance* begutachten. Es sind hier vor allem die Subjektrepräsentationen der massenmedialen visuellen Kultur der *men's magazines*, der Produktwerbung und der Kinofilme, die ausgehend von den Vereinigten Staaten seit den 1920er und 30er Jahren ein männliches Modell des gewinnenden und zugleich kühlen modernen *businessman* formieren, welches zum affektiv aufgeladenen Ideal-Ich werden kann.[105]

104 Lacan (1949), S. 64.
105 Vgl. zum folgenden Tom Pendergast (2000): Creating the Modern Man. American Magazines and consumer culture, 1900-1950, Columbia; Davis (2000), S. 46-79; Roland Marchand (1985): Advertising the American Dream. Making way for modernity, 1920-1940, Berkeley, S. 164-205; Stuart Ewen (1988): All Consuming Images. The politics of style in contemporary culture, New York, S. 111-149.

Der Übergang von einer rein technischen oder sozialen Bedeutung der perfekten Form zu einer ästhetischen Überformung ist in dem Moment vollzogen, in dem das Subjekt seine formale Perfektion in ihrer Harmonie und Superiorität als Objekt der Wahrnehmung genießt, es einen affektiven Gewinn aus seinem bruchlos gestalteten Bild zieht. Genau dieses leistet die »smooth, logical coolness«[106] des Manager-Ingenieurs in mehrerer Hinsicht: Ästhetisiert wird der perfekte *Körper* des modernen *businessman* – keineswegs ist die körperliche Form für die Subjektmodellierung in der Organisationskultur belanglos. Im Gegenteil richtet sich das Perfektionsideal auch an den (männlichen) Körper. Nur dem, der einen perfekten Körper präsentiert, traut man auch die Perfektion im Handeln zu – vor allem Schlankheit des Körpers (Packard beobachtet in den 1950er Jahren die vollständige Abwesenheit von Leibesfülle bei höheren Angestellten im Unterschied zu den in dieser Hinsicht äußerst variablen Freiberuflern), aber auch die auffällig-unauffällige Eleganz der Kleidung – die nicht aus dem anti-exzessiven Rahmen fallen darf – sind hier Persönlichkeitsmerkmale, die sowohl eine Normalisierung bewirken als auch in eine Selbstästhetisierung der Subjekte münden.[107] Der *businessman* kann sich in seiner sorgfältig geformten äußeren Erscheinung als Ausdruck einer Attraktivität wahrnehmen, die ihren Reiz gerade aus der kalkulierten Kühle und Makellosigkeit der Erscheinung gewinnt. Als stilisierter Ausdruck von Attraktivität kann auch die extrovertierte Fähigkeit des ›getting along with people‹ wahrgenommen werden, die Tatsache, zu jenen ›happy, peppy, sociable, manly, profit-turning, growth-looking good fellows‹ (Davis) zu zählen und unter ihnen eine möglichst populäre Rolle einzunehmen. Die Organisationskultur ist hier nicht egalitär, sondern vermag – vor der Hintergrundfolie des neuen ›Star‹-Systems insbesondere der Filmkultur – innerorganisatorische ›Stars‹, besonders beliebte Figuren hervorzubringen, die ihre Anziehungskraft vor allem ihrer außergewöhnlichen Umgänglichkeit und Fähigkeit zur ungezwungenen Soziabilität, ihrem sozialen *sex appeal* verdanken.[108] Die Stilisierung der ›culture of personality‹ kann sich schließlich auch auf die scheinbar rein instrumentelle Fähigkeit zur Kontrolle der exakten ›Maschine‹ des Betriebs erstrecken. Die modernistische Maschinenästhetik, die eine Ästhetik der perfekten technologischen Formen allgemein ist, überträgt sich auf das Subjekt, das die sozial-technischen Großsysteme koordiniert, das mit dem Eindruck der unverletzlichen Unnahbarkeit des technischen ›Machens‹ eine Aura gewinnt (so dass ›der Manager-Ingenieur an seinem Schreibtisch,

---

106 Ward (2001), S. 9.
107 Vgl. Packard (1962), Kap. VIII.
108 Zum Starsystem vgl. Christine Gledhill (Hg.) (1991): Stardom. Industry of desire, London.

am Fenster eines Hochhauses mit Blick auf die urbane Skyline‹ eines der verbreitesten subjektidealisierenden Bilder in der US-amerikanischen Werbung der 1920er und 30er Jahre ist).[109] Die scheinbar rein sachliche Perfektion des Handelns kann im Rahmen der Subjektkultur des Angestellten zum ästhetischen Stil werden.

Die Subjektkultur des höheren Angestellten der organisierten Moderne übt den Einzelnen in der Einfügung in eine sachlich-kooperative Ordnung des Technischen und des Sozialen. Die Überformung dieser primären sozialen Konsensorientierung und technisch-sachlichen Orientierung des Subjekts durch jene eines Kampfes um Karrieren sowie einer Selbstästhetisierung des Manager-Ingenieurs produzieren bereits zwei Friktionen, welche die homogene Einheit des ›organization man‹ instabil machen. Daneben ergeben sich zwei weitere Spaltungen, die aus dem ambivalenten Status der Sozialorientierung des Angestelltensubjekts selbst resultieren. Bereits im Ordnungscode des Sozial-Technischen, in dem sich das Subjekt formieren soll, ist eine immanente Spannung enthalten: Die hybride Kopplung des Codes des *Technischen* an den Code des *Sozialen* erweist sich als instabil. Als technisch-effizientes Subjekt geht es darum, quasi monologisch auf der Grundlage von Fachkompetenz und einer fixen Hierarchie ein perfektioniertes Spezialsystem von Handlungen hervorzubringen. Als ›soziales Subjekt‹ (in jenem sehr spezifischen Sinne eines Gruppensubjekts der *human relations*-Schule) ist hingegen ein Selbsttraining in intersubjektivem ›looking glass self‹, Gruppenmotivation und kommunikativer Störungsvermeidung nötig. Der Code des Sozial-Technischen beruht auf der Grundannahme, dass das technische und das soziale Subjekt umstandslos miteinander identifiziert werden können. Jedoch bricht zwischen den Subjektanforderungen der sozialen Harmonie und der technischen Reibungslosigkeit eine Differenz auf, die das Subjekt als Mangel einer bloßen Technizität wahrnehmen kann. Eine (Selbst-)Ausrichtung des Organisationssubjekts auf intersubjektive Kohäsion in der Gruppe lässt es einen kollektivorientierten, für intersubjektive Reaktionen sensiblen Habitus erwerben, dem seine simultane Ausrichtung auf technisch-hierarchische Effizienz defizitär erscheinen muss. Die reine Technizität und hierarchische Unterordnung des Verhaltens im Sinne eines ingenieurwissenschaftlichen Ansatzes erscheinen hier ›inhuman‹, das Bedürfnis des Subjekts nach sozialer Akzeptanz konterkarierend. Die Distanzierung des *human relations*-Ansatzes vom ingenieurwissenschaftlichen Modell der technischen Organisation, damit vom Fundament der Arbeitskultur der organisierten Moderne, in den 1960er und 70er Jahren ist daher konsequent.[110]

109 Marchand (1985), S. 164 ff.
110 Vgl. Luc Boltanski/Ève Chiapello (1999): Le nouvel esprit du capita-

Eine weitere Friktion betrifft das Verhältnis zwischen dem Anspruch einer loyalen Einfügung des Einzelnen in eine kollektive, hierarchische Ordnung, die ihm ein ›social adjustment‹ abfordert, und seinen individuellen Leistungsansprüchen. Wenn sich ein Ort markieren lässt, an dem sich das nur vermeintlich überhistorische Problem einer ›Spannung‹ zwischen ›Individuum und Gesellschaft‹ konkretisiert und Gegenstand umfangreicher kulturkritischer Diskurse wird, dann ist es die Arbeit in der bürokratischen Organisation. Auf einer ersten Ebene und aus der Sicht einer genuin bürgerlich motivierten Kritik muss die Eingliederung des hochausgebildeten Angestelltensubjekts in eine technisch-kollektive Hierarchie als Ausdruck einer ›Vermassung‹ und ›Entmündigung‹ erscheinen. Diese Kritik trifft jedoch nicht die immanente Friktion des Angestelltensubjekts, ihr Hintergrund ist vielmehr der äußere Kulturkonflikt zwischen der organisiert-modernen und der bürgerlichen Subjektkultur.[111] Auf einer zweiten Ebene impliziert die Kultur des post-bürgerlichen Angestellten-Subjekts *selbst* eine Spannung; sie treibt in sich selbst eine Orientierung am Individuellen hervor, der die Ausrichtung an der sozialen Kohäsion der Gruppe mangelhaft erscheinen muss. Ein post-bürgerlicher Individualitätssinn resultiert hier aus der Orientierung an sozialen Differenzen über den Vergleich messbarer ›Leistungen‹. Dass jedes Subjekt zurechenbare Leistungen hervorbringt, auf denen sein sozialer Status beruhen soll, ist bereits eine Voraussetzung, die das bürgerliche Subjekt für sich in Anspruch nimmt. In der Kultur der organisierten Moderne führt die formale Professionalisierung des Zugangs zu den Positionen, vor allem durch die Universitäten, jedoch zu einem veränderten Selbstverstehen des Subjekts im Verhältnis zu seinen Leistungen: Leistungen werden grundsätzlich gradualisiert und quantifiziert, die eigene Leistung wird beständig vergleichbar mit denjenigen der anderen.[112] Dieser gegenseitige vergleichende Blick, den

---

lisme, Paris; zeitgenössisch Herbert Marcuse (1964): Der eindimensionale Mensch. Studien zur Ideologie der fortgeschrittenen Industriegesellschaft, München 1994.

111 Vgl. einflussreich und beispielhaft James Burnham (1941): The Managerial Revolution. What is happening in the world, New York.

112 Vgl. zur Relevanz der Prüfungen für die Subjektivation Hoskin/Macve (1986), zur Professionalisierung Burton J. Bledstein (1976): The Culture of Professionalism. The middle class and the development of higher education in America, New York, Harold Perkin (1989): The Rise of Professional Society. England since 1880, London, zur zeitgenössisch wahrgenommenen Spannung zwischen individueller Leistung und kollektiven Ansprüchen vgl. Chris Argyris (1957): Personality and Organization. The conflict between system and the individual, New York, auch Bendix (1956), S. 319-340.

die Gradualisierung von Leistungen mit sich bringt, bewirkt eine Selbst-individualisierung des Subjekts, das sich – und sei es nur unter sehr spezifischen Aspekten – als different gegenüber anderen wahrnimmt. Das im Blick für den Leistungsvergleich geschulte Manager-Ingenieurs-Subjekt kann in seinem Selbstverstehen nicht bruchlos im Kollektiv der radikal konsensorientierten und in diesem Sinne dem Individuellen ge-genüber skeptischen Organisation aufgehen: Das Soziale kann als Ort eines Konformitätsdrucks wahrgenommen werden, der die ›eigenen‹ Leistungen und das eigene Leistungsvermögen missachtet.

Die Friktionen zwischen dem technischen ›engineering‹ des Subjekts und der sozialen Eigenständigkeit der ›human relations‹, zwischen kol-lektivem *social adjustment* und der sozial produzierten Individualität der ›Leistung‹, zwischen Konsensorientierung und der emotionalen Aufladung von alltäglichem Wettbewerb und Kampf sowie zwischen der Sachlichkeit der Organisationskultur und der Selbstästhetisierung des ›perfekten‹ Subjekts verwandeln die scheinbare Hyperstabilität des *organization man* in eine immanente Fragilität. Die Transformation der kulturellen Hegemonie vom *organization man* zu einer neuen, nach-bü-rokratischen Organisationskultur seit den 1970er und 80er Jahren lässt sich – über temporäre ökonomische Krisen hinaus – als eine Reaktion verstehen, diese Friktionen in Richtung einer andersartigen Subjektkul-tur aufzulösen: gegen den Technizismus und für die *human relations* im Team, gegen den Konformismus und für die individuelle Leistungsent-faltung, gegen die Hierarchien und für den ›maskulinen‹ Wettbewerb, gegen die Verabsolutierung des Sachlichen und für die Legitimität der Selbststilisierung. Die kulturell hegemoniale Form des Arbeitssubjekts in der Postmoderne wird das nach-bürokratische ›unternehmerische‹ Selbst‹, das zugleich ›Kreativsubjekt‹ ist.

3.2.2 Nach-bürgerliche Subjektkultur persönlicher Beziehungen: Attraktive ›peers‹

Seit etwa 1920 verschiebt sich die Codierung persönlicher, intimer Be-ziehungen, die den Anspruch kultureller Modernität beanspruchen kön-nen. Das Angestellten-Subjekt der organisieren Moderne definiert und formt sich nicht allein über organisationelle Arbeitspraktiken, sondern auch über neue Techniken und Codes der Intimität. Beide kulturelle Verschiebungen, die eine Rekonfigurierung der Subjektkultur bewirken, laufen weitgehend parallel. Diskursiver Hintergrund der Transforma-tion persönlicher Beziehungen jenseits der bürgerlichen Moderne sind Codeelemente aus den Avantgardebewegungen der Jahrhundertwende, die Geschlecht und Sexualität betreffen, ebenso wie psycho-szientisti-sche Diskurse einer Beratung der Ehe, Erziehung und Sexualität in den

1920er bis 60er Jahren (welche teilweise ihrerseits durch die Avantgarden beeinflusst sind) sowie die Subjektrepräsentationen, insbesondere der Geschlechter, in der Alltagsästhetik der massenmedialen visuellen Kultur (Film, Werbung).[113] Wohnverhältnisse, die – im Vergleich zum separierten wie fixen bürgerlichen Wohnhaus – in der Großstadt, insbesondere aber in deren *suburbia* soziale Verdichtung wie auch soziale Mobilität befördern, liefern materiale Voraussetzungen der nach-bürgerlichen Privatsphäre. Analog den Arbeitspraktiken ist es wiederum die US-amerikanische Kultur der Zwischenkriegs- und Nachkriegszeit, die dieser nach-bürgerlichen Intimitätskultur eine paradigmatische Form verleiht und in Europa als Modellfall des ›Amerikanismus‹ repräsentiert wird.

Das Intimitätssubjekt der organisierten Moderne definiert sich über eine Differenzmarkierung gegenüber bürgerlichen Eigenschaften, so wie sie sich am Ende des bürgerlichen Zeitalters zu präsentieren scheinen. Diese werden nun als vormodern im Sinne des Ausdrucks einer leeren Formalisierung und einschränkenden Moralisierung persönlicher Beziehungen, einer (im anglo-amerikanischen Kontext) überlebten ›viktorianischen‹ Kultur interpretiert. Moderne Intimbeziehungen im neuen Sinne definieren sich demgegenüber über ihre Eigenschaft ›gelockerter‹ Informalität. Nicht formale Moralität, sondern Fähigkeit zur informellen sozialen Passung wird zum Kriterium der Subjektmodellierung. Der Begriff der *peer society*, der für die besondere Konstellation von Adoleszenten und Post-Adoleszenten aus der höheren Mittelschicht verwendet worden ist, trifft die Subjektkultur persönlicher Beziehungen in der Angestelltengesellschaft der 1920er bis 1970er Jahre insgesamt:[114] Nach-bürgerliche Intimitätssubjekte nehmen einander als *peers* wahr und formen sich als *peers*, das heißt als ›Gleiche‹, die aus dieser ›unkomplizierten‹ – nichtsdestotrotz voraussetzungsreichen – Gleichheit das zweckfreie Vergnügen des Sozialen ziehen; persönliche Beziehungen erscheinen nun in einem spezifischen Sinne als ›soziale‹ Beziehungen. Dies gilt für nach-bürgerliche Freundschaftsverhältnisse und Eltern-Kind-Relationen ebenso wie für Ehen, die zu ›Partnerschaften‹ werden. Die kindorientierte ›companionate marriage‹ und die Kleinfamilie im Rahmen einer mobilen *suburbia*-Gemeinschaft präsentieren sich so als Modell. In der *peer society* verschieben sich die Geschlechterverhält-

---

113 In der fiktionalen Literatur findet sich nur verstreut eine Repräsentation des neuen, nach-bürgerlichen Intimsubjekts und seiner *peer society*, am ehesten in den zeitgenössisch populären Texten von F. Scott Fitzgerald, teilweise auch in Texten aus dem Umkreis der Weimarer ›Neuen Sachlichkeit‹ (Fleißer, Fallada etc.). Negatives Abziehbild wird die amerikanisierte *peer society* bei V. Nabokov und S. Plath.

114 Das Konzept der ›peer society‹ wird in Paula Fass (1977) profiliert.

nisse wie auch der Code des Geschlechtlichen insgesamt. In Differenz zu den bürgerlichen Geschlechtscharakteren des 19. Jahrhunderts wird Feminität im Zeichen einer domestizierten ›new woman‹ jenseits der bürgerlichen ›femme fragile‹ aktivistisch uminterpretiert, gleichzeitig zum Gegenstand einer ›unbürgerlichen‹ Selbst- und Fremdsexualisierung. Beides gilt in spezifischer Weise auch für Maskulinität, die zum Objekt einer diskursiven Virilisierung und einer ebenso unbürgerlichen Attraktivitätsprüfung wird. Sexualität avanciert im nach-bürgerlichen Praktikenkomplex der Intimsphäre zum zentralen, legitimen und notwendigen Austragungsort des Ehelebens. In einer paradoxen Konstellation entwickeln männliche und weibliche Subjekte damit strukturelle Ähnlichkeiten jenseits des spätbürgerlichen Dualismus und werden gleichzeitig auf eine geschlechtliche Differenz festgelegt.

Zentrales Subjektmerkmal der nach-bürgerlichen Kultur persönlicher Beziehungen ist die Extroversion. Die Formung einer extrovertierten, sozial gewandten, ›outgoing‹ Persönlichkeit ist Voraussetzung, um sich in die Struktur nach-bürgerlicher persönlicher Beziehungen einzufügen. Diese Extroversion von Freunden, Partnern und Kindern kann einerseits zum Maßstab intersubjektiv kontrollierter und psycho-szientistisch munitionierter sozialer Normalität werden. Das nach-bürgerliche Intimitätssubjekt – insbesondere nun der Mann und das männliche Kind – ist beständiger Gegenstand der psychologischen Beobachtung, und es tritt mit dem Anspruch des wissenschaftlich belegbaren ›Normalen‹ in Differenz zur individuell-introvertierten Aberration auf. Gleichzeitig verwandelt sich das Subjekt in eine ästhetische Projektionsfläche für andere und für sich selbst. Als extrovertiertes, sexualisiertes, seine sichtbare Oberfläche spiegelndes ist es – im Selbst- und Fremdverstehen – ein ›attraktives‹ Subjekt. Nach-bürgerliche Intimbeziehungen trainieren es in einer Ausrichtung an sozialer Attraktivität – nicht nur in den Geschlechterbeziehungen –, an einer nach außen wahrnehmbaren, ästhetisch perfekten Form. Die hybride Überlagerung zwischen der insbesondere über visuelle Imaginationen angetriebenen Ästhetisierung und Erotisierung des Subjekts einerseits, seiner *peer*-angepassten Normalisierung andererseits macht seine zentrale Friktion aus.

Peer society

Die bürgerliche Kultur hat eine Serie von Code-Offerten geliefert, um persönliche, nicht-zweckgebundene Beziehungen zu modellieren: ›Freundschaft‹ für die frühbürgerlich-aufklärerische Subjektivität, ›Liebe‹ für die Romantik und das post-romantische Bürgertum, ›respektable Gesellschaft‹ für die spätbürgerliche Subjektivität des 19. Jahrhunderts. Diese Code-Innovationen verschwinden mit der Erosion der Dominanz bürgerlicher Kultur in der ersten Hälfte des 20. Jahrhunderts nicht, sie bleiben vielmehr – insbesondere gilt dies für den post-romantischen Code der Liebe – als hybride Spuren auch im nach-bürgerlichen Habitus aufbewahrt. Die Bedeutungen dieser Elemente modifizieren sich jedoch in einem neuen Unterscheidungssystem des Persönlichen, der sich als *peer*-Code umschreiben lässt.[115] Persönliche Beziehungen zeichnen sich nun durch Informalität aus, eine Informalität unter Gleichen, einander im Prinzip Ähnlichen. Diese informelle Soziabilität ist kein Mittel zum individuellen Zweck – zur Bildung, zur Selbstentfaltung, zum Schließen individualisierter Zweier-Freundschaften –, sondern selbst Zweck der persönlichen Beziehungen. Soziabilität, das angenehme Gefühl des ungezwungenen Lebens im Sozialen, in der Gemeinsamkeit Anderer – gleichgültig, was man sonst dabei tut – verhilft dem Einzelnen, zum Subjekt zu werden: »in doing things with other people does one fulfill oneself«.[116] Konsequenterweise kann dann auch eine Liebesbeziehung in erster Linie als ›Partnerschaft‹, das heißt als eine *peer*-Gemeinschaft zu zweit verstanden werden. In zwei US-amerikanischen Kontexten erlangt diese *peer society* der höheren Mittelschicht einen idealtypischen Ausdruck: in der Gemeinschaft post-adoleszenter *peers* im engeren Sinne, wie sie sich in den amerikanischen Universitäten der 1920er und 30er Jahre als Ort der Exemplifikation eines ›20th century style‹ des sozialen Lebens darstellt; schließlich und vor allem in den Angestellten-Vororten der amerikanischen Großstädte der 1950er Jahre, in *suburbia*, in denen die Haushalte der höheren Mittelschichten sich als Schrittmacher einer neuen Form moderner Gemeinschaft präsentieren.[117] Die kulturelle Innovation des *peer*-Habitus geht von den post-adoleszenten Gruppen des Universitätsmilieus aus – die gleichzeitig alles andere als gegenkulturell ausgerichtet sind – und findet in *suburbia* ihre domestizierte, familienorientierte Form, die kulturelle Vorbildlichkeit beanspruchen kann. In den meisten ihrer Grundstrukturen persönlicher Beziehungen sind jedoch beide kulturellen Kontexte identisch – und

---

115 Vgl. zum folgenden vor allem Paula S. Fass (1977): The Damned and the Beautiful. American youth in the 1920s, Oxford; Whyte (1956), S. 267-404; John C. Spurlock/Cynthia A. Magistro (1998): New and Improved. The transformation of American women's emotional culture, New York; vgl. auch die klassische zeitgenössische Analyse von David Riesman (1949/1961): The Lonely Crowd. A study of the changing American character, New Haven 2001, Kap. III, IV.

116 Whyte (1956), S. 353.

117 Ein dritter Kontext, und zwar außerhalb der USA, der das Modell nach-bürgerlicher Intimsubjekte exemplifiziert, ist der ›neusachliche‹ Ehe- und Geschlechterdiskurs in der Weimarer Republik, vor allem auf Berlin bezogen – allerdings scheint es, dass anders als in den USA diesem Diskurs kaum eine Praxis entsprochen hat, die zudem mit dem anerkannten Anspruch kultureller Hegemonie hat auftreten können.

idealtypisch bezeichnen sie zwei reibungslos ineinander übergehende, sequenzielle Phasen der post-bürgerlichen Biografie.

Die *peer society* bietet dem Subjekt ein informelles ›community life‹, dem es sich nicht entziehen kann, das affektiv aufgeladen ist und in dessen Rahmen es sich eine Reihe von Dispositionen antrainiert. Die zentrale Disposition lautet, ein im spezifischen Sinne ›sozial zugewandtes‹ Wesen zu sein, das auch von anderen diese soziale Zugewandtheit voraussetzt. Die soziale Welt der *suburbia* (oder bereits zuvor des Colleges) besteht zu großen Teilen aus gemeinsamen Aktivitäten, die gleichzeitig Aktivitäten der Freizeit sind. Der Komplex von Praktiken jenseits der Arbeit in der Kultur der organisierten Moderne setzt sich – auch angesichts von geregelten, eingeschränkten Arbeitszeiten der Angestelltenexistenz – zum großen Teil aus solchen zusammen, die seit den 1920er Jahren eine neuartige Sphäre der ›Freizeit‹ bilden. Basierend auf dem *peer*-Code, wird diese größtenteils als Raum gemeinsamer Aktivitäten, von Aktivitäten mit anderen verstanden. Die idealtypische amerikanische *suburbia*-Gemeinschaft, wie William Whyte (1956) sie anhand von Park Forest analysiert, betreibt so eine große Anzahl von Clubs, von Societies, von Nachbarschaftsnetzwerken, in denen eine gemeinsame Freizeit organisiert und verbracht wird. Gleiches gilt in der vorhergehenden biografischen Phase für die Clubs, Societies, Fraternities etc. im Umfeld der höheren Bildungsinstitutionen. Das ›Privatleben‹ des post-bürgerlichen Subjekts spielt sich zu großen Teilen in dieser Freizeit unter *peers* ab. Dies setzt voraus, dass sich das Subjekt Dispositionen einer Soziabilität antrainiert: Kompetenzen des gewinnenden Zugehens auf den Anderen, des freundlichen und zugleich unverbindlich bleibenden Auftretens, des demonstrativen Interesses am Anderen, nicht als Individuum, sondern als *peer*; im übrigen auch der Pflege eines gewinnenden Äußeren. Zentral ist die Fähigkeit, »a good mixer« zu sein, das heißt mit bekannten oder unbekannten Personen ungezwungen und gewinnend umgehen zu können, als ›outgoing character‹ sich leicht auf Andere und Neue einzustellen. Das Informelle dieses sozialen Umgangs manifestiert sich gerade in dieser zwanglosen Involvierung neuer Personen. Der Andere ist nicht auf seine Respektabilität zu prüfen, seine Ähnlichkeit wird vorausgesetzt (was freilich eine Enttäuschungsmöglichkeit dieser Ähnlichkeitsvermutung einschließt). Das ›unkomplizierte‹ Verhältnis der Subjekte im Sport kann damit ein kulturelles Modell für diese Informalität des Verhaltens unter Ähnlichen bereitstellen: *Peer*-Beziehungen enthalten ein Element des Sportlichen.[118] Die *peer society* entwickelt unter den Bedingungen räumlicher und sozialer Mobilität eine Praxis persönlicher Beziehungen, welche die im 19. Jahrhundert ausgebaute Differenz zwi-

---

118 Zum Interdiskurs des Sportlichen, der zentral für die nach-bürgerliche Kultur wird, vgl. Becker (1993).

schen dem Öffentlichen und dem Privaten unterminiert. Das kulturelle Instrument dieser Unterminierung ist ein Code des Sozialen, der diese Grenze überschreitet und sich sowohl auf die ›sozialen Verhältnisse‹ im Kollegenkreis der Arbeit wie auch auf die ›sozialen Verhältnisse‹ im Privaten – so dass nun auch die Ehe zu einer im bürgerlichen Verständnis undenkbaren sozialen Angelegenheit werden kann – anwenden lässt, zwischen denen nur graduelle Unterschiede existieren.

Die *peer society*, die ihre Mitglieder angesichts der beruflich motivierten räumlichen Mobilität im *community life* der Vororte immer wieder neu rekrutiert, verschreibt sich einerseits – auf Distanz zur Geschlossenheit spätbürgerlicher Respektabilität – einem Kriterium sozialer Öffnung. Insbesondere die bürgerlichen Kriterien der Gebildetheit und der vollendeten Förmlichkeit des Verhaltens sehen sich in dieser Weise delegitimiert. Immer wieder neue Personen betreten das Privatleben und werden ›formlos‹ integriert. Gleichzeitig setzt die *peer society* mit ihrer Forderung nach Extroversion des Subjekts, nach dezidierter und zugleich unverbindlicher Außenorientiertheit diesem eine neue Form. Diese generelle Extroversion ist mit der Fähigkeit verbunden, ein Sensorium für die innerhalb der privaten Gemeinschaft von *peers* gültigen, sich dabei ständig wandelnden Standards des akzeptablen, ›normalen‹ Verhaltens zu entwickeln: etwa ›normale‹ Konsumausgaben, normales Konversationsverhalten, normale Grade sexueller Freizügigkeit etc. Entscheidend ist, ein Verhalten zu vermeiden, das als prätentiös gilt, welches über das, was für alle gilt, hinausstrebt und in seiner Überdurchschnittlichkeit exzentrisch wirkt. Als *peer* will man *per definitionem* nicht mehr, nicht anders sein als Andere, ihnen vielmehr beständig demonstrieren, ähnlich zu sein, man ist »determined to be as normal as anyone else, or a little more so«.[119] Im Unterschied zu den *Normen* der bürgerlichen Kultur sind diese Standards der *Normalität* nicht in einer internalisierten Moral des Anständigen verankert,[120] sondern als Durchschnittswerte umstandslos wandlungsfähig – etwa im Zuge von Verhaltensmoden –, so dass ein bisher normales Verhalten rasch als überholt gelten kann – die Sequenz immer neuer ›normaler‹ Konsumgüter in den Haushalten der amerikanischen *suburbia* liefert hier ein augenfälliges Beispiel. Für das soziale Subjekt der *peer society* ist dann Anpassungsfähigkeit (adjustability) eine zentrale Disposition: Anpassungsfähigkeit – die im bürgerlichen Kontext als Prinzipienlosigkeit und im gegenkulturellen Sinne als entfremdender Konformismus interpretiert wird – erscheint in diesem Rahmen als eine zeitgemäße Tugend, eine Kompetenz, die zu entwickeln ist, um die angenehme, gesellige

---

119 Whyte (1956), S. 363.
120 Zur Differenz von Normativität und Normalität vgl. grundsätzlich Link (1997), S. 15 ff.

und risikolose Reibungslosigkeit der persönlichen Beziehungen in der *suburbia*-Gemeinschaft in Gang zu halten. Die Anpassungsfähigkeit ist einerseits ›konservativ‹, indem sie Befolgung von Normalitätskriterien bedeutet, sie ist gleichzeitig jedoch dynamisch, indem sie das Subjekt darin übt, Neues wahrzunehmen und den eigenen Kurs im richtigen Moment umzusteuern.

Indem der *peer*-Code die persönlichen Beziehungen und ihr Subjekt strukturiert, wird dieses in einer paradoxen Konstellation sowohl zu sozialer Konformität wie auch zu sozialer Konkurrenz angetrieben.[121] Einerseits ist es bemüht, in seinem praktischen Sinn für Anpassung die dynamischen Verhaltensstandards zu dechiffrieren. Diese Konformität ist in der *peer society* nicht allein von der Angst um soziale Exklusion motiviert, sondern affektiv positiv besetzt. Der affektive Reiz besteht in den gelungenen sozialen Ritualisierungen, in der subjektiv so empfundenen Eingebettetheit in ein Kollektiv von Individuen, die sich gegenseitig darin bestätigen, ›dazuzugehören‹ und in ihrem Lebensstil Schrittmacherfunktion für die organisiert-moderne Gesellschaft zu besitzen. Paradoxerweise wirkt diese Ausrichtung an Konformität jedoch nicht allein nivellierend, vielmehr bringt sie die Subjekte zueinander in eine subtile Situation der Konkurrenz um sozialen Erfolg. Dieser Wettbewerb ergibt sich aus der knappen Ressource sozialer, positiver Aufmerksamkeit in der *peer society*. Im Mittelpunkt steht hier derjenige, dem soziale Attraktivität zugeschrieben wird, das heißt, der sich in den Gemeinschaftsaktivitäten besonders engagiert, der besonders gewinnende ›mixer‹-Qualitäten besitzt; derjenige, der weder zu aufdringlich noch zu zurückhaltend ist, vielmehr das perfekte Maß des Normalen verkörpert, um populär unter *peers* zu werden.

Wenn die persönlichen Beziehungen in der *peer society* sich in einer kontinuierlichen Arbeit nicht an der Differenz – wie in der romantischen Liebe oder der postmodernen anerkannten Abweichung –, sondern an der Ähnlichkeit zwischen den Subjekten ausbilden, dann ist diese Ähnlichkeit eine andere als jene, die der bürgerliche Code der Freundschaft voraussetzt. Bürgerliche Freundschaften sind Interaktionssysteme von *zwei* Personen, die einander als individualisiert wahrnehmen, aber in ihrer spezifischen Individualisierung den Anderen als ›seelenverwandt‹, als charakterlich ähnlich erkennen. Ähnlichkeit ist hier eine unwahrscheinliche Größe und die Freundschaft jener Ort der gefundenen Affinität zweier Individuen, der von emotionaler Empfindsamkeit geprägt ist. Demgegenüber kennt die *peer society* in ihrer idealtypischen Form keine Freundschaft zwischen zweien, sondern persönliche Beziehungen im Plural, zwischen ›pals‹ in einem ganzen Kreis von Bekannten, etwa der Nachbarschaft in der *suburbia*-Gemeinschaft. Die Ähnlichkeit der

---

121 Vgl. zu diesem Aspekt Fass (1977), S. 225-259.

Personen ist hier keine, die auf der Vorstellung gleichartiger Innenwelten, einer Affinität von Perspektiven und Emotionen beruht, sondern eine scheinbar selbstverständliche, für viele geltende, ›unkomplizierte‹ Ähnlichkeit im äußeren, sozial orientierten Verhalten, dem gemeinsamen Verbringen von zweckfreier Alltagszeit. Gegenüber der Freundschafts-Beziehung sind die *peer*-Beziehungen der Tendenz nach entemotionalisiert: Sie richten sich nicht auf die Innenwelt des Anderen. Damit wird es möglich, dass *peer*-Beziehungen zu einem erheblichen Teil nicht auf dem Prinzip der Beziehungswahl, sondern der Beziehungsvorgabe beruhen. Die durch den Zufall des Wohnorts vorgegebenen Nachbarn in der *suburbia* etwa können – erfüllen sie nur das Minimum normalen Verhaltens – umstandslos zu *peers* werden. Sobald die Mitglieder des gleichen Milieus – mit Ausnahme spezieller Exzentriker – in diesem Sinne als ähnlich wahrgenommen werden, erscheinen sie für *peer*-Beziehungen verhältnismäßig austauschbar.

›Companionate marriage‹ und die Sexualisierung des Subjekts

Im Kontext der *peer society* gewinnt auch die bürgerliche Dauerintimbeziehung der Ehe eine verschobene Bedeutung. *Peer society* und Ehe stehen einander nicht gegenüber, vielmehr bildet die – im Gegensatz zur spätbürgerlichen Zwei-Sphären-Bildung männlicher und weiblicher Sozialräume – im Kern koedukative Form der *peer society* seit den 1920er Jahren sowohl den Entstehungshintergrund wie ein entscheidendes Darstellungsfeld von Ehen.[122] Darüber hinaus kann nun der *peer*-Code auf das Zweierverhältnis transferiert werden: An die Stelle jener Komplikation, die das Mann-Frau-Verhältnis in der spätbürgerlichen Kultur der zwei Sphären und zwei Geschlechtscharaktere gewinnt, tritt das Modell einer Partnerschaft unter im Prinzip Gleichen, die im Grundsatz so beruhigend wie anregend ›unkompliziert‹ sein soll wie das Verhältnis unter *peers* im allgemeinen. Der in der *peer society* routinemäßig gepflegte Umgang mit beiden Geschlechtern, somit die im Vergleich zur spätbürgerlichen Kultur rein quantitativ angewachsene Zeit, die Personen

---

122 Vgl. zum folgenden John D'Emilio/Estelle B. Freedman (1988): Intimate Matters. A history of sexuality in America, New York, S. 237-274; Elaine Tyler May (1988): Homeward Bound. American families in the cold war era, New York; Steven Mintz/Susan Kellog (1988): Domestic Revolutions. A social history of American family life, New York/London, S. 107-130, 177-201; Jeffrey Weeks (1981): Sex, Politics and Society. The regulation of sexuality since 1800, London 1989, 2. Aufl, S. 199-231; Eva Illouz (1997): Der Konsum der Romantik. Liebe und die kulturellen Widersprüche des Kapitalismus, Frankfurt am Main/New York 2003. S. 27 ff.

beider Geschlechter miteinander verbringen, scheint einen adäquaten Hintergrund für ein neues – allerdings angesichts des frühbürgerlichen Modells der Ehe als Freundschaft nicht voraussetzungsloses – Modell der ›companionate marriage‹ (im Geschlechterdiskurs der Weimarer Kultur etwas altertümlich als ›Kameradschaftsehe‹ unschrieben) bereitzustellen. Jene Kompetenz zum ungezwungenen, gewinnenden, informellen sozialen Austausch, wie sie die *peer society* dem Subjekt in seinen persönlichen Beziehungen insgesamt nahe(und aufer-)legt, kann dann auch in einer Ehe zum Einsatz kommen und gleicht die Subjektpositionen beider Geschlechter aneinander an. Auch hier greift die katachretische Aufpfropfung einer Semantik des ›Sportlichen‹: Die Ehe unter *peers* wird nach dem Vorbild der unkomplizierten wie im Prinzip gleichberechtigten, die Freizeit ausfüllenden Interaktion unter Sportlern und Sportlerinnen modelliert.[123] Für die Alltagspraxis verliert im nach-bürgerlichen Ehemodell damit das Element der romantischen Emotionsgemeinschaft ›im Innern‹, die Dramatisierung der Differenz und ihres Spiels mit Geheimnissen und Öffnungen an Legitimation zugunsten gemeinsamer Freizeit-performances als eigentlicher Grundlage der Partnerschaft: die Partizipation an den genannten Freizeitaktivitäten der *peer society*, aber auch die mit den Kindern gemeinsam verbrachte Zeit, in einem spezifischen und besonderen Sinne auch die Sexualität, sobald man sie als ›normalen‹ gemeinsamen Komplex von Aktivitäten begreift. Der Ehediskurs der 1920er Jahre kann dann »betonen, daß Innenleben die Geschlechter niemals so einen kann wie äußere Bewegung«.[124] Die nach-bürgerliche Ehe betreibt damit im Verhältnis zur bildungsorientierten wie zur (post-)romantischen Ehe bürgerlicher Subjektivität eine relative ›Exteriorisierung‹ und Entemotionalisierung des Intimitätssubjekts: Die romantische Emotionalität erscheint Produkt einer lächerlich wirkenden, vormodernen Interiorität.[125]

Der kulturelle Bruch mit der bürgerlichen Subjektkultur des Intimen ist allerdings nicht total. Das nach-bürgerliche Intimitätssubjekt wiederholt Sinnelemente spätbürgerlicher Identität und verschiebt deren Bedeutung. In der organisierten Moderne ist wie in der spätbürgerlichen Moderne die auf Dauer angelegte, im Regelfall lebenslange (heterosexuelle) Ehe und die Erweiterung dieser Ehe zur Familie mit Kindern die kulturell dominante Form. Das Ziel der Eheschließung und Familiengründung bleibt in die weibliche wie männliche Selbsthermeneutik

---

123 Vgl. hierzu Becker (1993), S. 306
124 Heinrich Mann (1926): Der Bubikopf, in: ders.: Sieben Jahre. Chronik der Gedanken und Vorgänge, Berlin 1929, S. 302.
125 Obwohl ›Liebe‹ ein Leitkonzept bleibt, wird auch sie entemotionalisiert und statt dessen einerseits auf die ›companionate marriage‹ bezogen, andererseits sexualisiert, vgl. Stearns (1994), S. 164 ff.

gelungener Subjektivität eingelassen. Die Kehrseite der ›offiziellen‹ Gleichberechtigung von Frauen und Männern ist eine reproduzierte, aus der bürgerlichen Kultur des 19. Jahrhunderts importierte Asymmetrie zwischen der männlichen Erwerbstätigkeit und der weiblichen Orientierung an Haushalt und Kindererziehung. Gleichzeitig stellt sich in der Angestelltenkultur eine funktionierende, nach außen sichtbare *performance* in Ehe und Familie als ein Standard psycho-sozialer Normalität dar. Nur wer den Kern seiner Intimbeziehungen in dieser Weise strukturiert, gilt in der *suburbia*-Gemeinschaft – ebenso wie in der Arbeitswelt der höheren Angestellten, bei denen das Privatleben zwangsläufig auch bei der Arbeit ›durchscheint‹[126] – als sozial zurechnungsfähig. Personen außerhalb von Ehe und Familie, die in der Kultur der organisierten Moderne faktisch auch kaum vorkommen, dagegen gelten als Träger eines sowohl sozialen wie auch psychischen Defekts. Die soziale Anerkennung subjektiver Normalität in der Angestelltenkultur setzt voraus, Ehe und Familie vorweisen zu können: Auch in diesem Sinne sind Ehe und Familie Bedingungen eines ›Normalsubjekts‹.

Die *Familien*orientierung von Ehen gewinnt jedoch im Rahmen der post-bürgerlichen ›companionate marriage‹ eine gegenüber der bürgerlichen Subjektkultur verschobene Bedeutung. Innerhalb der klassisch-bürgerlichen Intimsphäre kommt Kindern ein zentraler Stellenwert in einer mehrere Generationen übergreifenden Familiengenealogie zu. Die Familie ist hier nicht die Kleinfamilie, sondern in beträchtlichem Maße eine post-aristokratische intergenerationelle Erbengemeinschaft, in deren Kontext der Einzelne einen entsprechenden ›Wert‹ erhält. Daneben stellen sich Kinder im Rahmen des bürgerlichen Bildungscodes auch als Charaktere dar, denen eine Bildung im engeren und weiteren Sinne zu vermitteln ist, eine ›Innenstruktur‹ fester charakterologischer Kompetenzen, die sich in der Auseinandersetzung mit Bildungsgütern entwickelt. Schließlich avancieren Kinder im 19. Jahrhundert zu besonderen Objekten einer emotionalisierten Mütterlichkeit von weiblichen Subjekten, die all ihre Tätigkeiten auf die Privatsphäre begrenzt sehen. In allen drei Hinsichten verschieben sich Praktiken und Codes der nach-bürgerlichen Eltern-Kind-Beziehungen.[127] Wenn die nach-bürgerliche Ehe – idealtypisch in der US-amerikanischen Angestellten-*suburbia* der 1930er bis 60er Jahre – ›kindorientiert‹ ist, dann nicht im Sinne bürgerlicher Familiengenealogien – die auch aufgrund der räumlichen und sozialen Mobilität und des kulturellen Mobilitätsbewusstseins in der

---

126 Vgl. zu diesem Aspekt Roper (1994), S. 161-188.
127 Vgl. zum folgenden Graebner (1987), S. 127-139; Mintz/Kellog (1988), S. 107-130, 177-201; May (1988), S. 135 ff.; Elizabeth M. R. Lomax u. a. (1978): Science and Patterns of Child Care, San Francisco, S. 109 ff.; Whyte (1956), S. 382 ff.

Angestelltenkultur an Gewicht verlieren –, sondern im Sinne eines zeit-lich-quantitativen wie hermeneutisch-qualitativen Bedeutungsgewinns der *Interaktionen* der Eltern *mit* ihren Kindern. Wiederum gilt dies für Mütter stärker als für Väter, aber im Prinzip sind gerade die Kinder – neben der weiteren *peer society* und der Sexualität – *das* ›Gemein-schaftsprojekt‹ des nach-bürgerlichen Paares, das ihrer Gemeinsamkeit nach der Erosion des bürgerlichen Bildungsmodells Richtung gibt.

Wie die Interaktionen unter Freunden und die des Paares sind auch die Eltern-Kind-Interaktionen durch den *peer*-Code strukturiert. Zu-mindest der Tendenz nach definieren sich die Eltern der Angestellten-*suburbia* als ältere, erfahrenere *peers* ihrer Kinder, und die gemeinsamen Aktivitäten sind größtenteils Freizeit- statt Bildungsaktivitäten. Ver-kompliziert wird diese Kindorientierung der Familie, die mit einem Ide-al der ›Häuslichkeit‹ verknüpft ist, dadurch, dass die post-bürgerlichen Kinder selbst eigene *peer groups* bilden. Insgesamt präsentieren sich damit auch die Eltern-Kind-Beziehungen als herausgehobener Raum des ›Sozialen‹, des Sozialen im Sinne einer Sphäre gemeinschaftsorientierten Verhaltens: die Familie ist eine ›Kleingruppe‹.[128] Statt des gebildeten oder respektablen Subjekts, das bestimmte charakterologische Merk-male internalisiert/inkorporiert, liefert in diesem kulturellen Raum die ›well adjusted personality‹ das Subjektmodell der Erziehung: ein Wesen, das früh jene Dispositionen zur Extrovertiertheit und flexiblen sozialen Angepasstheit ausbildet, die es sowohl in den kindlichen und jugend-lichen *peer groups* wie auch in der *peer society* insgesamt vor sozialer Exklusion bewahren. Erziehung avanciert – wie das Management von Organisationen und die Sexualität der Ehe – seit den 1920er, verstärkt seit den 1940er Jahren zu einem Exerzierfeld insbesondere psycholo-gisch-pädagogischer, szientistischer Subjektdiskurse, die als Erziehungs-ratgeber wirken.[129] Bürgerliche ›Mütterlichkeit‹, in der man exzessive Emotionalität wittert, gerät dabei besonders in den kritischen Blick des Erziehungsdispositivs: Die romantisierte Mutter-Kind-Dyade des Bürgertums erscheint riskant, in ihrer Gefühlsorientierung vormodern und droht das Kind – insbesondere das männliche – in eine introvertiert-empfindsame Richtung jenseits der Normalentwicklung zu drängen.

Noch stärker als im Charakter ihrer Kindorientierung markiert die Subjektkultur der nach-bürgerlichen Partnerschaft in ihrer ›normalisie-renden‹ Sexualisierung einen Bruch zur bürgerlichen, ›viktorianischen‹ Ehe, in ihrer Fremd- und Selbstsexualisierung des männlichen und insbesondere des weiblichen Subjekts. Diese Sexualisierung des Sub-jekts findet in den 1920er bis 60er Jahren vor allem in zwei Kontexten

---

128 Vgl. auch Christopher Lasch (1977): Haven in a Heartless World. The family besieged, New York, S. 111 ff.

129 Paradigmatisch hier Benjamin Spock »Baby and Child Care« (1946).

statt. Zum einen gerät das eheliche Intimitätssubjekt in den beobach-
tenden Blick eines psycho-sozialen Beratungsdiskurses, der Elemente
aus den sexualwissenschaftlichen Bewegungen der Jahrhundertwende
aufnimmt und diese gleichzeitig durch die strikte Bindung an die Ehe
domestiziert. In der Ehe- und Sexualberatung und den populärwissen-
schaftlichen Ehe- und Sexualitätsdiagnosen eines Diskursfeldes von
Marie Sropes und Theodor van de Velde bis Alfred Kinsey[130] wird
ein ›aufgeklärtes‹ Intimitätssubjekt modelliert. Sexualität avanciert
in diesem Kontext zum legitimen und notwendigen Zentrum einer
funktionierenden, befriedigenden Partnerschaft. Zum anderen betreibt
seit den 1920er, verstärkt seit den 1950er Jahren die visuelle Kultur im
Medium des Kinofilms und der Unterhaltungsindustrie, in der Werbung
und im Sport als Publikumsereignis eine visuelle Repräsentation von
körperlich idealisierten, insbesondere weiblichen, sekundär auch männlichen Subjekten, die eine ästhetisch-erotische Aufladung erfahren. Die
Sichtbarkeit von technisch reproduzierten Körperdarstellungen – im
Unterschied zur bürgerlichen Schriftkultur – leitet das männliche wie
das weibliche Subjekt in unterschiedlicher Weise zur voyeuristischen
Fremd- wie Selbstsexualisierung an.

Der nach-bürgerliche Code der Sexualität ›normalisiert‹ das Sexuelle.[131] Während der spätbürgerliche Diskurs der zweiten Hälfte des 19.
Jahrhunderts beginnt, das Interesse auf einen Komplex von ›Sexualität‹
in der Grundstruktur des Subjekts zu lenken und diese in einem doppelten, ambivalenten Sinne als Teil der menschlichen, männlichen ›Natur‹,
damit als unabwendbar wie riskant-animalisch zugleich zu präsentieren, lässt sich im Gefolge der Ehe- und Sexualitätsberatungsdiskurse seit
den 1920er Jahren Sexualität als ein ›normales‹, in diesem Sinne nicht
riskantes, sondern für die psycho-physische Gesundheit notwendiges,
wünschenswertes Faktum verstehen. Sexualität bezeichnet nun nicht
nur ein Bündel von Subjekteigenschaften, sondern auch eine Praxis,
die legitim im Zentrum der Ehe steht. Wenn die Intimbeziehungen
insgesamt entformalisiert werden sollen, dann erscheint die Anerkennung jener Sexualität, welche die bürgerliche Kultur bereits insgeheim
beständig befördert hatte, konsequent. Die bürgerliche Kultur wird

130 Vgl. Marie Sropes »Married Love. A new contribution to the solution
of sex difficulties« (1918), Theodor van de Velde »Ideal Marriage. Its
physiology and technique« (1930).

131 Vgl. zum folgenden Weeks (1981), S. 199-231; Kevin White (1993):
The First Sexual Revolution. The emergence of male heterosexuality
in modern America, New York; Steven Seidman (1991): Romantic
Longings. Love in America, 1830-1930, New York, S. 63-118; Leslie
A. Hall (1991): Hidden Anxieties. Male sexuality, 1900-1950, Cam-
bridge; D'Emilio/Freedman (1988), S. 237-274.

nun sowohl als sexualitätsfeindlich wie auch als ambivalent erotisiert (›schwülstig‹) repräsentiert: Sie erscheint gewissermaßen als zu wenig offen sexuell und zu sehr erotisch, das heißt mit unberechenbaren libidinösen Bedeutungen aufgeladen, denen eine Entladung *in actu* verwehrt wurde. Die ›Anerkennung‹ der Sexualität des Subjekts in der nach-bürgerlichen Kultur verschreibt sich statt dessen der transparenten Offenlegung ›unkomplizierter Tatsachen‹. Sexualität erscheint nun in erster Linie nicht als eine Frage erotischer Phantasien, unterdrückter Triebe oder flottierender Leidenschaften ›im Innern‹ des Subjekts, sondern als ein Feld normaler, extrovertierter körperlicher Praxis. Entscheidend ist, dass sexuelle Bedürfnisse und Bestrebungen konstitutiv für das männliche *und* das weibliche Subjekt erscheinen. Es wird damit eine Sexualisierung von Frauen betrieben (deren zentrales diskursives Ereignis die ›Entdeckung‹ des weiblichen Orgasmus ist), die diese auch zu einer Selbstsexualisierung anleitet. Umgekehrt wird damit der spätbürgerliche ›double standard‹ von Ehe und stillschweigend gebilligter Prostitution delegitimiert.

Wenn sexuellen Interessen somit ausdrücklich der Status der Normalität zugeschrieben, sie als vorkulturelle Grundausstattung des Subjekts präsentiert werden, so legt die Sexualkultur der organisierten Moderne gleichzeitig fest, in welcher Form allein Sexuelles Normalitätsansprüchen genügen kann: als ein sozialer Austausch in der Ehe. Das Sexuelle ist normal nicht als Funktion eines individuell-expressiven Lustbedürfnisses in seiner vielfältigen Art – eine Vorstellung, wie sie in den Avantgarde-Bewegungen angedeutet wurde –, sondern in erster Linie wiederum eine Funktion des *Sozialen*, der Gemeinschaft zwischen Ehepartnern. Wenn ein Modell der ›companionate marriage‹, der gleichberechtigten Ehe unter Partnern Gestalt erlangt, dann ist der zentrale Ort, an dem diese Partnerschaft praktiziert wird, die sexuelle Kommunikation: »Sex is the foundation of marriage.«[132] Das Subjekt sieht in diesem Kontext seine Aufgabe darin, ein ›sexual adjustment‹ zu betreiben (was den männlichen Subjekten eine neue Perspektivenwechselkompetenz abverlangt); die gelungene Identität der Partner setzt eine gelungene Sexualidentität voraus. Umgekehrt perzipiert der in der Praxis der avancierten höheren Mittelklasse verarbeitete postbürgerliche Sexualitäts- und Ehediskurs ›sexual maladjustment‹ als zentrales Risiko der Ehe. Damit impliziert die neue Sexualität ein neues Risiko: nicht dass im Übermaß der Triebe die männliche Souveränität hinweggeschwemmt wird, vielmehr dass die sexuelle Kommunikation zwischen Ehepartnern, die gemeinsame sexuelle *performance,* misslingt – ein Fanal für die ›Passung‹ der Partner insgesamt.

132 Theodor van de Velde (1930): Ideal Marriage. Its physiology and technique, London 1980, S. 76.

Die sexuelle Zentrierung des Intimitätssubjekts ist allerdings nicht allein Sache eines ›Sexualitätsdispositivs‹. Die Fremd- und Selbstsexualisierung der nach-bürgerlichen Persönlichkeit wird durch die Erotisierung der neuen visuellen Kultur befördert.[133] Während das bürgerliche Leitmedium der Literatur ein Interesse an der Innenwelt von Subjekten trainiert – und auf diese Weise auch Empfindsamkeit und romantische Liebe als erotische Leitcodes zu instituieren vermag –, lenkt die visuelle Kultur unter den Bedingungen technischer Reproduzierbarkeit seit den 1920er Jahren das Interesse auf die äußeren Erscheinungen von Subjekten, auf ihre sichtbaren Oberflächen: auf perfekt stilisierte Körper. Die visuelle Kultur betreibt eine voyeuristische Übung des Gesichtssinns in der Betrachtung fremder (allerdings in der Angestellten-Kultur weitgehend verhüllter) Körper, vor allem von Körpern in Bewegung – und damit indirekt auch des eigenen Körpers. Dieser Voyeurismus ist geschlechtsspezifisch. Die neue visuelle Kultur betreibt im Kinofilm, in der Werbung, der Mode und der Unterhaltungsindustrie im besonderem Maße eine ›Veröffentlichung‹ des weiblichen Subjekts, die eine Differenz zur bürgerlichen Kultur markiert. Während die bürgerliche Kultur des 19. Jahrhunderts die Frau – zumindest die respektable Frau – ausschließlich in der Sphäre des Privaten situiert, sie damit zumindest der Tendenz nach der Sichtbarkeit entzieht, stellt die visuelle Kultur unter den Bedingungen technischer Reproduzierbarkeit – prominent im Hollywood-Film seit den 1940er Jahren – sie aus und leitet sie an, sich selbst auszustellen wie auch zu bespiegeln.

Die post-bürgerliche visuelle Kultur bringt damit in erster Linie das männliche Subjekt in die Position des Beobachters,[134] in dessen Blick das weibliche als attraktives Objekt immer wieder neu, ›technisch reproduzierbar‹ als visuelles Spektakel betrachtet wird. Diese Konstellation bringt das weibliche Subjekt – das visuell repräsentierte wie das ›reale‹, sich visuell repräsentierende – umgekehrt in eine Position, in der es seine eigene sexuelle Attraktivität so betrachtet – beziehungsweise zu betrachten gehalten ist – wie es betrachtet wird: »Frauen beobachten

---

133 Vgl. zum folgenden Mary P. Ryan (1976): The projection of a new womanhood: The movie moderns in the 1920s, in: Jean E. Friedman/ William G. Shade (Hg.): Our American Sisters. Women in American Life and Thought, Boston 1976, S. 366-384; Jackie Stacey (1994): Star Gazing. Hollywood cinema and female spectatorship, London; Elisabeth Bronfen (1999): Heimweh: Illusionsspiele in Hollywood, Berlin, v. a. S. 97-142; Stephen Kern (1992): The Culture of Love. Victorians to moderns, Cambridge (Mass.), S. 61 ff., 89 ff.

134 Auf der Ebene filmischer Repräsentationen finden sich in A. Hitchcocks »Rear Window« (1954) und in M. Antonionis »Blow up« (1966) zeitgenössische Exemplifikationen der Figur des männlichen Voyeurs. Vgl. auch Denzin (1995).

sich selbst als diejenigen, die angesehen werden.«[135] Sie betreiben eine
– im Vergleich zur Subjektkultur des bürgerlichen 19. Jahrhunderts mit
seiner strikten Opposition von enterotisierter respektabler Frau und
sexualisierter, nicht-respektabler Frau – subjekthistorisch neuartige
Erotisierung ihrer selbst. Diese Selbsterotisierung als eines Subjekts,
das im Zustand des »to be looked-at-ness«[136] existiert, kann die Selbstwahrnehmung einer dauerhaften Abhängigkeit der Identität vom Urteil
des (männlichen) Anderen verankern. Indem das weibliche Subjekt
seinerseits zur Betrachterin seiner selbst wird (nicht zufällig ist das
Kinopublikum der Hollywood-Filme in den 1940er und 50er Jahren
in der Mehrheit weiblich), kann jedoch auch eine Selbstermächtigung
durch das Bild und seine Wirkung erfolgen. Die visuelle Repräsentation
kann die Souveränität eines (weiblichen) Subjekts auszubilden helfen,
das sich in der Selbstspiegelung wie im Angeblicktwerden ›narzisstisch‹
als attraktive Gestalt wahrnimmt: »Sie genießt sich als angeblicktes
Objekt.«[137] Schließlich kann sie ihren Objektstatus akzeptieren und
ihrerseits das Subjekt zum Objekt machen: Der (männliche) Andere
– der als faszinierter Betrachter seinerseits nun als abhängig erscheint
– wird selbst zum Gegenstand des prüfenden Blickes. Tatsächlich betreibt die visuelle Kultur seit den 1920er Jahren nicht ausschließlich
eine ›Ausstellung‹ von weiblichen, sondern zumindest der Tendenz nach
auch von männlichen Subjektrepräsentationen. Ergebnis ist auch in der
maskulinen Kultur ein – wenn auch weniger radikales – Bewusstsein
der Attraktivitätsprüfung durch (weibliche) Andere, die sich in einer
entsprechenden Selbstprüfung niederschlägt. Das kulturelle Modell ist
nicht der bürgerliche ›gentleman‹ mit Bildung und Respektabilität, sondern der post-bürgerliche Mann mit ›sex appeal‹, der in der visuellen
Kultur formiert wird.[138] Die visuelle Kultur trainiert *alle* Subjekte des
avancierten Angestelltenmilieus in einer routinisierten Überprüfung
ihrer sozialen Attraktivität, einschließlich ihrer Attraktivität für das
andere Geschlecht.

Generell tritt in die nach-bürgerlichen Geschlechterbeziehungen
damit ein ästhetisches Kriterium sozialer, einschließlich sexueller ›Attraktivität‹ ein, eine Attraktivität der *performances* als kulturell legitime Voraussetzung der Partnerschaft. Dieses wird den bürgerlichen
Kriterien der ›Seelenverwandtschaft‹ übergestülpt und transformiert
die bürgerlichen Standards sowohl für das romantische Verlieben wie

135 John Berger u. a. (1972); Sehen. Das Bild der Welt in der Bilderwelt,
    Reinbek 1974, S. 44.
136 Laura Mulvey (1975): Visual pleasure and narrative cinema, in: dies.
    (1989): Visual and Other Pleasures, London, S. 14-26, hier S. 19.
137 Bronfen (1999), S. 139.
138 Vgl. zu diesem Aspekt White (1993), Pendergast (2000).

für soziale Respektabilität. Die neue Praktik des ›dating‹, die sich seit den 1920er Jahren im US-amerikanischen neuen Mittelschichtsmilieu als legitime und avancierte Prozedur der Partnerwahl durchsetzt, ist sowohl Ausdruck wie Vehikel dieser nach-bürgerlichen Partnerschafts-kriterien.[139] Während die klassisch-bürgerliche Partnerwahl in einem zeitaufwendigen Prozess der behutsamen kommunikativen und psychi-schen (asexuellen) Aneinanderannäherung zweier Individuen, in der Praktik eines ›courtship‹ ihre Form findet, dem Schritt für Schritt eine gesteigerte individuelle und soziale Verbindlichkeit innewohnt,[140] er-hält die nach-bürgerliche Partnerwahl über die Praktik des *(rating and) dating* den Charakter einer reversiblen und zeitlich äußerst verkürzten gegenseitigen Prüfung von Attraktivitätsmerkmalen potentieller Part-nerschaftskandidaten und -kandidatinnen. Das *rating and dating* als eine Praktik von Adoleszenten und Post-Adoleszenten – idealtypisch im College-Milieu – zielt wie das bürgerliche Modell (und im Unterschied zur späteren postmodernen Kultur) am Ende auf eine lebenslange Ehe ab – aber es schaltet dieser Ehe eine offene Phase der Partnerwahl unter ›Marktbedingungen‹ vor. Auf diesem Partnerschaftsmarkt entwickeln die männlichen wie weiblichen Subjekte einen praktischen Sinn für die soziale Anziehungskraft anderer (was sexuelle Attraktivität ein-schließt) und einen Sinn für die eigene Attraktivität, die es nötigenfalls zu steigern gilt. Dem *dating* geht notwendigerweise ein *rating* voraus, ein Einordnen des ›Rangs‹ potentieller Kandidaten. Im Unterschied zum bürgerlichen Modell der Individualität der Seelen (aber in Wei-terentwicklung des bürgerlichen Modells sozialer Respektabilität) ist dieser Rang potentieller Kandidaten weniger eine Frage individueller als sozialer Bewertung. In der *peer society* gelten bestimmte Personen einhellig als attraktiver als andere. Die Attraktivitätskriterien für die Partnerwahl entsprechen konsequenterweise jener der sozialen Beliebt-heit der *peer society* insgesamt: Gefragt ist ein ›performing self‹, das mit Extrovertiertheit, Konversationsfähigkeit, attraktivem Äußeren, freizeitorientierter Eigenschaft zum ›outgoing‹ etc. ausgestattet ist. Nicht zufällig werden Filmstars in ihrer perfekten äußeren Form für die adoleszente Variante der *peer society* und damit für die Partnerwahl in den 1920er bis 60er Jahren zu Subjektmodellen idealer Männlichkeit wie Weiblichkeit.

Der *rating and dating*-Markt ist durch die spezifische Doppelstruktur von Konformität und Kompetition der *peer society* insgesamt charak-

---

139 Vgl zum folgenden Willard Waller (1937): The rating and dating complex, in: American Sociological Review, S. 727-734; Fass (1977), S. 260-290.

140 Vgl. etwa Ellen K. Rothman (1984): Hands and Hearts. A history of courtship in America, New York.

terisiert. Vor dem Hintergrund sozial akzeptierter Standards von Popularität versucht das Subjekt, populärer zu sein als andere. Wer in der *rating*-Skala höher angesiedelt ist, kann einen entsprechenden ›Rang‹ des Partners/der Partnerin verlangen. Das *rating* ermöglicht zielorientiertes und zugleich tentatives ›dating‹, das heißt ein kurzes Kennenlernen, das zu nichts verpflichtet, eventuell eine zeitlich begrenzte – in der Regel nicht-sexuelle, aber nicht unerotische – gleichfalls reversible Liebesbeziehung, die nur im Falle einer tatsächlichen ›Passung‹ zur festen (auch sexuellen) Partnerschaft und schließlich Ehe führen kann. Das *dating* ist dabei keine exklusive Angelegenheit zweier Individuen, es findet vielmehr unter dem Blick der *peer society* statt. Die Praktik des *dating* ermöglicht es den Subjekten damit, die tatsächliche Anziehungskraft mehrerer, verschiedener Kandidaten auszutesten. Dieses Austesten selbst ist kein rein kalkulatorischer Akt, sondern enthält den Reiz des kurzfristigen »thrill-seeking«,[141] es ist erotisch aufgeladen und verheißt immer neue Möglichkeiten, deren Erfüllung ungewiss ist. Die Praktik des *dating* als Vorbereitungsphase von Ehen setzt damit ›performing subjects‹ voraus, die – immer unter dem Risiko, aus dem *rating and dating*-Spiel ausgeschlossen zu werden – Übung darin gewinnen, für Personen des anderen Geschlechts attraktiv und gewinnend aufzutreten. Die *rating and dating*-Praktik setzt zudem eine Übung in einem routinisierten abschätzenden Blick der Attraktivität von Personen des anderen Geschlechts voraus, welcher eine routinisierte Erotisierung dieser Subjekte – insbesondere der weiblichen – einschließt.

Seine Außenorientiertheit treibt das nach-bürgerliche Intimitätssubjekt damit in widerstreitende Richtungen. Sie legt ihm eine Orientierung an Kriterien der sozialen Normalität des Verhaltens anderer und der eigenen Person, mithin an der Gemeinsamkeit von *peers* in einer Sphäre des Sozialen nahe, *und* sie schult es in einem ›ästhetisierenden‹ Interesse an der Attraktivität, am ›sex appeal‹ im weitesten Sinne, welcher anderen wie der eigenen Person zukommt. Diese Ästhetisierung vermag im Subjekt Wünsche zu implementieren, die seiner Normalisierung zuwiderlaufen. Einerseits wird der nach-bürgerliche Habitus darauf trainiert, ein gemeinschaftskompatibles Verhalten hervorzubringen, etwa auch Partnerschaft und Sexualität an den Kriterien einer *peer society* von unprätentiös Gleich(förmig)en auszurichten. Andererseits ist es gerade die explizite Sexualisierung und Erotisierung des Verhaltens, welche die Subjekte einander (und sich selbst) unter ganz anderen Blickwinkeln betrachten lässt: Der Andere erscheint als visuelle Oberfläche erotischer Imaginationen, als Träger ästhetischer Faszination. Das gleiche gilt ›narzisstisch‹ für die eigene Person. Die Intimitätskultur der organisierten Moderne treibt über ihren offensiven Sexualitätsdiskurs

141 Waller (1937), S. 728.

und über ihre visuelle Kultur in Film, Werbung und Konsum eine Selbst-
und Fremdsexualisierung von Subjekten voran. Die Implementierung
einer beständigen Selbst- und Fremdüberprüfung der Attraktivität der
visuellen Oberflächen von Personen ermöglicht eine darüber hinausreichende Ästhetisierung von Subjekten; gleichzeitig werden Sexualisierung und Ästhetisierung jedoch durch die Verpflichtung des Einzelnen
auf Standards sozialer Normalität – die ›normale‹ Partnerschaft, das
›normale‹ Sexualleben, die ›normale‹ äußere Erscheinung etc – im Zaum
gehalten und Abweichungen entsprechend pathologisiert.[142] Vor dem
Hintergrund eines durch die nach-bürgerliche Kultur selbst systematisch produzierten Interesses an Sexualisierung und Ästhetisierung kann
diese Orientierung an den Normalitätsstandards der *peer society* jedoch
vom Einzelnen als ›Zwang‹ gewertet werden und in ihm das Bewusstsein eines Mangels nicht ausgeschöpfter Möglichkeiten verankern. Die
counter culture der 1960er und 70er Jahre wird konsequenterweise
die ›Repression‹ individueller Sexualität und schließlich allgemein die
Diskreditierung libidinösen Erlebens in der Angestelltenkultur zum An-
griffspunkt nehmen, um eine Subjektalternative zur organisierten Moderne zu skizzieren, welche gleichzeitig teilweise aus dieser hervorgeht.

Die konterkarierende Ähnlichkeit der Geschlechter

Im Verhältnis zur spätbürgerlichen Opposition zweier Geschlechtscharaktere betreibt die Angestelltenkultur eine Neukonfigurierung des Ge-
schlechterverhältnisses; die Identität des Weiblichen erfährt ebenso wie
die des Männlichen seit etwa 1900 jeweils immanent gegenläufige, paradoxe Umdefinitionen. Diese gleichen den Habitus beider Geschlechter
grundsätzlich einander an und instituieren eine neue Geschlechterdifferenz. In Bezug auf Feminität wie Maskulinität werden Elemente aus
dem Signifikationspool der Geschlechterdiskurse der gegenkulturellen
Avantgardebewegungen transferiert. Dass Geschlecht ein zentrales
Element von Subjektbildung darstellt, ist eine Hintergrundannahme

142 Auch die Arbeiten von Alfred Kinsey, die in den 1950er und 60er
Jahren faktisch beginnen, soziale Normalitätsstandards in Bezug auf
Sexualität aufzubrechen, argumentieren mit einer quantitativen Häu-
figkeit, das heißt wiederum mit einer neu verstandenen ›Normalität‹,
bzw. tatsächlichen ›Natürlichkeit‹ von Verhalten, das bisher als pathologische Abweichung galt. Vgl. Regina Markell Morantz (1979): The
scientist as sex crusader: Alfred C. Kinsey and American culture, in:
American Quarterly, S. 563-589. Zur Spannung zwischen Sexualisierung und Normalisierung seit 1900 vgl. auch Lawrence Birken (1988):
Consuming Desire. Sexual science and the emergence of a culture of
abundance, 1871-1914, Ithaca.

der spätbürgerlichen Kultur, welche die Angestelltenkultur prinzipiell reproduziert.

Das nach-bürgerliche Subjekt entwickelt seine Feminität in den gegenläufigen Tendenzen einer Aktivierung und einer neuen Passivisierung der weiblichen Subjektform.[143] Die Selbsttransformation des avancierten weiblichen Subjekts der höheren Mittelschichten profitiert sowohl vom modernistischen Diskurs der ›new woman‹ als auch von der koedukativen Form der freizeitorientierten *peer society*. Sie lässt sich insgesamt als eine subjektive Aktivierung und Mobilisierung verstehen. Die nun als passiv und immobil interpretierte, auf ihre Innen- und Privatwelt zentrierte bürgerliche Frau des 19. Jahrhunderts – bis hin zu ihrer literarisch dokumentierten Pathologie einer ›mad woman in the attic‹ – erscheint als ihre negative Folie. Diese Aktivierung, eng verknüpft mit einer ›Sichtbarmachung‹ (und das heißt auch Visualisierung) in der Öffentlichkeit, enthält verschiedene Elemente: Durch Bildung und Ausbildung – paradigmatisch hier der Zugang zu den Universitäten – gewinnt das weibliche Subjekt kognitive Kompetenzen, welche die Differenz zwischen rationalen und emotionalen ›Geschlechtscharakteren‹ delegitimieren. Frauen werden zudem in die Arbeitspraktiken der Angestelltenkultur involviert (allerdings fast ausschließlich in untergeordneten Tätigkeiten). Die Subjekt-Aktivierung betrifft darüber hinaus den weiblichen Habitus in der Intimsphäre im engeren Sinne sowie die Freizeitkultur und verdichtet sich im englischsprachigen Raum in den 1920er Jahren kurzfristig in der Figur der ›flapper‹. Beim *dating* wie in der Ehe ist die Entwicklung eines ›offensiveren‹, ›weltzugewandten‹ Verhaltensstils erforderlich, der auch die Grenzen dessen überschreitet, was in der bürgerlichen Kultur als respektabel erschien. Für die Mobilisierung in der Freizeitkultur ist die Involvierung von Frauen in den nach-bürgerlichen Sportarten (Schwimmen, Mannschaftssport, Bergsteigen, Tanzen) paradigmatisch: Das weibliche Subjekt verliert seine bürgerliche immobilisierende, jede schnelle oder heftige Körperbewegung verhindernde Selbstkontrolle, bildet sich physisch und wird als bewegter, energetischer Körper wahrgenommen (die Gesellschaftstänze im Umkreis des Jazz seit den 20er Jahren liefern hier ein paradigmatisches Beispiel). Insbesondere im Zuge seiner Teilnahme an der Konsumkultur, sichtbar in den Großstädten, ist

143 Vgl. zum folgenden Ryan (1976); Peter G. Filene (1974/1998): Him/Her/Self. Gender identities in modern America, Baltimore, 3. Aufl., S. 186 ff.; Loren Baritz (1989): The Good Life. The meaning of success for the American middle class, New York, S. 46-104; Davis (2000), S. 80 ff.; zur neuen ›Beweglichkeit‹ des amerikanisierten weiblichen Subjekts vgl. schon Fritz Giese (1925): Girlkultur. Vergleiche zwischen amerikanischem und europäischem Rhythmus und Lebensgefühl, München.

es auch hier eine ›aktive‹ Trägerin von Modernität und wird als solche perzipiert. Die nach-bürgerliche Bekleidungsmode verringert zudem seit den 1920er Jahren die Differenzen zwischen weiblicher und männlicher Silhouette, ›versachlicht‹ und ›verschlankt‹ die weibliche Körperform und entledigt sie des bürgerlich Ornamentalen, schafft damit Voraussetzungen für ihre körperliche Mobilmachung.[144]

Wenn im Umkreis der modernistischen Avantgarden ein emphatischer Code der Bewegtheit, der Beschleunigung und Lebendigkeit – gegen die vorgebliche bürgerliche Starrheit – entwickelt worden ist, dann kann in der avancierten Mittelschichts-Kultur das weibliche Subjekt zum herausgehobenen Träger einer solchen Aktiviertheit avancieren. Paradoxerweise ist es gerade diese öffentlich sichtbare Lebendigkeit, die Mobilisierung der weiblichen Körper – welche in der visuellen Kultur von der Mode bis zum Film breit repräsentiert wird –, die gleichzeitig das weibliche Subjekt in spezifischem Sinne ›passivisiert‹: Dem bürgerlichen *backstage* entzogen, wird es in der visuellen Kultur der Konsumtion und Kinematographie in systematischer Hinsicht zum Objekt des männlichen, auch sexualisierenden Blicks. Je aktiver, mobiler und sichtbarer das weibliche Subjekt sich formt, um so mehr verwandelt es sich in eine visuelle Projektionsfläche männlicher Betrachtung – verstärkt durch die in der organisierten Moderne reproduzierte Grundstruktur der spätbürgerlichen Gesellschaft, Frauen von der praktischen Teilhabe an leitenden Tätigkeiten in den außerhäuslichen Arbeitspraktiken weitgehend zu exkludieren. Die feministischen Gegenkulturen der 1960er und 70er Jahre – eine wirkungsmächtige diskursive Vorläuferin Betty Friedans »The Feminine Mystique« (1963) – problematisieren diese doppelte Passivisierung weiblicher Subjekte, die dem Aktivierungsanspruch entgegenläuft.

Die Neukonfiguration der Maskulinität des nach-bürgerlichen Subjekts nach 1920 ergibt sich aus der Hyribidität der Codes einer ›social ethics‹ von *peer society*, Arbeitsorganisation und Partnerschaft, der Attraktivitätsorientierung von Subjektivität in der visuellen Kultur und schließlich einer eigentümlichen Verarbeitung von Elementen einer antibürgerlichen Naturalisierung des Maskulinen in den Gegenkulturen der Jahrhundertwende. Die ›social ethics‹ der organisierten Angestelltenkultur, die sich in Opposition zur Subjektform eines ökonomisch selbständigen, auf seine individuelle Arbeit vertrauenden ›self made man‹ des bürgerlichen 19. Jahrhundert plaziert, trainiert dem männlichen Subjekt Eigenschaften an, die das spätbürgerliche Maskulinitätsmodell konterkarieren. Die soziale Kompetenz des Umgangs mit anderen im Sinne des *personality salesmanship* und die Fähigkeit zur Unterordnung

---

144 Zu letzterem Aspekt vgl. Caroline Evans/Minna Thornton (1989): Women & Fashion. A new look, London/New York, S. 109-144.

im Rahmen von formalen Hierarchien unterminieren den bürgerlichen ›masculine achiever‹ – und nähern die männliche der weiblichen Subjektform an. Ähnliches gilt für die koedukative *peer society*, Partnerschaft und Familie, in denen das männliche Subjekt zumindest der Tendenz nach die Position einer hierarchisch vorgeordneten Figur zugunsten eines gleichberechtigten, konsensorientierten *peer* einbüßt. Eine weitere Annäherung der realen ›Geschlechtscharaktere‹ ergibt sich durch die Tendenz der visuellen Kultur, Subjekte einander und sich selbst nach der Attraktivität ihrer äußeren *performances* beurteilen zu lassen. Seit den 1920er Jahren bildet sich so im Zusammenhang von *men's magazines*, Konsumwerbung und Kinofilm das Subjektmodell eines – etwa in der Kleidung, in der Verwendung von Körperpflegemitteln, im physischen Training seines Körpers – auf sein Äußeres bedachten Mannes heraus, der an Jugendlichkeit, Schlankheit und sportlich-eleganter Gepflegtheit orientiert ist.[145] Die Transformation vom bürgerlichen, an Seriosität und Integrität orientierten und damit eine ›Innerlichkeit‹ prämierenden *character* zur außenorientierten *personality* betrifft so nicht allein das feminine, sondern mindestens ebenso tiefgreifend das maskuline Subjekt: Dieses erwirbt eine Fähigkeit zur gewinnenden ›presentation of self‹, zur Pflege des eigenen ›sex appeal‹, die in der bürgerlichen Kultur sowohl als unbürgerlich als auch als dezidiert unmännlich repräsentiert wird.

Die Aneinanderangleichung von männlicher und weiblicher Subjektform verläuft jedoch in paradoxer Kombination mit einer neu akzentuierten maskulinen Distinktion vom Femininen, verstanden als latentes Risiko im Innern eines männlichen Subjekts *selbst*.[146] Diese Umdeutung des Differenzschemas speist sich aus Codeelementen, die – beeinflusst vom Codereservoir der anti-bürgerlichen Gegenkulturen der Jahrhundertwende – insbesondere im US-amerikanischen Kontext Maskulinität auf ›Härte‹ und Virilität festlegen. Parallel zur Aktivierung und Mobilisierung des weiblichen Subjekts und zum Teil in Reaktion auf dessen Habitustransformation findet eine radikalisierte ›Maskulinisierung‹ des männlichen Subjekts statt. Wenn sich der Habitus von Männern und

---

145 Vgl. Tom Pendergast (2000): Creating the Modern Man. American Magazines and consumer culture, 1900-1950, Columbia.

146 Zum folgenden vgl. E. Anthony Rotundo (1993): American Manhood. Transformations in masculinity from the revolution to the modern era, New York, S. 222-283; Kevin White (1993): The First Sexual Revolution. The emergence of male heterosexuality in modern America, New York, S. 16-105; Michael Kimmel (1996): Manhood in America. A cultural history, New York, S. Kap. 2, 3. Zur Präsenz des radikal-maskulinen Codes noch in den 1970er Jahren vgl. Shere Hite (1981): The Hite Report on Male Sexuality, New York.

Frauen in der nach-bürgerlichen Moderne der Tendenz nach angleicht, so wird diese Verähnlichung der *Habitus*, das heißt Dispositionsstrukturen, nicht von einer Neutralisierung der Geschlechtskategorie auf der Ebene des subjektives *Selbstverstehens*, insbesondere des männlichen Subjekts, begleitet. Im Gegenteil geht in der Kultur der organisierten Moderne die Entdifferenzierung der geschlechtlichen Habitus mit einer Reformulierung des Differenzschemas ›maskulin-feminin‹ einher, die wiederum eine neue Differenz der Geschlechterhabitus zu bewirken vermag.

Die Neucodierung des Maskulinen, die sich seit 1900 ereignet, bezieht ihre Sinnressourcen aus den anti-bürgerlichen Gegenkulturen der Jahrhundertwende. Diese betreiben einerseits in der post-aristokratischen Figur des Dandys eine offensive Hybridisierung von Maskulinem und Femininem und eine Präsentierung von Geschlechtlichkeit als künstliches Artefakt; dieser Figur fehlt in der Mainstream-Kultur der organisierten Moderne die hermeneutische Anschlussfähigkeit. Gleichzeitig modellieren die Gegenkulturen eine zweite, diametral entgegengesetzte, auf ihre Weise anti-bürgerliche Version des Maskulinen: die Naturalisierung des Mannes, die Anerkennung der – durch die bürgerliche Kultur vorgeblich mühevoll zivilisierten – ›männlichen Natur‹. Diese zeichne sich durch Härte, Aggressivität, Kampfgeist und gesunde Virilität aus, und ihr kulturelles Anderes ist die ›Zivilisiertheit‹, die Sensibilität, Moralität, sexuelle Zurückhaltung und Introvertiertheit des bürgerlichen Mannes, der nun als feminisiert uminterpretiert wird. Dieser Code naturalistischer Maskulinität findet seinen sozialen Ort zunächst vor allem in drei Subkulturen: Die ›Victorian Underworld‹ (K. White), das heißt jenes urbane Milieu eines Subproletariats, das nicht verkleinbürgerlicht, sondern eng mit der städtischen Vergnügungskultur verknüpft ist und das die Figur des männlichen ›womanizer‹ pflegt, übt besondere Faszination auf Teile der anti-bürgerlichen Avantgarden aus und kann über den Weg massenwirksamer gegenkultureller Diskurse – von Fitzgerald und Hemingway bis Jack London und Brecht – das Maskulinitätsmodell beeinflussen, etwa auch Einfluss auf die Praxis des ›dating‹ ausüben. Zwei weitere Exerzierfelder einer naturalisierten und zugleich nach-bürgerlichen Maskulinität sind der Sport, insbesondere der Wettkampfsport, als aktive und passive Tätigkeit und das Militär, das insbesondere im Kontext der beiden Weltkriege den Maskulinitätscode zu infiltrieren vermag.[147] Der zunächst gegen- und subkulturelle Maskulinitätscode basiert auf einer Abgrenzung des Maskulinen von einem Femininen, Unmännlichen, das als Risiko interpretiert wird, welches im männlichen Subjekt *selbst* vorhanden ist. Die Opposition

147 Zu letzterem Aspekt vgl. auch Klaus Theweleit: (1977/1978): Männerphantasien, München/Zürich 2000.

zwischen ›tough‹ und ›timid‹, zwischen aggressiv und kontemplativ, robust und zurückgenommen, dynamisch und ästhetisch, zwischen physisch-mentaler Stärke und Schwäche wird – im Unterschied zu den Geschlechtscharakteren des bürgerlichen 19. Jahrhunderts – nur sekundär dazu verwendet, um eine Distinktion gegenüber der (biologischen) Frau zu leisten, primär hingegen zur Markierung von kulturell ›authentischen‹ Merkmalen des Maskulinen und zur Distinktion von unmännlichen Eigenschaften, die in (biologischen) *Männern* verortet werden und dort als unnatürlich zu bekämpfen sind. Auf einer ersten Ebene kann so eine Abgrenzung vom bürgerlichen, ›zivilisierten‹, seine Physis verleugnenden Mann erfolgen. Auf einer zweiten, konstitutiven Ebene laufen in der Kultur der organisierten Moderne die Züge ›timider‹ unmännlicher Männlichkeit in der Figur des ›Homosexuellen‹ zusammen, die im zeitgenössischen psychologischen Diskurs als zugleich marginaler wie omnipräsenter, im Prinzip aber therapierbarer Ausdruck geschlechtlicher Anormalität und damit eines anormalen Subjekts insgesamt präsentiert wird.[148]

Im Modell maskuliner Subjektivität der Angestelltenkultur der 1920er bis 60er Jahre verschränken sich in einem hybriden Palimpsest die drei Elemente des Codes ›harter‹, naturalisierter Männlichkeit – der indirekt aus den maskulinisierten Subkulturen bezogen wird –, die geschlechtsindifferenten Eigenschaften gemeinschaftsbezogener Subjektivität der ›social ethics‹ in Arbeit und Familie und jene einer durch gewinnendes Auftreten um soziale Attraktivität bemühten ›personality‹. Angesichts der geschlechtsneutralisierenden Konnotation von *social ethics* und *peer society* wie auch der Anforderung der gewinnenden sozialen Attraktivität scheint der Code naturalisierter Männlichkeit ein kulturelles Werkzeug zu liefern, um eine als drohend perzipierte Feminisierung des männlichen Subjekts, das heißt eine neutralisierende Verähnlichung beider Subjektformen abzuwehren. Der Code naturalisierter Männlichkeit, der in der visuellen Kultur der *men's magazines*, der Konsumwerbung und der Kinofilme seit den 1920er Jahren verbreitet wird, bewirkt hier, dass die Kategorie ›Geschlecht‹ zur Subjektklassifizierung von dualisierender Bedeutung bleibt und sie im Rahmen der allgemeinen, *unisex*-förmigen *peer*-Beziehungen der Angestelltenkultur eine Bifurkation der Interaktionsstile zwischen Männern und zwischen Männern und Frauen motiviert: Die *peer*-förmigen homosozialen Beziehungen erhalten eine Konnotation des mehr oder weniger sportlichen Wettbewerbs um Attribute des Männlichen; die *peer*-förmigen Mann-Frau Beziehungen sind durch die offensive Sexualisierung der beiden

---

148 Zum Aspekt des Homosexuellen als konstitutive Negativfolie normaler Maskulinität in der nach-bürgerlichen Kultur vgl. Rotundo (1993), S. 262-279, White (1993), S. 57-79.

Geschlechter im Verhältnis zueinander und eine Sanktionierung ihrer heterosexuellen Beziehung strukturiert. Für Abweichungen von dieser Normalform erscheint nun in erster Linie eine unvollkommen entwickelte Maskulinität verantwortlich. Wenn im bürgerlichen Diskurs der Geschlechtscharaktere des 19. Jahrhunderts die Frau als fragiles, kontrollbedürftiges Wesen im Zentrum der psychologisch-medizinischen Sorge stand, so rückt im psychologisch-medizinischen Diskurs seit den 1920er Jahren der Mann – insbesondere der jugendliche Mann in der ›gefahrvollen‹ Transition der Pubertät – ins Zentrum des risikosensiblen Blicks: Die Entwicklung einer ›robusten‹ Maskulinität und eine Bekämpfung femininer Elemente im realen männlichen Subjekt – wie sie paradigmatisch Terman/Miles psychologische ›M-F-Skala‹ (1936) anvisiert, die den Grad von Männlichkeit und Weiblichkeit von (insbesondere männlichen) Probanden anhand ihres Verhaltens klassifizieren soll[149] – erscheint als kulturelle Teleologie, die den vorgeblich ›schon vorhandenen‹ natürlichen Zustand der Geschlechter sichern helfen soll. Die nach-bürgerliche *peer society*, die ihr Selbstbewusstsein auf der Abgrenzung von vorgeblicher viktorianischer Rigidität aufbaut, findet in der strikten Fixierung männlicher und weiblicher, sozial akzeptabler Normalität damit ihre Grenze des Unüberschreitbaren. Deren Dekonstruktion ist eine der zentralen Zielscheiben der Gegenkulturen der 1960er und 70er Jahre.

3.2.3 Die Rezeption visueller Oberflächen: Nach-bürgerliche Praktiken des Konsums und der audiovisuellen Medien

Das dritte Feld, in dem das bürgerliche zum nach-bürgerlichen Subjekt umgeformt wird und das seit den 1920er Jahren einen ebenso elementaren Wandel erfährt wie Arbeit und persönliche Beziehungen, sind die Praktiken des Selbst. In der Angestelltenkultur entwickeln sich zwei eng miteinander verzahnte, neuartige Komplexe selbstreferentieller Aktivitäten, die dem Subjekt eine veränderte Form, vor allem eine modifizierte Wahrnehmungsstruktur vermitteln und gleichzeitig Schlüsseltechniken für die übrigen Praktikenkomplexe zur Verfügung stellen: die Routinen im Umgang mit den audiovisuellen Medien, vor allem Film und Fernsehen, und die konsumtorischen Praktiken, das heißt die Aktivitäten der Auswahl und der Verwendung von Waren zum Zwecke der Identitätskreation und -sicherung. Beide Komplexe sind an der Rezeption visueller Oberflächen orientiert und beide üben das Subjekt – jenseits von Produktion und Bildung – in der ›Konsumtion‹ im weiteren Sinne,

149 Vgl. Lewis M. Terman/Catharine Cox Miles (1936): Sex and Personality. Studies is masculinity and fermininity, New York.

in der Verarbeitung von Zeichensequenzen zum Zwecke der subjektiven Zerstreuung. Sie trainieren es zudem in einer Identifizierung von Subjektivität mit äußeren *performances* und einer entsprechenden entmoralisierten Form der Fremd- und Selbstbeobachtung.

Die zerstreuungsorientierten Technologien des Selbst der nachbürgerlichen Kultur lösen damit die Hegemonie der am Medium der Schrift und der Bildung durch die Schrift orientierten Selbstpraktiken des lesenden und schreibenden bürgerlichen Subjekts ab. Dieser Prozess ist seit den 1920er und 30er Jahren der bürgerlichen Kritik an der vorgeblich massenförmigen ›Kulturindustrie‹ bewusst. Die neuen Selbsttechnologien werden durch die Artefakt-Revolutionen seit 1900 – die audiovisuellen Kommunikationsmedien wie die massenkonsumkompatible fordistische Produktionsweise – material ermöglicht, ebenso wie Codeelemente des wahrnehmungsorientierten, ästhetischen Subjekts der Avantgarde-Bewegungen herangezogen werden. Innerhalb der Kultur der organisierten Moderne der 1920er bis 70er Jahre wird das Subjekt des visuellen Konsums dabei von jener für diese kulturelle Formation insgesamt charakteristischen Friktion zwischen Ästhetisierung und Normalisierung durchzogen: Das familienorientierte Fernsehen und das Hollywood-Kino stellen sich ebenso wie ein Warenkonsum, der – experten- und gruppenkontrolliert – an der Sicherung des Status subjektiver Perfektion orientiert ist, als Felder dar, in denen das Subjekt die Normalitätsstandards einer *peer society* interorisiert. Gleichzeitig sind der visuelle Exzess der Kinematographie, der endlose televisionäre *flow* (R. Williams) und das Potential des Konsums zur Erweckung eines Begehrens nach Objekten, die Erleben und Identitätsmodellierung versprechen und zur Stilisierung der eigenen Person als artifizielles Produkt beitragen, in der Lage, im nach-bürgerlichen Habitus einen den ästhetischen Avantgarden entlehnten Sinn für die asoziale Expressivität und die künstliche Theatralität des Selbst, für den Reiz des Neuen als Neues sowie für die fragile Grenze zwischen Realem und Imaginativem zu implementieren.

Die Zerstreuung des Subjekts im Medium des Audiovisuellen

Bereits während des gesamten 19. Jahrhunderts produziert die materiale Kultur Artefakte, die eine technische Reproduzierbarkeit von Bildern ermöglichen; der wichtigste Schritt ist hier die Verbreitung der Kamera und der Photographie seit den 1830er Jahren. Der »frenzy of the visible«[150] vor allem der zweiten Hälfte des 19. Jahrhunderts erfasst zu-

150 Jean-Louis Comolli (1980): Machines of the visible, in: Teresa de Lauretis de/Stephen Heath (Hg.): The Cinematic Apparatus, London, S. 121-142, hier: S. 122.

nächst in erster Linie die populärkulturelle Peripherie außerhalb des als legitim anerkannten bürgerlichen Zentrums. Eine Erschütterung dieser bürgerlichen Kultur wird erst zu Beginn des 20. Jahrhunderts mit der Technologie der Kinematographie möglich. Im Kontext der ästhetischen Avantgarden erscheint der Film als herausgehobenes Vehikel der Heranbildung einer nach-bürgerlichen, an Visualität und Beschleunigung ausgerichteten Wahrnehmungsstruktur, damit als Signum einer ästhetischen Modernität auch der Alltagskultur.[151] Tatsächlich avanciert seit den 1920er und 30er Jahren, mit einer Klimax in den 1950er Jahren die Rezeption von Filmen, das ›Kino-Erlebnis‹ zu einem zentralen Bestandteil der nun dominanten nach-bürgerlichen Angestelltenkultur. Die Filmrezeption ist hier weder ein illegitimes Vergnügen des Populären noch die gegenkulturelle Aktivität einer Avantgarde – zwei Elemente, die am Rande noch bestehen bleiben –, sondern tritt mit dem Anspruch neu definierter Modernität auf. Seit den 1940er Jahren überlagert sich in den kulturell dominanten Mittelschichten die Zentralität des neuen Mediums des Films mit der alltäglichen Relevanz des Fernsehens. Kinofilm und Fernsehen – somit auch Kinosubjekt und Fernsehsubjekt – weisen strukturelle Gemeinsamkeiten wie Differenzen auf.

Die Konsumtion audiovisueller Medien verdrängt die Bedeutung der klassisch bürgerlichen Praktiken der Schriftlichkeit für die Lebensform auch des höheren Angestelltensubjekts nicht vollständig (das schließlich einen formalen Bildungsprozess in Institutionen durchläuft, die der Kultur der Schriftlichkeit verpflichtet bleiben).[152] Mit der Rezeption audiovisueller Medien erlangen nun jedoch Aktivitäten einen legitimen Ort und eine subjektprägende Relevanz, die in ihrer Ausrichtung auf Visualität im Rahmen der klassischen bürgerlichen Schriftkultur als illegitim und unbürgerlich erscheinen. Im Differenzcode zwischen dem Schriftlichen und dem Visuellen kippt die positive Identifikation nun zur anderen Seite.[153] Die bürgerliche Kultur basiert – auch hier in Verarbeitung von Elementen der jüdisch-christlichen, insbesondere protestantisch aktualisierten Tradition des ›Bilderverbotes‹ – auf einer Differentsetzung des Schriftlichen vom Visuellen. Die Identifizierung

151 Vgl. Kap. 3.1.

152 Ein Rest bürgerlicher Hegemonie verbleibt bis in die 1960er Jahre in den höheren Bildungsinstitutionen und liefert dort – paradigmatisch in den USA – auch die Grundlage für die Dominanz des ›high modernism‹.

153 Zum folgenden vgl. Jonathan Crary (1990): Techniques of the Observer: On vision and modernity in the 19th century, Cambridge (Mass.); Martin Jay (1993): Downcast Eyes. The denigration of vision in 20th century French thought, Berkeley; Patrick Brantlinger (1983): Bread and Circuses. Theories of mass culture as social decay, Ithaca; David Freedberg (1989): The Power of Images, Chicago, Kap. 14.

des Subjekts mit einer Entität, die ihren Bildungsprozess im Medium der Lektüre schriftlicher Texte durchläuft, findet ihre Kehrseite – am radikalsten in der französischen Aufklärung – in einer symbolischen Distinktion vom Bildhaften, das dieser Bildung abträglich scheint. Im Rahmen dieser anti-visuellen Distinktion des Bürgertums erscheinen der aristokratische Lebensstil des 17. und 18. Jahrhunderts wie auch die populären Unterschichten des 19. Jahrhunderts – die Moden und Zeremonien der höfischen Gesellschaft bzw. das Spektakel der Volkskultur – übereinstimmend als defizitäre Träger einer nicht-schriftlichen Kultur des Bildhaften. Diese wird abwechselnd als dekadent und als primitiv verworfen. Die moralisch konnotierte Differenzmarkierung kann das Visuelle als Ausdruck des Exzessiven, des Artifiziellen und des Parasitären zugleich erscheinen lassen: der luxuriöse Überfluss der Formen und Farben, der das Subjekt affektiv zu überreizen vermag; das potentiell Fantastische, ideologisch Verzerrende der *imagos*; der für die subjektive Bildung nutzlose Sensationscharakter der Bilder. Das Visuelle präsentiert sich zudem als Träger des Primitiven, indem es im Unterschied zur Komplexität der Schriftkultur jedermann zugänglich ist. Vor allem aber muss im bürgerlichen Kontext Visualität dadurch als Antipode der Schriftlichkeit interpretiert werden, dass sie den subjektiven Blick auf die Oberflächen lenkt, während das bürgerliche Subjekt als moralisches, kognitives und empfindsames über den Weg der unanschaulichen Schriftlichkeit um die Bildung und Entwicklung seiner Innenwelt besorgt ist, einer Essenz, die unsichtbar bleibt und deren Eindeutigkeit im inneren Kern – Moralität, Vernünftigkeit, Sensibilität, Bildung – durch verbildende visuelle Oberflächen nur verstellt werden kann.

In der Kultur der Angestellten sieht sich der Umgang mit dem Visuellen in Form der neuen Technologien des Films und des Fernsehens nicht nur rehabilitiert; die Partizipation an der elektronisch reproduzierbaren visuellen Kultur erscheint selbst als eigentliches und emphatisches Merkmal von Modernität, während die prävisuelle viktorianische und bildungsbürgerliche Buchkultur – so wie der *gentleman amateur* und die viktorianische Familie – mit dem Stigma des Vormodernen versehen wird. Das Subjekt der Buchkultur sieht sich nun negativ als eine introvertierte, formal-ernsthafte, unbewegliche und asoziale Figur repräsentiert, während das nach-bürgerliche Subjekt im Umgang mit den audiovisuellen Medien sich in Extroversion, Zerstreuung, beweglicher Lockerheit und sozialem Umgang übt. Die Introvertiertheit des bürgerlichen Lesers (und Schreibers) erscheint sowohl ästhetisch unbefriedigend – es mangelt ihm an jener doppelten Benjaminschen »Zerstreuung« im Sinne von bildungsfreier Unterhaltung *und* Auflösung des konzentrierten Ichs in der Beweglichkeit der Bildsequenz – als auch suspekt unter dem Aspekt gruppenförmiger Normalität in der *peer society:* Der Leser ist eine einsame und darin auch unberechenbare Figur. Die Differenzmarkierung der bürgerlichen Kultur gegenüber der Oberflächlichkeit des Visuellen wird nun durch eine nach-bürgerliche Distinktion gegenüber dem Ernst der Schriftkultur beantwortet. Die visuelle Kultur und ihre elektronisch vermittelten Technologien des Selbst wirken als treibende Kraft, um das Identifikationsmodell des Subjekts als ganzes von der Solidität des inneren *character* zur Attraktivität/sozialen Normalität der äußeren *personality* zu verschieben: Im nach-bürgerlichen Subjektmodell *sind* die wahrnehmbaren Oberflächen, *sind* die *performances* das ›Essentielle‹ des Subjekts – sowohl als Gegenstand ästhetischen Genusses als auch normalisierender sozialer Kontrolle –, und die Film- und Fernsehrezeption liefern Technologien, in denen das Subjekt sich eine entsprechende Form der *other-directed*, entmoralisierten Fremd- und Selbstbeobachtung antrainiert.

Indem das nach-bürgerliche Subjekt der 1920er bis 70er Jahre – in besonderem Maße im US-amerikanischen Modellkontext – einen beträchtlichen Teil seiner Alltags- und Lebenszeit jenseits der Arbeit zunächst mit der Rezeption von Kinofilmen, seit 1960 in verstärktem Maße mit der Rezeption des Fernsehens verbringt, erwirbt es spezifische Dispositionen. Diese werden zunächst durch die audiovisuelle Medienkultur insgesamt vermittelt, bevor sich auf einer zweiten Ebene Differenzen der Subjektmodellierung durch das Kinoerlebnis und durch das Fernsehen ergeben. Wie für die Technologien des Selbst der bürgerlichen Kultur gilt auch hier, dass die selbstreferentiellen Dispositionen, einmal erworben, die Form des Subjekts so strukturieren, dass sie in sämtlichen verstreuten Praktiken, aus denen sich die Lebensform zusammensetzt, zum Einsatz kommen. Zentral als eine solche Schlüsseldisposition ist für das nach-bürgerliche Subjekt eine Wahrnehmungsweise der Welt und ihrer Personen, darunter auch des eigenen Ichs, welche diese weder primär unter dem moralisch-normativen Aspekt noch dem des rational-aktiven, souveränen Handelns kategorisiert, wie es für die an der Schriftlichkeit geübte klassisch-bürgerliche Kultur gilt, sondern unter dem Aspekt ihrer Bildhaftigkeit – die Betrachtung der Welt und ihrer Subjekte als Bilder. Dieser Sinn für die Bildhaftigkeit hat ambivalente Konsequenzen: Er übt den Einzelnen in einem soliden ›Realismus‹ des Sichtbaren *und zugleich* in einer Fähigkeit zur imaginativ-ästhetischen Aufladung von Bildern, die den Realismus unterminiert.[154]

154 Zum folgenden vgl. Walter Benjamin (1936): Das Kunstwerk im Zeitalter seiner technischen Reproduzierbarkeit, in: ders. (1977a), S. 7-44; John Ellis (1982): Visible Fictions. Cinema, television, video, London; Susan Sontag (1987): On Photography, London; Jervis (1998), S. 280-309; W. J. T. Mitchell (1986): Iconology: Image, text, ideology, Chicago; John Orr (1993): Cinema and Modernity, London; Norman K. Denzin (1995): The Cinematic Society. The voyeur's gaze, London.

In dem Moment, in dem anstelle der Textlektüre die Rezeption von Filmen – ob im Kontext des Kinos oder des Fernsehens – zur zentralen medial vermittelten Aktivität des modernen Subjekts avanciert, setzt sich in ihm die Grundhaltung fest, dass die ›eigentliche‹ Realität, die Realität anderer Menschen und der eigenen Person die *sichtbare*, die durch den Gesichtssinn erfahrbare (daneben auch die hörbare Realität) ist. Die Wirklichkeit erscheint als visuelle Oberfläche strukturiert. Die Filmrezeption in der Angestelltenkultur schließt eine bestimmte Haltung des Betrachters ebenso ein wie spezifische auf diese Kultur zugeschnittene Filmgenres, insbesondere den Hollywood-Film und die Fernsehserie. Diese Filmrezeption teilt – in relativer Differenz zu den experimentellen, anti-realistischen Avantgarden – mit der Praxis der bürgerlichen Lektüre zunächst den generellen Realismus-Sinn. Während der bürgerliche Realismus der Romane, Dramen und non-fiktionalen Literatur das Reale jedoch als eine Struktur von begrifflich erfahrbaren kausalen, intentionalen und moralischen Zusammenhängen annimmt, die gerade nicht unvermittelt durch die Sinne wahrnehmbar ist (wenn auch die Schrift selbst mit dem Auge erfasst wird), legt die audiovisuelle Medienkultur das Reale auf das Sichtbare fest. Die technische Apparatur der Kinematographie und des Fernsehens, die Etablierung eines ›dynamischen Bildschirms‹ (im Unterschied zum klassischen Bildschirm des Gemäldes) vermag ausschließlich visuelle und auditive Reize zu erzeugen – der Filmrezipient betrachtet die Sequenzen von Bildern und Tönen, die damit produziert werden und die sich zu geordneten narrativen Strukturen verdichten, als ›realistisch‹, das heißt als wirklichkeitsnahe Darstellungen. Neben besonderen Genres wie dem klassischen Hollywood-Film, die einen solchen Realismus-Effekt nahelegen, ist es die technische Funktionsweise des Mediums Films selbst, die im Rezipienten eine Haltung heranbildet, der zufolge das Reale natürlicherweise das Visuelle sei. Anders als die Lektüre eines Textes setzt die Rezeption eines Films auf Seiten des Subjekts keine erst durch Bildung zu erwerbende Kompetenz zur Dechiffrierung abstrakter Zeichen voraus, sondern ›lediglich‹, dass er seinen alltäglichen Sehsinn zum Einsatz bringt: »Während traditionelle Künste Ordnungen des Symbolischen ... verarbeiten, sendet der Film seinen Zuschauern deren eigenen Wahrnehmungsprozess.«[155] Angesichts einer technischen Simulation realer Szenen fällt es dem Subjekt nicht schwer, die scheinbaren Kopien des Realen in Bild und Ton wie das Reale selbst zu verstehen (was im Falle der Pionier-Filme der Lumière-Brüder das Publikum vor dem auf der Leinwand herannahenden Eisenbahnzug die Flucht ergreifen ließ). Der zweite, entscheidende Schritt für eine Formung des Subjekts durch die audiovisuelle Kultur besteht

155 Friedrich Kittler (1993): Draculas Vermächtnis. Technische Schriften, Leipzig, S. 103.

dann darin, die ›Realität‹ außerhalb des Films so zu betrachten, wie man Filme betrachtet. Wenn die Realität, welche die Filme vermitteln, aus einer Sequenz von visuellen Bildern (und Tönen) besteht und diese Sequenz als wirklichkeitsgetreu akzeptiert wird, dann kann die Realität der Lebenswelt des Alltags generell als eine solche der Sequenz visueller Bilder aufgefasst werden: als eine Ordnung des Sichtbaren. Deren Essenz ist keine abstrakte – kausale, intentionale oder moralische – Struktur hinter den Dingen, sondern nirgendwo anders als auf der Ebene der visuellen Oberflächen selbst auszumachen.

In der Filmrezeption übt sich der nach-bürgerliche Habitus damit in einer neuen Haltung zu den Subjekten: Personen existieren allein oder zumindest primär in ihren sichtbaren *performances*, in ihren körperlichen Akten, in ihren Gesichtern, Gesten und Bewegungen, in der Weise, wie sie sich kleiden, wie sie sprechen, wie sie gehen, wie sie sich verhalten. Während die Technologien der Schriftlichkeit im bürgerlichen Subjekt ein Vokabular der Innerlichkeit, des Gewissens, der Motive und der Empfindungen implementieren, auf dass es selbst solche Entitäten in sich entwickeln, psychologisierend beobachten und auch im Anderen aufspüren soll, üben die audiovisuellen Medien das nach-bürgerliche Subjekt in einem Blick für die *performance* und für die äußere Erscheinung von Personen, die weniger als Indikator für eine ›dahinter liegende‹ Innenwelt, sondern als Ebene der eigentlichen Realität betrachtet wird: Die Oberfläche *ist* die Person; die Person ist in einem sehr konkreten Sinn eine visuelle Realität, ein betrachtbares Bild. In diesem Bild ist bereits alles Wesentliche über das Subjekt gesagt: Dieses ist kein verborgener Kern – die introspektive Suche nach einem solchen in moralischen, reflexiven und empfindsamen Akten erscheint nun als obsoletes Erbe der bürgerlichen und romantischen Kultur –, es ist vielmehr in der Beobachtung unmittelbar und in allen seinen Details erfassbar.

Der Filmrezipient befindet sich gegenüber diesen *performances* in der Rolle eines Beobachters und kann sich – umgekehrt wie der Leser in der Introspektion – im exakten, abschätzenden Studium der äußeren Bewegungen und Darstellungen in allen sichtbaren Einzelheiten üben: »Das Publikum fühlt sich in den Darsteller nur ein, indem es sich in den Apparat einfühlt. Es übernimmt also dessen Haltung: es testet.«[156] Die handlungsentlastete Position des Zuschauers einerseits, der Charakter des Films als einer Sequenz, die in der Vergangenheit aufgezeichnet und erst mit Distanz bewirkendem zeitlichem Abstand technisch reproduziert wird, begünstigen diese testierende Haltung. Der Filmrezipient lernt, Subjekte als Träger von Qualitäten der Körperbewegung, von guten oder weniger guten Darstellungen zu betrachten. Die weibliche Figur, insbesondere der ›Star‹, im Hollywood-Film ist die paradigma-

156 Benjamin (1936), S. 24.

tische Verkörperung eines solchen Subjekts, dessen Qualität als Bild von männlichen wie von selber weiblichen Zuschauern getestet und idealerweise geschätzt wird. Im Film existiert das Subjekt anders als in der Literatur nur als extrovertiertes – und die Qualität dieser Extroversion zu beobachten, zu beurteilen und schließlich auch von sich selbst zu erwarten, ist jene spezifisch nach-bürgerliche, entmoralisierte und entpsychologisierte Technik der Fremd- und Selbstbeobachtung, die in der audiovisuellen Medienkultur erworben wird.

Die Erfassung der Wirklichkeit als Bildhaftes, wie sie in der ›cinematic culture‹ (Denzin) geübt wird, lenkt das nach-bürgerliche Subjekt jedoch gleichzeitig in eine andere, eine ästhetisierende Richtung, die den Realismus-Effekt des Films beständig unterminiert: Es ist mit Benjamin »ein Examinator, doch ein zerstreuter«.[157] Neben dem Training in einem anti-psychologischen Realismus des Sichtbaren, in einer ›testenden‹ Beobachtung der äußeren *performances* lässt das Verständnis der Realität und ihrer Subjekte als visuelle Sequenzen diese zur Projektionsfläche von Imaginationen, kreativen Bedeutungszuschreibungen und Wünschen werden. Anders als die Partizipation an der bürgerlichen Schriftkultur ist die Filmrezeption keine Aktivität der Bildung, sondern eine der ›Zerstreuung‹, eines Sich Gefangennehmenlassens durch Erlebnisse des Außeralltäglichen. Diese Haltung des Sich-Zerstreuenlassens – die auch eine Zerstreutheit des Subjekts im Sinne einer vorübergehenden Ausschaltung der Selbstreflexion eines Ichs zugunsten des reinen, fremdreferentiellen Blicks (›gaze‹) bedeutet – setzt voraus, dass die Sequenz von Bildern und Tönen *nicht* als realistische Abbildung verfolgt wird, sondern zur Spielfläche von Fantasien und Begehren des Rezipienten wird. Dass die audiovisuelle Kultur ›Bilder‹ bietet, heißt, dass sie einerseits suggerieren kann, die Wirklichkeit des Sichtbaren zu kopieren, dass sie genau dieses aber gerade *nicht* tut: Die filmischen Bilder kreieren ihre eigene narrativ-visuelle Sequenzialität – dies gilt nicht nur für den Hollywood-Film oder die Fernsehserie (oder noch radikaler den experimentellen Film), sondern auch für jene scheinbar non-fiktionalen Genres wie Wochenschauen, Nachrichten, Quizsendungen oder Talkshows, wie sie insbesondere das Fernsehen seit den 1950er Jahren entwickelt.

Die Betrachtung des Bildhaften setzt beim Betrachter einen Sinn dafür voraus, dass dieses scheinbar Reale tatsächlich ›nur‹ ein Bild, nur Film ist, der nicht für einen tatsächlichen Referenten steht – und gerade deshalb taugt es dazu, mit vielfältigen Bedeutungen aufgeladen zu werden und dem Rezipienten ein ästhetisches Erlebnis zu bescheren. Der Film wird nur auf einer ersten Ebene als realitätsnahe Darstellung, auf einer zweiten, tieferen Ebene, die freilich die erste notwendig vor-

---

157 Ebd., S. 41.

aussetzt, als ›Spektakel‹ betrachtet, als die Produktion einer zweiten, virtuellen Welt, die ›larger than life‹ ist, als eine letztlich exzessive, die Alltagsnormalität sprengende Aufführung, die technisch bereits durch die Überdimensionalität des Bildes ermöglicht wird. Im klassischen Hollywood-Film der 1940er bis 60er Jahre ist es etwa der Charakter des ›Glamourösen‹ der weiblichen Hauptfiguren, ihr Ausdruck eines außeralltäglichen Überflusses – an physischer Schönheit, an Luxus der Kleidung und der Accessoires –, ihre übernatürliche Perfektion im Äußeren wie im Verhalten (etwa bei Doris Day) oder ihr ebenso hypernormales Selbstbewusstsein (wie bei Bette Davis), welcher den Film zum Spektakel und seine Betrachtung zum Vergnügen der Imaginationen machen. Das Element des ›Melodramatischen‹ im klassischen Hollywood-Film, die Fokussierung seines *plot* auf einen dramatischen Konflikt zwischen Personen, der extrem emotional aufgeladen wird, macht die Bildersequenz in ähnlicher Weise zum Gegenstand einer Lust am Spektakulären, zum Vehikel der Zerstreuung. Ganz im Gegensatz zum Realismus-Effekt bieten die filmischen Bildersequenzen in ihrer Vielfältigkeit von Handlung, Kameraführung, Personen, Farbe, Ton, Musik etc. eine Offenheit von Signifikanten, die der Rezipient mit kontingenten Signifikaten, mit verschiedenen Fantasien und Wünschen besetzen kann; die weibliche Hollywood-Hauptfigur etwa eignet sich als Identifikationsgegenstand für weibliche wie männliche Rezipienten, für hetero- wie homoerotische Interessen gleichermaßen. Die Filmrezeption übt den nach-bürgerlichen Habitus damit nicht allein in einem Verständnis des Realen als das Sichtbare, sondern auch im Verständnis des Bildhaften als das Imaginationsoffene, damit in der aufmerksamen Beobachtung der Oberflächen, vor allem von Personen, als der eigentlichen Realität *und* in der Ausbildung der Fähigkeit, diese Bilder als Spielfläche skopophiler Imaginationen, bisher unerfüllter Wünsche zu behandeln. Die Filmrezeption trainiert eine Haltung des Voyeurismus: Subjekte erscheinen nicht als Mit-Subjekte der Interaktion, des ›Sozialen‹ (oder als moralische oder zweckrationale Wesen), sondern als Objekte der erotisierten, ästhetischen Betrachtung; ›Handeln‹ ist keine eigene teleologische oder soziale Aktivität, sondern *action*, ein narrativer Plot, der mit Spannung beobachtet wird. Diese zerstreuungsorientierte Beobachtung setzt paradoxerweise eine Intensivierung der Betrachtung, eine ›Hyperrezeptivität‹ (Christian Metz) des Blicks voraus, die sich paradigmatisch in der außeralltäglichen, konzentrationsförderlichen ›Kino-Situation‹, weniger in der häuslichen Fernseh-Situation heranbildet.

Die Filmbetrachtung übt das nach-bürgerliche Subjekt damit in der imaginativ-voyeuristischen Aufladung der (Subjekt-)Bilder, aus denen die Realität des Sichtbaren besteht. Diese Technik der Beobachtung wird zur feldtransitiven Schlüsselpraktik und auch und gerade außerhalb der spezifischen Konstellation der Filmrezeption zum Einsatz gebracht; die Wunschstrukturen, die in Auseinandersetzung mit den Filmen implementiert werden, wirken auch nach dem Ende des Films weiter. Nun können auch die Personen des Alltags – einschließlich der eigenen Person –, können außerfilmische Szenen als Bilder wahrgenommen werden, als polysemische Projektionsfläche von Fantasien, als Mittel der Wunscherfüllung (oder als solche, die dieser Wunscherfüllung hinderlich sind). Dass in der *cinematic culture* das Subjekt nicht als eine innere Struktur, sondern als ein äußeres Bild erscheint, heißt damit nicht nur, dass es sich um eine Sequenz äußerer Bewegungen handelt, sondern auch, dass hier stilisierte und stilisierbare Bewegungen am Werke sind, die unter dem Aspekt ihrer ästhetischen Qualität, ihrer Theatralizität interessieren. Als Bild repräsentiert der Einzelne in seiner Äußerlichkeit den ›Stil‹ eines Subjektmodells (nicht selten eines, das aus den Filmen bekannt ist) und diese Äußerlichkeit erscheint durch gezielte Selbstformung, aktive Stilisierung beeinflussbar. Wenn die kinematographische Kultur das Subjekt als eine Sequenz von Bildern begreifen lässt, verkehrt sich der Realismus des Filmmediums damit in sein Gegenteil. Das Filmmedium trainiert darin, auch die außerfilmische Realität, vor allem die Subjekthaftigkeit der eigenen Person und die anderer Personen, mit Kategorien des Filmischen zu betrachten, sie als phantasmagorisches Spielfeld zu behandeln: »Moderns feel they are images, and are made real by photographs.«[158] Die Differenz zwischen dem ›Original‹ und dem bloßen ›Bild‹ verliert an Eindeutigkeit, wenn Bildhaftigkeit zum eigentlichen Kriterium des Realen avanciert. Das nach-moderne Subjekt, das sich in der audiovisuellen Kultur heranbildet, übt sich damit im Alltagsbehaviorismus wie im Alltagsästhetizismus: Identität ist eine Frage der *performance* und *performance* eine Frage der theatralischen Stilisierung. Diese ästhetisierende Haltung wird nicht nur anderen Personen entgegengebracht, sondern auch und vor allem der eigenen Person, die als eine ›ganz Andere‹ imaginiert werden kann und sich ›nach dem Bilde‹ von visuellen (statt von bürgerlich-charakterologischen) Subjektmodellen formen lässt.

Hollywood-Film und Fernsehen

Die Film-Rezeption in der Angestelltenkultur der 1920er bis 60er Jahre gewinnt ihre Spezifik durch die besondere Form ihres medialen Objektes. So wie sich die klassische bürgerliche Lektüre an ganz bestimmten semiotischen Objekten schult – den ›realistischen‹ bürgerlichen Romanen, den biografischen und autobiografischen Texten[159] –, bildet sich

158 Sontag (1987), S. 287.
159 Insofern ist MacLuhan Diktum ›the medium is the message‹ nur die halbe Wahrheit: content matters.

die Filmrezeption in der US-amerikanisch dominierten Angestellten-kultur im wesentlichen im Umgang mit dem spezifischen kulturellen Material des klassischen Hollywood-Films und ihren charakteristischen Subjektrepräsentationen heraus.[160] Für diesen ist eine ›Normalisierung‹ des Ästhetischen kennzeichnend: Zerstreuung soll in einer semiotischen Struktur gefunden werden, die formal den Realismus-Effekt bestärkt und inhaltlich die Kriterien sozialer Normalität der suburbanen An-gestelltenkultur demonstriert. Form und Inhalt des Hollywood-Filmes laufen so auf eine Reduktion der phantasmagorischen Potentiale des Films (die im Avantgarde-Filme gerade radikal entbunden wurden) und auf eine Stärkung des ›realistischen‹, damit auch normstabilisierenden Potentials des Films hinaus. Letztlich enthält aber gerade das Genre des klassischen Hollywood-Films Ansatzpunkte, die vom zeitgenössischen Publikum als »Folie für (seine) private Phantasiearbeit«[161] genutzt wer-den und in Spannung zur *suburbia*-Normalität geraten.

Der klassische Hollywood-Film ist als eine in sich geschlossene Narration strukturiert, die in der Regel der Form einer Einführung, Dramatisierung und gelungenen Auflösung individueller oder intersub-jektiver Probleme folgt. Anders als im bürgerlichen Roman geht es nicht um die gesamte Biografie von ganzen Personen in ihrem moralischen Demonstrationscharakter, sondern um distinkte dramatische Konstel-lationen, deren Auflösung am Ende soziale Normalität – verstanden als eine überindividuelle Struktur – wiederherstellt. Der Plot soll die Wahrnehmungsroutinen des Zuschauers nicht verstören, im Gegenteil dem Common Sense entsprechend logisch-rational nachvollziehbar erscheinen. Die Kausalität des Films ist dabei eine der Verstehbarkeit des Verhaltens von Subjekten. Nicht übersubjektive Gesetze, der Zufall oder alogische Unerklärbarkeit, sondern die ›normale‹ Motivik von Subjekten – die sich verheiraten wollen, beruflichen Erfolg erreichen, ein Rätsel auflösen wollen etc. – ist es, welche die Handlung antreibt. Die Subjektrepräsentationen beziehen sich in der Regel auf konsistente, eindeutig strukturierte Figuren mit fester Identität, die zielorientiert

160 Vgl. zum folgenden David Bordwell u. a. (1985): The Classical Holly-wood Cinema. Film style and mode of production to 1960, New York; Jackie Stacey (1994): Star Gazing. Hollywood cinema and female spec-tatorship, London; Jackie Byars (1991): All That Hollywood Allows. Re-reading gender in 1950s melodrama, Chapel Hill; Elisabeth Bron-fen (1999): Heimweh: Illusionsspiele in Hollywood, Berlin; Mary Ann Doane (1987): The Desire to Desire. The woman's film of the 1940s, Bloomington; Christine Gledhill (Hg.) (1991): Stardom. Industry of desire, London; Laura Mulvey (1975): Visual pleasure and narrative cinema, in: dies. (1989): Visual and Other Pleasures, London, S. 14-26.

161 Bronfen (1999), S. 37.

handeln. Handlungskausalität und zielorientierte Figuren geben dem Film einen voranschreitenden Charakter von Problemstellung und Problemlösung; jede einzelne Szene, jede Einstellung ist sinnvoll in diesen Erzählrahmen eingebettet – sie bedeutet etwas Bestimmtes.

Der klassische Hollywood-Film erzeugt seinen Realismus-Effekt durch die Suggestion, alltäglich sichtbare Szenen nur noch einmal ›wie durch ein Fenster‹ abzubilden: Selbstreflexivität des artifiziellen Gemachtseins des Films und blickverfremdende Kameraeinstellungen werden vermieden; die Zeitstruktur des Films ist in der Regel strikt chronologisch; die Raumstruktur folgt dem aus der realistischen Malerei gewohnten Muster der zentrierten, balancierten Komposition und der Suggestion der Dreidimensionalität. Inhaltlich ist der klassische Hollywood-Film in außergewöhnlicher Monothematik auf die (heterosexuelle) Paarbildung zentriert. Hier sind Subjektrepräsentationen leitend, welche die psycho-soziale Normalität des weiblichen wie des männlichen Subjekts an die Logik des Paares und der Familie koppeln. Die ›woman alone‹ ist zum Scheitern verdammt, die Entscheidung für einen Mann ihre zentrale Lebensentscheidung; umgekehrt erscheinen Männer außerhalb der familiären Einbettung existenziell bedroht (durch Alkoholismus, Drogen, Homosexualität etc.); die Probleme lösen sich mit der Wiederherstellung der sozialen Ordnung. Eine Stabilisierung erfährt die Realismus- und Normalismus-Struktur des Kinos im Hollywood-typischen ›Star-System‹: Die Figur des ›Stars‹ ist im Film und außerhalb des Films die gleiche – idealerweise stimmen Rollen und Privatleben überein. Das Hollywood-Star-Subjekt funktioniert auf der Grundannahme von Authentizität im Sinne einer Identität mit sich selbst – es ist in der Realität des Films wie in der Realität der Realität von der gleichen hypernormalen Normalität. Das ästhetische Erlebnis des Hollywood-Kinos beruht damit auf einer Ästhetik der perfekten Form im spezifischen Sinne. Was genossen werden kann und soll, ist die Perfektion sozialer Normalität, die den Kriterien insbesondere einer perfekten, arbeitsteiligen Paarbeziehung und ihres in mehrfachem Sinne ›attraktiven‹ Personals folgt.

Die Rezeption des klassischen Hollywood-Kinos trainiert den Betrachter im ästhetischen Behagen sozialer Normalität – aber gerade das Hollywood-Kino ist es, das dem Subjekt auch in besonderem Maße dazu verhilft, genau entgegengesetzt jene ›überschießenden‹ Imaginationen und Wunschstrukturen auszubilden, welche die nach-bürgerliche visuelle Kultur nahelegt. Die Erotisierung der Subjektrepräsentationen und die Polysemie des Geschlechterblicks, der ›Glamour‹ der Stars und die Ambivalenzen des *film noir* sind einige Strukturmerkmale des Hollywood-Kinos selbst, welche die Suggestion einer beruhigenden sozialen Normalität konterkarieren und im Betrachter Fantasien entstehen lassen können, welche die Konformität der *peer society* zu sprengen drohen.

Eine zentrale ästhetische Unberechenbarkeit des klassischen Hollywood-Films besteht in seiner dezidierten Erotisierung der Subjektrepräsentationen. Die thematische Fixierung auf Bildung von Paarbeziehungen lässt insbesondere das weibliche Subjekt zu einer Projektionsfläche erotischer Fantasien werden, zu einem Wesen, das im Zustand des ›being looked at-ness‹ (L. Mulvey) existiert, das einerseits zwar der attraktivitätsorientierten *peer society* entspricht, andererseits aber deren Ehe- und Familienorientierung zu irritieren vermag. Die Konstellation des erotischen Blicks ist hier potentiell mehrdeutig. Es werden Vorbilder für ein weibliches Subjekt skizziert, das gerade durch ein offensives Spiel mit dem eigenen ›being looked at-ness‹ sich als überlegen erweist; die Ästhetisierung des weiblichen Subjekts kann der Betrachterin eine glamourös-exzessive Gegenwelt liefern, in der sie sich als eine Andere imaginiert (was sich zudem ›camp‹-artig ironisch brechen lässt); schließlich leitet das Hollywood-Kino auch zu einer unberechenbaren Erotisierung des männlichen Subjekts an.

Auch das Star-System enthält den Keim zu einer Aufladung mit Imaginationen jenseits des Ideals vorbildlicher Normalität. Die Figur des Hollywood-Stars verkörpert zwar die Berechenbarkeit der Kino-Handlung wie eines dem entsprechenden Privatlebens, aber ihre Attraktivität beruht letztlich auf seiner vorgeblichen Unverwechselbarkeit jenseits des Durchschnitts und der asymmetrischen Unterscheidung zwischen der Menge der Betrachter und der Singularität des Betrachteten. Wenn der glamouröse Star zum Subjektmodell wird, kann dies im nach-bürgerlichen Habitus Motive einer post-romantischen Einzigartigkeit und einen Wunsch nach Distinktion von der Masse wie nach theatralischer Darstellung vor der Masse heranbilden helfen, die – exzessiv, artifiziell und parasitär – mit der Normalitätsorientierung der Angestelltenkultur brechen. Schließlich bildet das Hollywood-Interesse an einer effektiven Zerstreuung der Zuschauer, die durch die immanente ›Spannung‹ problemaufbauender und -lösender Narrationen erreicht werden soll, den Nährboden für subtilere Plots, die ein Spiel mit dem Realismus treiben und ambivalente, in ihrem Verhalten widersprüchliche Subjektrepräsentationen einführen. Im Kontext des sogenannten *film noir* ist es nicht zuletzt das Genre des Thrillers – beispielhaft in den Filmen von A. Hitchcock –, welches im Dienste der Spannungssteigerung fixe Identitäten dekonstruiert, das Paar- und Familienideal in Zweifel zieht und vor allem durch eine Subjektivierung der Kameraführung mit der Fragilität des Realitätssinns des Betrachters und seines Glaubens an die Eindeutigkeit der Sichtbarkeit spielt.

Neben dem (Hollywood-)Film ist das Fernsehen das zweite zentrale Medium der audiovisuellen Kultur. Es verbreitet sich seit den 1940er Jahren – wiederum ausgehend von den Vereinigten Staaten – und übertrifft den Film seit den 1960er Jahren an alltagsweltlicher

Relevanz. Parallel zu den grundsätzlichen Homologien, die beide für die Heranbildung einer an Sichtbarkeit und Zerstreuung orientierten Subjektkultur besitzen, weist die Aktivität des Fernsehens, so wie sie in der Angestelltenkultur der 1940er bis 70er Jahre praktiziert wird (und die sich in der postmodernen Kultur seit den 1980er Jahren modifiziert), eine Reihe von besonderen Zügen auf. Letztlich jedoch analog zur Form der Filmrezeption in der amerikanisierten Mittelschichtskultur läuft die Subjektivation im Medium des Fernsehens wiederum auf eine ›Normalisierung‹, auf die Einbettung in ein soziales Kollektiv und seine *suburbia*-Normalität sowie eine Stärkung des Realismus-Sinns hinaus; diese wird auf anderer Ebene durch eine ästhetisierende Lockerung der Differenz von Fiktivem und Realem, vor allem über den Weg einer televisionären Theatralisierung des Subjekts, konterkariert.[162]

Fernsehen ist anders als die urbane Filmrezeption eine häusliche Praktik, welche die Subjekte in der Angestelltenkultur um den ›electronic hearth‹ (C. Tichi) versammelt. Es kann mit anderen Tätigkeiten kombiniert und damit in die Alltagsrituale des Familienlebens integriert werden. Es hat nichts Außeralltägliches an sich, es verhäuslicht das Subjekt vielmehr. Das Fernsehprogramm der Angestelltenkultur folgt selbst einem Zeitplan, das sich nach der vorausgesetzten Normalität einer Kleinfamilie richtet und diese zugleich präformiert: kein Programm am Vormittag (Arbeit des Mannes, Hausarbeit der Frau, Schulunterricht der Kinder), nachmittags Kinderprogramm, später Nachmittag/früher Abend leichte Unterhaltung (für die Hausfrau), abends Nachrichten (für den Mann) und ›großes Familienprogramm‹. Letzteres ist der Kern des Fernsehprogramms und erscheint als herausgehobener Ort des ›Zusammenseins‹ der Familie: Die Kleinfamilie stabilisiert sich über die gemeinsame Aktivität des Fernsehens. Das Fernsehen ist hier – ganz anders als die Schriftkultur, aber auch in einer Differenz zum Kinofilm als ›Einsamkeit der Vielen‹ – ein soziales Medium, welches das Subjekt in lockerer sozialer Interaktion wie auch unter sozialer Kontrolle benutzt. Über eine Reihe von Mechanismen stiftet das Fernsehen im Subjekt

162 Vgl. zum folgenden Ellis (1982), S. 109-171; John Fiske (1987): Television Culture, London; Cecelia Tichi (1991): Electronic Hearth. Creating an American television culture, Oxford; Raymond Williams (1974): Television. Technology and cultural form, London; David Morley (1986): Family Television: Cultural power and domestic leisure, London; Joshua Meyrowitz (1985): No Sense of Place. The impact of electonic media on social behaviour, Oxford; Ien Ang (1985): Das Gefühl Dallas. Zur Produktion des Trivialen, Bielefeld; Knut Hickethier (1998): Geschichte des deutschen Fernsehens, Stuttgart/Weimar, S. 198-280; John B. Thompson (1990): Ideology and Modern Culture. Critical social theory in the era of mass communication, Cambridge, S. 216-248.

einen Sinn für die kollektive Gemeinsamkeit der *peer society*: die Serien-förmigkeit und die Inklusionstendenz seines Programms, die Suggestion einer ›Komplizenschaft‹ mit dem Zuschauer und der Charakter einer ›live‹-Aufführung:

Anders als der Kinofilm, der wie das Buch eine in sich geschlossene Form besitzt, ist das Fernsehen durch die Wiederholungsstrukturen von ›Serien‹ im weitesten Sinne strukturiert: Spielfilm-Serien mit mehreren Folgen, mit täglicher oder wöchentlicher Fortsetzung, aber auch Nach-richten-, Politik-, Quiz- oder Sportsendungen folgen einem seriellen Muster, wiederholen sich in der gleichen Form zur gleichen Tageszeit. Vor allem bleiben die Serien-Figuren – der fiktionalen wie der non-fik-tionalen Formate – konstant; in einigen Formaten sprechen sie den Zu-schauer direkt an, suggerieren damit eine *face-to-face*-Interaktion. Der Fernsehzuschauer gewöhnt sich an einen gleichmäßigen Rhythmus der Begegnung mit den immer gleichen, vertrauten Personen. Das Fernsehen tendiert – im Unterschied zur Buchkultur – zudem zu einer egalitären sozialen Inklusion von Zuschauern. Das charakteristische Format zu-mindest in der Angestelltenkultur ist ein ›Familienprogramm‹, das sich an männliche und weibliche Subjekte, an Erwachsene wie Kinder glei-chermaßen richtet und nicht klassengebunden zu sein scheint. Zudem machen Fernsehprogramme mögliche gruppenspezifische Lebensstile ›sichtbar‹, überschreiten die Grenzen von *frontstage* und *backstage* und verringern damit Distanzen zwischen etwaigen kulturellen Differenzen, etwa auch Geschlechterdifferenzen oder Differenzen zwischen dem Sinnhorizont von Erwachsenen, Jugendlichen und Kindern. Tatsächlich handelt es sich hier – ähnlich wie beim Hollywood-Film – nur um eine scheinbare kulturelle Neutralität, vielmehr um eine Ausrichtung des Programms auf die hegemoniale Angestellten/Mittelschichtsfamilie als Normalfall, deren ›typische Probleme‹ zumindest in den Fernsehserien der 1940er bis 60er Jahre verarbeitet werden. Die Zuschauer spiegeln sich in den Akteuren, »seeing how everyone is normal really«.[163] Die In-klusionsneigung des Fernsehens, seine Suggestion, sich an ›alle‹ zu rich-ten, kann im Subjekt die Überzeugung stabilisieren, einer Gemeinschaft von auch räumlich abwesenden und persönlich unbekannten Personen anzugehören – im Extrem einem ›global village‹ (M. McLuhan) –, die alle in diesem Moment das gleiche Fernseherlebnis teilen und die infor-mell-unkomplizierte Normalität der *peer society* reproduzieren.

Zum scheinbar robusten Realismus- und Normalitäts-Effekt des Fernsehens, welcher sich im Subjekt festsetzt, trägt der generelle An-spruch von ›live‹-Übertragungen sowie die Suggestion der ›Komplizen-schaft‹ zwischen den Aktivitäten ›des‹ Fernsehens und der Perspektive des Zuschauers bei. Im Unterschied zum Film, der vom Rezipienten

163 Ellis (1982), S. 136.

im ›historischen‹ Modus gesehen wird, das heißt von dem man weiß, dass der Zeitpunkt der technischen Produktion und der Zeitpunkt der Betrachtung nicht identisch sind, nährt das Fernsehen im Rezipienten den Wunsch der Präsenz eines ›live‹-Erlebnisses (selbst bei jenen Programmen, die nicht live gesendet werden): Die live-Übertragung scheint den Realitätsgehalt des Dargestellten zu sichern, das Fernsehen scheint nur das zu kopieren, was ›tatsächlich‹ in diesem Moment an einem bestimmten Ort stattfindet. Das televisionäre Medium versucht zudem, über technische Mittel die Suggestion einer ›Komplizenschaft‹ mit dem Zuschauer in jenem Sinne zu erzeugen, dass es ›an der Stelle des Zuschauers‹ die Welt außerhalb des heimischen Haushalts betrachtet und auch an dessen Stelle agiert (so dass etwa der Interviewer Fragen stellt, die ›auch der Zuschauer selbst‹ stellen würde). Live-Effekt und die Identifikation von Zuschauer und Fernseh-Auge können das Fernseh-Subjekt dazu bringen, das Reale als das Sichtbare anzunehmen und die präsentierten Bilder als diese reale Ordnung der Dinge zu identifizieren.

Analog dem Hollywood-Film vermittelt auch die Fernseh-Rezeption innerhalb der Angestellten-Kultur der 1940er bis 60er Jahre nicht nur einen Sinn für das Visuelle als das Reale und als das sozial Normale, sondern konterkariert diesen Realismus- und Normalismus-Effekt zugleich: Das Fernsehen gibt der Wirklichkeit eine segmentiert-fragmentierte und eine personalisiert-dramatisierte, eine theatralische Qualität. Selbst ›non-fiktionale‹ Inhalte, vor allem Subjektrepräsentationen, werden damit fiktivisiert; sie werden in der gleichen Haltung betrachtet wie ein ›fiktiver‹ Inhalt. Eine Reihe von Strukturmerkmalen der Praktik des Fernsehens trägt zu einer Subjektivation bei, in der der Rezipient sich darin übt, die Realität der Bilder in einer ästhetisierenden Haltung zu betrachten. Anders als dem Kinofilm, der in seiner geschlossenen Form dem Buch entspricht, kommt dem Fernsehen der Charakter einer (nahezu) ununterbrochenen Sequenz von aufeinander folgenden Programmen zu, eine – wie Raymond Williams es formuliert – *flow*-Struktur, genauer – aufgrund der Existenz mehrerer Programme – der Charakter mehrerer simultaner *flows*. Die Strukturierung dieser *flows* erfolgt nicht allein über einzelne Sendungen, sondern vielmehr über kürzere, in der Regel etwa fünfminütige ›Segmente‹ (so dass Werbespots, einzelne Nachrichten oder der einzelne Auftritt in der Musiksendung, die rasch aufeinander folgen, die für das Fernsehen paradigmatische Zeitstruktur repräsentieren). Jedes Segment hat den Anspruch, einen neuen Reiz zu liefern, die Aufmerksamkeit des Zuschauers erneut auf sich zu ziehen. Die Struktur von (fiktionalen) Serien als niemals abgeschlossene Reihe von Episoden fügt einen weiteren *flow*-Aspekt hinzu. Die kombinierte Struktur von *flow* und Segment verwandelt die Fernsehsequenz damit jedoch in einen jede konventionelle narrative Struktur potentiell sprengenden, individuell kombinierbaren Intertext: Die Nachrichtensendung und die Show, der Spielfilm und die Talkshow – sie alle und ihre einzelnen Segmente erscheinen als gleichberechtigte Elemente, als dramatische Bilder, zwischen denen im Modus der Zerstreuung unberechenbare Querverbindungen hergestellt werden können, die durch den Betrachter neue Kombinationen eingehen und in ihm den Wunsch auf Dauer stellen, durch immer neue abgefederte ›Chocks‹ (Benjamin) des Neuen und Überraschenden in mentaler Bewegung gehalten zu werden.

Generell wird in der Praktik des Fernsehens das Subjekt darin geübt, andere Subjekte – selbst im Falle von sachbezogenen Programmen – unter dem Aspekt ihrer Aufführung, ihrer Theatralität zu betrachten. Äußerungen und Handlungen werden weniger als konstativ denn als expressiv interpretiert, sie sagen etwas über die jeweilige Person aus (paradigmatisch hier der Beginn der Fernseh-Politik mit dem TV-Duell Kennedy-Nixon 1960), die idealerweise dem Anspruch genügt, in jedem zeitlichen Segment die Aufmerksamkeit neu zu mobilisieren: Der Realismus des Fernsehens ist ein theatralischer und der Zuschauer lernt, die Realität der *performances* als Aufführungen zu betrachten. Die Wichtigkeit, ja ›Wirklichkeit‹ von Subjekten (wie auch von Ereignissen oder Waren) kann sich dann daran bemessen, ob sie *televised*, ob sie *on screen* sind. Das Fernsehen macht seine Figuren den Zuschauern einerseits vertraut und hebt sie gleichzeitig dadurch in die alltägliche Außeralltäglichkeit, dass sie durch ihre bloße Eigenschaft als ›being televised‹ Objekt außergewöhnlicher kollektiver Aufmerksamkeit sind. Damit kann sich – analog zum Effekt des Star-Systems des Kinos – im nach-bürgerlichen Rezipienten jedoch das Modell eines Subjekts als attraktiv erweisen, das nicht soziale Ähnlichkeit, sondern individuelle, nach außen wahrnehmbare Differenz entwickelt und das die knappe Ressource sozialer Aufmerksamkeit auf sich zieht.

Konsumtorische Praktiken

Parallel zu den Praktiken der Rezeption audiovisueller Medien und mit ihnen verknüpft, bilden sich bereits seit dem Ende des 19. Jahrhunderts, verstärkt seit den 1920er Jahren und jenseits der USA seit den 1950er Jahren spezifische Praktiken des Konsums aus, die in entscheidender Weise zur nach-bürgerlichen Subjektkultur beitragen. Materiale Voraussetzung für die *consumer culture* – die seit der Nachkriegszeit verstärkt in den kritischen Blick soziologischer Diskurse von Autoren wie Vance Packard und Kenneth Galbraith gerät[164] – ist die fordistische Massenproduktion und damit auch Diversifikation von verfügbaren Gütern, insbesondere von Kleidung und Haushaltsgegenständen, die

---

164 Vgl. Kenneth Galbraith (1958): The Affluent Society, Cambridge (Mass.); Vance Packard (1957): The Hidden Persuaders, New York.

zum Gegenstand eines ›Designs‹ werden können, ihre Darbietung in urbanen Großkaufhäusern, vor allem aber die Verknüpfung des Verkaufs mit einem ›Marketing‹ der Waren durch eine Werbeindustrie, welche seit den 1920er Jahren die Werbung und die Etablierung von ›Marken‹ zu einem festen Bestandteil alltäglicher visueller Kultur – in den Lichtreklamen und Schautafeln, im Kino und schließlich im Fernsehen – werden lässt.

Dass Waren über die schiere Notwendigkeit des zum Überleben Notwendigen hinaus gekauft und konsumiert werden, ist keine Neuentwicklung der Angestelltenkultur. Vielmehr betreibt auch und gerade das ressourcenstarke Bürgertum von Anfang an, das heißt in England bereits seit der *commercial revolution* des 18. Jahrhunderts, einen Konsum jener Waren, mit denen es selbst Handel treibt.[165] Zugleich steht jedoch die Konsumtion in der bürgerlichen, an Moderierung orientierten Subjektkultur grundsätzlich unter dem Verdacht, als Luxuskonsum die Grenzen des Legitimen zugunsten des Exzessiven, Artifiziellen und Parasitären zu überschreiten. Im Vergleich zur bürgerlichen Kultur bildet sich im Rahmen der konsumtorischen Praktiken der Angestelltenkultur seit den 1920er Jahren hingegen ein spezifisches Konsumsubjekt heraus, das sich – jenseits des Erwerbs von Waren – über die kontingente ästhetische Aufladung von Gegenständen modelliert, welche dem Subjekt zu einer Modifizierung seines Selbstbildes verhilft; das Angestelltensubjekt ist in seiner affektiv-imaginären Dynamik wie in seinem Selbstverstehen legitimerweise Konsumsubjekt.[166]

Die konsumtorischen Praktiken des Angestelltensubjekts bewegen sich – ermöglicht durch die materiale Kultur elektronischer Medien und der Massenproduktion wie auch beeinflusst durch Codierungen der ästhetischen Gegenbewegungen der Avantgarden – im Kontext einer dezidiert visuellen Kultur, in der Waren als sichtbare Oberflächen – im Kaufhäusern und in der Werbung – ausgestellt und bereits auf dieser Ebene als Spektakel genossen werden. Die Praktik des Einkaufens ist prinzipiell die einer offenen Wahl zwischen austauschbaren Items, auf einem Markt von Objekten, deren Erwerb kaum durch Tradition vorgegeben ist; das komsumtorische Begehren erscheint nicht durch ein fixes Maß an Komfort gesättigt, vielmehr unbegrenzt steigerbar und folgt dem Ideal des Neuen, damit auch der Mode. Der Konsum gewinnt den Stellenwert einer Selbstgratifikation, eines legitimen Genusses jenseits

---

165 Zur frühen Form bürgerlichen Konsums vgl. Neil McKendrick u. a. (1983): The Birth of a Consumer Society: The commercialization of 18th-century England, London; Carole Shammas (1990): The Preindustrial Consumer in England and America, Oxford.

166 Vgl. zum Konsumhedonismus der Angestellten- im Unterschied zur bürgerlichen Kultur auch Bell (1976).

und im Gegensatz zur Arbeit; schließlich und vor allem stellt sich in der nach-bürgerlichen Kultur der Konsum von Objekten, ihre Betrachtung, ihr Erwerb, ihre Benutzung, ihre Vernutzung als ein Prozess primär der Gestaltung der *Identität* als Subjekt dar – über den Konsum bestimmter Objekte eignet sich der Einzelne ein bestimmtes Subjekmodell, einen ›Stil‹ der eigenen Person an. Der ästhetische Genuss von Konsumgütern ist der Genuss der eigenen Person, die sich über den Weg dieser affektiven Verknüpfung mit Objekten bildet. Die nach-bürgerlichen konsumtorischen Praktiken avancieren damit zu Technologien des Selbst. In der Angestelltenkultur bleibt die Ästhetisierung des Konsums – analog zur ambivalenten Struktur der audiovisuellen Medien – jedoch dadurch domesziziert, dass ihr Subjektmodell eine Person bezeichnet, die um ihre Identität als in der *peer society* akzeptierte besorgt ist und in ihrer Erscheinung und ihrem Verhalten ›Perfektion‹ und soziale Normalität anstrebt, damit – beraten von Produktexperten – individuelle Differenz meidet. Eine Entbindung des ästhetisierenden und zugleich radikal an der Konstellation der ›Wahl‹ zwischen austauschbaren Gegenständen orientierten Potentials der Konsumentenkultur findet – gefördert durch die an der Leitinstanz des subjektiven Begehrens orientierten gegenkulturellen Bewegungen der 1960er und 70er – in der postmodernen Kultur am Ende des 20. Jahrhunderts statt.

Auch wenn in der bürgerlichen Kultur Waren erworben und benutzt werden, um einen komfortablen und respektablen Lebensstil zu sichern, basiert das bürgerliche Subjektmodell grundsätzlich auf einem binären Code von Produktion und Konsumtion, von Arbeit und müßiger ›idleness‹, von Aktivität und Passivität, welcher das zweite Element als unselbständig und riskant repräsentiert.[167] Der Konsum ist ein prekäres Anderes, das nicht zu einer bürgerlichen Identitätsdefinition taugt, da ihm die Arbeit und die Arbeit an sich selbst mangelt. Die im bürgerlichen Sinnhorizont einzig legitime Form des Konsums ist ein utilitaristischer: ein Erwerb von Waren allein aufgrund dessen, was Marx – hier als prominenter Protagonist der bürgerlichen Tradition – ihren Gebrauchswert nennt, idealerweise vor dem Hintergrund stabiler, quasi-natürlicher ›Bedürfnisse‹. Ein Konsum im Sinne des Imaginären des 20. Jahrhunderts, das heißt ein Genuss von Objekten aufgrund ihrer symbolischen, identitätsimaginierenden Qualitäten, erscheint in der bürgerlichen Kultur des integren, seriösen Subjekts als Exemplifikation jenes Exzessiven, Artifiziellen und Parasitären, das es als sein kulturelles Anderes wahrnimmt. Nicht zufällig wird der Konsum aus bürgerlicher

---

167 Vgl. zum folgenden Jackson Lears (1994): Fables of Abundance. A cultural history of advertising in America, New York, Kap. II; Rita Felski (1995): Imagined pleasures: The erotics and aesthetics of consumption, in: dies. (1995), S. 61-90; Jervis (1998), S. 108 ff.

Sicht von Rousseau bis Veblen mit der Luxus- und Modeorientierung der höfisch-aristokratischen Kultur bzw. ihrer Nachfolgerin einer *leisure class*, im 19. Jahrhundert und in den weiterhin bürgerlich imprägnierten kulturkritischen Diskursen des 20. Jahrhunderts von Matthew Arnold bis Adorno zudem mit der manipulierbaren und disziplinlosen ›Masse‹ der Populärkultur identifiziert.

Exzessiv, das heißt, dem bürgerlichen Moderatheitsgebot widersprechend, erscheint das konsumierende Subjekt, indem sein Konsum prototypischer Ausdruck eines Überflusses, eines Nicht-Notwendigen, eines verschwenderischen Luxus ist. In dieser Hingabe an die Dinge und die potentielle Verführung durch sie scheint das Subjekt seine Selbstkontrolle aufzugeben. Im Konsum verbraucht es mehr, als rational nötig wäre, ein Verbrauch, von dem nichts übrig bleibt. Der Konsum geht über die Befriedigung vorgeblich natürlicher Bedürfnisse hinaus und scheint ein immer neues, nie befriedigtes Begehren nach Neuem heranzuzüchten; er unterminiert die Vorstellung einer Natürlichkeit von Bedürfnisstrukturen selbst. Artifiziell, das heißt dem bürgerlichen Gebot der Natürlichkeit und Eindeutigkeit widersprechend, ist das konsumierende Subjekt, indem es Objekte nicht als bloße Gebrauchsgegenstände behandelt, sondern als Projektionsflächen von Zeichen, Symbolen und Imaginationen, als flottierende Vehikel einer Kreation von Selbstbildern. Die zu konsumierenden Bedeutungen, die einem Objekt für die subjektive Identität zukommen, erweisen sich als kontingent und damit ›künstlich‹. Das Konsumsubjekt muss schließlich aus bürgerlicher Sicht parasitär erscheinen. Der Konsum ist eine nicht-produktive Ausfüllung von Alltags- und Lebenszeit, die für die Arbeit, die Familie oder die Bildung verloren geht; sie dient allein dem Zwecke dessen, was in der anti-aristokratischen Kritik als ›idleness‹ abgetan wurde. Das bürgerliche Modell ist das einen aktiven Subjekts, das Werte schafft und intersubjektiv nützlich ist; das konsumierende Subjekt hingegen scheint *per definitionem* passiv und entzieht sich dem sozial-moralischen Austausch. Es verweigert sich dem moralischen und produktiven Handeln zugunsten eines hedonistischen Genusses von Objektbedeutungen und einer ästhetischen Stilisierung seiner selbst, in der Objekte von Werkzeugen zu Accessoires mutieren. Nicht zufällig wird der Dualismus von Produktion und Konsumtion als Opposition von Natürlichem und Artifiziellen, von Aktivem und Passivem im bürgerlichen Diskurs regelmäßig mit der Differenz zwischen dem Maskulinen und dem Femininen in Zusammenhang gebracht: Das weibliche Subjekt erscheint auch deshalb riskant und kontrollbedürftig, da es zum Konsum neige.[168]

168 Vgl zur Riskanz der Neigung des weiblichen Subjekts zum Konsum im bürgerlichen Interdiskurs der Literatur Flauberts ›Madame Bovary‹ und Zolas ›Au bonheur des dames‹. Zu Visionen des opulenten Reich-

Die konsumtorischen Praktiken, die sich seit den 1920er Jahren zunächst in den sozial-kulturell avanciertesten Segmenten der Angestelltenkultur verbreiten, stürzen die bürgerliche Differenzmarkierung gegenüber dem Konsum im Sinne einer kulturellen Inversion um.[169] Partizipation am Konsum, die Ausstattung der eigenen Person mit immer neuen Artefakten und deren Vernutzung erscheinen nun als notwendiger Bestandteil, als legitimer Exzess eines modernen Lebensstils. Die freizeitorientierte, amerikanisierte *peer society*, welche Wert auf die gewinnende äußere *performances* ihrer Subjekte legt, integriert den Konsum in eine Lebensform, die ihm zunächst vor allem zwei Funktionen zuschreibt: Personenorientierter Konsum (paradigmatisch von Kleidung) verhilft dem Subjekt in erster Linie dazu, als Person seine Attraktivität zu steigern – dies gilt für das weibliche stärker als für das männliche Subjekt – und von den anderen als gleichberechtigt anerkannt zu werden; haushaltsorientierter Konsum verhilft vor allem dem weiblichen Subjekt der Angestelltenkultur zu einer im technischen Sinne ›modernen‹ Effizienzsteigerung von Haushaltsaktivitäten, zu einer Reduktion von Arbeit, deren Zeitersparnis wiederum für Freizeitaktivitäten genutzt werden kann. In der Angestelltenkultur der organisierten Moderne ist – anders als dies in der dezidiert selbst- und expressionsorientierten Kultur der Postmoderne und ihrem individualästhetischen Konsumsubjekt der Fall sein wird – der Konsum nicht nur personen-, sondern in beträchtlichem Maße auch haushaltsorientiert. In beiden Fällen sind die Konsumgegenstände ›materiale Objekte‹. Generell ist die historisch spezifische Form der Konsumtion hier eine sozial integrierte und kontrollierte innerhalb der sanktionierten Standards der Ästhetik der Perfektion – gleichzeitig enträt das Subjekt in den Akten der Konsumtion, die im wesentlichen ›innere‹, fremd- und selbstästhetisierende Akte des Erlebens sind, potentiell diesen post-bürgerlichen Standards konsumtorischer Normalität.

tums in der bürgerlichen Kultur vgl. Christoph Deutschmann (1999): Die Verheißung des absoluten Reichtums. Zur religiösen Natur des Kapitalismus, Frankfurt (Main)/New York. Vgl. auch Kap. 2.1.1.

169 Vgl. Baritz (1989); Davis (2000); Pendergast (2000); Fass (1977), S. 168 ff.; Christopher P. Wilson: (1984): The rhetoric of consumption. Mass-market magazines and the demise of the gentle reader, 1880-1920, in: Fox/Lears (1984), S. 39-64; Jackson Lears (1984): From salvation to self-realization. Advertising and the therapeutic roots of the consumer culture, 1880-1930, in: Fox/ders. (1984), S. 1-38. Im Feld der Theorie erfolgt eine solche Umkehrung der Wertigkeit von Konsumtion und Produktion bei Bataille, angedeutet auch bei Benjamin. Materielle Voraussetzung für die Konsumtion ist eine Veränderung der Ressourcenstruktur: vom fixen bürgerlichen Eigentum zum ›flüssigen‹ Einkommen in Form von Gehalt sowie Konsumentenkrediten.

Das konsumierende Subjekt, wie es sich im Rahmen der Angestellten-kultur etabliert und in der kulturellen Formation der Postmoderne seit den 1970/80er Jahre neu ausrichten wird, basiert auf einem subjekthis-torisch voraussetzungsreichem Bündel von Dispositionen.[170] Zentral ist hier der Erwerb einer spezifischen Haltung gegenüber Objekten, letztlich beliebiger Art: Es geht nicht um deren bloße Benutzung oder ihren Besitz als Gegenstand, aber auch nicht um ihre reine Betrachtung als auratische Dinge, sondern darum, dass das Objekt auf das Subjekt eine Faszination auszuüben vermag, die es zum Gegenstand eines Be-gehrens macht. Voraussetzung dafür ist, dass das Subjekt Objekte – von der Kleidung bis zur Zigarette – mit Bedeutungen versieht und diese Bedeutungen so mit der Identität der eigenen Person in Zusammenhang bringt, dass der Erwerb und die Verwendung eines Objekts das Subjekt in seinem Selbstverstehen wie im Fremdverstehen durch andere in einem gewünschten Sinne verändert oder zu verändern verspricht. Indem es beliebige Artefakte zum Gegenstand einer mit potentiell unendlichen Zeichen und Imaginationen hantierenden Wahrnehmung macht, ent-wickelt das Konsumsubjekt eine ästhetische Haltung gegenüber den Dingen. Dabei bringt es sich in eine symbolische Abhängigkeit von ih-nen, die paradoxerweise ihrerseits von der arbiträren Sinnkonstruktion durch das Subjekt abhängt. Die Objekte des Konsums sind – ähnlich wie die Objekte romantischer Liebe – hartnäckige Träger von Wün-schen, von Ich-Idealen, die das Subjekt selbst in sie hineingelegt hat. Die höfische Kultur und die bürgerliche (und vorbürgerliche) Betrachtung auratischer Kunst liefern hier Vorformen, die jedoch nicht konsumto-risch im modernen Sinne sind – die aristokratische Ästhetisierung von Gegenständen, deren Wertschätzung als legitimer Exzess, ist im Rahmen

170 Vgl. zum folgenden Lears (1994); Roland Marchand (1985): Adver-tising the American Dream. Making way for modernity, 1920-1940, Berkeley; Pasi Falk (1994): The Consuming Body, London, insbe-sondere S. 93-150, 151-185; Rachel Bowlby (1985): Just Looking. Comsumer culture in Dreiser, Gissing and Zola, New York/London; Stuart Ewen (1988): All Consuming Images. The politics of style in contemporary culture, New York, insbes. S. 55-149; Richard Fox/T. J. Jackson Lears (Hg.) (1983): The Culture of Consumption. Critical essays in American history, 1880-1980, New York; Don Slater (1997): Consumer Culture and Modernity, Cambridge; Dominik Schrage (2003): Integration durch Attraktion. Konsumismus als massenkultu-relles Weltverhältnis, in: Mittelweg 36, Heft 6, S. 57-86; Whyte (1956), S. 312 ff.; Daniel Miller (1987): Material Culture and Mass Consump-tion, Oxford; Adrian Forty (1986): Objects of Desire. Design and so-ciety since 1750, London; Rosalind Williams (1982): Dream Worlds. Mass consumption in late 19th century France, Berkeley; Ward (2001), S. 191-240; Stacey (1994), S. 176 ff.

der höfischen Kultur in ihren Bedeutungen konventionalisiert, dient primär zur Markierung des sozialen Rangs; die Ästhetisierung von auratischen Objekten wiederum setzt eine außeralltägliche, unüberwindbare Distanz zwischen Subjekt und Objekt voraus, welche dessen Begehrtwerden durch das Subjekt verunmöglicht. Die unmittelbaren subjekthistorischen Voraussetzungen für die Ausbildung des Konsumsubjekts des 20. Jahrhunderts finden sich vielmehr in den ästhetischen Gegenbewegungen der Moderne selbst: der Romantik und – darauf aufbauend – der Avantgarden. Beide trainieren das Subjekt in der Aufladung von Gegenständen mit kontingenten Bedeutungen, Imaginationen und Ich-Idealen, der Suche nach neuen Reizen und der Nutzung visueller Eindrücke für das ästhetische Erleben.[171]

Moderne konsumtorische Praktiken, in denen das Subjekt begehrte Objekte erwirbt, erlebt und verwendet, deren Bedeutung ihm bei der Realisierung eines Ich-Ideals hilft, umfassen die Elemente der *Betrachtung*, der *Wahl* und der *Benutzung*. Der Konsum als Praxis beginnt hier nicht mit dem Erwerb, sondern bereits zuvor mit der Betrachtung von Gegenständen, die auf diese Weise zu Objekten des Begehrens werden. Für den Konsum als Praktikenkomplex ist seine Einbettung in die visuelle Artefakt-Kultur entscheidend. Mit der Entstehung von Großkaufhäusern – Bon Marché in Paris, Macey's in New York, Harrod's in London –, schließlich von Kaufhausketten werden Waren zu Ausstellungsobjekten, in einer Weise, wie es in der klassischen bürgerlichen Kultur nur für Kunstwerke gilt. Die aufwendige Präsentation dieser Güter – auch etwa mit Hilfe ihrer Exotisierung – macht sie zu einem visuellen Spektakel. Das Konsumsubjekt übt sich hier zunächst in der Ausbildung eines visuellen Sinns, welcher die Betrachtung von Waren in strukturelle Verwandtschaft zur Rezeption der neuen audiovisuellen Medien bringt; man betreibt ein ›just looking‹ (R. Bowlby), ein zweckfreies Umherschauen (in dem sich die Praxis des Flaneurs wiederfindet), das selbst bereits Konsum ist, ein Konsum von Bildern, deren Verarbeitung dem Subjekt Befriedigung verschafft. Attraktiv erscheinen diese Bilder durch die opulente Fülle der Objekte, ihre außeralltägliche Reichhaltigkeit. Attraktiv erscheinen sie aber auch, indem das Subjekt sie sich als Accessoire der eigenen Person vorstellt. Als Ausstellungsgegenstände sind die Konsumobjekte ein Experimentiergelände für die Herstellung von imaginativ-affektiven Bindungen zwischen Subjekt und Objekt.

171 Vgl. zu diesem Einfluss der Romantik bzw. der Avantgarde Colin Campbell (1987): The Romantic Ethic and the Spirit of Modern Consumerism, Oxford, S. 173 ff.; Michael Makropoulos (2003): Massenkultur als Kontingenzkultur, in: Harm Lux (Hg.): … lautlose irre – ways of worldmaking, too, Berlin, S. 153-171.

Dass sich in der visuellen Kultur ein Begehren des Subjeks nach Objekten ausbildet, ein Gefühl des Mangels der eigenen Person, das durch Objekte kompensiert werden könnte, hängt mit einem zweiten Element der visuellen Präsentation von Waren zusammen: der mit technisch reproduzierten visuellen Darstellungen arbeitenden Werbung. Auch die Werbung stellt sich teilweise als Szenerie visueller Opulenz dar, deren eigener Konsum einen Erlebniswert besitzt (so dass in den 1920er und 30er Jahren offensiv Elemente modernistischer Bildender Kunst in Werbedarstellungen eingearbeitet werden). Die Werbung bildet dabei nicht nur und nicht primär Konsumobjekte ab, sie liefert vielmehr Subjektrepräsentationen mit Objekten: Dargestellt werden modellhafte Personen in begehrenswerten Situationen oder mit entsprechenden Eigenschaften – in der Angestelltenkultur paradigmatisch die drei Szenerien der harmonischen Familie, der attraktiven weiblichen Person und des ›erfolgreichen Geschäftsmannes‹[172] –, so dass das Objekt verspricht, mit seiner Hilfe die Position des begehrenswerten Subjekts einnehmen zu können. Im Film und im Fernsehen erwirbt das nach-bürgerliche Subjekt die Kompetenz, *Personen* – einschließlich seiner selbst – als Bilder zu verstehen; im Konsum betrachtet es auch *Dinge* als Bilder, die real und imaginationsoffen zugleich sind. Charakteristisch für die Werbung der 1920er bis 50er Jahre ist darüber hinaus, dass sie auch mit negativ aufgeladenen Subjektrepräsentationen hantiert, welche Zustände der Abwesenheit des jeweiligen Konsumobjekts bezeichnen. Gängig sind hier Darstellungen sozialer Peinlichkeit als Ergebnis der Nicht-Verwendung eines Konsumobjekts. Der Betrachter lernt, von der Verwendung oder Nicht-Verwendung von Objekten auf die psycho-sozialen Eigenschaften von Subjekten rückschließen zu können.

Wenn die Betrachtung visueller Oberflächen von Waren bereits eine erste Ebene des Konsums darstellt, kann das Begehren nach dem Objekt, welches das Bild der Ware im Subjekt ausgelöst hat, zum Erwerb überleiten. Dieser Erwerb setzt wiederum eine spezifische Konsumhaltung voraus. Die Objekte und ihr Identitätsversprechen befinden sich in einer Marktsituation: Die Objekte und mit ihnen die jeweilige Identität werden als erwerbbar vorausgesetzt, Objekt und Identitätsversprechen können – ohne dass im Innern des Subjekts weitere Voraussetzungen vorliegen müssten – durch den einfachen Akt einer finanziellen Transaktion ihren Besitzer wechseln. Gleichzeitig steht das konsumierende Subjekt den Waren in der Haltung einer ›Wahl‹ zwischen im Prinzip gleichberechtigten, in diesem Sinne austauschbaren Artefakten gegenüber, die nach Vorzügen und Nachteilen gegeneinander abzuwägen sind. Dass Gegenstände im Prinzip beliebig und ohne Abhängigkeit von traditionalen oder auratischen Bindungen erwerbbar sind, ist

---

172 Vgl. Marchand (1985), S. 164-205.

eine Grundvoraussetzung bereits der klassischen bürgerlichen Gesellschaft. In der bürgerlichen Kultur bleibt freilich die Erwerbbarkeit von (Selbst- und Fremd-) *Identitäten* qua Objekte beschränkt. Für eine Reihe bürgerlicher Artefakte gilt, dass nicht ihr bloßer Besitz, sondern der langfristige Inkorporierungs- und Interiorisierungsprozess, den der Habitus in Auseinandersetzung mit ihnen betreibt, eine notwendige Voraussetzung für den Identitätserwerb darstellt. Paradigmatisch scheint hier der bürgerliche Prozess der Bildung, der zwar bestimmte – erwerbbare – Objekte voraussetzt, vor allem Druckerzeugnisse; diese müssen jedoch erst vom Subjekt in seinem Innern angeeignet werden, damit es sich zu verändern vermag. Indem sich die bürgerliche Kultur als eine Familiengenealogie von Erben versteht, in denen Kapital über mehrere Generationen hinweg transferiert wird, ist die Erwerbbarkeit der Identität qua Objekt zudem dadurch beschränkt, dass manche Objekte – paradigmatisch hier Häuser und Einrichtungsgegenstände – erst im Zuge dessen, dass sie nicht erworben, sondern vererbt werden und entsprechend ›gealtert‹ sind, ihre Qualität der Vermittlung von Subjekteigenschaften erlangen können.

Die konsumtorischen Praktiken in der Angestelltenkultur – wie später in der Postmoderne – sind insofern nach-bürgerlich, als diese auf langfristigen ›inneren‹ Erwerb gerichtete Haltung abgelöst wird. Das Subjekt begegnet den Konsumobjekten mit einer Haltung, die voraussetzt, dass Identitäten durch Objekte im Prinzip ›erwerbbar‹ sind. Die Objekte brauchen nicht interiorisiert, sondern können scheinbar voraussetzungslos verwendet und in die *performance* eingebaut werden. Dieser Erwerb setzt einen Prozess der im Prinzip offenen Wahl voraus: In der Warenwelt gibt es mehr potentielle Erwerbsgüter, als tatsächlich erworben werden können. In der Wahl behandelt das Subjekt die (Konsum-)Objekte als im Prinzip äquivalent, als nicht absolut, sondern graduell different (eine Konstellation, die sich – von der Kritischen Theorie als ›Verdinglichung‹ bezeichnet – in einem zweiten Schritt von der Wahl zwischen Objekten auf die Wahl von ›Subjekten‹ übertragen lässt). Von welchen Kriterien lässt sich der Einzelne in seiner Wahl leiten? Die Kriterien, welche die Angestelltenkultur der 1920er bis 60er Jahre vorgibt, sind größtenteils solche sozialer Akzeptanz. In ihrer visuellen Ausstellung werden Waren seit dem Beginn des 20. Jahrhunderts *einerseits* als ästhetische Objekte präsentiert, *andererseits* legen die kulturell dominanten Kriterien der Wahl – in deutlicher Verarbeitung von Elementen aus dem bürgerlichen Sinnhaushalt und dessen Moderierungsgebot – fest, dass allein ästhetische Faszination des Konsumobjekts nicht ausreicht, um es zu wählen. Es sind vielmehr normalisierende Kriterien der *peer society*, die hier zum Tragen kommen, und zwar vor allem dreierlei Art:

Das Konsumsubjekt der Angestelltenkultur wählt ein Objekt, wenn es ihm soziale Akzeptanz, vor allem eine ›Attraktivität‹ der eigenen Person *für andere*, sichert. In den Werbedarstellungen ist die Präsentation des Risikos peinlicher Situationen allgegenwärtig, die mit Hilfe von Konsumobjekten vermieden werden sollen. Diese – seien es Sockenhalter oder Mundspray – sollen zur Perfektion des eigenen Auftritts verhelfen. Die Attraktivität des weiblichen Subjekts für ihren potentiellen oder tatsächlichen Partner, die durch entsprechende Accessoires gesichert werden soll, ist hier kennzeichnend. Zweitens erscheinen Konsumobjekte wählbar, wenn ihre Nützlichkeit, ihre Effizienz, ihre technische Überlegenheit garantiert wird. Dass der Konsum in der Angestelltenkultur den Eindruck des Modernen zu vermitteln vermag, ist ein Ergebnis des ›wissenschaftlichen‹ und technologisch avancierten Anspruchs, den die Produkte zu erheben versuchen. Der Konsum präsentiert sich als Feld einer szientistischen Konsumentenberatung, eines *consumer engineering* durch Experten, und die Werbung selbst tritt im Modus einer quasi-wissenschaftlichen Beratung auf. Die ›nachweisbare‹ gesundheitliche Wirkung eines Produkts oder die Zeitersparnis, die sich aus dessen Effizienz ergibt (beispielhaft bei Haushaltsgegenständen), werden als Argumente präsentiert, um sie zu Gegenständen einer rationalen Wahl zu machen. Drittens schließlich stellt sich der Warenkonsum in der Angestelltenkultur dominant als kopierter Konsum dar. Er ist einerseits zwar auf die fortwährende Konsumtion immer neuer Güter ausgerichtet, aber das Neue muss sozial akzeptiert sein. In der *peer society* vermeidet das Subjekt den Erwerb von Waren, die ihm den Ruf der *conspicuous consumption* einbringen könnten. Dass mit dem Erwerb eines Objekts – intendiert oder unintendiert – eine individuelle Differenz zur sozialen Normalität in der suburbanen Gemeinschaft markiert werden könnte, erscheint als zu umgehendes Risiko. Umgekehrt ergibt sich in dem Moment, in dem bestimmte Güter zum normalen Ausstattungsstandard zählen, ein Imitationszwang.

Die Benutzung von erworbenen Waren ist im Rahmen der Praxis des Konsums keine bloße utilitaristische Verwendung, sondern fügt sich ein in den Prozess einer Stilisierung des Subjekts, einer Stilisierung für andere und für sich selbst. Wenn das Subjekt lernt, sich selbst als ein – äußerlich sichtbares – Bild zu verstehen, dann sind die Artefakte die entscheidenden Vehikel, um dieses Bild in Richtung eines Ideal-Ichs zu modifizieren, Artefakte, die man unmittelbar am Körper trägt und mit denen man den visuellen Eindruck von vornherein beeinflussen kann, aber auch die Artefakte, die den privaten Lebensraum, das heißt das Haus oder die Wohnung, prägen oder jene Genussmittel (in den 1920er Jahren prominent die Zigarette), die schnell vernutzt werden. Sich in diesem Sinne zu stilisieren, setzt ein Stilvermögen voraus, welches das Subjekt in der Konsumkultur erwirbt; es muss lernen zu erkennen, welche Gegenstände zueinander passen, um damit einen homogenen

›Stil‹ zu fabrizieren. Voraussetzung hierfür ist die massenhafte Produktion von Gegenständen mit einem ›Design‹ seit den 1920er Jahren, in denen auch einfache Gebrauchsgegenstände mit dem *added value* einer spezifischen ästhetischen Attraktivität ausgestattet werden. Durch die Herstellung stilistischer Sets, in denen Artefakte in ihrem Design von vornherein aufeinander abgestimmt sind, wird die Ausbildung dieses Stilvermögens befördert. Die Stilisierung der eigenen Person durch Konsumobjekte ist dabei fremd- und selbstreferentiell zugleich: Nach außen wird der gewünschte Eindruck eines Subjektideals vermittelt, nach innen findet das Subjekt Befriedigung in der begehrten Außendarstellung, *und* es kann – ganz unabhängig von etwaiger Fremdbeobachtung – Befriedigung aus der Ästhetik der Objekte und aus seinem über die Objekte veränderten Selbstbild ziehen. Die *Benutzung* von Konsumobjekten ist identisch mit dem *Erleben* dieser Objekte, mit ihrem Erleben als Quelle des Begehrens; dessen Elemente sind das Erleben des eigenen, ästhetisch stilisierten Selbstbildes wie auch das Erleben des stilisierten Fremdbildes für andere.

Innerhalb der Angestelltenkultur folgt diese Stilisierung dem Muster einer Ästhetik sozialer Perfektion. Die Konsumentenkultur der organisierten Moderne trainiert ihr Subjekt darin, mit Hilfe der Konsumobjekte eine sozial anerkannte, personale Perfektion zu erreichen, die ihm primär nach außen soziale Attraktivität sichert und ihm sekundär selbst den ästhetischen Genuss der makellosen Darstellung verschafft. Das Leitkriterium des Konsums der Angestelltenkultur ist das »perfectionist ideal of personal efficiency«,[173] das Auftreten als perfekte Oberfläche, die den Standards sozialer Normalität entspricht und damit sozialen Erfolg zu sichern verspricht. Kleidung, Kosmetika, Einrichtungsgegenstände, Haushaltsgegenstände, Automobile – sie alle sollen zu einer sozial erfolgreichen Erscheinung beitragen. Auch ein entsprechender Standard technischer Modernität zählt dazu. Der Konsum in der Angestelltenkultur ist jedoch nicht allein normalisierend, sondern zugleich ästhetisierend: Die Normalisierung wird gewissermaßen ästhetisch zweitcodiert. Es ist eine Ästhetik der perfekten Form, die eine solche Ästhetisierung des Normalen ermöglicht. Die Ästhetik der perfekten Form, der »pleasure of geometric forms«[174] wird im Kontext des postavantgardistischen, neusachlichen Modernismus, prototypisch im International Style der Architektur und des Designs, entwickelt und kann von einer Ästhetik der Objekte auf eine Ästhetik des Subjekts (oder besser des Subjekts mit seinen (Konsum-)Objekten) transferiert werden: Das Subjekt nimmt sich als attraktiv – attraktiv für andere und attraktiv

---

173 Lears (1994), S. 162.
174 Le Corbusier (1927): Towards a New Architecture, Oxford 1974, S. 45.

für sich selbst – wahr, wenn es die »smooth, logical coolness«[175] perfekter Oberflächen bildet, in denen alle Elemente zusammenpassen und auf schmückende Ornamente verzichtet wird. Das Bild des weiblichen Subjekts als technisch perfekt ausgestattete Haus- und Ehefrau mit Sex-Appeal, das Bild des erfolgreichen Geschäftsmannes, der perfekten *peer*-Party mit Gästen im häuslichen Ambiente – diese Ich-Ideale der Angestelltenkultur (die aus der Sicht der späteren postmodernen Kultur in ihrer sozialen Konventionalisierung nur als unauthentisch wahrgenommen werden können) erscheinen dem Angestelltensubjekt attraktiv und begehrenswert, indem hier ästhetische »visions of perfection«[176] zum Einsatz kommt. In der Angestelltenkultur existiert keine Vielzahl von Stilen und keine Anforderung an das Subjekt, sich seinen eigenen zu kreieren bzw. einen passenden zu wählen, vielmehr eine Anforderung, zur Exemplifikation des einen, nach dem Bild der präzisen Maschinen – der geometrisch-geordneten Oberfläche – geformten modernistischen Stils zu werden.

Die hybride Doppelcodierung von perfektionistischer Normalisierung und Ästhetisierung, die das Konsumsubjekt in der organisierten Moderne zum Einsatz bringt, ist damit potentiell instabil, und zwar in einer vergleichbaren Weise, wie dies auf der Ebene der Rezeption audiovisueller Medien für die Spannung zwischen dem ästhetischen Sinn und dem Realismus-Effekt gilt: Die Konsumtion im Kontext der nach-bürgerlichen visuellen Kultur implementiert im Subjekt ein Begehren nach Objekten, die zum Bildmaterial für Bedeutungszuschreibungen und Imaginationen werden und die das Subjekt zu benutzen versucht, um seinem stilisierten Ich-Ideal näher zu kommen; sie verankert in ihm eine Wertschätzung von im bürgerlichen Sinne ›unproduktiven‹, exzessiven Aktivitäten, die nicht um des Nutzens, sondern um des hedonistischen Genusses willen vollzogen werden. Dass im Rahmen der Angestelltenkultur dieser Ästhetizismus der Konsumtion, der Charakter der ›Verausgabung‹ (Bataille), den sie selbst hervorbringt, kombiniert wird mit der post-bürgerlichen Anforderung einer Mäßigung des Konsums durch ein Modell sozialer Perfektion, der technisch-wissenschaftlichen Nützlichkeit der Güter und der Standards der *peer society*, kann dem Subjekt potentiell als Limitierung seiner hedonistischen Möglichkeiten erscheinen. Das, was ein begehrenswertes Objekt seiner Selbststilisierung und seines Erlebens ist, kann den kollektiven Anforderungen des ›perfectionist ideal of personal efficiency‹ (J. Lears) widersprechen. Die Kultur der organisierten Kultur züchtet im Subjekt einen Sinn für das Begehren nach Gegenständen und nach einer ästhetischen Stilisierung seiner selbst heran und versucht gleichzeitig, diesen mit den Standards des kopierten

175 Ward (2001), S. 9.
176 Ewen (1988), S. 85.

Konsums wieder einzuschränken, im exzentrischen Extrem als illegitim erscheinen zu lassen. Die postmodernistischen Kulturbewegungen der 1960er und 70er Jahre lassen sich als Antworten auf diese Fissur in der nach-bürgerlichen Subjektkultur verstehen: Die *counter cultures* entfalten ein Subjektivitätsmodell, das auf die spielerische Unbegrenztheit des Begehrens, der semiotischen Aufladung von visuellen Oberflächen und der subjektiven Selbststilisierung setzt, welche bereits in der nun als repressiv abgelehnten Angestelltenkultur systematisch vorbereitet wurde, um sich gleichzeitig von den nun als konformistisch gedeuteten anti-exzentrischen Standards der sozialen Normalität abzugrenzen. Die neue hegemoniale Kultur der urbanen *creative class* seit den 1970er und 80er Jahren wird zentrale Elemente der Gegenkulturen aufnehmen und ein Konsumsubjekt forcieren, das an der – niemals erreichbaren – Befriedigung des individuellen Begehrens durch die Konsumobjekte und an der individuellen Differenz statt an der sozialen Normalität der *peers* orientiert ist.

3.2.4 Die extrovertierte Sozialorientierung des Angestelltensubjekts und seine Ästhetik der perfekten Form: Die Post-Bürgerlichkeit der Subjektordnung der organisierten Moderne

In der Kombination von organisationellen Arbeitspraktiken, den Praktiken persönlicher Beziehungen im Rahmen der *peer society* sowie jenen des Umgangs mit audiovisuellen Medien und Konsumobjekten bildet sich in den 1920er bis 70er Jahren eine im Verhältnis zur bürgerlichen Moderne des 18. und 19. Jahrhunderts neuartige kulturelle Formation, eine neue Subjekt- und Modernitätskultur heraus. Ausgehend von den USA, vermag diese organisierte Moderne und ihre Angestelltenkultur durch ihre Institutionalisierung in den sozialen Feldern und ihre Verankerung in – psychologischen, massenmedialen, politischen – Interdiskursen eine nach-bürgerliche kulturelle Dominanz zu etablieren. Die klassisch bürgerliche Subjektordnung wird nun als Ausdruck des Vor-Modernen repräsentiert und rückt – zumindest als geschlossene Lebensform – an die kulturelle Peripherie der organisiert-modernen Gesellschaft. Die neuartigen Praxis-/Diskurskomplexe der Arbeit, der Intimität, der Medien und des Konsums leiten im Sinne einer Überdetermination die Produktion eines nach-bürgerlichen Subjekts, eines ›Angestelltensubjektes‹ an. David Riesman hat diesen Übergang vom bürgerlichen zu einem nach-bürgerlichen Habitus Ende der 1940er Jahre plakativ als Transition von einem *inner-directed* zu einem *other-directed* Subjekt beschrieben. Die Struktur dieser nach-bürgerlichen *personality*, die den bürgerlichen *character* als dominante

Form ablöst, stellt sich jedoch als doppelschichtig und doppelbödig heraus.[177] Das nach-bürgerliche Subjekt trainiert sich in einem doppelten Sinne in außenorientierter Extroversion. Der leitende Maßstab der Subjektkultur ist einerseits die Orientierung am ›Sozialen‹, die ›social ethics‹ der ›togetherness‹, die Integration in ein ›sportliches‹ Kollektiv von *peers* – in der Arbeit, der Familie oder der Freizeit –, damit eine Orientierung an den Standards sozialer Normalität der ›Gruppe‹. Extrovertierte Techniken des ›social adjustment‹ und des ›impression management‹ avancieren zu *dispersed practices* des Normalismus (J. Link), und die Entemotionalisierung des Subjekts, die Vermeidung sozial negativer Expressionen der Innenwelt in seiner Außendarstellung, deren Vorbild die technische Sachlichkeit und Perfektion ist, wird zur zentralen Aufgabe des Selbsttrainings. Die ›well adjusted personality‹ avanciert zum Idealtypus in den Diskursen der Psychologie, welche in den 1920er bis 60er Jahren den leitenden humanwissenschaftlichen Subjektdiskurs formuliert, und das ›asoziale‹ Subjekt ist seine Negativfolie. *Gleichzeitig* und zunächst sekundär ist die Extroversion der nach-bürgerlichen Subjektform jedoch eine ästhetisch orientierte: Das Subjekt lernt, visuelle Oberflächen von Dingen, von anderen Personen und von sich selbst als Projektionsflächen seiner Imaginationen und seines Begehrens, als Objekte der ›Attraktivität‹ zu behandeln, und zwar im Konsum, im Umgang mit audiovisuellen Medien, in sexuellen und in *peer*-Beziehungen gleichermaßen. Die Orientierung am Außen statt am bürgerlichen Innen der Moral, der Souveränität und der Empfindsamkeit, in der sich das Angestelltensubjekt übt, ist eine Orientierung an den Erfordernissen der informellen Sozialwelt der ›social ethics‹ und ›peer society‹ *und* in zweiter Linie eine Orientierung an der attraktiven, begehrenswerten Visualität von Personen und Dingen.

Es stellt sich damit heraus, dass das Angestellten-Subjekt sowohl gegenüber der klassisch bürgerlichen Subjektkultur als auch gegenüber

177 Vgl. Riesman (1949/1961). Riesmans Darstellung bleibt instruktiv, aber ihr mangelt es an einer präzisen Analyse der komplexen, widerspruchsanfälligen Überlagerung der Sinnmuster des Sozialen und des Ästhetischen in der amerikanistischen Kultur. Zur Gegenüberstellung von ›character‹ und ›personality‹ vgl. Susman (1984), S. 271-285. Eine Interpretation der kulturellen Widerspruchsstrukur des Angestelltensubjekts findet sich in Daniel Bell (1976): The Cultural Contradictions of Capitalism, New York 1996. In ihrer Fixierung auf den Disziplinierungsaspekt nur begrenzt anschlussfähig erscheinen die Modelle eines ›fordistischen Sozialcharakters‹: Rudolf Lüscher (1988): Henry und die Krümelmonster. Versuch über den fordistischen Sozialcharakter, Tübingen, gestützt von Antonio Gramsci (1971): Selections from the Prison Notebooks, New York, S. 277-318.

jener, die von den ästhetischen Avantgarden auf den Weg gebracht wird, nach Art eines ›doppelten Doppels‹ in einer *immanent gegenläufigen* Beziehung von kultureller Appropriation und Differenzmarkierung steht. In einigen seiner Eigenschaften – seiner Entmoralisierung und Entpsychologisierung, seinem Ideal der Informalität und der Zerstreuung, seinem Leitbild des Kollektiven und des Technischen – übt es strikte Distinktion zur bürgerlichen Kultur. In anderen Subjektanforderungen – seiner Orientierung an der Moderatheit und Kontrolliertheit, seinem Modell der Transparenz und Rationalität, auch seinen Schlüsselpraktiken der Kommunikation – reappliziert die Angestelltenkultur Elemente der bürgerlichen Kultur, so dass sie aus der Perspektive der späteren Gegenkultur und der Postmoderne als deren bloße Verlängerung erscheinen kann. Die Angestelltenkultur reproduziert Teile der bürgerlichen äußeren Form des Subjekts, lässt jedoch den bürgerlichen»Geist aus diesem Gehäuse [entweichen]«;[178] sie distanziert sich vom bürgerlichen ›Inhalt‹, von einer auf das Innen orientierten Motivationsstruktur der Moralität, der seriösen Integrität, der Selbständigkeit, der Empfindsamkeit und der Bildung. Die Angestelltensubjektkultur ist *post*-bürgerlich in einem zweifachen Sinne – sie hebt das Bürgerliche auf und hebt es in sich auf. Im Innern der nach-bürgerlichen Subjektform tritt an die Stelle der bürgerlichen Moral- und Souveränitätsorientierung die ästhetische Orientierung an der Attraktivität des begehrenswerten, imaginationsoffenen Visuellen (einschließlich der eigenen Person als Visuelles). Dabei ist auch das Verhältnis zur avantgardistischen Subjektkultur ein immanent gegenläufiges. Die Angestelltenkultur imitiert aus dem ästhetischen Modernismus das Ideal momentanistischer Zerstreuung, die Orientierung an der Ästhetik des Visuellen, auch die Aufwertung des Sexuellen. Aber gleichzeitig ist das avantgardistische Modell einer radikalen Transgression des Subjekts, seiner anti-konventionellen Ausrichtung an der ästhetischen Selbstüberschreitung das exzentrische und ›narzisstische‹ Andere, das die Sozialorientierung der Angestelltenkultur als anormal verwirft. Dadurch, dass die Angestelltenkultur die Ästhetisierung der Subjekts durch die post-avantgardistische, entindividualisierende ›Ästhetik der perfekten Form‹ codiert, lässt diese sich zunächst mit der Orientierung an den Normalitätsstandards sozialer ›togetherness‹ kombinieren; beide bringen ›überdeterminiert‹ das außenorientierte Angestelltensubjekt hervor. Die Orientierung an der Harmonie des Sozialen (und des Technischen) *ist* auf einer ersten Ebene zugleich eine Orientierung an der Ästhetik der perfekten Formen von Personen und Dingen, so dass sich scheinbar ein homogenes Subjekt ergibt. Zwischen dem sozialorientierten Normalismus und der Heranbildung eines ästhetischen Sinns ergibt sich jedoch eine Fissur, so dass

178 Weber (1920), S. 204.

zwei potentiell gegenläufige Ansprüche des Subjekts an sich selbst in latenter Konkurrenz zueinander treten: der Anspruch des Sozialen und jener des Ästhetischen.

Social ethics, Normalismus und Entemotionalisierung

Während das klassisch bürgerliche Subjekt seine Praxis im Medium einer allgemeingültigen Moral und in einer mit dieser verknüpften (wie in latenter Spannung stehenden) Souveränität der Selbstregierung fundiert, lässt sich das Angestelltensubjekt auf einer ersten Ebene von einem Code des Sozialen leiten: Es formt und perzipiert sich primär als eingebettet in die sozialen Beziehungen mit seinen *peers*, es ist ein Ego, das sein Verhalten in erster Linie am Urteil dessen orientiert, was der ›signifikante Andere‹ als sozial akzeptables Verhalten definiert, ohne dass dabei eine moralisch-souveräne Hinterwelt ›natürlicher‹ Subjekteigenschaften in Anspruch genommen würde. Trotz aller Differenzen zwischen den Feldern der Arbeit, der persönlichen Beziehungen und der konsumtorisch-medialen Praktiken treiben alle drei die homologe Form eines Subjekts als sozialorientiertes hervor. Das kulturelle Modell der ›social ethics‹ bezieht sich in erster Linie auf die Arbeit in der Korporation und das Modell der ›peer society‹ auf die Privatsphäre des Angestellten, letztlich erscheinen ›social ethics‹ und ›peer society‹ jedoch als sich gegenseitig verstärkende Codierungen, die beide jeweils das Ganze der nach-bürgerlichen Praxis markieren. Das ›passionate attachment‹ des post-bürgerlichen Subjekts heftet sich nicht an eine Figur, die ihre Eigenständigkeit durch Arbeit an sich selbst sichert und sich dabei seiner moralischen Integrität gewiss ist, sondern daran, eine in der *peer society* anerkannte Person zu sein – in seiner Zugehörigkeit zu sozialen ›Gruppen‹ der Organisation, in den persönlichen Beziehungen und in der Freizeit. An die Stelle einer Subjektform, deren äußeres Handeln in ihrer – nach allgemeinen bürgerlich-romantischen Regeln geformten – Innenwelt, einer Interiorität des Gewissens, der Bildung, der Empfindungen und der Kultur fundiert ist, tritt eine Subjektform, welche die Ausbildung einer Innenwelt reduziert und sich an die ›äußere‹ Ebene gruppenförmiger Sozialität bindet. Das Angestelltensubjekt übt sich darin, eine im spezifischen Sinne ›extrovertierte‹ Persönlichkeit zu sein, und diese extrovertierte Persönlichkeit bildet sein affektiv aufgeladenes Ideal-Ich.

Der Code des ›Sozialen‹, der ›social ethics‹, wie er die Subjektkultur des Angestellten in allen ihren Praktiken homolog anleitet, ist ein spezifischer und zu unterscheiden vom bürgerlichen Verständnis des Inter-Subjektiven als Konstellation des Austausches oder der Empfindsamkeit. Analog dem bürgerlichen Subjektdiskurs im 18. und 19. Jahrhundert – dessen Universalitätsanspruch nun dekonstruiert und dem ein verfehlter ›Individualismus‹ und ›Moralismus‹ vorgeworfen wird – versucht auch die Praxis-/Diskursformation der organisierten Moderne ihre kulturelle Hegemonie durch eine Universalisierungsstrategie zu installieren, in der sich ihre historisch-spezifischen Subjektcodes als Darstellungen der universalen Struktur ›des‹ Subjekts und dieses als alternativlos sozialorientiertes präsentieren. Dieser sozialorientierte Subjektcode erlangt eine prototypische Form in den humanwissenschaftlichen Diskursen im weiteren Umkreis des US-amerikanischen *progressivism* der 1920er bis 6oer Jahre, in seiner Sozialpsychologie, Sozialarbeit und Pädagogik, seinem ökonomischem ›human relations‹-Ansatz, seiner pragmatistischen und rollentheoretischen Soziologie.[179] In der post-bürgerlichen Subjektkultur bildet das ›Soziale‹ weder eine abstrakte Ebene gesellschaftlicher Totalität noch wird es auf der Ebene inter-subjektiver, austauschförmiger oder sympathetischer Relationen vorkonstituierter Subjekte verortet. Das Soziale wird vielmehr auf der Ebene von ›Gruppen‹ situiert, das heißt von konventionalisierten *face-to-face*-Relationen zwischen Anwesenden, denen gegenüber dem Einzelnen eine Eigenqualität geregelter Erwartungen zukommt. In diesem Code des Sozialen tut sich idealerweise keine Differenz zwischen ›Individuum‹ und ›Gesellschaft‹ auf, vielmehr gewinnt das nach-bürgerliche Subjekt seine Identität erst in Zugehörigkeit zur gruppenförmigen Sozialität: Die Einpassung in die Erwartungen des Sozialen, seine Orientierung an der ›togetherness‹ der Gruppen ist die Konstitutionsbedingung des Normalsubjekts (so dass bürgerlich-romantische, heroische Subjektrepräsentationen vom ›Künstler‹ bis zum ›self-made man‹ im kulturellen Imaginären der organisierten Moderne als individualistische Pathologien – wie auch latentes Faszinosum – erscheinen müssen). Der nach-bürgerliche Einzelne wird zum Subjekt, indem er die normalisierenden sozialen Erwartungen eines ›generalisierten Anderen‹ in sich aufnimmt, indem er sich ein wechselhaftes soziales ›me‹, ein Ich in den Augen der sozialen Anderen zum Leitbild nimmt.[180]

In der Praxis-/Diskursformation der organisierten Moderne der 1920er bis 7oer Jahre wird ›das Soziale‹ primär weder als stratifika-

179 Vgl. zum folgenden William Graebner (1987): The Engineering of Consent. Democracy and authority in 20th America, Madison; Fass (1977), v.a. S. 119-259; Whyte (1956), insbes. S. 265-404; Becker (1993); Nikolas Rose (1996): Inventing Our Selves. Psychology, power, and personhood, Cambridge, S. 116-149. Vgl. zur Soziologie in dieser Phase auch Wagner (1993), S. 104 ff.

180 George Herbert Meads Sozialpsychologie als Sozialisationstheorie liefert die exemplarische intellektualisierte Form dieses nach-bürgerlichen sozialorientierten Subjektcodes, so wie Locke und Kant den bürgerlichen Subjektcode humanwissenschaftlich exemplifizieren und formieren.

torische Hierarchie von Personen noch in Form einer traditionalen Gemeinschaft mit festen Innen-Außen-Grenzen codiert. Die ›sozialen‹ Verhältnisse, an denen sich der Einzelne orientiert, sind nicht solche der Über- und Unterordnung von konkreten Personen und Kollektiven, sondern solche unter ›im Prinzip‹ Gleichen, einander Ähnlichen (was aus der Warte der erodierenden bürgerlichen Kultur das nach-bürgerliche Subjekt von vornherein dem Verdacht der ›Vermassung‹ aussetzen muss). Die Familie ist in diesem Sinne eine soziale Gruppe so wie die Partnerschaft, die freizeitorientierte *peer society* der ›suburbia‹ und die ›kollegialen‹ Verhältnisse in der Arbeitsorganisation der ›human relations‹. Soziale Orientierung bedeutet in diesem Modell nicht, dass der Einzelne sich bestimmten *Personen* unterordnet, sondern dass er sich in ein Geflecht von Interaktionen und ihren reziproken, von konkreten Personen gelösten *Erwartungen* einfügt und daraus den Gewinn der ›togetherness‹ zieht. Hier wirkt ein Code des Informellen, Lockeren, Sportlichen, der sich egalitär gegen den vorgeblichen Formalismus der bürgerlichen ›Gesellschaft‹ richtet. Das Training des Subjekts in der gruppenförmig-informellen Sozialität einer *peer society* im weiteren Sinne kreuzt die einzelnen Praxisfelder, aus denen sich die nach-bürgerliche Lebensform zusammensetzt, und verdrängt damit weitgehend jenen komplementaristischen Sphärendualismus, in den sich das spätbürgerliche Subjekt am Ende des 19. Jahrhunderts aufeinander abgestimmt und tragisch zugleich aufspaltete.

Die Sozialorientierung erfordert vom nach-bürgerlichen Subjekt feldübergreifend einen Erwerb von Dispositionen der Extroversion. Diese Extrovertiertheit ist eine der zwanglos erscheinenden sozialen Zugewandtheit und umfasst Eigenschaften eines Subjekts, das »sociable, outgoing, talkative, responsive, easygoing, lively, carefree, active, optimistic, changeable«[181] ist. Eine derartige Extroversion wird sowohl in der Angestelltenorganisation als auch der privaten und freizeitorientierten *peer society* geübt und ist das Ziel der ›Sozialisation‹, der Kinder und Jugendliche in der kulturell avancierten Angestelltenkultur ausgesetzt sind. Ein extrovertiertes Subjekt zu sein, bedeutet gleichzeitig, Techniken der Fremdbeobachtung und Selbstbeobachtung zum Einsatz zu bringen, die ein routinisiertes ›social adjustment‹ und ›impression-management‹ ermöglichen. Minutiöse Selbstbeobachtung ist eine Technologie bereits des bürgerlichen Subjekts. Während dort die Selbstbeobachtung in erster Linie vom Einsatz des inneren moralischen Sinns geleitet wird und auf Selbstregierung abzielt, ist in den nach-bürgerlichen Beobachtungstechniken Selbstreferentialität grundsätzlich ein

---

181 H. J. Eysenck (1964): Principles and methods of personality description, classification and diagnosis, in: ders. (1973): Eysenck on Extraversion, London, S. 17-30, hier: S. 18.

Produkt von Fremdreferentialität. Das Primat kommt der Fremdbeobachtung anderer Personen zu; diese erscheinen als Prüfstein für das eigene Verhalten. Einerseits gilt es andere Personen zu beobachten, da sie selbst ein Modell vorbildlicher *performances* – einschließlich ihrer äußeren Erscheinung – liefern. Die audiovisuellen Medien liefern hier ein Trainingsfeld der Beobachtung anderer, deren *performance*-Qualität ›testbar‹ (Benjamin) erscheint, deren Verhalten durch das Bildmedium technisch reproduziert wird. Gleichzeitig ist Fremdbeobachtung nötig, um die Reaktionen der anderen auf das eigene Verhalten zu überprüfen. Das ›social adjustment‹ als *dispersed practice* der Angestelltenkultur – in der Organisation, in der Partnerschaft und Familie, als Kind in der ›peer group‹, in der *suburbia*-Gemeinschaft, beim kopierten Konsum und der gemeinsamen Rezeption von Medien – ist keine einfache Anpassung an Gegebenes, sondern setzt ein Subjekt voraus, das nach Art eines ›Kreiselkompasses‹ (Riesman) eine beständige Beobachtung des Verhaltens anderer und deren Reaktionen auf das eigene Verhalten (looking glass self), eine Beobachtung des eigenen Agierens mit Blick darauf, was es bei anderen auslöst, sowie eine subtile Steuerung des Verhaltens betreibt, in der Absicht, damit die Reaktionen der anderen und das zurückgespiegelte Bild der eigenen Person zu beeinflussen. Da die Verhaltensstandards der Gruppe nicht konstant bleiben, muss sich der Einzelne dabei in einer reaktionsschnellen sozialen Alertness üben.

Soziale Alertness wird innerhalb der Angestelltenkultur nicht als blinder Konformismus (so die bürgerliche und gegenkulturelle Kritik), sondern als eine charakteristisch moderne Fähigkeit zur flexiblen Selbstveränderung verstanden, wohingegen jene charakterliche Beständigkeit und Bewährung, welche die bürgerliche Subjektkultur prämiert, als vormoderne Starrheit, als Unfähigkeit, sich auf Neues einzustellen, repräsentiert wird.[182] Beständiges Ziel der nach-bürgerlichen *personality* ist ein ›impression management‹, eine Beeinflussung der Interpretationen der anderen gegenüber der eigenen Person. Als extrovertiertes lernt das Subjekt damit, sich als ›performing self‹ zu begreifen, das nicht nur zum Teil, sondern vollständig in diesen für andere sichtbaren Aktivitäten *existiert*: Es existiert nur als sozialorientiertes Gruppensubjekt, und das Soziale ist die Sphäre des für Dritte Wahrnehmbaren. Das extrovertierte Subjekt basiert damit auf der Differenzmarkierung zu einem expressiven Subjekt. Es geht ihm nicht darum, sein Inneres nach außen zu kehren, nicht darum, Reflexionen, Motive oder Gefühle zu kultivieren und dieses innere Ich mitzuteilen. Es geht um die Demonstration eines Bildes seiner selbst durch das äußere Verhalten, um sich damit seiner Gruppenzugehörigkeit zu vergewissern: Das Ich *ist* dieses äußere, von anderen und auch in der Selbstspiegelung wahrnehmbare Bild. Das

---

182 Vgl. Fass (1977), S. 225-259.

›impression-management‹ ist nicht nur positiv auf eine Verbesserung der Fremdurteile bedacht, sondern beständig negativ von der Sorge getrieben, mögliche Peinlichkeiten sozialer Auffälligkeit zu vermeiden. Die Gruppe verleiht dem Subjekt ›soziale Identität‹, und sie kann sie ihm jederzeit wieder entziehen. Anders als in der klassischen bürgerlichen Kultur, in der dem Subjekt in diesem Falle noch seine Souveränität, seine Disziplin, seine Bildung, auch seine Imaginationen, damit seine ›Innerlichkeit‹, blieben und die dafür eine Semantik des ›heroischen Individualismus‹ zur Verfügung stellt, bleibt dem sozial exkludierten Subjekt der Angestelltenkultur kein komplex ausgebildeter Rückzugsraum des Inneren und keine die anti-soziale Konstellation prämierende Semantik.

Die ›social skills‹ des Angestelltensubjekts stellen sich somit gleichzeitig als Techniken der Vermeidung und Domestizierung von Emotionen und von individuellen ›Expressionen‹ dar: Die post-bürgerliche Subjektkultur betreibt eine Entemotionalisierung. Die äußere *performance* soll kein ›Ausdruck‹, keine Expression innerer Regungen sein, die unter dem Verdacht des Sozialunverträglichen stehen, sondern ist auf der glatten Fläche der Äußerlichkeit zu reproduzieren. Die reibungslose, freundliche Funktionalität des Sozialen setzt im Rahmen der Subjektkultur des Angestellten voraus, dass individuelle affektive Äußerungen vermieden werden, dass sich die ostentative Informalität mit einer entemotionalisierten Distanziertheit des Verhaltensstils verknüpft.[183] Im Extrem erscheint das nach-bürgerliche Subjekt dann als ›kalte persona‹ (Lethen), als Repräsentant einer sozialverträglichen Kühle (die darüber hinaus als ästhetische *coolness* zweitcodiert werden kann). Ablesbar in psychologischen Beratungsdiskursen der 1920er bis 60er Jahre, prämiert die nach-bürgerliche Kultur ein Subjekt, das in sämtlichen intersubjektiven Beziehungen[184] Gefühlsdemonstrationen vermeidet. Gefühle werden durchgängig negativ konnotiert, als potentiell sozial peinlich und dem

183 Zum folgenden vgl. Helmut Lethen (1994): Verhaltenslehren der Kälte. Lebensversuche zwischen den Kriegen, Frankfurt am Main; Peter N. Stearns (1994): American Cool. Constructing a 20th century emotional style, New York. Die Arbeiten von Erving Goffman lassen sich als Analysen des ebenso sozial gewandten wie wachsam-selbstkontrollierten Subjekts in der Kultur der US-amerikanischen organisierten Moderne lesen. Goffman rekonstruiert die entsprechenden Kontrollmechanismen der Peinlichkeit und Scham, vgl. (1963): Stigma. Über Techniken der Bewältigung beschädigter Identität, Frankfurt am Main 1975, auch (1959): The Presentation of Self in Everyday Life, London u. a. 1990.

184 Interobjektive Beziehungen können in diesem Zusammenhang hingegen legitimerweise emotional aufgeladen werden, vgl. Stearns (1994), S. 209-214.

Subjekt ›unangenehm‹, als Zeichen emotionaler Unreife. Die Notwendigkeit eines ›emotional management‹ im Sinne einer Reduktion der affektiven Innenwelt wird dabei in identischer Form für das männliche wie das weibliche Subjekt angenommen. Der Interdiskurs der Psychologie, der den Subjektcode der Angestelltenkultur formt, codiert im Gegensatz zur bürgerlichen, zumindest zur Hälfte ›empfindsamen‹ Kultur wie auch zum romantischen Diskurs Gefühle nicht nur generell als Negativum, sondern darüber hinaus als nichts natürlicherweise Gegebenes, vielmehr als kontingente Eigenschaften, die bei entsprechender Fremd- und Selbstsozialisation nicht entstehen müssen.

Emotionale Akte wie Zorn, Furcht und Eifersucht, die im Rahmen der bürgerlichen Kultur als kontrollbedürftig, aber in Maßen als legitimer Ausdruck eines Charakters gelten, erscheinen in der Praxis-/ Diskursformation der organisierten Moderne feldübergreifend als sozial schädlich, als vormodernes, destruktives Erbe. Emotionale Akte wie Schuldgefühle, Trauer, Mutterliebe, romantische Liebe, die im Rahmen des innenorientierten Anteils der bürgerlichen Kultur als notwendige, positive Regungen eines vollwertigen Subjekts erscheinen, als Bestandteile einer Innenwelt, welche die bürgerliche Kultur systematisch heranzieht, werden in der Angestelltenkultur zu Gegenständen einer Rückzüchtung: Gewissensängste wie auch emphatische Liebe bedrohen die Balance des sozial ausgeglichenen Subjekts. Ähnliches gilt für den Schmerz. Als ›tiefe‹ Emotionen werden sie zu ridikülen Relikten einer ›viktorianischen Innerlichkeitskultur‹, die das moderne, extrovertiert-sachliche Subjekt im wesentlichen hinter sich lässt. Dieses übt sich generell in der Ausbildung eines ›Reizschutzes‹, welcher es gegen emotionale Regungen verschiedenster Art imprägniert. Gleichzeitig implementiert die Angestellten- und peer-Kultur im Subjekt jedoch eine andere Emotionsform, die sozial wirksam und rasch abbaubar zugleich zu sein verspricht: Peinlichkeit und Scham. Wenn die moralorientierte bürgerliche Kultur für regelabweichendes Verhalten im Subjekt in erster Linie das intensive Gefühl der Schuld und Gewissensnot verankert und ihr Subjekt bemüht ist, Verhalten zu vermeiden, das seinem – der allgemeinen bürgerlichen Moral folgenden – Gewissen widerspricht, so bildet die Angestelltenkultur ein routinisiertes Gefühl der Scham und der Peinlichkeit aus, eine Angst vor dem sozialen Stigma, das sich einstellt, wenn der ›signifikante Andere‹ den Einzelnen als sozial inakzeptabel, im Extrem als ›anormal‹ betrachtet. Anders als Schuld und Gewissennot hängt Peinlichkeit vom Urteil der sozialen Anderen ab; anders als die in ihrer Internalisiertheit veränderungsresistenten Kriterien der Schuld stellen sich die Kriterien des Peinlichen entsprechend dem Wandel der sozial akzeptierten Verhaltensweisen als veränderbar dar.

Ein Subjekt, das sich im Reizschutz übt und die Bereitschaft und Fähigkeit zu affektiven Reaktionen abbaut, wird in der Kultur der organisierten Moderne nicht nur von einem Code des Sozialen im Sinne der sozialverträglichen Gruppenorientierung, sondern zugleich von einem Code des ›Sachlichen‹ modelliert.[185] Dessen Vorbild ist die Perfektion der Technik. Das Leitbild der Soziabilität kann sich mit jenem der Technik in der Kultur der organisierten Moderne zu einem Code des Sozio-Technischen hybride überformen: Das Technische wird wie das Soziale als eine Ebene überindividueller Rationalität repräsentiert. ›Technik‹ als Paradigma von post-bürgerlicher Rationalität und damit einer progressiv-modernen Gesellschaftlichkeit wie auch des ihr entsprechenden rationalen Subjekts ist eine Leitsemantik der humanwissenschaftlichen Interdiskurse der organisierten Moderne einschließlich jener der Kunst – etwa im Umkreis des formalistischen ›high modernism‹ und der ›Neuen Sachlichkeit‹. Technik erscheint hier nicht wie in der bürgerlichen Kultur als Mittel zum ›humanen‹ Zweck, sondern avanciert zum Ausdruck autonomer, formaler Geordnetheit, von artifizieller Perfektion, neutraler Funktionalität, die verspricht, die Irregularitäten des Naturhaften zu überwinden, damit zum Modell für die Gesellschaftsordnung und ihr sachliches Subjekt selbst. Insbesondere über die korporatistischen Arbeitsformen des ›Manager-Ingenieurs‹, in denen die Codes des Technisch-Effizienten und des Sozialorientierten einander übergestülpt sind, wird das Paradigma des Technischen in die nach-bürgerliche Subjektkultur implantiert. Die Vorstellung einer »Klarheit und Sauberkeit, in der sich uns die Präzision der Technik darstellt«,[186] die transparente Harmonie, die jedes Überflüssige vermeidende, reibungslose Effizienz und gleichzeitig die eigenständige, überindividuelle Dynamik des Technischen begründen ein kulturelles Modell des ›Sachlichen‹, welches sich auf das Subjekt und alle seine Sozialverhältnisse – einschließlich persönlicher Beziehungen – transferieren lässt. Die Anwendung auf persönliche Beziehungen wird durch psychologische Beratungsdiskurse gefördert, die seit den 1920er Jahren vor allem Ehe und Sexualität ins Visier nehmen und sich vom Modell affektreduzierter sachlicher Kooperationsbeziehungen leiten lassen. Die nüchterne und in diesem Sinne überlegene Sachlichkeit des Angestellten-Subjekts geht darin auf Distanz zum ›Sentimentalismus‹ der bürgerlich-romantischen Kultur. Sich vom Code des Technischen konstruieren

---

185 Zum folgenden vgl. Lethen (1994), Tichi (1987), Makropoulos (1997), Hilpert (1978), Howard P. Segal (1985): Technological Utopianism in American Culture, Chicago; Martin Lindner (1994): Leben in der Krise. Zeitromane der Neuen Sachlichkeit und die intellektuelle Mentalität der klassischen Moderne, Stuttgart/Weimar.
186 Erik Reger (1928): Die Erneuerung des Menschen durch den technischen Geist, in: E. Schütz/J. Vogt (Hg.): Der Scheinwerfer. Ein Forum der Neuen Sachlichkeit, Essen 1986, S. 19-22, hier: S. 20.

zu lassen, verspricht dem nach-bürgerlichen Subjekt eine Perfektion zu erreichen, welche die bürgerliche Welt aus der Sicht der organisierten Moderne nie besessen hat.

Die Kriterien, an denen sich das nach-bürgerliche Subjekt in seinen Praktiken und seiner Biografie orientiert, sind solche sozialorientierter ›Normalität‹.[187] Die Standards des Normalen sind dabei nicht jene des Normativen. Die bürgerliche Kultur ist eine normative Kultur, deren moralisch verankerte Normen als unbedingte Regeln im Innern des Subjekts wirken und die auch im Falle des normübertretenden Verhaltens ihre vernünftige Geltung nicht einbüßen. Die moralische Normativität erscheint allgemeingültig und nur in einem sekundären Sinne ›sozial‹; zwar wird bürgerliche Normativität auch durch intersubjektive Beobachtung kontrolliert und sanktioniert, aber im bürgerlichen Selbstverständnis besteht ihre eigentliche Geltungsgrundlage darin, dass in ihr eine allgemeingültige, im Innern verankerte Vernünftigkeit zum Ausdruck kommt, deren Befolgung in die Verantwortung jedes Einzelnen gestellt ist. Die Verhaltenskriterien des ›Normalen‹, so wie sie die Angestellten-*peer society* dominieren und wie sie durch ›normalistisch‹ orientierte verhaltenswissenschaftliche Diskurse munitioniert werden, finden ihre Geltungsgrundlage hingegen im faktischen Verhalten der Mehrheit, im sozial gängigen, ›durchschnittlichen‹ Verhalten, wie es in den sozialen Gruppen der *peers* und der Organisationen beobachtbar ist und wie es in den mittelschichtsorientierten audiovisuellen Medien und ihrem Bild des »normal citizen«[188] demonstriert wird. Im Unterschied zur postmodernen Kultur, in der die Beobachtung der Mehrheit den Hintergrund für eine Markierung individueller *Differenz zur* Mehrheit liefert und diese individuelle Differenz selbst zur sozialen Erwartung avanciert, bildet in der Angestelltenkultur das, was als durchschnittliches Verhalten zu beobachten ist, zugleich die positive Richtschnur des eigenen Verhaltens. Die Sozialorientierung des Angestellten-Subjekts stellt sich damit als eine normalistische Orientierung dar, das Subjekt »ist … ständig bemüht, den anderen zu zeigen, dass es normal und vernünftig ist«.[189]

187 Vgl. zum folgenden Jürgen Link (1997): Versuch über den Normalismus. Wie Normalität produziert wird, Opladen 1999, 2., aktualisierte und überarbeitete Aufl.; Nikolas Rose (1990): Governing the Soul. The shaping of the private self, London, S. 233-243; Whyte (1956), S. 265-404. Auf der Diskursebene wird der soziale Normalismus am pointiertesten bei Alfred Adler formuliert, vgl. Russell Jacoby (1975): Soziale Amnesie. Eine Kritik der konformistischen Psychologie von Adler bis Laing, Frankfurt am Main 1978, S. 42-66.
188 Ellis (1982), S. 169.
189 Vgl. Erving Goffman (1971): Das Individuum im öffentlichen Aus-

Eine Identifikation der Verhaltenskriterien mit dem sozialen Normalen stellt sich für das Subjekt als anspruchsvoller Anforderungskatalog heraus. Anders als die im Innern verankerte Moralität und souveräne Selbstregierung vermag das, was als soziale Normalität gilt, sich rasch zu verändern. Die Grenze zwischen dem Normalen und dem Nicht-mehr-Normalen ist nicht trennscharf und umfasst eine offene ›Normalitätszone‹. Diese erleichtert einen Wandel von Verhaltensstandards und liefert dem Angestelltensubjekt zugleich Anlass zu einer prinzipiellen Beunruhigung, inwiefern sein Verhalten tatsächlich den Normalitätskriterien entspricht; jeder ist »determined to be as normal as anyone else, or a little more so«.[190] Schließlich wird ›normales‹ Verhalten selbst interpretationsbedürftig. Dies ist das Thema der diagnostischen und therapeutischen Diskurse der Psychologie, die seit den 1920er Jahren explodieren und ihr Interesse vom ›irren‹, zum (nur) scheinbar normalen Verhalten verschieben. Die Umdeklinierung der Verhaltenskriterien von moralischer Normativität auf soziale Normalität beeinflusst auch die Repräsentation des Subjekts im Falle des Zuwiderhandelns: Die Distinktion gegen das Unmoralische (und zugleich Unsouveräne) wird von der Distinktion gegen das Anormale, damit Pathologische abgelöst. Während im Falle des Unmoralischen die entsprechenden *Verhaltensakte* des Subjekts normativ ›falsch‹ erscheinen, wird in Falle des Anormalen das *Subjekt als ganzes* als ›anormal‹, pathologisch, im Extrem den Gesetzen psychischer Gesundheit widersprechend etikettiert.

Der Code des Normalismus des Sozialen – in partieller Überformung mit jenem des Technisch-Sachlichen – liefert für den Praxis-/Diskursraum der organisierten Moderne die Grundlage ihrer Form der Universalisierung eines partikularen Subjektmodells, für die Etablierung eines ›universalen Horizontes‹, der scheinbar alternativlos, ohne ein symbolisches Außen herrscht. Es erscheint nichts Anderes denkbar, als das Subjekt als ein primär sozialorientiertes anzunehmen, das in seinem Verhalten den Standards sozialer Gruppen folgt, das erst in der Sphäre gruppenförmigen Interaktionen und ihrer ›Sozialisation‹ zu einem vollwertigen Subjekt wird und somit die Stabilität einer ›Identität‹ gewinnt. Das Modell sozialer Normalität formt neben den einzelnen Praxisfeldern der Angestelltenkultur dabei auch die zeitliche Struktur des Lebenslaufs und der Biografie ihres Subjekts; diese nimmt die Form einer ›Normalbiografie‹ an.[191] Der Normalbiografie entspricht ein Le-

tausch. Mikrostudien zur öffentlichen Ordnung, Frankfurt am Main 1982, S. 224.

190 Whyte (1956), S. 363.

191 Vgl. Martin Kohli (1986): Gesellschaftszeit und Lebenszeit. Der Lebenslauf im Strukturwandel der Moderne, in: Berger (1986), S. 183-208; Marlis Buchmann (1989): The Script of Life in Modern Society. Entry into adulthood in a changing world, Chicago.

bensmodell der Planbarkeit, ein Code, der aus dem sozio-technischen Modell der Planbarkeit der Korporation (und des Staates) transferiert wird. Im klassisch bürgerlichen Subjekt wurden die Standards eines respektablen Lebenslaufs gekoppelt an das Modell einer im Sinne des ›Rationalismus der Weltbearbeitung‹ – der im selbständigen Beruf sein paradigmatisches Exerzierfeld findet – aktivistisch gestaltbaren Biografie, gleichzeitig an das Muster einer ›inneren‹ Entwicklung, eines Bildungsprozesses der Persönlichkeit sowie an das einer langfristig sich reproduzierenden Familiengenealogie. Der Organisationscharakter des nach-bürgerlichen Arbeitens, in der statt des bürgerlichen Aktivismus eine stufenförmige Karriere im Vakanzwettbewerb gefragt ist, die kollektivorientierte Form der *peer society*, die sich zugleich als Ensemble von Kleinfamilien darstellt, und die Umstellung der Praktiken des Selbst von der Bildungs- zur Zerstreuungsorientierung treiben einen Umbau der kulturell dominanten biografischen Struktur voran. An die Stelle von innerer Entwicklung, selbständigem Aktivismus und Familiengenealogie tritt in der nach-bürgerlichen Normalbiografie die Eingliederung in die bestehenden sozialorientierten Muster der Organisationsgesellschaft und der *peer society*, damit die lebenslange Angestelltenexistenz und die Kleinfamilie. Die Karriere in den geschlossenen Positionssystemen der Organisation verleiht der Normalbiografie eine vorstrukturierte, planbare Linearität (die zusätzlich durch das neue Instrument der ›Sozialversicherung‹ gegen Ungewissheit geschützt werden soll)[192] – die innere Entwicklung, die mit der Entwicklung äußerer sozialer Respektabilität kombiniert war, wird durch den äußerlich sichtbaren, berechenbaren sozialen Aufstieg ersetzt, der in jeder Generation aufs Neue erfolgen soll.

Die Hegemonie des Codes des Sozialen, des Sachlichen und des Normalen in der post-bürgerlichen Modernitätskultur wird durch die Diskurse und die diagnostisch-therapeutischen Praktiken der neuen ›Psychologie‹ in jenen spezifischen Versionen, wie sie sich ausgehend von den Vereinigten Staaten seit den 1920er Jahren etablieren, hergestellt und aufrechterhalten.[193] Die Psychologie liefert den zentralen, szientis-

---

192 Zu diesem Aspekt vgl. Francois Ewald (1993): Der Vorsorgestaat, Frankfurt am Main; Jacques Donzelot (1984): L'invention du social. Essai sur le déclin des passions politiques, Paris.

193 Vgl. zum folgenden Nikolas Rose (1985): The Psychological Complex. Psychology, politics and society in England 1869-1939, London; Jacoby (1975); Francoise Castel/Robert Castel/Anne Lovell (1979): Psychiatrisierung des Alltags. Produktion und Vermarktung der Psychowaren in den USA, Frankfurt am Main 1982; Elizabeth Lunbeck (1994): The Psychiatric Persuasion. Knowledge, gender, and power in modern America, Princeton; Herbert Willems (1999): Institutionelle

tischen Interdiskurs des nach-bürgerlichen Subjektcodes, welcher über den Weg von Beratung und Therapie die Praxis selbst beeinflusst: im Feld der Arbeit über die sozialpsychologische Fundierung der *human relations*-Organisationen, die leistungssteigernden Psychotechniken und die Berufsberatung, in der Intimsphäre über die Therapie von Paaren und eine Beratung von ›Defiziten‹ in sexuellen Fragen, darüber hinaus in der sozialpsychologischen Erziehungsberatung, schließlich in Beratung und Therapien, die sich an das Subjekt in seiner Gesamtheit richten, Leitlinien seines ›sozialen Erfolgs‹ zur Verfügung stellen und die Normalität seiner Entwicklung einschätzen. Der psychologische Diskurs behandelt das nach-bürgerliche Subjekt in seinen faktischen Verhaltensweisen wie in seinen inneren Regungen als Gegenstand systematischer, quantifizierender Beobachtung. Anders als die Psychiatrie des späten 19. Jahrhunderts gilt das Interesse explizit nicht mehr dem ›Wahnsinnigen‹, sondern dem Durchschnitt des Normalen, um diesen in seiner technischen Effizienz zu steigern und um die ambivalente Zone zwischen normalem und anormalem Verhalten in den therapeutischen Blick zu nehmen. Die psychologische Diagnostik und Therapeutik, die Konstellation zwischen Psychologen und Klient ermöglicht damit eine institutionalisierte, sozial vermittelte Selbstbeobachtung des Einzelnen jenseits jener bürgerlichen Selbstbeobachtung, die im Bereich des Privaten verbleibt; auch Selbstbeobachtung bedarf nun einer ›sozialen‹, interaktiven Situierung. Leitend ist hier die behavioristische Vorstellung der grundsätzlichen Revidierbarkeit von Normalitäts- und Leistungsdefiziten durch Verhaltensänderung: Wenn das Subjekt seine *performance ist*, vermag eine Modifikation der *performance* das Subjekt selbst umzuwandeln und dessen ›mental health‹ zurückzugewinnen. ›Identität‹ ist ein Leitkonzept der psychologischen Diskurse der organisierten Moderne und bezieht sich (ganz anders als die gleichfalls, aber im konträren Sinne ›identitätsorientierten‹ Diskurse der Psychologie und Politik seit den 1970er Jahren, deren Leitvorstellung die der individuellen ›Authentizität‹ ist) auf das Erreichen einer stabilen, sozial akzeptablen Subjektstruktur, einer Konsistenz und Dauerhaftigkeit von Kompetenzen und Dispositionen, wie sie dem normalen Erwachsenen eigen sein soll: »Ich-Identität« ergibt sich demnach daraus, dass »der Einheitlichkeit und Kontinuität, die man in den Augen anderer hat, eine Fähigkeit entspricht, eine innere Einheit und Kontinuität … aufrechtzuerhalten«.[194]

Selbstthematisierungen und Identitätsbildungen im Modernisierungsprozeß, in: ders./Hahn (1999), S. 62-101.
194 Erikson (1973), S. 107.

Der Anormale und die sekundäre Ästhetisierung

Die Subjektform der Angestelltenkultur beansprucht eine scheinbar alles und alle umfassende soziale Inklusion. Zwangsläufig muss ihre inklusive Identitätsbestimmung dabei auf einer Differenzmarkierung zu einem ›Anderen‹ beruhen, welches symbolisch und affektiv verworfen wird. Während für die bürgerliche Kultur dieses Andere primär ein amoralisches Subjekt – exzessiv, artifiziell und parasitär – und sekundär ein abhängiges, unsouveränes Subjekt ist, nimmt in der Kultur der organisierten Moderne ein *anti-soziales,* ein ›*asoziales‹,* sozial unberechenbares Subjekt, dem die Fähigkeit und der Wille fehlt, an den Normalitätsstandards der *peers* und der Organisation teilzunehmen, diesen Platz ein. Während die bürgerliche Kultur ihr symbolisches Anderes durchaus als Kollektiveinheit wahrnehmen und ›der Aristokratie‹, ›der Arbeiterschaft‹ oder ›den Kolonialvölkern‹ zuschreiben kann – welche dann Gegenstand entsprechender Bemühungen der Zivilisierung werden –, individualisiert die sozialisierte Kultur der Angestellten ihr Anderes: Asoziale, sozial unberechenbare Subjekte sind Einzelne, die sich selbst aus der ›togetherness‹ der Sozialität exkludiert haben, die aber mit Hilfe entsprechender Therapien potentiell wieder inkludierbar scheinen. Soziale Unberechenbarkeit ist ein exzentrisches Verhalten, ein Verhalten, das sich vom Zentrum des Gängigen entfernt hat, *deviant behaviour,* das bereits im Mittelschichtsalltag selbst sozial auffällig erscheint und dem das szientistisch-psychologisch gestützte Urteil des Pathologischen zugeschrieben werden kann. Die *anti-exzentrische Distinktion* richtet sich dabei gegen zwei Versionen des Sozial Unverträglichen: einerseits gegen ein *expressives Subjekt,* andererseits gegen ein *introvertiertes Subjekt;* das eine stülpt sein individuelles Inneres nach Außen und wird damit ›deviant‹, das andere verbleibt ganz in seinem psychischen ›Innen‹.

Das Normalsubjekt des ›social adjustment‹ markiert eine grundsätzliche Differenz zu einem ›expressiven‹ Subjekt, welches nach außen auffälliges, exzentrisches Verhalten demonstriert, in dem sich innere Besonderheiten, insbesondere Affekte manifestieren und das somit die soziale Anpassung verweigert.[195] Das expressive Subjekt zeigt einen Kontrollverlust an. Seine Expressivität kann von als exzentrisch erscheinendem Verhalten in der *peer society* – zum Beispiel exzessivem Konsum oder ›überzogener‹ Selbstdarstellung – über Zeichen von Unduldsamkeit und ›Aggressivität‹ im Umgang mit Anderen und ›perversem‹ Sexualverhalten bis hin zu demonstrativ gegen die Mehrheitsgesellschaft gerichteten

---

195 Zur Abgrenzung gegenüber dem Expressiven vgl. Lethen (1994), S. 102 ff.

Lebensstilen (Goffman verweist hier auf ›Bohemiens‹, ›Showleute‹ und ›Jazzmusiker‹)[196] reichen. Die Subjektfigur des ›Künstlers‹, die im Rahmen der bürgerlichen Kultur zwar unbürgerlich erscheint, aber in ihrer individuierten Kunstorientierung gleichzeitig einen Reiz auf das bürgerliche Subjekt (bis hin zum ›Bürger, der Künstler sein will‹) auszuüben vermag (und in der nachfolgenden postmodernen Kultur im Sinne des ›erfolgreichen Künstlers‹ selbst zum hegemonialen Subjektmodell werden kann), ist in der Kultur der organisierten Moderne ein prototypischer Repräsentant des sich durch Expressivität und Unkontrolliertheit selbst sozial exkludierenden, verdächtigen Subjekts. Dem expressiven Subjekt fehlt die Bereitschaft oder die Fähigkeit, die Standards sozialer Normalität wahrzunehmen und sein Verhalten, insbesondere seine individuellen Neigungen, an diesen auszurichten – es wird zum Gegenstand sozialen ›Stigmas‹.

Das expressive Subjekt *ist* extrovertiert, aber nicht im sozialverträglichen Sinne der ›togetherness‹. Die Subjektfigur des Introvertierten hingegen verweigert die Extrovertiertheit selbst. In der Angestelltenkultur muss damit der Introvertierte als ihr zweites riskantes, therapiebedürftiges Anderes erscheinen: Der Introvertierte – so die zeitgenössische psychologische Charakterisierung, die dazu tendiert, ihn mit dem ›Neurotiker‹ gleichzusetzen – ist »passive, quiet, unsociable, reserved, pessimistic, sober, rigid, anxious, moody«.[197] Ihm fehlen weitgehend jene ›social skills‹, die zur Partizipation an der *peer society* und dem kollegialen Austausch in der Organisation nötig sind. In ihrer anti-introvertierten Distinktion grenzt sich die *peer*-Kultur von einer Form des Subjekts ab, das primär in seiner Innenwelt – ob reflexiv, imaginativ oder emotional – lebt. Nicht, dass äußerlich wahrnehmbare anormale Verhaltensweisen gezeigt würden; die Zurückhaltung von der sozialen Interaktion selbst ist bereits ein Zeichen sozialer Auffälligkeit. Die größte Sorge der Eltern der avancierten Mittelschichten ist – wie Whyte und Riesman gleichermaßen beobachten –, dass ihr Kind zu ›introverted‹ (nicht zufällig in semantischer Nähe zum ›inverted‹) zu werden droht; sie tendieren dazu, »to equate the lone individual with psychic disorder«.[198] Die introvertierte Persönlichkeit erscheint unkalkulierbar, aber mehr noch ein Opfer ihrer selbst, das *per definitionem* psychisch

196 Goffman (1963), S. 176.
197 Eysenck (1964), S. 18. Die Gleichsetzung des Introvertierten mit dem Neurotiker findet sich ebd., S. 14.
198 Whyte (1956), S. 394. Vgl. auch David Riesman (1954): Individualism reconsidered, Glencoe, S. 258-270, Graebner (1987), S. 127-139, Jacoby (1975), S. 42-66; Matthew Schneirov (1994): The Dream of a New Social Order. Popular magazines in America, 1893-1914, New York, S. 128 – 161.

instabil werden muss und schließlich auch zum Opfer der anderen wird – als nicht ›regular guy/girl‹.[199] Es ist aus der Perspektive der nach-bürgerlichen Subjektkultur die klassisch bürgerliche Kultur, die in bestimmten ihrer Elemente, ihren in Einsamkeit vollzogenen schrift- und kunstorientierten Praktiken des Selbst, ihrer selbständigen Arbeit und der Pflege einer Gefühlskultur, ein solches pathologisches Muster des Introvertierten herangezüchtet zu haben scheint.

Die Praktiken der nach-bürgerlichen Lebensform in den Feldern der Arbeit, der persönlichen Beziehungen sowie den medialen und konsumtorischen Techniken des Selbst bauen *nicht* bruchlos auf einem Modell der Sozialorientierung und einem Subjekt der ›social ethics‹ auf. Die Angestelltenkultur implementiert in ihrem Subjekt parallel zur Sozialorientierung in allen ihren Feldern eine ästhetische Orientierung, ein Begehren nach der Attraktivität visueller Oberflächen, die zur Projektionsfläche von faszinierten Imaginationen und zum Gegenstand der Zerstreuung werden.[200] Die extrovertierte Orientierung des Subjekts ist nicht nur eine, die sich an der ›togetherness‹ der Gruppe ausrichtet, sie entwickelt gleichzeitig eine Faszination gegenüber visuellen Oberflächen: Indem sich das Subjekt in einer Beobachtung des Außen statt des Innen übt, richtet es sein Interesse auf soziale Erwartungen, technische Regelmäßigkeiten und ästhetische Visualitäten *zugleich*. Die Sozialorientierung und die ästhetische Orientierung werden in der Subjektkultur der organisierten Moderne zunächst aneinander gekoppelt. Im Sinne einer Ästhetik der perfekten Form scheinen der ästhetische Reiz und die Demonstration sozialer Perfektion *identisch*. Diese ästhetische Orientierung des nach-bürgerlichen Subjekts ist kein bloßer Nebenaspekt seiner Existenz; die subjektiv so wahrgenommene ›Gelungenheit‹ von Subjektivität in der Angestelltenkultur *beruht* auf den ›Reizen‹ des Ästhetischen. Ästhetik hat sich hier vollständig von der Kunst im bürgerlichen Sinne gelöst, richtet sich vielmehr auf eine Ästhetisierung von Aspekten des Alltagslebens selbst.

Ihr augenfälligstes Training findet diese ästhetische Orientierung in den nach-bürgerlichen Technologien des Selbst, die nun in erster Linie solche der Rezeption audiovisueller Medien und des Konsums sind. Die Motivation, die diese Aktivitäten vermitteln, ist eine der Zerstreuung, und das Medium, in dem diese Zerstreuung stattfindet, ist jenes der Visualität. Das Subjekt lernt, sich weitgehend zweckfrei und genussorientiert den visuellen Sequenzen der neuen Medien auszusetzen und ›ver-

---

199 Vgl. Fass (1977), S. 119-167.
200 Vgl. zur Bedeutung und Form der Ästhetisierung in der organisierten Moderne nur Benjamin (1936), (1939), Ward (2001), Makropolous (1997), Hilpert (1978), Ewen (1988), S. 153-217, Jervis (1998), Pendergast (2000), Davis (2000), Tichi (1987), S. 171-288.

wendet‹ Konsumobjekte zum Zwecke der Stilisierung; es lernt, visuelle Oberfläche als Spielfeld kontingenter Bedeutungszuschreibungen und Imaginationen in Anspruch zu nehmen, sie als Quelle ästhetischer Reize zu benutzen. Im Medium des Visuellen erscheint das Subjekt selbst als ein voyeuristisch betrachtbares Bild (im Extrem als ›Star‹). Das Modell des Subjekts – wie auch der Dinge – ist hier eines der Attraktivität, das einer begehrenswerten äußeren Erscheinung und *performance*. Auch hier schult sich das Subjekt darin, andere Personen und sich selbst nicht von innen, sondern ›von außen‹ zu betrachten; aber das Äußere interessiert nun nicht in seiner sozialen Passung, sondern in der Qualität seiner ästhetischen Visualität, als visueller Reiz. Diese Ästhetisierung des Subjekts bleibt nicht auf die Rezeption audiovisueller Medien und den Konsum beschränkt, sondern betrifft auch die persönlichen Beziehungen in der *peer society*, in schwächerem Maße die Arbeit des Angestellten. Die offensive – freilich normalistisch domestizierte – Sexualisierung und Erotisierung der Mann-Frau-Beziehungen und auch des Bildes des weiblichen, schwächer des männlichen Subjekts selbst, die in der nachbürgerlichen Kultur betrieben werden, verwandelt diese Beziehungen in legitim ›zerstreuungsorientierte‹. Sexualität erscheint nun selbst als eine Sphäre des legitimen ›Konsums‹ und visuelle Attraktivität das zentrale Kriterium der Geschlechterbeziehungen (wie auch die zentrale Sorge der Beteiligten). Diese ›Attraktivität‹ der äußeren *performances* und Erscheinungen im weiteren Sinne liefert das Kriterium, nach dem in der gesamten freizeitorientierten *peer society* Subjekte einander betrachten. Selbst im Feld der Arbeit kann das Angestelltensubjekt seinem ›Erfolg‹ eine ästhetische Dimension abgewinnen, in dem es über den erreichten sozialen Status hinaus affektiven Gewinn aus seinem bruchlos gestalteten, sorgfältig in der *performance* produzierten Bild bezieht. Generell richtet sich die Ästhetisierung, in der sich das Subjekt in der Angestelltenkultur übt, nicht nur auf andere, beobachtbare Subjekte oder Objekte, sondern auch auf sich selbst: Die eigene Person wird in ihrer ästhetischen Qualität als ›Bild‹ beurteilt und kann so selbst zum Gegenstand einer ›narzisstischen‹ Orientierung werden – diese steht in der sozialorientierten Kultur der organisierten Moderne gleichzeitig unter Verdacht.

Die Ästhetisierung von Subjekten und Objekten, welche die Angestelltenkultur im Konsum und im Film, in den sexuellen und *peer*-Beziehungen, teilweise auch im Bereich der Arbeit betreibt, folgt in ihrer dominanten Version einem sehr spezifischen Muster: einer Ästhetik der perfekten Form, einer neusachlichen ›Präzisionsästhetik‹. Im Prinzip könnten alle möglichen Eigenschaften von Subjekten oder Objekten als ›ästhetisch‹, begehrenswert oder attraktiv definiert werden. Im Prinzip könnte die ästhetische Qualität in das individuelle Belieben des Erlebens des Einzelnen gestellt werden, ein Kriterium, das aus der Romantik vertraut ist und das im Postmodernismus und der Postmoderne neue Relevanz erhält. Die Angestelltenkultur betreibt keine Subjektivierung, sondern eine Objektivierung des Ästhetischen, sie setzt ›objektive‹ perfekte Formen als ästhetisches Ideal voraus und bezieht hier Sinnelemente aus dem post-avantgardistsichen ästhetischen Modernismus, dem abstrakten Formalismus.[201] Diese wiederum sind vom Ideal technischer Perfektion beeinflusst. Der Code des Technischen der organisierten Moderne ist durchgängig auch ästhetisch konnotiert. Die scheinbar ›reinen‹, ›klaren‹, weder ornamentalen noch ambivalenten Strukturen des Technischen enthalten selbst eine post-humane Ästhetik, sie regen einen »pleasure of geometric forms«[202] an. Diese »visions of perfection«[203] liefern gewissermaßen einen kollektiv verbindlichen Maßstab des Ästhetischen, der in der übersubjektiven Logik der ›Sache‹, des Sachlichen verankert scheint.

Die Konsumobjekte im progressiv-technischen Stil, die Figuren der Hollywood-Filme in ihrer körperlich-modischen, im Verhalten stilisierten Vollkommenheit, das Muster des attraktiven *businessman*, der makellosen Ehe- und Hausfrau oder die maskulinisierte ›flapper‹ und ›new woman‹ – sie alle gewinnen im Kontext der dominanten Angestelltenkultur ihre Qualität als begehrenswerte Bilder dadurch, dass sie eine tadellose »structural simplicity and harmonious proportion«[204] repräsentieren, wie sie aus dem Modell des Technischen vertraut ist und im ›international style‹ des post-avantgardistischen ästhetischen Modernismus künstlerisch-technisch verarbeitet wird, der ›Objektivität als Spektakel‹ (Lipovetsky) betreibt. Das symbolische Andere dieser ästhetisierenden Betrachtung von Subjekten ist das ›Unattraktive‹ im Sinne des Nicht-Perfekten, des Unregelmäßigen. Das *sozial Anormale* ist zugleich *ästhetisch unattraktiv* – jene, die keine ›regular guys/girls‹ sind, sind *doppelt* abstoßend. Dadurch, dass die Ästhetisierung der Alltagswelt im spezifischen Kontext der Angestelltenkultur der 1920er bis 60er Jahre dominant von der technisierten Ästhetik der perfekten Form geleitet wird, kann sie an die soziale Normalisierung gekoppelt werden. Indem das Subjekt den Gesetzen sozialer Normalität folgt, sich in die übersubjektiven Formen der Organisation und der *peer society* einfügt, ergibt sich eine ›Objektivität des Sozialen‹, eine reine, formale, scheinbar widerspruchsfreie Reguliertheit zwischenmenschlicher Verhältnisse, so dass das Subjekt, das diese Formen in besonderer Perfektion repräsentiert, selbst Gegenstand ästhetischen Begehrens wird, ähnlich wie

201 Vgl. Kap. 3.1.
202 Le Corbusier (1927), S. 45.
203 Ewen (1988), S. 85.
204 Basset Jones (1924): The modern building is a machine, in: The American Architect, Heft Januar 1924, S. 97.

dies für die ideale Harmonie technischer Formen als ganze gilt. Die entemotionalisierte Kühle der makellosen Oberfläche von Subjekten kann dann auf einer zweiten Ebene ästhetisiert und als souveräne, begehrenswerte ›coolness‹ wahrgenommen werden (wobei die Semantik der ›coolness‹ explizit in der Populärkultur der 1950er und 60er Jahre geprägt wird[205]). Das *passionate attachment,* welches das Subjektmodell der organisierten Moderne bewirkt, beruht in erheblichem Maße auf dieser ästhetischen Attraktivität der ›perfekten‹ Subjekte und Objekte im Rahmen einer sozialorientierten und technologisierten Gesellschaft; gleichzeitig enthält die ästhetische Orientierung, die im nachbürgerlichen Subjekt verankert wird, sobald sie sich aus dem Korsett der Ästhetik der perfekten Form löst, das Potential, den Rahmen der organisierten Sozialorientierung und ihrer normalisierenden Perfektibilitätsansprüche zu sprengen.

Bürgerlichkeit und Avantgarde als konstitutives Außen der organisierten Moderne

Das Subjekt der Angestelltenkultur gewinnt seine Form in der Differenzmarkierung zum bürgerlichen Subjekt, und die Dispositionen des Angestellten stehen in Diskontinuität zu jenen des Bürgerlichen. Die Distinktion ist dabei notwendig selektiv, sie hebt bestimmte, negativ interpretierte Züge des bürgerlichen Subjekts hervor. Die Arbeit in der technisch-effizient strukturierten, auf arbeitsteiliger sozialer Koordination beruhenden Organisation gewinnt ihren Überlegenheitsanspruch in Differenz zur selbständigen, nun vorwissenschaftlich und vortechnisch erscheinenden Arbeit des bürgerlichen ›gentleman amateur‹; der Organisationshabitus löst den Selbständigenhabitus ab. Die ›informellen‹ persönlichen Beziehungen innerhalb einer *peer society* üben sich in Distinktion zur ›moralisch erstarrt‹ erscheinenden viktorianischen Kultur, zu deren Bildungs- wie Respektabilitätsgesellschaft, dem ›unaufgeklärten‹ Verhältnis zur Sexualität, der Fixierung von Geschlechtscharakteren; während der bürgerliche Intimhabitus sich von den Modellen der individualisierten ›Freundschaft‹ und des Bildungspaares, später der romantischen Liebe und dem strikten Dualismus der Geschlechter konstruieren lässt, ist der post-bürgerliche Intimhabitus zerstreuungsorientiert, stärker sexualisiert, stärker – aber keineswegs vollständig – geschlechterindifferent und im Sinne der *peer*-Beziehungen ›sozialisiert‹. Das Subjekt der ästhetischen Zerstreuung im Rahmen der Techniken des Selbst in den Feldern der audiovisuellen Medien und der Konsumtion gewinnt seine Identität in Abgrenzung zum nun als ›leblos‹ und ›introvertiert‹ erscheinenden bürgerlichen Bildungssubjekt;

---

205 Vgl. Ulf Poschardt (2000): Cool, Hamburg.

dessen an der Schriftkultur geschulten Kompetenzen werden von jenen an der visuellen Kultur geübten Dispositionen überlagert und teilweise verdrängt.

Insgesamt bewegt sich die Differenzmarkierung der Angestelltenkultur gegenüber ihrem symbolischen ›Außen‹ der bürgerlichen Kultur auf zwei Ebenen: Einerseits handelt es sich um einen Code des *Dynamischen* gegen das *Rigide*; gleichzeitig um einen Code des *geordneten Allgemeinen* gegen das *irregulär Individuelle*. Das bürgerliche Subjekt wird als rigide *und* individuell-irregulär repräsentiert, das nach-bürgerliche als dynamisch *und* nach den Gesetzen des Allgemeinen geordnet. Das extrovertiert-außenorientierte Subjekt nimmt für sich eine ›Dynamik‹ in Anspruch, eine bewegliche Anpassungsfähigkeit an die sich ständig verändernden Normalitätskriterien der Sozialwelt, während die moralische Diszipliniertheit des bürgerlichen Subjekts als ›starr‹ und den veränderlichen sozialen Erfordernissen von Arbeits- und Intimbeziehungen gegenüber unflexibel eingeordnet wird. Die bewegliche Informalität und lockere Sportlichkeit der *peers* grenzt sich von der als regungslos interpretierten ›Ernsthaftigkeit‹ und ›Formalität‹ des Bürgerlichen ab; die Zerstreutheit des nach-bürgerlichen Subjekts kontrastiert mit der inneren ›Konzentration‹ des Bildungssubjekts. Gleichzeitig gilt der Kultur der organisierten Moderne das bürgerliche Modell, Subjekt zu sein, in seinem ›bürgerlichen Individualismus‹, das heißt in seiner Orientierung an einem souveränen, sich selbst erhaltenden und in diesem Sinne jenseits eines Holismus des Sozialen plazierten Subjekts, als ein Raum unkalkulierbarer Irregularitäten. Die empfindsame und post-romantische emotionale Sensibilisierung des bürgerlichen Subjekts erscheint als Quelle von Irrationalität, als sentimentalisch, unsachlich und latent sozialunverträglich zugleich: Der introvertierte Aspekt des bürgerlichen Charakters, zudem seine Insistenz auf einem ›eigenständigen Bildungsprozess‹ wirken suspekt, asozial, er entzieht sich der Kontrolle des Sozialen. Die Selbständigkeit und Eigeninteressiertheit des bürgerlichen Arbeitens und die dyadische Individuierung bürgerlicher Freundschafts- und Liebesbeziehungen unterlaufen die Transparenz des Sozialen und werden als Quelle verdächtiger Idiosynkrasien repräsentiert. Es ist der Code der *technischen Rationalität,* verlängert in ein Sinnmuster transparenter, organisierbarer und steuerbarer Strukturen der Sozialität, der im kulturellen Horizont der organisierten Moderne das Ideal der Perfektion einer allgemeinen, übersubjektiven *und* zugleich dynamisch entwickelbaren Ordnung anleitet. Bürgerliche Subjektivität bleibt hinter dieser sozial-technischen Perfektibilität und Progressivität zurück, welche die Kultur der organisierten Moderne als Signum von Modernität repräsentiert.

Das bürgerliche Subjekt ist damit jenes Außen, von dem sich das Angestelltensubjekt abgrenzt, um zu sich selbst zu kommen. Gleichzeitig und paradoxerweise wirkt dieses Außen in der Kultur der organisierten Moderne positiv konstitutiv, als konstitutives Außen. Zentrale Elemente der bürgerlichen Modellierung des Subjekts werden in das Angestelltensubjekt transferiert, sie bleiben dort aufbewahrt und liefern ein implizites, fragiles Sinnfundament auch des Nach-Bürgerlichen. Die Angestelltenkultur präsentiert sich in ihrer Selbstbeschreibung als jenseits des Bürgerlichen, aber der Habitus des nach-bürgerlichen Subjekts wie auch die Codes, von denen es sich anleiten lässt, sind tatsächlich nur zum Teil dem Bürgerlichen gegenüber neuartig und indifferent. In anderer, zentraler Hinsicht wiederholen sich in abstrahierter Form Codes und Praktiken des Bürgerlichen in den Diskursen und Praktiken der nach-bürgerlichen Subjektkultur. Dieser kulturelle Transfer wird am deutlichsten in der negativen Abgrenzung von einem Anti-Modell des Subjekts: Die nach-bürgerliche Differenzmarkierung zu einem sozial unberechenbaren, exzentrischen Subjekt, als deren positive Kehrseite sich das sozial berechenbare, kontrollierte Subjekt der organisierten *peer society* präsentiert, appropriiert letztlich die bürgerliche Differenzmarkierung gegen ein exzessives, artifizielles und parasitäres Subjekt, dem sich die bürgerliche Moderierung und Selbstkontrolle gegenüberstellt; sie hebt diese in sich auf. Die Moderierung und Regulierung des bürgerlichen Subjekts verläuft zwar primär über das innenorientierte Medium der Moral sowie eine souveräne Selbstregierung, während die des Angestelltensubjekts im außenorientierten Medium der normalisierenden – technisch-szientistisch gestützten – Sozialität prozessiert. Damit reproduziert jedoch die Kultur der organisierten Moderne auf abstrakterer Ebene das Erfordernis der Moderierung und Regulierung des Subjekts auf der Grundlage allgemeiner, überindividueller Formen: eine anti-exzentrische Moderierung/Regulierung durch die sozio-technische Struktur der Organisation, durch die sozialorientierte Kontrolle der *peer society* einschließlich der Paar- und Eltern-Kind-Beziehungen, durch die ›realistische‹ Konnotierung der Film- und Fernsehzeichen der Angestelltenkultur und die Maßgaben des kopierten Konsums.

In jenen Feldern, in denen das Angestelltensubjekt am stärksten gegen den ernsthaften Formalismus, die vorgebliche moralische Starrheit der bürgerlichen Kultur opponiert, den Techniken des Selbst und der Intimsphäre, wiederholt die Angestelltenkultur auf abstrakterer Ebene am deutlichsten das bürgerliche Moderierungs- und Regulierungsgebot, so dass hier jene die normalisierende Sozialität zu sprengen drohende Ästhetisierung domestiziert wird. In bürgerlicher Tradition bleiben in der Angestelltenkultur die Kleinfamilie, die lebenslange Ehe, die ›Arbeitsteilung‹ zwischen Männern und Frauen und die Sexualität innerhalb der heterosexuellen Ehe das kulturelle Modell einer legitimen Intimsphäre. Die neue visuelle Kultur ist in ihren Inhalten nicht avantgardistisch, sondern – im Film wie im Fernsehen – analog zur bürgerlichen Kunst ›realistisch‹ orientiert; der Konsum erscheint zwar legitim, aber steht weitgehend unter den Standards der Nützlichkeit, sozialen Ähnlichkeit und Moderatheit. Das bürgerliche Negativmodell eines exzessiven Subjekts wird damit in der anti-exzentrischen Abgrenzung der Angestelltenkultur gegen nicht-familienorientierte Intimbeziehungen und sexuelle ›Perversionen‹, gegen experimentell-verfremdende, antirealistische Versionen der visuellen Kultur und gegen einen Konsum, der allein der individuellen Stilisierung jenseits der kollektiven ›Ästhetik der perfekten Form‹ folgt, reproduziert und neu in Stellung gebracht. Schließlich lässt sich auch die Anforderung an das nach-bürgerliche Arbeitssubjekt, sich in organisatorische wie technische, das heißt äußere Gesetzmäßigkeiten einzufügen, als verschobene Prolongierung des Habitus des bürgerlichen Arbeitssubjekts lesen – dessen Selbstdisziplinierung wird nun durch eine Fremddisziplinierung ersetzt. Neben einer Reproduktion des bürgerlichen Moderierungs- und Regulierungsgebots in die einzelnen Praxisfelder des nach-bürgerlichen Subjekts hinein stellen sich auch *dispersed practices* der Angestelltenkultur – trotz der grundlegenden Differenzen zwischen Bürgerlichem und Nach-Bürgerlichem – zum Teil als homolog gegenüber dem Bürgerlichen dar: Das körperliche und emotionale An-Sich-Halten bürgerlicher Subjektivität – das freilich von einer emotionalen Sensibilisierung begleitet war – reproduziert sich in der rigiden entemotionalisierenden Selbstkontrolle des Angestelltensubjekts. Die Orientierung des *peer*-Subjekts an der Fähigkeit zur sozialitätsförderlichen, ›extrovertierten‹ Kommunikation kann auf klassisch bürgerliche *know hows* zurückgreifen, die sich schließlich gerade in ihrer ausgefeilten Kommunikationskompetenz von den ›unteren Ständen‹ abgrenzten.

Auf der Ebene des kulturellen Imaginären insgesamt, das in den spezifischeren Codierungen der Subjekthaftigkeit zum Ausdruck kommt, findet in der organisierten Moderne der 1920er bis 70er Jahre damit einerseits ein Bruch mit der Kultur der bürgerlichen Moderne und zugleich eine selektive und verschobene Aneignung ihrer Sinnelemente statt. Auf einer abstrakten Ebene ist es das klassisch-bürgerliche, aufklärungs- und vernunftphilosophisch wie protestantisch-deistisch beeinflusste Modell einer wohlgeordnet, vernünftig und transparent strukturierten Welt, in welche das Subjekt eingebettet erscheint, das sich als kulturelle Spur in den leitenden Sinnmustern der organisierten Moderne wiederholt. Die nach-bürgerlichen Codes des Technischen und des Sozialen bauen – jenseits des spezifisch bürgerlichen moralphilosophischen Sinnhintergrunds – auf dem Modell einer rationalen und transparent strukturierten Welt intersubjektiver und interobjektiver Relationen auf, in der auch das Subjekt seine rationale und eindeutige, moderierte Struktur findet. Das Leitprinzip einer Vernünftigkeit der Moral wird in jenes einer Rationalität technischer und gesellschaftlicher Strukturen transponiert. Als das symbolische Andere erweisen sich in der bürgerlichen Kultur wie ihrem ›nach‹-bürgerlichen Doppel durchgängig die Elemente des ›Irrationalen‹ im Sinne des uneindeutig Ambivalenten und des Unkontrollierten, welche die klassisch bürgerliche Kultur Gruppen wie dem Adel oder nicht-westlichen Ethnien, die post-bürgerliche Kultur sozial unberechenbaren, ›asozialen‹, darin pathologischen Individuen zuschreibt. An die Stelle der Kontrolle der irrationalen Elemente im Subjekt durch die Moralität tritt eine Kontrolle durch die Anforderungen der technischen Funktionalität und der gruppenförmigen Soziabilität. Die Relation zwischen den Codes und Praktiken des Subjekts in der bürgerlichen Kultur und jenen in der ›post-bürgerlichen‹ Kultur der organisierten Moderne stellt sich damit als doppelschichtig heraus. In zentralen Elementen des Subjektcodes und der Subjektdispositionen markiert die Angestellten-Kultur seit den 1920er Jahren einen Bruch mit der klassisch bürgerlichen Kultur. Eine zweite Schicht von Codierungen und Habitus aus dem bürgerlichen Arsenal bleibt jedoch als Spur in der Angestelltenkultur enthalten; auf dieser Ebene stellt sich die Sinnstruktur der organisierten Moderne als eine transponierte Verlängerung jener der bürgerlichen Kultur dar. Die bürgerliche Kultur ist in diesem immanent gegenläufigen Sinne ein konstitutives Außen der Angestelltenkultur.

Spiegelbildlich zum Bürgerlichen stellt sich die Relation der organisierten Moderne zu jener Ästhetisierung des Subjekts dar, wie sie die Avantgarde-Bewegungen und der ästhetische Modernismus zu Beginn des Jahrhunderts auf den Weg bringen. Die Subjektmodellierung im Rahmen des ästhetischen Modernismus liefert ein Reservoir von Sinnelementen, die sich die Angestellten-Kultur vor allem in ihren Praktiken im Umgang mit der visuellen Kultur und dem Konsum und in jenen der persönlichen Beziehungen in modifizierter Form einverleibt; gerade in jenen Hinsichten, in denen das Angestelltensubjekt sich gegenüber dem bürgerlichen Subjekt transformiert, liefern die ästhetischen Bewegungen einen entscheidenden Bedeutungsantrieb: Die Selbstformung des Subjekts in der spektakulären, imaginationsoffenen Kultur der Visualität, seine ›Zerstreuung‹ im Angesicht technisch reproduzierbarer Visualisierungen, die gleichzeitig das Subjekt als ein begehrenswertes ›Bild‹ sichtbar machen, dabei die besondere Relevanz des Kinofilms und des metropolitanen Warenkonsums sind Elemente aus den Avantgarde-Bewegungen, die in der Angestelltenkultur rezipiert werden. Ähnliches gilt für das avantgardistische Ideal einer – durch die technische Kultur ermöglichten – ›Beschleunigung‹ und ›Dynamisierung‹ des Subjekts, eine Prämierung des Neuen als Gegenstand eines radikal modernistischen ästhetischen Sinnes für den Erlebniswert neuer Reize – ob in den Verhaltensstilen, den Konsummoden oder der Technik. Auch die Aufwertung der Sexualität und die Ansätze einer Angleichung der Geschlechterhabitus, vor allem im Sinne der ›Aktivierung‹ des weiblichen Subjekts, ebenso in anderer Weise die Virilisierung des maskulinen Subjekts schließen an diverse Codeelemente der Gegenkulturen des Jahrhundertbeginns an. Als am einflussreichsten für die Kultur der organisierten Moderne stellt sich jedoch die ›Ästhetik der Perfektion‹ dar, die sich in den post-avantgardistischen, abstrakt-formalistischen Versionen des ästhetischen Modernismus ausbildet. Der ästhetische Modernismus ist hier kein bloßes künstlerisches Komplement zur organisierten Moderne, ihre Ästhetik der perfekten Form vermag vor allem über den Weg entsprechender visueller Repräsentationen (auch der Architektur) im nach-bürgerlichen Subjekt jenen sehr spezifischen ästhetischen Sinn für begehrenswerte, attraktive ›makellose Oberflächen‹ zu verankern, der mit der normalistischen Sozialorientierung eine fragile, hybride Kombination eingeht.

Parallel zu diesen selektiven Sinntransfers aus den Avantgarden erweist sich ihr allgemeines Modell eines ›transgressiven Subjekts‹, wie es die Avantgarden gegen die bürgerliche Kultur positionieren, in der Angestelltenkultur nicht als anschlussfähig. Die transponierte Verlängerung von zentralen Elementen der bürgerlichen Kultur bringt die nach-bürgerliche Subjektkultur in ihrer anti-exzentrischen Distinktion auf Distanz zur transgressiven Subjektivität, die asozial und sozial unberechenbar erscheint und damit verworfen werden muss: Die ironisch-narzisstische Theatralität des Ästheten, das Begehren nach vollständiger Befreiung von sozialen – etwa auch sexuellen – Zwängen und innerer Authentizität des Expressionisten und des Lebensreformers, die schrankenlose Phantasieorientierung des Surrealisten, die spielerische Orientierung des Dadaisten am multiplen Selbst – die verschiedensten Muster des transgressiven, sich in ›subversiver‹ Anti-Konventionalität ständig erratisch selbst überschreitenden Subjekts müssen aus der Perspektive der Angestelltenkultur als ein pathologisches, anti-soziales Gegenbild ihrer selbst erscheinen (und können zeitgenössisch nur mit Mühe – etwa in Form der ›Beatnik‹-Bewegung in den USA der 1950er Jahre – zumindest subkulturell intakt gehalten werden). Das avantgardistische Künstler-Subjekt ist das skandalöse symbolische Andere, wogegen das Angestelltensubjekt ankämpft. Die gegen die ›Repressivität‹ der organisierten Moderne opponierende *counter culture* der 1960er und 70er Jahre wird sich konsequenterweise aus diesem avantgardistischen Sinnreservoir bedienen und es postmodernistisch anreichern.

Ambivalenzen des Angestelltensubjekts

So wie die bürgerliche Kultur bildet auch die Angestelltenkultur eine scheinbar geschlossene, sich selbst reproduzierende Praxis-/Diskursformation, die nichtsdestotrotz systematisch immanente Brüche in ihrer Subjektform hervorbringt. Diese enthalten für das Subjekt das Potential, die kulturell dominante Modernitätskultur als mangelhaft zu perzipieren. Die Angestelltenkultur verpflichtet ihr Subjekt auf eine Anpassung an den egalitären Normalismus des Sozialen der Organisation und der *peer society*, aber die gleiche Angestelltenkultur produziert im Subjekt im Rahmen der organisationellen Arbeit, der Intimsphäre und der Selbstpraktiken über den Zwang zum permanenten inter-individuellen Vergleich systematisch einen Sinn für individuelle Differenzen, sie bringt Kategorien für die Individualität der eigenen Person im Vergleich zu Anderen hervor, welche zugleich unter dem Verdacht des Asozialen steht. Dieses widerstreitende Verhältnis zwischen der ›Sozialisierung‹ und der Ausbildung eines Sinns für individuelle Differenzen hängt eng mit jenem eigentümlichen Gefüge zwischen Außen- und Innenorientierung zusammen, aus dem das nach-bürgerliche Subjekt sich zusammensetzt: Die Kultur der organisierten Moderne ist von allen – dominanten oder oppositionellen – kulturellen Formationen, welche die Moderne hervorgebracht hat, jene, die das Subjekt am extremsten in strikter Außenorientierung trainiert. Gleichzeitig leitet sie, insbesondere in den Feldern des Konsums, der visuellen Kultur, der Sexualität, schließlich auch im Interdiskurs der Psychologie das Subjekt genau entgegengesetzt in einer hybriden Überlagerung zu einer nach-moralischen Form der Innenorientierung an: einer Orientierung an der Ästhetisierung der Alltagswelt und seiner selbst, wie sie daran anschließend in der *counter culture* und der postmodernen Kultur akzentuiert wird. Die Ausrichtung an Kriterien der sozial-technischen Normalität und die Orientierung an jenen ästhetischen Reizen, die Personen und Dinge im inneren Erleben auslösen, treiben das Subjekt letztlich in konträre Richtungen. In dieser untergründigen Selbstbildung eines Sinns für Individualität, für ästhetische Reize und des Begehrens eines ›Innen‹ kann auch die vorgebliche individuenfreundliche Informalität der *peer society* als Individualität bedrohender Konformismus perzipiert werden: als soziale Fabrikation eines unauthentischen und emotional defizitären, eines defensiven Fassaden-Ichs.

In der Art und Weise, in der die Angestelltenkultur versucht, eine nach-traditionale Form von Soziabilität, eine Orientierung aller an den Standards des Normalen einer ›social ethics‹ zu etablieren, minimiert sie im Einzelnen nicht den Sinn fürs Individuelle, sondern *treibt* ihn systematisch *hervor*,[206] ein Individualitätssinn, welcher potentiell die strik-

---

206 Vgl. zu diesem Aspekt Rieger (2000), S. 156 ff. Bereits Robert Musil erkennt den Aspekt der ›psychotechnischen Individualisierung‹. Anders, aber in der Wirkung ähnlich das von Fass beschriebene System von ›competition and conformity‹, vgl. Fass (1977), S. 225-259. Zur Doppeldeutigkeit des Star-Systems vgl. Baritz (1989), S. 94 ff.

ten Soziabilitätsstandards als soziale Zumutung betrachten muss. Die emphatische Sozialorientierung der Angestelltenkultur ist keine in traditionaler Gemeinschaftlichkeit vorgefundene, sondern wird dadurch aktiv erzeugt, dass die Subjekte einander in den verschiedensten sozialen Feldern in Bezug auf Normalitätsstandards und auf dieser Grundlage auch sich selbst beobachten. Dieser sozialisierende Mechanismus wirkt jedoch auf zweierlei Weise individuierend. Zum einen lässt gerade der permanente beobachtende Vergleich der Verhaltensweisen anderer Personen und der eigenen Person, den das nach-bürgerliche Subjekt übt, ein Sensorium für inter-individuelle Differenzen entwickeln, für jene Aspekte, unter denen man selbst (noch) nicht mit den Anderen übereinstimmt. Das Individuelle scheint hier nicht romantisch als innerer Kern oder wie in der bürgerlichen Kultur in der Differenz zwischen Selbst und allgemeinen Vernunftansprüchen, sondern in der Differenz zwischen dem beobachtbaren Verhalten von Personen bzw. zwischen dem der eigenen und der anderen Personen auf. Gerade die Ansprüche sozialer Normalisierung implementieren im Subjekt die ständige Goffmaneske Unsicherheit, den kollektiven Standards nicht zu entsprechen – und damit zumindest im ›Innern‹ irreduzibel anders zu sein. Auch die systematische Personenbeobachtung im Medium der Psychologie hat den Effekt – selbst wenn sie das normative Ziel der sozialen Normalisierung verfolgt –, durch den quantifizierten Vergleich von Personen und durch ihre auf den besonderen Fall des Einzelnen ausgerichtete Beratung individuelle Differenzen und das Bewusstsein solcher zu *produzieren* (so dass die Psychologie seit den 1960er und 70er Jahren in einem grundsätzlichen Paradigmenwechsel dazu übergehen kann, personale Identität statt am Maßstab sozialer Einpassung am Maßstab persönlicher ›Authentizität‹ und ›Selbstverwirklichung‹ zu messen).

Die Ausbildung eines Individualitätssinns wird gleichzeitig über den Mechanismus des Kompetitiven trainiert, der in die egalitäre *peer*-Kultur paradoxerweise eingelassen ist. Indem die organisationelle Praxis eine beständige – teilweise quantifizierte – Leistungsbewertung des Einzelnen im Vergleich zu den anderen betreibt und dieser sich aufgrund seiner Leistung im Vakanzwettbewerb um freie Positionen bewähren muss, wird in ihm ein kompetitiver und selbstbeobachtender Sinn für das Individuelle dieser Leistungen herangezüchtet. Und indem die *peer society* in ihren persönlichen Beziehungen außergewöhnlich extrovertiertes und zugleich sozialorientiertes, als attraktiv wahrgenommenes Verhalten mit besonderer Popularität belohnt, wird auch hier der Sinn für feinste, sozial konsequenzenreiche Details der eigenen *performance*, damit des individuellen Selbst im Unterschied zu anderen herangebildet. Das Modell des ›Stars‹ in der nach-bürgerlichen Film- und Konsum-Kultur enthält ein besonderes Potential, Individuierung als vorbildlich erscheinen zu lassen, eine Individuierung im Sinne einer theatralischen

Ver-Öffentlichung von Personen in ihrer außeralltäglichen Alltäglichkeit, der Perfektion ihrer *performance*. Riskanterweise kann sich der Status des Stars von einem affektiv besetzten Objekt zum Ich-Ideal transformieren: Das Subjekt begehrt nicht mehr den – unerreichbar fernen – Star, es will selbst eine Glorifizierung ausgestellter Individualität erreichen, welche die *peer society* der ›Gleichen‹ aufsprengt.

Die Spannung zwischen einem *social self* und der simultanen Heranbildung eines Individualitätssinns über den Mechanismus der Differenzsensibilisierung überlagert sich mit jener zwischen ›offizieller‹ Außenorientierung und ›inoffiziell‹ produzierter Innenorientierung des Subjekts. Die Übung des extrovertierten Subjekts und seine ›Abflachung‹ der bürgerlichen Tiefe moralischer Innerlichkeit erfolgen homolog in den Feldern der Arbeit, der persönlichen Beziehungen und der audiovisuellen Kultur. Dieses nach-bürgerliche Subjekt trainiert sich durch andere Elemente der Kultur der organisierten Moderne in den gleichen sozialen Feldern jedoch Dispositionen und Begehrensformen an, die dem Ideal sozialer Extroversion zuwiderlaufen, in ihm statt dessen eine neue Form der Innenwelt produzieren. Diese Innenwelt ist nicht von moralischen, sondern von ästhetischen Orientierungen bevölkert, der Orientierung am zweckfreien Genießen, dem Spiel mit artifiziell-visuellen Wirklichkeiten, die dem Subjekt in den drei neuen bzw. aufgewerteten Feldern des Konsums, der audiovisuellen Medien und der Sexualität vermittelt wird. Im Gegensatz zur moralorientierten bürgerlichen Innenwelt ist diese nach-bürgerliche Innenwelt strukturiert vom Begehren nach attraktiver, immer wieder neuer, reiz-voller Visualität: von Gegenständen wie im Bereich des Konsums, von anderen Personen und ihrer *performance* in den audiovisuellen Medien, in anderer Weise in erotisch-sexuellen Beziehungen, schließlich auch vom Begehren nach dem ästhetisch perfekten, attraktiven Bild des eigenen Selbst. Die Form der Innenorientierung, die sich in der Angestelltenkultur heranbildet, reproduziert damit nicht mehr jene der bürgerlichen, souveränitäts- und moralorientierten Subjektivität, sondern appropriiert jene der ästhetischen Bewegungen, zunächst vor allem der modernistischen Avantgarden. Diese Ästhetisierung der Subjektorientierung vermag nun jedoch die Anforderungen sozialer Einpassung, das Muster einer sozial-technischen Koordinierung von Handlungen in der Angestelltenkultur potentiell als Hindernis für eine Entfaltung jener individuell-lustorientierten ›Bedürfnisse‹ erscheinen zu lassen, welche die nach-bürgerliche Kultur über die Wege der Visualisierung, Konsumisierung und Sexualisierung selbst im Subjekt verankert. Sobald die hermeneutische Klammer der objektivistischen ›Ästhetik der perfekten Form‹ delegitimiert wird und die ästhetische Orientierung post-romantisch und post-avantgardistisch allein als ›subjektivistisch‹ im individuellen Selbstbild, im inneren Begehren und Imaginationssinn des Einzelnen begründbar erscheint, sie zudem als instabil und wechselhaft wahrgenommen wird, bricht die Synthese von Ästhetisierung und sozialer Normalisierung des Subjekts auf. Dies geschieht in den 1960er und 70er Jahren in den Bewegungen der *counter culture*: nun erscheint der soziale Normalismus der Angestelltenkultur als kleinbürgerliche Angepasstheit, welche für das innenorientierte Subjekt nur Entfremdung und Ereignislosigkeit bereithält.

Individualität und ästhetische Innenorientierung, wie sie sich im nach-bürgerlichen Subjekt zumindest ansatzweise ausbilden, können damit die scheinbare transparente Informalität der *peer society* als eine unauthentische Ansammlung von ›Fassaden-Ichs‹ erscheinen lassen, welche das Subjekt über ihre Kontrolle normalen Verhaltens psychisch deformiert. Die *peer society* behauptet von sich, anti-formalistisch orientiert zu sein und damit formale Fesseln der bürgerlichen Kultur zu sprengen. In ihrer impliziten, die Bürgerlichkeit imitierenden Anforderung des moderiert-kontrollierten Subjekts (welches allerdings nicht mehr die bürgerlichen ›Belohnungen‹ der selbständigen Arbeit, der intersubjektiven Intensität, der Kunst und Bildung bereithält) konfrontiert sie das Subjekt jedoch mit ebenso strikten Erwartungen normalen Verhaltens in den Bereichen der organisierten Arbeit, des Massen-Konsums, der Medien und der *peer*-förmigen Privatsphäre. Da diese statt in der Form der moralischen Selbstkontrolle in jener der sozialen Fremdkontrolle auftreten, welche sich in ihren Erwartungen beständig zu verschieben vermag, kann sie vom Subjekt als permanente Verunsicherung, als Risiko der ständigen Beschämung durch andere erlebt werden, welche jenes psychologisch als neurotisch definierte Verhalten, das zu vermeiden ist, gerade befördert, indem das Subjekt durch andere und sich selbst beständig auf sein ›normales‹ Verhalten getestet wird. Sofern das Subjekt über einen – bürgerlich tradierten oder ästhetisch neuproduzierten – Individualitätssinn verfügt, kann diese Fremdkontrolle als repressiver sozialer Zwang ›von außen‹ wahrgenommen werden; auch die scheinbare Zerstreuung durch Konsum und Medien erweist sich dann als ›Manipulation‹.

Insbesondere die rigide Entemotionalisierung des Subjekts in der Angestelltenkultur, deren Anforderung, keine Expressionen innerer emotionaler Regungen nach außen zuzulassen, fördert im Namen sozialer Akzeptanz eine weitgehende, neue Formalisierung des Verhaltens, auch in persönlichen Beziehungen: Indem eine Angleichung von Arbeits- und Intimbeziehungen auf der Ebene der *social ethics* betrieben wird, gewinnen nicht nur die kollegialen Beziehungen an Formlosigkeit, welche gleichzeitig an die Sachlogik hierarchisch-funktionaler Organisationen gebunden bleibt, auch die persönlichen Beziehungen steigern ihre Förmlichkeit, indem auch hier sich das Ausmaß legitim erscheinender Emotionalität und Expressivität eingeschränkt sieht. Die Aufweichung der bürgerlichen Differenz zwischen Öffentlichem und Privatem macht nicht nur das Öffentliche privater, sondern auch das Private öffentlicher, das heißt zum Feld von Regeln sozialorientierter, Emotionen kontrollierender Verhaltensweisen. Die Ausdifferenzierung eines ausgeprägten Scham- und Peinlichkeitsgefühl in der *peer society* kann das Subjekt zu einem strategischen, ständig die potentielle Identitätsschädigung durch den Anderen witternden, auf Dauer ›alarmierten‹ Verhalten antreiben, das die lockere Informalität der *peer society* zum Schein werden lässt: Dass die Gesellschaft der *other-directed characters* – ganz im Gegensatz zu ihrem Anspruch post-bürgerlicher Transparenz und regulierter Eindeutigkeit – eine von sozialen ›Fassaden‹, ›Masken‹ und ›Rollen‹ ist, wird zur zeitgenössisch verbreiteten Diagnose.[207]

Tatsächlich stellen sich die kulturellen Codes, die im Modell des sozialorientiert-extrovertierten Subjekts und seiner *social ethics* verarbeitet werden, als polysemisch heraus. Neben jener positiven Anthropologie eines Subjekts, das sich erst durch Soziabilität zu vervollkommnen vermag, wie es sich vor allem im Umfeld des US-amerikanischen *progressivism* findet – eine Umstülpung der bürgerlich-aufklärerischen Moralitätsorientierung ins sozial-gruppenförmige Außen –, gehen Sinnelemente einer negativen Anthropologie in die Angestelltenkultur ein.[208] Hier erscheint die Sozialität als Mittel, um eine potentielle Destruktivität der Subjekte in Schach zu halten – und der soziale Andere verwandelt sich in eine ständige Quelle der sozialen Diskreditierung, der potentiellen Schädigung, der Entblößung des Ego. Die geregelte Informalität der Angestelltenkultur, die ständige Wachsamkeit des Ego gegenüber möglicher Verletzung und die Vorsicht gegenüber den eigenen emotionalen Expressionen, die das Subjekt ›entwaffnen‹, erscheinen vor diesem Hintergrund als Werkzeuge, um in einer post-bürgerlichen Kultur die fragile Ordnung koordinierten Verhaltens aufrechtzuerhalten. Die Anpassungsfähigkeit des nach-bürgerlichen Subjekts nach außen und seine selbstkontrollierte ›Härte‹ gegenüber Emotionen und Expressionen nach innen sind dann als zwei Seiten eines defensiven Motivs der Vermeidung von subjektiver Schädigung und Diskreditierung zu deuten. Eine solche Subjektkultur der Anpassungsfähigkeit und Anti-Expression, wie sie die organisierte Moderne stabilisiert, bildet die Negativfolie, gegen die sich in den 1960er und 70er Jahren die kulturellen Protestbewegungen, die *counter culture* und der ästhetisch-politische Postmodernismus formieren. Dabei können diese auf den Sinnbestand der radikalästhetischen Modelle eines authentisch-expressiven Subjekts der Romantik und eines konventionelle Schranken überschreitenden, transgressiven Subjekts der Avantgarden zurückgreifen.

207 Vgl. Goffman (1959).
208 Vgl. Lethen (1994), S. 53 ff.

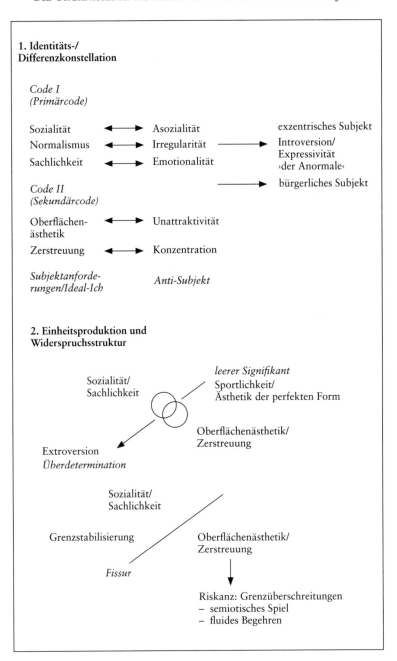

1. Identitäts-/
Differenzkonstellation

Code I
(Primärcode)

Sozialität	←→	Asozialität	exzentrisches Subjekt
Normalismus	←→	Irregularität ——→	Introversion/
Sachlichkeit	←→	Emotionalität	Expressivität
			›der Anormale‹

Code II   ——→ bürgerliches Subjekt
(Sekundärcode)

Oberflächen-   ←→ Unattraktivität
ästhetik

Zerstreuung   ←→ Konzentration

Subjektanforde-   *Anti-Subjekt*
rungen/Ideal-Ich

2. Einheitsproduktion und
Widerspruchsstruktur

Sozialität/   *leerer Signifikant*
Sachlichkeit   Sportlichkeit/
                               Ästhetik der perfekten Form

                               Oberflächenästhetik/
Extroversion   Zerstreuung
Überdetermination

Sozialität/
Sachlichkeit

Grenzstabilisierung   Oberflächenästhetik/
                               Zerstreuung

Fissur

                               Riskanz: Grenzüberschreitungen
                               – semiotisches Spiel
                               – fluides Begehren

Abbildung 4: Angestelltensubjekt/Subjekt der amerikanistischen organisierten
Moderne – Grundstruktur

439

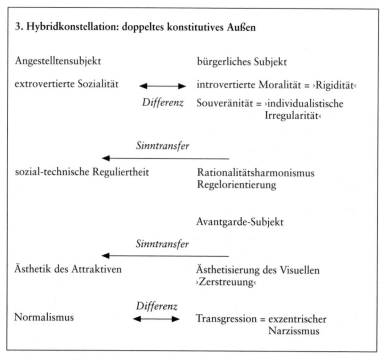

3. Hybridkonstellation: doppeltes konstitutives Außen

Angestelltensubjekt — bürgerliches Subjekt

extrovertierte Sozialität ←——→ introvertierte Moralität = ›Rigidität‹

Differenz — Souveränität = ›individualistische Irregularität‹

Sinntransfer ←——

sozial-technische Reguliertheit — Rationalitätsharmonismus Regelorientierung

Avantgarde-Subjekt

Sinntransfer ←——

Ästhetik des Attraktiven — Ästhetisierung des Visuellen ›Zerstreuung‹

Normalismus *Differenz* ←——→ Transgression = exzentrischer Narzissmus

Fortsetzung Abbildung 4: Angestelltensubjekt/Subjekt der amerikanistischen organisierten Moderne – Grundstruktur

4. Die kulturrevolutionäre *counter culture* und die Formation der Postmoderne

Gegenkulturelles Subjekt und konsumtorisches Kreativsubjekt

Die Dominanz der Praxis-/Diskursformation der organisierten Moderne und ihres Angestelltensubjekts erodiert seit dem Ende der 1960er Jahre. Ereignishafte Zuspitzungen erfahren diese kulturelle Krise und der Strukturwandel der westlichen Gesellschaften, der sich aus ihr ergibt, in den Jahren 1968 und 1990: 1968 verdichten sich die kulturrevolutionären Bewegungen, die in Westeuropa und Nordamerika gegen die als ›konformistisch‹ und ›unauthentisch‹ perzipierte Angestelltenkultur und ihres *organization man* opponieren. 1990 brechen die staatssozialistischen Systeme in der Sowjetunion und Osteuropa zusammen. An der Oberfläche eine Alternative zum westlichen Kapitalismus, stellt sich innerhalb einer Kulturarchäologie der Moderne der Staatssozialismus als eine nicht-westliche, in bestimmter Hinsicht radikalisierte Variation von Prinzipien der organisierten Moderne der 1920er bis 70er Jahre dar; sein plötzliches Verschwinden dramatisiert die allmähliche Erosion seines westlichen Pendants, die gleichzeitig stattfindet.

Jenseits dieser ereignishaften Zuspitzungen an der scheinbaren Peripherie findet im letzten Drittel des 20. Jahrhunderts eine Transformation der sozialen Praktiken im kulturellen Zentrum des Westens selbst statt: in den Praktiken der Arbeit, die das Muster funktional-hierarchischer Organisationen sprengen, den Praktiken der persönlichen Beziehungen jenseits der sozial kontrollierten Kleinfamilie und *peer society* und den Praktiken des Selbst, die über die normalisierenden Formen von Massenkonsum und audiovisuellen Medien hinausgehen. Im Nexus dieser sozialen Felder bildet sich seit den 1970er und 80er Jahren eine – nach der bürgerlichen Moderne und der organisierten Moderne – dritte Subjektordnung heraus, deren soziale Trägergruppe die symbolproduzierende *creative class* in den urbanen Zentren Westeuropas und Nordamerikas (und darüber hinaus) ist.[1] Diese Subjektordnung delegitimiert den universalen Horizont des klassischen Angestelltensubjekts und seine Orien-

---

1 Vgl. zu diesem Begriff Richard Florida (2002): The Rise of the Creative Class, New York. Im Unterschied zum bürgerlichen Subjekt und zum Angestelltensubjekt ist das postmoderne Lebensstilsubjekt ein Phänomen kultureller Globalisierung und existiert als Form und Modell auch jenseits des Westens, in Osteuropa, in Ost-und Südasien, in Lateinamerika, wo sich jedoch komplexe Hybridformen von westlichen und nicht-westlichen Sinnelementen bilden.

tierung am Sozialen, am Technischen und an einer Ästhetik der perfekten Form. Stabilisiert über humanwissenschaftliche und mediale Interdiskurse, bildet sich im Gegenzug die neue Hegemonie der Subjektkultur eines ›konsumtorischen Kreativsubjekts‹ aus, die Arbeit, Intimsphäre und Selbstpraktiken kreuzt und in dem sich spezifische ästhetisch-expressive und ökonomisch-marktförmige Dispositionen kombinieren. Man kann das Konzept der ›Postmoderne‹ verwenden, um diese Kultur nach der organisierten Moderne auf den Begriff zu bringen.

Die Transformation von der Kultur der organisierten Moderne zu jener der Postmoderne, die Verdrängung der Dominanz des Angestelltensubjekts durch jene des konsumtorischen Kreativsubjekts wird angetrieben von der Sinngenerierung auf der Ebene von ästhetischen Bewegungen, der materialen Kultur und der humanwissenschaftlichen Subjektdiskurse: der *counter culture* der 1960er/70er Jahre und ihr Subjekt des entgrenzten, spielerischen Begehrens; den Kommunikationstechnologien der digitalen Revolution; den vor allem psychologischen und ökonomischen, auch kulturwissenschaftlichen Interdiskursen, welche die multiple ›Entfaltung des Ichs‹, die ›Souveränität der Wahl‹ und die ›Kontingenz der Selbstinterpretationen‹ als Subjektstrukturen universalisieren. Letztlich appropriiert die postmoderne Kultur in ihrer Ablösung der organisierten Moderne jedoch ausgewählte Sinnelemente der Angestelltenkultur selbst – vor allem die dortige, sozial kontrolliert halbierte Ästhetisierung der Lebensführung in den Bereichen des Konsums, der visuellen Medien und der Sexualität – und darüber hinaus in erneuerter Form auch der bürgerlichen Kultur, insbesondere Elemente, welche die souveräne Selbstregierung des Subjekts betreffen.

Ein besonders weitreichender Transfer von Sinnelementen, der der postmodernen Subjektkultur zur Entstehung verhilft, geht von den kulturellen Gegenbewegungen der 1960er/70er Jahre aus. Nach der Romantik und den Avantgarden – und in den Codes und Praktiken mit ihnen intertextuell verknüpft – stellt die kulturrevolutionäre *counter culture* in der Kulturgeschichte der Moderne die dritte Gegenbewegung dar, die den jeweiligen universalen Horizont eines scheinbar allgemeingültigen bürgerlichen bzw. nach-bürgerlichen Subjekts aufbricht und dagegen ein ästhetisch ausgerichtetes Alternativmodell positioniert. Im Unterschied zu Romantik und Avantgarden überschreitet die soziale Basis der *counter culture* – obwohl eng gekoppelt an die postmodernistische Kunst in Musik, Literatur, bildender und darstellender Kunst und darüber hinaus munitioniert von humanwissenschaftlichen Gegen-Diskursen, vor allem aus dem französischen Poststrukturalismus – den engen Kreis künstlerischer Zirkel; sie weitet das Projekt einer Ästhetisierung des Subjekts qua Politisierung aus. Die romantische Codierung der individuellen Selbstexpression und die avantgardistische der Transgression heranziehend, ist das Subjekt der *counter culture* eines des entgrenzten und spielerischen Begehrens nach intensiven Erfahrungen des Ichs. Die Politisierung des Privaten folgt einer kreativen Entfaltung des ›Lustprinzips‹, einer Suche nach Authentizität und Selbsterweiterung in befriedigenden Erlebnissen, die auf Distanz zu sozialen Normalitätserwartungen geht.

Die fixe Strukturiertheit und soziale Fremdkontrolliertheit des (nach-) bürgerlichen Typus werden als zwanghafte Zurüstung, als Unterdrückung der authentischen libidinösen Suche des Ichs repräsentiert. Sich aus diesem Zwang zur Selbstidentität und technischen Rationalität befreiend, ist das ästhetische Subjekt der Gegenkultur darauf aus, in seinem Innern das Gefühl individueller ›Erfülltheit‹ durch Steigerung und Multiplizierung außeralltäglicher Erfahrungen, vor allem von ästhetischen Grenzerfahrungen zu erreichen. Es versteht sich als ein nachmodernes Subjekt, das den Rationalismus der Moderne zu überwinden beansprucht, und hantiert experimentell mit einer Sensibilisierung der sinnlichen Wahrnehmung, des Körperempfindens und der Emotionen, mit kreativer Aktivität, mit efferveszenter Gruppenerfahrung und der Stilisierung des eigenen Ichs. Das Subjekt der *counter culture* bleibt nicht auf eine intellektuelle und künstlerische Codekonstruktion beschränkt, sondern baut entsprechende Praktikenformate auf: das efferveszente Erleben von Rock/Pop-Musik, Wahrnehmungserweiterung über psychedelische Drogen, der Rückgriff auf asiatische Meditation, eine Entgrenzung der Praktiken der Sexualität, die alltägliche ästhetische Stilisierung der eigenen Person und die Gründung von ›Kreativitätsgemeinschaften‹ *(Kap. 4.1)*.

Die Interpretation der *counter culture* der 1960er und 70er Jahre als ästhetische Bewegung eines neuen Subjekts und die Situierung der postmodernistischen Kunst wie auch der poststrukturalistischen Theoriediskurse dieser Zeit in den unmittelbaren Kontext dieser ›Kulturrevolution‹, wie sie in unserer Darstellung erfolgt, steht damit zwei Lesarten entgegen: der Reduktion der Gegenkultur auf eine im engeren Sinne politische Protestbewegung und der Enthistorisierung der postmodernen Kunst und Theorie. Eine politikhistorische Eingrenzung der Gegenkulturen auf eine ›Studentenrevolte‹ mit bestimmten sozialistischen und linksliberalen Issues (z. B. Vietnamkrieg) und auf die neuen sozialen Bewegungen verkennt ihren eigentlich wirkungsmächtigen historischen Ort als kulturelle Subjekttransformationsbewegung. Dieser ›kulturrevolutionäre‹ Kern der Studenten- und Jugendbewegung ist vor allem von bürgerlichen Theoretikern – etwa Bell und Kondylis – (kulturkritisch akzentuiert) früh wahrgenommen worden, findet sich aber auch in der historischen, ›linken‹ Selbstwahrnehmung der Gegenkultur, vor allem in den USA und Frankreich.[2]

2 Vgl. Bell (1976), Kondylis (1991); Theodore Roszak (1969): The Making

In der im folgenden vertretenen Interpretation bewegen sich die Subjektcodes und teilweise auch die Praktiken der *counter culture* zudem in einem homologen kulturellen Raum mit der gegen den Modernismus gerichteten Ästhetik des Postmodernismus der 1960er und 70er Jahre sowie der gegen die rationalistische Moderne opponierenden, postmodernen Theorie. Gegen die Reduktion der postmodernen Kunst auf einen ornamentalen ›ludic postmodernism‹ der 1980er Jahre ist die anti-modernistische künstlerische Praxis zunächst im Kontext der Kulturrevolutionen der 1960er und 70er Jahre zu verorten, deren ästhetisiertes Wirklichkeitsverständnis sie vorantreibt. Gegen eine Autonomisierung der postmodernen Theorien als reine, distanzierte *theoria* lassen sich diese in einem wissenssoziologischen Zugriff als Diskurse begreifen, die in den 1960er und 70er Jahren den Gegenstand, den sie zu beschreiben vorgeben, gleichzeitig schaffen: als Subjektdiskurse (etwa bei Deleuze oder Lyotard), die das neue, postmoderne Subjekt kreieren, das in der *counter culture* praktiziert wird.[3] Elemente dieser *postmodernistischen* Gegenkulturen werden auch in der späteren *postmodernen* Hegemonie-Kultur rezipiert, ohne dass beide Subjektformen miteinander identisch wären: Analog der Unterscheidung zwischen ›Modernismus‹ und ›Moderne‹ soll mit dem Begriff des ›Postmodernismus‹ die künstlerische Bewegung der Postmoderne in den 1960er und 70er Jahren bezeichnet werden, während ›Postmoderne‹ als Etikett für die gesellschaftlich-kulturelle Gesamtformation dient, die in den 1980er Jahren als umfassende Subjektordnung die Dominanz der organisierten Moderne ablöst.

Für die Herausbildung der postmodernen Kultur und ihres konsumtorischen Kreativsubjekts stellen die ästhetischen Gegenbewegungen ein elementares Sinnreservoir bereit. Die gegenkulturelle Codeproduktion ereignet sich jedoch ungefähr zeitgleich mit einer Transformation der materialen Kultur sowie der humanwissenschaftlichen Diskurse. Alle drei Faktoren gemeinsam verhelfen in einer Überdetermination der postmodernen Subjektkultur zur sozialen Realität. Seit den 1970/80er Jahren findet eine neue Runde der Transformation von Produktions-,

of a Counter Culture. Reflections on the technocratic society and an its youthful opposition, New York; Raoul Vaneigem (1967): Traité de savoir-vivre à l'usage des jeunes générations, Paris.

3 Vgl. ähnlich Steven Best/Douglas Kellner (1991): Postmodern Theory. Critical interrogations, London; Linda Hutcheon (1989): The Politics of Postmodernism, London 2002, 2. Aufl. Fredric Jameson hingegen löst den ›Postmodernismus‹ fast vollständig aus dem gegenkulturellen Kontext und koppelt ihn von vornherein an die ›Logik des Kapitalismus‹ (vgl. Fredric Jameson (1991): Postmodernism, or, The Cultural Logic of Late Capitalism, Durham).

Informations- und Kommunikationstechnologien statt:[4] die mikroelektronische Revolution, die Entwicklung von Computer-Hardware und -Software sowie Neuentwicklungen der Telekommunikation, die sich gegenseitig in ihrer Wirkung potenzieren. Nach der Entwicklung des Buchdrucks zu Beginn des bürgerlichen Zeitalters und der audiovisuellen Medien mit Beginn der organisierten Moderne markiert die Computertechnologie eine dritte Transformation von Kommunikationsmedien in der Moderne. Mit der mikroelektronischen und digitalen Revolution fällt ein Strukturwandel auf der Ebene der Informationstechnologie mit einem der Produktionstechnologie (computer aided design) zusammen. Statt die vorhergehenden Medienrevolutionen zu dementieren, verknüpft sich die digitale Kultur sowohl mit Elementen der audiovisuellen als auch der Schriftkultur, die sich beide digitalisiert reformuliert in ihr aufgehoben sehen. Die materiale Kultur im Umkreis des Computers liefert die Voraussetzung für neuartige soziale Praktiken und damit auch für eine Neumodellierung von Dispositionen und Codes der Subjektivität, welche die Form des Angestelltensubjekts sprengen. Der generelle Effekt der digitalen Technologien besteht darin, strikte Grenzziehungen zwischen verschiedenen Sinnfeldern, welche die Kultur der organisierten Moderne in ihrer Imagination einer fixen technischen und sozialen Ordnung gerade stabilisierte, zu unterminieren, Grenzen zwischen sozialem Innen und Außen, zwischen eindeutigen technischen Funktionen, zwischen Visuellem und Textuellem, zwischen der Wahrnehmung des Realen und des Fiktiven.

Dies gilt zunächst insbesondere für die Praktiken der Arbeit und das Arbeitssubjekt: Die Computertechnologie liefert die materiale Bedingung dafür, dass standardisierte Massenproduktion durch flexible Spezialisierung ersetzt wird, die wiederum den ›anti-konformistischen‹, individualästhetischen Konsum des postmodernen Subjekts ermöglicht; sie liefert die Voraussetzung für eine verbreiterte Zugänglichkeit von Informationen, auch über räumliche Grenzen hinweg, die wiederum eine relative Entdifferenzierung, Enthierarchisierung und interorganisationelle Vernetzung von Tätigkeiten, aber auch die ›totale Qualitätskontrolle‹ individueller Leistung möglich macht; schließlich installiert die Computertechnologie den interpretativen und produktiven Umgang mit den sich selbst verändernden semiotischen Systemen visueller und textueller Repräsentationen ins Zentrum der neuen symbolprozessierenden ›kreativen‹ *service class*. Auch für eine Transformation der Praktiken des Selbst stellen die neuen Artefakte einen Ansatzpunkt zur Verfügung: Die visuell-textuellen Symbolwelten des Computers avancieren zu einer scheinbar beliebig kreativ manipulierbaren *und* sich

---

4 Vgl. Tom Forester (1987): High-Tech Society. The story of the information technology revolution, Oxford.

unberechenbar verändernden Fläche für subjektive Imaginationen wie auch für Akte der Wahl zwischen austauschbaren Möglichkeiten.

Neben der Kulturrevolution der ästhetischen *counter culture* und der Artefaktrevolution der digitalen Kultur stellen die humanwissenschaftlichen Interdiskurse seit den 1960/70er Jahren Sinnelemente zur Verfügung, die zur Verschiebung von der Subjektkultur des Angestellten zu jener des konsumtorischen Kreativsubjekts beitragen. Von besonderer Relevanz sind hier konzeptuelle Umdeklinierungen in der Psychologie sowie die neue Bedeutung eines ökonomischen Subjektdiskurses. Wie in der Kultur der organisierten Moderne wirkt auch in der Postmoderne die Psychologie – die umfassenden *psy-disciplines* (N. Rose), die in die Praxis der sozialen Felder involviert sind und von der Organisationsberatung bis zur Paartherapie reichen – auf den leitenden Subjektcode formativ. Seit den 1960er Jahren findet hier im Zuge von gestaltpsychologischen und konstruktivistischen Diskursen eine Ablösung des Modells eines sozialorientierten Subjekts statt. Während der herrschende psychologische Code der 1920er bis 60er Jahre die extrovertierte Sozialorientierung des Subjekts naturalisiert, meint die neue Psychologie, eine reichhaltige subjektive Innenwelt zu entdecken, die es vom Subjekt zu ›entfalten‹ gilt: Das Subjekt erscheint als Wesen, das in seinem Kern nach unentfremdetem ›self growth‹ (A. Maslow), nach innerer Balance und Verwirklichung strebt; es ist eine Instanz, die sich ihre Welt und sich selbst kontingent ›konstruiert‹; es enthält neben rationalen Eigenschaften eine Fülle heterogener nicht-rationaler Kompetenzen (z. B. ›emotionale Intelligenz‹). Neben der Psychologie drängen seit den 1970er Jahren, ausgehend von der Chicago School, ökonomische Diskurse den Subjektcode in eine Richtung jenseits des kulturellen Imaginären der organisierten Moderne. Die Dominanz des soziologischen Diskurses der organisierten Moderne ablösend, betreibt der marktliberale ökonomische Code – der sich im Sinne eines Interdiskurses auf Arbeit, Konsum, Intimbeziehungen, Politik und andere Praktiken gleichermaßen anwenden lässt – eine Neucodierung des Subjekts, das nun als Instanz eigenverantwortlich-riskanter, quasi-unternehmerischer Aktivität wie auch als Instanz der Wahl zwischen konsumierbaren Optionen, mithin als Subjekt und Objekt eines ›Marktes‹ von angebotenen und nachgefragten Items repräsentiert wird.

Dass sich im letzten Viertel des 20. Jahrhunderts eine modifizierte Form moderner Gesellschaftlichkeit ausbildet, die sich von der industriegesellschaftlichen organisierten Moderne prinzipiell unterscheidet, ist seit den 1970er Jahren in der Soziologie in diverser Form – in Opposition zu einem modernisierungstheoretischen Mainstream, dem die organisierte Moderne als das Ende der Geschichte erschien – wahrgenommen worden, ohne dass dabei Einigkeit bestanden hätte, *was* den genauen Charakter des Neuen ausmacht. In den Theorien der Informationsgesellschaft, der postindustriellen Gesellschaft und des Postfordismus – prominent bei Daniel Bell, Piore/Sabel und Alain Lipietz – ist das Neuartige in erster Linie auf der Ebene von technologischen und ökonomischen Strukturen, neuen Informationstechnologien, einer Modifizierung der Produktionsweise von der Massenproduktion zur flexiblen Spezialisierung und einer Transformation der Erwerbsstruktur in Richtung einer Dienstleistungsgesellschaft verortet worden. Die soziologischen und kulturwissenschaftlichen Theorien der Postmoderne haben demgegenüber auf bestimmte kulturelle Transformationen hingewiesen, die insbesondere die Bereiche der Massenmedien und des Konsums betreffen: die vorgebliche Dominanz massenmedialer ›Simulakren‹ (Baudrillard), die in eine Virtualisierung des Realitätssinns mündet, und eine Umstellung der dominanten Kultur von der Produktion auf Konsumtion. Theorien der ›reflexiven Modernisierung‹ – etwa bei A. Giddens und U. Beck – haben schließlich in erster Linie Transformationen in den Bereichen der Erwerbsarbeit, der Politik und der persönlichen Beziehungen in den Blick genommen und sie als Prozess der Reflexivisierung institutioneller Normen und Individualisierung von Identitäten in Richtung einer ›Hochmoderne‹ beschrieben.[5]

Die genannten Programme haben eine Fülle von Details hervorgebracht, die für eine an Subjektformen interessierte Kulturtheorie der Moderne relevant sind. Ein kulturalistischer Theorierahmen setzt jedoch für eine Rekonstruktion der postmodernen Gegenwartskultur die gleichen Analyseprinzipien voraus, wie sie für die historisch zurückliegenden Versionen der Moderne verwendet worden sind und geht damit auf Distanz zu Grundannahmen der anderen Analyseprogramme:

1. Grundlegend für die folgende Interpretation ist, dass die post-/ hoch-/spätmoderne Gesellschaft in ihrem Kern eine *kulturelle* Formation bildet, sie als Resultat einer Verschiebung praxisanleitender und subjektbildender *Sinn*strukturen zu rekonstruieren ist. Eine einfache Deduktion aus materiellen Faktoren – technologischen Strukturen (digitale Revolution) oder einer vorgeblichen universalen Dynamik des Kapitalismus (postfordistisches Akkumulationsregime) – scheidet damit ebenso aus wie ein quasi-modernisierungstheoretisches Erklä

5 Vgl. Daniel Bell (1973): The Coming of Post-Industrial Society. A venture in social forecasting, New York 1999; Michael J. Piore/Charles F. Sabel (1984): The Second Industrial Divide. Possibilities for prosperity, New York; Alain Lipietz (1987): Mirages and Miracles: The crises of global fordism, London; Zygmunt Bauman (1992): Ansichten der Postmoderne, Hamburg 1995; Jean Baudrillard (1976): Symbolic Exchange and Death, London 1993; Ulrich Beck (1986): Risikogesellschaft. Auf dem Weg in eine andere Moderne, Frankfurt am Main; ders./Anthony Giddens/Scott Lash (1994): Reflexive Modernisierung. Eine Kontroverse, Frankfurt am Main 1996.

rungsmuster, welches die Hochmoderne als einen Freisetzungsprozess von Individuen aus sozial-kulturellen Vorgaben betrachtet.[6] Der Übergang von der organisierten Moderne zur Postmoderne ist aus der kulturwissenschaftlichen Beobachterperspektive (anders als teilweise aus der Sicht der Teilnehmer) *nicht* als Prozess der ›Entbindung‹ von sozial-kulturellen Rahmenbedingungen und der ›Freisetzung‹ von Individuen zu beschreiben, was vorkonstiuierte Subjekte voraussetzen würde, die nun lediglich ihre vorgeblich universalen Eigenschaften der Autonomie zur Geltung bringen. Es handelt sich vielmehr um *eine historische Verschiebung dieser kulturellen Kriterien* der Subjektivation, kulturelle Kriterien, die im Prozess ihrer zeitgenössischen Universalisierung (des rational wählenden Subjekts, des sich selbst entfaltenden Subjekts, des eigeninitiativen Subjekts etc.) ihre eigene Kontingenz und Geschichtlichkeit regelmäßig invisibilisieren.

2. Gegen verbreitete Thesen einer Pluralisierung und radikalen Individualisierung von Lebensformen und Subjekten basiert auch die postmoderne Kultur auf *einem* kulturell *hegemonialen* Subjektmodell, einer Subjektordnung, die Legitimität für das ›Subjekt an sich‹ beansprucht und diese Dominanz durch institutionalisierte Anforderungen in allen sozialen Feldern und durch humanwissenschaftliche wie massenmediale Interdiskurse erreicht (was einschließt, dass neben der *dominant* auch *residual* und *emergent cultures* existieren). Die Eigenschaften, eine unverwechselbare Individualität auszubilden und virtuos aus pluralen Stilisierungsbeständen zu schöpfen, auf die von Individualisierungs- und Pluralisierungstheoretikern hingewiesen wird, stellen sich dabei gerade als zentrale Dispositionen und damit auch soziale Anforderungen dieser Subjektordnung dar.

3. Die Konstitution der postmodernen Subjektkultur ist nicht auf die Ebene von Selbstbeschreibungen – intellektuelle Semantiken, künstlerische und massenmediale Repräsentationen, in denen beispielsweise ›fragmentierte Subjekte‹ auftauchen – zu reduzieren. Die körperlich-mentale Transformation des Subjekts findet sich in seinen Praktiken, aus denen es sich zusammensetzt, vor allem der Arbeit, den persönlichen Beziehungen und den konsumtorischen, medialen, körperorientierten Selbstpraktiken, Praktiken, auf welche sich feldnahe Diskurse, wie solche des Managements, der Persönlichkeits- und Partnerschaftsberatung, in ihrer expliziten Thematisierung von Subjektcodes formativ

---

6 Zu letzterer Interpretation neigen vor allem die verschiedenen Zweige der Individualisierungstheorie und Theorie reflexiver Modernisierung bei Ulrich Beck, Anthony Giddens und Peter Gross, teilweise auch bei Zygmunt Bauman. Der Freisetzungsprozess, der hier den postmodernen Subjekten zugeschrieben wird, ähnelt dabei jenem, den die klassischen Gesellschaftstheorien bereits in der ›Moderne‹ ausgemacht haben.

auswirken und die sie zugleich indizieren. Die postmoderne Subjekt-kultur als Praxis-/Diskursformation ist dabei stratifikatorisch nicht frei flottierend, sondern hat eine präzise bestimmbare primäre soziale Trägergruppe: die aus den neuen höheren Mittelschichten erwachsende Milieuformation der urbanen *creative class*.

4. Das Subjekt der Postmoderne markiert keinen totalen Bruch zu vorhergehenden Formationen der Moderne; das Präfix ›post-‹ ist nicht im Sinne einer Nach-Moderne zu verstehen. Die Suggestion eines solches elementaren Bruchs wäre selbst ein klassisch-modernes Narrativ, wie es sich in der Differenz von traditionaler und moderner Gesellschaft findet. Genausowenig handelt es sich bei der postmodernen Subjekt-form lediglich um eine kontinuierliche Steigerung moderner Potentiale in Richtung einer ›Hochmoderne‹. Stattdessen kristallisiert sich eine neuartige Subjektkultur heraus, die gleichzeitig präzise bestimmbare Elemente aus den modernen Codereservoirs – vor allem aus der Sequenz ästhetischer Bewegungen, aber auch der bürgerlichen Kultur – als Spuren in sich enthält und hybride neu arrangiert. Das ›post‹-Präfix des Postmodernen verweist somit (ähnlich wie vergleichbare theoretische Begriffe wie ›Poststrukturalismus‹ und ›Post-Kolonialismus‹) auf eine Struktur, die gegenüber ihrem Vorgängermodell different ist und sich von ihm abgrenzt, gleichzeitig aber selektive Elemente dieses Vorgän-germodells in sich wiederholt und verarbeitet (und dazu tendiert, diese Wiederholungen selbst zu ›vergessen‹).[7]

5. Die postmoderne Subjektordnung bildet keinen homogenen, nahtlosen Block – eine Konnotation, die etwa die seit den 1990er Jahren an Foucault anschließenden, ansonsten kultur- und subjektanalytisch häufig sehr luziden *governmentality studies* enthalten[8] –, sie bringt keine immanent eindeutige Subjektform hervor, die einem in sich geschlossenen Code – und sei es einem der Differenz oder Kontingenz – folgen würde. Die unintendierten Hybriditäten der modernen Subjektkulturen finden sich vielmehr auch in der postmodernen Version wieder, und zwar in einer neuen inhaltlichen Ausgestaltung: der Komplementarität

7 Zu dieser Verwendung des Begriffs des Postmodernen vgl. auch Jean-François Lyotard: (1986): Notes on the meaning of ›post-‹, in: ders.: (1992): The Postmodern Explained. Correspondence 1982-1985, Minneapolis, S. 64-68, hier: S. 65 f.

8 Vgl. Graham Burchell u. a. (Hg.) (1991): The Foucault Effect. Studies in governmentality, London; Ulrich Bröckling/Susanne Krasmann/Thomas Lemke (Hg.) (2000): Gouvernementalität der Gegenwart. Studien zur Ökonomisierung des Sozialen, Frankfurt am Main. Ähnlich die sehr schematische Skizze von Deleuze: Gilles Deleuze (1990): Postskriptum über die Kontrollgesellschaften, in: ders.: Unterhandlungen 1972-1990, Frankfurt am Main, S. 254-262.

und Konkurrenz von in weitestem Sinne ästhetischen und im weitesten Sinne ökonomischen Subjektanforderungen, von Künstlerideal und Marktideal.

Die verschobenen Praktiken und Codes der postmodernen Subjektkultur, in denen sich das Gegenwartssubjekt bildet, lassen sich seit den 1970er Jahren in den drei primären sozialen Feldern nachzeichnen. In den Praktiken der Arbeit löst sich die Hegemonie der technisch-funktionalen bürokratischen Organisation und ihrer Leitfigur des Manager-Ingenieurs auf. An dessen Stelle tritt eine post-bürokratische Subjektkultur, in der sich das ›Kreativsubjekt‹ mit dem ›unternehmerischen Selbst‹ verklammert. Die Subjekt(an)forderung, semiotische Innovationsarbeit als ›symbol analyst‹ zu leisten und dabei intrinsisch motiviert seine subjektive Selbstkreation, vor allem in funktional entdifferenzierten Projekten – die zugleich Stilisierungsgemeinschaften sind –, voranzubringen, kombiniert sich mit den Kompetenzen eines ›Unternehmers seiner selbst‹, der die *performance* seines professionelles Profils entwickelt und in der Konstellation des Wählens und Gewähltwerdens an ›employability‹ orientiert ist *(Kap. 4.2.1)*. Im Feld der persönlichen Beziehungen wird die gruppenförmige Koordination einer sich um die Kleinfamilien spannenden *peer society* verdrängt durch eine Intimitätskultur, die persönliche Beziehungen als expressive Beziehungen modelliert, die sich in den Dienst des individuellen ›self growth‹ jedes Einzelnen stellen. Die expressive Partnerschaft setzt ebenso wie die postmoderne Freundschaftsbeziehung sowohl Praktiken zur reziproken Generierung von quasi-ästhetischen, der Selbstkreation förderlichen Erfahrungen als auch eine durchgängige Ökonomie der Wahl voraus, in der Partnerschaften als temporäre, aufkündbare Projekte erscheinen. Das postmoderne Intimitätssubjekt betreibt dabei eine weitgehende Entgeschlechtlichung von Subjekteigenschaften und zugleich eine Universalisierung ehemals als weiblich codierter Dispositionen *(Kap. 4.2.2)*. Im Feld der Praktiken des Selbst bewirken vor allem drei Aktivitätsbündel seit den 1970er Jahren eine Verschiebung der Subjektkultur, die sämtlich in einer experimentellen Multiplizierung inneren Erlebens wie in einer kontingenten Stilisierung des Ichs üben: Im individualästhetischen Konsum, der an die Stelle des normalistisch-perfektionistischen Konsums der Angestelltenkultur tritt, trainiert sich das Subjekt darin, Objekte verschiedenster Art – auch immaterielle Objekte wie etwa den Individualtourismus – als semiotische und imaginative Projektionsflächen eines ›Erlebniskonsums‹ zu benutzen. In neuen, am eigenen Körper orientierten Praktiken – vor allem im Bereich des Sports – geht es um eine Produktion somatischer Erlebnisse und um eine ästhetische Stilisierung des Körpers. Die Entwicklung digitaler Medien lässt schließlich den Umgang mit dem Computer zu einer zentralen Praktik des Selbst werden: Das Subjekt übt sich hier als ›user‹, der eine experimentelle Navigation in einem unterbestimmten semiotischen

Raum betreibt und damit gleichzeitig einen Habitus der permanenten Wahl entwickelt *(Kap. 4.2.3)*.

In der Homologie von Praktiken der Arbeit, der persönlichen Beziehungen und jener konsumtorischen, körperorientierten sowie medialen Praktiken des Selbst bildet sich eine postmoderne Subjektform aus, welche die Struktur eines ›konsumtorischen Kreativsubjekts‹ annimmt. In allen seinen Praktiken lässt sich dieses Subjekt durch eine hybride Kombination eines ästhetischen und eines ökonomischen Subjektcodes leiten. Der ästhetische Subjektcode modelliert es in die Richtung eines Begehrens nach ›self growth‹, nach einer kreativen Vervielfältigung seiner Möglichkeiten innerer Erfahrung. Er wird durch einen ökonomischen Code des Subjekts als Instanz der Wahl und der Konsumtion überformt: Das Subjekt trainiert sich darin, Objekte und Subjekte als miteinander vergleichbare Gegenstände einer im Prinzip austauschbaren Wahl wahrzunehmen, als Gegenstände einer Konsumtion im weitesten Sinne. Diese Codierung des Subjekts als eine Instanz der Wahl und Konsumtion enthält als intersubjektive Kehrseite, dass das Subjekt sich selbst darin übt, ein *Objekt* der Wahl durch andere zu sein und versucht, seine Wählbarkeit zu sichern. Die ästhetische und zugleich im weiteren Sinne marktbezogene Orientierung des postmodernen Subjekts stützt sich dabei auf eine spezifische, post-bürgerliche Form der Selbstregierung. Es versucht, eine beständige Reproduktion psychophysischer ›Ressourcen‹ (emotionale Kompetenz, semiotische Kompetenz etc.), ein ›empowerment‹ seiner selbst zu betreiben. Das kulturelle ›Andere‹ der postmodernen Subjektkultur ist ein handlungsunfähiges und zugleich expressionsloses Subjekt, dem es an ästhetischer Genuss- und Stilisierungsfähigkeit ebenso wie an Wählbarkeit und souveräner Selbstregierung mangelt. Im Innern der postmodernen Subjektkultur wird ein komplexes, widersprüchliches Palimpsest von Spuren vergangener moderner Subjektmodelle sichtbar: auf einer ersten Ebene ein Sinntransfer aus den ästhetischen Gegenbewegungen und zugleich aus der Souveränitätsorientierung der klassisch-bürgerlichen Kultur sowie eine Differenzmarkierung zur ›rigiden‹ Angestelltenkultur; auf einer zweiten Ebene ein latenter Anschluss an diese Angestelltenkultur und Abgrenzungen gegenüber der Moralität des Bürgerlichen und der ›Passivität‹ des ästhetischen Subjekts *(Kap. 4.2.4)*.

4.1 Die *counter culture* als Kulturrevolution: Das Subjekt des entgrenzten Spiels des Begehrens (1960-1980)

Die *counter cultures*, die sich in den 1960er Jahren vor allem in den westlichen Metropolen und Universitätsstädten gegen die Angestellten-kultur der organisierten Moderne positionieren, gewinnen ihre Identität nach innen und nach außen zunächst über einen neuen, ebenso einfachen wie semiotisch überdeterminierten Code der ›Jugendlichkeit‹.[9] Sie sind Subkulturen von Jugendlichen und vor allem Post-Adoleszenten, und die Differenz jung/alt, jugendlich/etabliert ist im ersten, simplifizierenden Zugriff jene Leitunterscheidung, hinter der sich der Versuch einer kompletten Inversion der Subjektform, die Positionierung eines innenorientierten, begehrensorientierten Subjekts gegen das außenorientierte, sozial-kontrollierte Subjekt des ›Establishments‹ verbirgt. Auch die beiden früheren Versionen anti-bürgerlicher kultureller Bewegungen in der Moderne, die Romantik und die Avantgarden, sind Subkulturen von Post-Adoleszenten, aber das kulturelle Merkmal des ›Jugendlichen‹ spielt dort gegenüber dem Merkmal des Künstlers eine sekundäre Rolle (auch wenn namentlich die Lebensreformbewegungen zu Beginn des 20. Jahrhunderts bereits jugendbewegt sind). Das, was die Romantiker und Avantgarden außerhalb des gesellschaftlichen Zentrums situiert und sie – ihrer Selbstbeschreibung zufolge – zugleich befähigt, den universalen Horizont eines modernen Subjektmodells aufzubrechen, ist primär ihre Partizipation an einer künstlerisch-ästhetischen Praxis; was die *counter cultures* in ihrer Selbstbeschreibung in diese marginale *und* privilegierte Rolle bringt, ist primär ihr kultureller Status als Jugendliche. Diesem Jugendlichkeits-Code zufolge erscheint das Establishment in seinen Subjektstrukturen unnatürlich ›erstarrt‹, während sich im jugendlichen Subjekt jene Lebendigkeit, spielerische Offenheit, das noch nicht unterdrückte Begehren und die unbefangene Suche nach erfüllten Momenten und Grenzerfahrungen manifestiere, welche die ›eigentliche‹ Subjekthaftigkeit ausmachen soll. Jugendlichkeit in diesem Sinne vermag die Irrealität der etablierten Realität zu erkennen, die ridiküle (Un-)Gewöhnlichkeit des Common Sense.

9 Vgl. zum Jugendlichkeits-Code: Deutscher Werkbund (Hg.) (1986): Schock und Schöpfung. Jugendästhetik im 20. Jahrhundert, Darmstadt/Neuwied; Jürgen Zinnecker (1994): Metamorphosen im Zeitraffer: Jungsein in der zweiten Hälfte des 20. Jahrhunderts, in: Giovanni Levi/Jean-Claude Schmitt (Hg.) (1994): Geschichte der Jugend. Band II: Von der Aufklärung bis zur Gegenwart, Frankfurt am Main 1997, S. 460-505.

Dass die *counter cultures* damit primär statt auf Künstlertum auf Jugendlichkeit als Differenzkriterium zur dominanten Kultur setzen, distanziert sie jedoch nicht von den vorhergehenden kulturell-ästhetischen Gegenbewegungen, sondern ermöglicht ihnen im Gegenteil die Entwicklung eines radikalisierten Modells ästhetischer Subjektivität, das der Kunst im engeren, separierten Sinne nur am Rande bedarf und sie so vollends in Alltagspraxis überführen will. Die Ästhetisierung des Subjekts ist im Kontext der *counter culture* zugleich eine Verjugendlichung des Subjekts, die sich dabei ausdrücklich nicht auf bloße Subkulturen von Jugendlichen beschränkt. Der gegenkulturelle Jugendlichkeits-Code beansprucht (durchaus in der Tradition der klassisch-modernen Fortschrittssemantik), eine gegenwärtige, progressive Minderheit zu repräsentieren, die zukünftig die Mehrheit ausmachen und die Hegemonie tatsächlich umstülpen wird.

Die *counter culture* ist der Versuch, über enge künstlerische Bohème-Zirkel hinaus eine komplette, das gesamte Alltagsleben auf Dauer strukturierende soziale Parallelwelt *underground* und gegen die etablierte Angestelltenkultur zu entfalten. So wie für Romantik und Avantgarde gilt auch für diese Subjekttransformationsbewegung, dass sie ihr Alternativsubjekt mit erheblichem semiotischem Aufwand auf der Codeebene, in intellektuellen und ästhetischen Diskursen produziert. Im historischen Vergleich ragt jedoch die Ausbildung einer komplexen alternativen sozialen *Praxis* heraus, in denen diese Codes zum Ausdruck kommen und reproduziert werden. Diese Praxisfähigkeit des gegenkulturellen Subjekts speist sich teilweise aus günstigen strukturellen Voraussetzungen, etwa der beginnenden Bildungsexpansion, die genügend kritische Masse an Teilnehmern zur Verfügung stellt, oder eine Verbreitbarkeit gegenkultureller ästhetischer Produkte über die technischen Medien. Die *counter cultures* bilden dabei – ähnlich den Avantgarden des Jahrhundertbeginns – kein homogenes Feld, sondern eine Parallelität und Sequenzialität miteinander vernetzter, teilweise auch gegeneinander opponierender Stränge, die sich in vier Etappen von den 1950er bis in die 1980er Jahre entwickeln.[10] In den *1950er Jahren*

10 Vgl. Sadie Plant (1992): The Most Radical Gesture. The situationist international in a postmodern age, London/New York; James Campbell (1999): This is the Beat Generation. New York – San Francisco – Paris, London; Greil Marcus (1989): Lipstick Traces. Von Dada bis Punk – kulturelle Avantgarden und ihre Wege aus dem 20. Jahrhundert, Hamburg 1992; Walter Hollstein (1979): Die Gegengesellschaft. Alternative Lebensformen, Bonn; Bernice Martin (1981): A Sociology of Contemporary Cultural Change, Oxford; Wilfried Ferchhoff (1990): Jugendkulturen im 20. Jahrhundert. Von den sozialmilieuspezifischen Jugendsubkulturen zu den individualitätsbezogenen Jugendkulturen,

finden sich diskursive und praktische Vorläufer der Gegenkultur in den beiden Kontexten der spätavantgardistischen ästhetischen Bewegungen und einer frühen jugendkulturellen Musikszene. In loser Kontinuität zu den Avantgarden existiert in den USA der insbesondere literarische Künstler-Kreis der Beatniks (Ginsburg, Burroughs, Kerouac, im Umkreis auch Salinger und Mailer), in Frankreich der an die surrealistische Bewegung anschließende Kreis der ›Situationisten‹ (Debord, Lefebvre), die beide wirkungsmächtige Codeelemente für die spätere Gegenkultur entwickeln. Unabhängig davon bilden sich im Umkreis des Rock'n'Roll (E. Presley) international Ansätze einer relativ breiten, musikorientierten Jugendkultur, die zeitgenössisch von der Angestelltenkultur als ›halbstarke‹ Provokation perzipiert wird.

In den *1960er Jahren* formiert sich in den urbanen Zentren und Universitätsstädten die eigentliche *counter culture*, in der mehrere Stränge und ›Szenen‹ lose, aber erkennbar miteinander verknüpft sind: Die politische Studentenbewegung im engeren Sinne ist der massenmedial zunächst sichtbarste Teil, der in den öffentlichen Protesten 1968 kulminiert und linksliberale, linkssozialistische und anarchistische Issues vertritt. Die ›Hippie‹-Subkultur experimentiert mit einer ›neuen Lebensform‹ und ist mit der ›sexuellen Revolution‹ und der Kommunebewegung verknüpft. In der Pop/Rock-Szene bildet sich eine am Live-Erlebnis orientierte und an Rock'n'Roll, Blues und Folk anschließende jugendorientierte Musikkultur (Beatles, Rolling Stones; Woodstock). Die Theorie-Szene entwickelt verhältnismäßig breit rezipierte, auf Subjekt- und Gesellschaftstransformation ausgerichtete intellektuelle Diskurse (etwa Marcuse im Umkreis der Kritischen Theorie, N. Brown und Laing in der kritischen Psychologie, Vaneigem im Situationismus). Die postmodernistische Kunst-Szene schließlich produziert – ausgehend von New York – vor allem in der Bildenden und Darstellenden Kunst, daneben auch in Musik, Film und Literatur hybride Formate, die – gegen den *high modernism* positioniert – ein verfremdendes Spiel mit alltäglichen Wahrnehmungen vorantreiben.

In den *1970er Jahren* stellt sich die *counter culture* auf Dauer: Die anti-bürgerliche Hippie-Subkultur transformiert sich in ein vielgliedriges Alternativmilieu, das mit ›alternativen‹ Formen persönlicher Beziehungen, der Arbeit und Erziehung und einer psychologischen Selbsterfahrungs-Kultur hantiert, sich daneben in verschiedensten Lebensbereichen institutionalisiert (Alternativtourismus, alternative Medizin etc.) und

Frankfurt am Main; Peter Mosler (1977): Was wir wollten, was wir wurden. Zeugnisse der Studentenrevolte, Reinbek 1988, erw. Fassung; Marco Grispigni (1997): Il Settantasette, Mailand; Werner Lindner (1996): Jugendprotest seit den fünfziger Jahren. Dissens und kultureller Eigensinn, Opladen.

in den Bewegungen der Spontis und Stadtindianer einen radikaleren Ausdruck findet. Eine Neuakzenturierung der Gegenkultur im Sinne einer generellen ›Politik der Subjektivität‹ und einer Politisierung der Geschlechterverhältnisse ergibt sich durch die feministische Bewegung sowie durch die Lesben- und die Schwulenbewegung. Die Pop/Rock-Szene fächert sich in eine Vielzahl, auch miteinander konkurrierender musikorientierter Jugendkulturen und -szenen (Alternative Rock, Punk, Disco etc.) auf, in denen ästhetische ›Erfahrungen‹ und Selbststilisierungen geprobt werden. Die postmodernistische Kunstszene erlebt in dieser Phase eine Politisierung im Sinne der ›politics of representation‹, die Theorie-Szene wandelt sich vor allem zum – zunächst subkulturell verankerten – Poststrukturalismus (vgl. Deleuze/Guattari, Finkielkraut) und entwickelt psychoanalytische wie feministische Diskurse.

In den *1980er Jahren* geht die *counter culture* in Nachfolgeformate über, die Code- und Praxiselemente der 1960/70er Jahre fortführen, dabei jedoch den Charakter einer antagonistischen *Gegen*kultur verlieren. Elemente des erodierenden Alternativmilieus, aber auch der Jugendszenen und der *Gender*-Gegenkulturen liefern grundlegende Voraussetzungen für die allmählich dominant werdende Subjektordnung des konsumtorischen Kreativsubjekts und die entsprechenden postmodernen Praktiken der Arbeit, der Intimbeziehungen, der Erziehung und des Selbst. Postmodernistische Kunst und Theorie produzieren nun zum großen Teil Codemunitionierungen dieser neuen, dominanten Subjektivität. Gleichzeitig ergeben sich in immer neuen Schüben eigenständige sozial-kulturelle Szenen in der Jugendkultur (z. B. Techno in den 1990er Jahren), deren Identität sich im wesentlichen nicht mehr aus der radikalen Distinktion zum ›Establishment‹ speist und deren Subjektform gleichfalls Homologien zum dominanten Lebensstilsubjekt aufweist. Diese Jugendszenen kreieren darüber hinaus Erlebnis- und Stilformen, die vom Lebensstilsubjekt rezipiert werden; dieses findet selbst in den medialen Diskursen der ›Popkultur‹ und ihrer Figur des ›erfolgreichen Kreativen‹ einen legitimierenden und stabilisierenden Interdiskurs.

Codierungen des Lustprinzips

Trotz aller immanenten Differenzen kommt in den verschiedenen *counter cultures* der 1960er und 70er Jahren die übergreifende Codierung einer kulturrevolutionären Subjektivität ›der‹ *counter culture* zum Ausdruck. Dieser Code wird explizit in einem gegenkulturell populären intellektuell-ästhetischen Diskursfeld – etwa in Texten von Herbert Marcuse, Ronald Laing, Norman Brown, Raoul Vaneigem oder Gilles Deleuze/Felix Guatttari – entwickelt und liefert gleichzeitig als implizite Sinnvoraussetzung die Grundlage der gegenkulturellen sozialen

Praktiken.[11] Der gegenkulturelle Subjektivitätscode dekonstruiert den Allgemeinheitsanspruch des ›regular guy/girl‹ der Angestelltenkultur. Indirekt richtet er sich auch gegen einzelne Elemente klassisch-bürgerlicher Subjektivität, wie sie im Angestelltensubjekt aufbewahrt werden. Aus kulturrevolutionärer Sicht verbirgt sich hinter der Verheißung individuellen Glücks, welche die *affluent society* in der Mitte des 20. Jahrhunderts transportiert, ein subtiler Zwang gesellschaftlich-technisch-psychischer Mechanismen, der den Einzelnen systematisch und häufig unbewusst daran hindert, im ›eigentlichen‹ Sinne Subjekt zu werden.

Die subjektive Perzeption eines grundsätzlichen Mangels richtet sich gegen drei miteinander verknüpfte Strukturmerkmale organisiertmoderner Gesellschaft: technische Rationalität; normalistische soziale Kontrolle und ereignisarme Routinisiertheit. Auf sachlicher, sozialer und temporaler Ebene werden damit fixe, einschränkende ›Strukturen‹ – ein ›System‹ im starken Sinne –, errichtet, die nun als grundsätzliches Hindernis entfalteter Subjektivität erscheinen. Die Herrschaft der technischen Rationalität, der ›Technokratie‹, die in den Korporationen und ihrer Arbeitsorganisation verankert ist, reduziert das Subjekt auf einen passiven Agenten vorgezeichneter Funktionen; sie schränkt es auf rein kognitive Leistungen ein, führt zu seiner Entkörperlichung und Entsinnlichung: Körper und Sinne erscheinen als bloße Instrumente effizienten Handelns. Die normalistische soziale Kontrolle, die in der *peer society*, den Kleinfamilien und *peer groups*, aber auch in den Organisationen ausgeübt wird, legt dem Subjekt auf, sich in einem ›Fassaden-Ich‹ sozia-

11 Vgl. zum folgenden Raoul Vaneigem (1967): Handbuch der Lebenskunst für die jungen Generationen, Hamburg 1977; ders. (1979): Das Buch der Lüste, Hamburg 1984; Roberto Ohrt (Hg.) (1995): Der Beginn einer Epoche. Texte der Situationisten, Hamburg; Herbert Marcuse (1955): Triebstruktur und Gesellschaft. Ein philosophischer Beitrag zu Sigmund Freud, Frankfurt am Main 1965; ders. (1969): Über die Befreiung, in: Schriften, Band 8, Frankfurt am Main 1984, S. 237-317; Gilles Deleuze/Félix Guattari (1972): Anti-Ödipus. Kapitalismus und Schizophrenie I, Frankfurt am Main 1974; dies. (1980): Tausend Plateaus. Kapitalismus und Schizophrenie II, Berlin 1992; Marcus (1989); Jean-Francois Lyotard (1974): Ökonomie des Wunsches, Bremen 1984; R. D. Laing (1967): The Politics of Experience, New York; Norman O. Brown (1959): Zukunft im Zeichen des Eros, Pfullingen 1962; Theodore Roszak (1969): The Making of a Counter Culture. Reflections on the technocratic society and an its youthful opposition, New York; Charles Reich (1970): The Greening of America, New York; Karl Bednarik (1969): Die unheimliche Jugend, Wien/München; Best/Kellner (1991); Frank Musgrove (1974): Ecstasy and Holiness. Counter culture and the open society, London; Daniel Cohn-Bendit (1968): Linksradikalismus. Gewaltkur gegen die Alterskrankheit des Kommunismus, Reinbek.

ler Rollen zu erschöpfen, sich, statt eine Welt individueller Wünsche und Bedürfnisse auszubilden, in sozial erwünschtem Verhalten und strikter Emotionskontrolle zu üben. Ereignisarme Routinisiertheit findet sich aus kulturrevolutionärer Sicht neben dem Arbeits- und Familienalltag vor allem im kopierten, statusorientierten Konsum und den Produkten der audiovisuellen Medien – beide erweisen sich als herausgehobene Felder gegenkultureller Kritik. Diese Felder zwingen das Subjekt in eine Repetitivität der Alltagspraxis und passivisieren es zugleich, indem es zum Objekt der immer gleichen Konsum- und Medienangebote wird.

Innerhalb des kulturellen Imaginären der organisierten Moderne begründen technische Zweck-Mittel-Regulation, soziale Koordination der peer-Gesellschaft und die Berechenbarkeit der Routinen gemeinsam eine alternativenlose rationale Ordnung, welche die strukturellen Voraussetzungen dafür liefert, dass das Subjekt eine gelungen scheinende Identität ausbildet. Im kulturrevolutionären Gegendiskurs wird dieser universale Horizont, der sich um den ›leeren Signifikanten‹ sozial-technischer Rationalität gruppiert, aufgebrochen und als das Gegenteil dessen interpretiert, was er zu sein vorgibt: Statt eine Voraussetzung gelungener Identität zu bieten, übt er als fixe Struktur, als ein rationalistisches System ›Macht‹, ›strukturelle Gewalt‹ aus, die eine gelingende subjektive Existenz systematisch verhindert. Der Rationalismus gesellschaftlich-technischer Systeme erweist sich als eine äußere Ordnung, die versucht, eine innere Ordnung im Subjekt zu erzwingen: ein irrationaler ›Mikrofaschismus‹ der Ordnung, der sich bis in die Details des Alltagslebens – des ›Konsumzwangs‹, des ›Leistungszwangs‹, des ›Gruppenzwangs‹ etc. – verlängert. Die Kapitalismuskritik, die in der Gegenkultur enthalten ist, stellt sich in diesem Sinne letztlich als Rationalismus- und Machtkritik dar (so dass auch der Staatssozialismus keine alternative Option zu bieten vermag).

Der universale Horizont der Angestelltenkultur wird durch die Gegenkultur an seiner eigenen, immanenten Bruchstelle dekonstruiert: In ihrer Tendenz zu einer zumindest halbierten Ästhetisierung des Subjekts, die sich am deutlichsten in der Konsumkultur niederschlägt, erhebt die Angestelltenkultur selbst – in ihrem Selbstverständnis gegen die bürgerliche Moralität gerichtet – den Anspruch eines legitimen Hedonismus. Die Konsumkultur, die Freizeitorientierung der suburbia, die Zerstreuungsorientierung der audiovisuellen Medien, die Präsenz des Erotischen in der medialen Geschlechterrepräsentation, die postviktorianische Normalisierung der Sexualität innerhalb der Paarbeziehung und die Institutionalisierung jugendlicher peer groups mit ihrer dating-Kultur – die zerstreuungsorientierten Elemente der Angestelltenkultur implementierten im Subjekt den kulturell legitimen Anspruch eines Begehrens nach befriedigenden Objekten und Subjekten. Hinzu kommt, dass Reste der bürgerlichen Kultur, die das Bild einer autonomen Entwicklungsfähigkeit subjektiver Innenwelten vermitteln – die ›Selbstbildung‹ der Persönlichkeit, die ›Selbstverwirklichung‹ in der Kunst –, insbesondere in den höheren Bildungsanstalten auch in der organisierten Moderne als Spuren präsent sind.[12] Die für die Angestelltenkultur charakteristische Kopplung dieser Elemente eines legitimen Hedonismus des Subjekts (bzw. einer legitimen Selbstentwicklung) an eine alle sozialen Felder durchschneidende soziale Normalisierung desselben Subjekts vermag nun jedoch einen subjektiv perzipierten Mangel im Innern der nach-bürgerlichen Persönlichkeit zu produzieren: Die konformistische *other-directness*, die vom Subjekt verlangt wird, kann ›unauthentisch‹ erscheinen und zum repressiven Zwang werden, die *suburbia*-Welt sich in ein absurdes Spiel um unerfüllbare Glücksversprechen verwandeln. Nach der bürgerlichen Abgrenzung gegen die ›artifizielle‹ höfische Gesellschaft und nach der Distinktion der Romantik, der Avantgarde und schließlich der Angestelltenkultur gegen den Bourgeois und Philister des Bürgertums entwickelt die Gegenkultur damit eine weitere Variante der für die moderne Kultur durchgängig charakteristischen Form der Subjektkritik, die mit der zentralen Unterscheidung zwischen dem Authentischen/Befreienden und dem Gekünstelten/Limitierenden, zwischen der Kontingenzöffnung und der Kontingenzschließung hantiert.

Indem die Praxis-/Diskursformation der Angestelltenkultur den tatsächlichen und gewünschten Zustand als eine Ordnung der Rationalität codiert und diese Rationalität in der Normalität des Sozialen und den Sachgesetzen des Technischen ausmacht, definiert sie das Begehren des Einzelnen, die Wünsche nach Entfaltung eines individuellen Ich-Ideals, die Körperlichkeit, Imaginations- und Wahrnehmungsfähigkeit sowie Emotionalität des Subjekts als ein ungeordnetes und zu regulierendes Außen, als ein letztlich irrationales, bloßes Supplement – das doch gleichzeitig als motivationale Kraft vorhanden sein und immer wieder neu produziert werden muss, damit die Angestelltenkultur ihre Dynamik als attraktive *affluent society* erhalten kann. Der kulturrevolutionäre Gegendiskurs betreibt nun in einem doppelten Sinne eine Umstülpung des kulturellen Imaginären der organisierten Moderne und verwandelt das Supplement des hegemonialen Diskurses in das Zentrum einer neuen kulturellen Ontologie. Gegen die sozial-technische Sphäre positioniert er die Sphäre des Begehrens der Individuen; das ›Realitätsprinzip‹ – um die Freudsche Semantik zu verwenden, die etwa von Marcuse suggestiv reformuliert wird – wird mit dem ›Lustprinzip‹ der begehrenden Individuen konfrontiert. In dieser diskursiven Umstülpung erscheinen nun Begehren und Lustprinzip als die eigentliche Realität, während das vorgebliche Realitätsprinzip der sozial-technischen Ordnung eine unei-

---

12 Vgl. zu diesem Aspekt Leinberger/Tucker (1991), S. 142.

gentliche Wirklichkeit produziert, die torpedierbar ist, »in eine[m] politischen Kampf gegen sämtliche Maschinen der herrschenden Macht«:[13] eine nur äußere Ordnung der Regeln und des Handelns, hinter der sich die innere Sphäre des Begehrens, des individuellen Erlebens und seiner intensiven Erfahrungen als eigentliches Zentrum auftut.

Die Umstülpung der kulturellen Ontologie vom Realitäts- zum Lustprinzip ist verknüpft mit der Inversion der Differenz von Rationalem und Irrationalem. Im kulturrevolutionären Gegendiskurs erscheint das, was der dominante rationalistische Diskurs als das Irrationale, Unberechenbare in sein kontrollbedürftiges Außen abschiebt, als die grundlegendere, natürliche Seinsweise des Subjekts, aber auch der sozialen und natürlichen Ordnung (die dann nicht mehr Ordnung ist). Die immanente Struktur des Subjekts wie die der sozial-natürlichen Welt erweist sich als fluide, anarchisch, unkontrollierbar, unbestimmt, ›rhizomatisch‹ (Deleuze), voller sich selbst vervielfältigender Differenzen. Alle Bemühungen, diesem eine sozial-technische Ordnung überzustülpen, erscheinen hingegen als nachträglicher und zum Scheitern verurteilter Versuch, die innere und äußere Polymorphie in eine ›reterritorialisierende‹ Systematik zu zwingen. Jene ›Rationalität‹, welche der Kultur der organisierten Moderne wie auch in anderer Weise der bürgerlichen Kultur das Sinn-Fundament bietet, erweist sich in der Rationalismuskritik der Kulturrevolution als Umschreibung eines Zwangssystems. Den Versuchen, eine totalisierende Struktur mit fixen Bestimmtheiten, eindeutigen Zwecken, Formen und Verlaufsmustern zu errichten, hält der kulturrevolutionäre Gegendiskurs, der im Grundsatz ein post-strukturalistischer ist, die eigentliche und zugleich normativ prämierte Realität des unberechenbaren *Spiels* entgegen – im Subjekt, in der äußeren Welt und im Verhältnis des Subjekts zur Welt. Während das ›Unberechenbare‹ in der bürgerlichen wie post-bürgerlichen Welt als ein zu vermeidendes Risiko der mangelnden Vorhersagbarkeit – auf der Subjektebene als Ausdruck mangelnder Charakterstärke oder sozialer Desintegriertheit – gilt, stellt sich das, was sich nicht der ›Berechnung‹ und ›Rechenhaftigkeit‹ fügt, aus Sicht der Gegenkultur als Ausdruck von anarchisch-spontaner, unkontrollierbarer Lebendigkeit dar. Diese wird als natürlicher *und* zugleich als anzustrebender Zustand präsentiert; worauf die kulturelle Teleologie abzielt, wird auch in der kulturellen Gegenbewegung gleichzeitig als ›immer schon vorhandenes‹ Fundament, ein *post-foundationalist* Fundament der Subjekthaftigkeit eingeführt.

Das gegenkulturelle Subjekt konstruiert sich vor dem Hintergrund eines Codes, der sich um die Leitvorstellungen eines grundlegenden,

---

13 Félix Guattari (1974): Mikropolitik des Wunsches, Berlin (West) 1977, S. 10.

aber inhaltlich offenen Begehrens, eines Lustprinzips im Innern des Subjekts und der Struktur eines ›Spiels‹ im Verhältnis des Subjekts zur Welt gruppiert. In diesem Kontext zielt die kulturelle Teleologie auf eine Sensibilisierung des Empfindens für den Körper sowie für die Variationsmöglichkeiten der ›sinnlichen‹ Wahrnehmung und der affektiven Akte ab, sie trainiert das Subjekt in der Momenthaftigkeit intensiven Erlebens und liminaler Erfahrungen, prämiert die ›Kreativität‹ der Selbstexpression und weist dem Kollektiv die Funktion eines Produzenten efferveszenten Erlebens zu. Dominante Strukturen werden von der Gegenkultur grundsätzlich als kontingente Signifikationssysteme interpretiert, die sich als Spielmaterial der befriedigungsorientierten Selbstkonstruktion eignen. In einem elementaren Sinne erweist sich das gegenkulturelle Subjekt damit als ein ästhetisch strukturiertes, als eines, das sich vom »ästhetischen Eros«[14] leiten lässt. In hybrider Weise montiert es sich aus historischen Versatzstücken der Romantik – Selbstexpression, Individualität, Weltkonstruktion durch das Ich – und der Avantgarden – Transgression, Semiotisierung der Welt, Diskontinuität des Ichs – zusammen und verleiht dieser romantisch-avantgardistischen Kombination durch die eindeutige Orientierung an ›Begehren/Lust‹ und ›Spiel‹ eine erneuerte Struktur.

Das gegenkulturelle Subjekt konstituiert sich in seinem Selbstverständnis nicht durch das Einrücken in eine übergreifende moralische oder sozial-normative Ordnung, sondern durch sich selbst, es gilt, »sich selbst zum Ausgangspunkt, zum Zentrum (zu) machen. … Alle einzigartigen und uneingeschränkten Subjektivitäten haben eine gemeinsame Wurzel: den Willen sich selbst durch die Verwandlung der Welt zu verwirklichen, den Willen alle Sensationen zu erleben, alle Erfahrungen, alle Möglichkeiten.«[15] Das Subjekt besitzt eine Grundstruktur, die jede dauerhafte identische Struktur hintertreibt: Es ist auf der Suche nach Lustbefriedigung, es wird angetrieben von einem ›Begehren‹, es begehrt Objekte und Situationen, um in ihnen momenthaft und möglichst iteriert libidinöse Befriedigung, ›jouissance‹ zu finden. Dieses Begehren ist nicht defensiv als bloßer Mangel, sondern offensiv als eine Fülle von Möglichkeiten zu verstehen, mit der Welt und sich selbst Kontakt aufzunehmen; das Subjekt ist eine ›Wunschmaschine‹, eine Produktionsstätte immer neuer Begehrensakte, die es selbst in seiner Struktur beständig transformieren. Das Lustprinzip, das aus seinem Innern wirkt, ist in der gegenkulturellen Subjektkultur nicht auf bestimmte Objekte einschränkbar (etwa auf genitale Sexualität). Was das Subjekt mit der Welt verbindet, sind nicht fixe und einfach zu befriedigende ›Bedürfnisse‹, sondern ist ein ›Begehren‹, das sich auf interpretierte Objekte, auf

---

14 Marcuse (1969), S. 262.
15 Vaneigem (1967), S. 186, 245.

Repräsentationen von Objekten richtet. Die Begehrensobjekte erweisen sich damit in der Kreation neuer Repräsentationen als unbegrenzt ausweitbar. Das Begehren findet temporäre, aber niemals endgültige Befriedigung nicht in einem bestimmten Gegenstand, sondern in der interpretativen und zugleich sinnlichen Aneignung der Gegenstände, die in ihm ein libidinöses Erleben freisetzen. Mit W. Reich ist im kulturrevolutionären Diskurs das ›Begehren in seiner Essenz revolutionär‹, indem es ständig nach neuen Begehrensobjekten sucht, eine Suche, die soziale Normierungen zwangsläufig überschreiten muss.

Das gegenkulturelle Subjekt findet damit – gegen das nun konventionalistisch erscheinende Angestelltensubjekt, das sich ›dynamisch‹ im immer neuen *social adjustment* übt – seine Dynamik aus einer Kopplung von unersättlicher Körperlichkeit und fluider Semiosis: Im kulturrevolutionären Sinne ist das Subjekt im Kern eine körperliche und damit auch affektive Bewegung, die unstillbar begehrt und nach Lust strebt, und es ist legitimerweise eine solche lustsuchende Instanz. Dieser libidinöse Antrieb erscheint dabei inhaltlich vollständig unterbestimmt, er hat – gegen jegliche naturalistische Fixierung – keine natürlichen Ziele; es sind vielmehr die kulturellen Ordnungen, die dem Subjekt potentielle Begehrensobjekte zur Verfügung stellen. Aus kulturrevolutionärer Perspektive besteht das Problem der gesamten Moderne darin, dass ihre *semiotischen* Matrizen *normative* Ordnungen waren, die über die Modellierungen des bürgerlichen, moralischen Über-Ichs oder über die sozialen Erwartungen der Angestelltengesellschaft die möglichen Begehrensobjekte zu fixieren suchten. Für das Projekt einer Kulturrevolution ergibt sich damit die Aufgabe, in einem Ausstieg aus der Moderne und ihrer Subjektfixierung die kulturellen Matrizen das sein zu lassen, was sie ›eigentlich‹ sind: nicht der Zwang der Gesellschaft, sondern Spiele von Signifikanten und Signifikaten, eine Zirkulation und Interferenz von mehrdeutigen Objektbesetzungen, welche Lust und Begehren sich vervielfältigen lassen – »die Revolution muss eine Revolution der Wahrnehmung sein«.[16] Das Begehren heftet sich nicht an eine eindeutig vorgegebene Wirklichkeit, sondern vermag sich durch immer neue Aufschichtungen von Bedeutungsebenen (›sous les pavés, il y a la plage‹) und die spielerische Ambivalenz verschiedener Wirklichkeitsimaginationen, die »mit Worten und Zeichen ihr Spiel treib[en]«,[17] zu multiplizieren. Der Konsum psychedelischer Drogen erscheint hier nicht zufällig die paradigmatische Realisierung des gegenkulturellen Subjekts bereitzuhalten: Das Spiel mit den wahrgenommenen, ›virtuellen‹ Welten vervielfältigt das libidinöse Erleben. Dieser Umgang mit der Welt ist der eines Spiels – ein Element bereits der Romantik wie des Dadaismus und

16 Marcuse (1969), S. 272.
17 Vaneigem (1967), S. 100.

Surrealismus –, und zwar eher im Sinne von ›play‹ als von ›game‹, eines »permanente[n] Experimentieren[s]«.[18]

Die spielerische Wirklichkeitskonstruktion der Gegenkultur erweist sich als eine doppelte. Es geht darum, die Common Sense-Welt in der Interpretation zu subvertieren, aber mehr noch darum, eine neue Praxis, neue Praktiken zu entwickeln (die mit solchen neuen Signifikationen arbeiten) oder alte Praktiken entsprechend umzuformen, so dass sie zur Quelle libidinöser Akte werden: Musik, Tanzen, Nichtstun, Sexualität, Handwerk, Reisen, Kunst, Politik, Essen, Fußballspielen, Kino, Theoretisieren (und manchmal auch Gewalt) – die gegenkulturelle Subjektkultur ist ständig auf der Suche nach Praktiken, die sich so gestalten lassen, dass sie die gewünschten Effekte intensiven Erlebens hervorrufen, sie sucht die »Erfindung von Spielen neuer Art«.[19] Charakteristischerweise eignet sie sich dabei auch populäre Praktiken (z. B. nicht-klassische Musik, Tanz) und bürgerliche Praktiken (Theorie, Reisen, Kunst) an, vermag sie aber *bricolage*-förmig so umzuformen, dass sie zu libidinösen Aktivitäten werden. Der Bruch, den die Gegenkultur mit der Vergangenheit markieren will, ist damit – anders als größtenteils in der klassischen Avantgarde – ein totaler und kein totaler zugleich, indem sie sich gezielt Elemente aus der bestehenden und vergangenen Kultur aneignet und diese für ihre eigenen Zwecke ummodelliert. Der Bruch bezieht sich darauf, die Welt nicht als Sphäre zweckorientierten bzw. moralischen Handelns oder sozialer Koordination zu voraussetzen, sondern als Projektionsfläche und Aktivitätsraum des Lustprinzips; aber dies bedeutet nicht, im Sinne einer ›Weltablehnung‹ sämtliche bisherige soziale Praxis zu verwerfen, vielmehr diese als ein historisches Arsenal von Aktivitäten zu behandeln, das sich im Sinne der Suche nach intensivem Erleben ›kreativ‹ umfunktionieren lässt.

Das Programm der kulturrevolutionären Gegenkultur ist damit im Kern das einer Ästhetisierung des Subjekts im weitest möglichen Sinne, indem sie »das Ende der Trennung des Ästhetischen vom Wirklichen«[20] betreibt. Ästhetisch ist das Verhältnis des Subjekts zur Welt hier in einem vierfachen, miteinander verknüpften Sinne: im Spiel mit der imaginativen Uminterpretation der Common Sense-Welt, der Verschiebung und Erweiterung der Wahrnehmung; in der Distanz zum Zweckvollen und Notwendigen zugunsten des zweckfreien, der Notwendigkeit enthobenen Lustprinzips des legitimen Begehrens; in der kreativen Neuerschaffung von Praktiken, die dieses libidinöse Begehren zu befriedigen versprechen; schließlich in der Sensibilisierung der Sinne, der gesamten sinnlichen Wahrnehmung, welche neue ›Erfahrungen‹, vor allem Grenz-

---

18 Guy Debord (1958), in: Ohrt (1995), S. 47.
19 Guy Debord (1957), in: Ohrt (1995), S. 40.
20 Marcuse (1969), S. 268.

erfahrungen möglich macht. Für die Struktur des gegenkulturellen Subjekts ist damit kennzeichnend, dass das dynamische, im Subjekt einen unendlichen Suchprozess implementierende Zusammenspiel von körperlich-affektivem Begehren (das als Lust-›Prinzip‹ freilich selbst nichts anderes als eine kulturelle Zuschreibung ist, eine neue Essentialisierung des Subjekts als ›im Kern‹ libidinös) und einem spielerischem Ausprobieren von Signifikationen und Imaginationen am Ende ins zugleich körperliche wie interpretativ-mentale Innen des Subjekts zurückführt: Als sinnlich und affektiv sensibilisiertes vermag das gegenkulturelle Subjekt in sich selbst intensive Erfahrungen und Erleben hervorzurufen, die den Charakter des Außeralltäglichen haben, es aus jenem routinisierten Alltagsleben reißen, der für die Angestelltenkultur typisch erscheint. Das gegenkulturelle Subjekt zielt darauf ab, starke (›irre‹) Erfahrungen zu machen, es unterliegt einem »Erfahrungshunger«,[21] von Erfahrungen nicht im empiristischen Sinne, sondern im Sinne eines letztlich ästhetischen intensiven Erlebens. Diese inneren Akte werden zu affektiven Grenzerfahrungen, zu liminalen Erfahrungen, wenn das Subjekt in seinem Erleben meint, die vertrauten Grenzen seines Selbstgefühls zu sprengen: »Die Explosion der erlebten Lust bewirkt, dass ich mich finde, indem ich mich verliere.«[22] Gegenkulturelle Praktiken sind typischerweise darauf ausgerichtet, solche außeralltäglichen Grenzerfahrungen, den ›Kick‹ der ›journey into the inner world‹ regelmäßig zu produzieren. Das defiziente Subjekt, das die Gegenkultur verwirft, ist jenes, das sich die libidinösen Erfahrungen versagt: »[Nur] die Verneinung der Lust [ist] pervers.«[23]

Die Identität eines Subjekts mit sich selbst, seine kontrollierte Konstanz in der Zeit erscheinen damit im kulturrevolutionären Kontext als Hindernisse für jene Sequenz immer wieder neuer und anderer ästhetischer Erfahrungen, auf die es abzielt: Erfahrungen zu machen, setzt eine Fluidität der Subjektstruktur voraus, die Bereitschaft ›sich auszuprobieren‹, so dass – etwa bei Laing und Deleuze – auch der ›Schizo‹ und der ›Nomade‹ oder in der italienischen Sponti-Kultur der ›indiano metropolitano‹ metaphorisch zum Subjekt-Ideal avancieren können. Der kulturrevolutionäre Kontext motiviert ein spielerisches ›othering‹ des Subjekts, eine ›Öffnung‹ für das verworfene kulturelle Andere, das nun gerade vorbildlich erscheinen kann: das Andere der schwarzen Kultur – der ›white negro‹ als ›hipster‹ ist für N. Mailer das Ideal eines nachmodernen Subjekts, und die Rock/Pop-Musik lässt sich vom schwarzen Blues und Jazz beeinflussen –, das Andere der fernöstlichen Kulturen

21 Michael Rutschky (1980): Erfahrungshunger. Ein Essay über die siebziger Jahre, Köln.
22 Vaneigem (1967), S. 193.
23 Ebd., S. 255.

– die Aufgabe der Selbstkontrolle etwa in Meditationstechniken –, die Öffnung des männlichen Subjekts für vermeintliche Eigenschaften weiblicher Subjektivität (Nähe zum eigenen Körper, Emotionalität etc.).[24] Generell konstruiert sich das gegenkulturelle Subjekt vor dem Hintergrund eines binären Differenzschemas, das die erratische Bewegtheit, die Lebendigkeit und Selbstveränderung der Starre und dem ›Tod‹ der Routine und Passivität entgegenstellt, ein Schema, in dem ein Sinntransfer von den Avantgarde-Bewegungen und der Lebensphilosophie erfolgt. Das gegenkulturelle Subjekt ist immer »On the Road«, seine nomadische Existenz lässt sich nicht stillstellen. Dabei kann die Bewegung des Ichs selbst, »Die Reise«,[25] die es betreibt, Objekt libidinöser Erregung sein.

Als Instanz spielerischen Begehrens prämiert und trainiert das Subjekt in der Gegen-Subjektkultur die Körperlichkeit, den ›Moment‹ und eine emotionsorientierte Form der Kollektivität: eine Orientierung am Körper und seinen Emotionen statt am Geist, an der ›kreativen‹ Spontaneität, der aktiven Gestaltung des Moments als zeitliche Einheit der Befriedigung und am Kollektiv, verstanden als Erfahrungs-Gemeinschaft. Das gegenkulturelle Subjekt versteht sich als »Leib-Ich«.[26] Es markiert eine Differenz zur Reduktion des Körpers auf ein diszipliniertes Instrument des Handelns, wie sie der bürgerlichen und Angestelltenkultur vorgeworfen wird, zur Sublimierung körperlicher Regungen, zur Desensibilisierung der körperlichen Sinne, die den Körper in erster Linie in ein williges Mittel zur Arbeit überführt und seine Erlebensfähigkeit auf das Feld der Sexualität limitiert haben – noch dazu in einem restriktiven Verständnis des Sexuellen. Das Begehrenssubjekt modelliert sich in einem dreifachen Sinne primär nicht als reflexiv-kognitive Instanz des Geistes, sondern als Körper (so dass ›Verkopftheit‹, ›Emotionslosigkeit‹ und ›mangelndes Körpergefühl‹ nun Subjektdefizite bezeichnen): Es lässt sich von einem organisch verankerten, aber zugleich den Körper (den ›organlosen‹) desorganisierenden multiplen Begehren nach *jouissance* motivieren; es übt sich in der experimentellen Manipulation seines Körpers, um begehrte Effekte zu erzielen; schließlich sind diese sinnlichen Erfahrungen selbst ›ganzheitlich‹ körperlich-affektiv-imaginativ, sie sind Erfahrungen des Leibes. Der gegenkulturelle Körper ist im wesentlichen Leib; er liefert kein objektiv vorhandenes, fixes Funktionssystem, sondern präsentiert sich als subjektiv *erlebter* Körper, ein Leib, dessen Fühlen systematisch zu entfalten ist: »[D]en gesamten Körper als Subjekt-Objekt der Lust beizubehalten, verlangt ... nach In-

---

24 Vgl. auch Leslie Fiedler (1965): The new mutants, in: ders. (1971), S. 379-400.
25 Jack Kerouac (1957): On the Road, London 1991, Bernward Vesper (1977): Die Reise. Romanessay, Reinbek 2003.
26 Brown (1959), S. 222.

tensivierung seiner Empfänglichkeit.«[27] Sexualität und Erotik können dann zu Paradigmen kulturrevolutionärer Existenz überhaupt werden: die *jouissance*, die sexuelle Praktiken hervorruft, ist Vorbild für die gesamte Alltagspraxis, die sich ›erotisieren‹ lassen soll.

Als Begehrens- und Erfahrungsinstanz lässt sich das gegenkulturelle Subjekt von einem momentanistischen Zeitbewusstsein konstruieren. Auch in dieser Hinsicht betreibt es eine Sinnappropriation von Elementen der romantischen und avantgardistischen Versionen ästhetischer Subjektivität. Das geplante Leben in der Zukunft und das erinnerte Leben in der Vergangenheit werden mit einem Leben in der reinen Gegenwart konfrontiert. Es ist der einzelne Moment, auf den das intensive Erleben und seine herausgehobenen Grenzerfahrungen abzielen: »*Jetzt müssen wir genießen, nicht morgen.*«[28] Der singuläre Augenblick, die einzelne Situation – das zentrale Thematisierungsobjekt der Situationisten – wird mit außeralltäglichen Bedeutungen und Imaginationen aufgeladen. Das Alltagsleben erscheint erst dann erträglich, wenn sich der Quasi-Automatismus bewusstloser Routinen zugunsten singulärer »Situationen eines Lebens, konkret, bewusst und freigestellt« verflüssigt; jede Situation kann zum Anlass von »Experimentalformen eines revolutionären Spiels«[29] werden. Es geht um die »Konstruktion kurzfristiger Lebensumgebungen und ihre Umgestaltung in eine höhere Qualität der Leidenschaft«, um die Kreation »packende(r) Situationen«.[30] Die Situation und der Moment werden nicht passiv empfangen, sondern gerade ihr gezieltes Erleben setzt einen Aktivismus der kreativen Zuwendung voraus. Die Haltung des Spiels und des Experiments ist in diesem Sinne eine situationistisch-momentanistische.

Die Moment- und Situationsorientierung des gegenkulturellen Subjekts ist eng verknüpft mit seiner – wiederum post-romantischen und post-avantgardistischen – Forderung nach ›spontaner Kreativität‹: Die Lebendigkeit des Moments zu erleben erfordert, gegen die Routinisiertheit ›Spontaneität‹ zu setzen, gegen die Wiederholung identischer Akte die ›Kreation‹ des Neuen. ›Kreativität‹, die Fähigkeit, aus sich selbst heraus neuartige, unberechenbare Vorstellungen und Handlungen zu schöpfen oder verschiedene Vorstellungen und Handlungen neuartig miteinander zu kombinieren und dabei fixe Grenzen zu überschreiten, wird nun als natürliche Voraussetzung eines nicht-entfremdeten, sein Selbst ›verwirklichenden‹ Subjekts präsentiert, die sich vom Spezialfall der Kunst auf die gesamte Alltagspraxis beziehen lässt. Die gegenkulturelle Abgrenzung gegen Technik, rationalistische Wissenschaft,

27 Marcuse (1955), S. 209.
28 Cohn-Bendit (1968), S. 134 (Hervorheb. D. C-B.).
29 Guy Debord (1957), zit. nach Marcus (1989), S. 168.
30 Guy Debord (1957), in: Ohrt (1995), S. 39, 41.

staatliche Bürokratie und Massenkonsum speist sich aus der Annahme, dass diese Felder spontane Kreativität verkümmern lassen. Die Kernfelder der nicht-kreativen Praxis der klassischen Moderne lassen sich jedoch aus der kulturrevolutionären Perspektive kreationistisch umformen: Die mechanistische Technik kann ersetzt werden durch eine experimentelle Technik, durch das »Spiel mit den Möglichkeiten von Form und Materie«[31] (eine Vision, die im gegenkulturellen Umfeld des Kaliforniens der 1970/80er Jahre mit der Entwicklung des Mikrocomputers seine verblüffende Realisierung findet), die rationalistische Wissenschaft durch poetisch-intellektuelle Hybriddiskurse, für die poststrukturalistische Autoren wie Deleuze oder Derrida Pate stehen, die staatliche Bürokratie durch ›selbstverwaltete Projekte‹ ebenso wie ›Mikropolitik‹ kleiner Gruppen (Bürgerinitiativen, Selbsthilfegruppen etc.), der Massenkonsum schließlich durch eine individualästhetische Aneignung von Alltagsobjekten, etwa in der Stilisierung der Kleidung, wie sie im gegen- und jugendkulturellen Kontext diffundiert.

In diametralen Gegensatz zum Angestelltensubjekt und seiner beständigen Suche nach Bestätigung seiner sozialen Normalität und Integriertheit im Blick der Anderen findet das gegenkulturelle Subjekt die Erfüllung seiner Existenz im ästhetisch-libidinösen Innern seines Selbst. Das Soziale im Sinne normativer Erwartungen muss ihm dann als negatives, einschränkendes Außen erscheinen. ›Kollektiv‹ ist in der Kulturrevolution zunächst lediglich die Addition der individuellen Versuche *jedes* Einzelnen, die ästhetische Triade von Begehren, Spiel und Erfahrung/Erleben auf seine individuelle Weise in Bewegung zu halten: »Die individuelle Verwirklichung wird das kollektiv verstandene Werk des ›jeder für sich selbst‹ sein.«[32] Paradoxerweise stülpt die Gegenkultur jedoch diesem radikal anti-kollektivistischen, post-romantischen Subjektmodell *greffe*artig einen sekundären Code über, der eine emphatische Bejahung von Kollektivität enthält. Das Kollektiv stellt im gegenkulturellen Kontext einen legitimen, ja herausgehobenen Ort dar, jedoch wird es im Grundsatz anders codiert als in der sozial kontrollierten Angestelltenkultur: nicht als Ort der Ausrichtung an sozialen Normalitätsstandards und des Erlebens der Gleichheit in der Gruppe von ›regular guys/girls‹, sondern als Ort, an dem erst die Präsenz anderer Personen dem Selbst bestimmte intensivierte Erfahrungen ermöglicht, die es aus sich heraus nicht zu produzieren vermöchte. Das Kollektiv im gegenkulturellen Kontext ist ein ästhetisch-expressives Kollektiv, und zwar im dreifachen Sinne: als efferveszentes Kollektiv rauschhaften gemeinsamen Erlebens, als Stilisierungskollektiv subkultureller Zeichen, als Kommunikationsgemeinschaft, die eine authentische Expression der Innenwelt ermöglicht.

31 Marcuse (1969), S. 261.
32 Vaneigem (1967), S. 109.

Die Gegenkultur prämiert Kollektivität als eine Bedingung, unter der bestimmte liminale Erfahrungen erst möglich werden. Ähnlich Durkheims efferveszenter, religiöser Versammlungen erscheint die Anwesenheit anderer Personen in kollektiven ›Festen‹ hier als eine Voraussetzung, unter der das Subjekt eine bestimmte Erregung erfährt: das Gefühl des Aufsprengens seiner individuellen Grenzen und der ›Verschmelzung‹ in der Menge.[33] Pop/Rock-Konzerte, Happenings, Love-Ins, Teach-Ins, aber auch politische Demonstrationen (insbesondere die öffentlichen Demonstrationen um 1968 sind hier als »leidenschaftliche Feste des Kampfes«[34] zu verstehen) erhalten ihren Reiz durch die Chance efferveszenter Erfahrungen, die das Erleben im kollektiven Event bereithält. Kollektive sind hier keine sozialen Dauerverbände, sondern ästhetische Augenblicksgemeinschaften. In einem zweiten Sinne wirken gegenkulturelle Kollektive als Stilisierungsgemeinschaften, prominent in den jugendkulturellen Szenen: Hier kann sich das Subjekt über den Weg einer kollektiven, nach außen distinkten Alltagssemiotik – Kleidung, Accessoires, Gestik etc. – auf Dauer als Teil einer Gemeinschaft potentiell gleichsinnig Erlebender identifizieren. Was diese dechiffrierbar macht, ist ein distinkter ästhetischer Stil: Er ist kollektiv und individuell zugleich, der Stil eines Kollektivs, der sich jedoch von anderen Stilen – und vor allem der Stil-losigkeit des etablierten Mainstreams – in seiner Kollektivindividualität eindeutig unterscheiden lässt.[35] Schließlich präsentiert sich Kollektivität noch in einer dritten Hinsicht als Voraussetzung für gegenkulturelle Subjektivität: verstanden als eine Kommunikationsgemeinschaft, die authentische Selbstexpression ermöglicht. Obwohl die Gegenkultur prinzipiell die Ebene des ›Sinnlichen‹, ›Intuitiven‹, ›Somatischen‹ und ›Emotionalen‹ gegen die Logozentrik des Sprachlichen, Kognitiven und Diskursiven positioniert (so dass ›gemeinsames Schweigen‹ zu einer vorbildlichen Praktik werden kann), führt sie in einem zweiten Schritt den Wert der Kommunikation in die Alltagspraxis ein. Kommunikation – wie sie etwa in den Selbsthilfegruppen der Gestalttherapie als notwendige Voraussetzung der Emanzipation des Ichs erscheint – ist hier weniger Sach- als Ich-Kommunikation (ein Kommunikationstypus, den die Angestelltenkultur marginalisiert): eine Routinisierung der

33 Zum Konzept der Efferveszenz vgl. auch Christoph Liell (2001): ›Anmache‹, Rap und Breakdance. Identitäten und Praktiken Jugendlicher türkischer Herkunft in der HipHop-Szene, in: Rammert (2001), S. 177-195; vgl. auch die klassische Darstellung in: Émile Durkheim (1912): Die elementaren Formen des religiösen Lebens, Frankfurt am Main 1981, S. 295-314.

34 Mosler (1977), S. 35.

35 Vgl. Paul Willis (1990): Common Culture. Symbolic work at play in the everyday cultures of the young, Milton Keynes.

Mitteilung von Emotionen, Bedürfnissen und Vorstellungen, die das Innere nach Außen stülpt. Die soziale Ebene der Kommunikation dient damit im gegenkulturellen Kontext in erster Linie der gegenseitigen Selbstexpression; die Kommunikation wird dazu genutzt, sich der individuellen Selbstheit zu versichern, indem diese vom vorverbalen, fluiden Erleben in das Sprechen über sich selbst transferiert wird.[36]

Postmodernistische Kunst als Trainingsfeld des kulturrevolutionären Subjekts

Im Unterschied zur Romantik und zu den Avantgarde-Bewegungen ist die *counter culture* der 1960er und 70er Jahre keine im engeren Sinne künstlerische Bewegung. Sie betreibt eine elementare Ästhetisierung des Subjekts, ohne dabei beständig auf Kunst im engeren Sinne künstlerischer Praktiken zurückzugreifen. Gleichzeitig empfängt die kulturrevolutionäre Bewegung grundlegende Code- und Praxis-Impulse aus einer neuen Kunst: Das heterogene Feld der ästhetischen Praktiken des Postmodernismus der 1960er und 70er Jahre an den Schnittstellen zwischen visueller Kunst, darstellender Kunst und Literatur stellt sich als Übungsfeld der Kulturrevolution dar. Diese Kunst bereitet selbst jene generalisierte Ästhetisierung des Subjekts der Gegenkulturen – und am Ende auch der kulturellen Formation der Postmoderne als ganzer – vor, welche die Differenz zwischen Kunst und Nicht-Kunst auflöst.[37]

Die postmodernistische Kunst, die bereits Ende der 1950er Jahre von den USA ausgeht, übt das kunstrezipierende Subjekt in der Fähigkeit

---

36 Vgl. Gilbert Zicklin (1983): Countercultural Communes. A sociological perspective, Westport (Conn.); Christoph Hennig (1989): Die Entfesselung der Seele. Romantischer Individualismus in den deutschen Alternativkulturen, Frankfurt am Main.

37 Zum folgenden vgl. Charles Harrison/Paul Wood (Hg.) (1992): Kunsttheorie im 20. Jahrhundert, Band II: 1940-1991, Ostfildern-Ruit 2003; Hutcheon (1989); dies. (1988): A Poetics of Postmodernism. History, theory, fiction, London; Jonathan Fineberg (2000): Art since 1940. Strategies of being, New York; Steven Best/Douglas Kellner (1997): The Postmodern Turn, New York/London; Steven Connor (1989): Postmodernist Culture. An introduction to theories of the contemporary, Oxford 1997; Ken Friedman (Hg.) (1998): The Fluxus Reader, Chichester; Hans Bertens (1995); The Idea of the Postmodern, London, S. 82 ff.; Leslie Fiedler (1969): Cross the border – close the gap, in: ders. (1971), S. 461-485; Ihab Hassan (1987): The Postmodern Turn. Essays in postmodern theory and culture, Ohio; Andreas Huyssen (1984): Mapping the postmodern, in: ders. (1986), S. 178-221; Hal Foster (1985): Recodings: Art, spectacle, cultural politics, Port Townsend.

zur semiotischen Grenzüberschreitung, im Gewahrwerden der Unbestimmtheit von Grenzen zwischen scheinbar notwendig separierten Da-
seinsfeldern. Diese Dekonstruktion richtet sich vor allem auf die Grenze
zwischen Kunst und Alltag, zwischen Ästhetischem und Nicht-Ästhetischen, zwischen Fiktivem und Realem, aber auch auf spezifischere
Grenzen, etwa zwischen Maskulinität und Feminität. Wenn sich in den
Avantgarde-Bewegungen – die vor allem in ihren surrealistischen und
dadaistischen Strängen im Postmodernismus präsent sind – die Forderung nach einer grenzüberschreitenden ›Transgressivität‹ in erster Linie
(wenn auch nicht vollständig) auf ein immer wieder neues Ausbrechen
aus fixen Subjektgrenzen, ein radikales Überschreiten von Innen in ein
befreites ›Außen‹ bezog, so stellen sich die postmodernistischen Grenzüberschreitungen vor allem als ein spielerisch-dekonstruktives Hin- und
Herwechseln zwischen kulturellen Feldern dar, die in der dominanten
Kultur durch fixe Grenzen voneinander separiert worden sind. Es geht
weniger um einen einmaligen Ausbruch aus den sozialen Schranken der
Kultur als um eine permanente Subvertierung der Kultur von innen – in
diesem Sinne ist die postmodernistische Kunst Vorbild für das gegenkulturelle Begehrenssubjekt. Wenn sie dezidiert auf Distanz zum späten
ästhetischen Modernismus, dem ›high modernism‹ geht, dann wendet
sich die ästhetische Praxis des Postmodernismus vor allem gegen die fixe
Grenzmarkierung einer ›autonomen‹, eigenstrukturierten Kunst, die
sich als homolog zu den purifizierenden Grenzmarkierungen der Kultur
der organisierten Moderne insgesamt erweist. Die postmodernistische
Kunst betreibt – analog zu den poststrukturalistischen Theorien – vor
allem eine Grenzüberschreitung des Kulturellen und des Ästhetischen in
das scheinbar Nicht-Kulturelle und Nicht-Ästhetische: die Materialität
der Alltagswelt.

Die Kunst des Postmodernismus, die von den 1950er bis in die 1980er
Jahre hinein eine Reihe neuer Genres entwickelt, welche die Grenzen
klassischer Genres in Form von ›fringe interferences‹ kreuzt, nimmt
Alltagsgegenstände, Alltagssituationen, Alltagsbilder, Alltagstexte und
Alltagsgeräusche zum Ausgangspunkt und verfremdet diese durch eine
ästhetische Zweitbearbeitung. Die Pop-Art der 1960er Jahre (R. Hamil-
ton, J. Johns, A. Warhol) ist nur die Spitze einer breiten Bewegung von
künstlerischen Praktiken als ›signifiying practices‹, die an der ›popular
culture‹ der Angestelltengesellschaft ansetzen. Oberflächlich bricht die
postmodernistische Kunst das Primat schriftlich-textueller Praktiken
– das für die Romantik und schwächer für Avantgarde/Modernismus
unter dem Einfluss der bürgerlichen Kunst gilt – und verschiebt den
Schwerpunkt zur visuellen, ›bildenden‹ Kunst – mit Lyotards Ästhetik
vom ›discours‹ zur ›figure‹[38] –; sie reagiert damit auf die Ubiquität der

38 Vgl. Jean-François Lyotard (1971): Discours, figure, Paris 1985.

technisch reproduzierten Visualität, welche die massenmediale und konsumtorische Angestelltenkultur prägt. Letztlich geht es jedoch nicht um eine Neuprofilierung der Bildenden Kunst im engeren Sinne, sondern um eine konkretistische Ausweitung des künstlerischen Raumes zu den ›objects‹ und den ›environments‹, zu den Alltagssituationen simulierenden, visuell-darstellerischen Hybridformen: dem Happening und der Installation, dem ›walk in painting‹, der ›junk sculpture‹, ›landscape art‹ und dem Action Painting, der Musik-Performance, der ›Art from Nature‹, der ›Body Art‹, der multimedialen Kunst oder der Verpackungs-Kunst, in denen die visuelle Kunst den Charakter einer *performance* annimmt und die Alltagswelt simuliert (etwa bei J. Cage, in der Fluxus-Bewegung, bei M. Cunningham, R. Rauschenberg, C. Oldenburg, J. Beuys, in Warhols ›Factory‹, bei B. Nauman, R. Lichtenstein, den Wiener Aktionisten, N. J. Paik, Christo, C. Burden).

Der Ausgangspunkt der Ästhetik des Postmodernismus sind die ›found objects‹ (R. Rauschenberg), die ›specific objects‹ (D. Judd)[39] im weitesten Sinne: die vorgefundenen Konsumobjekte, die vorgefunden Werbebilder und Comics, technischen Artefakte und populären Texte, aber auch die vorgefundenen Gesten, Geräusche und Gebäude, die Körperhaltungen, Körperformen und Denkweisen. Diese ›found objects‹ wirken in ihrer ästhetischen Entkontextualisierung wie Zitationen: Ihre bedeutungsverschiebene Verfremdung ergibt sich dadurch, dass sie als Installation, Environment, Aufführung etc. dem lebensweltlichen Verwendungszusammenhang entzogen werden. Die Distanz zur Notwendigkeit des Alltags macht sie einer ästhetischen Verarbeitung zugänglich, sie ermöglicht ein ›Reframing‹ (E. Goffman).[40] Dieses Reframing wird verstärkt durch ihr Arrangement mit weiteren Objekten, so dass sich gesamtkunstwerkartige, möglicherweise spektakuläre und zufallsoperative Konstellationen ergeben. Das Happening – von Susan Sontag zu Beginn der 1960er Jahre in der New Yorker Kunstszene beobachtet[41] – liefert ein prominentes Beispiel für die postmodernistische Verarbeitung von Alltagsobjekten und -situationen: Es simuliert in seiner Kombination von körperlichem Verhalten, Objekten und akustischen Signalen reale ›Action‹, ohne dabei jedoch eine intelligible Handlung zu bieten. Es durchkreuzt dabei die Schranke zwischen Kunst und Publikum, indem es das Publikum aktiviert und provoziert. Im Happening erscheint das, was präsentiert wird, als reine, beobachtbare Materialität

---

39 Vgl. Donald Judd (1965): Specific objects, in: Arts Yearbook, S. 74-82.
40 Vgl. Erving Goffman (1974): Frame Analysis. An essay on the organization of experience, Boston 1986.
41 Vgl. Susan Sontag (1962): Happenings: an art of radical juxtaposition, in: dies (1966): Against Interpretation and other essays, New York 1990, S. 263-274.

– das gilt für Subjekte so wie für Objekte, die anstelle von ›Wesen mit einer Innenwelt‹ ästhetische Projektionsflächen des Betrachters darstellen. Durch die collageförmige, zufällig anmutende Aneinanderreihung (juxtaposition) von alltäglichen Verhaltensakten und Gegenständen werden konventionelle Frames außer Kraft gesetzt; das Alltägliche erscheint außeralltäglich, diskontinuierlich, kann komisch oder erschreckend wirken, mit neuen tentativen Signifikationen aufgeladen werden, ein »network of surprises, without climax«.[42]

Postmodernistische Formen des Ästhetischen wie das Happening trainieren das Subjekt im Umfeld der Gegenkulturen (und darüber hinaus) in einem alltagssemiotischen Bewusstsein und damit in einer Ästhetisierung seines Weltverhältnisses. Der Rezipient postmodernistischer Kunst, der immer wieder neu Dechiffrierungsarbeit betreiben muss, übt sich darin, auf Distanz zur ›natürlichen Einstellung‹ (E. Husserl) zu gehen und sich als Alltagskonstruktivist zu verstehen: Die verfremdende Dekontextualisierung des Gewöhnlichen macht dieses als Produkt eines Framing bewusst. Diese semiotischen Aktivitäten lassen sich multiplizieren und modifizieren, der Rezipient lernt tentativ, vertraute Bedeutungen durch neue zu ersetzen, Ereignisse unvertraut zu ›reframen‹ oder auch einen spezifischen ›Sinn‹ durch eine second-order-Bedeutung des Absurden, Grotesken oder Komischen zu ersetzen. Er begreift das scheinbar Natürliche als arbiträr, das Normale als Produkt von Codierungen, vermag diese Signifikationen zu dechiffrieren, zu ›entlarven‹ und durch neue zu ersetzen. Einmal erworben, lässt sich diese semiotische Kompetenz in Alltagssituationen anwenden, die nun selbst wie eine Serie von Events, Environments, Installationen etc. erscheinen. Die Provokationen der counter culture, ihre Ridikülisierung der Normalität der Angestelltenkultur, die teilweise den Charakter politisch-semiotischer Happenings annimmt, speist sich aus einem semiotischen Bewusstsein, das von der postmodernistischen Ästhetik angetrieben wird.

Dieses alltagssemiotische Bewusstsein bewirkt eine Politisierung semiotischer Systeme, nicht zuletzt solcher, welche die Definition des Subjekts betreffen, und eine sinnliche Aufladung von Alltagsgegenständen, die zu libidinösen Erlebensobjekten avancieren: ›postmodernism of resistance‹ und ›ludic postmodernism‹. Die Politisierung, die sich im Kontext der Gegenkulturen wie der postmodernistischen Kunst ergibt, ist – jenseits der Oberfläche liberaler Bürgerrechts- und sozialistischer Gleichheits-Issues – im Kern eine kulturelle Politisierung. Sie stellt sich als ein Prozess dar, in dem die Kontingenz und Subvertierbarkeit des scheinbar Fixen demonstriert wird. Diese Kontingentsetzung geht den Weg einer Semiotisierung: Die Kontingenz eines Tatbestandes erweist sich in seiner Abhängigkeit von sehr spezifischen Signifikationssyste-

42 Ebd., S. 266.

men; eine Verwirrung dieser Vokabulare lässt die ›Tatbestände‹ nicht unberührt und demonstriert, wie sie bisher durch konventionelle Sinnfixierungen limitiert wurden. Der postmodernistische Rezipient wird zum Komplizen eines ästhetischen Verfahrens, das »auf diese Diskurse lauer[t], um sie zu verwirren oder bloßzustellen oder um sie zu verführen und irrezuleiten«.[43] Die postmodernistische Ästhetik initiert eine derartige ›politics of representation‹, indem sie nicht allein die modifizierbare Rahmung von Alltagsgegenständen, sondern auch von Subjekten aufdeckt: In der postmodernistischen Fotografie (etwa bei C. Sherman, V. Burgin), der Literatur (etwa bei T. Pynchon, K. Vonnegut, J. Barth) und dem Film (M. Antonioni) wird regelmäßig die Homogenität und Eindeutigkeit von Subjektformen dekonstruiert, ihre Abhängigkeit von visueller *performance*, narrativer Perspektive oder fragilen Innen-Außen-Unterscheidungen aufgezeigt. Die Unbestimmtheit des Subjekts und seiner Realität wird zur sicheren Tatsache, die nun diverse *possible worlds* eröffnet. Gegen dominante, um Bestimmtheit bemühte Subjektcodierungen lassen sich damit ästhetische Gegendiskurse positionieren, welche die herrschenden Bestimmungen auf den Kopf stellen und sie gegenperspektivieren (etwa in feministischen, postkolonialen oder schwul-lesbischen Rahmungen). Politik ist dann eine ›politics of subjectivity‹. Im Umgang mit der postmodernistischen Ästhetik vermag sich das Subjekt damit in einem ebenso ›kritischen‹ wie *bricolage*-förmigen ›refashioning‹ üben: Es kann nicht um den Ausstieg aus der Welt kultureller Repräsentationen gehen, sondern um ein Opponieren gegen dominante Subjektrepräsentationen mit Hilfe alternativer Semantiken oder um eine entpurifizierende, auch selbstironische Kombination unterschiedlicher Semantiken (eine in den gegenkulturellen Jugendszenen gängige Praxis). Zur Debatte kann genauso wenig ein Ausstieg aus der kulturellen Vergangenheit in eine radikal differente Zukunft stehen – eine Tendenz der Avantgarde-Bewegungen –, sondern eine selektive, kombinatorische Aneignung historischer Elemente (Pastiche, Retro), die unabweisbar im Subjekt präsent bleiben.

Das alltagssemiotische Bewusstsein, das die postmodernistische Kunst vermittelt, bewirkt zudem eine libidinöse Aufladung des diskontinuierlichen Erlebens von scheinbar prosaischen Alltagsgegenständen und -situationen. Wenn die Dynamisierung des Begehrens des kulturrevolutionären Subjekts sowohl vom Spiel mit den Signifikationen und Praktiken als auch von der Intensivierung der Erfahrung abhängt, dann stellt sich die postmodernistische Ästhetik als ein Trainingsfeld konstruktivistischer *und* das Erleben intensivierender Dispositionen dar. Das postmodernistische Kunstsubjekt lernt, Alltagsgegenstände und

43 Hal Foster (1982): Subversive Zeichen, in: Harrison/Wood (1992 b), S. 1322 f.

-situationen jenseits eines Verwertungs- und Handlungszusammen-
hangs als spektakuläre ästhetische Objekte zu behandeln, jenseits der
Konstellationen von Notwendigkeit und Handlungsdruck als voyeuristische Imaginationsflächen, die eine »Freude an Objekten«[44] ermöglichen: »The basic unit for contemporary art is not the idea, but the ...
extension of sensations.«[45] In der postmodernen Kunst kann *alles* zum
Gegenstand ästhetischen Vergnügens werden – das Erleben hängt in
keiner Weise vom Gegenstand, sondern von der sensibilisierten Wahrnehmung des Rezipienten ab. Das ästhetische Erleben nimmt hier die
Form einer ›Immersion‹ an, eines ›Eintauchens‹ des Rezipienten, das alle
Selbstreflexivität, alle Erinnerung und Planung zugunsten reiner erlebter
Gegenwart einzieht. Diese Intensivierung des Erlebens wird nicht zuletzt
durch die diskontinuierliche Zeiterfahrung vorangetrieben, welche die
postmodernistische Kunst befördert: Indem betrachtete Gegenstände
oder beobachtete (oder gelesene) Szenen aus einem übergreifenden,
nachvollziehbaren Sinnzusammenhang herausgebrochen werden,
vermag sich der Rezipient vollständig auf das einzelne Detail, den einzelnen Moment zu konzentrieren und daraus intensiviertes Vergnügen
zu ziehen.[46] Das ›Spiel‹, in das die postmodernistische Ästhetik das
Subjekt involviert, ist damit sowohl ›kritisch-dekonstruktiv‹ als auch
ein Medium des Lustprinzips; es leitet die ›politics of representation‹
der Gegenkultur an und verschafft dem libidinösen Begehren immer
neue Gegenstände. Dieses Spiel des Subjekts des ästhetischen Postmodernismus, das sich im Kontext der Kulturrevolution bildet (und eine
Voraussetzung für das konsumtorische Kreativsubjekt der Postmoderne
als einer gesellschaftlich-kulturellen Gesamtformation seit den 1980er
Jahren liefert), beschreibt sich selbst als ›Emanzipation‹ aus der repressiven Bedeutungs- und Subjektfixierung der Angestelltengesellschaft
und ihrer bürgerlichen Vorgänger; es liefert zugleich einen neuartigen
Subjektanforderungskatalog, der die Fähigkeit und Bereitschaft zur
beständigen Dekonstruktion von Grenzen sowie die Kompetenz zur
ästhetischen Sensibilisierung der gesamten Alltagswelt dekretiert.

44 Haim Steinbach, in ›Von der Kritik zur Komplizenschaft‹ (1986), abge-
druckt in Harrison/Wood (1992 b), S. 1343.
45 Vgl. Susan Sontag (1965): One culture and the new sensibility, in: dies.
(1966), S. 293-304, hier: S. 300.
46 Zur Immersion vgl. John Cage und die Fluxus-Bewegung: Friedman
(1998), S. 63 ff.; zum postmodernen ›schizophrenen‹ Zeitbewusstsein
vgl. Jameson (1991), S. 25 ff.

Gegenkulturelle Praktiken I:
Pop/Rock-Musik, psychedelische Drogen

Das Training eines gegenkulturellen Subjekts findet in einer Reihe neu-artiger Praktikenkomplexe statt, die das kulturrevolutionäre Modell dynamischen Begehrens umzusetzen versuchen. Nicht zufällig handelt es sich hier zu großen Teilen um neue Technologien des Selbst; beispiel-hafte Relevanz haben die Rezeption von Rock/Pop-Musik, die Verwen-dung psychedelischer Drogen und fernöstliche Praktiken der Medita-tion. Im Feld intimer Beziehungen betreibt die Gegenkultur das Projekt einer ›sexuellen Revolution‹ sowie eine kulturelle Destabilisierung von Geschlechtergrenzen; im Feld der gegenkulturellen Nachfolgeformate zur produktiven Arbeit werden – wiederum in relativer Kontinuität zur Avantgarde, aber auch zur Romantik – ›kreative‹ Praktiken gefördert, die einerseits im ›Kreativitätskollektiv‹ stattfinden, die aber auch die individuelle Symbolarbeit, die Arbeit der ›Stilisierung‹ umfassen: Das gegenkulturelle Subjekt praktiziert und universalisiert sich hier als ›Kreativsubjekt‹.

Die gegenkulturellen Praktiken zielen übereinstimmend auf eine ästhetische Subjektivation, eine auf Dauer gestellte Erweiterung und Intensivierung der subjektiven Möglichkeiten der Perzeption und des Erlebens seiner selbst ab, indem sie das Subjekt in den Zustand einer körperlich-affektiv-mentalen Bewegtheit versetzen, der gleichzeitig das zweckrationale Handeln und die kognitive Reflexion stillstellt. In einer Kombination von Weltzuwendung und Weltabwendung nimmt sich das Subjekt hier als ›ganz in der Welt‹ wahr, als aktives Element des Lebens und des Alltags, dessen Möglichkeiten ausgeschöpft werden, *und* gleichzeitig durch die Partizipation an ›außeralltäglichen‹ Grenz-erfahrungen als bereits der Banalität des Alltags enthoben. Vor dem Hintergrund der kulturrevolutionären Umstülpung der Rationalität/ Irrationalitäts-Differenz befördern die gegenkulturellen Praktiken ei-nen spezifischen Umbau der Subjektstruktur, indem sie diese dauerhaft mit ›nicht-rationalen‹ Erfahrungen konfrontieren, welche teilweise auf nicht-moderne, nicht-westliche Quellen zurückgreifen: der Musik, des Tanzes, der Meditation, der Rauschmittel, der Sexualität, der krea-tiven Tätigkeit. Charakteristisch sind hier die Körperorientierung der gegenkulturellen Aktivitäten, in denen es um eine Sensibilisierung des somatischen Erlebens geht, sowie die Orientierung an einem Kollek-tiv, nicht als Rollensystem, sondern als kreative Erlebensgemeinschaft verstanden. Gleichzeitig implantieren die gegenkulturellen Praktiken Dispositionen zu einem Spiel mit Zeichen und Wahrnehmungen – dies betrifft wiederum Musik/Tanz, Drogenerfahrung, Selbststilisierung und die Kreativitätsgemeinschaft der ›signifying practices‹.

Die gegenkulturelle Subjektivation in den 1960er und 70er Jahren – und darüber hinaus der jugendkulturellen Nachfolgemodelle der 1980er und 90er Jahre, die zum großen Teil keine Gegenkultur mehr darstellen, sondern Varianten der postmodernen Subjektordnung – findet in grundlegender Weise in der Praxis des Musikerlebens statt.[47] Die Rock- und Pop-Musik der 1960er/70er Jahre, die auf dem Rock'n'Roll der 50er Jahre aufbaut und ›schwarze‹ Genres wie Jazz und Blues sowie Folk integriert, trainiert das Subjekt in einem spezifischen, somatisch-affektiven, intensivierten ›Fühlen‹ seiner selbst.[48] Das Musikerleben ist zunächst vor allem ein aktiviertes, bewusst kollektives und körperorientiertes Musik*hören*, in der Regel von Live-Musik von Bands oder einzelnen Interpreten auf der Bühne, und entwickelt sich seit den 1970er Jahren in Richtung kollektiver Praktiken des Tanzens (Dance, Disco, House, Techno). In der herausgehobenen Stellung, die sie der ästhetischen Erfahrung der Musik für die Subjekttransformation jenseits der ›rationalistischen‹ Hegemonie zuschreibt, setzt die *counter culture* die Tradition romantischer Subjektivität fort. Das romantische wie das gegenkulturelle Musiksubjekt zielen beide auf eine Intensivierung des Selbsterlebens und ästhetische Grenzerfahrungen der Selbsttransformation jenseits der Reflexivität des Bewusstseins, die sich aus der Konzentration auf auditive Perzeptionen ergeben.

Das gegenkulturelle Musiksubjekt unterscheidet sich jedoch in mehrerer Hinsicht vom romantischen und exemplifiziert darin die Besonderheit der Subjektkultur der *counter culture*: Das romantische Musiksubjekt ist ein körperlich stillgestellter Zuhörer, seine Musikerfahrung eine im Kern ›seelische‹; es ist zudem ein – trotz leiblicher Präsenz anderer Zuhörer – einsamer Rezipient; die romantisch-klassische Musik ist eine vorkomponierte und dann aufgeführte Musik, in der sich

47 Zum folgenden vgl. Simon Frith (1996): Performing Rites. On the value of popular music, Oxford; Gabriele Klein (1999): Electronic Vibration. Pop Kultur Theorie, Hamburg, S. 129-210; Edda Holl (1996): Die Konstellation Pop. Theorie eines kulturellen Phänomens der 60er Jahre, Hildesheim; Paul Willis (1978): ›Profane Culture‹. Rocker, Hippies: Subversive Stile der Jugendkultur, Frankfurt am Main 1981, S. 111-212; Lawrence Grossberg (1984): Another boring day in paradise. Rock and Roll and the empowerment of everyday life, in: Gelder/Thornton (1997), S. 477-493; Simon Frith u. a. (Hg.) (2001): The Cambridge Companion to Pop and Rock, Cambridge; Peter Kemper u. a. (Hg.): (1999): ›alles so schön bunt hier‹. Die Geschichte der Popkultur von den Fünfzigern bis heute, Stuttgart.

48 Die Rock-Musikerfahrung kann hier als Exempel für die gesamte gegenkulturelle Praxis gedeutet werden: »Wenn du dir einen Rock-Song reinziehst ..., weißt du, so solltest du eigentlich dein ganzes Leben verbringen.« (Pete Townsend (1968), zit. nach Marcus (1989), S. 62).

die Interpreten zurücknehmen. Das Rock/Pop-Subjekt erfährt Musik hingegen – durch den Rhythmus, möglicherweise auch den Tanz – als eine im Kern körperliche Aktivität der eigenen Person; das Musikerleben stellt sich als kollektives Erleben dar, in dem das Publikum selbst Teil des Konzerts ist; schließlich basiert das Rock/Pop-Erleben auf einer Musik, die in dieser Form erst in der Unmittelbarkeit des Moments der Aufführung entsteht; in dieser erfolgt eine affektive Bindung des Publikums an die Figur des Künstlers/Interpreten/Songwriters, der zugleich zum Ideal-Ich wird. Aus der gegenkulturellen Perspektive entspricht das ›distanzierte‹ romantische Musikerleben dem bürgerlichen Typus, indem es am individuellen Bewusstsein ansetzt, während das gegenkulturelle ›totalisierend‹ wirkt, indem es den Körper, das Kollektiv und die Unmittelbarkeit der Künstler einbezieht. Das romantische Musiksubjekt übt sich im ›retreat‹ von der zweckrationalen Welt in eine innere Gefühlswelt, das gegenkulturelle im aktivierenden ›Freilassen‹ einer körperlich-affektiv-mentalen Lebendigkeit (das damit einen ›retreat‹ anderer Art enthält). Die neuen Musikformate weisen Analogien zu nicht-westlichen ästhetischen Praktiken auf, welche vor allem über den Weg der afroamerikanischen Musik in der westlichen, weißen (Gegen-)Kultur appliziert wird.

Die totalisierende, den Körper/Geist des Subjekts betreffende Wirkung erzielt die Rock/Pop-Musik, indem sie das klassische Konzert der europäischen Musiktradition des 18./19. Jahrhunderts hinter sich lässt und das Format einer Pop-Live-Veranstaltung entwickelt, das sich als »performance art of music-dance-drama-masking-costume for which we lack a name«[49] darstellt. Auch wenn der Einfluss, den die Rock/Pop-Musik auf die gegenkulturell-postmoderne Subjektivation auszuüben vermag, ihrer technischen Reproduzierbarkeit in der Schallplatte verdankt, ist das Live-Konzert eines Rock-Interpreten, typischerweise zunächst einer Band, die paradigmatische Konstellation der gegenkulturellen Musik. Das romantische und bürgerliche Musikerleben im Konzert beruht auf einer vierfachen Separierung und zugleich Distanzierung: zwischen Komposition und Interpreten, zwischen Interpreten und Zuhörer, zwischen den Zuhörern und zwischen Musik und Raum. Komponist und Interpreten sind hier unterschiedliche Personen, die Komposition ist als ›objektiver Text‹ von einem abwesenden Komponisten verfasst und wird von Interpreten in einer spezifischen Fassung so aufgeführt, wie eine ›parole‹ die ›langue‹ aktualisiert. Das Publikum beschränkt sich in der Regel darauf, der Interpretation zuzuhören, ohne dass es zu Rückkopplungseffekten käme, auf welche die Interpreten seinerseits reagieren würden. Die Zuhörer reagieren zudem nicht reziprok aufeinander, sie empfinden sich nicht selbst als Kollektiv, vielmehr als

49 Frith (1996), S. 137.

Addition individueller Hörer. Der Raum, in dem die Aufführung stattfindet, bleibt neutral, er enthält sich (jenseits der Architektur) spezieller
Effekte.

Das Rock-Konzert als ›Totalperformance‹ vermag seine Wirkung von
Unmittelbarkeit eines Gesamtkunstwerkes, dessen Teil der Zuhörer ist,
dadurch zu erzielen, dass die vier Grenzziehungen der klassischen europäischen Musiktradition aufgelöst werden. Das körperlich-affektive,
intensivierte Selbsterleben des Musiksubjekts ergibt sich aus der Überschreitung dieser Grenzen. Im prototypischen Fall der Rock-Band (oder
des Folk-Sängers) löst sich die Unterscheidung zwischen Komposition
und Interpreten auf, die Interpreten sind selbst die Komponisten und
Textwriter, so dass die Musik als authentische Expression der Künstler
erscheint. Auch die Grenzen zwischen den Zuhörern kollabieren; sie
erleben sich als Bestandteil einer kollektiven Musikgemeinschaft (paradigmatisch sind Massenkonzerte wie Woodstock 1969), deren ›Stimmung‹ von diesem kollektiven Selbsterleben abhängt. Das kollektive
Musikerleben ist damit ein Prototyp der Übung des Subjekts in gegenkultureller Effervenszenz, der affektiven Grenzerfahrungen des Erlebens
in der Gemeinschaft. Der Raum wird durch besondere Effekte – etwa
Lichteffekte, Landschaft, Bühnendekoration, auch Kostüme etc. – in
das Musikerleben einbezogen. Schließlich und vor allem erweisen sich
im Rock-Konzert die Zuhörer gemeinsam mit der Band selbst als Mu-
sikproduzenten: Die Musik ist ein Produkt der aktiven – von allen Beteiligten so empfundenen – ›Mitarbeit‹ der Zuhörer, der Rückkopplung
vom Publikum zum Künstler, sie existiert nur in der gemeinsamen *performance* von Künstlern *und* Publikum, die erst zusammen die dichte
Atmosphäre von Expression und Kollektivität des Pop-Erlebnisses zu
schaffen vermag, in der das Subjekt sich »von der Energiespirale mitge-
rissen«[50] empfindet.

Die Rock/Pop-Musik vermag über ihre besondere Struktur als
›Sound‹ und als ›Rhythmus‹ im Subjekt Dispositionen für affektive
und körperliche Erfahrungen zu entwickeln, welche die Grenzen des
bürgerlichen und des Angestelltensubjekts sprengen und die in der
Selbstbeschreibung typischerweise als ›Überfließen von Energie‹ identifiziert werden. Die Rock/Pop-Musik ist nur in zweiter Linie ein melo-
disch-harmonisches Gebilde, sie ist in erster Linie ›Sound‹, das heißt, sie
umfasst die Gesamtheit eines affektiv wirksamen Klangeffekts, darunter
auch ›sound words‹, das heißt ein Text, der selbst weniger signifikativen
als klanglich-rhythmischen Charakter hat. Der ›Sound‹ ist nicht notati-
onsfähig, er umfasst vielmehr individuelle Merkmale der *performance*
bestimmter Sänger/Instrumentalspieler: die Art, wie ein Instrument ge-

50 Paul Williams (1997): Dieses großartige Rock and Roll Gefühl. 30 Jahre
Crawdaddy Magazine, Löhrbach, S. 125.

spielt wird, der Sprachgestus eines Sängers, das Timbre seiner Stimme, die Art der musikalischen Koordination zwischen den Gruppenmitgliedern, ihre Bewegungen auf der Bühne. Indem die Interpreten des Sounds selbst dessen Komponisten und Songwriter sind, erscheint er wie ein Ausdruck der individuellen, tatsächlich erlebten Erfahrungen der Künstler (welcher auch hier wiederum ein ästhetisches Subjekt-Ideal verkörpert). In der Immersion in das totale Klangerlebnis des Sounds scheint dem Musiksubjekt nun selbst das Erleben des Künstlers intensiviert erfahrbar – mehr noch, angesichts der gemeinsamen Zugehörigkeit zur Gegenkultur mit ihren ›typischen‹ Erfahrungen scheint im Sound das eigene Erleben des Rezipienten in der ästhetischen Verarbeitung durch den Künstler, der letztlich dasselbe erlebt hat, ausgedrückt zu werden. Das Totalerlebnis des Sounds nimmt im Subjekt alle intentionalen Akte des subjektiven Bewusstseins, teilweise auch des Körpers, in Anspruch, verdichtet sich zu einem Erlebnis der Intensivierung und Erweiterung der Affekte:»Ich bin die Musik.«[51] Dadurch, dass die Rock/Pop-Musik zugleich Sound und Rhythmus ist, wirkt sie direkt ›in‹ den Körper: als Rhythmus-Musik wird die nicht nur mental-affektiv empfunden, sondern auch taktil – etwa in den Beat-Schlägen – ›pulsierend‹ erlebt. Manche Elemente der Musik sind gar nicht hörbar, sondern allein somatisch fühlbar (z.B. tiefe Bässe). Der Rhythmus wird als Bewegung des Körpers empfunden, selbst wenn der Körper äußerlich kaum bewegt wird: In der Praxis des Musikerlebens konstituiert sich das gegenkulturelle Subjekt als ästhetisches.

Die körperliche Aktivierung, welche die Pop/Rock-Musik betreibt, geht konsequenterweise vom aktiven Zuhören in den Tanz über.[52] Im Kontext der Pop-Musik – die dabei immer weniger vokal orientiert ist und von der Song-Struktur in den endlosen Sound übergeht – bilden sich seit Mitte der 1970er Jahre (mit dem Höhepunkt in der nach-gegenkulturellen Club- und Ravekultur der folgenden Jahrzehnte) neue Tanzpraktiken aus, die um das befriedigende körperliche und affektive Selbsterleben des Subjekts, die Stillstellung seiner reflexiven Akte im Erleben von Leiblichkeit zentriert sind. Die popkulturellen Tanzpraktiken lösen sich vom Paartanz und seinen konventionellen Formaten – charakteristisch für die bürgerliche Kultur, aber auch ›sportlich gelockert‹ für die Angestelltenkultur –, damit auch von dessen Einfügung in eine heterosexuelle Geschlechtermatrix. Es handelt sich nun um eine Sequenz individueller Körperbewegungen, die jeder Einzelne in totaler Immersion in den musikalischen Klang – sowie das darüber hinausrei-

---

51 Zit. nach einem Interview in Willis (1978), S. 186.
52 Zum besonderen Fall der Techno-Kultur vgl. Philipp Anz/Patrick Walder (Hg.) (1995): Techno, Reinbek 1999, auch Will Straw (2001): Dance music, in: Frith (2001), S. 158-175.

chende räumliche ›Environment‹ – für sich vollzieht, um sich in den affektiven Zustand ekstatischer Entspanntheit zu versetzen. Diesen Zustand zu erreichen, setzt jedoch – analog dem Rock-Konzert – die leibliche Anwesenheit eines gleichgesinnten Kollektivs voraus. Der popkulturelle Tanz ist paradoxerweise radikaler Individualtanz und gleichzeitig ein kollektives efferveszentes Erleben. Das rasante Tempo der Musik, der eingängig-montone, taktil wie auditiv (über Lichteffekte auch visuell) spürbare Rhythmus mit niedrig frequentierten Basslinien, die nur noch körperlich erlebt werden können, die hohe Lautstärke, die ›durch den Körper dringt‹, die totale physische Verausgabung in einer Kombination von gleichmäßigen und expressiv-diskontinuierlichen Körperbewegungen, das Gefühl eines ›Aufgehens‹ in einem Kollektiv von Individuen, die ähnlich fühlen, wie man selbst (›kollektiver Sex‹) – alle Elemente zusammen genommen, bewirken im Subjekt einen Umbau des Icherlebens: Das Ich scheint ›geöffnet‹, es wird nicht reflektiert, sondern gefühlt, die Grenzen zwischen Ich und Anderen scheinen sich zu lockern, ein entspannter, zugleich rauschhaft bewegter wie innerlich ›zur Ruhe gekommener‹ Trancezustand wird erreicht, in dem sich auch die Linearität der Zeitlichkeit zugunsten des Momenterlebens auflöst.

Wenn die ästhetische Praxis der Rock/Pop-Musik einschließlich des Tanzes – die seit den 1980er Jahren aus der Gegenkultur herauswächst und sich in jugendkulturelle Szenen transformiert, welche am Ende Varianten des postmodernen Subjekts hervorbringen[53] – im gegenkulturellen Subjekt eine Struktur sinnlicher Grenzerfahrungen ›von außen‹ implantiert, stellt sich die Konsumtion psychedelischer Drogen als ein gegenkulturelles Verfahren dar, um eine ›Bewusstseinserweiterung‹ von innen, durch synthetische Manipulation der subjektiven Wahrnehmung zu erzielen.[54] Die Verwendung psychedelischer Drogen (vor allem Meskalin, LSD) treibt eine Ästhetisierung der sinnlichen Wahrnehmungen voran. Diese löst sich von ihrer Aufgabe, ›Informationen‹ für die Realisierung von Handlungsakten zu liefern; an deren Stelle tritt das zweckfreie Genießen einer erweiterten sinnlichen Wahrnehmung selbst, welches das Subjekt in einen Zustand des entspannten Enthusiasmus

---

53 Zu diesem Positionswechsel der Popkultur von der *counter culture* zu einem Exempel und Experimentierfeld des dominanten Subjekts der Hoch/Spätmoderne vgl. Tom Holert/Mark Terkessidis (Hg.) (1996): Mainstream der Minderheiten. Pop in der Kontrollgesellschaft, Berlin, S. 5-19.

54 Zum folgenden vgl. Aldous Huxley (1954): Die Pforten der Wahrnehmung. Meine Erfahrung mit Meskalin, München 1964; Alan Watts (1958): Dies ist es (und andere Essays über Zen und spirituelle Erfahrung), Basel 1979, S. 115-138; Timothy Leary (1968): Politik der Ekstase, Hamburg 1970.

versetzt. Die gegenkulturelle Opposition zu allen fixen ›Strukturen‹, welche die Erlebensmöglichkeiten einschränken, transponiert das psychedelische Subjekt auf eine neue Stufe. Nun ist es die Limitierung der sinnlichen, vor allem auch visuellen Perzeption durch soziale Konventionen und *biologische* Strukturen, Wahrnehmungskonventionen, die sich im biologischen Normalitätsfilter des neuronalen Systems, des »neurologischen Gefängnisses« niederschlagen, die es zu überwinden gilt: Die »pädagogische Narkose«[55] kann durch eine synthetisch induzierte ›Lockerung‹ des Neuronalsystems konterkariert werden. Das Selbstverständnis des Subjekts als – sowohl neuronal als auch sozial-kulturell – konstruktivistisches kann somit kulturrevolutionär genutzt werden (pointiert etwa bei T. Leary): Wenn die Wahrnehmung von perzeptiven Schemata abhängt, lässt sich durch eine Transformation dieser Schemata – mag diese über Erziehung oder synthetisch erreicht werden – die Wahrnehmung selbst revolutionieren.

Das psychedelische Subjekt erlebt seine sinnlichen – visuellen, auditiven, haptischen, olfaktorischen – Wahrnehmungen und auch seine kognitiven Leistungen nicht halluzinatorisch außer Kraft gesetzt, sondern nimmt die Common Sense-Welt verschoben wahr. Die quantitative Steigerung und qualitative Intensivierung der sinnlichen Erfahrungen wirkt auf das Subjekt dauerhaft enthusiasmierend. Eine deutlich intensivierte Farbwahrnehmung von Gegenständen, die zudem nun eigentümlich ›pointilliert‹ perzipiert werden und wie ›von innen beleuchtet‹ erscheinen, eine Kombination von visuellen und auditiven Erlebnissen (›Hören‹ von Farben, ›Sehen‹ von Tönen), die Wahrnehmung einer Verdopplung oder Wiederholung von Eindrücken, eine Sensibilisierung des Tastsinns, eine Erfahrung ›faszinierender‹ Polysemie von kommunikativen Äußerungen und von Personen stellen sich als Elemente einer sinnlichen Selbsttransformation dar. Die verschobene Wahrnehmung ist affektiv aufgeladen mit einem beständigen ästhetischen Gefühl des ›Wunderbaren‹ und ›Sublimen‹, des ›Perfekten‹ und des ›Erstaunlichen‹. Das Selbstgefühl des psychedelischen Subjekts erweist sich als ein quasi-mystisches von besonderer »Daseinsintensität« und »Bedeutungstiefe«[56] der Dinge: Das scheinbar Banale erscheint sakralisiert und hält ständige Überraschungen bereit. Dabei findet eine Verschiebung des Zeitbewusstseins, der Relation von Handeln und Erleben und der Sozialwelt statt: In der Drogenerfahrung lebt das Subjekt im Moment des ›Jetzt‹, in einer Sequenz von Gegenwarten, es verliert das Gefühl von Zeitdruck und -knappheit. Das Subjekt nimmt sich selbst nicht als handelndes, sondern als sinnlich erlebendes wahr: Handlungsabsichten erscheinen überflüssig und bedeutungslos, ja komisch. Das Subjekt *ist*

55 Leary (1968), S. 74, 187.
56 Huxley (1954), S. 17.

die Sequenz seiner sinnlichen Wahrnehmungen. Die sinnlichen Perzeptionen verlieren damit ihren dienenden, utilitaristischen Status des sich kognitiv Zurechtfindens und sollen in ihrer ›unendlichen Bedeutsamkeit‹ jenseits des Nützlichkeitsfilters genossen werden. In diesem Kontext erscheint das zielgerichtete Handeln anderer Personen ridikülisiert – das Angetriebensein von einem dezidierten Wollen, das strikte Befolgen sozialer Rollen, allgemein eine Eigengesetzlichkeit des Sozialen und des Zweckrationen wirken absurd und scheinen auf befremdliche Weise das ›Eigentliche‹ des Daseins zu verfehlen (›turn on, tune in, drop out!‹).

Die psychedelischen Technologien des Selbst sind damit in der Form ihrer Subjektivation homolog einem anderen in der *counter culture* rezipierten Komplex von Selbstpraktiken: den fernöstlichen Praktiken der Meditation, die in ähnlicher Weise das Subjekt in einen Zustand euphorisierter, handlungsentlasteter Entspanntheit reinen Erlebens versetzen.[57] Insbesondere der Zen-Buddhismus, der bereits in den 1950er Jahren die Beatniks und in den frühen 1960ern die Fluxus-Bewegung beeinflusst, stellt sich hier als paradigmatisch dar. Er sucht – ähnlich der psychedelischen Bewegung und der postmodernen Kunst – seine ›spirituelle‹ Erfahrung nicht in einer Sphäre jenseits des Alltags, sondern in einer erneuerten Perzeption des Alltäglichen. Was die zen-buddhistische Meditation zu überwinden versucht, ist das okzidentale dualistische Denken in Bezug auf das Subjekt, dessen Grundintuition, das Subjekt habe in sich selbst und in seiner Außenwelt etwas reflexiv unter Kontrolle zu bringen, etwas in Schach zu halten, es somit in ein inneres (und äußeres) Objekt und ein ›eigentliches‹ Subjekt, ein steuerndes ›Ich‹ zu spalten, das dann seinerseits zum Objekt wird. Das Ergebnis ist hier eine beständige Anstrengung des Wollens und des Blockierens. In der zen-buddhistischen Meditation soll dagegen eine Subjektform geübt werden, welche sich nicht in Kraft und Gegenkraft aufspaltet, sich nicht selbst kontrollierend zuschaut, sondern ›reines Sein‹, das heißt ein reiner, handlungsentlasteter ununterbrochener Strom des Erlebens im Jetzt ist. Dieses Jetzt soll nicht agierend verändert werden, sondern erscheint in einer Art kosmischem Bewusstsein bereits ›komplett‹. Diese Seinserfahrung erlebt das Subjekt als gelassene, angstfreie Euphorie. In der meditativen Erfahrung erscheint das Common Sense-Bewusstsein eines sozialen ›Ernst des Lebens‹ ebenso prätentiös wie komisch, ein bemitleidenswertes Zwangssystem. Diesem wird eine Beseitigung aller gesellschaftlichen Hemmungen in der spirituellen ›überwältigenden‹ Selbst- und Welterfahrung entgegengehalten: die ›Spontaneität‹, ›Lebendigkeit‹ und ›Natürlichkeit‹ des vorreflexiven und nicht-teleologischen Bewusstseinsstroms.

57 Vgl. hierzu Watts (1958); ders. (1957): Zen. Tradition und lebendiger Weg, Rheinberg 1981.

Als postmoderne Technologien des Selbst verstanden, üben das Musikerleben der Rock/Pop-Musik einschließlich des Tanzens, die psychedelische und die meditative Erfahrung das Subjekt in Dispositionen, die auch über diese spezifischen Praktiken hinaus die gegenkulturelle Praxis prägen: Es wird eine Subjektform trainiert, die dazu in der Lage ist und danach strebt, in sich ästhetische Grenzerfahrungen hervorzurufen und auf Dauer zu stellen, über eine Verschiebung, Ausweitung oder spielerische Umdeutung der Möglichkeiten sinnlicher Wahrnehmung der alltäglichen Welt wie des eigenen Körpers das subjektive Begehren nach libidinöser Erfahrung im Moment zu befriedigen. Das Subjekt schaltet sich vom ›sozialem Handeln‹ zum ›ästhetischen Erleben‹ um.

Gegenkulturelle Praktiken II:
›Sexuelle Revolution‹ und ›kreatives Zeitalter‹

Die radikale Neustrukturierung von intimen Beziehungen ist ein zentrales Ziel der *counter culture*: ›there is no revolution without sexual revolution‹. Ihre kulturrevolutionäre Opposition gegen die Macht jener Strukturen, welche die subjektive Dynamik von Begehren, Spiel und ästhetischer Erfahrung hemmen, richtet sich in besonderem Maße gegen die Limitierung sexueller Möglichkeiten und – vor allem mit der breiten feministischen Bewegung sowie der Schwulenbewegung der 1970er Jahre – gegen eine Supplementierung des weiblichen Subjekts sowie eine Fixierung von sex-gender-Zuordnungen. Die gegenkulturelle Subjektkultur versucht einen entsprechenden Umbau sexueller und geschlechtlicher Dispositionen.

Die kulturrevolutionäre Bewegung greift auf die Diskursivierung des Sexualitäts/Geschlechtskomplexes in den Avantgarde-Bewegungen zurück. Das Intimitätssubjekt der organisierten Moderne, vor deren Hintergrund sich die Gegenkultur positioniert, ist jedoch nicht mehr jenes der bürgerlichen Gesellschaft: Die Voraussetzungen wie auch die Subjektmodelle der sexualrevolutionären Gegenkultur und der mit ihr verknüpften feministischen sowie der Lesben- und Schwulenbewegungen verschieben sich entsprechend gegenüber den Avantgarden, ihrer ›new woman‹, ihrer vitalistischen Maskulinität und ihrem Diskurs der Sexualreform. Es ist nicht die Gegenkultur, sondern bereits die Angestelltenkultur selbst, die auf ihre Weise eine Sexualisierung des Subjekts betreibt: Kinseys Sexualwissenschaft, die neuen Verhütungsmittel (›die Pille‹) wie auch die populäre Pornografie sind in den 1950er und 60er Jahre genuine Produkte der sexualisierten Angestelltenkultur. Gleichzeitig versucht diese, die Sexualisierung durch Kopplung an die ›social ethics‹ der organisierten Moderne in Schach zu halten: Sexualität soll eine Funktion des Sozialen sein, ein Akt des sozialen Austauschs im

peer-System der Ehe. Ähnlich widersprüchlich stellen sich die nach-
bürgerlichen Geschlechterverhältnisse dar: Das weibliche Subjekt der
peer society ist nicht mehr identisch mit ihrer ›passiven‹, im überschnei-
dungsfreien Geschlechterdualismus positionierten spätbürgerlichen
Vorgängerin. Die Aktivierung (etwa auch über Bildung) und Maskulinisierung, der sich das weibliche Subjekt in der egalitären *peer society*
unterzieht, sieht sich jedoch ihrerseits konterkariert. Es wird zugleich
in neuem Sinne passivisiert und vermag nur als soziales Objekt zum
Subjekt zu werden (eine Konstellation, die B. Friedan in »The Feminine
Mystique« (1962) wirkungsvoll thematisiert): konstituiert im ubiquitären Akt des erotischen ›being looked-at-ness‹ und weiterhin reduziert
auf die zweite Seite der Differenz von Arbeit und Privatsphäre. Die soziale Zurechnungsfähigkeit des weiblichen Subjekts bleibt im Rahmen
der ›social ethics‹ ausweglos an die Paarbeziehung gekoppelt. Es ist
diese doppelte Widersprüchlichkeit von Sexualisierung und Sozialisierung des Sexuellen, von Aktivierung und Passivisierung des weiblichen
Subjekts, welche den Hintergrund für die kulturrevolutionäre Haltung
zu Sexualität und Geschlechtlichkeit bildet. Diese nimmt die Form einer
Autonomisierung *und* Entgrenzung des Sexuellen in der ›sexuellen Revolution‹ sowie einer Autonomisierung *und* Entgrenzung des Femininen
in der ›feminine revolution‹ an.

Die *counter culture* formt die sexuelle Praxis und ihr Subjekt als ein
autonomes, eigendynamisches Feld individueller Lustverfolgung und
entkoppelt sie damit von allen außer-sexuellen Präjudizierungen:[58] von
den Vorgaben der ›Reproduktion‹, der ›Moralität‹ und ›Sozialität‹ der
Ehe und Familie, der romantischen Liebe, der Geschlechterordnung
und einer naturalen Matrix der Triebe. Während die Angestelltenkultur
Sexualität als eine Praxis des *Sozialen* versteht, als die ›normale‹ Form
der Interaktion eines heterosexuellen, dauerhaften Paares, transformiert die Gegenkultur Sexualität in eine Sequenz von Akten *individueller Erotisierung*: Es ist das Subjekt – das männliche wie das weibliche
– als individuelles, das in ›seiner‹ sexuellen Praxis mit Möglichkeiten
seiner eigenen Lustvervielfältigung experimentieren soll. In welchem
Arrangement diese sexuelle Praxis betrieben wird (feste Partnerschaft,
wechselnde Beziehungen oder Kontakte, autoerotische Konstellatio-

58 Zum folgenden vgl. Seidman (1991), S. 120-191; Jeffrey Weeks (1985):
   Sexuality and its Discontents. Meanings, myths and modern sexualities,
   London, S. 185-245; Pascal Bruckner/Alain Finkielkraut (1977): Die
   neue Liebesunordnung, München 1979; D'Emilio/Freedman (1988),
   S. 301 ff.; John Heidenry (1997): What Wild Ecstasy. The rise and fall
   of the sexual revolution, New York; Marcuse (1955), Brown (1962),
   Vaneigem (1979), Guattari (1974), Wilhelm Reich (1936): Die sexuelle
   Revolution, Frankfurt am Main 1999.

nen), welche einzelnen ›Praktiken‹ dabei zum Einsatz kommen, lässt sich nicht von der sozialen Unterscheidung ›normal/pervers‹, sondern von der Differenz ›Lust/Unlust‹ leiten. Während das bisherige moderne Sexualsubjekt nun als Subjekt-›Panzer‹ (W. Reich) erscheint, dessen Sexualleben von normativen, Schuld- oder Schamgefühle erregenden Direktiven überformt ist, übt sich das neue sexuelle Subjekt darin, in seiner Imagination und Realität alle Möglichkeiten zuzulassen, die sein Lustempfinden potenzieren könnten. Gegenkulturelle Sexualität ist in diesem Sinne eine individualästhetische und im Kern autoerotische Praxis. Jenseits aller nicht-sexuellen Kopplungen richtet sie sich auf eine Befriedigung des Begehrens des Subjekts als Individuum, so dass andere Personen, visuelle Eindrücke etc. sich als Instrumente des individuellen Lustprinzips darstellen – das Vergnügen ist letztlich eines am *eigenen* Körper, am eigenen Begehren. Das sexuelle Subjekt der Gegenkultur trainiert sich in einem Begehren nach seinem Begehren, das nicht im Sinne eines ›natürlichen Sexualtriebes‹ mit vorgegebener Objektbesetzung fixiert ist. Da das ›Objekt‹ sich nun nicht mehr als ein bestimmter Gegenstand oder koitaler Akt herausstellt, sondern als die Hervorrufung eines – seinerseits formbaren – Lustempfindens selbst, bildet sich im Experimentieren mit verschiedenen Sexpraktiken, Signifikationen, Sinnen, Emotionen, Körperzonen und Bildern und ihrer Eignung, im Subjekt individuell libidinöse Erlebnisse zu bewirken, ein Feld und eine Anforderung gegenkultureller ›Kreativität‹ eigener Art, eine »Vielfalt unerschöpflicher und ungeahnter Versuchungen«. Sexualität wird zu einer erotisch-ästhetischen Praxis, die sich von der ›Genitalfixierung‹ lösen und eine »Deterritoralisierung der Lust«[59] betreiben will und diese selbst als Subjektanforderung installiert: Das ›Andere‹ des gegenkulturellen Subjekts ist eines der mangelnden Lustfähigkeit.

Die *Autonomisierung* der sexuellen Praxis im Dienste des dyamisierten Zyklus von Begehren/Spiel mit Signifikationen/ästhetische (Grenz-) Erfahrungen geht im kulturrevolutionären Kontext einher mit einer *Entgrenzung* des Sexuellen. Sobald ›Sexualität‹ kein eng umschriebener Komplex ›normaler‹ (bzw. ›perverser‹) Praktiken mehr ist, sondern ein dynamisches Spiel des Begehrens ohne festgelegte Objekte und damit die naturale Sexualität in der kulturell formbaren Erotik aufgeht, kann das Erotisch-Sexuelle zum Paradigma des kulturrevolutionären Subjekts insgesamt werden, das eine »Erotisierung der Gesamtpersönlichkeit«[60] betreibt. Die Triade von Begehren/Spiel mit Signifkationen/ästhetische Erfahrungen produziert die gegenkulturelle Subjektkultur in *allen* ihren Aktivitäten und in ihrer sexuellen Praxis in besonderer und geradezu idealtypischer Weise. Die ›Erotisierung‹ kann sich dann am Ende nicht

59 Bruckner/Finkielkraut (1977), S. 9, 233.
60 Marcuse (1955), S. 199.

nur auf den im engeren Sinne sexuellen Umgang mit anderen Personen beziehen, sondern etwa auch auf den Umgang mit Musik, Drogen, Spiel, Nahrung oder kreativer Arbeit, die allesamt in verschiedenen Formen ›sinnliche‹, somatisch-affektive Erlebnisse bereiten.

Die heterogene feministische Bewegung, die sich seit Beginn der 1970er Jahre herausbildet (und die Varianten der sexuellen Revolution der 60er Jahre mit Skepsis begegnet, insofern sie lediglich auf erleichterte sexuelle Verfügbarkeit von Frauen hinausläuft), lässt sich nicht allein als eine neue – nach der Frauenbewegung im Kontext der Avantgarden und ihrer ›new woman‹ nun zweite – Phase der Auseinandersetzung um politische und ökonomische Gleichberechtigung von Frauen und Männern, sondern letztlich als ein Beitrag zur Umsetzung der kulturrevolutionären Agenda begreifen.[61] Was die radikal feministische Bewegung anstrebt, ist über ›equal rights‹ hinaus ein kultureller Umsturz der modernen Subjektordnung, die nun als ein patriarchalisches Herrschaftssystem fixierter Geschlechtssubjekte reformuliert wird. Der kulturelle Umsturz in Form einer ›feminine revolution‹ mündet dabei wiederum sowohl in eine Autonomisierung als auch in eine Entgrenzung weiblicher Subjektivität.

Der gesamte kulturrevolutionäre Diskurs beruht auf der Leitannahme, dass die ›Rationalität‹ der dominanten gesellschaftlichen Strukturen der Moderne repressiv wirkt: Das rationalistische, technisch-soziale Normalitätsregime setzt die Abspaltung erheblicher Teile menschlicher Existenz in ein verworfenes ›Außen‹ irrationaler Elemente voraus. Mit der *counter culture* wird das Rationalsystem von diesem verworfenen Anderen heimgesucht. Das überflüssige Supplement erweist sich als eigentliche Grundlage der Subjekthaftigkeit – auf der abstraktesten Ebene kippt eine Kultur der technisch-sozialen Rationalität um in eine Kultur des Begehrens und des Spiels mit Signifikationen. Diese Grundopposition kommt in der feministischen Bewegung in spezifischer Form zum Einsatz. Die repressive Rationalordnung der Moderne wird – in einem Diskurs, der von Kate Millets »Sexual Politics« (1970) ausgeht – nun als patriarchalische neu beschrieben; die Herrschaft der Rationalität ist zugleich die Herrschaft einer maskulinen Kultur, welche diese Rationalität für sich beansprucht. Feminität erscheint dann – wie es de Beauvoir in

61 Zum folgenden vgl. Anne Koedt u. a. (Hg.) (1973): Radical Feminism, New York; Shere Hite (1987): The Hite Report: Women and Love. A cultural revolution in progress, New York; Kate Millett (1970): Sexual Politics, London 1977; Shulamith Firestone (1971): The Dialectic of Sex. The case for feminist revolution, New York; Luce Irigaray (1973): Spekulum: Spiegel des anderen Geschlechts, Frankfurt am Main 1980; Dale Spender (1980): Man Made Language, London; Sarah Gamble (Hg.) (1999): The Routledge Critical Dictionary of Feminism and Postfeminism, London.

»Le deuxième sexe« (1949) formuliert – als das diskriminierte ›Andere‹ dieser maskulinen Moderne: als der Ort des latent Irrationalen und Ungeordneten. Es scheint, dass im dominanten Diskurs der Moderne alles das, was die Rationalordnung von sich abzuspalten und was dann die Gegenkultur als neue Grundlage des nach-modernen Subjekts für sich in Anspruch nimmt – die Sinnlichkeit des Körpers, das kultivierte Lustprinzip, das Spiel mit Repräsentationen, die Entfaltung der Emotionen –, der Feminität zugeschrieben und die Legitimität abgesprochen wird.

Die ›Politik der Subjektivität‹, welche die feministische Bewegung der 1970er Jahre propagiert, dekonstruiert die Asymmetrie dieser Unterscheidung und verlangt eine neue Form ›autonomer weiblicher Praxis‹. Diese – deren Begründung im zeitgenössischen feministischen Diskurs (bei Firestone, Greer, Irigaray, Cixous, Wittig etc.) eher konstruktivistisch oder eher naturalistisch ausfallen kann und die sich zunächst mit jener eines lesbischen Subjekts überschneidet – soll sich als eine herrschaftsfreie darstellen, in der physische und psychische Aggression eingedämmt ist, emotionale und kommunikative Sensibilität gepflegt, eine neue, nicht mehr logozentrische Sprache entwickelt (vgl. das Modell der ›écriture féminine‹) und eine eigenständige, sich in ihren libidinösen Möglichkeiten multiplizierende weibliche Erotik jenseits des genitalen Regimes entfaltet wird. Das weibliche Subjekt will hier nicht die ›Autonomie‹ des männlichen kopieren, sich nicht maskulinisieren – teilweise eine Tendenz der modernistischen ›new woman‹, der es um das ›Ablegen‹ der vorgeblich weiblichen Restriktionen ging –, sondern im Gegenteil das ›Andere‹ einer weiblichen Lebensform kultivieren. Dabei werden negative Fremdbeschreibungen weiblicher Subjektivität teilweise als positive Selbstbeschreibungen reappropriiert.

Das so codierte weibliche Subjekt kann für die feministische Bewegung zum Modell *des* nachmodernen Subjekts insgesamt und damit unabhängig von seinem Geschlecht entgrenzt werden. Moderne ›Maskulinität‹ – als Verkörperung eines Dominanz- und Rationalprinzips – erscheint nurmehr als für die okzidentale Kultur spezifischer ›Code‹. Dieser Code kann in der ›feminine revolution‹ durch eine Generalisierung ›weiblicher‹ Subjekteigenschaften überwunden werden, durch eine verallgemeinerte weibliche Kultur »based on how to relate to other human beings, hear them, create more interpersonal understanding ..., sensitive and caring«.[62] Damit stellen sich vor allem die intimen Beziehungen als Praxisfeld der ›sexual politics‹ dar, auf dem Subjekteigenschaften wie emotionale Sensibilisierung, ›authentische‹ Kommunikation (›sich öffnen‹), gegenseitige Ermutigung von Ich-Entfaltung, sinnlich entgrenzte Sexualität für weibliche *und* männliche Subjekte gleichermaßen entwickelt und eingesetzt werden sollen. Die feministische Bewegung strebt in diesem

---

62 Hite (1987), S. 742 f.

Sinne eine Feminisierung des nachmodernen Subjekts insgesamt an. Teilweise kommt ihr in den 1970er Jahren dabei die Bewegung der ›men's liberation‹ entgegen, die von einer männlichen Selbstunterdrückung durch den dominanten maskulinistischen Code ausgeht.

Indem die zunächst als weiblich deklarierten Subjekteigenschaften damit als Anforderungen an das Subjekt insgesamt jenseits der Geschlechterdifferenz herangetragen werden – ein Sinnverschiebungsprozess, von dem die spezifische ›feminisierte‹ Modellierung der postmodernen Intimbeziehungen seit den 1980er Jahren beeinflusst ist –, kommt der feministischen Bewegung ihr Modell eines genuin weiblichen Subjekts abhanden. Die Erosion der gesamten *counter culture* in den 1980er Jahren geht einher mit einer Transformation der feministischen Bewegung, die nun radikalkonstruktivistische Subjektmodelle jenseits der ›weiblichen Authentizität‹ profiliert. In vieler Hinsicht befinden sich diese Ideal-Ich-Formen des ›third wave feminism‹[63] nicht mehr in Opposition, sondern in Homologie zum dann kulturell dominanten Subjekt, das inzwischen ein anderes geworden ist: das einer postmodernen Kultur, deren erfolgreiche Positionierung gegen die Angestelltenkultur der Feminismus selbst befördert hat. Das Kontingenzbewusstsein gegenüber der kulturellen Arbitrarität von ›Geschlecht‹, das die feministische Bewegung der 1970er Jahre anstößt, setzt sich im ›third wave feminism‹ um in das Modell eines Subjekts, das virtuos mit *sex/gender*-Codierungen zu experimentieren versteht, sich von ihnen distanziert und sie gleichwohl *bricolage*-förmig appliziert. Leitfigur dieses experimentellen ›gender trouble‹ ist nicht mehr das authentische weibliche Subjekt, sondern subkulturell das *queer*-Subjekt, das sich als variable Schnittstelle von *sex/gender*-Mustern und im übrigen auch von Mustern der ›sexuellen Orientierung‹ begreift. Gegen die Angestellten-Kultur (und die spätbürgerliche Kultur) ist nun nicht mehr die Eindeutigkeit einer fixen Identität, sondern die Uneindeutigkeit eines Subjekts gefragt, das sich in verschiedenen Möglichkeiten seiner Geschlechtlichkeit ›ausprobiert‹.

Die feministischen und *queer*-Bewegungen können hier auf ein weiteres Element der *counter culture* zurückgreifen: auf die Schwulenbewegung und ›gay culture‹, die sich in den 1970er Jahren nach der ›Stonewall‹-Revolte ausbildet.[64] Neben der allgemeinen Bewegung einer

63 Vgl. Carol Hagemann-White (1984): Sozialisation – weiblich, männlich?, Opladen; Judith Butler (1990): Das Unbehagen der Geschlechter, Frankfurt am Main 1991; Donna J. Haraway (1991): Simians, Cyborgs, and Women. The reinvention of nature, New York.

64 Zum folgenden vgl. Weeks (1985), S. 185-245; Eve Kosofsky Sedgwick (1990): Epistemology of the Closet, Berkeley; Steven Seidman (Hg.) (1996): Queer Theory/Sociology, Oxford; Félix Guattari (1974 b): Sexualisierung im Umbruch, in: Barck (1990); S. 157-164; Guy Hocquenghem (1972): Das homosexuelle Verlangen, München 1974.

›sexuellen Revolution‹, der feministischen und lesbischen Bewegung ist die Schwulenbewegung das dritte Element innerhalb des kulturrevolutionären Komplexes, das eine Unterminierung der in der Angestelltenkultur leitenden Subjektordnung von Sexualität und Geschlecht versucht. Auch sie folgt dem doppelten Muster der Autonomisierung und Entgrenzung; auch hier kommt das gegenkulturelle Distinktionsmuster einer ›Kritik der Repression‹ zum Einsatz. Das sozial-technische Rationalitätsystem erweist sich nun zusätzlich als ein ›heterosexistisches‹, das die Figur des Homosexuellen in sein kulturelles Außen abschob. Der Homosexuelle erscheint als pathologisches Exempel eines kulturellen ›Anderen‹, der die fixen Grenzziehungen innerhalb der herrschenden, dual strukturierten Matrix von *sex/gender*/Begehren beständig überschreitet. Homosexualität (erst recht gilt dies für Transsexualität) wirkt hier nicht nur als Bedrohung für ein spezifisches Sexualitäts- und Männlichkeitsregime, sondern auch als potentielle Unterminierung der generellen Vision einer transparenten, eindeutigen sozialen Ordnung, deren Subjekte jederzeit ohne Ambivalenz zurechenbar sind.

Die Schwulenbewegung, die nicht zufällig auch semantisch ein abwertendes Etikett in eine positive Selbstbeschreibung umfunktioniert, betreibt demgegenüber – über Forderungen nach rechtlicher Gleichberechtigung hinaus – als Subjektkultur eine kulturelle Autonomisierung und Entgrenzung der ›sexuellen Orientierung‹. Während der Sexualitätsdiskurs vom Ende des 19. bis zur Mitte des 20. Jahrhunderts gleichgeschlechtliche Orientierung an eine bestimmte – letztlich defekte – Persönlichkeitsstruktur und eine – defiziente – Form männlicher Geschlechtlichkeit koppelt (invertiertes/effeminisiertes Subjekt), autonomisiert die Schwulenbewegung die sexuelle Orientierung: Diese existiert nun als Merkmal unabhängig von der Persönlichkeitsstruktur und Geschlechtlichkeit und bezeichnet nicht mehr und nicht weniger als eine spezifische erotische ›Objektwahl‹, welche die geschlechtliche Selbstbeschreibung als ›männlich‹ nicht konterkariert, sondern mit ihr kombiniert werden kann. Die gleichgeschlechtliche Orientierung erscheint hier – wie auch in der lesbischen Subkultur – insofern als paradigmatisches Beispiel der gegenkulturellen Sexualität, als sie sich von außer-erotischen Präjudizierungen des Sexuellen entkoppelt. Die Autonomisierung der sexuellen Orientierung kann zudem in eine ›autonome‹ *community* münden, in der ›Schwulsein‹ zum ›Lebensstil‹ wird: Der distinkte ›gay life style‹ der schwulen Subkultur der 1970er Jahre (und darüber hinaus), der sich mit poporientierten Jugendszenen überschneidet, präsentiert sich als Exemplifikation einer um die Triade von Begehren/Spiel mit Repräsentationen/ästhetischem Erleben zentrierten, gegenkulturellen Subjektivität.[65] Analog der feministischen

---

65 Auch für dieses Segment der Gegenkulturen gilt, dass seine Nachfolgekultur seit den 1980er Jahren den ›counter‹-Status verliert und an jener

Bewegung – und am Ende mit ihr ›queer‹ verknüpft – befördert die Schwulenbewegung über die Autonomisierung der sexuellen Orientierung hinaus auch die Übung in geschlechtlich-erotischer Grenzüberschreitung: Die schwule (und lesbische) Aufweichung fixer Begehrensstrukturen, der Experimentalismus mit der Ästhetik des Begehrens (z. B. SM-Kultur) wie auch der experimentelle Umgang mit *gender*-Festlegungen, die nicht auf tradierte Maskulinitäts/Feminitäts-Muster zurückgreift, sondern diese wie die ›Identität‹ insgesamt als Objekt der Wahl betrachtet, können hier zum affektiv aufgeladenen Modell wie zur Anforderung eines Subjekts jenseits der organisierten Moderne avancieren, einem Subjekt der »gleitenden Übergänge«.[66]

Während Sexualität und die Variabilität von Geschlechtlichkeit aus kulturrevolutionärer Sicht das Lustprinzip dynamisieren, ist ›Arbeit‹ – als zentraler Austragungsort der nach-bürgerlichen wie bürgerlichen Praxis – für die *counter culture* zunächst nichts anderes als ein fundamentales Hemmnis dieses Lustprinzips: Erwerbsarbeit zementiert die Herrschaft des Realitäts- und Leistungsprinzips und scheint für die technische Rationalisierung, die soziale Normalisierung und zeitliche Routinisierung der Existenz gleichermaßen verantwortlich zu sein. Gegen die »Diktatur der produktiven Arbeit«[67] positioniert die Kulturrevolution in einer Traditionslinie mit der Romantik und der Avantgarde jedoch eine ›po(i)etische‹ Nachfolgepraxis: die der kreativen Aktivität.[68] ›Arbeit‹ kann dann zum legitimen Bestandteil der gegenkulturellen Existenz werden, wenn sie selbst ›Spiel‹, ›Werk‹, Betätigungsfeld individueller Selbstexpression ist – und damit primär nicht mehr Arbeit im bürgerlichen Sinne der Teilnahme an einem Leistungszusammenhang. Für die Modellierung einer kreativen Praxis kann die *counter culture* – einschließlich der postmodernistischen Kunst – auf die Vorgängerformate der romantischen und der avantgardistischen Kreativität zurückgreifen: das Modell des Ausdrucks individueller Spontaneität in ›Werken‹, das sich Beeinflussenlassen durch eine Heterogenität von Bedeutungssprachen und sinnlichen Eindrücken, das ›Arrangement‹ gegebener Gegenstände in einer kreativen Neukombination.

Im Kontext ihrer Generalisierung einer ästhetischen Existenz universalisiert die *counter culture* den Kreativitätsgedanken: Nicht nur der Künstler, jedes Subjekt erscheint in seinem Potential kreativ, das heißt als eines, das sich nicht in vorgegebene Routinen fügt, sondern kulturelle Innovationen hervorzubringen vermag. In der gegenkulturellen

neuen Hegemonie des postmodernen Lebensstil-Subjekts partizipiert, das sie selbst mithervorgebracht hat.

66 Guattari (1974 b), S. 158.
67 Vaneigem (1967), S. 49.
68 Vgl. Vaneigem (1967), (1979); Marcuse (1955), (1969).

Universalisierung ist das Subjekt in seinem Kern ein Kreativsubjekt, eine ›Kreativitätsmaschine‹ (A. Warhol): »Jeder Mensch (ist) ein Plastiker«[69] (J. Beuys). Gleichzeitig taugt nun – ein Postulat bereits in den Avantgarde-Bewegungen – jeder beliebige, scheinbar profane Gegenstand der Alltagspraxis zum Objekt kreativer Aktivität; die gesamte alltägliche Praxis kann sich für die *counter culture* in das situationistische Paradies einer ›kreativen Praxis‹ verwandeln. Die Gegenkultur bringt vor allem zwei Kreativitätsstrategien auf den Weg. Die eine ist die Methode der ›Stilisierung‹, das heißt des semiotischen Überformens und Neuarrangements von Dingen und des eigenen Körpers, die einen spezifischen ›Stil‹ der Person identifizierbar macht (die Aktivität der Stilisierung ist vor allem den gegenkulturellen Jugendszenen inhärent). Die zweite Technik ist die des ›kreativen Kollektivs‹, das heißt der Verankerung und Iterierung von kreativen Aktivitäten in ›selbstverwalteten‹, ›projektförmigen‹ Kooperationszusammenhängen. Charakteristisch ist insgesamt die semiotische Akzentuierung und zugleich Generalisierung von kreativen Aktivitäten als ›signifying practices‹.

In der Stilisierung und Stilisierbarkeit sämtlicher Details der Lebensumwelt, einschließlich des Körpers, betreibt die *counter culture* eine Veralltäglichung kreativer Aktivität.[70] Das gegenkulturelle Subjekt, das sich in den verschiedenen jugendkulturellen Szenen der 1960er und 70er Jahre von der Hippie- bis zur Punk- und New Wave-Szene bewegt und sich dabei auch von den Künstlerfiguren der zeitgenössischen Rock- und Popmusik leiten lässt, übt sich in der Stilisierung seiner *selbst* – als Individuum und als Teil subkultureller, sich rasch transformierender Kollektive –, indem es die *Dinge* seiner Lebensumwelt stilisiert: Die Kleidung, die es trägt, die Accessoires am Körper, der Wohn- und Lebensraum, die Frisur, der Musikstil, die Orte des urbanen ›hanging out‹, der Jargon, die Gesten – sämtliche Elemente des Alltags, die in der Angestelltenkultur durch die Standards sozialer Normalität weitgehend vorgegeben sind, fügen sich in den jugendlichen und postadoleszenten *counter cultures* zu einem Raum der Bildung von ›Stilen‹ zusammen, und das Subjekt trainiert sich in subtiler Stilkompetenz. Die Inszenierung des Subjekts als Ausdruck eines Stils setzt eine sekundäre

---

69 Josef Beuys: ›Nicht einige wenige sind berufen, sondern alle‹, in: Harrison/Wood (1992 b), S. 1088-1091, hier: S. 1090.

70 Zum folgenden vgl. Hans-Georg Soeffner (1986): Stil und Stilisierung. Punk oder die Überhöhung des Alltags, in: Gumbrecht/Pfeiffer (1986), S. 317-341; Dick Hebdige (1979): Subculture. The meaning of style, London; Tilman Osterwald (1986): Zum Verhältnis künstlerische Produktion und Subkultur, in: Deutscher Werkbund (1986), S. 48-57; Willis (1990), Klein (1999); Susan Sontag (1964): Notes on ›camp‹, in: dies. (1966), S. 275-292.

Semiotisierung der Alltagswelt voraus, welche die primären Common Sense-Zeichen herausfordert und in ihrer Mittelschichts-Eindeutigkeit überlagert: Die Objekte verlieren ihren Status als Gegenstände des Nützlichkeitsstrebens und als Signale des sozialen Status; ihnen wird eine ästhetische Qualität zugeschrieben, in der sie zugleich als Zeichen für Eigenschaften ihres Trägers fungieren. Das gegenkulturelle Stil-Subjekt (welches die kulturelle Voraussetzung für die Stilorientierung des postmodernen Subjekts liefert) muss zu einer umfassenden Semiotisierung aller Details der Objektewelt einschließlich seines eigenen Körpers in der Lage sein, muss Zeichen dechiffrieren und vor allem neue Zeichen kreieren können.

Wenn die Gegenkultur eine Politisierung des Privaten betreibt, dann nimmt diese in erheblichem Maße die Form einer Stilisierung an, die mit ›Gegen‹-Zeichen arbeitet: Die Politisierung des Privaten entnaturalisiert die scheinbare Normalität des Alltäglichen der etablierten Angestelltenkultur, sie macht sie *als Kultur*, damit als kontingentes Feld von Signifikanten/Signifikaten sichtbar. In der semiotischen Perspektive der Gegenkultur erweist sich diese soziale Normalität als ein Feld stillgestellter, naturalisierter Zeichen, von ›Mythen des Alltags‹ (R. Barthes), von Signifikanten, die eine ›unauthentische‹, ›konformistische‹ Mittelschichtsexistenz symbolisieren. Die Gegenkulturen – in ihrer historisch einander ablösenden Sequenz – eröffnen diesen semiotischen Raum, indem sie die etablierten Signifikant-Signifikat-Paare bestreiten, sie mit neuen konfrontieren, neue Bedeutungsträger mit neuen Bedeutungen einführen: Jeans und schulterlange Haare etwa nicht als Ausdruck sozial-psychischer Verwahrlosung, sondern als Zeichen von Authentizität und Coolness. Die Stilisierung der Dinge und damit des Subjekts, das sich mit ihnen ausstattet, vor allem auch die Stilisierung seines Körpers, folgt in der Gegenkultur dem Differenzcode ›authentisch/unauthentisch‹. Der Jugendlichkeits-Code wird im wesentlichen durch den Code des Authentischen aufgefüllt. Die Maßgabe der Authentizität erweist sich dabei als ein nahezu leerer Signifikant, der mit unbegrenzt vielen Objekten gefüllt werden kann, auch wenn spezifische Gegenkulturen (›die Beatniks‹, die ›Camp‹-community, ›die Hippies‹, die postmoderne ›Theoriescene‹) als neo-tribalistische Stilkollektive diesen leeren Raum mit sehr eindeutigen, vom Einzelnen nicht kurzerhand austauschbaren Objekten füllen. Maßgeblich ist letztlich allein, dass die gewählten Objekte nicht einer durchschnittlichen Normalität folgen, sondern die ›Besonderheit‹ des Individuums, die ›Kreativität‹ seines Selbst ausdrücken sollen, dass das Subjekt sich in den Objekten nicht als Mittel (des sozialen Status, der Funktionalität, der Routine etc.), sondern als ästhetischer Zweck an sich selbst präsentiert, eine Präsentation, die allerdings gleichzeitig als authentischer Ausdruck der Persönlichkeit intersubjektiv *perzipiert* werden muss, damit der Stil identifizierbar wird.

Es ist nicht zufällig der Künstler der musikalischen Rock/Pop-Kultur, der seit den 1960er Jahren ein Modell für die individuelle, ›authentische‹ Stilisierbarkeit des Subjekts der Gegenkultur liefert. Im Gegensatz zum ›Star‹ des Hollywood-Kinos in der Angestelltenkultur drückt die gegenkulturelle Künstlerfigur nicht die normalistische Ästhetik der perfekten Form aus, sondern präsentiert seine vorgeblich idiosynkratische Einzigartigkeit *als* kreatives, schöpferisches Subjekt. Das künstlerische ›Werk‹ (hier die Musik) erweist sich dabei als untrennbar verknüpft mit dem Gesamtkunstwerk des körperlich präsenten Künstlersubjektes selbst: In seiner Kleidung, seiner Gestik und Mimik, dem Timbre seiner Stimme, seiner Bühnenpräsenz stiftet es Zeichen seiner Unverwechselbarkeit, die paradoxerweise in die semiotische Zirkulation eingeschleust werden und zur ›kopierten Authentizität‹ gerinnen können. Auch der rasche Wechsel von Outfits – etwa in den 1970er Jahren bei D. Bowie –, welcher die Artifizialität der Subjektpositionen demonstriert, die das ›Individuum‹ einnimmt, kann dann zum Ausdruck einer kreativen Unverwechselbarkeit zweiter Ordnung werden.

Neben der Stilisierung der eigenen Person durch die Stilisierung von Alltagsgegenständen ist im Komplex gegenkultureller Kreativitätspraktiken die kollektive Kreativität von Bedeutung. Im emphatischen Verständnis des Kollektivs als eine ästhetisch-expressive Entität stellt dieses sich als Erlebens-, Stilisierungs- und authentische Kommunikationsgemeinschaft und *dadurch* zugleich als Kreativitätsgemeinschaft dar. Während die bürokratische Organisation und die *suburbia*-Gemeinschaft in der Angestelltenkultur, die beide auf Arbeitsteilung und Normalitätsstandards beruhen, aus gegenkultureller Sicht jede Kreativität und kulturelle Innovation ersticken, vermag ein kommunikativ ›offenes‹, sich gegenseitig motivierendes und sich gegenseitig im Experimentalismus weitertreibendes ästhetisch-expressives Kollektiv, in dem ›kreative Individuen‹ aufeinandertreffen, kulturelle Innovationen in besonderem Maße hervorzutreiben – hier etabliert sich die Subjektkultur eines ›kreativen‹ Subjekts. Dem Modell der Kreativitätsgemeinschaft folgen so die ›selbstverwalteten Betriebe‹,[71] die sich im Kontext der Alternativbewegung der 1970er Jahre ausbilden. Paradigmatisch erscheint hier die linksradikale italienische Bewegung der ›autonomia operaia‹, die sich zum Ziel setzt, gegen die fordistischen Großbetriebe »die Aktivität als freie und kreative Tätigkeit sich anzueignen.«[72] ›Small

71 Vgl. E. F. Schumacher (1973): Small is Beautiful. A study of economics as if people mattered, London; Ivan Illich (1973): Tools for Conviviality, New York; Toni Negri (1977): Massenautonomie gegen historischen Kompromiss, München; Roszak (1971); Hollstein (1979).

72 Toni Negri u. a. (1998): Umherschweifende Produzenten. Immaterielle Arbeit und Suversion, Berlin, S. 119.

is beautiful‹ (E. F. Schumacher) ist die Direktive der alternativen selbstverwalteten Arbeitsformen und verspricht, jenseits der ›entfremdenden‹
und letztlich die Kreativität hemmenden funktionalen Arbeitsteilung
Arbeit in ein gemeinsames Erleben einer ›erfinderischen‹ *community* zu
transformieren.

Ein Vorbild der gegenkulturellen Kreativitätsgemeinschaft liefern die
»networked communit(ies)«[73] der postmodernistischen Kunstszene.[74]
Die ›summer schools‹ und ›experimental schools‹ der Fluxus-Bewegung,
Andy Warhols ›Factory‹ und J. Beuys bewegliche kollektive ›Projekte‹ im
Rahmen der Kunsthochschule exemplifizieren eine ästhetische Praxis,
die sich von der romantischen Konstellation der individuellen Künstler-
persönlichkeit und seiner Originalität des Werkes löst und sich als eine
Praxis des kollektiven Experiments veralltäglicht. Als Vorbild dient hier
das Experimentieren in kollektiven naturwissenschaftlichen Laborato-
rien, das nun zur ›sozio-poetischen Interaktion‹ umgeformt wird. Wenn
nun prinzipiell ›dem‹ Subjekt ein kreatives Potential zugeschrieben
wird, kommt es darauf an, dieses Potential durch die Konfrontation
mit anderen Personen gegenseitig anzuregen. Während die romantische
Kunstpraxis auf der Vorstellung basiert, die Konfrontation des Individuums mit möglichst unterschiedlichen Erfahrungen, Wahrnehmungen
und Vokabularen steigere in seinem Inneren die Imaginationsfähigkeit,
personifizieren im Kreativitätskollektiv unterschiedliche reale Personen
diese verschiedenen Perspektiven. Das Kreativitätskollektiv der »artists
working together on projects«[75] beruht nicht auf Konsens, sondern auf
Differenz, auf den Interferenzen zwischen unterschiedlichen Wahrnehmungsformen verschiedener Teilnehmer; es zielt nicht auf langfristige
Planung und Routine ab, sondern arrangiert zeitlich befristete, in ihren
Kreativitätserlebnissen intensive ›meeting points‹.

Die Kopplung der Kreativität des Subjekts an das projektförmige, die
Differenz prämierende Kollektiv fügt sich ein in ein postmodernes Verständnis ästhetischer Praxis, welches künstlerische Innovation jenseits
der modernistischen Vorstellung eines radikal ›Neuen‹ als ›signifying
practice‹ begreift. Die ›signifying practice‹ ist eine Praktik des Zei-
chenarrangements, in der der Künstler als semiotischer »Koordinator
existierender Formen«,[76] als Zeichenmanipulator auftritt. ›Kreativität‹

73 Friedman (1998), S. 139.
74 Vgl. Friedman (1998); Nat Finkelstein (1989): Andy Warhol: The factory years 1964-1967, London; Stephanie Benedict-Jansen (2001): Joseph
   Beuys: geordnetes Chaos oder chaotische Ordnung, Gelnhausen; Victor
   Burgin (1984): Die Absenz der Präsenz, in: Harrison/Wood (1992 b),
   S. 1363-1367.
75 Friedman (1998), S. 248.
76 Victor Burgin (1969): Situationsästhetik, in: Harrison/Wood (1992 b),
   S. 1075-1078.

als Disposition richtet sich hier nicht auf die Schöpfung des radikalen Bruchs mit der Vergangenheit, sondern auf eine unvertraute sinnhafte Kombination von bereits Vorhandenem, auch eine pastiche- oder parodieförmige, semiotisch gebrochene Imitation vertrauter Elemente, eine palimpsest-förmige Überschreibung alter durch neue Elemente, die Bewusstmachung eines intertextuellen Verweisungszusammenhangs zwischen scheinbar separierten Elementen. Als ›signifying practice‹ bewegt sich die kreative Praxis nicht in einem originären Außen gegenüber den sozial-kulturellen Routinen, sondern bearbeitet und verfremdet diese Zeichenroutinen von ›innen‹. Sowohl die kollektive Kreativität als auch die Aktivität der Stilisierung, die von den Jugendszenen ausgeht, stellen sich als ›signifying practices‹ heraus. Das Kreativsubjekt betreibt letztlich nichts anderes als eigensinnig mit Zeichen zu hantieren und diese zu ›subvertieren‹. Potentiell kann damit im kulturrevolutionären Verständnis die Grenze zwischen kreativen und nicht-kreativen Tätigkeiten nicht mehr trennscharf gezogen werden. Der gesamte Alltag kann sich in ein Feld von *signifying*, mit Bedeutungen hantierenden *practices* verwandeln – oder aber er ist es (zumindest jenseits der nun als gewaltsam weil bedeutungskonservierend interpretierten dominanten Kulturen des Bürgerlichen und der rationalistischen Angestelltengesellschaft) immer schon gewesen: Das Subjekt wird zum Kreativsubjekt universalisiert, welches die gesamte Praxis als sein Betätigungsfeld sieht (und sehen muss).

Gegenkultur zwischen Authentizität und Kontingenz

Alle kulturellen Gegenbewegungen, die Romantik und Avantgarde wie die *counter culture*, üben das Subjekt in einer ästhetischen Innenorientierung. Immer muss diese ästhetische Selbsreferentialität zumindest in gewissem Umfang an Fremdreferentialität, eine Verbindung zum ›Außen‹ des Subjekts gekoppelt sein. Auch wenn dieses Außen nicht als zweckrationale, moralische oder soziale Handlungswelt erscheint, so bedarf die Evokation ästhetischer Erfahrungen im Innen doch einer im phänomenologischen Sinne intentionalen, sinnlich-perzeptiven Zuwendung zu einem Außen. Die exakte Modellierung dieser ästhetischen Relation von Innen- und Außenorientierung plaziert die postmodernistische *counter culture* zwischen Romantik und Avantgarde. Die romantische Subjektkultur übt ihren Träger am stärksten in einem ›retreat‹ von der Außenwelt; es sind hier Konstellationen außerhalb der bürgerlichmodernen und in Ansätzen urbanen Welt – die Naturerfahrung und das Musikerleben – oder herausgehobene, ›außeralltägliche‹ Situationen der romantischen Liebe und der künstlerischen Expressivität, in denen das Subjekt ästhetischer Erfahrungen sich formiert. Die Subjektkultur der Avantgarde wendet sich demgegenüber in ihrem radikalen Modernismus dezidiert den urbanen Erscheinungen der modernen Welt des 20. Jahrhunderts – der Metropolenerfahrung, der Technik, dem Kinofilm – zu, von denen sie sich den ästhetischen Impuls des Neuen verspricht. Die gegenkulturelle Subjektkultur modelliert ihr Innen/Außenverhältnis jenseits der Differenz modern/anti-modern: Ihr Subjekt distanziert sich vom modernistischen Enthusiasmus, vor allem gegenüber der Technologie, aber knüpft genauso wenig an die romantische Negation der sozial-kulturellen Routinewelt an. Stattdessen erscheint nun der gesamte ›Alltag‹ (la vie quotidienne)[77] in einem emphatischen post-surrealistischen Verständnis als eine potentielle Sphäre ästhetischer Erfahrungen und damit als Ort der Formierung eines ästhetisch orientierten Subjekts. Diese alltäglichen Praktiken können spezifisch ›modern‹, sie können auch ›populär‹, ›nicht-westlich‹ oder naturorientiert sein – entscheidend ist, dass sie sich im Spiel der Repräsentationen so kultivieren lassen, dass sie das begehrte intensive Erleben ermöglichen.

Die gegenkulturelle Subjektkultur setzt sich ebenso wie ihre romantischen und avantgardistischen Vorgängermodelle aus heterogenen, hybriden Elementen zusammen. Die Brüche, die sich daraus ergeben, fallen teilweise mit denen der beiden vorhergehenden ästhetischen Gegenbewegungen zusammen. In der weiteren kulturellen Transformation begünstigen diese immanenten Friktionen, dass *bestimmte* Elemente des gegenkulturellen Subjekts seit den 1980er Jahren sozial-kulturell selegiert werden und diffundieren, so dass sie *eine* Bedingung für die Subjektkultur der Postmoderne liefern. Drei subjektimmanente Friktionen sind hier von besonderer Relevanz: die Spannung zwischen der Selbstorientierung des gegenkulturellen Subjekts und seiner dezidierten Kollektivorientierung; jene zwischen einem expliziten Anti-Konsumismus und einer Kompatibilität mit einer individualästhetischen ›konsumistischen‹ Haltung; schließlich und vor allem die Spannung zwischen dem Anspruch der ›Authentizität‹ eines Subjekts nicht-entfremdeten Begehrens und dem Anspruch eines Subjekts des anarchisch-kreativen ›Spiels‹ mit Zeichen und Imaginationen, das jede ›authentische‹ Struktur zu verflüssigen vermag.

Das gegenkulturelle Subjekt formt sich primär als selbstorientiertes und sekundär als in einem spezifischen Sinne kollektivorientiert. Die eindeutige Orientierung an den ästhetischen Grenzerfahrungen des Selbst, denen die Regeln des Sozialen letztlich als Hindernis des Entfaltungsbegehrens erscheinen müssen, sieht sich überformt von einer emphatischen Prämierung des Kollektiven. Gemäß dem Kollektivitätsverständnis der *counter culture* verleiht das Kollektiv als Erlebens-, Stilisierungs-, Kom-

---

77 Im Kontext der Gegenkultur formiert sich ein emphatischer Code des ›Alltäglichen‹, an dem etwa Theoretiker wie Lefebvre, de Certeau, Willis und Hebdige partizipieren.

munikations- und Kreativitätsgemeinschaft dem Subjekt Möglichkeiten individueller Entfaltung, die es, auf sich allein gestellt, nicht erreichen könnte. Das kulturrevolutionäre Subjekt stellt sich als anti-kollektivistisch *und* anti-individualistisch zugleich dar. Unterbestimmt bleibt innerhalb des gegenkulturellen Codes jedoch, inwiefern das ›Kollektiv‹ allein als ein Derivat des individuellen Entfaltungsbegehrens fungiert, inwiefern umgekehrt das Kollektiv oder auch nur der soziale ›Andere‹, hat sich der Einzelne einmal einem sozialen Zusammenhang zugeordnet, ihn mit normativen Verpflichtungen zu konfrontieren vermag, die er als legitim anerkennt. Diese gegenkulturelle Paradoxie ergibt sich in jeder der gegenkulturellen ›communities‹: Nachdem sich das Subjekt in ein Stilisierungskollektiv oder eine auf Dauer angelegte Kreativitätsgemeinschaft eingegliedert hat, lässt diese nicht mehr jedes individuelle Verhalten zu, sondern beginnt – so wie die verworfene bürgerliche und Angestelltenkultur –, soziale Erwartungen bezüglich stilgerechten Outfits, ›solidarischem‹ oder ›konstruktivem‹ Verhalten, Bereitschaft sich dem Anderen zu ›öffnen‹ etc. an den Einzelnen zu stellen. Die Dauerhaftigkeit von Sozialitäten scheint die libidinöse Selbstorientierung des Subjekts zu unterminieren – und doch zugleich eine unabdingbare Voraussetzung für gelungene Ichverwirklichung im gegenkulturellen Sinne zu liefern. Das Modell einer *gewählten community* – Maffesoli umschreibt sie als ›neo-tribus‹[78] –, für die das Subjekt freiwillig optiert und die es jederzeit wieder verlassen kann, sobald ihm die Repressivität der sozialen Erwartungen gegenüber den kollektiven Erlebnisgewinnen übermächtig scheint, liefert hier eine fragile, spezifisch gegenkulturelle Lösung, welche in die postmoderne Kultur des Lebensstil-Subjekts exportiert wird.

Ambivalent bleibt in der gegenkulturellen Subjektkultur auch die Haltung gegenüber der Konsumtion. Die Kulturrevolution ist radikal anti-konsumistisch und fördert doch zugleich eine konsumistische Haltung in einem verallgemeinerten, aus dem Rahmen der standardisierten Massenkonsumtion gelösten Sinne. Die kulturrevolutionäre Konsumkritik (ähnlich die Medienkritik) – suggestiv formuliert bei Marcuse und den französischen Situationisten, vor allem Debord[79] – ist zunächst grundlegend für die gegenkulturelle Differenzmarkierung gegenüber dem ›passivisierten‹, nach sozialem Status strebenden Angestelltensubjekt. Konsumtion erscheint hier als ein Ergebnis der ›Manipulation der Bedürfnisse‹ von Seiten des fordistischen Systems, als eine Sequenz

78 Vgl. Michel Maffesoli (1988): Le temps des tribus. Le déclin de l'individualisme dans les sociétés postmodernes, Paris 2000.
79 Vgl. Herbert Marcuse (1964): Der eindimensionale Mensch. Studien zur Ideologie der fortgeschrittenen Industriegesellschaft, München 1994; Guy Debord (1967): Die Gesellschaft des Spektakels, Berlin 1996.

passiver Akte des Erwerbs, die lediglich einen ›Lebensstandard‹ sichern, aber ›Lebensqualität‹ verhindern. Die Konsumkritik geht jedoch mit der Aneignung einer Subjektstruktur einher, die sich als generalisierter Konsumismus interpretieren lässt und die bereits in den 1960/70er Jahren in den Gegenkulturen einen individualästhetischen Konsum bestimmter Güter befördert: Das Subjekt, das sich aus der Triade Begehren/Spiel mit Repräsentationen/ästhetische Erfahrungen zusammensetzt, *ist* – im Gegensatz zum produktivistischen, handlungsorientierten Subjekt der bürgerlichen Tradition – ein ›konsumierendes‹ in einem generalisierten, zunächst vom Gütermarkt entkoppelten Sinne. Sein Wunsch ist es, sich mit bedeutungsvollen Reizen aus der Außenwelt zu konfrontieren, die in ihm das Gefühl der Befriedigung hervorrufen. Konsumtion ist hier das nicht-produktive ›Aufnehmen‹ eines ›Zuviels‹ und zugleich ein aktiver symbolischer Konstruktionsprozess; sie ist in diesem Sinne *selbst* gegenkulturell – etwa im Sinne von Batailles ›Verausgabung‹[80] –, indem sie die zweckvolle Ordnung sprengt. Dieses generalisierte Muster der Konsumtion im Sinne eines ästhetischen Prozesses, in dem Reize die Form emotional aufgeladener Repräsentationen annehmen, bahnt sich bereits in der Angestelltenkultur an, steht dort aber unter dem Kuratel von sozialen Normalitätsstandards der *peer society*, die kopierten Konsum fordert. Das generalisierte Konsumsubjekt als Begehrenssubjekt löst sich von diesen Vorgaben des sozialen Status und ist ausschließlich individualästhetisch orientiert (eine Individualästhetik, die freilich wiederum in kollektiven Mustern vorkommen kann). Tatsächlich beginnt die *counter culture* selbst, ihre allgemeine konsumtorische Haltung bereits auf bestimmte Güter zu richten.[81] vor allem die Pop/Rock-Musik einschließlich der entsprechenden Pop-Live-Events, die gegenkulturell gestylte Kleidung, handwerkliche, authentisch wirkende Produkte und Individualreisen sind Waren, von dem das gegenkulturelle Subjekt sich in den 1960/70er Jahren ästhetische Erfahrungen verspricht. Auch hier wird das Lebensstil-Subjekt der Postmoderne vorbereitet.

Schließlich tut sich im Innern des gegenkulturellen Subjekts eine Spannung zwischen dem Wunsch nach authentischer ›Selbstverwirklichung‹ und dem Wunsch auf, im Spiel der Repräsentationen ›die Verhältnisse zum Tanzen zu bringen‹, damit immer neue Formen des Erlebens zu produzieren. Personifizieren lässt sich diese Spannung im Subjekt der Alternativkultur der 1970er Jahre einerseits, dem postmodernistischen Künstler andererseits, zwischen einer gegen das Establishment gerichteten Authentizität, die scheinbar zu sich selbst gekommen ist und keines

---

80 Georges Bataille (1985): Der Begriff der Verausgabung, in: ders.: Die Aufhebung der Ökonomie, München, S. 6-31.

81 Vgl. Thomas Frank (1997): The Conquest of Cool. Business culture, counterculture, and the rise of hip consumerism, Chicago.

semiotischen Spiels mehr bedarf, und einem beschleunigten, ironischen Jonglieren mit immer neuen Subjektpositionen und Erlebensformen, die scheinbar jedes originäre Selbst, das zu verwirklichen ist, aufgegeben hat. Subjekthistorisch reproduziert sich im kulturrevolutionären Subjekt damit eine Friktion, die im romantischen Subjekt, daneben auch in verschiedenen Fraktionen der Avantgarde-Bewegungen hervorgebracht wurde. In der romantischen Subjektkultur nimmt sie die Form einer Spannung zwischen dem expressiven Anspruch nach einem authentischen Ausdruck des ›inneren Kerns‹, den es auch gegen soziale Widerstände zu ›entfalten‹ gilt, und dem Ziel an, dieses Ich in ›allen seinen Möglichkeiten‹ zu verwirklichen: Das was entfaltet werden soll, ist selbst als Essenz nicht vorhanden, sondern bildet sich im Prozess seines Auslebens paradoxerweise immer wieder anders. Die Avantgarde-Bewegungen teilen das Authentizitäts- und das Kontingenzstreben auf verschiedene ihrer Fraktionen auf, zwischen den expressionistischen Lebensreformbewegungen auf der einen, Ästhetizismus und Dadaismus auf der anderen Seite. Auch in den *counter cultures* positionieren sich unterschiedliche Fraktionen, die Distinktionskämpfe entlang des Kontinuums von Authentizität und Kontingenz führen und die ein post-romantischen ›starkes‹ Expressions-Ich und ein postmodernes ›schwaches‹ Ich multiplizierter Existenzformen gegeneinander ausspielen.[82] Subkulturen am Authentizitätspol – die Hippiebewegung, die klassische Alternativkultur, die an Feminität orientierte frühe Frauen- und Lesbenbewegung, die Musikkultur von ›alternative rock‹ und ›folk‹ – werfen den an Kontingenz orientierten Subkulturen ein frivoles Hantieren mit auswechselbaren ästhetischen Oberflächen vor, einen ›ludic postmodernism‹, der jedoch das subjektive Begehren unbefriedigt lässt und nur die extrovertierte Arbeit am stilistisch perfekten Selbstbild der Angestelltenkultur dynamisiert fortsetzt. Die kulturellen Szenen am Kontingenzpol – die postmodernistische Kunst- und poststrukturalistische Theorieszene, die Popkultur nach dem Alternative Rock (Funk, Disco, New Wave), die *queer*-orientierten Bewegungen – gehen demgegenüber auf Distanz zur ›Konservierung‹ und ›Essenzialisierung‹ eines nun auf neue Weise fixierten Subjekttypus in den Authentizitätsfraktionen, welcher seine Subjektstruktur naturalisiert und in seinem Beharrungsvermögen aus dieser Perspektive selbst als ein Nachfahre der Rigidität der Kleinbürgerlichkeit der Angestelltenkultur erscheint.

Hinter der Oberfläche einer scheinbaren Inkommensurabilität zwischen Authentizitäts-*counter culture* und Kontingenz-Kulturrevolution verbirgt sich jedoch eine Spannung, die der gegenkulturellen Subjekt-

---

82 Diese Spannung wird dargestellt in Diedrich Diederichsen (1985): Sexbeat, Köln 2002; Matthias Waltz (2001): Zwei Topographien des Begehrens: Pop/Techno mit Lacan, in: Bonz (2001), S. 214-231.

triade von Begehren/Spiel mit Repräsentationen/ästhetisches Erleben inhärent ist und ihr durchgängig eine endlose Dynamik verleiht. In den unterschiedlichen Fraktionen wird sie allein verschiedenartig akzentuiert. Die gegenkulturelle Subjektkultur, die sich in den Dienst der Realisierung des Lustprinzips stellt, setzt die unumstößliche Realität von Lust und Begehren *und* die kulturelle Offenheit der Bedingungen, unter denen Lust erreicht wird, in ihrer eigen Universalisierungsstrategie durchgängig voraus. Das Spiel der Repräsentationen, die Ästhetisierung von Objekten und Subjekten liefert die Bedingung für eine Entfaltung des Begehrens und die innere Produktion fortgesetzter *jouissance*-Erlebnisse: kein entfaltetes Lustprinzip ohne den kulturrevolutionären Umsturz der Wahrnehmungsformen – dies gilt auch für die Authentizitäts-Fraktion. Umgekehrt liefert die als existierend vorausgesetzte Realität von Begehren und zu befriedigenden Erlebnissen den Antrieb des semiotischen Spiels: kein Kontingenzspiel ohne die Suche nach den ästhetischen Erfahrungen, der Befriedigung im Moment, die sich aus der experimentellen Subversion der Stile ergeben soll – dies gilt auch für die Kontingenzfraktion.

Lustprinzip und Kontingenz der Repräsentationen sind in der gegenkulturellen Subjektkultur wechselseitige Bedingungen – zugleich scheinen beide nie so miteinander zur Deckung zu kommen, dass sich ein hyperstabiler, vom Einzelnen als mangelfrei perzipierter Status ergäbe. Ein scheinbar ausgeglichener Dauerzustand der authentischen Selbstverwirklichung, von konstant befriedigtem Begehren sieht sich aus der Balance gebracht durch das Wissen um die unzähligen anderen, möglicherweise intensiveren Möglichkeiten ästhetischer Erfahrungen, denen das Subjekt sich aussetzen kann, indem es nicht genügsam es selbst bleibt, sondern seine Alltagspraxis experimentell erweitert. Ein scheinbar unbegrenzt dynamisiertes Spiel mit Repräsentationen, mit Selbstbildern, ein ironisches Arrangement der Vokabulare sieht sich umgekehrt durch die kritische Prüfung von Seiten des Lustprinzips unterminiert: Das semiotische Spiel kann zur leeren Zeichenzirkulation mit unbefriedigenden ästhetischen Erfahrungen werden, wenn das Subjekt nicht versucht festzustellen, was *ihm* in seiner – wiederum verschiebbaren – individuellen Idiosynkrasie Erlebnisse der Befriedigung verschafft. Die Grundstruktur dieses sich selbst ständig aus dem Gleichgewicht bringenden Begehrenssubjekts der Gegenkultur der 1960er und 70er Jahre – und darin enthalten des ästhetischen Subjekts der Romantik und der Avantgarde – liefert eine Voraussetzung für die Subjektkultur des konsumtorischen Kreativsubjekts der kulturellen Formation der Postmoderne seit den 1980er Jahren. Dort wird das ästhetische Subjektmodell kombiniert mit einer generalisierten Konstellation des Sozialen als ›Markt‹, auf dem der Einzelne sich sowohl als Subjekt wie als Objekt der Wahl und der ›Konsumtion‹ im weiteren Sinne übt.

4.2 Das Subjekt der Postmoderne als ästhetisch-ökonomische Doublette (seit 1980)

4.2.1 Post-bürokratische Praktiken der Arbeit und das unternehmerische Kreativsubjekt

Seit den 1970er Jahren entwickeln sich an den Rändern der korporatistischen Großorganisationen, welche die organisierte Moderne dominieren, post-bürokratische Praktiken der Arbeit. Die Arbeitsformen jenseits der funktional differenzierten, hierarchischen und soziotechnischen Korporationen rücken während des letzten Viertels des 20. Jahrhunderts in Westeuropa und Nordamerika von der Peripherie ins kulturelle Zentrum. Die symbolproduzierenden Tätigkeiten in der neuen Kulturindustrie – Beratung, Informationstechnologie, Design, Werbung, Tourismus, Finance, Unterhaltungsindustrie, Forschung und Entwicklung – avancieren zur Avantgarde einer Arbeitskultur, welche sich von der sozio-technischen Organisation und ihrem ›organisation man‹ abgrenzt und an deren Stelle das Modell einer projekt- und teamförmigen ›Kreativarbeit‹ setzt, die mit beschleunigten unternehmerischen Produkt-›Innovationen‹ auf die Fluidität der Konsumenten zu reagieren versucht. Diese post-bürokratische, projektförmige Arbeitskultur produziert und präjudiziert ein Arbeitssubjekt, das sich als hybride Doppelkonstruktion von ›Kreativsubjekt‹ und ›unternehmerischem Subjekt‹ darstellt: Als Kreativsubjekt ist es Träger von semiotischen Innovationsdispositionen und sucht in der Arbeit nach der Herausforderung seines ›inneren Wachstums‹; ›Kreativarbeit‹ ist ein zentrales Element seiner Selbststilisierung. Als ›Unternehmer seiner selbst‹ ist es fortlaufend bemüht, sein Profil nach Maßgabe des Marktes an Arbeitskräften zu optimieren und seine Arbeitsbiografie in kalkulatorischen Akten der Wahl zu modellieren.

Der kulturelle Andere, gegen den sich die unternehmerisch-kreative Subjektkultur des postmodernen Arbeitens abgrenzt und der ihr defizitär erscheint, ist der *organization man*, der Angestellte und der soziotechnische Manager-Ingenieur der organisierten Moderne. Die Modernität, die das *social engineering* und die technische, reibungslos koordinierte Maschine der Angestelltenorganisation verkörpert, erweist sich in der postmodernen Repräsentation als mit einem Modernitätsdefizit behaftet. Der Differenzcode, den die post-bürokratische gegen die organisiert-moderne Subjektkultur des Arbeitens zum Einsatz bringt, ist jener von ›Beweglichkeit‹ gegen ›Rigidität‹: Großkorporation und Angestelltensubjekt verkörpern fixe ›bürokratische‹, letztlich unauthentische Starrheit; das kreative, unternehmerische Subjekt wird zum Modell natürlicher Dynamik und lebendiger Aktivität universalisiert.

Das verworfene kulturelle Außen der postmodernen Arbeitskultur ist der Unkreative, der zur Arbeit an sich selbst und zur Stilisierung auf dem Markt Unfähige, der gleichzeitig zu viel und zu wenig Selbstkontrolle ausübt.

Die kulturelle Verschiebung vom Angestelltensubjekt zum kreativ-unternehmerischen Subjekt ließe sich nur mit Hilfe eines ökonomischen Determinismus auf das kausale Ergebnis ›wirtschaftlicher Zwänge‹ unter kapitalistischen Bedingungen (etwa der ökonomischen Krise zu Beginn der 1970er Jahre) reduzieren.[83] Ihre wirtschaftliche Profitabilität kann die Verbreitung bestimmter Arbeitspraktiken und -subjektformen zwar beschleunigen; indem sie Manifestationen von *Sinnmustern* darstellen, sind Arbeitsformen als sozial-kulturelle Praktiken und ein Arbeitssubjekt als Subjektcode und inkorporierter Habitus jedoch *kulturelle* Neuentwicklungen, die durch ökonomische, negative Zwänge weder hervorgebracht werden können, noch lässt sich ihre Verbreitung allein durch diese erklären. Die Entstehung und Verbreitung der postmodernen Subjektkultur des Arbeitens ist vielmehr durch mehrere – zunächst weitgehend voneinander unabhängige – kulturelle Entwicklungen seit Beginn der 1970er Jahre beeinflusst: ein post-bürokratischer (›neoliberaler‹) Managementdiskurs, angestoßen durch die ökonomische Chicago-School, der den ›organization man‹ der sozio-technischen Korporation entnaturalisiert; eine Modifizierung der Arbeitsidentitäten und damit -ansprüche in den neuen Mittelschichten, die unter dem Einfluss der *counter culture* an die Arbeit den Maßstab eines kreativen Künstlerideals anlegen; die materiale Kultur der digitalen Revolution, die institutionelle Grenzüberschreitung und Symbolarbeit erleichtert; eine Modifizierung der Konsumentenkultur vom sozialen Normalismus zur Individualästhetik, welche nun eine organisationelle Reaktion nahelegt.

---

83 Diesen Versuch unternehmen die Postfordismustheorien, vgl. Amin Ash (Hg.) (1994): Post-Fordism. A reader, Oxford; ähnlich Harvey (1989). Hingegen liefern Luc Boltanski und Eve Chiapello den treffendsten Ansatz einer Analyse der post-bürokratischen Arbeitsformen als ein ›neuer kapitalistischer Geist‹, das heißt als neue kulturelle Praxis/ Diskursformation. Demgegenüber scheinen die ›governmentality studies‹ (N. Rose und andere) in ihrer starken Orientierung an den institutionellen Dispositiven (z. B. Managementdiskurse) die Wirksamkeit der ästhetischen Gegenkulturen für die neue Arbeitskultur zu unterschätzen.

Die kulturelle Überdetermination des ›dynamischen‹ Arbeitens

Die Umwälzung der Konsumentenkultur und die Neuentwicklung digitaler Kommunikationsmedien stellen seit den 1970er Jahren äußere kulturelle Bedingungen bereit, die Anstöße für eine Entstehung post-bürokratischer, im neuen Sinne konsumenten-/kundenorientierter sowie kommunikativ-vernetzter Arbeitsformen liefern. Moderne Arbeitsformen stehen durchgängig in einem Abhängigkeitsverhältnis von Formen des Konsums, welche nach bestimmten Warentypen verlangen (Konsumformen, die im 20. Jahrhundert durch Konsumentenansprache, vor allem Werbung, ihrerseits verstärkt werden können). Die standardisierte Massenproduktion, die in der sozio-technischen Großorganisation geleistet wurde, korrespondierte mit einem sozial normalisierten, kopierten Konsum in der *peer society*, welcher jedoch von Anfang an ein unkontrollierbares, individualisierendes Element der Ästhetisierung enthielt. Die Angestelltenkultur treibt seit den 1960er Jahren aus sich selbst heraus eine Umstellung der konsumtorischen Praktiken vom sozial kopierten Konsum der Standardgüter zu einem ›individualästhetischen‹ Konsum von Gütern und Dienstleistungen nach Maßgabe ihres Genuss- und Stilisierungswertes.[84] Das Konsumtionsbegehren richtet sich damit auf eine Diversifizierung von Gütern und auf deren ästhetische Aufladung jenseits der modernistischen ›Ästhetik der perfekten Form‹.

Diese Kippbewegung vom kopierten Konsum zu einem ›hip consumerism‹ (Frank) manifestiert sich im Rahmen der Angestelltenkultur der 1960er Jahre am deutlichsten in der Werbe- und Bekleidungsindustrie – und damit *vor* dem Einsetzen der *counter culture*; sie wird *durch* die *counter culture*, ihre massenmediale Verarbeitung und ihr Modell des sich selbst unkonventionell stilisierenden Begehrenssubjekts Ende der 1960er Jahre jedoch intensiviert.[85] Der normalistische Konsum der ›alten‹ Angestelltenkultur erodiert (was sich tatsächlich Anfang der 1970er Jahre als ökonomische Krise abbilden lässt); der individualästhetische Konsum der ›neuen‹ Mittelschicht und Jugendszenen verlangt nach Produktionsformen, die symbolische Güter verschiedenster und breit differenzierter Art fabrizieren und mit dem konsumistische Begehren nach Neuem Schritt zu halten vermögen. Für diese Aufgabe der beständigen Umweltbeobachtung eines fluiden, aufgefächerten Be-

84 Zur Umstellung der Form des Konsumsubjekts seit den 1970/80er Jahren vgl. Kap. 4.2.3.

85 Vgl. die detaillierte Analyse dieser Transition in Thomas Frank (1997): The Conquest of Cool. Business culture, counterculture, and the rise of hip consumerism, Chicago.

gehrensmarktes der neuen Mittelschicht und Jugendkulturen stellt sich die vorgebliche Normalform der sozio-technischen, funktional differenzierten Korporation mit ihren vornehmlich administrativen und koordinierenden Arbeitspraktiken als ungeeignet dar: Eine neue Arbeits- und Produktionsform, die auf permanente ›Innovation‹ symbolischer Güter ausgerichtet ist, erweist sich als notwendig.

Einen materialen Rahmen für diese Arbeitsformen liefern zweitens die Kommunikationstechnologien der digitalen Revolution.[86] Diese scheint zunächst nichts anderes als technische Effizienz und soziale Kontrolle in den bürokratischen Korporationen der organisierten Moderne zu steigern, sie ermöglicht tatsächlich seit den 1980er Jahren jedoch alternative Arbeitsformen. Die Kombination von Mikroelektronik, Computer- und Telekommunikationstechnologie stellt in mehrerer Hinsicht Voraussetzungen für eine nach-bürokratische Arbeitskultur bereit. Durch virtuelle Planung (computer aided design), mikroelektronische, rasch modifzierbare Fertigung und ›just-in-time‹-Produktion lassen sich der Produktumschlag und die Reaktion auf Konsumentenentwicklung beschleunigen und die Produktpalette in kleinste, individualisierte Segmente auffächern. Der Informationszugang über den Computer erleichtert eine kooperative Vernetzung zuvor separierter Tätigkeiten innerhalb einer sowie zwischen Organisation(en) oder von selbständigen Einzelnen zu einer Organisation, er liefert den Rahmen für eine Auflösung der Arbeitsbedingungen von Gleichräumlichkeit und Gleichzeitigkeit; zudem kann die Computertechnologie zur Entmonopolisierung des nun jenseits schriftlicher Wissensspeicher zirkulierenden Wissens beitragen. Insgesamt vermag die digitale Kultur damit organisationelle ›Grenzmarkierungen‹ – funktionale Differenzierung, Hierarchie, Innen-Außen-Relationen, Raum/Zeit-Grenzen – zu entnormalisieren. Schließlich können der unmittelbare Zugang zur Menge scheinbar unbegrenzter schriftlicher, visueller und auditiver Zeichen, zur gesamten ›Kultur‹, welchen die Computernetzwerke bieten, und die Möglichkeit, diese Repräsentationen auszuwerten, auszutauschen, umzuformen und zu kombinieren, den materialen Rahmen für Tätigkeitskomplexe zur Verfügung stellen, in deren Zentrum die routinisierte Symbolanalyse und -kreation, die Arbeit des ›symbol analyst‹ (R. Reich) steht. Hier geht es weniger um Wissens- und Informationsarbeit als um ›semiotische Arbeit‹, in der Wissen kein Mittel zum Zweck darstellt, um Produk-

---

86 Zum folgenden vgl. William H. Davidow/Michael S. Malone (1992): Das virtuelle Unternehmen. Der Kunde als Co-Produzent, Frankfurt (Main)/New York 1993; Ulrich Krystek u. a. (1997): Grundzüge virtueller Organisationen, Wiesbaden, auch Manuel Castells (1996): The Rise of the Network Society. The Information Age: Economy, society, and culture, volume 1, Oxford.

tionsprozesse zu modellieren, sondern die ›produktive‹ Manipulation der Zeichen selbst den Zweck der Arbeit bildet.

Die Umstellung der Konsumentenkultur und die digitale Kultur stellen Rahmenbedingungen für die Entstehung einer post-bürokratischen Subjektkultur des Arbeitens bereit. Unmittelbarer befördern die beiden Codeinnovationen der ästhetischen Gegenkultur und des ›neoliberal‹ imprägnierten humanwissenschaftlichen Managementdiskurses in einer *Überdetermination* die post-bürokratischen Arbeitspraktiken und ihre Subjektform. Obwohl von differenter kultureller Herkunft wirken sie in der doppelten Formierung eines Binärcodes zusammen, der sich vom Modell des Sozio-Technischen und der fixen Geordnetheit, wie er in die Kultur der organisierten Moderne eingelassen ist, in homologer Form abgrenzt und dagegen eine dynamische ›Beweglichkeit‹, anti-konformistische ›Selbstorientierung‹ und grenzüberschreitende ›Offenheit‹ des Subjekts plaziert.

Indem im Medium der *counter culture* der 1960er und 70er Jahre die Absolventen der höheren Bildungsinstitutionen sich in radikaler oder moderierter Form das Modell eines Begehrenssubjekts einverleiben, das die Statussuche der alten Angestelltenkultur als konformistisch verwirft und auch in der Arbeit nach jenen ästhetischen Erfahrungen sucht, die ihm das Gefühl einer authentischen ›Entfaltung‹ der Möglichkeiten seines Selbst geben, diffundiert im sich herausbildenden Nachfolgemilieu der alten Angestelltengesellschaft, in der neuen *creative class*, seit den 1970er Jahren eine veränderte Repräsentation ›befriedigender‹ Arbeit; gleichzeitig entstehen Ansätze von Arbeitspraktiken, die diesem kreativitätsorientierten Arbeitsverständnis entsprechen. Das ›Künstlerideal‹ (L. Boltanski) dieses durch die Gegenkulturen direkt oder indirekt beeinflussten Milieus grenzt sich von ›Technokratie‹, ›Bürokratie‹ und sozialer Statussicherung ab und implantiert im neuen Mittelschichts-Subjekt eine Motivation nach ›intrinsischer Motivation‹: Post-romantisch soll die Arbeit zu einer Neues schaffenden, ›ganzheitlichen‹, die Routine in der individuellen Herausforderung brechenden Aktivität werden, die zudem die Kreativität und Motivation durch das Kollektiv von Gleichgesinnten nutzt.[87]

87 Vgl. Daniel Yankelovich (1981): New Rules. Searching for self-fulfillment in a world turned upside down, New York; Rainer Zoll u. a. (1989): ›Nicht so wie unsere Eltern!‹ Ein neues kulturelles Modell?, Opladen. Sehr grob wurde diese Transformation des Subjektmodells von den alten zu den den neuen Mittelschichten als ›Wertewandel‹ quantitativ abgebildet, vgl. Ronald Inglehart (1977): The Silent Revolution. Changing values and political styles among western publics, Princeton. Detailliert herausgearbeitet wird der Zusammenhang von gegenkulturellem ›Künstlerideal‹ und post-bürokratischem Arbeitsmodell in Luc

Dieses ›post-materialistische‹ Arbeitsmodell bleibt nicht auf kultur-revolutionäre Nischen beschränkt, die konventionellen Arbeitsorgani-sationen selbst werden mit ihm konfrontiert; eine Nicht-Reaktion auf den veränderten Arbeitshabitus setzt ein organisationelles Motivations-problem frei. Das Subjektmodell einer kreativen, authentischen Arbeit findet dabei zwei weitere diskursive Stützen: zum einen die Bewegung zu einer ›Humanisierung der Arbeit‹, zum anderen – und langfristig bedeutsamer – die Persönlichkeits- und Motivationspsychologie, in der – pointiert bei A. Maslow – das Normalmodell des sozialen Subjekts durch das Idealmodell des nach Selbstentfaltung strebenden Subjekts ersetzt wird; das gegenkulturelle Authentizitätssubjekt sieht sich hier humanwissenschaftlich naturalisiert.[88] Im Kontext der Gegenkulturen wird der kreativitätsorientierte Arbeits*code* zudem in post-bürokratische Arbeits*praktiken* umgesetzt, die seit den 1970er Jahren ausgehend von kulturellen Nischen Schrittmacherfunktion für die Transformation der Arbeitspraxis insgesamt erhalten:[89] Handwerkliche Kooperativen wie im mittelitalienischen ›terza italia‹, die im Kontext der Bewegung der ›opereia autonoma‹ entstehen, mit dem postmodernistischen Kunstbetrieb verwo-bene urbane Unternehmen, vor allem im Design und der Werbebranche, schließlich die im Umkreis der Universitäten gegründeten, vernetzten Kleinunternehmen der Computertechnologie praktizieren Arbeitsformen mit geringer funktionaler Differenzierung, abgeschwächten Hierarchien, organisationeller Vernetzung und kultureller Innovationsorientierung, die langfristig diffundieren.

Unabhängig von der ästhetischen Gegenkultur wird die Kultur post-bürokratischer Arbeitsformen zeitgleich in einer bestimmten human-wissenschaftlichen Diskursformation propagiert: dem politisch-ökono-mischen Managementdiskurs. Der planungsorientierte, letztlich vom *scientific managment* und später dem *human relations*-Ansatz initiierte Managementdiskurs der organisierten Moderne, der den Code des So-zio-Technischen formte, wird seit Anfang der 1970er Jahre verdrängt durch eine im spezifischen Sinne ›neoliberale‹ Codierung des ›Ökonomi-

Boltanski/Ève Chiapello (1999): Le nouvel esprit du capitalisme, Paris, vgl. v. a. S. 213-259.

88 Vgl. als Primärdokumente: Abraham H. Maslow (1954): Motivation and Personality, New York 1987, ähnlich die Gestalttherapie Frederick S. Perls/Ralph F. Hefferline/Paul Goodman (1951 a): Gestalt-Therapie. Lebensfreude und Persönlichkeitsentfaltung, Stuttgart 1988; zur ›Hu-manisierung der Arbeit‹ vgl. Peter Miller/Nikolas Rose (1995): Produc-tion, identity and democracy, in: Theory and Society, S. 427-467.

89 Vgl. zu diesen drei Fällen: Toni Negri u. a. (1998): Umherschweifende Produzenten. Immaterielle Arbeit und Suversion, Berlin; Frank (1997); Paul Freiberger/Michael Swaine (1984): Fire in the Valley. The making of the personal computer, New York 2000, 2. Aufl.

schen‹ von Seiten der Chicago-School (etwa bei Hayeck, G. Becker), die ihrerseits Diskurse eines post-bürokratischen Managements motiviert.[90] Über den ökonomischen Neoliberalismus hinaus transferiert dieser Diskurs Elemente aus der Motivations- und Gestaltpsychologie sowie aus konstruktivistischen Systemmodellen. So wie sich der Code des Sozio-Technischen in ein politisches Programm des *social engineering* umsetzte, verbreitet sich der post-bürokratische, unternehmensorientierte Managementdiskurs zu politischen Programmen neoliberaler Gouvernementalität. In einer kulturellen Appropriation bestimmter Elemente des bürgerlichen Gesellschafts- und Subjektdiskurses des 19. Jahrhunderts, vor allem in seiner Form des klassischen Liberalismus, wird hier das Subjekt nicht als eingebettet in soziale und technische Regeln, sondern als souveränes Subjekt der Wahl, der eigeninteressierten Entscheidung zwischen Alternativen repräsentiert (was voraussetzt, dass die klassisch bürgerliche Moralitätsvorstellung *nicht* mittransportiert wird). Die entsprechende soziale Normalform ist der Wettbewerb zwischen eigeninteressierten, selbstverantwortlichen Individuen. Gleichzeitig wird dieses Subjekt als eine risikobereite, aktivistische Instanz vorgestellt. Seine gesellschaftliche Normalform ist das ›Unternehmen‹ (enterprise), das sich in beständiger, aktiver Reaktion auf die Wünsche von ›Kunden‹/ Konsumenten auf dem Gütermarkt positioniert.

In den post-bürokratischen Managementdiskurs der 1980er Jahre (beispielhaft T. Peters, R. M. Kanter, C. Handy) gehen neben diesen neoliberalen Elementen auch solche der entfaltungsorientierten Persönlichkeitspsychologie ein: Das Arbeitssubjekt strebt demnach natürlicherweise nicht nach der Sicherheit der Routine, sondern nach der motivierenden Kraft individueller Herausforderung, nach innerer Selbstentwicklung (›personal growth‹) – es ist in diesem Sinne nicht nur rationales, sondern auch emotionales und sinnsuchendes Subjekt, das nach der Motivation in einem ambitionierten ›Team‹ von Gleichgesinnten strebt. Unter dem Einfluss von Theorien systemischer Selbstorganisation, welche die Nichtlinearität und Nicht-Planbarkeit sozialer und natürlicher Systeme voraussetzen und in denen das Leitmodell der Berechenbarkeit der Mechanik durch das der Unberechenbarkeit des Quasi-Organischen, Autopoietischen abgelöst wird, präsentiert der Managementdiskurs den ›Markt‹, sein Subjekt und seine Organisationsformen (ganz im Gegensatz

90 Zum folgenden vgl. Graham Burchell (1993): Liberal government and techniques of the self, in: Economy and Society, Heft 3, S. 267-282; Rose (1989), S. 103-119; Ulrich Bröckling (2002): Jeder könnte, aber nicht alle können. Konturen des unternehmerischen Selbst, in: Mittelweg 36, Heft 4, S. 6-26; Dirk Baecker (1994): Postheroisches Management. Ein Vademecum, Berlin und die exemplarischen Primärtexte von Peters (1982), (1987), (1992), Handy (1989) und Kanter (1989).

zur liberalen Ordnungsvorstellung der ›invisible hand‹) zudem als die anarchisch-lebendige Normalität eines »Thriving on Chaos« (T. Peters), welches sich natürlicherweise der rationalen Steuerung entzieht. Wenn man nach einem sozialen Ort sucht, an dem sich diese ökonomischen Codierungen des Subjekts seit den 1970er Jahren in sozialen Praktiken manifestieren, dann sind es die US-amerikanischen Unternehmen der Organisationsberatung, die sich selbst als prototypische post-bürokratische ›Exzellenz‹-Unternehmen formen und zugleich dem post-bürokratischen Managementdiskurs qua ›counseling‹ anderswo zur Praxis verhelfen.[91]

Während das Authentizitäts- und Spielmodell der *counter culture* und der Komplex des post-bürokratischen Managementdiskurses voneinander unabhängig entstehen – allerdings unter Wirkung des Interdiskurses der Persönlichkeitspsychologie sowie eines zweiten, im weiteren Sinne ›post-strukturalistischen‹ Interdiskurses, der den kulturrevolutionären ebenso wie den systemtheoretisch-autopoietischen Strang umfasst –, wirken ihre Codes und Praktiken gemeinsam im Sinne einer Überdetermination in Richtung der Entstehung einer post-bürokratischen, ›kreativ-unternehmerischen‹ Arbeitskultur. In diese ist damit gleichzeitig ein Element der Heterogenität und immanenten Widersprüchlichkeit implantiert. Die gemeinsame Distinktion von der Geordnetheit des sozio-technischen Reguluniversums und die teilweise homologe, aber nicht völlig identische Prämierung eines kreativen, eigeninteressierten Subjekts, das non-konformistisch und beweglich-dynamisch zugleich ist, resultiert aus *counter culture* und Managementdiskurs gleichermaßen: Beide gemeinsam liefern das Sinnreservoir des postmodernen Arbeitssubjekts.

Die Homologie zwischen neoliberalem ökonomischem Diskurs und gegenkulturellem Kreativitätsideal manifestiert sich in einem allgemeinen Differenzschema von Dynamik/Rigidität, wie er vom Managementdiskurs seit den 1980er Jahren transportiert wird und die gesamte post-bürokratische Arbeitspraxis anleitet.[92] Das kulturelle Andere, das

---

91 Vgl. hierzu Christoph Deutschmann (1993): Unternehmensberater – eine neue ›Reflexionselite‹?, in: Walther Müller-Jentsch (Hg.): Profitable Ethik – effiziente Kultur. Neue Sinnstiftungen durch das Management?, München, S. 57-82.

92 Vgl. beispielhaft als Primärdokumente: Thomas J. Peters/Robert H. Waterman (1982): In Search of Excellence. Lessons from America's best-run companies, New York; Tom Peters (1987): Thriving on Chaos. Handbook for a management revolution, London 1988; ders. (1992): Liberation Management. Necessary disorganization for the nanosecond nineties, London; Charles Handy (1989): The Age of Unreason, London; auch Jeremy Rifkin (2000): The Age of Access. The new culture of hypercapitalism, New York, S. 186-203 .

hier verworfen wird, ist die Berechenbarkeit der bürokratischen Organisation, die technische Koordinierung des Manager-Ingenieurs und die Routinetätigkeit des Angestellten. Die fixe Struktur der identischen Wiederholung, der Code des Technischen und des Sozialen (im Sinne der *social ethics*), die in der organisierten Moderne als Manifestation einer überindividuellen Rationalität repräsentiert werden, erscheinen nun als Signum einer ›Rigidität‹ mit desaströsen ökonomischen *und* individuellen Konsequenzen. Angestelltensubjekt und bürokratische Organisation verkörpern eine Logik des ›Militärischen‹, eine geschlossene Logik hierarchischer, innovationsfeindlicher Kontrolle. Das anti-militärische Arbeitssubjekt lässt sich stattdessen von einer Semantik der innovativen Fluidität und Beweglichkeit, der permanenten Auflösung von Strukturen in reiner, offener, ungeordneter Aktivität (mit Leitbegriffen des ›Flexiblen‹ und ›Mobilen‹), der Suche nach dem Neuartigen um des Neuartigen willen leiten: »include sailing, playfulness, foolishness, seesaws, space stations, garbage cans, marketplaces, and savage tribes«.[93] ›Beweglichkeit‹ ist hier ohne spezifisches Ziel, wird vielmehr – damit nicht in der Tradition der Aufklärungs-, sondern der Lebensphilosophie – als reiner Prozess der Bewegung prämiert: die Beweglichkeit der neuen Produkte, des Arbeitsplatz- und Ortswechsels (›Nomadismus‹), der ›mentalen Mobilität‹, des globalen Marktgeschehens, der neuen Projekte. In diesem Sinne kann nun statt Seriosität ›Jugendlichkeit‹ zu einem Vorbild der Arbeit in »joyous anarchy«[94] avancieren. Das Differenzschema Beweglichkeit/Kontrolle sieht sich dabei überformt vom Schema Kultur/Technik: Anstelle der technischen und regelorientierten Selbstbeschreibung der Arbeit in der organisierten Moderne nehmen sich die postmodernen Arbeitsformen *selbst* als ›kulturelles‹ Phänomen wahr (wofür der Begriff der ›Organisationskultur‹ nur einen vagen Indikator liefert),[95] als eine Ansammlung von – wiederum kontingenten – Zeichen und Wissen, von symbolischen Produkten, gemeinsamen Vokabularen und Subjektkompetenzen. Die Praktiken der Arbeiten bauen nach diesem Selbstverständnis primär nicht auf technischen und sozialen Regeln auf (›facts and figures‹), sondern hantieren mit Bedeutungen (›stories and performances‹)[96] für Produzenten wie Konsumenten. Die Annahme der Kontingenz des Sinns der ›Kultur‹ erweist sich letztlich als Voraussetzung für die Annahme ontologischer Fluidität, während die Regelhaftigkeit von Technik und sozialen Rollen aus dieser Perspektive die Kontingenz stillzustellen versuchte.

93 Peters/Waterman (1982), S. 101.
94 Peters (1992), S. 500.
95 Vgl. hierzu Mats Alvesson/Per Olof Berg (1992): Corporate Culture and Organizational Symbolism, Berlin/New York.
96 Zu dieser Unterscheidung vgl. Rifkin (2000), S. 186 ff.

Das Kreativsubjekt und seine Projektfähigkeit

Die Strukturmerkmale post-bürokratischer Arbeits- und Organisationspraxis, die sich seit den 1970er Jahren der sozio-technischen Korporation der organisierten Moderne entgegenstellt, sind häufig rekonstruiert worden. Die post-bürokratischen Arbeitsformen sind keine bloße kulturelle Selbstbeschreibung, sondern eine soziale Praxis (was selbstverständlich einschließt, dass weiterhin und parallel Arbeitsformen der organisierten Moderne und selbst der bürgerlichen Moderne und Vormoderne fortexistieren).[97] Im Gegensatz zur Kombination aus strikt arbeitsteiliger funktionaler Differenzierung von Tätigkeiten und einer eindeutigen, hierarchischen Koordination dieser Aktivitäten in der ›Matrix‹-Organisation tritt hier die selbstkontrollierte Bündelung eines ganzen Tätigkeitskomplexes ›in einer Hand‹: Teamförmige ›Projekte‹ oder ›intrapreneurs‹, die als Unternehmer in der Organisation agieren, zielen auf die Kreation eines ganzen Produktes ab, während die Arbeitsgestaltung im Detail – einschließlich ihrer zeitlichen und räumlichen Strukturierung – weitgehend in die Selbstorganisation der Einzelnen fällt. In modularisierten ›Projekten‹ gruppieren sich Arbeitssubjekte mit unterschiedlicher Expertise als Team um eine zeitlich befristete intersubjektive Aufgabe, die von den Teilnehmern gemeinsam zu einem identifizierbaren ›Werk‹ geführt wird und mit anderen Projekten in kommunikativer Verbindung steht. ›Intrapreneurs‹ imitieren die Tätigkeit von Selbständigen innerhalb der Organisation, indem sie als ›Auftragnehmer‹ für eine individuelle Aufgabe auftreten; der Übergang ist fließend zu einer Auftraggabe an ›Subunternehmer‹, die sich ganz außerhalb der organisationellen Grenzen bewegen. Projektförmigkeit des Arbeitens und Intrapreneurship weichen die formale Regelstruktur bü-

97 Vgl. nur die Analysen in Piore/Sabel (1984); Charles Heckscher/Anne Donnellon (Hg.) (1994): The Post-Bureaucratic Organization. New perspectives on organizational change, London; Stephen J. Frenkel u. a. (1999): On the Front Line. Organization of work in the information economy, Ithaca (N. Y.); Gifford Pinchot (1985): Intrapreneuring. Why you don't have to leave your corporation to become an entrepreneur, New York; Christoph Deutschmann (2002): Postindustrielle Industriesoziologie. Theoretische Grundlagen, Arbeitsverhältnisse und soziale Identitäten, Weinheim/München; Rosabeth Moss Kanter (1989): When Giants Learn to Dance. Mastering the challenge of strategy, management, and careers in the 1990s, New York; Michael Faust u. a. (2000): Befreit und entwurzelt: Führungskräfte auf dem Weg zum ›internen Unternehmer‹, München; Arnold Picot u. a. (1996): Die grenzenlose Unternehmung. Information, Organisation und Management, Wiesbaden; Davidow/Malone (1992); Krystek (1997).

rokratischer Organisationen und ihre fixen Grenzen im Innern und nach außen zugunsten von temporären Kreativitätsgemeinschaften und marktähnlichen Regulierungsformen sowie der ›adhocracy‹ situativer Entscheidungen auf. Gleichzeitig schaltet die post-fordistische Organisationsform von der ›economies of scale‹ auf die ›economies of speed‹ um: An die Stelle der routinisierten und nur in herausgehobenen Momenten modifizierten Struktur der Massenproduktion tritt eine ›flexible Spezialisierung‹, eine permanente Arbeit an der kulturellen ›Innovation‹, an der Fabrizierung neuer Produkte, auch für schmale Marktsegmente, die mit einer Normalisierung des permanenten Strukturwandels der Organisation selbst einhergeht. Während die ›fordistische‹ Korporation eine Binnenordnung mit relativ fixer Systemgrenze nach außen besitzt (die lediglich durch Kontakte an der Organisationsspitze überschritten wird), ist das post-bürokratische Arbeiten in einem doppelten Sinne umweltorientiert: Es werden organisationsübergreifende kooperative ›Netzwerke‹ installiert, und die Systemumwelt – vor allem auch die beweglichen Konsumentenwünsche und -reaktionen – bedarf einer ständigen Beobachtung, deren Kehrseite der Anspruch permanenter organisationeller Selbstoptimierung in Reaktion auf das Konsumentenverhalten ist.

Die post-bürokratische Arbeitspraxis hat ihr Zentrum in den urbanen Kulturindustrien (Beratung, Informationstechnologie, Design, Werbung, Tourismus, Finance, Unterhaltungsindustrie, Forschung und Entwicklung). Sie macht die Arbeit des Trägermilieus der postmodernen Kultur, der *creative class* aus. In der Subjektkultur, welche diese Arbeitspraktiken enthalten, überformen sich das Modell des ›Kreativen‹ und das des ›Unternehmers seiner selbst‹. Die Distinktionsfolie des Kreativunternehmers ist das der Kreativität unfähige, inferiore Subjekt der Planungs- und Routinearbeit, aber auch ein Habitus, dem es an der Fähigkeit zur marktförmigen Stilisierung und disziplinierten Selbstentwicklung mangelt. Das postmoderne Arbeitssubjekt kombiniert in sich die ästhetische Fähigkeit zur symbolischen Innovationsproduktion, welche jede normative Selbst- und Fremdkontrolle aufzubrechen sucht, mit der Selbstkontrolle der ›Arbeit an sich selbst‹ und der Sensibilität für Fremderwartungen, die der ›Markt‹ an das Profil des Einzelnen stellt. Dieses Arbeitssubjekt bildet damit ein hybrides Arrangement von kreationistischer, ästhetischer Subjektivität, klassisch bürgerlicher – nun entmoralisierter – Selbstkontrolle und dem – nun individuelles Profil statt sozialer Konformität prämierendem – *personality salesmanship* der Angestelltenkultur.

›Kreativität‹ stellt sich für das Arbeitssubjekt als Kern eines libidinös besetzten Ich-Ideals dar, das Künstlerideal des Schaffens von neuen, die ›Individualität‹ der eigenen Person bestätigenden Artefakten. Gleichzeitig bezeichnet sie eine Arbeitsanforderung an das Subjekt, sich so zu modellieren, dass es angesichts veränderlicher Märkte kulturelle (Produkt-)Innovationen hervorzubringen vermag.[98] Das post-bürokratische Subjekt versucht, sich als eine permanent Neues produzierende Instanz zu kultivieren, weil dies dem ästhetischem Ideal individueller, authentischer Befriedigung entspricht *und* weil die Arbeit im Angesicht der Dynamik des individualästhetischen Konsums das Ziel der reibungslosen Massenproduktion durch das der Innovationsorientierung ersetzt: Die Kultur der quasi-künstlerischen Kreativität und jene der ökonomischen ›Innovation‹ verstärken sich hier gegenseitig. Ausgehend von den neuen Kulturindustrien, sind postmoderne Arbeitspraktiken typischerweise nicht solche der Ausführung, Koordination und Planung geregelter Prozesse, sondern solche der Artefakterfindung. Die zentrale Aufgabe ist die Kreation neuer Artefakte im weitesten Sinne: eine neue Fernsehshow, ein neues Transport- oder Informationssystem, eine neue Unterhaltungsform im Freizeitpark, ein neues Design, ein neues maßgeschneidertes Beratungsangebot, ein Studiengang, ein touristisches Angebot, eine neue Werbestrategie etc. Die Artefakte wollen virtuell kreiert und real implementiert werden, die ›Erfindung‹ umfasst zugleich den Prozess ihrer Umsetzung. Während die sozio-technische Korporation in einem arbeitsteiligen Routinemodus verläuft, Veränderung sich dort in erster Linie als ein Ergebnis der Reaktion auf ungewöhnliche Krisen oder der langfristigen Planung darstellt und daneben die Entwicklung neuer Technik sich als ein *Spezial*problem der Forschung und Entwicklung präsentiert, ist die Kreation und Implementierung neuer Artefakte die *Routine* post-bürokratischen Arbeitens. ›Initiativwerden‹ erhält für das Kreativsubjekt gegenüber der Regelbefolgung ein Primat: »For them change is never ... a threat, just another exciting opportunity ..., a positive mental attitude.«[99]

Diese Artefaktkreation stellt sich nicht als eine im engeren Sinne technische, ingenieurhafte Aufgabe dar, sie ist primär eine Frage sym-

---

98 Zu den Praktiken und Subjektanforderungen der Kreativität vgl. Picot (1996), S. 432-505; Frank (1997), S. 35-103; Pinchot (1986), S. 1-56; Frenkel (1999); Karin Knorr-Cetina (1999): Wissenskulturen. Ein Vergleich naturwissenschaftlicher Wissensformen, Frankfurt (Main) 2002, S. 242-259; Gerald Hage/J. Rogers Hollingsworth (2000): A strategy for the analysis of idea innovation networks and institutions, in: Organization studies, Heft 2, S. 971-1004; auch Rifkin (2000), S. 16-95, 137-167; Robert B. Reich (1991): The Work of Nations. Preparing ourselves for 21st-century capitalism, New York, S. 171-240. Die erste Formulierung des ›Innovationsproblems‹ findet sich in Tom Burns/G. M. Stalker (1961): The Management of Innovation, Chicago. Zur Bedeutung ›semiotischer‹ Arbeit vgl. Scott Lash/John Urry (1994): Economies of Signs and Space, Cambridge.

99 Handy (1989), S. 63.

bolischer Kreation, des Umgangs mit informationellen und ästhetischen Zeichen, in der nurmehr ein kleinerer Anteil i. e. S. technischer Entwicklung enthalten ist. Die kreierten Dinge sind häufig keine materiellen Entitäten, sondern Dienstleistungen, und wenn es sich um materielle Dinge handelt, dann steht ihr ästhetischer Effekt, ihr Design statt ihres Engineering im Vordergrund des Konsums und daher auch der Produktion. Arbeitspraktiken werden damit – analog zur Selbstdefinition der postmodernen Kunst – zu *signifying practices*, symbolverwendenden Praktiken, die Probleme analysieren und sie durch Artefaktkreation lösen, Arbeit ist ein »aesthetic, intuitive process«.[100] Die post-bürokratische Arbeitsform kann sich damit als ›kulturell‹ und ›produktiv‹ zugleich verstehen: Sie ist produktiv nicht im industriegesellschaftlichen, sondern im post-romantischen Sinne der Hervorbringung von Neuem. Da diesem Neuen selbst in erster Linie zeichenhafte Qualität zukommt, stellt sich die Produktion als eine kulturell-symbolische dar. Maßgeblich für die Kompetenzen des Symbolarbeiters ist – ob es um ein neue touristische Location, ein Kleidungsstück oder eine Beratung geht –, in der interpretativen Auswertung von Daten eine Problemanalyse zu liefern, die Perspektive des semiotischen Universums der (potentiellen) Konsumenten einzunehmen, generell diverse semiotische Quellen – ästhetische Stile und kognitive Informationen – zu beherrschen sowie Imaginations- und Rekombinationsfähigkeit (was in der Semantik des ›vernetzten Denkens‹ umschrieben wird) einzusetzen. Die Praktik der kulturellen Innovation folgt typischerweise nicht einem linearen Ablaufmodell von Zielen, Planung und Handeln, sondern beginnt mit tentativen Ideen, die sich möglicherweise in Pläne und Ziele umsetzen und in experimentellen Schleifen verworfen oder konkretisiert werden; eine Routinisierung der Haltung des Experimentellen wird versucht, die ein Training im ›upside down thinking‹ (C. Handy) wünschenswert macht. ›Coaches‹ haben die Funktion, hier motivierend und beratend zu wirken.[101]

Die Praktiken der symbolischen Kreation stellen sich für das Arbeitssubjekt als Gegenstand libidinösen Begehrens dar: Wenn es in der Arbeit nach *self growth* und individuellen Grenzerfahrungen trachtet, dann findet es diese in der symbolischen Kreation. Diese ist nach außen Innovations*handeln*, nach innen gleichzeitig Innovations*erleben*.[102] Das

100 Peters/Waterman (1982), S. 53.

101 Vgl. etwa Dietrich von der Oelsnitz (2003): Wissensmanagement. Strategie und Lernen in wissensbasierten Unternehmen, Stuttgart; Picot (1996), S. 432-505.

102 Vgl. zum folgenden Rose (1996), S. 150-168; Zoll (1989); Martin Baethge (1991): Arbeit, Vergesellschaftung, Identität. Zur zunehmenden normativen Subjektivierung der Arbeit, in: Soziale Welt, S. 6-19;

subjektive Erleben der eigenen Kreationspraxis wird von den Betroffenen nicht selten – im Sinne von Czikszentmihalyi –[103] als ›flow‹-Erlebnis umschrieben, als Gefühl außeralltäglicher, intensiver Konzentration auf das jeweilige Werk. Das Subjekt erlebt sich als Individuum mit seinen vermeintlich einzigartigen Potentialen gefordert; es lebt im Moment des Suchens und Findens von ›kreativen Lösungen‹: Arbeit wird nicht als Routine perzipiert, sondern gegenwartsorientiert als Sequenz intensivierter Momente. In der Herausforderung dieser kreativen Lösungen meint das Arbeitssubjekt sich seiner individuellen Nicht-Austauschbarkeit zu versichern. Über die Sequenz ›kreativer Momente‹ hinaus heftet sich das libidinöse Begehren des postmodernen Subjekts an Kreativität als biografisches Projekt. Die einzelnen kreativen Akte transformieren das Subjekt – so das Ich-Ideal – in seiner Struktur selbst, machen es ›reichhaltiger‹ – es will beständig ›neue Erfahrungen sammeln‹ und damit durch die Arbeit *personal growth* erreichen.

Kreativität stellt sich als Anforderung des postmodernen Subjekts an sich selbst *und* als Anforderung dar, welche die post-bürokratischen Arbeitsformen an das Subjekt herantragen. Es *will* seine Arbeit nur mit ›intrinsischer Motivation‹ betreiben – während ihm die bloße extrinsische Motivation etwa durch den sozialen Status unbefriedigend erscheint –; gleichzeitig *soll* es intrinsisch motiviert sein, die Wirksamkeit einer starken Motivation zum kreativen Handeln wird in einer Arbeitsweise vorausgesetzt, welche die minutiöse extrinsische Kontrolle durch Hierarchien reduziert. Gemäß dem postmodernen Arbeitsdiskurs handelt es sich hier jedoch nicht mehr um eine Sollens-Norm, die von außen disziplinierend an den Einzelnen herangetragen wird, sondern umgekehrt um das Sprengen der einschränkenden Normen des Sozialen zugunsten der post-romantischen Entfaltung eines ›natürlicherweise‹ vorhandenen humanen Motivationspotentials. Die Motivationen können je nach individueller Persönlichkeit variieren – der persönlichkeitspsychologische Diskurs unterscheidet den blauen Typ der sozialemotionalen Kompetenz, den gelben Typ des spielerisch-spontanen Handelns, den violetten der charismatischen Reform und den grünen der innovatorischen Intelligenz[104] –, aber *dass* ein kreatives Potential im

Paul Leinberger/Bruce Tucker (1991): The New Individualists. The generation after the organization man, New York, S. 226-268, 352-387; Alexander Meschnig/Mathias Stuhr (2001): www.revolution.de. Die Kultur der New Ecomomy, Hamburg; Hans J. Pongratz/G. Günter Voß (2003): Arbeitskraftunternehmer. Erwerbsorientierungen in entgrenzten Arbeitsformen, Berlin, S. 65 ff.

103 Vgl. Mihaly Czikszentmihalyi (1990): Flow. Das Geheimnis des Glücks, Stuttgart 1992.

104 Vgl. Pamela Oslia (1991): Life Colors, Novato.

Subjekt vorhanden ist, nach Ausdruck strebt und in der Arbeit nutzbar gemacht werden kann, wird im universalistischen Code der postmodernen Arbeit – so wie bereits in der Ästhetik des Postmodernismus – als natürliche Subjekteigenschaft dekretiert.

Das Kreativsubjekt bewegt sich einerseits in einem Raum emphatischer Individualität, es leistet in einem post-bürgerlichen Sinne ›eigene Arbeit‹, gleichzeitig findet diese Arbeit charakteristischerweise in der sozialen Form von ›Projekten‹ statt.[105] Der Kreative partizipiert an einer Kreativitätsgemeinschaft auf Zeit (eingebettet in eine größere Organisation oder selbständig), die gemeinsam an Artefaktkreationen arbeitet. Die Sozialität der Kreativitätsgemeinschaft geht auf Distanz zur *social ethics* der klassischen Organisation. Während diese eine soziale Pazifizierung innerhalb einer reibungslos funktionierenden sozial-technischen Maschine anstrebte, in der jeder für sich seine Arbeit tut, verlangt die Kreativitätsgemeinschaft des Projekts die Kooperation des ›Teamwork‹, der gemeinsamen Arbeit an einem Problem, somit die Disposition zu einem zeitlich verdichteten kollektiven Aktivismus. Im Gegensatz zur unendlichen sozialen Reproduktion der klassischen Korporationen, denen Angestellte auf Lebenszeit angehören und deren Positionen durch ersetzbare Individuen okkupiert sind, existiert das Projekt nur für den limitierten Zeithorizont bis zu seinem erfolgreichen Abschluss und enthält gleichzeitig diskontinuierliche Phasen von zeitlicher Verdichtung und Entzerrung jenseits des Angestellten-Modells standardisierter Arbeitszeiten. Das Arbeitssubjekt muss sich schnell (›flexibel‹) in immer neue Arbeitszusammenhänge ›einbringen‹ und diese – über ein *social adjustment* hinaus – individuell und zugleich kooperativ vorantreiben können. Konträr zur Anforderung der Konflikt- und Emotionsvermeidung des Angestelltensubjekts prämiert die Kultur des Projektsubjekts ein offensives Konflikt- und Emotions-Management: Differenzen erscheinen idealerweise nicht als Bedrohung sozialer Kohäsion, sondern als willkommene Irritation, um den gemeinsamen Problemlösungsprozess voranzubringen; dies setzt voraus, dass Differenzen ihren Charakter persönlicher Bedrohung verlieren und als Entwicklungschance interpretiert werden. Im Verhältnis zum Kontroll-

105 Zum folgenden vgl. Boltanski/Chiapello (1999), S. 147-210; Charles Grantham (2000): The Future of Work. The promise of the new digital work society, New York, S. 81-115; Krystek (1997), S. 41-139, 366-399; Kanter (1989), S. 267-297; Peters (1992), S. 131 ff.; Peter Heintel/Ewald E. Krainz (1988): Projektmanagement. Eine Antwort auf die Hierarchiekrise?, Wiesbaden; Meschnig/Stuhr (2001); dies. (Hg.) (2003): Arbeit als Lebensstil, Frankfurt am Main; Mark Siemons (1997): Jenseits des Aktenkoffers. Vom Wesen den neuen Angestellten, München/Wien.

gebot der *cool persona* kippt auch die Codierung subjektiver Emotionalität ins Gegenteil. Diese erscheint nicht als Rationalitätsrisiko, sondern im Sinne einer ›emotionalen Intelligenz‹ als notwendige Voraussetzung für Motiviertheit, kollektiven Enthusiasmus und sensible intersubjektive Abstimmung: »People are not very rational.«[106] Auch die negative Emotion der Unzufriedenheit avanciert im Projektzusammenhang zum nützlichen Fehlersignal. Die Projektarbeit versucht ein ›Ende der Misstrauensorganisation‹: Die *social ethics* der klassischen Angestelltenkultur erscheint als Produzentin einer sowohl unauthentischen als auch innovationsfeindlichen, emotionslosen sozialen Fassade, die letztlich auf der Angst vor dem abweichenden Verhalten beruht. Die Kultivierung der subjektiven Emotionalität im ›informellen‹ Projektkollektiv enthält damit zugleich eine sekundäre Moderierung im Sinne emotionaler Souveränität: Die vorgeblich natürliche, wachstumsförderliche Emotionalität der Begeisterung, der Kooperation, der funktionierenden Kreativität wird forciert, aber jede Form ›nicht-intelligenter‹ Emotionalität – anti-soziale Destruktivität, Misstrauen, Unlust, Aggressivität – ist wiederum in Schach zu halten.

Analog den jugendkulturellen Kollektiven ist das Kollektiv der Projektarbeit nicht nur Kreativitätsgemeinschaft, sondern auch Erlebens- und Stilisierungsgemeinschaft. Das Erleben des kreativen *flow*, auf den das postmoderne Arbeitssubjekt abzielt, richtet sich nicht allein auf das individuelle Werk, sondern auch auf den kollektiven Zusammenhang des Projektteams, auf die ›Arbeitsatmosphäre‹ (die nahelegt, dass »... work is like home (and home is like work)«[107]) und das Gefühl kollektiver Überlegenheit der gemeinsamen Leistung: Das Projekt ist »a *very* intense, *very* personal experience«.[108] Das Projekt wird als aktivistische Lebendigkeit, als vitales Engagement affektiv aufgeladen. Die Erlebensgemeinschaft setzt dabei voraus, dass der Einzelne nicht in einer fachlichen Rolle und auch nicht in der normalistischen Extrovertiertheit des *regular guy/girl* aufgeht, sondern sich als ›ganze Persönlichkeit‹ in das Projekt ›einbringt‹. Gemeinsames Erleben verlangt, den jeweils Anderen nicht nur als handlungsfähig, sondern in seiner Individualität als erlebens- und emotionsfähig kennenzulernen. Regelmäßig können dann die Grenzen zwischen Arbeits- und Freundschaftsbeziehungen fließend werden. In den Projekten der postmodernen Arbeitsorganisationen fällt die Erlebensgemeinschaft mit der Stilisierungsgemeinschaft zusammen, die Arbeit ist damit *signifying practice* noch in einem sekundären Sinne: in der Reproduktion von identifikatorischen Zeichen

106 Peters/Waterman (1984), S. 55.
107 Arlie Russell Hochschild (1997): Keine Zeit. Wenn die Firma zum Zuhause wird und zu Hause nur Arbeit wartet, Opladen.
108 Peters (1992); S. 135; Hervorheb. T. P.

über sich selbst und ihre Subjekte. Das Kreativsubjekt *ist* nicht nur ein solches, es *stilisiert* sich auch im jeweiligen Team – und in Abgrenzung zu anderen neotribalistischen Kreativitätsgemeinschaften und erst recht zu jenen stilfreien Routinesubjekten jenseits dieser – nach dem Bild des ›Kreativen‹, und zwar über eine Vielzahl von Zeichen, der Kleidung, der Ästhetik des Büros, der after-work-location, dem spezifischen (›relaxten‹, ironischen) Umgangston etc. Kreativarbeit wird als zentrales Element eines Lebens-Stils präsentiert. Die Rekrutierung von Personen in ein Projektteam erfolgt dann zu großen Teilen anhand von Stilkriterien. Während die klassische Korporation eine Kombination von formal nachweisbarer Fachgeschultheit und eine Repräsentation der Eigenschaften des sozial verträglichen, denkbar unexzentrischen Angestellten-Normalsubjekts sucht, verlangt das Projektteam neben den fachlich übergreifenden Kompetenzen des kreativen Symbolanalytikers eine – aufgrund subtiler Semiotik eher ›fühlbare‹ als verbalisierbare – Passung des Subjekts in den *spezifischen* Stil des jeweiligen Kollektivs. Anders als im Fall der Eindeutigkeit des bürgerlichen Charakters und der Angestelltenposition und analog den ästhetischen Gemeinschaften der postmodernen Gegenkultur forcieren die Projektteams eine *partikulare*, neotribalistische Semiotik, die sich in den feinen Unterschieden zwischen der ›latitude‹ von Agentur X und der ›attitude‹ von Agentur Y niederschlagen kann. ›Kreativität‹ ist ein semiotischer Supercode, der sich in singuläre Subcodes einzelner Gemeinschaften auffächert.

Der Sinn für das Unternehmerische

Im postmodernen Arbeitssubjekt wird das Muster des ›Kreativen‹ von dem des ›Unternehmers‹ hybride überformt, der nun die spezifische Gestalt eines Unternehmers seiner selbst (enterprising self) annimmt. Der Management-Diskurs seit den 1970er Jahren universalisiert den Unternehmer als Allgemeinform des Subjekts und transformiert dabei Elemente des spätbürgerlichen, krisenhaften Unternehmerdiskurs zu Beginn des 20. Jahrhunderts – in dem der Unternehmer (etwa als Schumpeters schöpferischer Zerstörer) ein heroisches Ideal darstellte – in den universalen Horizont eines unternehmerischen Subjekts, der für alle gilt. Die Figur des Angestellten – auch in seiner elaboriertesten Form des administrativen Manager-Ingenieurs – ist das negative kulturelle Andere des generalisierten Unternehmers, so wie sie das des Kreativen ist. Während der spätbürgerliche self-made man seinerseits in kultureller Opposition zum bohemehaften Künstler wahrgenommen wurde, verschiebt sich seit den 1970/80er Jahren der Bedeutungsgehalt des Unternehmerischen wie des Kreativen so, dass das eine dem anderen sinnhaft *übergestülpt* werden kann und beides gemeinsam den Code des Bewegt-Dynamischen konkretisiert: Der Unternehmer ist kreativ, und der Kreative ist Unternehmer. Nicht nur die erarbeiteten Produkte, auch das Kreativsubjekt selbst bewegt sich in einer Struktur des Marktes, und der virtuose Umgang mit den Marktbedingungen ist es, der den Unternehmer auszeichnet. Der Unternehmer seiner selbst ist ein *Subjekt* der Wahl, das zwischen verschiedenen Arbeitsstellen, Projektteams und Tätigkeiten als Selbstständiger in seiner gesamten Arbeitsbiografie wählt, und es ist gleichzeitig ein *Objekt* der Wahl, indem es von potentiellen Arbeitgebern, Teams und Produktnachfragern gewählt wird (oder nicht) und sich entsprechend als wählbares Subjekt modellieren muss.

Bereits die Tätigkeit der Artefaktkreation im Projektteam ist auf spezifische Weise konsumentenorientiert und verlangt nach einem unternehmerischen Sinn in Form einer sensibilisierten Beobachtung der organisationellen Umwelt, insbesondere der Perspektive der potentiellen Konsumenten.[109] Während die Arbeitspraxis der massenproduktiven Korporation und an ihrer Spitze der Manager-Ingenieure primär selbstreferentiell, auf die reibungslose Funktionalität der sozial-technischen Maschine zentriert ist – was eine relative Berechenbarkeit, Konstanz und Manipulierbarkeit der organisationellen Umwelt der Konsumenten und anderer Organisationen voraussetzt –, verschiebt sich der Schwerpunkt der Beobachtung nun auf die Fremdreferenz. Die Fluidität der Wunschstrukturen der Konsumenten, die vom sozial kontrollierten auf den individualästhetischen Konsum umgeschaltet haben, bedarf einer kontinuierlichen Beobachtung unter dem Aspekt, welche neuen Produkte auf ein semiotisch-imaginäres Entgegenkommen hoffen können und wie sich das Produzent-Konsument-Verhältnis so modellieren lässt, dass es auf unwahrscheinliche Dauer gestellt werden kann. Unternehmerisch sein heißt hier, die ›Lücke‹ zu finden, in der ein Produkt das Begehren der Konsumenten erregt und es heißt, über dauerhafte Kundenpflege eine emotionale Bindung gegenüber Marken zu erreichen. Die Innovation der kreativen Arbeit kann nicht bloße Kreativität sein, sondern muss eine für Dritte *begehrenswerte* Innovation produzieren. Die Konsumentenorientierung des postmodernen Arbeitssubjekts erfordert daher weniger jenen technischen Sinn und den Sinn für soziale Kohäsion, wie ihn die Angestelltenkultur der Korporationen pflegt, als eine im engeren Sinne ›kulturelle‹ Kompetenz für die semiotische und affektive Subjektivität eines potentiell fremden Anderen: des Konsumenten. Dessen wechselnde Ich-Ideale, ästhetischen Stile, Formen des Begehrens nach Erlebnis und Wohlbefinden gilt es zu dechiffrieren. Eine Beeinflussung dieser Wunschstrukturen scheint möglich, kann jedoch nicht als exter-

---

109 Vgl. Paul du Gay (1996): Consumtion and Identity at Work, London; ders. (1992): The cult(ure) of the customer, in: Journal of Management Studies, Heft 5, S. 615-633; Bröckling (2001); Peters (1992), S. 159 ff.

ne Steuerung von Bedürfnissen und sozialen Statushoffnungen erfolgen – wie ihn die Werbeindustrie der organisierten Moderne voraussetzte –, sondern eher in Form eines geschickten ›Einschmuggelns‹ von Sinnelementen in das eigendynamische Beobachtungssystem des Konsumenten.

Hinzu kommt, dass die Internalisierung des Konsumentenblicks das unternehmerische Subjekt dazu anleitet, die eigene Arbeit unter dem Aspekt der nicht nur temporären, sondern permanenten Selbstoptimierung zu beobachten (in der Organisation reguliert etwa über das ›Total Quality Management‹), sich damit durch den Konsumenten kontrollieren zu lassen: Unternehmerisch denken, heißt hier, beständig im Komparativ qualitativer Steigerung zu denken, eine Steigerung in Reaktion auf die Aktionen des Marktes.

Indem sich das Arbeitssubjekt in einem ›kulturellen Sinn‹ für den Konsumenten übt, entwickelt es eine unternehmerische Kompetenz erster Ordnung; deren zweite Stufe bezieht sich nicht mehr auf die Marktförmigkeit der Arbeits*produkte*, sondern auf die Marktförmigkeit der Arbeit selbst.[110] Das postmoderne Arbeitssubjekt ist nicht nur Produktunternehmer, sondern auch Unternehmer seiner selbst in jenem spezifischen doppelten Sinne, dass es Arbeitgeber (oder selbständige Tätigkeiten) wählt *und* von diesen gewählt wird, es als ganzes Arbeitssubjekt Subjekt *und* Objekt der Wahl ist – und auch in dieser Hinsicht interiorisiert es eine Teleologie der *Selbstoptimierung*. Nicht nur die materiellen oder ideellen Produkte, auch die Arbeitstätigkeiten und die Arbeitssubjekte werden Gegenstände einer Konsumtion im weitesten Sinne. Die Marktförmigkeit der Arbeit ist keine Neuentwicklung der postmodernen Ökonomie, aber gewinnt in dieser eine neue Qualität, die den Einzelnen – allen voran wiederum in der hegemonialen neuen Kulturindustrie – in die generalisierte Position des unternehmerischen Selbst versetzt. Während in der frühbürgerlichen Kultur sich die Marktförmigkeit auf den Warenmarkt beschränkt und die bürgerliche als selbständige (oder verbeamtete) Arbeit selbst ausdrücklich dem Wa-

110 Zum folgenden vgl. G. Günter Voß/Hans J. Pongratz (1998): Der Arbeitskraftunternehmer. Eine neue Grundform der Ware Arbeitskraft, in: KZfSS, S. 131-158; Rose (1996), S. 150-168; ders. (1999): Powers of Freedom. Reframing political thought, Cambridge, S. 137-166; Ulrich Bröckling (2000): Totale Mobilmachung. Menschenführung im Qualitäts-und Selbstmanagement, in: ders. u. a. (2000), S. 131-167; Bröckling (2002); Kanter (1989), S. 320-342; Alain Ehrenberg (1991): Le culte de la performance, Paris, S. 171-251; Pat O'Malley (2000): Uncertain subjects: risks, liberalism and contract, in: Economy and Society, S. 460-484; Manfred Moldaschl/G. Günter Voß (Hg.) (2002): Subjektivierung von Arbeit, München 2003; Siemons (1997); Klaus Kraemer (1997): Der Markt der Gesellschaft. Zu einer soziologischen Theorie der Marktvergesellschaftung, Opladen.

renmarkt entzogen ist, erschüttert die Etablierung eines in erster Linie proletarischen Arbeitsmarktes im Laufe des 19. Jahrhunderts – suggestiv in der Marxschen Theoretisierung auf den Begriff gebracht –, in der die Arbeitskraft selbst zur Ware wird, die Verallgemeinerbarkeit des bürgerlichen Modells ›eigener‹ Arbeit. Wenn in der organisierten Moderne die nicht-selbständige, vertraglich geregelte Beschäftigung des Angestellten zum nach-bürgerlichen Arbeitsparadigma avancieren kann, wird damit eine Marktförmigkeit der Arbeit jedoch domestiziert: Das Modell der – idealerweise lebenslangen – Dauerbeschäftigung in einer Korporation limitiert die Wirkung eines Arbeits-Marktes auf den transitorischen Moment des Übergangs vom Ausbildungssystem in die Organisation, und auch dieser Moment wird durch den ›objektiven‹ Vergleich fachlicher Leistungen scheinbar entmarktlicht und zum Akt des geregelten beruflichen ›Aufstiegs‹. Die hierarchische und funktional differenzierte Korporation entwickelt mit der Anforderung des *personality salesmanship* im Vakanzwettbewerb gleichzeitig und konkurrierend dazu ein Element interner Marktförmigkeit.

Unter den Bedingungen post-bürokratischer Arbeit liefert nun der begrenzte Zeithorizont der Projektarbeit – wie auch die Kreativitäts- und Authentizitätsorientierung des Arbeitssubjekts – Voraussetzungen für eine Aufdauerstellung von Arbeits-Marktbedingungen. Für das Arbeitssubjekt bedeutet dies, einen unternehmerischen Sinn bezüglich seiner eigenen Arbeit entwickeln zu müssen. Der relevante soziale Andere ist nun nicht die interne Hierarchie der Korporation, sondern der Markt potentieller Arbeitgeber, die im Laufe der Arbeitsbiografie freiwillig oder gezwungen gewechselt werden. Im Extremfall – wiederum paradigmatisch in der neuen Kulturindustrie, der Werbebranche, dem Design, der unternehmerischen Beratung, der Unterhaltungsindustrie – handelt es sich um einen supranationalen, globalisierten Markt von potentiellen Arbeitgebern. Als Unternehmer seiner selbst muss das postmoderne Arbeitssubjekt darauf abzielen, immer wieder neu seine *marketability* und *employability* zu demonstrieren, zu sichern und zu erweitern. Es hantiert gewissermaßen beständig mit einer doppelten Buchführung: einerseits ›engagiert‹ es sich in den laufenden Projekten, zieht seine emotionale Befriedigung aus der laufenden Kreativtätigkeit in der reinen Gegenwart, gleichzeitig soll seine gegenwärtige Tätigkeit sein von außen wahrnehmbares professionelles ›Profil‹ schärfen und verbessern. Das Subjekt richtet seinen Blick mitlaufend auf eine Zukunft künftiger Beschäftigungen und Projekte, für die es sich in der Gegenwart qualifiziert und ›Humankapital‹ anhäuft.

Wenn das Kreativsubjekt immer neue ›Erfahrungen sammeln will‹, will der Unternehmer seiner selbst wahrnehmbare Erfahrungen sammeln, die sein *self-branding* perfektionieren. So wie der Manager-Ingenieur in seiner *personality salesmanship* setzt auch das unternehmerische

Kreativsubjekt auf eine Beeinflussung der Wahrnehmung relevanter Anderer. Nun geht es jedoch über die Demonstration einer sozialen Passung hinaus um die Demonstration *individueller Differenz*, die Nicht-Austauschbarkeit der eigenen Arbeitsleistung, die Schärfung des Profils in einem identifizierbaren und dabei glaubhaften *self-branding*, um eine »obligation to dissent«.[111] Der Sinn für die Marke der eigenen Person setzt eine beständige aufmerksame Beobachtung dessen voraus, welche Fähigkeiten marktgünstig sind, ›nachgefragt‹ werden und welche keinen Vorteil versprechen, welche Fähigkeiten andere potentielle Bewerber (die zugleich gegenwärtige Kooperationspartner im Projektteam sein können) bereits besitzen und welche im Verhältnis dazu einen Wettbewerbsvorteil versprechen. Das unternehmerische Geschick besteht hier darin – vor dem Hintergrund eines beständigen *looking glass self*, einer Selbstbeobachtung in der Perspektive der potentiellen ›Konsumenten‹ der eigenen Person – Differenz zu anderen zu markieren, sich als Non-Konformist zu präsentieren und gleichzeitig in diesem spezifischen Non-Konformismus nachgefragte Eigenschaften anbieten zu können. Umgekehrt besteht das Risiko sowohl darin, zu wenig unterscheidbar zu sein, als auch darin, zwar als individuell wahrgenommen zu werden, aber dabei keine nachgefragten Eigenschaften zu präsentieren. Erforderlich ist eine marktförmige Exzentrik, eine unternehmerische Chancenspekulation, die versucht, über Markt- und Selbstbeobachtung herauszufinden, in welcher Hinsicht sich eine in der Nachfrage prämierte Differenz entwickeln lässt.

Der unternehmerische Sinn ist damit auch ein kalkulatorischer und zugleich spekulativer Sinn, der ständig Akte der für die eigene Biografie konsequenzenreichen Wahl und Entscheidung *sucht* und einen Möglichkeitssinn für berufliche Optionen entwickelt. Die ›Wahl‹ ist dabei keine objektive Gegebenheit, sondern ein subjektives Deutungsschema, welches das unternehmerische Subjekt routinisiert anwendet. Es hält beständig nach anderen, möglicherweise vorteilhafteren Möglichkeiten – vorteilhaft vor allem mit Blick auf die Entfaltung seiner Kreativitätsspielräume – Ausschau und betrachtet scheinbar Gegebenes routinisiert als kontingent. Der aktuell gegebene Arbeitszusammenhang, das aktuell gegebene Persönlichkeitsprofil, die aktuelle Tätigkeit, der Arbeitsort etc. – sie alle könnten auch anders sein und lassen sich möglicherweise gegen Alternativen austauschen. Charakteristisch ist die Praktik des beständigen Vergleichens zwischen Gegebenem und anderen ›Optionen‹. Kreativsubjekt und unternehmerisches Subjekt stimmen in ihrem Kontingenzbewusstsein überein; sowohl die ästhetische Haltung des Experiments als auch die marktorientierte der Wahl trainieren im Möglich-

111 Zit. nach Bröckling (2000), S. 23; aus einer Werbebroschüre der Unternehmensberatung McKinsey.

keitssinn. Die kalkulatorische Konstellation der Wahl verkompliziert sich nun jedoch dadurch, dass das Arbeitssubjekt nicht nur selbst wählt (und nur im Idealfall seiner außergewöhnlichen Marktüberlegenheit die ›große Auswahl‹ hat), sondern gleichzeitig in niemals berechenbarer Weise von potentiellen Nachfragern gewählt *wird*: Es ist der Wahl anderer, der potentiellen Arbeitgeber, unterworfen – und darüber hinaus einer Eigendynamik von Marktzusammenhängen, in denen in zufälliger Weise die Nachfrage insgesamt sich verschieben und verknappen kann –, was die Entscheidungsspielräume der eigenen Wahl immer wieder neu und anders limitiert.

Im Rahmen der postmodernen Subjektkultur der Arbeit trainiert sich das unternehmerische Subjekt für den ›Wettbewerb‹, der nun – in einer gegenüber der Kultur der organisierten Moderne verschobenen Sinn – an eine Semantik des Sportlichen anknüpft.[112] Während die amerikanistische Kultur der 1920/30er Jahre das Sportliche als eine soziale Interaktionsform des locker Informellen, des Egalitär-Kooperativen und Freizeitorientierten präsentiert, das in der *peer society* seinen Ausdruck findet, wird seit den 1980er Jahren die Semantik des Sportlichen zu einer Semantik des erfolgreichen Sportlers. Sport ist hier eine ergebnisoffene, in diesem Sinne riskante Konkurrenz um Sieg und Niederlage: (Erfolgreiche) Sportler sind massenmediale Repräsentanten einer Subjektform, die eine Arbeit an sich selbst vollzieht und gleichzeitig – über die individuelle Differenz, welche die Stars von den anderen unterscheidet – Vertreter einer emphatischen, öffentlich wahrgenommenen Individualität. Das Subjektmodell des Sportlers überlagert sich mit dem des Unternehmers und dem des Kreativen, und die massenmediale Ubiquität der sportlichen Konkurrenz liefert dem postmodernen Arbeitssubjekt ein Modell für den professionellen Wettbewerb.

Wenn dieser professionelle Wettbewerb immer das Risiko der Degradierung und des Scheiterns enthält, dann ist eine entscheidende Technik innerhalb der postmodernen Subjektkultur der Arbeit,[113] welche die Ungewissheit der Arbeitsbiografie einzugrenzen versucht, das »networking as a practice«.[114] Die projektförmige Kreativarbeit befindet sich von vornherein im Kontext organisationeller ›Netzwerke‹, das heißt sie ist

112 Vgl. zu diesem Aspekt Ehrenberg (1996), S. 25-95.
113 Vgl. zum folgenden Andreas Wittel (2001): Toward a network sociability, in: Theory, Culture & Society, Heft 6, S. 51-76; Boltanski/Chiapello (1999), S. 108-142, Kanter (1989), S. 117-174, zur Sozialität des Netzwerks allgemein auch Mark S. Granovetter (1972): The strenght of weak ties, in: American Journal of Sociology, Heft 6, S. 1360-1380; Walter W. Powell (1990): Neither market nor hierarchy: Network forms of organization, in: Research in Organizational Behavior, S. 295-336.
114 Wittel (2001), S. 52.

weder autark noch lediglich ein vergleichsweise selbständiger Bestandteil innerhalb größerer Organisationen, sie stellt sich vielmehr mit anderen Projektteams – auch in anderen Organisationen – kommunikativ verknüpft dar. Diese sind nicht allein Konkurrenten, sondern auch Kooperationspartner, mit denen gemeinsam größere Aufgaben angegangen werden (als Modell erscheint hier die Zusammenarbeit von kleinen Kreativunternehmen in der Hollywood-Filmindustrie),[115] mit denen darüber hinaus *know how*-Wissen und Informationen, möglicherweise auch Artefakte geteilt werden, und sie sind potentielle Klienten und Kunden. Das Arbeitssubjekt im Projektteam schult sich damit von vornherein in einer Kommunikationsfähigkeit, die über den vertrauten Binnenzusammenhang der eigenen Organisation oder des eigenen Teams hinausgeht. Diese Kommunikation muss auch mit Projekten und Klienten gelingen, deren ›Organisationskultur‹, deren ›Stil‹ ganz anders als der eigene ist, so dass auch hier – ähnlich wie im Falle der Konsumentenorientierung – ein ›kultureller Sinn‹ für den konstruktiven Umgang mit Bedeutungsdifferenzen (›interkulturelle Kompetenz‹) nötig ist.

Die Handlungs- und Kommunikationsnetzwerke zwischen Projektteams und Organisationen stellen sich gleichzeitig und auf zweiter Ebene als Unterstützungsnetzwerke für das einzelne Arbeitssubjekt dar: Jedes Subjekt modelliert sich selbst als Zentrum eines Netzwerkes von Kontakten zu potentiellen Kooperationspartnern, Klienten und Arbeitgebern, das mit Informationen versorgt und somit Ressourcen für den Fortgang der individuellen Arbeitsbiografie bereitstellt. Netzwerkfähigkeit – welche die entsprechende materiale Kultur der Kommunikationstechnologie (Mobiltelefone, Electronic Mail, Anrufbeantworter etc.) voraussetzt – ist damit eine unternehmerisch-kreative Zentraldisposition und umfasst die Fähigkeit, scheinbar unvereinbare Kommunikationsformen zu synthetisieren: Vertrauen in die eigene Person zu vermitteln und zugleich seine eigenen strategischen Zwecke zu verfolgen, Kontakte rasch und ohne den langen narrativen Öffnungsprozess von Freundschaften zu knüpfen – etwa bei expliziten *networking events* – und sie zugleich belastbar auf Dauer anzulegen; zu anderen in Beziehungen der Konkurrenz und zugleich der Kooperation – der ›Koepitition‹ – zu stehen. *Networking* verlässt sich nicht auf ein ›having relationships‹, es ist ein aktiver, expansiver Prozess des ›doing relationships‹, wobei sich hier – wie schon im Projektteam – die Grenzen zwischen Arbeits- und Privatbeziehungen kreuzen.

Das post-bürokratische Arbeitssubjekt implementiert in sich einen Sinn für seine beständige Selbstveränderung, für die Notwendigkeit und Wünschbarkeit von Diskontinuitäten der Arbeitsbiografie und findet doch gleichzeitig eine fixe Struktur in einer dauerhaften Selbstorganisa-

---

115 Vgl. Rifkin (2000), S. 16-95.

tionsfähigkeit, die Elemente der klassischen bürgerlichen Subjektkultur aufnimmt.[116] Die als dynamisch-kreative Bewegung wahrgenommene Diskontinuität der Arbeitsbiografie, in der verschiedene Tätigkeiten in unterschiedlichen organisationellen Kontexten aufeinander folgen oder auch im Sinne eines individuellen ›Portfolio‹ simultan miteinander kombiniert werden, plaziert das postmoderne Subjekt gegen die Kontinuitätsannahmen sowohl des festen bürgerlichen Berufs als auch der Karriere des Angestellten, der in der organisationellen Hierarchie linear voranschreitet. Diese Diskontinuität stellt sich wiederum als ein doppeltes Resultat von generalisierter Markt- und Projektförmigkeit und subjektivem Kreativitätsanspruch dar: Die Permanenz organisationeller Neustrukturierung und die zeitliche Befristetheit von Projektarbeit verunmöglichen die Angestellten-Karriere, so wie gleichzeitig die subjektive Befriedigung sich aus ›Autonomiegewinn‹ und ›Chancenoptimierung‹ durch Tätigkeitswechsel, dem Erleben der Herausforderung des Neuen, des Experimentellen speist. Diese Diskontinuität der Arbeitsbiografie, die Dezentrierung des Arbeitssubjekts jenseits von linearer Karriere und Beruf setzt jedoch in seiner Binnenstruktur eine basale Rezentrierung, ein *empowerment* (so der psychologische Leitbegriff) zur Handlungsfähigkeit voraus.[117] Das Subjekt muss ›nach innen‹ über Fähigkeiten der Selbstorganisation, der Selbstkontrolle, der Netzwerkfähigkeit und der Symbolanalyse verfügen und ›nach außen‹ eine vielversprechende und verlässliche individuelle Reputation aufbauen, die es erst in die Position versetzen, inhaltlich wechselnde Tätigkeiten immer wieder neu aufzunehmen. Damit greift das post-bürokratische Arbeitssubjekt in seinem Muster der Selbstregierung teilweise zeitlich vor die Angestelltenkultur der organisierten Moderne zurück: auf Elemente *bürgerlicher* Subjektivität (wie sie vor allem in den Freien Berufen und bei den Selbständigen nischenförmig auch während der organisierten Moderne tradiert wurden). Die bürgerlichen Praktiken der Souveränität – die insbesondere eine Fähigkeit der zwanglos wirkenden Selbststeuerung von Körper, Mentalem und Affekten umfassten[118] – liefern in erneuerter Form das Fundament der Selbsttransformationsfähigkeit des Arbeitssubjekts unter postmodernen Bedingungen. Während die bürgerliche Kultur ihre Praktiken der Souveränität moralisch motivierte, motiviert die postmoderne Kultur sie durch ein ästhetisches Künstlerideal: Praktiken

---

116 Vgl. zur Diskontinuität Pongratz/Voß (2003), S. 98 ff.; Kanter (1989), S. 298-319 und zur Selbstorganisation Picot (1996), S. 432-505; Voß/ Pongratz (1998), Bröckling (2000), zur Kombination beider Handy (1989).

117 Vgl. Julian Rappaport (1985): The power of empowerment language, in: Social Policy, Heft 2, S. 15-21.

118 Vgl. Kap. 2.1.1.

der Souveränität – der zweckvoll-disziplinierten Organisation einzelner Arbeitsschritte, der Kommunikations- und Symbolfähigkeit ›in eigener Sache‹, der voluntaristischen Entscheidungsfähigkeit und Risikokalkulation, der Arbeit am eigenen Lebenslauf, am eigenen Humankapital etc. – liefern jedoch auch im kreativ-unternehmerischen Subjekt die Grundlage seiner ›experimentellen‹ Praxis.

Paradoxien post-bürokratischen Arbeitens

Der ›Kreative‹, der zugleich ›Unternehmer seiner selbst‹ ist, liefert als Ideal-Ich der post-bürokratischen Arbeitskultur dem Subjekt einen Fixpunkt seines *passionate attachment;* die immanenten Widersprüche der Angestelltenexistenz scheinen aufgelöst und die ›Künstlerkritik‹[119] der *counter culture* produktiv verarbeitet. Seine kreativ-ästhetische und zugleich unternehmerisch-ökonomische Überdeterminiertheit installiert im neuen Arbeitssubjekt seit den 1980er Jahren jedoch neue Fissuren: vor allem die Spannung zwischen expressiv-strategischer Selbstorientierung und Teamorientierung; zwischen dem Anspruch der Selbstverantwortlichkeit und der Kontingenz des Marktes; schließlich und vor allem zwischen dem Individualitätsanspruch und der Anforderung der flexiblen Marktadaption.[120]

Widerspruchsanfällig ist das Verhältnis zwischen der dezidierten Selbstorientierung des Kreativen wie des Unternehmers seiner selbst und seiner simultanen Team- und Netzwerkorientierung. Der bereits für die *counter cultures* prägende potentielle Gegensatz zwischen emphatischer, expressiver Individualität und einer sekundären, ebenso emphatischen Orientierung am Kollektiven als Garant dieser Expressivität wird in der post-bürokratischen Arbeitskultur aufgenommen und verdoppelt: Nun ist es nicht nur die individuelle Authentizitätsorientierung, sondern gleichzeitig die Wettbewerbskonstellation des ›Unternehmers seiner selbst‹, die mit der Team- und Netzwerkorientierung in Konkurrenz geraten. Das kreativ-unternehmerische Subjekt ist zunächst nicht allein egoistischer *self-made man* und innenorientierter post-romantischer ›Künstler‹ – beide dezidiert anti-soziale Figuren –, sondern inkorporiert notwendig jene Teamfähigkeit, die es nicht nur für kollektive Projektarbeit geeignet macht, sondern ihm selbst auch

119 So der Begriff in Boltanski/Chiapello (1999).
120 Eine genauere Analyse der drei im folgenden genannten potentiellen Widerspruchskonstellationen würde detaillierte empirische Fallrekonstruktionen der durch die post-bürokratischen Arbeitsformen systematisch produzierten Mangelzustände erfordern, die zur Zeit größtenteils ein Desiderat sind. Ähnliches gilt für die potentiellen Fissuren, die in den nächsten Kapiteln ausgemacht werden.

das Team als notwendige, affektiv besetzte Kreativitätsgemeinschaft erscheinen lässt, ohne die es nicht kreativ sein könnte. Das Sich-Bewegen im Rahmen ständig neu geknüpfter kommunikativer Netzwerke, in dem sich berufliche und persönliche Beziehungen überlagern, ist ein zweiter, notwendiger Aspekt seiner Sozialorientierung. Die Orientierung an expressiven und kommunikativen Gemeinschaften riskiert jedoch, durch die übergeordnete Authentizitäts- wie Unternehmerorientierung des Subjekts außer Kraft gesetzt zu werden. Projektteams können als Hindernis individueller Entfaltungshoffnungen erscheinen und kommunikative Netzwerke können zum Gegenstand strategischer Orientierungen des Unternehmers seiner selbst werden, der Kontakte für sich monopolisiert oder Reziprozitätsregeln missachtet.[121] Diese strategische Nutzung kommunikativer Netzwerke muss seinerseits dem Authentizitätsstreben des Kreativsubjekts widersprechen, das dem Modell der expressiven Gemeinschaft folgt.

Unterminiert werden kann die Kohärenz des post-bürokratischen Arbeitssubjekts zweitens durch die Spannung zwischen der Anforderung einer permanenten Arbeit an sich selbst, welche die individuelle Verantwortlichkeit für erfolgreiches Arbeiten dem Einzelnen zuschreibt, und der Abhängigkeit des individuellen Erfolges von der Nachfragelogik des Marktes, der nicht Leistungsfähigkeit prämiert, sondern zufällig *aktuell nachgefragte* Leistungen. Die Zufallsabhängigkeit und Riskanz individuellen Erfolgs unter Marktbedingungen als hermeneutisches Problem ergab sich bereits für das ökonomisch selbständige bürgerliche Subjekt des 18. Jahrhunderts; sie bezog sich dort nicht auf die Nachfrage nach der eigenen Arbeitskraft, sondern auf die Nachfrage nach den Produkten, mit denen gehandelt, und den Diensten, die angeboten wurden. Die postmoderne Arbeitskultur kultiviert nun einen Sinn für Zufälle und Riskanz, baut aber zugleich auf einem Sinnmuster auf, dem zufolge durch eigene Qualifizierung die eigene Position systematisch verbessert werden kann. Der doppelte ästhetisch-ökonomische Sinnhorizont der postmodernen Kultur der Arbeit bietet zunächst einen Legitimationshintergrund, in dem Unberechenbarkeit als Notwendigkeit und als Quelle von erstrebenswerter Beweglichkeit repräsentiert wird. Die über den Postmodernismus vermittelte Dekonstruktion von rationalistischen Ordnungsmodellen zugunsten einer Prämierung von »Antiform, Spiel, Zufall, Anarchie, Zerstreuung«[122] und der über den neoliberalen

121 Vgl. zu neuen, tabuisierten Machtkonstellationen in der Projektarbeit Stefan Kühl (1994): Wenn die Affen den Zoo regieren. Die Tücken der flachen Hierarchien, Frankfurt am Main/New York; zur neuen Polarität von Autonomie und Kontrolle vgl. auch Bröckling (2000).

122 Ihab Hassan (1987): Toward a concept of postmodernim, in: Thomas Docherty (Hg.) (1993): Postmodernism. A reader, New York, S. 146-156, hier: S. 152.

Managementdiskurs verbreitete Code einer Nicht-Steuerbarkeit des Marktes können beide ein Alltagsbewusstsein für die natürliche Kontingenz von Markterfolg – teilweise auch eine libidinöse Fasziniertheit für den Spielcharakter von Marktprozessen[123] – produzieren, welches diese Kontingenz nun seinerseits naturalisiert.

Gleichzeitig jedoch basiert das systematische Selbsttraining, das Training im *empowerment* – vom Persönlichkeits- und Imagetraining bis zum beruflichen Qualifikationswechsel –, das vom Arbeitssubjekt erwartet wird, auf dem postbürgerlichen Grundsatz der individuellen Zuschreibbarkeit von Erfolg und Misserfolg. Die Diskrepanz zwischen Zufallsabhängigkeit und individueller Zuschreibung kann sich in der Perzeption von Leistungsungerechtigkeit – damit in einer Remoralisierung – oder in der Diskreditierung des Modells individueller Verantwortung niederschlagen.[124]

Drittens vermögen Kreativorientierung und unternehmerische Orientierung unter günstigen (Markt-)Umständen zwar eine ideale Symbiose von Authentizität und Erfolg zu produzieren, sie können das Arbeitssubjekt jedoch auch in eine als mangelhaft perzipierte *double-bind*-Konstellation treiben: Das post-bürokratische Subjekt will und soll seine nicht-austauschbare Individualität in der Eigensinnigkeit seiner kreativen Akte finden – aber die Marktbedingungen, in denen es als unternehmerisches Subjekt agiert, verlangen von ihm gleichzeitig eine Adaption an die aktuell nachgefragten Eigenschaften.[125] Eine tatsächliche Orientierung des Subjekts an seiner idiosynkratischen kreativen Leistungsfähigkeit, ›seiner‹ spezifischen Begabung und seinem expressiven Ideal kann sich als Mangel an jener Persönlichkeitsflexibilität und Selbsttransformationsbereitschaft erweisen, welche die projektorientierte Arbeit und der Markterfolg voraussetzen. Eine radikale Bereitschaft zur Selbstadaption an die veränderlichen Marktbedingungen kann umgekehrt in Widerspruch zur Fremdanforderung eines unverwechselbaren Profils und zur Selbstanforderung expressiver Authentizität geraten. Ein besonderer Fall dieser Spannung betrifft die Diskreditierung der kulturellen Maßstäbe der ›Beständigkeit‹ und ›allmählichen Entwicklung‹, die das unternehmerische Subjekt betreiben muss, während das authentizitätsorientierte Kreativsubjekt in ihm diese unter Umständen

---

123 Vgl. zu diesem Aspekt die Fallstudie Karin Knorr-Cetina/Urs Bruegger (2002): Traders' engagement with markets. A postsocial relationship, in: Theory, Culture & Society, Heft 5/6, S. 161-185.

124 In diesem Zusammenhang sind die neueren Studien zu Bewältigungsformen des ›Scheiterns‹ interessant, vgl. Matthias Junge/Götz Lechner (Hg.) (2004): Scheitern. Aspekte eines sozialen Phänomens, Wiesbaden; Stefan Zahlmann (2005): Scheitern und Biographie. Die andere Seite moderner Lebensgeschichten, Gießen.

125 Vgl. Boltanski/Ciapello (1999), S. 449-513.

gerade anstrebt, um seine Arbeitsmotivation zu sichern.[126] Hier handelt es sich nicht um eine neue Fassung des Widerspruchs zwischen ›Individuum und Gesellschaft‹. Der in die post-bürokratische Arbeitspraxis eingelassene Subjektcode *verlangt* vom Subjekt vielmehr selbst – gegen die Negativfolie des innovationsunfähigen Konformisten –, seine unverwechselbare Individualität als ganze, eigentlich kreationsfähige Persönlichkeit zu entwickeln – ein Verlangen, das dem Einzelnen nicht äußerlich bleibt, sondern von ihm mit leidenschaftlicher Verhaftetheit zum Individualitätsideal beantwortet wird – und *gleichzeitig*, sich in Adaptionsfähigkeit an Marktbedingungen zu schulen; und auch diese Fähigkeit kann sich das Subjekt als den Reiz eines post-deleuzianischen Nomadismus der Existenz einverleiben. Die Fissur zwischen Kreativitäts- und Flexibilitätsorientierung strukturiert somit den Subjektcode wie seine Aneignung und verleiht dem unternehmerisch-kreativen Subjekt zugleich seine den Mangel verarbeitende Dynamik: Perfekte Angepasstheit an Marktbedingungen ruft sein vernachlässigt scheinendes Authentizitätsstreben auf den Plan, die Realisierung des Künstlerideals ohne Rücksicht auf die Marktbedingungen wird mit der Opposition der unternehmerischen Orientierung beantwortet, die dem Subjekt nahelegt, auch und gerade als Kreativer erfolgreich sein zu können.

4.2.2 Postmoderne persönliche Beziehungen: Intimität als Medium expressiver Subjektivität

Seit den 1970er Jahren modifizieren sich synchron zu den Praktiken der Arbeit die Praktiken persönlicher Beziehungen in Bezug auf Partnerschaft, Freundschaft und Eltern-Kind-Beziehungen. Ausgehend vom Milieu der urbanen *creative class*, schält sich der Praxis-/Diskurskomplex einer ›neuen Kultur der Intimität‹ heraus, welche gegen die nun als ›unauthentisch‹ perzipierte Kleinfamilie und *peer society* der Angestelltenkultur auf kulturelle Hegemonie dringt. Die postmoderne Intimsphäre findet ihren Bezugspunkt im Anspruch einer ›Expressivität‹ des Subjekts und sie formt ihr Subjekt als expressives. Grundlegend ist eine Codierung des Subjekts als eine natürlicherweise nach ›Entfaltung‹ der Fülle seiner Erlebensmöglichkeiten strebende Instanz und eine Modellierung persönlicher Beziehungen als Mittel, Bedingung und stützender Hintergrund dieser Erfahrungspotenzierung des Ichs. Während die extrovertiert-stabilen Kleinfamilien und suburbanen Nachbarschaften der Angestelltenkultur an einer *social ethics* ausgerichtet sind und das

---

126 Zur Diskreditierung der Langfristigkeit vgl. auch die Kritik in Richard Sennett (1998): The Corrosion of Character. The personal consequences of work in the new capitalism, New York/London.

Subjekt dort erst in der sozialen Angepasstheit an die ›Zusammengehörigkeit‹ der Ehe, der Kleinfamilie und der *peer*-Bekannten seine Zurechenbarkeit als vollwertige Persönlichkeit erlangt, formt die postmoderne Kultur persönliche Beziehungen als Medien, die eine expressive ›Verwirklichung‹ des Subjekts, seiner idiosynkratischen Seins- und Erlebensmöglichkeiten und seine quasi-ästhetische Erfahrungserweiterung befördern sollen. Diese Selbstformung des Subjekts der Zweier-Partnerschaft, der entkollektivierten Freundschaftsbeziehungen, schließlich auch der Eltern-Kind-Beziehungen als ein Subjekt des ›self growth‹ ist hybride an eine elektive Haltung der marktanalogen ›Wahl‹ gegenüber potentiellen Partnern gekoppelt: Nicht nur, dass alle persönlichen Beziehungen – entbunden von sozialen, ökonomischen oder moralischen Ansprüchen – zum Gegenstand nahezu vollständiger Beziehungswahl statt Beziehungsvorgabe werden, auch die *Fortsetzung* dieser Beziehungen – insbesondere der Partnerschaft – wird zum Gegenstand einer ständig neu zur Entscheidung gestellten, wechselseitigen *rational choice* und fordert vom Subjekt das Training in einem komparativ-elektiven Blick.[127]

Die postmoderne Subjektkultur der Intimität lässt sich von einem Differenzschema leiten, welches individuell ›befriedigende‹, den spezifischen ›Bedürfnissen‹ und entwicklungsfähigen Potentialen entsprechende Beziehungen den ›einengenden‹, ›hemmenden‹, ›aufgezwungenen‹ Bindungen gegenüberstellt. Sie bildet entsprechende Dispositionen des Subjekts aus, um die Routine der Beziehung einerseits von Abhängigkeiten freizuhalten, andererseits um diese Routine zu entroutinisieren und immer wieder neue Erfahrungsmomente zu generieren: Dispositionen eines Experimentalismus gegenüber dem Beziehungsalltag, der als gemeinsames ›Projekt‹ erscheint (was auch das Feld der Sexualität einschließt), der gemeinsamen Kreation von Momenten romantischer Außeralltäglichkeit, des Verhandlungs- und Vertrauensmanagements und der emotionalen, selbst- und fremdpsychologisierenden Ich-Kommunikation. Das postmoderne Intimitätssubjekt wird in einem Begehren geübt, das sich auf ein oder mehrere *Alter* richtet, die eine jede durch-

---

127 Die Forschungslage zur Analyse von persönlichen Beziehungen seit den 1970er Jahren ist zur Zeit unbefriedigend. Es existieren – jenseits des sozialstatistischen Materials – nur verhältnismäßig wenige empirisch-qualitative Fallanalysen, auf die im folgenden zurückgegriffen werden konnte (herausragend hier Illouz 1997). In stärkerem Maße als in anderen Kapiteln wurde daher für dieses Kapitel als Primärmaterial die Diskursebene, das heißt der seit den 1970er Jahren expandierende Partnerschafts-Ratgeberdiskurs herangezogen (der jedoch zum Teil explizit Erfahrungen mit der Paarwirklichkeit, wie sie sich in der Beratungspraxis darbietet, enthält), anhand dessen sich das Subjektmodell herausarbeiten lässt.

schnittliche Normalität hinter sich lassende expressiv-emotionale Reichhaltigkeit versprechen und damit *Egos* übergeordnetem Begehren, selbst seine expressiv-emotionale Reichhaltigkeit zu potenzieren, zur (niemals endgültigen) Realisierung verhelfen. Charakteristisch erscheint die hybride Kopplung dieses post-romantischen Begehrens an kalkulatorische Dispositionen, in denen das Subjekt die möglichen und realen Leistungen abschätzt, die der Andere zu seiner Erfahrungserweiterung bis auf weiteres beizutragen vermag und in denen es gleichzeitig abgeschätzt wird. Das kulturelle ›Andere‹ des postmodernen Intimitätssubjekts ist nicht das amoralische oder asoziale Subjekt, sondern das zur Expressivität unfähige – kommunikations-, emotions-, lust- und experimentierunfähige –, das zudem Intimbeziehungen für soziale Abhängigkeiten nutzt.

Das Intimitätssubjekt des ›self-growth‹

Die Transformation der Subjektkultur persönlicher Beziehungen von der *social ethics* der Angestelltenkultur zur Expressionsorientierung der postmodernen Freundschaften und Partnerschaften bezieht ihre Sinnmuster zunächst zu großen Teilen aus dem Codereservoir der *counter culture* der 1960er und 70er Jahre und durch diese hindurch aus den vorhergehenden ästhetischen Bewegungen der Avantgarde und insbesondere der Romantik. Über die Entgrenzung des Erotischen in der sexuellen Revolution hinaus – und letztlich für die Ummodellierung des Subjekts tiefergehender als diese – bringt die *counter culture* jene generelle ästhetisch-expressive Ausrichtung des Subjekts an einer Entfaltung seines inneren Begehrens nach als befriedigend perzipierten und die Möglichkeiten des bisherigen Ichs immer wieder neu überschreitenden Erfahrungen auf den Weg, die in moderierter und routinisierter Form seit den 1970er Jahren den Leitcode für gelungene persönliche Beziehungen in den kulturell dominanten höheren Mittelschichten liefert. Von besonderem Einfluss erweist sich dabei die feministische Bewegung, die namentlich das weibliche Subjekt an diesem expressiven Subjektcode ausrichtet und eine entsprechende Transformation der Paarwirklichkeit fordert. Neben den Effekten der *counter culture* und des Feminismus wird die Umcodierung des Intimitätssubjekts durch die semantische Kippbewegung des massenmedial wirkungsmächtigen Interdiskurses der *psy disciplines* (vor allem der Persönlichkeits-, Paar- und Familienberatung) befördert, der seit den 1960er Jahren vom Modell des sozialen Subjekts auf jenes des ›self growth‹ und der Vermeidung von ›codependence‹ in persönlichen Beziehungen umschaltet. Auf der Ebene der materialen Kultur liefern die Erleichterung des Knüpfens und Aufrechterhaltens von persönlichen Kontakten über räumliche Grenzen, wie sie die digitalen und telekommunikativen Technologien seit den 1980er ermöglichen, auch die Vereinfachung der Empfängnisverhütung und damit Familienplanung seit den 1960er Jahren sowie die Konzentration der neuen Lebensstil-Klasse in den gentrifizierten Metropolen, damit die Ablösung der Dominanz der *suburbia*-Lebensform weitere Bedingungen für die Entstehung einer postmodernen Subjektkultur der Intimiät.

Die postmoderne Subjektkultur der Intimität stabilisiert ihre Identität über eine Differenzmarkierung zur Angestelltenkultur. Deren *peer society* – ihre Kleinfamilie, ihre Hausfrauenehe und Zwangsheterosexualität, ihre suburbane Nachbarschaft vorgegebener *pals*, ihre konformitätsorientierte Kindererziehung und domestizierte Sexualität – erscheint nun als Manifestationsort jener die Erfahrungen limitierenden, die Entwicklung hemmenden Privatheit, die nun verworfen wird. Indem sie Authentizität/Natürlichkeit der Konventionalität/Artifizialität entgegenstellt, reproduziert die postmoderne Differenzmarkierierung damit in einer neuartigen Version jenen Antagonismus, den die frühe, amerikanistische Angestelltenkultur selbst gegen die bürgerliche, viktorianische Intimsphäre (und in anderer Weise auch die frühe bürgerliche gegen die aristokratische Kultur) in Stellung brachte. In der Genealogie moderner Subjektkulturen persönlicher Beziehungen erweist sich das postmoderne Exemplar damit als eine erneute komplizierte Hybridkombination. Im Verhältnis zur Angestelltenkultur verwirft sie deren dezidierte Sozial- und Normalitätsorientierung, deren Skepsis gegenüber Expressivitäts- und Emotionalitätsansprüchen, aber gleichzeitig transferiert sie Elemente der dort begonnenen Angleichung der Geschlechterhabitus, der Sexualisierung und Erotisierung des Subjekts, der ›Professionalisierung‹ einer abwägenden *dating*-Praxis und der Kopplung von Partnerschaften an die hedonistische Orientierung der Freizeitsphäre. An der immanenten Friktion des *peer*-Intimitätssubjekts zwischen sozialnormalistischen und ästhetisch-expressiven Komponenten ansetzend, grenzt sich die postmoderne Kultur vom Normalismus ab, um die ästhetische Orientierung in neuer Form fortzuführen. Gleichzeitig setzt dieses Intimitätssubjekt sich nun aus Versatzstücken zusammen, die es – hinter die organisierte und die spätbürgerliche Moderne zurückgreifend – aus den Privatkulturen romantischer und klassisch bürgerlicher Subjektivität bezieht. In ihrer Reemotionalisierung des Intimen und einer – im Verhältnis zur *peer society* – Intensivierung der ›introvertierten‹ gegenüber den ›extrovertierten‹ Subjekteigenschaften appropriiert die postmoderne Kultur Elemente der romantischen Liebe und des klassisch-bürgerlichen Freundschaftsmodells.

Die sozialen, quantifizierbaren Ausprägungen des (relativen) Bruchs von der sozial-normalistischen Privatsphäre der Angestelltengesellschaft zur postmodernen Intimität seit den 1970er Jahren sind regelmäßig beschrieben worden:[128] eine Entnormalisierung der Ehe und

128 Vgl. Antoine Prost/Gérard Vincent (Hg.) (1987): Geschichte des

eine Verbreitung nicht-ehelicher, häufig temporärer Paarbeziehungen, die im individuellen Lebenslauf einander ablösen; eine Steigerung der Raten von Scheidung und Wiederverheiratung; ein deutliches Anwachsen der Anzahl von ›Singles‹ (zumindest als temporäres Phänomen in der Biografie); eine berufliche Verankerung von Männern *und* Frauen; eine Normalisierung gleichgeschlechtlicher Lebensgemeinschaften; eine partielle Entkopplung von Partnerschaft und Lebensort (›living apart together‹, Wohngemeinschaften); die Normalisierung sexueller Beziehungen unter Jugendlichen; die gewachsene Bedeutung von Paaren, die auf Kinder verzichten; die stärkere Verbreitung wie Normalisierung von Allenerziehenden mit Kindern; schließlich das – aus Trennung und Wiederverpartnerung folgende – Anwachsen von Stiefeltern/-kinderverhältnissen (›patchwork-Familien‹) sowie von Adoptiv- und Inseminationsfamilien. Die im Vergleich zum Normalmodell der Kleinfamilie in der Angestelltengesellschaft diversifizierten Ausprägungen spätmoderner Intimität stellen sich jedoch nur an der Oberfläche als Resultat einer ›Auflösung sozialer Verbindlichkeiten‹ zugunsten ›individuell-reflexiver Entscheidungen‹ und damit einer ›Pluralisierung der Lebensformen‹ dar, vielmehr in ihrer kulturellen Tiefenstruktur als Ergebnis eines Wechsels des kulturellen Leitcodes, als Ablösung der Subjektform der Angestelltenkultur durch einen neuen, einheitlichen und alle diese scheinbar differenten Lebensweisen *homolog* ermöglichenden Habitus einer postmodernen Intimitätskultur – die kulturellen Kriterien eines Subjekts, das nach dem individuellen *self growth* der Erfahrungen mit sich selbst strebt und seine persönlichen Beziehungen im Rahmen dieses Begehrens modelliert.[129]

Unter dem unmittelbaren Einfluss der Sinngenerierung von Seiten der *counter culture*, der feministischen Bewegung und der psycholo-

privaten Lebens, Band 5: Vom ersten Weltkrieg bis zur Gegenwart, Frankfurt am Main 1993; Arelen u. Jerome Skolnick (1988): Family in Transition. Rethinking marriage, sexuality, childrearing, and family organization, Boston, 6. Aufl; Mintz/Kellog (1988), S. 203 ff.; D'Emilio/Freedman (1988), S. 301 ff.; Rüdiger Peuckert (1996): Familienformen im sozialen Wandel, Opladen; Kurt Lüscher u. a. (Hg.) (1988): Die ›postmoderne‹ Familie. Familiale Strategien und Familienpolitik in einer Übergangszeit, Konstanz; Judith Stacey (1990): Brave New Families. Stories of domestic upheaval in late 20th century America, New York; Günter Burkart (1997): Lebensphasen, Liebesphasen. Vom Paar zur Ehe zum Single und zurück?, Opladen; Herrad Schenk (1987): Freie Liebe – wilde Ehe. Über die allmähliche Auflösung der Ehe durch die Liebe, München.

129 Die ›Theorie reflexiver Modernisierung‹, insbesondere bei Beck, aber auch bei Giddens neigt dazu, die Transformation der Intimbeziehungen als einen solchen Freisetzungsprozess zu interpretieren.

gischen Beratungsdiskurse formt sich das Subjekt der postmodernen Intimitätskultur nach einem Code, in dem es sich selbst als Gegenstand eines ›inneren Wachstums‹, als Ort von Expressivität begreift und von anderen als solches wahrgenommen zu werden beansprucht.[130] Es interpretiert sich als Konglomerat einer Fülle von heterogenen und gleichzeitig ›individuellen‹, das heißt nicht-standardisierbaren Möglichkeiten des Erlebens, und sein kulturell typisches Begehren orientiert sich an einer ›Kultivierung‹ dieses unberechenbaren inneren ›Potentials‹. Die Biografie erscheint im Rahmen einer solchen Subjektform als ein Austragungsfeld der diskontinuierlichen inneren Reichhaltigkeit, der Suche nach einer Lebensweise, die zumindest temporär zum Ich ›passt‹ und seine idiosynkratischen, wiederum veränderbaren ›Bedürfnisse‹ ›befriedigt‹. *Self-growth* wird hier nicht im Sinne der Entfaltung eines bereits vorgefundenen Potentials, der konsequenten Durchführung eines Lebensplans verstanden, sondern bezieht sich auf eine Subjektstruktur, die ›immer in Bewegung bleibt‹, die sich ihrer ›Authentizität‹ über ›neue‹ Erfahrungen‹ versichert. Wenn persönliche Beziehungen als ein zentrales Praxisfeld dieser individuellen Erfahrungserweiterung vorausgesetzt werden, dann stülpt sich ihre Modellierung von der Sozialität zur Expressivität um: Die Praktiken der postmodernen persönlichen Beziehungen setzen eine Expressivitätsorientierung ihrer Träger voraus und trainieren diese systematisch in einer solchen. In der *peer society* stellen sich Intimitätsbeziehungen als eine emergente, gruppenförmige Sphäre sozialer Regulation dar, an welcher der Einzelne partizipiert, in der er

130 Vgl. zum folgenden Eva Illouz (1997): Der Konsum der Romantik. Liebe und die kulturellen Widersprüche des Kapitalismus, Frankfurt (Main)/New York 2003; Francesca M. Cancian (1987): Love in America. Gender and self-development, Cambridge; Thomas Meyer (1992): Modernisierung der Privatheit. Differenzierungs- und Indvidualisierungsprozesse des familialen Zusammenlebens, Opladen; Elisabeth Badinter (1986): Ich bin Du. Die neue Beziehung zwischen Mann und Frau oder Die androgyne Revolution, Frankfurt (Main) 1987; Anthony Giddens (1992): The Transformation of Intimacy. Sexuality, love and eroticism in modern societies, Cambridge; Ulrich Beck/Elisabeth Beck-Gernsheim (1990): Das ganz normale Chaos der Liebe, Frankfurt am Main; Karl Markus Michel u. a. (2001): Liebesordnungen. Kursbuch 144, Berlin. Vgl. exemplarisch für den Beratungsdiskurs, der die Ummodellierung des Intimsubjekts antreibt und in dem diese sich zugleich manifestiert, Nena O'Neill/George O'Neill (1972): Die offene Ehe. Konzept für einen neuen Typus der Monogamie, Bern/München 1973; Bernhard Mack (1997): Rituale alltäglichen Glücks. Wege zu erfüllenden Liebesbeziehungen, Paderborn; Michael Lukas Moeller (2000): Gelegenheit macht Liebe. Glücksbedingungen in der Partnerschaft, Reinbek.

seine ›soziale Identität‹ erhält – er so auch als Bestandteil des Paares/der Kleinfamilie X, der *peer group* Y identifiziert wird – und die ein Ausscheiden aus der sozialen Gruppe (Ehescheidung, introvertierte Selbstexklusion) mit dem Risiko der individuellen Diskreditierung verbindet. In der postmodernen Intimitätskultur gerät das Subjekt hingegen in die Position eines nicht-austauschbaren Kreuzungspunkts sozialer Kreise (wie Simmel es *avant la lettre* am Ende der bürgerlichen Kultur formuliert): Es modelliert sich als Koordinationszentrum verschiedener, sich durch eigenen Entschluss oder Zufall verändernder – damit auch durch eine Routine des *exit*, des Latenthaltens, des Neuknüpfens strukturierter – persönlicher Beziehungen variabler Intensität, die es nach Maßgabe eines Begehrens nach Selbstvariabilität und Anregungspotenzierung als soziales Netzwerk knüpft; und es *muss* zu einem solchen Koordinationszentrum persönlicher Beziehungen werden, wenn es soziale Isolation vermeiden will.

Die postmodernen Intimbeziehungen stellen sich auf einer ersten Ebene als individuell-expressive Freundschaftsbeziehungen dar, als Beziehungen zu Personen, die danach ausgewählt werden, dass sie durch ihre spezifische Individualität einzelne Aspekte des Ichs – oder auch seine heterogene Gesamtheit – in Anregung zu versetzen vermögen.[131] Die individuell-expressiven Freundschafts- sind keine *peer*-Beziehungen; letzere stellen sich als Interaktionen innerhalb einer Gruppe einander gegenseitig Bekannter (Nachbarschaft, Arbeitskollegen, Vereinsmitglieder etc.) dar und beruhen damit zumindest zu erheblichen Teilen auf Beziehungsvorgabe statt Beziehungswahl. Aufgrund der Annahme einer grundsätzlichen sozialen Ähnlichkeit der *regular guys/girls* und ihrer sportlich-informellen Zugänglichkeit für gemeinsame Aktivitäten erscheint diese in diesem Kontext unproblematisch. Indem sich das Subjekt nun in seiner Selbstdefinition von Sozialität/Gleichheit auf Individualität/Differenz umformt, verlangt es nach einer expressiven Form von Freundschaften, die jeweils *singulär* aufgrund der nicht-austauschbar erscheinenden Eigenschaften des besonderen Anderen gewählt und kultiviert werden. Als Freund verspricht der Andere über den Weg von Ich- und Vertrauenskommunikation eine Bereicherung des Erlebens, langfristig eine Inkorporierung neuer Elemente ins eigene Ich. Postmoderne Freundschaftsfähigkeit verlangt vom Subjekt, die

---

131 Vgl. zum folgenden Kenneth J. Gergen (1991): The Saturated Self. Dilemmas of identity in contemporary life, New York, S. 48-80, Ray Pahl (2000): On Friendship, Cambridge; Heiner Keupp/Bernd Röhrle (Hg.) (1987): Soziale Netzwerke, Frankfurt (Main)/New York; Johannes F. K. Schmidt (2000): Die Differenzierung persönlicher Beziehungen. Das Verhältnis von Liebe, Freundschaft und Partnerschaft, in: Hahn/Burkart (2000), S. 73-100.

Dispositionen zu einer ›sich öffnenden‹, auch emotionalen Ich-Kommunikation auszubilden, die sich auf die Besonderheit eines einzelnen Anderen richtet.

In ihrer Nicht-Exklusivität, das heißt der Möglichkeit der simultanen Unterhaltung einer Reihe von Freundschaften, stellen sich diese expressiven Freundschaftsbeziehungen als Spielräume dar, verschiedene Aspekte eines als vielfältig und permanent veränderbar vorgestellten Selbst in der intimen Kommunikation mit ganz unterschiedlichen Individuen – mit denen beispielsweise jeweils andere Themen oder Aktivitäten geteilt werden – parallel zu entwickeln. Die angestrebte ›lebendige‹ Multiplizität des Selbst spiegelt sich in der Multiplizität seiner Freundschaften, die zugleich diese immanente Heterogenität hervorbringen. Anders als in der klassischen *peer*-Konstellation müssen in der expressiven Freundschaftskonstellation die Teilnehmer des Netzwerks, in dessen Zentrum sich der Einzelne befindet, nicht untereinander befreundet oder auch nur bekannt sein. Die gesteigerte räumliche Mobilität der *creative class* und ihre Vernetzung über elektronische und digitale Kommunikationstechnologien potenzieren dabei den Spielraum möglicher Freundschaften. In einer über die ästhetischen Gegenbewegungen vermittelten, partiellen Reappropriation der ›empfindsamen‹, verallgemeinerten Freundschaftssemantik der klassisch-bürgerlichen Subjektivität vermag die individuell-expressive Freundschaft zu einem Prototyp postmoderner Intimbeziehungen insgesamt aufzusteigen, der auch für Partnerschaften (›Lebensgefährten‹) und Eltern-Kind-Beziehungen gilt.

Der (verschiedengeschlechtlichen oder auch gleichgeschlechtlichen) Partnerschaft kommt innerhalb des individuellen Freundschaftsnetzwerks auch unter spätmodernen[132] Bedingungen ein herausgehobener Stellenwert zu. Die Zweier-Partnerschaft wird nun als jener Ort perzipiert, an dem die besondere kommunikativ-emotionale Intensität eines ›gemeinsamen Projekts‹ hergestellt werden kann, die das Erleben der Gegenwart und die Icherweiterung des Subjekts in herausgehobener Weise anregt und kompromisslos unterstützt. Die Paarbeziehung lässt sich seit den 1970er Jahren – gestützt von einem extensiven psychologischen Partnerschafts-Beratungsdiskurs – von einem Code konstruieren, der sie auf einen Ort der »persönlichen Entwicklung, ... des geistige[n] Wachstum[s]«, einer »ständig ansteigenden Spirale ... und Synergie« der Fortentwicklung des Einzelnen, als Ort der »Vision von Erfüllung in unserer Beziehung«[133] festlegt. Die Erfahrung des Anderen erscheint hier als eine Möglichkeit, aus dem Ich neue Möglichkeiten des Lebens

---

132 Die Begriffe Spätmoderne und Postmoderne werden hier austauschbar verwendet.

133 O'Neill/O'Neill (1972), S. 11, 40, Mack (1997), S. 157.

und Erlebens hervorzulocken und es in eine begehrenswerte Richtung zu lenken. Über das Begehren nach dem faszinierenden Anderen vermittelt, begehrt das Subjekt eine Verschiebung des Ichs in Richtung der Realisierung eines leidenschaftlich gewünschten Bildes seiner selbst; mit x ›zusammensein‹ macht ihn zu ›jemand anderem‹, zu dem was er – bis auf weiteres – ›eigentlich sein möchte‹. Die Form dieser Partnerschaft (Grad der Intensität, Zusammen- oder Getrenntwohnen, eventuell Tolerierung sekundärer sexueller Beziehungen, Beruflichkeit der Partner) und vor allem ihre mögliche zeitliche Begrenztheit, die typischerweise zu einer Sukzession von Partnern führt, auch der vorübergehende (eventuell dauerhafte) Verzicht auf eine Zweierbeziehung in der Konstellation des ›Singles‹, schließlich die Entscheidung für oder gegen Kinder folgen in ihrer scheinbaren Disparatheit durchgängig dem in der postmodernen Subjektkultur als natürlich präjudizierten, übergreifenden kulturellen Kriterium des angestrebten, diskontinuierlichen ›self-growth‹: Selbstliebe und Selbstkultivierung können dann als unabdingbare Voraussetzung einer konstruktiven Liebe zum Anderen gedeutet werden.

In der postmodernen Subjektkultur ist das Paar nicht als ein Kollektivsubjekt zu zweien in eine *peer*-Kultur loser Bekanntschaften (wobei es sich ›natürlicherweise‹ um andere Paare handelt) eingebettet, vielmehr unterhält das ›vollwertige‹ Subjekt der Paarbeziehung parallel zu dieser um es selbst zentrierte Freundschaftsbeziehungen: Erst die Parallelität von individuell geknüpften, längerfristigen Freundschaften und der Partnerschaft – die selbst einen kürzeren Horizont als die Freundschaften umfassen kann – liefert dem expressiven Intimitätssubjekt jene sozialen Kontakte, die nötig erscheinen, um die unterschiedlichen Aspekte seiner multiplen Erfahrungssuche abzudecken.[134] Trotz ihrer Einbettung in individuelle Freundschaftsnetzwerke bleibt die Paarbeziehung im affektiven Zentrum der Intimsphäre. Die neue Lebensform des ›Singles‹ dementiert die Partnerschaftsorientierung nicht, sondern verweist in der Regel auf eine durch die radikalisierten Wahlbedingungen normalisierte ›Durchgangs‹-Konstellation einer ›nicht mehr‹ und ›noch nicht wieder‹ aktuellen Partnerschaft.[135] Der freiwillige, auf die gesamte Biografie bezogene Verzicht auf jegliche Partnerschaft erscheint in der postmodernen Subjektkultur dagegen – durchaus im Gegensatz zur bürgerlichen Kultur, die zeitweise mit legitimen ›bachelors‹ und ›spinsters‹ bevölkert war – als Subjektdefizienz, da er – nicht wie in der sozial-normalistischen Angestelltenkultur einen Defekt der Bereitschaft zur sozialen Eingliederung, vielmehr – einen pathologischen Verzicht auf Selbstexpression signalisiert.

134 Vgl. zu diesem Aspekt O'Neill/O'Neill (1972), S. 157-172.
135 Vgl. zu diesem Aspekt Jean-Claude Kaufmann (1999): Singlefrau und Märchenprinz, Konstanz 2002; Burkart (1997).

Praktiken der expressiven Beziehung

Partnerschaft wird in der postmodernen Subjektkultur nicht als ein emergentes soziales System mit eigenständigen Regeln, in die der Einzelne sich eingliedert, sondern als eine Expressionsgemeinschaft reziproker, immer wieder neuer und momenthafter Anregungen der beiden Ichs modelliert. Das postmoderne Paar imitiert in dieser radikalen Ichorientierung das romantische Liebespaar; anders als dieses dechiffriert es jede Konnotation einer ›Komplettierung‹ der für sich allein unvollständigen ›Hälfte‹ des Ego durch einen komplementären, nicht-austauschbaren Alter – die damit beide lebenslang aneinander gekettet bleiben – jedoch als eine soziale Abhängigkeitsbeziehung, die nicht als Bedingung, sondern als Bedrohung seines expressiven Ichs erscheint. Als Expressionsgemeinschaft steht die postmoderne Partnerschaft beständig vor dem Risiko des Zerfalls: dem zeitlichen Risiko eines nachlassenden Anregungspotentials, das die Beziehung für den Einzelnen bedeutet; dem ›sozialen‹ Risiko, dass die Expressionsgemeinschaft sich in ein Regelsystem verwandelt, das vom Einzelnen in erster Linie als ein Netz von Einschränkungen wahrgenommen wird; schließlich dem Risiko der Asynchronität, das darin besteht, dass die beiden Individuen ihre psychische Autopoiesis jeweils in unterschiedliche Richtungen und verschiedenen Geschwindigkeiten betreiben, so dass der konkrete Andere an Interessantheit verliert. Die postmoderne Partnerschaft unterhält zwei unterschiedliche Komplexe von Praktiken, welche die Expressionsgemeinschaft auf Dauer zu stellen versuchen, indem sie Abhängigkeiten zu vermeiden, gemeinsame Entwicklungsanregungen immer wieder neu zu initiieren und die beiderseitige ›Interessantheit‹ zu iterieren suchen: die Praktiken der Verhandlung und Vertrauensversicherung und die romantisch-expressiven Praktiken der Ich-Kommunikation und des romantischen Erlebens. Die postmoderne Paarbeziehung stellt sich letztlich als hybride Überlagerung dieser beiden heterogenen Praxisformate dar, in der die zunächst distinkten kulturellen Genealogien der ›alltäglichen‹ *companionate marriage* und der ›außeralltäglichen‹ ästhetisch-erotischen Überschreitungsgemeinschaft aneinander gekoppelt sind.

Die expressive Partnerschaft basiert auf der Annahme, dass beide Beteiligten keinen sozial regulatorisch vorgegebenen Raum betreten, vielmehr der Beziehungsalltag ein potentiell offenes, ein ›politisches‹ und zugleich kontraktualistisches Feld kommunikativer Aushandlung (bargaining) darstellt, in dem beide ihre Bedürfnisse und Wünsche artikulieren und ihre Praxis des Zusammenlebens durch ständige tentative Regelsetzung und -modifizierung, Routinisierung und Deroutinisierung so gestalten, dass keiner der Beteiligten sich in den Status eines Abhängigen, Ausgebeuteten oder Vernachlässigten gedrängt sieht.[136] Da der zeitgenössischen Perzeption zufolge in der Beziehung zwei notwendig unterschiedliche Individualkerne – mit idiosynkratischen Bedürfnissen und Lebensgeschichten – aufeinandertreffen, muss der Beziehungsalltag als ein Raum potentieller Komplikationen und Abstimmungserfordernisse wahrgenommen werden, in dem das Risiko einer einseitigen oder beiderseitigen Beschränkung der Möglichkeiten nistet. Das Negativbild einer ›schädlichen‹ Partnerschaft ist die vermachtete Bindung, das pathologische Interaktionssystem einer ›codependence‹ – ein verbreitetes Thema der Partnerschaftsberatungsdiskurses seit den 1980er Jahren[137] –, ein mehr oder minder subtiles Abhängigkeitsverhältnis eines Partners vom Anderen (oder beider voneinander), eine psychische Fixiertheit, die den Einzelnen unfähig macht, seine ›Bedürfnisse‹ zu artikulieren. Die ›codependence‹, die in die romantische Liebesbeziehung als notwendige Bedingung eingelassen war, aber auch die bürgerliche und *peer*-Ehe faktisch strukturierte, erscheint nun – wie »die Hölle eines misslungenen Lebens zu zweit«[138] – als eine Bedrohung expressiver Autarkie. Die postmoderne Beziehung arbeitet stattdessen katachretisch mit Semantiken und Praktiken aus dem Bereich der Politik und des ökonomischen Vertrags und verwendet ›Kommunikation‹, reflexive »Zwiegespräche«[139] als Instrument einer möglichst ›transparenten‹ – tatsächlich aber wiederum beständig machtanfälligen – Kooperation und Koordination. Im Modus der ›Beziehungsarbeit‹ lernt das Subjekt, Wünsche und Bedürfnisse einander offen zu präsentieren – was voraussetzt, Definitionen solcher Wünsche und Bedürfnisse zu entwickeln –; es besteht die Möglichkeit temporärer ›Rollenverträge‹ und eines Beziehungs-›bargaining‹ im Falle von Dissensen. ›Konfliktfähigkeit‹ erscheint damit als zentrale Subjektkompetenz für eine Partnerschaft, die sich als »freischwingende

136 Vgl. zum folgenden O'Neill/O'Neill (1972), S. 92-141; Giddens (1992), S. 49 ff.; Andrea Leupold (1983): Liebe und Partnerschaft. Formen der Codierung von Ehen, in: ZfS, S. 297-327; Jean-Claude Kaufmann (1992): Schmutzige Wäsche. Zur ehelichen Konstruktion von Alltag, Konstanz 1994; Jürg Willi (1975): Die Zweierbeziehung. Spannungsursachen – Störungsmuster, Klärungsprozesse – Lösungsmodelle, Reinbek; Jens Loenhoff (1998): Kommunikation in Liebesbeziehungen, in: Hahn/Burkart (1998), S. 199-216.

137 Vgl. etwa Anne Wilson Schaeff (1986): Codependence. Misunderstood – mistreated, San Francisco, aus feministischer Perspektive vgl. Jessica Benjamin (1988): The Bonds of Love. Psychoanalysis, feminism, and the problem of domination, New York. Der Beginn des codependence-Diskurses findet sich bei Eric Berne (1967): Games people play, New York.

138 Badinter (1986), S. 258.

139 Moeller (2000), S. 219.

Balance«[140] versteht. Die Verhandlungskommunikation geht davon aus, dass alles, was beide Partner gemeinsam betrifft, Gegenstand der ›demokratischen‹ Diskussion sein kann, dass aber die eigenständigen Aktivitätssphären der Partner außerhalb der Beziehung jeweils ›nicht verhandelbar‹ bleiben. Nicht die gesamte Alltagspraxis außerhalb der Arbeit, sondern nur ein Teil davon wird mit dem Partner verbracht; die Partner setzen voraus, dass der jeweils Andere legitimerweise seine individuellen Freundschaftsnetzwerke und Aktivitäten pflegt, die als Voraussetzung seines gelingenden Selbst und damit indirekt auch der Fruchtbarkeit der Partnerschaft perzipiert werden.

Die postmoderne Intimität trainiert ihr Subjekt in einer spezifischen, veränderungsorientierten Haltung des ›Vertrauens‹ zum Anderen.[141] Vertrauen als beständige emotionale Disposition der Sicherheit und der Abwesenheit von Angst im Verhältnis zum Anderen wird seit der bürgerlichen Kultur als Voraussetzung der kommunikativen Unbegrenztheit einer Binnensphäre des Privaten und Intimen angenommen (und positioniert sich zu Anfang in Opposition zu den ›vertrauensunwürdig‹ erscheinenden aristokratischen Familienverbänden). In der expressiven Partnerschaft verschiebt sich die Semantik des Vertrauens: Negativ konnotiert erscheint nun das ›Sicherheits‹-Vertrauen im Sinne einer statischen Annahme der Berechenbarkeit des Anderen; das Modell des veränderungsorientierten Vertrauens fundiert dieses dagegen in der Unberechenbarkeit des Anderen. Ego entwickelt eine Haltung des Vertrauens zu Alter, auch und gerade wenn sich dessen ›Identität‹ im Laufe seiner Biografie transformiert, und Alter kann auf die bedingungslose Unterstützung, das ›commitment‹ von Ego zählen, gleich in welche Richtung sich seine Aspirationen und Aktivitäten bewegen. Diese individualitätsorientierte Vertrauensarbeit setzt nicht voraus, dass der Andere der gleiche bleibt, sondern ist darauf aus, ein reziprokes Sicherheitsgefühl zu vermitteln, gerade weil das andere Ich sich jeweils ›natürlicherweise‹ wandelt oder es etwa verblüffende, neue Details seiner Persönlichkeit offenbart. Die Relation expressiver Intimität wird hier als Verhältnis zwischen zwei distinkten Individuen verstanden, die um die Fragilität ihres Passungsverhältnisses zueinander wissen und die sich – in maximaler Kenntnis der Idiosynkrasien, Fissuren und Dynamiken des Anderen – auf den Pakt einer wohlwollenden, unterstützenden Beobachtung des jeweils Anderen in seiner unberechenbaren Zukunft einlassen (eine Entwicklung, die immer auch aus der jeweiligen Partnerschaft herausführen kann).

140 Willi (1975), S. 21.
141 Vgl. zum folgenden O'Neill/O'Neill (1972), S. 218-236; Giddens (1991); S. 88 ff.; Moeller (2000), passim.

Wenn die Praktiken der partnerschaftlichen Verhandlung und der Produktion eines veränderungsoffenen Vertrauens die Risiken sozialer Abhängigkeiten und einer asynchronen Entwicklung der beiden Individuen bearbeiten, dann versorgen die expressiv-romantischen Praktiken die beiden Partner mit jenen Erlebensmomenten, die vom Einzelnen als ›subjektive Bereicherung des Selbst‹ wahrgenommen werden und den Beziehungsalltag routinisiert entroutinisieren. Vor allem im Medium der Ich-Kommunikation, die nach dem Prinzip des ›Sich-Öffnens‹ arbeitet, und in der fortgesetzten Kreation gemeinsamer Erlebnismomente der Außeralltäglichkeit simulieren die Intimitätssubjekte eine ›Kreativitätsgemeinschaft‹ eigener Art, die dem Subjekt eine irritative Anregung seiner psychischen Struktur zu liefern versucht. Indem sich das Intimitätssubjekt in der Ich-Kommunikation übt, das heißt die Fähigkeit zur kommunikativen Expression seiner vielschichtigen ›Individualität‹, von Emotionen, Reflexionen, Erinnerungen, Plänen etc., und gleichzeitig zur Aufnahmefähigkeit für die Expressionen des Anderen entwickelt, versucht es auf doppelte Weise sein ›self growth‹ zu befördern.[142] Die verbale oder non-verbale Entäußerung seiner ›inneren‹ Bewegungen und die anregende Konfrontation mit den fremden inneren Prozessen erscheinen gleichermaßen als Bedingungen für die experimentelle, ›lebendige‹ Anregung der inneren Potentiale. Das Expressionssubjekt der postmodernen Beziehung modelliert sich hier gegenüber dem historischen Vorläufermodell der *peer*-Partnerschaft in konträrer Weise. Das *peer*-Subjekt trainierte sich – in Absetzung zur bürgerlich-romantischen Innerlichkeit – gerade in äußerster Extrovertiertheit, in Soziabilität und versuchte andererseits, emotionale Regungen und innere Originalität auch in der Ehe zu domestizieren. Das postmoderne Subjekt formt sich demgegenüber in einer neuen Introvertiertheit, einer minutiösen Beobachtung und damit auch Kreation des emotional-reflexiven Innern, welche die Voraussetzung seiner Expressivität darstellt. Es greift damit auf Elemente der romantischen Subjektivität und durch diese hindurch auch der bürgerlichen Empfindsamkeit zurück. Das *peer*-Intimitätssubjekt identifizierte Expressivität und Emotionalität der Tendenz nach mit einer Entblößung des Ichs; das postmoderne Intimitätssubjekt kippt dieses Differenzschema um: Defizient – und damit für eine Beziehung wenig tauglich – erscheint nun ein Subjekt, das einerseits ›krankhaft‹ seine Emotionalität zu kontrollieren versucht, sie nicht nach außen dringen lässt, und dem es andererseits an der Interessantheit ›origineller‹, ›anregender‹ Gefühle, Aktivitäten und Reflexionen mangelt. Die Kriterien der Partnerwahl des expressiven Subjekts laufen darauf

142 Vgl. zum folgenden Mack (1997), passim; Moeller (2000), passim; Badinter (1986), S. 235-262; Deborah Lupton (1998): The Emotional Self. A sociocultural exploration, London, S. 71-104.

hinaus, seinerseits ein ähnliches und doch anderes Expressivsubjekt zu finden, das eine reziproke Ich-Kommunikation verspricht, die dem Ich fortlaufende Anregungspotentiale verschafft, ihm die icherweiternde Möglichkeit gibt, »in jeden Moment des Lebens etwas völlig Neues ... treten zu lassen«, es in den »schöpferische[n] Energiezustand«[143] zu versetzen.

Diese Iterierung eines ›schöpferischen Energiezustands‹ wird in der expressiven Beziehung auch durch die systematische, reflexiv herbeigeführte Produktion von Momenten als außeralltäglich wahrgenommenen gemeinsamen Erlebens versucht.[144] Das kulturelle Paradigma des außeralltäglichen gemeinsamen Erlebens, das von den Beteiligten als liminale Erfahrung wahrgenommen wird, ist die romantische Liebe, die sich in der Phase des Verliebtseins zu Beginn einer Partnerschaft konkretisiert. Neben der Option einer langfristigen Partnerschaft bietet damit die Sequenz relativ rasch einander ablösender Beziehungen dem expressiven Intimitätssubjekt *eine* Strategie, über den Weg einer Reproduktion des Verliebtheitsgefühls mit immer neuen Partnern Außeralltäglichkeit auf Dauer zu stellen. Auch jenseits der Option des beschleunigten Partnerwechsels ist die ›Beziehung‹ für das expressive Subjekt deshalb so interessant wie unabdingbar, da sie ein besonderes Potential von als icherweiternd erlebten ästhetischen Grenzerfahrungen bereithält. Romantische Liebe – die in der postmodernen Repräsentation jedoch beständig auf Distanz zur als unoriginell und unecht repräsentierten Standardisierung des Romantizismus geht – verspricht auf ihre Weise eine besondere Intensität von Czikszentmihalyis *flow*-Erfahrungen einer gesteigerten sinnlichen Sensibilität und Konzentration.[145] An die Beziehung wird damit der Anspruch einer ästhetischen Gemeinschaft zu zweien gestellt. Im Falle einer langfristigen Partnerschaft setzt die Realisierung dieses ästhetischen Potentials voraus, auch nach der Phase der anfänglichen Verliebtheit immer wieder gezielt Momente gemeinsamen romantischen Erlebens zu kreieren, die mit der Routine des Alltags brechen, als ästhetische Icherweiterung empfunden werden und die Beziehung ›erneuern‹.[146]

143 Mack (1997), S. 98.
144 Vgl. Illouz (1997), S. 107-150.
145 Vgl. Czikszentmihalyi (1990).
146 Die gemeinsame Reise – in der Form der für die postmoderne Kultur charakteristischen ›Individualreise‹ (Natur-/Kultur-/Städtereise) – erscheint hier als eine typische Reromantisierungsstrategie: Das reisende Paar bewegt sich durch den Orts- und häufig auch Kulturwechsel in einer für beide fremden Umgebung, die mit neuartigen Wahrnehmungen konfrontiert und die eine entroutinisierte Spontaneität der gemeinsamen Bewegungen ermöglicht; diese Lockerung von Wahrnehmungs- und Erlebensroutinen kann in der Interaktion intensiviert und geteilt

Die individualästhetische Codierung des Intimen leitet zwei weitere Praxen innerhalb der postmodernen Subjektkultur an: die der Sexualität und die mögliche Erweiterung der Beziehungs-Dyade zur Familie. In seiner Selbstmodellierung als sexuelles Subjekt rezipiert das Intimitätssubjekt der postmodernen Kultur den Code des Erotischen der *counter culture*; durch seine Generalisierung verliert dieser die Konnotation des Subversiven. Sexualität erscheint nun als ein notwendiger Bestandteil jenes universal angenommenen Begehrens des Ichs nach als lustvoll erlebten Momenten, in denen es über immer neue ästhetische Erfahrungen seine routinisierten Wahrnehmungen und Empfindungen überschreitet.[147] Im postmodernen Kontext wird Sexualität weder als eine natürlich-biologische Grundstruktur noch als eine Angelegenheit der Moralität oder der Sozialität des ›normalen‹ Verhaltens, sondern als ein Feld kultureller Kontingenz wahrgenommen: als ein Experimentierfeld des Erotischen, in dem jeder Einzelne nach seinem Weg der Luststeigerung sucht, »to use sex as play«.[148] Das ›Begehren‹ ist kein fixes ›Bedürfnis‹, sondern erscheint in diversen sexuellen Praktiken auf unterschiedliche Repräsentationen lenkbar, damit multiplizierbar – der eigene Körper wird als bisher vernachlässigte Zone kreativer Aktivität am Selbst entdeckt, als ein Feld jener leitenden »Sorge ... [die] sich darauf [richtet], dem Selbst den vollen Genuss der Lüste zu vermitteln«.[149]

Während der psychologische Diskurs der Angestelltenkultur in den 1920er bis 60er Jahren Sexualität als ›kooperative‹ Aktivität im Rahmen einer ›gesunden‹ Ehe präsentiert, wird die autoerotische Umcodierung des Intimitätssubjekts seit den 1970er Jahren durch einen ausschließlich auf die Vervielfältigung und Intensivierung sexueller Technologien spezialisierten Beratungsdiskurs, ausgehend von A. Comforts »The Joy of Sex« (1970), vorangetrieben: Sex erscheint hier, losgelöst vom Interaktionssystem der Ehe, als autonomes Bündel von Aktivitäten, nicht als regelgeleitetes soziales Handeln, sondern als variable Techniken

werden und produziert den Eindruck einer Erlebensgemeinschaft zu zweien. Vgl. zu diesem Aspekt ausführlich Illouz (1997), S. 134 ff.

147 Vgl. zum folgenden Seidman (1991), S. 120-191; Nye (1999), S. 309-425; Bruckner/Finkielkraut (1977); Jeffrey Weeks (1995): Invented Moralities. Sexual values in an age of uncertainty, Cambridge; ders. u. a. (2001): Same-sex Intimacies. Families of choice and other life experiments, London; André Béjin (1982): Die Macht der Sexologen und die sexuelle Demokratie, in: Ariès u. a. (1982), S. 253-272; Jervis (1999), S. 157-180; Zygmunt Bauman (1999): On postmodern uses of sex, in: Featherstone (1999), S. 19-33.

148 Alex Comfort et al. (1970): The Joy of Sex. A gourmet guide to love making, New York, S. 15.

149 Wilhelm Schmid (1998): Philosophie der Lebenskunst. Eine Grundlegung, Frankfurt am Main, S. 333.

zur Steigerung und Variation libidinöser Empfindungen, die mit immer neuen, scheinbar unbegrenzten Objekten (Körperteilen, Szenarios, Bildern, Toys) und libidinös aufgeladenen Objektbedeutungen hantieren. Nicht zuletzt über den Einfluss der seit den 1980er Jahren kulturell legitimierten Pornographie und entpathologisierter sexueller Subkulturen wie der sadomasochistischen Szene, schließlich seit den 1990er Jahren über das Feld des *compu-sex* treten neue Szenarien und Artefakte ins sexuelle Feld, die variierte erotische Repräsentationen bereitstellen und zur visuellen oder taktilen Anstachelung des Begehrens taugen.[150] Im Kontext einer Modellierung des Sexuellen als Feld des Experimentell-Expressiven werden auch gleichgeschlechtliche sexuelle Orientierungen zu einem entpathologisierten, teilweise paradigmatischen Segment des Erotischen. Die postmoderne Kultur positioniert sich hier in diametralem Gegensatz zu jener der organisierten Moderne. Dort kann der Homosexuelle dadurch eine kulturelle Negativfigur bilden, dass Sexualität als konstitutiver Bestandteil einer Ordnung der Moralität bzw. der sozialen Kohäsion sowie der Geschlechterordnung vorausgesetzt wird. In dem Moment, in dem Sexualität dagegen zum Phänomen der experimentellen Expression des Begehrens des Einzelnen umdekliniert wird, kann und muss eine ›sexuelle Orientierung‹ an Personen des gleichen Geschlechts nicht nur zur kulturell legitimen ›Option‹ avancieren, sie kann wahlweise auch eine besondere Authentizität des erotischen Ausdrucks (›coming out‹) oder einen besonderen libidinösen Experimentalismus gegen den kollektiven Mainstream verkörpern. Die postmoderne Sexualkultur löst sich damit – im Anschluss an die *counter culture* – von der Differenz normal/pathologisch und ersetzt diese durch die Leitunterscheidung Lust/Unlust. Das Andere des Sexualsubjekts der expressiven Intimitätskultur ist nicht der Perverse, sondern ein Subjekt, das lustunfähig bleibt, das nicht in der Lage ist, seinen sexuellen Ausdruck zu finden: Asexualität ist eine Subjektdefizienz, da sie als Zeichen einer Unfähigkeit dechiffriert wird, seine subjektive ›Erfülltheit‹ zu finden.

Die Eltern-Kind-Beziehungen erfahren eine parallele Umcodierung, und zwar sowohl auf der Ebene der Entscheidung für oder gegen eine Familiengründung als auch auf jener der Strukturierung des intimen Interaktionssystems von Eltern und Kindern.[151] Postmoderne Intimbeziehungen unterscheiden sich dadurch grundsätzlich von jenen der bür-

150 Vgl. dazu Bill Thompson (1994): Sadomasochism. Painful perversion or pleasurable play?, London; Pasi Falk (1993): The representation of presence: outline of the anti-aesthetics of pornography, in: Theory, Culture & Society, Heft 2, S. 1-42; Gareth Branwyn (2000): Compusex. Erotica for cybernauts, in: Bell/Kennedy (2000), S. 396-402.
151 Vgl. zum folgenden Johann August Schülein (2002): Die Geburt der Eltern, Gießen; Manuela du Bois-Reymond u. a. (1994): Kinderleben.

gerlichen Kultur und der Angestelltenkultur, dass die Erweiterung einer Partnerschaft zur Familie mit Kindern kontingent wird: Die Mutter/ Vater-Position zu übernehmen, erscheint als Gegenstand bewusster Entscheidung, als ein Vorgang, der nach Gründen verlangt. Diese Gründe sind im Kontext der postmodernen Subjektkultur wiederum in aller Regel solche, die den Eltern das Kind als Möglichkeit erscheinen lassen, dem ›self growth‹ des Ichs einen neuen Schub zu geben. Wenn Kinder gewählt werden, dann nicht, weil sie ›natürlicher‹ Teil einer sozial akzeptabeln Kleinfamilie sind, sondern weil sie in spezifischer Weise als individuell ›bereichernd‹ wahrgenommen werden, als eine Quelle neuer ›Erfahrungen‹: Das Kind vermag die bisherige Lebensroutine zu unterbrechen und eine neue Perspektive auf das vermeintlich ›Wesentliche‹ nahe legen; es kann eine Neukonstruktion des Subjekts als ein bedingungslos ›sorgendes‹ initiieren; es kann spielerische Potentiale im Erwachsenen zum Leben erwecken; es kann Anlass dazu sein, mit ›Mütterlichkeit‹ und mit ›Väterlichkeit‹ zu experimentieren; es kann für die Mutter über die Schwangerschaft ein neues Körperlichkeitsgefühl bedeuten.

Auch die Eltern-Kind-Beziehungen selbst werden seit den 1970er Jahren konsequent vom Erziehungsmodell des ›social adjustment‹ auf die gelungene Entfaltung der kreativ-expressiven Potentiale des einzelnen Kindes, auf seine ›optimale Förderung‹ umgestellt. Während die Erziehung in der post-bürgerlichen Angestelltenkultur sich vom Modell eines extrovertierten, sich ebenso aktiv wie reibungslos in die ›peer society‹ eingliedernden Subjekts leiten lässt, das zudem seine Emotionalität und Idiosynkrasien zugunsten der Gruppe unter Kontrolle hat, müssen diese Voraussetzungen unter den Bedingungen der postmodernen Subjektkultur als fatale Garantie für die Produktion eines unauthentischen, in seinen kreativen Anlagen verkümmernden Subjekts erscheinen. Die postmodernen Eltern-Kind-Beziehungen richten demgegenüber den ›self growth‹-Subjektcode auf das Kind: Dieses ist der emotionalen Stabilität und Fürsorge bedürftig und in seiner emotionalen Sensibilität zu stärken. Nicht das sozial unverträgliche Übermaß an Emotionalität – vor dem der szientistische Erziehungsdiskurs der 1920er bis 60er Jahre warnt – erscheint nun als riskant, sondern umgekehrt die affektive Verkümmerung des Kindes, welche die Unfähigkeit zu emotional-kommunikativer Responsivität schon früh in ihm zu verankern droht. Die affektive Fürsorge post-emanzipativer Mütterlichkeit (als ›weibliche

Modernisierung von Kindheit im interkulturellen Vergleich, Opladen; Yvonne Schütze (1988): Zur Veränderung im Eltern-Kind-Verhältnis seit der Nachkriegszeit, in: Rosemarie Nave-Herz (Hg.): Wandel und Kontinuität der Familie in der Bundesrepublik Deutschland, Stuttgart, S. 95-114; Beck/Beck-Gernsheim (1990), S. 135-183; Stacey (1990).

Stärke‹ auch in Teilen des feministischen Diskurses präsentiert) wie die des sich emotionalisierenden ›neuen Vaters‹ werden in diesem Rahmen zu Elternmodellen.

Über die emotionale Fürsorge hinaus erscheint als Erziehungsaufgabe, nicht zu ›erziehen‹, sondern ›innere Potentiale zu fördern‹. Das Muster der ›Sozialisation‹ über Regeln oder Reize sieht sich ersetzt durch ein kulturelles Modell der ›Selbstsozialisation‹: Das kindliche Subjekt scheint in sich eine Fülle disparater Potentiale, vor allem solche kreationistischer Art, zu bergen, die anzuregen und zu entfalten sind (und die im übrigen die Voraussetzung für ein erfolgreiches Erwachsenendasein unter den Bedingungen der postmodernen ästhetisch-ökonomischen Kultur bieten). Wenn das introvertierte Subjekt jenseits der Gruppe das Negativbild der normalistischen Erziehungskultur markierte, so avanciert ein solches seine Differenz pflegendes Individuum, zumindest sofern es zu einer expressiven *performance* seiner intrinsischen Potentiale in der Lage ist, zum neuen Subjektmodell. Die strikte *peer*-Orientierung des Kindes in der Angestelltenkultur sieht sich entsprechend ersetzt durch die Förderung eines multiplen Beziehungsmanagements auch des Kindes, das sich – analog den Erwachsenen – früh als Kreuzungspunkt eines nach expressiven Neigungen arrangierten Freundschaftsnetzwerkes formt. Die kindliche Sozialkompetenz ist somit weniger eine der sozialen Anpassung als eine der Parallelknüpfung von Zweierfreundschaften. Insgesamt kopieren die Eltern-Kind-Beziehungen Kernelemente der partnerschaftlichen wie auch der freundschaflichen Intimbeziehungen. Hier wie dort wird eine Verhandlungskommunikation über Wünsche und Bedürfnisse betrieben. Die allmähliche Transformation von Eltern-Kind-Beziehungen in Freundschaftsbeziehungen, die auch sich öffnende Ich-Kommunikation betreibt, erscheint damit im Laufe der Biografien der Beteiligten regelmäßig möglich.

Die intime Ökonomie der Wahl

Die postmoderne Partnerschaft modelliert sich in einer Semantik des ›Experiments‹ und des ›Projekts‹, wie sie auch bezüglich anderer Kreativitätsgemeinschaften – ökonomischer oder künstlerischer – und im Selbstverständis postmoderner Biografie zum Einsatz kommt. Die Semantik des Experiments und des Projekts distanziert die Partnerschaft von einer fixen Interaktionsstruktur, die – einmal initiiert – sich natürlicherweise unendlich reproduziert. Diese Stabilität der bürgerlichen oder *peer*-Ehe wird nun in der Distinktion als eine konformistische Unbeweglichkeit und Leblosigkeit repräsentiert. Als Experiment und Projekt konstruiert, stellt sich die postmoderne Partnerschaft als prozesshafte Bewegung, als ein permanenter ›Versuch‹ dar und setzt eine ununterbrochene Neustrukturierungsbereitschaft der Intimitätssubjekte voraus, die idealerweise alle ›Veränderungsfurcht‹ ablegen, ›immer springen können‹.[152] Die Semantik des Projekts und des Experiments enthält gleichzeitig die Konnotation der Möglichkeit eines limitierten Zeithorizonts; das Zweier-Projekt kann seine ›Beziehungsvision‹ verlieren und dann aufgegeben werden, als Experiment enthält es immer die Möglichkeit seines Abbruchs.

Unter den Bedingungen der postmodernen Subjektkultur wird im Intimitätssubjekt ein expressives Begehren nach Bewegung und Fortentwicklung seines Selbst herangebildet, welches sich jedoch mit einem zweiten Komplex kombiniert: der Haltung einer ›Ökonomie der Wahl‹ gegenüber potentiellen und auch gegenüber dem gegenwärtigen Partner(n) wie auch gegenüber einzelnen Elementen innerhalb einer Beziehung (Sexualität, Entscheidung für Kinder etc.).[153] Dass die Partnerschaft grundsätzlich dem Modus der Beziehungswahl statt der Beziehungsvorgabe folgt und diese Eröffnung personaler Kontingenz sogleich mit der kontingenzreduzierenden Entwicklung von Selektionskriterien einer ›richtigen‹ Wahl verknüpft ist, kennzeichnet sämtliche historische Versionen moderner Intimitätskultur. Die grundsätzliche Differenz der postmodernen Subjektkultur der Intimität zu ihren bürgerlichen wie post-bürgerlichen Vorgängermodellen besteht darin, dass sie die Konstellation der Wahl eines Lebenspartners nicht auf einen kurzen Moment zu Beginn seiner Post-Adoleszenz limitiert, sie vielmehr die Kontingenzsituation der Wahl während des gesamten Lebenslaufs auf Dauer stellt. Diese Iterierung der Wahlsituation trägt zu einer entsprechenden Ummodellierung der Subjektform bei: Ausgehend von einer institutierten, beständigen Reflexion seiner variablen individuellen ›Bedürfnisse‹, stellt das Intimitätssubjekt gegenüber Partnern ein komparatives Kalkül auf Dauer, in dem es auch den aktuellen wie einen potentiellen Partner unter dem Aspekt seiner personalen Vorzüge und Nachteile betrachtet. Ein allmähliches oder schlagartiges Überwiegen der ›Nachteile‹, die sich in der Person des Anderen finden – etwa vor dem Hintergrund der eigenen gewandelten Bedürfnisstruktur oder einer Veränderung der *performances* des Anderen – erscheint dann als kulturell legitimer (wenn auch nicht notwenig individuell hinreichender) Grund einer Beziehungsaufkündigung. Dieses Training in einer Ökonomie des Partnerschaftsmarktes produziert spezifische Subjektdispositionen des kompetenten Umgangs mit der Situation der Wahl, die sowohl zu Beginn und als auch im Verlauf einer Partnerschaft zum Tragen kommen.

Das postmoderne Intimitätssubjekt lernt, die Wahl eines Partners in radikalisierter Weise als ›Auswahl‹ zwischen potentiellen Objekt-

152 Vgl. Mack (1997), S. 98 ff.
153 Zum folgenden vgl. Illouz (1997), S. 187-227; Meyer (1992), S. 118-128; Kaufmann (1999); Giddens (1991), S. 70 ff.

Subjekten wahrzunehmen, und es wird darin geübt, die Selektions-kriterien seiner *rational choice* eindeutig auf die expressiv-ästhetischen Anregungsqualitäten des Anderen festzulegen. Die bürgerliche Kultur domestizierte die Konstellation der Wahl eines Partners durch die ex-perimentelle Vergleiche erschwerende Praktik des ›courtship‹, während die romantische Kultur die Entstehung eines Paares ausdrücklich nicht als Auswahl oder Vergleich von Eigenschaften verstand, vielmehr als irrationales, letztlich passives ›Angezogensein‹ durch den Anderen in seiner unteilbaren Totalität, so dass dem Subjekt jede aktive Wahl bereits abgenommen scheint. Die Etablierung der adoleszenten *rating-and-dating*-Praxis in der Angestelltenkultur seit den 1920er Jahren lässt sich hier als einschneidender, post-bürgerlicher (und zugleich marktori-entierte Dispositionen des Bürgerlichen generalisierender) Kulturbruch entziffern, nach dem das Intimitätssubjekt sich darin trainiert, einen kalkulatorischen Blick gegenüber im Prinzip austauschbaren Intim-Objekten, das heißt -Subjekten einzunehmen. Die postmoderne Sub-jektkultur entgrenzt die kalkulatorische Haltung, indem sie diese von der adoleszenten Sondersituation abzieht und als Beobachtungsform für sämtliche Lebensphasen voraussetzt, in denen möglicherweise mehrfach die Wahl eines neuen Partners ansteht. Das Intimitätssubjekt der Wahl geht hier grundsätzlich von einer prinzipiellen Vergleichbarkeit und Austauschbarkeit potentieller Partner aus. Die Institutionalisierung eines Partnerschaftsmarktes für alle Lebensphasen, die seit den 1990er Jahren in den urbanen Zentren der *creative class* sowie im Zuge der überregionalen, gezielte Auswahlprozesse ermöglichenden Vernetzung potentieller Interessenten über das Medium des Internet erfolgt,[154] stellt diese komparative Haltung einer Auswahl des/der Richtigen aus einer Fülle möglicher, zu vergleichender Partner auf Dauer, so dass Ego »tendenziell ganz konkret abwägen (wird), was ihr dieser oder jener Mann, dem sie begegnet ist, bringen wird«.[155] Gestützt wird die Reflexi-vität der Selektion durch einen Partnerschaftsberatungsdiskurs, der für alle Lebensphasen eine genaue Analyse der eigenen Erwartungen und Bedürfnisse, eine intensive ›Prüfung‹ potentieller Kandidaten und ein ›Abschütteln pathologischer Wahlkriterien‹ (Sicherheitswahlen, Unter-legenheitswahlen etc.) empfiehlt.[156] Die Selektionskriterien der postmo-dernen Partnerwahl erscheinen gegenüber jenen der Angestelltenkultur psychologisiert (so dass eine Wiederannäherung an die empfindsame, bürgerliche Kultur stattfindet). Das sozial-normalistische Modell eines eindeutigen, für eine gesamte soziale Gruppe gültigen Partner-*rankings*

154 Vgl. dazu Andrea Orr (2004): Meeting, mating, and cheating: sex, love, and the new world online, Upper Saddle River (N. J.).
155 Zit. nach einem Interview in Kaufmann (1999), S. 181.
156 Vgl. Mack (1997), S. 30 ff.

– nach dem der Partner immer auch unter dem Aspekt seiner sozialen Akzeptanz gewählt wird – sieht sich verdrängt durch individual-expressive Selektionskriterien, die den Anderen unter dem Aspekt betrachten, inwiefern er jene ›Originalität‹, jene außergewöhnliche kommunikativ-emotionale Anregung und Öffnung bietet, die dem Ich in seiner vorgeblich nicht vergleichbaren Form die bleibende Faszination der Ich-Erweiterung verspricht.

Die Konstellation der Wahl bleibt unter den Bedingungen der postmodernen Codierung von Intimbeziehungen als experimentelles Projekt auch während einer Partnerschaft potentiell präsent. Die legitime Möglichkeit einer Auflösung der Beziehung einerseits, das expressive Kriterium des ›self growth‹ andererseits, das an eine gelingende Partnerschaft angelegt wird, befördern zumindest mitlaufend einen komparativen Blick auf die Befriedigungen und auf die Einschränkungen, die jener spezifische Alter für Ego bedeutet. Auch während der Partnerschaft entwickelt das Wahlsubjekt einen Sinn für die Vergleichbarkeit und letztlich potentielle Austauschbarkeit des aktuellen Partnern gegenüber möglichen anderen Partner. Voraussetzung ist dabei eine kulturell routinisierte Selbstbeobachtung unter dem Aspekt, was die eigentlichen ›Bedürfnisse‹ und Wünsche sind, in welcher Weise sie sich möglicherweise verändert haben. Die Frage »warum und wofür sind wir zusammen?«[157] erscheint nicht zu Beginn der Beziehung ein für allemal beantwortet, sondern wird auch während ihres Verlaufs im Sinne einer permanenten Selbstprüfung neu aufgeworfen; sie schließt die Möglichkeit ein, dass einer der Beteiligten sie nicht mehr positiv zu beantworten vermag. Eine Stillstellung dieser Permanenz der Wahlsituation erscheint denkunmöglich: Die Universalisierung eine elektiven Modells des Subjekts versetzt dieses in die selbstwahrgenommene Position, nicht nicht wählen zu können; auch dann, wenn es sich dazu entscheidet, die Beziehung weiter auf Dauer zu stellen, handelt es sich um einen Akt der Wahl, um deren Kontingenz es weiß. Der komparative Blick vermag dabei die ›Individualität‹ des Anderen in einzelne Eigenschaften zu dekomponieren, die jeweils in ihrem Stellenwert als Befriedigungs- oder Einschränkungsfaktor gegeneinander abgewogen werden können (der Ratgeberdiskurs empfiehlt hier eine ›Auflistung‹). Dadurch, dass beide Beteiligten in der Regel eine Beziehungs-›Vorgeschichte‹ vorweisen können, ergibt sich eine zusätzliche Vergleichsebene, die zudem das Zweier-Interaktionssystem mit körperlich abwesenden und zugleich sinnhaft anwesenden weiteren Personen bevölkert.

Die Konstellation der Wahl während einer laufenden Beziehung ist notwendigerweise eine zweiseitige: Nicht nur Ego entwickelt seinen komparativen Blick gegenüber Alter und der ›Qualität‹ der Beziehung

157 Ebd., S. 157.

mit ihm, es weiß auch um den gleichen Blick, den es von Seiten Alters zumindest potentiell ausgesetzt ist und dessen Entscheidung ebenfalls revidierbar erscheint. Das wählende und abwägende Subjekt weiß darum, dass es zugleich Objekt der Wahl und der Abwägung durch den Anderen ist, den es mit den eigenen *performances* nicht nur zu Beginn, sondern auch während der Beziehung immer wieder zu überzeugen gilt. Die ständige subjektive und intersubjektive Selbstvergewisserung, dass ›diese Beziehung für mich/beide die richtige ist‹, versucht die Kontingenz des Paares für den Moment zu schließen und demonstriert zugleich die Existenz dieser Kontingenz. Als gewählte und revidierbare kann die Partnerschaft dabei mit einer quasi-marktorientierten Semantik der »Leistungsbilanzierung« und des »Äquivalententausch[s]«[158] beobachtet werden. Obwohl die einzelnen Akte gegenüber dem Partner sich durchgängig als uneigennützig präsentieren müssen, kann ihnen eine implizite, erst im Krisenfall verbalisierte kontraktualistische Logik zugrundeliegen: »Ich liebe dich genauso wie mich selbst, vorausgesetzt, du liebst mich genauso wie dich selbst.«[159] Damit wird es möglich, dass die gegenwärtige, gewählte Partnerschaft als ein Provisorium, als ein Phänomen ›bis auf weiteres‹ wahrgenommen wird, die gerade als ein solches – möglicherweise auch immer weiter verlängertes – Provisorium seinen Reiz als intensiv erlebtes Experimentierfeld für Neues erlangen kann.

›Degendering‹ und die Mangelhaftigkeit expressiver Intimität

In der dominanten Subjektkultur persönlicher Beziehungen seit den 1970er Jahren – zumindest in ihrem Mittelschichtskern – sieht sich die Voraussetzung einer eindeutigen Aufgabenverteilung und Differenz von Geschlechtern und damit die routinisierte Selbstkonstitution des Subjekts als Exemplar fixierter männlicher bzw. weiblicher Eigenschaften weitgehend delegitimiert; es findet eine Entnaturalisierung von *gender* statt, die auch die Form einer kontroversen Diskursivierung von Geschlechterrollen annimmt.[160] Diese Delegitimierung fixer Geschlechter-

158 Meyer (1992), S. 126 f.
159 Badinter (1986), S. 243.
160 Zum folgenden vgl. Michael Kimmel (2000): The Gendered Society, Oxford, S. 264 ff.; Susanne Schröter (2002): FeMale. Über Grenzverläufe zwischen den Geschlechtern, Frankfurt (Main); Judith Lorber (1995): Paradoxes of Gender, New Haven; Badinter (1986), S. 190-234; Hite (1981), (1987); R. W. Connell (1995): Maculinities, Cambridge, S. 204-243; Michael Meuser (1998): Geschlecht und Männlichkeit. Soziologische Theorie und kulturelle Deutungsmuster, Opladen, S. 246-262; Lupton (1998), S. 105-136; Filene (1974/1998), S. 186 ff.; Lynne Segal (1987): Is the Future Female?, London.

differenzen erfolgt auf einer ersten Ebene unter dem Einfluss der feministischen Bewegung und ihrer Kulturalisierung von *gender*; auf einer zweiten, basaleren Ebene ist sie das Resultat der auch massenmedial verbreiteten psychologischen, kulturwissenschaftlichen und ökonomischen Interdiskurse seit den 1970er Jahren, die – entlang der Subjektmodelle des ›self growth‹, der kulturellen Pluralität und der Wahl – die Plastizität jeglicher, auch bisher als natürlich vorausgesetzter Subjekteigenschaften voraussetzen (zumindest jenseits der nun ihrerseits als universal präjudizierten humanen Expressivitäts-, Kulturalitäts- und Wahlnatur). Unter dem Einfluss dieser Kontingenzdiskurse erscheinen typisierte geschlechtliche Verhaltensweisen nicht als unüberschreitbare, zwangsläufig zu akzeptierende Bedingungen, sondern als variables Gestaltungsmaterial der individuellen Entfaltung, der Hantierung mit kulturellen Versatzstücken und der Auswahl zwischen Möglichkeiten.

Die expressive Orientierung, welche die Partnerschaften und Freundschaften im Intimitätssubjekt implantieren und welche dieses im Gegenzug in sie hineinträgt, erscheint in der postmodernen Subjektkultur als ein universales Merkmal unabhängig vom biologischen Geschlecht der einzelnen Person. Es ergibt sich eine entsprechende Tendenz zu einem ›degendering‹, indem die Markierung von interindividuellen Differenzen in persönlichen Beziehungen – wie in anderen sozialen Feldern – sich primär auf vorgeblich expressive Eigenschaften des Einzelnen und nicht auf die Reproduktion von Geschlechterrollen richtet. Auch in der postmodernen Intimbeziehung ist etwa eine ›traditionelle‹ Aufgabenverteilung Beruf/Haushalt möglich, aber sie kann nicht vorausgesetzt werden, sondern stellt sich als Ergebnis eines singulären Beziehungs-*bargaining* in der einzelnen Partnerschaft dar. Die Positionierungen weiblicher und männlicher Subjekte in Beziehungen erscheinen somit grundsätzlich austauschbar – auf diese Weise können auch gleichgeschlechtliche Frau/Frau- oder Mann/Mann-Beziehungen im Verhältnis zu verschiedengeschlechtlichen Mann/Frau-Beziehungen als strukturidentische Form eines expressiven Intimsystems interpretiert werden.[161]

In der postmodernen Intimitätskultur – wie auch in anderen Feldern der postmodernen Praxis, der Arbeit, dem Konsum und den Körperpraktiken – findet damit eine Verähnlichung der Geschlechterhabitus in einer neuen Version statt. Nach der Verähnlichung in Form einer relativen Maskulinisierung des weiblichen Subjekts, wie sie die Angestelltenkultur seit den 1920er Jahren initiierte, betreibt die neue, darauf aufbauende Angleichung einerseits eine relative Feminisierung des Habitus männlicher Subjekte, andererseits eine Transformation von Geschlechtereigenschaften in variable kulturelle Objekte der Wahl. Es ist nicht erst die postmoderne Kultur, sondern schon die Angestell-

161 Vgl. Weeks (2001).

tenkultur, die gegen den spätbürgerlichen Geschlechterdualismus eine Verähnlichung der Geschlechterhabitus in Gang setzt, die im Gefolge des Modells der ›new woman‹ die Form einer maskulinisierenden Aktivierung des weiblichen Subjekts annimmt. Die neue Runde der Angleichung der Geschlechterhabitus seit den 1970er Jahren führt einerseits durch die flächendeckende Verberuflichung des weiblichen Subjekts diese Aktivierung weiter, gleichzeitig trainiert sich in den expressiven Intimbeziehungen das männliche Subjekt in Kompetenzen, die im Rahmen einer spätbürgerlichen Geschlechtermatrix als ›weiblich‹ codiert worden waren. Die postmodernen Subjektdispositionen der emotionalen, ›sich öffnenden‹ Ich-Kommunikation, der veränderungsoffenen Vertrauensarbeit, auch der romantisierenden Erlebniskreation oder des geschickten Partnerschafts-*bargaining* werden insbesondere im Beziehungs- und Geschlechterdiskurs der 1970er und 80er als Eigenschaften präsentiert, für die das weibliche Subjekt durch sein bisheriges spezialisiertes Training in Aufgaben der Intimsphäre prädestiniert erscheint. Das männliche Subjekt – in Form des in der spätbürgerlichen und *peer*-Kultur emotional-kommunikativ »blockierten Mannes«[162] – muss sie hingegen zum großen Teil neu erwerben. Auch unter dem Aspekt einer intensivierten Selbst- und Fremderotisierung von Darstellungen des männlichen Subjekts in der visuellen Kultur seit den 1980er Jahren, in der männlichen Ausfüllung der Position des individualästhetischen, sich selbst stilisierenden Konsumsubjekts sowie der männlichen Übung in einer auf den eigenen Körper gerichteten ›Sorge um sich‹ – während Konsum und Körpersorge in der Angestelltenkultur als weibliches Reservat galten – nimmt die Angleichung der Geschlechterhabitus die Form einer relativen Feminisierung des männlichen Subjekts bzw. einer Universalisierung bisher als weiblich codierter Eigenschaften an.[163]

Die feminisierende Angleichung und damit Neutralisierung der Geschlechterhabitus seit den 1970er Jahren (welche die maskulinisierende Verähnlichung seit den 1920er Jahren nicht dementiert, sondern voraussetzt) wird begleitet von einer nur scheinbar widersprechenden Neuthematisierung und einer experimentellen Applikation von kulturellen Versatzstücken des *gender*, von einem *re-gendering* auf individualästhetischer Ebene: Im Kontext der massenmedial verbreiteten psychologischen, kulturwissenschaftlichen und ökonomischen Diskurse der

162 Herb Goldberg (1987): The Inner Male. Overcoming roadblocks to intimacy, New York, auch Susan Faludi (1999): Männer – das betrogene Geschlecht, Reinbek 2001.
163 Zu diesen Aspekten vgl. Sean Nixon (1992): Have you got the look? Masculinities and shopping spectacle, in: Shields (1992), S. 149-169; Mark Simpson (1994): Male Impersonators. Men performing masculinity, London.

Entfaltungs-, Kulturalitäts- und Wahlnatur des Menschen wird *gender* nicht nur neutralisiert, umgekehrt können Elemente geschlechtlichen Verhaltens positiv als ein Objekt der Entfaltung, des kulturellen Arrangements und der Wahl, zur Kreation einer vom Einzelnen als ›befriedigend‹ erlebten singulären ›Identität‹ und eines als attraktiv wahrgenommenen ›Stils‹ herangezogen werden. Die Renaturalisierungsstrategien innerhalb des frühen Feminismus der 1970er und der mytopoetischen Männerbewegung der 1980er Jahre liefern hier nur zwei besondere, politisierte Ausprägungen der kursierenden kulturellen Angebote diverser *gender*-Subjektpositionen. Diese werden als Werkzeuge der Identitätskreation verwendet und können beispielsweise den Zitations-Stil ›bewusster Weiblichkeit‹ ebenso wie den der ›androgyn-ästhetischen Männlichkeit‹ oder der emotionalen Männlichkeit (›neuer Vater‹), die Figur der ›harten Männlichkeit‹ ebenso wie die der ›maskulin-androgynen Weiblichkeit‹ umfassen. *Gender* erscheint hier als ein im weitesten Sinne ästhetisches Versatzstück neben anderen, als Gegenstand der Stilisierung des Subjekts nach außen und der Erlebnissuche nach innen. Wiederum verbirgt sich hinter der ›Pluralisierung‹ dieser *gender*-Angebote damit eine homologe Subjektstruktur: Die Geschlechterkultur der Postmoderne züchtet – parallel zu einem nun tatsächlich relativ angeglichenen Habitus von Männern und Frauen – im Subjekt einen Blick heran, der ihm eine experimentelle ebenso wie expressive Haltung, eine ›kreative‹ Haltung der Kontingenz gegenüber den einzelnen Elementen der Geschlechtlichkeit einnehmen lässt. Während das kulturelle Andere der spätbürgerlichen und der Angestelltenkultur ein Subjekt ist, das die Geschlechterdifferenzen sprengt, ist das Negativsubjekt der postmodernen persönlichen Beziehungen eines, das unflexibel in vermeintlich vorgegebener – weiblicher oder männlicher – Geschlechtlichkeit verharrt und weder entwicklungs- noch experimentierbereit, damit letztlich kontingenzunfähig scheint.

Generell gilt die Differenzmarkierung der postmodernen Subjektkultur persönlicher Beziehungen einem Subjekt, das in der experimentellen Expressivität seines Ichs gehemmt ist und in sich Merkmale des sozial-kontrollierten, *other directed* Habitus der organisierten Moderne konzentriert. Diese Negativfigur wird dadurch defizient, dass sie sich im Zuge ihrer Selbststandardisierung in ihrem ›natürlichen inneren Wachstum‹ hemmt und nach den Leitlinien sozialer Kontrolle sucht: Lustunfähigkeit, Emotionsunfähigkeit, Genussunfähigkeit, mangelnde ›Selbstliebe‹ sind Aspekte eines solchen expressionslosen Subjekts. Es erscheint doppelt gehandicapt. Einerseits schädigt es sich in seiner Persönlichkeitsentfaltung durch toxische Intimbeziehungen, in denen es auf die Bedürfnisse des Anderen fixiert bleibt. Wachstumsunfähigkeit kombiniert sich hier mit einer Inkompetenz zur klugen Wahl, die sich in der chronischen Tendenz zu ›schädlichen‹ Partnern und zum zwanghaften Festhalten an ›gescheiterten‹ Beziehungen manifestiert. Gleichzeitig erscheint das anti-expressive Subjekt auch als *Objekt* der Wahl durch potentielle Partner gehandicapt. In seiner Selbststandardisierung vermag es nicht jenes Anregungspotential einer ›inneren Reichhaltigkeit‹ zu offerieren, die es für einen Partner langfristig attraktiv macht. Im Anti-Modell pathologischer Intimität erscheint Expressionsunfähigkeit dabei gekoppelt an die Inkompetenz zum dialogischen Beziehungs-*bargaining* und an ein Kontrollbedürfnis: Das Subjekt, dem es selbst an individuellem Ausdruck mangelt, ist unfähig, einen Sinn für die Entfaltungsbedürfnisse des Anderen zu entwickeln. Psychische und körperliche Gewalt in der Beziehung, die Transformation von Partnerschaften in Herrschafts- und Ausbeutungsverhältnisse mit ›Tätern‹ und ›Opfern‹, die seit den 1980er Jahren ein Leitthema des Negativ-Diskurses pathologischer Partnerschaften liefern,[164] wird nun als das extreme ›Andere‹ der expressiven Intimbeziehung repräsentiert.

Die postmoderne Intimitätskultur hält mehrere immanente Brüche bereit, die sich aus der Heterogenität der kulturellen Versatzstücke ergeben, aus denen sie ihr Subjekt montiert; es tun sich Spannungen zwischen *companionate marriage* und post-romantischer Ästhetisierung sowie zwischen einem Imperativ schrankenloser psychischer Öffnung und einem kalkulatorischen Blick der Wahl gegenüber dem Anderen auf. Im postmodernen Intimitätssubjekt überformt sich eine Haltung, welche die Beziehung als Partnerschaft im Sinne eines quasi-kontraktualistischen und eines quasi-politischen Zusammenhangs begreift, mit einer ästhetisierten, expressionsorientierten Haltung, welche das dyadische Erleben als Quelle der subjektiven Selbsttranszendierung erprobt. Die postmoderne Beziehung appropriiert hier einerseits das in der historischen Romantik initiierte Modell von Liebe als gegenseitigem Steigerungszusammenhang von Individualität in eindeutigerer Weise, als es im Rahmen der spätbürgerlichen und der *peer*-Kultur möglich ist, die beide die expressive Subjektivität der sozialen Respektabilität bzw. Normalität unterordnen. Die postmoderne expressive Beziehung ist jedoch keine Kopie der romantischen Liebe. Sie erfordert vom Intimitätssubjekt als Voraussetzung gelungener Außeralltäglichkeit die Routinisierung politisch-ökonomischer Praktiken der Verhandlungskommunikation und zudem ein *social support* veränderungsoffener Vertrauensarbeit, welche die eigenständige – auch beziehungsferne – Entwicklung des Anderen toleriert. Dem Intimitätssubjekt ist der Andere damit romantischer Erlebenspartner *und* kooperativer Verhandlungspartner, die Beziehung ist der herausgehobene Ort von Expressivität *und* gleichzeitig die stützende ›Hinterbühne‹ für das eigentliche ›self growth‹ außerhalb

164 Vgl. dazu Lynn Jamieson (1998): Intimacy. Personal relationships in modern societies, Cambridge, S. 115 f.

der Beziehung. Diese Doppelcodierung postmoderner Intimität als Erlebensraum und als Kooperationsraum implantiert im Intimitätssubjekt ein widersprüchliches Begehren nach außeralltäglicher Intensität und nach verlässlicher Kooperation zugleich. Erstere verkörpert sich im Modell der ›romantischen Liebesaffäre‹, letztere im Modell der ›gleichberechtigten Partnerschaft‹, die in der postmodernen Kultur beide in Konkurrenz zueinander Objekte des *passionate attachment* liefern.[165]

Eine weitere, damit verknüpfte Doppeldeutigkeit, in welche die postmoderne Intimitätskultur ihr Subjekt versetzt, betrifft die Spannung zwischen dem post-romantischen Modell zweier füreinander entgrenzter Individualitäten und dem marktförmigen Modell einer kalkulatorischen, konsumtorischen Haltung gegenüber dem Anderen, die gerade nicht jede Individualität akzeptiert, sondern nur eine, welche die eigene nicht hemmt.[166] Die Kopplung einer Logik der Expressivität an eine Logik der Wahl in der postmodernen Intimitätskultur erscheint auf einer ersten Ebene nicht widersprüchlich, sondern komplementär und sich gegenseitig verstärkend: Wenn die kulturelle Teleologie die Beziehung darauf festlegt, dass Alter die Individualität des Ego anreichert, und wenn nicht die soziale Passung von Personen, sondern die grundsätzliche Differenz zwischen individuellen Perspektiven den spätmodernen Subjektcode anleitet, so dass ein reziprokes, langfristiges Anreicherungsverhältnis letztlich als eine äußerst voraussetzungsreiche Konstellation erscheint, kann eine rationalisierte Haltung der Wahl zur passenden Methode werden, um diese unwahrscheinliche Konstellation trotzdem aufzuspüren. Innerhalb eines begonnenen Interaktionssystems ›Partnerschaft‹ zwingt die Überlagerung von expressiver und konsumtorischer Logik das Intimitätssubjekt jedoch in eine doppelte Beobachtungsform des Anderen: Dieser ist Quelle von Anregungen und Gegenstand von ›commitment‹ und gleichzeitig mitlaufend Objekt der Beurteilung seiner Partnerschaftsfähigkeit, ein Objektcharakter, den Ego auch für Alter einnimmt und um den es weiß. Die expressive Logik leitet das Subjekt dazu an, sich dem anderen in allen seinen mentalen und emotionalen Akten zu öffnen – eine Zurückhaltung erschiene hier

165 Vgl. Eva Illouz (1999): The lost innocence of love: romance as a postmodern condition, in: Featherstone (1999), S. 161-186, vgl. auch die Beiträge in Kornelia Hahn/Günter Burkart (Hg.) (1998): Liebe am Ende des 20. Jahrhunderts. Studien zur Soziologie intimer Beziehungen, Opladen.

166 Vgl. auch Cancian (1987), S. 105-133; Giddens (1992), S. 134 ff. Eine radikale Alternative zur ›Wahl‹-Partnerschaft findet sich bei Bauman in Anlehnung an Lévinas, in der der Andere als hilfloser Gegenstand der Sorge und damit der unbedingten emotionalen Verpflichtetheit repräsentiert wird: Zygmunt Bauman (1995): Flaneure, Spieler und Touristen. Essays zu postmodernen Lebensformen, Hamburg 1997, S. 101 ff.

als Defizienz überzogener Selbstkontrolle – und dasselbe vom anderen zu erwarten. Die konsumtorische Logik leitet das Subjekt hingegen gerade dazu an, sich *nicht* schrankenlos zu öffnen, da es darum weiß, dass die eigenen Expressionen vom Anderen auch unter dem Aspekt betrachtet werden, ob ein langfristiges Passungsverhältnis möglich erscheint. Die konsumtorische Logik erzieht zu einer Gestaltung der *performances* im Modus des *looking glass self,* welche in der expressiven Logik als unauthentisches Verhalten erscheint, und umgekehrt dazu, selbst die Expressionen des Anderen nicht nur als Facetten seiner Individualität, die es zu stützen gilt, sondern auch unter dem Gesichtspunkt ihrer langfristigen Erträglichkeit zu evaluieren.

Der Beendbarkeit einer Beziehung muss damit in der expressiven und in der kalkulatorischen Logik der Partnerschaft eine konträre Bedeutung zukommen. Im Rahmen der marktförmigen Logik der Wahl stellt sich die ›Kündigung‹ einer Partnerschaft als normalisiertes Potential dar, das eine rationalisierte Form des Endes ohne emotionale Auseinandersetzung erfordert (›einvernehmliche Trennung‹). Wenn die postmoderne Intimbeziehung auf die Vermeidung der ›codependence‹ bedacht ist, dann muss die Auflösung einer solchen Beziehung die Beteiligten im Grundsatz in ihrer psychischen Struktur intakt zurücklassen. In der expressiven Logik der gekoppelten Individualitäten stürzt die Auflösung einer Beziehung hingegen den Einzelnen in eine psychische Krise, die – ein ubiquitäres Thema im Partnerschaftsdiskurs – längerfristige ›Trauerarbeit‹ erfordert. Die in der postmodernen Intimitätskultur prämierte reziproke ›Öffnung‹ zweier Individualitäten, die einen dyadischen Raum schafft, kann eine dem Modell der klassischen romantischen Liebe vergleichbare Konstellation der affektiven Abhängigkeit vom Anderen systematisch produzieren, welche die postmoderne Intimitätskultur zugleich als schädlich verwirft. Die expressiven Intimbeziehungen trainieren das Subjekt in einem Maße, wie es in der spätbürgerlichen Kultur mit ihrer fixen Geschlechterseparierung und in der *peer*-Kultur mit ihrer Distanz zur individuellen Expression nicht möglich schien, in einer post-romantischen Orientierung an der psychischen Bereicherung durch einen konkreten Anderen; sie richten das subjektive Begehren an der Existenz eines individuellen Anderen aus, der als Bedingung zur Realisierung des Subjektbilds des persönlichen ›self-fulfillment‹ erscheint. Gleichzeitig repräsentiert die ›companionate marriage‹ der postmodernen Intimitätskultur Abhängigkeiten als intolerabel und als Defizit einer fixierten Persönlichkeit. Die expressive Beziehung kann eine Dynamik der gegenseitigen (oder auch einseitigen) Fixierung des Begehrens auf die Individualität eines Anderen systematisch produzieren, die sie sich in ihrem Anspruch einer egalitären, Autonomie bewahrenden, kündbaren Partnerschaft gleichzeitig verbietet.

4.2.3 Postmoderne Technologien des Selbst: Individualästhetischer Konsum, körperorientierte Praktiken, digitale Praktiken

Seit den 1970er und 80er Jahren bilden sich in den westlichen Gesellschaften zeitgleich mit den post-bürokratischen Arbeitsformen und den expressiven Intimbeziehungen mehrere, zunächst verstreute Komplexe von Technologien des Selbst, welche die Grenzen der Selbstpraktiken der organisierten Moderne überschreiten: ein individualästhetischer, lebensstilorientierter Modus der Konsumtion; Körperpraktiken, in denen sich sportliche und gesundheitsorientierte Aktivitäten kombinieren; schließlich mit der digitalen Technologie die medialen Routinen im Umgang mit dem Computer. Trotz ihrer Unterschiedlichkeit teilen diese Bündel von Aktivitäten die Gemeinsamkeit einer subjektiven Selbstreferentialität; sie üben das Subjekt darin, jenseits von Arbeits- und Intimitätsformen primär eine Relation zu sich selbst herzustellen. Alle drei Komplexe werden zunächst wiederum von der Minorität der *creative class* in den urbanen Zentren vor allem der Gesellschaften Westeuropas und Nordamerikas getragen und bilden ursprünglich Elemente eines ›Californian way of life‹; aber das Modell eines Subjekts, das sich über Konsumobjekte und -leistungen experimentell selbst stilisiert und dort Befriedigung findet, das sich in Körpererfahrungen transformiert und schließlich an der *cyberculture* aktiv partizipiert, erlangt eine popularisierte, hegemoniale Attraktivität über diese spezifische Milieuformation hinaus und wird konstitutiver Bestandteil einer postmodernen Subjektordnung.

Das Verhältnis der postmodernen Technologien des Selbst zu jenen der Angestelltenkultur ist doppeldeutig: Die Angestelltenkultur, zu der die postmoderne Kultur in ihrer Selbstbeschreibung auf Distanz geht, bringt seit den 1920er Jahren jene konsumtiven und medial-audiovisuellen Praktiken, somit die Dispositionen eines Konsumsubjekts und eines visuellen Film-/Fernsehsubjekts hervor, welche sich als Voraussetzungen für die postmoderne Subjektkultur darstellen. Es ist die Angestelltenkultur, die gegen den bürgerlichen Utilitarismus ein Konsumtionsethos attraktiver Oberflächen etabliert, die gegen die bürgerliche Schriftkultur eine visuelle Kultur im Medium technischer Reproduzierbarkeit etabliert, auf der auch die digitale Kultur aufbaut, und die in Ansätzen ein gesteigertes Interesse an der – hier: visuell perzipierbaren, attraktiven – Körperlichkeit von Subjekten jenseits ihrer inneren Eigenschaften institutionalisiert. Die immanente Friktion des Angestelltensubjekts zwischen sozial-technischer Normalisierung und Ästhetisierung, welche sowohl seinen Konsum als auch seine Rezeption audiovisueller Medien strukturiert, wird jedoch in den postmodernen

Selbstpraktiken zugunsten der Ästhetisierung und gegen die Normalisierung aufgebrochen. Leitend für die Selbstmodellierung des Subjekts im individualästhetischen Konsum, den neuen Körperpraktiken und den digitalen Praktiken ist eine Differenzmarkierung zum sozial kopierten Konsum sowie zum Realismus-Effekt und zu der Passivität des Rezipienten der traditionellen visuellen Medien. Demgegenüber produzieren die postmodernen Technologien des Selbst übereinstimmend ein Subjekt, das eine Reihe von eindeutig ästhetischen Dispositionen entwickelt und miteinander verknüpft, welche allesamt auf Sinntransfers aus den ästhetischen Bewegungen der 1960er und 1970er Jahre basieren.

Es handelt sich um die kulturelle Form eines experimentellen Subjekts, das sich darin trainiert, mit diversen Repräsentationen und Sinneswahrnehmungen ergebnisoffen zu hantieren – mit der Semiotik von Konsumobjekten wie auch den Bedeutungen der eigenen Konsumwünsche; mit den Elementen einer virtuellen Realität; mit den Empfindungsmöglichkeiten des Körpers –, somit die Welt als kulturell konstituierte vorauszusetzen und sich dabei selbst kontingent zu setzen. Es ist ein *flow*-Subjekt, dessen gesamtes Begehren darauf abzielt, in sich körperlich-mental-affektive Zustände einer »optimal experience«,[167] des inneren Erlebens libidinös besetzter Situationen hervorzurufen, zu wiederholen und zu potenzieren: im Erlebniskonsum, in der Körpererfahrung, in der Erfahrung der Immersion in eine digital generierte *possible world*. Es ist ein Subjekt, das sich in der aktiven, ›kreativen‹ Gestaltung seiner selbst trainiert, das sich in semiotischer Kompetenz beim Arrangement eines individuellen Stils, in der Fähigkeit zur routinisierten Wahl und Entscheidung (die bei der Auswahl zwischen Konsumobjekten, aber auch und gerade im ›click fetishism‹[168] des Computers geformt wird) und in der Steuerung seiner Körperzustände übt. Schließlich handelt es sich um die Form eines sich stilisierenden Subjekts, das sich seiner sozialen Umwelt als Ausdruck einer individuellen, das heißt gegenüber anderen differenten Expressivität präsentiert: wiederum in der Verwendung von Accessoires des Konsums sowie in der *performance* des wohlgestalteten Körpers, auch in der textuellen Präsentation des Selbst unter körperlich Abwesenden in der digitalen Kommunikation. Das kulturelle Andere postmoderner Subjektivität wird hier durch ein ›konventionelles‹, an vorästhetischen (sozialen, moralischen, technischen) Regeln orientiertes Subjekt repräsentiert, dem es an Genuss(*flow*-)fähigkeit ebenso wie an

---

167 Vgl. Mihaly Csikszentmihalyi (1990): Flow. The psychology of optimal experience, New York.

168 Vgl. Anna Everett (2003): Digitextuality and click theory. Theses on convergence media in the digital age, in: dies./Caldwell (2003), S. 3-28.

Stilisierungs- und Experimentierfähigkeit im Umgang mit sich selbst mangelt.

Im affektiv aufgeladenen Ideal-Ich der Lebensstilkultur fügen sich alle vier ästhetischen Dispositionen bruchlos zusammen: In seinen Selbsttechnologien übt sich das postmoderne Subjekt im experimentellen Spiel mit Repräsentationen, das eine ästhetische Selbstregierung voraussetzt. Beide ermöglichen ihm eine Iterierung von *flow*-Erlebnissen – somit kann das Subjekt nach außen erfolgreich seine jeweilige Individualität demonstrieren. Diese Dispositionen stellen sich als Subjekteigenschaften dar, die zwar in den Praktiken des Selbst erworben werden, die aber auch feldtranszendierend zum Einsatz kommen. Gleichzeitig tun sich im Innern der Selbstkultur der Postmoderne jedoch Brüche zwischen den einzelnen Dispositionsbündeln auf: zwischen der Selbst- und Innenorientierung des Erlebens und der Fremdorientierung der marktförmigen Stilisierung für andere; zwischen einer dezentrierten Haltung des Experimentalismus und einem rezentrierten Subjekt der moderierten Wahl.

Konsumtion des Erlebens und des differenten Selbst

Seit den 1970 und 80er Jahren erfolgt, ausgehend vom Milieu der *creative class*, eine Transformation der leitenden konsumtorischen Praktiken von einem normalistischen zu einem individualästhetischen Konsum.[169] Ermöglicht wird diese von einer parallelen, sich wechselseitig verstärkenden Modifizierung der konsumtorischen Begehrensstrukturen und der Formen der Güterproduktion und -distribution. Einerseits werden Elemente des nun vorbildlich erscheinenden Subjektmodells des spielerischen Begehrens und der individuellen Selbststilisierung, wie es

---

169 Zum folgenden vgl. Rob Shields (Hg.) (1992): Lifestyle Shopping. The subject of consumption, London; Martin Davidson (1992): The Consumerist Manifesto. Advertising in postmodern times, London; Joseph Pine/James Gilmore (1999): The Experience Economy. Work is Theatre and Every Business a Stage, Cambridge (Mass.); Gerhard Schulze (1992): Die Erlebnisgesellschaft. Kultursoziologie der Gegenwart, Frankfurt am Main/New York; Steven Miles (1998): Consumerism as a Way of Life, London; Frank (1997); Falk (1994), S. 151-217; Schrage (2003); Ewen (1988), S. 1-53; Anne Friedberg (1993): Window Shopping. Cinema and the postmodern, Berkeley, S. 109 ff.; Mike Featherstone (1991): Consumer Culture and Postmodernism, London; Pascal Bruckner/Alain Finkielkraut (1979): Das Abenteuer gleich um die Ecke. Kleines Handbuch der Alltagsüberlebenskunst, München 1981; Norbert Bolz (2002): Das konsumistische Manifest, München; Steven Miles u. a. (Hg.) (2002): The Changing Consumer. Markets and meanings, London/New York.

die Gegen- und Jugendkulturen sowie die postmodernistische Kunst-szene initiiert haben, im Sinne eines ›hip consumerism‹ leitend auch für die nachfragestarken und massenmedial Trends setzenden höheren Mittelschichten, die sich von der nun konformistisch erscheinenden Konsumpraxis der Angestelltenkultur abgrenzen. Die ›individualästhe-tische‹ Form des Konsums verspricht, dem Subjekt jene momenthaften ästhetischen Erlebnisse und jene Selbststilisierung als besonderes, ge-genüber anderen differentes Individuum zu verschaffen, den der sozial standardisierte Konsum des Angestelltensubjekts systematisch verhin-dert habe. Damit kann die Konsumkritik der Gegenkultur internalisiert, und es kann trotzdem, sogar in gesteigertem Maße, konsumiert werden. Gleichzeitig antwortet die Produktionsseite auf diese – seit den 1980er Jahren durch extensive Konsumentenforschung als Lebensstil- und Trend-Beobachtung abgebildeten – verschobenen Wunschstrukturen, und die post-bürokratischen Wirtschaftsorganisationen eröffnen Mög-lichkeiten einer flexiblen Spezialisierung von Produkten sowie einer Beschleunigung der innovationsorientierten Produktion, welche der Umstellung der Konsumenten entgegenkommt. Die Güterproduktion stellt sich dabei selbst auf eine ›experience economy‹ um, die versucht, solche Produkte zu lancieren, die statt primär mit einem Nutz- oder Sta-tuswert mit einem ›Erlebniswert‹ ausgestattet sind, das heißt, die dem Subjekt erstrebenswerte semiotisch-affektive sowie sinnliche Gehalte versprechen.

In der gegenseitigen Verstärkung von neuen Ansprüchen und An-geboten kann sich damit die Expansion und Generalisierung eines *individualästhetischen Konsumtionshabitus* im Zentrum der postmo-dernen Subjektkultur herauskristallisieren. Während der Konsum in der Angestelltenkultur der 1920er bis 60er Jahre sich auf materielle Objekte – vor allem Haushalts- und Einrichtungsgegenstände oder Klei-dung – konzentriert, avancieren seit den 1970er Jahren immaterielle Objekte zu paradigmatischen Gegenständen des Konsums. Dies gilt für Dienste, die am Subjekt geleistet werden (z. B. Körper- und Gesund-heitspflege, Persönlichkeitsberatung), dies gilt vor allem auch für den Konsum ganzer *environments*, von Events nach Art eines inszenierten Gesamtkunstwerks, das als ganzes erlebt wird: Unterhaltungs-Events (Konzerte, Festivals, Sportereignisse),[170] außeralltäglich-spektakuläre räumliche Kontexte (z. B. Erlebnisgastronomie, Wellness-Zentren, Shopping-Malls) und schließlich den Tourismus als eine umfassende kulturell-ästhetische Aktivität, die sich auf den urbanen wie den natür-lichen Raum bezieht. Der Artefakt-Konsum wird durch den Environ-ment-Konsum überlagert, und die Praktiken des Konsumierens lösen

170 Vgl. hierzu auch Winfried Gebhardt u. a. (Hg.) (2000): Events. Sozio-logie des Außergewöhnlichen, Opladen.

sich vom Spezialfall der Vernutzung materieller Güter in Richtung einer Wahl von Items beliebiger Art unter dem Aspekt ihrer ästhetisch-sinnlichen und stilisierenden Qualitäten.

Wenn konsumtorische Praktiken in der Angestelltenkultur aus den drei Aktroutinen des Betrachtens, des Wählens und des Benutzens bestehen,[171] dann bauen sich diese Praktiken mit der postmodernen Formation seit den 1970er Jahren so um, dass die drei Elemente sich entdifferenzieren und zudem individualästhetisch umgeformt werden. Das Konsumsubjekt erwirbt in der Angestellten- wie in der Lebensstilkultur semiotische, elektive, libidinöse und imaginative Dispositionen: Es versieht Dinge und Ereignisse mit Bedeutungen jenseits ihres Nutzwertes, besetzt diese Bedeutungen libidinös und zieht Genuss aus ihrer sinnlichen Aneignung, eine Aneignung, die eine kalkulatorische Abwägung zwischen verfügbaren Optionen voraussetzt. Im Vergleich zur normalistischen Angestelltenkultur arbeitet die postmoderne Lebensstil-Kultur jedoch mit anderen Formen der semiotischen Aufladung, mit anderen Wahlkriterien und schließlich anderen Ideal-Ichen. Unter der Oberfläche einer scheinbaren ›Individualisierung‹ und ›Pluralisierung‹ des Konsums[172] vollzieht sich damit eine Ummodellierung der – weiterhin kollektiven – Form des Konsumsubjekts.

Die *Betrachtung* von Konsumobjekten findet im postmodernen Kontext vor dem Hintergrund einer Transformation der Orte des Kaufens und Verkaufens in *environments* eines umfassenderen Freizeitvergnügens des *shopping* statt. Typisch sind hier gentrifizierte Innenstädte (in denen sich in Extremfällen wie in Glasgow und Manchester seit den 1980er Jahre ehemalige Industriestädte vollständig zu Konsumstädten neuen Typs umrüsten), in denen Unterhaltungs- und Gastronomieangebote, Einkaufsmöglichkeiten, Tourismus, Kunst und Kunsthandwerk zu einem sinnlich erlebbaren Ensemble kombiniert werden. Typisch ist hier auch die *shopping mall*, welche die spätbürgerlichen, flaneurtauglichen Arkaden imitiert und in einem abgeschirmten, halböffentlichen Raum eine additive Fülle von spezialisierten Einzelgeschäften und damit von sinnlichen Erlebnisangeboten bietet. Statt eines standardisierten Warenangebots nach Art des Großkaufhauses der Angestelltenkultur werden nun hochdifferenzierte Produkte – im Zuge einer Kombination mit dem Kunsthandwerk auch Einzelstücke – ausgestellt, die sich durch die Multikulturalisierung der Waren zusätzlich auffächern und insgesamt eine inkommensurable, aber im Medium des visuellen Erlebens gleicher-

---

171 Vgl. zu dieser Unterscheidung oben Kap. 3.2.3.

172 Vgl. zu entsprechend problematischen Interpretationen der Konsumsoziologie seit den 1990er Jahren Alan Warde (2002): Setting the scene: changing conceptions of consumption, in: Miles u. a. (2002), S. 10-24.

maßen erfahrbare Fülle ästhetischer Stile repräsentieren. Postmoderne Warenhäuser setzten sich selbst aus einer Addition solcher ästhetisch profilierter Spezialgeschäfte zusammen. Die Präsentation der Waren in den gentrifizierten Innenstädten und in den Shopping Malls wird regelmäßig mit künstlerischen oder unterhaltenden Aufführungen oder anderen zeitlich befristeten, ständig wechselnden Events kombiniert, die auch von touristischem Interesse sind, und sie findet in einem architektonischen Ambiente statt, das selbst ästhetische Reize zu vermitteln versucht.

In diesem Kontext stellt sich die Betrachtung von Waren für das Konsumsubjekt nicht notwendig als Vorbereitung des Kaufaktes dar, sondern sieht sich eingebettet in ein umfassenderes visuelles Erleben des – um möglichst alle schockierenden, störenden Elemente bereinigten – urbanen Spektakels von Artefakten und Bewegungen. Dieses visuelle Spektakel ist selbst Gegenstand der Konsumtion und *shopping* eine – wiederum den Avantgarde-Flaneur imitierende – Freizeitaktivität eigener Qualität, die nicht zwangsläufig in den Gütererwerb münden muss. Zur ästhetischen Erfahrung wird das *shopping*-Erlebnis unter diesen Bedingungen weniger durch die rein quantitative Überfülle von Waren – die im Rahmen der Angestelltenkultur als luxuriöse Opulenz erlebt werden konnte –, sondern durch die sinnliche Anregung infolge der Differenz unterschiedlicher Warenstile und Erlebnisangebote (modernistisches Mobiliar oder Antiquitäten, Folk oder Klassik etc.). Es ist die Differenz, welche eine *qualitative* Fülle produziert, und die Wahrnehmung von Differenzen setzt ein entsprechendes semiotisches Unterscheidungsvermögen voraus. Die Differenzen ästhetischer Stile sichern die sinnlich-semiotische Abwechslung des Neuen und demonstrieren die Reichhaltigkeit kontingenter Möglichkeiten der Erfahrung und der Ausstaffierung des Selbst. Sie spannen einen Kontingenzraum von Erlebnis- und Stiloptionen auf, die damit nicht als Gegenstand eines irreversiblen Entweder-Oder oder als möglicher Auslöser eines Schocks durch das radikal Andere erscheinen, sondern letztlich als ersetzbare und kombinierbare Stilelemente wahrgenommen werden. Bei aller Verschiedenheit erscheinen sie als gleichwertig, indem sie Gegenstände einer Austauschbarkeit voraussetzenden Wahl, indem sie alle potentielle oder aktuelle ästhetische Objekte des Genusses und der Stilisierung sind.

Die Subjektdispositionen der *Wahl* von Konsumobjekten verschieben sich entsprechend. Die vom normalistischen Code produzierten Wahlkriterien – Sicherung der Attraktivität für andere entsprechend der allgemein verbindlichen Ästhetik der perfekten Form, Einhalten des Normalstandards angemessenen Konsums (kopierter Konsum), Bevorzugung vorteilhafter Produkte aus ›sachlichen‹ Gründen – werden von individualästhetischen Kriterien überlagert. Signalisiert und intensiviert erscheinen diese durch eine Veränderung der Subjektrepräsentationen in der Werbung seit den 1960er/70er Jahren: An die Stelle von Konstellationen der Vermeidung sozialer Peinlichkeit und der Sicherung sozialer Akzeptanz (sowie der scheinbar subjektindifferenten Demonstration ›wissenschaftlicher‹ Vorzüge von Produkten) treten in der postmodernen Werbung Konstellationen, in denen Personen als ›genießende‹, intensiv ›erlebende‹ dargestellt werden – allein oder in der Gruppe anderer hedonistischer Subjekte, bevorzugt von Post-Adoleszenten – und als männliche wie weibliche Personen mit einem selbstbewusst ›eigenen‹, in Maßen ›unkonventionellen‹ Lebensstil, der sich von der vermeintlichen Masse abgrenzt, dabei aber durchaus als Exemplar der *creative class* erkennbar bleibt. Zu dieser Unkonventionalität kann auch eine Selbstironisierung der Personen oder der Werbung selbst zählen. Der popularisierte Interdiskurs der Werbung modifiziert dabei selbst seine Form: Im Experimentieren mit künstlerischen Darstellungsformen, in der Rezeption von Elementen aus den Gegen- und Jugendkulturen modelliert sich die postmoderne Werbung selbst als eine gestalterische und hedonistisch konsumierbare *signifying practice*, und der Art Director ist – ganz anders als der szientistische Werbeadministrator der 1950er Jahre – seinerseits ein Prototyp des Kreativsubjekts.

Das individualästhetische Konsumsubjekt lässt sich in seiner Wahl von Konsumgegenständen – materieller oder immaterieller Art – von zwei aneinander gekoppelten Kriterienkatalogen leiten, die beide auf einer ersten Ebene nicht sozial- oder sach-, sondern selbstbezogen sind: den Kriterien der Eignung der Objekte zu »adventures in sensation, new ›sensory mixes‹«[173] sowie ihrer Eignung als Versatzstücke, um dem Subjekt die Expressivität eines eigenen, authentischen ›Stils‹ zu ermöglichen.[174] Das Konsumsubjekt wählt einerseits solche Gegenstände, die ihm eine semiotisch-sinnliche Anregung versprechen – eine Anregung, die nicht im Objekt angelegt ist, sondern an das Subjekt die Anforderungen semiotischer Dechiffrierungsarbeit und sinnlicher ›Anregungsfähigkeit‹ stellt –, die ihm somit eine Spielfläche von libidinös besetzten Zeichen, Imaginationen und Sinneseindrücken bieten. Idealerweise besteht die ästhetische Qualität der Konsumobjekte nicht nur darin, handlungsentlastetes Erleben zu offerieren, sondern darüber hinaus dem Konsumsubjekt Erfahrungen, im Extrem Grenzerfahrungen im Umgang mit sich selbst zu verschaffen – etwa beim Abenteuerurlaub –, in denen sich die sinnlich-semiotischen Spielräume des Ichs in der Herausforderung durch die Objekte potenzieren.

173 Sontag (1965), S. 300. Man kann Sontags Aussage zur postmodernen Kunst umstandlos auf den Konsum übertragen.

174 Eine Reduktion modernen Konsums auf Distinktionsstrategien, zu der Bourdieu (1979) neigt, muss daher zu kurz greifen. Zu Recht und empirisch umfassend wird dagegen die ›Erlebnisorientierung‹ in Schulze (1992) herausgearbeitet.

Gleichzeitig wählt das postmoderne Konsumsubjekt solche Objekte, die ihm einen Genuss seiner selbst, das heißt des wahrgenommenen Bildes seiner eigenen Person dadurch verheißen, dass ihre Verwendung ihm die Möglichkeit verschafft, einen ›eigenen Stil‹ zu kreieren, der seinem libidinös besetzten Ideal-Ich entspricht. Nach der Erosion der sozial verbindlichen Ästhetik der perfekten Form in den 1960er Jahren besteht dieses Ideal-Ich im Modell eines ›authentischen‹ Subjekts, das seine Befriedigung in seiner Besonderheit und diese in der Expressivität seines Lebens – konkretisiert in seiner Kleidung, seiner Einrichtung, seinen Freizeitbeschäftigungen etc. – findet. Der ›Stil‹ des Lebens, dem die gewählten Objekte dienen sollen, wird nicht in der Reproduktion allgemeiner Merkmale ausgemacht – wie im Stil der modernistischen Ästhetik der perfekten Form –, sondern in der Kreation eines Individualstils, der eine eigene, zu anderen Personen differente, dabei möglicherweise auch veränderbare Form produziert. Die Kreation eines Individualstils avanciert damit selbst zu einem *kollektiv* wirksamen Subjektmodell, welches im Falle des Zuwiderhandelns, etwa der Unfähigkeit zur nichtkonformistischen Stilisierung, mit negativen *Sanktionen* verbunden ist und welches nicht ausschließt, dass sich die Individualstile innerhalb der *creative class* objektiv nur in Nuancen voneinander unterscheiden und trotzdem subjektiv nicht als sozial auferlegt, sondern als ›jemeinig‹ perzipiert werden.

Durch den inhaltlich unterbestimmten Charakter des Modells eines authentischen Expressivsubjekts und zugleich die Prämierung des Experimentellen gegenüber dem Normierten ergibt sich für die Wahl der Konsumobjekte unterhalb des Metawunsches nach Authentizität eine Kontingenz der Wünsche, die sich handlungspraktisch in einer Maxime des ›Ausprobierens‹ abbildet. Während der sozial kopierte Konsum der Angestelltenkultur fixe, inhaltlich bestimmte Präferenzen zu installieren vermag (eigenes Haus, Auto, Sommerurlaub etc.), löst sich in der spätmodernen Subjektkultur die sozial kontrollierte Festigkeit der Konsumpräferenzen auf und wird durch die Zementierung eines Veränderungswunsches abgelöst: Im Modus des Konsumierens will das Subjekt als ganzes sich verändern, insofern ihm eine solche Selbstveränderung eine Potenzierung seiner ästhetischen Erfahrungen und eine Befriedigung eines ›authentischeren‹ Selbst ermöglicht – mit Hilfe neuer Kleidungsstücke, Musikstile, Sportarten, Therapieangebote, spiritueller Erfahrungen etc. Inwiefern eine Veränderung der Wünsche und ein Ausprobieren von Neuem tatsächlich das erhoffte, das Selbst erweiternde Erleben erbringt, erscheint im voraus notwendigerweise unsicher und enttäuschungsanfällig. Die Kontingenz der Wünsche ist damit keineswegs total; sie findet ihren Prüfstein immer im Gelingen oder Misslingen des authentischen Passungsgefühls und des realisierten *flow*-Erlebnisses durch das Konsumobjekt. Bleibt der psychische ›Kick‹ des *flow* aus oder entsteht das Gefühl, dass X ›nicht zu einem passt‹ (seinerseits allerdings manipulierbare affektive Regungen), handelt es sich um Konsumobjekte, deren Wahl revidiert werden muss.

Wenn die Wahlkriterien des Konsums im individualästhetischen Modus damit im Kern selbstorientiert sind, so können sie jenseits des kollektiven Charakters bereits dieses Musters der ästhetischen Selbstorientierung auf der Ebene des Intersubjektiven zweitcodiert werden: Das Ziel des Konsumsubjekts ist auch hier nicht mehr unmittelbar das Einhalten eines inhaltlich bestimmten Standards sozial angemessenen Konsums; das Subjekt kann sich jedoch in seiner Entscheidung dadurch beeinflussen lassen, dass es nicht nur wählt, was ihm selbst einen individuellen Stil und ästhetisches Erleben verspricht, sondern auch das wählt, was ihm verspricht, von sozialen *Anderen* als Subjekt mit individuellem Stil und Genussfähigkeit anerkannt zu werden. Damit kann es etwa zu ›konventionell‹ erscheinende Entscheidungen vermeiden, um die Diskreditierung seines Individualitätsanspruchs zu umgehen. Jenseits einer reinen Kriterienerfüllung sozialer Originalitätsansprüche kann die soziale Attraktivität seines gelungenen Bildes eines nichtaustauschbaren Kreativ- und Genusssubjekts dem sich stilisierenden Subjekt selbst wiederum eine zusätzliche Form libidinöser Befriedigung verschaffen: Im komplexesten Fall genießt das Konsumsubjekt auf einer ersten Ebene *Objekte*, es genießt *sich* zweitens als individuell und stilvoll Genießendes und genießt drittens seine *soziale Attraktivität* als individuell und stilvoll Genießendes.

Die *Benutzung* des Konsumobjekts stellt sich unter diesen Umständen primär als Arbeit an einem authentisch erscheinenden ästhetischen Individualstil und als ein aktiv gesteuerter und zugleich passiv zugelassener psychischer Prozess der möglichst als lustvoll erlebten Verarbeitung von sinnlichen und semiotischen Eindrücken dar. Individualästhetische Stilisierung ist eine semiotische Arbeit am Selbst und seiner *performance*, die subjektiven und intersubjektiven Ansprüchen zugleich zu genügen versucht: In der Zusammenstellung seiner alltäglichen Accessoires ist das Subjekt bemüht, seinen als innerlich und psychisch erlebten Authentizitätsanforderungen zu genügen *und* gleichzeitig eine intersubjektiv anerkannte Authentizität seiner selbst zu demonstrieren. Der Stil des Individuums beruht sowohl auf einem inneren Passungsgefühl – ›das ist *mein* Stil‹ – als auch auf einer gelungenen Stilisierung nach außen, in der die sozialen Anderen diesen Individualstil als Merkmal des Individuums X anerkennen.

Die Kreation eines Individualstils ist eine Kombinationsarbeit, die entsprechende Dispositionen voraussetzt. Für diese stilkreierende Aktivität steht ein Arsenal unterschiedlicher ästhetischer Stile zur Verfügung, die in der Konsumkultur seit den 1970er Jahren – analog der postmodernistischen Kunst – simultan bereitgehalten werden. Sie richten sich an das weibliche Subjekt (auf das sich die Konsumtion in der Angestelltenkultur konzentrierte) und männliche Subjekt gleichermaßen. Im Gegensatz zur modernistischen, monostilistisch-neusachlichen Angestelltenkultur betreibt die Lebensstil-Kultur eine Universalisierung des *mode rétro*, das heißt der Wiederaneignung bereits historischer, in der jüngeren Vergangenheit einmal aktueller Stile, zu einer allgemeinen Haltung dekontextualisierender und rekontextualisierender Stilappropriation, zur Zitation von Kollektivstilen verschiedener Zeiten, Räume und Milieus, die parallel als legitime ästhetische Quelle für Kombinationen bereitgehalten werden.[175] Dabei werden ganze Kulturen und Lebensformen *als* ästhetische Stile behandelt: Elemente der bürgerlichen (oder bürgerlich-aristokratischen) Kultur (z. B. klassizistische Einrichtung, Essensrituale, Umgangsformen), Elemente der ländlich-agarischen Kultur (z. B. Landhausstil, Naturkost), Elemente national-regionaler Kulturen (z. B. italienische Kleidung und Küche), solche nicht-westlicher exotischer Kulturen (z. B. indische Meditationstechniken, japanische Comics) und solche der modernistischen Angestelltenkultur (z. B. Bauhaus-Stil, ›futuristischer‹ Stil). Vor allem stellen sich die verschiedensten Gegen-, Sub- und Jugendkulturen sowie Kunstszenen des 20. Jahrhunderts als eine kaum zu erschöpfende Quelle ästhetischer Stile im Bereich der Kleidung, der Musik, der Freizeitaktivitäten, Ferienorte etc. dar – gerade sie versprechen Sinnelemente für einen als unkonventionell imaginierten Stil, der zur subjektiven wie sozialen Erwartung avanciert.

Zur Kreation seines Individualstils zieht das kompetente Konsumsubjekt die unterschiedlichen stilistischen Versatzstücke heran und produziert tentativ eine ihm passend erscheinende Kombination ausgewählter Elemente. Die Besonderheit eines Stils und damit der Individualität des Selbst ist im kombinatorischen Arrangement vorhandener Optionen von Selbst-*performances* zu suchen, die gleichzeitig Optionen eines subjektiven Selbstgefühls darstellen. Der Individualstil in der *creative class* tritt damit nicht mit dem neo-avantgardistischen Anspruch der Generierung eines vollständig Neuen auf, sondern verarbeitet die Redundanz der präsenten ästhetischen Möglichkeiten.[176] Das Subjekt kann hier auch je nach Situation und ›Gestimmtheit‹ unterschiedliche Stilelemente aus seinem Arsenal heranziehen. In den scheinbar singulären Akten dieser *bricolage* von Stilen reproduziert sich wiederum die allgemeine Form eines Kreativsubjekts, das sich die Selbstkreation zum kulturell universalisierten Ziel gesetzt hat. Der Konsumstil muss vor

175 Dieses Element des postmodernen Konsums hat insbesondere Fredric Jameson (1991, S. 18ff.) hervorgehoben.
176 Vgl. zu diesem Aspekt Umberto Eco (1985): Innovation and repetition: Between modern and post-modern aesthetics, in: Daedalus, S. 161-182.

diesem Hintergrund die Konnotation des Oberflächlichen und Sekundären verlieren: Wenn das Subjektmodell seit den 1970er Jahren sich feldtranszendierend in Richtung eines ästhetischen Kreativsubjekts verschiebt, dann kann seine Selbststilisierung über den Weg materieller und immaterieller Objekte des Konsums als *herausgehobener* Ort der Aktualisierung dieses Selbst erscheinen: Konsumtion ist das ehemals bloß hinzugefügte *supplément* der Arbeit und Produktion, das nun umgekehrt die Produktion der Arbeit wie die Reproduktion der Familie selbst zu kreativ-konsumtorischen und stilisierenden Aktivitäten umformt.

Die Selbststilisierung setzt semiotische Kompetenzen, eine virtuose ›Stilsicherheit‹ im Umgang mit den multikulturellen ästhetischen Versatzstücken, eine Bereitschaft diese in ihren unterschiedlichen Reizen sich einzuverleiben und eine dezisionistische Eigensinnigkeit in der Selektionsentscheidung voraus. Diese semiotische Arbeit an sich selbst schließt die Möglichkeit ein, diskontinuierliche Experimente mit verschiedenen Stilen zu iterieren, damit Authentizität in der offen gehaltenen Kontingenz zu finden; sie enthält jedoch auch die Möglichkeit, einen einmal erarbeiteten Individualstil relativ auf Dauer zu stellen.[177] Die negative Zielscheibe dieser individualästhetischen Stilisierung ist ein Subjekttyp, der zur Selbst- und Fremdästhetisierung unfähig erscheint und entweder einen – nicht mehr vorhandenen – Durchschnittsstil zu konventionalisieren versucht oder aber ›jeder Mode folgt‹. Hier wie dort liegt eine unmittelbare Orientierung an sozialer Kontrolle vor, die einen Stil im Sinne der Lebensstil-Kultur und damit die ›Individualität‹ selbst verunmöglicht. Die Anerkennung eines Individualstils hat dort ihre Grenzen, wo keine souveräne Arbeit an der eigenen, unverwechselbaren Ästhetik des Selbst mehr erkennbar ist: Stillosigkeit erscheint als Zeichen mangelnder Individualität des Selbst.[178]

.Neben der Arbeit am authentischen Stil, die selbst durch das Begehren nach dem expressiv-experimentellen Ideal-Ich und das Begehren nach dem Begehrtsein durch andere libidinös aufgeladen ist, umfasst die Benutzung von Konsumobjekten im individualästhetischen Sinne, als

177 Zur Verfügbarkeit beider Optionen vgl. Richard Shusterman (1992): Kunst leben. Die Ästhetik des Pragmatismus, Frankfurt am Main 1994, S. 209 ff.

178 Eine Interpretation des individualästhetischen Konsumsubjekts als ein Subjektanforderungskatalog, der wiederum auf der Abgrenzung von einem ›Anderen‹ beruht, ist damit anders ausgerichtet als jene von den Cultural Studies beeinflusste affirmative Konsumanalyse, die dazu tendiert, im postmodernen Konsum eine hedonistische Befreiung aus der Entsinnlichung der modernen Kultur zu sehen. Vgl. auch Warde (2002).

befriedigend empfundene, perzeptiv-affektive Erlebnisse im psychisch-physischen Innern hervorzurufen.[179] Dieser konsumistische ›Hedonismus‹ ist ein imaginativer.[180] Er stellt sich nur vordergründig als ein Genuss von Objekten oder Ereignissen dar, er ist ein Genuss der spezifischen Bedeutungen und Wahrnehmungen dieser Objekte, die auf diesem Wege ihre libidinöse Aufladung erfahren. Ihr ästhetisches Erleben stellt sich als eine »experience of … a series of pure and unrelated presents in time«, als »a materiality of perception properly overwhelming« dar. Das Konsumsubjekt übt sich hier – die ästhetische Subjektivität der Gegenkulturen internalisierend – darin, eine generelle Ästhetisierung beliebiger Gegenstände und Ereignisse zu betreiben: von der Kleidung bis zu exotischen Orten, von der religiösen Erfahrung bis zum Erleben von Politik. Diese Erlebnisorientierung des postmodernen Konsumsubjekts ist ein aktiv-strategischer Vorgang, der den als passiv-rezeptiv wahrgenommenen Prozess der »heightened intensity«[181] gezielt herbeizuführen versucht.

Ein prototypisches Beispiel des erlebnisorientierten Konsums liefert der Individualtourismus.[182] Dieser übt das Konsumsubjekt in einem ästhetisierenden Blick auf eine außeralltägliche Alltagsumgebung von urbanen oder natürlichen räumlichen Kontexten, in einer rein wahrnehmungsorientierten, handlungsentlasteten Immersion in diese räumlichen Umgebungen, die psychische Anregung und Erfahrungserweiterung versprechen und damit den veralltäglichten künstlerisch-ästhetischen Blick des Postmodernismus der 1970er Jahre in die Praxis umsetzt. Die Angestelltenkultur institutionalisierte den Tourismus – in Differenz zur bürgerlichen Reise mit ihrem Training des romantischen Blicks – als hedonistische Aktivität des Kollektivs, als ein soziales Spektakel der gemeinsamen Präsenz am Erholungsort. Der Individualtourismus der *creative class*, der in den 1970er Jahren zunächst aus dem gegenkulturellen Alternativtourismus erwächst, geht auf Distanz zum standardisiert erscheinenden Massentourismus und knüpft dabei unbewusst wiederum an Elemente des bürgerlich-romantischen Reisens (sowie den Avantgarde-Flaneur) an. Der Weg der individualästhetischen Reise soll ein besonderer, jenseits der ›ausgetretenen Pfade‹ der Masse sein, was paradoxerweise wiederum in kollektive Präferenzen für bestimmte, geeignet erscheinende Orte und Reisetechniken mündet.

179 Vgl. dazu ausführlich Schulze (1992).
180 Zu diesem Begriff vgl. Campbell (1987), der den imaginativen Hedonismus als Produkt der Romantik rekonstruiert.
181 Jameson (1991), S. 27.
182 Zu diesem Thema vgl. John Urry (1990): The Tourist Gaze. Leisure and travel in contemporary societies, London; Mimi Sheller/John Urry (Hg.) (2004): Tourism Mobilities. Places to play, places in play, London.

Die Praktik des (westlichen) Individualreisens zielt auf die Begegnung mit dem ›Fremden‹ als ›Interessantem‹, als sinnlich-semiotisch Anregendem, als gemäßigte außeralltägliche Erfahrung ab. Dies schließt das Reisen durch urbane Zentren, historische Städte, scheinbar unberührte Natur und kulturell-natürliche Hybridlandschaften ein, schließlich auch den Abenteuertourismus, der explizit Grenzerfahrungen intendiert. Im Blick des Reisenden werden hier nahezu beliebige Objekte zu ›Themen‹ der Wahrnehmung und der Erfahrung, ein Ästhetisierungsprozess, dessen Voraussetzung wie Ergebnis eine extensive Touristifizierung beliebiger Objekte und Orte darstellt. Reisen wird nun als eine ›kulturelle‹ Aktivität modelliert, in der jedes beliebige Objekt des touristischen Blicks zum Träger vielfältiger Bedeutungen – des Historischen, des Exotischen, des Unberührten, des Urbanen, des Nostalgischen etc. – werden kann. Diesen bedeutungsgeladenen Objekten kommt eine Interessantheit des Partikularen, des ›Anderen‹, anregend Fremden zu. Das Partikulare erscheint per se potentiell ›interessant‹, als ein Gegenstand der Perzeptionserweiterung und -anregung. Die extensive Musealisierung seit den 1980er Jahren, die Errichtung von Museen zu scheinbar beliebigen alltäglichen Gegenständen und Themen jenseits des bürgerlichen Kunstmuseums, fördert dieses Training in einem ästhetischen, nostalgischen Blick. Das individualästhetische Reisen versucht – unter Wahrung der Sicherheiten globaler Verkehrsmittel und Tourismusagenturen – die Form des beweglichen, experimentell suchenden Subjekts in die Praxis umzusetzen, was dezidiert ›aktive‹ Reiseformen – etwa die Kombination von Reise und Sport, Reise und Abenteuer, Reise und Kunst, Reise und Spiritualität etc. – als angemessen erscheinen lässt. Am Ende treten routinisierte Grenzüberschreitungen zwischen dem Touristischen und dem Nicht-Touristischen auf, die den ästhetischen, handlungsentlasteten Blick des Tourismus auch am eigenen Lebensort mobilisierbar machen.

Praktiken ästhetisierter Körperlichkeit

Seit den 1970er Jahren kristallisiert sich ein kultureller Komplex selbstreferentieller Techniken aus, die auf eine psychophysische Gestaltung des Körpers abzielen und die den Charakter dessen, was in der Angestelltenkultur und bürgerlichen Kultur ›Sport‹ war, in einem individualästhetischen Sinne umformen.[183] Sportliche Praktiken sind

183 Zum folgenden vgl. Karl-Heinrich Bette (1989): Körperspuren. Zur Semantik und Paradoxie moderner Körperlichkeit, Berlin (West)/New York; Ronald Lutz (1989): Laufen und Läuferleben. Zum Verhältnis von Körper, Bewegung und Identität, Frankfurt (Main)/New York; Volker Caysa (2003): Körperutopien. Eine philosophische Anthropo-

nun solche des Umgangs mit dem eigenen Leib, die Instituierung einer körperliche Sorge, die sowohl auf eine ›ganzheitliche‹, ›körperbewusste‹ Erfahrungserweiterung des Leibes als auch auf eine souveräne Stabilisierung der körperlichen ›Fitness‹ und Stilisierung des Körpers nach außen abzielt. Die sich im Kontext der *creative class* etablierenden Körpercodes – die von der Überschneidung zwischen den Sport- und den Gesundheitsdiskursen profitieren – beruhen auf einer Differenzmarkierung zur vorgeblichen Körpervergessenheit in der organisierten und bürgerlichen Moderne und zielen auf eine Entwicklung des Körpers als psychophysisches Erlebnisfeld, als ein ›Leib-Ich‹, sowie als visuelle Schaufläche für sich selbst und andere, als ein ›Körper-Bild‹ ab. In einem doppelten Sinne wird der Körper damit in ein ästhetisches Phänomen verwandelt. Der Körper erscheint in der postmodernen Körperkultur nicht als ein objektives Faktum, sondern als ein Gegenstand kultureller Modellierung und einer zwieschlächtigen Expressivität des Subjekts: als ›innere‹ Quelle diverser, entwickelbarer und hervorzulockender Erfahrungszustände – bis hin zu solchen des Euphorischen – und als visuelle Manifestation des wohlgeformten Subjekts nach außen. Das postmoderne Körperbewusstsein manifestiert sich in einer Etablierung von selbst- und innenorientierten Sportarten wie Jogging (bis hin zum Marathon) oder Radfahren, von ursprünglich asiatischen Bewegungstechniken wie Yoga oder Tai-Chi, von aus den Jugendkulturen stammenden action-Sportarten wie Surfen oder Skaten, schließlich auch von gesundheitsorientierten Manipulationen am Körper (›wellness‹).

Der Praxis-/Diskurskomplex postmoderner Körperlichkeit greift auf die rationalismuskritische Rehabilitierung des Körpers aus den *counter cultures* zurück, sekundär baut er auf der Institutionalisierung attraktiver Körpervisualisierungen in der extrovertierten Angestelltenkultur auf. Die bürgerliche Praxis bearbeitete den Körper in Richtung einer alltäglichen Bewegungsmoderierung, um mentale Aufmerksamkeitskon-

logie des Sports, Frankfurt (Main)/New York; Volker Rittner (1986): Körper und Körpererfahrung in kulturhistorisch-gesellschaftlicher Sicht, in: Bielefeld (1986), S. 125-155; ders. (1982): Krankheit und Gesundheit. Veränderungen in der sozialen Wahrnehmung des Körpers, in: Kamper/Wulf (1982), S. 40-51; Cornelia Koppetsch (Hg.) (2000): Körper und Status. Zur Soziologie der Attraktivität, Konstanz; Belinda Wheaton (Hg.) (2004): Understanding Lifestyle Sports. Consumtion, identity and difference, London; Wilhelm Schmid (2004): Mit sich selbst befreundet sein. Von der Lebenskunst im Umgang mit sich selbst, Frankfurt (Main), S. 171 ff.; Ehrenberg (1991), S. 176-195; Mellor/Shilling (1997), S. 161-189; Bryan S. Turner (1984): The Body and Society. Explorations in social theory, London 1996, 2. Aufl.; Mike Featherstone (1982): The body in consumer culture, in: ders. u. a. (1991), S. 170-196.

zentration und soziale Zivilisiertheit, somit eine körperliche Regularität zu fabrizieren. Der instrumentell in Anspruch zu nehmende und für das Bewusstsein abwesende Körper kann dann als scheinbar gegeben vorausgesetzt werden. Gleichzeitig ist der Körper in diesem Kontext ein riskanter Ort, der für Schwäche(n) und Krankheit anfällig erscheint, Konstellationen, in denen er wieder ›sichtbar‹ wird. Im Angestelltenkörper seit den 1920er Jahren bleibt diese Bewegungsmoderierung inkorporiert, aber sie wird an eine Visualisierung der – vor allem weiblichen, daneben auch männlichen – Körperlichkeit als attraktive, ästhetisch zu betrachtende Oberfläche gekoppelt. Die postmoderne Subjektordnung positioniert sich nun gegen die Stillstellung des Möglichkeitsraums psychophysischer Empfindungen, zu welcher der bürgerliche wie der Angestelltenkörper gezwungen scheint, und befördert eine Innenorientierung des Körpers als subjektiv empfundener Leib, als Ausdrucksfeld des inneren Erlebens. Der Körper ist nun mehr als seine instrumentelle und soziale Bedeutung, er erscheint vor allem als Quelle aktiv hervorzubringender libidinöser Erfahrungen, insbesondere von Grenzerfahrungen (was ihn wiederum zum Gegenstand kultureller Strategien macht): »Mit jedem Lauf erschaffst du das Erleben eigener Erfahrung!«[184] Diese Innenorientierung des Körpersubjekts zieht Elemente aus dem Sinnreservoir der *counter culture* – dahinter zurückreichend auch der Lebensreform-Avantgarden – und ihrer Prämierung des erlebbaren Leibes gegen die reine Kognitivität eines rationalen Subjekts heran. Dabei bleibt jedoch im postmodernen Körpersubjekt die Orientierung an der extrovertierten Visualisierung des Körpers als attraktive Oberfläche, wie sie die amerikanistische Angestelltenkultur entwickelt hat, ebenso wie die bürgerliche Orientierung am tauglichen, souveränen Körpers enthalten: Beide werden im ›Körper als Projekt‹, in seiner doppelten Teleologie der ästhetischen Stilisierung und der Fitness verarbeitet; sie arrangieren sich mit der *flow*-orientierten Innenorientierung zur fragilen Einheit eines ästhetisch formbaren Körpers.

Die scheinbar einheitliche Fokussierung der Körperlichkeit spätmoderner Subjektivität lässt sich damit als eine dreifache Überstülpung kultureller Codes entziffern: ein Code des authentischen, erlebbaren Leibes; ein Code der visuell attraktiven und stilisierbaren Körperoberfläche; ein Code der souveränen Selbstregierung des Körpers. Indem die Subjektkultur seit den 1970er Jahren – zunächst etwa in der ›Läuferbewegung‹, später in der Rezeption asiatischer Körpertechniken und jugendkultureller *action*-Sportarten – sich den anti-rationalistischen Code erlebbarer Körperlichkeit einverleibt, verschiebt sich die Semiotik und Praxis des Sportlichen in seiner Bedeutung für die Subjektivation in eine

---

184 Aus Fred Rohé (1978): Zen des Laufens, Berlin (West), zit. nach Lutz (1989), S. 8.

individualexpressive Richtung (und gerät damit im übrigen in Spannung zu jenem simultanen postmodernen Sport-Interdiskurs, in dem Sport als Ort der institutionalisierten Kompetition präsentiert wird, an dem sich *enterprising selves* trainieren). Im Kontext der neuen Körperkultur verliert der Sport zunächst seine Konnotation des intersubjektiven Wettkampfes sowie der Leistungsorientierung und bezeichnet eine primär *selbstreferentielle* Praktik, in welcher das Subjekt – auch gegen die Zumutungen des Sozialen und der Routinisiertheit – in ›Einsamkeit‹ ein privilegiertes Verhältnis zu seinen ›inneren Erfahrungen‹ herstellt. Paradigmatisch sind damit weniger Mannschafts-, als Individualsportarten wie Laufen, Yoga, Aerobic, Surfen, Bergsteigen etc.

Die individualexpressive Körpermodellierung zielt darauf ab, dass sich der Körper zweckfrei in Bewegung setzt, dass er seine ›Passivität‹ verliert und ›aktiviert‹ wird, eine Bewegung, die jedoch vom Ziel selbstästhetischer Erfahrungen gesteuert ist. In diesen Bewegungen verliert das Ich seine Funktion als reflexiv-kontrollierende Beobachterin, vielmehr *wird* das Subjekt selbst seine Bewegung – es ist nun selbst körperliche Bewegtheit und ›reines Erleben‹, ein Gefühl, das als ›ganzheitliche Entspanntheit‹ beschrieben wird, die unter Umständen in momenthafte rauschhafte Euphorie umschlagen kann. In der Praxis der körperlichen Bewegungen zielt das Subjekt auf eine Potenzierung psychophysischer Erfahrungen ab, das Gefühl der Ausgeglichenheit, die Herausforderung durch die eigenen Grenzen, das Überschreiten dieser Grenzen, das ›Einssein‹ mit der Umgebung. Auch hier stellt sich der von Czikszentmihalyi diskursiv abgebildete Zustand des *flow* im Sinne eines scheinbar ichlosen Aufgehens in der Tätigkeit des Moments als Paradigma dar.[185] Die Körperpraktiken vermögen dem Subjekt das paradoxe »Gefühl des ›Über-sich-hinaus-Seins‹ und des ›Zu-sich-selbst-Kommens‹«[186] zu verschaffen.

Die Differenzmarkierung gilt einer Körperkultur, die den Körper zum ›Schweigen gebracht‹ hat, ein Zustand, der das Subjekt als ganzes in seinen Selbsterfahrungsmöglichkeiten beschnitten habe, teilweise auch den Körper hat ›zurückschlagen‹ lassen, ein Konzept, das sich in den ›psychosomatischen‹ Krankheitsbildern findet und seit den 1970er Jahren im medizinischen Diskurs des ›Stresses‹ entfaltet wird.[187] Während die klassisch-moderne Hexis Körperlichkeit phänomenologisch erst dann auffällig werden lässt, wenn sie sich negativ über den Weg von Schmerzen oder Einschränkungen bemerkbar macht, kippt die Wertigkeit des Körpers nun dadurch ins Positive, dass er als Quelle ungenutzter, libidinös besetzter, sinnlicher Erfahrungen repräsentiert

---

185 Vgl. Mihaly Csikszentmihalyi (1999): Flow in Sports, Leeds.
186 Caysa (2003), S. 109.
187 Vgl. dazu Hans Selye (1974): Stress without distress, New York.

wird. Dies setzt voraus, dass der Körper seine instrumentelle Funktion – vor allem in Form körperlicher Arbeit und alltäglicher Fortbewegung – zu großen Teilen verloren hat. Erst der Verlust seiner instrumentellen Aufgaben kann ihn zur quasi-ästhetischen Erlebnisquelle emporheben, so dass auch die körperliche Fortbewegung oder die körperlich-›sinnliche‹ Arbeit zu Quellen der Körpererfahrung ummodellierbar werden.

Die ›körperliche Sorge‹, das heißt die minutiöse Selbstbeobachtung körperlicher Regungen, die in der Kultur der organisierten Moderne, vor allem in ihrer maskulinen Hälfte, unter dem Verdacht bürgerlich-narzisstischer, potentiell hypochondrischer Innenschau steht, wird in diesem Kontext zur selbst libidinös aufgeladenen Alltagsroutine: Der Körper, der ›sich meldet‹, das ›Hineinhorchen‹ in den eigenen Körper können zu Übungen einer so empfundenen inneren Lebendigkeit aufsteigen, die mit ständig neuen Idiosynkrasien aufwartet.

Dem Code des erlebbaren Leibes übergestülpt ist in der postmodernen Kultur jener der körperlichen Selbstregierung, in dem sich Spuren der aktiven bürgerlichen Körpersteuerung wiederfinden. Die postmoderne Bewegungskultur trainiert das Subjekt nicht nur in einer ästhetischen Expressivität inneren Erlebens, sondern macht körperliche Strukturen und Prozesse zum Gegenstand bewusster Gestaltung, damit auch der Wahl zwischen Optionen. Der Körper avanciert zum ›Projekt‹, indem seine Ernährung, seine sportliche Bewegung, seine sichtbaren Formen, aber auch die Form einzelner Körperteile zu Gegenständen kontingenter Entscheidung und bewusster Strategiebildung werden, eine Strategiebildung, die sich im postmodernen Persönlichkeitsberatungsdiskurs niederschlägt.[188] Diese Wählbarkeit körperlicher Merkmale ist wiederum nicht von arbiträren Kriterien angeleitet, sondern folgt dem Subjektmodell der ›Fitness‹: Fitness bezeichnet einen subjektiven Zustand, der den Körper und damit auch den Geist in Bewegung hält, ihn vor Starre bewahrt und der damit leicht an den Jugendlichkeits-Code zu koppeln ist. Fitness weist auf einen Zustand der körperlich-mentalen Ausgeglichenheit hin, einer ganzheitlichen ›Gesundheit‹ (welche nun über die bloß negative Abwesenheit von Krankheit hinausgeht). Er scheint damit einerseits als Voraussetzung für die Genussfähigkeit des Erlebens, andererseits als Bedingung für die kluge Steuerung von Wahlentscheidungen wie auch für die erfolgreiche Wählbarkeit des Subjekts in Arbeits- und Privatbeziehungen.

›Fitness‹ ist damit ein kulturelles Nachfolgemodell der bürgerlichen

---

188 Vgl. Richard Crawford (1987): Cultural influences of prevention and the emergence of a new heath consciousness, in: Neil Weinstein (Hg.): Taking Care. Understanding and encouraging self protecting behaviour, Cambridge 1987, S. 45-61; Trix Rosen (1983): Strong and Sexy. The new body beautiful, London.

Selbstmoderierung. Die Moderierung besteht hier nicht allein in der Eindämmung unerwünschter körperlicher Bestrebungen, sondern umgekehrt auch im gezielten In-Bewegung-Setzen des Körpers. Auch in dieser Bewegtheit beweist sich eine post-bürgerliche Selbstdisziplin: Das regelmäßige Training oder das Ernährungsprogramm etwa sind Körperstrategien, in denen wiederum körperliche Regungen überwunden und ›gezügelt‹ werden. Das Subjekt – nun wiederum als reflexive Instanz gedacht – wird Herr über seinen Körper und instituiert sich als eine Instanz der souveränen Selbstregierung, die somit die Grundlage für spezifischere Formen der Selbstregierung in den Bereichen der Arbeit, der Intimbeziehungen oder der Freizeit schafft. Der ›Andere‹ der postmodernen Subjektkultur des Körpers ist dann nicht allein das unexpressive Subjekt, das seine körperlichen Selbsterfahrungsmöglichkeiten unterdrückt, sondern zugleich eines, das zur souveränen Steuerung seines Körpers untauglich erscheint. Wenn die körperliche Unexpressivität als Signum einer allgemein eingeschränkten Lustfähigkeit gilt, dann die körperliche Steuerungslosigkeit als Zeichen einer allgemeinen Unfähigkeit zur Selbststeuerung: Sportliche Untrainiertheit und mehr noch körperliche Korpulenz erscheinen unter diesen Bedingungen dadurch als inakzeptabel (etwa für den Erfolg auf dem Arbeitsmarkt), dass sie auf eine allgemeine Unsouveränität im Umgang mit sich selbst verweisen, einen Mangel an Fähigkeit und Bereitschaft, die körperliche Grundlage für subjektive Selbstregierung zu schaffen.[189]

In der postmodernen Subjektkultur des Körperlichen überlagern sich der Expressivitäts- und der Souveränitätscode mit einem dritten Sinnmuster: jenem Stilisierungscode des Körperlichen, welcher der amerikanistisch-extrovertierten Angestelltenkultur entnommen ist. In striktem Gegensatz zum Angestelltenkörper wird der Körper des Kreativsubjekts zwar als ein quasi-phänomenologischer Strom potentiell lustvoller Empfindungen geformt, aber er ist zumindest *auch* nach wie vor eine visuelle Oberfläche, die in *performances* nach außen präsentiert wird. Als solche stellt sich der Körper im Idealfall als attraktive Oberfläche dar, die auch auf diese Weise zur Quelle ästhetischen Genusses werden kann. Wenn die postmoderne Kultur in allen ihren sozialen Feldern eine Entfaltung des ästhetischen Sinns ihres Subjekts betreibt, dann schließt dies nur konsequent auch die vordergründigste Dimension dieses ästhetischen Sinns ein, den Sinn für die Schönheit des fremden und eigenen Körpers. Die postmoderne Kultur wiederholt unter diesem Aspekt Elemente der modernistischen Ästhetik der perfekten Form der 1920er bis 60er Jahre und der extrovertierten Orientierung an Subjekt-Oberflächen, wie sie

189 Die Fitnessorientierung kann umgekehrt auch Übersteuerungspathologien wie die Anorexia nervosa hervorrufen, vgl. Mervat Nasser (Hg.) (2001): Eating Disorders and Cultures in Transition, East Sussex.

die frühe elektronisch-visuelle Kultur entwickelt. Trotz ihrer Individualästhetik reproduziert sie das modernistische Attraktivitätsideal einer ›normalen‹ körperlichen Schönheit – vor allem das Ideal der schlanken, weiblichen wie männlichen Silhouette –, das nun im Rahmen des postbürgerlichen Projekts extensivierter Selbstregierung des Körpers neben Erleben und Fitness zum dritten, systematisch geplanten Ziel der Körpermodellierung avancieren kann.[190]

Jene Form einer ästhetischen Stilisierung des Körpers, die seit den 1970er Jahren aus dem Kontext der *creative class* erwächst und deren Grenzen zur Stilisierung von Konsumobjekten, vor allem der Kleidung, fließend sind, erfährt dadurch eine zumindest relative individualästhetische Umakzentuierung, dass das Modell des wohlgestalteten Körpers sich an die Vorstellung und Anforderung einer individuellen Authentizität, nun nicht nur des Inneren, sondern auch des Äußeren, gekoppelt sieht. Eine umstandslose Kopie der ›Ästhetik der perfekten Form‹ in den Körper hinein lernt das spätmoderne Subjekt als defizitär zu verwerfen, als standardisierte, maskenhafte, in diesem Sinne ›vulgäre‹ Schönheit (wie sie eher in der *underclass* und ihren massenmedialen Vertretern vorkommt) zu begreifen.[191] Entscheidend ist vielmehr, die Attraktivitätsnormen wiederum ›kreativ‹ zu verarbeiten und eine individuelle Stilsicherheit im Umgang mit dem Körper zu demonstrieren, die Entwicklung eines charakteristischen Körperstils in Körperform, Körpermanipulation, Kleidung und Körperhaltung zu betreiben, die auch kleine Abweichungen von der Norm zulässt. Der Körper, wie er in den *lifestyle sports*, etwa der Subkulturen der Surfer und Skater, auf jeweils besondere Weise stilisiert wird, kann zum Prototyp einer solchen als authentisch perzipierten Attraktivität werden. Der Körperstil wird zwar aktiv gestaltet, macht aber gleichzeitig seinen eigenen Entstehungsprozess unsichtbar, um ›natürlich‹ zu wirken. Er kann zum Gegenstand eines subjektiven Hedonismus seiner selbst wie auch zum Objekt der ästhetischen Fremdbetrachtung werden, dessen *being looked at-ness* es – prinzipiell auch im Falle des männlichen Subjekts – beständig antizipiert. Das postmoderne Modell des Körpersubjekts ist hier das doppelt paradoxe einer individuell-idioynkratischen *und* kulturell

---

190 Angesichts dieser Normierung des ›schönen Körpers‹ scheint auch die These einer visuell-sinnlichen ›Barockisierung‹ des Körperlichen in der spätmodernen Kultur – welche schließlich eine Prämierung der Opulenz bis hinein ins Groteske bedeuten müsste – zumindest angreifbar (vgl. Mellow/Shilling (1997); Michel Maffesoli (1990): Au creux des apparences. Pour une éthique de l'esthétique, Paris, S. 153-185).

191 Vgl. zu diesem Aspekt Cornelia Koppetsch (2000 a): Die Verkörperung des schönen Selbst. Zur Statusrelevanz von Attraktivität, in: dies. (2000), S. 99-124.

kriteriengeleiteten visuellen Attraktivität, einer artifiziellen Fabrikation *und* scheinbaren authentischen Natürlichkeit des attraktiven Körpers. Der kulturelle Andere ist nicht allein der hässliche oder groteske Körper, vielmehr der Körper, der sich durch mangelnde Arbeit an sich selbst unattraktiv *macht*, sich ›vernachlässigt‹ und in Passivität verharrt und sekundär jener, der eine kopierte, vulgäre Schönheit zur Schau stellt, mithin der Körper, dem die Fähigkeit zur Entwicklung eines Körperstils fehlt und der damit das ästhetischen Begehren auch der Beobachter, deren Ästhetisierungswünsche sich auf Objekte wie Subjekte gleichermaßen beziehen, unbefriedigt lässt.[192]

Das Computer-Subjekt zwischen Navigation und Immersion

Die Transformation der Medientechnologien in den 1970er, 80er und 90er Jahren, in deren Zentrum der Personal Computer und das Internet stehen, liefern Artefakt-Bedingungen für neuartige mediale Praktiken und damit einen dritten Komplex von Technologien des Selbst für die postmoderne Subjektordnung. Sie lassen Dispositionen entstehen, die sich von jenen des Schriftsubjekts der bürgerlichen Kultur und des Film- und Fernseh-Subjekts der Angestelltenkultur grundsätzlich unterscheiden.[193] Die Computer-Praktiken laufen dabei nicht vollständig separiert von den Aktivitäten im Umgang mit den audiovisuellen Medien und

192 Vgl. zu diesem Aspekt Elaine Hatfield/Susan Sprecher (1986): Mirror, Mirror ... The importance of looks in everyday life, Albany; Susan Bordo (1993): Unbearable Weight. Feminism, Western culture, and the body, Berkeley, allgemein auch Debra L. Gimlin (2002): Body Work. Beauty and self-image in American culture, Berkeley.

193 Zum folgenden vgl. Lev Manovich (2001): The Language of New Media, Cambridge (Mass.); Sherry Turkle (1995): Life on the Screen. Identity in the age of the internet, New York; Martin Lister u. a. (2003): New Media: A critical introduction, London/New York; Andrew Darley (2000): Visual Digital Culture. Surface play and spectacle in new media genres, London/New York; Mark Poster (1995): The Second Media Age, Cambridge; Mike Featherstone/Roger Burrows (Hg.) (1995): Cyperspace/Cyberbodies/Cyberpunk, London; David Bell/Barbara M. Kennedy (Hg.) (2000): The Cybercultures Reader, London/New York; Anna Everett/John T. Caldwell (Hg.) (2003): New Media. Theories and practices of digitextuality, London/New York; Norbert Bolz (1993): Am Ende der Gutenberg-Galaxis. Die neuen Kommunikationsmedien, München; Achim Brosziewski (2003): Aufschalten. Kommunikation im Medium der Digitalität, Konstanz. Es liegt in der Natur der selbst im Fluss befindlichen Sache, dass diese Detailanalysen zur Computerkultur wie auch die hier vorgenommene Interpretation unabgeschlossen sein müssen.

mit schriftlichen Texten ab, sie nehmen vielmehr sowohl Elemente der Schrift- wie auch der Film/Fernseh-Praktiken in sich auf und modifizieren diese in ihrer Grundlage: Das Computer-Subjekt ist mit schriftlichen Texten konfrontiert – da der Computer Daten im Form von ›Seiten‹ organisiert –, und es imitiert die Filmbetrachtung, indem der Computer wie eine mobile Kamera agiert und das Kino-Auge nachahmt. Diese Elemente der klassisch-modernen medialen Praktiken werden im Rahmen des digitalen Mediums, in dem der Benutzer mit einem ›Hypertext‹ semiotischer Items hantiert, in einen neuen Kontext eingebettet: Das Computer-Subjekt trainiert sich im Habitus eines *user*, in einer Kombination von elektiven, experimentellen und ästhetisch-imaginativen Dispositionen, die den Kern der spätmodernen Subjektform als Schnittstelle von ästhetisch-kreativen und ökonomisch-marktförmigen Kompetenzen ausmachen. Im Umgang mit den Computer werden dem Subjekt Orientierungen vermittelt, die ihn zu einer Routinisierung der Haltung der Wahl und Entscheidung zwischen Möglichkeiten, der experimentellen Suche (›Navigation‹) und Assoziation (›exploring‹) sowie der Kombination gegebener Möglichkeiten, schließlich einer spielerischen Immersion in ›virtuelle‹, das heißt wie real erlebte, fiktive Welten anleiten. Computer-Praktiken bilden innerhalb der postmodernen Lebensform einen eigenständigen Komplex von selbstreferentiellen Routinen, aber sie sind auch *dispersed practices*, welche die Arbeitsformen in den post-bürokratischen Organisationen prägen und über den Weg spezifischer Kommunikationstechniken (chatroom, e-mail) in das Feld persönlicher Beziehungen eingehen.

In der Kulturgeschichte der Moderne befinden sich die Computer-Praktiken exakt an jener historischen Bruchstelle, an der die Praktiken der organisierten Moderne in eine Postmoderne umschlagen. Die frühen Computertechnologien, die sich in den 1960er und 70er Jahren zunächst in einer spezifischen Subkultur von Programmierern vor allem an der amerikanischen Westküste ausbilden und in Ansätzen in Großorganisationen wie dem amerikanischen Militär zum Einsatz kommen, lassen die Computer-Praktiken zunächst als Bestandteil der Kultur der organisierten Moderne erscheinen.[194] Vor der Einführung grafischer Benutzeroberflächen und vor der Etablierung des *world wide web* wird der Computer primär als ein technisch-kognitives System der ›Datenverarbeitung‹, als Hilfsmittel ›künstlicher Intelligenz‹ genutzt; der Umgang mit ihm ist eine Aktivität des Programmierens in Spezialsprachen und ein regelgeleiteter Prozess des Erteilens von ›Befehlen‹, die sich an ein technisches Instrument richten. Das Computer-Subjekt entspricht der Figur des Technikers (auch des kognitivistischen *nerd*), der mit

194 Vgl. Sherry Turkle (1984): The Second Self. Computers and the human spirit, New York.

scheinbar vorsemiotischen Daten umgeht. Im Rahmen der szientistisch-humanwissenschaftlichen Diskurse der organisierten Moderne ist es die *cognitive science*, die den Computer als regelverarbeitenden Mechanismus und teilweise das menschliche Subjekt als kognitives System entsprechend diesem Muster modelliert. Im Rahmen der von den Gegenkulturen oder dem bürgerlichen Humanismus gespeisten Kritiken kann diese Computer-Technik demgegenüber als avanciertestes Instrument eines anti-individuellen und anti-kreativen rationalistischen Kontroll-›Systems‹ interpretiert werden.

Im Zuge der Etablierung von Computern mit grafischen Benutzeroberflächen (paradigmatisch das Modell des Apple Macintosh) zu Beginn der 1980er Jahre – die in der gegenkulturell orientierten Fraktion der Computer-Subkultur der 70er Jahre bereits vorbereitet wurde –, ihrer Anwendung im Arbeitsalltag der Symbolberufe, der Einführung von digitalen Unterhaltungsformaten (Computerspiele), schließlich und vor allem der Ausbreitung des Internet seit Mitte der 1990er Jahre, die auch mit der Diffusion neuer kommunikativer Formate (chatroom, e-mail) verknüpft ist, transformieren sich die Praktiken des Umgangs mit dem Computer grundsätzlich.[195] Die in der Computerpraxis produzierten Subjektdispositionen verschieben sich ebenso wie die diskursiven Repräsentationen digitaler Medialität, die nun die Form konnektionistischer, anti-mechanischer Computermodelle und ästhetisch-kulturwissenschaftlicher Interdiskurse von *cyberculture*, *cyberpunk* und *cyborg* annehmen.[196] Die Dispositionen des Computer-Subjekts transformieren sich von kognitivistisch-technischen, kontrollierend-effizienten Elementen der Kultur der organisierten Moderne zu solchen, die den kulturellen Prinzipien der organisierten Moderne widersprechen: zu Dispositionen des Wählens, des Experimentierens und der ästhetischen Immersion. Entscheidend für diesen Charakter der Computer-Praktiken als spätmoderne Techno-

195 Zur Verbreitung der neuen Medien vgl. Hubert Eichmann (2000): Medienlebensstile zwischen Informationselite und Unterhaltungsproletariat. Wissensungleichheiten durch die differentielle Nutzung von Printmedien, Fernsehen, Computer und Internet, Frankfurt am Main.

196 Insbesondere in diesem Kontext des ›cyberculture‹-Diskurses existierte in den 1990er Jahren die Neigung, die neue Computerkultur und ihr Subjekt – der postmodernen Selbstbeschreibung folgend – als einen ästhetischen, ›grenzenlosen‹ Befreiungsprozess darzustellen, in dem gewissermaßen der Post-Strukturalismus der *counter culture* seine Realisierung finde (vgl. etwa Featherstone/Burrows 1995). Demgegenüber muss es in unserem Kontext wiederum darum gehen, den Umgang mit dem Computer als ein Feld neuer routinisierter Praktiken zu betrachten, das mit neuen Subjektanforderungen und Ideal-Ichen aufwartet. Eine solche Analyserichtung kann auf nicht-technizistische Versionen die neueren Medientheorien, vor allem Lev Manovich, zurückgreifen.

logien des Selbst ist die digitale Struktur der Hypertextualität und der Interaktivität im Verhältnis von *user* und Computer.

Im Computer werden zwei zunächst unabhängig voneinander entstandene technologische Entwicklungen miteinander kombiniert: elektronische Medien im engeren Sinne, die eine Speicherung und Verbreitung von Bildern, Tönen und Texten betreiben, und Techniken der Datenverarbeitung, des ›computing‹ im engeren Sinne, die – ausgehend von Babbages ›analytischer Maschine‹ und vorangebracht in der Turing-Maschine – eine Digitalisierung und damit gleichförmige Bearbeitbarkeit beliebiger Daten ermöglichen. Die Konvertierung von unterschiedlichsten, zunächst analogen – kontinuierlichen – Texten, Bildern, Filmen und Tönen in ein digitales – diskontinuierliches – numerisches Binärsystem macht alle diese Symbole – nahezu ohne quantitative Begrenzung – zum Objekt der Zugänglichkeit, Gestaltung, Manipulation und Kombination, eine Zugänglichkeit, die über die Computer-Bildschirme und ihre elektronische Vernetzung verläuft. Vor diesem Hintergrund kann der Präsentation von symbolischen Items in Form von Text, Bild und Ton bereits auf dem nicht-vernetzten Computer-Bildschirm, auf dem mit selbst kreierten und importierten Symbolen hantiert wird, erst recht aber im Internet, wo sie die Form eines ›Hypertextes‹ annehmen, das Merkmal der Intertextualität zukommen: Das Internet, in das der Benutzer über den Bildschirm einsteigt, präsentiert sich als eine flächige Fülle von symbolischen Items – von ›Texten‹ im weitesten Sinne –, die etwa über *links* oder über die Fenster-Technik, in der sich verschiedene Dokumente gleichzeitig darstellen lassen, auf arbiträre Weise miteinander verkettet und verkettbar erscheinen. Die unabschließbare, sich ständig verändernde Agglomeration kultureller Elemente schriftlicher, visueller und auditiver Form produziert einen unkontrollierbaren Verweisungszusammenhang von Zeichen auf andere Zeichen. Im Gegensatz zum in sich abgeschlossenen Buch oder Film, deren Intertextualität sich indirekt ergibt, verunmöglicht das Internet von vornherein die immanente Schließung einzelner Zeichensequenzen; ihre Linearität sieht sich ersetzt durch eine optionale Kombinierbarkeit (eine Struktur, die man – wie im poststrukturalistischen *cyberculture*-Diskurs – als die eines ›Rhizoms‹ dramatisieren kann). Dieser Hypertext ist zugleich ›hypermedial‹, in dem er die verschiedensten klassischen Medienformen in sich aufnimmt und die Intertextualität auf Beziehungen zwischen diesen ausdehnt.

Die Hypertextualität des digitalen Mediums ist damit von vornherein an die Möglichkeit und den Zwang zur ›Interaktivität‹, das heißt zur Steuerung des Umgangs mit der semiotischen Fülle von Seiten des Benutzers gekoppelt. Der Computer imitiert in seiner äußeren Form des Bildschirms zwar den Fernseher, aber während in den Film- und Fernsehpraktiken der organisierten Moderne das Subjekt im wesentlichen ein rezeptiver Betrachter ist, der eine vorgegebene Zeichensequenz verarbeitet (eine mentale Verarbeitung, die sich freilich selbst niemals als vollständig berechenbar herausstellt und zudem durch den Fluss-Charakter des Fernsehmediums von Anfang an verkompliziert ist), kann und muss das Subjekt als *user* – vermittelt über Tastatur und ›Maus‹ – sich darin trainieren, in jedem Moment ›ins Geschehen einzugreifen‹, sich zwischen den unterschiedlichen auf dem Bildschirm gebotenen Optionen, zwischen verschiedenen Symbolangeboten, Darstellungsformen, Links und Kombinationsmöglichkeiten zu entscheiden und sich so seine singuläre semiotische Sequenz und Struktur zusammenzustellen.

Als *user* bildet das Computer-Subjekt Dispositionen des experimentellen *exploring*, der Wahl und der Kombination aus. Die Grundsituation, in der es sich übt, besteht darin, in einer Überfülle von mehr oder minder attraktiv erscheinenden symbolischen Items ›seinen Weg zu finden‹, eine Sequenz von Wahlentscheidungen zu treffen, um in der Betrachtung interessante Angebote zu konsumieren. Nötig ist daher die Routinisierung einer Haltung des ›exploring‹, des kundigen und gleichzeitig experimentellen Durchquerens des Raumes und des Auslotens verschiedener Optionen. Die ständigen Wahlentscheidungen konkretisieren sich in der taktil-visuellen Praktik des ›Klickens‹ auf markierte Punkte auf dem Computer-Bildschirm: Klicken, um ein Fenster zu öffnen oder zu schließen, Klicken, um ein bestimmtes Item aus einem Menü von Optionen zu wählen: »Just move the cursor …, click on it (the item), explore and have fun!«[197] Das Computer-Subjekt trainiert sich in einer Haltung des ›Ausprobierens‹, das heißt der tentativen Entscheidung – eine bestimmte Seite zu lesen, einen bestimmten Film zu schauen, einen bestimmten Link zu nutzen, eine bestimmte Darstellungsform für ein Dokument zu wählen oder sich auf einen bestimmten Chat-Partner näher einzulassen. Die Mentalität des Ausprobierens als eine Haltung des Experiments enthält die Voraussetzung ständiger Revidierbarkeit von Wahlentscheidungen – falls es nicht hält, was es verspricht, oder das Begehren des *user* mittlerweile nach anderem verlangt, ist ein einfaches ›Wegklicken‹ möglich. Die Routinisierung der Haltung der Wahl schließt damit eine Routinisierung des vorbewussten Aussortierens und Abwählens ein.

Der so interiorisierte Wahlhabitus stellt sich damit weniger als eine Haltung der *rational choice* denn als eine der *explored choices* dar. Statt vor Beginn der Aktion in einem Reflexionsprozess verschiedene Optionen mental gegeneinander abzuwägen, werden diese im Handeln nacheinander durchprobiert. Man kann länger bei einer Seite, einem Spiel, einem Chat-Partner verweilen, aber immer handelt es sich um revidierbare Optionen. Die Aktivität des Navigierens im Sinne des *exploring* ist damit weniger als ein zweckrationaler denn als ein

197 Turkle (1995), S. 20.

ästhetisch-›kreativer‹ Prozess strukturiert – man kann den Vergleich zum Avantgarde-Flaneur bemühen –, ein Prozess, der keine vorher festgelegten Ziele kennt, sondern im Verlauf der tentativen Suche selbst Wünsche vage definiert und wieder verschiebt, sich ›treiben lässt‹ und dabei ›nebenher‹ beständig Wahlentscheidungen trifft; man versucht es einfach, und schaut, was dann passiert. Der experimentelle Prozess des *exploring* kann damit vom *user* selbst lustvoll besetzt sein. Er begehrt nicht eigentlich bestimmte Objekte, sondern die konzentrierte Aktivität des Ausprobierens von ständig Neuem selbst (Neues, das sich als minimale Variation eines Redundanten erweist):»Play with me, experiment with me, there is no one correct path.«[198]

Kennzeichnend für die Wahlsituation im Umgang mit dem digitalen Hypertext ist, dass die Wahlobjekte nicht vorgestellt, sondern vorgegeben sind, dass sie in kognitiv kaum verarbeitbarer Überfülle vorhanden scheinen und dass die Wahlsituation sich auf Dauer gestellt sieht. Das Computer-Subjekt trainiert sich nicht in einer Entscheidung zwischen mental-imaginativ *vorgestellten* Alternativen, die es ›vor seinem inneren Auge‹ anhand seiner ›eigenen‹ Wünsche oder normativen Überlegungen entwickelt und anschließend zielstrebig in die Tat umsetzt – dies wäre eine kognitivistische Entscheidungshaltung, in der sich das reflexionsorientierte bürgerliche Subjekt übt. Die Praktik des Wählens besteht im Kontext der Subjektkultur des Computers vielmehr darin, zwischen bereits vorhandenen, *angebotenen* und sich selbst aktiv in ihrer Wählbarkeit anbietenden Alternativen eine Entscheidung, mithin eine ›Auswahl‹ zwischen material-semiotisch präsenten Optionen – unterschiedlichen Menüpunkten, Dokumenten, Spielen, Chatpartnern etc. – zu treffen, eine Auswahl-Konstellation, wie sie aus dem Bereich des Konsums vertraut ist. Die Elemente, die für eine Auswahl zur Verfügung stehen, sind dabei weder bloße objektive ›Dinge‹ noch mentale Vorstellungen, sondern zeichenhaft präsente und zugleich sinnlich erfahrbare, gestaltbare Gegebenheiten, die vom *user* mit verschiedensten Bedeutungen und intertextuellen Querverweisen versehen werden können. Hier herrscht weder Knappheit noch logische Verknüpfung, sondern eine Überfülle von textuellen, visuellen, auditiven, kommunikativen Angeboten. Im Umgang mit dem Computer wird die Wahl damit nicht zu einer Ausnahmepraktik, die zu Anfang einmal vollzogen werden muss, um dann das einmal Gewählte langfristig beizubehalten (so wie es in der Entscheidung für einen bestimmten bürgerlichen Beruf oder einen bürgerlichen Ehepartner galt), sondern zu einer Konstellation auf Dauer, die sich nur kurzfristig stillstellen lässt.

Wenn das Computer-Subjekt ein experimentell-suchendes und elektives Subjekt ist, dann übt es sich zugleich in einer Technik des Asso-

198 Turkle (1995), S. 60.

ziativen und der *bricolage*-förmigen Neukombination von Elementen. Im Umgang mit dem Computer erscheinen logisch-lineare und narrativ-lineare kognitive Strukturen, wie sie Schrift- und Filmkultur zum großen Teil fördern, lediglich als ein Sonderfall einer umfassenden mentalen Technik des Assoziierens und Kombinierens. Der Hypertext bietet keine logische oder narrative Ordnung, sondern ist als eine ›Datenbank‹ gleichberechtigter, gleichermaßen unverbundener Items strukturiert, nicht als eine zeitliche oder logische Sequenz, sondern als eine unbegrenzte räumliche Fläche von nebeneinander und übereinander existierenden Zeichen, denen es an fester kausaler oder temporaler Kopplung mangelt. Die Kehrseite dieser Unverbundenheit der Elemente in der kulturellen Datenbank besteht in ihrer semiotischen Kombinierbarkeit. Konsequenterweise entwickelt das Subjekt eine Art ›jump-link-capability‹ (Ted Nelson), wenn es mit dem Internet umgeht, am Computer einen Text schreibt oder eine visuelle Simulation zusammenstellt: Sich zufällig ergebende Verknüpfungen, die sich im ›Springen‹ von einem Element zum nächsten ergeben, erscheinen dann nicht als zu eliminierende Abweichungen vom korrekten Weg, sondern als willkommene Chancen, um weiterzukommen und die Dinge neu zusammenzusetzen. Das Computer-Subjekt übt sich hier in der post-avantgardistischen Technologie der Kreation qua Neukombination, die sich in der *cut and paste*-Technik konkretisiert. Tatsächlich sind es immer gegebene Optionen, aus denen es selegiert, aber indem diese Selektionen neu arrangiert werden – etwa bei der Komposition eines Textes, einer visuellen Simulation, eines Films, einer Musiksequenz, aber auch im einfachen Springen von Dokument zu Dokument beim Surfen im Netz –, ergibt sich in der Kombination etwas Neues. Die Computer-Technologie ermöglicht es gleichzeitig, dieser Neukombination den Charakter einer dissonant-verstörenden Montage zu nehmen (so wie die Avantgarde-Kunst sie versuchte) und ihr die formale Bruchlosigkeit eines »single seamless object«[199] zu verleihen, so dass man dem montierten Film oder Text seine *bricolage* am Ende nicht mehr ›ansieht‹ und ein einheitlicher Individualstil entsteht.

Der Computer-Raum, in dem sich der Benutzer explorierend, wählend und kombinierend bewegt, ist ein ›virtueller‹ Raum. So wie jener Raum, den der Film und die gesamte audiovisuelle Kultur mit Beginn des 20. Jahrhunderts eröffnet, handelt es sich um eine Sphäre von in erster Linie über den Gesichtssinn, sekundär auch den Hörsinn erfahrbaren Signifikanten, die in ihrer visuell-auditiven Anschaulichkeit nicht als Signifikanten erscheinen, da sie in gleicher Weise wahrnehmbar sind wie die Szenen der alltäglichen Lebenswelt. Die audiovisuelle Kultur kreiert eine ästhetische Welt neben der Lebenswelt des Alltags, eine ›possible

199 Manovich (2001), S. 39.

world‹ und transportiert sie von vornherein mit dem Realismus-Effekt eines ›unmittelbar Erfahrbaren‹. Die digitale Kultur des Computers radikalisiert diese Virtualität und damit den Möglichkeitssinn des Subjekts auf drei Wegen: Die digitale Technologie ermöglicht es, sinnlich erfahrbare *possible worlds* vollständig neu zu konstruieren, ohne dass dabei – anders als im Film, selbst im vordigitalen Science Fiction – zu irgendeinem Zeitpunkt irgendetwas mit einer Kamera oder einem Tonband abgebildet werden müsste, somit zumindest zum Zeitpunkt der Produktion ein realer Referent der Zeichen bestanden hätte. Szenen, Subjektfiguren, Lautfolgen lassen sich komplett digital-artifiziell produzieren, treten mit dem Schein des Realismus auf und sind trotzdem niemals real gewesen. Digital produzierte Filme des *new spectacle cinema*, die entsprechend fantastische Welten zu produzieren vermögen, liefern Beispiele solcher *vitural worlds*, die nun auch im klassischen Medium des Films erfahrbar sind, aber erst durch die Produktionstechnik des Computers ihre spezifische Wirklichkeitsstruktur erhalten. Der Computer-*user* übt sich damit in der sinnlichen Wahrnehmung vollständig fiktiver Welten, die aber gleichzeitig durch den Akt der sinnlichen Wahrnehmung eine reale Präsenz suggerieren.

Diese virtuellen Welten, welche der Computer produzieren hilft, sind nicht nur betrachtbar; der zweite Schritt der Virtualisierung besteht darin, dass der Benutzer anders als der Betrachter eines Film oder der Leser eines Romans in diese ästhetischen Welten einzugreifen und sie zu verändern vermag, sich dort auch selbst bewegen kann, er dort selbst ›vorkommt‹ – allerdings nicht als ganzer Körper, sondern in einer zeichenhaften Stellvertreterfigur (etwa in einem Computerspiel). Damit wird im subjektiven Horizont die Sinngrenze zwischen einer ästhetisch produzierten, ›fiktiven‹ Welt und der ›realen‹ Lebenswelt des Alltags fragil: Die ästhetischen Welten, die in der modernen Kultur zunächst in Medium des Buches, dann im Medium des Filmes produziert wurden, konnten trotz der bereits dort potentiell möglichen Grenzüberschreitung zwischen Wirklichem und Vorstellbarem dadurch prinzipiell den Charakter des Fiktiven für sich beanspruchen, dass ihre textuellen oder visuellen Welten zwar mental-imaginativ wirkten, dass das Subjekt jedoch nicht handelnd einzugreifen vermochte. Die Lebenswelt des Alltags erschien dadurch von den ästhetisch produzierten Welten grundsätzlich unterschieden, dass sie allein eine ›Wirkwelt‹ war, in der das Subjekt Veränderungen bewirken konnte.[200] In der Realität des Computers wird diese Grenze überschritten; das Subjekt vermag eine ästhetisch produzierte Welt zu beeinflussen, diese wird Teil seiner Wirksphäre und bleibt trotzdem eine künstlich produzierte Parallelwelt, in der Limitierungen seiner Alltagswelt aufgehoben sind.

200 Vgl. Schütz/Luckmann (1975).

Schließlich betreibt die Computerkultur drittens eine Virtualisierung kommunikativer Beziehungen. Die virtuelle Umgebung auf dem Bildschirm kann – etwa in den MUDs, den ›multiuser dungeons‹, oder den Chatrooms – eine Plattform für die Präsenz, die Kommunikation und das simultane Eingreifen *mehrerer user* zur Verfügung stellen. Die Benutzer sind körperlich ›abwesend‹ und zugleich in ihren entkörperlichten, zeichenhaften Akten auf dem Bildschirm ›anwesend‹. In der virtuellen Realität kann damit eine kreativ-stilisierende Gestaltung des Selbst jenseits des Körpers und der Vorgaben der alltäglichen Lebenswelt stattfinden, zum Beispiel das Erproben eines anderen Selbstbildes in einem MUD oder in der Selbstpräsentation auf einer Homepage. Auch hier besteht die Virtualisierung darin, dass die Grenze zwischen Fiktivem und Realem unterminiert wird – das präsentierte Selbst kann ›erfunden‹ sein, ist aber auf dem Bildschirm und in seiner Wirkung auf das Spiel und auf andere zugleich ›real‹.

Dieses ›Eintreten‹ des Benutzers in eine virtuell-artifizielle Welt, die ohne äußere Referenten existiert und trotzdem einen Raum subjektiven Explorierens und Entscheidens aufspannt, bewirkt auf der Ebene der Subjektstruktur die Vertiefung eines ästhetischem Sensationssinns, einen Sinn für den ›Spiel‹-Charakter des Handelns, eine Veralltäglichung des Kontingenzbewusstseins, auch gegenüber der Form des Selbst, schließlich eine Abschwächung der Orientierung am Intersubjektiven zugunsten einer Orientierung am Interobjektiven. Der Umgang mit den virtuellen Computerbildern übt das Subjekt in einer Ästhetik der sinnlich wahrnehmbaren, schnell wechselnden, effektvollen Oberflächen, die – anders als im klassischen (Hollywood-)Film – keine Oberflächendarstellungen von Subjekten sein müssen, sondern selbst Dinge oder Konstellationen ohne ›realen‹ Bezug sein können (etwa im Falle des Computerspiels): Farben, Formen, Töne, animierte Bewegungen, deren Effekte, neo-barocke Opulenz und schneller Wechsel zum Gegenstand sinnlicher, spektakulärer Stimulation werden. Es sind nicht Narration oder Subjektdarstellung, sondern die rasch wechselnden, redundanten sinnlichen Effekte, der dekorative Stil von Objekten und Szenen ohne ›Plot‹, wie er beständig den Computerbildschirm animiert, der für das Subjekt zum Gegenstand affektiv aufgeladener Betrachtung, zum Objekt einer »high, ... intoxicatory or hallucinogenic intensity«[201] wird. Diese postmoderne Ästhetik einer »striking visual stimulation«[202] – die im Gegensatz zu einer hermeneutischen Ästhetik der Dechiffrierung steht – kann den ästhetischen Sinn des Subjekts auch jenseits der Computerwelt, etwa im Verhältnis zu Konsumobjekten, anleiten.

Das Subjekt der sinnlichen Stimulation entwickelt gleichzeitig einen

201 Jameson (1991), S. 28.
202 Darley (2000), S. 41.

spezifischen Spielsinn: Der Umgang mit den virtuellen Umgebungen des Computers nimmt regelmäßig die Form von ›Spielen‹ im doppelten Sinn von *play* und *game* an, Spiele, die anders als klassische Wettspiele, keinen kollektiven Charakter besitzen, sondern in denen der Benutzer mit den semiotisch-sinnlichen Oberflächen, mit der ihm präsentierten ›Welt‹ selbst spielt (oder auch gegen diese ›anspielt‹). Das Computerspiel im engeren Sinne ist hier das Paradigma für verschiedene Spielsituationen. Als in und mit den virtuellen Welten spielendes trainiert sich das Subjekt in einer Haltung experimentellen Handelns in einer simulierten Umgebung; halb ernsthaft und halb ausprobierend, will es etwas erreichen, kann aber jederzeit ›aussteigen‹. Im Spiel ist das Subjekt kein passiver Betrachter, kein ausschließlich im Innern erlebendes Subjekt, sondern aktiv Handelnder, aber das Modell des Handelns verschiebt sich: Handeln wird zu einem Eingreifen, dessen Konsequenzen in der virtuellen Welt letztlich immer revidierbar scheinen; Spielhandeln ist hier identisch mit einer außermentalen, sichtbaren *Simulation* von Akten; gehandelt wird, weil dieses Handeln eine Intensität des Erlebens verspricht. In der Haltung des Spiels trainiert das Computer-Subjekt sich im aktiven Umgang mit Simulationen: eine Als-ob-Welt, die durchaus bestimmte Regeln auferlegt, deren Artifizialität aber bewusst bleibt.

Wenn die virtuelle Welt, in die der *user* eingreift, die Grenze zwischen Realität und Fiktivität fragil werden lässt, kann das Subjekt ein Kontingenzbewusstsein und einen Möglichkeitssinn ausbilden, welche die Haltung des experimentellen Ausprobierens auf Dauer stellen – diese nimmt die Form beständiger ›Simulationen‹ an. Simulationen sind nun keine innermentalen Vorstellungen, sondern Kreationen in der virtuellen Welt, die versuchsweise dort materialisiert werden: Simulationen eines technischen Artefaktes, zum Beispiel eines Gebäudes, eines Kunstwerks, aber auch textuelle Simulationen des eigenen Selbst, wie sie in ›muliple user computer games‹ kreiert werden. In den Simulationen lassen sich Möglichkeiten alternativer Realitäten sinnlich wahrnehmbar durchspielen. In MUDs etwa ist es dem Subjekt vor dem Hintergrund der eigenen Entkörperlichung möglich, in der textuellen *performance* einen anderen ›Charakter‹ zu präsentieren. Diese Simulation der Identität ist fiktiv und real zugleich: sie bleibt (zunächst) auf die virtuelle Realität etwa eines MUD beschränkt, aber die *performance* dort ist ›real‹, indem sie entsprechende Reaktionen anderer Teilnehmer bzw. deren Repräsentanten hervorruft, und kann dem Subjekt als Training für seine Modellierbarkeit im RL (real life) dienen. Das experimentell-simulierende Handeln in der virtuellen Realität bewegt sich dabei nicht nur jenseits des Modells zweckrationalen Handelns, sondern auch jenseits des Modells intersubjektiver Handlungskoordination. Charakteristischerweise ist dieses Handeln in der und im Umgang mit der virtuellen Realität ein Agieren mit ›Objekten‹, wobei diese Objekte selbst semiotisch-sinnlichen Charakter haben und manipulierbar wie unberechenbar-eigendynamisch zugleich erscheinen. Wenn in diesem Handlungsrahmen andere Subjekte auftauchen, dann wiederum allein in zeichenförmiger, entkörperlichter Form. Die Handlungsdispositionen, in denen sich das Computer-Subjekt übt, umfassen dann weniger die Anforderungen der Psychologisierung anderer Handlungssubjekte oder die der intentionalen Planung, sie sind vielmehr zentriert auf ein experimentelles Hantieren mit unbelebten, aber gleichwohl beweglichen Objekten, die einerseits einen sinnlichen Reiz ausüben und konsumierbar erscheinen, die andererseits selbst zum Gegenstand kreativ-simulierender Gestaltung und Herausforderung werden: Im Umgang mit dem Computer trainiert sich das spätmoderne Subjekt damit statt in einer Konstellation der Intersubjektivität primär in einer solchen der Interobjektivität.[203]

Grenzen des Experimentalismus

Die drei Komplexe postmoderner Praktiken des Selbst bringen im Subjekt eine Dispositionsstruktur hervor, die *primär* ästhetisch orientiert ist und sich darin in Differenz zur bürgerlichen und organisiert-modernen Subjektivität positioniert, dessen Selbsttechniken eine *sekundäre* Ästhetisierung enthalten. Die Selbstpraktiken im Medium der Schrift der bürgerlichen Kultur modellieren das Subjekt in erster Linie in einer normativen Innenorientierung, welche die Form einer reflexiv-kognitiven sowie moralisch-biografischen Selbstbemächtigung annimmt und dabei in zweiter Linie eine ästhetische Imaginationskraft hervorbringt, welche die moralisch-kognitive Orientierung potentiell zu unterminieren droht. Die audiovisuell-konsumtorischen Selbstpraktiken der amerikanistischen Angestelltenkultur lenken die Subjektstruktur von der Introvertiertheit um zur Extrovertiertheit der visuellen Oberflächen. Dabei sieht sich das Primat der moralisch-kognitiven Orientierung ersetzt durch eine grundsätzliche ästhetische Orientierung des Subjekts an den Reizen des visuellen Stils; diese wird jedoch einer Orientierung an der sozial-normalistischen Kontrolle des äußeren Verhaltens untergeordnet. Die postmodernen Technologien des Selbst in den Komplexen des individualästhetischen Konsums, der neuen Körperpraktiken und der Computer-Praktiken ziehen im Subjekt einen *dominanten* ästhetischen Sinn heran, der sich als Kombination einer Suche nach libidinös aufladbaren, das heißt ebenso begehrenswerten wie psychophysisch erlebnisfähigen

203 Zu diesem Aspekt vgl. auch Karin Knorr-Cetina (1997): Sociality with objects. Social relations in postsocial knowledge societies, in: Theory, Culture & Society, Heft 4, S. 1-30, auch Knorr-Cetina/Bruegger (2002).

Wahrnehmungen und einer experimentellen, ›spielerischen‹ Gestaltung der semiotisch-sinnlichen Qualitäten dieser Wahrnehmungsgegenstände darstellt. Diese experimentell-erlebnisorientierte Grundhaltung erscheint gleichzeitig als Bedingung einer sozial erfolgreichen Inszenierung nach außen als stilvolles und genussfähiges Subjekt und hat eine ästhetische Selbstregierung zur Bedingung, die Wahlfähigkeit, Stilkompetenz und körperliche Gestaltungsfähigkeit umfasst. In den postmodernen Selbsttechniken bildet sich damit ein Subjekt aus, das im Gegensatz zur Angestelltensubjekt und in Übereinstimmung mit dem bürgerlichen Subjekt primär nicht außen-, sondern innenorientiert ist. Im Gegensatz zur bürgerlichen Subjektkultur ist dieses ›Innen‹ jedoch – aufgrund des Sinntransfers aus den ästhetischen Gegenbewegungen – kein moralisch-kognitives Innen, sondern ein ästhetisches Innen des Begehrens, des Erlebens und der kreativen Akte.

Die Eindeutigkeit der ästhetischen Form, die das postmoderne Subjekt im Gegensatz zu seinen beiden Vorgängermodellen gewinnt, in denen das Ästhetische immer mit einer nicht-ästhetischen Orientierung – Moralität/Souveränität und soziale Normalität/technische Perfektion – verbunden oder dieser untergeordnet war, ist jedoch nur scheinbar. Es ergeben sich in der postmodernen Subjektkultur des Konsums, der Körperlichkeit und des Computers zwei Bruchstellen, die exakt an jenen Punkten sichtbar werden, an denen die Extrovertiertheit des Angestelltensubjekts sowie die Selbstkontrolliertheit des bürgerlichen Subjekts in den Technologien des Selbst des postmodernen Subjekts aufbewahrt sind: eine Spannung zwischen seiner ›inneren‹ Erlebnis- und Experimentorientierung und der ›äußeren‹, sozialen Prämierung seiner stilisierten Inszenierung auf dem Markt der Individualstile sowie eine Spannung zwischen dem scheinbar unbegrenzten Experimentalismus des Selbst und der Moderierung durch die ›rationale‹ ästhetische Selbstregierung. Die Spannung zwischen der Innen- und der Außenorientierung des Ästhetischen wird besonders in den Bereichen des Konsums und der Körperpraktiken deutlich: Das individualästhetische Konsum- und Körpersubjekt findet den Prüfstein seiner Suche nach einer gelungenen psychophysischen *flow*-Sequenz – in der Konsumtion einer *environment* oder einer gelungenen körperlich-sportlichen Aktivität – allein in seinem ›individuellen‹ Innen; auch der Prüfstein seiner Bemühung um einen individuellen Konsum- und Körperstil, der sich aus der kreativen Kombination ergibt, ist wiederum sein inneres Passungsgefühl. Gleichzeitig bleibt das postmoderne Subjekt in einen kollektiven Raum eingebettet, auf dessen soziale Anerkennung seines individuellen Stils und seiner Genussfähigkeit es angewiesen bleibt: Die Individualität des Kreativ- und Genusssubjekts kann nicht allein eine im Innern empfundene, sondern muss selbst eine sozial akzeptierte und prämierte Individualitäts-*performance* sein.

Im Modell der postmodernen Subjektkultur passen empfundene und sozial prämierte ästhetische Subjektivität, passen Selbstgefühl und Inszenierung zusammen; das Ideal-Ich ist hier ein homogenes Subjekt, dessen Kreativität ihm innere Befriedigung/Authentizität *und* soziale Anerkennung seines Individualstils verschafft. Hier überschneiden sich jedoch zwei verschiedene Kriterienkomplexe der Subjektivation, deren Spannung im postmodernen Subjekt einen Mangelzustand implantieren kann. Der Kreation eines Individualstils des Konsums und des Körpers kann auf dem Markt der Stile vom sozialen Anderen die Anerkennung als Individualstil versagt bleiben. Ein prominentes Beispiel wäre physische Korpulenz, welche vom Einzelnen als authentische Individualität kultiviert werden kann, aber die auf dem Markt der Stile nicht als eigenständiger Stil, sondern als Subjektdefizienz und Stillosigkeit wahrgenommen wird.[204] Im Kontext der ›creative class‹ *kann* auch der ›Freak‹ in unberechenbarer Weise und unter bestimmten Bedingungen zum erfolgreichen Exempel eines authentischen Subjekts mit eigenem Stil avancieren,[205] unter anderen Bedingungen kann ihm diese Individualität abgesprochen werden, es scheint ihm an jedem Stil zu mangeln und er vermag zur bedauernswerten (›vernachlässigten, ungepflegten‹) Figur zu werden. Umgekehrt wird es möglich, dass ein inszenierter Stil nach ›außen‹ als kreativ, authentisch und individuell, die Person als genussfähig anerkannt wird, dies aber nicht dem subjektiven Authentizitätsgefühl entspricht: Der Stil wird zu einer reinen *performance* ohne inneren ästhetischen Sinn (eine Konstellation, die kritisch an der ›Yuppie‹-Kultur der 1980er Jahre herausgearbeitet wurde);[206] der Erfolg der ästhetischen Inszenierung ist hier mit einem Misslingen der subjektiv empfundenen Authentizität verknüpft.

Die Friktion zwischen Selbst- und Marktorientierung der Ästhetisierung überlagert sich mit der Spannung zwischen dem Experimentalismus des Ästhetischen und einer post-bürgerlichen Selbstregierung des Subjekts. Die Dezentrierung, die Zerstreuung des Subjekts in experimentelle, kreative Akte im Umgang mit Repräsentationen, Dingen und dem eigenen Selbst, die scheinbar unendliche, spielerische Kombinatorik der Erlebnisstile, der Körpererfahrungen und des digitalen ›exploring‹ setzen gleichzeitig ein Ensemble von zentrierenden Dispositionen post-bürgerlicher Souveränität voraus, die dem Subjekt erst seine geschätzte

204 Vgl. Bordo (1993), Guggenberger (1995).
205 Ein instruktives Beispiel in den 1990er Jahren für eine solche erfolgreiche Freak-Stilisierung ist hier etwa der Gothic Rock-Küstler Marylin Manson, vgl. Gavin Baddeley (2000): Dissecting Marylin Manson, London.
206 Vgl. als drastischer literarischer Kommentar Bret Easton Ellis (1991): American Psycho, New York.

experimentelle ›Virtuosität‹ verleihen: eine routinisierte Wahlfähigkeit, eine Stilkompetenz und eine Fähigkeit zur dauerhaften Körperformung. Diese Dispositionen einer ästhetisch-konsumtorischen Selbstregierung bauen in die gewollte Unkontrollierbarkeit der ästhetischen Explorationen eine prozedurale Selbstkontrolle ein; sie können sich gleichzeitig jedoch als Hemmnis des experimentellen Anspruchs des Selbst erweisen.

Die Dispositionen ästhetischer Selbstregierung präsentieren sich zwar als inhaltlich neutrale dispositionale Voraussetzungen für eine Iterierung des Experimentalismus des Erlebens und Begehrens, tatsächlich bewirken sie jedoch eine post-bürgerliche Kanalisierung und Moderierung dieses Experimentalismus, so dass nicht jedes Selbstexperiment denkbar und legitim erscheint. Eine gelungene Selbststilisierung bleibt an jene semiotische Kompetenz gebunden, die Stilvolles von Stillosem scheidet; der Experimentalismus der Körpererfahrungen wird domestiziert durch ein post-bürgerliches Körperregime, das Fitness und Selbstmoderierung verlangt; das *exploring* in der digitalen Kultur – und darüber hinaus in der gesamten *consumer culture* – wird durch die Routinisierung der Akte der Wahl nicht nur ermöglicht, sondern auch eingeschränkt: Konsumiert werden kann nur, was bereits als Objekt des Konsums angeboten wird; man kann den Objekten des ästhetischen Genusses nicht in einer anderen Haltung als der der marktförmigen Auswahl zwischen Objekten gegenüberstehen. Im postmodernen Subjekt wird damit einerseits eine Wunschstruktur implantiert, die ihm den Experimentalismus einen Künstlersubjekts zum Ideal werden lässt; die post-bürgerlichen Eigenschaften einer ästhetisch-konsumtorischen Selbstregierung, die im selben Subjekt eingelassen sind, domestizieren die scheinbare Grenzenlosigkeit dieses Experimentalismus jedoch zugleich.

Am deutlichsten zeigt sich diese Spannung in der postmodernen Körperkultur: Das Experiment mit dem Körper findet dort seine Grenze kultureller Legitimität, wo die Grenze des Körperregimes der Fitness, der Gesundheit und der Unversehrtheit überschritten wird. Das verworfene Andere des Körpersubjekts der *creative class* ist eines, das den Körper nicht kultiviert, sondern bewusst ausbeutet oder ihm Schmerzen zufügt, seine Funktionsfähigkeit mit Drogen außer Kraft setzt oder physische Gewalt (gegen sich selbst) anwendet – zum Beispiel in Form von Selbstverletzungen –, sich in Richtung eines hässlichen oder grotesken Körpers modelliert, bewusst auf körperliche Formlosigkeit setzt und die Souveränität wie Unversehrtheit des Körpers aufgibt, eine Thematik, die nicht zufällig in der postmodernistischen Kunst seit den 1980er Jahren (z. B. in der *body art* von Orlan und Stelarc) prominent wird.[207] Die postmodernen Technologien des Selbst transferieren damit in ihrer Ex-

---

207 Vgl. zur Selbstverletzung: Victoria Pitts (2000): Body modification, self-mutilation and agency in media accounts of a subculture, in: Fea-

periment- und Erlebnisorientierung das Sinnreservoir der ästhetischen Gegenbewegungen, moderieren dieses jedoch durch eine Kopplung an ein Konzept des individuellen Stils als soziales Erfolgskriterium und an einer post-bürgerlichen Souveränität eines disziplinierten Selbst. Damit können auch im Kontext der postmodernen Kulturformation bestimmte ästhetische Subkulturen als ›Gegenkulturen‹ auftreten (zum Beispiel Jugendkulturen wie Punk oder Gothic), welche die Grenzen des legitimen Experimentalismus überschreiten; deren ›Subversion‹ riskiert jedoch, durch den laufenden Import subkultureller Elemente in das Arsenal der möglichen Individualstile der *creative class* immer wieder aufgehoben zu werden.[208]

4.2.4 Das konsumtorische Kreativsubjekt als ästhetisch-ökonomisches Doppel der postmodernen Subjektordnung

In der Kombination von post-bürokratischen Arbeitsformen, expressiven Intimbeziehungen und konsumtorischen, medialen und körperorientierten Praktiken des Selbst entsteht im letzten Viertel des 20. und zu Beginn des 21. Jahrhunderts in den westlichen Gesellschaften eine kulturelle Formation der ›Postmoderne‹, welche die Hegemonie der organisierten Moderne bricht. Nach der bürgerlichen Moderne und der organisierten Moderne bildet sich mit der Epochenschwelle der 1970er Jahre damit eine dritte Subjektordnung heraus, die eigenen Kriterien folgt: Die ›Postmoderne‹ ist nicht als bloßer Prozess der sozial-kulturellen Freisetzung oder Fragmentierung, sondern als Wechsel der kulturellen Leitcodes und ihrer sozialen Praxis zu verstehen. Das Subjekt, das in ihren Praktiken hervorgebracht wird und sich hervorbringt, nimmt die Struktur eines konsumtorischen Kreativsubjekts an. Dieses ergibt sich als überdeterminiertes Produkt eines ästhetischen und eines ökonomischen Codes; es hat die Form einer ästhetisch-ökonomischen Doublette. Als eine solche verinnerlicht die postmoderne Subjektkultur eine Wunsch- und Kompetenzstruktur, die das Subjekt in den Bereichen der

therstone (2000), S. 291-303; zur postmodernen Drogenkultur Kevin McCarron (2000): Tatoos and heroine: A literary approach, ebd., S. 305-315; zur kritischen Körperkunst vgl. Jane Goodall (2000): An order of pure decision: Un-natural selection in the work of Stelarc and Orlan, ebd., S. 149-170.

208 Ein Beispiel für dieses Changieren zwischen Subkultur und dominanter Kultur liefert in den 1990er Jahren das *body piercing*, vgl. Bryan S. Turner (2000): The possibility of primitiveness: Towards a sociology of bodymarks in cool societies, in: Featherstone (2000), S. 39-50. Zur Gothic-Subkultur vgl. auch Gavn Baddeley (2002): Goth Chic, London.

Arbeit, der persönlichen Beziehungen, des Konsums, des Körpers und der Medien nach Momenten, Objekten und Subjekten suchen lässt, welche ihm eine Potenzierung und Intensivierung seiner Erfahrungsmöglichkeiten, den Stil des Individuellen und eine kreativ-kombinatorische Gestaltung von Gegenständen einschließlich seiner selbst, insgesamt ein *self growth* seiner Persönlichkeit versprechen. Das Ideal-Ich ist ein quasi-künstlerisches Subjekt der Selbstkreation. Gleichzeitig und sich damit hybride überlagernd, modelliert sich dieses Subjekt in der ökonomischen, marktförmigen Konstellation des Wählens und Gewähltwerdens, damit in einer generalisierten Konsumtion. Die Gegenstände des Begehrens, der Stilisierung und Kreation erscheinen als im Prinzip austauschbare, gegeneinander abzuwägende ›Optionen‹ der Wahl, und umgekehrt ist das Subjekt selbst ein Objekt der Konsumtion durch andere Subjekte; es befindet sich mit der *performance* seines ›eigenen Stils‹ im Wettbewerb um die Nachfrage nach individueller Differenz. Das postmoderne Ideal-Ich, dem das *passionate attachment* des Einzelnen gilt, ist ein generalisiertes (und zugleich sehr spezifisches) Künstlersubjekt, das nach innen authentisch und selbstexperimentell in Bewegung ist und mit seiner kalkulierten stilistischen *performance* nach außen die ›Nachfrage‹ sozialer Aufmerksamkeit auf sich zieht. Weder die ästhetische noch die elektive Seite des postmodernen Subjekts sind dabei als Freilegungen einer natürlichen Subjektstruktur – eines ›natürlichen‹ Hedonismus oder Experimentalismus, einer ›natürlichen‹ Wahl- und Entscheidungshaltung, die sich einstellen, sobald soziale Normen sich zurückziehen – misszuverstehen, sie sind selbst Ergebnisse hochspezifischer, widersprüchlicher kultureller Subjektivationen, die sich zu einem besonderen historischen Zeitpunkt ergeben haben und die selbst mit sozial-kulturellen Differenz- und Ausschlussmarkierungen arbeiten.

Die *creative class* der höheren Mittelschichten stellt sich seit den 1970/ 80er Jahren in Westeuropa und Nordamerika als primäres Trägermilieu der kreativ-konsumtorischen Subjektkultur in den Feldern der Arbeit, der Intimbeziehungen, des Konsums, der Körper- und Medienpraktiken dar.[209] Stabilisiert werden die dort implizit vorausgesetzten kulturellen Unterscheidungssysteme durch drei humanwissenschaftliche Interdiskurse: eine am *self growth* orientierte Persönlichkeitspsychologie, die in Arbeit, Beziehungen, Gesundheit hineinreicht; ein generalisierter und institutionell verankerter ökonomischer Diskurs der Wahl, des Marktes und des Unternehmerischen sowie ein kulturwissenschaftlicher Diskurs, der die konstruktivistische Kontingenz und experimentelle Wählbarkeit des Kulturellen postuliert. Gemeinsam präsentieren sie ein Subjekt der Selbstkreation, der Wahl und der kulturellen Kombinatorik als einen scheinbar alternativenlosen ›universalen Horizont‹ der postmodernen

---

209 Zur sozialstrukturellen Einordnung vgl. Florida (2002).

Kultur. Die kreativ-konsumtorische Subjektform reicht in ihren Wirkungen über die mit verhältnismäßig hohem kulturellen und ökonomischen Kapital ausgestattete *creative class* hinaus und präsentiert sich in simplifizierter und teilweise verschobener Form auch in den unteren Mittelschichten und Unterschichten als Subjektmodell, vor allem vermittelt über einen massenmedialen ›Pop‹(ulär)-Diskurs, der Repräsentationen von Subjekten (aus Musik, Medien, Film, Sport etc.) liefert, die im Wettbewerb um soziale Aufmerksamkeit erfolgreich sind und ihre individuelle Differenz in der stilistischen Kreierung ihres Selbst bestätigen. Die Milieuformation der *creative class* ist gleichzeitig an ästhetische Subkulturen, vor allem Jugendszenen, gekoppelt, die zum größten Teil ein Sinn- und Stilreservoir für ihre Subjektkultur liefern.[210]

Das Außen, gegen das sich die postmoderne Subjektordnung positioniert, ist zunächst das Angestelltensubjekt der ›rationalistischen‹, ›konformistischen‹ Kultur der organisierten Moderne. Diese erscheint nun als Voraussetzung einer subjektiven ›Rigidität‹ und ›Unbeweglichkeit‹ sowie einer sozialkontrollierten Individual- und Emotionsfeindlichkeit, die dem postmodernen Code der dynamischen (Selbst-)Veränderung und der Prämierung individueller Authentizität entgegensteht. Demgegenüber stellen sich die ästhetischen Gegenbewegungen, vermittelt über die *counter culture* der 1960/70er Jahre und ihr Subjekt einer Entfaltung des Begehrens, einer kreativen Gestaltung seiner selbst und einer ungeordneten Kontingenz als eine primäre Quelle für die ästhetische Orientierung des postmodernen Kreativsubjekts dar. Dieses ist ›nach‹-modern, insofern es den moralisch, technisch oder sozial-normalistisch begründeten Ordnungscode der bürgerlichen und der organisiert-modernen Subjektkultur verwirft und zumindest zum Teil an die Individualitäts-, Expressivitäts- und Lebendigkeitssemantik der ästhetischen Gegenbewegungen anschließt. Das Palimpsest der postmodernen Subjektordnung erweist sich jedoch als komplexer: Das Angestelltensubjekt stellt sich nicht als rein negatives Außen, sondern als konstitutives Außen dar, das in seiner Profilierung der extrovertierten *personality*, in seiner ästhetisch-erotischen Aufladung der Subjekte und Objekte als attraktive Oberflächen in die postmoderne Subjektkultur eingelagert ist. Darüber hinaus und wichtiger noch findet hier eine Appropriation von Sinnelementen der *bürgerlichen* Kultur statt: im besonderen im Modell des Unternehmerischen und der Rehabilitierung der ›Empfindsamkeit‹ persönlicher Beziehungen, allgemein in der Generalisierung eines Subjekts der Wahl unter den Bedingungen eines sozialen Marktes sowie in der souveränen Selbstregierung eines Subjekts, das sich psy-

210 Vgl. hierzu: Tom Holert/Mark Terkessidis (Hg.) (1996): Mainstream der Minderheiten. Pop in der Kontrollgesellschaft, Berlin; Jochen Bonz (Hg.) (2002): Popkulturtheorie, Mainz.

chophysische Ressourcen für sein Handeln antrainiert. Dabei ist es die souveränitätsorientierte Hälfte der bürgerlichen Subjektkultur, die das postmoderne Subjekt interiorisiert, während es sich in Differenz zur moralitätsorientierten Hälfte des Bürgerlichen und zu dessen Verwerfung des Exzessiven, Parasitären und Artifiziellen wiederfindet.

Innerhalb des postmodernen Praxis-/Diskurskomplexes der Arbeit, der Intimbeziehungen und der Selbstpraktiken wird das konsumtorische Kreativsubjekt als ›universal‹ deklariert. Die Position des kulturellen ›Anderen‹, der damit *exkludierten* Subjektform nimmt nun ein passivisches Subjekt ein, dem es an Bereitschaft und Fähigkeit zum (Selbst-)Kreationismus mangelt. Etikettiert als psychisches Syndrom einer depressiven ›Handlungsunfähigkeit‹, sind in diesem Anti-Subjekt jene introvertierten wie extrovertierten aktivistischen Kompetenzen abwesend, die Künstlersubjekt und Selbstunternehmer gleichermaßen voraussetzen. In einer negativen Semantik erscheinen diese als Genussunfähigkeit, emotionale Flachheit, Mangel an Eigeninitiative, Stillosigkeit, Ideenlosigkeit, Netzwerkunfähigkeit. Die Friktion, die sich im Innern des postmodernen Subjekts auftut, ergibt sich einerseits aus der hybriden Überlagerung ästhetisch-expressiver und quasi-markförmiger Anforderungen, gleichzeitig aus den Instabilitäten innerhalb der an ›Authentizität‹ orientierten ästhetischen Selbstformierung.

Das Kreativsubjekt als Ideal-Ich und Subjektanforderungskatalog

Die Transformation der Subjektkultur, die sich nach der Epochenschwelle der 1970/80er Jahren synchron in den Feldern der Arbeit, der persönlichen Beziehungen und der Technologien des Selbst ereignet, stellt sich als doppeltes Produkt eines ästhetisch-expressiven und eines ökonomisch-marktorientierten Subjektcodes dar. Diese transformieren das Subjekt überdeterminiert in die gleiche Richtung und positionieren es übereinstimmend gegen den sozial-normalistischen Habitus der organisierten Moderne. In allen Praxiskomplexen richtet sich die dominante Subjektkultur seit den 1970er Jahren an einem Modell des Ästhetisch-Expressiven aus, welches das Subjekt sich an herausfordernden ästhetischen Erfahrungen, einer Erweiterung seiner Wahrnehmungsmöglichkeiten und einer stilisierenden Gestaltung seines Selbst orientieren lässt und in ihm Kompetenzen zur Stilkombination heranzieht: das an Kreativität, Erfahrungspotenzierung, Selbststilisierung und signifying practices orientierte Arbeitssubjekt; das Intimitätssubjekt, das persönliche Beziehungen als Bedingungen der Expressivität seines self growth praktiziert; das Subjekt der selbstreferentiellen Praktiken des Erlebniskonsums, der leiborientierten Körperpraktiken und der digitalen Aktivitäten des exploring. In allen Praktikenkomplexen formt sich das Subjekt gleichzeitig anhand eines spezifischen Codes des Ökonomischen, in dem es sich als zwischen Optionen permanent Wählendes und als Objekt der Wahl anderer modelliert: Als ›Unternehmer seiner selbst‹ ist das Arbeitssubjekt um employability bemüht und versteht Arbeitsprojekte selbst als temporäre Gegenstände der Wahl; das Intimitätssubjekt übt sich in einer elektiven Ökonomie im Umgang mit potentiellen oder aktuellen Partnern; schließlich bieten die Technologien des Selbst ein Trainingsfeld für die konsumtive Haltung zwischen austauschbaren Optionen – Waren, Körperzustände, digitale Angebote – und zugleich für ein Subjekt, das – aufgrund seines Konsumstils, seiner Körper-*performance*, seiner digitalen Präsentationen – im Aufmerksamkeitswettbewerb mit anderen zum Gegenstand sozialer ›Nachfrage‹ wird.

Diese simultanen ästhetisch-expressiven und ökonomisch-konsumtiven Codierungen innerhalb der Subjektkultur seit den 1970/80er Jahren widersprechen einander zunächst nicht, sondern bringen gemeinsam die spezifische Form eines postmodernen Subjekts hervor. In seinem Strukturkern rezipiert dieses auf einer ersten Ebene die ästhetische Subjektivität der Gegenbewegungen der 1960/70er Jahre, deren dynamische Triade von libidinösem Begehren, Spiel mit kontingenten Repräsentationen und ästhetischem Erleben/Grenzerfahrungen, eine ästhetische Subjektivität, die nun der besonderen Semiotik des Kampfs einer Subkultur gegen das Establishment entkleidet ist und damit generalisierbar wird. In der historischen Sequenz der drei umfassenden Subjektordnungen der Moderne ist die Postmoderne damit die erste, die ihr Subjekt nicht an der Peripherie, sondern im Zentrum in struktureller Analogie zu einem ästhetischen Subjekt formt. Die Aufstülpung des ›ökonomischen‹ Codes eines Markt- und Konsumsubjekts auf den der ästhetisch-expressiven Subjektivität führt dazu, dass die Struktur des auf Dauer gestellten konsumtorischen Kreativsubjekts zugleich nicht mit einem ausschließlich ästhetischen Habitus identisch ist. Vielmehr finden drei die gesamte Struktur modifizierende Erweiterungen statt: Das postmoderne Subjekt trainiert sich in einer rationalisierten Haltung der Wahl und Optionalität gegenüber allen Gegenständen des Erlebens und Handelns. Zweitens zielt es umgekehrt auf eine Sicherung von Wählbarkeit durch andere ab; diese manifestiert sich im Versuch einer Optimierung der subjektiven *performance*, die vom sozialen Anderen entlang des institutionalisierten Kriteriums gelungener individueller Differenzmarkierung und Selbststilisierung bewertet werden. Drittens zieht das Subjekt in sich Kompetenzen einer post-bürgerlichen Selbstregierung heran, die ein Aufdauerstellen der dynamischen Triade von Begehren/Spiel mit Repräsentationen/ästhetisches Erleben ermöglichen und eine fortwährende Produktion und Reproduktion von psychophysischen personalen Ressourcen sichern sollen (Fitness, emotionale Kompetenzen, semiotische Kompetenzen etc.).

In der postmodernen Kultur gilt das *passoniate attachment* des

Subjekts weder der moralischen Respektabilität und gebildeten Souveränität des bürgerlichen Charakters noch der sozialen Integriertheit, technischen Kompetenz und neusachlichen Ästhetik der perfekten Form des Angestellten, sondern –»away from ›oughts‹, away from meeting expectations, away from pleasing others«[211] – einem sich in allen seinen Praktiken beständig selbst kreierenden, genussfähigen Selbst, das zugleich in der Besonderheit seines Stils soziale Anerkennung findet: die kulturelle Form eines Subjekts, das seine Fähigkeit zur ›Kreativität‹ zum Einsatz bringt, um seine Selbstkreation auf Dauer zu stellen (ein Begehren, das in der bürgerlichen und sozial-technischen Repräsentation nur als ›narzisstisch‹ repräsentiert werden kann)[212]. Die kulturelle Teleologie lenkt das Subjekt auf eine permanente ›Entfaltung‹ dieser Erfahrungsmöglichkeiten seines Selbst. Das Begehren, das nun nicht als amoralisch oder anti-sozial, sondern als einzig legitimer Prüfstein gelungener Existenz repräsentiert wird, ist inhaltlich unspezifisch. Es kennt keine Struktur fixer ›Bedürfnisse‹, die nach Befriedigung in eindeutigen Objekten suchen, sondern ist auf eine beständige semiotische Bearbeitung dieser Gegenstände angewiesen. Die Form dieser semiotischen Bearbeitung ist – anders als in der Ästhetik der perfekten Form – immer wieder modifizierbar und kombinierbar. In seinem Streben nach Entfaltung seines Begehrens nach libidinösen Momenten und Zuständen hantiert das Subjekt mit kontingenten Bedeutungen von Gegenständen im weiteren Sinne – Arbeitsformen, Partnern, Wohnungseinrichtungen, Reisezielen, Sportarten –, um im Umgang mit ihnen ein handlungsentlastetes ästhetisches Erleben zu erzielen, im Extrem Grenzerfahrungen, die seine Wahrnehmungsmöglichkeiten und damit die Struktur seines Selbst erweitern. In der Selbsthermeneutik des postmodernen Subjekts gewinnen Praktiken der Arbeit, die Kultivierung persönlicher Beziehungen, die Konsumtion von Gegenständen und *environments* und der Umgang mit dem eigenen Körper ihren Sinn dadurch, dass sie sich in den Zirkel von Begehren/Spiel mit Repräsentationen/ästhetisches Erleben einfügen. Die ästhetische Orientierung wird dabei nicht vom ›Individuum‹ gegen die Sozialwelt mobilisiert, vielmehr *erlegen* die sozialen Praktiken und Diskurse in sämtlichen sozialen Feldern dem Subjekt *auf*, sich als ein solches im weiteren Sinne ästhetisches zu formen, ein Modell, dem im Gegenzug das *passionate attachment* des Subjekts gilt.

Charakteristischerweise folgt diese Struktur ästhetischer Subjektivität, die postmoderne Selbstkreation der ›Ethik der Ästhetik‹, die sich in Opposition zu einer Ethik des moralischen oder sozialen Sollens positi-

---

211 Carl R. Rogers (1961): On Becoming a Person, Boston, S. 168 f.
212 Beispielhaft ist hier: Christopher Lasch (1979): The Culture of Narcissism. American life in an age of diminishing expectations, New York/London 1991.

oniert,[213] in der Selbstbeschreibung einer vereinfachenden post-roman-tischen Semantik der persönlichen ›Erfüllung‹, der ›Verwirklichung‹ und der ›Entfaltung‹, eine Semantik, wie sie im humanwissenschaftlichen In-terdiskurs der Persönlichkeitspsychologie – seit den 1950er/60er Jahren um Maslow, Rogers und Pearls – produziert wird und von dort diffun-diert. Konstitutiv für die Subjekte erscheint hier ein »desire for self-fulfillment, namely, the tendency ... to become actualized in what they are potentially«, ein Begehren, das in einem »Vollgefühl des Gegenwär-tigseins«, in einem »launching oneself fully into the stream of life«[214] befriedigt scheint. Auf dieser Grundlage muss sich das Subjekt als ein Wesen verstehen, dessen natürliche Aufgabe in der Akkumulation als ›passend‹ und damit ›authentisch‹ perzipierter Welt- und Selbsterfah-rungen besteht – das Subjekt ist die Summe dieser handlungsentlasteten Selbsterfahrungen. Der Diskurs der Selbstentfaltung universalisiert eine ästhetisch-expressive Orientierung als ›natürliche‹ Subjektstruktur, die vor jeder spezifischen kulturellen Praxis im Innern jedes Einzelnen ange-legt sei: »man's tendency to actualize himself, to become his potentiali-ties«.[215] Die individualästhetische Orientierung an der ›Verwirklichung‹ von Erfahrungsmöglichkeiten positioniert sich damit gegen die sozial-kontrollierte, normalistische Orientierung des Angestelltensubjekts. Während die Angestelltenkultur eine ›extrovertierte‹ Ästhetisierung des Subjekts betreibt, leitet die postmoderne Kultur ihr Subjekt zu einer primär ›introvertierten‹ Ästhetisierung an. Die extrovertierte Ästhetisie-rung bezieht sich auf die gemäß kohärenzorientierten sozialen Regeln als ›attraktiv‹ wahrgenommenen, visuellen Oberflächen von Subjekten und Objekten (was allerdings eine libidinös-erotische Aufladung dieser Oberflächen in unberechenbarer Weise einschließt). Die introvertierte Ästhetisierung zieht im Subjekt ein Begehren nach ästhetischen Erfah-rungen und nach einem als authentisch wahrgenommenen individuellen Stil heran, für den soziale Regeln visueller Perfektion keine angemessene Leitlinie zu liefern scheinen (was jedoch eine sekundäre Extrovertiert-heit im Sinne der sozialen Erwartung an das Subjekt, eine *wahrnehm-bare* individuelle Selbstkreation zu betreiben, impliziert).

Die innenorientierte ästhetische Orientierung, welche die postmo-derne Subjektordnung implementiert, bewegt sich auf vier Ebenen,

213 Vgl. etwa die Arbeiten von Schmid (1998, 2004) als philosophische Beiträge zur Ethik der Ästhetik, die zugleich den Interdiskurs einer postmodernen ästhetischen ›Individualethik‹ repräsentieren.

214 Maslow (1954), S. 22; Pearls (1951a), S. 53; Rogers (1961), S. 31. Insgesamt zu diesem Diskurs vgl. Duane Schultz (1977): Growth Psychology. Models of the healthy personality, New York; zu seiner Veralltäglichung auch Yankelovich (1981), Zoll (1989).

215 Rogers (1961), S. 351.

auf denen das Subjekt lernt, Selbstkreation anzustreben;[216] sie lassen sich nach dem Charakter und Abstraktionsgrad ihrer Begehrensobjekte unterscheiden: ein Genuss des Moments der sinnlichen Wahrnehmung; ein Genuss der Aktivität stilisierend-kreativer Gestaltung; ein Genuss des Gesamt-Stils des Ichs; schließlich ein Begehren nach dem Begehren.

Auf einer ersten und allgemeinsten Ebene leiten die ästhetischen Dispositionen das Subjekt dazu an, Situationen zu finden, zu gestalten und möglichst zu wiederholen, in denen sinnliche Wahrnehmungen – visuell, auditiv, taktil – zu erzielen sind, die ihm als Perzeptionsmomente begehrenswert erscheinen, »a materiality of perception overwhelming«, »feelings of limitless horizons«.[217] Das Handeln ordnet sich hier der momentorientierten ›ästhetischen Erfahrung‹ unter.[218] Im Rahmen des zeitgenössischen persönlichkeitspsychologischen Diskurses umschreibt Czikszentmihalyi diese ästhetischen Erfahrung mit dem Terminus des *flow*: ein psychophysischer Zustand der Intensität und konzentrierten Zerstreuung, der als außeralltäglich und euphorisch erlebt wird. Die postmodernen Praktiken setzen ein solches nach ästhetischen Erfahrungen strebendes und dazu befähigtes Subjekt voraus, ebenso wie dieser Habitus allein Praktiken als angemessen erscheinen lässt, die ästhetische Wahrnehmungserfahrungen versprechen: ›flow‹-Momente der Herausforderung und des erfolgreichen Projekts in der post-bürokratischen Arbeit, ›flow‹-Momente der empfundenen Bereicherung des Selbst in persönlichen Beziehungen, im Erleben von Konsum-*environments* und in körperlich-sportlichen Praktiken.

Auf einer zweiten Ebene treibt die kulturell implementierte ästhetische Orientierung das Subjekt zu einer kreativ-stilisierenden *Gestaltung von Gegenständen* im Handeln außerhalb der reinen Wahrnehmung an: eine kombinatorische Aktivität, in der auf der Grundlage einer Zulassung und Förderung unterschiedlichster, auch einander widersprechender Bedeutungen über den Weg der Selektion und des Neuarrangements ›neue‹ Elemente erzeugt werden – die kreative Gestaltung eines Werks oder Produkts, einer Freundschaft oder Beziehung, der eigenen Erscheinung, des Körpers, des Arbeits-Portfolio und professionellen Profils etc. Die Praxis des kreativen Handelns erscheint als Voraussetzung für die ›Expressivität‹ und den ›Stil‹ des Subjekts: In der Gestaltung von

216 Zur Theoretisierung der ›Ästhetisierung‹ des Subjekts insgesamt vgl. Wolfgang Welsch (1996): Grenzgänge der Ästhetik, Stuttgart; Jameson (1991); Maffesoli (1990); Schulze (1992).

217 Jameson (1991), S. 27; Maslow (1954), S. 137; vgl. auch Czikszentmihalyi (1990).

218 Zum Konzept der ästhetischen Erfahrung über die Kunst hinaus vgl. Joachim Küpper/Christoph Menke (Hg.) (2003): Dimensionen ästhetischer Erfahrung, Frankfurt am Main.

Gegenständen scheinen sich die Besonderheiten des Einzelnen auszudrücken und kombinieren sich zur identifizierbaren Gestalt des Stils. In der Praxis der kreativen Gestaltung verliert das Handeln seine primär zweck- oder normorientierte Ausrichtung und wird selbst zu einem Feld ästhetischer Erfahrung.

Auf einer dritten Ebene leitet die ästhetische Orientierung dazu an, über die einzelnen kreativen Handlungsakte hinaus Genuss aus dem insgesamt kreierten *Bild* und Stil *der eigenen Subjektivität* zu ziehen. Das Resultat der gestaltenden Akte in den verschiedenen Feldern ist die Selbstkreation der körperlich-mentalen und biografischen Entität des Subjektes selbst, das sich in allen seinen Akten ausdrückt. Die ästhetischen Erfahrungen und Objektgestaltungen erscheinen auf dieser Ebene als Elemente, die sich in der Selbsthermeneutik zu einem Gesamtbild des Ichs zusammenfügen, das dem Ideal des sich selbst schaffenden, experimentell erweiternden und doch seinen eigenen Stil findenden Künstlersubjekts entspricht.[219] Dieses Ich prämiert sich als Ausdruck der Nicht-Austauschbarkeit einer ›Individualität‹; es *ist* sein Individualstil, dem die Merkmale des Authentischen, der bruchlosen ›Jemeinigkeit‹ jenseits sozialer Erwartungen zugeschrieben werden. Diese Stilisierung der eigenen Person ist in einem ersten, engeren Sinne nicht intersubjektiv, sondern selbstreferentiell strukturiert; die Konstellation der Stilisierung des postmodernen Subjekts stellt sich zunächst nicht als eine Meadsche, sondern als eine Lacanianische dar: Ganz unabhängig von der etwaigen Reaktion Dritter avanciert das imaginierte Bild der eigenen Person – ihres Lebensstils, ihrer charakterlichen Besonderheiten, ihres biografischen Weges, ihrer ›Erfahrungen‹ – zum libidinösen Objekt. Die »jubilatorische Aufnahme seines Spiegelbildes«[220] verlangt nach beständiger ästhetischer Selbstarbeit.

Auf einer vierten Ebene schließlich sind es über bestimmte Wahrnehmungsmomente, Handlungsakte und das Bild des Ichs hinaus die Akte der subjektiven *Suche* nach diesen Wahrnehmungsmomenten, Handlungsakten und Ichrealisierungen, welche die ästhetische Orientierung für das spätmoderne Subjekts selbst in ein Objekt des Begehrens verwandelt: Die Akte des Begehrens selber avancieren zu Objekten des Begehrens. Dieses Begehren nach dem Begehren konkretisiert sich in der postmodernen Prämierung einer ›Beweglichkeit‹ und ›Lebendigkeit‹ sowie einer ›Multiplizität‹ und ›Vielfalt‹ des Ichs. Die so wahrgenommene Beweglichkeit der eigenen Person, ihre Veränderungs- und Verwand-

---

219 Vgl. zum Prozess der Selbststilisierung Thomas Ziehe (1993): Vom Lebensstandard zum Lebensstil, in: Welsch (Hg.) (1993), S. 67-93; Burkart Steinwachs (1986): Stilisieren ohne Stil? Bemerkungen zu ›Design‹ und ›Styling‹, in: Gumbrecht/Pfeiffer (1986), S. 342-357.

220 Lacan (1949), S. 64.

lungsbereitschaft erscheinen *per se* als begehrenswert, da sie die Fähigkeit und Bereitschaft ausdrücken, ästhetische Erfahrungen *anzustreben*, sie damit das Potential zur Expressivität des Ichs signalisieren. In diesem Sinne kann das Immer-wieder-neu-Beginnen von beruflichen Projekten, von Partnerschaften, von Freizeitaktivitäten etc. und die sich darin ausdrückende subjektive ›Fluidität‹ selber zum Gegenstand ästhetischer Befriedigung werden.[221]

Die Formung des Subjekts als ein ästhetisch-expressives ist in der postmodernen Kultur mit einer Sensibilisierung sowohl seiner Körperlichkeit als auch seiner Emotionalität verknüpft, die sich beide in Opposition zur Entemotionalisierung und ›Entleiblichung‹ der Subjektform der organisierten Moderne positionieren.[222] Während die Angestelltenkultur emotional-affektive Regungen als potentielle Bedrohung sozialer Koordination und als Peinlichkeitsrisiko der perfekten, extrovertierten Form des Subjekts repräsentiert, leitet die postmoderne Kultur zu einer Neuinterpretation von Emotionalität und Leiblichkeit im Sinne von Ressourcen für eine authentische Expressivität und ästhetische Entfaltung an – im ›Enthusiasmus‹ der Kreativarbeit, im autoerotischen Verständnis von Sexualität, in der emotionalen Öffnung gegenüber dem Partner, in der Praxis des Sports und des Erlebniskonsums. Kennzeichnend ist hier das psychologische Konzept der ›emotionalen Intelligenz‹: Rigide affektiv-emotionale und leibliche Selbstregulierung erscheinen nun als Merkmale einer unexpressiven, in seinen Erfahrungen und Entwicklungsmöglichkeiten defizienten Subjekts, das ›unfähig ist, Emotionen zu zeigen‹. Umgekehrt avancieren eine aktive Förderung von Emotionalität – berufliche Begeisterungsfähigkeit, private Emotionsarbeit und Sensibilität – und ein subjektives Empfinden der eigenen Leiblichkeit – etwa im körperlichen Training – zur Voraussetzung der subjektiven Entfaltung aller Möglichkeiten des Erlebens.

Die ästhetische Orientierung, die das postmoderne Subjekt in allen seinen Praktiken antreibt, verleiht diesem eine passivische und aktivische Struktur zugleich. Die ästhetischen Erfahrungen stellen sich zunächst als Akte der Rezeption dar, als psychophysische Zustände, die sich im Innern des Subjekts in aneignender Reaktion auf äußere Ereignisse ergeben (oder aufgrund ihrer Unberechenbarkeit nicht ergeben). Diese Zustände werden als solche wahrgenommen und empfunden, die ›mit einem geschehen‹, ohne dass man sie strategisch vollständig kalkulier-

---

221 Vgl. Gergen (1991); Douglas Kellner (1992): Popular culture and the construction of postmodern identities, in: Lash/Friedman (1992), S. 141-177.

222 Vgl. Deborah Lupton (1998): The Emotional Self. A sociocultural exploration, London; Turner (1984); Daniel Goleman (1994): Emotional Intelligence, New York.

bar in sich herbeiführen könnte. Das Subjekt muss sich dabei jedoch paradoxerweise als passivisch, das heißt aufnahmebereit für ästhetische Erfahrungen *formen*, um der Anforderung der Genussfähigkeit zu entsprechen: Genussfähigkeit wird zwar als natürliche Subjekteigenschaft präsentiert, die sich gewissermaßen von selbst einstellt, sobald moralische und soziale Bedenken beseitigt sind, sie stellt sich jedoch als Kompetenz heraus, die ein spezifisches Selbsttraining erfordert, etwa einen bewussten Verzicht auf zielgerichtetes Handeln zugunsten einer Konzentration auf die Wahrnehmung, eine Selbsterforschung der eigenen ›Wünsche‹, das heißt eine Eruierung jener Erfahrungen, die jeweils voraussichtlich ästhetisch erlebbar sind.[223] Ästhetische Subjektivität im Sinne der postmodernen Subjektkultur und ihrer *creative class* setzt darüber hinaus einen dezidierten Aktivismus der expressiv orientierten Neustrukturierung von Praktiken voraus, eine Strukturierung, die wiederum als subjektive ›Kreativität‹ repräsentiert wird: etwa Praktiken der gegenseitigen psychischen Öffnung oder der Romantisierung in der Partnerschaft, so dass diese ›immer wieder neu‹ erscheint; Praktiken des Aufbaus von innovativer Spannung im Team und solche der Selbstkreation in der im weiteren Sinne unternehmerischen Tätigkeit, des *flow*-induzierenden körperlichen Trainings, der als Selbstgenuss empfundenen stilsicheren Inszenierung der eigenen Person vor anderen etc. Ästhetische Subjektivität ist damit im Rahmen der postmodernen Praxis nicht auf ein innerpsychisches oder ›weltabgewandtes‹ Phänomen zu reduzieren.

Die Ökonomisierung des Subjekts als elektiv-konsumtorisches

Das postmoderne Subjekt erschöpft sich nicht in einer rein ästhetisch-expressiven Struktur der Selbstkreation. Fundamental für alle Praktiken, aus denen es sich zusammensetzt, ist vielmehr, dass sich in ihnen ein ästhetischer Code mit einem im weitesten Sinne ›ökonomischen‹, marktorientierten Code des Subjekts hybride überformt. Dieser postmoderne Code des Ökonomischen, in dem sich konstitutive Spuren des klassischen bürgerlichen Marktmodells finden, der in den 1970er Jahren vom neo-liberalen Diskurs der Wirtschaftswissenschaft neu expliziert wird, seit den 1980er Jahren in die Organisations- und Unternehmensberatung eingeht und seitdem den diskursiven Hintergrund für eine institutionelle Neustrukturierung sozialer Praktiken innerhalb verschiedenster Felder (Unternehmen, Bürokratien, kulturelle Institutionen etc.) liefert,[224] schließlich auch die psychologische Persönlichkeits-

---

223 Vgl. Czikszentmihalyi (1990), Schmid (1998) als Beispiele für die Direktiven eines ästhetischen Selbsttraining.

224 Zu Praxis und Diskurs neoliberaler Regierung vgl. Michel Foucault (2004 b): Geschichte der Gouvernementalität II: Die Geburt der Bio-

beratung erreicht, verortet das ›Ökonomische‹ nicht auf der Ebene von Produktion, Haushalt, Arbeit, Planung oder Technologie, sondern in der Konstellation der *Konsumtion* und der *Wahl*. Universalisiert wird eine Situierung von Subjekten in Märkten im weitesten Sinne: Das Subjekt wird hier als ein Agent der Wahl zwischen verschiedenen angebotenen und von ihm nachgefragten Items präsentiert. Diese Items stellen sich ihm als Gegenstände seiner Konsumtion dar, einer Vernutzung für seine individuellen Zwecke. Die Konstellation der Marktförmigkeit ist jedoch eine reziproke. Das Subjekt ist selbst ein Objekt der Wahl durch andere Subjekte, damit im weitesten Sinne ein – notwendig prekäres – Objekt der Konsumtion durch andere.

In der Subjektordnung der Postmoderne findet damit die Generalisierung eines spezifischen ökonomischen Codes über das engere soziale Feld der Wirtschaft hinaus statt, so wie gleichzeitig ein spezifischer ästhetischer Code jenseits des Felds der Kunst generalisiert wird:[225] Das postmoderne Subjekt formt sich als verallgemeinertes Kreativsubjekt ästhetischer Erfahrungen ebenso wie es sich als verallgemeinertes Marktsubjekt der Konsumtion und der Wahl modelliert. Der ästhetische und der ökonomische Code stellen sich – zumindest auf einer ersten Ebene – nicht als einander widersprechend dar – eine Konstellation wie sie in der Kultur der Moderne im Antagonismus zwischen Bürger und Künstler und zwischen Angestelltem und Bohemien/Beatnik kennzeichnend ist –, sondern als komplementär, einander ergänzend und sich gegenseitig verstärkend.[226] Beide befinden sich in einem *addierten Antagonismus* zur regel- und sozialorientierten Modernitätskultur der organisierten Moderne. Die ökonomische Subjektmodellierung füllt die Leerstellen der ästhetischen aus und umgekehrt: Während die ästhetische Modellierung die Binnenstruktur des Subjekts und sein Objektverhältnis betrifft, somit in den Subjekt/Subjekt-Beziehungen eine relative Leerstelle bleibt, liefert die ökonomische Modellierung des Subjekts als ein marktförmiges einen kulturellen Rahmen für die Handlungskoordination (ein Rahmen, der sich selbst freilich als vorkulturell präsentiert). Umgekehrt bleibt in der wahl- und konsumtionsorientierten Modellierung des Subjekts in dessen Binnenstruktur die semiotisch-affektive

politik. Vorlesung am Collège de France 1978-1979, Frankfurt am Main; Bröckling/Krassman/Lemke (2000 a); Rose (1990), (1999).

225 Vgl. zu diesem Zusammenhang auch Jameson (1991). Anders als für Jameson, der vor neomarxistischem Hintergrund Ökonomie und Ästhetik/Kultur zunächst kategorial voneinander trennt, stellt sich in unserem Zusammenhang nicht nur die Ästhetik, sondern auch die Ökonomie als ein kulturelles, sinnstrukturiertes Phänomen dar.

226 Diese Komplementaritätsthese steht zunächst Daniel Bells Annahme einer ›cultural contradiction‹ entgegen (vgl. Bell 1976).

Richtung der Wahl offen – eine Leerstelle, die von der ästhetischen Subjektivität gefüllt wird.

Indem es sich den Code des Marktförmigen einverleibt, bildet das postmoderne Subjekt in allen seinen Praktiken homologe Dispositionen zur Vorbereitung und Durchführung von Akten der Wahl aus und gleichzeitig Dispositionen, die ihm einen Umgang mit der Konstellation des Gewähltwerdens durch Andere ermöglichen.[227] Diese liefern den Rahmen und zugleich die Bedingung der Verfolgung seiner Motive und Praktiken ästhetisch-expressiver (Selbst-)Gestaltung. Indem sich das Subjekt in einem Wahlhabitus trainiert – ein Habitus, den der dominante liberale Subjektdiskurs seit den 1970er Jahren als kulturell neutrale, universale Subjekteigenschaft zu invisibilisieren sucht –, nimmt es gegenüber allen möglichen Objekten – nicht nur materiellen Gegenständen, sondern auch anderen Subjekten, kulturellen Stilen und Differenzen, Glaubenslehren, biografischen Pfade, Berufen etc. – die Haltung einer basalen Vergleichbarkeit, Gleichwertigkeit und Austauschbarkeit ein. Die Objekte differieren in ihren Eigenschaften, aber als Eigenschaftsbündel befinden sie sich allesamt auf der gleichen qualitativen Ebene. Im Prinzip erscheinen sie ersetzbar und können so zu possibilisierbaren Objekten einer Auswahl werden. Hinzu kommt, dass die Wahl immer wieder revidierbar erscheint, das heißt, die Beibehaltung eines einmal gewählten Gegenstandes ist selbst eine Frage der Wahl; eine ›Abwahl‹ und Entscheidung für etwas anderes erscheint prinzipiell legitim und geboten, falls der einmal gewählte Gegenstand oder die eigene Wunschstruktur sich verändert haben.

Der Wahlhabitus trainiert das Subjekt in einem generalisierten Deutungsmuster der Optionalität: Das Subjekt nimmt unterschiedliche Gegenstände – Konsumobjekte im engeren Sinne, Berufe, Arbeitsplätze und Projekte, Freizeitaktivitäten, möglicherweise auch Partner für persönliche Beziehungen – als denkbare ›Optionen‹ einer Konsumtion wahr. Optionalisierung setzt ein aktives Informationsmanagement ebenso wie eine Praktik des Vergleichens und eine experimentelle Haltung des Ausprobierens voraus: Optionen sind nicht objektiv vorhanden, vielmehr vom Subjekt gezielt zu suchen, und scheinbar Gegebenes

227 Zur Struktur der Konstellation der Wahl und des Marktes vgl. allgemein Kramer (1997), aus gouvernementalitätstheoretischer Sicht vgl. Rose (1990), S. 217 ff., aus individualisierungstheoretischer Sicht vgl. Giddens (1991), S. 70 ff.; Peter Gross (1994): Die Multioptionsgesellschaft, Frankfurt am Main und unter ethisch-ästhetischem Aspekt Schmid (1998), S. 188 ff. Die Verbreitung des subjektuniversalisierenden Diskurses von ›Rational Choice Theorien‹ seit den 1970er Jahren (vgl. etwa Gary Becker (1976): The Economic Approach to Human Behavior, Chicago) korrespondiert mit der realkulturellen Verbreitung eines Wahlhabitus und intensiviert diese zugleich.

(z. B. das eigene Körpergewicht oder die Körperform, der Wohnort, die Form der Partnerschaft etc.) kann selbst in eine gestaltbare Option uminterpretiert werden. Um Optionen miteinander zu vergleichen, sind sie in einen neutralen, entemotionalisierten und von Moralität und Normalitätserwartungen entkleideten Objektstatus zu versetzen und in Vor- und Nachteile zu dekomponieren. Die postmodernen Praktiken des Wählens lassen sich dabei nicht auf eine ›rationale‹ ›reflexive‹ Auswahl zwischen verschiedenen Angeboten reduzieren; möglich erscheint vielmehr jene Konstellation der *explored choices*, in denen Optionen soweit wie möglich nacheinander experimentell ›ausprobiert‹ werden.

Die Konstellation der Wahl auf dem Markt von Objekten und Subjekten stellt sich als eine solche der generalisierten Konsumtion dar, das postmoderne Subjekt ist ein konsumtorisches Subjekt über die engere Situation des Konsums von Waren hinaus und kombiniert in sich damit von vornherein eine marktorientierte mit einer ästhetischen Disposition.[228] Als konsumtorisches Subjekt betrachtet es beliebige, miteinander vergleichbare Items unter dem Aspekt, inwiefern sie in der Lage sind, ihm einen Beitrag zur Selbstkreation und zur Generierung ästhetischer Erfahrungen zu liefern, ein Wert, der seinerseits von der spezifischen Semiotisierung des jeweiligen Items abhängt. Die postmoderne Kultur radikalisiert und generalisiert damit jene kulturelle Inversion von Arbeit und Produktion zur Konsumtion, welche die Angestelltenkultur auf den Weg gebracht hat: Wenn in der bürgerlichen Kultur Konsumtion das bloß hinzufügende Supplement zu einer bereits in sich vorgeblich vollständigen produktiven Arbeit war (und bereits hier ein riskantes Anderes, das der Handelskapitalismus voraussetzen musste), dann erweist sich in der Angestelltenkultur seit den 1920er Jahren in einem ersten Schritt Konsumtion im engeren Sinne als legitimes Praxisfeld eines hedonistisch-elektiven Subjekts. Die Konsumtionsorientierung sieht sich hier jedoch konterkariert durch die technisch-soziale Strukturierung des Arbeitssubjekts, die sozialen Regularien der *peer society* und die soziale Standardisierung des Konsums. In der postmodernen Kultur seit den 1970/80er Jahren stellt sich die Konsumtion als Supplement in einem zweiten Sinne heraus: Das ehemals bloß Hinzugefügte, Marginale erweist sich als die ›eigentliche‹ Grundlage von moderner Subjekthaftigkeit. Arbeitsverhältnisse wie auch persönliche Beziehungen werden nun nur sekundär als produktive bzw. reproduktive und primär als im weiteren Sinne konsumtorische Praktiken modelliert, die durch Wahlakte vor dem Hintergrund von kulturellen Semiotisierungen und einer Motivation zur Selbstkreation angeleitet sind.

228 Vgl. zur Generalisierung des konsumtorischen Subjekts Steven Miles (1998): Consumerism as a Way of Life, London; Schrage (2003); Featherstone (1991).

Die Konstellation der Wahl und der Konsumtion ist nun jedoch eine intersubjektive: Indem sich die sozialen Felder der nach-normalistischen Kultur als marktförmige Konstellationen strukturieren, trainieren sie das Subjekt nicht nur in einem elektiven Habitus gegenüber seiner Umwelt, sondern auch in Dispositionen des Umgangs damit, selbst ein Gegenstand der Wahl und im weitesten Sinne der Konsumtion durch andere zu sein.

Nötig ist hier die Disposition zu einem spezifischen *looking glass self*, die sich nicht von Kriterien der sozialen Ähnlichkeit, sondern der demonstrierten intersozialen und damit individuellen Differenz der Subjekt-*performance* leiten lässt, die Wählbarkeit verspricht, und die sich damit vom spezifischen, an Normalität und Steigerung orientierten ›impression management‹ des ›social character‹ der Angestelltenkultur unterscheidet. Die soziale Anerkennung einer gelungenen Subjekthaftigkeit ist in der bürgerlichen und der organisiert-modernen Kultur zum großen Teil ein Ergebnis regelgemäßen Verhaltens, die Demonstration von Moralität/Respektabilität bzw. von sozialer Normalität einschließlich sozialer Zugewandtheit und einer Demonstration der Ästhetik der perfekten Form. Unter postmodernen Bedingungen nimmt sie die Form einer Auswahl des Subjekts durch andere Subjekte oder durch ganze institutionelle Komplexe an, welche weder soziale Kopien noch die Steigerung vorgegebener, graduierbarer Qualitäten, sondern individuelle Differenzen prämiert. Der Einzelne befindet sich in Konkurrenz mit anderen um knappe soziale Aufmerksamkeit:[229] Die Wahl der einen Person schließt die Nicht-Wahl des Anderen regelmäßig ein. Die Wahl als Auswahl zwischen Möglichkeiten verlangt prinzipiell nicht nach Gemeinsamkeiten, sondern nach Differenzen, die allein die Entscheidung für und gegen etwas zu rechtfertigen vermögen. Diese Differenzen werden nun nicht als quantitativ-graduelle, sondern als qualitative zwischen unterschiedlichen individuellen ›Profilen‹ interpretiert.

Das postmoderne Subjekt übt sich konsequenterweise darin, seine individuelle Ununterscheidbarkeit von anderen zu entwickeln und diese in seinen *performances* unter Beweis zu stellen. Dies gilt für das Feld der Arbeit, in der die Haltung des ›Unternehmers seiner selbst‹ auf *employability* ausgerichtet ist, für die Ökonomie der persönlichen Beziehungen, in der die Pflege des eigenen Interessantheits- und Anregungspotentials für Freundschafts- und Partnerschaftsbeziehungen nötig ist, schließlich für die Stilisierung der eigenen Person durch Konsumobjekte und die Kultivierung des Körpers. Um die permanenten Konstellationen des Gewähltwerdens (oder Abgewähltwerdens) zu bestehen, erscheint damit eine Entwicklung von Praktiken des ›self-branding‹ nötig, so wie sie vom postmodernen Persönlichkeitsberatungsdiskurs explizit proklamiert

229 Zur Thematik der sozialen Aufmerksamkeit vgl. Georg Franck (1998): Ökonomie der Aufmerksamkeit. Ein Entwurf, München.

werden.[230] Die Unverwechselbarkeit der eigenen Person zu entwickeln, setzt die Selbstbeobachtung der Fähigkeiten und des Außenbildes, den Vergleich mit den Eigenschaften relevanter Anderer und schließlich die Eruierung der sozialen ›Nachfrage‹ nach bestimmten Individualitätselementen voraus. Während in der moral- und respektabilitätsorientierten bürgerlichen Kultur und der normalistischen Kultur der organisierten Moderne individuelle Abweichung riskiert, als Subjektdefizit – ein Mangel an subjektiver Rationalität oder sozialer Integrationsfähigkeit – wahrgenommen zu werden, avanciert nun die Demonstration individueller Differenz selbst zu einer kulturellen Subjektanforderung. Umgekehrt riskiert Ununterscheidbarkeit im Raster sozialer Aufmerksamkeit zu verschwinden und einen Mangel des Subjekts, die Unfähigkeit sein besonderes Ich zu entwickeln, zu signalisieren. Die Subjektanforderung individueller Differenz erkennt jedoch nicht jeden Unterschied als wertvoll und gelungen an: Die individuelle Differenz muss sich – jenseits innerpsychischer Differenzen – in einer *wahrnehmbaren performance*, einem demonstrativen Individualstil niederschlagen; gleichzeitig muss diese *performance* des Besonderen einen Effekt des Authentischen vermitteln, das heißt: darf nicht als ›gewollte‹, sondern muss als ›expressive‹ Individualität erscheinen (die sie idealerweise auch ist). Individuelle Differenz muss der Inflationierung von Eigenschaften entgehen, um noch als Differenz sichtbar zu sein; schließlich ist generell nicht jede wahrnehmbare individuelle Differenz der Wählbarkeit des Subjekts dienlich, sie kann sie auch geradezu verhindern; was zählt, sind *nachgefragte*, prämierte Differenzen, eine Nachfrage, die selbst veränderlich ist.

Das Ideal-Ich des postmodernen Subjekts ist damit nicht der Künstler *tout court*, sondern der ›erfolgreiche Künstler‹, der zugleich ein ›enterprising self‹ seiner eigenen Person darstellt. Ästhetische Subjektivität als Künstlersubjektivität war sowohl in der Romantik als auch in der Avantgarde, zum Teil auch in der *counter culture* mit sozialer Exklusion verknüpft, ein Exklusionsstatus, der subkulturell als Exklusivitätscharakter prämiert und gleichzeitig aus der Perspektive der dominanten Kultur als Zeichen von unbürgerlicher Marginalität gedeutet werden konnte. In der dominanten Kultur der *creative class* seit den 1970/80er Jahren, die im Kontext der *counter culture* durch Fraktionen der ökonomisch erfolgreichen postmodernistischen Kunstszene[231] vorbereitet ist, wird experimentelle Kreativität und Selbstexpression hingegen von einem Signum sozialer Exklusion zu einer Bedingung sozialer Aufmerk-

---

230 Vgl. repräsentativ: Harriet Rubin (1999): Soloing, New York.
231 Vgl. zur Loftkultur der 70er Jahre als Transformationsort der *counter culture*-Kunstszene in die *creative class*: Sharon Zukin (1982): Loft Living. Culture and capital in urban change, Baltimore; Charles Simpson (1981): SoHo. The artist in the city, Chicago.

samkeit und sozialen Erfolges umcodiert. In der postmodernen Kultur ist das Kreativsubjekt nicht nur ›nach innen‹ auf der Suche nach ästhetischen Erfahrungen, sondern stilisiert sich gleichzeitig nach außen im Sinne eines ›enterprising self‹ in einem persönlichen Profil, das ihm Aufmerksamkeit und soziale Anerkennung – das heißt beruflichen Erfolg, Aufnahme in Freundschaftsnetzwerke, Attraktivität für Partnerschaften etc. – sichert.

Die ästhetisch-expressive Orientierung und die marktförmige Orientierung am Wählen und Gewähltwerden fügen sich zu einem ästhetisch-ökonomischen Doppelarrangement zusammen, das sämtliche Praktiken der Lebensform der *creative class* strukturiert. Das Subjekt zielt in allen seinen Praktiken auf ästhetische Selbstkreation ab; es beurteilt und wählt Objekte danach, inwiefern sie diese Selbstkreation versprechen – und gleichzeitig präsentiert es sich gegenüber dem sozialen Anderen als ein solches expressives Subjekt, um sozialen Erfolg und Anerkennung zu sichern. Indem sie die Überdetermination eines kreativ-konsumtorischen Subjekts betreiben, befördern die Codes der ästhetisch-expressiven und der elektiv-konsumtorischen Subjektivität *gemeinsam* drei Leitsemantiken, die zu leeren Signifikanten der postmodernen Subjektkultur werden: ›Individualität‹, ›Kontingenz‹ und ungerichtete ›Bewegung‹.

›Individualität‹ als zentrales, sich selbst univeralisierendes Subjekterfordernis, das mit einer Delegitimierung des ›Sozialen‹ im Sinne der organisierten Moderne verknüpft ist, stellt sich als doppeltes kulturelles Produkt des ästhetisch-expressiven und des elektiv-konsumtorischen Codes dar. Das Modell der experimentellen Kreation der Besonderheit eines Selbst ist einerseits ein Resultat des post-romantischen, post-avantgardistischen Vokabulars ästhetisch-expressiver Subjektivität: Der Einzelne ist es ›sich schuldig‹, sich in allen seinen Möglichkeiten zu entfalten, die Bandbreite ästhetischer Erfahrungen auszuschöpfen und zu überschreiten, ohne den Vergleich mit anderen oder soziale Regeln zu beachten. Gleichzeitig ergibt sich individuelle Differenz (bis hin zur quasi-ökonomischen Profilierung des Subjekts als ›Marke‹) als Subjektanforderung aus dem ökonomisch-marktorientierten Vokabular elektiver Subjektivität: Wählbarkeit und Vermeidung des Abgewähltwerdens setzen die Demonstration individueller Differenz voraus. Zudem ist die Prämierung des Individuellen in diesem Kontext ein Ergebnis der Definition des Subjekts als ein im Kern voluntaristisch-unternehmerisches, das als ›anti-konformistisch‹ per definitionem nicht in der Allgemeinheit aufgeht. Auch die Prämierung von ›Kontingenz‹ – ein zweiter leerer Signifikant der postmodernen Subjektkultur – ist ästhetisch *und* ökonomisch geformt. Der expressive Code setzt voraus, dass das Subjekt sich ständig selbst ›neu erfindet‹, das heißt, seine Wunschstrukturen und Praktiken wechseln kann (bis hin zu Eigenschaften der Geschlechter und des Körpers). Kontingenz ist gleichzeitig eine Grundbedingung der

Haltung der Wahl, der Konsumtion und des Unternehmerischen: Wahl setzt die Arbitrarität der Austauschbarkeit, Konsumtion die potentielle Konsumierbarkeit jedes Objekts, unternehmerisches Handeln zukunftsoffene ›Machbarkeit‹ voraus. Schließlich erweist sich die Subjektsemantik der ungerichteten ›Bewegung‹ gleichfalls als ästhetisch und ökonomisch doppelcodiert: Ästhetische Subjektivität prämiert Bewegung, da diese als Signum des ›Spiels‹, der ›Lebendigkeit‹, der Reize des disruptiv ›Neuen‹ und des Experiments gilt. Marktförmige Subjektivität prämiert Bewegung, da diese schnelle Reaktion (›Flexibilität‹) im Umgang mit neuen Bedingungen der Wahl und des Gewähltwerdens bedeutet und unternehmerisches Handeln als Prototyp der Bewegung erscheint.

›Kontingenz‹, ›Bewegung‹ und ›Individualität‹ werden nicht nur vor dem Hintergrund des psychologischen Diskurses der Selbstentfaltung sowie des ökonomischen Diskurses der Wahl und des Marktes zu Leitsemantiken der postmodernen Subjektkultur, sie werden zudem durch einen dritten humanwissenschaftlichen Interdiskurs forciert, der sich seit den 1970er Jahren über den Umweg der psychologischen Beratung und der Organisationsberatung, aber auch etwa des massenmedialen Popdiskurses oder des post-feministischen Diskurses auf verschiedene Praxisformen auswirkt: der Diskurs der ›Kultur‹ und der sozial-kulturellen ›Konstruktion‹.[232] Der kulturwissenschaftliche und konstruktivistische Interdiskurs, der von den ehemaligen Geisteswissenschaften über die Organisationswissenschaften und die kognitive Psychologie bis zur Neurophysiologie reicht, setzt voraus, dass das Subjekt primär kein moralisches, soziales oder zweckrationales, sondern ein in kognitiven Schemata weltkonstruierendes ist, Schemata, die selbst Produkte kollektiver Diskurse und Sinnstrukturen darstellen und damit unterschiedliche ›Kulturen‹ ausmachen. Soziale Praktiken erscheinen damit als semiotische, als *signifiying practices*. Der Interdiskurs der Kultur geht vom Primat kultureller Differenzen aus, das heißt von der Existenz distinkter Sinnstrukturen, in denen sich Individuen, Diskurse oder Kollektive voneinander unterscheiden. Er liefert damit einen dritten Codehintergrund für die Naturalisierung der Kontingenz, der Bewegung und der Individualität des Subjekts und ist zugleich eng verknüpft sowohl mit dem Selbstkreations- als auch dem Wahldiskurs: Die Form des Subjekts erscheint ›natürlicherweise‹ kontingent, da sie von austauschbaren Sinnhorizonten abhängt; als natürlich stellt sich dabei

---

232 Vgl. etwa Stuart Hall (Hg.) (1997): Representations. Cultural representations and signifying practices, London; Siegfried J. Schmidt (Hg.) (1987): Der Diskurs des Radikalen Konstruktivismus, Frankfurt am Main 1992, 5. Aufl.; Gerhard Roth (1994): Das Gehirn und seine Wirklichkeit. Kognitive Neurobiologie und ihre philosophischen Konsequenzen, Frankfurt am Main 1996, 3. Aufl.

die fluide Dynamik dieser sich ständig verschiebenden Sinnstrukturen dar; ›Individualität‹ erweist sich schließlich als Produkt der ubiquitären kulturellen Differenzen, ihrer spezifischen hybriden Kombination. Die Metaphorik der Kultur und der Konstruiertheit gewinnt ihre Anziehungskraft aus ihrer Verquickung mit den Diskursen der Selbstkreation und der Wahl: Die Annahme einer Auswechselbarkeit kultureller Sinnstrukturen und ihrer Neukombination stellt sich als Grundlage dar, auf der sowohl Selbstkreation als auch Wahl möglich erscheinen. Kulturelle Vokabulare werden so zu Optionen der Wahl wie auch zu Elementen der Selbstkreation.

In der Kombination der ästhetisch-expressiven und der elektiv-marktförmigen Subjektivation bildet sich eine spezifische Zeitstruktur des Lebenslaufs und der Biografie des postmodernen Subjekts heraus, die in ihrer Routinisierung der Diskontinuität auf Distanz zur Angestelltenkultur und bürgerlichen Kultur geht.[233] Bürgerliche Subjektivität ist in einen generationenübergreifenden Sinnzusammenhang des Erbes eingebettet und formt sich als Kombination einer langfristigen ›Bewährung‹ in Beruf, Familie und Bildung sowie einer ›inneren‹ Entwicklung. Die Angestelltenkultur löst den Lebenslauf einerseits aus dem generationsübergreifenden Zusammenhang und reduziert ihn auf die ›Normalbiografie‹; sie entfernt aus dieser gleichzeitig die Anforderung des subjektiven Entwicklungsprozesses zugunsten der sozialen Statuskarriere. Die ästhetisch-marktförmige Doppelmodellierung des postmodernen Subjekts bringt den Lebenslauf im Vergleich dazu in eine doppelte Diskontinuierung, die positiv als ›Projektförmigkeit‹ modelliert werden kann: Die ästhetisch-expressive Grundorientierung des Subjekts an einem experimentalistischen *self growth* transformiert Festlegungen, die in der bürgerlichen und organisierten Moderne sich in der Regel als irreversibel darstellen (Beruf, Partnerschaft), in reversible Entscheidungen. In der Sequenz des Lebenslaufs kann sich die inhaltliche Ausfüllung der Selbstkreation in unkontrollierbarer Weise verschieben und biografische Umorientierungen induzieren. Biografische Umorientierungen können im postmodernen Kontext selbst als Zeichen lebendiger Expressivität des Selbst wahrgenommen werden, während

---

233 Die ›postmoderne Biografie‹ ist ein verbreiteter Gegenstand von Fallanalysen, vgl. nur Hans-Georg Brose u. a. (1993): Soziale Zeit und Biographie. Über die Gestaltung von Alltagszeit und Lebenszeit, Opladen; Buchmann (1989); Wolfgang Kraus (2000): Das erzählte Selbst. Die narrative Konstruktion von Identität in der Spätmoderne, Herbolzheim; Peter Berger (1996): Individualisierung. Statusunsicherheit und Erfahrungsvielfalt, Wiesbaden, S. 75 ff.; Karl H. Hörning/Daniela Ahrens/Anette Gerhard (1997): Zeitpraktiken. Experimentierfelder der Spätmoderne, Frankfurt am Main.

kontinuierliche Lebensläufe nach Art der Angestelltenbiografie als Zeichen mangelhafter Komplexität der Individualität erscheinen. Auf einer zweiten Ebene ist es die Konfrontation des Subjekts mit unberechenbaren – willkommenen oder belastenden – Wahlentscheidungen sozialer Anderer unter den Bedingungen eines sozialen Marktes – insbesondere mit Offerten und Kündigungen in den Bereichen der Arbeit und der Partnerschaft –, die eine Diskontinuierung des postmodernen Lebenslaufs bewirkt, in dem zu jedem Zeitpunkt Routinen gezwungenermaßen durchbrochen werden oder sich Möglichkeiten neuer Routinen ergeben. In der expressiv-marktförmigen Doppelstruktur der postmodernen Subjektkultur kann damit für die biografische Strukturierung die Metaphorik des ›Projekts‹ als Ideal leitend werden.[234] In der Praxis des Projekts werden die Figuren des Selbstkreators und des Unternehmers seiner selbst einander übergestülpt; das Leitmotiv der zukunftsoffenen, beweglichen ›Verwirklichung‹ der kreativen Potentiale kombiniert sich mit der voluntaristischen, zumindest mittelfristigen Selbstplanung und der Reaktion auf Ungewissheiten von Seiten des Unternehmers (was übereinstimmend die Möglichkeit des Abbruchs des Projekts zugunsten eines neuen impliziert).

Die ästhetisch-ökonomische Doppelstruktur treibt das spätmoderne Subjekt damit in Richtung einer beständigen Selbstbewegung, die sich von der Suche nach momenthaft als authentisch empfundener und sozial als Individualstil anerkannter Selbstkreation anleiten lässt. Diese bewegte Subjektform ist auf einer ersten Ebene eine dezentrierte: Selbstkreation stellt sich als ein ›leerer Signifikant‹ heraus, der mit immer neuen Bildern eines Ideal-Ichs, mit wechselnden potentiell lustvollen ästhetischen Erfahrungen und vielversprechenden Wahlakten ausgefüllt werden kann. Auf einer zweiten Ebene findet jedoch im kreativ-konsumtorischen Subjekt eine *Re-Zentrierung* statt: Das postmoderne Subjekt trainiert sich ein Arsenal von dauerhaften Kompetenzen an, die dispositionale Bedingungen liefern, um Selbstkreation, Iterierung von Wahlakten, erfolgreiche *performances* und deren beständige Veränderung zu *ermöglichen*. Die postmoderne Subjektkultur formt ihr Subjekt als das einer spezifischen Selbstregierung; dieses übt sich in einer Souveränität als individuelles Selbst, die sich von der primären Außenorientierung der Subjektstruktur des Angestelltensubjekts unterscheidet. Während in dessen Zentrum die sozial-extrovertierten Kompetenzen stehen, die es

---

234 Zum Projekt-Konzept in verschiedenen Bereichen vgl. Boltanski/Chiapello (1999), S. 147-210; Vilem Flusser (1994): Vom Subjekt zum Projekt, Bensheim/Düsseldorf; Barbara Keddi (2003): Projekt Liebe. Lebensthemen und biografisches Handeln junger Frauen in Paarbeziehungen, Opladen; Rom Harré (1983): Identity projects, in: Glynis M. Breakwell (Hg.): Threatened Identities, Chichester, S. 31-51.

in die Lage versetzen, in gegebenen sozial regulierten, gruppenförmigen Zusammenhängen – Großorganisation mit Karriereleiter, *peer society*, lebenslange Kleinfamilie – eine erfolgreiche soziale Integration zu leisten, trainiert das postmoderne Subjekt sich in erster Linie in einer Form des Selbstmanagements, das sich als Prozess der beständigen Produktion, Bereithaltung und Mobilisierung personaler Ressourcen umschreiben lässt. Diese psychophysische Ressourcen(re)produktion stellt sich als Voraussetzung von Handlungs- und Erlebensfähigkeit und damit als neues ›Zentrum‹ des postmodernen Subjekts dar. Es enthält dabei – gewissermaßen hinter die Kultur der organisierten Moderne zurückgreifend – Spuren der klassisch-bürgerlichen, an souveräner Selbstregierung orientierten Subjektkultur. Die Eigenschaften dieser postmodernen Form von Selbstregierung sind im extensiven Diskurs der Persönlichkeitsberatung seit den 1980er Jahren offengelegt und werden dort als Elemente des ›empowerment‹ des Subjekts dargestellt: physische Fitness; emotionale Kompetenz; Netzwerkfähigkeit; semiotisch-symbolische Kompetenz; kognitive Lernfähigkeit; Zeitmanagement; Desedimentierung von Wunschstrukturen; Ambiguitätstoleranz; Reaktionsfähigkeit für Eventualitäten.[235]

Die postmoderne Subjektkultur modelliert den Einzelnen nicht primär als ein Element sozialer Gruppen und Regelsysteme, sondern als ein eigenkomplexes kognitives, emotionales, physisches und agierendes System – ein Subjektmodell, dass seit den 1980er Jahren durch den neurophysiologischen Diskurs Unterstützung erhält[236] –, das sich aus heterogenen ›Ressourcen‹ zum Handeln und Erleben zusammensetzt. Die Aufgabe besteht nun darin – erneut gehen hier Spuren eines postromantischen Diskurses der Expressivität und eines ökonomischen Diskurses des Humankapitals ein –, diese Ressourcen allesamt in Form einer souveränen Selbstregierung und -steuerung zu nutzen und zu entwickeln, um ästhetische Befriedigung, Konsumtion und Marktakzeptanz immer wieder neu zu ermöglichen. Die Binnen-Ressourcen richten

235 Vgl. für den postmodernen Persönlichkeitsberatungsdiskurs exemplarisch: Harriet Rubin (1999): Soloing, New York; Philipp McGraw (2001): Self Matters. Creating your life from the inside out, New York; David Allen (2001): Getting Things Done, New York; David Aspin u. a. (Hg.) (2001): International Handbook of Lifelong Learning, Hingham; David Servan-Schreiber (2004): Die neue Medizin der Emotionen, München. Vgl. zur Ressourcenorientierung des Subjekts auch Luise Behringer (1998): Lebensführung als Identitätsarbeit. Der Mensch im Chaos des modernen Alltags, Frankfurt (Main)/New York, S. 127 ff., 169 ff., 206 ff.; Robert Jay Lifton (1993): The Protean Self. Human resilience in an age of fragmentation, New York, S. 93 ff.

236 Vgl. Roth (1994), Ned Herrmann (1989): The Creative Brain, New York.

sich weniger darauf, bestimmtes sozial erwartetes oder erwartbares Handeln in gegebenen oder absehbaren Situationen zu sichern, sondern personale ›Anschlussfähigkeit‹ für wechselnde, letztlich unabsehbare und ungeplante Handlungs- und Lebenssituationen herzustellen. Das negative Andere ist hier ein Subjekt, das die vorgebliche Vielfalt seiner psychophysischen Ressourcen nicht entwickelt und daher rigide und konventionell auf das immer gleiche Handeln und Erleben zurückverwiesen bleibt.

Auf der physischen Ebene enthält die postmoderne Subjektkultur so die Anforderung der ›Fitness‹, verstanden als eine physische Selbstentwicklung, die eine ›ganzheitliche‹ Beweglichkeit bedeutet und Belastungsfähigkeit sichert. Auf der emotionalen Ebene fordert die postmoderne Subjektkultur ›emotionale Intelligenz‹, die Fähigkeit, ›positive‹ Emotionen, etwa Selbstmotiviertheit, in sich zu potenzieren, ›negative‹ Emotionen nicht zu unterdrücken, sondern zu beobachten, zu akzeptieren und zu moderieren und die Emotionen anderer – Partner, Teamkollegen etc. – empathisch zu erkennen und zu berücksichtigen. Auf der Ebene intersubjektiver Kompetenzen ist das Subjekt gehalten, sich in ›Netzwerkfähigkeit‹, dem unkomplizierten Knüpfen und Aufrechterhalten von Kontakten zu üben. Auf der kognitiven Ebene ist es weniger mit kodifiziertem Fachwissen ausgestattet als mit semiotisch-symbolischen Allgemeinkompetenzen, das heißt einer notwendigerweise fragmentarischen Verfügung über ein kulturelles Weltwissen, das in *signifying practices* immer wieder neu kombinatorisch eingesetzt wird, sowie mit Dispositionen der Dauerrevision von Spezialwissen (›Lernfähigkeit‹). Auf der Ebene des Handlungsstils trainiert die postmoderne Subjektkultur in einer Reihe von Dispositionen, die eine Steigerung der Wahrnehmung und Realisierbarkeit von Optionen versprechen: ein Zeitmanagement, das mehrere Tätigkeiten parallel laufen lässt, etwa kurzfristige Aktivitäten mit langfristigen Projekten kombiniert; eine ›Ambiguitätstoleranz‹, die interpretative Unterbestimmtheit von Situationen, Personen und Objekten nicht als handlungshemmend, sondern als Handlungsanreiz perzipiert; eine Fähigkeit zur Desedimentierung von Wunschstrukturen, das heißt, eine beständige selbstexperimentelle ›Auflockerung‹ der Begehrens- und Erlebensorientierungen sowie des Ideal-Ichs, welches das Subjekt interiorisiert hat; schließlich eine Opportunitätswachsamkeit und ›Manövrierfähigkeit‹, die überraschende Handlungschancen als solche erkennt und zu nutzen weiß.

Friktionen postmoderner Subjektivität

Die Form des Subjekts, welche die postmoderne Kultur in den Bereichen der Arbeit, der persönlichen Beziehungen und der Selbstpraktiken instituiert und die in ihrer expressiv-selbstunternehmerischen Gestalt für den Einzelnen ein Objekt affektiver Verhaftetheit darstellt, enthält in allen ihren Feldern kulturelle Friktionen, die das Subjekt systematisch in Konstellationen eines ›double bind‹ zu treiben vermögen und es von innen als mangelhaft perzipierbar werden lassen. Dieses widersprüchliche Arrangement implantiert im Subjekt konfligierende Formen, die sich potentiell als widerstreitend darstellen.[237] Auf der abstraktesten Ebene ergibt sich dieser Widerstreit (1.) aus der Doppeldeutigkeit einer Kultur expressiv-ästhetischer Subjektivität zwischen Authentizität und Kontingenz, (2.) aus dem Verhältnis zwischen Expressivität und post-bürgerlicher Selbstoptimierung, (3.) aus dem prekären Ort des Sozialen zwischen Ästhetischem und Ökonomischem und (4.) schließlich aus dem Spannungsverhältnis zwischen der Innenorientierung des Künstlerideals und der Außenorientierung des Marktideals, damit aus dem immanenten Bruch, welcher die ästhetisch-ökonomische Doublette selbst durchzieht.

Bereits ohne die spezifische Kombination mit der post-bürgerlichen Selbstregierung und die Kombination mit der marktförmigen Modellierung des Subjekts konkurrieren im ästhetisch-expressiven ›Kern‹ des postmodernen Habitus zwei Codierungen des Ästhetischen miteinander, die nur behelfsmäßig unter einer Leitsemantik des Erlebens, des Libidinösen, der Individualität und der Bewegung zusammengehalten werden: die Orientierung an der Authentizität und die Orientierung an der fluiden Bewegung eines kontingenten Ichs. Diese Spannung zwischen Authentizität und Kontingenz, welche den ästhetischen Subjektkern spaltet, wird in der gesamten historischen Sequenz ästhetischer Bewegungen der Moderne von der Romantik über die Avantgarden bis zur *counter culture* in unterschiedlichen Versionen wiederholt und in die postmoderne Subjektkultur transferiert. Paradigmatisch findet sich diese Friktion nun in der Polysemie des kreationistischen Konzepts des ›self growth‹ wieder. Seine Mehrdeutigkeit besteht in der Frage, ob das Selbst, das zu entfalten ist, einen Kern hat, der schrittweise freigelegt und auch gegen Widerstände zu verwirklichen ist, um eine Übereinstimmung mit sich selbst, das heißt ›Authentizität‹, zu erreichen; oder aber,

237 Es wird damit deutlich, dass die Realität der *postmodernen* Subjektordnung alles andere als deckungsgleich mit jenem Subjektmodell ist, das in der kulturell-ästhetischen Bewegung des *Postmodernismus* proklamiert wurde: ›postmodernistische‹ Eigenschaften wie ›Experimentalismus‹ oder ›Diskontinuität‹ bilden nun vielmehr eine hybride, spannungsreiche Kombination mit post-romantischer Authentizitätsorientierung, post-bürgerlicher, ressourcenorientierter Selbstregierung und einer generalisierten Haltung der Wahl. Der Ort, an dem sich diese Überlagerung von Vokabularen am besten rekonstruieren lässt, ist der Diskurs der Persönlichkeitsratgeber.

ob das Wachstum des Selbst gerade darin besteht, Möglichkeiten des Erlebens zu erproben, die dem bisherigen Selbst nicht eigen waren, das heißt, scheinbar Fixes experimentell kontingent zu setzen und ständig Grenzen zu überschreiten.

Das postmoderne Subjekt wird – analog der ästhetischen Bewegung der 1960er und 70er Jahre – darin trainiert, einerseits nach der idiosynkratischen Jemeinigkeit des eigenen Lustempfindens und Passungsgefühls zu suchen –»to be herself means to find the underlying pattern ... which existes in the ceaselessly changing flow of her experiences« – und gleichzeitig sein Selbst als ein kontingentes Produkt variierbarer kultureller Modelle und seine Begehrensobjekte als Resultate veränderbarer semiotischer Projektionen zu betrachten, die spielerisch beweglich zu halten sind:»[They] seem to move toward openly being a process, a fluidity, a changing.«[238]

Während eine rein authentizitätsorientierte Subjektform befriedigt wäre, wenn sie ihren inneren Kern von Bedürfnissen erkennen und realisieren könnte, und eine rein kontingenz- und spielorientierte Subjektform an der Bewegung des beständigen Wechsels selbst orientiert wäre, treibt die Doppelbindung die postmoderne Expressivität in eine dynamische Instabilität: Dagegen, dass das eigentliche Ich gefunden und die Bedürfnisse befriedigt sind, erhebt das Wissen um die unendlich vielen anderen Möglichkeiten des Handelns und Erlebens, das Wissen um die zwangsläufig einengende, weil kulturell konstituierte Identität des Ichs Einspruch. Gegen einen endlosen Zirkel des spielerisch-experimentellen Ausprobierens dieser Codes und Möglichkeiten erhebt das Begehren Einspruch, nur solche Möglichkeiten zu wählen, die dem ›jemeinigen Ich‹ tatsächlich Befriedigungsmomente bereiten. Die Fragilität des beruflichen Kreativsubjekts, der expressiven Beziehung sowie der individualästhetischen Konsumtion, die sich konkret etwa in der Unsicherheit um die eigenen Wünsche (›will ich dies wirklich?‹, ›will ich dies in Zukunft auch noch gewollt haben?‹) niederschlägt, ist in dieser Doppelcodierung des ästhetisch-expressiven Subjekts und letztlich in der Hybridität des ästhetischen Sinnreservoirs zwischen romantischer Authentizität und dem avantgardistischen Spiel der Kontingenzen begründet.

Neben der immanenten Polysemie der ästhetischen Subjektcodierung ist es die Anforderung der Selbstregierung und Selbstoptimierung, die eine zweite Spannung in die postmoderne Subjektkultur hineintransportiert. Die Kombination von post-bürgerlicher, ressourcenakkumulierender Selbstregierung – von körperlicher Fitness bis zur emotionalen Kompetenz, vom semiotischem Wissen über unternehmerischen Voluntarismus bis zur biografischen ›manoeuvrabilty‹ – fügt sich zunächst mit den ästhetisch-expressiven Dispositionen und denen einer markt-

238 Rogers (1961), S. 114, 171.

förmigen Wahl/Konsumtion zu einem scheinbar stabilen Arrangement zusammen. Die ressourcenorientierte Regierung des Selbst, die im Subjekt eine post-bürgerliche Version von Selbstdisziplin implantiert, liefert den Hintergrund routinisierter Kompetenzen, um die Beweglichkeit und Unberechenbarkeit der ästhetisch-expressiven Orientierung – und im übrigen auch jene der Konstellation eines Marktes – auf Dauer zu stellen. Die Rationalisierung und Moderierung des sich selbst steuernden Subjekts konterkariert jedoch potentiell die Entrationalisierung der selbstkreativen, erfahrungssuchenden Aktivität: Die Dispositionen des postbürgerlichen ›empowerment‹ implantieren im Subjekt eine Vorstellung von individueller Steuerbarkeit und Steigerbarkeit von Biografien, von ›Selbstverantwortung‹ für Entscheidungen – die damit einen intelligiblen Zusammenhang zwischen Handeln und Effekten suggeriert – und einer ›Selbstoptimierung‹, während gleichzeitig sowohl die ästhetisch-expressive Orientierung des Subjekts wie auch seine Modellierung als Marktteilnehmer, der den kontingenten Wahlakten anderer unterliegt, eine solche Selbstoptimierung obsolet oder hinderlich erscheinen lassen.

Diese potentielle Spannung zwischen einem Selbstoptimierungsglauben und dem simultanen Training in der Unberechenbarkeit der Selbstkreation und des Marktes wird in den Strukturierungen von Biografien/Lebensläufen seit den 1970/80er Jahren deutlich. Diese schwanken zwischen spätmodernem Projektmanagement einerseits, rein situativer Orientierung andererseits,[239] zwei Strategien, die beide in der postmodernen Kultur ihre diskursiven Stützen finden: Das Projektmanagement der Biografie betreibt eine gezielte Akkumulation personaler Ressourcen und eine Sequenz von Planung, Ausführung und Evaluation; sie geht davon aus, dass ›empowerment‹ und tatsächliches Handeln/Erleben in einem nachvollziehbaren Zusammenhang stehen. Die situative Orientierung versucht hingegen, sich in der Sequenz subjektiver Selbstkreation und der Unberechenbarkeit des Marktes von Moment zu Moment zu bewegen. Entsprechend kann das Leitkonzept des ›Projektes‹ selbst polysemisch werden: Projektorientierung – in beruflicher, privater, freizeitbezogener, biografischer Hinsicht – kann auf den Versuch einer individuellen Planung aufbauen, die ihre personalen Ressourcen gezielt einsetzt; Projektorientierung kann gleichzeitig auf ein ludisches Experimentieren verweisen, das nicht auf Steigerung, sondern auf Diskontinuität setzt. Jener Hälfte des spätmodernen Subjekts, das sich in Selbstoptimierung übt, muss die Veränderbarkeit der eigenen Wünsche und Selbstbilder und die ständige Verschiebung der Marktkonstellationen als Bedrohung der Berechenbarkeit erscheinen; die ästhetisch-elektive Hälfte des postmodernen Subjekts muss andererseits

239 Vgl. zu einer empirischen Analyse dieser einander widersprechenden Strategien Kraus (2000), S. 185 ff.

im Anspruch der Selbstoptimierung eine Einschränkung seines Experimentalismus sehen.

Eine dritte Spannung der postmodernen Subjektkultur ergibt sich aus dem prekären Status des Sozialen zwischen Ästhetischem und Ökonomisch-Konsumtorischem. Die postmoderne Subjektform gewinnt ihre Identität gerade durch ihre Differenz zum spezifischen Code des ›Sozialen‹ der organisierten Moderne, der als ein kollektivistischer Code der *group ethics* dechiffriert wird, welcher Möglichkeiten des Handelns und Erlebens limitiert. Jedoch verschwinden das Soziale und eine entsprechende Sozialorientierung des Subjekts in der postmodernen Kultur nicht, es verschiebt vielmehr seine Bedeutung und taucht auf diesem Wege in allen drei subjektkonstitutiven Feldern in einer *doppelten* Ausprägung wieder auf: Im Feld der Arbeit ist es die Kreativitätsgemeinschaft des Projekt-Teams, die als Grundlage der Kreativität des Einzelnen eingeführt wird; gleichzeitig erscheinen die Einbettung in soziale Netzwerke und die Praktik des ›networking‹ als Bedingungen des erfolgreichen Selbstunternehmers. In den persönlichen Beziehungen verdichtet sich das Soziale der *peer society* zur post-romantischen Expressivitätsgemeinschaft von Partnerschaft und Freundschaft und es verflüssigt sich zugleich zu den extensiven Freundschaftsnetzwerken, an denen der Einzelne mit einem Teil seiner Persönlichkeit teilnimmt. Im Feld der Selbstpraktiken sind es die eine gemeinsame Stilisierung teilenden, affektiv besetzten Lebensstilgruppen einerseits – die körperorientierte Lebensstile und in mancher Hinsicht auch die Sozialität mit Objekten einschließen –, die ›losen‹, der *face-to-face*-Interaktion enthobenen und leicht auflösbaren Beziehungen der ›web communities‹ andererseits, die als Bedingungen der ästhetisch-expressiven Orientierung des Subjekts erscheinen. Das ›Soziale‹ reformuliert sich in den Praxen und Diskursen seit den 1970/80er Jahren somit einerseits in einer ›dichteren‹, andererseits in einer ›flüssigeren‹ Version, als es die normalitätsorientierte Sozialitätsform der organisierten Moderne bietet: in Form von selbstgewählten, affektiv besetzen Expressionsgemeinschaften, gleichzeitig in Form von rasch erweiterbaren wie auflösbaren sozialen Netzwerken. Die im engeren Sinne ›sozialen‹ Anforderungen, die das Subjekt in beiden Fällen an sich stellt, stehen nun jedoch in einem konfliktträchtigen Verhältnis zur Grundstruktur des postmodernen Subjekts als ästhetisch-ökonomische Doublette: Das Künstlersubjekt und das unternehmerische Selbst befinden sich in latenter Spannung zur Teamorientierung; der Wahlhabitus in persönlichen Beziehungen kontrastiert mit der Reromantisierung der Beziehung; die Lebensstilgruppe kann sich in Opposition zum Experimentalismus des Selbst begeben.

Schließlich findet sich innerhalb des postmodernen Subjekts eine zentrale Friktion an jener Stelle, an der ästhetisch-expressive und ökonomische, das heißt marktorientiert-konsumtorische Subjektcodes miteinander vernäht sind. Im postmodernen Ideal-Ich verschmilzt – stabilisiert über die übereinstimmende Differenz zur sozialen Normalitätsorientierung des Angestelltensubjekts – die Orientierung an der Selbstkreation, den ästhetischen Erfahrungen und der Stilisierung des Selbst mit der Selbstformung des Subjekts als Teilnehmer an sozialen Märkten, der sich in der komsumtorischen Wahl, dem Gewähltwerden sowie einer unternehmerischen Haltung trainiert. Die postmoderne Kultur betreibt eine Invisibilisierung der hybriden Form des Habitus des konsumtorischen Kreativsubjekts, dessen einzelne Bestandteile tatsächlich disparat sind. Die – in sich bereits spannungsreiche – Codierung des Subjekts als eines der Selbstkreation aus der Sequenz moderner ästhetischer Bewegungen wird an ein aus der bürgerlichen Kultur bezogenes, nun generalisiertes Marktmodell des Handelns gekoppelt und dieses schließlich mit einem in der amerikanistischen Angestelltenkultur produzierten Modell eines Subjekts verknüpft, das seine Anerkennung in erfolgreichen extrovertierten *performances* in der Beobachtung anderer findet (ein Modell, das nun allerdings von sozialer Normalität auf individuelle Differenzen umgestellt wird). Auf diese Weise wird im postmodernen Subjekt eine potentielle Spannung zwischen Innenorientierung und Außenorientierung implantiert, die sich durch alle Praktikenkomplexe hindurchzieht: Das Subjekt wird einerseits darin geübt, sich im Sinne der Selbstkreation zu modellieren, gleichzeitig jedoch sich in der Darstellung sozial nachgefragter individueller Differenzen nach außen zu formen. Im Ideal-Ich verschmelzen die nach innen als authentisch erlebte Selbstkreation und der soziale Erfolg der nach außen anerkannten individuellen Differenz miteinander – prototypisch in der Figur des erfolgreichen Künstlers (der auch Unternehmer, Sportler etc. sein kann) –, aber beide Subjektivationskriterien sind nicht identisch: Die ästhetische Innenorientierung kann das Subjekt zu einem Verhalten antreiben, das den Preis zahlt, keine sozial aktuell nachgefragten individuellen Differenzen zu produzieren. Umgekehrt kann ›marktgerechtes‹ Verhalten, in dem das Subjekt in seinen *performances* einen gelungenen Individualitätseffekt produziert, den Anspruch expressiver Authentizität unterminieren. Dies gilt für das Feld der Arbeit, die persönlichen Beziehungen und das Konsum- und Körperregime – durchgängig konkurriert eine Logik des expressiv-ästhetischen ›self growth‹ mit einer Logik der Arbeit an der erfolgreichen Präsentation sozial nachgefragter individueller Differenz.

Spuren der Bürgerlichkeit/Angestelltenkultur/ästhetischen Bewegungen, Antagonismen zur Bürgerlichkeit/Angestelltenkultur/ästhetischen Kultur

Die Form, die das Subjekt in der postmodernen Praxis-/Diskursformation erhält, befindet sich gegenüber den vorangegangenen Modernitätskulturen in einem immanent gegenläufigen Verhältnis von Differenzmarkierungen und Sinntransfers. Dieses entzieht sich den ›großen Erzählungen‹ des Bruchs einer Nach-Moderne und der Kontinuität eines Modernisierungsprozesses gleichermaßen. Zentral für das hybride Arrangement der postmodernen Subjektordnung ist auf einer ersten Ebene die Appropriation von Elementen aus den ästhetischen Bewegungen, die Differenzmarkierung zum Subjekt der organisierten Moderne und der selektive Transfer einzelner Elemente bürgerlicher Subjektivität. Auf einer zweiten Ebene werden umgekehrt ein Sinntransfer aus der Orientierung der Angestelltenkultur an der sozialen *performance* attraktiver Oberflächen sowie Abgrenzungen zur Moralorientierung der bürgerlichen Kultur und zum Passivismus der ästhetischen Gegenkulturen sichtbar. Das postmoderne Subjekt kombiniert in sich spezifische Elemente der ästhetischen Gegenkulturen, der bürgerlichen Subjektkultur und jener der Angestelltenkultur und bildet sich zugleich in Distanz zu anderen Elementen dieser drei kulturellen Kontexte.

Wenn das extrovertiert-amerikanistische Angestelltensubjekt seine Identität aus der Differenz zum moralisch-souveränen Subjekt der viktorianischen Kultur gewinnt, dann die postmoderne Subjektkultur in einer neuen Runde des Differenzspiels, indem sie die organisierte Moderne als ihr negatives Außen behandelt. Anders als alle Vermutungen bezüglich der Linearität eines Modernisierungsprozesses suggerieren, findet auf der Ebene der Modernitätskultur damit nach der Transformationsschwelle der 1920er Jahre auch an jener der 1970er Jahre keine einfache Steigerung gegebener Strukturen, sondern ein Kulturkonflikt um die genuin moderne Subjektform statt; die sich allmählich herausschälende neue Hegemonie repräsentiert jedes Mal ihr Vorgängermodell nicht nur als lediglich entwicklungsbedürftig, sondern als grundsätzlich defizitär. Die Leitunterscheidungen der Angestelltenkultur werden in der Postmoderne zum Gegenstand einer Inversion, ihr Negativum wird zum Positivum, ihr Positivum zum Negativum. Nachdem aus der Perspektive der bürgerlichen Kultur sich das Aristokratische und aus der der Angestelltenkultur sich die Bürgerlichkeit als Träger einer quasi vormodernen Subjektkultur und eines Mangels an Modernität herausstellten, wiederholt die Praxis-/Diskursformation der Postmoderne das Identitäts-/Differenzspiel in einer neuen Runde, indem sie nun den universalen Horizont der organisierten Moderne als grundsätzlich defizitär dekonstruiert: als eine Kultur des rigiden, konformistischen und inauthentischen Subjekts, der gegenüber die postmoderne Kultur eine Freisetzung aus fremdkontrollierenden, sozial-technischen Zwängen beansprucht. Die Distinktion der Postmoderne gegen die Moderne im engeren Sinne – repräsentiert in ihren letzten Fassung, der organisierten Moderne – folgt einem Differenzschema zwischen ›Kontrolle‹ und ›Auflösung von Kontrolle‹, zwischen dem Zwang der Kontingenzschließung und der ›Befreiung‹ der Kontingenzöffnung und lässt sich damit in ihrer allgemeinen Form als Kopie jener Distinktion dechiffrieren, welche die klassische Moderne gegen die Traditionalität betrieb.

Die postmoderne Praxis-/Diskursformation wiederholt das moderne Differenzschema von Zwang und Freiheit und verschiebt gleichzeitig seine inhaltliche Ausgestaltung, damit die Differenz selbst: Während gegen die höfische Gesellschaft die Artifizialisierung und gegen die bürgerliche Gesellschaft die Moralisierung und mangelnde sozial-technische Einbettung des Subjekts als Defizit in Stellung gebracht wurden, markiert die postmoderne Distinktion von der organisierten Moderne eine Differenz zur dortigen Universalisierung des Sozialen (*social ethics*), des Technisch-Rationalen und insgesamt der berechenbaren ›Ordnung‹ als Grundbedingungen moderner Subjekthaftigkeit. Diese Differenzmarkierung ergibt sich in überdeterminierter Form sowohl aus dem ästhetisch-experimentellen als auch aus dem marktförmig-konsumtorischen Subjektcode und kreuzt sämtliche soziale Felder: Gegen die sozial-technische Reguliertheit des Subjekts in der Korporation wird das unternehmerische Kreativsubjekt der post-bürokratischen, projektförmigen Organisation, gegen die normalistische Regulierung der *peer society* und Kleinfamilie wird ein Intimitätssubjekt plaziert, das persönliche Beziehungen als variable, veränderliche Quellen des ›self growth‹ modelliert, gegen den sozial kopierten Konsum der Angestelltengesellschaft werden der individualästhetische Erlebniskonsum, gegen die Körperdisziplinierung das leibliche Erleben und gegen die ›passive‹ Benutzung audiovisueller Medien der ›aktiv‹ wählende *user* der digitalen Kultur positioniert.

Die Differenzmarkierung der postmodernen Kultur in ihren beiden ästhetisch-ökonomischen Doppelhälften richtet sich zum einen gegen den spezifischen Code des Sozialen, der in der organisierten Moderne das Normalsubjekt als ein sozial integriertes Gruppensubjekt formt. Dieses Normalsubjekt erscheint nun dadurch defizitär, dass Fremdkontrolle durch soziale Gruppen als systematische Verhinderung von Selbstkreation *und* souveräner Wahl gedeutet wird. Gegen den Code des Sozialen wird der Doppelcode des Expressiv-Ästhetischen und Elektiv-Konsumatorischen positioniert und damit gerade das universalisiert und in ein Objekt des *passionate attachment* verwandelt, was das verworfene Andere der organisierten Moderne war: Elemente jener

Figur, welche die Angestelltenkultur als exzentrisch und individualistisch-introvertiert, als unfähig zur sozialen Integration pathologisierte, gehen nun in das Ideal-Ich des individualästhetischen und selbstunternehmerischen Kreativsubjekts ein, für das die Regeln sozialer Normalität – einschließlich solcher einer Ästhetik der perfekten Form – ihre Legitimität als Leitlinien zur Subjektivation verloren haben. Gegen die Formierung eines sozial-normalistischen Subjekts produzieren die Praxis-/Diskurskomplexe der postmodernen Kultur ein Subjekt, das sich in der Markierung individueller Differenzen herausbildet, welche in der *peer society* unter Verdacht standen.

Gleichzeitig ist es die technische Strukturierung des Subjekts in der organisierten Moderne, dessen Einbettung in die unpersönliche ›Sachlichkeit‹ technisch-wissenschaftlicher Regeln – am exponiertesten in der bürokratischen Organisation –, der die postmoderne Kultur ihre Fundierungsfunktion entzieht. Gegen die Logik des Technisch-Sachlichen plaziert sie als neue Fundierung die Logik des Kulturell-Semiotischen. Das postmoderne Subjekt versteht sich nicht als den Regeln des Sozio-Technischen unterliegend, sondern bewegt sich in seiner Selbstformung primär in einer Sphäre signifikativer Versatzstücke, die zu Gegenständen der *signifying practices,* der Produktinnovation und der Kreativprojekte, des individualästhetischen Konsums, schließlich der gesamten Selbstkreation und ihres ›Lebensstils‹ avancieren. Während die Logik des Technischen die Unvermeidlichkeit und neutrale Einheitlichkeit von Sachzwängen postuliert, kann die postmoderne Logik des Semiotisch-Interpretativen die Multiplizität kultureller Differenzen zelebrieren (eine Logik austauschbarer und kombinierbarer Differenzen, die sich damit selbst als unvermeidlich präsentiert). Auf der abstraktesten Ebene positioniert sich das kulturelle Imaginäre der Postmoderne gegen den organisiert-modernen Code einer berechenbaren, planbaren, rationalen Ordnung, die dem Sozialen, dem Technischen und dem Subjekt zugrundeliege, eine Rationalitätsannahme, die Grundannahmen der bürgerlichen Kultur prolongiert und sich auf der Ebene des Subjekts auch im Modell der planbaren Normalbiografie und der Disziplinierung von Emotionalität in der ›kalten persona‹ niederschlägt. Der ästhetisch-expressive und marktorientiert-elektive Doppelhorizont der Postmoderne bemüht sich um eine Delegitimierung dieser rationalistischen Hintergrundannahmen zugunsten einer Universalisierung der Metaphorik des ›Spiels‹, des ›Experiments‹ und der unberechenbaren ›Bewegung‹: in den Bereichen von Arbeit und Organisation (Markt, Netzwerk, Projekt, Unternehmertum, Kreativität), von Intimbeziehungen (Beziehung als Projekt), Konsumtion (Spiel der Zeichenkombinationen) und Medialität (›exploring‹), schließlich in der Form einer diskontinuierlichen, vom Möglichkeitssinn geleiteten Biografie sowie der Rehabilitierung der Emotionalität des Subjekts als Grundbedingung seiner ›self actualization‹.

Das Angestelltensubjekt ist in seiner vorgeblichen Rigidität und Expressionslosigkeit das kulturelle ›Andere‹ der postmodernen Subjektkultur, so wie umgekehrt aus der Perspektive der Restbestände der Angestelltenkultur das postmoderne Subjekt als eine narzisstische und zugleich egoistische Figur erscheinen muss. Wenn sich damit tatsächlich ein Bruch zwischen diesen beiden Modernitätskulturen des 20. Jahrhunderts rekonstruieren lässt, so ist dieser jedoch entgegen der postmodernen Selbstbeschreibung nicht vollständig. Untergründig stellen sich vielmehr bestimmte Elemente der Subjektkultur des Angestellten in einem positiven Sinne als konstitutiv für den postmodernen Habitus dar: Die Subjektkultur der organisierten Moderne ist sein *konstitutives* Außen. Dieser selektive Sinntransfer betrifft nicht die dominante sozial- und technikorientierte Hälfe der Kultur der organisierten Moderne, sondern vor allem ihre dominierte ästhetische Hälfte: Es ist die amerikanistische Angestelltenkultur, die seit den 1920er Jahren gegen die moralische Innenorientierung des bürgerlichen Charakters im Subjekt einen Sinn für die ästhetische Attraktivität von Subjekt- und Objektoberflächen systematisch heranzüchtet. Dieser extrovertierte ästhetische Attraktivitätssinn wird in die Selbstmodellierung des spätmodernen Subjekts als eine sozial erfolgreiche, konsumierbare, sich selbst spiegelnde *performance* sowie in seine Orientierung an den libidinös aufladbaren ästhetischen Oberflächen von visuellen Objekten injiziert. Die organisiert-modernen, anti-bürgerlichen Praktiken des Selbst im Bereich der Konsumtion von attraktiven, identitätsstiftenden Waren und im Feld der audiovisuellen Medien, welche Subjektoberflächen ästhetisch verfügbar machen, die Praktiken der persönlichen Beziehungen in der *peer society*, die ihre Mitglieder in einen bis hin zum ›rating and dating‹ reichenden Wettbewerb um extrovertierte Attraktivität im Rahmen einer expandieren Freizeitkultur treten lassen und sie sexualisieren, schließlich die in den Großorganisationen sich herausbildende Subjektanforderung des ›impression management‹ produzieren hier in der Angestelltenkultur Dispositionen, die sich in den postmodernen Praktiken wiederholen und dort in einen neuen Rahmen umgebettet werden.

In einer doppeldeutigen Relation anderer Art befindet sich die spätmoderne Subjektkultur zur klassisch-bürgerlichen Subjektivität. In der postmodernen Kultur findet eine positive Reappropriation bestimmter Elemente aus dem Arsenal bürgerlicher Subjektivität statt, die zeitlich hinter die organisierte Moderne zurückgreift. Diese selektive Aneignung von Versatzstücken des Bürgerlichen betrifft die Praktiken der Arbeit, aber auch jene der persönlichen Beziehungen, schließlich die ökonomisch-marktorientierte Codierung des Subjekts und die Anforderung einer quasi-bürgerlichen, souveränen Selbstregierung unter riskanten Bedingungen insgesamt. Exakt jene Bestandteile des Bürgerlichen, die aus der Perspektive der Angestelltenkultur als Aspekte eines unberechenbaren, irrationalen bürgerlichen Individualismus verworfen werden, können nun – gestützt durch die neue Differenzmarkierung von der Angestelltenkultur – wiederum in die postmoderne Subjektkultur implementiert werden und so mit den Elementen ästhetisch-expressiver Subjektivität eine historisch neuartige Kombination eingehen. In ihrer Abgrenzung von der organisierten Moderne als kollektivistisch, außenorientiert und rationalistisch avancieren die selbst- und innenorientierten, die ökonomischen wie auch die emotionalen Elemente des bürgerlichen Subjekts umgekehrt zum Bedeutungsreservoir der postmodernen Praxis. Im Verhältnis zur organisierten Moderne findet damit in der kulturellen Formation der Postmoderne *keine* weitere Erosion von Bürgerlichkeit statt – wie es eine lineare Geschichtsphilosophie voraussetzen würde –, sondern eine intensivierte *Aneignung* jener Elemente der Bürgerlichkeit, die in der Angestelltenkultur diskreditiert erschienen (eine Aneignung, die zwangsläufig nicht die Form eines ›Sinnimports‹ oder gar der ›Anknüpfung an eine Tradition‹, sondern die einer zitierenden Reinterpretation von Bürgerlichkeit aus postmoderner Sicht annimmt, welche ohne ein ›Original‹ auskommt).

Im Feld der Arbeit zitiert das postmoderne ›unternehmerische Selbst‹ die selbstverantwortliche ›eigene Arbeit‹ des klassischen bürgerlichen Subjekts: So wie das bürgerliche zieht auch das spätmoderne Subjekt in sich einen Habitus heran, der anders als in der organisierten Moderne nicht auf die kontinuierliche Karriere und unmittelbare soziale Kontrolle in der Großorganisation, sondern auf eine selbstkontrolliert entwickelte, professionelle Biografie ausgerichtet ist. Auch das postmoderne ›networking‹ als Schlüsseltechnik des unternehmerischen Selbst kann sich aus dem Habitusrepertoire des bürgerlichen Vertrauensmanagements in der ›commercial society‹ und unter Freiberuflern bedienen (das auch während der Phase der organisierten Moderne in den Nischen der bürgerlichen Kultur aufbewahrt wurde). Die postmodernen Arbeitsformen verweisen insbesondere auf das bürgerliche Modell einer ökonomischen Selbstregierung des Subjekts unter den riskanten Bedingungen eines Marktes (der allerdings im 18. Jahrhundert primär ein Markt von Waren, nicht der eigenen Arbeitskraft war), auf den Markt als ein spekulatives und spektakuäres Handlungsfeld eines kalkulierenden, niemals vollständige Berechenbarkeit findenden Subjekttypus; dieser ist keine kulturelle Erfindung des späten 20., sondern des 18. Jahrhunderts.

Auch im Feld der persönlichen Beziehungen findet in der Postmoderne – über den Umweg der Differenzmarkierung zur Angestelltenkultur – eine selektive Neuaneignung von Elementen des frühen (nicht des späten) bürgerlichen Intimitätssubjekts statt. In Absetzung zur ›kollektivistischen‹ *peer society* der organisierten Moderne transferiert die postmoderne Rezentrierung des Modells individuenzentrierter Freundschaft die klassisch bürgerliche Freundschaftslogik: Hier wie dort avanciert statt der exklusiven Familie und der durch soziale Vorgaben gelieferten *peer*-Beziehungen das Netzwerk einzelner und kompliziert miteinander vernetzter, inklusiver Freundschaftsbeziehungen zum Zentrum der Intimitätskultur. Darüber hinaus greift die postmoderne Intimitätskultur – bewusst oder unbewusst – auf die ›empfindsame‹ Formierung des weiblichen und männlichen Subjekts unter frühmodernen Bedingungen zurück: Gegen die Entemotionalisierung des Intimitätssubjekts in der ›peer society‹ – im besonderen Maße des männlichen –, wird in der postmodernen wie zuvor in der frühbürgerlichen Kultur emotionale Sensibilisierung zur zentralen Subjektanforderung, und zwar ohne dass in dieser Hinsicht zwischen Feminität und Maskulinität zu unterscheiden wäre. Damit stellen sich frühbürgerliche und postmoderne Intimitätskultur als zwei eng miteinander verknüpfte Komplexe dar, denen die spätbürgerliche, auf dem Geschlechterdualismus aufbauende und die organisiert-moderne, ›kollektivistische‹ Intimitätskultur gegenüberstehen.

In seiner marktorientierten Codierung des Subjekts als Agent und Objekt der Wahl greift die postmoderne Kultur schließlich in generalisierter Form auf *dispersed practices* der bürgerlichen Kultur zurück, die sich dort in eingeschränkter Form in der Wahlkonstellation des Berufs und der Ehe finden und welche in Ansätzen die ›commercial society‹ als eine Gesellschaft von Marktsubjekten mit selbstorientierten Interessen und einer Haltung der Austauschbarkeit von Entscheidungen und Objekten begründen: Wiederum ist der Optionalitätshabitus keine kulturelle Innovation der Postmoderne, sondern eine Verallgemeinerung von Dispositionen, die sich in den Reflexionspraktiken des bürgerlichen Subjekts ausbildeten. Schließlich imitiert die Anforderung der postmodernen Selbstregierung, der Selbstmoderierung und -aktivierung auf physischer, emotionaler, sozialer, kognitiver und handlungsorientierter Ebene, welche die Reproduktion von Subjekt-Ressourcen sichern und für vielfältige Handlungen handlungsfähig machen soll, jene charakteristische, sich intensiv selbst beobachtende Selbstregierung des bürgerlichen Subjekts, in der dieses eine Souveränität herzustellen versucht, die zum Fundament seiner Selbsterhaltung werden soll. Die mehrdimensionale ›Arbeit am Selbst‹, welche in der postmodernen Kultur psychologisch als ›empowerment‹ umschrieben wird, einschließlich der Bereitschaft und Fähigkeit des Umgangs mit Entscheidungsungewissheit, setzt nur scheinbar mit der ›Hochmoderne‹ ein; sie rekurriert vielmehr auf die Praxis bürgerlicher Selbstermächtigung – Regulierung von Körper und Aufmerksamkeit, Erwerb semiotischer Kompetenz, Management der eigenen Zeit etc. –, wie sie sich der bürgerliche Körper/Geist im 18. Jahrhundert antrainierte.

Die Appropriation des Bürgerlichen im Dispositionsbündel des postmodernen Subjekts ist jedoch eine selektive. Die postmoderne Subjekt-kultur transferiert – notwendig in einer spezifischen Interpretation – die *souveränitätsorientierte* Hälfte des bürgerlichen Habitus und dessen Verwerfung des abhängigen, seiner selbst entmächtigten Subjekts, während sie auf Distanz zu jener Hälfte bürgerlicher Subjektivität geht, welche eine durchgängige *Moralisierung* und eine Distinktion zum Exzessiven, Artifiziellen und Parasitären betreibt. Die Moralität des bürgerlichen Subjekts, seine gewissenhafte Innenorientierung, die sich nach allgemeingültigen Pflichten und langfristiger Bewährung richtet, gegenläufige individuelle, expressive Bestrebungen in Schach zu halten versucht und in transformierter Form in der *social ethics* der organisier-ten Moderne prolongiert wird, erscheint demgegenüber als negatives Außen der postmodernen Subjektkultur: Indem das postmoderne Sub-jekt im Kern von einem letztlich unbürgerlichen ästhetisch-expressiven Interesse an Selbstkreation angetrieben wird, muss eine Selbtformung durch generalisierte Regeln eines moralischen (oder sozialen) Sollens, jenseits einer individuen- und lustorientierten ›Ethik der Ästhetik‹, sich im Raum des undenkbaren Außen der Postmoderne befinden. Das, was die bürgerliche Kultur im Innern des Subjekts als riskantes, moralloses Potential des Exzessiven, Artifiziellen und Parasitären diskriminiert, er-scheint in der postmodernen Inversion als Voraussetzung angemessener Subjekthaftigkeit: An die Stelle des negativen Exzessiven tritt die posi-tive Unbegrenztheit der Entfaltung der subjektiven Möglichkeiten der Selbstkreation, negative Artifizialität transformiert sich in notwendige kulturell-semiotische Konstitution von Subjekt und Objekt; das nega-tive Parasitäre verwandelt sich in das Positivum eines Begehrens nach ästhetischen Erfahrungen, die ihren Zweck nur in sich selbst finden. Die Moralität des bürgerlichen Charakters muss aus postmoderner Sicht damit als sich selbst limitierende, stil- und genussunfähige Pathologie eines restriktiven, über-ich-hörigen Charakters erscheinen. Die Kultur der Bürgerlichkeit wird damit aus der Sicht postmoderner Aneignung und Ablehnung in ihre Einzelteile zerlegt, so dass das postmoderne Sub-jekt nur scheinbar paradox in der einen Hinsicht ›*bürgerlich*‹ beeinflusst und in anderer Hinsicht dezidiert *anti-bürgerlich* sein kann. Bürgerlich beeinflusst ist es in der positiven Aneignung der bürgerlichen Souverä-nitätsorientierung und Selbstregierung – was die Vermarktlichung des unternehmerischen Selbst ebenso wie die biografische ›Arbeit an sich selbst‹ und die ›emotionale Kompetenz‹ der Empfindsamkeit einschließt –, anti-bürgerlich ist es in der Absetzung von der bürgerlichen Selbstmo-ralisierung. In ihrem Verhältnis zur bürgerlichen Subjektkultur stellen sich organisierte Moderne und Postmoderne damit als komplementär heraus. Die Postmoderne entnimmt dem Bedeutungsreservoir des Bür-gerlichen jene Praktiken der Souveränitätsproduktion, einschließlich der Orientierung am Unternehmerischen und am Empfindsamen, welche die Angestelltenkultur zum großen Teil als Erbe des unberechenbaren ›bürgerlichen Individualismus‹ verwirft. Umgekehrt entnimmt die Angestelltenkultur der bürgerlichen Moderne die Grundannahme einer berechenbaren Rationalordnung und das Gebot einer anti-exzessiven Moderierung des Subjekts und dekliniert dieses von der Moralität auf die Sozialität und Technik um, ein bürgerliches Fundament, welches die Postmoderne nun ›hinter sich lässt‹.[240] Damit sind weder die organisierte Moderne noch die Postmoderne anti-bürgerlich und keine der beiden kulturellen Formationen ist ›bürgerlicher‹ als die andere; sie rezipieren beide jeweils eine Hälfte der Bürgerlichkeit und verwerfen die jeweils andere.

Während die Relation der postmodernen Subjektkultur zu jener der organisierten Moderne und der bürgerlichen Moderne sich damit von vornherein als doppeldeutig erweist, stellen sich die ästhetischen Bewegungen der Moderne – zeitnah die kulturrevolutionären Bewegungen der 1960er und 70er Jahre und durch diese hindurch die Romantik und die Avantgarde-Bewegungen – zunächst eindeutig als positives Bedeutungsreservoir postmoderner Subjektivität dar. Jene Elemente eines ästhetischen Subjekts, die in der bürgerlichen wie in der organisierten Moderne als irrational, anti-moralisch und anti-sozial zum großen Teil verworfen und nur in sehr spezifischen, transformierten Formen – dem Romantizismus des Bürgertums des 19. Jahrhunderts und der Ästhetik der perfekten Form der Angestelltenkultur – appliziert werden, avancieren nun zum strukturellen Kern des konsumtorischen Kreativsubjekts: Das Modell des Subjekts als ein Wesen mit ›Individualität‹, dessen ›Ent-

240 Die Moralität eines bürgerlichen Subjekts gerät damit – ganz anders als dessen Selbstregierung – in Gegnerschaft zur Postmoderne. Es erscheint damit nur konsequent, dass sich einige der neuen kulturellen Gegenbewegungen, die sich gegen die Postmoderne und ihre dominante Lebensform der *creative class* ausbilden, in äußerstem Kontrast zur modernen Tradition ästhetischer Gegenbewegungen als *moralorientiert* erweisen: Die insbesondere in den USA seit den 1980er Jahren sich formierende kulturelle Bewegung eines christlich-protestantischen Fundamentalismus, die mit der postmodernen Kultur sich einen Kampf um symbolische und institutionelle Hegemonie liefert, lässt sich in diesem Sinne weniger als eine ›vormoderne‹ Kraft dechiffrieren denn als eine Bewegung, die unter Rückgriff auch auf Elemente einer spezifisch interpretierten Religiosität die für die bürgerliche Kultur des 18. und 19. Jahrhunderts konstitutive Moralisierung des Subjekts in den Bereichen von Familie und Sexualität, Arbeit und Freizeit in radikalisierter Weise neu zu initiieren versucht und dabei mit der Leitdifferenz zwischen dem Moralischen und dem Exzessiven/Artifiziellen/Parasitären hantiert. Vgl. Harriet A. Harris (1998): Fundamentalism and Evangelicals, Oxford.

faltung‹, Ausschöpfung aller Erlebensmöglichkeiten und ›Expression‹ in Handlungen und Gegenständen zu betreiben ist, die Kreationsnatur des Subjekts, die sich im Ideal des Künstlers manifestiert, seine Zusammengesetztheit aus einer Sequenz von Akten der Wahrnehmung und Emotion, im besonderen auch einzelne Bestandteile des Musters der romantischen Liebe als radikal individualitätsorientierte Initimität sind zentrale Bestandteile des Diskurs-/Praxiskomplexes der Romantik, welche die postmoderne Kultur in ihre Subjektform einbaut. Das Modell eines transgressiven, nach Überschreitung seiner eigenen Wahrnehmungsgrenzen strebenden Subjekts, die Prämierung der Bewegtheit, des disruptiv Neuen und des Selbstexperiments, das beständig nach Reizen von außen sucht, insbesondere auch die ästhetische Aufladung der Visualität, die Initiierung von kombinatorischen Montage-Techniken und die Ästhetisierung des Sexuellen sind Elemente aus dem Arsenal der Avantgarde-Bewegungen, die als Spuren in das postmoderne Subjekt eingefügt werden. Aus der *counter culture* und dem ästhetischen Postmodernismus bezieht das spätmoderne Subjekt schließlich die Prämierung des Lust- statt des Realitätsprinzips, das Modell der legitimen Unendlichkeit des Begehrens und der semiotischen Kontingenz der Begehrensobjekte (einschließlich des Selbst), die ein alltagsemiotisches Bewusstsein fördert, ferner die Rehabilitierung der Leiblichkeit sowie die Praktiken der umfassenden Ästhetisierung und Stilisierung von populären Alltagsgegenständen.

Wenn die Praxis-/Diskursformation der Postmoderne im engeren Wortsinne eine Nach-Moderne ist, dann in der Hinsicht, dass sie die Orientierung der Subjektkultur an Rationalität beanspruchenden, übersubjektiven Sollens-Regeln, welche die bürgerliche Moderne (in einer innenorientierten) *und* die organisierte Moderne (in einer außenorientierten Version) dominiert, durch eine leitende Form ablöst, die sich – zwar nicht vollständig, aber doch zu großen Teilen – als ästhetische modelliert. Darin greift die postmoderne Kultur in allen ihren Praktiken auf die ästhetischen Gegenbewegungen gegen die bürgerliche und organisierte Moderne zurück, Gegenbewegungen, die jedoch selbst nichts anderes als jeweils eine *andere*, zunächst marginalisierte Version innerhalb der agonalen Kultur der Moderne darstellen. Die *postmoderne* Praxis-/Diskursformation des Subjekts lässt sich als eine partielle Hegemonialisierung von Elementen der *ästhetischen Moderne* interpretieren – allerdings eine *partielle* Realisierung, die durch ihre Kombination mit dem Code des Ökonomisch-Marktförmigen und der post-bürgerlichen Selbstregierung eine Form erhält, die in dieser Hinsicht wiederum im Verhältnis der Diskontinuität zur anti-ökonomischen Subjektformierung in Romantik, Avantgarde und *counter culture* gerät.

Damit erweist sich auch der Sinntransfer von den ästhetischen Gegenbewegungen zur Subjektkultur der Postmoderne als ein grundsätzlich selektiver: Aus dem widersprüchlichen Code-Pool der kulturellen Gegenbewegungen zieht die postmoderne Kultur primär eine Selbstmodellierung des ästhetischen Subjekts als ein *aktivistisches* heran, während sie dazu tendiert, die ebenfalls vorhandenen Momente einer ästhetisch*passivischen* Subjektform auszusortieren.

Alle Diskurs-/Praxisformen von der Romantik über die Avantgarden bis zur postmodernistischen *counter culture* enthalten Modelle eines ästhetisch-expressiven Aktivismus, das heißt ein Subjekt, welches Aktivitäten des Ausdrucks seines Ichs, der Beschleunigung und Potenzierung von Wahrnehmungen, der Radikalität einer ständig grenzüberschreitenden Subversion trägt: An die Stelle des Rationalismus der Weltbearbeitung tritt hier ein Ästhetizismus der Selbst- und Weltbearbeitung, der durchgängig mit einem Modell der ›Steigerung‹ des Selbst hantiert und in seiner Geschwindigkeit des Wechsels die Konventionalität der bürgerlichen und organisierten Moderne gewissermaßen zu überholen versucht. Gleichzeitig enthalten alle gegenkulturellen Bewegungen Modelle einer Passivisierung des Subjekts, das sich gerade dadurch in einem Habitus ästhetischen Erlebens übt, dass es sich der dominanten Logik der Steigerung und des Aktivismus entzieht. Dieses Element der Passivisierung in den ästhetischen Gegenbewegungen läuft auf ein ›retreat‹ (Keats) hinaus, der sich dem Zwang nicht nur zum Befolgen bestimmter Handlungsnormen, sondern zur Handlungsfähigkeit insgesamt verweigert und dabei auch auf die Steuerung einer ästhetisch-expressiven Selbstentwicklung und erst recht einer äußerlich sichtbaren *performance* verzichtet; diese erscheinen aus dieser Sicht selber als Versionen des dominanten Modus der Selbstrationalisierung. Elemente eines solches passivisierten, ›weltabgewandten‹ Subjekts finden sich etwa im Kontext der romantischen Bewegung im Natursubjekt, auch im kontemplativen Kunstsubjekt, im Umkreis der Avantgardebewegungen in der Figur des Flaneurs und des Subjekts der Lebensreformbewegungen, schließlich in allen religiös-mystischen Varianten der Gegenbewegungen. Das passivistische Subjekt der Gegenbewegungen sucht dort eine Unterbietung der bürgerlichen und nach-bürgerlichen Kultur durch eine *Ent*schleunigung von körperlich-mentalen Akten, wo die aktivistische Variante eine *Be*schleunigung anstrebt. Der aktivistischen Bewegungsorientierung des postmodernen Subjekts stehen diese Elemente eines passivischen Subjekts, die sich in den gegenkulturellen Kontexten finden, eindeutig entgegen. Die postmoderne Kultur transferiert von dort in erster Linie jene Elemente, die sich mit dem Modus der konsumtorischen, rationalisierten Wahl, der Stildemonstration und ressourcenorientierten Selbstregierung kombinieren lassen.

So wie die Subjektmodellierung der bürgerlichen Kultur und der Kultur der organisierten Moderne basiert auch die postmoderne Subjektkultur auf der Differenzmarkierung zu einem verworfenen Negativum, auf dem ›othering‹ eines Anderen, dem es an gelungener Subjekthaftigkeit mangelt. Wie ihre Vorgängermodelle nimmt das postmoderne Subjektmodell den paradoxen Charakter einer Universalisierung an, die deskriptiv und normativ zugleich ist: Sie beschreibt vorgeblich allgemeingültige Strukturen des ›Menschen‹, deren Einhaltung zugleich als Standard formuliert wird, der verfehlt werden kann. Ähnlich der Kultur der organisierten Moderne – und im Unterschied zur bürgerlichen Kultur, die defiziente Subjekthaftigkeit auch kollektiv zurechnete (Aristokratie, Dritter Stand, Kolonialvölker) – werden diese Subjektdefekte in der Regel psychologisiert, das heißt einzelnen, ganzen Personen in ihrer psychischen Struktur zugerechnet und können zugleich einzelne, riskante Elemente *in* einer Person betreffen. In der Transformation der Modernitätskulturen verschiebt sich jedoch entsprechend der Gegenstand des ›othering‹: Auf die Figuren eines amoralischen – exzessiven, artifiziellen und parasitären – Subjekts sowie eines unsouveränen, abhängigen Subjekts in der frühen bürgerlichen Kultur, dem nicht-respektablen, unzivilisierten Subjekt in der späten bürgerlichen Kultur, dem introvertierten und dem exzentrischen Subjekt in der Kultur der organisierten Moderne folgt in der Postmoderne das *expressionslose* und das *handlungsunfähige* Subjekt, dem es an Kompetenz zur (Arbeit an der) Individualität mangelt.

Im Feld der postmodernen Arbeitsformen gilt die Abgrenzung und der Ausschluss einem Subjekt, das Repetitivität statt Innovativität hervorbringt, das auf Regelorientierung und Kontinuität statt auf kurzfristige Projektförmigkeit ausgerichtet ist, dem es an Fähigkeit zur individuell stilisierten Profilbildung mangelt. In den persönlichen Beziehungen erscheinen einerseits die Unfähigkeit zum individuellen Ausdruck – was Mangel an emotional-kommunikativen Kompetenzen ebenso wie an einem anregenden Individualstil einschließt –, andererseits die Unfähigkeit zur Wahl und Abwahl, was die Neigung zur Beziehungs-Abhängigkeit einschließt, als zentraler Defekt. Im Feld der Selbstpraktiken stellen sich die Erlebnisunfähigkeit wie auch ein Mangel an virtuoser Stilisierung des Konsums als Differenzkriterium dar. Insgesamt ist das Anti-Subjekt der postmodernen Kultur eines, das Expressionslosigkeit und Handlungsunfähigkeit in sich vereinigt. Das expressionslose Subjekt verzichtet unintendiert oder intendiert darauf, der Direktive der Selbstkreation zu folgen, die lautet:»What humans *can* be, they *must* be. They must be true to their own nature.«[241] Nach ›innen‹ misslingt ihm die Iterierung ästhetischer Erfahrungen – ein Misslingen, das als ›Genussunfähigkeit‹ oder ›Motivationsschwäche‹ repräsentiert werden kann –, oder aber diese ästhetischen Erfahrungen erscheinen ihm reizlos. Nach ›außen‹ ist das expressionslose Subjekt unfähig oder unwillig, einen Stil zu kreieren, mit dem seine expressive Individualität sozial er-

241 Maslow (1954), S. 22 (Hervorhebung A. M.)

folgreich anerkannt wird. Dem handlungsunfähigen, passivischen Subjekt mangelt es an Projektfähigkeit für berufliche und private Praktiken; entweder betrifft der Mangel bereits die gescheiterte Arbeit an jenen die Selbstregierung sichernden psychophysischen Ressourcen – kognitiver, emotionaler, physischer etc. Art – oder aber die Umsetzung dieser akkumulierten Persönlichkeitsressourcen in entsprechend zielgerichtetes, energetisch gesättigtes Handeln gelingt nicht reibungslos bzw. wird gar nicht angestrebt.

Als zentrale Persönlichkeitsdefizite innerhalb der postmodernen Kultur seit den 1980er Jahren werden im psychologischen Diskurs konsequenterweise nicht mehr solche dargestellt, die sich aus der Anforderung sozialer Anpassung ergeben, sondern Phänomene der ›Handlungshemmung‹ und der ›Identitätsunsicherheit‹, die sich im Syndrom des ›Depressiven‹ konzentrieren:[242] Das depressive Subjekt kombiniert Expressionslosigkeit und Handlungsunfähigkeit in sich und scheint als latentes Risiko im postmodernen Subjekt so vorhanden zu sein wie das ›zügellose‹ amoralische Subjekt in der Bürgerlichkeit. Das depressive Subjekt als ein ›antriebsschwaches‹, ›erschöpftes‹, melancholisches Subjekt ist paradoxerweise ein Einzelner voller nicht-austauschbarer psychophysischer Idiosynkrasien, denen jedoch die soziale Anerkennung als gelungene ›Individualität‹ versagt wird, da Individualität im spätmodernen Kontext an die Bedingungen von Expressivität, Wahlrationalität und ressourcenorientierte Selbstregierung gekoppelt ist. Die spiegelbildliche Kehrseite des passivischen, expressionslosen und handlungsunfähigen Subjekts ist eines, das ›zwanghaft‹ handelt und sich in die Abhängigkeit einer ›Sucht‹ begibt, Süchte, deren Gegenstände beliebig variieren können (von suchthafter ›codependence‹ vom Partner bis hin zum ›stalking‹ und zur Anorexia nervosa).[243] Das süchtige Subjekt zieht die postmoderne Suche nach ästhetischen Erfahrungen und den rationalisierten Wahlhabitus heran, um sie zugleich zu dementieren: Das ausgewählte Suchtobjekt scheint zunächst Genuss zu versprechen, das Subjekt verliert dabei jedoch jene Fähigkeit zur souveränen Selbstregierung, die auch die Möglichkeit der Abwahl einschließen würde.

Das passivische Subjekt der Expressionslosigkeit und Handlungsunfähigkeit bis hin zur Depressivität wird im Rahmen der postmodernen Subjektkultur in einem pathologisierenden Vokabular repräsentiert. Anders als in den Modernitätskulturen der bürgerlichen Moderne und der organisierten Moderne scheinen zunächst die ästhetischen Gegen-

242 Vgl. dazu ausführlich Alain Ehrenberg (1998): La fatigue d'être soi. Dépression et société, Paris.
243 Vgl. zu diesem Aspekt Giddens (1991), S. 103 ff., auch Michael Jeismann (Hg.) (1995): Obsessionen. Beherrschende Gedanken im wissenschaftlichen Zeitalter, Frankfurt (Main).

bewegungen nicht dazu prädestiniert, ein Gegenvokabular zu formulieren: Während das im Kontext der bürgerlichen Kultur diskreditierte Andere des amoralischen, exzessiv-parasitär-artifiziellen Subjekts in den ästhetischen Subkulturen der Romantik und der Avantgarde eine offensiv modernitätsorientierte Inversion erfährt und das im Kontext der Kultur der organisierten Moderne verworfene Andere des exzentrisch-introvertierten Subjekts gleichfalls im Gefolge der Avantgarde-Bewegungen und in der postmodernistischen *counter culture* zu einer positiven Figur umgedeutet werden kann, erweist sich die Fortsetzung dieses Prozesses kultureller Inversion unter den Bedingungen einer postmodernen Kultur, deren Subjektmodell zu großen Teilen *selbst* ästhetisch-expressiv codiert ist, als grundsätzlich schwierig.[244] Dadurch, dass die hegemoniale postmoderne Kultur aus den ästhetischen Gegenbewegungen allein die Elemente einer ästhetisch-expressiven, aktivistischen Welt- und Selbstbearbeitung selegiert, vermag das Sinnreservoir eines ›passivischen‹, gegen dominante Individualitätszumutungen gerichteten Subjekts, welches die ästhetischen Gegenbewegungen zugleich bereithalten, jedoch Ansätze zu in neuer Weise oppositionellen Subkulturen zu liefern. Tatsächlich tauchen in der ästhetisch-intellektuellen Produktion seit den 1990er Jahren positive Modellierungen einer Subjektform auf, die sich der attraktiven Stilisierung wie dem Zwang zur Selbstentfaltung verweigert oder diesen ihrerseits ironisiert und dabei wiederum auf alternative Elemente aus dem heterogenen Arsenal ästhetischer Subkulturen der Moderne zurückgreift.[245] Möglicherweise kann eine zukünftige Analyse der postmodernen Praxis-/Diskursformation, die ansetzt, sobald diese selbst Geschichte geworden ist, deren Modus der Verarbeitung ästhetischer Sinnelemente als ähnlich selektiv perzipieren,

244 Vgl. auch Boltanski/Chiapello (1999), S. 488 ff.
245 Dies gilt etwa für Arbeiten von M. Houellebecq oder R. Pollesch und für die im ›neo-poststrukturalistischen‹ Diskurs propagierten Figuren des handlungsvergessenen ›infans‹ oder einer Melvilleschen Bartleby-Figur (›I would prefer not to‹). Vgl. Michel Houellebecq (1998): Elementarteilchen, Köln 1999; René Pollesch (2002): Stadt als Beute, in: Bettina Masuch (Hg.): Wohnfront 2001-2002, Berlin, S. 5-80, 131-159; Carl Wall (1999): Radical Passivity. Levinas, Blanchot and Agamben, New York; Carl Hegemann (Hg.) (2000): Kapitalismus und Depression I. Endstation. Sehnsucht, Berlin. Auf der Ebene filmischer Subjektrepräsentationen sind hier entsprechende ›Anti-Heroes‹ einzuordnen, vgl. etwa Todd Solondz »Welcome to the Dollhouse« (1995); Shari Springer Berman »American Splendor« (2003). Camille de Toledo (2002): Archimondain Jolipunk, Paris lässt sich als Dokument eines Diskurses lesen, der gegen die Ästhetik/Ökonomie-Doublette der Postmoderne eine entschleunigende Radikalisierung des Ästhetischen versucht, die explizit auf die historische Romantik zurückgreift.

wie aus heutiger Sicht die bürgerliche Reduktion der romantischen Ästhetik auf den biedermeierlichen und spätbürgerlichen Romantizismus und die Reduktion der modernistischen Avantgarde auf den formalistischen *high modernism* von Seiten der Kultur der organisierten Moderne sich als selektiv darstellen. Versucht man, die Bedeutung von Transformationsfaktoren aus der Vergangenheit der Moderne in deren Zukunft zu projizieren – ein Verfahren, das nur rein spekulativ sein kann und mit größter Vorsicht zu verwenden ist –, wäre eine Ablösung der postmodernen Subjektkultur in den Bereichen der Arbeit, der persönlichen Beziehungen und der Selbsttechnologien durch eine andersartig orientierte Kultur des Subjekts wiederum im Falle von simultanen Sinnproduktionen in den kulturellen Bewegungen, der materialen Artefaktkultur und den humanwissenschaftlichen Interdiskursen zu erwarten. Auch dann wäre jedoch das ›neue‹ Subjekt als historische Hybridbildung nicht vollständig neu; in ihm würden sich die kulturellen Spuren der modernen (und vormodernen) Subjektgeschichte akkumulieren und neu arrangieren, so wie dies für die bisherigen Konstellationen von bürgerlicher Moderne, organisierter Moderne und Postmoderne gilt.

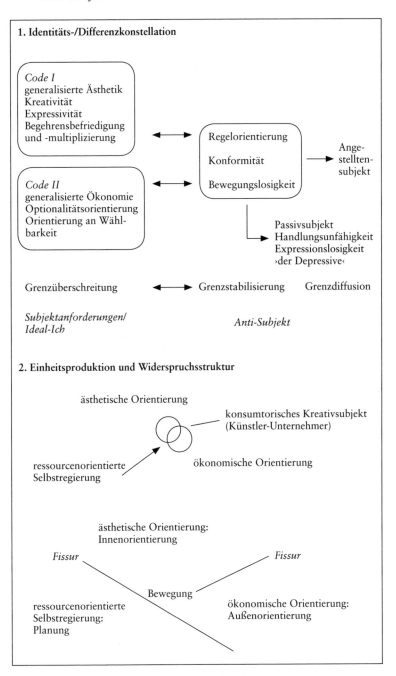

1. Identitäts-/Differenzkonstellation

Code I
generalisierte Ästhetik
Kreativität
Expressivität
Begehrensbefriedigung
und -multiplizierung

Regelorientierung

Konformität

Bewegungslosigkeit

Ange-
stellten-
subjekt

Code II
generalisierte Ökonomie
Optionalitätsorientierung
Orientierung an Wähl-
barkeit

Passivsubjekt
Handlungsunfähigkeit
Expressionslosigkeit
›der Depressive‹

Grenzüberschreitung   Grenzstabilisierung   Grenzdiffusion

Subjektanforderungen/
Ideal-Ich

Anti-Subjekt

2. Einheitsproduktion und Widerspruchsstruktur

ästhetische Orientierung

konsumtorisches Kreativsubjekt
(Künstler-Unternehmer)

ressourcenorientierte
Selbstregierung

ökonomische Orientierung

ästhetische Orientierung:
Innenorientierung

Fissur

Fissur

Bewegung

ressourcenorientierte
Selbstregierung:
Planung

ökonomische Orientierung:
Außenorientierung

Abbildung 5: Postmodernes Subjekt – Grundstruktur

3. Historische Hybridkonstellation

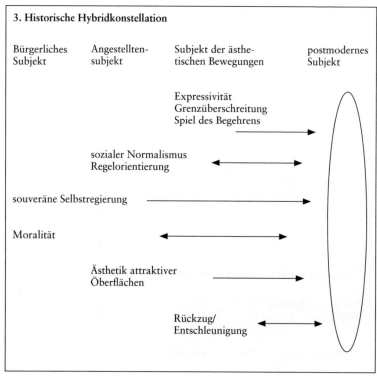

| Bürgerliches Subjekt | Angestellten- subjekt | Subjekt der ästhe- tischen Bewegungen | postmodernes Subjekt |

Expressivität
Grenzüberschreitung
Spiel des Begehrens

sozialer Normalismus
Regelorientierung

souveräne Selbstregierung

Moralität

Ästhetik attraktiver
Oberflächen

Rückzug/
Entschleunigung

Fortsetzung Abbildung 5: Postmodernes Subjekt – Grundstruktur

Auf dem Weg zu einer
dekonstruktiven Kulturtheorie der Moderne

Die Moderne stellt sich als ein Raum von Überraschungen dar, und sie bietet zugleich einen Raum von Überraschungslosigkeiten. Ein großer Teil dessen, was sich in den letzten Jahrzehnten als neue Kulturwissenschaft – in der Soziologie, der Geschichts-, Literatur- und Medienwissenschaft und der Ethnologie – ausgebildet hat, ist vom Wiedergewinn der Haltung ›eines Befremdens gegenüber der eigenen Kultur‹[1] und damit eines Befremdens gegenüber dem motiviert, was wir gelernt haben, die Moderne zu nennen. Gegen die scheinbare Vertrautheit dieser Moderne, die in gängigen Beschreibungen des Kapitalismus, der funktionalen Differenzierung, der Rationalisierung etc. suggeriert wird, versucht die neue historische Kulturwissenschaft sich von ihren Phänomenen erneut überraschen zu lassen und das Gegebene als unwahrscheinlich zu begreifen. Eine zur Selbstverfremdung bereite Perspektive beschreibt das Vertraute selbst als das Verblüffende und Erklärungsbedürftige neu: Der ›moderne‹ Geschlechterdualismus und sein Familienmodell beispielsweise können dann in ihrer Genese als ein ungewöhnliches, sehr spezifisches Produkt bestimmter romantischer und humanwissenschaftlich-biologischer Diskurse um 1800 rekonstruiert werden, das alternative kulturelle Formierungen aus der Zeit zuvor – etwa den Code des ›empfindsamen Mannes‹ oder das nicht-familale Freundschaftsmodell – zunächst denkunmöglich gemacht hat; das Modell einer effizienten, regulierten Großorganisation um 1900 stellt sich als Ergebnis der Aufpropfung eines ingenieurwissenschaftlichen Sinnmusters auf das Feld des ›Sozialen‹ dar; die postmoderne Formung eines konsumtorischen Kreativsubjekts lässt sich als einzigartige Kombination von ästhetisch-expressiven und ökonomisch-marktförmigen Codes in den 1980er Jahren entziffern. Die kulturwissenschaftliche Perspektive bemüht sich damit, der kulturellen Selbstuniversalisierung der Grundstrukturen moderner Gesellschaft zu widerstehen und diese als kulturelle Produkte historisch-lokal hochspezifischer Konstellationen lesbar zu machen.

Eine solche Haltung des ›Befremdens gegenüber der Moderne‹ wittert jedoch zugleich nicht an jeder Stelle in naiver Atemlosigkeit das ›Neue‹ – sie bildet zugleich ein Sensorium für historische Sinntransfers heraus, in denen scheinbar neue Phänomene Elemente des Alten in veränderter Form tradieren und zitieren. Hier tut sich die Überraschungslosigkeit

---

1 Vgl. nur Klaus Amann/Stefan Hirschauer (Hg.) (1997): Die Befremdung der eigenen Kultur. Zur ethnographischen Herausforderung soziologischer Emipirie, Frankfurt am Main.

der Moderne auf – und wird nun ihrerseits zum Überraschungseffekt. So lässt sich herausarbeiten, wie der scheinbar neue und moderne Rationalitätsglaube der bürgerlichen Kultur des 18. und 19. Jahrhunderts theologisch-christliche Elemente inkorporiert, wie die Kultur der organisierten Moderne der ersten Hälfte des 20. Jahrhunderts in ihrer Anti-Bürgerlichkeit doch auf Moderierungsanforderungen des Bürgerlichen zurückgreift oder wie das post-moderne Subjekt tatsächlich erheblich von Sinnbeständen der gesamten Sequenz ästhetischer Gegenbewegungen bis zurück zur Romantik profitiert. ›Überraschungslos‹ ist die moderne Kultur, indem sie nicht in einem Hyperinnovationismus beständig das vollständig Neue aus sich heraus gebiert, sondern immer wieder – ob bewusst oder unbewusst – auf ›alte‹ Sinnelemente – früherer Phasen der Moderne oder auch der Vormoderne – zurückgreift. Aber diese Überraschungslosigkeit des Transfers und der Zitation ist selbst wiederum in der kulturwissenschaftlichen Analytik im einzelnen freizulegen und vermag auf ihre Weise zu verblüffen. Innerhalb der kulturwissenschaftlichen Perspektive erweist sich ›die Moderne‹ so nicht als eine Maschine mit eindeutig identifizierbarer Dynamik, sondern als ein Palimpsest disparater Bestandteile, die sich nicht ohne weiteres ineinander fügen.

Eine Perspektive auf die Moderne, welche diese nicht als ein vertrautes, sondern als ein unwahrscheinliches, sich selbst unberechenbar veränderndes Phänomen in den Blick nimmt, kann sich vom Modell der Hybridität anleiten lassen. Die Moderne ist ein Hybridphänomen, was sich nicht zuletzt an der hybriden Form des modernen Subjekts zeigt. ›Hybridität‹ bezeichnet eine Konstellation, in der nicht ein einziges, homogenes und widerspruchsfreies kulturelles Muster herrscht und identifizierbar ist, sondern eine Überschneidung und Kombination von mehrdeutigen kulturellen Mustern unterschiedlicher Herkunft stattfindet, die teilweise miteinander konkurrieren und Friktionen hervorrufen, die teilweise synkretistisch miteinander verwoben werden und dabei unberechenbar neue Produkte hervorbringen. Die Dominanz von Hybridkulturen bedeutet die Dominanz ›unreiner‹ kultureller Formen, die sich selbst jedoch regelmäßig als rein und einheitlich präsentieren. Tatsächlich ist es für die moderne Kultur kennzeichnend, dass sie beständig neue, einzigartige kulturelle Hybridgebilde produziert und diese in Universalisierungsstrategien als homogen und alternativlos darstellt. Es scheint genau so, wie Bruno Latour es für den speziellen Fall des Natur/Kultur-Verhältnisses gesehen hat und wie es sich auf die Binnenverhältnisse der Kultur übertragen lässt:[2] Keine Gesellschaft zuvor hat wohl in diesem Maße kulturelle Hybridmuster produziert wie die westliche seit dem 16. Jahrhundert – dies gilt für das bürgerliche Subjekt ebenso wie für die Genese und Transformation

2 Vgl. Latour (1991), S. 98-104.

des demokratischen Systems, für die Bildungs- und Erziehungsformen sowie für das Militär, die Geschlechterverhältnisse ebenso wie für die staatlich regulierte Marktökonomie –, aber gleichzeitig wurde in den entsprechenden Praxis-/Diskurskomplexen dem genau entgegengesetzt ständig versucht, ›reine‹ vorgeblich allgemeingültige kulturelle Formen – den jeweils ›neuen Menschen‹ – zu produzieren und diese als die einzig möglichen zu präsentieren.

Eine kulturwissenschaftliche Analytik, die den komplexen und sich immer neu verschiebenden Hybridkonstellationen auf der Spur ist, welche die Praxis-/Diskurskomplexe der Moderne bilden, läuft auf eine *dekonstruktive* Kulturtheorie hinaus.[3] ›Dekonstruktion‹ ist in einer engeren Fassung eine Lektürestrategie der Literaturwissenschaft, wie sie sich im Gefolge Derridas herausgebildet hat, eine Haltung, die nach den Fissuren und Widerspruchstrukturen von Texten sucht, nicht nach dem aufschließenden Textsinn, sondern nach jener unintendierten Funktionsweise bestimmter Texte der westlichen Tradition, in der der einheitliche Textsinn scheitert, mehrdeutig bleibt, die leitenden Unterscheidungen instabil werden oder sich ins Gegenteil zu kehren drohen. Diese dekonstruktive Lektürehaltung lässt sich in einer Erweiterung von Derridas Perspektive auf die kulturwissenschaftliche Analytik insgesamt beziehen, auf eine Rekonstruktion nicht einzelner Texte, sondern jener Praxis-/Diskursformationen, die bestimmte Subjektformen produzieren und darin die moderne Kultur ausmachen. Auf dem Weg zu einer dekonstruktiven Kulturtheorie der Moderne sind die scheinbar homogenen Praxis-/Diskursformationen – der Ökonomie, der Intimität, der Medien, des Geschlechts etc. – und die scheinbar eindeutigen Subjektanforderungen und Ideal-Iche nicht für das zu nehmen, was sie zu sein scheinen: Der dekonstruktive Blick legt die in den Subjektkulturen sich uneinheitlich übereinander schichtenden Lagen von Codes, Wissensformen und Unterscheidungen frei, die Ausschließungsmechanismen eines ›Anderen‹, welche diese Unterscheidungen bewirken, die Überdeterminationen bestimmter Subjektformen, die sich aus der Übereinanderschichtung von Codes unterschiedlicher Herkunft ergeben, sowie die Instabilitäten und Fissuren, die sich gleichfalls durch diese Sinnkombinationen im Subjekt produzieren, Fissuren, die scheinbar einheitliche Identitäten mehrdeutig machen und in ihnen Potentiale des Scheiterns und des Mangels implantieren.

Eine dekonstruktive Kulturtheorie der Moderne ›destruiert‹ damit nicht die Kultur ›von außen‹, sie versucht nicht Krisenhaftigkeiten ›hineinzulesen‹, sie wird vielmehr nur dadurch möglich, dass in der mo-

---

3 Vgl. Jonathan Culler (1982): Dekonstruktion. Derrida und die poststrukturalistische Literaturtheorie, Reinbek 1988; Urs Stäheli (2000): Poststrukturalistische Soziologien, Bielefeld.

dernen Praxis ›von innen‹ instabile Hybriditäts- und Ausschließungskon-
stellationen selbst am Werke sind, dass tatsächlich Subjektfissuren produziert, dass beständig untergründige Kulturkonflikte um die eigentliche
Modernität und Subjektivität hervorgebracht und damit die Grundlagen
des Modernen und des Subjekts immer wieder dementiert werden. Die
dekonstruktive Perspektive legt hier kulturelle Instabilitäten frei, die in
der modernen Kultur über bestimmte Stabilisierungsstrategien – stabile
Grenzziehungen, fixe Hierarchien, lineare Modelle etc. – versuchsweise
unsichtbar gemacht werden. In dieser Freilegung invisibilisierter kultureller Instabilitäten kann man das ›kritische‹ Moment der dekonstruktiven Kulturtheorie der Moderne sehen, ein kritisches Moment, das sich
damit anders versteht als jenes der ›Kritischen Theorie‹ der klassischen
Frankfurter Schule, die eher dazu neigte, in der Moderne eine fatale
Hyperstabilität am Werke zu sehen. Es gibt keine kulturellen Blöcke, die
wie totale Herrschaftssysteme wirken und das Subjekt unter sich zwingen
(und dadurch im Namen eines autonomen oder mimetischen Subjekts
kritikwürdig erscheinen), vielmehr findet die unweigerliche, sowohl limitierende als auch produktive kulturelle Subjektivation in umstrittenen
kulturellen Räumen statt, in denen sich formierende Wirkungen gegenseitig unterlaufen. Die Moderne ist in der kulturwissenschaftlich-dekon-
struktiven Perspektive nicht durch eine Entfaltungslogik, sondern durch
eine Logik der Selbstdekonstruktion gekennzeichnet. Es erodieren und
kollabieren scheinbar erfolgreiche und alternativenlose Modelle – die
aristokratische Kultur, die bürgerliche Kultur in ihrer aufklärerischen
und ihrer späten, viktorianischen Variante, die amerikanistische und
sozialistische Kultur der organisierten Moderne (und möglicherweise
bereits die Postmoderne) –, und auch ihre minoritären Alternativen
– wie jene der ästhetischen Gegenbewegungen – erweisen sich, solange
sie in Reinkultur existieren, nicht als generalisierbare Optionen. Diese
konstitutive Instabilität der modernen Kultur ist aus kulturwissenschaft-
lich-dekonstruktiver Perspektive nicht freizulegen, um sie zu beklagen,
sondern um sie als den dynamischen Kern der Modernität auszumachen,
der jeden Versuch einer kulturellen Fixierung unterläuft.

Unter dem Aspekt ihrer Subjektkulturen erweist sich damit jede
pauschale Aussage über Prozesse der ›Individualisierung‹ oder ›Disziplinierung‹, welche seit dem 17. Jahrhundert in immer neuen Schüben
stattfänden, die das Subjekt immer mehr in den Zustand einer Freisetzung oder aber einer Formierung katapultierten, als wenig informativ.
Vielmehr wird deutlich, dass in diesem Zeitraum im europäisch-nordamerikanischen Westen mindestens drei unterschiedliche kulturelle
Formationen um die Definition von Modernität und die ›eigentliche‹
Subjektivation miteinander konkurrieren: ›Die‹ hybride Moderne setzt
sich aus den drei nicht aufeinander reduzierbaren oder auseinander
ableitbaren Formationen einer bürgerlichen Moderne, einer organisier-

ten Moderne und einer Postmoderne zusammen, die unterschiedlichen kulturellen Prämissen folgen. Die bürgerliche Moderne entwickelt eine spezifisiche Version souveräner Selbstregierung und Moralisierung des Subjekts, in einer zweiten Variante eine Orientierung des Subjekts an seriöser Respektabilität. Die Angestelltenkultur der organisierten Moderne trainiert ihr Subjekt primär in sozialer und sachlicher Extroversion, sekundär in einer ästhetischen Orientierung an attraktiven Oberflächen. Die Postmoderne zieht ihre Idealfigur eines konsumtorischen Kreativsubjekts heran, welches eine expressive Orientierung an Selbstkreation und Begehrensmultiplikation mit einer marktförmigen Orientierung am Wählen und Gewähltwerden kombiniert. Die drei ›Modernen‹ befinden sich in einem Kulturkampf zueinander, Kulturkämpfe, die zu bestimmten historischen Zeitpunkten, den Epochenschwellen der 1920er und der 1970er Jahre, offen ausgetragen werden.

Die kulturellen Formationen der bürgerlichen Moderne, der organisierten Moderne und der Postmoderne durchkreuzen dabei die Differenzen zwischen den scheinbar ›der Sache nach‹ differenzierten Praxis-/Diskursfeldern der Arbeit, der Intimität, der Medien und der Konsumtion. Die drei modernen Subjektkulturen respektieren keine ›sachlichen‹ Sinngrenzen; als basale Sinnmuster gelungener, affektiv aufgeladener und erwarteter Subjektivität – der moralisch-souveränen Subjektivität, der sozial-zerstreuten Subjektivität und der expressiv-elektiven Subjektivität – überschreiten sie vielmehr regelmäßig die Grenzen zwischen dem Ökonomischen und dem Sexuellen, dem Medialen und dem Familiären, dem Konsumtorischen und dem Produktiven: Moral/ Souveränität, Sozialität/Attraktivität und Expressivität/Markt sind keine funktional differenzierten Codes, sie sind kulturelle *Supercodes,* welche sich scheinbar mühelos zwischen den verschiedenen Sphären bewegen und dort jeweils eine bestimmte Subjektform – das seriöse Berufs-, Familien- und Bildungssubjekt, das sportlich-gewandte Angestelltensubjekt, der erfolgreiche Künstler seiner selbst – ›überdeterminierend‹ implantieren. Überdeterminiert werden dabei auch charakeristische Formen eines ›othering‹, das heißt des *Ausschlusses* eines nicht-modernen Anti-Subjekts, das den Subjektanforderungen nicht entspricht. Für die bürgerliche Kultur ist der ›Andere‹ ein Subjekt der Amoralität und der unsouveränen Abhängigkeit (wie es vor allem in der Aristokratie bzw. im proletarischen und kolonialen Subjekt ausgemacht wird); für die Angestelltenkultur ist der negative Andere das ›exzentrische‹ Subjekt, das entweder durch Introversion oder durch Expressivität gekennzeichnet ist, das damit die Standards der Sozialität konterkariert und sich in der Figur des ›Anormalen‹ bündelt; für die Postmoderne schließlich avancieren einerseits das konformistisch-regelorientierte, andererseits das expressionslos-handlungsunfähige, mithin das rigide und das depressive Subjekt zu Versionen eines pathologisierten Anti-Subjekts.

Von einer hybriden Moderne zu sprechen, bedeutet jedoch nicht, diese drei, jeweils in einer bestimmten Zeitspanne hegemonialen Subjektkulturen der Moderne als einander bekämpfende Blöcke gegenüberzustellen, eine Annahme, die einen neuen Kulturessentialismus voraussetzen würde. Die Hybridität erweist sich vielmehr in den heterogenen und teilweise widersprüchlichen Konstellationen innerhalb der drei Subjektkulturen ebenso wie in den ›intertextuellen‹ Verweisungszusammenhängen zwischen ihnen; es existieren damit weder fixe Sinngrenzen nach außen noch homogene Strukturen nach innen. Jede der drei Subjektordnungen ist auf ihre spezifische Weise *doppelcodiert*, das heißt, ihre Praktiken und ihre leitende Subjektform sehen sich nicht über eine einzige Unterscheidung, sondern über die wechselseitige ›Aufpropfung‹ (mindestens) zweier verschiedener Differenzmuster unterschiedlicher Herkunft strukturiert (wobei auch die beiden Herkunftscodes immanent noch einmal mehrdeutig sein können): in der bürgerlichen Kultur der Subjektcode der prinzipienorientierten Moralität *und* der Code sich selbst regierender Souveränität; in der Angestelltenkultur der organisierten Moderne die Anforderung der sozialen Normalität der Gruppe (bereits hybride kombiniert mit der Anforderung der Sachlichkeit) *und* eine ästhetische Orientierung des Subjekts an attraktiven, visuellen Oberflächen; in der Postmoderne das Künstlersubjekt *und* der Unternehmer seiner selbst, das heißt die ästhetisch-expressive und zugleich marktförmige Ausrichtung der Praktiken und ihrer Subjektivation.

Diese hybriden Code-Kopplungen wirken auf einer ersten Ebene überdeterminierend, das heißt, sie verstärken sich gegenseitig, produzieren damit gerade durch ihre Doppellegitimation eine besonders stabile, hegemoniefähige Subjektform. Zugleich implantieren die Hybridkonstellationen – einschließlich ihrer mehrdeutigen Differenzmarkierungen zu Anti-Subjekten – jedoch potentielle Spannungen in die Subjektkultur; dies sind kulturelle Spannungen, die sich potentiell in Psyche/Körper des Einzelnen als Mangelzustand manifestieren, Spannungen, die sich in Friktionen umsetzen können, welche die Subjektkulturen kollabieren und die Identität des Subjekts scheitern lassen. Tatsächlich stellen sich die hybriden Code-Kopplungen der drei Modernitätskulturen als nicht nur Hegemonie produzierend heraus, sondern setzen sich in historisch nachweisbare Instabilitäten um: Jede Subjektkultur bringt ihre spezifische Form des Scheiterns und des Mangels von Identität hervor. Die bürgerliche Kultur erhält ihre leitende Instabilität so durch die Spannung zwischen der Grenzstabilisierung der bürgerlichen Moralität/Respektabilität und den möglichen riskanten Grenzüberschreitungen, die sich aus einer Radikalisierung der bürgerlichen souveränen Selbstregierung – in der ökonomischen Risiko- und Spielorientierung, in der emotionalen Transgression, in der kognitiv-imaginativen Reflexivität – ergeben. Die Angestelltenkultur der amerikanistischen organisierten

Moderne erhält ihre zentrale, produktive Instabilität dadurch, dass die sekundäre ästhetische Orientierung des nach-bürgerlichen Subjekts (wie sie sich in den Bereichen Konsumtion und Sexualität konkretisiert) die primäre Orientierung an der Normalität der Sozialität und der Sachlichkeit unterminiert. Die kulturelle Formation der Postmoderne schließlich wird instabil durch die Konkurrenz ihrer ästhetisch-expressiven Subjektlogik und ihrer quasi-ökonomischen Logik eines Subjekts, das sich als Objekt von marktförmigen Prozessen der Wahl formen muss, sowie durch die uneindeutige Kopplung dieser Subjektform an ein post-bürgerliches Modell der ressourcenorientierten Selbstregierung, welches nicht Bewegung, sondern Selbstoptimierung fordert. Es sind diese immanenten Widersprüche innerhalb der Subjektkulturen, welche in der historischen Sequenz ihre Erosion und letztlich ihre Ablösung befördern. Mit dieser Annahme historischer Transformationsprozesse, die über den Weg kultureller Instabiliäten ermöglicht werden, soll keinem Hegelianismus das Wort geredet werden: Keine ›logischen‹ Widersprüche von Überzeugungssystemen, sondern der Widerstreit miteinander kombinierter, ihrerseits mehrdeutiger und in ihren Grenzziehungen uneindeutiger Sprachspiele ist es, der die Subjektordnungen kennzeichnet. Ihre Sequenz ist keine fortschreitende, fortschrittliche Sequenz von rationalen ›Aufhebungen‹, wie sie die Geschichtsphilosophie voraussetzte, sondern eine fortgesetzte Neuproduktion von Formationen, die jede für sich ihr Objekt des ›passionate attachment‹ *und* ihre spezifische Form der Selbstdekonstruktion hervorbringen. Die dekonstruktive Kulturtheorie ist damit alles andere als versöhnungsphilosophisch ausgerichtet: Kulturelle Instabilitäten und Subjekt-Fissuren werden nicht herausgearbeitet, um sie zu denunzieren, das heißt, sie insgeheim mit einem Zustand zu kontrastieren, in dem die Fissuren überwunden und die Instabilitäten stillgestellt sind. Im Gegenteil unterläuft diese kulturelle Logik der Instabilität beständig die Tendenzen einer kulturellen Fixierung – *diese* würde sich, wäre sie realistisch, als problematisch erweisen.[4]

Die Hybridität der Kultur der Moderne verkompliziert sich, sobald die historisch-temporale Dimension erst genommen wird: Hybridität ist dann Hybridisierung; kulturelle Differenzen sind dann Sequenzen der Produktion von Differenzen, die selbst durch immer neue Rückverweise (und Vorverweise) veränderlich und mehrdeutig werden. Die vertrauten Modelle der Diskontinuität und der Kontinuität suggerierten eine eindeutige Ablösung ›alter‹ Gesellschaftsformationen durch ›neue‹

---

4 Die daran anschließende ethische und existenzpsychologische Frage ist dann die nach einem Modus der produktiven Anerkennung der Hybriditäten und Subjekt-Fissuren. Latour, Lyotard und Lacan versuchen solche Klärungen.

bzw. eine im Kern stabile Reproduktion eines Strukturmusters, das sich nur in historischen Variationen auffächert. Stattdessen erweisen sich nun die historische Intertextualität moderner Praktiken und Diskurse, damit auch moderner Subjektivierungsweisen, sowie die interpretativen Sinntransfers und Abgrenzungsmechanismen, damit die positiven und negativen Verweisungen zwischen Praktiken/Diskursen verschiedener Zeitpunkte, als zentrales Merkmal moderner Kultur seit dem 18. Jahrhundert. Es stellt sich heraus, dass diese interpretativen Rückgriffe späterer auf frühere kulturelle Formationen nicht nur notwendig selektiv, sondern auch regelmäßig polysem sind und Imitation und Differenzmarkierung miteinander kombiniert werden. Für die moderne Kultur sind dabei nicht beliebige Intertextualitäten, sondern exakt bestimmbare einflussreich.

Die bürgerliche Subjektkultur konstituiert sich über eine Differenzmarkierung sowohl zum ›amoralischen‹ – exzessiven, artifiziellen, parasitären – aristokratischen Subjekt als auch zum ›abhängigen‹ Subjekt der religiösen Volkskultur; zugleich imitiert sie fasziniert die körperlich-konversationelle Souveränität des Adelssubjekts und kopiert zentrale religiöse Sinnmuster in ihre Leitcodes, vor allem die Annahme einer mundan-transzendenten Wohlgeordnetheit in ihre Grundprämisse einer ›natürlichen‹ Rationalität. Damit werden vermeintlich ›vormoderne‹ Sinnmuster in die moderne Kultur injiziert; das Aristokratische und das Christlich-Religiöse bleiben in der ›modernen‹ Subjektkultur präsent. Die spätbürgerliche Kultur stützt ihre Selbsttransformation nach 1800 durch einen Sinntransfer aus der Romantik. Diese erscheint in ihrer Radikalästhetisierung des Subjekts einerseits als ›irrationaler‹ Antipode zur moralorientierten Bürgerlichkeit, gleichzeitig stellt sich die Romantisierung der Intimsphäre und der Feminität (sowie der Kunst) als Voraussetzung der spätbürgerlichen Sphärenseparierung zwischen Öffentlichem und Privatem und ihres Geschlechterdualismus dar. Die Angestelltenkultur der organisierten Moderne hängt ihrerseits von einem Sinntransfer *und* einer Differenzmarkierung zur historisch vorhergehenden bürgerlichen Kultur ab: Die sozialorientierte wie zerstreuungsorientierte Extroversion steht in Opposition zur Innenorientierung bürgerlicher Moralität wie zur anti-kollektivistischen bürgerlichen Selbstregierung; aber zugleich zitieren die Grundannahmen sozialer und technischer Rationalität wie die Verwerfung des individuell-irrationalen Irregulären in transponierter Form die Präsuppositionen bürgerlicher Ordnung- und Rationalitätsorientierung. Daneben stellt sich der ästhetische Modernismus der Avantgarde-Bewegungen als zweiter, zentraler Gegenstand eines selektiven Sinntransfers von Seiten der Angestelltenkultur dar; die zerstreute Orientierung an der Attraktivität visueller Oberflächen ist hier ein zunächst gegenkulturelles Element, das dann in die hegemoniale Kultur implantiert wird. Schließlich ergeben sich zusätzliche intertextuelle Komplikationen mit der Enstehung der postmodernen Subjektkultur. Es finden intensive Sinntransfers statt, die sich zum einen auf das historisch unmittelbar vorangehende Subjekt des ludischen Begehrens der *counter culture* – und durch diese hindurch auch der Avantgarde und Romantik –, zum anderen aber auch auf die zeitlich weiter zurückreichende bürgerliche Kultur richten, und zwar in ihrem Training des Subjekts in souveräner Selbstregierung (einschließlich Risikomanagement, ›emotionaler Kompetenz‹ und biografischer Selbstplanung). Die bürgerliche Kultur bildet gleichzeitig jedoch ebenso wie die historisch spätere Angestelltenkultur in ihrer Moralisierung bzw. normalistischen Sozialisierung des Subjekts das ›Andere‹ der postmodernen Subjektordnung.

Generell stellt sich innerhalb des intertextuellen Verweisungszusammenhangs der heterogenen modernen Subjektkulturen das Element der *Bürgerlichkeit*, die Form des ›bürgerlichen Subjekts‹, als ein mehrdeutiger Bezugspunkt von sich wiederholender Relevanz heraus: Weder bildet ›die bürgerliche Kultur‹ das geheime Fundament ›der‹ modernen Kultur, so dass auch die Gegenwart sich als nicht mehr denn eine bloße Reproduktion einer im Kern mit sich identischen bürgerlichen Gesellschaft darstellen würde, noch ist das bürgerliche Subjekt ein Relikt des 18. und 19. Jahrhunderts, das in einem radikal diskontinuierlichen 20. (und 21.) Jahrhundert vollständig abgelöst worden wäre. Eine dekonstruktive Kulturtheorie der Moderne erfordert einen erneuerten Blick auf die historischen Subjektkulturen des Bürgerlichen im 18. und 19. Jahrhundert wie auch auf die spezifische Wiederaneignung selegierter Elemente bürgerlicher Subjektstruktur in den post-bürgerlichen Formationen des 20. (und 21.) Jahrhunderts. Das Subjekt-Trainingsprogramm der Bürgerlichkeit in seinen historischen Versionen erweist sich selbst als ein hybrides Netzwerk unterschiedlicher Codes und Praktiken von unreiner Herkunft: Moralitätscodes und Souveränitätscodes, Spuren des Aristokratischen und des Religiösen, später des Romantischen, fragile Doppelungen von Rationalisierung und Emotionalisierung, einer grenzstabilisierenden Regulierung des Subjekts und einer Übung in systematischen, riskanten Grenzüberschreitungen. Gerade diese Heterogenität macht die bürgerliche Kultur zu einem Reservoir von Subjektivierungsweisen, die nach der Erosion der bürgerlichen Hegemonie zu Beginn des 20. Jahrhunderts in verschiedenen Schüben – in der organisierten Moderne und der Postmoderne – widersprüchlich wiederangeeignet werden: Die Kultur der Moderne stellt sich als eine fortwährende Auseinandersetzung mit dem heterogenen Modell der Bürgerlichkeit dar.

Neben dem Supercode des Bürgerlichen stößt man im Rahmen einer kulturwissenschaftlichen Analyse der Moderne wiederholt auf ein weiteres Element, das innerhalb der Kulturkonflikte um Subjektivität an verschiedenen historischen Punkten auftaucht und dem für die Transformation moderner Subjektivität seit dem 18. Jahrhundert eine zentrale Bedeutung zukommt: dem Element des *Ästhetischen*, der Formierung eines ästhetischen Subjekts. Das ästhetische Subjekt erscheint traditionellerweise als ein bloßes Supplement der Rationalisierung und Disziplinierung der Moderne. Aber auch hier kippt die Unterscheidung zwischen dem Primären und dem bloß Hinzugefügten um: Das Sekundäre selbst erweist sich langfristig als die Bedingung des scheinbar Primären. Sozial- und kulturwissenschaftliche Theorien der Moderne haben die Relevanz ästhetischer Subjektkulturen für die Formierung von Modernität und die Modernitätskonflikte lange Zeit systematisch unterschätzt: Ästhetische Subjektivität erschien hier – bei Max Weber oder Niklas Luhmann, bei Jürgen Habermas oder Pierre Bourdieu – im wesentlichen als ein spezifisches Merkmal eines autonomen Kunstsystems, einer spezifischen ›Wertsphäre‹, damit als ein sehr spezielles, wiederum funktional differenziertes Element einer sich in allen ihren Elementen steigernden modernen Kultur. Ein bestimmter Typus kunst- und literaturwissenschaftlicher Analyse, der den Begriff der ›ästhetischen Moderne‹ profiliert und diese als ein künstlerisches Außen zu einer ganz anders orientierten ›gesellschaftlichen Moderne‹ begreift, widerspricht dieser Kompartementalisierung des Ästhetischen nicht, sondern bestätigt sie letztlich.

In einer Kulturtheorie hybrider moderner Subjektivität stellt sich nun jedoch die ästhetische Subjektivität gerade nicht als ein bloßer Differenzierungs- und Rationalisierungseffekt für den Bereich der Kunst dar, sondern als ein Ensemble von Subjektmodellen, welche diese Differenzierungs- und Rationalisierungsprozesse zu unterlaufen versuchen und an bestimmten historischen Zeitpunkten tatsächlich erfolgreich unterlaufen. Modelle eines ästhetischen Subjekts, wie sie vor allem in den drei Kontexten der Romantik, der Avantgarden und des Postmodernismus in Kombination mit der *counter culture* ausgebildet werden, sind keine bloßen Artefakte der Kunst, sondern bilden den Kern von minoritären, aber mit dem selbstuniversalisierenden Anspruch eigentlicher, radikaler Modernität antretenden Subjektkulturen. Diese ästhetische Kulturen versuchen, Gegensubjekte zu den bürgerlichen und nach-bürgerlichen kulturellen Formationen zu instituieren: Ihre zentralen Kriterien gelungener Subjekthaftigkeit – die in der Profilierung eines Künstlersubjekts als Ideal-Ich nur ihren emblematischen Ausdruck finden – beziehen sich nicht auf (zweckrationales oder normorientiertes) Handeln, sondern auf die Sensibilisierung einer zweckfreien Wahrnehmung und einen Typus des Handelns als kreativ-symbolproduzierende Aktivität; die ästhetische Prämisse ist nicht die einer geordneten Rationalität und eines Alltagsrealismus, sondern die einer ludischen Umwelt, in der eine Semiotisierung des Alltäglichen betrieben wird. Das expressive Subjekt mit ›innerer Tiefe‹ der Romantik, das transgressive, seine Wahrnehmungsgrenzen überschreitende Subjekt der Avantgarden und das Subjekt eines legitimen und über variable Semiotisierungen spielerisch erweiterten Begehrens im Postmodernismus stellen sich als unterschiedliche Ausformungen dieses wiederum äußerst heterogenen Feldes ästhetischer Bewegungen der Moderne dar.

Bemerkenswert und weiterhin im Detail analysebedürftig sind dabei jene für die moderne Kultur zentralen Prozesse, in denen Elemente dieser ästhetischen Gegenbewegungen selbst in die Hegemonie des Modernen eingesickert sind und diese entsprechend transformiert haben; dies gilt für den romantischen Einfluss auf das spätbürgerliche Subjekt, für den modernistisch-avantgardistischen Einfluss auf das amerikanistische Angestelltensubjekt (und vermutlich auch auf die parallelen sozialistischen und faschistischen Versionen der organisierten Moderne), schließlich für den Einfluss der *counter culture* – und durch diese hindurch auch der Avantgarde und der Romantik – auf die postmoderne Formation. Verschiedenste Felder moderner Praxis, die Arbeit und Ökonomie, Intimität, Sexualität und Geschlechtlichkeit, Medialität, Konsumtion und der Umgang mit dem Körper, sind damit in unterschiedlicher Weise zu Betätigungsfeldern ästhetischer Subjektivität geworden. Allerdings hat sich das Modell eines ästhetischen Subjekts zu keinem Zeitpunkt in reiner Fassung zur institutionalisierten Form aufschwingen können. In jeder dominanten Kultur fanden vielmehr spezifische Kopplungen zwischen einem bestimmten ästhetischen und einem bestimmten bürgerlichen/post-bürgerlichen Subjektmodell statt: in der spätbürgerlichen Kultur eine Unterordnung der Romantisierung unter ein moralisches Subjekt der Respektabilität, in der amerikanistischen Angestelltenkultur eine Kopplung der Orientierung an ästhetischer Attraktivität an den Normalismus der ›social ethics‹, in der Postmoderne schließlich eine Kombination von ästhetischer Expressivität und generalisierter Marktorientierung.

Es scheint, dass die Subjektform der modernen Kultur – zumindest nach der Selbsttransformation der ›aufklärerischen‹ Variante bürgerlicher Subjektivität am Ende des 18. Jahrhunderts (die allerdings selbst schon quasi-ästhetische Selbstradikalisierungen enthielt) und nach der Entstehung der Romantik als erster moderner radikalästhetischer Subjektkultur – nicht ohne eine ästhetische Formung auskommt, die sich in verschiedenen Versionen als bislang unabweisbare Voraussetzung für ein modernes Ideal-Ich erweist. Überraschenderweise hat Michel Foucault, der ansonsten am intensivsten den Versuch unternommen hat, die Moderne gegen ihre konventionelle, rationalisierende Deutung zu lesen, diese konterkarierende Relevanz ästhetischer Subjektivation für die moderne Kultur kaum oder nur in Ansätzen zur Kenntnis genommen.[5]

5 Vgl. auch Christoph Menke (2003): Zweierlei Übung. Zum Verhältnis

Allerdings stellt sich die Formierung eines ästhetischen Subjekts nicht außerhalb der modernen Universalisierungs- und Subjektivierungskonflikte, sondern potenziert deren Möglichkeiten: Auch das ästhetische Subjekt ist – sowohl in den gegenkulturellen als auch in den hegemonialisierten Versionen – nicht nur ein Objekt der leidenschaftlichen Verhaftetheit, sondern bezeichnet einen besonders voraussetzungsreichen Subjektanforderungskatalog, der auf seine Weise gelungene, erstrebenswerte von nicht gelungener, verworfener Subjektivität scheidet. Auch die ästhetische Codierung des Subjekts strebt nicht nach einem ›Seinlassen‹ von Idiosynkrasien, sondern nach Selbstuniversalisierung, danach, das ›natürliche‹ Subjekt als ästhetisches – expressives, kreatives, transgressives, spielerisch begehrendes – zu definieren und in die Tat umzusetzen. Die ästhetischen Bewegungen versuchen, die Mangelhaftigkeit gespaltener bürgerlicher und nach-bürgerlicher Subjektformen zu überwinden, und sie implantieren in deren Nachfolgemodellen neue, kompliziertere, raffiniertere Mangelhaftigkeiten, somit neue kulturelle Instabilitäten. Damit ist für die permanente Selbsttransformation der hybriden Kultur der Moderne, für ihren beständigen Umsturz eigener kultureller Fixierungen gesorgt.

von sozialer Disziplinierung und ästhetischer Existenz, in: Honneth/Saar (2003), S. 283-299. Foucault hat die ästhetische Subjektform (trotz ständiger Verweise auf die Avantgarden in seinen Arbeiten der 1960er Jahre) erst in seinem Spätwerk entdeckt, dann jedoch im wesentlichen auf die Spätantike projiziert; eine archäologisch-genealogische Analyse ästhetischer Subjektivität innerhalb der Moderne findet bei ihm nicht statt.

Literaturverzeichnis

a) Theorie des Subjekts, der Kultur und der Moderne

Adorno, Theodor W. (1966): Negative Dialektik, Frankfurt am Main 1990, 6. Aufl.

Althusser, Louis (1970): Ideology and ideological state apparatus (Notes towards an investigation), in: ders.: Lenin and Philosophy and other essays, New York 2001, S. 85-126.

Amann, Klaus/Stefan Hirschauer (Hg.) (1997): Die Befremdung der eigenen Kultur. Zur ethnographischen Herausforderung soziologischer Emipirie, Frankfurt am Main.

Ashmore, Richard D./Lee Jussin (Hg.) (1997): Self and Identity. Fundamental Issues, New York/Oxford.

Bachtin, Michail (1981): The Dialogic Imagination, Austin.

Barthes, Roland (1957): Mythen des Alltags, Frankfurt am Main 1964 (frz.: *Mythologies*).

Barthes, Roland (1984): Le bruissement de la langue (Essais critiques IV). Paris.

Bateson, Gregory (1972): Steps to an Ecology of Mind, New York.

Baumeister, Roy F. (1986): Identity. Cultural change and the struggle for self, New York.

Bhaba, Homi K. (1994): The Location of Culture, London.

Blumenberg, Hans (1958): Epochenschwelle und Rezeption, in: Philosophische Rundschau, S. 94-120.

Blumenberg, Hans (1981): Lebenswelt und Technisierung unter Aspekten der Phänomenologie, in: ders.: Wirklichkeiten, in denen wir leben, Stuttgart, S. 7-54.

Bourdieu, Pierre (1970): Zur Soziologie der symbolischen Formen, Frankfurt am Main 1991.

Bourdieu, Pierre (1972): Entwurf einer Theorie der Praxis (auf der ethnologischen Grundlage der kabylischen Gesellschaft), Frankfurt am Main 1979 (frz.: *Esquisse d'une théorie de la pratique, précédé de trois études d'éthnologie kabyle*).

Bourdieu, Pierre (1980): Soziologische Fragen, Frankfurt am Main 1993 (frz.: *Questions de sociologie*).

Browning, Gary/Abigail Halcli/Frank Webster (Hg.) (2000): Understanding Contemporary Society. Theories of the present, London.

Burckhardt, Jacob (1860): Die Kultur der Renaissance in Italien, Stuttgart 1987.

Burns, Tom R./Thomas Dietz (1995): Kulturelle Evolution: Institutionen, Selektion und menschliches Handeln, in: Müller/Schmid (1995), S. 340-383.

Butler, Judith (1990): Das Unbehagen der Geschlechter, Frankfurt am Main 1991 (engl: *Gender Trouble. Studies in the subversion of identity*).

Butler, Judith (1997): The Psychic Life of Power. Theories in subjection, Stanford.

Butler, Judith/Ernesto Laclau/Slavoj Zizek (2000): Contingeny, Hegemony, Universality. Contemporary dialogues on the left, London.

Castoriadis, Cornelius (1990): Le monde morcelé. Les carrefours du labyrinthe III, Paris.

Culler, Jonathan (1982): Dekonstruktion. Derrida und die poststrukturalistische Literaturtheorie, Reinbek 1988 (engl.: On Deconstruction. Theory and criticism after structuralism).

Daniel, Claus (1981): Theorien der Subjektivität. Einführung in die Soziologie des Individuums, Frankfurt am Main/New York.

Danziger, Kurt (1990): Constructing the Subject. Historical origin of psychological research, New York.

Danziger, Kurt (1997): The historical formation of selves, in: Ashmore/Jussin (1997), S. 137-159.

Derrida, Jacques (1967): Grammatologie, Frankfurt am Main 1983 (frz.: De la grammatologie).

Derrida, Jacques (1972 a): Dissemination, Wien 1995 (frz.: La dissémination).

Derrida, Jacques (1972 b): Randgänge der Philosophie, Wien 1988/1999, 2., überarb. Aufl. (frz.: Marges de la philosophie).

Derrida, Jacques (1972 c): Positionen, Wien 1986 (frz.: Positions).

Derrida, Jacques (1972 d): Die différance, in: ders. (1972 b), S. 31-56.

Derrida, Jacques (1972 e): Signatur, Ereignis, Kontext, in: (1972 b), S. 325-351.

Derrida, Jacques (1993): Marx' Gespenster. Der Staat der Schuld, die Trauerarbeit und die neue Internationale, Frankfurt am Main 2004 (frz.: Spectres de Marx).

Dumont, Louis (1983): Individualismus. Zur Ideologie der Moderne, Frankfurt am Main/New York (frz.: Essais sur l'individualisme. Une perspective anthropologique sur l'idéologie moderne).

Durkheim, Émile (1893): Über soziale Arbeitsteilung. Studie über die Organisation höherer Gesellschaften, Frankfurt am Main 1992.

Durkheim, Émile (1898): Der Individualismus und die Intellektuellen, in: Hans Bertram (Hg.): Gesellschaftlicher Zwang und moralische Autonomie, Frankfurt am Main 1986, S. 54-70.

Durkheim, Émile (1912): Die elementaren Formen des religiösen Lebens, Frankfurt am Main 1981 (frz.: Les formes élémentaires de la vie religieuse).

Ebeling, Hans (Hg.) (1976): Subjektivität und Selbsterhaltung. Beiträge zur Diagnose der Moderne, Frankfurt am Main 1996.

Eisenstadt, S. N. (1966): Modernization. Protest and change, Englewood Cliffs.

Eisenstadt, S. N. (1973): Tradition, Wandel und Modernität, Frankfurt am Main 1979 (amerik.: Tradition, Change, and Modernity).

Eisenstadt, S. N. (1986): Kulturen der Achsenzeit. Ihre Ursprünge und ihre

Vielfalt, Frankfurt am Main 1987 (engl.: *The Origins and Diversity of Axial Age Civilizations*).

Eisenstadt, S. N. (2000): Die Vielfalt der Moderne, Weilerswist.

Elias, Norbert (1939): Über den Prozeß der Zivilisation. Soziogenetische und psychogenetische Untersuchungen, Frankfurt am Main 1990, 15. Aufl.

Elias, Norbert (1969): Die höfische Gesellschaft. Untersuchungen zur Soziologie des Königtums und der höfischen Aristokratie, Frankfurt am Main 1983.

Elias, Norbert (1983): Über den Rückzug der Soziologen auf die Gegenwart, in: KZfSS, S. 29-40.

Elliott, Anthony (2001): Concepts of the Self, Cambridge.

Foucault, Michel (1963): Vorrede zur Überschreitung, in: ders. (1994 a), S. 320-342.

Foucault, Michel (1969): Archäologie des Wissens, Frankfurt am Main 1990, 4. Aufl. (frz.: *L'archéologie du savoir*).

Foucault, Michel (1971): Nietzsche, die Genealogie, die Historie, in: ders. (1974): Von der Subversion des Wissens, Frankfurt am Main 1987, S. 69-90.

Foucault, Michel (1972): Die Ordnung des Diskurses, Frankfurt am Main 1991, erweiterte Ausgabe (frz.: *L'ordre du discours*).

Foucault, Michel (1974): Von der Subversion des Wissens, Frankfurt am Main 1987.

Foucault, Michel (1975): Überwachen und Strafen. Die Geburt des Gefängnisses, Frankfurt am Main 1991, 9. Aufl. (frz.: *Surveiller et punir. La naissance de la prison*).

Foucault, Michel (1984): Der Gebrauch der Lüste. Sexualität und Wahrheit Band 2, Frankfurt am Main 1991, 2. Aufl. (frz.: *L'usage du plaisir*).

Foucault, Michel u. a. (1988): Technologien des Selbst, Frankfurt am Main 1993 (engl.: *Technologies of the self*).

Foucault, Michel (2001): Hermeneutik des Subjekts. Vorlesung am Collège de France (1981/82), Frankfurt am Main 2004 (frz.: *L'herméneutique du sujet*).

Gadamer, Hans-Georg (1960): Wahrheit und Methode. Grundzüge einer philosophischen Hermeneutik, Tübingen 1990, 6. Aufl.

Gamble, Sarah (Hg.) (1999): The Routledge Critical Dictionary of Feminism and Postfeminism, London.

Garfinkel, Harold (1967): Studies in Ethnomethodology, Cambridge 1984.

Gehlen, Arnold (1963): Über kulturelle Kristallisation, in: ders. (1963): Studien zur Anthropologie und Soziologie, Neuwied/Berlin, S. 311-328.

Giddens, Anthony (1979): Central Problems in Social Theory. Action, structure and contradiction in social analysis, London.

Giesen, Bernhard (Hg.) (1991): Nationale und kulturelle Identität. Studien zur Entwicklung des kollektiven Bewußtseins in der Neuzeit, Frankfurt am Main.

Gilroy, Paul (1993): The Black Atlantic. Modernity and double consciousness, Cambridge (Mass.).

Graevenitz, Gerhart von/Odo Marquard (Hg.) (1998): Kontingenz. Poetik und Hermeneutik XVII, München.

Gramsci, Antonio (1971): Selections from the Prison Notebooks, New York (hg. v. Q. Hoare/G. Nowell Smith; italien.: Quaderni del carcere; entst. 1929-35).

Greenblatt, Stephen J. (1980): Renaissance Self-Fashioning. From More to Shakespeare, Chicago 1993.

Greenblatt, Stephen/Giles Gunn (Hg.) (1992): Redrawing the Boundaries. The transformation of English and American literary studies, New York.

Gumbrecht, Hans Ulrich/K. Ludwig Pfeiffer (Hg.) (1986): Stil. Geschichten und Funktionen eines kulturwissenschaftlichen Diskurselements, Frankfurt (Main).

Habermas, Jürgen (1981): Theorie des kommunikativen Handelns, Frankfurt am Main 1988.

Haferkamp, Hans/Neil J. Smelser (Hg.) (1992): Social Change and Modernity, Berkeley.

Hagenbüchle, Roland (1998): Subjektivität: Eine historisch-systematische Hinführung, in: Fetz u. a. (1998), Band 1, S. 1-88.

Hahn, Alois/Volker Kapp (Hg.) (1987): Selbstthematisierung und Selbstzeugnis: Bekenntnis und Geständnis, Frankfurt am Main.

Hall, Stuart (1994): Die Frage der kulturellen Identität, in: ders.: Rassismus und kulturelle Identität, Hamburg 1994, S. 180-222.

Hall, Stuart (1997): The spectacle of the ›other‹, in: ders. (Hg.): Representations. Cultural representations and signifying practices, London 1997, S. 223-279.

Hall, Stuart/Paul du Gay (Hg.) 1996): Questions of Cultural Identity, London.

Haraway, Donna J. (1991): Simians, Cyborgs, and Women. The reinvention of nature, New York.

Harré, Rom (1998): The Singular Self. An introduction to the psychology of personhood, London.

Heller, Thomas C. u. a. (Hg.) (1986): Reconstructing Individualism. Autonomy, individuality, and the self in Western Thought, Stanford.

Holland, Dorothy (1997): Selves as cultured, in: Ashmore/Jussin (1997), S. 160-190.

Honneth, Axel/Martin Saar (Hg.) (2003): Michel Foucault – Zwischenbilanz einer Rezeption. Frankfurter Foucault-Konferenz 2001, Frankfurt am Main.

Horkheimer, Max/Theodor W. Adorno (1944): Dialektik der Aufklärung. Philosophische Fragmente, Frankfurt am Main 1988.

Hörning, Karl H./Julia Reuter (Hg.): Doing Culture. Zum Begriff der Praxis in der gegenwärtigen soziologischen Theorie, Bielefeld.

Kambartel, Friedrich (1993): Arbeit und Praxis. Zu den begrifflichen und methodischen Grundlagen einer aktuellen politischen Debatte, in: Deutsche Zeitschrift für Philosophie, S. 239-249.

Kavolis, Vytantas (1984 a): Histories of selfhood, maps of sociability, in: ders. (1984), S. 15-103.

Kible, B. u. a. (1998): Artikel ›Subjekt‹, in: Joachim Ritter/Karlfried Gründer (Hg.): Historisches Wörterbuch der Philosophie, Band 10, Basel/Stuttgart, S. 373-400.

Knöbl, Wolfgang (2001): Spielräume der Modernisierung. Das Ende der Eindeutigkeit, Weilerswist.

Knorr-Cetina, Karin (1992), Zur Unterkomplexität der Differenzierungstheorie, in: Zeitschrift für Soziologie, S. 406-419.

Kondylis, Panajotis (1991): Der Niedergang der bürgerlichen Denk- und Lebensform. Die liberale Moderne und die massendemokratische Postmoderne, Weinheim.

Kristeva, Julia (1972): Wort, Dialog und Roman bei Bachtin, in: Jens Ihwe (Hg.): Literaturwissenschaft und Linguistik, Band 3, Frankfurt am Main 1972, S. 345-375.

Küpper, Joachim/Christoph Menke (Hg.) (2003): Dimensionen ästhetischer Erfahrung, Frankfurt am Main.

Krebs, Angelika (2001): Arbeit und Anerkennung. Der institutionelle Arbeitsbegriff, in: Deutsche Zeitschrift für Philosophie, S. 689-707.

Lacan, Jacques (1949): Das Spiegelstadium als Bildner der Ichfunktion, in: ders. (1966), S. 61-70.

Lacan, Jacques (1966): Schriften I, Weinheim/Berlin 1986 (frz. Écrits).

Laclau, Ernesto (1990): New Reflections on the Revolution of our Time, London.

Laclau, Ernesto (1996): Emanzipation und Differenz, Wien 2002 (engl.: Emancipation(s)).

Laclau, Ernesto/Chantal Mouffe (1985): Hegemony and Socialist Strategy. Towards a radical democratic politics, London/New York 2001, 2. Aufl.

Latour, Bruno (1991): Wir sind nie modern gewesen. Versuch einer symmetrischen Anthropologie, Berlin 1995 (frz.: Nous n'avons jamais été modernes).

Leder, Drew (1990): The Absent Body, Chicago.

Leroi-Gourhan, André (1980): Hand und Wort. Die Evolution von Technik, Sprache und Kunst, Frankfurt am Main.

Liebsch, Burkhard (2001), Zerbrechliche Lebensformen. Widerstreit – Differenz – Gewalt, Berlin.

Link, Jürgen (1988): Literaturanalyse als Interdiskursanalyse, in: Jürgen Fohrmann/Harro Müller (Hg.): Diskurstheorien und Literaturwissenschaft, Frankfurt am Main 1988, S. 284-307.

Lübbe, Hermann (1998): Kontingenzerfahrung und Kontingenzbewältigung, in: von Graevenitz/Marquard (1998), S. 35-47.

Luhmann, Niklas (1989): Individuum, Individualität, Individualismus, in: ders.: Gesellschaftsstruktur und Semantik. Studien zur Wissenssoziologie der modernen Gesellschaft, Band 3, Frankfurt am Main 1993, S. 149-258.

Luhmann, Niklas (1990): Risiko und Gefahr, in: ders.: Soziologische Aufklärung 5. Konstruktivistische Perspektiven, Opladen, S. 131-169.

Luhmann, Niklas (1992): Kontingenz als Eigenwert der modernen Gesellschaft, in: ders.: Beobachtungen der Moderne, Opladen, S. 93-128.

Luhmann, Niklas (1997): Die Gesellschaft der Gesellschaft, Frankfurt am Main.

Lukes, Steven (1971): The meanings of ›individualism‹, in: Journal of the History of Ideas, S. 45-66.

Lütterfelds, Wilhelm/Andreas Roser (Hg.) (1999): Der Konflikt der Lebensformen in Wittgensteins Philosophie der Sprache, Frankfurt am Main.

Lyotard, Jean-François: (1986): Notes on the meaning of ›post-‹, in: ders.: The Postmodern Explained. Correspondence 1982-1985, Minneapolis 1992, S. 64-68.

Lyotard, Jean-François (1987): Die Moderne redigieren, in: Welsch (1988), S. 204-214.

Melucci, Alberto (1989): Nomads of the Present, London.

Menke, Christoph (2003): Zweierlei Übung. Zum Verhältnis von sozialer Disziplinierung und ästhetischer Existenz, in: Honneth/Saar (2003), S. 283-299.

Morgan, Tais E. (1985): Is there an intertext in this text? Literary and interdisciplinary approaches to intertextuality, in: American Journal of Semiotics, S. 1-40.

Müller, Hans-Peter/Michael Schmid (Hg.) (1995): Sozialer Wandel. Modellbildung und theoretische Ansätze, Frankfurt am Main.

Nietzsche, Friedrich (1887): Zur Genealogie der Moral. Eine Streitschrift, in: Kritische Studienausgabe Band 5, München 1988, S. 245-412.

Offe, Claus (1983): Arbeit als soziologische Schlüsselkategorie?, in: Joachim Matthes (Hg.) (1983): Krise der Arbeitsgesellschaft?, Frankfurt (Main)/New York, S. 38-65.

Parsons, Talcott (1966): Gesellschaften. Evolutionäre und komparative Perspektiven, Frankfurt am Main 1986 (engl.: Societies. Evolutionary and comparative perspectives).

Reckwitz, Andreas (2000): Die Transformation der Kulturtheorien. Zur Entwicklung eines Theorieprogramms, Weilerswist.

Reckwitz, Andreas (2001): Der Identitätsdiskurs. Zum Bedeutungswandel einer sozialwissenschaftlichen Semantik, in: Werner Rammert (Hg.): Kollektive Identitäten und kulturelle Innovationen, Leipzig, S. 21-38.

Reckwitz, Andreas (2002): The status of the ›material‹ in theories of culture: From ›social structure‹ to ›artefacts‹, in: Journal for the Theory of Social Behaviour, Heft 2, S. 195-217.

Reckwitz, Andreas (2003): Grundelemente einer Theorie sozialer Praktiken. Eine sozialtheoretische Perspektive, in: Zeitschrift für Soziologie, Heft 4, S. 282-301.

Reckwitz, Andreas (2004): Die Kontingenzperspektive der ›Kultur‹. Kulturbegriffe, Kulturtheorien und das kulturwissenschaftliche Forschungsprogramm, in: Friedrich Jaeger/Jörn Rüsen (Hg.): Handbuch der Kulturwissenschaften. Band 3: Themen und Tendenzen, Stuttgart/Weimar, S. 1-20.

Ricœur, Paul (1990): Das Selbst als ein Anderer, München 1996 (frz.: Soi-même comme un autre).

Riedel, Christoph (1989): Subjekt und Individuum. Zur Geschichte des philosophischen Ich-Begriffs, Darmstadt.

Rorty, Richard (1989): Kontingenz, Ironie und Solidarität, Frankfurt am Main 1993 (engl.: Contingency, Irony, and Solidarity).

Rose, Nikolas (1996): Identity, genealogy, history, in: Hall/du Gay (1996), S. 128-150.

Ryle, Gilbert (1949): The Concept of Mind, London 1990.

Schatzki, Theodore R. (1996): Social Practices. A Wittgensteinian approach to human activity and the social, Cambridge.

Schatzki, Theodore R. (2002): The Site of the Social. A philosophical account of the constitution of social life and change, University Park (Penn.).

Schatzki, Theodore R./Karin Knorr-Cetina/Eike von Savigny (Hg.) (2001): The Practice Turn in Contemporary Theory, London.

Schneider, Werner (2002): Von der familiensoziologischen Ordnung der Familie zu einer Soziologie des Privaten?, in: Soziale Welt, S. 375-395.

Schrag, Calvin O. (1997): The Self after Postmodernity, New Haven/London.

Schroer, Markus (2001): Das Individuum der Gesellschaft. Synchrone und diachrone Theorieperspektiven, Frankfurt am Main.

Schütz, Alfred/Thomas Luckmann (1975): Strukturen der Lebenswelt, Band 1, Frankfurt am Main 1991, 4. Aufl.

Schulz, Walter (1979): Ich und Welt. Philosophie der Subjektivität, Pfullingen.

Simmel, Georg (1890): Über sociale Differenzierung, in: ders. (1989): Aufsätze 1887-1890. Über sociale Differenzierung. Die Probleme der Geschichtsphilosophie (1892), Gesamtausgabe Band 2, Frankfurt am Main, S. 109-295.

Simmel, Georg (1900): Philosophie des Geldes, Gesamtausgabe Band 6, Frankfurt am Main 1989.

Simmel, Georg (1901): Die beiden Formen des Individualismus, in: ders. (1995): Aufsätze und Abhandlungen 1901-1908, Band I. Gesamtausgabe Band 7, Frankfurt am Main, S. 49-56.

Simmel, Georg (1908 a): Die Erweiterung der Gruppe und die Ausbildung der Individualität, in: (1908): Soziologie. Untersuchungen über die Formen der Vergesellschaftung, Gesamtausgabe Band 11, Frankfurt am Main 1992, S. 791-863.

Simmel, Georg (1908 b): Exkurs über den Fremden, in: ders. (1908): Soziologie, S. 764-771.

Stäheli, Urs (2000 a): Poststrukturalistische Soziologien, Bielefeld.

Stäheli, Urs (2000 b): Sinnzusammenbrüche. Eine dekonstruktive Lektüre von Niklas Luhmanns Systemtheorie, Weilerswist.

Stichweh, Rudolf (1988): Inklusion in Funktionssysteme der modernen Gesellschaft, in: Renate Mayntz u. a. (Hg.): Differenzierung und Verselbständigung, Frankfurt (Main)/New York 1988, S. 45-116.

Straub, Jürgen (1998): Personale und kollektive Identität. Zur Analyse eines theoretischen Begriffs, in: Assmann/Friese (1998), S. 73-104.

Taylor, Charles (1985 a): Self-interpreting animals, in: ders. (1985): Human Agency and Language. Philosophical papers 1, Cambridge, S. 45-76.

Taylor, Charles (1989): Sources of the Self. The making of the modern identity, Cambridge.

Thévenot, Laurent (2001): Pragmatic regimes governing the engagement with the world, in: Schatzki/Knorr-Cetina/von Savigny (2001), S. 56-73.

Toohey, Peter (2003): The cultural logic of historical periodization, in: Gerard Delanty/Engin F. Isin (Hg.): Handbook of Historical Sociology, London, S. 209-219.

Toulmin, Stephen (1990): Cosmopolis. The hidden agenda of modernity, Chicago.

Touraine, Alain (1992): Critique de la modernité, Paris.

Tiryakian, Edward A. (1992): Dialectics of modernity: Reenchantment, and dedifferentitation as counterprocesses, in: Haferkamp/Smelser (1992), S. 78-94.

Wagner, Peter (1994): A Sociology of Modernity. Liberty and discipline, London.

Wagner, Peter (1998): Fest-Stellungen. Beobachtungen zur sozialwissenschaftlichen Diskussion über Identität, in: Assmann/Friese (1998), S. 44-72.

Waldenfels, Bernhard (1990): Ordnung im Potentialis, in: ders.: Der Stachel des Fremden, Frankfurt am Main, S. 15-27.

Weber, Max (1920/21): Gesammelte Aufsätze zur Religionssoziologie I-III, Tübingen 1988.

Weber, Max (1922b): Wirtschaft und Gesellschaft. Grundriß der verstehenden Soziologie, Tübingen 1980, 5., revidierte Aufl.

Wehling, Peter (1992): Die Moderne als Sozialmythos. Zur Kritik sozialwissenschaftlicher Modernisierungstheorien, Frankfurt am Main/New York.

Welsch, Wolfgang (1996): Grenzgänge der Ästhetik, Stuttgart.

Werbner, Pnina/Tariq Modood (Hg.) (1997): Debating Cultural Hybridity. Multi-cultural identities and the politics of anti-racism, London.

Willems, Herbert/Alois Hahn (Hg.) (1999): Identität und Moderne, Frankfurt am Main.

Williams, Raymond (1977), Marxism and Literature, Oxford.

Wittgenstein, Ludwig (1953): Philosophische Untersuchungen, in: ders., Werkausgabe, Band 1, Frankfurt am Main 1984, S. 225-580 [verfaßt 1945-49].

Wulf, Christoph (Hg.) (1997): Vom Menschen. Handbuch Historische Anthropologie, Weinheim/Basel.

b) Phasenübergreifende Analysen zu Aspekten des Subjekts in der Moderne

Ang, Ien (1985): Das Gefühl Dallas. Zur Produktion des Trivialen, Bielefeld (engl.: *Watching Dallas: Soap opera and the melodramatic imagination*).

Applebaum, Herbert (1992): The Concept of Work. Ancient, medieval, and modern, New York.

Applebaum, Herbert (1998): The American Work Ethic and the Changing Work Force. A historical perspective, Westport.

Ariès, Philippe/Georges Duby (Hg.) (1985 ff.): Geschichte des privaten Lebens, Frankfurt am Main 1989ff, 5 Bände (frz.: *Historie de la vie privée*).

Ariès, Philippe (1986): Einleitung: Zu einer Geschichte des privaten Lebens, in: ders./Chartier (1986), S. 7-19.

Ballaster, Ross u. a. (1991): Women's Worlds. Ideology, femininity and the woman's magazine, London.

Barthes, Roland (1977): Fragmente einer Sprache der Liebe, Frankfurt am Main 1984 (frz.: *Fragments d'un discours amoureux*).

Bauman, Zygmunt (1992): Ansichten der Postmoderne, Hamburg 1995 (engl.: *Intimations of Postmodernity*).

Bell, Daniel (1973): The Coming of Post-Industrial Society. A venture in social forecasting, New York 1999.

Bell, Daniel (1976): The Cultural Contradictions of Capitalism, New York 1996.

Berger, John u. a. (1972); Sehen. Das Bild der Welt in der Bilderwelt, Reinbek 1974 (engl: *Ways of Seeing).*

Beutin, Wolfgang u. a. (2001): Deutsche Literaturgeschichte, Stuttgart/ Weimar, 6., verbess. u. erweit. Aufl.

Bourdieu, Pierre (1979): Die feinen Unterschiede. Kritik der gesellschaftlichen Urteilskraft, Frankfurt am Main 1989 (frz.: *La distinction. Critique sociale du jugement*).

Brantlinger, Patrick (1983): Bread and Circuses. Theories of mass culture as social decay, Ithaca.

Brose, Hans-Georg/Monika Wohlrab-Sahr/Michael Corsten (1993): Soziale Zeit und Biographie. Über die Gestaltung von Alltagszeit und Lebenszeit, Opladen.

Buchmann, Marlis (1989): The Script of Life in Modern Society. Entry into adulthood in a changing world, Chicago.

Buci-Glucksmann, Christine (1994): Baroque Reason. The aesthetics of modernity, London.

Burchell, Graham u. a. (Hg.) (1991): The Foucault Effect. Studies in governmentality, London.

Burchell, Graham (1993): Liberal government and techniques of the self, in: Economy and Society, Heft 3, S. 267-282.

Cancian, Francesca M. (1987): Love in America. Gender and self-development, Cambridge.

Castel, Francoise/Robert Castel/Anne Lovell (1979): Psychiatrisierung des Alltags. Produktion und Vermarktung der Psychowaren in den USA, Frankfurt am Main 1982 (frz.: *La société psychiatrique avancée*).

Claessens, Dieter/Karin Claessens (1979): Kapitalismus als Kultur. Entstehung und Grundlagen der bürgerlichen Gesellschaft, Frankfurt am Main.

Conze, Werner (1972): Artikel ›Arbeit‹, in: Otto Brunner/Werner Conze/Reinhart Koselleck (Hg.): Geschichtliche Grundbegriffe. Historisches Lexikon zur politisch-sozialen Sprache in Deutschland, Band 1, Stuttgart, S. 154-215.

Crary, Jonathan (1990): Techniques of the Observer: On vision and modernity in the 19th century, Cambridge (Mass.).

Debord, Guy (1967): Die Gesellschaft des Spektakels, Berlin 1996 (frz.: *La société du spectacle*).

D'Emilio, John/Estelle B. Freedman (1988): Intimate Matters. A history of sexuality in America, New York.

Denzin, Norman K. (1995): The Cinematic Society. The voyeur's gaze, London.

Dröge, Franz/Michael Müller (1995): Die Macht der Schönheit. Avantgarde und Faschismus oder die Geburt der Massenkultur, Hamburg.

Duby, Georges (Hg.) (1985): Geschichte des privaten Lebens, Band 2: Vom Feudalzeitalter zur Renaissance, Frankfurt am Main 1990.

Dumont, Louis (1977): Homo aequalis. Genèse et épanouissement de l'idéologie économique, Paris.

Ehrenreich, Barbara/Deirdre English (1978): For Her Own Good. 150 years of the experts‹ Advice to Women, New York.

Evans, Caroline/Minna Thornton (1989): Women & Fashion. A new look, London/New York.

Ewen, Stuart (1988): All Consuming Images. The politics of style in contemporary culture, New York.

Faderman, Lilian (1981): Surpassing the Love of Men. Romantic friendship and love between women from the Renaissance to the present, New York.

Falk, Pasi (1994): The Consuming Body, London.

Featherstone, Mike u. a. (Hg.) (1991): The Body. Social process and cultural theory, London.

Featherstone, Mike (Hg.) (1999): Love and Eroticism, London.

Fetz, Reto Luzius/Roland Hagenbüchle/Peter Schulz (Hg.) (1998): Geschichte und Vorgeschichte der modernen Subjektivität, Berlin/New York, 2 Bände.

Filene, Peter G. (1974/1998): Him/Her/Self. Gender identities in modern America, Baltimore, 3. Aufl.

Fiske, John (1987): Television Culture, London.

Flusser, Vilém (1992): Die Schrift, Frankfurt am Main.

Foucault, Michel (1966): Die Ordnung der Dinge. Eine Archäologie der Humanwissenschaften, Frankfurt am Main 1990, 9. Aufl. (frz.: *Les mots et les choses*).

Foucault, Michel (1976): Der Wille zum Wissen. Sexualität und Wahrheit Band 1, Frankfurt am Main 1991, 4. Aufl. (frz.: *Histoire de la sexualité I: La volonté du savoir*).

Foucault, Michel (1984): Von der Freundschaft als Lebensweise. Michel Foucault im Gespräch, Berlin (West).

Foucault, Michel (2004 a): Geschichte der Gouvernementalität i: Sicherheit, Territorium, Bevölkerung. Vorlesung am Collège de France 1977-1978, Frankfurt am Main.

Foucault, Michel (2004 b): Geschichte der Gouvernementalität ii: Die Geburt der Biopolitik. Vorlesung am Collège de France 1978-1979, Frankfurt am Main.

Freedberg, David (1989): The Power of Images, Chicago.

Frevert, Ute (1986): Frauen-Geschichte. Zwischen Bürgerlicher Verbesserung und Neuer Weiblichkeit, Frankfurt am Main.

Friedberg, Anne (1993): Window Shopping. Cinema and the postmodern, Berkeley.

Früchtl, Josef (2004): Das unverschämte Ich. Eine Heldengeschichte der Moderne, Frankfurt (Main).

Gershuny, Jonathan (2000): Changing Times. Work and leisure in post-industrial society, Oxford.

Giddens, Anthony (1992): The Transformation of Intimacy. Sexuality, love and eroticism in modern societies, Cambridge.

Gordon, Colin (1991); Governmental Rationality: An introduction, in: Burchell (1991), S. 1-51.

Grimm, Jürgen (Hg.) (1999): Französische Literaturgeschichte, Stuttgart/ Weimar, 4., überarb. u. aktual. Aufl.

Harvey, David (1989): The Condition of Postmodernity. An enquiry into the origins of cultural change, Oxford.

Havelock, Eric A. (1976): Schriftlichkeit. Das griechische Alphabet als kulturelle Revolution, Weinheim 1990 *(engl.: Origins of Western Literacy)*.

Hewitt, Nancy A. (Hg.) (2002): A Companion to American Women's History, Oxford.

Hickethier, Knut (1998): Geschichte des deutschen Fernsehens, Stuttgart/ Weimar.

Hoskin, Keith W./Richard H. Macve (1986): Accounting and the examination: A genealogy of disciplinary power, in: Accounting, Organizations and Society, Heft 2, S. 105-136.

Hunt, Alan (1999): Governing Morals. A social history of moral regulation, Cambridge.

Huyssen, Andreas (1986): After der Great Divide. Modernism, mass culture, postmodernism, Bloomington/Indianapolis.

Illouz, Eva (1997): Der Konsum der Romantik. Liebe und die kulturellen Widersprüche des Kapitalismus, Frankfurt (Main)/New York 2003 (engl.: Consuming the Romantic Utopia).

Jacoby, Russell (1975): Soziale Amnesie. Eine Kritik der konformistischen Psychologie von Adler bis Laing, Frankfurt am Main 1978.

Jamieson, Lynn (1998): Intimacy. Personal relationships in modern societies, Cambridge.

Jay, Martin (1993): Downcast Eyes. The denigration of vision in 20th century French thought, Berkeley.

Jervis, John (1998): Exploring the Modern. Patterns of Western culture and civilization, Oxford.

Jervis, John (1999): Trangressing the Modern. Explorations in the Western experience of otherness, Oxford.

Kanter, Rosabeth Moss (1983): The Change Masters. Innovation and entrepreneurshiph in the American corporation, New York.

Kern, Stephen (1992): The Culture of Love. Victorians to moderns, Cambridge (Mass.).

Kimmel, Michael (1996): Manhood in America. A cultural history, New York.

Kimmel, Michael (2000): The Gendered Society, Oxford.

Kohli, Martin (1986): Gesellschaftszeit und Lebenszeit. Der Lebenslauf im Strukturwandel der Moderne, in: Berger (1986), S. 183-208.

Kraemer, Klaus (1997): Der Markt der Gesellschaft. Zu einer soziologischen Theorie der Marktvergesellschaftung, Opladen.

Kramer, Jonathan D. (1988): The Time of Music, New York.

Lasch, Christopher (1977): Haven in a Heartless World. The family besieged, New York.

Lash, Scott/John Urry (1987): The End of Organized Capitalism, Cambridge.

Leupold, Andrea (1983): Liebe und Partnerschaft. Formen der Codierung von Ehen, in: ZfS, S. 297-327.

Levi, Giovanni/Jean-Claude Schmitt (Hg.) (1994): Geschichte der Jugend. Band II: Von der Aufklärung bis zur Gegenwart, Frankfurt (Main) 1997 (italien.: Storia dei Giovani).

Link, Jürgen (1997): Versuch über den Normalismus. Wie Normalität produziert wird, Opladen 1999, 2., aktualisierte und überarbeitete Aufl.

Lomax, Elizabeth M.R. u. a. (1978): Science amd Patterns of Child Care, San Francisco.

Makropoulos, Michael (1997): Modernität und Kontingenz, München.

Makropoulos, Michael (1998): Modernität als Kontingenzkultur. Konturen eines Konzepts, in: von Gravenitz/Marquard (1998), S. 55-79.

McCracken, Grant (1988): Culture and Consumption. New approaches to the symbolic character of consumer goods and activities, Bloomington.

McLuhan, Marshall (1964): Understanding Media. The extensions of man, Cambridge (Mass.)/London 1994.

Mellor, Philip A./Chris Shilling (1997): Re-Forming the Body. Religion, community and modernity, London.

Miles, Steven (1998): Consumerism as a Way of Life, London.

Miller, Daniel (1987): Material Culture and Mass Consumption, Oxford.

Miller, Peter (1992): Accounting and objectivity: The invention of calculating selves and calculable spaces, in: Annals of Scholarship, S. 61-86.

Mintz, Steven/Susan Kellog (1988): Domestic Revolutions. A social history of American family life, New York/London.

Mitchell, W. J. T. (1986): Iconology: Image, text, ideology, Chicago.

Mosse, George L. (1996): The Image of Man. The creation of modern masculinity, Oxford.

Nye, Robert A. (Hg.) (1999): Sexuality, Oxford.

O'Malley, Pat (2000): Uncertain subjects: risks, liberalism and contract, in: Economy and Society, S. 460-484.

Ong, Walter J. (1982): Orality and Literacy. The technologizing of the word, London 2000.

Pahl, Ray (2000): On Friendship, Cambridge.

Polanyi, Karl (1944): The Great Transformation. Politische und ökonomische Ursprünge von Gesellschaften und Wirtschaftssystemen, Frankfurt am Main 1978.

Porter, Roy /Leslie Hall (1995): The Facts of Life. The creation of sexual knowledge in Britain, 1650-1950, New Haven.

Poschardt, Ulf (2000): Cool, Hamburg.

Priddat, Birger P. (2002): Theoriegeschichte der Wirtschaft, München.

Rieff, Philip (1966): The Triumph of the Therapeutic. Uses of faith after Freud, London.

Riesman, David (1949/1961): The Lonely Crowd. A study of the changing American character, New Haven 2001.

Rose, Nikolas (1990): Governing the Soul. The shaping of the private self, London.

Rose, Nikolas (1996): Inventing Our Selves. Psychology, power, and personhood, Cambridge.

Rose, Nikolas (1999): Powers of Freedom. Reframing political thought, Cambridge.

Rotundo, E. Anthony (1993): American Manhood. Transformations in masculinity from the revolution to the modern era, New York.

Ruppert, Wolfgang (1998): Der moderne Künstler. Zur Sozial- und Kulturgeschichte der kreativen Individualität in der kulturellen Moderne im 19. und frühen 20. Jahrhundert, Frankfurt am Main.

Schrage, Dominik (2003): Integration durch Attraktion. Konsumismus als massenkulturelles Weltverhältnis, in: Mittelweg 36, Heft 6, S. 57-86.

Schumpeter, Joseph. A. (1942): Kapitalismus, Sozialismus und Demokratie, Tübingen/Basel 1993, 7., erweit. Aufl.

Schwab, Dieter (1977): Artikel ›Familie‹, in: Otto Brunner/Werner Conze/Reinhart Koselleck (Hg.): Geschichtliche Grundbegriffe. Historisches Lexikon zur politisch-sozialen Sprache in Deutschland, Band 2, Stuttgart, S. 253-301.

Sedgwick, Eve Kosofsky (1990): Epistemology of the Closet, Berkeley.

Seeber, Hans Ulrich (Hg.) (1993): Englische Literaturgeschichte, Stuttgart/ Weimar, 2. Aufl.

Seidman, Steven (1991): Romantic Longings. Love in America, 1830-1980, New York.

Sennett, Richard (1974): Verfall und Ende des öffentlichen Lebens. Die Tyrannei der Intimität, Frankfurt am Main 1986 (engl.: *The Fall of Public Man*).

Shilling, Chris (1993): The Body and Social Theory, London 2003, 2. Aufl.

Simpson, Mark (1994): Male Impersonators. Men performing masculinity, London.

Slater, Don (1997): Consumer Culture and Modernity, Cambridge.

Sontag, Susan (1977): On Photography, London 1987.

Stäheli, Urs (2006): Spektakuläre Spekulation. Das Populäre der Ökonomie, Frankfurt am Main.

Städtke, Klaus (Hg.) (2002): Russische Literaturgeschichte, Stuttgart/Weimar.

Stallybrass, Peter/Allon White (1986): The Politics and Poetics of Transgression, London.

Steele, Valerie (1985): Fashion and Eroticism. Ideals of feminine beauty from the Victorian age to the jazz age, Oxford.

Stein, Gerd (Hg.) (1982): Bohemien – Tramp – Sponti. Boheme und Alternativkultur, Frankfurt am Main.

Stein, Gerd (Hg.) (1985): Philister – Kleinbürger – Spießer. Normalität und Selbstbehauptung, Frankfurt am Main.

Susman, Warren I. (1984): Culture as History. The transformation of American society in the 20th century, New York.

Tenbruck, Friedrich H. (1964): Freundschaft. Ein Beitrag zur Soziologie der persönlichen Beziehungen, in: KZfSS, S. 431-456.

Tenorth, Hans-Elmar (1988): Geschichte der Erziehung. Einführung in die Grundzüge ihrer neuzeitlichen Entwicklung, Weinheim/München.

Thompson, John B. (1990): Ideology and Modern Culture. Critical social theory in the era of mass communication, Cambridge.

Tichi, Cecelia (1991): Electronic Hearth. Creating an American television culture, Oxford.

Turner, Bryan S. (1984): The Body and Society. Explorations in social theory, London 1996, 2. Aufl.

van Dülmen, Richard (Hg.) (2001): Entdeckung des Ich. Die Geschichte der Individualisierung vom Mittelalter bis zur Gegenwart, Köln u. a.

Veyne, Paul (Hg.) (1985): Geschichte des privaten Lebens, Band 1: Vom Römischen Imperium zum Byzantinischen Reich, Frankfurt am Main 1989.

Vietta, Silvio (2001): Ästhetik der Moderne. Literatur und Bild, München.

Waltz, Matthias (1993): Ordnung der Namen. Die Entstehung der Moderne: Rousseau, Proust, Sartre, Frankfurt am Main.

Weeks, Jeffrey (1981): Sex, Politics and Society. The regulation of sexuality since 1800, London 1989, 2. Aufl.

Willems, Herbert (1999): Institutionelle Selbstthematisierungen und Identitätsbildungen im Modernisierungsprozeß, in: ders./Hahn (1999), S. 62-101.

Williams, Raymond (1958): Culture and Society, 1780-1950, London.

Williams, Raymond (1974): Television. Technology and cultural form, London.

Williams, Raymond (1985): The Country and the City, London.

Zapf, Hubert (Hg.) (1997): Amerikanische Literaturgeschichte, Stuttgart/ Weimar.

c) Bürgerliche Moderne und Romantik

Abrams, M. H. (1971): Natural Supernaturalism. Tradition and revolution in romantic literature, London.

Adams, Christine (2000): A Taste for Comfort and Status. A bourgeois family in 18th century France, University Park (Penn.).

Agnew, Jean-Christophe (1986): Worlds Apart. The market and the theatre in Anglo-American Thought, 1550-1750, Cambridge.

Altman, Janet Gurkin (1982): Epistolarity. Approaches to a form, Columbus.

Anderson, Michael (1980): Approaches to the History of the Western Family 1500-1914, London.

Arend, Helga (1993): Vom ›süßen Rausch‹ zur ›stillen Neigung‹. Zur Entwicklung der romantischen Liebeskonzeption, Pfaffenweiler.

Ariès, Philippe (1960): Geschichte der Kindheit, München 1978 (frz.: L'enfant et la vie familiale sous l'ancien régime).

Ariès, Philippe/Roger Chartier (Hg.) (1986): Geschichte des privaten Lebens, Band 3: Von der Renaissance zur Aufklärung, Frankfurt am Main 1991.

Aymard, Maurice (1986): Freundschaft und Geselligkeit, in: Ariès/Chartier (1986), S. 451-495.

Badinter, Elizabeth (1981): The Myth of Motherhood, London.

Barker-Benfield, G. J. (1992): The Culture of Sensibility. Sex and society in 18th century Britain, Chicago.

Bayer, Hans (1978): Feingefühl – achtung – ehrfurcht. Zur soziologie des bürgerlichen ethos der goethezeit, in: WW, S. 401-422.

Bausinger, Hermann (1987): Bürgerlichkeit und Kultur, in: Kocka (1987), S. 121-142.

Beer, John (2003): Romantic Consciousness. Blake to Shelley, Basingstoke.

Behler, Ernst (1989): Unendliche Perfektibilität. Europäische Romantik und Französische Revolution, Paderborn u. a.

Berger, Dieter A. (1978): Die Konversationskunst in England, 1660-1740. Ein Sprechphänomen und seine literarische Gestaltung, München.

Berlin, Isaiah (1999): Roots of Romanticism, London.

Bernstein, Paul (1997): American Work Values. Their origin and development, New York.

Berthold, Christian/Jutta Greis (1996): Prometheus' Erben – über Arbeit, Individualität, Gefühl und Verstand, in: Aufklärung, Heft 2, S. 111-138.

Bickenbach, Matthias (1999): Von den Möglichkeiten einer ›inneren‹ Geschichte des Lesens, Tübingen.

Böhme, Hartmut/Gernot Böhme (1983): Das Andere der Vernunft. Zur Entwicklung von Rationalitätsstrukturen am Beispiel Kants, Frankfurt am Main.

Bohrer, Karl-Heinz (1987): Der romantische Brief. Die Entstehung ästhetischer Subjektivität, Frankfurt am Main 1989.

Bohrer, Karl-Heinz (1988): Die Modernität der Romantik, in: Merkur, Heft 3, S. 179-198.

Bohrer, Karl-Heinz (1989): Die Kritik der Romantik. Der Verdacht der Philosophie gegen die literarische Moderne, Frankfurt am Main.

Bollnow, Otto Friedrich (1958): Wesen und Wandel der Tugenden, Frankfurt am Main.

Braudel, Fernand (1979 a): Sozialgeschichte des 15. bis 18. Jahrhunderts, Band I: Der Alltag, München 1985 (frz.: Civilisation matérielle, économie et capitalisme).

Braudel, Fernand (1979 b): Sozialgeschichte des 15. bis 18. Jahrhunderts, Band II: Der Handel, München 1986.

Brüggemann, Fritz (1925): Der Kampf um die bürgerliche Welt- und Lebensanschauung in der deutschen Literatur des 18. Jahrhunderts, in: Deutsche Vierteljahresschrift für Literaturwissenschaft und Geistesgeschichte, S. 94-127.

Brunner, Otto/Werner Conze/Reinhart Koselleck (Hg.) (1972): Geschichtliche Grundbegriffe. Historisches Lexikon zur politisch-sozialen Sprache in Deutschland, Band 1, Stuttgart.

Burke, Peter (1993): The Art of Conversation, Cambridge.

Bushman, Richard L (1967): From Puritan to Yankee. Character and the social order in Connecticut, 1690-1765, Cambridge (Mass.).

Campbell, Colin (1987): The Romantic Ethic and the Spirit of Modern Consumerism, Oxford.

Cardy, Michael (1982): Le nécessaire et le superflu, in: Studies on Voltaire and the 18th century, S. 183-190.

Carter, Philip (2001): Men and the emergence of polite society, Britain 1660-1800, Harlow.

Castle, Terry (1986): Masquerade and Civilization. The carnivalesque in 18th century fiction, Stanford.

Chartier, Roger (Hg.) (1985): Pratiques de la lecture, Marseille.

Chartier, Roger (1986): Die Praktiken des Schreibens, in: Ariès/Chartier (1986), S. 115-165.

Chudacoff, Howard P. (1999): The Age of the Bachelor. Creating an american subculture, Princeton.

Cominos, Peter T. (1963): Late-Victorian sexual respectability and the social system, in: International Review of Social History, S. 10-48, 216-250.

Cott, Nancy F. (1977): The Bonds of Womanhood: Woman's sphere in New England, 1780-1835, New Haven.

Crowley, J.E. (1974): This Sheba, Self. The conceptualization of economic life in 18th century America, Baltimore/London.

Dally, Ann (1982): Inventing Motherhood, London.

Daumard, Adeline (1987): Les bourgeois et la bourgeosie en France depuis 1815, Paris.

Davidoff, Leonore/Catherine Hall (1987): Family Fortunes. Men and women of the English middle class, 1780-1850, London.

Davis, Lennard J. (1983): Factual Fictions. The origins of the English Novel, New York.

Defoe, Daniel (1726): The Complete English Tradesman, Gloucester 1987.

Defoe, Daniel (1727): Conjugal Lewdness or Matrimonial Whoredom, Gainesville 1967.

Didier, Béatrice (1979): Le journale intime, Paris.

Dörner, Ulrike (1994): Die Ordnung der bürgerlichen Welt. Verhaltensideale und soziale Praktiken im 19. Jahrhundert, Frankfurt am Main/New York.

Doerflinger, Thomas M. (1986): A Vigorous Spirit of Enterprise. Merchants and economic development in revolutionary Philadelphia, Chapel Hill/London.

Dohrn-van Rossum, Gerhard (1992): Die Geschichte der Stunde. Uhren und moderne Zeitordnungen, München/Wien.

Duby, Georges (Hg.) (1985): Geschichte des privaten Lebens, Band 2: Vom Feudalzeitalter zur Renaissance, Frankfurt am Main 1990.

Eakin, Paul John (1985): Fictions in Autobiography. Studies in the art of self-invention, Princeton.

Earle, Peter (1989): The Making of the English Middle Class. Business, society and family life in London, 1660-1730, London.

Engel, Manfred (1994): Die Rehabilitation des Schwärmers. Theorie und Darstellung des Schwärmers in Spätaufklärung und früher Goethezeit, in: Schings (1994), S. 469-498.

Engelsing, Rolf (1974): Der Bürger als Leser. Lesergeschichte in Deutschland 1500-1800, Stuttgart.

Flandrin, Jean-Louis (1976): Familles. Parenté, maison, sexualité dans l'ancienne société, Paris.

Foisil, Madeleine (1986): Die Sprache der Dokumente und die Wahrnehmung des privaten Lebens, in: Ariès/Chartier (1986), S. 333-369.

Fothergill, Robert A. (1974): Private Chronicles. A study of English diaries, Oxford.

Frank, Manfred (1972): Das Problem ›Zeit‹ in der deutschen Romantik. Zeitbewußtsein und Bewußtsein von Zeitlichkeit in der frühromantischen Philosophie und in Tiecks Dichtung, Paderborn 1990, 2., überarb. Aufl.

Frank, Manfred (1989): Einführung in die frühromantische Ästhetik. Vorlesungen, Frankfurt am Main.

Frey, Manuel (1997): Der reinliche Bürger. Entstehung und Verbreitung bürgerlicher Tugenden in Deutschland 1760-1860, Göttingen.

Frieling, Kirsten O. (2003): Ausdruck macht Eindruck. Bürgerliche Körperpraktiken in sozialer Kommunikation um 1800, Frankfurt am Main.

Frykman, Jonas/Orvar Löfgren (1987): Culture Builders: A historical anthropology of middle class life, New Brunswick.

Fuhrmann, Manfred (1999): Der europäische Bildungskanon, Frankfurt am Main 2004.

Furst, Lilian R. (1969): Romanticism in Perspective. A comparative study of aspects of the Romantic movements in England, France and Germany, London.

Gamer, Michael (2000): Romanticism and the Gothic. Genre, reception, and canon formation, Cambridge.

Gaus, Detlef (1998): Geselligkeit und Gesellige. Bildung, Bürgertum und bildungsbürgerliche Kultur um 1800, Stuttgart.

Gay, Peter (1966): The Enlightenment: an interpretation, New York.

Gay, Peter (1984): Erziehung der Sinne. Sexualität im bürgerlichen Zeitalter, München 1986 (engl.: Education of the Senses. The Bourgeois Experience, Volume 1).

Gay, Peter (1986): Die zarte Leidenschaft. Liebe im bürgerlichen Zeitalter, München 1987 (engl.: The Tender Passion. The Bourgeois Experience, Volume 2).

Gay, Peter (1993): Kult der Gewalt. Aggression im bürgerlichen Zeitalter, München 1996 (engl.: The Cultivation of Hatred. The Bourgeois Experience, Volume 3).

Gay, Peter (1995): Die Macht des Herzens. Das 19. Jahrhundert und die Erforschung des Ich, München 1997 (engl.: The Naked Heart. The Bourgeois Experience, Volume 4).

Gay, Peter (1998): Bürger und Bohème. Kunstkriege des 19. Jahrhunderts, München 1999 (engl.: Pleasure Wars. The Bourgeois Experience, Volume 5).

Gélis, Jacques (1986): Die Individualisierung der Kindheit, in: Ariès/Chartier (1986), S. 313-332.

Giesecke, Michael (1991): Der Buchdruck in der frühen Neuzeit. Eine historische Fallstudie über die Durchsetzung neuer Informations- und Kommunikationstechnologien, Frankfurt am Main 1998. Mit einem Nachwort zur Taschenbuchausgabe 1998.

Görner, Rüdiger (1986): Das Tagebuch, München.

Goethe, Johann Wolfgang von (1774): Die Leiden des jungen Werther, München 1999.

Goethe, Johann Wolfgang von (1796): Wilhelm Meisters Lehrjahre, München 1999.

Goody, Jack (2000): The European Family. An historico-anthropological essay, Oxford.

Göttert, Karl-Heinz (1988): Kommunikationsideale. Untersuchungen zur europäischen Konversationstheorie, München.

Goulemot, Jean Marie (1986): Neue literarische Formen. Die Veröffentlichung des Privaten, in: Ariès/Chartier (1986), S. 371-403.

Grana, Cesar (1964): Bohemian versus Bourgeois. French society and the French man of letters in the 19th century, New York.

Greven, Jochen (1973): Grundzüge einer Sozialgeschichte des Lesers und der Lesekultur, in: Alfred C. Baumgärtner (Hg.): Lesen, Hamburg 1973, S. 117-133.

Groethuysen, Bernhard (1927 a): Die Entstehung der bürgerlichen Welt- und Lebensauffassung in Frankreich, Band 1: Das Bürgertum und die katholische Weltanschauung, Frankfurt am Main 1978.

Groethuysen, Bernhard (1927 b): Die Entstehung der bürgerlichen Welt- und Lebensauffassung in Frankreich, Band 2: Die Soziallehren der katholischen Kirche und das Bürgertum, Frankfurt am Main 1978.

Gusdorf, Georges (1984): L'homme romantique, Paris.

Habermas, Rebekka (2000): Frauen und Männer des Bürgertums. Eine Familiegeschichte (1750-1850), Göttingen.

Harris, R. W. (1968): Reason and Nature in the 18th Century, London.

Hartman, Geoffrey (1962): Romanticism and ›Anti-Selfconsciousness‹, in: Centennial Review, S. 553-565.

Hausdörfer, Sabrina (1987): Rebellion im Kunstschein. Die Funktion des fiktiven Künstlers in Roman und Kunsttheorie der deutschen Romantik, Heidelberg.

Hausen, Karin (1976): Die Polarisierung der ›Geschlechtscharaktere‹ – Eine Spiegelung der Dissoziation von Erwerbs- und Familienleben, in: Wolfgang Conze (Hg.) (1976): Sozialgeschichte der Familie in der Neuzeit Europas, Stutgart, S. 363-393.

Hegel, Georg Wilhelm Friedrich (1821): Grundlinien der Philosophie des Rechts (oder Naturrecht und Staatswissenschaft im Grundrisse), Frankfurt am Main 1986.

Hein, Dieter/Andreas Schulz (Hg.) (1996): Bürgerkultur im 19. Jahrhundert. Bildung, Kunst und Lebenswelt, München.

Hein, Dieter (1996): Bürgerliches Künstlertum. Zum Verhältnis von Künstlern und Bürgern auf dem Weg in die Moderne, in: ders./Schulz (1996), S. 102-117.

Herrmann, Ulrich (Hg.) (1982): ›Die Bildung des Bürgers‹. Die Formierung der bürgerlichen Gesellschaft und die Gebildeten im 18. Jahrhundert, Weinheim/Basel.

Hettling, Manfred (2000 a): Die persönliche Selbständigkeit. Der archimedische Punkt bürgerlicher Lebensführung, in: ders./Hoffmann (2000), S. 57-78.

Hettling, Manfred (2000 b): Bürgerliche Kultur – Bürgerlichkeit als kulturelles System, in: Peter Lundgreen (Hg.): Sozial- und Kulturgeschichte des Bürgertums, Göttingen 2000, S. 319-339.

Hettling, Manfred/Stefan-Ludwig Hoffmann (Hg.) (2000): Der bürgerliche Wertehimmel. Innenansichten des 19. Jahrhunderts, Göttingen.

Hettling, Manfred/Stefan-Ludwig Hoffmann (Hg.) (2000 a): Zur Historisierung bürgerlicher Werte, in: dies. (2000), S. 7-21.

Heyrman, Christine Leigh (1984): Commerce and Culture. The maritime communities of colonial Massacusetts 1690-1750, New York/London.

Hirschman, Albert O. (1977): Leidenschaften und Interessen. Politische Begründungen des Kapitalismus vor seinem Sieg, Frankfurt am Main 1987 (engl.: The Passions and the Interests. Political arguments for capitalism before its triumph).

Hitchcock, Tim/Michele Cohen (Hg.) (1999): English Masculinities, 1660-1800, London.

Hodenberg, Christina von (2000): Der Fluch des Geldsacks. Der Aufstieg des Industriellen als Herausforderung bürgerlicher Werte, in: Hettling/Hoffmann (2000), S. 79-104.

Hoeveler, Diane Long (1990): Romantic Androgyny. The women within, University Park/London.

Hoffmann, Julius (1959): Die ›Hausväterliteratur‹ und die ›Predigten über den christlichen Hausstand‹. Lehre vom Hause und Bildung für das häusliche Leben im 16., 17. und 18. Jahrhundert, Weinheim/Berlin.

Hoffmeister, Gerhart (1990): Deutsche und europäische Romantik, Stuttgart, 2. Aufl.

Honegger, Claudia (1991): Die Ordnung der Geschlechter. Die Wissenschaften vom Menschen und das Weib 1750-1850, Frankfurt am Main/New York.

Hoock, Jochen (1991): Theorie und Praxis kaufmännischen Handelns, 16. bis 18. Jahrhundert, in: Trude Ehlert (Hg.) (1991): Haushalt und Familie in Mittelalter und früher Neuzeit, Sigmaringen, S. 107-118.

Hoppit, Julian (1987): Risk and Failure in English Business 1700-1800, Cambridge.

Hörisch, Jochen (1992): Die andere Goethezeit. Poetische Mobilmachung des Subjekts um 1800, München.

Houghton, Walter E. (1957): The Victorian Frame of Mind 1830-1870, New Haven.

Hull, Isabell V. (1996): Sexuality, State, and Civil Society in Germany 1700-1815, Ithaca.

Hunt, Margaret R. (1996): The Middling Sort. Commerce, gender, and the family in England, 1680-1780, Berkeley.

Hunter, J. Paul (1990): Before Novels. The cultural context of 18th century English fiction, New York/London.

Innes, Stephen (1995): Creating the Commonwealth. The economic culture of Puritan New England, New York.

Izenberg, Gerald N. (1992): Impossible Individuality. Romanticism, revolution, and the origins of modern selfhood, 1787-1802, Princeton.

Jäger, Georg (1990): Freundschaft, Liebe und Literatur von der Empfindsamkeit bis zur Romantik, in: Spiel, 9, S. 69-87.

Janik, Detlev (1987): Adel und Bürgertum im englischen Roman des 18. Jahrhunderts, Heidelberg.

Kant, Immanuel (1797): Die Metaphysik der Sitten, Frankfurt am Main 1977, Werkausgabe Band VIII.

Kavolis, Vytantas (Hg.) (1984): Designs of Selfhood, London.

Kessel, Martina (2000): ›Der Ehrgeiz setzte mir heute wieder zu ...‹. Geduld und Ungeduld im 19. Jahrhundert, in: Hettling/Hoffmann (2000), S. 129-148.

Kiesel, Helmuth (1979): ›Bei Hof, bei Höll‹. Untersuchungen zur literarischen Hofkritik von Sebastian Brant bis Friedrich Schiller, Tübingen.

Kittler, Friedrich (1985): Aufschreibesysteme 1800/1900, München 1995, 3., vollständig überarbeitete Neuaufl.

Klinger, Cornelia (1995): Flucht, Trost, Revolte. Die Moderne und ihre ästhetischen Gegenwelten, München.

Kluckhohn, Paul (1922): Die Auffassung der Liebe in der Literatur des 18. Jahrhunderts und in der deutschen Romantik, Tübingen 1966.

Kocka, Jürgen (1987): Bürgertum und Bürgerlichkeit als Probleme der deutschen Geschichte vom späten 18. zum frühen 20. Jahrhundert, in: Kocka (1987), S. 21-63.

Kocka, Jürgen (Hg.) (1987): Bürger und Bürgerlichkeit im 19. Jahrhundert, Göttingen.

Kondylis, Panajotis (1981): Die Aufklärung im Rahmen des neuzeilichen Rationalismus, Stuttgart 1981.

Kontje, Todd (1992): Private Lives in the Public Sphere: The German Bildungsroman as Metafiction, University Park (Penn.).

Koschorke, Albrecht (1994): Alphabetisation und Empfindsamkeit, in: Schings (1994), S. 605-628.

Koselleck, Reinhart (1959): Kritik und Krise. Eine Studie zur Pathogenese der bürgerlichen Welt, Frankfurt am Main 1992.

Koselleck, Reinhart (1979): Vergangene Zukunft. Zur Semantik geschichtlicher Zeiten, Frankfurt am Main.

Koselleck, Reinhart (1990 a): Einleitung – Zur anthropologischen und semantischen Struktur der Bildung, in: ders. (1990), S. 11-46.

Koselleck, Reinhart (Hg.) (1990): Bildungsbürgertum im 19. Jahrhundert, Teil II: Bildungsgüter und Bildungswissen, Stuttgart.

Kroeber, Karl (1974): Romantic Landscape Vision, Madison.

Langford, Paul (1989): A Polite and Commercial People. England 1727-1783, Oxford.

Laqueur, Thomas (1990): Making Sex. Body and gender from the Greeks to Freud, Cambridge (Mass.).

Lepenies, Wolf (1969): Melancholie und Gesellschaft, Frankfurt am Main.

Lepsius, M. Rainer (1987): Zur Soziologie des Bürgertums und der Bürgerlichkeit, in: Kocka (1987), S. 79-100.

Lepsius, M. Rainer (Hg.) (1992): Bildungsbürgertum im 19. Jahrhundert, Band 3: Lebensführung und ständische Vergesellschaftung, Göttingen.

Linke, Angelika (1996): Sprachkultur und Bürgertum. Zur Mentalitätsgeschichte des 19. Jahrhunderts, Stuttgart/Weimar.

Loquai, Franz (1984): Künstler und Melancholie in der Romantik, Frankfurt am Main.

Locke, John (1689): Zwei Abhandlungen über die Regierung, Frankfurt am Main 1992 (engl.: *Two Treatises of Government*).

Locke, John (1693): Some Thoughts Concerning Education, Oxford, 1989.

Lovejoy, Arthur O. (1924): On the discrimination of Romaticisms, in: ders. (1948): Essays in the History of Ideas, Baltimore, S. 228-253.

Löwenthal, Leo (1981): Das bürgerliche Bewußtsein in der Literatur, Frankfurt am Main.

Luhmann, Niklas (1982): Liebe als Passion. Zur Codierung von Intimität, Frankfurt am Main 1994.

Lutz, Bernd (Hg.) (1974): Deutsches Bürgertum und literarische Intelligenz 1750-1800. Literaturwissenschaft und Sozialwissenschaften 3, Stuttgart.

Lynch, Katherine A. (1994): The Family and the History of Public Life, in: Journal of Interdisciplinary History, S. 655-684.

Macfarlane, Alan (1986): Marriage and Love in England. Modes of reproduction 1300-1840, Oxford.

Macfarlane, Alan (1987): The Culture of Capitalism, Oxford.

Mann, Thomas (1932): Goethe als Repräsentant des bürgerlichen Zeitalters, in. ders.: Gesammelte Werke in 13 Bänden, Band IX, Frankfurt am Main 1960, S. 297-332.

Martens, Wolfgang (1968): Die Botschaft der Tugend. Die Aufklärung im Spiegel der deutschen Moralischen Wochenschriften, Stuttgart.

Mascuch, Michael (1997): Origins of the Individualist Self. Autobiography and self-identity in England, 1591-1791, Cambridge.

Maurer, Michael (1996): Die Biographie des Bürgers. Lebensformen und Denkweisen in der formativen Phase des deutschen Bürgertums (1680-1815), Göttingen.

Mauser, Wolfram (2000): Konzepte aufgeklärter Lebensführung. Literarische Kultur im frühmodernern Deutschland, Würzburg.

McGann, Jerome (1983): The Romantic Ideology: A critical investigation, Chicago.

McKeon, Michael (1987): The Origins of the English Novel, 1600-1740, Baltimore.

McClintock, Anne (1995): Imperial Leather. Race, gender and sexuality in the colonial contest, New York/London.

McLuhan, Marshall (1962): The Gutenberg Galaxy. The making of typocraphic man, Toronto 1962.

Meyer Spacks, Patricia (1976): Imagining a Self. Autobiography and novel in 18th century England, Cambridge (Mass.).

Mintz, Steven (1983): A Prison of Expectations. The family in Victorian culture, New York.

Münch, Paul (Hg.) (1984): Ordnung, Fleiß und Sparsamkeit. Texte und Dokumente zur Entstehung der ›bürgerlichen Tugenden‹, München.

Nead, Lynda (1988): Myths of Sexuality. Representations of women in Victorian Britain, Oxford.

Niggl, Günter (1977): Geschichte der deutschen Autobiographie im 18. Jahrhundert. Theoretische Grundlegung und literarische Erfahrung, Stuttgart.

Nipperdey, Thomas (1987): Kommentar: ›Bürgerlich‹ als Kultur, in: Kocka (1987), S. 143-148.

Nipperdey, Thonas (1988): Wie das Bürgertum die Moderne fand, Berlin (West).

Nübel, Birgit (1994): Autobiographische Kommunikationsmedien um 1800. Studien zu Rousseau, Wieland, Herder und Moritz, Tübingen.

Nussbaum, Felicity A. (1989): The Autobiographical Subject. Gender and ideology in 18th century England, Baltimore.

Nye, Robert A. (1993): Masculinity and Male Code of Honour in Modern France, Oxford.

Pearson, Jacqueline (1999): Women's Reading in Britain 1750-1835. A dangerous recreation, Cambridge.

Peikert, Ingrid (1982): Zur Geschichte der Kindheit im 18. und 19. Jahrhundert. Einige Entwicklungstendenzen, in: Heinz Reif (Hg.): Die Familie in der Geschichte, Göttingen, S. 114-136.

Penslar, Derek J. (2001): Shylock's Children. Economics and Jewish identity in modern Europe, Berkeley.

Perkin, Harold (1969): The Origins of Modern English Society, 1780-1880, London.

Perrot, Michelle (Hg.) (1987): Geschichte des privaten Lebens, Band 4: Von der Revolution zum großen Krieg, Frankfurt am Main 1992.

Pikulik, Lothar (1979): Romantik als Ungenügen an der Normalität. Am Beispiel Tiecks, Hoffmanns, Eichendorffs, Frankfurt am Main.

Pikulik, Lothar (1984): Leistungsethik contra Gefühlskult. Über das Verhältnis von Bürgerlichkeit und Empfindsamkeit in Deutschland, Göttingen.

Pikulik, Lothar (1992): Frühromantik. Epoche – Werke – Wirkung, München.

Poovey, Mary (1988): Uneven Developments. The ideological work of gender in mid-victorian gender, Chicago.

Pratt, Mary Louise (1992): Imperial Eyes: Travel writing and transculturation, London.

Pulcini, Elena (1998): Amour-passion et amour conjugal. Rousseau et l'origine d'un conflit moderne, Paris.

Pyle, Forest (1995): The Ideology of Imagination. Subject and society in the discourse of romanticism, Stanford.

Rasch, Wolfdietrich (1936): Freundschaftskult und Freundschaftsdichtung im deutschen Schrifttum des 18. Jahrhunderts, Halle.

Ratz, Norbert (1988): Der Identitätsroman. Eine Strukturanalyse, Tübingen.

Redford, Bruce (1986): The Converse of the Pen. Acts of intimacy in the 18th century intimate letter, Chicago.

Rehder, Helmut (1932): Die Philosophie der unendlichen Landschaft. Ein Beitrag zur Geschichte der romantischen Weltanschauung, Halle.

Reid, Roddey (1993): Families in Jeopardy. Regulating the social body in France 1750-1910, Stanford.

Revel, Jacques (1986): Vom Nutzen der Höflichkeit, in: Ariès/Chartier (1986), S. 173-211.

Richardson, Alan (1994): Literature, Education and Romanticism. Reading as social practice, 1780-1832, Cambridge.

Richardson, Alan (2001): British Romanticism and the Science of the Mind, Cambridge.

Riedel, Manfred (1972): Artikel ›Bürger, Staatsbürger, Bürgertum‹, in: Otto Brunner/Werner Conze/Reinhart Koselleck (Hg.): Geschichtliche Grundbegriffe. Historisches Lexikon zur politisch-sozialen Sprache in Deutschland, Band 2, Stuttgart, S. 672-725.

Riedel, Manfred (1975): Artikel ›Gesellschaft, bürgerliche‹, in: Otto Brunner/Werner Conze/Reinhart Koselleck (Hg.): Geschichtliche Grundbegriffe. Historisches Lexikon zur politisch-sozialen Sprache in Deutschland, Band 2, Stuttgart, S. 719-800.

Rodgers, Daniel T. (1974): The Work Ethic in Industrial America, 1850-1920, Chicago.

Roth, Ralf (1996): Von Wilhem Meister zu Hans Castorp. Der Bildungsgedanke und das bürgerliche Assoziationswesen im 18. und 19. Jahrhundert, in: Hein/Schulz (1996), S. 121-139.

Rothman, Ellen K. (1984): Hands and Hearts. A history of courtship in America, New York.

Rotundo, E. Anthony (1987): Learning about manhood: gender ideals and the middle-class family in nineteenth-century America, in: J. A. Mangan/James Walvin (Hg.): Manliness and Morality. Middle-class masculinity in Britain and America 1800-1940, Manchester, S. 35-51.

Rousseau, Jean-Jacques (1782): Träumereien eines einsamen Spaziergängers, Stuttgart 2003 (frz.: Les rêveries du promeneur solitaire).

Ruppert, Wolfgang (1984): Bürgerlicher Wandel. Die Geburt der modernen deutschen Gesellschaft im 18. Jahrhundert, Frankfurt am Main.

Ryan, Mary P. (1981): Cradle of the Middle Class: The family in Oneida County, New York, 1790-1865, Cambridge.

Rzepka, Charles J. (1986): The Self as Mind. Vision and identity in Wordsworth, Coleridge, and Keats, Cambridge (Mass.).

Salomon, Albert (1921): Der Freundschaftskult des 18. Jahrhunderts in

Deutschland: Versuch zur Soziologie einer Lebensform (hg. v. R. Grathoff), in: Zeitschrift für Soziologie, 1979, S. 279-308.

Sarasin, Philipp (2001): Reizbare Maschinen. Eine Geschichte des Körpers 1765-1914, Frankfurt am Main.

Schiller, Friedrich (1795): Über die ästhetische Erziehung des Menschen, Stuttgart 2000.

Schings, Hans-Jürgen (Hg.) (1994): Der ganze Mensch. Anthropologie und Literatur im 18. Jahrhundert, Stuttgart/Weimar.

Schlegel, Friedrich (1799): Lucinde. Ein Roman, Frankfurt am Main 1985.

Schlegel, Friedrich (1978): Kritische und theoretische Schriften (Auswahl und Nachwort von A. Huyssen), Stuttgart [entstanden 1796-1800].

Schmid, Pia (1985): Zeit des Lesens – Zeit des Fühlens. Anfänge des deutschen Bildungsbürgertums, Berlin (West).

Schmidt, Jochen (1985 a): Die Geschichte des Genie-Gedankens in der deutschen Literatur, Philosophie und Politik 1750-1945, Band 1: Von der Aufklärung bis zum Idealismus, Darmstadt.

Schmidt, Jochen (1985 b): Die Geschichte des Genie-Gedankens in der deutschen Literatur, Philosophie und Politik 1750-1945, Band II: Von der Romantik bis zum Ende des Dritten Reiches, Darmstadt.

Schmidt, Siegfried J. (1989): Die Selbstorganisation des Sozialsystems Literatur im 18. Jahrhundert, Frankfurt am Main.

Schön, Erich (1987): Der Verlust der Sinnlichkeit oder Die Verwandlungen des Lesers. Mentalitätswandel um 1800, Stuttgart.

Schopenhauer, Arthur (1818/1859): Die Welt als Wille und Vorstellung, 2 Bände, Frankfurt am Main/Leipzig 1996.

Schwarz, Christopher (1993): Langeweile und Identität. Eine Studie zur Entstehung und Krise des romantischen Selbstgefühls, Heidelberg.

Seed, John/Janet Woolf (Hg.) (1988): The Culture of Capital: Art, power and the 19th century middle class, Manchester.

Seidler, Victor J. (1987): Reason, desire, and male sexuality, in: Pat Caplan (Hg.): The Cultural Construction of Sexuality, London/New York 1987, S. 82-112.

Shorter, Edward (1976): The Making of the Modern Family, London.

Siskin, Clifford (1988): The Historicity of Romantic Discourse, Oxford.

Smith, Adam (1776): Der Wohlstand der Nationen. Eine Untersuchung seiner Natur und seiner Ursachen, München 1993 (engl.: *An Inquiry into the Nature and Causes of the Wealth of Nations*).

Smith, Hilda L. (2002): All Men and Both Sexes. Gender, politics and the false universal in England, 1640-1832, University Park (Penn.).

Smith-Rosenberg, Caroll (1985): Disorderly Conduct. Visions of gender in Victorian America, New York.

Sombart, Werner (1913): Der Bourgeois. Zur Geistesgeschichte des modernen Wirtschaftsmenschen, Berlin (West) 1987.

Sörensen, Bengt Algot (1984): Herrschaft und Zärtlichkeit. Der Patriarchalismus und das Drama im 18. Jahrhundert, München.

Spearman, Diana (1966): The Novel and Society, London.

Steinbrügge, Lieselotte (1987): Das moralische Geschlecht. Theorien und literarische Entwürfe über die Natur der Frau in der französischen Aufklärung, Weinheim/Basel.

Stone, Lawrence (1977): The Family, Sex and Marriage in England 1500-1800, London.

Szondi, Peter (1973): Die Theorie des bürgerlichen Trauerspiels im 18. Jahrhundert. Der Kaufmann, der Hausvater und der Hofmeister, Frankfurt am Main.

Tadmor, Naomi (2001): Family and Friends in 18th Century England, Cambridge.

Tenbruck, Friedrich H. (1986): Bürgerliche Kultur, in: Friedhelm Neidhardt/M. Rainer Lepsius/Johannes Weiss (Hg.) (1986): Kultur und Gesellschaft, Opladen, S. 263-285.

Thompson, E. P. (1967): Time, work-discipline and industrial capitalism, in: Past and Present, S. 58-97.

Thompson, Francis Michael (1988): The Rise of Respectable Society: A social history of Britain, 1830-1900, London.

Thorslev, Peter L. (1962): The Byronic Hero. Types and prototypes, Minneapolis.

Threadgold, Terry/A. Cranny-Francis (Hg.) (1990): Feminine, Masculine, and Representation, Sydney.

Tilly, Louise A./Joan Scott (1978): Women, Work and Family, London.

Tomaselli, Sylvana (1985): The Enlightenment debate on women, in: History Workshop, S. 101-124.

Tosh, Hohn (1999): A Man's Place. Masculinity and the middle-class home in Victorian England, New Haven.

Trefzer, Rudolf (1989): Die Konstruktion des bürgerlichen Menschen. Aufklärungspädagogik und Erziehung im ausgehenden 18. Jahrhundert am Beispiel der Stadt Basel, Zürich.

Trepp, Anne-Charlott (1996): Sanfte Männlichkeit und selbständige Weiblichkeit. Frauen und Männer im Hamburger Bürgertum zwischen 1770 und 1840, Göttingen.

Trudgill, Eric (1976): Madonnas and Magdalens: The origins and development of Victorian sexual attitudes, London.

van Dülmen, Richard (1990-94): Kultur und Alltag in der Frühen Neuzeit, 3 Bände, München 1999.

van Dülmen, Richard (1997): Die Entdeckung des Individuums. 1500-1800, Frankfurt am Main.

Vickery, Amanda (1993): Golden Age to Separate Spheres? A review of the categories and chronology of English women's history, in: The Historical Journal, Heft 2, S. 383-414.

Vierhaus, Rudolf (1975): Artikel ›Bildung‹, in: Geschichtliche Grundbegriffe, Band 1, S. 508-551.

Vierhaus, Rudolf (Hg) (1981): Bürger und Bürgerlichkeit im Zeitalter der Aufklärung, Heidelberg.

Vogl, Joseph (2004): Kalkül und Leidenschaft. Poetik des ökonomischen Menschen, Zürich/Berlin.

Vontobel, Klara (1946): Das Arbeitsethos des deutschen Protestantismus von der nachreformatorischen Zeit bis zur Aufklärung, Bern.

Wahrman, Dror (2004): The Making of the Modern Self. Identity and Culture in 18th Century England, New Haven.

Wallerstein, Immanuel (1980): Das moderne Weltsystem II: Der Merkantilismus. Europa zwischen 1600 und 1750, Wien 1998 *(engl.: The Modern World System II)*.

Warneken, Bernd (Hg.) (1990): Der aufrechte Gang. Zur Symbolik einer Körperhaltung, Tübingen.

Watt, Ian P. (1957): The Rise of the Novel, London.

Watt, Ian P. (1996): Myths of Modern Individualism: Faust, Don Quixote, Don Juan, Robinson Crusoe, Cambridge.

Weber, Max (1920): Die protestantische Ethik und der Geist des Kapitalismus, in: ders. (1920), S. 17-206.

Weber, William (1975): Music and the Middle Class. The Social Structure of Concert Life in London, Paris and Vienna, New York.

Wegmann, Nikolaus (1988): Diskurse der Empfindsamkeit. Zur Geschichte eines Gefühls in der Literatur des 18. Jahrhunderts, Stuttgart.

Wellek, René (1945): The concept of Romanticism in literary history, in: ders. (1963); Concepts of Criticism, New Haven, S. 128-198.

Welter, B. (1966): The cult of true womanhood, 1820-60, in: American Quaterly, S. 151-174.

White, Nicholas (1999): The Family in Crisis in Late 19th Century French Fiction, Cambridge.

Wild, Reiner (1982): Literatur im Prozeß der Zivilisation. Entwurf einer theoretischen Grundlegung der Literaturwissenschaft, Stuttgart.

Wood, Gordon S. (1991): The Radicalism of the American Revolution, New York.

Wuthenow, Ralph-Rainer (1974): Das erinnerte Ich. Europäische Autobiographie und Selbstdarstellung im 18. Jahrhundert, München.

Wuthenow, Ralph-Rainer (1990): Europäische Tagebücher. Eigenart – Formen – Entwicklung, Darmstadt.

Zipes, Jack D. (1970): The Great Refusal. Studies of the romantic hero in German and American literature, Bad Homburg.

d) Avantgarde und organisierte Moderne

Adams, James Eli (1995): Dandies and Desert Saints. Styles of Victorian manhood, Ithaca/London.

Ankum, Katharina von (Hg.) (1997): Women in the Metropolis. Gender and modernity in Weimar culture, Berkeley.

Anz, Thomas (2002): Literatur des Expressionismus, Stuttgart/Weimar.

Argyris, Chris (1957): Personality and Organization. The conflict between system and the individual, New York.

Asendorf, Christoph (1984): Batteries of Life. On the history of things and their perception in modernity, Berkeley 1993 (dt.: *Batterien der Lebenskraft*).

Asholt, Wolfgang/Walter Fähnders (Hg.) (1997): ›Die ganze Welt ist eine Manifestation‹. Die europäische Avnatgarde und ihre Manifeste, Darmstadt.

Baritz, Loren (1989): The Good Life. The meaning of success for the American middle class, New York.

Barnard, Chester I. (1938): The Functions of the Executive, Cambridge (Mass.).

Becker, Frank (1993): Amerikanismus in Weimar. Sportsymbole und politische Kultur, 1918-1933, Opladen.

Becker, Sabina (2000): Neue Sachlichkeit. Band 1: Die Ästhetik der neusachlichen Literatur (1920-1933), Köln.

Bender, Beate (1989): Freisetzung von Kreativität durch psychische Automatismen. Eine Untersuchung am Beispiel der surrealistischen Avantgarde der 20er Jahre, Frankfurt am Main.

Bendix, Reinhard (1956): Work and Authority in Industry. Ideologies of management in the course of industrialization, Berkeley.

Benjamin, Walter (1936): Das Kunstwerk im Zeitalter seiner technischen Reproduzierbarkeit, in: ders. (1977a), S. 7-44.

Benjamin, Walter (1939): Über einige Motive bei Baudelaire, in: ders. (1977b), S. 185-229.

Benjamin, Walter (1988): Der Sürrealismus, in: ders. (1988), S. 200-215.

Benjamin, Walter (1977a): Das Kunstwerk im Zeitalter seiner technischen Reproduzierbarkeit. Drei Studien zur Kunstsoziologie, Frankfurt am Main.

Benjamin, Walter (1977b): Illuminationen. Ausgewählte Schriften 1, Frankfurt am Main (ausgewählt von S. Unseld).

Benjamin, Walter (1988): Angelus Novus. Ausgewählte Schriften 2, Frankfurt am Main.

Berman, Marshall (1982): All That Is Solid Melts Into Air. The experience of modernity, London 1988.

Birken, Lawrence (1988): Consuming Desire. Sexual science and the emergence of a culture of abundance, 1871-1914, Ithaca.

Bledstein, Burton J. (1976): The Culture of Professionalism. The middle class and the development of higher education in America, New York.

Bordwell, David u. a. (1985): The Classical Hollywood Cinema. Film style anf mode of production to 1960, New York.

Bowlby, Rachel (1985): Just Looking. Comsumer culture in Dreiser, Gissing and Zola, New York/London.

Bradbury, Malcolm/James McFarlane (Hg.) (1976): Modernism. A guide to European literature 1890-1930, London 1991.

Breton, André (1962): Die Manifeste des Surrealismus, Reinbek 1986 (frz.: *Manifestes du surréalisme*).

Bronfen, Elisabeth (1999): Heimweh: Illusionsspiele in Hollywood, Berlin.

Bürger, Peter (1971): Der französische Surrealismus, Frankfurt am Main 1996, 2. Aufl.
Bürger, Peter (1974): Theorie der Avantgarde, Frankfurt am Main.
Buchholz, Kai u. a. (Hg.) (2001): Die Lebensreform. Entwürfe zur Neugestaltung von Leben und Kunst um 1900, Darmstadt.
Burnham, James (1941): The Managerial Revolution. What is happening in the world, New York.
Byars, Jackie (1991): All That Hollywood Allows. Re-reading gender in 1950s melodrama, Chapel Hill.
Calinescu, Matei (1977/1987): Five Faces of Modernity. Modernism, avant-garde, decadence, kitsch, postmodernism, Durham.
Chandler, Alfred D. jr. (1977): The Visible Hand. The managerial revolution in American business, Cambridge (Mass.).
Coben, Stanley (1991): Rebellion against Victorianism. The impetus for cultural change in 1920s America, Oxford.
Cohen, Margaret (1993): Profane Illuminations. Walter Benjamin and the Paris of surrealist revolution, Berkeley.
Conrad, Peter (1998): Modern Times, Modern Places, London.
Crary, Jonathan (1999): Aufmerksamkeit. Wahrnehmung und moderne Kultur, Frankfurt am Main 2002 (engl.: Suspensions of Perception. Attention, spectacle and modern culture).
Crozier, Michel (1963): Le phénomène bureaucratique, Paris.
Dalton, Melville (1959): Men Who Manage. Fusions of feeling and theory in administration, New York.
Davis, Simone Weil (2000): Living Up to the Ads. Gender fictions of the 1920s, Durham.
Deleuze, Gilles (1983): Das Bewegungs-Bild. Kino 1, Frankfurt am Main 1989 (frz.: Cinéma 1. L'image-mouvement).
Doane, Mary Ann (1987): The Desire to Desire. The woman's film of the 1940s, Bloomington.
Donald, James (1999): Imaginig the Modern City, London.
Drucker, Peter F. (1954): The Practice of Management, New York.
Ellis, John (1982): Visible Fictions. Cinema, television, video, London.
Erikson, Erik (1973): Identität und Lebenszyklus, Frankfurt (Main).
Eysenck, H. J. (1973): Eysenck on Extraversion, London.
Eysteinsson, Astradur (1990):The Concept of Modernism, Ithaca/London.
Fass, Paula S. (1977): The Damned and the Beautiful. American youth in the 1920s, Oxford.
Felski, Rita (1995): The Gender of Modernity, Cambridge (Mass.).
Fox, Richard Wightman/T. J. Jackson Lears (Hg.) (1983): The Culture of Consumption. Critical essays in American history, 1880-1980, New York.
Frampton, Kenneth (1980): Die Architektur der Moderne. Eine kritische Baugeschichte, Stuttgart 1983.
Freud, Sigmund (1904): Drei Abhandlungen zur Sexualtheorie, in: Gesammelte Werke, Band v, Frankfurt am Main 1999, S. 27-145.

Friedan, Betty (1963): The Feminine Mystique, New York 1983.

Frisby, David (1986): Fragments of Modernity. Theories of modernity in the work of Simmel, Kracauer and Benjamin, Cambridge (Mass.) 1988.

Galbraith, Kenneth (1958): The Affluent Society, Cambridge (Mass.).

Garelick, Rhonda K. (1998): Rising Star. Dandyism, gender, and performance in the fin de siècle, Princeton.

Gehlen, Arnold (1957): Die Seele im technischen Zeitalter. Sozialpsychologische Probleme in der industriellen Gesellschaft, Reinbek.

Giese, Fritz (1925): Girlkultur. Vergleiche zwischen amerikanischem und europäischem Rhythmus und Lebensgefühl, München.

Gledhill, Christine (Hg.) (1991): Stardom. Industry of desire, London.

Gnüg, Hiltrud (1988): Kult der Kälte. Der klassische Dandy im Spiegel der Weltliteratur, Stuttgart.

Goffman, Erving (1959): The Presentation of Self in Everyday Life, London u. a. 1990.

Goffman, Erving (1963): Stigma. Über Techniken der Bewältigung beschädigter Identität, Frankfurt am Main 1975 (engl.: Stigma. Notes on the Management of Spoiled Identity).

Goffman, Erving (1971): Das Individuum im öffentlichen Austausch. Mikrostudien zur öffentlichen Ordnung, Frankfurt am Main 1982 (engl.: Relations in Public. Microstudies of the public order).

Graebner, William (1987): The Engineering of Consent. Democracy and authority in 20th America, Madison.

Green, Martin (1986): Mountain of Truth. The counterculture begins. Ascona, 1900-1920, London.

Greenberg, Clement (1966): Modernist painting, in: Gregory Battock (Hg.): The New Art. A critical anthology, New York 1966, S. 100-110.

Hall, Leslie A. (1991): Hidden Anxieties. Male sexuality, 1900-1950, Cambridge.

Handy, Charles B. (1995): Gods of Management. The changing work of organizations, Oxford.

Hardt, Manfred (Hg.) (1989): Literarische Avantgarden, Darmstadt.

Harrington, Alan (1959): Das Leben im Glaspalast, Düsseldorf 1961 (engl.: Life in the Crystal Palace).

Harrison, Charles/Paul Wood (Hg.) (1992): Kunsttheorie im 20. Jahrhundert, Band I: 1895-1941, Ostfildern-Ruit 2003 (engl.: Art in Theory 1900-1990).

Hepp, Corona (1987): Avantgarde. Moderne Kunst, Kulturkritik und Reformbewegungen nach der Jahrhundertwende, München.

Hilpert, Thilo (1978): Die funktionelle Stadt. Le Corbusiers Stadtvision – Bedingungen, Motive, Hintergründe, Braunschweig.

Hite, Shere (1981): The Hite Report on Male Sexuality, New York.

Hofmannsthal, Hugo von (1902): Ein Brief (Der Brief des Lord Chandos), in: Der Brief des Lord Chandos. Erfundene Gespräche und Briefe, Frankfurt am Main 1986, S. 21-32.

Horstmann, Ulrich (1983): Ästhetizismus und Dekadenz. Zum Paradigmakonflikt in der englischen Literaturtheorie des späten 19. Jahrhunderts, München.

Howlett, Jana (1994): The Violent Muse. Violence and the artistic imagination in Europe, 1920-1939, Manchester.

Hughes, Thomas P. (1989): Die Erfindung Amerikas. Der technologische Aufstieg der USA seit 1870, München 1991 (engl.: *American Genesis. A century of invention and technological enthusiasm. 1870-1970*).

Huyssen, Andreas (1980): The hidden dialectic: Avantgarde – technology – mass culture, in: ders. (1986), S. 3-15.

Jünger, Ernst (1932): Der Arbeiter. Herrschaft und Gestalt, Stuttgart 1982.

Kane, Michael (1999): Modern Men. Mapping masculinity in English and German literature 1880-1930, London/New York.

Kanter, Rosabeth Moss (1977): Men and Women of the Corporation, New York.

Kern, Stephen (1983): The Culture of Time and Space 1880-1918, London.

Kittler, Friedrich (1986): Grammophon Film Typewriter, Berlin.

Klein, Maury (1993): The Flowering of the Third America. The making of an organizational society, 1850-1920, Chicago.

Kracauer, Siegfried (1929): Die Angestellten. Aus dem neuesten Deutschland, Frankfurt am Main 1971.

Kreuzer, Helmut (1968): Die Bohème. Analyse und Dokumentation der intellektuellen Subkultur vom 19. Jahrhundert bis zur Gegenwart, Stuttgart 2000.

Lauretis, Teresa de u. a. (Hg.) (1980): The Cinematic Apparatus, London.

Lears, T. J. Jackson (1984): From salvation to self-realization. Advertising and the therapeutic roots of the consumer culture, 1880-1930, in: Fox/ ders. (1984), S. 1-38.

Lears, Jackson (1994): Fables of Abundance. A cultural history of advertising in America, New York.

Le Corbusier (1925): Leitsätze des Städtebaus, in: Ulrich Conrads (Hg.): Programme und Manifeste zur Architektur des 20. Jahrhunderts, Braunschwei/Wiesbaden 1981, S. 84-89.

Le Corbusier (1927): Towards a New Architecture, Oxford 1974.

Ledger, Sally (1997): The New Woman. Fiction and feminism at the fin de siècle, Manchester.

Lethen, Helmut (1994): Verhaltenslehren der Kälte. Lebensversuche zwischen den Kriegen, Frankfurt am Main.

Levenson, Michael (Hg.) (1999): The Cambridge Companion to Modernism, Cambridge.

Lindner, Martin (1994): Leben in der Krise. Zeitromane der Neuen Sachlichkeit und die intellektuelle Mentalität der klassischen Moderne, Stuttgart/Weimar.

Lunbeck, Elizabeth (1994): The Psychiatric Persuasion. Knowledge, gender, and power in modern America, Princeton.

Lüscher, Rudolf (1988): Henry und die Krümelmonster. Versuch über den fordistischen Sozialcharakter, Tübingen.

Maase, Kaspar (1997): Grenzenloses Vergnügen. Der Aufstieg der Massenkultur 1850-1970, Frankfurt am Main.

Makropolous, Michael (1991): Tendenzen der Zwanziger Jahre, in: Deutsche Zeitschrift für Philosophie, S. 675-687.

Makropolous, Michael (2003): Massenkultur als Kontingenzkultur, in: Harm Lux (Hg.): ... lautlose irre – ways of worldmaking, too, Berlin, S. 153-171.

Marchand, Roland (1985): Advertising the American Dream. Making way for modernity, 1920-1940, Berkeley.

Marinetti, F. T. (1909): Manifest des Futurismus, in: Schmidt-Bergmann (1993), S. 75-80.

Marinetti, F. T. (1993 a): Der multiplizierte Mensch und das Reich der Maschine, in: Schmidt-Bergmann (1993), S. 107-110.

Marinetti, F. T. (1993 b): Die neue Moral-Religion der Geschwindigkeit, in: Schmidt-Bergmann (1993), S. 201-207.

Marinetti, F. T. (1993 c): Zerstörung der Syntax. Drahtlose Phantasie. Befreite Worte, in: Schmidt-Bergmann (1993), S. 210-220.

Marvin, Carolyn (1988): When Old Technologies Were New. Thinking about electric communication in the late 19th century, Oxford.

May, Elaine Tyler (1988): Homeward Bound. American families in the cold war era, New York.

Mayo, Elton (1933): The Human Problems of an Industrial Civilization. New York 1977.

Merkle, Judith A. (1980): Management and Ideology. The legacy of the international scientific management movement, Berkeley.

Meyrowitz, Joshua (1985): No Sense of Place. The impact of electonic media on social behaviour, Oxford.

Miller, Peter/Ted O'Leary (1989): Hierarchies and American ideals, 1900-1940, in: Academy of Management Review, S. 250-265.

Miller, Peter (1992): Accounting and objectivity: The invention of calculating selves and calculable spaces, in: Annals of Scholarship, S. 61-86.

Mills, C. Wright (1951): White Collar, Oxford.

Mintzberg, Henry (1973): The Nature of Managerial Work, New York.

Morantz, Regina Markell (1979): The scientist as sex crusader: Alfred C. Kinsey and American culture, in: American Quarterly, S. 563-589.

Morley, David (1986): Family Television: Cultural power and domestic leisure, London.

Mulvey, Laura (1975): Visual pleasure and narrative cinema, in: dies. (1989): Visual and Other Pleasures, London, S. 14-26.

Murphy, Richard (1998): Theorizing the Avant-Garde. Modernism, expressionism, and the problems of postmodernity, Cambridge.

Nadeau, Maurice (1945): Geschichte des Surrealismus, Reinbek 1986 (frz.: *Histoire du surréalisme*).

Neale, Steve (1985): Cinema and Technology, London.

Nicholls, Peter (1995): Modernisms. A literary guide, London.
Noble, David F. (1979): America by Design. Science, technology, and the rise of corporate capitalism, New York.
Orr, John (1993): Cinema and Modernity, London.
Osborne, Peter (1995): The Politics of Time. Modernity and avant-garde, London.
Packard, Vance (1959): The Status Seekers. An exploration of class behavior in America, New York.
Packard, Vance (1962): The Pyramid Climbers, New York.
Pendergast, Tom (2000): Creating the Modern Man. American Magazines and consumer culture, 1900-1950, Columbia.
Perkin, Harold (1989): The Rise of Professional Society. England since 1880, London.
Perloff, Marjorie (1986): The Futurist Movement. Avant-garde, avant guerre, and the language of rupture, Chicago.
Perloff, Marjorie (1992): Modernist studies, in: Greenblatt/Gunn (1992), S. 154-178.
Peukert, Detlev J. K. (1987): Die Weimarer Republik. Krisenjahre der Klassischen Moderne, Frankfurt am Main.
Philipp, Eckhard (1980): Dadaismus, München.
Poggioli, Renato (1962): The Theory of the Avant-Garde, Cambridge (Mass.) 1968 (italien.: Teoria dell' arte d'avanguardia).
Radkau, Joachim (1998): Das Zeitalter der Nervosität. Deutschland zwischen Bismarck und Hitler, München.
Richardson, Michael (1999): Seductions of the impossible: Love, the erotic and sacrifice in surrealist discourse, in: Featherstone (1999), S. 375-392.
Rieger, Stefan (2000): Die Individualität der Medien. Eine Geschichte der Wissenschaften vom Menschen, Frankfurt am Main.
Rieger, Stefan (2002): Die Ästhetik des Menschen. Über das Technische in Leben und Kunst, Frankfurt am Main.
Riesman, David (1954): Individualism reconsidered, Glencoe.
Rivière, Joan (1929): Womanliness as a masquerade, in: Victor Burgin u. a. (Hg.) (1986): Formations of Fantasy, London, S. 35-44.
Roper, Michael (1994): Masculinity and the British Organization Man since 1945, Oxford.
Rose, Nikolas (1985): The Psychological Complex. Psychology, politics and society in England 1869-1939, London.
Ross, Werner (1993): Baudelaire und die Moderne. Porträt einer Wendezeit, München/Zürich.
Ryan, Mary P. (1976): The projection of a new womanhood: The movie moderns in the 1920s, in: Jean E. Friedman/William G. Shade (Hg.): Our American Sisters. Women in American Life and Thought, Boston 1976, S. 366-384.
Sampson, Anthony (1995): Company Man. The rise and fall of corporate life, New York.
Schivelbusch, Wolfgang (1977): Geschichte der Eisenbahnreise. Zur Indus-

trialisierung von Raum und Zeit im 19. Jahrhundert, Frankfurt am Main 2000.

Schmidt-Bergmann, Hansgeorg (1993): Futurismus. Geschichte, Ästhetik, Dokumente, Reinbek.

Schneirov, Matthew (1994): The Dream of a New Social Order. Popular magazines in America, 1893-1914, New York.

Schorske, Carl E. (1961): Fin-de-Siècle Vienna. Politics and culture, New York 1980.

Schwendter, Rolf (1971): Theorie der Subkultur, Köln/Berlin (West).

Segal, Howard P. (1985): Technological Utopianism in American Culture, Chicago.

Seigel, Jerrold (1986): Bohemian Paris. Culture, politics, and the boundaries of bourgeois life, 1830-1930, New York.

Seigel, Jerold (1995): The Private Worlds of Marcel Duchamp. Desire, liberation, and the self in modern culture, Berkeley.

Sharpe, William/Leonard Wallock (Hg.) (1987): Visions of the Modern City. Essays in history, art, and literature, Baltimore.

Shenhav, Yehonda (1999): Manufacturing Rationality. The engineering foundations of the managerial revolution, Oxford.

Sheppard, Richard (2000): Modernism – Dada – Postmodernism, Evanston (Ill.).

Showalter, Elaine (1990): Sexual Anarchy. Gender and culture at the Fin de Siècle, London.

Simmel, Georg (1903): Die Großstädte und das Geistesleben, in: Aufsätze und Abhandlungen 1901-1908, Band I. Gesamtausgabe Band 7, Frankfurt am Main 1995, S. 116-131.

Simonis, Annette (2000): Literarischer Ästhetizismus. Theorie der arabesken und hermetischen Kommunikation der Moderne, Tübingen.

Spurlock, John C./Cynthia A. Magistro (1998): New and Improved. The transformation of American women's emotional culture, New York.

Stacey, Jackie (1994): Star Gazing. Hollywood cinema and female spectatorship, London.

Stansky, Peter (1996): On or about 1910: early Bloomsbury and its intimate world, Cambridge (Mass.).

Stearns, Peter N. (1994): American Cool. Constructing a 20th century emotional style, New York.

Tashjian, Dickran (1975): Skyscraper Primitives. Dada and the American avantgarde 1920-1925, Middletown.

Taylor, Frederick (1913): Scientific Management, Minneola (N. Y.) 1998.

Tebben, Karin (Hg.) (2002): Abschied vom Mythos Mann. Kulturelle Konzepte der Moderne, Göttingen.

Terman, Lewis M./Catharine Cox Miles (1936): Sex and Personality. Studies is masculinity and femininity, New York.

Tester, Keith (Hg.) (1994): The Flaneur, London.

Theweleit, Klaus (1977/1978): Männerphantasien. Band 1: Frauen, Fluten,

Körper, Geschichte; Band 2: Männerkörper – zur Psychoanalyse des weißen Terrors, München/Zürich 2000.

Tichi, Cecelia (1987): Shifting Gears. Technology, literature, culture in modernist America, Chapel Hill.

Toepfer, Karl (1997): Empire of Ecstasy. Nudity and movement in German
body culture, 1910-1935, Berkeley.

Torgovnick, Marianna (1990): Gone Primitive. Savage intellects, modern
lives, Chicago.

Tzara, Tristan (1979): Sieben Dada Manifeste, Hamburg 1998 (frz.: *Sept
manifestes DADA*).

Velde, Theodor van de (1930): Ideal Marriage. Its physiology and technique, London 1980.

Vietta, Silvio/Hans-Georg Kemper (1975): Expressionismus, München
1997, 6. Aufl.

Wagner, Birgit (1996): Technik und Literatur im Zeitalter der Avantgarden.
Ein Beitrag zur Geschichte des Imaginären, München.

Waller, Willard (1937): The rating and dating complex, in: American Sociological Review, S. 727-734.

Walter-Busch, Emil (1988): Das Auge der Firma: Mayos Hawthorne-Experimente und die Harvard Business School, 1900-1960, Stuttgart.

Ward, Janet (2001): Weimar Surfaces. Urban visual culture in 1920s Germany, Berkeley.

Wetzsteon, Ross (2002): Republic of Dreams: Greenwich Village, the American Bohemia, 1910-1960, New York.

White, Kevin (1993): The First Sexual Revolution. The emergence of male
heterosexuality in modern America, New York.

Whyte, William H. (1956): The Organization Man, New York.

Wiebe, Robert H. (1967): The Search for Order, 1877-1920, New York.

Wilde, Oscar (1890): Das Bildnis des Dorian Gray, Frankfurt am Main
1985 (engl.: *The Picture of Dorian Gray*).

Williams, Rosalind (1982): Dream Worlds. Mass consumption in late 19th
century France, Berkeley.

Wilson, Christopher P. (1984): The rhetoric of consumption. Mass-market
magazines and the demise of the gentle reader, 1880-1920, in: Fox/Lears
(1984), S. 39-64.

Wilson, Elizabeth (1999): Bohemian love, in: Featherstone (1999), S. 111-
127.

e) Gegenkultur und Postmoderne

Alvesson, Mats/Per Olof Berg (1992): Corporate Culture and Organizational Symbolism, Berlin/New York.

Anz, Philipp/Patrick Walder (Hg.) (1995): Techno, Reinbek 1999.

Ariès, Philippe u. a. (1982): Die Masken des Begehrens und die Metamorphosen der Sinnlichkeit. Zur Geschichte der Sexualität im Abendland,
Frankfurt (Main) 1984 (frz.: *Sexualités occidentales*).

Ash, Amin (Hg.) (1994): Post-Fordism. A reader, Oxford.

Augé, Marc (1992): Orte und Nicht-Orte. Vorüberlegungen zu einer Ethnologie der Einsamkeit, Frankfurt (Main) 1994 (frz.: *Non-lieux. Introduction à une anthropologie de la surmodernité*).

Badinter, Elisabeth (1986): Ich bin Du. Die neue Beziehung zwischen Mann und Frau oder Die androgyne Revolution, Frankfurt (Main) 1987 (frz.: *L'un est l'autre. Des relations entre hommes et femmes*).

Baecker, Dirk (1994): Postheroisches Management. Ein Vademecum, Berlin.

Baethge, Martin (1991): Arbeit, Vergesellschaftung, Identität. Zur zunehmenden normativen Subjektivierung der Arbeit, in: Soziale Welt, S. 6-19.

Barck, Karlheinz u. a. (Hg.) (1990): Aisthesis. Wahrnehmung heute oder Perspektiven einer anderen Ästhetik, Leipzig.

Baudrillard, Jean (1970): La société de consommation. Ses mythes, ses structures, Paris.

Baudrillard, Jean (1976): Symbolic Exchange and Death, London 1993 (frz.: *L'échange symbolique et la mort*).

Bauman, Zygmunt (1995): Flaneure, Spieler und Touristen. Essays zu postmodernen Lebensformen, Hamburg 1997 (engl.: *Life in Fragments. Essays in postmodern morality*).

Bauman, Zygmunt (1999): On postmodern uses of sex, in: Featherstone (1999), S. 19-33.

Beck, Ulrich (1986): Risikogesellschaft. Auf dem Weg in eine andere Moderne, Frankfurt am Main.

Beck, Ulrich/Elisabeth Beck-Gernsheim (1990): Das ganz normale Chaos der Liebe, Frankfurt am Main.

Beck, Ulrich/Anthony Giddens/Scott Lash (1994): Reflexive Modernisierung. Eine Kontroverse, Frankfurt am Main 1996.

Bednarik, Karl (1969): Die unheimliche Jugend, Wien/München.

Behringer, Luise (1998): Lebensführung als Identitätsarbeit. Der Mensch im Chaos des modernen Alltags, Frankfurt (Main)/New York.

Béjin, André (1982): Die Macht der Sexologen und die sexuelle Demokratie, in: Ariès u. a. (1982), S. 253-272.

Bell, Daniel (1973): The Coming of Post-Industrial Society. A venture in social forecasting, New York 1999.

Bell, David/Barbara M. Kennedy (Hg.) (2000): The Cybercultures Reader, London/New York.

Benjamin, Jessica (1988): The Bonds of Love. Psychoanalysis, feminism, and the problem of domination, New York.

Berger, Peter (1996): Individualisierung. Statusunsicherheit und Erfahrungsvielfalt, Wiesbaden.

Bertens, Hans (1995); The Idea of thr Postmodern, London.

Best, Steven/Douglas Kellner (1991): Postmodern Theory. Critical interrogations, London.

Best, Steven/Douglas Kellner (1997): The Postmodern Turn, New York/London.

Bette, Karl-Heinrich (1989): Körperspuren. Zur Semantik und Paradoxie moderner Körperlichkeit, Berlin (West)/New York.

Boltanski, Luc/Ève Chiapello (1999): Le nouvel esprit du capitalisme, Paris.

Bolz, Norbert (1993): Am Ende der Gutenberg-Galaxis. Die neuen Kommunikationsmedien, München.

Bolz, Norbert (2002): Das konsumistische Manifest, München.

Bonz, Jochen (Hg.) (2002): Popkulturtheorie, Mainz.

Bordo, Susan (1993): Unbearable Weight. Feminism, Western culture, and the body, Berkeley.

Bröckling, Ulrich (2000): Totale Mobilmachung. Menschenführung im Qualitäts- und Selbstmanagement, in: ders. u. a. (2000), S. 131-167.

Bröckling, Ulrich (2002): Jeder könnte, aber nicht alle können. Konturen des unternehmerischen Selbst, in: Mittelweg 36, Heft 4, S. 6-26.

Bröckling, Ulrich/Susanne Krasmann/Thomas Lemke (Hg.) (2000a): Gouvernementalität der Gegenwart. Studien zur Ökonomisierung des Sozialen, Frankfurt am Main.

Bröckling, Ulrich/Susanne Krasmann/Thomas Lemke (Hg.) (2004): Glossar der Gegenwart, Frankfurt am Main.

Brooks, David (2000): Bobos in Paradise. The new upper class and how they got there, New York.

Brosziewski, Achim (2003): Aufschalten. Kommunikation im Medium der Digitalität, Konstanz.

Brown, Norman O. (1959): Zukunft im Zeichen des Eros, Pfullingen 1962 (engl.: Life Against Death).

Bruckner, Pascal/Alain Finkielkraut (1977): Die neue Liebesunordnung, München 1979 (frz.: Le nouveau désordre amoureux).

Bruckner, Pascal/Alain Finkielkraut (1979): Das Abenteuer gleich um die Ecke. Kleines Handbuch der Alltagsüberlebenskunst, München 1981 (frz.: Au coin de la rue, l'aventure).

Bruckner, Pascal (2000): L'euphorie perpétuelle. Essai sur le devoir de bonheur, Paris.

Burgin, Victor (1969): Situationsästhetik, in: Harrison/Wood (1992 b), S. 1075-1078.

Burgin, Victor (1984): Die Absenz der Präsenz, in: Harrison/Wood (1992 b), S. 1363-1367.

Burkart, Günter (1997): Lebensphasen, Liebesphasen. Vom Paar zur Ehe zum Single und zurück?, Opladen.

Burns, Tom/G. M. Stalker (1961): The Management of Innovation, Chicago.

Campbell, James (1999): This is the Beat Generation. New York – San Francisco – Paris, London.

Castells, Manuel (1996): The Rise of the Network Society. The Information Age: Economy, society, and culture, volume 1, Oxford.

Castells, Manuel (1997): The Power of Identity. The Information Age: Economy, society, and culture, volume 2, Oxford.

Caysa, Volker (2003): Körperutopien. Eine philosophische Anthropologie des Sports, Frankfurt (Main)/New York.

Clarke, John u. a. (1979): Jugendkultur als Widerstand. Milieus, Rituale, Provokationen, Frankfurt am Main.

Cohn-Bendit, Daniel (1968): Linksradikalismus. Gewaltkur gegen die Alterskrankheit des Kommunismus, Reinbek (frz.: *Le gauchisme – remède à la maladie sénile du communisme*).

Connell, R. W. (1995): Maculinities, Cambridge.

Connor, Steven (1989): Postmodernist Culture. An introduction to theories of the contemporary, Oxford 1997.

Czikszentmihalyi, Mihaly (1990): Flow. Das Geheimnis des Glücks, Stuttgart 1992 (engl.: *Flow – The psychology of optimal experience*).

Darley, Andrew (2000): Visual Digital Culture. Surface play and spectacle in new media genres, London/New York.

Davidow, William H./Michael S. Malone (1992): Das virtuelle Unternehmen. Der Kunde als Co-Produzent, Frankfurt (Main)/New York 1993 (engl.: *The virtual corporation*).

Davidson, Martin (1992): The Consumerist Manifesto. Advertising in postmodern times, London.

Debord, Guy (1967): Die Gesellschaft des Spektakels, Berlin 1996 (frz.: *La société du spectacle*).

Deleuze, Gilles (1990): Postskriptum über die Kontrollgesellschaften, in: ders.: Unterhandlungen 1972-1990, Frankfurt (Main), S. 254-262Deleuze, Gilles (1994): Lust und Begehren, Berlin 1996 (frz.: *Désir et plaisir*).

Deleuze, Gilles/Félix Guattari (1972): Anti-Ödipus. Kapitalismus und Schizophrenie I, Frankfurt am Main 1974 (frz.: *L‹ Anti-Œdipe*).

Deleuze, Gilles/Félix Guattari (1980): Tausend Plateaus. Kapitalismus und Schizophrenie II, Berlin 1992 (frz.: *Mille plateaux*).

Deutscher Werkbund (Hg.) (1986): Schock und Schöpfung. Jugendästhetik im 20. Jahrhundert, Darmstadt/Neuwied.

Deutschmann, Christoph (1993): Unternehmensberater – eine neue ›Reflexionselite‹?, in: Waltehr Müller-Jentsch (Hg.): Profitable Ethik – effiziente Kultur. Neue Sinnstiftungen durch das Management?, München, S. 57-82.

Deutschmann, Christoph (2002): Postindustrielle Industriesoziologie. Theoretische Grundlagen, Arbeitsverhältnisse und soziale Identitäten, Weinheim/München.

Diederichsen, Diedrich (1985): Sexbeat, Köln 2002.

Doehlemann, Martin (1996): Absteiger. Die Kunst des Verlierens, Frankfurt (Main).

du Bois-Reymond, Manuela u. a. (1994): Kinderleben. Modernisierung von Kindheit im interkulturellen Vergleich, Opladen.

du Gay, Paul (1992): The cult(ure) of the customer, in: Journal of Management Studies, Heft 5, S. 615-633.

du Gay, Paul (1996): Consumtion and Identity at Work, London.

Eco, Umberto (1985): Innovation and repetition: Between modern and post-modern aesthetics, in: Daedalus, S. 161-182.

Ehrenberg, Alain (1991): Le culte de la performance, Paris.

Ehrenberg, Alain (1995): L'individu incertain, Paris.

Ehrenberg, Alain (1998): La fatigue d'être soi. Dépression et société, Paris.

Eichmann, Hubert (2000): Medienlebensstile zwischen Informationselite und Unterhaltungsproletariat. Wissensungleichheiten durch die differentielle Nutzung von Printmedien, Fernsehen, Computer und Internet, Frankfurt am Main.

Englisch, Gundula (2001): Jobnomaden. Wie wir arbeiten, leben und lieben werden, Frankfurt (Main)/New York.

Everett, Anna/John T. Caldwell (Hg.) (2003): New Media. Theories and practices of digitextuality, London/New York.

Everett, Anna (2003): Digitextuality and click theory. Theses on convergence media in the digital age, in: dies./Caldwell (2003), S. 3-28.

Faludi, Susan (1999): Männer – das betrogene Geschlecht, Reinbek 2001 (engl.: Stiffed. The betrayal of the American man).

Faust, Michael u. a. (2000): Befreit und entwurzelt: Führungskräfte auf dem Weg zum ›internen Unternehmer‹, München.

Featherstone, Mike (1982): The body in consumer culture, in: ders. u. a. (1991), S. 170-196.

Featherstone, Mike (1991): Consumer Culture and Postmodernism, London.

Featherstone, Mike/Roger Burrows (Hg.) (1995): Cyperspace/Cyberbodies/Cyberpunk, London.

Ferchhoff, Wilfried (1990): Jugendkulturen im 20. Jahrhundert. Von den sozialmilieuspezifischen Jugendsubkulturen zu den individualitätsbezogenen Jugendkulturen, Frankfurt am Main.

Fiedler, Leslie (1965): The new mutants, in: ders. (1971), S. 379-400.

Fiedler, Leslie (1969): Cross the border – close the gap, in: ders. (1971), S. 461-485.

Fiedler, Leslie (1971): Collected Essays, Volume II, New York.

Fineberg, Jonathan (2000): Art since 1940. Strategies of being, New York.

Firestone, Shulamith (1971): The Dialectic of Sex. The case for feminist revolution, New York.

Florida, Richard (2002): The Rise of the Creative Class, New York.

Flusser, Vilem (1994): Vom Subjekt zum Projekt, Bensheim/Düsseldorf.

Forester, Tom (1987): High-Tech Society. The story of the information technology revolution, Oxford.

Foster, Hal (1982): Subversive Zeichen, in: Harrison/Wood (1992 b), S. 1322 f.

Foster; Hal (1985): Recodings: Art, spectacle, cultural politics, Port Townsend.

Franck, Georg (1998): Ökonomie der Aufmerksamkeit. Ein Entwurf, München.

Frank, Thomas (1997): The Conquest of Cool. Business culture, counter-culture, and the rise of hip consumerism, Chicago.

Frenkel, Stephen J. u. a. (1999): On the Front Line. Organization of work in the information economy, Ithaca (N.Y.).

Freiberger, Paul/Michael Swaine (1984): Fire in the Valley. The making of the personal computer, New York 2000, 2. Aufl.

Friedman, Ken (Hg.) (1998): The Fluxus Reader, Chichester.

Frith, Simon (1996): Performing Rites. On the value of popular music, Oxford.

Frith, Simon u. a. (Hg.) (2001): The Cambridge Companion to Pop and Rock, Cambridge.

Gardner, Howard (1983): Frames of Mind.The theory of multiple intelligences, New York.

Gebhardt, Winfried u. a. (Hg.) (2000): Events. Soziologie des Außergewöhnlichen, Opladen.

Gelder, Ken/Sarah Thornton (Hg.) (1997): The Subcultures Reader, London/New York.

Gergen, Kenneth J. (1991): The Saturated Self. Dilemmas of identity in contemporary life, New York.

Giddens, Anthony (1991): Modernity and Self-Identity. Self and society in the late modern age, Cambridge.

Gimlin, Debra L. (2002): Body Work. Beauty and self-image in American culture, Berkeley.

Goffman, Erving (1974): Frame Analysis. An essay on the organization of experience, Boston 1986.

Goldberg, Herb (1987): The Inner Male. Overcoming roadblocks to intimacy, New York.

Granovetter, Mark S. (1972): The strenght of weak ties, in: American Journal of Sociology, Heft 6, S. 1360-1380.

Grantham, Charles (2000): The Future of Work. The promise of the new digital work society, New York.

Grispigni, Marco (1997): Il Settantasette, Mailand.

Gross, Peter (1994): Die Multioptionsgesellschaft, Frankfurt am Main.

Grossberg, Lawrence (1984): Another boring day in paradise. Rock and Roll and the empowerment of everyday life, in: Gelder/Thornton (1997), S. 477-493.

Guattari, Félix (1974): Mikropolitik des Wunsches, Berlin (West) 1977 (frz.: *Micro-politique du désir*).

Guattari, Félix (1974 b): Sexualisierung im Umbruch, in: Barck (1990); S. 157-164.

Guggenberger, Bernd (1995): Einfach schön. Schönheit als soziale Macht, Hamburg.

Hage, Gerald/J. Rogers Hollingsworth (2000): A strategy for the analysis of idea innovation in networks and institutions, in: Organization studies, Heft 2, S. 971-1004.

Hagemann-White, Carol (1984): Sozialisation – weiblich, männlich?, Opladen.

Hahn, Kornelia/Günter Burkart (Hg.) (1998): Liebe am Ende des 20. Jahrhunderts. Studien zur Soziologie intimer Beziehungen, Opladen.

Handy, Charles (1989): The Age of Unreason, London.

Haraway, Donna (1991 a): A cyborg manifesto: Science, technology and socialist feminism in the late 20th century, in: dies. (1991); S. 149-181.

Harré, Rom (1983): Identity projects, in: Glynis M. Breakwell (Hg.): Threatened Identities, Chichester, S. 31-51.

Harrison, Charles/Paul Wood (Hg.) (1992 b): Kunsttheorie im 20. Jahrhundert, Band II: 1940-1991, Ostfildern-Ruit 2003 (engl.: Art in Theory 1900-1990).

Hassan, Ihab (1985): The culture of postmodernism, in: Theory, Culture & Society, S. 119-131.

Hassan, Ihab (1987 a): The Postmodern Turn. Essays in postmodern theory and culture, Ohio.

Hassan, Ihab (1987 b): Toward a concept of postmodernim, in: Thomas Docherty (Hg.) (1993): Postmodernism. A reader, New York, S. 146-156.

Hatfield, Elaine/Susan Sprecher (1986): Mirror, Mirror ... The importance of looks in everyday life, Albany.

Hebdige, Dick (1979): Subculture. The meaning of style, London.

Heckscher, Charles (1994 a): Defining the post-bureaucratic type, in: ders./Donnellon (1994), S. 14-62.

Heckscher, Charles/Anne Donnellon (Hg.) (1994): The Post-Bureaucratic Organization. New perspectives on organizational change, London.

Hegemann, Carl (Hg.) (2000): Kapitalismus und Depression 1. Endstation. Sehnsucht, Berlin.

Heidenry, John (1997): What Wild Ecstasy. The rise and fall of the sexual revolution, New York.

Heintel, Peter/Ewald E. Krainz (1988): Projektmanagement. Eine Antwort auf die Hierarchiekrise?, Wiesbaden.

Hennig, Christoph (1989): Die Entfesselung der Seele. Romantischer Individualismus in den deutschen Alternativkulturen, Frankfurt am Main.

Herriot, Peter/Carole Pemberton (1995): New Deals. The revolution in managerial careers, Chichester.

Herrmann, Ned (1989): The Creative Brain, New York.

Hite, Shere (1987): The Hite Report: Women and Love. A cultural revolution in progress, New York.

Hochschild, Arlie Russell (1997): Keine Zeit. Wenn die Firma zum Zuhause wird und zu Hause nur Arbeit wartet, Opladen (eng.: The Time Bind).

Hocquenghem, Guy (1972): Das homosexuelle Verlangen, München 1974 (frz.: Le désir homosexuel).

Holert, Tom/Mark Terkessidis (Hg.) (1996): Mainstream der Minderheiten. Pop in der Kontrollgesellschaft, Berlin.

Holl, Edda (1996): Die Konstellation Pop. Theorie eines kulturellen Phänomens der 60er Jahre, Hildesheim.

Hollstein, Walter (1979): Die Gegengesellschaft. Alternative Lebensformen, Bonn.

Hörning, Karl H./Anette Gerhard/Matthias Michailow (1990): Zeitpioniere. Flexible Arbeitszeiten – neuer Lebensstil, Frankfurt am Main.

Hörning, Karl H./Daniela Ahrens/Anette Gerhard (1997): Zeitpraktiken. Experimentierfelder der Spätmoderne, Frankfurt am Main.

Hutcheon, Linda (1988): A Poetics of Postmodernism. History, theory, fiction, London.

Hutcheon, Linda (1989): The Politics of Postmodernism, London 2002, 2. Aufl.

Huxley, Aldous (1954): Die Pforten der Wahrnehmung. Meine Erfahrung mit Meskalin, München 1964 (engl: The Doors of Perception).

Huyssen, Andreas (1975): The cultural politics of pop, in: ders. (1986), S. 141-159.

Huyssen, Andreas (1984): Mapping the postmodern, in: ders. (1986), S. 178-221.

Illich, Ivan (1973): Tools for Conviviality, New York.

Illouz, Eva (1999): The lost innocence of love: romance as a postmodern condition, in: Featherstone (1999), S. 161-186.

Inglehart, Ronald (1977): The Silent Revolution. Changing values and political styles among western publics, Princeton.

Irigaray, Luce (1973): Spekulum: Spiegel des anderen Geschlechts, Frankfurt am Main 1980 (frz.: Speculum de l'autre femme).

Jameson, Fredric (1991): Postmodernism, or, The Cultural Logic of Late Capitalism, Durham.

Jeismann, Michael (Hg.) (1995): Obsessionen. Beherrschende Gedanken im wissenschaftlichen Zeitalter, Frankfurt (Main).

Judd, Donald (1965): Specific objects, in: Arts Yearbook, S. 74-82.

Kamper, Dietmar/Christoph Wulf (Hg.) (1982): Die Wiederkehr des Körpers, Frankfurt am Main.

Kanter, Rosabeth Moss (1989): When Giants Learn to Dance. Mastering the challenge of strategy, management, and careers in the 1990s, New York.

Kaufmann, Jean-Claude (1992): Schmutzige Wäsche. Zur ehelichen Konstruktion von Alltag, Konstanz 1994 (frz.: La trame conjugale. Analyse du couple par son linge).

Kaufmann, Jean-Claude (1999): Singlefrau und Märchenprinz, Konstanz 2002 (frz.: La femme seule et le prince charmant. Enquête sur la vie en solo).

Keddi, Barbara (2003): Projekt Liebe. Lebensthemen und biografisches Handeln junger Frauen in Paarbeziehungen, Opladen.

Kellner, Douglas (1992): Popular culture and the construction of postmodern identities, in: Lash/Friedman (1992), S. 141-177.

Kemper, Peter u. a. (Hg.): (1999): ›alles so schön bunt hier‹. Die Geschichte der Popkultur von den Fünfzigern bis heute, Stuttgart.

Keupp, Heiner/Bernd Röhrle (Hg.) (1987): Soziale Netzwerke, Frankfurt (Main)/New York.

Klein, Gabriele (1999): Electronic Vibration. Pop Kultur Theorie, Hamburg.

Knorr-Cetina, Karin (1997): Sociality with objects. Social relations in postsocial knowledge societies, in: Theory, Culture & Society, Heft 4, S. 1-30.

Knorr-Cetina, Karin (1999): Wissenskulturen. Ein Vergleich naturwissenschaftlicher Wissensformen, Frankfurt (Main) 2002 (engl.: *Epistemic Cultures. How the sciences make knowledge*).

Knorr-Cetina, Karin/Urs Bruegger (2002): Traders' engagement with markets. A postsocial relationship, in: Theory, Culture & Society, Heft 5/6, S. 161-185.

Koedt, Anne u. a. (Hg.) (1973): Radical Feminism, New York.

Koppetsch, Cornelia (2000 a): Die Verkörperung des schönen Selbst. Zur Statusrelevanz von Attraktivität, in: dies. (2000), S. 99-124.

Koppetsch, Cornelia (Hg.) (2000): Körper und Status. Zur Soziologie der Attraktivität, Konstanz.

Krämer, Sybille (Hg.) (1998): Medien – Computer – Realität. Wirklichkeitsvorstellungen und Neue Medien, Frankfurt am Main 2000, 2. Aufl.

Kraus, Wolfgang (2000): Das erzählte Selbst. Die narrative Konstruktion von Identität in der Spätmoderne, Herbolzheim.

Krystek, Ulrich u. a. (1997): Grundzüge virtueller Organisationen, Wiesbaden.

Kudera, Werner/Sylvia Dietmaier (Hg.) (1995): Alltägliche Lebensführung. Arrangements zwischen Traditionalität und Modernisierung, Opladen.

Kühl, Stefan (1994): Wenn die Affen den Zoo regieren. Die Tücken der flachen Hierarchien, Frankfurt (Main)/New York.

Kumar, Krishan (1995): From Post-Industrial to Post-Modern Society. New theories of the contemporary world, Oxford.

Lahire, Bernard (2004): La culture des individus. Dissonances culturelles et distinction de soi, Paris.

Laing, R. D. (1967): The Politics of Experience, New York.

Lasch, Christopher (1979): The Culture of Narcissism. American life in an age of diminishing expectations, New York/London 1991.

Lash, Scott (1985): Postmodernity and desire, in: ders. (1990), S. 78-112.

Lash, Scott (1988): Discourse or figure? Postmodernism as a regime of signification, in: ders. (1990), S. 172-198.

Lash, Scott (1990): Sociology of Postmodernism, London.

Lash, Scott/John Urry (1994): Economies of Signs and Space, Cambridge.

Leary, Timothy (1968): Politik der Ekstase, Hamburg 1970 (engl.: *The Politics of Ecstasy*).

Leinberger, Paul/Bruce Tucker (1991): The New Individualists. The generation after the organization man, New York.

Lemke, Thomas u. a. (2000): Gouvernementalität, Neoliberalismus und Selbsttechnologien. Eine Einleitung, in: Bröckling (2000), S. 7-40.

Lenz, Karl (1998): Romantische Liebe – Ende eines Beziehungsideals?, in: Hahn/Burkart (1998), S.65-85.

Liell, Christoph (2001): ›Anmache‹, Rap und Breakdance. Identitäten und Praktiken Jugendlicher türkischer Herkunft in der HipHop-Szene, in: Rammert (2001), S. 177-195.

Lifton, Robert Jay (1993): The Protean Self. Human resilience in an age of fragmentation, New York.

Lindner, Werner (1996): Jugendprotest seit den fünfziger Jahren. Dissens und kultureller Eigensinn, Opladen.

Lipietz, Alain (1987): Mirages and Miracles: The crises of global fordism, London.

Lister, Martin u. a. (2003): New Media: A critical introduction, London/ New York.

Loenhoff, Jens (1998): Kommunikation in Liebesbeziehungen, in: Hahn/ Burkart (1998), S. 199-216.

Lupton, Deborah (1998): The Emotional Self. A sociocultural exploration, London.

Lüscher, Kurt u. a. (Hg.) (1988): Die ›postmoderne‹ Familie. Familiale Strategien und Familienpolitik in einer Übergangszeit, Konstanz.

Lutz, Ronald (1989): Laufen und Läuferleben. Zum Verhältnis von Körper, Bewegung und Identität, Frankfurt (Main)/New York.

Lyotard, Jean-Francois (1971): Discours, figure, Paris 1985.

Lyotard, Jean-Francois (1974): Ökonomie des Wunsches, Bremen 1984 (frz.: Economie libidinale).

Lyotard, Jean-François (1979): Das postmoderne Wissen, Graz/Wien 1986 (frz.: La condition postmoderne).

Lyotard, Jean-Francois (1982): Beantwortung der Frage: Was ist postmodern?, in: Tumult, Heft 4, S. 131-142.

Mack, Bernhard (1997): Rituale alltäglichen Glücks. Wege zu erfüllenden Liebesbeziehungen, Paderborn.

Maffesoli, Michel (1988): Le temps des tribus. Le déclin de l'individualisme dans les sociétés postmodernes, Paris 2000.

Maffesoli, Michel (1990): Au creux des apparences. Pour une éthique de l'esthétique, Paris.

Maffesoli, Michel (1991): The ethic of aesthetics, in: Theory, Culture & Society, S. 7-20.

Manovich, Lev (2001): The Language of New Media, Cambridge (Mass.).

Marcus, Greil (1989): Lipstick Traces. Von Dada bis Punk – kulturelle Avantgarden und ihre Wege aus dem 20. Jahrhundert, Hamburg 1992 (engl.: Lipstick Traces. A secret history of the 20th century).

Marcuse, Herbert (1955): Triebstruktur und Gesellschaft. Ein philosophischer Beitrag zu Sigmund Freud, Frankfurt am Main 1965 (engl: Eros and Civilisation).

Marcuse, Herbert (1964): Der eindimensionale Mensch. Studien zur Ideologie der fortgeschrittenen Industriegesellschaft, München 1994 (engl.: The One-Dimensional Man).

Marcuse, Herbert (1969): Über die Befreiung, in: ders.: Schriften, Band 8, Frankfurt am Main 1984, S. 237-317 (engl.: *An Essay on Liberation*).

Martin, Bernice (1981): A Sociology of Contemporary Cultural Change, Oxford.

Maslow, Abraham H. (1954): Motivation and Personality, New York 1987.

Meschnig, Alexander/Mathias Stuhr (2001): www.revolution.de. Die Kultur der New Ecomomy, Hamburg.

Meschnig, Alexander/Mathias Stuhr (Hg.) (2003): Arbeit als Lebensstil, Frankfurt am Main.

Meuser, Michael (1998): Geschlecht und Männlichkeit. Soziologische Theorie und kulturelle Deutungsmuster, Opladen.

Meyer, Thomas (1992): Modernisierung der Privatheit. Differenzierungs- und Indvidualisierungsprozesse des familialen Zusammenlebens, Opladen.

Michel, Karl Markus u. a. (2001): Liebesordnungen. Kursbuch 144, Berlin.

Miles, Steven u. a. (Hg.) (2002): The Changing Consumer. Markets and meanings, London/New York.

Miller, Peter/Nikolas Rose (1995): Production, identity and democracy, in: Theory and Society, S. 427-467.

Millett, Kate (1970): Sexual Politics, London 1977.

Moeller, Michael Lukas (2000): Gelegenheit macht Liebe. Glücksbedingungen in der Partnerschaft, Reinbek.

Moldaschl, Manfred/G. Günter Voß (Hg.) (2002): Subjektivierung von Arbeit, München 2003.

Mosler, Peter (1977): Was wir wollten, was wir wurden. Zeugnisse der Studentenrevolte, Reinbek 1988, erweit. Fassung.

Musgrove, Frank (1974): Ecstasy and Holiness. Counter culture and the open society, London.

Negri, Toni u. a. (1998): Umherschweifende Produzenten. Immaterielle Arbeit und Subversion, Berlin.

Nixon, Sean (1992): Have you got the look? Masculinities and shopping spectacle, in: Shields (1992), S. 149-169.

Nowotny, Helga (1989): Eigenzeit. Entstehung und Strukturierung eines Zeitgefühls, Frankfurt (Main).

Oelsnitz, Dietrich von der (2003): Wissensmanagement. Strategie und Lernen in wissensbasierten Unternehmen, Stuttgart.

Ohrt, Roberto (Hg.) (1995): Der Beginn einer Epoche. Texte der Situationisten, Hamburg.

O'Neill, Nena/George O'Neill (1972): Die offene Ehe. Konzept für einen neuen Typus der Monogamie, Bern/München 1973 (engl.: *Open Marriage*).

Osterwald, Tilman (1986): Zum Verhältnis künstlerische Produktion und Subkultur, in: Deutscher Werkbund (1986), S. 48-57.

Pearls, Frederick S./Ralph F. Hefferline/Paul Goodman (1951 a): Gestalt-

Therapie. Lebensfreude und Persönlichkeitsentfaltung, Stuttgart 1988, 4. Aufl. (engl.: *Gestalt Therapy. Excitement and growth in the human personality*).

Peters, Thomas J./Robert H. Waterman (1982): In Search of Excellence. Lessons from America's best-run companies, New York.

Peters, Tom (1987): Thriving on Chaos. Handbook for a management revolution, London 1988.

Peters, Tom (1992): Liberation Management. Necessary disorganization for the nanosecond nineties, London.

Peuckert, Rüdiger (1996): Familienformen im sozialen Wandel, Opladen.

Pias, Claus (2002): Computer Spiel Welten, München.

Picot, Arnold u. a. (1996): Die grenzenlose Unternehmung. Information, Organisation und Management, Wiesbaden.

Pinchot, Gifford (1985): Intrapreneuring. Why you don't have to leave your corporation to become an entrepreneur, New York.

Pine, Joseph/James Gilmore (1999): The Experience Economy. Work is Theatre and Every Business a Stage, Cambridge (Mass.).

Piore, Michael J./Charles F. Sabel (1984): The Second Industrial Divide. Possibilities for prosperity, New York.

Plant, Sadie (1992): The Most Radical Gesture. The situationist international in a postmodern age, London/New York.

Pongratz, Hans J./G. Günter Voß (2003): Arbeitskraftunternehmer. Erwerbsorientierungen in entgrenzten Arbeitsformen, Berlin.

Poster, Mark (1995): The Second Media Age, Cambridge.

Powell, Walter W. (1990): Neither market nor hierarchy: Network forms of organization, in: Research in Organizational Behavior, S. 295-336.

Prost, Antoine/Gérard Vincent (Hg.) (1987): Geschichte des privaten Lebens, Band 5: Vom ersten Weltkrieg bis zur Gegenwart, Frankfurt am Main 1993.

Reekie, Gail (1992): Changes in the Adamless Eden: The spatial and sexual transformation of a Brisbane department store 1930-90, in: Shields (1992), S. 170-194.

Reich, Charles (1970): The Greening of America, New York.

Reich, Robert B. (1991): The Work of Nations. Preparing ourselves for 21st-century capitalism, New York.

Reich, Wilhelm (1936): Die sexuelle Revolution, Frankfurt am Main 1999.

Rifkin, Jeremy (2000): The Age of Access. The new culture of hypercapitalism, New York.

Rittner, Volker (1982): Krankheit und Gesundheit. Veränderungen in der sozialen Wahrnehmung des Körpers, in: Kamper/Wulf (1982), S. 40-51.

Rittner, Volker (1986): Körper und Körpererfahrung in kulturhistorisch-gesellschaftlicher Sicht, in: Jürgen Bielefeld (Hg.): Körpererfahrung. Grundlage menschlichen Bewegungsverhaltens, Göttingen u. a. 1986, S. 125-155.

Robins, Kevin (2000): Cyberspace and the world we live in, in: Bell/
Kennedy (2000), S. 77-95.

Rogers, Carl R. (1961): On Becoming a Person, Boston.

Rojek, Chris (1995): Decentring Leisure. Rethinling leisure theory, London.

Roszak, Theodore (1969): The Making of a Counter Culture. Reflections
on the technocratic society and an its youthful opposition, New York.

Rubin, Gayle (1984): Sex denken: Anmerkungen zu einer radikalen Theorie
der sexuellen Politik, in: Andreas Kraß (Hg.): Queer denken. Gegen die
die Ordnung der Sexualität, Frankfurt (Main) 2003, S. 31-79.

Rubin, Harriet (1999): Soloing, New York.

Schenk, Herrad (1987): Freie Liebe – wilde Ehe. Über die allmähliche Auflösung der Ehe durch die Liebe, München.

Schmid, Wilhelm (1998): Philosophie der Lebenskunst. Eine Grundlegung,
Frankfurt am Main.

Schmid, Wilhelm (2004): Mit sich selbst befreundet sein. Von der Lebenskunst im Umgang mit sich selbst, Frankfurt (Main).

Schmidt, Johannes F. K. (2000): Die Differenzierung persönlicher Beziehungen. Das Verhältnis von Liebe, Freundschaft und Partnerschaft, in:
Hahn/Burkart (2000), S. 73-100.

Schröter, Susanne (2002): FeMale. Über Grenzverläufe zwischen den Geschlechtern, Frankfurt (Main).

Schülein, Johann August (2002): Die Geburt der Eltern, Gießen.

Schultz, Duane (1977): Growth Psychology. Models of the healthy personality, New York.

Schulze, Gerhard (1992): Die Erlebnisgesellschaft. Kultursoziologie der
Gegenwart, Frankfurt am Main/New York.

Schumacher, E. F. (1973): Small is Beautiful. A study of economics as if
people mattered, London.

Schütze, Yvonne (1988): Zur Veränderung im Eltern-Kind-Verhältnis
seit der Nachkriegszeit, in: Rosemarie Nave-Herz (Hg.): Wandel und
Kontinuität der Familie in der Bundesrepublik Deutschland, Stuttgart,
S. 95-114.

Segal, Lynne (1987): Is the Future Female?, London.

Seidman, Steven (Hg.) (1996): Queer Theory/Sociology, Oxford.

Sennett, Richard (1998): The Corrosion of Character. The personal consequences of work in the new capitalism, New York/London.

Sheller, Mimi/John Urry (Hg.) (2004): Tourism Mobilities. Places to play,
places in play, London.

Shields, Rob (Hg.) (1992): Lifestyle Shopping. The subject of consumption,
London.

Shilling, Chris (1993): The Body and Social Theory, London 2003, 2.
Aufl.

Shusterman, Richard (1992): Kunst leben. Die Ästhetik des Pragmatismus,
Frankfurt am Main 1994 (engl.: *Pragmatist Aestheics. Living beauty,
rethinking art*).

Siemons, Mark (1997): Jenseits des Aktenkoffers. Vom Wesen den neuen Angestellten, München/Wien.

Soeffner, Hans-Georg (1986): Stil und Stilisierung. Punk oder die Überhöhung des Alltags, in: Gumbrecht/Pfeiffer (1986), S. 317-341.

Sontag, Susan (1962): Happenings: an art of radical juxtaposition, in: dies. (1966), S. 263-274.

Sontag, Susan (1964): Notes on ›camp‹, in: dies. (1966), S. 275-292.

Sontag, Susan (1965): One culture and the new sensibility, in: dies. (1966), S. 293-304.

Sontag, Susan (1966): Against Interpretation and other essays, New York 1990.

Spender, Dale (1980): Man Made Language, London.

Stacey, Judith (1990): Brave New Families. Stories of domestic upheaval in late 20th century America, New York.

Steinwachs, Burkart (1986): Stilisieren ohne Stil? Bemerkungen zu ›Design‹ und ›Styling‹, in: Gumbrecht/Pfeiffer (1986), S. 342-357.

Skolnick, Arelen u. Jerome (1988): Family in Transition. Rethinking marriage, sexuality, childrearing, and family organization, Boston, 6. Aufl.

Straw, Will (2001): Dance music, in: Frith (2001), S. 158-175.

Toledo, Camille de (2002): Archimondain Jolipunk, Paris.

Turkle, Sherry (1984): The Second Self. Computers and the human spirit, New York.

Turkle, Sherry (1995): Life on the Screen. Identity in the age of the internet, New York.

Urry, John (1990): The Tourist Gaze. Leisure and travel in contemporary societies, London.

Vaneigem, Raoul (1967): Handbuch der Lebenskunst für die jungen Generationen, Hamburg 1977 (frz.: *Traité de savoir-vivre à l'usage des jeunes générations*).

Vaneigem, Raoul (1979): Das Buch der Lüste, Hamburg 1984 (frz.: *Le livre des plaisirs*).

Voß, G. Günter/Hans J. Pongratz (1998): Der Arbeitskraftunternehmer. Eine neue Grundform der Ware Arbeitskraft, in: KZfSS, S. 131-158.

Waltz, Matthias (2001): Zwei Topographien des Begehrens: Pop/Techno mit Lacan, in: Bonz (2001), S. 214-231.

Warde, Alan (2002): Setting the scene: changing conceptions of consumption, in: Miles (2002), S. 10-24.

Watts, Alan (1957): Zen. Tradition und lebendiger Weg, Rheinberg 1981 (engl.: *The Way of Zen*).

Watts, Alan (1958): Dies ist es (und andere Essays über Zen und spirituelle Erfahrung), Basel 1979 (engl: *This Is It*).

Weeks, Jeffrey (1985): Sexuality and its Discontents. Meanings, myths and modern sexualities, London.

Weeks, Jeffrey (1995): Invented Moralities. Sexual values in an age of uncertainty, Cambridge.

Weeks, Jeffrey u. a. (2001): Same-sex Intimacies. Families of choice and other life experiments, London.

Welsch, Wolfgang (1988): Unsere postmoderne Moderne, Weinheim.

Welsch, Wolfgang (Hg.) (1988): Wege aus der Moderne. Schlüsseltexte der Postmoderne-Diskussion, Weinheim.

Wheaton, Belinda (Hg.) (2004): Understanding Lifestyle Sports. Consumtion, identity and difference, London.

Williams, Paul (1997): Dieses großartige Rock and Roll Gefühl. 30 Jahre Crawdaddy Magazine, Löhrbach.

Willi, Jürg (1975): Die Zweierbeziehung. Spannungsursachen – Störungsmuster, Klärungsprozesse – Lösungsmodelle, Reinbek.

Willis, Paul (1978): ›Profane Culture‹. Rocker, Hippies: Subversive Stile der Jugendkultur, Frankfurt am Main 1981.

Willis, Paul (1990): Common Culture. Symbolic work at play in the everyday cultures of the young, Milton Keynes.

Wittel, Andreas (2001): Toward a network sociability, in: Theory, Culture & Society, Heft 6, S. 51-76.

Yankelovich, Daniel (1981): New Rules. Searching for self-fulfillment in a world turned upside down, New York.

Zicklin, Gilbert (1983): Countercultural Communes. A sociological perspective, Westport (Conn.).

Ziehe, Thomas (1993): Vom Lebensstandard zum Lebensstil, in: Wolfgang Welsch (Hg.): Die Aktualität des Ästhetischen, München 1993, S. 67-93.

Zinnecker, Jürgen (1994): Metamorphosen im Zeitraffer: Jungsein in der zweiten Hälfte des 20. Jahrhunderts, in: Levi/Schmitt (1994), S. 460-505.

Zoll, Rainer u. a. (1989): ›Nicht so wie unsere Eltern!‹ Ein neues kulturelles Modell?, Opladen.

Danksagung

Dieses Buch ist zwischen 2000 und 2005 in einer Reihe von Kontexten entstanden, die meiner sich ver- und entwickelnden Fragestellung, der Auswertung des Materials, den sich abzeichnenden und sich immer wieder neu verschiebenden Thesen und der Form der Darstellung unterschiedliche Impulse geliefert haben. Der erste dieser Kontexte war meine Zeit als Postdoc am Graduiertenkolleg »Gesellschaftsvergleich in historischer, soziologischer und ethnologischer Perspektive« an der Humboldt Universität und Freien Universität Berlin; es schlossen sich zwei Forschungsaufenthalte als Gastwissenschaftler an der University of California in Berkeley sowie an der London School of Economics und British Library an, danach eine Tätigkeit als wissenschaftlicher Assistent an der Universität Hamburg, schließlich eine Professurvertretung an der Kulturwissenschaftlichen Fakultät der Universität Frankfurt/Oder. Bei der nicht unerheblichen Aufgabe der Literaturbeschaffung in Hamburg und Frankfurt waren mir Gabi Flerlage, Julia Hass, Marie-Christin Fuchs, Ewa Konopko und Jens Becker behilflich. Eine sehr rasche institutionelle Behandlung jener Habilitationsarbeit, aus der dieses Buch hervorgegangen ist, ermöglichten Max Miller, Fritz Sack und Peter Wagner. Die Deutsche Forschungsgemeinschaft hat den Druck des Buches finanziell unterstützt. Eine Reihe von Kollegen und Freunden haben mir durch Diskussionen, Literaturhinweise und das Lesen einzelner Kapitel wertvolle Anregungen gegeben, von denen das Buch profitiert hat, vor allem Kai-Helge Becker, Manuel Borutta, Sebastian Conrad, Jörg Ebrecht, Werner Kogge, Klaus Schlichte und Urs Stäheli sind hier zu nennen. Ihnen allen sei herzlich gedankt! Immer wieder beflügelt hat mich während der vergangenen Jahre meine kulturwissenschaftliche Lektüregruppe in Berlin: ihre streibaren Teilnehmer stelle ich mir als ideale – (un)geduldige, empfängliche, kritische – Leser dieses Buches vor.

Berlin, im Sommer 2005

Namenregister

Adorno, Theodor W. 12, 13, 49, 400
Aragon, Louis 309
Arnold, Matthew 247, 400

Bacon, Francis 128
Barre, Poulain de la 153
Barrès, Maurice 302
Barthes, Roland 36, 165, 219
Bataille, Georges 293, 325, 401, 497
Baudelaire, Charles 290, 293-294, 301, 312
Beauvoir, Simone de 485
Beck, Ulrich 13, 447, 448, 531
Bell, Daniel 337, 398, 410, 443, 447, 599
Benjamin, Walter 12, 28, 59, 66, 279, 291, 293, 294, 298, 307, 310-318, 385-388, 401, 425
Bentham, Jeremy 246, 247
Berger, John 371-372
Beuys, Josef 490
Bhaba, Homi 21, 45, 60
Biran, Maine de 212
Blumenberg, Hans 77
Boltanski, Luc 337, 356, 505, 514, 521, 524, 526, 607, 627
Bourdieu, Pierre 11, 12, 28, 33, 35, 41-42, 51, 64, 99, 261, 561
Brecht, Bert 324, 379
Breton, André 308, 317, 319
Bürger, Peter 281, 309
Burke, Edmund 225
Butler, Judith 11, 46, 49, 80, 221

Carnegie, Dale 351
Castoriadis, Cornelius 78
Coleridge, Samuel 215
Czikszentmihalyi, Mihaly 513, 540, 556, 570, 595, 598

Davis, Bette 389
Debord, Guy 313, 462, 465, 496
Defoe, Daniel 118, 120, 122, 129, 151, 166
Deleuze, Gilles 444, 449, 456, 466
Derham, Thomas 186
Derrida, Jacques 28, 47, 76, 82-89, 340, 466, 633
Doris, Day 389
Duchamp, Marcel 319
Durkheim, Emile 13, 18, 51, 467

Ehrenberg, Alain 521, 626
Eisenstadt, S. N. 16, 23, 78, 92
Elias, Norbert 12, 25, 182, 200, 249
Emerson, Ralph Waldo 215, 240
Erikson, Erik 422
Eysenck, H. J. 414, 424

Fielding, Henry 134, 143, 166
Flaubert, Gustave 269, 400
Foster, Hal 472
Foucault, Michel 12, 13, 18, 27, 33, 35, 40, 43, 58, 60, 73, 76, 90, 99, 169, 200, 264, 266, 270, 293, 303, 598, 641-642
Freud, Sigmund 65, 326
Friedan, Betty 377, 483
Frith, Simon 475, 476

Gasset, Ortega y 285
Giddens, Anthony 35, 37, 74, 258, 447, 448, 531, 545, 553, 600, 626
Goethe, Johann Wolfgang von 166, 173, 210, 234
Goffman, Erving 416, 419, 424, 438
Gramsci, Antonio 69, 284, 336, 410
Greenberg, Clement 281

693

Sachregister